注释法典丛书

新五版·4

中华人民共和国

物 权

注释法典

中国法制出版社

CHINA LEGAL PUBLISHING HOUSE

我国的立法体系①

| 全国人民代表大会 | 修改宪法，制定和修改刑事、民事、国家机构的和其他的基本法律 |

| 全国人民代表大会常务委员会 | 制定和修改除应当由全国人民代表大会制定的法律以外的其他法律；在全国人民代表大会闭会期间，对全国人民代表大会制定的法律进行部分补充和修改；根据全国人民代表大会授权制定相关法律；解释法律。 |

| 国务院 | 根据宪法、法律和全国人民代表大会及其常务委员会的授权，制定行政法规。 |

| 省、自治区、直辖市的人民代表大会及其常务委员会 | 根据本行政区域的具体情况和实际需要，在不同宪法、法律、行政法规相抵触的前提下，制定地方性法规。 |

| 设区的市、自治州的人民代表大会及其常务委员会 | 在不同上位法相抵触的前提下，可对城乡建设与管理、生态文明建设、历史文化保护、基层治理等事项制定地方性法规。 |

| 经济特区所在地的省、市的人民代表大会及其常务委员会 | 根据全国人民代表大会的授权决定，制定法规，在经济特区范围内实施。 |

| 上海市人民代表大会及其常务委员会 | 根据全国人民代表大会常务委员会的授权决定，制定浦东新区法规，在浦东新区实施。 |

| 海南省人民代表大会及其常务委员会 | 根据法律规定，制定海南自由贸易港法规，在海南自由贸易港范围内实施。 |

| 民族自治地方的人民代表大会 | 依照当地民族的政治、经济和文化的特点，制定自治条例和单行条例。对法律和行政法规的规定作出变通的规定，但不得违背法律或者行政法规的基本原则，不得对宪法和民族区域自治法的规定以及其他有关法律、行政法规专门就民族自治地方所作的规定作出变通规定。 |

| 国务院各部、委员会、中国人民银行、审计署和具有行政管理职能的直属机构以及法律规定的机构 | 根据法律和国务院的行政法规、决定、命令，在本部门的权限范围内，制定规章。 |

| 省、自治区、直辖市和设区的市、自治州的人民政府 | 根据法律、行政法规和本省、自治区、直辖市的地方性法规，制定规章。设区的市、自治州人民政府制定的地方政府规章限于城乡建设与管理、生态文明建设、历史文化保护、基层治理等方面的事项。 |

| 中央军事委员会 | 根据宪法和法律制定军事法规，在武装力量内部实施。 |

| 中国人民解放军各战区、军兵种和中国人民武装警察部队 | 根据法律和中央军事委员会的军事法规、决定、命令，在其权限范围内制定军事规章，在武装力量内部实施。 |

| 国家监察委员会 | 根据宪法和法律、全国人民代表大会常务委员会的有关决定，制定监察法规。 |

| 最高人民法院、最高人民检察院 | 作出属于审判、检察工作中具体应用法律的解释。 |

① 本图表为编者根据《立法法》相关规定编辑整理，供参考。

出　版　说　明

"注释法典"丛书是我社集数年法规编撰经验，创新出版的大型实用法律工具书。本套工具书不仅全面反映我国立法成果与现状，全面收录相关领域重要法律文件，而且秉持权威、实用的理念，从条文【注释】、【实务问答】及案例【裁判规则】多角度阐释重要法律规定，相信能够成为广大读者理解、掌握、适用法律的首选工具书。

本套工具书以中国特色社会主义法律体系为主线，结合实践确定分册，独家打造七重法律价值：

一、内容全面

本分册涵盖物权领域重要的法律、法规、部门规章、司法解释等文件，收录的文件均为现行有效文本，方便读者全面、及时掌握相关规定。

二、注释精炼

在重要法律文件前设【理解与适用】，介绍该法历史沿革、主要内容、适用注意事项；以【注释】形式对重难点条文进行详细阐释。注释内容在吸取全国人大常委会法制工作委员会、最高人民法院等权威解读的基础上，结合最新公布的相关规定及司法实践全新撰写，保证注释内容的准确性与时效性。另外，在重要条文注释中，提炼简明小标题，并予以加粗，帮助读者快速把握条文注释主要内容。

三、实务问答

在相关法条下设【实务问答】，内容来源于最高人民法院司法观点、相关函复等，解答法律适用中的重点与难点。

四、案例指导

在相关法条下设【案例】，案件主要来源于最高人民法院、最高人民检察院指导性案例及公报案例，整理案例【裁判规则】，展示解决法律问题的权威实例。

五、关联法规链接

在相关法条下以【链接】的方式索引关联条文，提供相关且有效的条文援引，全面体现相关法律规定。

六、层级清晰　检索便捷

（1）目录按照法律文件的效力等级分为法律及文件、行政法规/监察法规及文件、部门规章及文件、司法解释及文件四个层级。（2）每一层级下法律文件大多按照公布或者最后一次修改时间排列，以方便读者快速定位目标文件，但为了方便读者对某一类问题进行集中查找，本书将一些联系紧密的文件进行了集中排版。

七、超值增值服务

为了使读者能够全面了解解决法律问题的实例，准确适用法律，同时及时充分了解我国立法的动态信息，凡是购买本书的读者，均可获得以下超值增值服务：（1）扫码添加书后"法规编辑部"公众号→点击菜单栏→进入资料下载栏→选择注释法典资料项→点击网址或扫码下载，即可获取最高人民法院、最高人民检察院指导性案例电子版；（2）通过"法规编辑部"公众号，及时了解最新立法信息，并可线上留言，编辑团队会就图书相关疑问进行动态解答。

能够为大家学习法律、解决法律难题提供实实在在的帮助，是我们全心努力的方向，衷心欢迎广大读者朋友反馈意见、建议。

中国法制出版社

2023 年 10 月

目　录[*]

一、综合

二、物权公示

1. 不动产登记

2. 动产交付

三、所有权

1. 土地所有权及保护

2. 自然资源所有权及保护

3. 国有资产及保护

四、用益物权

1. 土地承包经营权

2. 宅基地使用权

3. 建设用地使用权

五、担保物权

1. 一般规定

2. 抵押权

一、综合

中华人民共和国民法典（节录物权）

· 2020 年 5 月 28 日第十三届全国人民代表大会第三次会议通过
· 2020 年 5 月 28 日中华人民共和国主席令第 45 号公布
· 自 2021 年 1 月 1 日起施行

理 解 与 适 用

　　物权是民事主体依法享有的重要财产权。物权法律制度调整因物的归属和利用产生的民事关系，是最重要的民事基本制度之一。2007 年第十届全国人民代表大会第五次会议通过了物权法，在明晰权利归属、实现物权平等保护等方面发挥了重要作用。《民法典》物权编在《物权法》的基础上，按照党中央提出的完善产权保护制度，健全归属清晰、权责明确、保护严格、流转顺畅的现代产权制度的要求，结合现实需要，进一步完善了物权法律制度。

　　物权编共 5 个分编、20 章、258 条，主要内容包括：

　　1. 通则。第一分编为通则，规定了物权制度基础性规范，包括平等保护等物权基本原则，物权变动的具体规则，以及物权保护制度。

　　2. 所有权。所有权是物权的基础，是所有人对自己的不动产或者动产依法享有占有、使用、收益和处分的权利。第二分编规定了所有权制度，包括所有权人的权利，征收和征用规则，国家、集体和私人的所有权，业主的建筑物区分所有权，相邻关系、共有等所有权基本制度。

　　3. 用益物权。用益物权是指权利人依法对他人的物享有占有、使用和收益的权利。第三分编规定了用益物权制度，明确了用益物权人的基本权利和义务，以及建设用地使用权、宅基地使用权、地役权等用益物权。

　　4. 担保物权。担保物权是指为了确保债务履行而设立的物权，包括抵押权、质权和留置权。第四分编对担保物权作了规定，明确了担保物权的含义、适用范围、担保范围等共同规则，以及抵押权、质权和留置权的具体规则。

　　5. 占有。占有是指对不动产或者动产事实上的控制与支配。第五分编对占有的调整范围、无权占有情形下的损害赔偿责任、原物及孳息的返还以及占有保护等作了规定，以维护社会秩序和权利人的合法权益。

……

第一百一十四条　【物权的定义及类型】①民事主体依法享有物权。

物权是权利人依法对特定的物享有直接支配和排他的权利，包括所有权、用益物权和担保权。

注释 物权，是对物的权利。物权是一种财产权，财产权主要有物权、债权、继承权和知识产权中的财产权。财产可分为有形财产和无形财产，物权是对有形财产的权利。这种权利是权利人在法律规定的范围内对特定的物享有的直接支配和排他的权利。由于物权是直接支配物的权利，因而物权又被称为"绝对权"；物权的权利人享有物权，任何其他人都不得非法干预，物权的权利人以外的任何人都是物权的义务人，因此物权又被称为"对世权"。

---

　　① 条文主旨为编者所加，下同。

物权的权利人对物享有直接支配的权利,是物权的主要特征之一。各种物权均以直接支配物作为其基本内容。"直接"即权利人实现其权利不必借助于他人,在法律规定的范围内,完全可以按照自己的意愿行使权利。"支配"有安排、利用的意思,包括占有、使用、收益和处分的权能总和。"直接支配"指的是对于物不需要他人的协助、配合,权利人就能对物自主利用。对所有权来说,权利人可以按照自己的意愿行使占有、使用、收益和处分的权利。直接支配还有排除他人干涉的含义,其他人负有不妨碍、不干涉物权人行使权利的义务。

物权的排他性是指一物之上不能有相互冲突的物权,比如所有权,一物之上只能有一个所有权,此物是我的就不是你的(建筑物区分所有权等是特例);即使一物之上可以设定若干个抵押权,但由于是按照抵押权设定的先后顺序优先受偿,其间也不存在冲突。

所有权

所有权是指权利人依法对自己的不动产和动产享有全面支配的权利。所有权具有四项权能,即占有、使用、收益和处分。"占有"是对于财产的实际管领或控制,拥有一个物的一般前提就是占有,这是财产所有者直接行使所有权的表现。"使用"是权利主体对财产的运用,发挥财产的使用价值。拥有物的目的一般是使用。"收益"是通过对财产的占有、使用等方式取得的经济效益。使用物并获益是拥有物的目的之一。"处分"是指财产所有人对其财产在事实上和法律上的最终处置。

用益物权

用益物权是权利人对他人所有的不动产或者动产,依法享有占有、使用和收益的权利。本法中规定了土地承包经营权、建设用地使用权、宅基地使用权和地役权这几种用益物权。用益物权是以对他人所有的不动产或者动产为使用、收益的目的而设立的,因而被称作"用益"物权。用益物权制度是物权法律制度中一项非常重要的制度,与所有权制度、担保物权制度一同构成了物权制度的完整体系。

担保物权

担保物权是为了确保债务履行而设立的物权,当债务人不履行债务时,债权人就担保财产依法享有优先受偿的权利。担保物权对保证债权实现、维护交易秩序、促进资金融通,具有重要作用。担保物权包括抵押权、质权和留置权。

第一百一十五条 【物权的客体】物包括不动产和动产。法律规定权利作为物权客体的,依照其规定。

注释 法律上所指的物,主要是不动产和动产。不动产是不可移动的物,比如土地以及房屋、林木等土地附着物。动产是不动产以外的可移动的物,比如机动车、电视机等。这里的物指有体物或者有形物,有体物或者有形物是物理上的物,包括固体、液体、气体,也包括电等没有形状的物。所谓有体物或者有形物主要是与精神产品相对而言的,著作、商标、专利等是精神产品,是无体物或者无形物,精神产品通常不是物权制度规范的对象。同时,并非所有的有体物或者有形物都是物权制度规范的对象,能够作为物权制度规范对象的还必须是人力所能控制、有利用价值的物。随着科学技术的发展,一些原来无法控制且无法利用的物可以控制和利用了,也就纳入了物权制度的调整范围,物权制度规范的物的范围也在不断扩大。

精神产品不属于物权制度的调整范围,但是在有些情况下,财产权利可以作为担保物权的标的,比如可以转让的注册商标专用权、专利权、著作权等知识产权中的财产权,可以出质作为担保物权的标的,形成权利质权,由此权利也成为物权的客体。因此,本条规定,法律规定权利作为物权客体的,依照规定。

第一百一十六条 【物权法定原则】物权的种类和内容,由法律规定。

注释 物权法定中的"法",指法律,即全国人民代表大会及其常务委员会制定的法律,除法律明确规定可以由行政法规、地方性法规规定的外,一般不包括行政法规和地方性法规。需要说明的是,物权法定中的法律,除本法物权编外,还包括其他法律,如《土地管理法》①、《城市房地产管理法》、《矿产资源法》、《草原法》、《森林法》、《海域使用管理法》、《渔业法》、《海商法》、《民用航空法》等,这些法律中都有对物权的规定。

物权法定,有两层含义:一是物权由法律规

定,当事人不能自由创设物权;二是违背物权法定原则,所设"物权"没有法律效力。本条规定"物权的种类和内容,由法律规定",需要注意以下几点:(1)设立哪些物权的种类,只能由法律规定,当事人之间不能创立。物权的种类大的分所有权、用益物权和担保物权,用益物权中还可分为土地承包经营权、建设用地使用权、宅基地使用权和地役权;担保物权中还可分为抵押权、质权和留置权。(2)物权的权利内容,一般也只能由法律规定,物权的内容指物权的权利义务,如土地承包经营权的承包期多长、何时设立、流转权限,承包地的调整、收回,被征收中的权利义务等。有关物权的规定许多都是强制性规范,当事人应当严格遵守,不能由当事人约定排除,除非法律规定了"有约定的按照约定""当事人另有约定的除外"这些例外情形。

第一百一十七条 【征收与征用】为了公共利益的需要,依照法律规定的权限和程序征收、征用不动产或者动产的,应当给予公平、合理的补偿。

注释 征收是国家以行政权取得集体、单位和个人的财产所有权的行为。征收的主体是国家,通常是政府以行政命令的方式从集体、单位和个人手中取得土地、房屋等财产。在物权法律上,征收是物权变动的一种特殊的情形,涉及所有权人的所有权丧失。征用是国家为了抢险、救灾等公共利益需要,在紧急情况下强制性地使用单位、个人的不动产或者动产。征用的目的只在获得使用权,征用不导致所有权移转,被征用的不动产或者动产使用后,应当返还被征用人。征收、征用属于政府行使行政权,属于行政关系,不属于民事关系,但由于征收、征用是对所有权或者使用权的限制,同时又是国家取得所有权或者使用权的一种方式,因此民法通常从这一民事角度对此作原则性规定。

需要说明的是,征收和征用是两个不同的法律概念。征收是指为了公共利益需要,国家将他人所有的财产强制地征归国有;征用是指为了公共利益需要而强制性地使用他人的财产。征收和征用共同之处在于,都是为了公共利益需要,都要经过法定程序,并都要给予补偿。不同之处在于,征收主要是所有权的改变,征用只是使用权的改变。征收是国家从被征收人手中直接取得所有权,其结果是所有权发生了移转;征用则主要是国家在紧急情况下对他人财产的强制使用,一旦紧

急情况结束,被征用的财产应返还原权利人。

链接 《国有土地上房屋征收与补偿条例》第2条;《宪法》第10、13条;《土地管理法》第45-49条
……

第一百九十六条 【不适用诉讼时效的情形】下列请求权不适用诉讼时效的规定:

(一)请求停止侵害、排除妨碍、消除危险;

(二)不动产物权和登记的动产物权的权利人请求返还财产;

(三)请求支付抚养费、赡养费或者扶养费;

(四)依法不适用诉讼时效的其他请求权。
……

第二编 物 权

第一分编 通 则

第一章 一般规定

第二百零五条 【物权编的调整范围】本编调整因物的归属和利用产生的民事关系。

注释 本条是对物权编调整范围的规定。物权法律关系,是因对物的归属和利用在民事主体之间产生的权利义务关系。物包括不动产和动产。法律规定权利作为物权客体的,依照其规定。物权是权利人依法对特定的物享有直接支配和排他的权利,包括所有权、用益物权和担保物权。

链接 《民法典》第2、114、115条

第二百零六条 【我国基本经济制度与社会主义市场经济原则】国家坚持和完善公有制为主体、多种所有制经济共同发展,按劳分配为主体、多种分配方式并存,社会主义市场经济体制等社会主义基本经济制度。

国家巩固和发展公有制经济,鼓励、支持和引导非公有制经济的发展。

国家实行社会主义市场经济,保障一切市场主体的平等法律地位和发展权利。

链接 《宪法》第6、11、15条

第二百零七条 【平等保护原则】国家、集体、私人的物权和其他权利人的物权受法律平等保护,任何组织或者个人不得侵犯。

注释 本条是对物权平等保护原则的规定。物权平等保护原则表现为:(1)物权的主体平等,不得

歧视非公有物权的主体；（2）物权平等，无论是国家的、集体的、私人的还是其他权利人的物权，都是平等的物权，受物权法律规则的约束，不存在高低之分；（3）平等受到保护，当不同的所有权受到侵害时，在法律保护上一律平等，不得对私人的物权歧视对待。

链接《宪法》第12、13条；《民法典》第3、113条

第二百零八条　【物权公示原则】不动产物权的设立、变更、转让和消灭，应当依照法律规定登记。动产物权的设立和转让，应当依照法律规定交付。

注释　物权公示公信原则

物权公示，是指在物权变动时，必须将物权变动的事实通过一定的公示方法向社会公开，使第三人知道物权变动的情况，以避免第三人遭受损害并保护交易安全。物权公信，是指物权变动经过公示以后所产生的公信力，即物权变动按照法定方法公示以后，不仅正常的物权变动产生公信后果，而且即使物的出让人事实上无权处分，善意受让人基于对公示的信赖，仍能取得物权。

物权公示方法

根据本条规定，不动产物权变动的公示方法是登记，不动产物权的设立、变更、转让和消灭应当依照法律规定登记，才能取得公信力；动产物权变动的公示方法是交付，动产物权的设立和转让，应当依照法律规定交付，动产交付产生动产物权变动的公信力。

链接《城市房地产管理法》第60、61条；《不动产登记暂行条例》

第二章　物权的设立、变更、转让和消灭
第一节　不动产登记

第二百零九条　【不动产物权的登记生效原则及其例外】不动产物权的设立、变更、转让和消灭，经依法登记，发生效力；未经登记，不发生效力，但是法律另有规定的除外。

依法属于国家所有的自然资源，所有权可以不登记。

注释 不动产物权的设立、变更、转让和消灭，统称

为不动产物权变动。不动产物权变动必须依照法律规定进行登记，只有经过登记，才能够发生物权变动的效果，才具有发生物权变动的外部特征，才能取得不动产物权变动的公信力。除法律另有规定外，不动产物权变动未经登记，不发生物权变动的法律效果，法律不承认其物权已经发生变动，也不予以法律保护。

"法律另有规定的除外"，主要包括三个方面的内容：（1）本条第2款所规定的，依法属于国家所有的自然资源，所有权可以不登记，至于在国家所有的土地、森林、海域等自然资源上设立用益物权、担保物权，则需要依法登记生效。（2）本章第三节规定的物权设立、变更、转让或者消灭的一些特殊情况，即主要是非依法律行为而发生的物权变动的情形：第一，因人民法院、仲裁机构的法律文书或者人民政府的征收决定等，导致物权设立、变更、转让或者消灭的，自法律文书或者征收决定等生效时发生效力；第二，因继承取得物权的，自继承开始时发生效力；第三，因合法建造、拆除房屋等事实行为设立或者消灭物权的，自事实行为成就时发生效力。（3）考虑到现行法律的规定以及我国的实际情况尤其是农村的实际情况，本法并没有对不动产物权的设立、变更、转让和消灭，一概规定必须经依法登记才发生效力。例如，土地承包经营权一章中规定，"土地承包经营权互换、转让的，当事人可以向登记机构申请登记；未经登记，不得对抗善意第三人"。这里规定的是"未经登记，不得对抗善意第三人"，而不是"不发生效力"。宅基地使用权一章，对宅基地使用权的变动，也并未规定必须登记，只是规定"已经登记的宅基地使用权转让或者消灭的，应当及时办理变更登记或者注销登记"。地役权一章中规定，"地役权自地役权合同生效时设立。当事人要求登记的，可以向登记机构申请地役权登记；未经登记，不得对抗善意第三人"。

案例 大连羽田钢管有限公司与大连保税区弘丰钢铁工贸有限公司、株式会社羽田钢管制造所、大连高新技术产业园区龙王塘街道办事处物权确认纠纷案①（《最高人民法院公报》2012年第6期）

裁判规则：在物权确权纠纷案件中，根据物权

变动的基本原则,对于当事人依据受让合同提出的确权请求应当视动产与不动产区别予以对待。人民法院对于已经交付的动产权属可以予以确认。对于权利人提出的登记于他人名下的不动产物权归其所有的确权请求,人民法院不宜直接判决确认其权属,而应当判决他人向权利人办理登记过户。

链接《不动产登记暂行条例》;《不动产登记暂行条例实施细则》;《民法典》第374条;《森林法》第14、15条;《土地管理法》第12条;《草原法》第11条

第二百一十条　【不动产登记机构和不动产统一登记】不动产登记,由不动产所在地的登记机构办理。

国家对不动产实行统一登记制度。统一登记的范围、登记机构和登记办法,由法律、行政法规规定。

注释 不动产登记实行属地原则,即不动产登记由不动产所在地的登记机构专属管辖,不得在异地进行不动产物权变动登记。

国家对不动产实行统一登记制度,国务院已于2014年11月24日发布《不动产登记暂行条例》,自2015年3月1日起施行,于2019年3月24日进行了修订。该条例规定的就是统一的不动产物权变动的登记制度。

链接《不动产登记暂行条例》;《不动产登记暂行条例实施细则》

第二百一十一条　【申请不动产登记应提供的必要材料】当事人申请登记,应当根据不同登记事项提供权属证明和不动产界址、面积等必要材料。

注释 本条是对申请不动产登记应当提供必要材料的规定。申请人应当提交下列材料,并对申请材料的真实性负责:(1)登记申请书;(2)申请人、代理人身份证明材料、授权委托书;(3)相关的不动产权属来源证明材料、登记原因证明文件、不动产权属证书;(4)不动产界址、空间界限、面积等材料;(5)与他人利害关系的说明材料;(6)法律、行政法规以及不动产登记暂行条例实施细则规定的其他材料。不动产登记机构应当在办公场所和门户网站公开申请登记所需材料目录和示范文本等信息。

链接《不动产登记暂行条例》第14-16条

第二百一十二条　【不动产登记机构应当履行的职责】登记机构应当履行下列职责:

（一）查验申请人提供的权属证明和其他必要材料;

（二）就有关登记事项询问申请人;

（三）如实、及时登记有关事项;

（四）法律、行政法规规定的其他职责。

申请登记的不动产的有关情况需要进一步证明的,登记机构可以要求申请人补充材料,必要时可以实地查看。

链接《不动产登记暂行条例》第17-22条

第二百一十三条　【不动产登记机构的禁止行为】登记机构不得有下列行为:

（一）要求对不动产进行评估;

（二）以年检等名义进行重复登记;

（三）超出登记职责范围的其他行为。

链接《不动产登记暂行条例》第29、30条

第二百一十四条　【不动产物权变动的生效时间】不动产物权的设立、变更、转让和消灭,依照法律规定应当登记的,自记载于不动产登记簿时发生效力。

注释 本条是对不动产物权变动登记效力发生时间的规定。不动产物权变动登记效力的发生时间,是指不动产发生物权变动效力的具体时间。只有不动产物权变动发生了效力,不动产物权才真正归属于不动产登记申请人享有,不动产物权人才可以依照自己的意志行使物权。

应当将登记机构审查认为符合不动产物权变动登记要求的时间,作为不动产物权变动登记记载于不动产登记簿的时间。

链接《不动产登记暂行条例》第21条

第二百一十五条　【合同效力和物权效力区分】当事人之间订立有关设立、变更、转让和消灭不动产物权的合同,除法律另有规定或者当事人另有约定外,自合同成立时生效;未办理物权登记的,不影响合同效力。

注释 以发生物权变动为目的的基础关系,主要是合同,属于债权法律关系的范畴,其成立以及生效应该依据合同相关法律规定来判断。民法学将这种合同看成是物权变动的原因行为。不动产物权的变动一般只能在登记时生效,依法成立生效的合同也许不能发生物权变动的结果。这可能是因为物权因客观情势发生变迁,使得物权的变动成

为不可能;也可能是物权的出让人"一物二卖",其中一个买受人先行进行了不动产登记,其他的买受人便不可能取得合同约定转让的物权。有关设立、变更、转让和消灭不动产物权的合同和物权的设立、变更、转让和消灭本身是两个应当加以区分的情况。除非法律有特别规定,合同一经成立,只要不违反法律的强制性规定和社会公共利益,就可以发生效力。合同只是当事人之间的一种合意,并不必然与登记联系在一起。登记是针对民事权利的变动而设定的,它是与物权的变动联系在一起的,是一种物权变动的公示方法。登记并不是针对合同行为,而是针对物权的变动所采取的一种公示方法,如果当事人之间仅就物权的变动达成合意,而没有办理登记,合同仍然有效。例如,当事人双方订立了房屋买卖合同之后,合同就已经生效,但如果没有办理登记手续,房屋所有权不能发生移转。当然,违约的合同当事人一方应该承担违约责任。依不同情形,买受人可以请求债务人实际履行合同,即请求出卖人办理不动产转让登记,或者请求债务人赔偿损失。

案例 重庆索特盐化股份有限公司与重庆新万基房地产开发有限公司土地使用权转让合同纠纷案(《最高人民法院公报》2009年第4期)

裁判规则: 根据《物权法》第15条(《民法典》第215条)的规定,当事人之间订立有关设立、变更、转让和消灭不动产物权的合同,除法律另有规定或者合同另有约定外,自合同成立时生效;未办理物权登记的,不影响合同效力。该规定确定了不动产物权变动的原因与结果相区分的原则。物权转让行为不能成就,并不必然导致物权转让合同无效。

链接《民法典》第502条

第二百一十六条 【不动产登记簿效力及管理机构】不动产登记簿是物权归属和内容的根据。

不动产登记簿由登记机构管理。

注释 不动产登记簿,是不动产登记机构按照国务院自然资源主管部门规定设立的统一的不动产权属登记簿。不动产登记簿应当记载以下事项:(1)不动产的坐落、界址、空间界限、面积、用途等自然状况;(2)不动产权利的主体、类型、内容、来源、期限、权利变化等权属状况;(3)涉及不动产权利限制、提示的事项;(4)其他相关事项。

不动产登记簿应当采用电子介质,暂不具备条件的,可以采用纸质介质。不动产登记机构应当明确不动产登记簿唯一、合法的介质形式。

由于不动产登记簿是物权归属和内容的根据,因而在不动产登记簿上记载某人享有某项物权时,就直接推定该人享有该项物权,其物权的内容也以不动产登记簿上的记载为准。这就是不动产登记簿所记载的权利的正确性推定效力规则。但当事人有证据证明不动产登记簿的记载与真实权利状态不符,其为该不动产物权的真实权利人,请求确认其享有物权的,应予支持。

实务问答 不动产登记簿证明力如何?

不动产权属证书是权利人享有不动产物权的证明。不动产权属证书具有证据资格,但根据物权公示原则,完成不动产物权公示的是不动产登记,不动产物权的归属和内容的根据仍然是不动产登记簿,不动产权属证书只是其外在表现形式,不动产权属证书并不具有代表不动产物权的功能。不动产权属证书记载的事项,首先应当与不动产登记簿一致,记载不一致的,一般以不动产登记簿为准,在有证据证明不动产登记簿确有错误的情况下,根据实际认定权属。因此,不动产权属证书也是可以依证据推翻的。(最高人民法院物权法研究小组编著:《〈中华人民共和国物权法〉条文理解与适用》,人民法院出版社2007年版,第95页。)

案例 江西省南昌百货总公司、湖南赛福尔房地产开发公司与南昌新洪房地产综合开发有限公司合资、合作开发房地产合同纠纷案(《最高人民法院公报》2013年第1期)

裁判规则: 一、在审理合作开发房地产纠纷时,判断争议房屋产权的归属应当依据合作协议的约定以及房地产管理部门的登记情况全面分析。在没有证据证明双方变更了合作协议约定的情况下,一方当事人仅以为对方偿还部分债务或向对方出借款项、对争议房产享有优先受偿权,以及"五证"登记在其名下等事实为由,主张确认全部房归其所有的,人民法院不予支持。

二、合作双方在签订合作合同之后,合作项目在双方共同努力下得以优化变更,建筑面积在土地面积不变的情况下因容积率变化而得以增加。由于土地价值与容积率呈正相关,提供土地一方的出资部分因容积率增加而增值,其应分获的房产面积亦应相应增加,该方当事人可按照原合同约定的分配比例请求分配新增面积部分。当事人对于应分得但未实际获得的不足部分,如让另一方实际交付已不现实,可根据市场行情认定该部分房产价值,由另一方以支付现金的方式补足该部分面积差。

链接《不动产登记暂行条例》第8-10条;《最高人民法院关于适用〈中华人民共和国民法典〉物权编的解释(一)》[以下简称《物权编解释(一)》]第2条

第二百一十七条 【不动产登记簿与不动产权属证书的关系】不动产权属证书是权利人享有该不动产物权的证明。不动产权属证书记载的事项,应当与不动产登记簿一致;记载不一致的,除有证据证明不动产登记簿确有错误外,以不动产登记簿为准。

注释不动产权属证书是权利人享有该不动产物权的证明。不动产登记机构完成登记后,依法向申请人核发不动产权属证书。不动产权属证书与不动产登记簿的关系是:完成不动产物权公示的是不动产登记簿,不动产物权的归属和内容以不动产登记簿的记载为根据;不动产权属证书只是不动产登记簿所记载的内容的外在表现形式。简言之,不动产登记簿是不动产权属证书的母本,不动产权属证书是证明不动产登记簿登记内容的证明书。故不动产权属证书记载的事项应当与不动产登记簿一致;如果出现记载不一致的,除有证据证明并且经过法定程序认定不动产登记簿确有错误的外,物权的归属以不动产登记簿为准。

案例四川省聚丰房地产开发有限责任公司与达州广播电视大学合资、合作开发房地产合同纠纷案(《最高人民法院公报》2014年第10期)

裁判规则:根据《物权法》(《民法典》第217条)的规定,不动产物权应当依不动产登记簿的内容确定,不动产权属证书只是权利人享有该不动产物权的证明。行政机关注销国有土地使用证但并未注销土地登记的,国有土地的使用权人仍然是土地登记档案中记载的权利人。国有土地使用权转让法律关系中的转让人以国有土地使用证被注销、其不再享有土地使用权为由主张解除合同的,人民法院不应支持。

链接《不动产登记暂行条例》第21条

第二百一十八条 【不动产登记资料的查询、复制】权利人、利害关系人可以申请查询、复制不动产登记资料,登记机构应当提供。

注释本条中的权利人,是指不动产权属持有者,以及不动产权属交易合同的双方当事人;利害关系人是在合同双方当事人以外的或者物权人以外的人中,可能和这个物权发生联系的这部分人。

链接《不动产登记暂行条例》第27条

第二百一十九条 【利害关系人的非法利用不动产登记资料禁止义务】利害关系人不得公开、非法使用权利人的不动产登记资料。

注释本条是对利害关系人不得公开、非法使用不动产登记资料的规定。查询不动产登记资料的单位、个人应当向不动产登记机构说明查询目的,不得将查询获得的不动产登记资料用于其他目的;未经权利人同意,不得泄露查询获得的不动产登记资料。

链接《不动产登记暂行条例》第28条

第二百二十条 【更正登记和异议登记】权利人、利害关系人认为不动产登记簿记载的事项错误的,可以申请更正登记。不动产登记簿记载的权利人书面同意更正或者有证据证明登记确有错误的,登记机构应当予以更正。

不动产登记簿记载的权利人不同意更正的,利害关系人可以申请异议登记。登记机构予以异议登记,申请人自异议登记之日起十五日内不提起诉讼的,异议登记失效。异议登记不当,造成权利人损害的,权利人可以向申请人请求损害赔偿。

注释 更正登记

更正登记,是指已经完成的登记,由于当初登记手续的错误或者遗漏,致使登记与原始的实体权利关系不一致,为消除这种不一致的状态,对既存的登记内容进行修正补充的登记。故更正登记的目的是对不动产物权登记订正错误、补充遗漏。更正登记有两种方式,一种是经权利人(包括登记上的权利人和事实上的权利人)以及利害关系人申请作出的更正登记,另一种是登记机关自己发现错误后作出的更正登记。

异议登记

所谓异议登记,就是将事实上的权利人以及利害关系人对不动产登记簿记载的权利所提出的异议记入登记簿。异议登记的法律效力是,登记簿上所记载的权利失去正确性推定的效力,第三人也不得主张依照登记的公信力而受到保护。异议登记虽然可以对真正权利人提供保护，但这种保护应当是临时性的，因为它同时也给不动产物权交易造成了一种不稳定的状态。为使不动产物权的不稳定状态早日恢复正常，法律必须对异议登记的有效期间作出限制。因此，本条规定，申请人自异议登记之日起十五日内不提起诉讼的，异议登记失效。由于异议登记可以使登记簿上所记载的权利失去正确性推定的效力，同时，异议登记的申请人在提出异议登记的申请时也无需充分证明其权利受到了损害，如果申请人滥用异议登记制度，将可能给登记簿上记载的权利人的利益造成损害。因此，本条规定，异议登记不当，造成权利人损害的，权利人可以向申请人请求损害赔偿。

案例 案外人王某对具有强制执行力的公证债权文书申请执行异议案[《江苏省高级人民法院公报》(2015 年第 3 辑)]

裁判规则： 我国《物权法》第 16 条(《民法典》第 216 条)规定，不动产登记簿是物权归属和内容的根据。第 19 条(《民法典》第 220 条)规定，权利人、利害关系人认为不动产登记簿记载的事项错误的，可以申请更正登记;有证据证明登记确有错误的，登记机构应当予以更正。由此可见，我国《物权法》仅赋予不动产登记权利推定的效力，在有相反证据足以推翻登记的情形下，仍应以实际权利人为准。实践中，由于当事人或登记机构的原因，不动产登记簿上记载的物权状况可能与真实的权利状况不一致，若有证据证明不动产登记与实际权利状况不符的，人民法院应当以证据证明的事实确认不动产的真正权利人。

链接 《物权编解释(一)》第 3 条

第二百二十一条 【预告登记】 当事人签订买卖房屋的协议或者签订其他不动产物权的协议，为保障将来实现物权，按照约定可以向登记机构申请预告登记。预告登记后，未经预告登记的权利人同意，处分该不动产的，不发生物权效力。

预告登记后，债权消灭或者自能够进行不动产登记之日起九十日内未申请登记的，预告登记失效。

注释 预告登记

预告登记，是指为了保全债权的实现、保全物权的顺位请求权等而进行的提前登记。预告登记与一般的不动产登记的区别在于：一般的不动产登记都是在不动产物权变动已经完成的状态下所进行的登记，而预告登记则是为了保全将来发生的不动产物权变动而进行的登记。预告登记完成后，并不导致不动产物权的设立或者变动，只是使登记申请人取得请求将来发生物权变动的权利。纳入预告登记的请求权，对后来发生与该项请求权内容相同的不动产物权的处分行为，具有排他的效力，以确保将来只发生该请求权所期待的法律后果。

未经预告登记的权利人同意，转让不动产所有权等物权，或者设立建设用地使用权、居住权、地役权、抵押权等其他物权的，应当依照本条第 1 款的规定，认定其不发生物权效力。预告登记的买卖不动产物权的协议被认定无效、被撤销，或者预告登记的权利人放弃债权的，应当认定为本条第 2 款所称的"债权消灭"。

预告登记的适用范围

预告登记适用于有关不动产物权的协议，在我国主要适用于商品房预售。在商品房预售中，预售登记作出以后，使期房买卖得到了公示，这种期待权具有对抗第三人的效力。也就是说，在办理了预售登记后，房屋所有人不得进行一房多卖，否则，其违反房屋预售登记内容作出的处分房屋所有权的行为无效。值得注意的是，预售登记主要是为了保护买受人的利益，如果买受人不愿意进行预售登记，法律不宜强制其办理登记手续。

实务问答 商品房抵押的预告登记是否产生抵押效力?

预购商品房抵押的预告登记不产生抵押效力。理由是：预告登记是与本登记相对应的概念，预告登记是对将来发生不动产物权变动的目的请求权的登记，本登记则是对已经发生的物权变动进行的登记。预购商品房抵押预告登记，主要是促使以设立房屋抵押权为内容的请求权得以实现，并非直接导致抵押权的设立。《担保法解释》第 47 条(《最高人民法院关于适用〈中华人民共和国民法典〉有关担保制度的解释》第 51 条)、《物权法》第 187 条(《民法典》第 402 条)中关于抵押物登记，均指本登记，非预告登记，故在预售商品房上抵押预告未转换成房屋抵押登记之前，抵押权人行使房屋优先受偿权依据不足，不予支持。(最高人民法院民事审判第一庭：《预购商品房抵押的预告登记是否产生抵押效力》，载杜万华主编、最高人民法院民事审判第一庭编：《民事审判指导与参考》总第 65 辑，人民法院出版社 2016 年版，第 153~154 页。)

链接《物权编解释(一)》第4、5条;《城市商品房预售管理办法》第10条

第二百二十二条　【不动产登记错误损害赔偿责任】 当事人提供虚假材料申请登记,造成他人损害的,应当承担赔偿责任。

因登记错误,造成他人损害的,登记机构应当承担赔偿责任。登记机构赔偿后,可以向造成登记错误的人追偿。

链接《不动产登记暂行条例》第29条

第二百二十三条　【不动产登记收费标准的确定】 不动产登记费按件收取,不得按照不动产的面积、体积或者价款的比例收取。

注释 不动产登记以件计费,而不是按照不动产的面积、体积或者价款的比例收取。

2016年12月6日,国家发展改革委、财政部发布《关于不动产登记收费标准等有关问题的通知》,按照按件收费的要求,确定了收费标准:(1)住宅类不动产登记收费标准。落实不动产统一登记制度,实行房屋所有权及其建设用地使用权一体登记。原有住房及其建设用地分别办理各类登记时收取的登记费,统一整合调整为不动产登记收费,即住宅所有权及其建设用地使用权一并登记,收取一次登记费。规划用途为住宅的房屋及其建设用地使用权申请办理不动产登记事项,提供具体服务内容,据实收取不动产登记费,收费标准为每件80元。(2)非住宅类不动产登记收费标准。办理非住宅类不动产权利的首次登记、转移登记、变更登记,收取不动产登记费,收费标准为每件550元。(3)证书工本费标准。不动产登记机构按上述规定收取不动产登记费,核发一本不动产权属证书的不收取证书工本费。向一个以上不动产权利人核发权属证书的,每增加一本证书加收证书工本费10元。不动产登记机构依法核发不动产登记证明,不得收取登记证明工本费。

第二节　动产交付

第二百二十四条　【动产物权变动生效时间】 动产物权的设立和转让,自交付时发生效力,但是法律另有规定的除外。

注释 动产物权的设立和转让,主要是指当事人通过合同约定转让动产所有权和设立动产质权两种情况。交付,是指动产的直接占有的转移,即一方按照法律行为的要求,将动产转移给另一方直接占有。

法律另有规定的除外条款是指:(1)关于动产观念交付的法律规定,即《民法典》物权编第226-228条规定;(2)本章关于依非法律行为而发生物权变动的第229-231条规定;(3)本编担保物权分编对动产抵押权和留置权的规定。这些情形不适用本条的规定。

案例 中国长城资产管理公司乌鲁木齐办事处与新疆华电工贸有限责任公司、新疆华电红雁池发电有限责任公司、新疆华电苇湖梁发电有限责任公司等借款合同纠纷案(《最高人民法院公报》2009年第2期)

裁判规则:一、注册资本是公司最基本的资产,确定和维持公司一定数额的资本,对于奠定公司基本的债务清偿能力,保障债权人利益和交易安全具有重要价值。股东出资是公司资本确定、维持原则的基本要求,出资是股东最基本、最重要的义务,股东应当按期足额缴纳公司章程中规定的各自所认缴的出资额,以货币出资的,应当将货币出资足额存入公司在银行开设的账户;以非货币财产出资的,应当依法办理财产权的转移手续。

二、根据《物权法》第23条(《民法典》第224条)的规定,动产物权的设立和转让自交付时发生效力,动产所有权的转移以实际交付为准。股东以动产实物出资的,应当将作为出资的动产按期实际交付给公司。未实际交付的,应当认定股东没有履行出资义务,其出资没有实际到位。

第二百二十五条　【船舶、航空器和机动车物权变动采取登记对抗主义】 船舶、航空器和机动车等的物权的设立、变更、转让和消灭,未经登记,不得对抗善意第三人。

注释 根据《海商法》第9条第1款的规定,船舶所有权的取得、转让和消灭,应当向船舶登记机关登记;未经登记的,不得对抗第三人。根据《民用航空法》第14条第1款的规定,民用航空器所有权的取得、转让和消灭,应当向国务院民用航空主管部门登记;未经登记的,不得对抗第三人。

所谓善意第三人,就是指不知道也不应当知道物权发生了变动的其他人。转让人转让船舶、航空器和机动车等所有权,受让人已经支付合理价款并取得占有,虽未经登记,但转让人的债权人主张其为本条所称的"善意第三人"的,不予支持,

法律另有规定的除外。

链接 《海商法》第3、9、10、13条;《民用航空法》第5、11、12、14、16条;《道路交通安全法》第8、12条;《物权编解释(一)》第6、20条

第二百二十六条 【简易交付】动产物权设立和转让前,权利人已经占有该动产的,物权自民事法律行为生效时发生效力。

注释 本条是对简易交付的规定。简易交付,是指交易标的物已经为受让人占有,转让人无须进行现实交付的无形交付方式。简易交付的条件,须在受让人已经占有了动产的场合,仅需当事人之间就所有权让与达成合意,即产生物权变动的效力。转让人将自主占有的意思授予受让人,以代替现实的交付行为,受让人就从他主占有变为自主占有,就实现了动产交付,实现了动产物权的变动。当事人以本条规定的简易交付方式交付动产的,转让动产民事法律行为生效时为动产交付之时。

链接 《物权编解释(一)》第17条

第二百二十七条 【指示交付】动产物权设立和转让前,第三人占有该动产的,负有交付义务的人可以通过转让请求第三人返还原物的权利代替交付。

注释 指示交付

指示交付,又叫返还请求权让与,是指在交易标的物被第三人占有的场合,出让人与受让人约定,出让人将其对占有人的返还请求权移转给受让人,由受让人向第三人行使,以代替现实的动产交付方式。举例说明:甲将自己的自行车出租给乙使用,租期一个月,租赁期未满之时,甲又将该自行车出售给丙,由于租期未满,自行车尚由乙合法使用,此时为使得丙享有对该自行车的所有权,甲应当将自己享有的针对乙的返还原物请求权转让给丙以代替现实交付。当事人以本条规定的方式交付动产的,转让人与受让人之间有关转让返还原物请求权的协议生效时为动产交付之时。

指示交付适用的条件

指示交付的适用条件是:(1)双方当事人达成动产物权变动协议;(2)作为交易标的的动产在物权交易之前就由第三人占有;(3)出让人对第三人占有的动产享有返还原物请求权;(4)出让人能将对第三人占有的动产返还请求权转让给受让人。

指示交付的公示力

移转请求权的交付方式只是通过当事人之间的约定而产生的,并且标的物仍然处于第三人占有之下,因此占有发生移转,还需要第三人实际交付标的物。如果第三人因行使抗辩权拒绝交付财产,则请求权的转让只能在出让人和受让人之间产生效力,并不能因此对抗第三人。除抗辩权之外,如果第三人对出让人享有法定或约定的抵销权,或者因为出让人对第三人负有债务而使第三人享有留置权,第三人也可通过行使这些权利而拒绝向买受人作出交付。

实务问答 如何依据《民法典》指示交付的规定行使对第三人的返还请求权?

《民法典》第227条将《物权法》第26条中的"依法"二字删除,允许没有法律依据的无权占有采取指示交付的方式,扩大了指示交付的适用范围。

《民法典》第227条规定的第三人即指能够对转让标的物(动产)进行物理意义上直接占有和直接控制的一方,既包括根据债权关系,如租赁、借用、保管、动产质押协议而占有动产的人,又包括非基于合同等关系、不具备法律上的正当原因而占有动产的无权占有人,例如甲将自己收藏的古董出售给乙,该古董被丙盗去,甲向乙转让他对于丙的返还原物请求权来代替实际交付,丙是《民法典》第227条所指的"第三人"。

《民法典》既然已经认可第三人非依法占有动产的,亦构成指示交付,则让与人所让与的返还请求权,既可以是对特定第三人的返还请求权,也可以是对不特定第三人的返还请求权。且法律规定指示交付方式的目的,在于促使交易更加便捷,满足经济生活的实际需要。

实际经济生活中既然存在着对不特定第三人的返还请求权,而承认这种返还请求权对交易安全又不会构成妨害,没有必要限制该种返还请求权的转让。

《民法典》虽然未明确规定让与人通知第三人的义务,但在实际操作中,让与人在让与返还请求权之后,可以及时通知第三人,以防止第三人再将该动产返还给让与人,导致交易过程复杂化;同时也便于受让人向第三人主张权利时,第三人向受让人履行义务。

同时,通知第三人并非动产物权变动的生效

要件,未通知第三人不影响动产物权变动的效力。如果第三人因未接到通知而将该动产返还让与人的,让与人应当将该动产及时交付受让人。(最高人民法院民法典贯彻实施工作领导小组主编:《中华人民共和国民法典物权编理解与适用(上)》,人民法院出版社2020年版,第149~152页。)

案例 肯考帝亚农产品贸易(上海)有限公司与广东富虹油品有限公司、第三人中国建设银行股份有限公司湛江市分行所有权确认纠纷案(《最高人民法院公报》2012年第1期)

裁判规则:《物权法》第23条(《民法典》第224条)规定,动产物权的设立和转让,自交付时发生效力。交付是否完成是动产所有权转移与否的标准,动产由第三人占有时,则应根据《物权法》第26条(《民法典》第227条)的规定进行指示交付。《最高人民法院关于适用〈中华人民共和国担保法〉若干问题的解释》第88条规定,出质人以间接占有的财产出质的,以质押合同书面通知占有人时视为移交。根据该条规定精神,提货单的交付,仅意味着当事人的提货请求权进行了转移,在当事人未将提货请求转移事实通知实际占有人时,提货单的交付并不构成《物权法》第26条所规定的指示交付。

链接《物权编解释(一)》第17条

第二百二十八条 【占有改定】动产物权转让时,当事人又约定由出让人继续占有该动产的,物权自该约定生效时发生效力。

注释 占有改定的含义

占有改定,是指在转让动产物权时,转让人希望继续占有该动产,当事人双方订立合同并约定转让人可以继续占有该动产,而受让人因此取得对标的物的间接占有以代替标的物的实际交付。

占有改定的效力

以占有改定的方式实现所有权移转仅仅是通过当事人的合意在观念中完成的。无论约定采取何种形式,口头或者书面,第三人都无从察知物权的变动,所以对于因信赖出让人直接占有动产这一事实状态而与之交易的第三人,就必须通过善意取得制度加以保护。

案例 青岛源宏祥纺织有限公司诉港润(聊城)印染有限公司取回权确认纠纷案(《最高人民法院公报》2012年第4期)

裁判规则:《物权法》第23条(《民法典》第224条)规定:"动产物权的设立和转让,自交付时发生效力,但法律另有规定的除外。"同时,该法第27条(《民法典》第228条)规定:"动产物权转让时,双方又约定由出让人继续占有该动产的,物权自该约定生效时发生效力。"依据上述规定,动产物权的转让,以交付为公示要件,无论交付的方式是现实交付还是以占有改定方式交付。当事人之间仅仅就物权的转移达成协议,但未就该动产达成出让人继续占有该动产的占有改定协议的,不能构成《物权法》第27条(《民法典》第228条)规定的占有改定,故不能发生物权转移的效力。

第三节 其他规定

第二百二十九条 【法律文书、征收决定导致物权变动效力发生时间】因人民法院、仲裁机构的法律文书或者人民政府的征收决定等,导致物权设立、变更、转让或者消灭的,自法律文书或者征收决定等生效时发生效力。

注释 人民法院、仲裁机构在分割共有不动产或者动产等案件中作出并依法生效的改变原有物权关系的判决书、裁决书、调解书,以及人民法院在执行程序中作出的拍卖成交裁定书、变卖成交裁定书、以物抵债裁定书,应当认定为《民法典》第229条所称导致物权设立、变更、转让或者消灭的人民法院、仲裁机构的法律文书。

链接《物权编解释(一)》第7、8条

第二百三十条 【因继承取得物权的生效时间】因继承取得物权的,自继承开始时发生效力。

注释 本条是对因继承取得的物权发生效力的时间的规定。发生继承的事实取得物权的,本条规定自继承开始时发生物权变动的效力。根据《民法典》继承编第1121条第1款的规定,继承从被继承人死亡时开始。尽管在被继承人死亡时好像并未直接发生继承,还要办理继承手续,有的还要进行诉讼通过裁判确定。无论在继承人死亡之后多久才确定继承的结果,但在实际上,继承人取得被继承人的遗产物权,都是在被继承人死亡之时,因为法律规定被继承人死亡的时间,就是继承开始的时间,该继承开始的时间,就是遗产的物权变动的时间。

链接《民法典》第1121条;《物权编解释(一)》第8条

第二百三十一条 【因事实行为设立或者消

灭物权的生效时间】因合法建造、拆除房屋等事实行为设立或者消灭物权的,自事实行为成就时发生效力。

注释 所谓事实行为,是指不以意思表示为要素的能够产生民事法律后果的法律事实。如用钢筋、水泥、砖瓦、木石建造房屋或者用布料缝制衣服,用木料制作家具,将缝制好的衣物抛弃或者将制作好的家具烧毁等能引起物权设立或消灭的行为。首先,事实行为是人的行为,是人的一种有意识的活动,与自然事实有别;其次,事实行为是一种法律事实,即能够在人与人之间产生、变更或终止民事法律关系;再次,事实行为不以意思表示为要素,即行为人是否表达了某种心理状态,法律不予考虑,只要有某种事实行为存在,法律便直接赋予其法律效果。本条即是对事实行为导致物权变动效力的规定。

第二百三十二条 【非依民事法律行为享有的不动产物权变动】处分依照本节规定享有的不动产物权,依照法律规定需要办理登记的,未经登记,不发生物权效力。

注释 物权变动须以法律规定的公示方法进行,如动产交付、不动产登记等。在本节规定的非以法律行为导致物权变动的情况下,不必遵循依照法律行为导致物权变动应当遵循的一般公示方法,这三种不动产物权的变动方式并不按照法律规定的物权变动公示方法进行。为维护交易秩序和交易安全,本条明确规定,本节规定的三种非以法律行为导致物权变动的,尽管权利人享有该物权,但是在处分该不动产物权时,依照法律规定应当登记而未登记的,不发生物权效力,故在处分该物权之前,一定要办理不动产登记,否则无法取得转让物权的效力。

第三章 物权的保护

第二百三十三条 【物权保护争讼程序】物权受到侵害的,权利人可以通过和解、调解、仲裁、诉讼等途径解决。

注释 和解是当事人之间私了。调解是通过第三人调停解决纠纷。仲裁是当事人协议选择仲裁机构,由仲裁机构裁决解决争端。诉讼包括民事、行政、刑事三大诉讼,物权保护的诉讼主要指提起民事诉讼。

链接《物权编解释(一)》第1条

第二百三十四条 【物权确认请求权】因物权的归属、内容发生争议的,利害关系人可以请求确认权利。

注释 物权的确认是物权保护的前提,它包括对所有权归属的确认和对他物权的确认这两方面的内容。确认所有权归属,即确认产权,是一种独立的保护方法,不能以其他方法代替之;同时,确认产权又是采取其他保护方法的最初步骤。在物权归属问题未得到确定时,其他的保护方法也就无从适用。

确认物权的归属必须向有关行政机关或者人民法院提出请求,而不能实行自力救济,即不能单纯以自身的力量维护或者恢复物权的圆满状态。在很多情形中,确认物权往往是行使返还原物请求权的前提,物权的归属如果没有得到确认,根本就无法行使返还原物请求权。

第二百三十五条 【返还原物请求权】无权占有不动产或者动产的,权利人可以请求返还原物。

注释 本条是对返还原物请求权的规定。返还原物请求权,是指物权人对于无权占有标的物之人的请求返还该物的权利。所有权人在其所有物被他人非法占有时,可以向非法占有人请求返还原物,或请求法院责令非法占有人返还原物。适用返还原物保护方法的前提,须原物仍然存在,如果原物已经灭失,只能请求赔偿损失。

财产所有权人只能向没有法律根据而侵占其所有物的人,即非法占有人请求返还。如果非所有权人对所有权人的财产的占有是合法占有,对合法占有人在合法占有期间,所有权人不能请求返还原物。由于返还原物的目的是要追回脱离所有权人占有的财产,故要求返还的原物应当是特定物。如果被非法占有的是种类物,除非该种类物的原物仍存在,否则就不能要求返还原物,只能要求赔偿损失,或者要求返还同种类及同质量的物。所有权人要求返还财产时,对由原物所生的孳息可以同时要求返还。

第二百三十六条 【排除妨害、消除危险请求权】妨害物权或者可能妨害物权的,权利人可以请求排除妨害或者消除危险。

注释 排除妨害请求权,是指当物权的享有和行使受到占有以外的方式妨害时,物权人对妨害人享有请求排除妨害,使自己的权利恢复圆满状态的物权请求权。被排除的妨害需具有不法性,倘若物权人负有容忍义务,则无排除妨害请求权。排除妨害的费用应当由非法妨害人负担。

消除危险请求权,是指由于他人的非法行为足以使财产有遭受毁损、灭失的危险时,物权人有权请求人民法院责令其消除危险,以免造成财产损失的物权请求权。采用消除危险这种保护方法时,应当查清事实,只有危险是客观存在的,且这种违法行为足以危及财产安全时,才能运用消除危险的方法来保护其所有权,其条件是根据社会一般观念确认危险有可能发生。危险的可能性主要是针对将来而言,只要将来有可能发生危险,所有人便可行使此项请求权。对消除危险的费用,由造成危险的行为人负担。

第二百三十七条 【修理、重作、更换或者恢复原状请求权】造成不动产或者动产毁损的,权利人可以依法请求修理、重作、更换或者恢复原状。

第二百三十八条 【物权损害赔偿请求权】侵害物权,造成权利人损害的,权利人可以依法请求损害赔偿,也可以依法请求承担其他民事责任。

第二百三十九条 【物权保护方式的单用和并用】本章规定的物权保护方式,可以单独适用,也可以根据权利被侵害的情形合并适用。

第二分编 所有权

第四章 一般规定

第二百四十条 【所有权的定义】所有权人对自己的不动产或者动产,依法享有占有、使用、收益和处分的权利。

注释 占有,就是对于财产的实际管领或控制,拥有一个物的一般前提就是占有,这是财产所有者直接行使所有权的表现。使用,是权利主体对财产的运用,发挥财产的使用价值。收益,是通过财产的占有、使用等方式取得经济效益。处分,是指财产所有人对其财产在事实上和法律上的最终处置。

第二百四十一条 【所有权人设立他物权】所有权人有权在自己的不动产或者动产上设立用益物权和担保物权。用益物权人、担保物权人行使权利,不得损害所有权人的权益。

注释 所有权人在自己的不动产或者动产上设立用益物权和担保物权,是所有权人行使其所有权的具体体现。由于用益物权与担保物权都是对他人的物享有的权利,因此统称为"他物权",与此相对应,所有权称为"自物权"。

他物权分为用益物权和担保物权。用益物权包括土地承包经营权、建设用地使用权、宅基地使用权、地役权、居住权;担保物权包括抵押权、质权和留置权,还包括所有权保留、优先权、让与担保等非典型担保物权。由于用益物权和担保物权都是在他人所有之物上设置的物权,因此,在行使用益物权和担保物权的时候,权利人不得损害所有权人的权益。

第二百四十二条 【国家专有】法律规定专属于国家所有的不动产和动产,任何组织或者个人不能取得所有权。

注释 国家专有是指只能为国家所有而不能为任何其他人所拥有。国家专有的财产由于不能为他人所拥有,因此不能通过交换或者赠与等任何流通手段转移所有权。

国家专有的不动产和动产的范围主要是:(1)国有土地;(2)海域;(3)水流;(4)矿产资源;(5)野生动物资源;(6)无线电频谱资源。

第二百四十三条 【征收】为了公共利益的需要,依照法律规定的权限和程序可以征收集体所有的土地和组织、个人的房屋以及其他不动产。

征收集体所有的土地,应当依法及时足额支付土地补偿费、安置补助费以及农村村民住宅、其他地上附着物和青苗等的补偿费用,并安排被征地农民的社会保障费用,保障被征地农民的生活,维护被征地农民的合法权益。

征收组织、个人的房屋以及其他不动产,应当依法给予征收补偿,维护被征收人的合法权益;征收个人住宅的,还应当保障被征收人的居住条件。

任何组织或者个人不得贪污、挪用、私分、截留、拖欠征收补偿费等费用。

注释 征收,是国家取得所有权的一种方式,是将集体或者个人的财产征收到国家手中,成为国家所有权的客体,其后果是集体或者个人消灭所有权,国家取得所有权。征收的后果严重,应当给予严格限制:(1)征收的目的必须是公共利益的需要,而不是一般的建设需要。(2)征收的财产应当是土地、房屋及其他不动产。(3)征收不动产应当支付补偿费,对丧失所有权的人给予合理的补偿。征收集体所有的土地,应当支付土地补偿费、安置补助费以及农村村民住宅、其他地上附着物和青苗补偿费等费用。同时,要足额安排被征地农民的社会保障费用,维护被征地农民的合法权益,保障被征地农民的生活。征收组织、个人的房屋或者其他不动产,应当给予征收补偿,维护被征收人的合法权益。征收居民住房的,还应当保障被征收人的居住条件。(4)为了保证补偿费能够足额地发到被征收人的手中,任何组织和个人不得贪污、挪用、私分、截留、拖欠征收补偿费等费用。

链接《土地管理法》第2、45-51、79、80条;《国有土地上房屋征收与补偿条例》

第二百四十四条 【保护耕地与禁止违法征地】国家对耕地实行特殊保护,严格限制农用地转为建设用地,控制建设用地总量。不得违反法律规定的权限和程序征收集体所有的土地。

第二百四十五条 【征用】因抢险救灾、疫情防控等紧急需要,依照法律规定的权限和程序可以征用组织、个人的不动产或者动产。被征用的不动产或者动产使用后,应当返还被征用人。组织、个人的不动产或者动产被征用或者征用后毁损、灭失的,应当给予补偿。

注释 征用,是国家对单位和个人的财产的强制使用。遇有抢险救灾、疫情防控等紧急需要时,国家可以依照法律规定的权限和程序,征用组织、个人的不动产或者动产。

对于被征用的所有权人的权利保护方法是:(1)被征用的不动产或者动产在使用后,应当返还被征用人,其条件是被征用的不动产或者动产的价值仍在。(2)如果不动产或者动产被征用或者被征用后毁损、灭失的,则应当由国家给予补偿,不能使权利人因此受到损失。

链接《民法典》第117、327条

第五章 国家所有权和集体所有权、私人所有权

第二百四十六条 【国家所有权】法律规定属于国家所有的财产,属于国家所有即全民所有。

国有财产由国务院代表国家行使所有权。法律另有规定的,依照其规定。

注释 依据宪法、相关法律、行政法规,本法第247-254条明确规定矿藏、水流、海域、无居民海岛、城市的土地、无线电频谱资源、国防资产属于国家所有。法律规定属于国家所有的农村和城市郊区的土地,野生动植物资源,文物,铁路、公路、电力设

施、电信设施和油气管道等基础设施属于国家所有。除法律规定属于集体所有的外,森林、山岭、草原、荒地、滩涂等自然资源,属于国家所有。

第二百四十七条 【矿藏、水流和海域的国家所有权】矿藏、水流、海域属于国家所有。

第二百四十八条 【无居民海岛的国家所有权】无居民海岛属于国家所有,国务院代表国家行使无居民海岛所有权。

注释 无居民海岛,是指不属于居民户籍管理的住址登记地的海岛。我国《海岛保护法》自2010年3月1日起施行,明确规定无居民海岛属于国家所有,由国务院代表国家行使无居民海岛所有权,凡是无居民海岛开发利用的,都必须报经省级人民政府或者国务院批准并取得海岛使用权、缴纳海岛使用金。

链接《海岛保护法》第4、5条

第二百四十九条 【国家所有土地的范围】城市的土地,属于国家所有。法律规定属于国家所有的农村和城市郊区的土地,属于国家所有。

第二百五十条 【国家所有的自然资源】森林、山岭、草原、荒地、滩涂等自然资源,属于国家所有,但是法律规定属于集体所有的除外。

第二百五十一条 【国家所有的野生动植物资源】法律规定属于国家所有的野生动植物资源,属于国家所有。

第二百五十二条 【无线电频谱资源的国家所有权】无线电频谱资源属于国家所有。

第二百五十三条 【国家所有的文物的范围】法律规定属于国家所有的文物,属于国家所有。

注释 中华人民共和国境内地下、内水和领海中遗存的一切文物,属于国家所有。古文化遗址、古墓葬、石窟寺属于国家所有。国家指定保护的纪念建筑物、古建筑、石刻、壁画、近代现代代表性建筑等不可移动文物,除国家另有规定的以外,属于国家所有。国有不可移动文物的所有权不因其所依附的土地所有权或者使用权的改变而改变。

下列可移动文物,属于国家所有:(1)中国境内出土的文物,国家另有规定的除外;(2)国有文物收藏单位以及其他国家机关、部队和国有企业、事业组织等收藏、保管的文物;(3)国家征集、购买的文物;(4)公民、法人和其他组织捐赠给国家的文物;(5)法律规定属于国家所有的其他文物。属于国家所有的可移动文物的所有权不因其保管、

收藏单位的终止或者变更而改变。

链接《文物保护法》第5条

第二百五十四条　【国防资产、基础设施的国家所有权】国防资产属于国家所有。

铁路、公路、电力设施、电信设施和油气管道等基础设施,依照法律规定为国家所有的,属于国家所有。

注释 国家为武装力量建设、国防科研生产和其他国防建设直接投入的资金、划拨使用的土地等资源,以及由此形成的用于国防目的的武器装备和设备设施、物资器材、技术成果等属于国防资产。国防资产归国家所有。

铁路、公路、电力设施、电信设施和油气管道等都属于国家的基础设施,对国民经济发展和保证人民生命财产安全意义重大。因此,这些基础设施,法律规定为国家所有的,都属于国家所有,没有规定为国家所有的,可以为民事主体所有。

第二百五十五条　【国家机关的物权】国家机关对其直接支配的不动产和动产,享有占有、使用以及依照法律和国务院的有关规定处分的权利。

第二百五十六条　【国家举办的事业单位的物权】国家举办的事业单位对其直接支配的不动产和动产,享有占有、使用以及依照法律和国务院的有关规定收益、处分的权利。

第二百五十七条　【国有企业出资人制度】国家出资的企业,由国务院、地方人民政府依照法律、行政法规规定分别代表国家履行出资人职责,享有出资人权益。

注释 适用本条时应注意:

第一,国家出资的企业,不仅包括国家出资兴办的企业,如国有独资公司,也包括国家控股、参股的有限责任公司和股份有限公司等。当然国家出资的企业不仅仅是公司形式,也包括未进行公司制改造的其他企业。

第二,由国务院和地方人民政府分别代表国家履行出资人的职责。值得注意的是,国家实行国有企业出资人制度的前提是国家统一所有,国家是国有企业的出资人。中央政府与地方政府都只是分别代表国家履行出资人职责,享有出资人权益。不能把国家所有与政府所有等同起来,更不能把国家所有与地方政府所有等同。根据《企业国有资产法》以及《企业国有资产监督管理暂行条例》的规定,国务院和地方人民政府的具体分工

是:国务院代表国家对关系国民经济命脉和国家安全的大型国有及国有控股、国有参股企业,重要基础设施和重要自然资源等领域的国有及国有控股、国有参股企业,履行出资人职责。省、自治区、直辖市人民政府和设区的市、自治州人民政府分别代表国家对由国务院履行出资人职责以外的国有及国有控股、国有参股企业,履行出资人职责。

链接《公司法》第64-70条;《企业国有资产法》;《企业国有资产监督管理暂行条例》

第二百五十八条　【国有财产的保护】国家所有的财产受法律保护,禁止任何组织或者个人侵占、哄抢、私分、截留、破坏。

第二百五十九条　【国有财产管理法律责任】履行国有财产管理、监督职责的机构及其工作人员,应当依法加强对国有财产的管理、监督,促进国有财产保值增值,防止国有财产损失;滥用职权,玩忽职守,造成国有财产损失的,应当依法承担法律责任。

违反国有财产管理规定,在企业改制、合并分立、关联交易等过程中,低价转让、合谋私分、擅自担保或者以其他方式造成国有财产损失的,应当依法承担法律责任。

第二百六十条　【集体财产范围】集体所有的不动产和动产包括:

(一)法律规定属于集体所有的土地和森林、山岭、草原、荒地、滩涂;

(二)集体所有的建筑物、生产设施、农田水利设施;

(三)集体所有的教育、科学、文化、卫生、体育等设施;

(四)集体所有的其他不动产和动产。

第二百六十一条　【农民集体所有财产归属及重大事项集体决定】农民集体所有的不动产和动产,属于本集体成员集体所有。

下列事项应当依照法定程序经本集体成员决定:

(一)土地承包方案以及将土地发包给本集体以外的组织或者个人承包;

(二)个别土地承包经营权人之间承包地的调整;

(三)土地补偿费等费用的使用、分配办法;

(四)集体出资的企业的所有权变动等事项;

(五)法律规定的其他事项。

注释 涉及村民利益的下列事项,经村民会议讨论决定方可办理:(1)本村享受误工补贴的人员及补贴标准;(2)从村集体经济所得收益的使用;(3)本村公益事业的兴办和筹资筹劳方案及建设承包方案;(4)土地承包经营方案;(5)村集体经济项目的立项、承包方案;(6)宅基地的使用方案;(7)征地补偿费的使用、分配方案;(8)以借贷、租赁或者其他方式处分村集体财产;(9)村民会议认为应当由村民会议讨论决定的涉及村民利益的其他事项。村民会议可以授权村民代表会议讨论决定前述规定的事项。法律对讨论决定村集体经济组织财产和成员权益的事项另有规定的,依照其规定。

链接 《土地管理法》第9、10条;《农村土地承包法》第28、52条;《村民委员会组织法》第21~24条

第二百六十二条　【行使集体所有权的主体】对于集体所有的土地和森林、山岭、草原、荒地、滩涂等,依照下列规定行使所有权:

(一)属于村农民集体所有的,由村集体经济组织或者村民委员会依法代表集体行使所有权;

(二)分别属于村内两个以上农民集体所有的,由村内各该集体经济组织或者村民小组依法代表集体行使所有权;

(三)属于乡镇农民集体所有的,由乡镇集体经济组织代表集体行使所有权。

注释 "村"是指行政村,即设立村民委员会的村,而非自然村。"分别属于村内两个以上农民集体所有"主要是指该农民集体所有的土地和其他财产在改革开放以前就分别属于两个以上的生产队,现在其土地和其他集体财产仍然分别属于相当于原生产队的各该农村集体经济组织或者村民小组的农民集体所有。"村民小组"是指行政村内的由村民组成的自治组织。根据《村民委员会组织法》的规定,村民委员会可以根据居住地区划分若干个村民小组。如果村内有集体经济组织的,就由村内的集体经济组织行使所有权;如果没有村内的集体经济组织,则由村民小组来行使。

属于乡镇农民集体所有的,由乡镇集体经济组织代表集体行使所有权。这种情况包括:一是指改革开放以前,原来以人民公社为核算单位的土地,在公社改为乡镇以后仍然属于乡镇农民集体所有;二是在人民公社时期,公社一级掌握的集体所有的土地和其他财产仍然属于乡镇农民集体

所有。上述两种情况下,由乡镇集体经济组织来行使所有权。

链接 《土地管理法》第11条;《农村土地承包法》第13条

第二百六十三条　【城镇集体财产权利】城镇集体所有的不动产和动产,依照法律、行政法规的规定由本集体享有占有、使用、收益和处分的权利。

第二百六十四条　【集体财产状况的公布】农村集体经济组织或者村民委员会、村民小组应当依照法律、行政法规以及章程、村规民约向本集体成员公布集体财产的状况。集体成员有权查阅、复制相关资料。

第二百六十五条　【集体财产的保护】集体所有的财产受法律保护,禁止任何组织或者个人侵占、哄抢、私分、破坏。

农村集体经济组织、村民委员会或者其负责人作出的决定侵害集体成员合法权益的,受侵害的集体成员可以请求人民法院予以撤销。

注释 集体所有的财产,不论是农村集体所有的财产,还是城镇集体所有的财产,都平等地受到法律保护,他人不得侵害。故本条规定禁止任何组织或者个人侵占、哄抢、私分、破坏集体所有的财产。

本条特别授予集体组织成员一个权利,即在农村集体经济组织、村民委员会或者其负责人作出的决定侵害集体成员合法权益的时候,受侵害的集体成员享有撤销权,可以请求人民法院对侵害集体成员合法权益的决定予以撤销。这个撤销权没有规定除斥期间,原则上应当适用《民法典》总则编第152条有关除斥期间为一年的规定。

第二百六十六条　【私人所有权】私人对其合法的收入、房屋、生活用品、生产工具、原材料等不动产和动产享有所有权。

注释 **私人的含义**

"私人"是和国家、集体相对应的物权主体,不但包括我国的公民,也包括在我国合法取得财产的外国人和无国籍人。不仅包括自然人,还包括个人独资企业、个人合伙等组织。

私有财产的范围

(1)收入。是指人们从事各种劳动获得的货币收入或者有价物。主要包括:工资,指定期支付给员工的劳动报酬,包括计时工资、计件工资、职务工资、级别工资、基础工资、工龄工资、奖金、津

贴和补贴、加班加点工资和特殊情况下支付的报酬等;从事智力创造和提供劳务所取得的物质权利,如稿费、专利转让费、讲课费、咨询费、演出费等;因拥有债权、股权而取得的利息、股息、红利所得;出租建筑物、土地使用权、机器设备、车船以及其他财产所得;转让有价证券、股权、建筑物、土地使用权、机器设备、车船以及其他财产所得;得奖、中奖、中彩以及其他偶然所得;从事个体经营的劳动收入、从事承包土地所获得的收益等。

(2)房屋。包括依法购买的城镇住宅,也包括在农村宅基地上依法建造的住宅,还包括商铺、厂房等建筑物。根据土地管理法、城市房地产管理法以及本法的规定,房屋仅指在土地上的建筑物部分,不包括其占有的土地。

(3)生活用品。是指用于生活方面的物品,如家用电器、私人汽车、家具等。

(4)生产工具和原材料。生产工具是指人们在进行生产活动时所使用的器具,如机器设备、车辆、船舶等运输工具。原材料是指生产产品所需的物质基础材料,如矿石、木材、钢铁等。生产工具和原材料是重要的生产资料,是生产所必需的基础物质。

除上述外,私人财产还包括其他的不动产和动产,如图书、个人收藏品、牲畜和家禽等。

链接《宪法》第13条;《刑法》第92条

第二百六十七条 【私有财产的保护】私人的合法财产受法律保护,禁止任何组织或者个人侵占、哄抢、破坏。

第二百六十八条 【企业出资人的权利】国家、集体和私人依法可以出资设立有限责任公司、股份有限公司或者其他企业。国家、集体和私人所有的不动产或者动产投到企业的,由出资人按照约定或者出资比例享有资产收益、重大决策以及选择经营管理者等权利并履行义务。

注释 出资人是对企业投入资本的自然人、法人或者非法人组织。国家、集体和私人依法可以出资设立有限责任公司、股份有限公司或者其他企业。既然向有限责任公司、股份有限公司或者其他企业投资,出资人就对该企业享有股权以及其他投资性权利。国家、集体和私人所有的不动产或者动产投到企业的,由出资人按照约定或者出资比例享有股权,包括:(1)资产收益,出资人有权通过企业盈余分配,从中获得红利;(2)重大决策,出资

人通过股东会或者股东大会等作出决议的方式,决定企业的重大行为;(3)选择经营管理者,有权通过股东会或者股东大会作出决议选择、更换公司的董事或者监事,决定董事或者监事的薪酬,通过董事会聘任或者解聘经理等企业高管;(4)其他权利。

出资人同时也应当履行相应的义务,例如按照约定或者章程的规定,按期、足额地缴纳出资,不得滥用出资人的权利干涉企业正常的经营活动等。

第二百六十九条 【法人财产权】营利法人对其不动产和动产依照法律、行政法规以及章程享有占有、使用、收益和处分的权利。

营利法人以外的法人,对其不动产和动产的权利,适用有关法律、行政法规以及章程的规定。

注释 **法人**

法人,是指具有民事权利能力和民事行为能力,依法独立享有民事权利和承担民事义务的组织。法人应当具备以下条件:(1)依法成立;(2)有必要的财产或者经费;(3)有自己的名称、组织机构和场所;(4)能够独立承担民事责任。

营利法人财产权

以取得利润并分配给股东等出资人为目的成立的法人,为营利法人。营利法人包括有限责任公司、股份有限公司和其他企业法人等。出资人将其不动产或者动产投入营利法人后,即构成了法人独立的财产。营利法人享有法人财产权,即依照法律、行政法规和章程的规定对该财产享有占有、使用、收益和处分的权利,出资人个人不能直接对其投入的资产进行支配,这是营利法人实现自主经营、自负盈亏,独立承担民事责任的物质基础。

链接《民法典》第57、76条;《公司法》第3条

第二百七十条 【社会团体法人、捐助法人合法财产的保护】社会团体法人、捐助法人依法所有的不动产和动产,受法律保护。

注释 社会团体法人是指基于会员的共同意愿,为实现公益目的或者会员共同利益等非营利目的设立的非营利法人。其特征是:(1)设立的目的具有公益性或者团体性,是为了实现公益目的或者会员的共同利益而设立事业单位法人;(2)社会团体法人的设立是基于会员的共同意愿,经过发起人发起,会员集资形成法人的财产;(3)从事的活动

比较广泛,既有公益性活动,也有基于会员共同利益进行的活动;(4)性质属于非营利法人,须符合法人条件,不得进行商业经营活动,不得获取经营利益。

捐助法人,是指由自然人或者法人、非法人组织为实现公益目的,自愿捐助一定资金为基础而成立,以对捐助资金进行专门管理为目的的非营利法人。捐助法人的特点是:(1)捐助法人是财产集合体,是以财产的集合为基础成立的法人,为财团法人;(2)捐助法人没有成员或者会员,不存在通常的社会团体法人由会员大会组成的权力机构,只设立理事会和监事会;(3)捐助法人具有非营利性,活动宗旨是通过资金资助进行科学研究、文化教育、社会福利和其他公益事业的发展,不具有营利性,为公益法人。

链接《民法典》第87、90、92条

第六章　业主的建筑物区分所有权

第二百七十一条　【建筑物区分所有权】 业主对建筑物内的住宅、经营性用房等专有部分享有所有权,对专有部分以外的共有部分享有共有和共同管理的权利。

注释 建筑物区分所有权人,对建筑物内的住宅、商业用房等专有部分享有所有权,对专有部分以外的共有部分如电梯、过道、楼梯、水箱、外墙面、水电气的主管线等享有共有和共同管理的权利。业主可以自行管理建筑物及其附属设施,也可以委托物业服务企业或者其他管理人管理。业主可以设立业主大会,选举业主委员会,制定或者修改业主大会议事规则和建筑物及其附属设施的管理规约,选举业主委员会和更换业主委员会成员,选聘和解聘物业服务企业或者其他管理人,筹集和使用建筑物及其附属设施的维修资金,改建和重建建筑物及其附属设施等。业主大会和业主委员会,对任意弃置垃圾、排放大气污染物或者噪声、违反规定饲养动物、违章搭建、侵占通道、拒付物业费等损害他人合法权益的行为,有权依照法律、法规以及管理规约,要求行为人停止侵害、消除危险、排除妨害、赔偿损失。

案例 孙庆军诉南京市清江花苑小区业主委员会业主知情权纠纷案(《最高人民法院公报》2015年第12期)

裁判规则: 业主作为建筑物区分所有人,享有

知情权,享有了解本小区建筑区划内涉及业主共有权及共同管理权等相关事项的权利,业主委员会应全面、合理公开其掌握的情况和资料。对于业主行使知情权亦应加以合理限制,防止滥用权利,其范围应限于涉及业主合法权益的信息,并遵循简便的原则。

链接《物业管理条例》第6条;《最高人民法院关于审理建筑物区分所有权纠纷案件适用法律若干问题的解释》第1条

第二百七十二条　【业主对专有部分的专有权】 业主对其建筑物专有部分享有占有、使用、收益和处分的权利。业主行使权利不得危及建筑物的安全,不得损害其他业主的合法权益。

注释 建筑区划内符合下列条件的房屋,以及车位、摊位等特定空间,应当认定为本章所称的专有部分:(1)具有构造上的独立性,能够明确区分;(2)具有利用上的独立性,可以排他使用;(3)能够登记成为特定业主所有权的客体。规划上专属于特定房屋,且建设单位销售时已经根据规划列入该特定房屋买卖合同中的露台等,应当认定为本章所称专有部分的组成部分。

对于建筑物区分所有权人对专有部分享有的权利,一方面,应明确其与一般所有权相同,具有绝对性、永久性、排他性。所有权人在法律限制范围内可以自由使用、收益、处分专有部分,并排除他人干涉。另一方面,也应注意到其与一般所有权的不同:业主的专有部分是建筑物的重要组成部分,与共有部分具有一体性、不可分离性,例如没有电梯、楼道、走廊,业主不可能出入自己的居室、经营性用房等专有部分;没有水箱,水、电等管线,业主无法使用自己的居室、经营性用房等专有部分。因此业主对专有部分行使所有权应受到一定限制。例如,业主对专有部分装修时,不得拆除房屋内的承重墙,不得在专有部分内储藏、存放易燃易爆危险物品,危及整个建筑物的安全,损害其他业主的合法权益。

案例 郑州二建公司诉王良础公有住房出售协议违约纠纷案(《最高人民法院公报》2006年第1期)

裁判规则: 一、建筑物区分所有权人只能在该建筑物中自己专有的部位行使所有权四项权能,未经该建筑物的其他区分所有权人和物业经营管理者、维修者许可,不得对该建筑物的共用部位行使权利。

二、公有住房售出单位对公有住房的共用部位承担着维修责任。售出单位在与公有住房买受人签订的售房协议中，为了不加重自己一方在住房售出后的维修负担，约定买受人不得实施有碍公有住房共用部位安全的行为，这样的约定没有限制买受人正当行使自己的权利，因此是合法有效的。

链接《最高人民法院关于审理建筑物区分所有权纠纷案件适用法律若干问题的解释》第2条

第二百七十三条　【业主对共有部分的共有权及义务】 业主对建筑物专有部分以外的共有部分，享有权利，承担义务；不得以放弃权利为由不履行义务。

业主转让建筑物内的住宅、经营性用房，其对共有部分享有的共有和共同管理的权利一并转让。

注释 关于业主对共有部分的权利，主要应注意，业主对专有部分以外的共有部分既享有权利，又承担义务，并且，业主不得以放弃权利为由不履行义务。例如，业主不得以不使用电梯为由，不交纳电梯维修费；在集中供暖的情况下，不得以冬季不在此住宅居住为由，不交纳暖气费用。关于如何行使该项共有权利、承担义务还要依据本法及相关法律、法规和建筑区划管理规约的规定。

对于本条，值得强调第二款的规定，即业主对其建筑物专有部分的所有权不能单独转让，而必须与其共用部分持分权和成员权一同转让。业主的建筑物区分所有权是一个集合权，包括对专有部分享有的所有权、对建筑区划内的共有部分享有的共有权和共同管理的权利，这三种权利具有不可分离性。在这三种权利中，业主对专有部分的所有权占主导地位，是业主对专有部分以外的共有部分享有共有权以及对共有部分享有共同管理权的前提与基础。而且，区分所有人所有的专有部分的大小，也决定了其对建筑物共有部分享有的共有和共同管理权利的份额大小。因此本条规定，业主转让建筑物内的住宅、经营性用房，其对共有部分享有的共有和共同管理权利一并转让。

案例 无锡市春江花园业主委员会诉上海陆家嘴物业管理有限公司等物业管理纠纷案（《最高人民法院公报》2010年第5期）

裁判规则： 根据《物权法》第72条（《民法典》

第273条）的规定，业主对建筑物专有部分以外的共有部分，享有权利，承担义务。共有部分在物业服务企业物业管理（包括前期物业管理）期间所产生的收益，在没有特别约定的情况下，应属全体业主所有，并主要用于补充小区的专项维修资金。物业服务企业对共有部分进行经营管理的，可以享有一定比例的收益。

链接《物业管理条例》第54条；《最高人民法院关于审理建筑物区分所有权纠纷案件适用法律若干问题的解释》第3、4条

第二百七十四条　【建筑区划内的道路、绿地等场所和设施属于业主共有财产】 建筑区划内的道路，属于业主共有，但是属于城镇公共道路的除外。建筑区划内的绿地，属于业主共有，但是属于城镇公共绿地或者明示属于个人的除外。建筑区划内的其他公共场所、公用设施和物业服务用房，属于业主共有。

注释 区分所有建筑物中的道路属于业主共有，但属于城镇公共道路的除外。只要小区中的道路不是城镇公共道路，就都属于业主共有，是"私家路"，不属于私家路的才是公共道路，界限应当清楚。

确定区分所有建筑物绿地的权属规则是：小区的绿地属于全体业主共有。除外的是：（1）属于城镇公共绿地的除外，城镇公共绿地属于国家，不能归属于全体业主或者个别业主。（2）明示属于个人的除外，以下两项绿地属于明示属于个人：连排别墅业主的屋前屋后的绿地，明示属于个人的，归个人所有或者专有使用；独栋别墅院内的绿地，明示属于个人，归个人所有或者专有使用。至于普通住宅的一层业主的窗前绿地的权属问题，开发商把窗前绿地赠送给一层业主，实际上等于把绿地这一部分共有的建设用地使用权和草坪的所有权给了一层业主。如果没有解决土地使用权和绿地所有权的权属，这样做不妥。如果在规划中就确定一层业主窗前绿地属于一层业主，并且对土地使用权和绿地所有权的权属有明确约定，缴纳必要费用，不存在侵害全体业主共有权的，可以确认窗前绿地为"明示属于个人"，不属于共有部分。

其他公共场所属于确定的共有部分，不得归属于开发商所有。相对于会所以外的，为全体业主使用的广场、舞厅、图书室、棋牌室等，属于其他

公共场所。而园林属于绿地,走廊、门庭、大堂等则属于建筑物的构成部分,本来就是共有部分,不会出现争议,不必专门规定。

公用设施是指小区内的健身设施、消防设施,属于共有部分,不存在例外。

现代住宅建筑物的物业管理是必要的,故建设住宅建筑物必须建设物业服务用房。物业服务用房属于业主共有,不得另行约定。

案例 1. 长城宽带网络服务有限公司江苏分公司诉中国铁通集团有限公司南京分公司恢复原状纠纷案(《最高人民法院公报》2019 年第 12 期)

裁判规则: 小区内的通信管道在小区交付后属于全体业主共有。通信运营公司与小区房地产开发公司签订的小区内通信管线等通信设施由通信运营公司享有专有使用权的条款,侵犯了业主的共有权,侵犯了业主选择电信服务的自由选择权,应属无效。

2. 宜兴市新街街道海德名园业主委员会诉宜兴市恒兴置业有限公司、南京紫竹物业管理股份有限公司宜兴分公司物权确认纠纷、财产损害赔偿纠纷案(《最高人民法院公报》2018 年第 11 期)

裁判规则: 开发商与小区业主对开发商在小区内建造的房屋发生权属争议时,应由开发商承担举证责任。如开发商无充分证据证明该房屋系其所有,且其已将该房屋建设成本分摊到出售给业主的商品房中,则该房屋应当属于小区全体业主所有。开发商在没有明确取得业主同意的情况下,自行占有使用该房屋,不能视为业主默示同意由开发商无偿使用,应认定开发商构成侵权。业主参照自该房屋应当移交时起的使用费向开发商主张赔偿责任的,人民法院应予支持。

3. 青岛中南物业管理有限公司南京分公司诉徐献太、陆素侠物业管理合同纠纷案(《最高人民法院公报》2007 年第 9 期)

裁判规则: 一、业主与所在小区的物业管理公司签订物业管理服务协议后,即与物业管理公司之间建立了物业管理服务合同关系。物业管理公司作为提供物业管理服务的合同一方当事人,有义务依约进行物业管理,要求业主遵守业主公约及小区物业管理规定,有权对于违反业主公约及物业管理规定的行为加以纠正,以维护小区正常的物业管理秩序,维护小区全体业主的共同利益。当业主不按照整改要求纠正违反业主公约和物业管理规定的行为时,物业管理公司作为合同一方当事人,有权依法提起诉讼。

二、对于与业主所购房屋毗邻庭院绿地的权属问题,不能仅仅依据房地产开发商的售楼人员曾向业主口头承诺"买一楼房屋送花园",以及该庭院绿地实际为业主占有、使用的事实,即认定业主对该庭院绿地享有独占使用权。该庭院绿地作为不动产,其使用权的归属必须根据房屋买卖双方正式签订的商品房买卖协议及物权登记情况加以确定。

三、业主不得违反业主公约及物业管理规定,基于个人利益擅自破坏、改造与其房屋毗邻的庭院绿地。即使业主对于该庭院绿地具有独占使用权,如果该庭院绿地属于小区绿地的组成部分,业主在使用该庭院绿地时亦应当遵守业主公约、物业管理规定关于小区绿地的管理规定,不得擅自破坏该庭院绿地,损害小区其他业主的合法权益。

链接《物业管理条例》第 37 条;《最高人民法院关于审理建筑物区分所有权纠纷案件适用法律若干问题的解释》第 3 条

第二百七十五条 【车位、车库的归属规则】
建筑区划内,规划用于停放汽车的车位、车库的归属,由当事人通过出售、附赠或者出租等方式约定。

占用业主共有的道路或者其他场地用于停放汽车的车位,属于业主共有。

注释 建筑区划内,规划用于停放汽车的车位和车库的权属应当依据合同确定。通过出售和附赠取得车库车位的,所有权归属于业主;车库车位出租的,所有权归属于开发商,业主享有使用权。确定出售和附赠车位、车库的所有权属于业主的,车库车位的所有权和土地使用权也应当进行物权登记,在转移专有权时,车库车位的所有权和土地使用权并不必然跟随建筑物的权属一并转移,须单独进行转让或者不转让。

占用业主共有道路或者其他场地建立的车位,属于全体业主共有。至于如何使用,确定的办法是:(1)应当留出适当部分作为访客车位;(2)其余部分不能随意使用,应当建立业主的专有使用权,或者进行租赁,均须交付费用,而不是随意由业主使用,保持业主对车位利益的均衡;(3)属于共有的车位取得的收益,除管理费外,归属于全体业主,由业主大会或者业主委员会决定,将其归并于公共维修基金或者按照面积分给全体业主。

链接《最高人民法院关于审理建筑物区分所有权纠纷案件适用法律若干问题的解释》第6条

第二百七十六条 【车位、车库优先满足业主需求】建筑区划内，规划用于停放汽车的车位、车库应当首先满足业主的需要。

注释 车库、车位只有在业主的需求解决之后，才可以向外出售或者出租。这是从实际情况出发规定的内容，有利于纠纷的解决和预防。何谓首先满足业主的需要，司法实践经验是，建设单位按照配置比例将车位、车库，以出售、附赠或者出租等方式处分给业主的，应当认定其符合"应当首先满足业主的需要"的规定；反之，超出配置比例处分给业主的，就是没有首先满足业主需要。此处的配置比例是指规划确定的建筑区划内用于停放汽车的车位、车库与房屋套数的比例。至于没有首先满足业主需要的应当如何处理，受到损害的业主有权向人民法院起诉，对于超出配置比例处分给业主车库、车位的行为，应当认定为无效。

链接《最高人民法院关于审理建筑物区分所有权纠纷案件适用法律若干问题的解释》第5条

第二百七十七条 【设立业主大会和选举业主委员会】业主可以设立业主大会，选举业主委员会。业主大会、业主委员会成立的具体条件和程序，依照法律、法规的规定。

地方人民政府有关部门、居民委员会应当对设立业主大会和选举业主委员会给予指导和协助。

注释 业主大会

业主大会是业主的自治组织，是基于业主对建筑物区分所有权的行使产生的，由全体业主组成，是建筑区划内建筑物及其附属设施的管理机构。业主大会的职责是：对外，代表该建筑物的全体业主，其性质为非法人组织性质的管理团体，代表全体所有人为民事法律行为和诉讼行为，具有非法人组织的功能；对内，对建筑物的管理工作作出决策，对共同事务进行决议，如制定管理规约，选任、解任管理人，共有部分的变更，建筑物部分毁损的修建等。业主大会应当定期召开，每年至少召开一次至两次。

业主委员会

业主委员会是业主大会的执行机构，由业主大会选举产生，执行业主大会的决议，履行下列职责：（1）召集业主大会会议，报告物业管理的实施情况；（2）代表业主与业主大会选聘的物业管理企业签订物业服务合同；（3）及时了解业主、物业使用人的意见和建议，监督和协助物业管理企业履行物业服务合同；（4）监督管理规约的实施；（5）业主大会赋予的其他职责。

链接《物业管理条例》第8-20条

第二百七十八条 【由业主共同决定的事项以及表决规则】下列事项由业主共同决定：

（一）制定和修改业主大会议事规则；

（二）制定和修改管理规约；

（三）选举业主委员会或者更换业主委员会成员；

（四）选聘和解聘物业服务企业或者其他管理人；

（五）使用建筑物及其附属设施的维修资金；

（六）筹集建筑物及其附属设施的维修资金；

（七）改建、重建建筑物及其附属设施；

（八）改变共有部分的用途或者利用共有部分从事经营活动；

（九）有关共有和共同管理权利的其他重大事项。

业主共同决定事项，应当由专有部分面积占比三分之二以上的业主且人数占比三分之二以上的业主参与表决。决定前款第六项至第八项规定的事项，应当经参与表决专有部分面积四分之三以上的业主且参与表决人数四分之三以上的业主同意。决定前款其他事项，应当经参与表决专有部分面积过半数的业主且参与表决人数过半数的业主同意。

注释 处分共有部分，以及业主大会依法决定或者管理规约依法确定应由业主共同决定的事项，应当认定为本条规定的有关共有和共同管理权利的"其他重大事项"。

本条规定中的专有部分面积，可以按照不动产登记簿记载的面积计算；尚未进行物权登记的，暂按测绘机构的实测面积计算；尚未进行实测的，暂按房屋买卖合同记载的面积计算。本条规定中的业主人数，可以按照专有部分的数量计算，一个专有部分按一人计算。但建设单位尚未出售和虽已出售但尚未交付的部分，以及同一买受人拥有一个以上专有部分的，按一人计算。

链接《最高人民法院关于审理建筑物区分所有权纠纷案件适用法律若干问题的解释》第7-9条

第二百七十九条 【业主将住宅转变为经营性用房应当遵循的规则】业主不得违反法律、法规以及管理规约,将住宅改变为经营性用房。业主将住宅改变为经营性用房的,除遵守法律、法规以及管理规约外,应当经有利害关系的业主一致同意。

注释 业主负有维护住宅建筑物现状的义务,其中包括不得将住宅改变为经营性用房。如果业主要将住宅改变为经营性用房,除了应当遵守法律、法规以及管理规约外,还应当经过有利害关系的业主的一致同意,有利害关系的业主只要有一人不同意,就不得改变住宅用房的用途。有利害关系的业主,应当根据改变为经营性用房用途的不同,影响范围和影响程度的不同,具体分析确定。具体而言,业主将住宅改变为经营性用房,本栋建筑物内的其他业主,应当认定为本条所称"有利害关系的业主"。建筑区划内,本栋建筑物之外的业主,主张与自己有利害关系的,应证明其房屋价值、生活质量受到或者可能受到不利影响。

业主将住宅改变为经营性用房,未依据本条的规定经有利害关系的业主一致同意,有利害关系的业主请求排除妨害、消除危险、恢复原状或者赔偿损失的,人民法院应予支持。将住宅改变为经营性用房的业主以多数有利害关系的业主同意其行为进行抗辩的,人民法院不予支持。

案例 张一诉郑和伟、中国联合网络通信有限公司武汉市分公司建筑物区分所有权纠纷案(《最高人民法院公报》2014 年第 11 期)

*裁判规则:*在审理建筑物区分所有权案件时,即使业主对房屋的使用没有给其他区分所有权人造成噪音、污水、异味等影响,只要房屋的用途发生改变,由专供个人、家庭日常生活居住使用改变为用于商业、工业、旅游、办公等经营性活动,即可认定该行为影响了业主的安宁生活,属于将住宅改变为经营性用房,应依照《物权法》第 77 条(《民法典》第 279 条)关于业主改变住宅用途的规定处理。

房屋使用人将住宅改变为经营性用房的,应承担与业主相同的法定义务,除遵守法律、法规和管理规约外,还应当经有利害关系的业主同意。

链接《最高人民法院关于审理建筑物区分所有权纠纷案件适用法律若干问题的解释》第 10、11 条

第二百八十条 【业主大会、业主委员会决定的效力】业主大会或者业主委员会的决定,对业主具有法律约束力。

业主大会或者业主委员会作出的决定侵害业主合法权益的,受侵害的业主可以请求人民法院予以撤销。

注释 对业主具有约束力的业主大会或者业主委员会的决定,必须是依法设立的业主大会、业主委员会作出的,必须是业主大会、业主委员会依据法定程序作出的,必须是符合法律、法规及规章,不违背社会道德,不损害国家、公共利益和他人利益的决定。上述三点必须同时具备,否则业主大会、业主委员会的决定对业主没有约束力。

本条第二款赋予了业主请求人民法院撤销业主大会或者业主委员会作出的不当决定的权利。业主以业主大会或者业主委员会作出的决定侵害其合法权益或者违反了法律规定的程序为由,依据本条第二款的规定请求人民法院撤销该决定的,应当在知道或者应当知道业主大会或者业主委员会作出决定之日起一年内行使。

链接《物业管理条例》第 12、19 条;《最高人民法院关于审理建筑物区分所有权纠纷案件适用法律若干问题的解释》第 12、13 条

第二百八十一条 【建筑物及其附属设施维修资金的归属和处分】建筑物及其附属设施的维修资金,属于业主共有。经业主共同决定,可以用于电梯、屋顶、外墙、无障碍设施等共有部分的维修、更新和改造。建筑物及其附属设施的维修资金的筹集、使用情况应当定期公布。

紧急情况下需要维修建筑物及其附属设施的,业主大会或者业主委员会可以依法申请使用建筑物及其附属设施的维修资金。

注释 建筑物及其附属设施的维修资金属于业主所有,专项用于物业保修期满后物业共用部位、共用设施设备的维修和更新、改造,不得挪作他用。维修资金的使用方法是:(1)经业主共同决定,可以用于电梯、屋顶、外墙、无障碍设施等共有部分的维修、更新和改造。(2)紧急情况下需要维修建筑物及其附属设施的,业主大会或者业主委员会可以依法申请使用维修资金。(3)维修资金的筹集、使用情况,应当向全体业主定期公布,增加透明度,便于监督管理。

案例 夏浩鹏等人诉上海市闸北区精文城市家园小区业主委员会业主知情权纠纷案(《最高人民法院公报》2011 年第 10 期)

*裁判规则:*业主知情权是指业主了解建筑区

划内涉及业主共有权以及共同管理权相关事项的权利。根据最高人民法院《关于审理建筑物区分所有权纠纷案件具体应用法律若干问题的解释》第十三条的规定，业主请求公布、查阅建筑物及其附属设施的维修基金使用、业委会的决定及会议记录、共有部分的收益、物业服务合同等情况和资料的，人民法院应予支持。司法解释对于业主知情权的范围作出了明确的规定，业主以合理的方式行使知情权，应当受到法律保护。

链接《物业管理条例》第53、54、60条；《最高人民法院关于审理建筑物区分所有权纠纷案件适用法律若干问题的解释》第13条

第二百八十二条　【业主共有部分产生收入的归属】建设单位、物业服务企业或者其他管理人等利用业主的共有部分产生的收入，在扣除合理成本之后，属于业主共有。

注释　本条是民法典新增的条文，是关于建筑物共有部分产生收益的归属的规定。区分所有建筑物的共有部分属于业主共有，如果共有部分发生收益，应当归属于全体业主所有。物业服务机构将这些收益作为自己的经营收入，侵害全体业主的权利的，构成侵权行为。

处置这些共有部分发生收益的办法是：（1）应当扣除物业服务企业合理的管理成本，这是应当负担的部分，不应当由物业服务企业自己负担。（2）应当给物业服务企业必要的利润。物业服务企业也是经营者，为经营业主的共有部分获得收益付出了代价，应当有一定的回报，但应当实事求是。（3）其余部分，归属于全体业主共有。至于如何处置，应当由业主大会决定。如果业主大会决议归属于公共维修资金，应当归入公共维修资金；如果业主大会决议分给全体业主个人享有，应当按照每一个业主专有部分的建筑面积比例分配。

实务问答　如何依据《民法典》确认利用建筑物共有部分产生的收益归属？

第一，在开发商、物业服务企业或者其他管理人将小区内车位、车库出租给业主之外的第三人获利，或者利用走廊、楼梯、过道、电梯间内设置广告位，或是利用外墙与楼顶设置广告墙与广告塔获取利益的，业主或者业主委员会作为原告起诉开发商、物业服务企业或者其他管理人主张归还收益的，人民法院应当予以支持。

第二，共有部分在物业服务企业或其他管理人物业管理期间所产生的收益，应属全体业主所有。但也要明确所谓的收益，应是收入扣除必要的服务管理成本之后的收益，此共有部分的收益，应为共有部分收入与成本支出的差额。物业服务企业或其他管理人在实施物业管理期间其服务的对象为小区业主，而其对共有部分进行管理时业主并不给予报酬，因此，应当允许物业服务企业或其他管理人扣除管理共有部分时产生的合理成本，否则对其不公平。而物业服务企业或其他管理人应当提供对共有部分进行管理的收入和支出报表等证据证明所发生的费用为合理成本。

第三，物业服务公司不得主张以共有部分收益抵销部分业主欠付的物业管理费。根据法律规定，要进行债务抵销，当事人之间应当互负债务，互享债权。欠付物业管理费的为部分业主，为单个的主体；而共有部分产生的收入，在扣除合理成本之后，属于业主共有。此时虽然包括了该部分欠费业主，但两者有本质的区别。因此，双方债权债务主体不同，不符合法定抵销的规定，因此，对物业服务公司行使抵销权的主张，人民法院不应予以支持。（最高人民法院民法典贯彻实施工作领导小组主编：《中华人民共和国民法典物权编理解与适用（上）》，人民法院出版社2020年版，第400-403页。）

链接《物业管理条例》第54、63条

第二百八十三条　【建筑物及其附属设施的费用分摊和收益分配确定规则】建筑物及其附属设施的费用分摊、收益分配等事项，有约定的，按照约定；没有约定或者约定不明确的，按照业主专有部分面积所占比例确定。

第二百八十四条　【建筑物及其附属设施的管理】业主可以自行管理建筑物及其附属设施，也可以委托物业服务企业或者其他管理人管理。

对建设单位聘请的物业服务企业或者其他管理人，业主有权依法更换。

注释　在业主、业主大会选聘物业服务企业之前，建设单位选聘物业服务企业的，应当签订书面的前期物业服务合同。建设单位与物业买受人签订的买卖合同应当包含前期物业服务合同约定的内容。前期物业服务合同可以约定期限；但是，期限

未满、业主委员会与物业服务企业签订的物业服务合同生效的，前期物业服务合同终止。

链接《物业管理条例》第2、32—36条

第二百八十五条 【物业服务企业或其他接受业主委托的管理人的管理义务】物业服务企业或者其他管理人根据业主的委托，依照本法第三编有关物业服务合同的规定管理建筑区划内的建筑物及其附属设施，接受业主的监督，并及时答复业主对物业服务情况提出的询问。

物业服务企业或者其他管理人应当执行政府依法实施的应急处置措施和其他管理措施，积极配合开展相关工作。

注释 业主委员会应当与业主大会选聘的物业服务企业订立书面的物业服务合同。物业服务合同应当对物业管理事项、服务质量、服务费用、双方的权利义务、专项维修资金的管理与使用、物业管理用房、合同期限、违约责任等内容进行约定。物业服务企业应当按照物业服务合同的约定，提供相应的服务。物业服务企业未能履行物业服务合同的约定，导致业主人身、财产安全受到损害的，应当依法承担相应的法律责任。

本条第二款为民法典新增内容，规定了物业服务企业或其他管理人对政府依法实施的应急处置措施和其他管理措施的积极配合义务。

链接《民法典》第937—950条；《最高人民法院关于审理建筑物区分所有权纠纷案件适用法律若干问题的解释》

第二百八十六条 【业主守法义务和业主大会与业主委员会职责】业主应当遵守法律、法规以及管理规约，相关行为应当符合节约资源、保护生态环境的要求。对于物业服务企业或者其他管理人执行政府依法实施的应急处置措施和其他管理措施，业主应当依法予以配合。

业主大会或者业主委员会，对任意弃置垃圾、排放污染物或者噪声、违反规定饲养动物、违章搭建、侵占通道、拒付物业费等损害他人合法权益的行为，有权依照法律、法规以及管理规约，请求行为人停止侵害、排除妨碍、消除危险、恢复原状、赔偿损失。

业主或者其他行为人拒不履行相关义务的，有关当事人可以向有关行政主管部门报告或者投诉，有关行政主管部门应当依法处理。

注释 业主守法义务，除了遵守法律、行政法规之

外，还要遵守管理规约的规定，相关行为应当符合节约资源、保护生态环境的要求。对物业服务企业或其他管理人执行政府实施的应急处置和其他管理措施，业主也应积极予以配合。管理规约是业主大会制定的区分所有建筑物管理的自治规则，内容是业主为了增进共同利益，确保良好的生活环境，经业主大会决议的共同遵守事项。管理规约的订立、变更或废止，都必须经过业主大会决议，经参与表决专有部分面积过半数的业主且参与表决人数过半数的业主同意。

业主或者其他行为人违反法律、法规、国家相关强制性标准、管理规约，或者违反业主大会、业主委员会依法作出的决定，实施下列行为的，可以认定为本条第二款所称的其他"损害他人合法权益的行为"：(1)损害房屋承重结构，损害或者违章使用电力、燃气、消防设施，在建筑物内放置危险、放射性物品等危及建筑物安全或者妨碍建筑物正常使用；(2)违反规定破坏、改变建筑物外墙面的形状、颜色等损害建筑物外观；(3)违反规定进行房屋装饰装修；(4)违章加建、改建，侵占、挖掘公共通道、道路、场地或者其他共有部分。

链接《物业管理条例》第17、45、50条；《最高人民法院关于审理建筑物区分所有权纠纷案件适用法律若干问题的解释》第15条

第二百八十七条 【业主请求权】业主对建设单位、物业服务企业或者其他管理人以及其他业主侵害自己合法权益的行为，有权请求其承担民事责任。

注释 本条赋予业主以请求权，业主对建设单位、物业服务企业或者其他管理人以及其他业主侵害自己合法权益的行为，有权请求其承担民事责任，维护自己的合法权益。业主行使该请求权，可以直接向建设单位、物业服务企业和其他管理人请求，可以向有关行政主管部门投诉，也可以向人民法院起诉，由人民法院判决。

链接《最高人民法院关于审理物业服务纠纷案件适用法律若干问题的解释》

第七章 相邻关系

第二百八十八条 【处理相邻关系的原则】不动产的相邻权利人应当按照有利生产、方便生活、团结互助、公平合理的原则，正确处理相邻关系。

注释 相邻关系

相邻关系,是指不动产的相邻各方在行使所有权或其他物权时,因相互间应当给予方便或接受限制而发生的权利义务关系。相邻权利义务关系也可以从权利的角度称其为相邻权。

相邻关系是法定的:不动产权利人对相邻不动产权利人有避免妨害的注意义务;不动产权利人在非使用邻地就不能对自己的不动产进行正常使用时,有权在对邻地损害最小的范围内使用邻地,邻地权利人不能阻拦。

相邻权利人

本条中规定的相邻权利人的范围,既包括相邻不动产的所有权人,也包括相邻不动产的用益物权人和占有人。

第二百八十九条 【处理相邻关系的依据】法律、法规对处理相邻关系有规定的,依照其规定;法律、法规没有规定的,可以按照当地习惯。

注释 处理相邻关系,首先是依照法律、法规的规定。当没有法律和行政法规的规定时,可以适用习惯作为处理相邻关系的依据。习惯,是指在长期的社会实践中逐渐形成的,被人们公认的行为准则,具有普遍性和认同性,一经国家认可,就具有法律效力,成为调整社会关系的行为规范。民间习惯虽然没有上升为法律,但它之所以存在,被人们普遍接受和遵从,有其社会根源、思想根源、文化根源和经济根源,只要不违反法律的规定和公序良俗,人民法院在规范民事裁判尺度时就应当遵从。

链接《民法典》第10条

第二百九十条 【相邻用水、排水、流水关系】不动产权利人应当为相邻权利人用水、排水提供必要的便利。

对自然流水的利用,应当在不动产的相邻权利人之间合理分配。对自然流水的排放,应当尊重自然流向。

注释 关于生产、生活用水的排放,相邻一方必须使用另一方的土地排水的,应当予以准许;但应在必要限度内使用并采取适当的保护措施排水,如仍造成损失的,由受益人合理补偿。相邻一方可以采取其他合理的措施排水而未采取,向他方土地排水毁损或者可能毁损他方财产,他方要求致害人停止侵害、消除危险、恢复原状、赔偿损失的,应当予以支持。

第二百九十一条 【相邻关系中的通行权】不动产权利人对相邻权利人因通行等必须利用其土地的,应当提供必要的便利。

注释 一方必须在相邻一方使用的土地上通行的,应当予以准许;因此造成损失的,应当给予适当补偿。

对于一方所有的或者使用的建筑物范围内历史形成的必经通道,所有权人或者使用权人不得堵塞。因堵塞影响他人生产、生活,他人要求排除妨碍或者恢复原状的,应当予以支持。但有条件另开通道的,可以另开通道。

案例 屠福炎诉王义炎相邻通行权纠纷案(《最高人民法院公报》2013年第3期)

裁判规则:一、买卖合同中,买受人取得的只能是出卖人有处分权的标的物或权利。如果出卖人无权处分,即使买卖双方在合同中进行了约定,买受人也无法通过该买卖合同而取得相应的权属。

二、出卖人出卖不动产时,其基于相邻关系而在他人不动产上享有的通行等权利不应成为转让标的。即使双方在买卖合同中对该通行权进行了所谓的约定,对第三人也不具有约束力。买受人享有的通行权权源基础同样是相邻关系,而并不是买卖合同的约定。当客观情况发生变化,买受人不再符合相邻关系要件时,第三人得拒绝买受人的通行要求,买受人无权以买卖合同中关于通行权的约定约束第三人。

第二百九十二条 【相邻土地的利用】不动产权利人因建造、修缮建筑物以及铺设电线、电缆、水管、暖气和燃气管线等必须利用相邻土地、建筑物的,该土地、建筑物的权利人应当提供必要的便利。

注释 相邻一方因施工临时占用另一方土地的,占用的一方如未按照双方约定的范围、用途和期限使用的,应当责令其及时清理现场,排除妨碍,恢复原状,赔偿损失。

在邻地上安设管线。从建筑工程学角度上讲,土地权利人非经过邻人的土地而不能安设电线、水管、煤气管等管线,而此等管线又为土地权利人所必需,该土地权利人有权通过邻人土地的上下安设,但应选择损害最小的处所及方法安设,仍有损害的,应支付赔偿金。

第二百九十三条 【相邻建筑物通风、采光、

日照】建造建筑物,不得违反国家有关工程建设标准,不得妨碍相邻建筑物的通风、采光和日照。

第二百九十四条 【相邻不动产之间不得排放、施放污染物】不动产权利人不得违反国家规定弃置固体废物,排放大气污染物、水污染物、土壤污染物、噪声、光辐射、电磁辐射等有害物质。

第二百九十五条 【维护相邻不动产安全】不动产权利人挖掘土地、建造建筑物、铺设管线以及安装设备等,不得危及相邻不动产的安全。

第二百九十六条 【相邻权的限度】不动产权利人因用水、排水、通行、铺设管线等利用相邻不动产的,应当尽量避免对相邻的不动产权利人造成损害。

注释 不动产权利人因用水、排水、通行、铺设管线等利用相邻不动产的,应当遵守约定,负有尽量避免对相邻不动产权利人造成损害的义务。对于没有造成损害的,相邻方应当容忍,一般不应要求不动产权利人给付费用。

相邻方违反相邻关系造成对方损害的救济方法,本条没有规定,主要有以下几种:

(1)依据约定进行救济。双方当事人之间事先存在合同约定,或者在区分所有建筑物的业主管理规约有明确规定的,应当按照合同的约定或者管理规约的规定,处理双方的争议。没有按照约定或者管理规约的规定处理相邻纠纷的,违约一方应当承担责任。

(2)强制拆除。对于相邻方建设的建筑物或者其他设施妨害对方权利行使,对方提出强制拆除的,应当予以准许,对妨害相邻关系的建筑物或者其他设施予以强制拆除。

(3)适当补偿。相邻一方给相邻另一方的不动产权利行使提供方便,对自己的权利行使造成妨害的,提供方便的一方可以请求予以适当补偿。对方应当根据实际情况,对造成妨害的对方予以适当补偿。

(4)合理损失赔偿原则。利用相邻方的不动产,对相邻方造成损害的,都应当对实际造成的损失承担赔偿责任。相邻关系的赔偿责任不以过错为要件,只要造成了损害就应当承担赔偿责任。

第八章 共 有

第二百九十七条 【共有及其形式】不动产或者动产可以由两个以上组织、个人共有。共有包括按份共有和共同共有。

注释 **共有权的概念**

共有权,是指两个以上的民事主体对同一项财产共同享有的所有权。其特征是:(1)共有权的主体具有非单一性,须由两个或两个以上的自然人、法人或非法人组织构成。(2)共有物的所有权具有单一性,共有权的客体即共有物是同一项财产,共有权是一个所有权。(3)共有权的内容具有双重性,包括所有权具有的与非所有权人构成的对世性的权利义务关系,以及内部共有人之间的权利义务关系。(4)共有权具有意志或目的的共同性,基于共同的生活、生产和经营目的,或者基于共同的意志发生共有关系。

共有权的类型

共有权包括的类型有:(1)按份共有,即对同一项财产,数个所有人按照既定的份额,享有权利,负担义务。(2)共同共有,即对同一项财产,数个所有人不分份额地享有权利、承担义务。(3)准共有,即共有的权利不是所有权,而是所有权之外的他物权和知识产权。

第二百九十八条 【按份共有】按份共有人对共有的不动产或者动产按照其份额享有所有权。

注释 **按份共有的概念**

按份共有,又称分别共有,指数人按应有份额(部分)对共有物共同享有权利和分担义务的共有。

按份共有的特征

按份共有的法律特征有:第一,各个共有人对共有物按份额享有不同的权利。各个共有人的份额又称为应有份额,其数额一般由共有人事先约定,或按出资比例决定。如果各个共有人应有部分不明确,则应推定为均等。第二,各个共有人对共有财产享有权利和承担义务是根据其不同的份额确定的。份额不同,各个共有人对共同财产的权利和义务各不相同。第三,各个共有人的权利不是局限于共有财产某一具体部分,或就某一具体部分单独享有所有权,而是及于财产的全部。

第二百九十九条 【共同共有】共同共有人对共有的不动产或者动产共同享有所有权。

注释 **共同共有的概念**

共同共有是指两个或两个以上的民事主体,根据某种共同关系而对某项财产不分份额地共同享有权利并承担义务。

共同共有的特征

共同共有的特征是:第一,共同共有根据共同关系而产生,以共同关系的存在为前提,例如夫妻关系、家庭关系。第二,在共同共有关系存续期间内,共有财产不分份额,这是共同共有与按份共有的主要区别。第三,在共同共有中,各共有人平等地对共有物享有权利和承担义务,共同共有人的权利及于整个共有财产,行使全部共有权。第四,共同共有人对共有物享有连带权利,承担连带义务。基于共有物而设定的权利,每个共同共有人都是权利人,该权利为连带权利;基于共有关系而发生的债务,亦为连带债务,每个共同共有人都是连带债务人;基于共有关系发生的民事责任,为连带民事责任,每个共有人都是连带责任人。

第三百条 【共有物的管理】共有人按照约定管理共有的不动产或者动产;没有约定或者约定不明确的,各共有人都有管理的权利和义务。

第三百零一条 【共有人对共有财产重大事项的表决权规则】处分共有的不动产或者动产以及对共有的不动产或者动产作重大修缮、变更性质或者用途的,应当经占份额三分之二以上的按份共有人或者全体共同共有人同意,但是共有人之间另有约定的除外。

注释 本条对《物权法》第97条进行了修改,增加规定对共有的不动产或者动产变更性质或者用途的,亦应当经占份额三分之二以上的按份共有人或者全体共同共有人同意。

第三百零二条 【共有物管理费用的分担规则】共有人对共有物的管理费用以及其他负担,有约定的,按照其约定;没有约定或者约定不明确的,按份共有人按照其份额负担,共同共有人共同负担。

注释 共有财产的管理费用,是指因保存、改良或者利用共有财产的行为所支付的费用。管理费用也包括其他负担,如因共有物致害他人所应支付的损害赔偿金。

对管理费用的负担规则是:(1)对共有物的管理费用以及其他负担,有约定的,按照约定处理;(2)没有约定或者约定不明确的,按份共有人按照其份额负担,共同共有人共同负担。(3)共有人中的一人支付管理费用,该费用是必要管理费用的,其超过应有份额所应分担的额外部分,对其他共有人可以按其各应分担的份额请求偿还。

第三百零三条 【共有物的分割规则】共有人约定不得分割共有的不动产或者动产,以维持共有关系的,应当按照约定,但是共有人有重大理由需要分割的,可以请求分割;没有约定或者约定不明确的,按份共有人可以随时请求分割,共同共有人在共有的基础丧失或者有重大理由需要分割时可以请求分割。因分割造成其他共有人损害的,应当给予赔偿。

注释 在共有关系存续期间,共有人负有维持共有状态的义务。分割共有财产的规则是:

(1)约定不得分割共有财产的,不得分割。共有人约定不得分割共有的不动产或者动产以维持共有关系的,应当按照约定,维持共有关系,不得请求分割共有财产,消灭共有关系。共同共有的共有关系存续期间,原则上不得分割。

(2)有不得分割约定,但有重大理由需要分割共有财产的。共有人虽有不得分割共有的不动产或者动产以维持共有关系的协议,但有重大理由需要分割的,可以请求分割。至于请求分割的共有人究竟是一人、数人或者全体,则不问。共有人全体请求分割共有财产的,则为消灭共有关系的当事人一致意见,可以分割。

(3)没有约定或者约定不明确的,按份共有的共有人可以随时请求分割;共同共有的共有人在共有的基础丧失或者有重大理由需要分割时,也可以请求分割。

(4)造成损害的赔偿。不论是否约定保持共有关系,共有人提出对共有财产请求分割,在分割共有财产时对其他共有人造成损害的,应当给予赔偿。

第三百零四条 【共有物分割的方式】共有人可以协商确定分割方式。达不成协议,共有的不动产或者动产可以分割且不会因分割减损价值的,应当对实物予以分割;难以分割或者因分割会减损价值的,应当对折价或者拍卖、变卖取得的价款予以分割。

共有人分割所得的不动产或者动产有瑕疵的,其他共有人应当分担损失。

注释 **分割方式**

(1)实物分割。在不影响共有物的使用价值和特定用途时,可以对共有物进行实物分割。(2)变价分割。如果共有物无法进行实物分割,或实物分割将减损物的使用价值或者改变物的特定用途时,例如甲乙共有一头牛或者一辆汽车,应当将共有物进行拍卖或者变卖,对所得价款进行分割。(3)折价分割。折价分割方式主要存在于以下情形,即对于不可分割的共有物或者分割将减损其价值的,如果共有人中的一人愿意取得共有物,可以由该共有人取得共有物,并由该共有人向其他共有人折价赔偿。

瑕疵担保责任

瑕疵担保责任,包括权利的瑕疵担保责任和物的瑕疵担保责任。前者指共有人应担保第三人就其他共有人分得之物不得主张任何权利;后者指共有人对其他共有人应担保其分得部分于分割前未隐含物上瑕疵。

第三百零五条 【按份共有人的优先购买权】 按份共有人可以转让其享有的共有的不动产或者动产份额。其他共有人在同等条件下享有优先购买的权利。

注释 **共有份额转让权**

在一般情况下,按份共有人转让其享有的共有份额,无需得到其他共有人同意,但不得侵害其他共有人的利益,并受法律的限制。法律有特别规定的,共有人处分其份额应遵守法律的规定。

优先购买权

这里的"同等条件"是指,其他共有人就购买该份额所给出的价格等条件与欲购买该份额的非共有人相同。同等条件应当综合共有份额的转让价格、价款履行方式及期限等因素确定。值得注意的是,优先购买权是共有人相对于非共有人而言的,在共有人之间并无优先的问题,当数个共有人均欲行使其优先购买权时,应协商确定各自的购买比例。

链接 《物权编解释(一)》第9-13条

第三百零六条 【按份共有人行使优先购买权的规则】 按份共有人转让其享有的共有的不动产或者动产份额的,应当将转让条件及时通知其他共有人。其他共有人应当在合理期限内行使优先购买权。

两个以上其他共有人主张行使优先购买权的,协商确定各自的购买比例;协商不成的,按照转让时各自的共有份额比例行使优先购买权。

注释 本条为民法典新增条款,是对行使优先购买权方法的规定。按份共有人转让其享有的共有的不动产或者动产份额的,应当将转让条件及时通

知其他共有人。优先购买权的行使期间,按份共有人之间有约定的,按照约定处理;没有约定或者约定不明的,按照下列情形确定:

(1)转让人向其他按份共有人发出的包含同等条件内容的通知中载明行使期间的,以该期间为准;(2)通知中未载明行使期间,或者载明的期间短于通知送达之日起十五日的,为十五日;(3)转让人未通知的,为其他按份共有人知道或者应当知道最终确定的同等条件之日起十五日;(4)转让人未通知,且无法确定其他按份共有人知道或者应当知道最终确定的同等条件的,为共有份额权属转移之日起六个月。

链接 《物权编解释(一)》第11、14条

第三百零七条 【因共有产生的债权债务承担规则】 因共有的不动产或者动产产生的债权债务,在对外关系上,共有人享有连带债权、承担连带债务,但是法律另有规定或者第三人知道共有人不具有连带债权债务关系的除外;在共有人内部关系上,除共有人另有约定外,按份共有人按照份额享有债权、承担债务,共同共有人共同享有债权、承担债务。偿还债务超过自己应当承担份额的按份共有人,有权向其他共有人追偿。

注释 **因共有财产产生的债权债务关系的对外效力**

对外关系是指共有人与全体共有人之外的第三人之间的法律关系。关于对外效力,首先注意,对因共有财产产生的债权债务关系的对外效力不区分按份共有和共同共有,只要是因共有的不动产或者动产产生的债权债务,共有人对债权债务享有连带债权、承担连带债务。但法律另有规定或者第三人知道共有人不具有连带债权债务关系的除外。其次,连带的方法,是共有人享有连带债权时,任一共有人都可向第三人主张债权,共有人承担连带债务时,第三人可向任一共有人主张债权。

因共有财产产生的债权债务关系的对内效力

内部关系是指共有人之间的关系。关于对内效力,首先注意,除共有人另有约定外,因共有形式不同,共有人享有债权、承担债务的方式也不同。按份共有人按照份额享有权利、承担债务,共同共有人共同享有债权、承担债务。其次,只有按份共有人有权向其他共有人追偿,并且,行使该追偿权的前提是其偿还债务超过自己应当承担的份额。

第三百零八条 【共有关系不明时对共有关系性质的推定】共有人对共有的不动产或者动产没有约定为按份共有或者共同共有，或者约定不明确的，除共有人具有家庭关系等外，视为按份共有。

注释 共有人对共有的不动产或者动产没有约定为按份共有或者共同共有，或者约定不明确的，就是共有关系性质不明。在共有关系性质不明的情况下，确定的规则是，除共有人具有婚姻、家庭关系或者合伙关系之外，都视为按份共有，按照按份共有确定共有人的权利义务和对外关系。本条使用的是"视为"，如果共有人之一能够推翻"视为"的推定，则应当按照证据认定共有的性质。

第三百零九条 【按份共有人份额不明时份额的确定】按份共有人对共有的不动产或者动产享有的份额，没有约定或者约定不明确的，按照出资额确定；不能确定出资额的，视为等额享有。

第三百一十条 【准共有】两个以上组织、个人共同享有用益物权、担保物权的，参照适用本章的有关规定。

第九章 所有权取得的特别规定

第三百一十一条 【善意取得】无处分权人将不动产或者动产转让给受让人的，所有权人有权追回；除法律另有规定外，符合下列情形的，受让人取得该不动产或者动产的所有权：

（一）受让人受让该不动产或者动产时是善意；

（二）以合理的价格转让；

（三）转让的不动产或者动产依照法律规定应当登记的已经登记，不需要登记的已经交付给受让人。

受让人依据前款规定取得不动产或者动产的所有权的，原所有权人有权向无处分权人请求损害赔偿。

当事人善意取得其他物权的，参照适用前两款规定。

注释 善意取得的概念

善意取得，指受让人以财产所有权转移为目的，善意、对价受让且占有该财产，即使出让人无转移所有权的权利，受让人仍取得其所有权。善意取得既适用于动产，也可适用于不动产，既可适用于所有权的取得，也可适用于他物权的取得，特别是用益物权的善意取得。

善意取得的条件

善意取得的条件：第一，受让人需是善意的，不知出让人是无处分权人。第二，受让人支付了合理的价款。第三，受让人已经完成了取得物权的公示，即转让的财产应当登记的已经登记，不需要登记的已经交付给受让人。三项条件必须同时具备，否则不构成善意取得。

受让人受让不动产或者动产时，不知道转让人无处分权，且无重大过失的，应当认定受让人为善意。真实权利人主张受让人不构成善意的，应当承担举证证明责任。具有下列情形之一的，应当认定不动产受让人知道转让人无处分权：（1）登记簿上存在有效的异议登记；（2）预告登记有效期内，未经预告登记的权利人同意；（3）登记簿上已经记载司法机关或者行政机关依法裁定、决定查封或者以其他形式限制不动产权利的有关事项；（4）受让人知道登记簿上记载的权利主体错误；（5）受让人知道他人已经依法享有不动产物权。真实权利人有证据证明不动产受让人应当知道转让人无处分权的，应当认定受让人具有重大过失。

案例 刘志兵诉卢志成财产权属纠纷案（《最高人民法院公报》2008 年第 2 期）

裁判规则：善意取得是指无处分权人将不动产或者动产转让给受让人，受让人是善意的且付出合理的价格，依法取得该不动产或者动产的所有权。因此，善意取得应当符合以下三个条件：一、受让人受让该财产时是善意的；二、以合理的价格受让；三、受让的财产依照法律规定应当登记的已经登记，不需要登记的已经交付给受让人。

机动车虽然属于动产，但存在一些严格的管理措施使机动车不同于其他无需登记的动产。行为人未在二手机动车交易市场内交易取得他人合法所有的机动车，不能证明自己为善意并付出相应合理价格的，对其主张善意取得机动车所有权的请求，人民法院不予支持。

链接 《物权编解释（一）》第 14-20 条

第三百一十二条 【遗失物的善意取得】所有权人或者其他权利人有权追回遗失物。该遗失物通过转让被他人占有的，权利人有权向无处分权人请求损害赔偿，或者自知道或者应当知道受让人之日起二年内向受让人请求返还原物；但是，受让人通过拍卖或者向具有经营资格的经营者购得该遗失物的，权利人请求返还原物时应当支付受让人所付的费用。权利人向受让人支付所付费用后,有权向无处分权人追偿。

注释 本条对遗失物的善意取得制度作出了规定。规则是:(1)所有权人或者其他权利人有权追回遗失物,这是一般性原则。(2)如果该遗失物通过转让被他人占有的,权利人可以选择,或者向无处分权人请求遗失物转让的损害赔偿,这是承认善意取得的效力,因而向无处分权人请求损害赔偿;或者自知道或者应当知道受让人之日起二年内向受让人请求返还原物,这是在行使物权请求权,但是受让人通过拍卖或者向具有经营资格的经营者购得该遗失物的,权利人请求返还原物时应当支付受让人所付的费用。(3)如果权利人取得了返还的遗失物,又向受让人支付了所付费用后,有权向无处分权人进行追偿。

第三百一十三条 【善意取得的动产上原有的权利负担消灭及其例外】善意受让人取得动产后,该动产上的原有权利消灭。但是,善意受让人在受让时知道或者应当知道该权利的除外。

第三百一十四条 【拾得遗失物的返还】拾得遗失物,应当返还权利人。拾得人应当及时通知权利人领取,或者送交公安等有关部门。

第三百一十五条 【有关部门收到遗失物的处理】有关部门收到遗失物,知道权利人的,应当及时通知其领取;不知道的,应当及时发布招领公告。

第三百一十六条 【遗失物的妥善保管义务】拾得人在遗失物送交有关部门前,有关部门在遗失物被领取前,应当妥善保管遗失物。因故意或者重大过失致使遗失物毁损、灭失的,应当承担民事责任。

第三百一十七条 【权利人领取遗失物时的费用支付义务】权利人领取遗失物时,应当向拾得人或者有关部门支付保管遗失物等支出的必要费用。

权利人悬赏寻找遗失物的,领取遗失物时应当按照承诺履行义务。

拾得人侵占遗失物的,无权请求保管遗失物等支出的费用,也无权请求权利人按照承诺履行义务。

第三百一十八条 【无人认领的遗失物的处理规则】遗失物自发布招领公告之日起一年内无人认领的,归国家所有。

注释 本条是对失物招领公告期限的规定。遗失物自发布招领公告之日起一年内无人认领的,归国家所有。对此,《物权法》规定的是六个月,民法典物权编改为一年,更有利于保护遗失人的权利。

遗失物归国家所有的,属于原始取得。

第三百一十九条 【拾得漂流物、埋藏物或者隐藏物】拾得漂流物、发现埋藏物或者隐藏物的,参照适用拾得遗失物的有关规定。法律另有规定的,依照其规定。

注释 本条是对拾得漂流物、发现埋藏物或者隐藏物的规定。漂流物,是指在河流等水域漂流的无主物或者所有权人不明的物。埋藏物,是指藏附于土地中的物。隐藏物,是指隐匿于土地之外的其他包藏物中的物。

对于漂流物、埋藏物或者隐藏物的权属取得规则,本条规定适用拾得遗失物的规则处理。漂流物、埋藏物和隐藏物归还失主的,不发生原始取得;归国家所有的,属于原始取得。法律另有规定的,依照法律的规定确定。例如属于国家所有的资源,属于国家所有,他人不能取得。

第三百二十条 【从物随主物转让规则】主物转让的,从物随主物转让,但是当事人另有约定的除外。

注释 **主物**

主物是指独立存在,与同属于一人的他物结合在一起使用而起主要作用的物。

从物

从物是主物的对称,指独立存在,与同属于一人的他物合并使用而起辅助作用的物。

主物与从物的区分

主物和从物的关系及划分标准一般有如下几个方面:(1)主物和从物在物理意义上看是两个独立的物,而不是整体与部分的关系;(2)主物和从物结合在一起发挥作用,即必须有从物附着于主物的事实,并且从物对主物发挥辅助性的作用;(3)主物和从物必须具有可分性;(4)主物和从物应为同一人所有。

值得强调的是,当事人的约定可以排除"从物随主物转让"规则的适用。

链接《民法典》第 631 条

第三百二十一条 【孳息的归属】天然孳息,由所有权人取得;既有所有权人又有用益物权人的,由用益物权人取得。当事人另有约定的,按照其约定。

法定孳息,当事人有约定的,按照约定取得;没有约定或者约定不明确的,按照交易习惯取得。

注释 天然孳息

天然孳息,是指按照原物的自然规律而自然滋生和繁衍的新的独立的物。天然孳息的范围非常广,主要来源于种植业和养殖业,如耕作土地获得粮食和其他出产物,种植果树产生果实,养殖牲畜获得各种子畜和奶产品等。

法定孳息

法定孳息,是指物依据法律规定或当事人的法律行为而产生的孳息,如利息、租金等。法定孳息,当事人有约定的,应当按照约定取得;如果没有约定或者约定不明确的,按照交易习惯取得。交易习惯通常是,孳息在没有与原物分离以前,由原物所有权人享有,原物所有权转移后,孳息的所有权随之转移。

第三百二十二条 【添附】因加工、附合、混合而产生的物的归属,有约定的,按照约定;没有约定或者约定不明确的,依照法律规定;法律没有规定的,按照充分发挥物的效用以及保护无过错当事人的原则确定。因一方当事人的过错或者确定物的归属造成另一方当事人损害的,应当给予赔偿或者补偿。

注释 本条是民法典新增条文,是对添附的规定。

添附,是指不同所有权人的物被结合、混合在一起成为一个新物,或者利用别人之物加工成为新物的事实状态。把添附作为取得所有权的根据,原因在于添附发生后,要恢复各物的原状在事实上已不可能或者在经济上是不合理的,有必要使添附物归一方所有或各方共有,以解决双方的争执。

添附物的归属因添附情况的不同,分为三种类型:

(1)加工:是指一方使用他人的物,将其加工改造为具有更高价值的物。原物因为加工人的劳动而成为新物,如在他人的木板上作画。加工物的所有权归属,如果当事人有约定的依约定处理;无约定的,加工所增价值未超过原材料价值,则加工物归原材料所有权人;如果加工价值显然大于原物的价值,新物可以归加工人所有;如果加工价值与原材料价值相当,可由双方共有。除共有外,不论哪种情况,取得加工物所有权的一方应对对方的加工劳动或原材料的价值予以补偿。

(2)附合:是指不同所有权人的物密切结合在一起而成为一种新物。在附合的情况下,各原所有权人的物虽可识别,但非经拆毁不能恢复原来的状态。如砖、木的附合构建成房屋。附合物的所有权归属应区分两种情况:第一,当动产附合于不动产之上时,由不动产所有权人取得附合物的所有权,原动产所有权人则可取得与其原财产价值相当的补偿。第二,当动产与动产附合时,附合的动产有主从之别的,由主物的所有权人取得附合物的所有权,同时给对方以价值上的补偿。如无主从之别,则由各动产所有权人按其动产附合时的价值共有附合物。

(3)混合:是指不同所有权人的物互相结合在一起,难以分开并形成新的财产。如米与米的混合,酒与酒的混合。混合与附合不同,在混合的情况下,已无法识别原各所有权人的财产,而附合则原各所有权人的财产仍然能够识别。混合物一般应由原物价值量较大的一方取得所有权,给另一方以相当的补偿。如果原物价值量相差不多,也可由各方共有。

添附的所有权归属规则是:(1)因加工、附合、混合而产生的物的归属,有约定的按照约定;(2)没有约定或者约定不明确的,依照法律规定。(3)当事人没有约定,法律也没有规定的,按照充分发挥物的效用以及保护无过错当事人的原则确定。发挥物的效用原则,是指物归属于哪一方更能够发挥物的效用,就应归属于哪一方的规则。保护无过错当事人的原则,是指对于无过错一方当事人给予更好的保护。两个原则,应当首先考虑物的效用原则。(4)因一方当事人的过错或者确定物的归属给另一方当事人造成损失的,应当给予赔偿或者补偿。

实务问答如何处理未取得出租人同意擅自装饰装修租赁房屋的行为?

实践中,承租人在未经出租人同意的情况下,擅自对房屋进行装饰装修而引发的纠纷不少。承租人未取得出租人同意,擅自在租赁房屋上进行装饰装修,改变了租赁房屋的形态,因而构成了对房屋所有权人的侵害,依法应当承担侵权责任。

我们认为,承租人未经出租人同意进行装饰装修的,即应认定构成侵权,承担侵权责任。在承租人恶意添附构成侵权的情况下,承租人不得要求出租人就其装饰装修的投入进行补偿。因为在这种情况下,承租人的装修投入应当作为其损失,在其主观上存在过错的情形下,应由其自行承担。在承租人侵权的情况下,也不能适用公平原则要求出租人补偿承租人损失,在一方当事人有过错的情况下,并无公平原则可适用。在承租人构成侵权的情况下,出租人不仅不补偿承租人的装修投入损失,还有权基于房屋所有权主张排除妨害,并要求有过错的承租人承担恢复原状的拆除费用,并就装饰装修中的其他损失请求损害赔偿。添附解决的是所有权的归属问题,作为一种专门用于解决物的有效利用的法律制度,添附独有的价值在于促进物的有效利用,在发生添附的情况下,要恢复原状往往事实上已不可能,继续维持该添附物有利于维护经济价值,避免财产的浪费。

因此,在确定权属时,法律不允许破坏物的一体性而强行将添附物拆除,并以物归原主的方式来明确物的所有权。在某木器加工厂与张某仔房屋租赁合同纠纷中,法院裁判认为,按照装饰装修物与租赁房屋的结合程度有可分离(即未形成附合)和不可分离(即形成附合)两种形态。装饰装修物已与房屋结合在一起形成继续性和固定性的,非毁损不可分离或者虽可分离但花费巨大,可以认定形成附合;装饰装修物与房屋未完全结合尚未达到不可分离状态,则不能认定形成附合。而就侵权责任的承担而言,此只是解决损害赔偿的问题,即对房屋所有权人的救济问题,并不涉及所有权归属,这与添附制度是两个问题,并不冲突。(最高人民法院民法典贯彻实施工作领导小组主编:《中华人民共和国民法典物权编理解与适用(上)》,人民法院出版社2020年版,第583-592页。)

案例 胡田云诉汤锦勤、王剑峰所有权确认纠纷案(《最高人民法院公报》2011年第12期)

裁判规则:房屋拆迁安置权益属房屋所有权的综合性权能,一般包括被拆房屋补偿款、搬迁费用、新建房屋补贴、新建房屋土地使用权等在内。应以被拆迁房屋的所有权权属决定拆迁安置权益的归属,共有人之间有权通过协议予以分割。

在他人享有使用权之土地上建造房屋而形成附合的,房屋所有权一般归属于土地使用权人。对实施房屋建造的非土地使用权人所进行的补偿不仅仅包括金钱给付,在特定身份关系下亦包括居住使用权益。

第三分编 用益物权

第十章 一般规定

第三百二十三条 【用益物权的定义】用益物权人对他人所有的不动产或者动产,依法享有占有、使用和收益的权利。

注释 作为物权体系的重要组成部分,用益物权具备物权的一般特征,如以对物的实际占有为前提、以使用收益为目的,此外还有以下几个方面的特征:(1)用益物权是一种他物权,是在他人所有之物上设立一个新的物权。(2)用益物权是以使用和收益为内容的定限物权,目的就是对他人所有的不动产或动产的使用和收益。(3)用益物权为独立物权,一旦依当事人约定或法律直接规定设立,用益物权人便能独立地享有对标的物的使用和收益权,除了能有效地对抗第三人以外,也能对抗所有权人。

用益物权的基本内容,是对用益物权的标的物享有占有、使用和收益的权利,是通过直接支配他人之物而占有、使用和收益。这是从所有权的权能中分离出来的权能,表现的是对财产的利用关系。用益物权人享有用益物权,就可以占有用益物、使用用益物,对用益物直接支配并进行收益。

第三百二十四条 【国家和集体所有的自然资源的使用规则】国家所有或者国家所有由集体使用以及法律规定属于集体所有的自然资源,组织、个人依法可以占有、使用和收益。

第三百二十五条 【自然资源有偿使用制度】国家实行自然资源有偿使用制度,但是法律另有规定的除外。

第三百二十六条 【用益物权的行使规范】用益物权人行使权利,应当遵守法律有关保护和合理开发利用资源、保护生态环境的规定。所有权人不得干涉用益物权人行使权利。

第三百二十七条 【被征收、征用时用益物权人的补偿请求权】因不动产或者动产被征收、征用致使用益物权消灭或者影响用益物权行使的,用益物权人有权依据本法第二百四十三条、第二百四十五条的规定获得相应补偿。

第三百二十八条 【海域使用权】依法取得的海域使用权受法律保护。

注释 海域使用权是指单位或者个人依法取得对国家所有的特定海域排他性的使用权。单位和个人使用海域，必须依法取得海域使用权。海域使用权取得的方式主要有三种：一是单位和个人向海洋行政主管部门申请；二是招标；三是拍卖。

链接《海域使用管理法》第19-26条

第三百二十九条 【特许物权依法保护】 依法取得的探矿权、采矿权、取水权和使用水域、滩涂从事养殖、捕捞的权利受法律保护。

第十一章 土地承包经营权

第三百三十条 【农村土地承包经营】 农村集体经济组织实行家庭承包经营为基础、统分结合的双层经营体制。

农民集体所有和国家所有由农民集体使用的耕地、林地、草地以及其他用于农业的土地，依法实行土地承包经营制度。

链接《农村土地承包法》第1-3条

第三百三十一条 【土地承包经营权内容】 土地承包经营权人依法对其承包经营的耕地、林地、草地等享有占有、使用和收益的权利，有权从事种植业、林业、畜牧业等农业生产。

链接《土地管理法》第13条；《农村土地承包法》第8-11、17条

第三百三十二条 【土地的承包期限】 耕地的承包期为三十年。草地的承包期为三十年至五十年。林地的承包期为三十年至七十年。

前款规定的承包期限届满，由土地承包经营权人依照农村土地承包的法律规定继续承包。

第三百三十三条 【土地承包经营权的设立与登记】 土地承包经营权自土地承包经营权合同生效时设立。

登记机构应当向土地承包经营权人发放土地承包经营权证、林权证等证书，并登记造册，确认土地承包经营权。

注释 土地承包经营合同生效后，发包方不得因承办人或者负责人的变动而变更或者解除，也不得因集体经济组织的分立或者合并而变更或者解除。

链接《农村土地承包法》第22-24条

第三百三十四条 【土地承包经营权的互换、转让】 土地承包经营权人依照法律规定，有权将土地承包经营权互换、转让。未经依法批准，不得将承包地用于非农建设。

链接《农村土地承包法》第9、33、34条；《国务院办公厅关于引导农村产权流转交易市场健康发展的意见》；《国务院关于开展农村承包土地的经营权和农民住房财产权抵押贷款试点的指导意见》；《农村土地经营权流转管理办法》；《农村土地承包经营权证管理办法》

第三百三十五条 【土地承包经营权流转的登记对抗主义】 土地承包经营权互换、转让的，当事人可以向登记机构申请登记；未经登记，不得对抗善意第三人。

第三百三十六条 【承包地的调整】 承包期内发包人不得调整承包地。

因自然灾害严重毁损承包地等特殊情形，需要适当调整承包的耕地和草地的，应当依照农村土地承包的法律规定办理。

注释 承包期内，因自然灾害严重毁损承包地等特殊情形对个别农户之间承包的耕地和草地需要适当调整的，必须经本集体经济组织成员的村民会议三分之二以上成员或者三分之二以上村民代表的同意，并报乡（镇）人民政府和县级人民政府农业农村、林业和草原等主管部门批准。承包合同中约定不得调整的，按照其约定。

链接《农村土地承包法》第28-31条

第三百三十七条 【承包地的收回】 承包期内发包人不得收回承包地。法律另有规定的，依照其规定。

链接《农村土地承包法》第27条

第三百三十八条 【征收承包地的补偿规则】 承包地被征收的，土地承包经营权人有权依据本法第二百四十三条的规定获得相应补偿。

链接《土地管理法》第47、48条；《农村土地承包法》第17条

第三百三十九条 【土地经营权的流转】 土地承包经营权人可以自主决定依法采取出租、入股或者其他方式向他人流转土地经营权。

注释 本条为民法典为与《农村土地承包法》相衔接而新增的条文，是对土地经营权流转的规定。

土地经营权，是建立在农村土地承包经营的"三权分置"制度之上产生的权利，即在农村土地集体所有权的基础上，设立土地承包经营权；再在土地承包经营权之上设立土地经营权，构成"三权分置"的农村土地权利结构。其中，土地所有权归属于农村集体经济组织所有，土地承包经营权归

属于承包该土地的农民家庭享有。由于土地承包经营权流转性不强，因而在土地承包经营权之上，再设立一个土地经营权，属于土地承包经营权人享有的、可以进行较大范围流转并且能够保持土地承包经营权不变的用益物权。

建立在土地承包经营权上的土地经营权，是土地承包经营权人的权利，权利人可以将其转让，由他人享有和行使土地经营权，而土地承包经营权人保留土地承包经营权，并因转让土地经营权而使自己获益。这就是设置"三权分置"制度的初衷。

链接《农村土地承包法》第36条

第三百四十条 【土地经营权人的基本权利】土地经营权人有权在合同约定的期限内占有农村土地，自主开展农业生产经营并取得收益。

注释 本条为民法典新增条文，是关于土地经营权人受让权利后果的规定。

土地经营权也是用益物权，通过转让而取得土地经营权的权利人，是用益物权人，享有用益物权的权利。

由于土地经营权是建立在土地承包经营权之上的用益物权，其期限受到原来的用益物权即土地承包经营权期限的制约，因而土地经营权人的权利行使期限是在合同约定的期限内，即设置土地经营权的期限不得超过土地承包经营权的期限，土地承包经营权的期限受制于设置土地承包经营权合同的期限。在合同约定的期限内，土地经营权人享有用益物权的权能，即占有、使用、收益的权利，有权占有该农村土地，自主开展农业生产经营活动，获得收益。

第三百四十一条 【土地经营权的设立与登记】流转期限为五年以上的土地经营权，自流转合同生效时设立。当事人可以向登记机构申请土地经营权登记；未经登记，不得对抗善意第三人。

注释 本条为民法典新增条文，是关于土地经营权设立时间及登记的规定。

土地经营权作为用益物权，其设立的方式是出让方和受让方签订土地经营权出租、入股等合同，在合同中约定双方各自的权利义务。对于流转期限为五年以上的土地经营权流转，当该合同生效时土地经营权就设立，受让方取得土地经营权。对于土地经营权的登记问题，本条规定采登记对抗主义，即当事人可以向登记机构申请土地

经营权登记，未经登记的，不得对抗善意第三人。

对于不满五年的土地经营权流转，本条没有明文规定，其实也应当自流转合同生效时设立，不会在其他的时点发生取得土地经营权的效力。至于是否应当登记，可以理解为可以登记也可以不登记，不过五年以上的土地经营权的登记也是自愿为之，也没有规定为强制登记，因而不足五年的土地经营权应当理解为不必登记。

链接《农村土地承包法》第41条

第三百四十二条 【以其他方式承包取得的土地经营权流转】通过招标、拍卖、公开协商等方式承包农村土地，经依法登记取得权属证书的，可以依法采取出租、入股、抵押或者其他方式流转土地经营权。

链接《农村土地承包法》第48、49条

第三百四十三条 【国有农用地承包经营的法律适用】国家所有的农用地实行承包经营的，参照适用本编的有关规定。

链接《土地管理法》第13条

第十二章 建设用地使用权

第三百四十四条 【建设用地使用权的概念】建设用地使用权人依法对国家所有的土地享有占有、使用和收益的权利，有权利用该土地建造建筑物、构筑物及其附属设施。

注释 建设用地包括住宅用地、公共设施用地、工矿用地、交通水利设施用地、旅游用地、军事设施用地等。本条中的建筑物主要是指住宅、写字楼、厂房等。构筑物主要是指不具有居住或者生产经营功能的人工建造物，比如道路、桥梁、隧道、水池、水塔、纪念碑等；附属设施主要是指附属于建筑物、构筑物的一些设施。

链接《城市房地产管理法》第二章

第三百四十五条 【建设用地使用权的分层设立】建设用地使用权可以在土地的地表、地上或者地下分别设立。

第三百四十六条 【建设用地使用权的设立原则】设立建设用地使用权，应当符合节约资源、保护生态环境的要求，遵守法律、行政法规关于土地用途的规定，不得损害已经设立的用益物权。

第三百四十七条 【建设用地使用权的出让方式】设立建设用地使用权，可以采取出让或者划拨等方式。

工业、商业、旅游、娱乐和商品住宅等经营性用地以及同一土地有两个以上意向用地者的,应当采取招标、拍卖等公开竞价的方式出让。

严格限制以划拨方式设立建设用地使用权。

【注释】建设用地使用权设立的方式主要有两种:有偿出让和无偿划拨。有偿出让是建设用地使用权设立的主要方式,是指出让人将一定期限的建设用地使用权出让给建设用地使用权人使用,建设用地使用权人向出让人支付一定的出让金。有偿出让的方式主要包括拍卖、招标和协议等。划拨是无偿取得建设用地使用权的一种方式,是指县级以上人民政府依法批准,在建设用地使用权人缴纳补偿、安置等费用后将该幅土地交付其使用,或者将建设用地使用权无偿交付给建设用地使用权人使用的行为。

【链接】《土地管理法》第54条;《城市房地产管理法》第8、13、23、24条

第三百四十八条 【建设用地使用权出让合同】通过招标、拍卖、协议等出让方式设立建设用地使用权的,当事人应当采用书面形式订立建设用地使用权出让合同。

建设用地使用权出让合同一般包括下列条款:

(一)当事人的名称和住所;

(二)土地界址、面积等;

(三)建筑物、构筑物及其附属设施占用的空间;

(四)土地用途、规划条件;

(五)建设用地使用权期限;

(六)出让金等费用及其支付方式;

(七)解决争议的方法。

【链接】《城市房地产管理法》第15条;《城镇国有土地使用权出让和转让暂行条例》第11、12条

第三百四十九条 【建设用地使用权的登记】设立建设用地使用权的,应当向登记机构申请建设用地使用权登记。建设用地使用权自登记时设立。登记机构应当向建设用地使用权人发放权属证书。

【链接】《土地管理法》第12条;《城市房地产管理法》第60条

第三百五十条 【土地用途限定规则】建设用地使用权人应当合理利用土地,不得改变土地用途;需要改变土地用途的,应当依法经有关行政主管部门批准。

【链接】《土地管理法》第4、56条;《城市房地产管理法》第18、44条

第三百五十一条 【建设用地使用权人支付出让金等费用的义务】建设用地使用权人应当依照法律规定以及合同约定支付出让金等费用。

第三百五十二条 【建设用地使用权人建造的建筑物、构筑物及其附属设施的归属】建设用地使用权人建造的建筑物、构筑物及其附属设施的所有权属于建设用地使用权人,但是有相反证据证明的除外。

【注释】本条应注意以下几点:

(1)这里规定的建筑物、构筑物及其附属设施必须是合法建造产生的。违章建筑是要被没收和强制拆除的,更不会产生合法的所有权。因此,并不在本条的调整范围内。

(2)本条所说的例外情况,主要是针对在现在的城市房地产建设中,一部分市政公共设施,是通过开发商和有关部门约定,由开发商在房地产项目开发中配套建设,但是所有权归国家。这部分设施,其性质属于市政公用,其归属就应当按照有充分的证据证明的事先约定来确定,而不是当然地归建设用地使用权人。后续通过房地产交易成为建设用地使用权人的权利人也应当尊重这种权属划分。

(3)本条解决的是建筑物的原始取得问题。在实践中还存在以下情况:地上建筑物不是建设用地使用权人建造;是建设用地使用权人建造,但是基于与他人设立的其他法律关系,如合资、合作等,并约定建筑物权利归属的;建设用地使用权人已经将建筑物预售予他人等。在这些情况下,如果当事人只是未办理土地使用权变更登记,而其他方面均合法的情况下,建筑物可归于他人,但应责令双方办理建设用地使用权变更登记手续。

第三百五十三条 【建设用地使用权的流转方式】建设用地使用权人有权将建设用地使用权转让、互换、出资、赠与或者抵押,但是法律另有规定的除外。

【链接】《土地管理法》第2条;《城市房地产管理法》第39、40、48、51条

第三百五十四条 【建设用地使用权流转的合同形式和期限】建设用地使用权转让、互换、出资、赠与或者抵押的,当事人应当采用书面形式订

立相应的合同。使用期限由当事人约定,但是不得超过建设用地使用权的剩余期限。

案例 山西嘉和泰房地产开发有限公司与太原重型机械(集团)有限公司土地使用权转让合同纠纷案(《最高人民法院公报》2008年第3期)

*裁判规则:*根据《最高人民法院关于审理涉及国有土地使用权合同纠纷案件适用法律问题的解释》第九条的规定,转让方未取得出让土地使用权证书与受让方订立合同转让土地使用权,起诉前转让方已经取得出让土地使用权证书或者有批准权的人民政府同意转让的,应当认定合同有效。

链接 《城镇国有土地使用权出让和转让暂行条例》第20-22条

第三百五十五条 【建设用地使用权流转登记】 建设用地使用权转让、互换、出资或者赠与的,应当向登记机构申请变更登记。

第三百五十六条 【建设用地使用权流转之房随地走】 建设用地使用权转让、互换、出资或者赠与的,附着于该土地上的建筑物、构筑物及其附属设施一并处分。

第三百五十七条 【建设用地使用权流转之地随房走】 建筑物、构筑物及其附属设施转让、互换、出资或者赠与的,该建筑物、构筑物及其附属设施占用范围内的建设用地使用权一并处分。

注释 本条和上一条规定了建设用地使用权与其地上不动产一并处分的规则。这两条实际上是一个整体,只要建设用地使用权和地上房屋有一个发生了转让,另外一个就要相应转让。从法律后果上说,不可能也不允许把"房"和"地"分别转让给不同的主体。此外,本条中所讲的附属设施占用范围内的建设用地使用权有可能是一宗单独的建设用地使用权,也有可能是共同享有的建设用地使用权中的份额,特别是在建筑物区分所有的情况下。转让占用范围内的建设用地使用权不可能也不应该导致对业主共同享有的建设用地使用权的分割。在这种情况下,除了本条外,还要依据业主的建筑物区分所有权的有关规定,全面确定当事人的权利义务。

案例 中国信达资产管理公司西安办事处与陕西省粮油食品进出口公司西安中转冷库、陕西省粮油食品进出口公司借款担保合同纠纷案(《最高人民法院公报》2009年第12期)

*裁判规则:*根据《中华人民共和国城市房地产管理法》第三十一条的规定,房地产转让、抵押时,房屋的所有权和该房屋占用范围内的土地使用权同时转让、抵押。据此,房产转让人负有将所售房屋占用范围内的土地使用权移转给受让人的义务,受让人享有要求将所购房屋占用范围内的土地使用权移转给自己的权利。在土地使用权变更登记完成之前,转让人为登记的名义权利人,但受让人为实质权利人的,可以请求将土地使用权变更至自己名下。

链接 《城市房地产管理法》第32条

第三百五十八条 【建设用地使用权的提前收回及其补偿】 建设用地使用权期限届满前,因公共利益需要提前收回该土地的,应当依据本法第二百四十三条的规定对该土地上的房屋以及其他不动产给予补偿,并退还相应的出让金。

第三百五十九条 【建设用地使用权期限届满的处理规则】 住宅建设用地使用权期限届满的,自动续期。续期费用的缴纳或者减免,依照法律、行政法规的规定办理。

非住宅建设用地使用权期限届满后的续期,依照法律规定办理。该土地上的房屋以及其他不动产的归属,有约定的,按照约定;没有约定或者约定不明确的,依照法律、行政法规的规定办理。

注释 根据《城镇国有土地使用权出让和转让暂行条例》的规定,建设用地使用权出让的最高年限为:居住用地七十年。本条对住宅建设用地使用权和非住宅建设用地使用权的续期分别作出了规定,明确规定住宅建设用地使用权期限届满的,自动续期。

第三百六十条 【建设用地使用权注销登记】 建设用地使用权消灭的,出让人应当及时办理注销登记。登记机构应当收回权属证书。

第三百六十一条 【集体土地作为建设用地的法律适用】 集体所有的土地作为建设用地的,应当依照土地管理的法律规定办理。

第十三章 宅基地使用权

第三百六十二条 【宅基地使用权内容】 宅基地使用权人依法对集体所有的土地享有占有和使用的权利,有权依法利用该土地建造住宅及其附属设施。

第三百六十三条 【宅基地使用权的法律适用】 宅基地使用权的取得、行使和转让,适用土地管理的法律和国家有关规定。

注释 农村村民一户只能拥有一处宅基地,其宅基地的面积不得超过省、自治区、直辖市规定的标准。人均土地少、不能保障一户拥有一处宅基地的地区,县级人民政府在充分尊重农村村民意愿的基础上,可以采取措施,按照省、自治区、直辖市规定的标准保障农村村民实现户有所居。农村村民建住宅,应当符合乡(镇)土地利用总体规划、村庄规划,不得占用永久基本农田,并尽量使用原有的宅基地和村内空闲地。编制乡(镇)土地利用总体规划、村庄规划应当统筹并合理安排宅基地用地,改善农村村民居住环境和条件。农村村民住宅用地,由乡(镇)人民政府审核批准;其中,涉及占用农用地的,依照《土地管理法》第四十四条的规定办理审批手续。农村村民出卖、出租、赠与住宅后,再申请宅基地的,不予批准。国家允许进城落户的农村村民依法自愿有偿退出宅基地,鼓励农村集体经济组织及其成员盘活利用闲置宅基地和闲置住宅。国务院农业农村主管部门负责全国农村宅基地改革和管理有关工作。

第三百六十四条 【宅基地灭失后的重新分配】宅基地因自然灾害等原因灭失的,宅基地使用权消灭。对失去宅基地的村民,应当依法重新分配宅基地。

第三百六十五条 【宅基地使用权的变更登记与注销登记】已经登记的宅基地使用权转让或者消灭的,应当及时办理变更登记或者注销登记。

第十四章 居住权

第三百六十六条 【居住权的定义】居住权人有权按照合同约定,对他人的住宅享有占有、使用的用益物权,以满足生活居住的需要。

注释 本章内容为民法典新增内容。本条是对居住权概念的规定。

居住权,是指自然人依照合同的约定,对他人所有的住宅享有占有、使用的用益物权。民法的居住权与公法的居住权不同。在公法中,国家保障人人有房屋居住的权利也叫居住权,或者叫住房权。民法的居住权是民事权利,是用益物权的一种,其特征是:(1)居住权的基本属性是他物权,具有用益性;(2)居住权是为特定自然人基于生活用房而设立的物权,具有人身性;(3)居住权是一种长期存在的物权,具有独立性;(4)居住权的设

定是一种恩惠行为,具有不可转让性。

我国历史上没有规定过居住权,居住权存在的必要性表现在:(1)充分发挥房屋的效能;(2)充分尊重所有权人的意志和利益;(3)有利于发挥家庭职能,体现自然人之间的互帮互助。

居住权作为用益物权具有特殊性,即居住权人对于权利的客体即住宅只享有占有和使用的权利,不享有收益的权利,不能以此进行出租等营利活动。

第三百六十七条 【居住权合同】设立居住权,当事人应当采用书面形式订立居住权合同。

居住权合同一般包括下列条款:

(一)当事人的姓名或者名称和住所;

(二)住宅的位置;

(三)居住的条件和要求;

(四)居住权期限;

(五)解决争议的方法。

注释 居住权可以通过合同方式设立,也可以通过遗嘱方式设立。通过合同设立居住权,是房屋所有权人通过书面合同的方式与他人协议,设定居住权。例如,夫妻双方离婚时在离婚协议中约定,离婚后的房屋所有权归一方所有,另一方对其中的一部分房屋享有一定期限或者终身的居住权。

实务问答 居住权人是否既包括自然人又包括法人和非法人组织?

"居住"本身就表明了强烈的人身性,其权利主体只能是自然人,法人或其他组织对房屋的利用只能是"使用""利用",而不可能是"居住"。

《民法典》第366条规定居住权"以满足生活居住的需要",更加清楚表明了我国居住权主体只限于自然人。《民法典》第367条规定居住权合同应当包括"当事人的姓名或者名称和住所"。这里规定的当事人并非居住权主体,而是居住权合同的主体,包括了居住权设立人。假定住宅所有人甲拟在其住宅上为乙设立居住权,双方签订居住权合同并实际履行。此时乙作为居住权人只能是自然人。

但对于居住权设立人(住宅所有人)甲而言,既可以是自然人,也可以是法人或其他组织。当甲是法人或其他组织时,在双方签订的合同中,自然应当出现其"名称"。

这种情形主要出现在合作建房等商业用途中,如《无锡市房屋居住权处理办法》第2条规定:

"机关、团体、企业、事业单位(以下简称单位)与个人共同投资、建造房屋的居住权处理,也适用本办法。"(最高人民法院民法典贯彻实施工作领导小组主编:《中华人民共和国民法典物权编理解与适用(下)》,人民法院出版社2020年版,第869~870页。)

第三百六十八条 【居住权的设立】居住权无偿设立,但是当事人另有约定的除外。设立居住权的,应当向登记机构申请居住权登记。居住权自登记时设立。

注释 居住权为无偿设立,因而居住权人对取得居住权无需支付对价。不过,居住权人应当支付住房及其附属设施的日常维护费用和物业管理费用,以通常的保养费用、物业管理费用为限。如果房屋需要进行重大修缮或者改建,只要没有特别的约定,居住权人不承担此项费用。对于居住权收费另有约定的,按照约定处理。

居住权是用益物权,对其设立采用登记发生主义,只有经过登记才能设立居住权。之所以对居住权采取登记发生主义,是因为居住权与租赁权相似,但租赁是债权,而居住权是物权,性质截然不同,如果不采取登记发生主义,可能会与租赁权相混淆。规定居住权须经登记而发生,就能够确定其与租赁权的界限,不会发生混淆,一旦没有登记,就没有发生居住权。

第三百六十九条 【居住权的限制性规定及例外】居住权不得转让、继承。设立居住权的住宅不得出租,但是当事人另有约定的除外。

注释 居住权人行使居住权,须履行应尽的义务:

(1)合理使用房屋的义务:居住权人不得将房屋用于生活消费以外的目的,可以对房屋进行合理的装饰装修,进行必要的维护,但不得改建、改装和作重大的结构性改变。

(2)对房屋的合理保管义务:居住权人应当合理保管房屋,在居住期内尽到善良管理人的注意义务,不得从事任何损害房屋的行为。如果房屋存在毁损的隐患,应当及时通知所有人进行修缮或者采取必要的措施。

(3)不得转让、继承和出租的义务:居住权人对其居住的房屋不得转让,在居住权存续期间,对居住权的标的负有不得出租义务,不能以此进行营利活动;居住权也不能成为居住权人的遗产,不能通过继承而由其继承人所继承。居住权也不得

转让,具有专属性。如果双方当事人在设立居住权合同中对上述义务另有约定的,依照其约定处理。

第三百七十条 【居住权的消灭】居住权期限届满或者居住权人死亡的,居住权消灭。居住权消灭的,应当及时办理注销登记。

注释 居住权依据一定的事实而消灭。本条只规定了居住权期限届满和居住权人死亡是居住权消灭的原因,其实这只是居住权消灭的部分原因。

居住权消灭的原因包括:

(1)居住权抛弃:居住权人采用明示方法抛弃居住权的,居住权消灭。这种明示的抛弃意思表示应当对所有权人作出。居住权人作出抛弃表示的,即发生消灭居住权的效力,并且不得撤销,除非得到所有权人的同意。

(2)居住权期限届满:居住权设定的期限届满,居住权即时消灭,所有权的负担解除。

(3)居住权人死亡:权利主体消灭,居住权也随之消灭。

(4)解除居住权条件成就:在设定居住权的遗嘱、遗赠或者合同中,对居住权设有解除条件的,如果该条件成就,则居住权消灭。

(5)居住权撤销:居住权人具有以下两种情形的,房屋所有权人有权撤销居住权,故意侵害住房所有权人及其亲属的人身权或者对其财产造成重大损害的;危及住房安全等严重影响住房所有权人或者他人合法权益的。

(6)住房被征收、征用、灭失:房屋被征收、征用,以及房屋灭失,都消灭居住权。住房所有权人因此取得补偿费、赔偿金的,居住权人有权请求分得适当的份额;如果居住权人没有独立生活能力,也可以放弃补偿请求权而要求适当安置。

(7)权利混同:住房所有权和居住权发生混同,即两个权利归属于同一人的,发生居住权消灭的后果。例如,房屋所有权人将房屋转让或者赠与给居住权人,此时居住权的存在已经丧失意义,因此发生居住权消灭的后果。

居住权消灭,在当事人之间消灭居住权的权利义务关系。居住权人应当返还住房,同时应当到物权登记机构办理居住权注销登记。

第三百七十一条 【以遗嘱设立居住权的法律适用】以遗嘱方式设立居住权的,参照适用本章的有关规定。

注释 依据遗嘱方式设立居住权,包括遗嘱继承和遗赠。

(1)依据遗嘱继承方式设立:房屋所有权人可以在遗嘱中对死后房屋作为遗产的使用问题,为法定继承人中的一人或者数人设定居住权,但须留出适当房屋由其配偶终身居住。

(2)依据遗赠的方式设立:房屋所有权人可以在遗嘱中为法定继承人之外的人设定居住权。例如,遗嘱指定将自己所有的房屋中的一部分,让自己的保姆终身或者非终身居住。

不论是依据遗嘱继承方式还是遗赠方式取得居住权,都是依据遗嘱取得居住权。遗嘱生效后,还须进行居住权登记,否则不能取得居住权。

链接《民法典》第 1133 条

第十五章　地役权

第三百七十二条　【地役权的定义】地役权人有权按照合同约定,利用他人的不动产,以提高自己的不动产的效益。

前款所称他人的不动产为供役地,自己的不动产为需役地。

注释 地役权是一种独立的物权,在性质上属于用益物权的范围,是按照合同约定利用他人的不动产,以提高自己不动产效益的权利。因使用他人不动产而获得便利的不动产为需役地,为他人不动产的便利而供使用的不动产为供役地。地役权的"役",即"使用"的意思。

第三百七十三条　【地役权合同】设立地役权,当事人应当采用书面形式订立地役权合同。

地役权合同一般包括下列条款:

(一)当事人的姓名或者名称和住所;

(二)供役地和需役地的位置;

(三)利用目的和方法;

(四)地役权期限;

(五)费用及其支付方式;

(六)解决争议的方法。

第三百七十四条　【地役权的设立与登记】地役权自地役权合同生效时设立。当事人要求登记的,可以向登记机构申请地役权登记;未经登记,不得对抗善意第三人。

第三百七十五条　【供役地权利人的义务】供役地权利人应当按照合同约定,允许地役权人利用其不动产,不得妨害地役权人行使权利。

注释 本条是对供役地人义务的规定。

供役地人的主要义务,是容忍土地上的负担和不作为义务,即允许地役权人利用其不动产,不得妨害地役权人行使权利。具体表现为:(1)供役地人负有容忍土地上负担的义务,应当根据设定的地役权性质的不同,承担不同的义务,供役地人应主动放弃对自身土地部分使用的权利,甚至容忍他人对自己土地实施合同约定的某种程度上的干预和损害等。(2)不得妨害地役权人行使权利,对地役权人行使权利实施干扰、干涉、破坏的,应当承担责任。

此外,供役地人还有相应的权利和义务:

(1)附属设施使用权及费用分担义务。对于在供役地上所设的附属设施,供役地人在不影响地役权行使的范围内,有权对其加以利用。如地役权人铺设的管道,在地役权人没有使用的情况下,或者已经使用但不妨害地役权人行使权利的情况下,供役地人有权进行利用,应当按其受益的比例,分担附属设施的保养维修费用。

(2)变更使用场所及方法的请求权。在设定地役权时定有权利行使场所及方法的,供役地人也可以提出变更。变更的条件是,如变更该场所及方法对地役权人并无不利,而对于供役地人有利的,则供役地人请求地役权人变更地役权的行使场所及方法,地役权人不得拒绝。因此支出的费用,由供役地人负担。

(3)费用及其调整请求权。有偿地役权,供役地人依约享有请求地役权人按期支付费用的权利。如果地役权人不按期支付费用,则应承担违约责任。地役权人长期拖欠费用的,供役地人可依法终止地役权合同。无偿地役权,如果由于土地权利人就土地的负担增加,非当时所能预料,以及依原约定显失公平的,供役地人有权请求酌定地租;地役权设定后,如果土地价值有升降,依原定地租给付显失公平的,供役地人也可以请求予以增加。

第三百七十六条　【地役权人的义务】地役权人应当按照合同约定的利用目的和方法利用供役地,尽量减少对供役地权利人物权的限制。

第三百七十七条　【地役权的期限】地役权期限由当事人约定;但是,不得超过土地承包经营权、建设用地使用权等用益物权的剩余期限。

注释 地役权的期限的确定方法,是由当事人约定,当事人没有约定或者约定不明确的,应当协议补充,并按照补充协议的约定确定期限。但是,如果供役地或者需役地上设立的是土地承包经营权或者建设用地使用权的,不论是约定地役权的期限,还是补充协议约定地役权的期限,只要是设定地役权,地役权的期限就不得超过该土地承包经营权和建设用地使用权的剩余期限。供役地和需役地所剩余的期限不同的,应当按照最短的剩余期限确定地役权的期限。如果供役地和需役地上是土地所有权或者宅基地使用权的,尽管这两个土地权利不具有期限,但是在设定地役权时,也应当约定地役权的期限,不得约定为永久期限。

第三百七十八条 【在享有或者负担地役权的土地上设立用益物权的规则】土地所有权人享有地役权或者负担地役权的,设立土地承包经营权、宅基地使用权等用益物权时,该用益物权人继续享有或者负担已经设立的地役权。

第三百七十九条 【土地所有权人在已设立用益物权的土地上设立地役权的规则】土地上已经设立土地承包经营权、建设用地使用权、宅基地使用权等用益物权的,未经用益物权人同意,土地所有权人不得设立地役权。

第三百八十条 【地役权的转让规则】地役权不得单独转让。土地承包经营权、建设用地使用权等转让的,地役权一并转让,但是合同另有约定的除外。

注释 由于地役权的成立必须是有需役地与供役地同时存在,因此在法律属性上地役权与其他物权不同。地役权虽然是一种独立的用益物权,但它仍然应当与需役地的使用权共命运,必须与需役地使用权一同移转,不得与需役地分离而单独让与。

地役权的从属性,主要表现在三种情形:第一,地役权人不得自己保留需役地的使用权,而单独将地役权转让;第二,地役权人不得自己保留地役权,而单独将需役地的使用权转让;第三,地役权人也不得将需役地的使用权与地役权分别让与不同的人。总之,地役权只能随需役地使用权的转让而转让。

第三百八十一条 【地役权不得单独抵押】地役权不得单独抵押。土地经营权、建设用地使用权等抵押的,在实现抵押权时,地役权一并转让。

第三百八十二条 【需役地部分转让效果】需役地以及需役地上的土地承包经营权、建设用地使用权等部分转让时,转让部分涉及地役权的,受让人同时享有地役权。

第三百八十三条 【供役地部分转让效果】供役地以及供役地上的土地承包经营权、建设用地使用权等部分转让时,转让部分涉及地役权的,地役权对受让人具有法律约束力。

第三百八十四条 【供役地权利人解除权】地役权人有下列情形之一的,供役地权利人有权解除地役权合同,地役权消灭:

(一)违反法律规定或者合同约定,滥用地役权;

(二)有偿利用供役地,约定的付款期限届满后在合理期限内经两次催告未支付费用。

注释 针对地役权而言,当地役权合同出现本条规定的两项法定事由时,供役地权利人有权解除地役权合同,地役权随之消灭。

(1)违反法律规定或者合同约定,滥用地役权。地役权设定后,地役权人与供役地权利人任何一方都不得擅自解除地役权合同,但如果地役权人违反法律规定或者合同约定,法律赋予了供役地权利人解除地役权合同的权利。如地役权人超越土地利用的范围不按约定的方法利用供役地等,就属于滥用地役权。

(2)有偿利用供役地,约定的付款期限届满后在合理期限内经两次催告未支付费用。地役权合同通常为有偿,那么,地役权人应当按照合同的约定履行付款义务。如果地役权人无正当理由,在合同约定的付款期限届满后,仍没有按照合同约定支付费用,而且在供役地权利人确定的一个合理期限内经两次催告,地役权人仍不履行付款义务的,表明地役权人没有履行合同的诚意,或者根本不可能再履行合同,供役地权利人可以解除地役权合同,地役权随之消灭。

第三百八十五条 【地役权变动后的登记】已经登记的地役权变更、转让或者消灭的,应当及时办理变更登记或者注销登记。

第四分编 担保物权

第十六章 一般规定

第三百八十六条 【担保物权的定义】担保物权人在债务人不履行到期债务或者发生当事人约

定的实现担保物权的情形，依法享有就担保财产优先受偿的权利，但是法律另有规定的除外。

注释 担保物权以确保债权人的债权得到完全清偿为目的。这是担保物权与其他物权的最大区别。

担保物权具有优先受偿的效力。优先受偿性是担保物权的最主要效力。担保物权的优先受偿性主要体现在两方面：一是优先于其他不享有担保物权的普通债权；二是有可能优先于其他物权，如后顺位的担保物权。但需要注意的是，担保物权的优先受偿性并不是绝对的，如果本法或者其他法律有特别的规定，担保物权的优先受偿效力会受到影响，如我国《海商法》规定，船舶优先权人优先于担保物权人受偿。

担保物权是在债务人或者第三人的财产上成立的权利。债务人既可以以自己的财产，也可以第三人的财产为债权设立担保物权。

担保物权具有物上代位性。债权人设立担保物权并不以使用担保财产为目的，而是以取得该财产的交换价值为目的，因此，担保财产灭失、毁损，但代替该财产的交换价值还存在的，担保物权的效力仍存在，但此时担保物权的效力转移到了该代替物上。

案例 深圳市奕之帆贸易有限公司、侯庆宾与深圳兆邦基集团有限公司、深圳市康诺富信息咨询有限公司、深圳市鲤鱼门投资发展有限公司、第三人广东立兆电子科技有限公司合同纠纷案（《最高人民法院公报》2020年第2期）

裁判规则：1. 让与担保的设立应在债务履行期届满之前，但就让与担保的实现问题，参照《物权法》第170条（《民法典》第386条）的规定则需要满足债务人不履行到期债务或者发生当事人约定的实现权利的情形等条件。双方当事人在设立让与担保的合同中约定，如担保物的价值不足以覆盖相关债务，即使债务履行期尚未届满，债权人亦有权主张行使让与担保权利。该约定不违反法律行政法规的强制性规定，应当认定合法有效。

2. 为防止出现债权人取得标的物价值与债权额之间差额等类似于流质、流押之情形，让与担保权利的实现应对当事人课以清算义务。双方当事人就让与担保标的物价值达成的合意，可认定为确定标的物价值的有效方式。在让与担保标的物价值已经确定，但双方均预见债权数额有可能发

生变化的情况下，当事人仍应在最终据实结算的债务数额基础上履行相应的清算义务。

第三百八十七条 【担保物权适用范围及反担保】债权人在借贷、买卖等民事活动中，为保障实现其债权，需要担保的，可以依照本法和其他法律的规定设立担保物权。

第三人为债务人向债权人提供担保的，可以要求债务人提供反担保。反担保适用本法和其他法律的规定。

注释 担保物权的适用范围

本条第一款规定了担保的适用范围，即在借贷、买卖等民事活动中发生的债权债务关系。对该适用范围的规定，应当注意以下几点：第一，担保物权适用于民事活动，不适用于国家行政行为（如征收税款）、司法行为（如扣押产生费用）等不平等主体之间产生的关系。这是由担保物权本身的性质所决定的，担保物权是平等主体之间为确保债权的实现而设定的。第二，为了引导当事人设定担保物权，本条列举了借贷、买卖两种典型的可以设定担保物权的民事活动，但可以设定担保物权的民事活动很广泛，并不仅限于这两种民事活动。在其他民事活动中，如货物运输、加工承揽等都可以设定担保物权。第三，对因侵权行为已经产生的债权，属于普通债权的范围，可以用设定担保物权的方式确保债权的实现。

本条提到的依照本法和其他法律的规定设立担保物权，这里的"其他法律"主要指海商法、民用航空法、农村土地承包法等对船舶抵押、航空器抵押、土地经营权抵押等作规定的法律，"其他法律"的表述也为今后相关特别法规定设立担保物权留下接口。因此，设立担保物权还应当依据这些特别法。

反担保

反担保的方式，既可以是债务人自己担保，也可以是其他第三人担保。反担保也是担保，其实质内容与担保完全一样，设立程序上也无不同，抵押反担保和质押反担保适用民法典物权编的规定，保证反担保适用民法典合同编的规定。

链接《最高人民法院关于适用〈中华人民共和国民法典〉有关担保制度的解释》第19条

第三百八十八条 【担保合同及其与主合同的关系】设立担保物权，应当依照本法和其他法律的规定订立担保合同。担保合同包括抵押合同、

质押合同和其他具有担保功能的合同。担保合同是主债权债务合同的从合同。主债权债务合同无效的，担保合同无效，但是法律另有规定的除外。

担保合同被确认无效后，债务人、担保人、债权人有过错的，应当根据其过错各自承担相应的民事责任。

注释 **担保合同的从属性**

担保合同具有从属性，除法律另有规定外，主债权债务合同无效的，担保合同无效。当事人在担保合同中约定担保合同的效力独立于主合同，或者约定担保人对主合同无效的法律后果承担担保责任，该有关担保独立性的约定无效。主合同有效的，有关担保独立性的约定无效不影响担保合同的效力；主合同无效的，人民法院应当认定担保合同无效，但是法律另有规定的除外。因金融机构开立的独立保函发生的纠纷，适用《最高人民法院关于审理独立保函纠纷案件若干问题的规定》。

但应注意，担保合同随主债权债务合同无效而无效只是一般规则，并不是绝对的，在法律另有规定的情况下，担保合同可以作为独立合同存在，不受主债权债务合同效力的影响。例如，在本法规定的最高额抵押权中，最高额抵押合同就具有相对的独立性。

担保合同无效的情形

本条只规定了主合同无效导致担保合同无效的情形。需特别强调的是，导致担保合同无效的原因很多，主债权债务合同无效只是原因之一。在主债权债务合同有效的情况下，担保合同也有可能无效。例如，担保合同违反社会公共利益或者国家利益无效，担保合同因债权人与债务人的恶意串通而无效等。因为主合同与担保合同都是民事法律行为，因此其无效适用民事法律行为无效的规则。也就是说，判断担保合同是否有效，不能仅以主债权债务合同是否有效为标准。

担保合同无效的赔偿责任

主合同有效而第三人提供的担保合同无效，人民法院应当区分不同情形确定担保人的赔偿责任：(1)债权人与担保人均有过错的，担保人承担的赔偿责任不应超过债务人不能清偿部分的二分之一；(2)担保人有过错而债权人无过错的，担保人对债务人不能清偿的部分承担赔偿责任；(3)债权人有过错而担保人无过错的，担保人不承担赔偿责任。主合同无效导致第三人提供的担保合同无效，担保人无过错的，不承担赔偿责任；担保人有过错的，其承担的赔偿责任不应超过债务人不能清偿部分的三分之一。

链接 《最高人民法院关于适用〈中华人民共和国民法典〉有关担保制度的解释》第2、17-19条

第三百八十九条 **【担保范围】**担保物权的担保范围包括主债权及其利息、违约金、损害赔偿金、保管担保财产和实现担保物权的费用。当事人另有约定的，按照其约定。

注释 担保物权的担保范围包括：

(1)主债权。主债权指债权人与债务人之间因债的法律关系所发生的原本债权，例如金钱债权、交付货物的债权或者提供劳务的债权。主债权是相对于利息和其他附随债权而言，不包括利息以及其他因主债权而产生的附随债权。

(2)利息。利息指实现担保物权时主债权所应产生的收益。一般来说，金钱债权都有利息，因此其当然也在担保范围内。利息可以按照法律规定确定，也可以由当事人约定，但当事人不能违反法律规定约定过高的利息，否则超过部分的利息无效。

(3)违约金。违约金指按照当事人的约定，一方当事人违约的，应向另一方支付的金钱。

(4)损害赔偿金。损害赔偿金指一方当事人因违反合同或者因其他行为给债权人造成的财产、人身损失而给付的赔偿额。损害赔偿金的范围可以由法律直接规定，或由双方约定，在法律没有特别规定或者当事人没有约定的情况下，应按照完全赔偿原则确定具体赔偿数额。

(5)保管担保财产的费用。保管担保财产的费用指债权人在占有担保财产期间因履行善良保管义务而支付的各种费用。

(6)实现担保物权的费用。实现担保物权的费用指担保物权人在实现担保物权过程中所花费的各种实际费用，如对担保财产的评估费用、拍卖或者变卖担保财产的费用、向人民法院申请强制变卖或者拍卖的费用等。

链接 《最高人民法院关于适用〈中华人民共和国民法典〉有关担保制度的解释》第3、22条

第三百九十条 **【担保物权的物上代位性】**担保期间，担保财产毁损、灭失或者被征收等，担保物权人可以就获得的保险金、赔偿金或者补偿金

等优先受偿。被担保债权的履行期限未届满的，也可以提存该保险金、赔偿金或者补偿金等。

注释 本条是对担保物权物上代位性的规定。关于代位物的范围应注意：第一，这里损害赔偿金是担保财产因第三人的侵权行为或者其他原因毁损、灭失时，担保人所获得的。如果是由于债权人的原因导致担保财产毁损、灭失的，根据本法第四百三十二条、第四百五十一条的规定，质权人、留置权人负有妥善保管质押或留置财产的义务；因保管不善致使质押或者留置财产毁损、灭失的，应当承担赔偿责任，质权人、留置权人向出质人或者债务人支付的损害赔偿金不能作为担保财产的代位物。第二，担保财产毁损、灭失或者被征收后担保人所得的损害赔偿金、保险金或者补偿金只是代位物的几种形态，但并不仅仅以此为限。如担保财产的残留物也属于代位物的范围。

链接《最高人民法院关于适用〈中华人民共和国民法典〉有关担保制度的解释》第41、42条

第三百九十一条 【债务转让对担保物权的效力】第三人提供担保，未经其书面同意，债权人允许债务人转移全部或者部分债务的，担保人不再承担相应的担保责任。

注释 理解本条应当注意以下几点：

（1）本条只适用于第三人提供担保财产的情况。主债务被分割或者部分转移，债务人自己提供物的担保，债权人请求以该担保财产担保全部债务履行的，人民法院应予支持；第三人提供物的担保，主张对未经其书面同意转移的债务不再承担担保责任的，人民法院应予支持。

（2）"不再承担相应的担保责任"是指未经担保人书面同意，债权人许可债务人转移全部债务的，可以免除担保人全部担保责任；债权人许可债务人转移部分债务的，可以免除担保人部分的担保责任，担保人不得要求免除全部担保责任。

链接《最高人民法院关于适用〈中华人民共和国民法典〉有关担保制度的解释》第39条

第三百九十二条 【人保和物保并存时的处理规则】被担保的债权既有物的担保又有人的担保的，债务人不履行到期债务或者发生当事人约定的实现担保物权的情形，债权人应当按照约定实现债权；没有约定或者约定不明确，债务人自己提供物的担保的，债权人应当先就该物的担保实现债权；第三人提供物的担保的，债权人可以就物的

担保实现债权，也可以请求保证人承担保证责任。提供担保的第三人承担担保责任后，有权向债务人追偿。

注释 本条区分三种情况对同一债权上既有物的担保又有人的担保的情况作了规定：（1）在当事人对物的担保和人的担保的关系有约定的情况下，应当尊重当事人的意思，按约定实现债权。这充分尊重了当事人的意愿。（2）在没有约定或者约定不明确，债务人自己提供物的担保的情况下，应当先就该物的担保实现债权。（3）在没有约定或者约定不明确，既有第三人提供物的担保，又有人的担保的情况下，应当允许当事人进行选择。实践中，对同一债权，还可能出现债务人和第三人均提供了物的担保，还有第三人提供人的担保的情形。在这种情况下，无论是从公平的角度，还是从防止日后追索权的繁琐、节约成本的角度，债权人都应当先行使债务人提供的物的担保，再行使第三人提供的物的担保，否则保证人可以享有抗辩权。

承担了担保责任或者赔偿责任的担保人，在其承担责任的范围内向债务人追偿的，人民法院应予支持。同一债权既有债务人自己提供的物的担保，又有第三人提供的担保，承担了担保责任或者赔偿责任的第三人，主张行使债权人对债务人享有的担保物权的，人民法院应予支持。

链接《最高人民法院关于适用〈中华人民共和国民法典〉有关担保制度的解释》第13、14、18条

第三百九十三条 【担保物权消灭的情形】有下列情形之一的，担保物权消灭：

（一）主债权消灭；

（二）担保物权实现；

（三）债权人放弃担保物权；

（四）法律规定担保物权消灭的其他情形。

第十七章 抵押权

第一节 一般抵押权

第三百九十四条 【抵押权的定义】为担保债务的履行，债务人或者第三人不转移财产的占有，将该财产抵押给债权人的，债务人不履行到期债务或者发生当事人约定的实现抵押权的情形，债权人有权就该财产优先受偿。

前款规定的债务人或者第三人为抵押人，债

权人为抵押权人,提供担保的财产为抵押财产。

案例 中国长城资产管理公司济南办事处与中国重汽集团济南卡车股份有限公司、山东小鸭集团有限责任公司借款抵押合同纠纷案(《最高人民法院公报》2008 年第 3 期)

裁判规则:抵押担保是物的担保。在抵押人不是主债务人的情况下,抵押权人可以请求拍卖、变卖抵押财产优先受偿,但不得请求抵押人直接承担债务人的债务。

第三百九十五条 【可抵押财产的范围】债务人或者第三人有权处分的下列财产可以抵押:

(一)建筑物和其他土地附着物;

(二)建设用地使用权;

(三)海域使用权;

(四)生产设备、原材料、半成品、产品;

(五)正在建造的建筑物、船舶、航空器;

(六)交通运输工具;

(七)法律、行政法规未禁止抵押的其他财产。

抵押人可以将前款所列财产一并抵押。

注释 抵押财产,也称为抵押权标的物或者抵押物,是指被设置了抵押权的不动产、动产或者权利。抵押财产的特点是:(1)抵押财产包括不动产、特定动产和权利。抵押财产主要是不动产,也包括特定的动产,以及建设用地使用权、土地经营权等物权。(2)抵押财产须具有可转让性,抵押权的性质是变价权,供抵押的不动产或者动产如果有妨害其使用的目的,具有不得让与的性质或者即使可以让与但让与其变价将会受到影响,都不能设置抵押权。

链接 《最高人民法院关于适用〈中华人民共和国民法典〉有关担保制度的解释》第 49、50 条;《城市房地产管理法》第 32、48 条;《农村土地承包法》第 53 条

第三百九十六条 【浮动抵押】企业、个体工商户、农业生产经营者可以将现有的以及将有的生产设备、原材料、半成品、产品抵押,债务人不履行到期债务或者发生当事人约定的实现抵押权的情形,债权人有权就抵押财产确定时的动产优先受偿。

注释 **浮动抵押的概念**

是指企业、个体工商户、农业生产经营者作为抵押人,以其所有的全部财产包括现有的以及将有的生产设备、原材料、半成品为标的而设立的动产抵押权。债务人不履行到期债务或者发生当事人约定的实现抵押权的情形,债权人有权就抵押财产确定时的动产优先受偿。比如企业以现有的以及未来可能买进的机器设备、库存产成品、生产原料等动产担保债务的履行。

浮动抵押权设定后,抵押人可以将抵押的原材料投入成品生产,也可以卖出抵押的财产。当发生债务履行期届满未清偿债务、当事人约定的实现抵押权的情形成就时,抵押财产确定,也就是说此时企业有什么财产,这些财产就是抵押财产。抵押财产确定前企业卖出的财产不追回,买进的财产算作抵押财产。

浮动抵押的特征

浮动抵押具有不同于固定抵押的两个特征:第一,浮动抵押设定后,抵押的财产不断发生变化,直到约定或者法定的事由发生,抵押财产才确定。第二,浮动抵押期间,抵押人处分抵押财产不必经抵押权人同意,除抵押人恶意实施损害抵押权人利益的行为外,抵押权人对抵押财产无追及的权利,只能就约定或者法定事由发生后确定的财产优先受偿。

浮动抵押设立条件

(1)设定浮动抵押的主体仅限于企业、个体工商户、农业生产经营者。只要是注册的企业都可以设定浮动抵押。除了上述三项主体,国家机关、社会团体、事业单位、非农业生产者的自然人不可以设立浮动抵押。

(2)设立浮动抵押的财产仅限于生产设备、原材料、半成品和产品。除此之外的动产、不动产、知识产权以及债权等不得设立浮动抵押。

(3)设立浮动抵押要有书面协议。该协议一般包括担保债权的种类和数额、债务履行期间、抵押财产的范围、实现抵押权的条件等。

(4)实现抵押权的条件是债务人不履行到期债务或者发生当事人约定的实现抵押权的事由。

链接 《民法典》第 411 条

第三百九十七条 【建筑物和相应的建设用地使用权一并抵押规则】以建筑物抵押的,该建筑物占用范围内的建设用地使用权一并抵押。以建设用地使用权抵押的,该土地上的建筑物一并抵押。

抵押人未依据前款规定一并抵押的,未抵押的财产视为一并抵押。

链接《城市房地产管理法》第32、48条

第三百九十八条 【乡镇、村企业的建设用地使用权与房屋一并抵押规则】乡镇、村企业的建设用地使用权不得单独抵押。以乡镇、村企业的厂房等建筑物抵押的,其占用范围内的建设用地使用权一并抵押。

注释 乡镇、村企业不能仅以集体所有的建设用地抵押,但可以将乡镇、村企业的厂房等建筑物抵押,以厂房等建筑物抵押的,其占用范围内的建设用地使用权一并抵押。以乡镇、村企业的厂房等建筑物占用范围内的建设用地使用权抵押的,实现抵押权后,未经法定程序不得改变土地所有权的性质和土地的用途。

第三百九十九条 【禁止抵押的财产范围】下列财产不得抵押:

(一)土地所有权;

(二)宅基地、自留地、自留山等集体所有土地的使用权,但是法律规定可以抵押的除外;

(三)学校、幼儿园、医疗机构等为公益目的成立的非营利法人的教育设施、医疗卫生设施和其他公益设施;

(四)所有权、使用权不明或者有争议的财产;

(五)依法被查封、扣押、监管的财产;

(六)法律、行政法规规定不得抵押的其他财产。

注释 土地所有权包括国有土地所有权,也包括集体土地所有权。

以公益为目的的非营利性学校、幼儿园、医疗机构、养老机构等提供担保的,人民法院应当认定担保合同无效,但是有下列情形之一的除外:(1)在购入或者以融资租赁方式承租教育设施、医疗卫生设施、养老服务设施和其他公益设施时,出卖人、出租人为担保价款或者租金实现而在该公益设施上保留所有权;(2)以教育设施、医疗卫生设施、养老服务设施和其他公益设施以外的不动产、动产或者财产权利设立担保物权。登记为营利法人的学校、幼儿园、医疗机构、养老机构等提供担保,当事人以其不具有担保资格为由主张担保合同无效的,人民法院不予支持。

依法查封、扣押的财产,指人民法院或者行政机关采取强制措施将财产就地贴上封条或者运到另外的处所,不准任何人占有、使用或者处分的财产。依法监管的财产,指行政机关依照法律规定

监督、管理的财产。比如海关依照有关法律、法规,监管进出境的运输工具、货物、行李物品、邮递物品和其他物品,对违反海关法和其他有关法律法规规定的进出境货物、物品予以扣留。依法被查封、扣押、监管的财产,其合法性处于不确定状态,国家法律不能予以确认和保护。因此禁止以依法被查封、扣押、监管的财产抵押。但已经设定抵押的财产被采取查封、扣押等财产保全或者执行措施的,不影响抵押权的效力。

链接《最高人民法院关于适用〈中华人民共和国民法典〉有关担保制度的解释》第5、6条

第四百条 【抵押合同】设立抵押权,当事人应当采用书面形式订立抵押合同。

抵押合同一般包括下列条款:

(一)被担保债权的种类和数额;

(二)债务人履行债务的期限;

(三)抵押财产的名称、数量等情况;

(四)担保的范围。

链接《城市房地产管理法》第50条

第四百零一条 【流押条款的效力】抵押权人在债务履行期届满前,与抵押人约定债务人不履行到期债务时抵押财产归债权人所有的,只能依法就抵押财产优先受偿。

注释 本条是对禁止流押的规定。

流押,也叫作流押契约、抵押财产代偿条款或流抵契约,是指抵押权人与抵押人约定,当债务人届期不履行债务时,抵押权人有权直接取得抵押财产的所有权的协议。抵押权人在债务履行期届满前,不得与抵押人约定在债务人不履行到期债务时,抵押财产归债权人所有。抵押权人和抵押人订立流押契约,流押条款一律无效。即使是在抵押权实现时订立的实现抵押权协议,也不得出现流押契约。当事人以抵押财产折价方式清偿债务,才是正常的抵押权实现方法。

订立流押条款的,虽然流押条款无效,但是抵押权仍然成立,因而只能依法就抵押财产优先受偿,使债务得到清偿。

在实践中,下列约定也被认为属于流押契约:(1)在借款合同中,订有清偿期限届至而借款人不还款时,贷款人可以将抵押财产自行加以变卖的约定;(2)抵押权人在债权清偿期届满后与债务人另订有延期清偿的合同,在该合同中附以延展的期限内如果仍未能清偿时,就将抵押财产交给债

权人经营的约定;(3)债务人以所负担的债务额作为某项不动产的出售价,与债权人订立一个不动产买卖合同,但并不移转该不动产的占有,只是约明在一定的期限内清偿债务以赎回该财产。此种合同虽然在形式上是买卖,实际上是就原有债务设定的抵押权,只不过以回赎期间作为清偿期间罢了。

第四百零二条　【不动产抵押登记】以本法第三百九十五条第一款第一项至第三项规定的财产或者第五项规定的正在建造的建筑物抵押的,应当办理抵押登记。抵押权自登记时设立。

注释　**不动产抵押的设定**

抵押权是担保物权,设定抵押权除了要订立抵押合同之外,对某些不动产设置抵押权还须进行抵押权登记,并且只有经过抵押权登记,才能发生抵押权的效果。本条规定,须登记发生法律效力的抵押权是:(1)建筑物和其他土地附着物;(2)建设用地使用权;(3)海域使用权;(4)正在建造的建筑物。以这些不动产设置抵押权的,在订立抵押合同之后,应当进行抵押权登记,经过登记之后,抵押权才发生,即抵押权自登记时设立。

不动产抵押合同生效后未办理抵押登记手续,债权人请求抵押人办理抵押登记手续的,人民法院应予支持。不动产登记簿就抵押财产、被担保的债权范围等所作的记载与抵押合同约定不一致的,人民法院应当根据登记簿的记载确定抵押财产、被担保的债权范围等事项。当事人申请办理抵押登记手续时,因登记机构的过错致使其不能办理抵押登记,当事人请求登记机构承担赔偿责任的,人民法院依法予以支持。

案例　**中国光大银行股份有限公司上海青浦支行诉上海东鹤房地产有限公司、陈思缔保证合同纠纷案**(《最高人民法院公报》2014年第9期)

裁判规则:一、开发商为套取银行资金,与自然人串通签订虚假的预售商品房买卖合同,以该自然人的名义与银行签订商品房抵押贷款合同而获得银行贷款,当商品房买卖合同被依法确认无效后,开发商与该自然人应对银行的贷款共同承担连带清偿责任。

二、预售商品房抵押贷款中,虽然银行与借款人(购房人)对预售商品房做了抵押预告登记,但该预告登记并未使银行获得现实的抵押权,而是待房屋建成交付借款人后银行就该房屋设立抵押

权的一种预先的排他性保全。如果房屋建成后的产权未登记至借款人名下,则抵押权设立登记无法完成,银行不能对该预售商品房行使抵押权。

链接　《最高人民法院关于适用〈中华人民共和国民法典〉有关担保制度的解释》第46-48条;《城市房地产管理法》第62条

第四百零三条　【动产抵押的效力】以动产抵押的,抵押权自抵押合同生效时设立;未经登记,不得对抗善意第三人。

注释　**动产抵押的设定**

以动产抵押的,例如民法典物权编第三百九十五条规定的生产设备、原材料、半成品、产品、正在建造的船舶、航空器、交通运输工具等,采取登记对抗主义,抵押权自抵押合同生效时设立;未经抵押权登记的,抵押权亦设立,只是不得对抗善意第三人。

未登记的动产抵押权的效力

动产抵押合同订立后未办理抵押登记,动产抵押权的效力按照下列情形分别处理:(1)抵押人转让抵押财产,受让人占有抵押财产后,抵押权人向受让人请求行使抵押权的,人民法院不予支持,但是抵押权人能够举证证明受让人知道或者应当知道已经订立抵押合同的除外;(2)抵押人将抵押财产出租给他人并移转占有,抵押权人行使抵押权,租赁关系不受影响,但是抵押权人能够举证证明承租人知道或者应当知道已经订立抵押合同的除外;(3)抵押人的其他债权人向人民法院申请保全或者执行抵押财产,人民法院已经作出财产保全裁定或者采取执行措施,抵押权人主张对抵押财产优先受偿的,人民法院不予支持;(4)抵押人破产,抵押权人主张对抵押财产优先受偿的,人民法院不予支持。

链接　《最高人民法院关于适用〈中华人民共和国民法典〉有关担保制度的解释》第54条

第四百零四条　【动产抵押权对抗效力的限制】以动产抵押的,不得对抗正常经营活动中已经支付合理价款并取得抵押财产的买受人。

注释　动产抵押采取登记对抗主义,未经登记不得对抗善意第三人,不仅如此,即使办理登记的动产抵押,也不得对抗在正常经营活动中已经支付合理价款并取得抵押财产的买受人。如果在动产抵押过程中,抵押人在与他人进行正常的经营活动,对抵押财产与对方当事人进行交易,对方已经支

付了合理价款、取得了该抵押财产的,这些抵押财产就不再是抵押权的客体,抵押权人对其不能主张抵押权。但有下列情形之一的除外:(1)购买商品的数量明显超过一般买受人;(2)购买出卖人的生产设备;(3)订立买卖合同的目的在于担保出卖人或者第三人履行债务;(4)买受人与出卖人存在直接或者间接的控制关系;(5)买受人应当查询抵押登记而未查询的其他情形。出卖人正常经营活动,是指出卖人的经营活动属于其营业执照明确记载的经营范围,且出卖人持续销售同类商品。

链接《最高人民法院关于适用〈中华人民共和国民法典〉有关担保制度的解释》第56条

第四百零五条　【抵押权和租赁权的关系】抵押权设立前,抵押财产已经出租并转移占有的,原租赁关系不受该抵押权的影响。

注释　对抵押权设立之前的抵押财产出租,租赁关系不受抵押权的影响。其条件是:(1)订立抵押合同前抵押财产已经出租;(2)成立租赁合同关系并且已经将租赁物转移占有。如果抵押权设立之前仅成立了租赁合同关系,但是抵押财产并未被承租人占有的,或者抵押权设立之后对抵押财产进行租赁,租赁关系受到抵押权的影响,抵押权实现后,租赁合同对受让人不具有约束力。

链接《城市房地产抵押管理办法》第21条

第四百零六条　【抵押期间抵押财产转让应当遵循的规则】抵押期间,抵押人可以转让抵押财产。当事人另有约定的,按照其约定。抵押财产转让的,抵押权不受影响。

抵押人转让抵押财产的,应当及时通知抵押权人。抵押权人能够证明抵押财产转让可能损害抵押权的,可以请求抵押人将转让所得的价款向抵押权人提前清偿债务或者提存。转让的价款超过债权数额的部分归抵押人所有,不足部分由债务人清偿。

注释　在抵押关系存续期间,抵押人转让抵押财产的,《物权法》第191条采取比较严格的规则,即抵押期间,抵押人经抵押权人同意转让抵押财产的,应当将转让所得的价款向抵押权人提前清偿债务或者提存。转让的价款超过债权数额的部分归抵押人所有,不足部分由债务人清偿。抵押期间,抵押人未经抵押权人同意,不得转让抵押财产,但受让人代为清偿债务消灭抵押权的除外。

事实上,在财产上设置抵押权,只要抵押权跟随抵押财产一并移转,就能够保障抵押权人的权利。故民法典在规定抵押期间转让抵押财产的规则时,改变了《物权法》的上述规定,采纳了从宽的规则,具体为:(1)抵押期间,抵押人可以转让抵押财产,并不加以禁止,只是在转让时应当通知抵押权人。(2)如果当事人对此另有约定的,按照其约定。(3)抵押期间,抵押人将抵押财产转让的,抵押权不受影响,即抵押财产是设有抵押权负担的财产,进行转让时,抵押权随着所有权的转让而转让,取得抵押财产的受让人在取得所有权的同时,也负有抵押人所负担的义务,受到抵押权的约束。(4)抵押权人能够证明抵押财产转让可能损害抵押权的,可以请求抵押人将转让所得的价款向抵押权人提前清偿债务或者提存。转让的价款超过债权数额的部分,归抵押人所有,不足部分由债务人清偿。

当事人约定禁止或者限制转让抵押财产但是未将约定登记,抵押人违反约定转让抵押财产,抵押权人请求确认转让合同无效的,人民法院不予支持;抵押财产已经交付或者登记,抵押权人请求确认转让不发生物权效力的,人民法院不予支持,但是抵押权人有证据证明受让人知道的除外;抵押权人请求抵押人承担违约责任的,人民法院依法予以支持。当事人约定禁止或者限制转让抵押财产且已经将约定登记,抵押人违反约定转让抵押财产,抵押权人请求确认转让合同无效的,人民法院不予支持;抵押财产已经交付或者登记,抵押权人主张转让不发生物权效力的,人民法院应予支持,但是因受让人代替债务人清偿债务导致抵押权消灭的除外。

链接《最高人民法院关于适用〈中华人民共和国民法典〉有关担保制度的解释》第43条

第四百零七条　【抵押权的从属性】抵押权不得与债权分离而单独转让或者作为其他债权的担保。债权转让的,担保该债权的抵押权一并转让,但是法律另有规定或者当事人另有约定的除外。

注释　抵押权不是独立的物权,是附随于被担保的债权的从权利,因而抵押权不得与债权分离而单独转让,也不能作为已经提供担保的债权以外的其他债权的担保。所以,债权转让的,担保该债权的抵押权一并转让,但是法律另有规定或者当事人另有约定的除外,例如民法典物权编第四百二十一条规定,最高额抵押担保的债权确定前,部分债权转让的,最高额抵押权不得转让,只有当事人另有约定的除外。

第四百零八条 【抵押财产价值减少时抵押权人的保护措施】抵押人的行为足以使抵押财产价值减少的,抵押权人有权请求抵押人停止其行为;抵押财产价值减少的,抵押权人有权请求恢复抵押财产的价值,或者提供与减少的价值相应的担保。抵押人不恢复抵押财产的价值,也不提供担保的,抵押权人有权请求债务人提前清偿债务。

注释 本条规定的抵押财产价值减少,均是由于抵押人的行为造成的,即只有在抵押人对抵押财产价值减少有过错时,才按照本条的规定处理。这种侵害行为必须是抵押人的行为,故意和过失、作为与不作为均包括在内。

第四百零九条 【抵押权人放弃抵押权或抵押权顺位的法律后果】抵押权人可以放弃抵押权或者抵押权的顺位。抵押权人与抵押人可以协议变更抵押权顺位以及被担保的债权数额等内容。但是,抵押权的变更未经其他抵押权人书面同意的,不得对其他抵押权人产生不利影响。

债务人以自己的财产设定抵押,抵押权人放弃该抵押权、抵押权顺位或者变更抵押权的,其他担保人在抵押权人丧失优先受偿权益的范围内免除担保责任,但是其他担保人承诺仍然提供担保的除外。

注释 **放弃抵押权**

抵押权人放弃抵押权,不必经过抵押人的同意。抵押权人放弃抵押权的,抵押权消灭。此时抵押权人变成普通债权人,其债权应当与其他普通债权人按照债权的比例受偿。

抵押权的顺位

抵押权的顺位是抵押权人优先受偿的顺序,作为抵押权人享有的一项利益,抵押权人可以放弃其顺位,即放弃优先受偿的次序利益。抵押权人放弃抵押权顺位的,放弃人处于最后顺位,所有后顺位抵押权人的顺位依次递进。但在放弃人放弃抵押权顺位后新设定的抵押权不受该放弃的影响,其顺位仍应在放弃人的抵押权顺位之后。

抵押权顺位的变更,是指同一抵押财产上的数个抵押权的清偿顺序互换。抵押权的顺位变更后,各抵押权人只能在其变更后的顺序上行使优先受偿权。抵押权顺位的变更对其他抵押权人产生不利影响时,必须经过他们的书面同意。

第四百一十条 【抵押权实现的方式和程序】债务人不履行到期债务或者发生当事人约定的实现抵押权的情形,抵押权人可以与抵押人协议以抵押财产折价或者以拍卖、变卖该抵押财产所得的价款优先受偿。协议损害其他债权人利益的,其他债权人可以请求人民法院撤销该协议。

抵押权人与抵押人未就抵押权实现方式达成协议的,抵押权人可以请求人民法院拍卖、变卖抵押财产。

抵押财产折价或者变卖的,应当参照市场价格。

注释 **抵押权实现的方式**

本条提供了三种抵押财产的处理方式供抵押权人与抵押人协议时选择:

(1)折价方式

抵押财产折价,是指在抵押权实现时,抵押权人与抵押人协议,或者协议不成经由人民法院判决,按照抵押财产自身的品质、参考市场价格折算为价款,把抵押财产所有权转移给抵押权人,从而实现抵押权的抵押权实现方式。

(2)拍卖方式

拍卖也称为竞卖,是指以公开竞争的方法将标的物卖给出价最高的买者。拍卖又分为自愿拍卖和强制拍卖两种,自愿拍卖是出卖人与拍卖机构,一般为拍卖行订立委托合同,委托拍卖机构拍卖;强制拍卖是债务人的财产基于某些法定的原因由司法机关如人民法院强制性拍卖。抵押权人与抵押人协议以抵押财产拍卖来实现债权的方式属于第一种方式,双方达成一致意见,即可选择拍卖机构进行拍卖。

(3)变卖方式

变卖的方式就是以拍卖以外的生活中一般的买卖形式出让抵押财产来实现债权的方式。为了保障变卖的价格公允,变卖抵押财产应当参照市场价格。

链接《最高人民法院关于适用〈中华人民共和国民法典〉有关担保制度的解释》第45条

第四百一十一条 【浮动抵押财产的确定】依据本法第三百九十六条规定设定抵押的,抵押财产自下列情形之一发生时确定:

(一)债务履行期限届满,债权未实现;

(二)抵押人被宣告破产或者解散;

(三)当事人约定的实现抵押权的情形;

(四)严重影响债权实现的其他情形。

注释 浮动抵押权在以下情形时确定:

(1)债务履行期限届期,债权未实现:应当对浮动抵押的抵押财产进行确定,不得再进行浮动。

(2)抵押人被宣告破产或者解散:抵押财产必须确定,这种确定称之为自动封押,浮动抵押变为固定抵押,无论浮动抵押权人是否知道该事由的发生或者有没有实现抵押权,都不影响抵押财产的自动确定。

(3)当事人约定的实现抵押权的情形:实现抵押权,抵押的财产必须确定,浮动抵押必须经过确定变为固定抵押,抵押权的实现才有可能。

(4)严重影响债权实现的其他情形:抵押财产也必须确定。例如,抵押人因经营管理不善而导致经营状况恶化或严重亏损,或者抵押人为了逃避债务而故意低价转让财产或隐匿、转移财产,都属于严重影响债权实现的情形。

浮动抵押财产被确定后,变成固定抵押,在抵押权实现的规则上,与普通抵押没有区别。

第四百一十二条 【抵押财产孳息归属】债务人不履行到期债务或者发生当事人约定的实现抵押权的情形,致使抵押财产被人民法院依法扣押的,自扣押之日起,抵押权人有权收取该抵押财产的天然孳息或者法定孳息,但是抵押权人未通知应当清偿法定孳息义务人的除外。

前款规定的孳息应当先充抵收取孳息的费用。

注释 当出现债务人不履行到期债务或者发生当事人约定的实现抵押权情形,致使抵押财产被人民法院依法扣押的,等于抵押权人对抵押财产已经开始主张权利,因而自抵押财产被扣押之日起,抵押权人有权收取该抵押财产的天然孳息或者法定孳息,但是抵押权人未通知应当清偿法定孳息的义务人的除外,故抵押权人自抵押财产被扣押后,如果要收取抵押财产的法定孳息,应当通知清偿法定孳息的义务人。

已经被扣押的孳息,尽管抵押权人可以收取,但是仍然是抵押人的财产,扣押的孳息仍然应当用于清偿抵押权人的债务,实现抵押权人的债权。

链接 《最高人民法院关于适用〈中华人民共和国民法典〉有关担保制度的解释》第40条

第四百一十三条 【抵押财产变价款的归属原则】抵押财产折价或者拍卖、变卖后,其价款超过债权数额的部分归抵押人所有,不足部分由债务人清偿。

第四百一十四条 【同一财产上多个抵押权的效力顺序】同一财产向两个以上债权人抵押的,拍卖、变卖抵押财产所得的价款依照下列规定清偿:

(一)抵押权已经登记的,按照登记的时间先后确定清偿顺序;

(二)抵押权已经登记的先于未登记的受偿;

(三)抵押权未登记的,按照债权比例清偿。

其他可以登记的担保物权,清偿顺序参照适用前款规定。

注释 同一财产向两个以上的债权人抵押的,拍卖、变卖抵押财产所得价款的清偿顺位有三项标准:(1)抵押权都已经登记的,按照登记的先后顺序清偿。顺序相同的,按照债权比例清偿。(2)抵押权已经登记的,先于未登记的受偿。已经登记的优先清偿,没有登记的,只能在经过登记的抵押权实现后,以剩余的抵押财产受偿。(3)抵押权未登记的,不具有对抗效力,无优先受偿权,仍按照债权比例清偿。

第四百一十五条 【既有抵押权又有质权的财产的清偿顺序】同一财产既设立抵押权又设立质权的,拍卖、变卖该财产所得的价款按照登记、交付的时间先后确定清偿顺序。

注释 本条是民法典新增条文,是关于抵押权与质权关系的规定。我国立法承认动产抵押,因而可能发生抵押财产被质押或质押财产被抵押的情形。同一财产既设立抵押权又设立质权的,本条规定的清偿顺序是:拍卖、变卖该财产所得的价款,按照登记、交付的时间先后确定清偿顺序。

第四百一十六条 【买卖价款抵押权】动产抵押担保的主债权是抵押物的价款,标的物交付后十日内办理抵押登记的,该抵押权人优先于抵押物买受人的其他担保物权人受偿,但是留置权人除外。

注释 担保人在设立动产浮动抵押并办理抵押登记后又购入或者以融资租赁方式承租新的动产,下列权利人为担保价款债权或者租金的实现而订立担保合同,并在该动产交付后十日内办理登记,主张其权利优先于在先设立的浮动抵押权的,人民法院应予支持:(1)在该动产上设立抵押权或者保留所有权的出卖人;(2)为价款支付提供融资而在该动产上设立抵押权的债权人;(3)以融资租赁方式出租该动产的出租人。买受人取得动产但未付清价款或者承租人以融资租赁方式占有租赁物但是未付清全部租金,又以标的物为他人设立担保物权,上述所列权利人为担保价款债权或者租金的实现而订立担保合同,并在该动产交付后十日内办理登记,主张其权利优先于买受人为他人设立的担保物权的,人民法院应予支持。同一动产上存在多个价款优先权的,人民法院应当按照登记的时间先后确定清偿顺序。

链接《最高人民法院关于适用〈中华人民共和国民法典〉有关担保制度的解释》第 57 条

第四百一十七条 【抵押权对新增建筑物的效力】建设用地使用权抵押后,该土地上新增的建筑物不属于抵押财产。该建设用地使用权实现抵押权时,应当将该土地上新增的建筑物与建设用地使用权一并处分。但是,新增建筑物所得的价款,抵押权人无权优先受偿。

注释当事人仅以建设用地使用权抵押,债权人主张抵押权的效力及于土地上已有的建筑物以及正在建造的建筑物已完成部分的,人民法院应予支持。债权人主张抵押权的效力及于正在建造的建筑物的续建部分以及新增建筑物的,人民法院不予支持。当事人以正在建造的建筑物抵押,抵押权的效力范围限于已办理抵押登记的部分。当事人按照担保合同的约定,主张抵押权的效力及于续建部分、新增建筑物以及规划中尚未建造的建筑物的,人民法院不予支持。抵押人将建设用地使用权、土地上的建筑物或者正在建造的建筑物分别抵押给不同债权人的,人民法院应当根据抵押登记的时间先后确定清偿顺序。

链接《最高人民法院关于适用〈中华人民共和国民法典〉有关担保制度的解释》第 51 条

第四百一十八条 【集体所有土地使用权抵押权的实现效果】以集体所有土地的使用权依法抵押的,实现抵押权后,未经法定程序,不得改变土地所有权的性质和土地用途。

第四百一十九条 【抵押权的存续期间】抵押权人应当在主债权诉讼时效期间行使抵押权;未行使的,人民法院不予保护。

注释主债权诉讼时效期间届满后,抵押权人主张行使抵押权的,人民法院不予支持;抵押人以主债权诉讼时效期间届满为由,主张不承担担保责任的,人民法院应予支持。主债权诉讼时效期间届满前,债权人仅对债务人提起诉讼,经人民法院判

决或者调解后未在民事诉讼法规定的申请执行时效期间内对债务人申请强制执行,其向抵押人主张行使抵押权的,人民法院不予支持。

案例王军诉李睿抵押合同纠纷案(《最高人民法院公报》2017 年第 7 期)

裁判规则:抵押权人在主债权诉讼时效期间未行使抵押权将导致抵押权消灭,而非胜诉权的丧失。抵押权消灭后,抵押人要求解除抵押权登记的,人民法院应当支持。

链接《民法典》第 188 条;《最高人民法院关于适用〈中华人民共和国民法典〉有关担保制度的解释》第 44 条

第二节 最高额抵押权

第四百二十条 【最高额抵押规则】为担保债务的履行,债务人或者第三人对一定期间内将要连续发生的债权提供担保财产的,债务人不履行到期债务或者发生当事人约定的实现抵押权的情形,抵押权人有权在最高债权额限度内就该担保财产优先受偿。

最高额抵押权设立前已经存在的债权,经当事人同意,可以转入最高额抵押担保的债权范围。

注释最高债权额,是指包括主债权及其利息、违约金、损害赔偿金、保管担保财产的费用、实现债权或者实现担保物权的费用等在内的全部债权,但是当事人另有约定的除外。登记的最高债权额与当事人约定的最高债权额不一致的,应当依据登记的最高债权额确定债权人优先受偿的范围。

最高额抵押具有以下特征:(1)最高额抵押是限额抵押。设定抵押时,抵押人与抵押权人协议约定抵押财产担保的最高债权限额,无论将来实际发生的债权如何增减变动,抵押权人只能在最高债权额范围内对抵押财产享有优先受偿权。实际发生的债权超过最高限额的,以抵押权设定时约定的最高债权额为限优先受偿;不及最高限额的,以实际发生的债权额为限优先受偿。(2)最高额抵押是为将来发生的债权提供担保。最高额抵押权设定时,不以主债权的存在为前提,是典型的担保将来债权的抵押权。这里的"将来债权",是指设定抵押时尚未发生,在抵押期间将要发生的债权。(3)最高额抵押所担保的最高债权额是确定的,但实际发生额不确定。设定最高额抵押权时,债权尚未发生,为担保将来债权的履行,抵押

人和抵押权人协议确定担保的最高数额,在此额度内对债权担保。(4)最高额抵押是对一定期间内连续发生的债权作担保。这里讲的一定期间,不仅指债权发生的期间,更是指抵押权担保的期间。连续发生的债权,是指所发生的债权次数不确定,且接连发生。

案例 中国工商银行股份有限公司宣城龙首支行诉宣城柏冠贸易有限公司、江苏凯盛置业有限公司等金融借款合同纠纷案(最高人民法院指导案例95号)

裁判规则:当事人另行达成协议将最高额抵押权设立前已经存在的债权转入该最高额抵押担保的债权范围,只要转入的债权数额仍在该最高额抵押担保的最高债权额限度内,即使未对该最高额抵押权办理变更登记手续,该最高额抵押权的效力仍然及于被转入的债权,但不得对第三人产生不利影响。

链接《最高人民法院关于适用〈中华人民共和国民法典〉有关担保制度的解释》第15条

第四百二十一条 【最高额抵押权担保的部分债权转让效力】最高额抵押担保的债权确定前,部分债权转让的,最高额抵押权不得转让,但是当事人另有约定的除外。

第四百二十二条 【最高额抵押合同条款变更】最高额抵押担保的债权确定前,抵押权人与抵押人可以通过协议变更债权确定的期间、债权范围以及最高债权额。但是,变更的内容不得对其他抵押权人产生不利影响。

第四百二十三条 【最高额抵押所担保债权的确定事由】有下列情形之一的,抵押权人的债权确定:

(一)约定的债权确定期间届满;

(二)没有约定债权确定期间或者约定不明确,抵押权人或者抵押人自最高额抵押权设立之日起满二年后请求确定债权;

(三)新的债权不可能发生;

(四)抵押权人知道或者应当知道抵押财产被查封、扣押;

(五)债务人、抵押人被宣告破产或者解散;

(六)法律规定债权确定的其他情形。

第四百二十四条 【最高额抵押的法律适用】最高额抵押权除适用本节规定外,适用本章第一节的有关规定。

第十八章 质 权

第一节 动产质权

第四百二十五条 【动产质权概念】为担保债务的履行,债务人或者第三人将其动产出质给债权人占有的,债务人不履行到期债务或者发生当事人约定的实现质权的情形,债权人有权就该动产优先受偿。

前款规定的债务人或者第三人为出质人,债权人为质权人,交付的动产为质押财产。

第四百二十六条 【禁止出质的动产范围】法律、行政法规禁止转让的动产不得出质。

注释 法律、行政法规未明确规定禁止转让的动产,都可以作为设定质权的标的。法律、行政法规规定禁止流通的动产不得设定质权,例如毒品、管制枪支等。规定禁止转让的动产的依据只能是全国人大及其常委会制定的法律以及国务院制定的行政法规。其他规范性文件,不能作为规定禁止转让动产的依据。

第四百二十七条 【质押合同形式及内容】设立质权,当事人应当采用书面形式订立质押合同。

质押合同一般包括下列条款:

(一)被担保债权的种类和数额;

(二)债务人履行债务的期限;

(三)质押财产的名称、数量等情况;

(四)担保的范围;

(五)质押财产交付的时间、方式。

链接《最高人民法院关于适用〈中华人民共和国民法典〉有关担保制度的解释》第53条

第四百二十八条 【流质条款的效力】质权人在债务履行期限届满前,与出质人约定债务人不履行到期债务时质押财产归债权人所有的,只能依法就质押财产优先受偿。

注释 流质,也称绝押,是指转移质物所有权的预先约定。订立质押合同时,出质人和质权人在合同中不得约定在债务人履行期限届满质权人未受清偿时,将质物所有权转移为债权人所有。当事人在质押合同中约定流质条款的,流质条款无效,但是质押合同还是有效的,因此,只能依法就质押财产优先受偿。

第四百二十九条 【质权的设立】质权自出质人交付质押财产时设立。

注释 质权自出质人交付质押财产时设立。质押合同是要物合同,即实践性合同。在出质人未将质押财产移交于质权人占有前,质权合同不能发生效力。质押财产的占有,即出质人应将质押财产的占有移转给质权人,不局限于现实的移转占有,也包括简易交付或指示交付,但出质人不得以占有改定的方式而继续占有标的物。出质人代质权人占有质押财产的,质权合同不生效。

债权人、出质人与监管人订立三方协议,出质人以通过一定数量、品种等概括描述能够确定范围的货物为债务的履行提供担保,当事人有证据证明监管人系受债权人的委托监管并实际控制该货物的,应当认定质权于监管人实际控制货物之日起设立。监管人违反约定向出质人或者其他人放货,因保管不善导致货物毁损灭失,债权人请求监管人承担违约责任的,人民法院依法予以支持。当事人有证据证明监管人系受出质人委托监管该货物,或者虽然受债权人委托但是未实际履行监管职责,导致货物仍由出质人实际控制的,应当认定质权未设立。债权人可以基于质押合同的约定请求出质人承担违约责任,但是不得超过质权有效设立时出质人应当承担的责任范围。监管人未履行监管职责,债权人请求监管人承担责任的,人民法院依法予以支持。

案例 中国农业发展银行安徽省分行诉张大标、安徽长江融资担保集团有限公司执行异议之诉纠纷案(最高人民法院指导案例54号)

裁判规则: 当事人依约为出质的金钱开立保证金专门账户,且质权人取得对该专门账户的占有控制权,符合金钱特定化和移交占有的要求,即使该账户内资金余额发生浮动,也不影响该金钱质权的设立。

链接 《最高人民法院关于适用〈中华人民共和国民法典〉有关担保制度的解释》第55条

第四百三十条 【质权人的孳息收取权】 质权人有权收取质押财产的孳息,但是合同另有约定的除外。

前款规定的孳息应当先充抵收取孳息的费用。

注释 质权人有权收取质押财产的孳息。孳息不仅包括天然孳息,也包括法定孳息。质押合同另有约定的,按照其约定。不过,质权人收取质物的孳息,并不是取得孳息的所有权,而是取得质物孳息的质权,取得对质物孳息的占有,但质物孳息的所有权仍然归属于出质人。

第四百三十一条 【质权人对质押财产处分的限制及其法律责任】 质权人在质权存续期间,未经出质人同意,擅自使用、处分质押财产,造成出质人损害的,应当承担赔偿责任。

第四百三十二条 【质物保管义务】 质权人负有妥善保管质押财产的义务;因保管不善致使质押财产毁损、灭失的,应当承担赔偿责任。

质权人的行为可能使质押财产毁损、灭失的,出质人可以请求质权人将质押财产提存,或者请求提前清偿债务并返还质押财产。

注释 妥善保管,即以善良管理人的注意义务加以保管。善良管理人的注意,是指依照一般交易上的观念,认为有相当的知识经验及诚意的人所具有的注意,即以一种善良的心和应当具备的知识来保管质物。如果达不到应当注意的保管标准的,就不是妥善保管。

第四百三十三条 【质押财产保全】 因不可归责于质权人的事由可能使质押财产毁损或者价值明显减少,足以危害质权人权利的,质权人有权请求出质人提供相应的担保;出质人不提供的,质权人可以拍卖、变卖质押财产,并与出质人协议将拍卖、变卖所得的价款提前清偿债务或者提存。

注释 在质权存续期间,质权人对质押财产享有保全请求权。因不可归责于质权人的事由可能使质押财产毁损或者价值明显减少,足以危害质权人权利的,质权人可以行使质押财产保全请求权,请求出质人提供相应的担保,以保障自己债权的实现。质权保全权的行使规则是:

(1)质权人不能直接将质押财产加以拍卖或变卖,而须先要求出质人提供相应的担保,如果出质人提供了担保的,质权人不得行使物上代位权。

(2)出质人拒不提供担保时,质权人才能行使物上代位权,拍卖、变卖质押财产;质权人可以自行拍卖、变卖质押财产,无需出质人同意。

(3)质权人对于拍卖或变卖质押财产的价金,应当与出质人协商,作出选择:或者将价金用于提前清偿质权人的债权,或者将价金提存,在债务履行期届满之时再行使质权。

第四百三十四条 【转质】 质权人在质权存续期间,未经出质人同意转质,造成质押财产毁损、灭失的,应当承担赔偿责任。

注释 转质

转质,是指质权人为自己或他人债务提供担保,将质物再度设定新的质权给第三人的行为。质物的转质可以分成责任转质和承诺转质。

承诺转质,指经出质人同意,质权人在占有的质物上为第三人设定质权的行为。承诺转质是经出质人同意的行为,质权人对因转质权人的过错而造成的损失承担责任,并不因转质而加重法律责任。

责任转质,指质权人不经出质人同意,以自己的责任将质物转质于第三人的行为。责任转质因未经出质人同意将质物转质,不仅要承担质物因转质权人的过失而灭失、毁损的责任,而且要承担转质期间发生的因不可抗力产生的质物的风险责任,其责任要比未转质的情况沉重得多。本条规定属于责任转质的情形。

转质的后果

转质的后果是:(1)转质权担保的债权范围应当在原质权所担保的债权范围之内,超过的部分不具有优先受偿的效力。(2)转质权的效力优于原质权。

第四百三十五条　【放弃质权】质权人可以放弃质权。债务人以自己的财产出质,质权人放弃该质权的,其他担保人在质权人丧失优先受偿权益的范围内免除担保责任,但是其他担保人承诺仍然提供担保的除外。

案例 黑龙江北大荒投资担保股份有限公司与黑龙江省建三江农垦七星粮油工贸有限责任公司、黑龙江省建三江农垦宏达粮油工贸有限公司等担保合同纠纷案(《最高人民法院公报》2018 年第 1期)

裁判规则:同一债权上既有人的担保,又有债务人提供的物的担保,债权人与债务人的共同过错致使本应依法设立的质权未设立,保证人对此并无过错的,债权人应对质权未设立承担不利后果。《物权法》第 176 条对债务人提供的物保与第三人提供的人保并存时的债权实现顺序有明文规定,保证人对先以债务人的质物清偿债务存在合理信赖,债权人放弃质权损害了保证人的顺位信赖利益,保证人应依《物权法》第 218 条的规定在质权人丧失优先受偿权益的范围内免除保证责任。

第四百三十六条　【质物返还与质权实现】债务人履行债务或者出质人提前清偿所担保的债权的,质权人应当返还质押财产。

债务人不履行到期债务或者发生当事人约定的实现质权的情形,质权人可以与出质人协议以质押财产折价,也可以就拍卖、变卖质押财产所得的价款优先受偿。

质押财产折价或者变卖的,应当参照市场价格。

第四百三十七条　【出质人请求质权人及时行使质权】出质人可以请求质权人在债务履行期限届满后及时行使质权;质权人不行使的,出质人可以请求人民法院拍卖、变卖质押财产。

出质人请求质权人及时行使质权,因质权人怠于行使权利造成出质人损害的,由质权人承担赔偿责任。

注释 为了避免质权人怠于行使权利,本条赋予了出质人行使质权的请求权及质权人怠于行使质权的责任。适用本条时应注意:

(1)出质人的质权行使请求权。出质人在债务履行期届满,不能偿还债务时,有权请求质权人及时行使质权,如果质权人经出质人请求后仍不行使的,出质人有权径行到人民法院要求拍卖、变卖质物,以清偿债务。

(2)质权人怠于行使质权的责任。随着市场价格的变化,质物也存在着价格下跌或者意外灭失的风险,因此,一旦债务履行期届满而债务人未清偿债务时,质权人应当及时行使质权,以免给出质人造成损失,出质人也有权请求质权人行使权利。因质权人怠于行使权利致使质物价格下跌,或者发生其他毁损、灭失等情形使质物无法实现其原有的变价额,在此情形下,质权人对于出质人的损失要承担赔偿责任。

链接 《最高人民法院关于适用〈中华人民共和国民法典〉有关担保制度的解释》第 44 条

第四百三十八条　【质押财产变价款归属原则】质押财产折价或者拍卖、变卖后,其价款超过债权数额的部分归出质人所有,不足部分由债务人清偿。

第四百三十九条　【最高额质权】出质人与质权人可以协议设立最高额质权。

最高额质权除适用本节有关规定外,参照适用本编第十七章第二节的有关规定。

注释 最高额质权,是指对于一定期间内连续发生的不特定的债权预定一个限额,由债务人或者第三人提供质物予以担保而设定的特殊质权。根据本条第二款,关于最高额质权的具体的规则,应参照关于动产质权的规定和最高额抵押权的规定确定。

第二节 权利质权

第四百四十条 【可出质的权利的范围】债务人或者第三人有权处分的下列权利可以出质:

(一)汇票、本票、支票;

(二)债券、存款单;

(三)仓单、提单;

(四)可以转让的基金份额、股权;

(五)可以转让的注册商标专用权、专利权、著作权等知识产权中的财产权;

(六)现有的以及将有的应收账款;

(七)法律、行政法规规定可以出质的其他财产权利。

注释 权利质权,是指以所有权以外的依法可转让的债权或者其他财产权利为标的物而设定的质权。权利质权是以所有权以外的财产权为标的物的质权,能够作为权利质权标的物的权利须符合以下几项条件:(1)仅以财产权利为限;(2)必须是依法可以转让的财产权利;(3)必须是不违背现行法规定及权利质权性质的财产权利。权利质权的设定以登记或者权利凭证的交付作为生效要件。

案例 1. 福建海峡银行股份有限公司福州五一支行诉长乐亚新污水处理有限公司、福州市政工程有限公司金融借款合同纠纷案(最高人民法院指导案例53号)

裁判规则:1. 特许经营权的收益权可以质押,并可作为应收账款进行出质登记。2. 特许经营权的收益权依其性质不宜折价、拍卖或变卖,质权人主张优先受偿权的,人民法院可以判令出质债权的债务人将收益权的应收账款优先支付质权人。

2. 常州新区工行诉康美公司借款合同纠纷案(《最高人民法院公报》2005年第4期)

裁判规则:根据《担保法》第75条第4项(《民法典》第440条第7项)规定,以出口退税账户托管的方式贷款,构成出口退税权利质押。贷款人在借款得不到清偿时,有权在借款人的出口退税款中优先受偿。

第四百四十一条 【有价证券质权】以汇票、本票、支票、债券、存款单、仓单、提单出质的,质权自权利凭证交付质权人时设立;没有权利凭证的,

质权自办理出质登记时设立。法律另有规定的,依照其规定。

注释 以汇票出质,当事人以背书记载"质押"字样并在汇票上签章,汇票已经交付质权人的,应当认定质权自汇票交付质权人时设立。

存货人或者仓单持有人在仓单上以背书记载"质押"字样,并经保管人签章,仓单已经交付质权人的,应当认定质权自仓单交付质权人时设立。没有权利凭证的仓单,依法可以办理出质登记的,仓单质权自办理出质登记时设立。出质人既以仓单出质,又以仓储物设立担保,按照公示的先后确定清偿顺序;难以确定先后的,按照债权比例清偿。保管人为同一货物签发多份仓单,出质人在多份仓单上设立多个质权,按照公示的先后确定清偿顺序;难以确定先后的,按照债权比例受偿。

案例 中国建设银行股份有限公司广州荔湾支行诉广东蓝粤能源发展有限公司等信用证开证纠纷案(最高人民法院指导案例第111号)

裁判规则:1. 提单持有人是否因受领提单的交付而取得物权以及取得何种类型的物权,取决于合同的约定。开证行根据其与开证申请人之间的合同约定持有提单时,人民法院应结合信用证交易的特点,对案涉合同进行合理解释,确定开证行持有提单的真实意思表示。

2. 开证行对信用证项下单据中的提单以及提单项下的货物享有质权的,开证行行使提单质权的方式与行使提单项下货物动产质权的方式相同,即对提单项下货物折价、变卖、拍卖后所得价款享有优先受偿权。

链接《最高人民法院关于适用〈中华人民共和国民法典〉有关担保制度的解释》第58—60条

第四百四十二条 【有价证券质权人行使权利的特别规定】汇票、本票、支票、债券、存款单、仓单、提单的兑现日期或者提货日期先于主债权到期的,质权人可以兑现或者提货,并与出质人协议将兑现的价款或者提取的货物提前清偿债务或者提存。

注释 以有价证券为标的设定质权,在质押中会存在两个债权的有效期。一个是票据债权的履行期,另一个是质权担保债权的履行期。本条所指兑现日期,是指汇票、支票、本票、债券、存款单上所记载的票据权利得以实现的日期。

第四百四十三条 【基金份额质权、股权质

权】以基金份额、股权出质的，质权自办理出质登记时设立。

基金份额、股权出质后，不得转让，但是出质人与质权人协商同意的除外。出质人转让基金份额、股权所得的价款，应当向质权人提前清偿债务或者提存。

第四百四十四条 【知识产权质权】以注册商标专用权、专利权、著作权等知识产权中的财产权出质的，质权自办理出质登记时设立。

知识产权中的财产权出质后，出质人不得转让或者许可他人使用，但是出质人与质权人协商同意的除外。出质人转让或者许可他人使用出质的知识产权中的财产权所得的价款，应当向质权人提前清偿债务或者提存。

第四百四十五条 【应收账款质权】以应收账款出质的，质权自办理出质登记时设立。

应收账款出质后，不得转让，但是出质人与质权人协商同意的除外。出质人转让应收账款所得的价款，应当向质权人提前清偿债务或者提存。

链接 《最高人民法院关于适用〈中华人民共和国民法典〉有关担保制度的解释》第61条

第四百四十六条 【权利质权的法律适用】权利质权除适用本节规定外，适用本章第一节的有关规定。

第十九章 留置权

第四百四十七条 【留置权的定义】债务人不履行到期债务，债权人可以留置已经合法占有的债务人的动产，并有权就该动产优先受偿。

前款规定的债权人为留置权人，占有的动产为留置财产。

注释 **留置权的概念**

留置权，是对于法律规定可以留置的债权，债权人依债权占有属于债务人的动产，在债务人未按照约定的期限履行债务时，债权人有权依法留置该财产，以该财产折价或者以拍卖、变卖的价款优先受偿的法定担保物权。留置权具有以下几项特征：

（1）从属性。留置权依主债权的存在而存在，依主债权的转移而转移，并因主债权的消灭而消灭。

（2）法定性。留置权只能直接依据法律的规定发生，不能由当事人自由设定。只要债务人不

履行到期债务，债权人即可以依照法律规定留置已经合法占有的债务人的动产，并在满足法律规定的条件的情况下，折价或者拍卖、变卖留置财产以受偿。

（3）不可分性。留置权的不可分性表现为：一是留置权所担保的是债权的全部，而不是部分；二是留置权的效力及于债权人所留置的全部留置财产，留置权人可以对留置财产的全部行使留置权，而不是部分。只要债权未受全部清偿，留置权人就可以对全部留置财产行使权利，不受债权分割或者部分清偿以及留置财产分割的影响。当然，为了公平起见，依据本法第四百五十条，留置财产为可分物的，债权人留置的财产的价值应当相当于债务的金额，而不应留置其占有的债务人的全部动产。

留置权成立条件

（1）债权人已经合法占有债务人的动产。第一，留置权的标的物只能是动产，债权人占有的不动产上不能成立留置权。第二，债权人必须占有动产。债权人的这种占有可以是直接占有，也可以是间接占有。但单纯的持有不能成立留置权，如占有辅助人虽持有动产，却并非占有人，因此不享有留置权。第三，债权人必须基于合法原因而占有债务人动产，如基于承揽、运输、保管合同的约定而取得动产的占有。如果不是合法占有的债务人的动产，不得留置，如债权人以侵权行为占有的债务人的动产。

（2）债权人占有的动产，应当与债权属于同一法律关系，但企业之间留置的除外。

（3）债务人不履行到期债务。债权人对已经合法占有的动产，并不能当然成立留置权，留置权的成立还须以债权已届清偿期而债务人未全部履行为要件。

第四百四十八条 【留置财产与债权的关系】债权人留置的动产，应当与债权属于同一法律关系，但是企业之间留置的除外。

注释 所谓"同一法律关系"，是指动产的占有和债权的发生之间有关联，动产的占有与债权的发生均基于同一法律关系。同一法律关系不以合同关系为限，合同关系以外的其他法律关系，诸如因不当得利、无因管理、侵权行为而发生的债权关系，若与动产的占有之间存在关联，亦属于存在同一法律关系。

案例 长三角商品交易所有限公司诉卢海云返还原物纠纷案（《最高人民法院公报》2017 年第 1 期）

裁判规则：留置权是平等主体之间实现债权的担保方式；除企业之间留置的以外，债权人留置的动产，应当与债权属于同一法律关系。

劳动关系主体双方在履行劳动合同过程中处于管理与被管理的不平等关系。劳动者以用人单位拖欠劳动报酬为由，主张对用人单位供其使用的工具、物品等动产行使留置权，因此类动产不是劳动合同关系的标的物，与劳动债权不属于同一法律关系，故人民法院不予支持该主张。

链接《最高人民法院关于适用〈中华人民共和国民法典〉有关担保制度的解释》第 62 条

第四百四十九条　【留置权适用范围的限制性规定】法律规定或者当事人约定不得留置的动产，不得留置。

第四百五十条　【可分留置物】留置财产为可分物的，留置财产的价值应当相当于债务的金额。

链接《最高人民法院关于适用〈中华人民共和国民法典〉有关担保制度的解释》第 38 条

第四百五十一条　【留置权人保管义务】留置权人负有妥善保管留置财产的义务；因保管不善致使留置财产毁损、灭失的，应当承担赔偿责任。

注释 本条是关于留置权人保管义务的规定。有几点需要注意：

（1）这里的"妥善保管"，理论上是指留置权人应当以善良管理人的注意保管留置财产。留置权人对保管未予以善良管理人之注意的，即为保管不善。而在实际中应当依据一般交易上的观念，以一个有知识有经验的理性人所具有的标准加以衡量。

（2）对留置权人保管义务的责任实行过错推定。只要留置物毁损、灭失，而留置权人又不能证明自己对留置物进行了妥善保管的，就应承担赔偿责任；若留置权人能够证明自己已尽必要的注意并采取适当的措施进行了妥善保管，则其不承担赔偿责任。

（3）妥善保管留置物是留置权人的法定义务，原则上未经债务人同意，不得使用、出租留置财产或者擅自把留置财产作为其他债权的担保物。但是，留置权人出于保管的需要，为使留置财产不因闲置而生损害，在必要的范围内有使用留置财产

的权利，如适当使用留置的机动车或者机械以防止其生锈。

第四百五十二条　【留置财产的孳息收取】留置权人有权收取留置财产的孳息。

前款规定的孳息应当先充抵收取孳息的费用。

注释 留置权人对收取的孳息只享有留置权，并不享有所有权。留置财产孳息抵充债权清偿顺序的一般规则是：先抵充收取孳息的费用，次及利息，然后是原债权。

第四百五十三条　【留置权的实现】留置权人与债务人应当约定留置财产后的债务履行期限；没有约定或者约定不明确的，留置权人应当给债务人六十日以上履行债务的期限，但是鲜活易腐等不易保管的动产除外。债务人逾期未履行的，留置权人可以与债务人协议以留置财产折价，也可以就拍卖、变卖留置财产所得的价款优先受偿。

留置财产折价或者变卖的，应当参照市场价格。

第四百五十四条　【债务人请求留置权人行使留置权】债务人可以请求留置权人在债务履行期限届满后行使留置权；留置权人不行使的，债务人可以请求人民法院拍卖、变卖留置财产。

注释 值得注意的是，本条规定的"债务履行期限届满"无宽限期的限制。也就是说，债务履行期限届满，留置权成立后，债务履行的宽限期届满前，债务人可以要求留置权人行使留置权。留置权人不行使的，债务人可以请求人民法院对留置财产拍卖、变价，从而清偿债务。

第四百五十五条　【留置权实现方式】留置财产折价或者拍卖、变卖后，其价款超过债权数额的部分归债务人所有，不足部分由债务人清偿。

第四百五十六条　【留置权优先于其他担保物权效力】同一动产上已经设立抵押权或者质权，该动产又被留置的，留置权人优先受偿。

注释 本条是关于留置权与抵押权或者质权关系的规定。适用本条应注意：在同一动产上，无论留置权是产生于抵押权或者质权之前，还是抵押权或者质权之后，留置权的效力都优先于抵押权或者质权。也就是说，留置权对抵押权或者质权的优先效力不受其产生时间的影响。

第四百五十七条　【留置权消灭】留置权人对留置财产丧失占有或者留置权人接受债务人另行提供担保的，留置权消灭。

第五分编　占　有

第二十章　占　有

第四百五十八条　【有权占有法律适用】基于合同关系等产生的占有,有关不动产或者动产的使用、收益、违约责任等,按照合同约定;合同没有约定或者约定不明确的,依照有关法律规定。

注释 占有是指占有人对物具有事实上的管领和控制的状态。导致占有发生的法律关系多种多样:一种是有权占有,主要指基于合同等债的关系而产生的占有,例如根据运输或者保管合同,承运人或者保管人对托运或者寄存货物发生的占有;一种是无权占有,主要发生在占有人对不动产或者动产的占有无正当法律关系,或者原法律关系被撤销或者无效时占有人对占有物的占有,包括误将他人之物认为己有或者借用他人之物到期不还等。

第四百五十九条　【恶意占有人的损害赔偿责任】占有人因使用占有的不动产或者动产,致使该不动产或者动产受到损害的,恶意占有人应当承担赔偿责任。

第四百六十条　【权利人的返还请求权和占有人的费用求偿权】不动产或者动产被占有人占有的,权利人可以请求返还原物及其孳息;但是,应当支付善意占有人因维护该不动产或者动产支出的必要费用。

注释 第一,无论是善意占有人还是恶意占有人,对于权利人都负有返还原物及其孳息的义务;第二,返还原物及其孳息之后,善意占有人对于因维护该不动产或者动产而支出的必要费用,可以要求权利人返还,而恶意占有人无此项请求权。

值得注意的是,善意占有人求偿权的范围限于必要费用。必要费用是指因保存、管理占有物所需支出的费用。如占有物的维修费、饲养费等。

第四百六十一条　【占有物毁损或者灭失时占有人的责任】占有的不动产或者动产毁损、灭失,该不动产或者动产的权利人请求赔偿的,占有人应当将因毁损、灭失取得的保险金、赔偿金或者补偿金等返还给权利人;权利人的损害未得到足够弥补的,恶意占有人还应当赔偿损失。

注释 本条是对占有物毁损、灭失代位物返还责任的规定。

占有的不动产或者动产毁损、灭失,不论是因不可抗力,还是被遗失或者盗窃,其责任规则是:

(1)如果该不动产或者动产即占有物的权利人请求赔偿的,占有人应当将因毁损、灭失取得的保险金、赔偿金或者补偿金等代位物如数返还给权利人,对此,不论是善意占有人还是恶意占有人,均负此责任。

(2)占有物因毁损、灭失取得的保险金、赔偿金或者补偿金全部返还权利人,权利人的损害未得到足够弥补的,恶意占有人应当承担赔偿损失的责任,善意占有人不负此责任。

第四百六十二条　【占有保护的方法】占有的不动产或者动产被侵占的,占有人有权请求返还原物;对妨害占有的行为,占有人有权请求排除妨害或者消除危险;因侵占或者妨害造成损害的,占有人有权依法请求损害赔偿。

占有人返还原物的请求权,自侵占发生之日起一年内未行使的,该请求权消灭。

注释 占有保护请求权,是占有人对占有的公力救济,即请求国家有权机关通过运用国家强制力来保护其占有。具体的请求权是:

(1)返还原物请求权。占有物返还请求权发生于占有物被侵夺的情形。此种侵夺占有而构成的侵占,是指非基于占有人的意思,采取违法的行为使其丧失对物的控制与支配。需要注意的是,非因他人的侵夺而丧失占有的,如因受欺诈或者胁迫而交付的,不享有占有物返还请求权。此外,还需说明一点,即本条所规定占有物返还请求权的要件之一为侵占人的行为必须是造成占有人丧失占有的直接原因,否则不发生依据本条规定而产生的占有物返还请求权。例如,遗失物之拾得人,虽然拾得人未将遗失物交送有关机关而据为己有,但此种侵占非本条所规定的情形。拾得人将遗失物据为己有的行为,并不是失主丧失占有的直接原因(失主最初丧失对物的占有,可能是由于疏忽大意遗忘物品等),因此失主对于拾得人不得依占有物返还请求权为据提起诉讼,而应依其所有权人的地位提请行使返还原物请求权。

(2)排除妨害请求权。当占有人的占有被妨害时,占有人有权行使排除妨害请求权。排除妨害的费用应由妨害人负担。占有人自行除去妨害的,其费用可依无因管理的规定向相对人请求偿还。

（3）消除危险请求权。消除危险请求权中的危险，应为具体的事实的危险；对于一般抽象的危险，法律不加以保护。具体的事实的危险，指其所用的方法，使外界感知对占有的妨害。例如违反建筑规则建设高危建筑、接近邻地开掘地窖等产生对邻地的危险。

（4）损害赔偿请求权。因侵占或者妨害占有人的占有，造成损害的，占有人有权请求侵害人承担损害赔偿责任。

……

中华人民共和国宪法

· 1982 年 12 月 4 日第五届全国人民代表大会第五次会议通过
· 1982 年 12 月 4 日全国人民代表大会公告公布施行
· 根据 1988 年 4 月 12 日第七届全国人民代表大会第一次会议通过的《中华人民共和国宪法修正案》、1993 年 3 月 29 日第八届全国人民代表大会第一次会议通过的《中华人民共和国宪法修正案》、1999 年 3 月 15 日第九届全国人民代表大会第二次会议通过的《中华人民共和国宪法修正案》、2004 年 3 月 14 日第十届全国人民代表大会第二次会议通过的《中华人民共和国宪法修正案》和 2018 年 3 月 11 日第十三届全国人民代表大会第一次会议通过的《中华人民共和国宪法修正案》修正

序　言

中国是世界上历史最悠久的国家之一。中国各族人民共同创造了光辉灿烂的文化，具有光荣的革命传统。

一八四〇年以后，封建的中国逐渐变成半殖民地、半封建的国家。中国人民为国家独立、民族解放和民主自由进行了前仆后继的英勇奋斗。

二十世纪，中国发生了翻天覆地的伟大历史变革。

一九一一年孙中山先生领导的辛亥革命，废除了封建帝制，创立了中华民国。但是，中国人民反对帝国主义和封建主义的历史任务还没有完成。

一九四九年，以毛泽东主席为领袖的中国共产党领导中国各族人民，在经历了长期的艰难曲折的武装斗争和其他形式的斗争以后，终于推翻了帝国主义、封建主义和官僚资本主义的统治，取得了新民主主义革命的伟大胜利，建立了中华人民共和国。从此，中国人民掌握了国家的权力，成为国家的主人。

中华人民共和国成立以后，我国社会逐步实现了由新民主主义到社会主义的过渡。生产资料私有制的社会主义改造已经完成，人剥削人的制度已经消灭，社会主义制度已经确立。工人阶级领导的、以工农联盟为基础的人民民主专政，实质上即无产阶级专政，得到巩固和发展。中国人民和中国人民解放军战胜了帝国主义、霸权主义的侵略、破坏和武装挑衅，维护了国家的独立和安全，增强了国防。经济建设取得了重大的成就，独立的、比较完整的社会主义工业体系已经基本形成，农业生产显著提高。教育、科学、文化等事业有了很大的发展，社会主义思想教育取得了明显的成效。广大人民的生活有了较大的改善。

中国新民主主义革命的胜利和社会主义事业的成就，是中国共产党领导中国各族人民，在马克思列宁主义、毛泽东思想的指引下，坚持真理，修正错误，战胜许多艰难险阻而取得的。我国将长期处于社会主义初级阶段。国家的根本任务是，沿着中国特色社会主义道路，集中力量进行社会主义现代化建设。中国各族人民将继续在中国共产党领导下，在马克思列宁主义、毛泽东思想、邓小平理论、"三个代表"重要思想、科学发展观、习近平新时代中国特色社会主义思想指引下，坚持人民民主专政，坚持社会主义道路，坚持改革开放，不断完善社会主义的各项制度，发展社会主义市场经济，发展社会主义民主，健全社会主义法治，贯彻新发展理念，自力更生，艰苦奋斗，逐步实现工业、农业、国防和科学技术的现代化，推动物质文明、政治文明、精神文明、社会文明、生态文明协调发展，把我国建设成为富强民主文明和谐美丽的社会主义现代化强国，实现中华民族伟大复兴。

在我国，剥削阶级作为阶级已经消灭，但是阶级斗争还将在一定范围内长期存在。中国人民对敌视和破坏我国社会主义制度的国内外的敌对势力和敌对分子，必须进行斗争。

台湾是中华人民共和国的神圣领土的一部分。完成统一祖国的大业是包括台湾同胞在内的全中国人民的神圣职责。

社会主义的建设事业必须依靠工人、农民和知识分子，团结一切可以团结的力量。在长期的革命、建设、改革过程中，已经结成由中国共产党领导的，有各民主党派和各人民团体参加的，包括全体社会主义劳动者、社会主义事业的建设者、拥护社会主义的爱国者、拥护祖国统一和致力于中华民族伟大复兴的爱国者的广泛的爱国统一战线，这个统一战线将继续巩固和发展。中国人民政治协商会议是有广泛代表性的统一战线组织，过去发挥了重要的历史作用，今后在国家政治生活、社会生活和对外友好活动中，在进行社会主义现代化建设、维护国家的统一和团结的斗争中，将进一步发挥它的重要作用。中国共产党领导的多党合作和政治协商制度将长期存在和发展。

中华人民共和国是全国各族人民共同缔造的统一的多民族国家。平等团结互助和谐的社会主义民族关系已经确立，并将继续加强。在维护民族团结的斗争中，要反对大民族主义，主要是大汉族主义，也要反对地方民族主义。国家尽一切努力，促进全国各民族的共同繁荣。

中国革命、建设、改革的成就是同世界人民的支持分不开的。中国的前途是同世界的前途紧密地联系在一起的。中国坚持独立自主的对外政策，坚持互相尊重主权和领土完整、互不侵犯、互不干涉内政、平等互利、和平共处的五项原则，坚持和平发展道路，坚持互利共赢开放战略，发展同各国的外交关系和经济、文化交流，推动构建人类命运共同体；坚持反对帝国主义、霸权主义、殖民主义，加强同世界各国人民的团结，支持被压迫民族和发展中国家争取和维护民族独立、发展民族经济的正义斗争，为维护世界和平和促进人类进步事业而努力。

本宪法以法律的形式确认了中国各族人民奋斗的成果，规定了国家的根本制度和根本任务，是国家的根本法，具有最高的法律效力。全国各族人民、一切国家机关和武装力量、各政党和各社会团体、各企业事业组织，都必须以宪法为根本的活动准则，并且负有维护宪法尊严、保证宪法实施的职责。

第一章 总 纲

第一条 【国体】中华人民共和国是工人阶级领导的、以工农联盟为基础的人民民主专政的社会主义国家。

社会主义制度是中华人民共和国的根本制度。中国共产党领导是中国特色社会主义最本质的特征。禁止任何组织或者个人破坏社会主义制度。

第二条 【政体】中华人民共和国的一切权力属于人民。

人民行使国家权力的机关是全国人民代表大会和地方各级人民代表大会。

人民依照法律规定，通过各种途径和形式，管理国家事务，管理经济和文化事业，管理社会事务。

第三条 【民主集中制原则】中华人民共和国的国家机构实行民主集中制的原则。

全国人民代表大会和地方各级人民代表大会都由民主选举产生，对人民负责，受人民监督。

国家行政机关、监察机关、审判机关、检察机关都由人民代表大会产生，对它负责，受它监督。

中央和地方的国家机构职权的划分，遵循在中央的统一领导下，充分发挥地方的主动性、积极性的原则。

第四条 【民族政策】中华人民共和国各民族一律平等。国家保障各少数民族的合法的权利和利益，维护和发展各民族的平等团结互助和谐关系。禁止对任何民族的歧视和压迫，禁止破坏民族团结和制造民族分裂的行为。

国家根据各少数民族的特点和需要，帮助各少数民族地区加速经济和文化的发展。

各少数民族聚居的地方实行区域自治，设立自治机关，行使自治权。各民族自治地方都是中华人民共和国不可分离的部分。

各民族都有使用和发展自己的语言文字的自由，都有保持或者改革自己的风俗习惯的自由。

第五条 【法治原则】中华人民共和国实行依法治国，建设社会主义法治国家。

国家维护社会主义法制的统一和尊严。

一切法律、行政法规和地方性法规都不得同宪法相抵触。

一切国家机关和武装力量、各政党和各社会

团体、各企业事业组织都必须遵守宪法和法律。一切违反宪法和法律的行为，必须予以追究。

任何组织或者个人都不得有超越宪法和法律的特权。

第六条 【经济制度与分配制度】中华人民共和国的社会主义经济制度的基础是生产资料的社会主义公有制，即全民所有制和劳动群众集体所有制。社会主义公有制消灭人剥削人的制度，实行各尽所能、按劳分配的原则。

国家在社会主义初级阶段，坚持公有制为主体、多种所有制经济共同发展的基本经济制度，坚持按劳分配为主体、多种分配方式并存的分配制度。

第七条 【国有经济】国有经济，即社会主义全民所有制经济，是国民经济中的主导力量。国家保障国有经济的巩固和发展。

第八条 【集体经济】农村集体经济组织实行家庭承包经营为基础、统分结合的双层经营体制。农村中的生产、供销、信用、消费等各种形式的合作经济，是社会主义劳动群众集体所有制经济。参加农村集体经济组织的劳动者，有权在法律规定的范围内经营自留地、自留山、家庭副业和饲养自留畜。

城镇中的手工业、工业、建筑业、运输业、商业、服务业等行业的各种形式的合作经济，都是社会主义劳动群众集体所有制经济。

国家保护城乡集体经济组织的合法的权利和利益，鼓励、指导和帮助集体经济的发展。

第九条 【自然资源】矿藏、水流、森林、山岭、草原、荒地、滩涂等自然资源，都属于国家所有，即全民所有；由法律规定属于集体所有的森林和山岭、草原、荒地、滩涂除外。

国家保障自然资源的合理利用，保护珍贵的动物和植物。禁止任何组织或者个人用任何手段侵占或者破坏自然资源。

第十条 【土地制度】城市的土地属于国家所有。

农村和城市郊区的土地，除由法律规定属于国家所有的以外，属于集体所有；宅基地和自留地、自留山，也属于集体所有。

国家为了公共利益的需要，可以依照法律规定对土地实行征收或者征用并给予补偿。

任何组织或者个人不得侵占、买卖或者以其他形式非法转让土地。土地的使用权可以依照法律的规定转让。

一切使用土地的组织和个人必须合理地利用土地。

第十一条 【非公有制经济】在法律规定范围内的个体经济、私营经济等非公有制经济，是社会主义市场经济的重要组成部分。

国家保护个体经济、私营经济等非公有制经济的合法的权利和利益。国家鼓励、支持和引导非公有制经济的发展，并对非公有制经济依法实行监督和管理。

第十二条 【公共财产不可侵犯】社会主义的公共财产神圣不可侵犯。

国家保护社会主义的公共财产。禁止任何组织或者个人用任何手段侵占或者破坏国家的和集体的财产。

第十三条 【保护私有财产】公民的合法的私有财产不受侵犯。

国家依照法律规定保护公民的私有财产权和继承权。

国家为了公共利益的需要，可以依照法律规定对公民的私有财产实行征收或者征用并给予补偿。

第十四条 【发展生产与社会保障】国家通过提高劳动者的积极性和技术水平，推广先进的科学技术，完善经济管理体制和企业经营管理制度，实行各种形式的社会主义责任制，改进劳动组织，以不断提高劳动生产率和经济效益，发展社会生产力。

国家厉行节约，反对浪费。

国家合理安排积累和消费，兼顾国家、集体和个人的利益，在发展生产的基础上，逐步改善人民的物质生活和文化生活。

国家建立健全同经济发展水平相适应的社会保障制度。

第十五条 【市场经济】国家实行社会主义市场经济。

国家加强经济立法，完善宏观调控。

国家依法禁止任何组织或者个人扰乱社会经济秩序。

第十六条 【国有企业】国有企业在法律规定的范围内有权自主经营。

国有企业依照法律规定，通过职工代表大会

和其他形式,实行民主管理。

第十七条 【集体经济组织】集体经济组织在遵守有关法律的前提下,有独立进行经济活动的自主权。

集体经济组织实行民主管理,依照法律规定选举和罢免管理人员,决定经营管理的重大问题。

第十八条 【外资经济】中华人民共和国允许外国的企业和其他经济组织或者个人依照中华人民共和国法律的规定在中国投资,同中国的企业或者其他经济组织进行各种形式的经济合作。

在中国境内的外国企业和其他外国经济组织以及中外合资经营的企业,都必须遵守中华人民共和国的法律。它们的合法的权利和利益受中华人民共和国法律的保护。

第十九条 【教育事业】国家发展社会主义的教育事业,提高全国人民的科学文化水平。

国家举办各种学校,普及初等义务教育,发展中等教育、职业教育和高等教育,并且发展学前教育。

国家发展各种教育设施,扫除文盲,对工人、农民、国家工作人员和其他劳动者进行政治、文化、科学、技术、业务的教育,鼓励自学成才。

国家鼓励集体经济组织、国家企业事业组织和其他社会力量依照法律规定举办各种教育事业。

国家推广全国通用的普通话。

第二十条 【科技事业】国家发展自然科学和社会科学事业,普及科学和技术知识,奖励科学研究成果和技术发明创造。

第二十一条 【医疗、卫生与体育事业】国家发展医疗卫生事业,发展现代医药和我国传统医药,鼓励和支持农村集体经济组织、国家企业事业组织和街道组织举办各种医疗卫生设施,开展群众性的卫生活动,保护人民健康。

国家发展体育事业,开展群众性的体育活动,增强人民体质。

第二十二条 【文化事业】国家发展为人民服务、为社会主义服务的文学艺术事业、新闻广播电视事业、出版发行事业、图书馆博物馆文化馆和其他文化事业,开展群众性的文化活动。

国家保护名胜古迹、珍贵文物和其他重要历史文化遗产。

第二十三条 【人才培养】国家培养为社会主义服务的各种专业人才,扩大知识分子的队伍,创造条件,充分发挥他们在社会主义现代化建设中的作用。

第二十四条 【精神文明建设】国家通过普及理想教育、道德教育、文化教育、纪律和法制教育,通过在城乡不同范围的群众中制定和执行各种守则、公约,加强社会主义精神文明的建设。

国家倡导社会主义核心价值观,提倡爱祖国、爱人民、爱劳动、爱科学、爱社会主义的公德,在人民中进行爱国主义、集体主义和国际主义、共产主义的教育,进行辩证唯物主义和历史唯物主义的教育,反对资本主义的、封建主义的和其他的腐朽思想。

第二十五条 【计划生育】国家推行计划生育,使人口的增长同经济和社会发展计划相适应。

第二十六条 【环境保护】国家保护和改善生活环境和生态环境,防治污染和其他公害。

国家组织和鼓励植树造林,保护林木。

第二十七条 【国家机关工作原则】一切国家机关实行精简的原则,实行工作责任制,实行工作人员的培训和考核制度,不断提高工作质量和工作效率,反对官僚主义。

一切国家机关和国家工作人员必须依靠人民的支持,经常保持同人民的密切联系,倾听人民的意见和建议,接受人民的监督,努力为人民服务。

国家工作人员就职时应当依照法律规定公开进行宪法宣誓。

第二十八条 【维护社会秩序】国家维护社会秩序,镇压叛国和其他危害国家安全的犯罪活动,制裁危害社会治安、破坏社会主义经济和其他犯罪的活动,惩办和改造犯罪分子。

第二十九条 【武装力量】中华人民共和国的武装力量属于人民。它的任务是巩固国防,抵抗侵略,保卫祖国,保卫人民的和平劳动,参加国家建设事业,努力为人民服务。

国家加强武装力量的革命化、现代化、正规化的建设,增强国防力量。

第三十条 【行政区划】中华人民共和国的行政区域划分如下:

(一)全国分为省、自治区、直辖市;

(二)省、自治区分为自治州、县、自治县、市;

(三)县、自治县分为乡、民族乡、镇。

直辖市和较大的市分为区、县。自治州分为

县、自治县、市。

自治区、自治州、自治县都是民族自治地方。

第三十一条　【特别行政区】国家在必要时得设立特别行政区。在特别行政区内实行的制度按照具体情况由全国人民代表大会以法律规定。

第三十二条　【对外国人的保护】中华人民共和国保护在中国境内的外国人的合法权利和利益，在中国境内的外国人必须遵守中华人民共和国的法律。

中华人民共和国对于因为政治原因要求避难的外国人，可以给予受庇护的权利。

第二章　公民的基本权利和义务

第三十三条　【公民权】凡具有中华人民共和国国籍的人都是中华人民共和国公民。

中华人民共和国公民在法律面前一律平等。

国家尊重和保障人权。

任何公民享有宪法和法律规定的权利，同时必须履行宪法和法律规定的义务。

第三十四条　【选举权和被选举权】中华人民共和国年满十八周岁的公民，不分民族、种族、性别、职业、家庭出身、宗教信仰、教育程度、财产状况、居住期限，都有选举权和被选举权；但是依照法律被剥夺政治权利的人除外。

第三十五条　【基本政治自由】中华人民共和国公民有言论、出版、集会、结社、游行、示威的自由。

第三十六条　【信仰自由】中华人民共和国公民有宗教信仰自由。

任何国家机关、社会团体和个人不得强制公民信仰宗教或者不信仰宗教，不得歧视信仰宗教的公民和不信仰宗教的公民。

国家保护正常的宗教活动。任何人不得利用宗教进行破坏社会秩序、损害公民身体健康、妨碍国家教育制度的活动。

宗教团体和宗教事务不受外国势力的支配。

第三十七条　【人身自由】中华人民共和国公民的人身自由不受侵犯。

任何公民，非经人民检察院批准或者决定或者人民法院决定，并由公安机关执行，不受逮捕。

禁止非法拘禁和以其他方法非法剥夺或者限制公民的人身自由，禁止非法搜查公民的身体。

第三十八条　【人格尊严及保护】中华人民共

和国公民的人格尊严不受侵犯。禁止用任何方法对公民进行侮辱、诽谤和诬告陷害。

第三十九条　【住宅权】中华人民共和国公民的住宅不受侵犯。禁止非法搜查或者非法侵入公民的住宅。

第四十条　【通信自由和秘密权】中华人民共和国公民的通信自由和通信秘密受法律的保护。除因国家安全或者追查刑事犯罪的需要，由公安机关或者检察机关依照法律规定的程序对通信进行检查外，任何组织或者个人不得以任何理由侵犯公民的通信自由和通信秘密。

第四十一条　【公民的监督权和取得赔偿权】中华人民共和国公民对于任何国家机关和国家工作人员，有提出批评和建议的权利；对于任何国家机关和国家工作人员的违法失职行为，有向有关国家机关提出申诉、控告或者检举的权利，但是不得捏造或者歪曲事实进行诬告陷害。

对于公民的申诉、控告或者检举，有关国家机关必须查清事实，负责处理。任何人不得压制和打击报复。

由于国家机关和国家工作人员侵犯公民权利而受到损失的人，有依照法律规定取得赔偿的权利。

第四十二条　【劳动权利和义务】中华人民共和国公民有劳动的权利和义务。

国家通过各种途径，创造劳动就业条件，加强劳动保护，改善劳动条件，并在发展生产的基础上，提高劳动报酬和福利待遇。

劳动是一切有劳动能力的公民的光荣职责。国有企业和城乡集体经济组织的劳动者都应当以国家主人翁的态度对待自己的劳动。国家提倡社会主义劳动竞赛，奖励劳动模范和先进工作者。国家提倡公民从事义务劳动。

国家对就业前的公民进行必要的劳动就业训练。

第四十三条　【劳动者的休息权】中华人民共和国劳动者有休息的权利。

国家发展劳动者休息和休养的设施，规定职工的工作时间和休假制度。

第四十四条　【退休制度】国家依照法律规定实行企业事业组织的职工和国家机关工作人员的退休制度。退休人员的生活受到国家和社会的保障。

第四十五条　【获得救济的权利】中华人民共和国公民在年老、疾病或者丧失劳动能力的情况下，有从国家和社会获得物质帮助的权利。国家发展为公民享受这些权利所需要的社会保险、社会救济和医疗卫生事业。

国家和社会保障残废军人的生活，抚恤烈士家属，优待军人家属。

国家和社会帮助安排盲、聋、哑和其他有残疾的公民的劳动、生活和教育。

第四十六条　【受教育的权利和义务】中华人民共和国公民有受教育的权利和义务。

国家培养青年、少年、儿童在品德、智力、体质等方面全面发展。

第四十七条　【文化活动自由】中华人民共和国公民有进行科学研究、文学艺术创作和其他文化活动的自由。国家对于从事教育、科学、技术、文学、艺术和其他文化事业的公民的有益于人民的创造性工作，给以鼓励和帮助。

第四十八条　【男女平等】中华人民共和国妇女在政治的、经济的、文化的、社会的和家庭的生活等各方面享有同男子平等的权利。

国家保护妇女的权利和利益，实行男女同工同酬，培养和选拔妇女干部。

第四十九条　【婚姻家庭制度】婚姻、家庭、母亲和儿童受国家的保护。

夫妻双方有实行计划生育的义务。

父母有抚养教育未成年子女的义务，成年子女有赡养扶助父母的义务。

禁止破坏婚姻自由，禁止虐待老人、妇女和儿童。

第五十条　【华侨、归侨的权益保障】中华人民共和国保护华侨的正当的权利和利益，保护归侨和侨眷的合法的权利和利益。

第五十一条　【公民自由和权利的限度】中华人民共和国公民在行使自由和权利的时候，不得损害国家的、社会的、集体的利益和其他公民的合法的自由和权利。

第五十二条　【维护国家统一和民族团结的义务】中华人民共和国公民有维护国家统一和全国各民族团结的义务。

第五十三条　【遵纪守法的义务】中华人民共和国公民必须遵守宪法和法律，保守国家秘密，爱护公共财产，遵守劳动纪律，遵守公共秩序，尊重社会公德。

第五十四条　【维护祖国的安全、荣誉和利益的义务】中华人民共和国公民有维护祖国的安全、荣誉和利益的义务，不得有危害祖国的安全、荣誉和利益的行为。

第五十五条　【保卫国家和服兵役的义务】保卫祖国、抵抗侵略是中华人民共和国每一个公民的神圣职责。

依照法律服兵役和参加民兵组织是中华人民共和国公民的光荣义务。

第五十六条　【纳税的义务】中华人民共和国公民有依照法律纳税的义务。

第三章　国家机构

第一节　全国人民代表大会

第五十七条　【全国人大的性质及常设机关】中华人民共和国全国人民代表大会是最高国家权力机关。它的常设机关是全国人民代表大会常务委员会。

第五十八条　【国家立法权的行使主体】全国人民代表大会和全国人民代表大会常务委员会行使国家立法权。

第五十九条　【全国人大的组成及选举】全国人民代表大会由省、自治区、直辖市、特别行政区和军队选出的代表组成。各少数民族都应当有适当名额的代表。

全国人民代表大会代表的选举由全国人民代表大会常务委员会主持。

全国人民代表大会代表名额和代表产生办法由法律规定。

第六十条　【全国人大的任期】全国人民代表大会每届任期五年。

全国人民代表大会任期届满的两个月以前，全国人民代表大会常务委员会必须完成下届全国人民代表大会代表的选举。如果遇到不能进行选举的非常情况，由全国人民代表大会常务委员会以全体组成人员的三分之二以上的多数通过，可以推迟选举，延长本届全国人民代表大会的任期。在非常情况结束后一年内，必须完成下届全国人民代表大会代表的选举。

第六十一条　【全国人大的会议制度】全国人民代表大会会议每年举行一次，由全国人民代大会常务委员会召集。如果全国人民代表大会常务委员会认为必要，或者有五分之一以上的全国人民代表大会代表提议，可以临时召集全国人民代表大会会议。

全国人民代表大会举行会议的时候，选举主席团主持会议。

第六十二条 【全国人大的职权】全国人民代表大会行使下列职权：

（一）修改宪法；

（二）监督宪法的实施；

（三）制定和修改刑事、民事、国家机构的和其他的基本法律；

（四）选举中华人民共和国主席、副主席；

（五）根据中华人民共和国主席的提名，决定国务院总理的人选；根据国务院总理的提名，决定国务院副总理、国务委员、各部部长、各委员会主任、审计长、秘书长的人选；

（六）选举中央军事委员会主席；根据中央军事委员会主席的提名，决定中央军事委员会其他组成人员的人选；

（七）选举国家监察委员会主任；

（八）选举最高人民法院院长；

（九）选举最高人民检察院检察长；

（十）审查和批准国民经济和社会发展计划和计划执行情况的报告；

（十一）审查和批准国家的预算和预算执行情况的报告；

（十二）改变或者撤销全国人民代表大会常务委员会不适当的决定；

（十三）批准省、自治区和直辖市的建置；

（十四）决定特别行政区的设立及其制度；

（十五）决定战争和和平的问题；

（十六）应当由最高国家权力机关行使的其他职权。

第六十三条 【全国人大的罢免权】全国人民代表大会有权罢免下列人员：

（一）中华人民共和国主席、副主席；

（二）国务院总理、副总理、国务委员、各部部长、各委员会主任、审计长、秘书长；

（三）中央军事委员会主席和中央军事委员会其他组成人员；

（四）国家监察委员会主任；

（五）最高人民法院院长；

（六）最高人民检察院检察长。

第六十四条 【宪法的修改及法律案的通过】宪法的修改，由全国人民代表大会常务委员会或者五分之一以上的全国人民代表大会代表提议，并由全国人民代表大会以全体代表的三分之二以上的多数通过。

法律和其他议案由全国人民代表大会以全体代表的过半数通过。

第六十五条 【全国人大常委会的组成及选举】全国人民代表大会常务委员会由下列人员组成：

委员长，

副委员长若干人，

秘书长，

委员若干人。

全国人民代表大会常务委员会组成人员中，应当有适当名额的少数民族代表。

全国人民代表大会选举并有权罢免全国人民代表大会常务委员会的组成人员。

全国人民代表大会常务委员会的组成人员不得担任国家行政机关、监察机关、审判机关和检察机关的职务。

第六十六条 【全国人大常委会的任期】全国人民代表大会常务委员会每届任期同全国人民代表大会每届任期相同，它行使职权到下届全国人民代表大会选出新的常务委员会为止。

委员长、副委员长连续任职不得超过两届。

第六十七条 【全国人大常委会的职权】全国人民代表大会常务委员会行使下列职权：

（一）解释宪法，监督宪法的实施；

（二）制定和修改除应当由全国人民代表大会制定的法律以外的其他法律；

（三）在全国人民代表大会闭会期间，对全国人民代表大会制定的法律进行部分补充和修改，但是不得同该法律的基本原则相抵触；

（四）解释法律；

（五）在全国人民代表大会闭会期间，审查和批准国民经济和社会发展计划、国家预算在执行过程中所必须作的部分调整方案；

（六）监督国务院、中央军事委员会、国家监察委员会、最高人民法院和最高人民检察院的工作；

（七）撤销国务院制定的同宪法、法律相抵触的行政法规、决定和命令；

（八）撤销省、自治区、直辖市国家权力机关制定的同宪法、法律和行政法规相抵触的地方性法规和决议；

（九）在全国人民代表大会闭会期间，根据国务院总理的提名，决定部长、委员会主任、审计长、秘书长的人选；

（十）在全国人民代表大会闭会期间，根据中央军事委员会主席的提名，决定中央军事委员会其他组成人员的人选；

（十一）根据国家监察委员会主任的提请，任免国家监察委员会副主任、委员；

（十二）根据最高人民法院院长的提请，任免最高人民法院副院长、审判员、审判委员会委员和军事法院院长；

（十三）根据最高人民检察院检察长的提请，任免最高人民检察院副检察长、检察员、检察委员会委员和军事检察院检察长，并且批准省、自治区、直辖市的人民检察院检察长的任免；

（十四）决定驻外全权代表的任免；

（十五）决定同外国缔结的条约和重要协定的批准和废除；

（十六）规定军人和外交人员的衔级制度和其他专门衔级制度；

（十七）规定和决定授予国家的勋章和荣誉称号；

（十八）决定特赦；

（十九）在全国人民代表大会闭会期间，如果遇到国家遭受武装侵犯或者必须履行国际间共同防止侵略的条约的情况，决定战争状态的宣布；

（二十）决定全国总动员或者局部动员；

（二十一）决定全国或者个别省、自治区、直辖市进入紧急状态；

（二十二）全国人民代表大会授予的其他职权。

第六十八条 【全国人大常委会的工作分工】全国人民代表大会常务委员会委员长主持全国人民代表大会常务委员会的工作，召集全国人民代表大会常务委员会会议。副委员长、秘书长协助委员长工作。

委员长、副委员长、秘书长组成委员长会议，处理全国人民代表大会常务委员会的重要日常工作。

第六十九条 【全国人大与其常委会的关系】全国人民代表大会常务委员会对全国人民代表大会负责并报告工作。

第七十条 【全国人大的专门委员会及其职责】全国人民代表大会设立民族委员会、宪法和法律委员会、财政经济委员会、教育科学文化卫生委员会、外事委员会、华侨委员会和其他需要设立的专门委员会。在全国人民代表大会闭会期间，各专门委员会受全国人民代表大会常务委员会的领导。

各专门委员会在全国人民代表大会和全国人民代表大会常务委员会领导下，研究、审议和拟订有关议案。

第七十一条 【特定问题的调查委员会】全国人民代表大会和全国人民代表大会常务委员会认为必要的时候，可以组织关于特定问题的调查委员会，并且根据调查委员会的报告，作出相应的决议。

调查委员会进行调查的时候，一切有关的国家机关、社会团体和公民都有义务向它提供必要的材料。

第七十二条 【提案权】全国人民代表大会代表和全国人民代表大会常务委员会组成人员，有权依照法律规定的程序分别提出属于全国人民代表大会和全国人民代表大会常务委员会职权范围内的议案。

第七十三条 【质询权】全国人民代表大会代表在全国人民代表大会开会期间，全国人民代表大会常务委员会组成人员在常务委员会开会期间，有权依照法律规定的程序提出对国务院或者国务院各部、各委员会的质询案。受质询的机关必须负责答复。

第七十四条 【司法豁免权】全国人民代表大会代表，非经全国人民代表大会会议主席团许可，在全国人民代表大会闭会期间非经全国人民代表大会常务委员会许可，不受逮捕或者刑事审判。

第七十五条 【言论、表决豁免权】全国人民代表大会代表在全国人民代表大会各种会议上的发言和表决，不受法律追究。

第七十六条 【全国人大代表的义务】全国人民代表大会代表必须模范地遵守宪法和法律，保守国家秘密，并且在自己参加的生产、工作和社会活动中，协助宪法和法律的实施。

全国人民代表大会代表应当同原选举单位和

人民保持密切的联系,听取和反映人民的意见和要求,努力为人民服务。

第七十七条 【对全国人大代表的监督和罢免】全国人民代表大会代表受原选举单位的监督。原选举单位有权依照法律规定的程序罢免本单位选出的代表。

第七十八条 【全国人大及其常委会的组织和工作程序】全国人民代表大会和全国人民代表大会常务委员会的组织和工作程序由法律规定。

第二节 中华人民共和国主席

第七十九条 【主席、副主席的选举及任职】中华人民共和国主席、副主席由全国人民代表大会选举。

有选举权和被选举权的年满四十五周岁的中华人民共和国公民可以被选为中华人民共和国主席、副主席。

中华人民共和国主席、副主席每届任期同全国人民代表大会每届任期相同。

第八十条 【主席的职权】中华人民共和国主席根据全国人民代表大会的决定和全国人民代表大会常务委员会的决定,公布法律,任免国务院总理、副总理、国务委员、各部部长、各委员会主任、审计长、秘书长,授予国家的勋章和荣誉称号,发布特赦令,宣布进入紧急状态,宣布战争状态,发布动员令。

第八十一条 【主席的外交职权】中华人民共和国主席代表中华人民共和国,进行国事活动,接受外国使节;根据全国人民代表大会常务委员会的决定,派遣和召回驻外全权代表,批准和废除同外国缔结的条约和重要协定。

第八十二条 【副主席的职权】中华人民共和国副主席协助主席工作。

中华人民共和国副主席受主席的委托,可以代行主席的部分职权。

第八十三条 【主席、副主席的行使职权期止】中华人民共和国主席、副主席行使职权到下届全国人民代表大会选出的主席、副主席就职为止。

第八十四条 【主席、副主席的缺位处理】中华人民共和国主席缺位的时候,由副主席继任主席的职位。

中华人民共和国副主席缺位的时候,由全国人民代表大会补选。

中华人民共和国主席、副主席都缺位的时候,由全国人民代表大会补选;在补选以前,由全国人民代表大会常务委员会委员长暂时代理主席职位。

第三节 国务院

第八十五条 【国务院的性质、地位】中华人民共和国国务院,即中央人民政府,是最高国家权力机关的执行机关,是最高国家行政机关。

第八十六条 【国务院的组织】国务院由下列人员组成:

总理,

副总理若干人,

国务委员若干人,

各部部长,

各委员会主任,

审计长,

秘书长。

国务院实行总理负责制。各部、各委员会实行部长、主任负责制。

国务院的组织由法律规定。

第八十七条 【国务院的任期】国务院每届任期同全国人民代表大会每届任期相同。

总理、副总理、国务委员连续任职不得超过两届。

第八十八条 【国务院的工作分工】总理领导国务院的工作。副总理、国务委员协助总理工作。

总理、副总理、国务委员、秘书长组成国务院常务会议。

总理召集和主持国务院常务会议和国务院全体会议。

第八十九条 【国务院的职权】国务院行使下列职权:

(一)根据宪法和法律,规定行政措施,制定行政法规,发布决定和命令;

(二)向全国人民代表大会或者全国人民代表大会常务委员会提出议案;

(三)规定各部和各委员会的任务和职责,统一领导各部和各委员会的工作,并且领导不属于各部和各委员会的全国性的行政工作;

(四)统一领导全国地方各级国家行政机关的工作,规定中央和省、自治区、直辖市的国家行政机关的职权的具体划分;

(五)编制和执行国民经济和社会发展计划和

国家预算；

（六）领导和管理经济工作和城乡建设、生态文明建设；

（七）领导和管理教育、科学、文化、卫生、体育和计划生育工作；

（八）领导和管理民政、公安、司法行政等工作；

（九）管理对外事务，同外国缔结条约和协定；

（十）领导和管理国防建设事业；

（十一）领导和管理民族事务，保障少数民族的平等权利和民族自治地方的自治权利；

（十二）保护华侨的正当的权利和利益，保护归侨和侨眷的合法的权利和利益；

（十三）改变或者撤销各部、各委员会发布的不适当的命令、指示和规章；

（十四）改变或者撤销地方各级国家行政机关的不适当的决定和命令；

（十五）批准省、自治区、直辖市的区域划分，批准自治州、县、自治县、市的建置和区域划分；

（十六）依照法律规定决定省、自治区、直辖市的范围内部分地区进入紧急状态；

（十七）审定行政机构的编制，依照法律规定任免、培训、考核和奖惩行政人员；

（十八）全国人民代表大会和全国人民代表大会常务委员会授予的其他职权。

第九十条　【各部、委首长负责制】国务院各部部长、各委员会主任负责本部门的工作；召集和主持部务会议或者委员会会议、委务会议，讨论决定本部门工作的重大问题。

各部、各委员会根据法律和国务院的行政法规、决定、命令，在本部门的权限内，发布命令、指示和规章。

第九十一条　【审计机关及其职权】国务院设立审计机关，对国务院各部门和地方各级政府的财政收支，对国家的财政金融机构和企业事业组织的财务收支，进行审计监督。

审计机关在国务院总理领导下，依照法律规定独立行使审计监督权，不受其他行政机关、社会团体和个人的干涉。

第九十二条　【国务院与全国人大及其常委会的关系】国务院对全国人民代表大会负责并报告工作；在全国人民代表大会闭会期间，对全国人民代表大会常务委员会负责并报告工作。

第四节　中央军事委员会

第九十三条　【中央军委的组成、职责与任期】中华人民共和国中央军事委员会领导全国武装力量。

中央军事委员会由下列人员组成：

主席，

副主席若干人，

委员若干人。

中央军事委员会实行主席负责制。

中央军事委员会每届任期同全国人民代表大会每届任期相同。

第九十四条　【中央军委向全国人大及其常委会负责】中央军事委员会主席对全国人民代表大会和全国人民代表大会常务委员会负责。

第五节　地方各级人民代表大会和地方各级人民政府

第九十五条　【地方人大及政府的设置和组织】省、直辖市、县、市、市辖区、乡、民族乡、镇设立人民代表大会和人民政府。

地方各级人民代表大会和地方各级人民政府的组织由法律规定。

自治区、自治州、自治县设立自治机关。自治机关的组织和工作根据宪法第三章第五节、第六节规定的基本原则由法律规定。

第九十六条　【地方人大的性质及常委会的设置】地方各级人民代表大会是地方国家权力机关。

县级以上的地方各级人民代表大会设立常务委员会。

第九十七条　【地方人大代表的选举】省、直辖市、设区的市的人民代表大会代表由下一级的人民代表大会选举；县、不设区的市、市辖区、乡、民族乡、镇的人民代表大会代表由选民直接选举。

地方各级人民代表大会代表名额和代表产生办法由法律规定。

第九十八条　【地方人大的任期】地方各级人民代表大会每届任期五年。

第九十九条　【地方人大的职权】地方各级人民代表大会在本行政区域内，保证宪法、法律、行政法规的遵守和执行；依照法律规定的权限，通过和发布决议，审查和决定地方的经济建设、文化建设和公共事业建设的计划。

县级以上的地方各级人民代表大会审查和批准本行政区域内的国民经济和社会发展计划、预算以及它们的执行情况的报告;有权改变或者撤销本级人民代表大会常务委员会不适当的决定。

民族乡的人民代表大会可以依照法律规定的权限采取适合民族特点的具体措施。

第一百条 【地方性法规的制定】省、直辖市的人民代表大会和它们的常务委员会,在不同宪法、法律、行政法规相抵触的前提下,可以制定地方性法规,报全国人民代表大会常务委员会备案。

设区的市的人民代表大会和它们的常务委员会,在不同宪法、法律、行政法规和本省、自治区的地方性法规相抵触的前提下,可以依照法律规定制定地方性法规,报本省、自治区人民代表大会常务委员会批准后施行。

第一百零一条 【地方人大的选举权】地方各级人民代表大会分别选举并且有权罢免本级人民政府的省长和副省长、市长和副市长、县长和副县长、区长和副区长、乡长和副乡长、镇长和副镇长。

县级以上的地方各级人民代表大会选举并且有权罢免本级监察委员会主任、本级人民法院院长和本级人民检察院检察长。选出或者罢免人民检察院检察长,须报上级人民检察院检察长提请该级人民代表大会常务委员会批准。

第一百零二条 【对地方人大代表的监督和罢免】省、直辖市、设区的市的人民代表大会代表受原选举单位的监督;县、不设区的市、市辖区、乡、民族乡、镇的人民代表大会代表受选民的监督。

地方各级人民代表大会代表的选举单位和选民有权依照法律规定的程序罢免由他们选出的代表。

第一百零三条 【地方人大常委会的组成、地位及产生】县级以上的地方各级人民代表大会常务委员会由主任、副主任若干人和委员若干人组成,对本级人民代表大会负责并报告工作。

县级以上的地方各级人民代表大会选举并有权罢免本级人民代表大会常务委员会的组成人员。

县级以上的地方各级人民代表大会常务委员会的组成人员不得担任国家行政机关、监察机关、审判机关和检察机关的职务。

第一百零四条 【地方人大常委会的职权】县级以上的地方各级人民代表大会常务委员会讨论、决定本行政区域内各方面工作的重大事项;监督本级人民政府、监察委员会、人民法院和人民检察院的工作;撤销本级人民政府的不适当的决定和命令;撤销下一级人民代表大会的不适当的决议;依照法律规定的权限决定国家机关工作人员的任免;在本级人民代表大会闭会期间,罢免和补选上一级人民代表大会的个别代表。

第一百零五条 【地方政府的性质、地位及行政首长负责制】地方各级人民政府是地方各级国家权力机关的执行机关,是地方各级国家行政机关。

地方各级人民政府实行省长、市长、县长、区长、乡长、镇长负责制。

第一百零六条 【地方政府的任期】地方各级人民政府每届任期同本级人民代表大会每届任期相同。

第一百零七条 【地方政府的职权】县级以上地方各级人民政府依照法律规定的权限,管理本行政区域内的经济、教育、科学、文化、卫生、体育事业、城乡建设事业和财政、民政、公安、民族事务、司法行政、计划生育等行政工作,发布决定和命令,任免、培训、考核和奖惩行政工作人员。

乡、民族乡、镇的人民政府执行本级人民代表大会的决议和上级国家行政机关的决定和命令,管理本行政区域内的行政工作。

省、直辖市的人民政府决定乡、民族乡、镇的建置和区域划分。

第一百零八条 【地方政府内部及各级政府之间的关系】县级以上的地方各级人民政府领导所属各工作部门和下级人民政府的工作,有权改变或者撤销所属各工作部门和下级人民政府的不适当的决定。

第一百零九条 【地方政府审计机关的地位和职权】县级以上的地方各级人民政府设立审计机关。地方各级审计机关依照法律规定独立行使审计监督权,对本级人民政府和上一级审计机关负责。

第一百一十条 【地方政府与同级人大、上级政府的关系】地方各级人民政府对本级人民代表大会负责并报告工作。县级以上的地方各级人民政府在本级人民代表大会闭会期间,对本级人民代表大会常务委员会负责并报告工作。

地方各级人民政府对上一级国家行政机关负责并报告工作。全国地方各级人民政府都是国务院统一领导下的国家行政机关，都服从国务院。

第一百一十一条　【居民委员会和村民委员会】城市和农村按居民居住地区设立的居民委员会或者村民委员会是基层群众性自治组织。居民委员会、村民委员会的主任、副主任和委员由居民选举。居民委员会、村民委员会同基层政权的相互关系由法律规定。

居民委员会、村民委员会设人民调解、治安保卫、公共卫生等委员会，办理本居住地区的公共事务和公益事业，调解民间纠纷，协助维护社会治安，并且向人民政府反映群众的意见、要求和提出建议。

第六节　民族自治地方的自治机关

第一百一十二条　【民族自治机关】民族自治地方的自治机关是自治区、自治州、自治县的人民代表大会和人民政府。

第一百一十三条　【自治地方的人大及其常委会的组成】自治区、自治州、自治县的人民代表大会中，除实行区域自治的民族的代表外，其他居住在本行政区域内的民族也应当有适当名额的代表。

自治区、自治州、自治县的人民代表大会常务委员会中应当有实行区域自治的民族的公民担任主任或者副主任。

第一百一十四条　【自治地方政府首长的人选】自治区主席、自治州州长、自治县县长由实行区域自治的民族的公民担任。

第一百一十五条　【民族自治地方的自治权】自治区、自治州、自治县的自治机关行使宪法第三章第五节规定的地方国家机关的职权，同时依照宪法、民族区域自治法和其他法律规定的权限行使自治权，根据本地方实际情况贯彻执行国家的法律、政策。

第一百一十六条　【自治条例和单行条例】民族自治地方的人民代表大会有权依照当地民族的政治、经济和文化的特点，制定自治条例和单行条例。自治区的自治条例和单行条例，报全国人民代表大会常务委员会批准后生效。自治州、自治县的自治条例和单行条例，报省或者自治区的人民代表大会常务委员会批准后生效，并报全国人民代表大会常务委员会备案。

第一百一十七条　【财政自治权】民族自治地方的自治机关有管理地方财政的自治权。凡是依照国家财政体制属于民族自治地方的财政收入，都应当由民族自治地方的自治机关自主地安排使用。

第一百一十八条　【地方性经济的自主权】民族自治地方的自治机关在国家计划的指导下，自主地安排和管理地方性的经济建设事业。

国家在民族自治地方开发资源、建设企业的时候，应当照顾民族自治地方的利益。

第一百一十九条　【地方文化事业的自主权】民族自治地方的自治机关自主地管理本地方的教育、科学、文化、卫生、体育事业，保护和整理民族的文化遗产，发展和繁荣民族文化。

第一百二十条　【民族自治地方的公安部队】民族自治地方的自治机关依照国家的军事制度和当地的实际需要，经国务院批准，可以组织本地方维护社会治安的公安部队。

第一百二十一条　【自治机关的公务语言】民族自治地方的自治机关在执行职务的时候，依照本民族自治地方自治条例的规定，使用当地通用的一种或者几种语言文字。

第一百二十二条　【国家对民族自治地方的帮助、扶持】国家从财政、物资、技术等方面帮助各少数民族加速发展经济建设和文化建设事业。

国家帮助民族自治地方从当地民族中大量培养各级干部、各种专业人才和技术工人。

第七节　监察委员会

第一百二十三条　【监察机关】中华人民共和国各级监察委员会是国家的监察机关。

第一百二十四条　【监察委员会】中华人民共和国设立国家监察委员会和地方各级监察委员会。

监察委员会由下列人员组成：

主任，

副主任若干人，

委员若干人。

监察委员会主任每届任期同本级人民代表大会每届任期相同。国家监察委员会主任连续任职不得超过两届。

监察委员会的组织和职权由法律规定。

第一百二十五条 【各级监察委员会间的关系】中华人民共和国国家监察委员会是最高监察机关。

国家监察委员会领导地方各级监察委员会的工作，上级监察委员会领导下级监察委员会的工作。

第一百二十六条 【对监察委员会的监督】国家监察委员会对全国人民代表大会和全国人民代表大会常务委员会负责。地方各级监察委员会对产生它的国家权力机关和上一级监察委员会负责。

第一百二十七条 【监察权的行使】监察委员会依照法律规定独立行使监察权，不受行政机关、社会团体和个人的干涉。

监察机关办理职务违法和职务犯罪案件，应当与审判机关、检察机关、执法部门互相配合，互相制约。

第八节　人民法院和人民检察院

第一百二十八条 【审判机关】中华人民共和国人民法院是国家的审判机关。

第一百二十九条 【人民法院的级别、组织和任期】中华人民共和国设立最高人民法院、地方各级人民法院和军事法院等专门人民法院。

最高人民法院院长每届任期同全国人民代表大会每届任期相同，连续任职不得超过两届。

人民法院的组织由法律规定。

第一百三十条 【审判公开原则和辩护原则】人民法院审理案件，除法律规定的特别情况外，一律公开进行。被告人有权获得辩护。

第一百三十一条 【独立行使审判权】人民法院依照法律规定独立行使审判权，不受行政机关、社会团体和个人的干涉。

第一百三十二条 【各级审判机关间的关系】最高人民法院是最高审判机关。

最高人民法院监督地方各级人民法院和专门人民法院的审判工作，上级人民法院监督下级人民法院的审判工作。

第一百三十三条 【法院与人大的关系】最高人民法院对全国人民代表大会和全国人民代表大会常务委员会负责。地方各级人民法院对产生它的国家权力机关负责。

第一百三十四条 【人民检察院的性质】中华人民共和国人民检察院是国家的法律监督机关。

第一百三十五条 【检察院的级别、组织和任期】中华人民共和国设立最高人民检察院、地方各级人民检察院和军事检察院等专门人民检察院。

最高人民检察院检察长每届任期同全国人民代表大会每届任期相同，连续任职不得超过两届。

人民检察院的组织由法律规定。

第一百三十六条 【独立行使检察权】人民检察院依照法律规定独立行使检察权，不受行政机关、社会团体和个人的干涉。

第一百三十七条 【检察机关间的关系】最高人民检察院是最高检察机关。

最高人民检察院领导地方各级人民检察院和专门人民检察院的工作，上级人民检察院领导下级人民检察院的工作。

第一百三十八条 【检察院与人大的关系】最高人民检察院对全国人民代表大会和全国人民代表大会常务委员会负责。地方各级人民检察院对产生它的国家权力机关和上级人民检察院负责。

第一百三十九条 【诉讼语言】各民族公民都有用本民族语言文字进行诉讼的权利。人民法院和人民检察院对于不通晓当地通用的语言文字的诉讼参与人，应当为他们翻译。

在少数民族聚居或者多民族共同居住的地区，应当用当地通用的语言进行审理；起诉书、判决书、布告和其他文书应当根据实际需要使用当地通用的一种或者几种文字。

第一百四十条 【司法机关间的分工与制衡原则】人民法院、人民检察院和公安机关办理刑事案件，应当分工负责，互相配合，互相制约，以保证准确有效地执行法律。

第四章　国旗、国歌、国徽、首都

第一百四十一条 【国旗、国歌】中华人民共和国国旗是五星红旗。

中华人民共和国国歌是《义勇军进行曲》。

第一百四十二条 【国徽】中华人民共和国国徽，中间是五星照耀下的天安门，周围是谷穗和齿轮。

第一百四十三条 【首都】中华人民共和国首都是北京。

中华人民共和国行政复议法

- 1999 年 4 月 29 日第九届全国人民代表大会常务委员会第九次会议通过
- 根据 2009 年 8 月 27 日第十一届全国人民代表大会常务委员会第十次会议《关于修改部分法律的决定》第一次修正
- 根据 2017 年 9 月 1 日第十二届全国人民代表大会常务委员会第二十九次会议《关于修改〈中华人民共和国法官法〉等八部法律的决定》第二次修正
- 2023 年 9 月 1 日第十四届全国人民代表大会常务委员会第五次会议修订
- 2023 年 9 月 1 日中华人民共和国主席令第 9 号公布
- 自 2024 年 1 月 1 日起施行

第一章　总　　则

第一条　【立法目的】为了防止和纠正违法的或者不当的行政行为,保护公民、法人和其他组织的合法权益,监督和保障行政机关依法行使职权,发挥行政复议化解行政争议的主渠道作用,推进法治政府建设,根据宪法,制定本法。

第二条　【适用范围】公民、法人或者其他组织认为行政机关的行政行为侵犯其合法权益,向行政复议机关提出行政复议申请,行政复议机关办理行政复议案件,适用本法。

前款所称行政行为,包括法律、法规、规章授权的组织的行政行为。

第三条　【工作原则】行政复议工作坚持中国共产党的领导。

行政复议机关履行行政复议职责,应当遵循合法、公正、公开、高效、便民、为民的原则,坚持有错必纠,保障法律、法规的正确实施。

第四条　【行政复议机关、机构及其职责】县级以上各级人民政府以及其他依照本法履行行政复议职责的行政机关是行政复议机关。

行政复议机关办理行政复议事项的机构是行政复议机构。行政复议机构同时组织办理行政复议机关的行政应诉事项。

行政复议机关应当加强行政复议工作,支持和保障行政复议机构依法履行职责。上级行政复议机构对下级行政复议机构的行政复议工作进行指导、监督。

国务院行政复议机构可以发布行政复议指导性案例。

第五条　【行政复议调解】行政复议机关办理行政复议案件,可以进行调解。

调解应当遵循合法、自愿的原则,不得损害国家利益、社会公共利益和他人合法权益,不得违反法律、法规的强制性规定。

第六条　【行政复议人员】国家建立专业化、职业化行政复议人员队伍。

行政复议机构中初次从事行政复议工作的人员,应当通过国家统一法律职业资格考试取得法律职业资格,并参加统一职前培训。

国务院行政复议机构应当会同有关部门制定行政复议人员工作规范,加强对行政复议人员的业务考核和管理。

第七条　【行政复议保障】行政复议机关应当确保行政复议机构的人员配备与所承担的工作任务相适应,提高行政复议人员专业素质,根据工作需要保障办案场所、装备等设施。县级以上各级人民政府应当将行政复议工作经费列入本级预算。

第八条　【行政复议信息化建设】行政复议机关应当加强信息化建设,运用现代信息技术,方便公民、法人或者其他组织申请、参加行政复议,提高工作质量和效率。

第九条　【表彰和奖励】对在行政复议工作中做出显著成绩的单位和个人,按照国家有关规定给予表彰和奖励。

第十条　【行政复议与诉讼衔接】公民、法人或者其他组织对行政复议决定不服的,可以依照《中华人民共和国行政诉讼法》的规定向人民法院提起行政诉讼,但是法律规定行政复议决定为最终裁决的除外。

第二章　行政复议申请

第一节　行政复议范围

第十一条　【行政复议范围】有下列情形之一的,公民、法人或者其他组织可以依照本法申请行政复议:

（一）对行政机关作出的行政处罚决定不服；

（二）对行政机关作出的行政强制措施、行政强制执行决定不服；

（三）申请行政许可，行政机关拒绝或者在法定期限内不予答复，或者对行政机关作出的有关行政许可的其他决定不服；

（四）对行政机关作出的确认自然资源的所有权或者使用权的决定不服；

（五）对行政机关作出的征收征用决定及其补偿决定不服；

（六）对行政机关作出的赔偿决定或者不予赔偿决定不服；

（七）对行政机关作出的不予受理工伤认定申请的决定或者工伤认定结论不服；

（八）认为行政机关侵犯其经营自主权或者农村土地承包经营权、农村土地经营权；

（九）认为行政机关滥用行政权力排除或者限制竞争；

（十）认为行政机关违法集资、摊派费用或者违法要求履行其他义务；

（十一）申请行政机关履行保护人身权利、财产权利、受教育权利等合法权益的法定职责，行政机关拒绝履行、未依法履行或者不予答复；

（十二）申请行政机关依法给付抚恤金、社会保险待遇或者最低生活保障等社会保障，行政机关没有依法给付；

（十三）认为行政机关不依法订立、不依法履行、未按照约定履行或者违法变更、解除政府特许经营协议、土地房屋征收补偿协议等行政协议；

（十四）认为行政机关在政府信息公开工作中侵犯其合法权益；

（十五）认为行政机关的其他行政行为侵犯其合法权益。

第十二条　【不属于行政复议范围的事项】下列事项不属于行政复议范围：

（一）国防、外交等国家行为；

（二）行政法规、规章或者行政机关制定、发布的具有普遍约束力的决定、命令等规范性文件；

（三）行政机关对行政机关工作人员的奖惩、任免等决定；

（四）行政机关对民事纠纷作出的调解。

第十三条　【行政复议附带审查申请范围】公民、法人或者其他组织认为行政机关的行政行为所依据的下列规范性文件不合法，在对行政行为申请行政复议时，可以一并向行政复议机关提出对该规范性文件的附带审查申请：

（一）国务院部门的规范性文件；

（二）县级以上地方各级人民政府及其工作部门的规范性文件；

（三）乡、镇人民政府的规范性文件；

（四）法律、法规、规章授权的组织的规范性文件。

前款所列规范性文件不含规章。规章的审查依照法律、行政法规办理。

第二节　行政复议参加人

第十四条　【申请人】依照本法申请行政复议的公民、法人或者其他组织是申请人。

有权申请行政复议的公民死亡的，其近亲属可以申请行政复议。有权申请行政复议的法人或者其他组织终止的，其权利义务承受人可以申请行政复议。

有权申请行政复议的公民为无民事行为能力人或者限制民事行为能力人的，其法定代理人可以代为申请行政复议。

第十五条　【代表人】同一行政复议案件申请人人数众多的，可以由申请人推选代表人参加行政复议。

代表人参加行政复议的行为对其所代表的申请人发生效力，但是代表人变更行政复议请求、撤回行政复议申请、承认第三人请求的，应当经被代表的申请人同意。

第十六条　【第三人】申请人以外的同被申请行政复议的行政行为或者行政复议案件处理结果有利害关系的公民、法人或者其他组织，可以作为第三人申请参加行政复议，或者由行政复议机构通知其作为第三人参加行政复议。

第三人不参加行政复议，不影响行政复议案件的审理。

第十七条　【委托代理人】申请人、第三人可以委托一至二名律师、基层法律服务工作者或者其他代理人代为参加行政复议。

申请人、第三人委托代理人的，应当向行政复议机构提交授权委托书，委托人及被委托人的身份证明文件。授权委托书应当载明委托事项、权限和期限。申请人、第三人变更或者解除代理人权限的,应当书面告知行政复议机构。

第十八条 【法律援助】符合法律援助条件的行政复议申请人申请法律援助的,法律援助机构应当依法为其提供法律援助。

第十九条 【被申请人】公民、法人或者其他组织对行政行为不服申请行政复议的,作出行政行为的行政机关或者法律、法规、规章授权的组织是被申请人。

两个以上行政机关以共同的名义作出同一行政行为的,共同作出行政行为的行政机关是被申请人。

行政机关委托的组织作出行政行为的,委托的行政机关是被申请人。

作出行政行为的行政机关被撤销或者职权变更的,继续行使其职权的行政机关是被申请人。

第三节 申请的提出

第二十条 【申请期限】公民、法人或者其他组织认为行政行为侵犯其合法权益的,可以自知道或者应当知道该行政行为之日起六十日内提出行政复议申请;但是法律规定的申请期限超过六十日的除外。

因不可抗力或者其他正当理由耽误法定申请期限的,申请期限自障碍消除之日起继续计算。

行政机关作出行政行为时,未告知公民、法人或者其他组织申请行政复议的权利、行政复议机关和申请期限的,申请期限自公民、法人或者其他组织知道或者应当知道申请行政复议的权利、行政复议机关和申请期限之日起计算,但是自知道或者应当知道行政行为内容之日起最长不得超过一年。

第二十一条 【不动产行政复议申请期限】因不动产提出的行政复议申请自行政行为作出之日起超过二十年,其他行政复议申请自行政行为作出之日起超过五年的,行政复议机关不予受理。

第二十二条 【申请形式】申请人申请行政复议,可以书面申请;书面申请有困难的,也可以口头申请。

书面申请的,可以通过邮寄或者行政复议机关指定的互联网渠道等方式提交行政复议申请书,也可以当面提交行政复议申请书。行政机关

通过互联网渠道送达行政行为决定书的,应当同时提供提交行政复议申请书的互联网渠道。

口头申请的,行政复议机关应当当场记录申请人的基本情况、行政复议请求、申请行政复议的主要事实、理由和时间。

申请人对两个以上行政行为不服的,应当分别申请行政复议。

第二十三条 【行政复议前置】有下列情形之一的,申请人应当先向行政复议机关申请行政复议,对行政复议决定不服的,可以再依法向人民法院提起行政诉讼:

(一)对当场作出的行政处罚决定不服;

(二)对行政机关作出的侵犯其已经依法取得的自然资源的所有权或者使用权的决定不服;

(三)认为行政机关存在本法第十一条规定的未履行法定职责情形;

(四)申请政府信息公开,行政机关不予公开;

(五)法律、行政法规规定应当先向行政复议机关申请行政复议的其他情形。

对前款规定的情形,行政机关在作出行政行为时应当告知公民、法人或者其他组织先向行政复议机关申请行政复议。

第四节 行政复议管辖

第二十四条 【县级以上地方人民政府管辖】县级以上地方各级人民政府管辖下列行政复议案件:

(一)对本级人民政府工作部门作出的行政行为不服的;

(二)对下一级人民政府作出的行政行为不服的;

(三)对本级人民政府依法设立的派出机关作出的行政行为不服的;

(四)对本级人民政府或者其工作部门管理的法律、法规、规章授权的组织作出的行政行为不服的。

除前款规定外,省、自治区、直辖市人民政府同时管辖对本机关作出的行政行为不服的行政复议案件。

省、自治区人民政府依法设立的派出机关参照设区的市级人民政府的职责权限,管辖相关行政复议案件。

对县级以上地方各级人民政府工作部门依法

设立的派出机构依照法律、法规、规章规定,以派出机构的名义作出的行政行为不服的行政复议案件,由本级人民政府管辖;其中,对直辖市、设区的市人民政府工作部门按照行政区划设立的派出机构作出的行政行为不服的,也可以由其所在地的人民政府管辖。

第二十五条 【国务院部门管辖】国务院部门管辖下列行政复议案件:

(一)对本部门作出的行政行为不服的;

(二)对本部门依法设立的派出机构依照法律、行政法规、部门规章规定,以派出机构的名义作出的行政行为不服的;

(三)对本部门管理的法律、行政法规、部门规章授权的组织作出的行政行为不服的。

第二十六条 【原级行政复议决定的救济途径】对省、自治区、直辖市人民政府依照本法第二十四条第二款的规定、国务院部门依照本法第二十五条第一项的规定作出的行政复议决定不服的,可以向人民法院提起行政诉讼;也可以向国务院申请裁决,国务院依照本法的规定作出最终裁决。

第二十七条 【垂直领导行政机关等管辖】对海关、金融、外汇管理等实行垂直领导的行政机关、税务和国家安全机关的行政行为不服的,向上一级主管部门申请行政复议。

第二十八条 【司法行政部门的管辖】对履行行政复议机构职责的地方人民政府司法行政部门的行政行为不服的,可以向本级人民政府申请行政复议,也可以向上一级司法行政部门申请行政复议。

第二十九条 【行政复议和行政诉讼的选择】公民、法人或者其他组织申请行政复议,行政复议机关已经依法受理的,在行政复议期间不得向人民法院提起行政诉讼。

公民、法人或者其他组织向人民法院提起行政诉讼,人民法院已经依法受理的,不得申请行政复议。

第三章 行政复议受理

第三十条 【受理条件】行政复议机关收到行政复议申请后,应当在五日内进行审查。对符合下列规定的,行政复议机关应当予以受理:

(一)有明确的申请人和符合本法规定的被申请人;

(二)申请人与被申请行政复议的行政行为有利害关系;

(三)有具体的行政复议请求和理由;

(四)在法定申请期限内提出;

(五)属于本法规定的行政复议范围;

(六)属于本机关的管辖范围;

(七)行政复议机关未受理过该申请人就同一行政行为提出的行政复议申请,并且人民法院未受理过该申请人就同一行政行为提起的行政诉讼。

对不符合前款规定的行政复议申请,行政复议机关应当在审查期限内决定不予受理并说明理由;不属于本机关管辖的,还应当在不予受理决定中告知申请人有管辖权的行政复议机关。

行政复议申请的审查期限届满,行政复议机关未作出不予受理决定的,审查期限届满之日起视为受理。

第三十一条 【申请材料补正】行政复议申请材料不齐全或者表述不清楚,无法判断行政复议申请是否符合本法第三十条第一款规定的,行政复议机关应当自收到申请之日起五日内书面通知申请人补正。补正通知应当一次性载明需要补正的事项。

申请人应当自收到补正通知之日起十日内提交补正材料。有正当理由不能按期补正的,行政复议机关可以延长合理的补正期限。无正当理由逾期不补正的,视为申请人放弃行政复议申请,并记录在案。

行政复议机关收到补正材料后,依照本法第三十条的规定处理。

第三十二条 【部分案件的复核处理】对当场作出或者依据电子技术监控设备记录的违法事实作出的行政处罚决定不服申请行政复议的,可以通过作出行政处罚决定的行政机关提交行政复议申请。

行政机关收到行政复议申请后,应当及时处理;认为需要维持行政处罚决定的,应当自收到行政复议申请之日起五日内转送行政复议机关。

第三十三条 【程序性驳回】行政复议机关受理行政复议申请后,发现该行政复议申请不符合本法第三十条第一款规定的,应当决定驳回申请并说明理由。

第三十四条 【复议前置等情形的诉讼衔接】法律、行政法规规定应当先向行政复议机关申请行政复议、对行政复议决定不服再向人民法院提起行政诉讼的，行政复议机关决定不予受理、驳回申请或者受理后超过行政复议期限不作答复的，公民、法人或者其他组织可以自收到决定书之日起或者行政复议期限届满之日起十五日内，依法向人民法院提起行政诉讼。

第三十五条 【对行政复议受理的监督】公民、法人或者其他组织依法提出行政复议申请，行政复议机关无正当理由不予受理、驳回申请或者受理后超过行政复议期限不作答复的，申请人有权向上级行政机关反映，上级行政机关应当责令其纠正；必要时，上级行政复议机关可以直接受理。

第四章 行政复议审理

第一节 一般规定

第三十六条 【审理程序及要求】行政复议机关受理行政复议申请后，依照本法适用普通程序或者简易程序进行审理。行政复议机构应当指定行政复议人员负责办理行政复议案件。

行政复议人员对办理行政复议案件过程中知悉的国家秘密、商业秘密和个人隐私，应当予以保密。

第三十七条 【审理依据】行政复议机关依照法律、法规、规章审理行政复议案件。

行政复议机关审理民族自治地方的行政复议案件，同时依照该民族自治地方的自治条例和单行条例。

第三十八条 【提级审理】上级行政复议机关根据需要，可以审理下级行政复议机关管辖的行政复议案件。

下级行政复议机关对其管辖的行政复议案件，认为需要由上级行政复议机关审理的，可以报请上级行政复议机关决定。

第三十九条 【中止情形】行政复议期间有下列情形之一的，行政复议中止：

（一）作为申请人的公民死亡，其近亲属尚未确定是否参加行政复议；

（二）作为申请人的公民丧失参加行政复议的行为能力，尚未确定法定代理人参加行政复议；

（三）作为申请人的公民下落不明；

（四）作为申请人的法人或者其他组织终止，尚未确定权利义务承受人；

（五）申请人、被申请人因不可抗力或者其他正当理由，不能参加行政复议；

（六）依照本法规定进行调解、和解，申请人和被申请人同意中止；

（七）行政复议案件涉及的法律适用问题需要有权机关作出解释或者确认；

（八）行政复议案件审理需要以其他案件的审理结果为依据，而其他案件尚未审结；

（九）有本法第五十六条或者第五十七条规定的情形；

（十）需要中止行政复议的其他情形。

行政复议中止的原因消除后，应当及时恢复行政复议案件的审理。

行政复议机关中止、恢复行政复议案件的审理，应当书面告知当事人。

第四十条 【对无正当理由中止的监督】行政复议期间，行政复议机关无正当理由中止行政复议的，上级行政机关应当责令其恢复审理。

第四十一条 【终止情形】行政复议期间有下列情形之一的，行政复议机关决定终止行政复议：

（一）申请人撤回行政复议申请，行政复议机构准予撤回；

（二）作为申请人的公民死亡，没有近亲属或者其近亲属放弃行政复议权利；

（三）作为申请人的法人或者其他组织终止，没有权利义务承受人或者其权利义务承受人放弃行政复议权利；

（四）申请人对行政拘留或者限制人身自由的行政强制措施不服申请行政复议后，因同一违法行为涉嫌犯罪，被采取刑事强制措施；

（五）依照本法第三十九条第一款第一项、第二项、第四项的规定中止行政复议满六十日，行政复议中止的原因仍未消除。

第四十二条 【行政行为停止执行情形】行政复议期间行政行为不停止执行；但是有下列情形之一的，应当停止执行：

（一）被申请人认为需要停止执行；

（二）行政复议机关认为需要停止执行；

（三）申请人、第三人申请停止执行，行政复议

机关认为其要求合理,决定停止执行;

(四)法律、法规、规章规定停止执行的其他情形。

第二节 行政复议证据

第四十三条 【行政复议证据种类】行政复议证据包括:

(一)书证;

(二)物证;

(三)视听资料;

(四)电子数据;

(五)证人证言;

(六)当事人的陈述;

(七)鉴定意见;

(八)勘验笔录、现场笔录。

以上证据经行政复议机构审查属实,才能作为认定行政复议案件事实的根据。

第四十四条 【举证责任分配】被申请人对其作出的行政行为的合法性、适当性负有举证责任。

有下列情形之一的,申请人应当提供证据:

(一)认为被申请人不履行法定职责的,提供曾经要求被申请人履行法定职责的证据,但是被申请人应当依职权主动履行法定职责或者申请人因正当理由不能提供的除外;

(二)提出行政赔偿请求的,提供受行政行为侵害而造成损害的证据,但是因被申请人原因导致申请人无法举证的,由被申请人承担举证责任;

(三)法律、法规规定需要申请人提供证据的其他情形。

第四十五条 【行政复议机关调查取证】行政复议机关有权向有关单位和个人调查取证,查阅、复制、调取有关文件和资料,向有关人员进行询问。

调查取证时,行政复议人员不得少于两人,并应当出示行政复议工作证件。

被调查取证的单位和个人应当积极配合行政复议人员的工作,不得拒绝或者阻挠。

第四十六条 【被申请人收集和补充证据限制】行政复议期间,被申请人不得自行向申请人和其他有关单位或者个人收集证据;自行收集的证据不作为认定行政行为合法性、适当性的依据。

行政复议期间,申请人或者第三人提出被申

请行政复议的行政行为作出时没有提出的理由或者证据的,经行政复议机构同意,被申请人可以补充证据。

第四十七条 【申请人等查阅、复制权利】行政复议期间,申请人、第三人及其委托代理人可以按照规定查阅、复制被申请人提出的书面答复、作出行政行为的证据、依据和其他有关材料,除涉及国家秘密、商业秘密、个人隐私或者可能危及国家安全、公共安全、社会稳定的情形外,行政复议机构应当同意。

第三节 普通程序

第四十八条 【被申请人书面答复】行政复议机构应当自行政复议申请受理之日起七日内,将行政复议申请书副本或者行政复议申请笔录复印件发送被申请人。被申请人应当自收到行政复议申请书副本或者行政复议申请笔录复印件之日起十日内,提出书面答复,并提交作出行政行为的证据、依据和其他有关材料。

第四十九条 【听取意见程序】适用普通程序审理的行政复议案件,行政复议机构应当当面或者通过互联网、电话等方式听取当事人的意见,并将听取的意见记录在案。因当事人原因不能听取意见的,可以书面审理。

第五十条 【听证情形和人员组成】审理重大、疑难、复杂的行政复议案件,行政复议机构应当组织听证。

行政复议机构认为有必要听证,或者申请人请求听证的,行政复议机构可以组织听证。

听证由一名行政复议人员任主持人,两名以上行政复议人员任听证员,一名记录员制作听证笔录。

第五十一条 【听证程序和要求】行政复议机构组织听证的,应当于举行听证的五日前将听证的时间、地点和拟听证事项书面通知当事人。

申请人无正当理由拒不参加听证的,视为放弃听证权利。

被申请人的负责人应当参加听证。不能参加的,应当说明理由并委托相应的工作人员参加听证。

第五十二条 【行政复议委员会组成和职责】县级以上各级人民政府应当建立相关政府部门、专家、学者等参与的行政复议委员会,为办理行政复议案件提供咨询意见，并就行政复议工作中的重大事项和共性问题研究提出意见。行政复议委员会的组成和开展工作的具体办法，由国务院行政复议机构制定。

审理行政复议案件涉及下列情形之一的，行政复议机构应当提请行政复议委员会提出咨询意见：

（一）案情重大、疑难、复杂；

（二）专业性、技术性较强；

（三）本法第二十四条第二款规定的行政复议案件；

（四）行政复议机构认为有必要。

行政复议机构应当记录行政复议委员会的咨询意见。

第四节 简易程序

第五十三条 【简易程序适用情形】行政复议机关审理下列行政复议案件，认为事实清楚、权利义务关系明确、争议不大的，可以适用简易程序：

（一）被申请行政复议的行政行为是当场作出；

（二）被申请行政复议的行政行为是警告或者通报批评；

（三）案件涉及款额三千元以下；

（四）属于政府信息公开案件。

除前款规定以外的行政复议案件，当事人各方同意适用简易程序的，可以适用简易程序。

第五十四条 【简易程序书面答复】适用简易程序审理的行政复议案件，行政复议机构应当自受理行政复议申请之日起三日内，将行政复议申请书副本或者行政复议申请笔录复印件发送被申请人。被申请人应当自收到行政复议申请书副本或者行政复议申请笔录复印件之日起五日内，提出书面答复，并提交作出行政行为的证据、依据和其他有关材料。

适用简易程序审理的行政复议案件，可以书面审理。

第五十五条 【简易程序向普通程序转换】适用简易程序审理的行政复议案件，行政复议机构认为不宜适用简易程序的，经行政复议机构的负责人批准，可以转为普通程序审理。

第五节 行政复议附带审查

第五十六条 【规范性文件审查处理】申请人依照本法第十三条的规定提出对有关规范性文件的附带审查申请，行政复议机关有权处理的，应当在三十日内依法处理；无权处理的，应当在七日内转送有权处理的行政机关依法处理。

第五十七条 【行政行为依据审查处理】行政复议机关在对被申请人作出的行政行为进行审查时，认为其依据不合法，本机关有权处理的，应当在三十日内依法处理；无权处理的，应当在七日内转送有权处理的国家机关依法处理。

第五十八条 【附带审查处理程序】行政复议机关依照本法第五十六条、第五十七条的规定有权处理有关规范性文件或者依据的，行政复议机构应当自行政复议中止之日起三日内，书面通知规范性文件或者依据的制定机关就相关条款的合法性提出书面答复。制定机关应当自收到书面通知之日起十日内提交书面答复及相关材料。

行政复议机构认为必要时，可以要求规范性文件或者依据的制定机关当面说明理由，制定机关应当配合。

第五十九条 【附带审查处理结果】行政复议机关依照本法第五十六条、第五十七条的规定有权处理有关规范性文件或者依据，认为相关条款合法的，在行政复议决定书中一并告知；认为相关条款超越权限或者违反上位法的，决定停止该条款的执行，并责令制定机关予以纠正。

第六十条 【接受转送机关的职责】依照本法第五十六条、第五十七条的规定接受转送的行政机关、国家机关应当自收到转送之日起六十日内，将处理意见回复转送的行政复议机关。

第五章 行政复议决定

第六十一条 【行政复议决定程序】行政复议机关依照本法审理行政复议案件，由行政复议机构对行政行为进行审查，提出意见，经行政复议机关的负责人同意或者集体讨论通过后，以行政复议机关的名义作出行政复议决定。

经过听证的行政复议案件，行政复议机关应当根据听证笔录、审查认定的事实和证据，依照本法作出行政复议决定。

提请行政复议委员会提出咨询意见的行政复议案件，行政复议机关应当将咨询意见作为作出行政复议决定的重要参考依据。

第六十二条 【行政复议审理期限】适用普通程序审理的行政复议案件,行政复议机关应当自受理申请之日起六十日内作出行政复议决定;但是法律规定的行政复议期限少于六十日的除外。情况复杂,不能在规定期限内作出行政复议决定的,经行政复议机构的负责人批准,可以适当延长,并书面告知当事人;但是延长期限最多不得超过三十日。

适用简易程序审理的行政复议案件,行政复议机关应当自受理申请之日起三十日内作出行政复议决定。

第六十三条 【变更决定】行政行为有下列情形之一的,行政复议机关决定变更该行政行为:

(一)事实清楚,证据确凿,适用依据正确,程序合法,但是内容不适当;

(二)事实清楚,证据确凿,程序合法,但是未正确适用依据;

(三)事实不清、证据不足,经行政复议机关查清事实和证据。

行政复议机关不得作出对申请人更为不利的变更决定,但是第三人提出相反请求的除外。

第六十四条 【撤销或者部分撤销、责令重作】行政行为有下列情形之一的,行政复议机关决定撤销或者部分撤销该行政行为,并可以责令被申请人在一定期限内重新作出行政行为:

(一)主要事实不清、证据不足;

(二)违反法定程序;

(三)适用的依据不合法;

(四)超越职权或者滥用职权。

行政复议机关责令被申请人重新作出行政行为的,被申请人不得以同一事实和理由作出与申请行政复议的行政行为相同或者基本相同的行政行为,但是行政复议机关以违反法定程序为由决定撤销或者部分撤销的除外。

第六十五条 【确认违法】行政行为有下列情形之一的,行政复议机关不撤销该行政行为,但是确认该行政行为违法:

(一)依法应予撤销,但是撤销会给国家利益、社会公共利益造成重大损害;

(二)程序轻微违法,但是对申请人权利不产生实际影响。

行政行为有下列情形之一,不需要撤销或者责令履行的,行政复议机关确认该行政行为违法:

(一)行政行为违法,但是不具有可撤销内容;

(二)被申请人改变原违法行政行为,申请人仍要求撤销或者确认该行政行为违法;

(三)被申请人不履行或者拖延履行法定职责,责令履行没有意义。

第六十六条 【责令履行】被申请人不履行法定职责的,行政复议机关决定被申请人在一定期限内履行。

第六十七条 【确认无效】行政行为有实施主体不具有行政主体资格或者没有依据等重大且明显违法情形,申请人申请确认行政行为无效的,行政复议机关确认该行政行为无效。

第六十八条 【维持决定】行政行为认定事实清楚,证据确凿,适用依据正确,程序合法,内容适当的,行政复议机关决定维持该行政行为。

第六十九条 【驳回行政复议请求】行政复议机关受理申请人认为被申请人不履行法定职责的行政复议申请后,发现被申请人没有相应法定职责或者在受理前已经履行法定职责的,决定驳回申请人的行政复议请求。

第七十条 【被申请人不提交书面答复等情形的处理】被申请人不按照本法第四十八条、第五十四条的规定提出书面答复、提交作出行政行为的证据、依据和其他有关材料的,视为该行政行为没有证据、依据,行政复议机关决定撤销、部分撤销该行政行为,确认该行政行为违法、无效或者决定被申请人在一定期限内履行,但是行政行为涉及第三人合法权益,第三人提供证据的除外。

第七十一条 【行政协议案件处理】被申请人不依法订立、不依法履行、未按照约定履行或者违法变更、解除行政协议的,行政复议机关决定被申请人承担依法订立、继续履行、采取补救措施或者赔偿损失等责任。

被申请人变更、解除行政协议合法,但是未依法给予补偿或者补偿不合理的,行政复议机关决定被申请人依法给予合理补偿。

第七十二条 【行政复议期间赔偿请求的处理】申请人在申请行政复议时一并提出行政赔偿请求,行政复议机关对依照《中华人民共和国国家赔偿法》的有关规定应当不予赔偿的,在作出行政复议决定时,应当同时决定驳回行政赔偿请求;对符合《中华人民共和国国家赔偿法》的有关规定应当给予赔偿的,在决定撤销或者部分撤销、变更行政行为或者确认行政行为违法、无效时,应当同时决定被申请人依法给予赔偿;确认行政行为违法的,还可以同时责令被申请人采取补救措施。

申请人在申请行政复议时没有提出行政赔偿请求的,行政复议机关在依法决定撤销或者部分撤销、变更罚款,撤销或者部分撤销违法集资、没收财物、征收征用、摊派费用以及对财产的查封、扣押、冻结等行政行为时,应当同时责令被申请人返还财产,解除对财产的查封、扣押、冻结措施,或者赔偿相应的价款。

第七十三条 【行政复议调解处理】当事人经调解达成协议的,行政复议机关应当制作行政复议调解书,经各方当事人签字或者签章,并加盖行政复议机关印章,即具有法律效力。

调解未达成协议或者调解书生效前一方反悔的,行政复议机关应当依法审查或者及时作出行政复议决定。

第七十四条 【行政复议和解处理】当事人在行政复议决定作出前可以自愿达成和解,和解内容不得损害国家利益、社会公共利益和他人合法权益,不得违反法律、法规的强制性规定。

当事人达成和解后,由申请人向行政复议机构撤回行政复议申请。行政复议机构准予撤回行政复议申请、行政复议机关决定终止行政复议的,申请人不得再以同一事实和理由提出行政复议申请。但是,申请人能够证明撤回行政复议申请违背其真实意愿的除外。

第七十五条 【行政复议决定书】行政复议机关作出行政复议决定,应当制作行政复议决定书,并加盖行政复议机关印章。

行政复议决定书一经送达,即发生法律效力。

第七十六条 【行政复议意见书】行政复议机关在办理行政复议案件过程中,发现被申请人或者其他下级行政机关的有关行政行为违法或者不当的,可以向其制发行政复议意见书。有关机关应当自收到行政复议意见书之日起六十日内,将纠正相关违法或者不当行政行为的情况报送行政复议机关。

第七十七条 【被申请人履行义务】被申请人应当履行行政复议决定书、调解书、意见书。

被申请人不履行或者无正当理由拖延履行行政复议决定书、调解书、意见书的,行政复议机关或者有关上级行政机关应当责令其限期履行,并可以约谈被申请人的有关负责人或者予以通报批评。

第七十八条 【行政复议决定书、调解书的强制执行】申请人、第三人逾期不起诉又不履行行政复议决定书、调解书的,或者不履行最终裁决的行政复议决定的,按下列规定分别处理:

(一)维持行政行为的行政复议决定书,由作出行政行为的行政机关依法强制执行,或者申请人民法院强制执行;

(二)变更行政行为的行政复议决定书,由行政复议机关依法强制执行,或者申请人民法院强制执行;

(三)行政复议调解书,由行政复议机关依法强制执行,或者申请人民法院强制执行。

第七十九条 【行政复议决定书公开和文书抄告】行政复议机关根据被申请行政复议的行政行为的公开情况,按照国家有关规定将行政复议决定书向社会公开。

县级以上地方各级人民政府办理以本级人民政府工作部门为被申请人的行政复议案件,应当将发生法律效力的行政复议决定书、意见书同时抄告被申请人的上一级主管部门。

第六章 法律责任

第八十条 【行政复议机关不依法履职的法律责任】行政复议机关不依照本法规定履行行政复议职责,对负有责任的领导人员和直接责任人员依法给予警告、记过、记大过的处分;经有权监督的机关督促仍不改正或者造成严重后果的,依法给予降级、撤职、开除的处分。

第八十一条 【行政复议机关工作人员法律责任】行政复议机关工作人员在行政复议活动中,徇私舞弊或者有其他渎职、失职行为的,依法给予警告、记过、记大过的处分;情节严重的,依法给予降级、撤职、开除的处分;构成犯罪的,依法追究刑事责任。

第八十二条 【被申请人不书面答复等行为的法律责任】被申请人违反本法规定,不提出书面答复或者不提交作出行政行为的证据、依据和其他有关材料,或者阻挠、变相阻挠公民、法人或者其他组织依法申请行政复议的,对负有责任的领导人员和直接责任人员依法给予警告、记过、记大过的处分;进行报复陷害的,依法给予降级、撤职、开除的处分;构成犯罪的,依法追究刑事责任。

第八十三条 【被申请人不履行有关文书的法律责任】被申请人不履行或者无正当理由拖延履行行政复议决定书、调解书、意见书的,对负有责任的领导人员和直接责任人员依法给予警告、记过、记大过的处分;经责令履行仍拒不履行的,依法给予降级、撤职、开除的处分。

第八十四条 【拒绝、阻挠调查取证等行为的法律责任】拒绝、阻挠行政复议人员调查取证,故意扰乱行政复议工作秩序的,依法给予处分、治安管理处罚;构成犯罪的,依法追究刑事责任。

第八十五条 【违法事实材料移送】行政机关及其工作人员违反本法规定的,行政复议机关可以向监察机关或者公职人员任免机关、单位移送有关人员违法的事实材料,接受移送的监察机关或者公职人员任免机关、单位应当依法处理。

第八十六条 【职务违法犯罪线索移送】行政复议机关在办理行政复议案件过程中,发现公职人员涉嫌贪污贿赂、失职渎职等职务违法或者职务犯罪的问题线索,应当依照有关规定移送监察机关,由监察机关依法调查处置。

第七章 附 则

第八十七条 【受理申请不收费】行政复议机关受理行政复议申请,不得向申请人收取任何费用。

第八十八条 【期间计算和文书送达】行政复议期间的计算和行政复议文书的送达,本法没有规定的,依照《中华人民共和国民事诉讼法》关于期间、送达的规定执行。

本法关于行政复议期间有关"三日"、"五日"、"七日"、"十日"的规定是指工作日,不含法定休假日。

第八十九条 【外国人等法律适用】外国人、无国籍人、外国组织在中华人民共和国境内申请行政复议,适用本法。

第九十条 【施行日期】本法自2024年1月1日起施行。

最高人民法院关于适用《中华人民共和国民法典》物权编的解释(一)

· 2020年12月25日最高人民法院审判委员会第1825次会议通过
· 2020年12月29日最高人民法院公告公布
· 自2021年1月1日起施行
· 法释〔2020〕24号

为正确审理物权纠纷案件,根据《中华人民共和国民法典》等相关法律规定,结合审判实践,制定本解释。

第一条 因不动产物权的归属,以及作为不动产物权登记基础的买卖、赠与、抵押等产生争议,当事人提起民事诉讼的,应当依法受理。当事人已经在行政诉讼中申请一并解决上述民事争议,且人民法院一并审理的除外。

第二条 当事人有证据证明不动产登记簿的记载与真实权利状态不符、其为该不动产物权的真实权利人,请求确认其享有物权的,应予支持。

第三条 异议登记因民法典第二百二十条第二款规定的事由失效后,当事人提起民事诉讼,请求确认物权归属的,应当依法受理。异议登记失效不影响人民法院对案件的实体审理。

第四条 未经预告登记的权利人同意,转让不动产所有权等物权,或者设立建设用地使用权、居住权、地役权、抵押权等其他物权的,应当依照民法典第二百二十一条第一款的规定,认定其不发生物权效力。

第五条 预告登记的买卖不动产物权的协议被认定无效、被撤销,或者预告登记的权利人放弃债权的,应当认定为民法典第二百二十一条第二款所称的"债权消灭"。

第六条 转让人转让船舶、航空器和机动车等所有权,受让人已经支付合理价款并取得占有,虽未经登记,但转让人的债权人主张其为民法典第二百二十五条所称的"善意第三人"的,不予支持,法律另有规定的除外。

第七条 人民法院、仲裁机构在分割共有不动产或者动产等案件中作出并依法生效的改变原有物权关系的判决书、裁决书、调解书,以及人民法院在执行程序中作出的拍卖成交裁定书、变卖成交裁定书、以物抵债裁定书,应当认定为民法典第二百二十九条所称导致物权设立、变更、转让或者消灭的人民法院、仲裁机构的法律文书。

第八条　依据民法典第二百二十九条至第二百三十一条规定享有物权,但尚未完成动产交付或者不动产登记的权利人,依据民法典第二百三十五条至第二百三十八条的规定,请求保护其物权的,应予支持。

第九条　共有份额的权利主体因继承、遗赠等原因发生变化时,其他按份共有人主张优先购买的,不予支持,但按份共有人之间另有约定的除外。

第十条　民法典第三百零五条所称的"同等条件",应当综合共有份额的转让价格、价款履行方式及期限等因素确定。

第十一条　优先购买权的行使期间,按份共有人之间有约定的,按照约定处理;没有约定或者约定不明的,按照下列情形确定:

(一)转让人向其他按份共有人发出的包含同等条件内容的通知中载明行使期间的,以该期间为准;

(二)通知中未载明行使期间,或者载明的期间短于通知送达之日起十五日的,为十五日;

(三)转让人未通知的,为其他按份共有人知道或者应当知道最终确定的同等条件之日起十五日;

(四)转让人未通知,且无法确定其他按份共有人知道或者应当知道最终确定的同等条件的,为共有份额权属转移之日起六个月。

第十二条　按份共有人向共有人之外的人转让其份额,其他按份共有人根据法律、司法解释规定,请求按照同等条件优先购买该共有份额的,应予支持。其他按份共有人的请求具有下列情形之一的,不予支持:

(一)未在本解释第十一条规定的期间内主张优先购买,或者虽主张优先购买,但提出减少转让价款、增加转让人负担等实质性变更要求;

(二)以其优先购买权受到侵害为由,仅请求撤销共有份额转让合同或者认定该合同无效。

第十三条　按份共有人之间转让共有份额,其他按份共有人主张依据民法典第三百零五条规

定优先购买的,不予支持,但按份共有人之间另有约定的除外。

第十四条　受让人受让不动产或者动产时,不知道转让人无处分权,且无重大过失的,应当认定受让人为善意。

真实权利人主张受让人不构成善意的,应当承担举证证明责任。

第十五条　具有下列情形之一的,应当认定不动产受让人知道转让人无处分权:

(一)登记簿上存在有效的异议登记;

(二)预告登记有效期内,未经预告登记的权利人同意;

(三)登记簿上已经记载司法机关或者行政机关依法裁定、决定查封或者以其他形式限制不动产权利的有关事项;

(四)受让人知道登记簿上记载的权利主体错误;

(五)受让人知道他人已经依法享有不动产物权。

真实权利人有证据证明不动产受让人应当知道转让人无处分权的,应当认定受让人具有重大过失。

第十六条　受让人受让动产时,交易的对象、场所或者时机等不符合交易习惯的,应当认定受让人具有重大过失。

第十七条　民法典第三百一十一条第一款第一项所称的"受让人受让该不动产或者动产时",是指依法完成不动产物权转移登记或者动产交付之时。

当事人以民法典第二百二十六条规定的方式交付动产的,转让动产民事法律行为生效时为动产交付之时;当事人以民法典第二百二十七条规定的方式交付动产的,转让人与受让人之间有关转让返还原物请求权的协议生效时为动产交付之时。

法律对不动产、动产物权的设立另有规定的,应当按照法律规定的时间认定权利人是否为善意。

第十八条　民法典第三百一十一条第一款第二项所称"合理的价格",应当根据转让标的物的性质、数量以及付款方式等具体情况,参考转让时交易地市场价格以及交易习惯等因素综合认定。

第十九条　转让人将民法典第二百二十五条

规定的船舶、航空器和机动车等交付给受让人的，应当认定符合民法典第三百一十一条第一款第三项规定的善意取得的条件。

　　第二十条　具有下列情形之一，受让人主张依据民法典第三百一十一条规定取得所有权的，不予支持：

　　（一）转让合同被认定无效；

　　（二）转让合同被撤销。

　　第二十一条　本解释自 2021 年 1 月 1 日起施行。

二、物权公示

1. 不动产登记

不动产登记暂行条例

·2014 年 11 月 24 日中华人民共和国国务院令第 656 号公布
·根据 2019 年 3 月 24 日《国务院关于修改部分行政法规的决定》修订

第一章　总　则

第一条　为整合不动产登记职责，规范登记行为，方便群众申请登记，保护权利人合法权益，根据《中华人民共和国物权法》等法律，制定本条例。

第二条　本条例所称不动产登记，是指不动产登记机构依法将不动产权利归属和其他法定事项记载于不动产登记簿的行为。

本条例所称不动产，是指土地、海域以及房屋、林木等定着物。

第三条　不动产首次登记、变更登记、转移登记、注销登记、更正登记、异议登记、预告登记、查封登记等，适用本条例。

第四条　国家实行不动产统一登记制度。

不动产登记遵循严格管理、稳定连续、方便群众的原则。

不动产权利人已经依法享有的不动产权利，不因登记机构和登记程序的改变而受到影响。

第五条　下列不动产权利，依照本条例的规定办理登记：

（一）集体土地所有权；

（二）房屋等建筑物、构筑物所有权；

（三）森林、林木所有权；

（四）耕地、林地、草地等土地承包经营权；

（五）建设用地使用权；

（六）宅基地使用权；

（七）海域使用权；

（八）地役权；

（九）抵押权；

（十）法律规定需要登记的其他不动产权利。

第六条　国务院国土资源主管部门负责指导、监督全国不动产登记工作。

县级以上地方人民政府应当确定一个部门为本行政区域的不动产登记机构，负责不动产登记工作，并接受上级人民政府不动产登记主管部门的指导、监督。

第七条　不动产登记由不动产所在地的县级人民政府不动产登记机构办理；直辖市、设区的市人民政府可以确定本级不动产登记机构统一办理所属各区的不动产登记。

跨县级行政区域的不动产登记，由所跨县级行政区域的不动产登记机构分别办理。不能分别办理的，由所跨县级行政区域的不动产登记机构协商办理；协商不成的，由共同的上一级人民政府不动产登记主管部门指定办理。

国务院确定的重点国有林区的森林、林木和林地，国务院批准项目用海、用岛，中央国家机关使用的国有土地等不动产登记，由国务院国土资源主管部门会同有关部门规定。

第二章　不动产登记簿

第八条　不动产以不动产单元为基本单位进行登记。不动产单元具有唯一编码。

不动产登记机构应当按照国务院国土资源主管部门的规定设立统一的不动产登记簿。

不动产登记簿应当记载以下事项：

（一）不动产的坐落、界址、空间界限、面积、用途等自然状况；

（二）不动产权利的主体、类型、内容、来源、期限、权利变化等权属状况；

（三）涉及不动产权利限制、提示的事项；

（四）其他相关事项。

第九条　不动产登记簿应当采用电子介质，暂不具备条件的，可以采用纸质介质。不动产登记机构应当明确不动产登记簿唯一、合法的介质形式。

不动产登记簿采用电子介质的,应当定期进行异地备份,并具有唯一、确定的纸质转化形式。

第十条 不动产登记机构应当依法将各类登记事项准确、完整、清晰地记载于不动产登记簿。任何人不得损毁不动产登记簿,除依法予以更正外不得修改登记事项。

第十一条 不动产登记工作人员应当具备与不动产登记工作相适应的专业知识和业务能力。

不动产登记机构应当加强对不动产登记工作人员的管理和专业技术培训。

第十二条 不动产登记机构应当指定专人负责不动产登记簿的保管,并建立健全相应的安全责任制度。

采用纸质介质不动产登记簿的,应当配备必要的防盗、防火、防渍、防有害生物等安全保护设施。

采用电子介质不动产登记簿的,应当配备专门的存储设施,并采取信息网络安全防护措施。

第十三条 不动产登记簿由不动产登记机构永久保存。不动产登记簿损毁、灭失的,不动产登记机构应当依据原有登记资料予以重建。

行政区域变更或者不动产登记机构职能调整的,应当及时将不动产登记簿移交相应的不动产登记机构。

第三章 登记程序

第十四条 因买卖、设定抵押权等申请不动产登记的,应当由当事人双方共同申请。

属于下列情形之一的,可以由当事人单方申请:

(一)尚未登记的不动产首次申请登记的;

(二)继承、接受遗赠取得不动产权利的;

(三)人民法院、仲裁委员会生效的法律文书或者人民政府生效的决定等设立、变更、转让、消灭不动产权利的;

(四)权利人姓名、名称或者自然状况发生变化,申请变更登记的;

(五)不动产灭失或者权利人放弃不动产权利,申请注销登记的;

(六)申请更正登记或者异议登记的;

(七)法律、行政法规规定可以由当事人单方申请的其他情形。

第十五条 当事人或者其代理人应当向不动产登记机构申请不动产登记。

不动产登记机构将申请登记事项记载于不动产登记簿前,申请人可以撤回登记申请。

第十六条 申请人应当提交下列材料,并对申请材料的真实性负责:

(一)登记申请书;

(二)申请人、代理人身份证明材料、授权委托书;

(三)相关的不动产权属来源证明材料、登记原因证明文件、不动产权属证书;

(四)不动产界址、空间界限、面积等材料;

(五)与他人利害关系的说明材料;

(六)法律、行政法规以及本条例实施细则规定的其他材料。

不动产登记机构应当在办公场所和门户网站公开申请登记所需材料目录和示范文本等信息。

第十七条 不动产登记机构收到不动产登记申请材料,应当分别按照下列情况办理:

(一)属于登记职责范围,申请材料齐全、符合法定形式,或者申请人按照要求提交全部补正申请材料的,应当受理并书面告知申请人;

(二)申请材料存在可以当场更正的错误的,应当告知申请人当场更正,申请人当场更正后,应当受理并书面告知申请人;

(三)申请材料不齐全或者不符合法定形式的,应当当场书面告知申请人不予受理并一次性告知需要补正的全部内容;

(四)申请登记的不动产不属于本机构登记范围的,应当当场书面告知申请人不予受理并告知申请人向有登记权的机构申请。

不动产登记机构未当场书面告知申请人不予受理的,视为受理。

第十八条 不动产登记机构受理不动产登记申请的,应当按照下列要求进行查验:

(一)不动产界址、空间界限、面积等材料与申请登记的不动产状况是否一致;

(二)有关证明材料、文件与申请登记的内容是否一致;

(三)登记申请是否违反法律、行政法规规定。

第十九条 属于下列情形之一的,不动产登记机构可以对申请登记的不动产进行实地查看:

(一)房屋等建筑物、构筑物所有权首次登记;

(二)在建建筑物抵押权登记;

（三）因不动产灭失导致的注销登记；

（四）不动产登记机构认为需要实地查看的其他情形。

对可能存在权属争议，或者可能涉及他人利害关系的登记申请，不动产登记机构可以向申请人、利害关系人或者有关单位进行调查。

不动产登记机构进行实地查看或者调查时，申请人、被调查人应当予以配合。

第二十条 不动产登记机构应当自受理登记申请之日起 30 个工作日内办结不动产登记手续，法律另有规定的除外。

第二十一条 登记事项自记载于不动产登记簿时完成登记。

不动产登记机构完成登记，应当依法向申请人核发不动产权属证书或者登记证明。

第二十二条 登记申请有下列情形之一的，不动产登记机构应当不予登记，并书面告知申请人：

（一）违反法律、行政法规规定的；

（二）存在尚未解决的权属争议的；

（三）申请登记的不动产权利超过规定期限的；

（四）法律、行政法规规定不予登记的其他情形。

第四章 登记信息共享与保护

第二十三条 国务院国土资源主管部门应当会同有关部门建立统一的不动产登记信息管理基础平台。

各级不动产登记机构登记的信息应当纳入统一的不动产登记信息管理基础平台，确保国家、省、市、县四级登记信息的实时共享。

第二十四条 不动产登记有关信息与住房城乡建设、农业、林业、海洋等部门审批信息、交易信息等应当实时互通共享。

不动产登记机构能够通过实时互通共享取得的信息，不得要求不动产登记申请人重复提交。

第二十五条 国土资源、公安、民政、财政、税务、工商、金融、审计、统计等部门应当加强不动产登记有关信息互通共享。

第二十六条 不动产登记机构、不动产登记信息共享单位及其工作人员应当对不动产登记信息保密；涉及国家秘密的不动产登记信息，应当依

法采取必要的安全保密措施。

第二十七条 权利人、利害关系人可以依法查询、复制不动产登记资料，不动产登记机构应当提供。

有关国家机关可以依照法律、行政法规的规定查询、复制与调查处理事项有关的不动产登记资料。

第二十八条 查询不动产登记资料的单位、个人应当向不动产登记机构说明查询目的，不得将查询获得的不动产登记资料用于其他目的；未经权利人同意，不得泄露查询获得的不动产登记资料。

第五章 法律责任

第二十九条 不动产登记机构登记错误给他人造成损害，或者当事人提供虚假材料申请登记给他人造成损害的，依照《中华人民共和国物权法》的规定承担赔偿责任。

第三十条 不动产登记机构工作人员进行虚假登记，损毁、伪造不动产登记簿，擅自修改登记事项，或者有其他滥用职权、玩忽职守行为的，依法给予处分；给他人造成损害的，依法承担赔偿责任；构成犯罪的，依法追究刑事责任。

第三十一条 伪造、变造不动产权属证书、不动产登记证明，或者买卖、使用伪造、变造的不动产权属证书、不动产登记证明的，由不动产登记机构或者公安机关依法予以收缴；有违法所得的，没收违法所得；给他人造成损害的，依法承担赔偿责任；构成违反治安管理行为的，依法给予治安管理处罚；构成犯罪的，依法追究刑事责任。

第三十二条 不动产登记机构、不动产登记信息共享单位及其工作人员，查询不动产登记资料的单位或者个人违反国家规定，泄露不动产登记资料、登记信息，或者利用不动产登记资料、登记信息进行不正当活动，给他人造成损害的，依法承担赔偿责任；对有关责任人员依法给予处分；有关责任人员构成犯罪的，依法追究刑事责任。

第六章 附 则

第三十三条 本条例施行前依法颁发的各类不动产权属证书和制作的不动产登记簿继续有效。

不动产统一登记过渡期内，农村土地承包经营权的登记按照国家有关规定执行。

第三十四条 本条例实施细则由国务院国土资源主管部门会同有关部门制定。

第三十五条 本条例自 2015 年 3 月 1 日起施行。本条例施行前公布的行政法规有关不动产登记的规定与本条例规定不一致的，以本条例规定为准。

城市房地产权属档案管理办法

· 2001 年 8 月 29 日建设部令第 101 号公布
· 自 2001 年 12 月 1 日起施行

第一章 总 则

第一条 为了加强城市房地产权属档案管理，保障房地产权利人的合法权益，有效保护和利用城市房地产权属档案，根据《中华人民共和国城市房地产管理法》、《中华人民共和国档案法》、《中华人民共和国档案法实施办法》等法律法规，制定本办法。

第二条 本办法适用于城市规划区国有土地范围内房地产权属档案的管理。

第三条 房地产权属档案是城市房地产行政主管部门在房地产权属登记、调查、测绘、权属转移、变更等房地产权属管理工作中直接形成的有保存价值的文字、图表、声像等不同形式的历史记录，是城市房地产权属登记管理工作的真实记录和重要依据，是城市建设档案的组成部分。

第四条 国务院建设行政主管部门负责全国城市房地产权属档案管理工作。

省、自治区人民政府建设行政主管部门负责本行政区域内的房地产权属档案的管理工作。

直辖市、市、县人民政府房地产行政主管部门负责本行政区域内的房地产权属档案的管理工作。

房地产权属档案管理业务上受同级城市建设档案管理部门的监督和指导。

第五条 市（县）人民政府房地产行政主管部门应当根据房地产权属档案管理工作的需要，建立房地产权属档案管理机构，配备专职档案管理人员，健全工作制度，配备必要的安全保护设施，确保房地产权属档案的完整、准确、安全和有效利用。

第六条 从事房地产权属档案管理的工作人员经过业务培训后，方可上岗。

第二章 房地产权属档案的 收集、整理和归档

第七条 房地产权属登记管理部门应当建立健全房地产权属文件材料的收集、整理、归档制度。

第八条 下列文件材料属于房地产权属档案的归档范围：

一、房地产权利人、房地产权属登记确权、房地产权属转移及变更、设定他项权利等有关的证明和文件。

（一）房地产权利人（自然人或法人）的身份（资格）证明、法人代理人的身份证明、授权委托书等；

（二）建设工程规划许可证、建设用地规划许可证、土地使用权证书或者土地来源证明、房屋拆迁批件及补偿安置协议书、联建或者统建合同、翻改扩建及固定资产投资批准文件，房屋竣工验收有关材料等；

（三）房地产买卖合同书、房产继承书、房产赠与书、房产析产协议书、房产交换协议书、房地产调拨凭证、有关房产转移的上级批件，有关房产的判决、裁决、仲裁文书及公证文书等；

（四）设定房地产他项权利的有关合同、文件等。

二、房屋及其所占用的土地使用权权属界定位置图；房地产分幅平面图、分丘平面图、分层分户平面图等。

三、房地产产权登记工作中形成的各种文件材料，包括房产登记申请书、收件收据存根、权属变更登记表、房地产状况登记表、房地产勘测调查表、墙界表、房屋面积计算表、房地产登记审批表、房屋灭籍申请表、房地产税费收据存根等。

四、反映和记载房地产权属状况的信息资料，包括统计报表、摄影片、照片、录音带、录像带、缩微胶片、计算机软盘、光盘等。

五、其他有关房地产权属的文件材料，包括房地产权属冻结文件、房屋权属代管文件，历史形成的各种房地产权证、契证、账、册、表、卡等。

第九条 每件（宗）房地产权属登记工作完成后，权属登记人员应当及时将整理好的权属文件材料，经权属登记负责人审查后，送交房地产权属档案管理机构立卷归档。任何单位和个人都不得

将房地产权属文件材料据为己有或者拒不归档。国家规定不得归档的材料,禁止归档。

第十条 归档的有关房地产权属的资料,应当是原件;原件已存城市建设档案馆或者经房地产管理部门批准认定的,可以是复印、复制件。复印、复制件应当由经办人与原件校对、签章,并注明校对日期及原件的存放处。

第十一条 归档的房地产权属材料,应当做到书写材料合乎标准、字迹工整、内容规范、图形清晰、数据准确、符合档案保护的要求。

第十二条 房地产权属档案管理机构应当按照档案管理的规定对归档的各种房地产权属档案材料进行验收,不符合要求的,不予归档。

第三章 房地产权属档案的管理

第十三条 房地产权属档案管理机构对归档的房地产权属文件材料应当及时进行登记、整理、分类编目、划分密级、编制检索工具。

第十四条 房地产权属档案应当以丘为单元建档。丘号的编定按照国家《房产测量规范》标准执行。

第十五条 房地产权属档案应当以房地产权利人(即权属单元)为宗立卷。卷内文件排列,应当按照房地产权属变化、产权文件形成时间及权属文件主次关系为序。

第十六条 房地产权属档案管理机构应当掌握房地产权属变化情况,及时补充有关权属档案材料,保持房地产权属档案与房地产权属现状的一致。

第十七条 房地产权属档案管理人员应当严格执行权属档案管理的有关规定,不得擅自修改房地产权属档案。确需变更和修改的,应当经房地产权属登记机关批准,按照规定程序进行。

第十八条 房地产权属档案应当妥善保存,定期检查和鉴定。对破损或者变质的档案,应当及时修复;档案毁损或者丢失,应当采取补救措施。未经批准,任何人不得以任何借口擅自销毁房地产权属档案。

第十九条 保管房地产权属档案应当配备符合设计规范的专用库房,并按照国家《档案库房技术管理暂行规定》实施管理。

第二十条 房地产权属档案管理应当逐步采用新技术、新设备,实现管理现代化。

第二十一条 房地产权属档案管理机构应当与城市建设档案管理机构密切联系,加强信息沟通,逐步实现档案信息共享。

第二十二条 房地产权属档案管理机构的隶属关系及档案管理人员发生变动,应当及时办理房地产权属档案的交接手续。

第二十三条 房屋自然灭失或者依法被拆除后,房地产权属档案管理机构应当自档案整理归档完毕之日起 15 日内书面通知城市建设档案馆。

第四章 房地产权属档案的利用

第二十四条 房地产权属档案管理机构应当充分利用现有的房地产权属档案,及时为房地产权属登记、房地产交易、房地产纠纷仲裁、物业管理、房屋拆迁、住房制度改革、城市规划、城市建设等各项工作提供服务。

第二十五条 房地产权属档案管理机构应当严格执行国家档案管理的保密规定,防止房地产权属档案的散失、泄密;定期对房地产权属档案的密级进行审查,根据有关规定,及时调整密级。

第二十六条 查阅、抄录和复制房地产权属档案材料应当履行审批手续,并登记备案。

涉及军事机密和其他保密的房地产权属档案,以及向境外团体和个人提供的房地产权属档案应当按照国家安全、保密等有关规定保管和利用。

第二十七条 向社会提供利用房地产权属档案,可以按照国家有关规定,实行有偿服务。

第五章 法律责任

第二十八条 有下列行为之一的,由县级以上人民政府房地产行政主管部门对直接负责的主管人员或者其他直接责任人员依法给予行政处分;构成犯罪的,依法追究刑事责任:

(一)损毁、丢失房地产权属档案的;

(二)擅自提供、抄录、公布、销毁房地产权属档案的;

(三)涂改、伪造房地产权属档案的;

(四)擅自出卖或者转让房地产权属档案的;

(五)违反本办法第九条规定,不按照规定归档的;

(六)档案管理工作人员玩忽职守,造成房地产权属档案损失的。

第二十九条 违反《中华人民共和国档案法》《中华人民共和国档案法实施办法》以及本办法的规定,造成房地产权属档案损失的,由县级以上人民政府房地产行政主管部门根据损失档案的价值,责令赔偿损失。

第三十条 有下列行为之一的,按照有关法律法规的规定处罚:

(一)在利用房地产权属档案的过程中,损毁、丢失、涂改、伪造房地产权属档案或者擅自提供、抄录、公布、销毁房地产权属档案的;

(二)企事业组织或者个人擅自出卖或者转让房地产权属档案的。

第六章 附 则

第三十一条 房地产权属档案管理机构的设置、编制、经费,房地产权属档案管理工作人员的职称、奖惩办法等参照国家档案管理的有关规定执行。

第三十二条 城市规划区集体土地范围内和城市规划区外土地上的房地产权属档案管理可以参照本办法执行。

第三十三条 各省、自治区人民政府建设行政主管部门、直辖市房地产行政主管部门可以根据本办法制定实施细则。

第三十四条 本办法由国务院建设行政主管部门负责解释。

第三十五条 本办法自 2001 年 12 月 1 日起施行。

不动产登记暂行条例实施细则

· 2016 年 1 月 1 日国土资源部令第 63 号公布
· 根据 2019 年 7 月 16 日自然资源部第 2 次部务会《自然资源部关于废止和修改的第一批部门规章的决定》修正

第一章 总 则

第一条 为规范不动产登记行为,细化不动产统一登记制度,方便人民群众办理不动产登记,保护权利人合法权益,根据《不动产登记暂行条例》(以下简称《条例》),制定本实施细则。

第二条 不动产登记应当依照当事人的申请进行,但法律、行政法规以及本实施细则另有规定的除外。

房屋等建筑物、构筑物和森林、林木等定着物应当与其所依附的土地、海域一并登记,保持权利主体一致。

第三条 不动产登记机构依照《条例》第七条第二款的规定,协商办理或者接受指定办理跨县级行政区域不动产登记的,应当在登记完毕后将不动产登记簿记载的不动产权利人以及不动产坐落、界址、面积、用途、权利类型等登记结果告知不动产所跨区域的其他不动产登记机构。

第四条 国务院确定的重点国有林区的森林、林木和林地,由自然资源部受理并会同有关部门办理,依法向权利人核发不动产权属证书。

国务院批准的项目用海、用岛的登记,由自然资源部受理,依法向权利人核发不动产权属证书。

第二章 不动产登记簿

第五条 《条例》第八条规定的不动产单元,是指权属界线封闭且具有独立使用价值的空间。

没有房屋等建筑物、构筑物以及森林、林木定着物的,以土地、海域权属界线封闭的空间为不动产单元。

有房屋等建筑物、构筑物以及森林、林木定着物的,以该房屋等建筑物、构筑物以及森林、林木定着物与土地、海域权属界线封闭的空间为不动产单元。

前款所称房屋,包括独立成幢、权属界线封闭的空间,以及区分套、层、间等可以独立使用、权属界线封闭的空间。

第六条 不动产登记簿以宗地或者宗海为单位编成,一宗地或者一宗海范围内的全部不动产单元编入一个不动产登记簿。

第七条 不动产登记机构应当配备专门的不动产登记电子存储设施,采取信息网络安全防护措施,保证电子数据安全。

任何单位和个人不得擅自复制或者篡改不动产登记簿信息。

第八条 承担不动产登记审核、登簿的不动产登记工作人员应当熟悉相关法律法规,具备与其岗位相适应的不动产登记等方面的专业知识。

自然资源部会同有关部门组织开展对承担不

动产登记审核、登簿的不动产登记工作人员的考核培训。

第三章　登记程序

第九条　申请不动产登记的，申请人应当填写登记申请书，并提交身份证明以及相关申请材料。

申请材料应当提供原件。因特殊情况不能提供原件的，可以提供复印件，复印件应当与原件保持一致。

第十条　处分共有不动产申请登记的，应当经占份额三分之二以上的按份共有人或者全体共同共有人共同申请，但共有人另有约定的除外。

按份共有人转让其享有的不动产份额，应当与受让人共同申请转移登记。

建筑区划内依法属于全体业主共有的不动产申请登记，依照本实施细则第三十六条的规定办理。

第十一条　无民事行为能力人、限制民事行为能力人申请不动产登记的，应当由其监护人代为申请。

监护人代为申请登记的，应当提供监护人与被监护人的身份证或者户口簿、有关监护关系等材料；因处分不动产而申请登记的，还应当提供为被监护人利益的书面保证。

父母之外的监护人处分未成年人不动产的，有关监护关系材料可以是人民法院指定监护的法律文书、经过公证的对被监护人享有监护权的材料或者其他材料。

第十二条　当事人可以委托他人代为申请不动产登记。

代理申请不动产登记的，代理人应当向不动产登记机构提供被代理人签字或者盖章的授权委托书。

自然人处分不动产，委托代理人申请登记的，应当与代理人共同到不动产登记机构现场签订授权委托书，但授权委托书经公证的除外。

境外申请人委托他人办理处分不动产登记的，其授权委托书应当按照国家有关规定办理认证或者公证。

第十三条　申请登记的事项记载于不动产登记簿前，全体申请人提出撤回登记申请的，登记机构应当将登记申请书以及相关材料退还申请人。

第十四条　因继承、受遗赠取得不动产，当事人申请登记的，应当提交死亡证明材料、遗嘱或者全部法定继承人关于不动产分配的协议以及与被继承人的亲属关系材料等，也可以提交经公证的材料或者生效的法律文书。

第十五条　不动产登记机构受理不动产登记申请后，还应当对下列内容进行查验：

（一）申请人、委托代理人身份证明材料以及授权委托书与申请主体是否一致；

（二）权属来源材料或者登记原因文件与申请登记的内容是否一致；

（三）不动产界址、空间界限、面积等权籍调查成果是否完备，权属是否清楚、界址是否清晰、面积是否准确；

（四）法律、行政法规规定的完税或者缴费凭证是否齐全。

第十六条　不动产登记机构进行实地查看，重点查看下列情况：

（一）房屋等建筑物、构筑物所有权首次登记，查看房屋坐落及其建造完成等情况；

（二）在建建筑物抵押权登记，查看抵押的在建建筑物坐落及其建造等情况；

（三）因不动产灭失导致的注销登记，查看不动产灭失等情况。

第十七条　有下列情形之一的，不动产登记机构应当在登记事项记载于登记簿前进行公告，但涉及国家秘密的除外：

（一）政府组织的集体土地所有权登记；

（二）宅基地使用权及房屋所有权，集体建设用地使用权及建筑物、构筑物所有权，土地承包经营权等不动产权利的首次登记；

（三）依职权更正登记；

（四）依职权注销登记；

（五）法律、行政法规规定的其他情形。

公告应当在不动产登记机构门户网站以及不动产所在地等指定场所进行，公告期不少于 15 个工作日。公告所需时间不计算在登记办理期限内。公告期满无异议或者异议不成立的，应当及时记载于不动产登记簿。

第十八条　不动产登记公告的主要内容包括：

（一）拟予登记的不动产权利人的姓名或者名称；

（二）拟予登记的不动产坐落、面积、用途、权利类型等；

（三）提出异议的期限、方式和受理机构；

（四）需要公告的其他事项。

第十九条 当事人可以持人民法院、仲裁委员会的生效法律文书或者人民政府的生效决定单方申请不动产登记。

有下列情形之一的，不动产登记机构直接办理不动产登记：

（一）人民法院持生效法律文书和协助执行通知书要求不动产登记机构办理登记的；

（二）人民检察院、公安机关依据法律规定持协助查封通知书要求办理查封登记的；

（三）人民政府依法做出征收或者收回不动产权利决定生效后，要求不动产登记机构办理注销登记的；

（四）法律、行政法规规定的其他情形。

不动产登记机构认为登记事项存在异议的，应当依法向有关机关提出审查建议。

第二十条 不动产登记机构应当根据不动产登记簿，填写并核发不动产权属证书或者不动产登记证明。

除办理抵押权登记、地役权登记和预告登记、异议登记，向申请人核发不动产登记证明外，不动产登记机构应当依法向权利人核发不动产权属证书。

不动产权属证书和不动产登记证明，应当加盖不动产登记机构登记专用章。

不动产权属证书和不动产登记证明样式，由自然资源部统一规定。

第二十一条 申请共有不动产登记的，不动产登记机构向全体共有人合并发放一本不动产权属证书；共有人申请分别持证的，可以为共有人分别发放不动产权属证书。

共有不动产权属证书应当注明共有情况，并列明全体共有人。

第二十二条 不动产权属证书或者不动产登记证明污损、破损的，当事人可以向不动产登记机构申请换发。符合换发条件的，不动产登记机构应当予以换发，并收回原不动产权属证书或者不动产登记证明。

不动产权属证书或者不动产登记证明遗失、灭失，不动产权利人申请补发的，由不动产登记机构在其门户网站上刊发不动产权利人的遗失、灭失声明15个工作日后，予以补发。

不动产登记机构补发不动产权属证书或者不动产登记证明的，应当将补发不动产权属证书或者不动产登记证明的事项记载于不动产登记簿，并在不动产权属证书或者不动产登记证明上注明"补发"字样。

第二十三条 因不动产权利灭失等情形，不动产登记机构需要收回不动产权属证书或者不动产登记证明的，应当在不动产登记簿上将收回不动产权属证书或者不动产登记证明的事项予以注明；确实无法收回的，应当在不动产登记机构门户网站或者当地公开发行的报刊上公告作废。

第四章 不动产权利登记

第一节 一般规定

第二十四条 不动产首次登记，是指不动产权利第一次登记。

未办理不动产首次登记的，不得办理不动产其他类型登记，但法律、行政法规另有规定的除外。

第二十五条 市、县人民政府可以根据情况对本行政区域内未登记的不动产，组织开展集体土地所有权、宅基地使用权、集体建设用地使用权、土地承包经营权的首次登记。

依照前款规定办理首次登记所需的权属来源、调查等登记材料，由人民政府有关部门组织获取。

第二十六条 下列情形之一的，不动产权利人可以向不动产登记机构申请变更登记：

（一）权利人的姓名、名称、身份证明类型或者身份证明号码发生变更的；

（二）不动产的坐落、界址、用途、面积等状况变更的；

（三）不动产权利期限、来源等状况发生变化的；

（四）同一权利人分割或者合并不动产的；

（五）抵押担保的范围、主债权数额、债务履行期限、抵押权顺位发生变化的；

（六）最高额抵押担保的债权范围、最高债权额、债权确定期间等发生变化的；

（七）地役权的利用目的、方法等发生变化的；

（八）共有性质发生变更的；

（九）法律、行政法规规定的其他不涉及不动产权利转移的变更情形。

第二十七条 因下列情形导致不动产权利转移的，当事人可以向不动产登记机构申请转移登记：

（一）买卖、互换、赠与不动产的；

（二）以不动产作价出资（入股）的；

（三）法人或者其他组织因合并、分立等原因致使不动产权利发生转移的；

（四）不动产分割、合并导致权利发生转移的；

（五）继承、受遗赠导致权利发生转移的；

（六）共有人增加或者减少以及共有不动产份额变化的；

（七）因人民法院、仲裁委员会的生效法律文书导致不动产权利发生转移的；

（八）因主债权转移引起不动产抵押权转移的；

（九）因需役地不动产权利转移引起地役权转移的；

（十）法律、行政法规规定的其他不动产权利转移情形。

第二十八条 有下列情形之一的，当事人可以申请办理注销登记：

（一）不动产灭失的；

（二）权利人放弃不动产权利的；

（三）不动产被依法没收、征收或者收回的；

（四）人民法院、仲裁委员会的生效法律文书导致不动产权利消灭的；

（五）法律、行政法规规定的其他情形。

不动产上已经设立抵押权、地役权或者已经办理预告登记，所有权人、使用权人因放弃权利申请注销登记的，申请人应当提供抵押权人、地役权人、预告登记权利人同意的书面材料。

第二节　集体土地所有权登记

第二十九条 集体土地所有权登记，依照下列规定提出申请：

（一）土地属于村农民集体所有的，由村集体经济组织代为申请，没有集体经济组织的，由村民委员会代为申请；

（二）土地分别属于村内两个以上农民集体所有的，由村内各集体经济组织代为申请，没有集体经济组织的，由村民小组代为申请；

（三）土地属于乡（镇）农民集体所有的，由乡（镇）集体经济组织代为申请。

第三十条 申请集体土地所有权首次登记的，应当提交下列材料：

（一）土地权属来源材料；

（二）权籍调查表、宗地图以及宗地界址点坐标；

（三）其他必要材料。

第三十一条 农民集体因互换、土地调整等原因导致集体土地所有权转移，申请集体土地所有权转移登记的，应当提交下列材料：

（一）不动产权属证书；

（二）互换、调整协议等集体土地所有权转移的材料；

（三）本集体经济组织三分之二以上成员或者三分之二以上村民代表同意的材料；

（四）其他必要材料。

第三十二条 申请集体土地所有权变更、注销登记的，应当提交下列材料：

（一）不动产权属证书；

（二）集体土地所有权变更、消灭的材料；

（三）其他必要材料。

第三节　国有建设用地使用权及房屋所有权登记

第三十三条 依法取得国有建设用地使用权，可以单独申请国有建设用地使用权登记。

依法利用国有建设用地建造房屋的，可以申请国有建设用地使用权及房屋所有权登记。

第三十四条 申请国有建设用地使用权首次登记，应当提交下列材料：

（一）土地权属来源材料；

（二）权籍调查表、宗地图以及宗地界址点坐标；

（三）土地出让价款、土地租金、相关税费等缴纳凭证；

（四）其他必要材料。

前款规定的土地权属来源材料，根据权利取得方式的不同，包括国有建设用地划拨决定书、国有建设用地使用权出让合同、国有建设用地使用权租赁合同以及国有建设用地使用权作价出资（入股）、授权经营批准文件。

申请在地上或者地下单独设立国有建设用地

使用权登记的,按照本条规定办理。

第三十五条 申请国有建设用地使用权及房屋所有权首次登记的,应当提交下列材料:

(一)不动产权属证书或者土地权属来源材料;

(二)建设工程符合规划的材料;

(三)房屋已经竣工的材料;

(四)房地产调查或者测绘报告;

(五)相关税费缴纳凭证;

(六)其他必要材料。

第三十六条 办理房屋所有权首次登记时,申请人应当将建筑区划内依法属于业主共有的道路、绿地、其他公共场所、公用设施和物业服务用房及其占用范围内的建设用地使用权一并申请登记为业主共有。业主转让房屋所有权的,其对共有部分享有的权利依法一并转让。

第三十七条 申请国有建设用地使用权及房屋所有权变更登记的,应当根据不同情况,提交下列材料:

(一)不动产权属证书;

(二)发生变更的材料;

(三)有批准权的人民政府或者主管部门的批准文件;

(四)国有建设用地使用权出让合同或者补充协议;

(五)国有建设用地使用权出让价款、税费等缴纳凭证;

(六)其他必要材料。

第三十八条 申请国有建设用地使用权及房屋所有权转移登记的,应当根据不同情况,提交下列材料:

(一)不动产权属证书;

(二)买卖、互换、赠与合同;

(三)继承或者受遗赠的材料;

(四)分割、合并协议;

(五)人民法院或者仲裁委员会生效的法律文书;

(六)有批准权的人民政府或者主管部门的批准文件;

(七)相关税费缴纳凭证;

(八)其他必要材料。

不动产买卖合同依法应当备案的,申请人申请登记时须提交经备案的买卖合同。

第三十九条 具有独立利用价值的特定空间以及码头、油库等其他建筑物、构筑物所有权的登记,按照本实施细则中房屋所有权登记有关规定办理。

第四节 宅基地使用权及房屋所有权登记

第四十条 依法取得宅基地使用权,可以单独申请宅基地使用权登记。

依法利用宅基地建造住房及其附属设施的,可以申请宅基地使用权及房屋所有权登记。

第四十一条 申请宅基地使用权及房屋所有权首次登记的,应当根据不同情况,提交下列材料:

(一)申请人身份证和户口簿;

(二)不动产权属证书或者有批准权的人民政府批准用地的文件等权属来源材料;

(三)房屋符合规划或者建设的相关材料;

(四)权籍调查表、宗地图、房屋平面图以及宗地界址点坐标等有关不动产界址、面积等材料;

(五)其他必要材料。

第四十二条 因依法继承、分家析产、集体经济组织内部互换房屋等导致宅基地使用权及房屋所有权发生转移申请登记的,申请人应当根据不同情况,提交下列材料:

(一)不动产权属证书或者其他权属来源材料;

(二)依法继承的材料;

(三)分家析产的协议或者材料;

(四)集体经济组织内部互换房屋的协议;

(五)其他必要材料。

第四十三条 申请宅基地等集体土地上的建筑物区分所有权登记的,参照国有建设用地使用权及建筑物区分所有权的规定办理登记。

第五节 集体建设用地使用权及建筑物、构筑物所有权登记

第四十四条 依法取得集体建设用地使用权,可以单独申请集体建设用地使用权登记。

依法利用集体建设用地兴办企业,建设公共设施,从事公益事业等的,可以申请集体建设用地使用权及地上建筑物、构筑物所有权登记。

第四十五条 申请集体建设用地使用权及建筑物、构筑物所有权首次登记的,申请人应当根据

不同情况,提交下列材料:

(一)有批准权的人民政府批准用地的文件等土地权属来源材料;

(二)建设工程符合规划的材料;

(三)权籍调查表、宗地图、房屋平面图以及宗地界址点坐标等有关不动产界址、面积等材料;

(四)建设工程已竣工的材料;

(五)其他必要材料。

集体建设用地使用权首次登记完成后,申请人申请建筑物、构筑物所有权首次登记的,应当提交享有集体建设用地使用权的不动产权属证书。

第四十六条 申请集体建设用地使用权及建筑物、构筑物所有权变更登记、转移登记、注销登记的,申请人应当根据不同情况,提交下列材料:

(一)不动产权属证书;

(二)集体建设用地使用权及建筑物、构筑物所有权变更、转移、消灭的材料;

(三)其他必要材料。

因企业兼并、破产等原因致使集体建设用地使用权及建筑物、构筑物所有权发生转移的,申请人应当持相关协议及有关部门的批准文件等相关材料,申请不动产转移登记。

第六节 土地承包经营权登记

第四十七条 承包农民集体所有的耕地、林地、草地、水域、滩涂以及荒山、荒沟、荒丘、荒滩等农用地,或者国家所有依法由农民集体使用的农用地从事种植业、林业、畜牧业、渔业等农业生产的,可以申请土地承包经营权登记;地上有森林、林木的,应当在申请土地承包经营权登记时一并申请登记。

第四十八条 依法以承包方式在土地上从事种植业或者养殖业生产活动的,可以申请土地承包经营权的首次登记。

以家庭承包方式取得的土地承包经营权的首次登记,由发包方持土地承包经营合同等材料申请。

以招标、拍卖、公开协商等方式承包农村土地的,由承包方持土地承包经营合同申请土地承包经营权首次登记。

第四十九条 已经登记的土地承包经营权有下列情形之一的,承包方应当持原不动产权属证书以及其他证实发生变更事实的材料,申请土地承包经营权变更登记:

(一)权利人的姓名或者名称等事项发生变化的;

(二)承包土地的坐落、名称、面积发生变化的;

(三)承包期限依法变更的;

(四)承包期限届满,土地承包经营权人按照国家有关规定继续承包的;

(五)退耕还林、退耕还湖、退耕还草导致土地用途改变的;

(六)森林、林木的种类等发生变化的;

(七)法律、行政法规规定的其他情形。

第五十条 已经登记的土地承包经营权发生下列情形之一的,当事人双方应当持互换协议、转让合同等材料,申请土地承包经营权的转移登记:

(一)互换;

(二)转让;

(三)因家庭关系、婚姻关系变化等原因导致土地承包经营权分割或者合并的;

(四)依法导致土地承包经营权转移的其他情形。

以家庭承包方式取得的土地承包经营权,采取转让方式流转的,还应当提供发包方同意的材料。

第五十一条 已经登记的土地承包经营权发生下列情形之一的,承包方应当持不动产权属证书、证实灭失的材料等,申请注销登记:

(一)承包经营的土地灭失的;

(二)承包经营的土地被依法转为建设用地的;

(三)承包经营权人丧失承包经营资格或者放弃承包经营权的;

(四)法律、行政法规规定的其他情形。

第五十二条 以承包经营以外的合法方式使用国有农用地的国有农场、草场,以及使用国家所有的水域、滩涂等农用地进行农业生产,申请国有农用地的使用权登记的,参照本实施细则有关规定办理。

国有农场、草场申请国有未利用地登记的,依照前款规定办理。

第五十三条 国有林地使用权登记,应当提交有批准权的人民政府或者主管部门的批准文件,地上森林、林木一并登记。

第七节 海域使用权登记

第五十四条 依法取得海域使用权,可以单独申请海域使用权登记。

依法使用海域,在海域上建造建筑物、构筑物的,应当申请海域使用权及建筑物、构筑物所有权登记。

申请无居民海岛登记的,参照海域使用权登记有关规定办理。

第五十五条 申请海域使用权首次登记的,应当提交下列材料:

(一)项目用海批准文件或者海域使用权出让合同;

(二)宗海图以及界址点坐标;

(三)海域使用金缴纳或者减免凭证;

(四)其他必要材料。

第五十六条 有下列情形之一的,申请人应当持不动产权属证书、海域使用权变更的文件等材料,申请海域使用权变更登记:

(一)海域使用权人姓名或者名称改变的;

(二)海域坐落、名称发生变化的;

(三)改变海域使用位置、面积或者期限的;

(四)海域使用权续期的;

(五)共有性质变更的;

(六)法律、行政法规规定的其他情形。

第五十七条 有下列情形之一的,申请人可以申请海域使用权转移登记:

(一)因企业合并、分立或者与他人合资、合作经营、作价入股导致海域使用权转移的;

(二)依法转让、赠与、继承、受遗赠海域使用权的;

(三)因人民法院、仲裁委员会生效法律文书导致海域使用权转移的;

(四)法律、行政法规规定的其他情形。

第五十八条 申请海域使用权转移登记的,申请人应当提交下列材料:

(一)不动产权属证书;

(二)海域使用权转让合同、继承材料、生效法律文书等材料;

(三)转让批准取得的海域使用权,应当提交原批准用海的海洋行政主管部门批准转让的文件;

(四)依法需要补交海域使用金的,应当提交

海域使用金缴纳的凭证;

(五)其他必要材料。

第五十九条 申请海域使用权注销登记的,申请人应当提交下列材料:

(一)原不动产权属证书;

(二)海域使用权消灭的材料;

(三)其他必要材料。

因围填海造地等导致海域灭失的,申请人应当在围填海造地等工程竣工后,依照本实施细则规定申请国有土地使用权登记,并办理海域使用权注销登记。

第八节 地役权登记

第六十条 按照约定设定地役权,当事人可以持需役地和供役地的不动产权属证书、地役权合同以及其他必要文件,申请地役权首次登记。

第六十一条 经依法登记的地役权发生下列情形之一的,当事人应当持地役权合同、不动产登记证明和证实变更的材料等必要材料,申请地役权变更登记:

(一)地役权当事人的姓名或者名称等发生变化;

(二)共有性质变更的;

(三)需役地或者供役地自然状况发生变化;

(四)地役权内容变更的;

(五)法律、行政法规规定的其他情形。

供役地分割转让办理登记,转让部分涉及地役权的,应当由受让人与地役权人一并申请地役权变更登记。

第六十二条 已经登记的地役权因土地承包经营权、建设用地使用权转让发生转移的,当事人应当持不动产登记证明、地役权转移合同等必要材料,申请地役权转移登记。

申请需役地转移登记的,或者需役地分割转让,转让部分涉及已登记的地役权的,当事人应当一并申请地役权转移登记,但当事人另有约定的除外。当事人拒绝一并申请地役权转移登记的,应当出具书面材料。不动产登记机构办理转移登记时,应当同时办理地役权注销登记。

第六十三条 已经登记的地役权,有下列情形之一的,当事人可以持不动产登记证明、证实地役权发生消灭的材料等必要材料,申请地役权注销登记:

（一）地役权期限届满；

（二）供役地、需役地归于同一人；

（三）供役地或者需役地灭失；

（四）人民法院、仲裁委员会的生效法律文书导致地役权消灭；

（五）依法解除地役权合同；

（六）其他导致地役权消灭的事由。

第六十四条 地役权登记，不动产登记机构应当将登记事项分别记载于需役地和供役地登记簿。

供役地、需役地分属不同不动产登记机构管辖的，当事人应当向供役地所在地的不动产登记机构申请地役权登记。供役地所在地不动产登记机构完成登记后，应当将相关事项通知需役地所在地不动产登记机构，并由其记载于需役地登记簿。

地役权设立后，办理首次登记前发生变更、转移的，当事人应当提交相关材料，就已经变更或者转移的地役权，直接申请首次登记。

第九节 抵押权登记

第六十五条 对下列财产进行抵押的，可以申请办理不动产抵押登记：

（一）建设用地使用权；

（二）建筑物和其他土地附着物；

（三）海域使用权；

（四）以招标、拍卖、公开协商等方式取得的荒地等土地承包经营权；

（五）正在建造的建筑物；

（六）法律、行政法规未禁止抵押的其他不动产。

以建设用地使用权、海域使用权抵押的，该土地、海域上的建筑物、构筑物一并抵押；以建筑物、构筑物抵押的，该建筑物、构筑物占用范围内的建设用地使用权、海域使用权一并抵押。

第六十六条 自然人、法人或者其他组织为保障其债权的实现，依法以不动产设定抵押的，可以由当事人持不动产权属证书、抵押合同与主债权合同等必要材料，共同申请办理抵押登记。

抵押合同可以是单独订立的书面合同，也可以是主债权合同中的抵押条款。

第六十七条 同一不动产上设立多个抵押权的，不动产登记机构应当按照受理时间的先后顺序依次办理登记，并记载于不动产登记簿。当事人对抵押权顺位另有约定的，从其规定办理登记。

第六十八条 有下列情形之一的，当事人应当持不动产权属证书、不动产登记证明、抵押权变更等必要材料，申请抵押权变更登记：

（一）抵押人、抵押权人的姓名或者名称变更的；

（二）被担保的主债权数额变更的；

（三）债务履行期限变更的；

（四）抵押权顺位变更的；

（五）法律、行政法规规定的其他情形。

因被担保债权主债权的种类及数额、担保范围、债务履行期限、抵押权顺位发生变更申请抵押权变更登记时，如果该抵押权的变更将对其他抵押权人产生不利影响的，还应当提交其他抵押权人书面同意的材料与身份证或者户口簿等材料。

第六十九条 因主债权转让导致抵押权转让的，当事人可以持不动产权属证书、不动产登记证明、被担保主债权的转让协议、债权人已经通知债务人的材料等相关材料，申请抵押权的转移登记。

第七十条 有下列情形之一的，当事人可以持不动产登记证明、抵押权消灭的材料等必要材料，申请抵押权注销登记：

（一）主债权消灭；

（二）抵押权已经实现；

（三）抵押权人放弃抵押权；

（四）法律、行政法规规定抵押权消灭的其他情形。

第七十一条 设立最高额抵押权的，当事人应当持不动产权属证书、最高额抵押合同与一定期间内将要连续发生的债权的合同或者其他登记原因材料等必要材料，申请最高额抵押权首次登记。

当事人申请最高额抵押权首次登记时，同意将最高额抵押权设立前已经存在的债权转入最高额抵押担保的债权范围的，还应当提交已存在债权的合同以及当事人同意将该债权纳入最高额抵押担保范围的书面材料。

第七十二条 有下列情形之一的，当事人应当持不动产登记证明、最高额抵押权发生变更的材料等必要材料，申请最高额抵押权变更登记：

（一）抵押人、抵押权人的姓名或者名称变更的；

（二）债权范围变更的；

（三）最高债权额变更的；

（四）债权确定的期间变更的；

（五）抵押权顺位变更的；

（六）法律、行政法规规定的其他情形。

因最高债权额、债权范围、债务履行期限、债权确定的期间发生变更申请最高额抵押权变更登记时，如果该变更将对其他抵押权人产生不利影响的，当事人还应当提交其他抵押权人的书面同意文件与身份证或者户口簿等。

第七十三条 当发生导致最高额抵押权担保的债权被确定的事由，从而使最高额抵押权转变为一般抵押权时，当事人应当持不动产登记证明、最高额抵押权担保的债权已确定的材料等必要材料，申请办理确定最高额抵押权的登记。

第七十四条 最高额抵押权发生转移的，应当持不动产登记证明、部分债权转移的材料、当事人约定最高额抵押权随同部分债权的转让而转移的材料等必要材料，申请办理最高额抵押权转移登记。

债权人转让部分债权，当事人约定最高额抵押权随同部分债权的转让而转移的，应当分别申请下列登记：

（一）当事人约定原抵押权人与受让人共同享有最高额抵押权的，应当申请最高额抵押权的转移登记；

（二）当事人约定受让人享有一般抵押权、原抵押权人就扣减已转移的债权数额后继续享有最高额抵押权的，应当申请一般抵押权的首次登记以及最高额抵押权的变更登记；

（三）当事人约定原抵押权人不再享有最高额抵押权的，应当一并申请最高额抵押权确定登记以及一般抵押权转移登记。

最高额抵押权担保的债权确定前，债权人转让部分债权的，除当事人另有约定外，不动产登记机构不得办理最高额抵押权转移登记。

第七十五条 以建设用地使用权以及全部或者部分在建建筑物设定抵押的，应当一并申请建设用地使用权以及在建建筑物抵押权的首次登记。

当事人申请在建建筑物抵押权首次登记时，

抵押财产不包括已经办理预告登记的预购商品房和已经办理预售备案的商品房。

前款规定的在建建筑物，是指正在建造、尚未办理所有权首次登记的房屋等建筑物。

第七十六条 申请在建建筑物抵押权首次登记的，当事人应当提交下列材料：

（一）抵押合同与主债权合同；

（二）享有建设用地使用权的不动产权属证书；

（三）建设工程规划许可证；

（四）其他必要材料。

第七十七条 在建建筑物抵押权变更、转移或者消灭的，当事人应当提交下列材料，申请变更登记、转移登记、注销登记：

（一）不动产登记证明；

（二）在建建筑物抵押权发生变更、转移或者消灭的材料；

（三）其他必要材料。

在建建筑物竣工，办理建筑物所有权首次登记时，当事人应当申请将在建建筑物抵押权登记转为建筑物抵押权登记。

第七十八条 申请预购商品房抵押登记，应当提交下列材料：

（一）抵押合同与主债权合同；

（二）预购商品房预告登记材料；

（三）其他必要材料。

预购商品房办理房屋所有权登记后，当事人应当申请将预购商品房抵押预告登记转为商品房抵押权首次登记。

第五章　其他登记

第一节　更正登记

第七十九条 权利人、利害关系人认为不动产登记簿记载的事项有错误，可以申请更正登记。

权利人申请更正登记的，应当提交下列材料：

（一）不动产权属证书；

（二）证实登记确有错误的材料；

（三）其他必要材料。

利害关系人申请更正登记的，应当提交利害关系材料、证实不动产登记簿记载错误的材料以及其他必要材料。

第八十条 不动产权利人或者利害关系人申

请更正登记,不动产登记机构认为不动产登记簿记载确有错误的,应当予以更正;但在错误登记之后已经办理了涉及不动产权利处分的登记、预告登记和查封登记的除外。

不动产权属证书或者不动产登记证明填制错误以及不动产登记机构在办理更正登记中,需要更正不动产权属证书或者不动产登记证明内容的,应当书面通知权利人换发,并把换发不动产权属证书或者不动产登记证明的事项记载于登记簿。

不动产登记簿记载无误的,不动产登记机构不予更正,并书面通知申请人。

第八十一条 不动产登记机构发现不动产登记簿记载的事项错误,应当通知当事人在 30 个工作日内办理更正登记。当事人逾期不办理的,不动产登记机构应当在公告 15 个工作日后,依法予以更正;但在错误登记之后已经办理了涉及不动产权利处分的登记、预告登记和查封登记的除外。

第二节 异议登记

第八十二条 利害关系人认为不动产登记簿记载的事项错误,权利人不同意更正的,利害关系人可以申请异议登记。

利害关系人申请异议登记的,应当提交下列材料:

(一)证实对登记的不动产权利有利害关系的材料;

(二)证实不动产登记簿记载的事项错误的材料;

(三)其他必要材料。

第八十三条 不动产登记机构受理异议登记申请的,应当将异议事项记载于不动产登记簿,并向申请人出具异议登记证明。

异议登记申请人应当在异议登记之日起 15 日内,提交人民法院受理通知书、仲裁委员会受理通知书等提起诉讼、申请仲裁的材料;逾期不提交的,异议登记失效。

异议登记失效后,申请人就同一事项以同一理由再次申请异议登记的,不动产登记机构不予受理。

第八十四条 异议登记期间,不动产登记簿上记载的权利人以及第三人因处分权利申请登

的,不动产登记机构应当书面告知申请人该权利已经存在有异议登记的有关事项。申请人申请继续办理的,应当予以办理,但申请人应当提供知悉异议登记存在并自担风险的书面承诺。

第三节 预告登记

第八十五条 有下列情形之一的,当事人可以按照约定申请不动产预告登记:

(一)商品房等不动产预售的;

(二)不动产买卖、抵押的;

(三)以预购商品房设定抵押权的;

(四)法律、行政法规规定的其他情形。

预告登记生效期间,未经预告登记的权利人书面同意,处分该不动产权利申请登记的,不动产登记机构应当不予办理。

预告登记后,债权未消灭且自能够进行相应的不动产登记之日起 3 个月内,当事人申请不动产登记的,不动产登记机构应当按照预告登记事项办理相应的登记。

第八十六条 申请预购商品房的预告登记,应当提交下列材料:

(一)已备案的商品房预售合同;

(二)当事人关于预告登记的约定;

(三)其他必要材料。

预售人和预购人订立商品房买卖合同后,预售人未按照约定与预购人申请预告登记,预购人可以单方申请预告登记。

预购人单方申请预购商品房预告登记,预售人与预购人在商品房预售合同中对预告登记附有条件和期限的,预购人应当提交相应材料。

申请预告登记的商品房已经办理在建建筑物抵押权首次登记的,当事人应当一并申请在建建筑物抵押权注销登记,并提交不动产权属转移材料、不动产登记证明。不动产登记机构应当先办理在建建筑物抵押权注销登记,再办理预告登记。

第八十七条 申请不动产转移预告登记的,当事人应当提交下列材料:

(一)不动产转让合同;

(二)转让方的不动产权属证书;

(三)当事人关于预告登记的约定;

(四)其他必要材料。

第八十八条 抵押不动产,申请预告登记的,

当事人应当提交下列材料：

（一）抵押合同与主债权合同；

（二）不动产权属证书；

（三）当事人关于预告登记的约定；

（四）其他必要材料。

第八十九条 预告登记未到期，有下列情形之一的，当事人可以持不动产登记证明、债权消灭或者权利人放弃预告登记的材料，以及法律、行政法规规定的其他必要材料申请注销预告登记：

（一）预告登记的权利人放弃预告登记的；

（二）债权消灭的；

（三）法律、行政法规规定的其他情形。

第四节 查封登记

第九十条 人民法院要求不动产登记机构办理查封登记的，应当提交下列材料：

（一）人民法院工作人员的工作证；

（二）协助执行通知书；

（三）其他必要材料。

第九十一条 两个以上人民法院查封同一不动产的，不动产登记机构应当为先送达协助执行通知书的人民法院办理查封登记，对后送达协助执行通知书的人民法院办理轮候查封登记。

轮候查封登记的顺序按照人民法院协助执行通知书送达不动产登记机构的时间先后进行排列。

第九十二条 查封期间，人民法院解除查封的，不动产登记机构应当及时根据人民法院协助执行通知书注销查封登记。

不动产查封期限届满，人民法院未续封的，查封登记失效。

第九十三条 人民检察院等其他国家有权机关依法要求不动产登记机构办理查封登记的，参照本节规定办理。

第六章 不动产登记资料的查询、保护和利用

第九十四条 不动产登记资料包括：

（一）不动产登记簿等不动产登记结果；

（二）不动产登记原始资料，包括不动产登记申请书、申请人身份材料、不动产权属来源、登记原因、不动产权籍调查成果等材料以及不动产登记机构审核材料。

不动产登记资料由不动产登记机构管理。不动产登记机构应当建立不动产登记资料管理制度以及信息安全保密制度，建设符合不动产登记资料安全保护标准的不动产登记资料存放场所。

不动产登记资料中属于归档范围的，按照相关法律、行政法规的规定进行归档管理，具体办法由自然资源部会同国家档案主管部门另行制定。

第九十五条 不动产登记机构应当加强不动产登记信息化建设，按照统一的不动产登记信息管理基础平台建设要求和技术标准，做好数据整合、系统建设和信息服务等工作，加强不动产登记信息产品开发和技术创新，提高不动产登记的社会综合效益。

各级不动产登记机构应当采取措施保障不动产登记信息安全。任何单位和个人不得泄露不动产登记信息。

第九十六条 不动产登记机构、不动产交易机构建立不动产登记信息与交易信息互联共享机制，确保不动产登记与交易有序衔接。

不动产交易机构应当将不动产交易信息及时提供给不动产登记机构。不动产登记机构完成登记后，应当将登记信息及时提供给不动产交易机构。

第九十七条 国家实行不动产登记资料依法查询制度。

权利人、利害关系人按照《条例》第二十七条规定依法查询、复制不动产登记资料的，应当到具体办理不动产登记的不动产登记机构申请。

权利人可以查询、复制其不动产登记资料。

因不动产交易、继承、诉讼等涉及的利害关系人可以查询、复制不动产自然状况、权利人及其不动产查封、抵押、预告登记、异议登记等状况。

人民法院、人民检察院、国家安全机关、监察机关等可以依法查询、复制与调查和处理事项有关的不动产登记资料。

其他有关国家机关执行公务依法查询、复制不动产登记资料的，依照本条规定办理。

涉及国家秘密的不动产登记资料的查询，按照保守国家秘密法的有关规定执行。

第九十八条 权利人、利害关系人申请查询、复制不动产登记资料应当提交下列材料：

（一）查询申请书；

（二）查询目的的说明；

（三）申请人的身份材料；

（四）利害关系人查询的，提交证实存在利害关系的材料。

权利人、利害关系人委托他人代为查询的，还应当提交代理人的身份证明材料、授权委托书。权利人查询其不动产登记资料无需提供查询目的的说明。

有关国家机关查询的，应当提供本单位出具的协助查询材料、工作人员的工作证。

第九十九条　有下列情形之一的，不动产登记机构不予查询，并书面告知理由：

（一）申请查询的不动产不属于不动产登记机构管辖范围的；

（二）查询人提交的申请材料不符合规定的；

（三）申请查询的主体或者查询事项不符合规定的；

（四）申请查询的目的不合法的；

（五）法律、行政法规规定的其他情形。

第一百条　对符合本实施细则规定的查询申请，不动产登记机构应当当场提供查询；因情况特殊，不能当场提供查询的，应当在 5 个工作日内提供查询。

第一百零一条　查询人查询不动产登记资料，应当在不动产登记机构设定的场所进行。

不动产登记原始资料不得带离设定的场所。

查询人在查询时应当保持不动产登记资料的完好，严禁遗失、拆散、调换、抽取、污损登记资料，也不得损坏查询设备。

第一百零二条　查询人可以查阅、抄录不动产登记资料。查询人要求复制不动产登记资料的，不动产登记机构应当提供复制。

查询人要求出具查询结果证明的，不动产登记机构应当出具查询结果证明。查询结果证明应注明查询目的及日期，并加盖不动产登记机构查询专用章。

第七章　法律责任

第一百零三条　不动产登记机构工作人员违反本实施细则规定，有下列行为之一，依法给予处分；构成犯罪的，依法追究刑事责任：

（一）对符合登记条件的登记申请不予登记，对不符合登记条件的登记申请予以登记；

（二）擅自复制、篡改、毁损、伪造不动产登记簿；

（三）泄露不动产登记资料、登记信息；

（四）无正当理由拒绝申请人查询、复制登记资料；

（五）强制要求权利人更换新的权属证书。

第一百零四条　当事人违反本实施细则规定，有下列行为之一，构成违反治安管理行为的，依法给予治安管理处罚；给他人造成损失的，依法承担赔偿责任；构成犯罪的，依法追究刑事责任：

（一）采用提供虚假材料等欺骗手段申请登记；

（二）采用欺骗手段申请查询、复制登记资料；

（三）违反国家规定，泄露不动产登记资料、登记信息；

（四）查询人遗失、拆散、调换、抽取、污损登记资料的；

（五）擅自将不动产登记资料带离查询场所、损坏查询设备的。

第八章　附　则

第一百零五条　本实施细则施行前，依法核发的各类不动产权属证书继续有效。不动产权利未发生变更、转移的，不动产登记机构不得强制要求不动产权利人更换不动产权属证书。

不动产登记过渡期内，农业部会同自然资源部等部门负责指导农村土地承包经营权的统一登记工作，按照农业部有关规定办理耕地的土地承包经营权登记。不动产登记过渡期后，由自然资源部负责指导农村土地承包经营权登记工作。

第一百零六条　不动产信托依法需要登记的，由自然资源部会同有关部门另行规定。

第一百零七条　军队不动产登记，其申请材料经军队不动产主管部门审核后，按照本实施细则规定办理。

第一百零八条　自然资源部委托北京市规划和自然资源委员会直接办理在京中央国家机关的不动产登记。

在京中央国家机关申请不动产登记时，应当提交《不动产登记暂行条例》及本实施细则规定的材料和有关机关事务管理局出具的不动产登记审核意见。不动产权属资料不齐全的，还应当提交由有关机关事务管理局确认盖章的不动产权属来源说明函。不动产权籍调查由有关机关事务管理局会同北京市规划和自然资源委员会组织进行的，还应当提交申请登记不动产单元的不动产权籍调查资料。

北京市规划和自然资源委员会办理在京中央国家机关不动产登记时，应当使用自然资源部制发的"自然资源部不动产登记专用章"。

第一百零九条 本实施细则自公布之日起施行。

不动产登记操作规范（试行）

· 2021 年 6 月 7 日
· 自然资函〔2021〕242 号

总 则

1 一般规定

1.1 总体要求

1.1.1 为规范不动产登记行为，保护不动产权利人合法权益，根据《不动产登记暂行条例》（简称《条例》）《不动产登记暂行条例实施细则》（简称《实施细则》），制定本规范。

1.1.2 不动产登记机构应严格贯彻落实《民法典》《条例》以及《实施细则》的规定，依法确定申请人申请登记所需材料的种类和范围，并将所需材料目录在不动产登记机构办公场所和门户网站公布。不动产登记机构不得随意扩大登记申请材料的种类和范围，法律、行政法规以及《实施细则》没有规定的材料，不得作为登记申请材料。

1.1.3 申请人的申请材料应当依法提供原件，不动产登记机构可以依据实时互通共享取得的信息，对申请材料进行核对。能够通过部门间实时共享取得相关材料原件的，不得要求申请人重复提交。

1.1.4 不动产登记机构应严格按照法律、行政法规要求，规范不动产登记申请、受理、审核、登簿、发证等环节，严禁随意拆分登记职责，确保不动产登记流程和登记职责的完整性。

没有法律、行政法规以及《实施细则》依据而设置的前置条件，不动产登记机构不得将其纳入不动产登记的业务流程。

1.1.5 土地承包经营权登记、国有农用地的使用权登记和森林、林木所有权登记，按照《条例》《实施细则》的有关规定办理。

1.2 登记原则

1.2.1 依申请登记原则

不动产登记应当依照当事人的申请进行，但下列情形除外：

1 不动产登记机构依据人民法院、人民检察院等国家有权机关依法作出的嘱托文件直接办理登记的；

2 不动产登记机构依据法律、行政法规或者《实施细则》的规定依职权直接登记的。

1.2.2 一体登记原则

房屋等建筑物、构筑物所有权和森林、林木等定着物所有权登记应当与其所附着的土地、海域一并登记，保持权利主体一致。

土地使用权、海域使用权首次登记、转移登记、抵押登记、查封登记的，该土地、海域范围内符合登记条件的房屋等建筑物、构筑物所有权和森林、林木等定着物所有权应当一并登记。

房屋等建筑物、构筑物所有权和森林、林木等定着物所有权首次登记、转移登记、抵押登记、查封登记的，该房屋等建筑物、构筑物和森林、林木等定着物占用范围内的土地使用权、海域使用权应当一并登记。

1.2.3 连续登记原则

未办理不动产首次登记的，不得办理不动产其他类型登记，但下列情形除外：

1 预购商品房预告登记、预购商品房抵押预告登记的；

2 在建建筑物抵押权登记的；

3 预查封登记的；

4 法律、行政法规规定的其他情形。

1.2.4 属地登记原则

1 不动产登记由不动产所在地的县级人民政府不动产登记机构办理，直辖市、设区的市人民政府可以确定本级不动产登记机构统一办理所属各区的不动产登记。

跨行政区域的不动产登记，由所跨行政区域的不动产登记机构分别办理。

不动产单元跨行政区域且无法分别办理的，由所跨行政区域的不动产登记机构协商办理；协商不成的，由先受理登记申请的不动产登记机构向共同的上一级人民政府不动产登记主管部门提出指定办理申请。

不动产登记机构经协商确定或者依指定办理跨行政区域不动产登记的,应当在登记完毕后将不动产登记簿记载的不动产权利人以及不动产坐落、界址、总面积、跨区域面积、用途、权利类型等登记结果书面告知不动产所跨区域的其他不动产登记机构;

2　国务院确定的重点国有林区的森林、林木和林地的登记,由自然资源部受理并会同有关部门办理,依法向权利人核发不动产权属证书。

3　国务院批准的项目用海、用岛的登记,由自然资源部受理,依法向权利人核发不动产权属证书。

4　在京中央国家机关使用的国有土地等不动产登记,依照自然资源部《在京中央和国家机关不动产登记办法》等规定办理。

1.3　不动产单元

1.3.1　不动产单元

不动产登记应当以不动产单元为基本单位进行登记。不动产单元是指权属界线封闭且具有独立使用价值的空间。独立使用价值的空间应当足以实现相应的用途,并可以独立利用。

1　没有房屋等建筑物、构筑物以及森林、林木定着物的,以土地、海域权属界线封闭的空间为不动产单元。

2　有房屋等建筑物以及森林、林木定着物的,以该房屋等建筑物以及森林、林木定着物与土地、海域权属界线封闭的空间为不动产单元。

3　有地下车库、商铺等具有独立使用价值的特定空间或者码头、油库、隧道、桥梁等构筑物的,以该特定空间或者构筑物与土地、海域权属界线封闭的空间为不动产单元。

1.3.2　不动产单元编码

不动产单元应当按照《不动产单元设定与代码编制规则》(试行)的规定进行设定与编码。不动产登记机构(自然资源主管部门)负责本辖区范围内的不动产单元代码编制、变更与管理工作,确保不动产单元编码的唯一性。

1.4　不动产权籍调查

1.4.1　不动产登记申请前,需要进行不动产权籍调查的,应当依据不动产权籍调查相关技术规定开展不动产权籍调查。不动产权籍调查包括不动产权属调查和不动产测量。

1　申请人申请不动产首次登记前,应当以宗地、宗海为基础,以不动产单元为基本单位,开展不动产权籍调查。其中,政府组织开展的集体土地所有权、宅基地使用权、集体建设用地使用权、土地承包经营权的首次登记所需的不动产权籍调查成果,由人民政府有关部门组织获取。

2　申请人申请不动产变更、转移等登记,不动产界址未发生变化的,可以沿用原不动产权籍调查成果;不动产界址发生变化,或界址无变化但未进行过权籍调查或无法提供不动产权籍调查成果的,应当补充或重新开展不动产权籍调查。

3　前期行业管理中已经产生或部分产生,并经行业主管部门或其授权机构确认的,符合不动产登记要求的不动产权籍调查成果,可继续沿用。

1.4.2　不动产登记机构(自然资源主管部门)应当加强不动产权籍调查成果确认工作,结合日常登记实时更新权籍调查数据库,确保不动产权籍调查数据的现势、有效和安全。

1.5　不动产登记簿

1.5.1　不动产登记簿介质

不动产登记簿应当采取电子介质,并具有唯一、确定的纸质转化形式。暂不具备条件的,可以采用纸质介质。

不动产登记机构应当配备专门的不动产登记电子存储设施,采取信息网络安全防护措施,保证电子数据安全,并定期进行异地备份。

1.5.2　建立不动产登记簿

不动产登记簿由不动产登记机构建立。不动产登记簿应当以宗地、宗海为单位编制,一宗地或者一宗海范围内的全部不动产编入一个不动产登记簿。宗地或宗海权属界线发生变化的,应当重新建簿,并实现与原不动产登记簿关联。

1　一个不动产单元有两个以上不动产权利或事项的,在不动产登记簿中分别按照一个权利类型或事项设置一个登记簿页;

2　一个登记簿页按登簿时间的先后依次记载该权利或事项的相关内容。

1.5.3　更正不动产登记簿

不动产登记机构应当依法对不动产登记簿进行记载、保存和重建,不得随意更改。有证据证实不动产登记簿记载的事项确实存在错误的,应当依法进行更正登记。

1.5.4 管理和保存不动产登记簿

不动产登记簿由不动产登记机构负责管理，并永久保存。

1.6 不动产权证书和不动产登记证明

1.6.1 不动产权证书和不动产登记证明的格式

不动产权证书和不动产登记证明由自然资源部统一制定样式、统一监制、统一编号规则。不动产权证书和不动产登记证明的印制、发行、管理和质量监督工作由省级自然资源主管部门负责。

不动产权证书和不动产登记证明应当一证一号，更换证书和证明应当更换号码。

有条件的地区，不动产登记机构可以采用印制二维码等防伪手段。

1.6.2 不动产权证书的版式

不动产权证书分单一版和集成版两个版式。不动产登记原则上按一个不动产单元核发一本不动产权证书，采用单一版版本。农村集体经济组织拥有多个建设用地使用权或一户拥有多个土地承包经营权的，可以将其集中记载在一本集成版的不动产权证书，一本证书可以记载一个权利人在同一登记辖区内享有的多个不动产单元上的不动产权利。

1.6.3 不动产权证书和不动产登记证明的换发、补发、注销

不动产权证书和不动产登记证明换发、补发、注销的，原证号废止。换发、补发的新不动产权证书或不动产登记证明应当更换号码，并在不动产权证书或者不动产登记证明上注明"换发""补发"字样。

不动产权证书或者不动产登记证明破损、污损、填制错误的，当事人可以向不动产登记机构申请换发。符合换发条件的，不动产登记机构应当收回并注销原不动产权证书或者不动产登记证明，并将有关事项记载于不动产登记簿后，向申请人换发新的不动产权证书或者不动产登记证明，并注明"换发"字样。

不动产权证书或者不动产登记证明遗失、灭失，不动产权利人申请补发的，由不动产登记机构在其门户网站上刊发不动产权利人的遗失、灭失声明，15个工作日后，打印一份遗失、灭失声明页面存档，并将有关事项记载于不动产登记簿，向申请人补发新的不动产权证书或者不动产登记证明，并注明"补发"字样。

不动产被查封、抵押或存在异议登记、预告登记的，不影响不动产权证书和不动产登记证明的换发或补发。

1.6.4 不动产权证书和不动产登记证明的生效

不动产权证书和不动产登记证明应当按照不动产登记簿缮写，在加盖不动产登记机构不动产登记专用章后生效。

1.6.5 不动产权证书和不动产登记证明的管理

不动产登记机构应当加强对不动产权证书和不动产登记证明的管理，建立不动产权证书和不动产登记证明管理台账，采取有效措施防止空白、作废的不动产权证书和不动产登记证明外流、遗失。

1.7 登记的一般程序

1.7.1 依申请登记程序

依申请的不动产登记应当按下列程序进行：

（一）申请；

（二）受理；

（三）审核；

（四）登簿。

不动产登记机构完成登记后，应当依据法律、行政法规规定向申请人发放不动产权证书或者不动产登记证明。

1.7.2 依嘱托登记程序

依据人民法院、人民检察院等国家有权机关出具的相关嘱托文件办理不动产登记的，按下列程序进行：

（一）嘱托；

（二）接受嘱托；

（三）审核；

（四）登簿。

1.7.3 依职权登记程序

不动产登记机构依职权办理不动产登记事项的，按下列程序进行：

（一）启动；

（二）审核；

（三）登簿。

1.8 登记申请材料的一般要求

1.8.1 申请材料应当齐全，符合要求，申请人应当对申请材料的真实性负责，并做出书面承诺。

1.8.2　申请材料格式

1.8.2.1　申请材料应当提供原件。因特殊情况不能提供原件的,可以提交该材料的出具机构或职权继受机构确认与原件一致的复印件。

不动产登记机构留存复印件的,应经不动产登记机构工作人员比对后,由不动产登记机构工作人员签字并加盖原件相符章。

1.8.2.2　申请材料形式应当为纸质介质,申请书纸张和尺寸宜符合下列规定:

1　采用韧性大、耐久性强、可长期保存的纸质介质;

2　幅面尺寸为国际标准297mm×210mm(A4纸)。

1.8.2.3　填写申请材料应使用黑色钢笔或签字笔,不得使用圆珠笔、铅笔。因申请人填写错误确需涂改的,需由申请人在涂改处签字(或盖章)确认。

1.8.2.4　申请材料所使用文字应符合下列规定:

1　申请材料应使用汉字文本。少数民族自治区域内,可选用本民族或本自治区域内通用文字;

2　少数民族文字文本的申请材料在非少数民族聚居或者多民族共同居住地区使用,应同时附汉字文本。

3　外文文本的申请材料应当翻译成汉字译本,当事人应签字确认,并对汉字译本的真实性负责。

1.8.2.5　申请材料中的申请人(代理人)姓名或名称应符合下列规定:

1　申请人(代理人)应使用身份证明材料上的汉字姓名或名称。

2　当使用汉字译名时,应在申请材料中附记其身份证明记载的姓名或名称。

1.8.2.6　申请材料中涉及数量、日期、编号的,宜使用阿拉伯数字。涉及数量有计量单位的,应当填写与计量单位口径一致的数值。

1.8.2.7　当申请材料超过一页时,应按1、2、3……顺序排序,并宜在每页标注页码。

1.8.2.8　申请材料传递过程中,可将其合于左上角封牢。补充申请材料应按同种方式另行排序封卷,不得拆开此前已封卷的资料直接添加。

1.8.3　不动产登记申请书

1.8.3.1　申请人申请不动产登记,应当如实、准确填写不动产登记机构制定的不动产登记申请书。申请人为自然人的,申请人应当在不动产登记申请书上签字;申请人为法人或非法人组织的,申请人应当在不动产登记申请书上盖章。自然人委托他人申请不动产登记的,代理人应在不动产登记申请书上签字;法人或非法人组织委托他人申请不动产登记的,代理人应在不动产登记申请书上签字,并加盖法人或非法人组织的公章。

1.8.3.2　共有的不动产,申请人应当在不动产登记申请书中注明共有性质。按份共有不动产的,应明确相应具体份额,共有份额宜采取分数或百分数表示。

1.8.3.3　申请不动产登记的,申请人或者其代理人应当向不动产登记机构提供有效的联系方式。申请人或者其代理人的联系方式发生变动的,应当书面告知不动产登记机构。

1.8.4　身份证明材料

1.8.4.1　申请人申请不动产登记,提交下列相应的身份证明材料:

1　境内自然人:提交居民身份证或军官证、士官证;身份证遗失的,应提交临时身份证。未成年人可以提交居民身份证或户口簿;

2　香港、澳门特别行政区自然人:提交香港、澳门特别行政区居民身份证、护照,或者来往内地通行证;

3　台湾地区自然人:提交台湾居民来往大陆通行证;

4　华侨:提交中华人民共和国护照和国外长期居留身份证件;

5　外籍自然人:中国政府主管机关签发的居留证件,或者其所在国护照;

6　境内法人或非法人组织:营业执照,或者组织机构代码证,或者其他身份登记证明;

7　香港特别行政区、澳门特别行政区、台湾地区的法人或非法人组织:提交其在境内设立分支机构或代表机构的批准文件和注册证明;

8　境外法人或非法人组织:提交其在境内设立分支机构或代表机构的批准文件和注册证明。

1.8.4.2　已经登记的不动产,因其权利人的名称、身份证明类型或者身份证明号码等内容发生变更的,申请人申请办理该不动产的登记事项时,应当提供能够证实其身份变更的材料。

1.8.5 法律文书

申请人提交的人民法院裁判文书、仲裁委员会裁决书应当为已生效的法律文书。提交一审人民法院裁判文书的,应当同时提交人民法院出具的裁判文书已经生效的证明文件等相关材料,即时生效的裁定书、经双方当事人签字的调解书除外。

香港特别行政区、澳门特别行政区、台湾地区形成的司法文书,应经境内不动产所在地中级人民法院裁定予以承认或执行。香港特别行政区形成的具有债权款项支付的民商事案件除外。

外国司法文书应经境内不动产所在地中级人民法院按国际司法协助的方式裁定予以承认或执行。

需要协助执行的生效法律文书应当由该法律文书作出机关的工作人员送达,送达时应当提供工作证件和执行公务的证明文件。人民法院直接送达法律文书有困难的,可以委托其他法院代为送达。

香港特别行政区、澳门特别行政区、台湾地区的公证文书以及与我国有外交关系的国家出具的公证文书按照司法部等国家有关规定进行认证与转递。

1.8.6 继承、受遗赠的不动产登记

因继承、受遗赠取得不动产申请登记的,申请人提交经公证的材料或者生效的法律文书的,按《条例》《实施细则》的相关规定办理登记。申请人不提交经公证的材料或者生效的法律文书,可以按照下列程序办理:

1.8.6.1 申请人提交的申请材料包括:

1 所有继承或受遗赠人的身份证、户口簿或其他身份证明;

2 被继承人或遗赠人的死亡证明,包括医疗机构出具的死亡证明;公安机关出具的死亡证明或者注明了死亡日期的注销户口证明;人民法院宣告死亡的判决书;其他能够证明被继承人或受遗赠人死亡的材料等;

3 所有继承或受遗赠人与被继承人或遗赠人之间的亲属关系证明,包括户口簿、婚姻证明、收养证明、出生医学证明,公安机关以及村委会、居委会、被继承人或继承人单位出具的证明材料,其他能够证明相关亲属关系的材料等;

4 放弃继承的,应当在不动产登记机构办公场所,在不动产登记机构人员的见证下,签署放弃继承权的声明;

5 继承人已死亡的,代位继承人或转继承人可参照上述材料提供;

6 被继承人或遗赠人享有不动产权利的材料;

7 被继承人或遗赠人生前有遗嘱或者遗赠扶养协议的,提交其全部遗嘱或者遗赠扶养协议;

8 被继承人或遗赠人生前与配偶有夫妻财产约定的,提交书面约定协议。

受理登记前应由全部法定继承人或受遗赠人共同到不动产所在地的不动产登记机构进行继承材料查验。不动产登记机构应重点查验当事人的身份是否属实、当事人与被继承人或遗赠人的亲属关系是否属实、被继承人或遗赠人有无其他继承人、被继承人或遗赠人和已经死亡的继承人或受遗赠人的死亡事实是否属实、被继承人或遗赠人生前有无遗嘱或者遗赠扶养协议、申请继承的遗产是否属于被继承人或遗赠人个人所有等,并要求申请人签署继承(受遗赠)不动产登记具结书。不动产登记机构可以就继承人或受遗赠人是否齐全、是否愿意接受或放弃继承、就不动产继承协议或遗嘱内容及真实性是否有异议、所提交的资料是否真实等内容进行询问,并做好记录,由全部相关人员签字确认。

经查验或询问,符合本规范3.5.1规定的受理条件的,不动产登记机构应当予以受理。

受理后,不动产登记机构应按照本规范第4章的审核规则进行审核。认为需要进一步核实情况的,可以发函给出具证明材料的单位、被继承人或遗赠人原所在单位或居住地的村委会、居委会核实相关情况。

对拟登记的不动产登记事项在不动产登记机构门户网站进行公示,公示期不少于15个工作日。公示期满无异议的,将申请登记事项记载于不动产登记簿。

1.9 代理

1.9.1 受托人代为申请

申请人委托代理人申请不动产登记的,代理人应当向不动产登记机构提交申请人身份证明、授权委托书及代理人的身份证明。授权委托书中应当载明代理人的姓名或者名称、代理事项、权限

和期间,并由委托人签名或者盖章。

1 自然人处分不动产的,可以提交经公证的授权委托书;授权委托书未经公证的,申请人应当在申请登记时,与代理人共同到不动产登记机构现场签订授权委托书;

2 境外申请人处分不动产的,其授权委托书应当经公证或者认证;

3 代理人为两人或者两人以上,代为处分不动产的,全部代理人应当共同代为申请,但另有授权的除外。

1.9.2 监护人代为申请

无民事行为能力人、限制民事行为能力人申请不动产登记的,应当由其监护人代为申请。监护人应当向不动产登记机构提交申请人身份证明、监护关系证明及监护人的身份证明,以及被监护人为无民事行为能力人、限制民事行为能力人的证明材料。处分被监护人不动产申请登记的,还应当出具为被监护人利益而处分不动产的书面保证。

监护关系证明材料可以是户口簿、监护关系公证书、出生医学证明,或者民政部门、居民委员会、村民委员会或人民法院指定监护人的证明材料,或者遗嘱指定监护、协议确定监护、意定监护的材料。父母之外的监护人处分未成年人不动产的,有关监护关系材料可以是人民法院指定监护的法律文书、监护人对被监护人享有监护权的公证材料或者其他材料。

1.10 其他

1.10.1 一并申请

符合以下情形之一的,申请人可以一并申请。申请人一并申请的,不动产登记机构应当一并受理,就不同的登记事项依次分别记载于不动产登记簿的相应簿页。

1 预购商品房预告登记与预购商品房抵押预告登记;

2 预购商品房预告登记转房屋所有权登记与预购商品房抵押预告登记转抵押权登记;

3 建筑物所有权首次登记与在建建筑物抵押权登记转建筑物抵押权登记;

4 不动产变更登记导致抵押权变更的,不动产变更登记与抵押权变更登记;

5 不动产变更、转移登记致使地役权变更、转移的,不动产变更登记、转移登记与地役权变更、转移登记;

6 不动产坐落位置等自然状况发生变化的,可以与前述情形发生后申请办理的登记一并办理;

7 本规范规定以及不动产登记机构认为可以合并办理的其他情形。

已办理首次登记的不动产,申请人因继承、受遗赠,或者人民法院、仲裁委员会的生效法律文书取得该不动产但尚未办理转移登记,又因继承、受遗赠,或者人民法院、仲裁委员会的生效法律文书导致不动产权利转移的,不动产登记机构办理后续登记时,应当将之前转移登记的事实在不动产登记簿的附记栏中记载。

1.10.2 撤回申请

申请登记事项在记载于不动产登记簿之前,全体登记申请人可共同申请撤回登记申请;部分登记申请人申请撤回登记申请的,不动产登记机构不予受理。

1.10.2.1 申请人申请撤回登记申请,应当向不动产登记机构提交下列材料:

1 不动产登记申请书;

2 申请人身份证明;

3 原登记申请受理凭证。

不动产登记机构应当在收到撤回申请时查阅不动产登记簿,当事人申请撤回的登记事项已经在不动产登记簿记载的,不予撤回;未在不动产登记簿上记载的,应当准予撤回,原登记申请材料在作出准予撤回的3个工作日内通知当事人取回申请材料。

1.10.3 申请材料退回

1 不动产登记机构准予撤回登记申请的,申请人应及时取回原登记申请材料,取回材料的清单应当由申请人签字确认。撤回登记申请的材料、取回材料的清单应一并归档保留。

2 不动产登记机构决定不予登记的,不动产登记机构应当制作不予登记告知书、退回登记申请材料清单,由申请人签字确认后,将登记申请材料退还申请人。不动产登记机构应当留存申请材料复印件、退回登记申请材料清单、相关告知书的签收文件。

申请人应当自接到不予登记书面告知之日起30个工作日内取回申请材料。取回申请材料自申请人收到上述书面告知之日起,最长不得超过6

个月。在取回申请材料期限内,不动产登记机构应当妥善保管该申请材料;逾期不取回的,不动产登记机构不负保管义务。

1.10.4　不动产登记机构内部管理机制

不动产登记机构应当建立与不动产登记风险相适宜的内部管理机制。

1.10.4.1　不动产登记机构应当依据登记程序和管理需要合理设置登记岗位。

1　不动产登记的审核、登簿应当由与其岗位相适应的不动产登记工作人员负责。

2　不动产登记机构宜建立不动产登记风险管理制度,设置登记质量管理岗位负责登记质量检查、监督和登记风险评估、控制工作。

不动产登记机构可以建立不动产登记会审制度,会审管辖范围内的不动产登记重大疑难事项。

不动产登记机构宜根据相关业务规则,通过信息化手段对相互冲突的业务进行限制或者提醒,以降低登记风险。

不动产登记机构宜通过以下方式对登记业务中发现的已失效的查封登记和异议登记进行有效管理:采用电子登记簿的,查封登记或者异议登记失效后,宜在信息系统中及时解除相应的控制或者提醒,注明相应的法律依据;采用纸质登记簿的,查封登记或者异议登记失效后,宜在不动产登记簿附记中注明相应的法律依据。

2　申请

2.1.1　申请是指申请人根据不同的申请登记事项,向不动产登记机构提交登记申请材料办理不动产登记的行为。

2.1.2　单方申请

属于下列情形之一的,可以由当事人单方申请:

1　尚未登记的不动产申请首次登记的;

2　继承、受遗赠取得不动产权利的;

3　人民法院、仲裁委员会生效的法律文书或者人民政府生效的决定等设立、变更、转让、消灭不动产权利的;

4　下列不涉及不动产权利归属的变更登记:

(1)不动产权利人姓名、名称、身份证明类型或者身份证明号码发生变更的;

(2)不动产坐落、界址、用途、面积等状况发生变化的;

(3)同一权利人分割或者合并不动产的;

(4)土地、海域使用权期限变更的。

5　不动产灭失、不动产权利消灭或者权利人放弃不动产权利,权利人申请注销登记的;

6　异议登记;

7　更正登记;

8　预售人未按约定与预购人申请预购商品房预告登记,预购人申请预告登记的;

9　法律、行政法规规定的其他情形。

2.1.3　共同申请

共有不动产的登记,应当由全体共有人共同申请。

按份共有人转让、抵押其享有的不动产份额,应当与受让人或者抵押权人共同申请。受让人是共有人以外的人的,还应当提交其他共有人同意的书面材料。

属于下列情形之一的,可以由部分共有人申请:

1　处分按份共有的不动产,可以由占份额三分之二以上的按份共有人共同申请,但不动产登记簿记载共有人另有约定的除外;

2　共有的不动产因共有人姓名、名称发生变化申请变更登记的,可以由姓名、名称发生变化的权利人申请;

3　不动产的坐落、界址、用途、面积等自然状况发生变化的,可以由共有人中的一人或多人申请。

2.1.4　业主共有的不动产

建筑区划内依法属于业主共有的道路、绿地、其他公共场所、公用设施和物业服务用房及其占用范围内的建设用地使用权,在办理国有建设用地使用权及房屋所有权首次登记时由登记申请人一并申请登记为业主共有。

2.1.5　到场申请

申请不动产登记,申请人本人或者其代理人应当到不动产登记机构办公场所提交申请材料并接受不动产登记机构工作人员的询问。

具备技术条件的不动产登记机构,应当留存当事人到场申请的照片;具备条件的,也可以按照当事人申请留存当事人指纹或设定密码。

3　受理

受理是指不动产登记机构依法查验申请主体、申请材料,询问登记事项、录入相关信息、出具受理结果等工作的过程。

3.1 查验登记范围

不动产登记机构应查验申请登记的不动产是否属于本不动产登记机构的管辖范围;不动产权利是否属于《条例》《实施细则》规定的不动产权利;申请登记的类型是否属于《条例》《实施细则》规定的登记类型。

3.2 查验申请主体

3.2.1 不动产登记机构应当查验申请事项应当由双方共同申请还是可以单方申请,应当由全体共有人申请还是可以由部分共有人申请。

3.2.2 查验身份证明

申请人与其提交的身份证明指向的主体是否一致:

1 通过身份证识别器查验身份证是否真实;

2 护照、港澳通行证、台湾居民来往大陆通行证等其他身份证明类型是否符合要求;

3 非自然人申请材料上的名称、印章是否与身份证明材料上的名称、印章一致。

3.2.3 查验申请材料形式

3.2.3.1 不动产登记机构应当查验申请人的身份证明材料规格是否符合本规范第1.7节的要求;

3.2.3.2 自然人处分不动产,委托代理人代为申请登记,其授权委托书未经公证的,不动产登记机构工作人员应当按下列要求进行见证:

1 授权委托书的内容是否明确,本登记事项是否在其委托范围内;

2 按本规范3.2.2的要求核验当事人双方的身份证明;

3 由委托人在授权委托书上签字;

4 不动产登记机构工作人员在授权委托书上签字见证。

具备技术条件的不动产登记机构应当留存见证过程的照片。

3.3 查验书面申请材料

3.3.1 查验申请材料是否齐全

不动产登记机构应当查验当事人提交的申请材料是否齐全,相互之间是否一致;不齐全或不一致的,应当要求申请人进一步提交材料。

3.3.2 查验申请材料是否符合法定形式

不动产登记机构应当查验申请人的其他申请材料规格是否符合本规范第1.8节的要求;有关材料是否由有权部门出具,是否在规定的有效期限

内,签字和盖章是否符合规定。

不动产登记机构应当查验不动产权证书或者不动产登记证明是否真实、有效。对提交伪造、变造、无效的不动产权证书或不动产登记证明的,不动产登记机构应当依法予以收缴。属于伪造、变造的,不动产登记机构还应及时通知公安部门。

3.3.3 申请材料确认

申请人应当采取下列方式对不动产登记申请书、询问记录及有关申请材料进行确认:

1 自然人签名或摁留指纹。无民事行为能力人或者限制民事行为能力人由监护人签名或摁留指纹;没有听写能力的,摁留指纹确认。

2 法人或者非法人组织加盖法人或者非法人组织的印章。

3.4 询问

3.4.1 询问内容

不动产登记机构工作人员应根据不同的申请登记事项询问申请人以下内容,并制作询问记录,以进一步了解有关情况:

1 申请登记的事项是否是申请人的真实意思表示;

2 申请登记的不动产是否存在共有人;

3 存在异议登记的,申请人是否知悉存在异议登记的情况;

4 不动产登记机构需要了解的其他与登记有关的内容。

3.4.2 询问记录

询问记录应当由询问人、被询问人签名确认。

1 因处分不动产申请登记且存在异议登记的,受让方应当签署已知悉存在异议登记并自行承担风险的书面承诺;

2 不动产登记机构应当核对询问记录与申请人提交的申请登记材料、申请登记事项之间是否一致。

3.5 受理结果

3.5.1 受理条件

经查验或询问,符合下列条件的,不动产登记机构应当予以受理:

1 申请登记事项在本不动产登记机构的登记职责范围内;

2 申请材料形式符合要求;

3 申请人与依法应当提交的申请材料记载的主体一致;

4 申请登记的不动产权利与登记原因文件记载的不动产权利一致；

5 申请内容与询问记录不冲突；

6 法律、行政法规等规定的其他条件。

不动产登记机构对不符合受理条件的，应当当场书面告知不予受理的理由，并将申请材料退回申请人。

3.5.2 受理凭证

不动产登记机构予以受理的，应当即时制作受理凭证，并交予申请人作为领取不动产权证书或不动产登记证明的凭证。受理凭证上记载的日期为登记申请受理日。

不符合受理条件的，不动产登记机构应当当场向申请人出具不予受理告知书。告知书一式二份，一份交申请人，一份由不动产登记机构留存。

3.5.3 材料补正

申请人提交的申请材料不齐全或者不符合法定形式的，不动产登记机构应当当场书面告知申请人不予受理并一次性告知需要补正的全部内容。告知书一式二份，经申请人签字确认后一份交当事人，一份由不动产登记机构留存。

4 审核

4.1 适用

审核是指不动产登记机构受理申请人的申请后，根据申请登记事项，按照有关法律、行政法规对申请事项及申请材料做进一步审查，并决定是否予以登记的过程。

不动产登记机构应进一步审核上述受理环节是否按照本规范的要求对相关事项进行了查验、询问等。对于在登记审核中发现需要进一步补充材料的，不动产登记机构应当要求申请人补全材料，补全材料所需时间不计算在登记办理期限内。

4.2 书面材料审核

4.2.1 进一步审核申请材料，必要时应当要求申请人进一步提交佐证材料或向有关部门核查有关情况。

1 申请人提交的人民法院、仲裁委员会的法律文书，具备条件的，不动产登记机构可以通过相关技术手段查验法律文书编号、人民法院以及仲裁委员会的名称等是否一致，查询结果需打印、签字及存档；不一致或无法核查的，可进一步向出具法律文书的人民法院或者仲裁委员会进行核实或要求申请人提交其他具有法定证明力的文件。

2 对已实现信息共享的其他申请材料，不动产登记机构可根据共享信息对申请材料进行核验；尚未实现信息共享的，应当审核其内容和形式是否符合要求。必要时，可进一步向相关机关或机构进行核实，或要求申请人提交其他具有法定证明力的文件。

4.2.2 法律、行政法规规定的完税或者缴费凭证是否齐全。对已实现信息共享的，不动产登记机构应当通过相关方式对完税或者缴费凭证进行核验。必要时，可进一步向税务机关或者出具缴费凭证的相关机关进行核实，或者要求申请人提交其他具有法定证明力的文件。

4.2.3 不动产登记机构应当查验不动产界址、空间界限、面积等不动产权籍调查成果是否完备，权属是否清楚、界址是否清晰、面积是否准确。

4.2.4 不动产存在异议登记或者设有抵押权、地役权或被查封的，因权利人姓名或名称、身份证明类型及号码、不动产坐落发生变化而申请的变更登记，可以办理。因通过协议改变不动产的面积、用途、权利期限等内容申请变更登记，对抵押权人、地役权人产生不利影响的，应当出具抵押权人、地役权人同意变更的书面材料。

4.3 查阅不动产登记簿

除尚未登记的不动产首次申请登记的，不动产登记机构应当通过查阅不动产登记簿的记载信息，审核申请登记事项与不动产登记簿记载的内容是否一致。

1 申请人与不动产登记簿记载的权利人是否一致；

2 申请人提交的登记原因文件与登记事项是否一致；

3 申请人申请登记的不动产与不动产登记簿的记载是否一致；

4 申请登记事项与不动产登记簿记载的内容是否一致；

5 不动产是否存在抵押、异议登记、预告登记、预查封、查封等情形。

不动产登记簿采用电子介质的，查阅不动产登记簿时以已经形成的电子登记簿为依据。

4.4 查阅登记原始资料

经查阅不动产登记簿，不动产登记机构认为仍然需要查阅原始资料确认申请登记事项的，应当查阅不动产登记原始资料,并决定是否予以继续办理。

4.5　实地查看

4.5.1　适用情形和查看内容

属于下列情形之一的,不动产登记机构可以对申请登记的不动产进行实地查看:

1　房屋等建筑物、构筑物所有权首次登记,查看房屋坐落及其建造完成等情况;

2　在建建筑物抵押权登记,查看抵押的在建建筑物坐落及其建造等情况;

3　因不动产灭失申请的注销登记,查看不动产灭失等情况;

4　不动产登记机构认为需要实地查看的其他情形。

4.5.2　查看要求

实地查看应由不动产登记机构工作人员参加,查看人员应对查看对象拍照,填写实地查看记录。现场照片及查看记录应归档。

4.6　调查

对可能存在权属争议,或者可能涉及他人利害关系的登记申请,不动产登记机构可以向申请人、利害关系人或者有关单位进行调查。不动产登记机构进行调查时,申请人、被调查人应当予以配合。

4.7　公告

4.7.1　不动产首次登记公告

除涉及国家秘密外,政府组织的集体土地所有权登记,以及宅基地使用权及房屋所有权,集体建设用地使用权及建筑物、构筑物所有权,土地承包经营权等不动产权利的首次登记,不动产登记机构应当在记载于不动产登记簿前进行公告。公告主要内容包括:申请人的姓名或者名称;不动产坐落、面积、用途、权利类型等;提出异议的期限、方式和受理机构;需要公告的其他事项。

不动产首次登记公告由不动产登记机构在其门户网站以及不动产所在地等指定场所进行,公告期不少于 15 个工作日。

公告期满无异议的,不动产登记机构应当将登记事项及时记载于不动产登记簿。公告期间,当事人对公告有异议的,应当在提出异议的期限内以书面方式到不动产登记机构的办公场所提出异议,并提供相关材料,不动产登记机构应当按下列程序处理:

(一)根据现有材料异议不成立的,不动产登记机构应当将登记事项及时记载于不动产登记簿。

(二)异议人有明确的权利主张,提供了相应的证据材料,不动产登记机构应当不予登记,并告知当事人通过诉讼、仲裁等解决权属争议。

4.7.2　依职权登记公告

不动产登记机构依职权办理登记的,不动产登记机构应当在记载于不动产登记簿前在其门户网站以及不动产所在地等指定场所进行公告,公告期不少于 15 个工作日。公告期满无异议或者异议不成立的,不动产登记机构应当将登记事项及时记载于不动产登记簿。

4.7.3　不动产权证书或者不动产登记证明作废公告

因不动产权利灭失等情形,无法收回不动产权证书或者不动产登记证明的,在登记完成后,不动产登记机构应当在其门户网站或者当地公开发行的报刊上公告作废。

4.8　审核结果

4.8.1　审核后,审核人员应当做出予以登记或不予登记的明确意见。

4.8.2　经审核,符合登记条件的,不动产登记机构应当予以登记。有下列情形之一的,不动产登记机构不予登记并书面通知申请人:

1　申请人未按照不动产登记机构要求进一步补充材料的;

2　申请人、委托代理人身份证明材料以及授权委托书与申请人不一致的;

3　申请登记的不动产不符合不动产单元设定条件的;

4　申请登记的事项与权属来源材料或者登记原因文件不一致的;

5　申请登记的事项与不动产登记簿的记载相冲突的;

6　不动产存在权属争议的,但申请异议登记除外;

7　未依法缴纳土地出让价款、土地租金、海域使用金或者相关税费的;

8　申请登记的不动产权利超过规定期限的;

9　不动产被依法查封期间,权利人处分该不动产申请登记的;

10　未经预告登记权利人书面同意,当事人

处分该不动产申请登记的;

11 法律、行政法规规定的其他情形。

5 登簿

5.1.1 经审核符合登记条件的,应当将申请登记事项记载于不动产登记簿。

1 记载于不动产登记簿的时点应当按下列方式确定:使用电子登记簿的,以登簿人员将登记事项在不动产登记簿上记载完成之时为准;使用纸质登记簿的,应当以登簿人员将登记事项在不动产登记簿上记载完毕并签名(章)之时为准;

2 不动产登记簿已建册的,登簿完成后应当归册。

5.1.2 不动产登记机构合并受理的,应将合并受理的登记事项依次分别记载于不动产登记簿的相应簿页。

6 核发不动产权证书或者不动产登记证明

6.1.1 登记事项记载于不动产登记簿后,不动产登记机构应当根据不动产登记簿,如实、准确填写并核发不动产权证书或者不动产登记证明,属本规范第6.1.2条规定情形的除外。

1 集体土地所有权,房屋等建筑物、构筑物所有权,森林、林木所有权,土地承包经营权,建设用地使用权,宅基地使用权,海域使用权等不动产权利登记,核发不动产权证书;

2 抵押权登记、地役权登记和预告登记、异议登记,核发不动产登记证明。

已经发放的不动产权证书或者不动产登记证明记载事项与不动产登记簿不一致的,除有证据证实不动产登记簿确有错误外,以不动产登记簿为准。

6.1.2 属以下情形的,登记事项只记载于不动产登记簿,不核发不动产权证书或者不动产登记证明:

1 建筑区划内依法属于业主共有的道路、绿地、其他公共场所、公用设施和物业服务用房等及其占用范围内的建设用地使用权;

2 查封登记、预查封登记。

6.1.3 共有的不动产,不动产登记机构向全体共有人合并发放一本不动产权证书;共有人申请分别持证的,可以为共有人分别发放不动产权证书。共有不动产权证书应当注明共有情况,并列明全体共有人。

6.1.4 发放不动产权证书或不动产登记证明时,不动产登记机构应当核对申请人(代理人)的身份证明,收回受理凭证。

6.1.5 发放不动产权证书或不动产登记证明后,不动产登记机构应当按规范将登记资料归档。

分 则

7 集体土地所有权登记

7.1 首次登记

7.1.1 适用

尚未登记的集体土地所有权,权利人可以申请集体土地所有权首次登记。

7.1.2 申请主体

集体土地所有权首次登记,依照下列规定提出申请:

1 土地属于村农民集体所有的,由村集体经济组织代为申请,没有集体经济组织的,由村民委员会代为申请;

2 土地分别属于村内两个以上农民集体所有的,由村内各集体经济组织代为申请,没有集体经济组织的,由村民小组代为申请;

3 土地属于乡(镇)农民集体所有的,由乡(镇)集体经济组织代为申请。

7.1.3 申请材料

申请集体土地所有权首次登记,提交的材料包括:

1 不动产登记申请书;

2 申请人身份证明;

3 土地权属来源材料;

4 不动产权籍调查表、宗地图以及宗地界址点坐标;

5 法律、行政法规以及《实施细则》规定的其他材料。

7.1.4 审查要点

不动产登记机构在审核过程中应注意以下要点:

1 申请集体土地所有权首次登记的土地权属来源材料是否齐全、规范;

2 不动产登记申请书、权属来源材料等记载的主体是否一致;

3 不动产权籍调查成果资料是否齐全、规范,权籍调查表记载的权利人、权利类型及其性质等是否准确,宗地图、界址坐标、面积等是否符合要求;

4 权属来源材料与申请登记的内容是否一致;

5 公告是否无异议;

6 本规范第4章要求的其他审查事项。

不存在本规范第4.8.2条不予登记情形的,不动产登记机构在记载不动产登记簿后,向申请人核发不动产权属证书。

7.2 变更登记

7.2.1 适用

已经登记的集体土地所有权,因下列情形发生变更的,当事人可以申请变更登记:

1 农民集体名称发生变化的;

2 土地坐落、界址、面积等状况发生变化的;

3 法律、行政法规规定的其他情形。

7.2.2 申请主体

按本规范第7.1.2条的规定,由相关集体经济组织、村民委员会或村民小组代为申请。

7.2.3 申请材料

申请集体土地所有权变更登记,提交的材料包括:

1 不动产登记申请书;

2 申请人身份证明;

3 不动产权属证书;

4 集体土地所有权变更的材料;

5 法律、行政法规以及《实施细则》规定的其他材料。

7.2.4 审查要点

不动产登记机构在审核过程中应注意以下要点:

1 申请材料上的权利主体是否与不动产登记簿记载的农民集体一致;

2 集体土地所有权变更的材料是否齐全、有效;

3 申请变更事项与变更登记材料记载的变更事实是否一致;

4 土地面积、界址范围变更的,不动产权籍调查表、宗地图、宗地界址点坐标等是否齐全、规范,申请材料与不动产权籍调查成果是否一致;

5 申请登记事项是否与不动产登记簿的记载冲突;

6 本规范第4章要求的其他审查事项。

不存在本规范第4.8.2条不予登记情形的,将登记事项记载于不动产登记簿。

7.3 转移登记

7.3.1 适用

已经登记的集体土地所有权,因下列情形导致权属发生转移的,当事人可以申请转移登记:

1 农民集体之间互换土地的;

2 土地调整的;

3 法律、行政法规规定的其他情形。

7.3.2 申请主体

按本规范第7.1.2条的规定,由转让方和受让方所在的集体经济组织、村民委员会或村民小组代为申请。

7.3.3 申请材料

申请集体土地所有权转移登记,提交的材料包括:

1 不动产登记申请书;

2 申请人身份证明;

3 不动产权属证书;

4 集体土地所有权转移的材料,除应提交本集体经济组织三分之二以上成员或者三分之二以上村民代表同意的材料外,还应提交:

(1)农民集体互换土地的,提交互换土地的协议;

(2)集体土地调整的,提交土地调整文件;

(3)依法需要批准的,提交有关批准文件;

5 法律、行政法规以及《实施细则》规定的其他材料。

7.3.4 审查要点

不动产登记机构在审核过程中应注意以下要点:

1 转让方是否与不动产登记簿记载的农民集体一致;受让方是否为农民集体;

2 申请事项是否属于因农民集体互换、土地调整等原因导致权属转移;

3 集体土地所有权转移的登记原因文件是否齐全、有效;

4 申请登记事项是否与不动产登记簿的记载冲突;

5 有异议登记的,受让方是否已签署知悉存在异议登记并自担风险的书面承诺;

6 本规范第4章要求的其他审查事项。

不存在本规范第4.8.2条不予登记情形的,将登记事项记载于不动产登记簿,并向权利人核发不动产权属证书。

7.4 注销登记

7.4.1 适用

已经登记的集体土地所有权,有下列情形之一的,当事人可以申请办理注销登记:

1 集体土地灭失的;

2 集体土地被依法征收的;

3 法律、行政法规规定的其他情形。

7.4.2 申请主体

按本规范第7.1.2条的规定,由相关集体经济组织、村民委员会或村民小组代为申请。

7.4.3 申请材料

申请集体土地所有权注销登记,提交的材料包括:

1 不动产登记申请书;

2 申请人身份证明;

3 不动产权属证书;

4 集体土地所有权消灭的材料,包括:

(1)集体土地灭失的,提交证实土地灭失的材料;

(2)依法征收集体土地,提交有批准权的人民政府征收决定书;

5 法律、行政法规以及《实施细则》规定的其他材料。

7.4.4 审查要点

不动产登记机构在审核过程中应注意以下要点:

1 申请材料上的权利主体是否与不动产登记簿记载的农民集体相一致;

2 集体土地所有权消灭的材料是否齐全、有效;

3 土地灭失的,是否已按规定进行实地查看;

4 申请登记事项是否与不动产登记簿的记载冲突;

5 本规范第4章要求的其他审查事项。

不存在本规范第4.8.2条不予登记情形的,将登记事项以及不动产权属证明或者不动产登记证明收回、作废等内容记载于不动产登记簿。

8 国有建设用地使用权登记

8.1 首次登记

8.1.1 适用

依法取得国有建设用地使用权,可以单独申请国有建设用地使用权首次登记。

8.1.2 申请主体

国有建设用地使用权首次登记的申请主体应当为土地权属来源材料上记载的国有建设用地使用权人。

8.1.3 申请材料

申请国有建设用地使用权首次登记,提交的材料包括:

1 不动产登记申请书;

2 申请人身份证明;

3 土地权属来源材料,包括:

(1)以出让方式取得的,应当提交出让合同和缴清土地出让价款凭证等相关材料;

(2)以划拨方式取得的,应当提交县级以上人民政府的批准用地文件和国有建设用地使用权划拨决定书等相关材料;

(3)以租赁方式取得的,应当提交土地租赁合同和土地租金缴纳凭证等相关材料;

(4)以作价出资或者入股方式取得的,应当提交作价出资或者入股批准文件和其他相关材料;

(5)以授权经营方式取得的,应当提交土地资产授权经营批准文件和其他相关材料。

4 不动产权籍调查表、宗地图、宗地界址点坐标等不动产权籍调查成果;

5 依法应当纳税的,应提交完税凭证;

6 法律、行政法规以及《实施细则》规定的其他材料。

8.1.4 审查要点

不动产登记机构在审核过程中应注意以下要点:

1 不动产登记申请书、权属来源材料等记载的主体是否一致;

2 不动产权籍调查成果资料是否齐全、规范,权籍调查表记载的权利人、权利类型及其性质等是否准确,宗地图、界址坐标、面积等是否符合要求;

3 以出让方式取得的,是否已签订出让合同,是否已提交缴清土地出让价款凭证;以划拨、作价入股、出租、授权经营等方式取得的,是否已经有权部门批准或者授权;

4 权属来源材料与申请登记的内容是否一致;

5 国有建设用地使用权被预查封,权利人与被执行人一致的,不影响办理国有建设用地使用

权首次登记;

6 依法应当缴纳土地价款的,是否已缴清土地价款;依法应当纳税的,是否已完税;

7 本规范第4章要求的其他审查事项。

不存在本规范第4.8.2条不予登记情形的,记载不动产登记簿后向申请人核发不动产权属证书。

8.2 变更登记

8.2.1 适用

已经登记的国有建设用地使用权,因下列情形发生变更的,当事人可以申请变更登记:

1 权利人姓名或者名称、身份证明类型或者身份证明号码发生变化的;

2 土地坐落、界址、用途、面积等状况发生变化的;

3 国有建设用地使用权的权利期限发生变化的;

4 同一权利人分割或者合并国有建设用地的;

5 共有性质变更的;

6 法律、行政法规规定的其他情形。

8.2.2 申请主体

国有建设用地使用权变更登记的申请主体应当为不动产登记簿记载的权利人。共有的国有建设用地使用权,因共有人的姓名、名称发生变化的,可以由发生变化的权利人申请;因土地面积、用途等自然状况发生变化的,可以由共有人一人或多人申请。

8.2.3 申请材料

申请国有建设用地使用权变更登记,提交的材料包括:

1 不动产登记申请书;

2 申请人身份证明;

3 不动产权属证书;

4 国有建设用地使用权变更材料,包括:

(1)权利人姓名或者名称、身份证明类型或者身份证明号码发生变化的,提交能够证实其身份变更的材料;

(2)土地面积、界址范围变更的,除应提交变更后的不动产权籍调查表、宗地图、宗地界址点坐标等不动产权籍调查成果外,还应提交:①以出让方式取得的,提交出让补充合同;②因自然灾害导致部分土地灭失的,提交证实土地灭失的材料;

(3)土地用途变更的,提交自然资源主管部门出具的批准文件和土地出让合同补充协议。依法需要补交土地出让价款的,还应当提交缴清土地出让价款的凭证;

(4)国有建设用地使用权的权利期限发生变化的,提交自然资源主管部门出具的批准文件、出让合同补充协议。依法需要补交土地出让价款的,还应当提交缴清土地出让价款的凭证;

(5)同一权利人分割或者合并国有建设用地的,提交自然资源主管部门同意分割或合并的批准文件以及变更后的不动产权籍调查表、宗地图以及宗地界址点坐标等不动产权籍调查成果;

(6)共有人共有性质变更的,提交共有性质变更合同书或生效法律文书。夫妻共有财产共有性质变更的,还应提交婚姻关系证明;

5 依法应当纳税的,应提交完税凭证;

6 法律、行政法规以及《实施细则》规定的其他材料。

8.2.4 审查要点

不动产登记机构在审核过程中应注意以下要点:

1 申请变更登记的国有建设用地使用权是否已经登记;

2 申请人是否为不动产登记簿记载的权利人;

3 国有建设用地使用权变更的材料是否齐全、有效;

4 申请变更事项与变更材料记载的变更事实是否一致。土地面积、界址范围变更的,不动产权籍调查表、宗地图、宗地界址点坐标等是否齐全、规范,申请材料与不动产权籍调查成果是否一致;

5 申请登记事项与不动产登记簿的记载是否冲突;

6 依法应当缴纳土地价款、纳税的,是否已缴清土地价款、已完税;

7 本规范第4章要求的其他审查事项。

不存在本规范第4.8.2条不予登记情形的,将登记事项记载于不动产登记簿。

8.3 转移登记

8.3.1 适用

已经登记的国有建设用地使用权,因下列情形导致权属发生转移的,当事人可以申请转移登记:

1　转让、互换或赠与的；

2　继承或受遗赠的；

3　作价出资（入股）的；

4　法人或非法人组织合并、分立导致权属发生转移的；

5　共有人增加或者减少导致共有份额变化的；

6　分割、合并导致权属发生转移的；

7　因人民法院、仲裁委员会的生效法律文书等导致权属发生变化的；

8　法律、行政法规规定的其他情形。

8.3.2　申请主体

国有建设用地使用权转移登记应当由双方共同申请，转让方应当为不动产登记簿记载的权利人。属本规范第8.3.1条第2、7项情形的，可以由单方申请。

8.3.3　申请材料

国有建设用地使用权转移登记，提交的材料包括：

1　不动产登记申请书；

2　申请人身份证明；

3　不动产权属证书；

4　国有建设用地使用权转移的材料，包括：

（1）买卖的，提交买卖合同；互换的，提交互换合同；赠与的，提交赠与合同；

（2）因继承、受遗赠取得的，按照本规范1.8.6条的规定提交材料；

（3）作价出资（入股）的，提交作价出资（入股）协议；

（4）法人或非法人组织合并、分立导致权属发生转移的，提交法人或非法人组织合并、分立的材料以及不动产权属转移的材料；

（5）共有人增加或者减少的，提交共有人增加或者减少的协议；共有份额变化的，提交份额转移协议；

（6）分割、合并导致权属发生转移的，提交分割或合并协议书，或者记载有关分割或合并内容的生效法律文书。实体分割或合并的，还应提交自然资源主管部门同意实体分割或合并的批准文件以及分割或合并后的不动产权籍调查表、宗地图、宗地界址点坐标等不动产权籍调查成果；

（7）因人民法院、仲裁委员会的生效法律文书

等导致权属发生变化的，提交人民法院、仲裁委员会的生效法律文书等材料。

5　申请划拨取得国有建设用地使用权转移登记的，应当提交有批准权的人民政府的批准文件；

6　依法需要补交土地出让价款、缴纳税费的，应当提交缴清土地出让价款凭证、税费缴纳凭证；

7　法律、行政法规以及《实施细则》规定的其他材料。

8.3.4　审查要点

不动产登记机构在审核过程中应注意以下要点：

1　国有建设用地使用权转移的登记原因文件是否齐全；

2　申请转移的国有建设用地使用权与登记原因文件记载的是否一致；

3　国有建设用地使用权被查封的，不予办理转移登记；

4　有异议登记的，受让方是否已签署知悉存在异议登记并自担风险的书面承诺；

5　申请登记事项与不动产登记簿的记载是否冲突；

6　申请登记事项是否与土地出让合同相关条款冲突；

7　依法应当缴纳土地价款、纳税的，是否已缴清土地价款、已完税；

8　本规范第4章要求的其他审查事项。

不存在本规范第4.8.2条不予登记情形的，将登记事项记载于不动产登记簿，并向权利人核发不动产权属证书。

8.4　注销登记

8.4.1　适用

已经登记的国有建设用地使用权，有下列情形之一的，当事人可以申请办理注销登记：

1　土地灭失的；

2　权利人放弃国有建设用地使用权的；

3　依法没收、收回国有建设用地使用权的；

4　因人民法院、仲裁委员会的生效法律文书致使国有建设用地使用权消灭的；

5　法律、行政法规规定的其他情形。

8.4.2　申请主体

国有建设用地使用权注销登记的申请主体应

当是不动产登记簿记载的权利人。

8.4.3 申请材料

申请国有建设用地使用权注销登记,提交的材料包括:

1 不动产登记申请书;

2 申请人身份证明;

3 不动产权属证书;

4 国有建设用地使用权消灭的材料,包括:

(1)国有建设用地灭失的,提交其灭失的材料;

(2)权利人放弃国有建设用地使用权的,提交权利人放弃国有建设用地使用权的书面文件。被放弃的国有建设用地上设有抵押权、地役权或已经办理预告登记、查封登记的,需提交抵押权人、地役权人、预告登记权利人或查封机关同意注销的书面文件;

(3)依法没收、收回国有建设用地使用权的,提交人民政府的生效决定书;

(4)因人民法院或者仲裁委员会生效法律文书导致权利消灭的,提交人民法院或者仲裁委员会生效法律文书。

5 法律、行政法规以及《实施细则》规定的其他材料。

8.4.4 审查要点

不动产登记机构在审核过程中应注意以下要点:

1 申请注销的国有建设用地使用权是否已经登记;

2 国有建设用地使用权注销的材料是否齐全、有效;

3 国有建设用地已设立抵押权、地役权或者已经办理预告登记、查封登记的,使用权人放弃权利申请注销登记的,是否已经提供抵押权人、地役权人、预告登记权利人、查封机关书面同意;

4 土地灭失的,是否已按规定进行实地查看;

5 申请登记事项与不动产登记簿的记载是否冲突;

6 本规范第4章要求的其他审查事项。

不存在本规范第4.8.2条不予登记情形的,将登记事项以及不动产权证书或者不动产登记证明收回、作废等内容记于不动产登记簿。

9 国有建设用地使用权及房屋所有权登记

9.1 首次登记

9.1.1 适用

依法利用国有建设用地建造房屋的,可以申请国有建设用地使用权及房屋所有权首次登记。

9.1.2 申请主体

国有建设用地使用权及房屋所有权首次登记的申请主体应当为不动产登记簿或土地权属来源材料记载的国有建设用地使用权人。

9.1.3 申请材料

申请国有建设用地使用权及房屋所有权首次登记,提交的材料包括:

1 不动产登记申请书;

2 申请人身份证明;

3 不动产权属证书或者土地权属来源材料;

4 建设工程符合规划的材料;

5 房屋已经竣工的材料;

6 房地产调查或者测绘报告;

7 建筑物区分所有的,确认建筑区划内属于业主共有的道路、绿地、其他公共场所、公用设施和物业服务用房等材料;

8 相关税费缴纳凭证;

9 法律、行政法规以及《实施细则》规定的其他材料。

9.1.4 审查要点

不动产登记机构在审核过程中应注意以下要点:

1 国有建设用地使用权是否已登记。已登记的,建设工程符合规划、房屋竣工验收等材料记载的主体是否与不动产登记簿记载的权利主体一致;未登记的,建设工程符合规划、房屋竣工验收等材料记载的主体是否与土地权属来源材料记载的主体一致;

2 不动产权籍调查成果资料是否齐全、规范,权籍调查表记载的权利人、权利类型及其性质等是否准确,宗地图和房屋平面图、界址坐标、面积等是否符合要求;

3 建筑物区分所有的,申请材料是否已明确建筑区划内属于业主共有的道路、绿地、其他公共场所、公用设施和物业服务用房等的权利归属;

4 存在查封或者预查封登记的:

(1)国有建设用地使用权被查封或者预查封的,申请人与查封被执行人一致的,不影响办理国

有建设用使用权及房屋所有权首次登记;

（2）商品房被预查封的，不影响办理国有建设用使用权及房屋所有权首次登记以及预购商品房预告登记转国有建设用使用权及房屋所有权转移登记。

5　是否已按规定进行实地查看;

6　本规范第4章要求的其他审查事项。

不存在本规范第4.8.2条不予登记情形的，记载不动产登记簿后向权利人核发不动产权属证书。

9.2　变更登记

9.2.1　适用

已经登记的国有建设用地使用权及房屋所有权，因下列情形发生变更的，当事人可以申请变更登记:

1　权利人姓名或者名称、身份证明类型或者身份证明号码发生变化的;

2　不动产坐落、界址、用途、面积等状况发生变化的;

3　国有建设用地使用权的权利期限发生变化的;

4　同一权利人名下的不动产分割或者合并的;

5　法律、行政法规规定的其他情形。

9.2.2　申请主体

国有建设用地使用权及房屋所有权变更登记的申请主体应当为不动产登记簿记载的权利人。因共有人的姓名、名称发生变化的，可以由发生变更的权利人申请;面积、用途等自然状况发生变化的，可以由共有人一人或多人申请。

9.2.3　申请材料

申请房屋所有权变更登记，提交的材料包括:

1　不动产登记申请书;

2　申请人身份证明;

3　不动产权属证书;

4　国有建设用地使用权及房屋所有权变更的材料，包括:

（1）权利人姓名或者名称、身份证明类型或者身份证明号码发生变化的，提交能够证实其身份变更的材料;

（2）房屋面积、界址范围发生变化的，除应提交变更后的不动产权籍调查表、宗地图、宗地界址点坐标等不动产权籍调查成果外，还需提交:①属

部分土地收回引起房屋面积、界址变更的，提交人民政府收回决定书;②改建、扩建引起房屋面积、界址变更的，提交规划验收文件和房屋竣工验收文件;③因自然灾害导致部分房屋灭失的，提交部分房屋灭失的材料;④其他面积、界址变更情形的，提交有权机关出具的批准文件。依法需要补交土地出让价款的，还应当提交土地出让合同补充协议和土地价款缴纳凭证;

（3）用途发生变化的，提交城市规划部门出具的批准文件、与自然资源主管部门签订的土地出让合同补充协议。依法需要补交土地出让价款的，还应当提交土地价款以及相关税费缴纳凭证;

（4）国有建设用地使用权的权利期限发生变化的，提交自然资源主管部门出具的批准文件和出让合同补充协议。依法需要补交土地出让价款的，还应当提交土地价款缴纳凭证;

（5）同一权利人分割或者合并不动产的，应当按有关规定提交相关部门同意分割或合并的批准文件;

（6）共有性质变更的，提交共有性质变更协议书或生效法律文书。

5　法律、行政法规以及《实施细则》规定的其他材料。

9.2.4　审查要点

不动产登记机构在审核过程中应注意以下要点:

1　国有建设用地使用权及房屋所有权的变更材料是否齐全、有效;

2　申请变更事项与变更材料记载的变更内容是否一致;

3　不动产权籍调查成果资料是否齐全、规范，权籍调查表记载的权利人、权利类型及其性质等是否准确，宗地图和房屋平面图、界址坐标、面积等是否符合要求;

4　存在预告登记的，不影响不动产登记簿记载的权利人申请补发换发不动产权属证书以及其他不涉及权属的变更登记;

5　申请登记事项与不动产登记簿的记载是否冲突;

6　依法应当补交土地价款的，是否已提交补交土地价款凭证;

7　本规范第4章要求的其他审查事项。

不存在本规范第4.8.2条不予登记情形的，将

登记事项记载于不动产登记簿。

9.3 转移登记

9.3.1 适用

已经登记的国有建设用地使用权及房屋所有权,因下列情形导致权属发生转移的,当事人可以申请转移登记。国有建设用地使用权转移的,其范围内的房屋所有权一并转移;房屋所有权转移,其范围内的国有建设用地使用权一并转移。

1 买卖、互换、赠与的;

2 继承或受遗赠的;

3 作价出资(入股)的;

4 法人或非法人组织合并、分立等导致权属发生转移的;

5 共有人增加或者减少以及共有份额变化的;

6 分割、合并导致权属发生转移的;

7 因人民法院、仲裁委员会的生效法律文书等导致国有建设用地使用权及房屋所有权发生转移的;

8 法律、行政法规规定的其他情形。

9.3.2 申请主体

国有建设用地使用权及房屋所有权转移登记应当由当事人双方共同申请。属本规范第 9.3.1 条第 2、7 项情形的,可以由单方申请。

9.3.3 申请材料

国有建设用地使用权及房屋所有权转移登记,提交的材料包括:

1 不动产登记申请书;

2 申请人身份证明;

3 不动产权属证书;

4 国有建设用地使用权及房屋所有权转移的材料,包括:

(1)买卖的,提交买卖合同;互换的,提交互换协议;赠与的,提交赠与合同;

(2)因继承、受遗赠取得的,按照本规范 1.8.6 的规定提交材料;

(3)作价出资(入股)的,提交作价出资(入股)协议;

(4)法人或非法人组织合并、分立导致权属发生转移的,提交法人或非法人组织合并、分立的材料以及不动产权属转移的材料;

(5)共有人增加或者减少的,提交共有人增加或者减少的协议;共有份额变化的,提交份额转移

协议;

(6)不动产分割、合并导致权属发生转移的,提交分割或合并协议书,或者记载有关分割或合并内容的生效法律文书。实体分割或合并的,还应提交有权部门同意实体分割或合并的批准文件以及分割或合并后的不动产权籍调查表、宗地图、宗地界址点坐标等不动产权籍调查成果;

(7)因人民法院、仲裁委员会的生效法律文书等导致权属发生变化的,提交人民法院、仲裁委员会的生效法律文书等材料;

5 已经办理预告登记的,提交不动产登记证明;

6 划拨国有建设用地使用权及房屋所有权转移的,还应当提交有批准权的人民政府的批准文件;

7 依法需要补交土地出让价款、缴纳税费的,应当提交土地出让价款缴纳凭证、税费缴纳凭证;

8 法律、行政法规以及《实施细则》规定的其他材料。

9.3.4 审查要点

不动产登记机构在审核过程中应注意以下要点:

1 国有建设用地使用权与房屋所有权转移的登记原因文件是否齐全、有效;

2 申请转移的国有建设用地使用权与房屋所有权与登记原因文件记载是否一致;

3 国有建设用地使用权与房屋所有权被查封的,不予办理转移登记;

4 涉及买卖房屋等不动产,已经办理预告登记的,受让人与预告登记权利人是否一致。

5 设有抵押权的,是否记载"是否存在禁止或者限制抵押不动产转让的约定";

6 有异议登记的,受让方是否已签署知悉存在异议登记并自担风险的书面承诺;

7 依法应当缴纳土地价款、纳税的,是否已提交土地价款和税费缴纳凭证;

8 申请登记事项与不动产登记簿的记载是否冲突;

9 本规范第 4 章要求的其他审查事项。

不存在本规范第 4.8.2 条不予登记情形的,将登记事项记载于不动产登记簿,并向权利人核发不动产权属证书。

9.4 注销登记

9.4.1 适用

已经登记的国有建设用地使用权及房屋所有权,有下列情形之一的,当事人可以申请办理注销登记:

1 不动产灭失的;

2 权利人放弃权利的;

3 因依法被没收、征收、收回导致不动产权利消灭的;

4 因人民法院、仲裁委员会的生效法律文书致使国有建设用地使用权及房屋所有权消灭的;

5 法律、行政法规规定的其他情形。

9.4.2 申请主体

申请国有建设用地使用权及房屋所有权注销登记的主体应当是不动产登记簿记载的权利人或者其他依法享有不动产权利的权利人。

9.4.3 申请材料

申请国有建设用地使用权及房屋所有权注销登记,提交的材料包括:

1 不动产登记申请书;

2 申请人身份证明;

3 不动产权属证书;

4 国有建设用地使用权及房屋所有权消灭的材料,包括:

(1)不动产灭失的,提交其灭失的材料;

(2)权利人放弃国有建设用地使用权及房屋所有权的,提交权利人放弃权利的书面文件。设有抵押权、地役权或已经办理预告登记、查封登记的,需提交抵押权人、地役权人、预告登记权利人、查封机关同意注销的书面材料;

(3)依法没收、征收、收回不动产的,提交人民政府生效决定书;

(4)因人民法院或者仲裁委员会生效法律文书导致国有建设用地使用权及房屋所有权消灭的,提交人民法院或者仲裁委员会生效法律文书。

5 法律、行政法规以及《实施细则》规定的其他材料。

9.4.4 审查要点

不动产登记机构在审核过程中应注意以下要点:

1 国有建设用地使用权及房屋所有权的注销材料是否齐全、有效;

2 不动产灭失的,是否已按规定进行实地查看;

3 国有建设用地及房屋已设立抵押权、地役权或者已经办理预告登记、查封登记的,权利人放弃权利申请注销登记的,是否已经提供抵押权人、地役权人、预告登记权利人、查封机关书面同意;

4 申请登记事项与不动产登记簿的记载是否冲突;

5 本规范第4章要求的其他审查事项。

不存在本规范第4.8.2条不予登记情形的,将登记事项以及不动产权属证明或者不动产登记证明收回、作废等内容记载于不动产登记簿。

10 宅基地使用权及房屋所有权登记

10.1 首次登记

10.1.1 适用

依法取得宅基地使用权,可以单独申请宅基地使用权登记。

依法利用宅基地建造住房及其附属设施的,可以申请宅基地使用权及房屋所有权登记。

10.1.2 申请主体

申请宅基地使用权登记的主体为用地批准文件记载的宅基地使用权人。

申请宅基地使用权及房屋所有权登记的主体为用地批准文件记载的宅基地使用权人。

10.1.3 申请材料

申请宅基地使用权首次登记,提交的材料包括:

1 不动产登记申请书;

2 申请人身份证明;

3 有批准权的人民政府批准用地的文件等权属来源材料;

4 不动产权籍调查表、宗地图、宗地界址点坐标等有关不动产界址、面积等材料;

5 法律、行政法规以及《实施细则》规定的其他材料。

申请宅基地使用权及房屋所有权首次登记,提交的材料包括:

1 不动产登记申请书;

2 申请人身份证明;

3 不动产权属证书或者土地权属来源材料;

4 房屋符合规划或建设的相关材料;

5 不动产权籍调查表、宗地图、房屋平面图以及宗地界址点坐标等有关不动产界址、面积等材料；

6 法律、行政法规以及《实施细则》规定的其他材料。

10.1.4 审查要点

不动产登记机构在审核过程中应注意以下要点：

申请宅基地使用权首次登记的：

1 是否有合法权属来源材料；

2 不动产登记申请书、权属来源材料等记载的主体是否一致；

3 不动产权籍调查成果资料是否齐全、规范,权籍调查表记载的权利人、权利类型及其性质等是否准确,宗地图、界址坐标、面积等是否符合要求；

4 是否已在不动产登记机构门户网站以及宅基地所在地进行公告；

5 本规范第4章要求的其他审查事项。

申请宅基地使用权及房屋所有权首次登记的：

1 宅基地使用权是否已登记。已登记的,审核不动产登记簿记载的权利主体与房屋符合规划或者建设的相关材料等记载的权利主体是否一致；未登记的,房屋符合规划或者建设的相关材料等记载的主体是否与土地权属来源材料记载的主体一致；

2 房屋等建筑物、构筑物是否符合规划或建设的相关要求；

3 不动产权籍调查成果资料是否齐全、规范,权籍调查表记载的权利人、权利类型及其性质等是否准确,宗地图和房屋平面图、界址坐标、面积等是否符合要求；

4 是否已按规定进行实地查看；

5 是否已按规定进行公告；

6 本规范第4章要求的其他审查事项。

不存在本规范第4.8.2条不予登记情形的,记载不动产登记簿后向权利人核发不动产权属证书。

10.2 变更登记

10.2.1 适用

已经登记的宅基地使用权及房屋所有权,有下列情形之一的,当事人可以申请变更登记：

1 权利人姓名或者名称、身份证明类型或者身份证明号码发生变化的；

2 不动产坐落、界址、用途、面积等状况发生变化的；

3 法律、行政法规规定的其他情形。

10.2.2 申请主体

宅基地使用权及房屋所有权变更登记的申请主体应当为不动产登记簿记载的权利人。

10.2.3 申请材料

申请宅基地使用权及房屋所有权变更登记,提交的材料包括：

1 不动产登记申请书；

2 申请人身份证明；

3 不动产权属证书；

4 宅基地使用权及房屋所有权变更的材料,包括：

(1)权利人姓名或者名称、身份证明类型或者身份证明号码发生变化的,提交能够证实其身份变更的材料；

(2)宅基地或房屋面积、界址范围变更的,提交有批准权的人民政府或其主管部门的批准文件以及变更后的不动产权籍调查表、宗地图、宗地界址点坐标等有关不动产界址、面积等材料。

5 法律、行政法规以及《实施细则》规定的其他材料。

10.2.4 审查要点

不动产登记机构在审核过程中应注意以下要点：

1 宅基地使用权及房屋所有权的变更材料是否齐全；

2 申请变更事项与变更登记文件记载的变更事实是否一致；

3 申请登记事项与不动产登记簿的记载是否冲突；

4 本规范第4章要求的其他审查事项。

不存在本规范第4.8.2条不予登记情形的,将登记事项记载于不动产登记簿。

10.3 转移登记

10.3.1 适用

已经登记的宅基地使用权及房屋所有权,有下列情形之一的,当事人可以申请转移登记：

1 依法继承；

2 分家析产；

3 集体经济组织内部互换房屋；

4 因人民法院、仲裁委员会的生效法律文书

二、物权公示

等导致权属发生变化的;

5 法律、行政法规规定的其他情形。

10.3.2 申请主体

宅基地使用权及房屋所有权转移登记应当由双方共同申请。因继承房屋以及人民法院、仲裁委员会生效法律文书等取得宅基地使用权及房屋所有权的,可由权利人单方申请。

10.3.3 申请材料

申请宅基地使用权及房屋所有权转移登记,提交的材料包括:

1 不动产登记申请书;

2 申请人身份证明;

3 不动产权属证书;

4 宅基地使用权及房屋所有权转移的材料,包括:

(1)依法继承的,按照本规范 1.8.6 的规定提交材料;

(2)分家析产的协议或者材料;

(3)集体经济组织内部互换房屋的,提交互换协议书。同时,还应提交互换双方为本集体经济组织成员的材料;

(4)因人民法院或者仲裁委员会生效法律文书导致权属发生转移的,提交人民法院或者仲裁委员会生效法律文书;

5 法律、行政法规以及《实施细则》规定的其他材料。

10.3.4 审查要点

不动产登记机构在审核过程中应注意以下要点:

1 受让方为本集体经济组织的成员且符合宅基地申请条件,但因继承房屋以及人民法院、仲裁委员会的生效法律文书等导致宅基地使用权及房屋所有权发生转移的除外;

2 宅基地使用权及房屋所有权转移材料是否齐全、有效;

3 申请转移的宅基地使用权及房屋所有权与登记原因文件记载是否一致;

4 有异议登记的,受让方是否已签署知悉存在异议登记并自担风险的书面承诺;

5 申请登记事项与不动产登记簿的记载是否冲突;

6 本规范第 4 章要求的其他审查事项。

不存在本规范第 4.8.2 条不予登记情形的,将

登记事项记载于不动产登记簿,并向权利人核发不动产权属证书。

10.3.5 已拥有一处宅基地的本集体经济组织成员、非集体经济组织成员的农村或城镇居民,因继承取得宅基地使用权及房屋所有权的,在不动产权属证书附记栏记载该权利人为本农民集体原成员住宅的合法继承人。

10.4 注销登记

10.4.1 适用

已经登记的宅基地使用权及房屋所有权,有下列情形之一的,当事人可以申请办理注销登记:

1 不动产灭失的;

2 权利人放弃宅基地使用权及房屋所有权的;

3 依法没收、征收、收回宅基地使用权及房屋所有权的;

4 因人民法院、仲裁委员会的生效法律文书导致宅基地使用权及房屋所有权消灭的;

5 法律、行政法规规定的其他情形。

10.4.2 申请主体

宅基地使用权及房屋所有权注销登记的申请主体应当为不动产登记簿记载的权利人。

10.4.3 申请材料

申请宅基地使用权及房屋所有权注销登记,提交的材料包括:

1 不动产登记申请书;

2 申请人身份证明;

3 不动产权属证书;

4 宅基地使用权及房屋所有权消灭的材料,包括:

(1)宅基地、房屋灭失的,提交其灭失的材料;

(2)权利人放弃宅基地使用权及房屋所有权的,提交权利人放弃权利的书面文件。被放弃的宅基地、房屋设有地役权的,需提交地役权人同意注销的书面材料;

(3)依法没收、征收、收回宅基地使用权或者房屋所有权的,提交人民政府做出的生效决定书;

(4)因人民法院或者仲裁委员会生效法律文书导致权利消灭的,提交人民法院或者仲裁委员会生效法律文书。

5 法律、行政法规以及《实施细则》规定的其他材料。

10.4.4 审查要点

不动产登记机构在审核过程中应注意以下要点：

1 宅基地使用权及房屋所有权的注销材料是否齐全、有效；

2 宅基地、房屋灭失的，是否已按规定进行实地查看；

3 放弃的宅基地使用权及房屋所有权是否设有地役权；设有地役权的，应经地役权人同意；

4 本规范第4章要求的其他审查事项。

不存在本规范第4.8.2条不予登记情形的，将登记事项以及不动产权属证明或者不动产登记证明收回、作废等内容记载于不动产登记簿。

11 集体建设用地使用权及建筑物、构筑物所有权登记

11.1 首次登记

11.1.1 适用

依法取得集体建设用地使用权，可以单独申请集体建设用地使用权登记。

依法使用集体建设用地兴办企业，建设公共设施，从事公益事业等的，应当申请集体建设用地使用权及建筑物、构筑物所有权登记。

11.1.2 申请主体

申请集体建设用地使用权登记的主体为用地批准文件记载的集体建设用地使用权人。

申请集体建设用地使用权及建筑物、构筑物所有权登记的主体为用地批准文件记载的集体建设用地使用权人。

11.1.3 申请材料

申请集体建设用地使用权首次登记，提交的材料包括：

1 不动产登记申请书；

2 申请人身份证明；

3 有批准权的人民政府批准用地的文件等权属来源材料；

4 不动产权籍调查表、宗地图以及宗地界址点坐标等有关不动产界址、面积等材料；

5 法律、行政法规以及《实施细则》规定的其他材料。

申请集体建设用地使用权及建筑物、构筑物所有权首次登记，提交的材料包括：

1 不动产登记申请书；

2 申请人身份证明；

3 不动产权属证书；

4 建设工程符合规划的材料；

5 不动产权籍调查表、宗地图、房屋平面图以及宗地界址点坐标等有关不动产界址、面积等材料；

6 建设工程已竣工的材料；

7 法律、行政法规以及《实施细则》规定的其他材料。

11.1.4 审查要点

不动产登记机构在审核过程中应注意以下要点：

申请集体建设用地使用权首次登记的：

1 是否已依法取得集体建设用地使用权；

2 不动产登记申请书、权属来源材料等记载的主体是否一致；

3 不动产权籍调查成果资料是否齐全、规范，权籍调查表记载的权利人、权利类型及其性质等是否准确，宗地图、界址坐标、面积等是否符合要求；

4 是否已按规定进行公告；

5 本规范第4章要求的其他审查事项。

申请集体建设用地使用权及建筑物、构筑物所有权首次登记的：

1 集体建设用地使用权是否已登记。已登记的，不动产登记簿记载的权利主体与建设工程符合规划的材料、建设工程竣工材料等记载的权利主体是否一致；未登记的，建设工程符合规划的材料、建设工程竣工材料等记载的主体是否与土地权属来源材料记载的主体一致；

2 房屋等建筑物、构筑物是否提交了符合规划、已竣工的材料；

3 不动产权籍调查成果资料是否齐全、规范，权籍调查表记载的权利人、权利类型及其性质等是否准确，宗地图和房屋平面图、界址坐标、面积等是否符合要求；

4 集体建设用地使用权被查封，申请人与被执行人一致的，不影响集体建设用地使用权及建筑物、构筑物所有权首次登记；

5 是否已按规定进行实地查看；

6 是否已按规定进行公告；

7 本规范第4章要求的其他审查事项。

不存在本规范第4.8.2条不予登记情形的，记载不动产登记簿后向申请人核发不动产权属证书。

11.2 变更登记

11.2.1 适用

已经登记的集体建设用地使用权及建筑物、构筑物所有权,有下列情形之一的,当事人可以申请变更登记:

1 权利人姓名或者名称、身份证明类型或者身份证明号码发生变化的;

2 不动产坐落、界址、用途、面积等状况发生变化的;

3 同一权利人名下的集体建设用地或者建筑物、构筑物分割或者合并的;

4 法律、行政法规规定的其他情形。

11.2.2 申请主体

集体建设用地使用权及建筑物、构筑物所有权变更登记的申请主体应当为不动产登记簿记载的权利人。因共有人的姓名、名称发生变化的,可以由姓名、名称发生变化的权利人申请;因土地或建筑物、构筑物自然状况变化的,可以由共有人一人或多人申请;夫妻共有财产变更的,应当由夫妻双方凭婚姻关系证明共同申请。

11.2.3 申请材料

申请集体建设用地使用权及建筑物、构筑物所有权变更登记,提交的材料包括:

1 不动产登记申请书;

2 申请人身份证明;

3 不动产权属证书;

4 集体建设用地使用权及建筑物、构筑物所有权变更的材料,包括:

(1)权利人姓名或者名称、身份证明类型或者身份证明号码发生变化的,提交能够证实其身份变更的材料;

(2)土地或建筑物、构筑物面积、界址范围变更的,提交有批准权的人民政府或其主管部门的批准文件以及变更后的不动产权籍调查表、宗地图、房屋平面图以及宗地界址点坐标等有关不动产界址、面积等材料;

(3)土地或建筑物、构筑物用途变更的,提交有批准权的人民政府或者主管部门的批准文件;

(4)同一权利人分割或者合并建筑物、构筑物的,提交有批准权限部门同意分割或者合并的批准文件以及分割或者合并后的不动产权籍调查表、宗地图、房屋平面图以及宗地界址点坐标等有关不动产界址、面积等材料;

5 法律、行政法规以及《实施细则》规定的其他材料。

11.2.4 审查要点

不动产登记机构在审核过程中应注意以下要点:

1 集体建设用地使用权及建筑物、构筑物所有权的变更材料是否齐全、有效;

2 申请变更事项与变更材料记载的变更事实是否一致;

3 申请登记事项与不动产登记簿的记载是否冲突;

4 本规范第4章要求的其他审查事项。

不存在本规范第4.8.2条不予登记情形的,将登记事项记载于不动产登记簿。

11.3 转移登记

11.3.1 适用

已经登记的集体建设用地使用权及建筑物、构筑物所有权,因下列情形之一导致权属发生转移的,当事人可以申请转移登记:

1 作价出资(入股)的;

2 因企业合并、分立、破产、兼并等情形,导致建筑物、构筑物所有权发生转移的;

3 因人民法院、仲裁委员会的生效法律文书等导致权属转移的;

4 法律、行政法规规定的其他情形。

11.3.2 申请主体

集体建设用地使用权及建筑物、构筑物所有权转移登记应当由双方共同申请。因人民法院、仲裁委员会的生效法律文书等导致权属转移的,可由单方申请。

11.3.3 申请材料

集体建设用地使用权及建筑物、构筑物所有权转移登记,提交的材料包括:

1 不动产登记申请书;

2 申请人身份证明;

3 不动产权属证书;

4 集体建设用地使用权及建筑物、构筑物所有权转移的材料,包括:

(1)作价出资(入股)的,提交作价出资(入股)协议;

(2)因企业合并、分立、兼并、破产等情形导致权属发生转移的,提交企业合并、分立、兼并、破产的材料、集体建设用地使用权及建筑物、构筑物所有权权属转移材料、有权部门的批准文件。

（3）因人民法院、仲裁委员会的生效法律文书导致权属转移的,提交人民法院、仲裁委员会的生效法律文书。

5　依法需要缴纳税费的,应当提交税费缴纳凭证;

6　本集体经济组织三分之二以上成员或者三分之二以上村民代表同意的材料;

7　法律、行政法规以及《实施细则》规定的其他材料。

11.3.4　审查要点

不动产登记机构在审核过程中应注意以下要点:

1　集体建设用地使用权及建筑物、构筑物所有权转移的登记原因文件是否齐全、有效;

2　申请转移的集体建设用地使用权及建筑物、构筑物所有权与登记原因文件记载是否一致;

3　集体建设用地使用权及建筑物、构筑物所有权被查封的,不予办理转移登记;

4　有异议登记的,受让方是否已签署知悉存在异议登记并自担风险的书面承诺;

5　申请登记事项与不动产登记簿的记载是否冲突;

6　本规范第4章要求的其他审查事项。

不存在本规范第4.8.2条不予登记情形的,将登记事项记载于不动产登记簿,并向权利人核发不动产权属证书。

11.4　注销登记

11.4.1　适用

已经登记的集体建设用地使用权及建筑物、构筑物所有权,有下列情形之一的,当事人可以申请办理注销登记:

1　不动产灭失的;

2　权利人放弃集体建设用地使用权及建筑物、构筑物所有权的;

3　依法没收、征收、收回集体建设用地使用权及建筑物、构筑物所有权的;

4　因人民法院、仲裁委员会的生效法律文书等致使集体建设用地使用权及建筑物、构筑物所有权消灭的;

5　法律、行政法规规定的其他情形。

11.4.2　申请主体

集体建设用地使用权及建筑物、构筑物所有权注销登记的申请主体应当是不动产登记簿记载的权利人。

11.4.3　申请材料

申请集体建设用地使用权及建筑物、构筑物所有权注销登记,提交的材料包括:

1　不动产登记申请书;

2　申请人身份证明;

3　不动产权属证书;

4　集体建设用地使用权及建筑物、构筑物所有权消灭的材料,包括:

（1）土地或建筑物、构筑物灭失的,提交灭失的材料;

（2）权利人放弃集体建设用地使用权及建筑物、构筑物所有权的,提交权利人放弃权利的书面文件。设有抵押权、地役权或被查封的,需提交抵押权人、地役权人或查封机关同意注销的书面材料;

（3）依法没收、征收、收回集体建设用地使用权及建筑物、构筑物所有权的,提交人民政府的生效决定书;

（4）因人民法院或者仲裁委员会生效法律文书等导致集体建设用地使用权及建筑物、构筑物所有权消灭的,提交人民法院或者仲裁委员会生效法律文书等材料。

5　法律、行政法规以及《实施细则》规定的其他材料。

11.4.4　审查要点

不动产登记机构在审核过程中应注意以下要点:

1　集体建设用地使用权及建筑物、构筑物所有权的注销材料是否齐全、有效;

2　土地或建筑物、构筑物灭失的,是否已按规定进行实地查看;

3　集体建设用地及建筑物、构筑物已设立抵押权、地役权或者已经办理查封登记的,权利人放弃权利申请注销登记的,是否已经提供抵押权人、地役权人、查封机关书面同意的材料;

4　申请登记事项与不动产登记簿的记载是否冲突;

5　本规范第4章要求的其他审查事项。

不存在本规范第4.8.2条不予登记情形的,将登记事项以及不动产权属证明或者不动产登记证明收回、作废等内容记载于不动产登记簿。

12 海域使用权及建筑物、构筑物所有权登记

12.1 首次登记

12.1.1 适用

依法取得海域使用权,可以单独申请海域使用权登记。

依法使用海域,在海域上建造建筑物、构筑物的,应当申请海域使用权及建筑物、构筑物所有权登记。

12.1.2 申请主体

海域使用权及建筑物、构筑物所有权首次登记的申请主体应当为海域权属来源材料记载的海域使用权人。

12.1.3 申请材料

申请海域使用权首次登记,提交的材料包括:

1 不动产登记申请书;

2 申请人身份证明;

3 项目用海批准文件或者海域使用权出让合同;

4 宗海图(宗海位置图、界址图)以及界址点坐标;

5 海域使用金缴纳或者减免凭证;

6 法律、行政法规以及《实施细则》规定的其他材料。

申请海域使用权及建筑物、构筑物所有权首次登记,提交的材料包括:

1 不动产登记申请书;

2 申请人身份证明;

3 不动产权属证书或不动产权属来源材料;

4 宗海图(宗海位置图、界址图)以及界址点坐标;

5 建筑物、构筑物符合规划的材料;

6 建筑物、构筑物已经竣工的材料;

7 海域使用金缴纳或者减免凭证;

8 法律、行政法规以及《实施细则》规定的其他材料。

12.1.4 审查要点

不动产登记机构在审核过程中应注意以下要点:

申请海域使用权首次登记的:

1 是否已依法取得海域使用权;

2 不动产登记申请书、权属来源材料等记载的主体是否一致;

3 申请材料中已有相应的调查成果,则审核调查成果资料是否齐全、规范,申请登记的项目名称、用海面积、类型、方式、期限等与批准文件或出让合同是否一致,宗海图(宗海位置图、界址图)以及界址坐标、面积等是否符合要求;

4 海域使用金是否按规定缴纳;

5 本规范第4章要求的其他审查事项。

申请海域使用权及建筑物、构筑物所有权登记的:

1 海域使用权是否已登记。已登记的,不动产登记簿记载的权利主体与建筑物、构筑物符合规划材料和建筑物、构筑物竣工材料等记载的权利主体是否一致;未登记的,建筑物、构筑物符合规划和建筑物、构筑物竣工材料等记载的主体是否与不动产权属来源材料记载的主体一致;

2 不动产权籍调查成果资料是否齐全、规范,权利人、权利类型及其性质等是否准确,宗海图(宗海位置图、界址图)及界址坐标、面积等是否符合要求;

3 是否已按规定进行实地查看;

4 本规范第4章要求的其他审查事项。

不存在本规范第4.8.2条不予登记情形的,记载不动产登记簿后向申请人核发不动产权属证书。

12.2 变更登记

12.2.1 适用

已经登记的海域使用权以及建筑物、构筑物所有权,因下列情形之一发生变更的,当事人可以申请变更登记:

1 权利人姓名或者名称、身份证明类型或者身份证明号码发生变化的;

2 海域坐落、名称发生变化的;

3 改变海域使用位置、面积或者期限的;

4 海域使用权续期的;

5 共有性质变更的;

6 法律、行政法规规定的其他情形。

12.2.2 申请主体

海域使用权以及建筑物、构筑物所有权变更登记的申请主体应当为不动产登记簿记载的权利人。因共有人的姓名、名称发生变化的,可以由发生变化的权利人申请;海域使用面积、用途等自然状况发生变化的,可以由共有人一人或多人申请。

12.2.3　申请材料

申请海域使用权以及建筑物、构筑物所有权变更登记,提交的材料包括:

1　不动产登记申请书;

2　申请人身份证明;

3　不动产权属证书;

4　海域使用权以及建筑物、构筑物所有权变更的材料,包括:

(1)权利人姓名或者名称、身份证明类型或者身份证明号码发生变化的,提交能够证实其身份变更的材料;

(2)海域或建筑物、构筑物面积、界址范围发生变化的,提交有批准权的人民政府或者主管部门的批准文件、海域使用权出让合同补充协议以及变更后的宗海图(宗海位置图、界址图)以及界址点坐标等成果。依法需要补交海域使用金的,还应当提交相关的缴纳凭证;

(3)海域或建筑物、构筑物用途发生变化的,提交有批准权的人民政府或其主管部门的批准文件、海域使用权出让合同补充协议。依法需要补交海域使用金的,还应当提交相关的缴纳凭证;

(4)海域使用期限发生变化或续期的,提交有批准权的人民政府或其主管部门的批准文件或者海域使用权出让合同补充协议。依法需要补交海域使用金的,还应当提交相关的缴纳凭证;

(5)共有性质变更的,应提交共有性质变更协议书或生效法律文书.

5　法律、行政法规以及《实施细则》规定的其他材料。

12.2.4　审查要点

不动产登记机构在审核过程中应注意以下要点:

1　申请变更登记的海域使用权以及建筑物、构筑物所有权是否已经登记;

2　海域使用权以及建筑物、构筑物所有权的变更材料是否齐全、有效;

3　申请变更事项与变更登记文件记载的变更事实是否一致;

4　依法应当缴纳海域使用金的,是否已按规定缴纳相应价款;

5　申请登记事项与不动产登记簿的记载是否冲突;

6　本规范第4章要求的其他审查事项。

不存在本规范第4.8.2条不予登记情形的,将登记事项记载于不动产登记簿。

12.3　转移登记

12.3.1　适用

已经登记的海域使用权以及建筑物、构筑物所有权,因下列情形之一导致权属发生转移的,当事人可以申请转移登记:

1　企业合并、分立或者与他人合资、合作经营、作价入股的;

2　依法转让、赠与的;

3　继承、受遗赠取得的;

4　人民法院、仲裁委员会生效法律文书导致权属转移的;

5　法律、行政法规规定的其他情形。

12.3.2　申请主体

海域使用权以及建筑物、构筑物所有权转移登记应当由双方共同申请。属本规范第12.3.1条第3、4项情形的,可由单方申请。

12.3.3　申请材料

海域使用权以及建筑物、构筑物所有权转移登记,提交的材料包括:

1　不动产登记申请书;

2　申请人身份证明;

3　不动产权属证书;

4　海域使用权以及建筑物、构筑物所有权转移的材料,包括:

(1)法人或非法人组织合并、分立或者与他人合资、合作经营,导致权属发生转移的,提交法人或非法人组织合并、分立的材料以及不动产权属转移的材料;

(2)作价出资(入股)的,提交作价出资(入股)协议;

(3)买卖的,提交买卖合同;赠与的,提交赠与合同;

(4)因继承、受遗赠取得的,按照本规范1.8.6的规定提交材料;

(5)因人民法院、仲裁委员会的生效法律文书等导致权属发生变化的,提交人民法院、仲裁委员会的生效法律文书等材料。

(6)转让批准取得的海域使用权,提交原批准用海的海洋行政主管部门批准转让的文件。

5　依法需要补交海域使用金、缴纳税费的,应当提交缴纳海域使用金缴款凭证、税费缴纳凭证；

6 法律、行政法规以及《实施细则》规定的其他材料。

12.3.4 审查要点

不动产登记机构在审核过程中应注意以下要点：

1 海域使用权以及建筑物、构筑物所有权转移的登记原因文件是否齐全、有效；

2 申请转移的海域使用权以及建筑物、构筑物所有权与登记原因文件记载是否一致；

3 海域使用权以及建筑物、构筑物所有权被查封的，不予办理转移登记；

4 有异议登记的，受让方是否已签署知悉存在异议登记并自担风险的书面承诺；

5 申请登记事项与不动产登记簿的记载是否冲突；

6 依法应当缴纳海域使用金、纳税的，是否已缴纳海域使用金和有关税费；

7 本规范第4章要求的其他审查事项。

不存在本规范第4.8.2条不予登记情形的，将登记事项记载于不动产登记簿，并向权利人核发不动产权属证书。

12.4 注销登记

12.4.1 适用

已经登记的海域使用权以及建筑物、构筑物所有权，有下列情形之一的，当事人可以申请办理注销登记：

1 不动产灭失的；

2 权利人放弃海域使用权以及建筑物、构筑物所有权的；

3 因人民法院、仲裁委员会的生效法律文书等导致海域使用权以及建筑物、构筑物所有权消灭的；

4 法律、行政法规规定的其他情形。

12.4.2 申请主体

海域使用权以及建筑物、构筑物所有权注销登记的申请主体应当为不动产登记簿记载的权利人。

12.4.3 申请材料

申请海域使用权以及建筑物、构筑物所有权注销登记，提交的材料包括：

1 不动产登记申请书；

2 申请人身份证明；

3 不动产权属证书；

4 海域使用权以及建筑物、构筑物所有权消灭的材料，包括：

（1）不动产灭失的，提交证实灭失的材料；

（2）权利人放弃海域使用权以及建筑物、构筑物所有权的，提交权利人放弃权利的书面文件。设立抵押权、地役权或者已经办理预告登记、查封登记的，需提交抵押权人、地役权人、预告登记权利人、查封机关同意注销的书面材料；

（3）因人民法院或者仲裁委员会生效法律文书等导致海域使用权以及建筑物、构筑物所有权消灭的，提交人民法院或者仲裁委员会生效法律文书等材料；

5 法律、行政法规以及《实施细则》规定的其他材料。

12.4.4 审查要点

不动产登记机构在审核过程中应注意以下要点：

1 申请注销的海域使用权以及建筑物、构筑物所有权是否已经登记；

2 海域使用权以及建筑物、构筑物所有权的注销材料是否齐全、有效；

3 不动产灭失的，是否已实地查看；

4 海域使用权以及建筑物、构筑物所有权已设立抵押权、地役权或者已经办理预告登记、查封登记的，权利人放弃权利申请注销登记的，是否提供抵押权人、地役权人、预告登记权利人、查封机关书面同意；

5 申请登记事项与不动产登记簿的记载是否冲突；

6 本规范第4章要求的其他审查事项。

不存在本规范第4.8.2条不予登记情形的，将登记事项以及不动产权证书或者不动产登记证明收回、作废等内容记载于不动产登记簿。

申请无居民海岛登记的，参照海域使用权及建筑物、构筑物所有权登记的有关规定办理。

13 地役权登记

13.1 首次登记

13.1.1 适用

按照约定设定地役权利用他人不动产，有下列情形之一的，当事人可以申请地役权首次登记。地役权设立后，办理首次登记前发生变更、转移的,当事人应当就已经变更或转移的地役权,申请首次登记。

1　因用水、排水、通行利用他人不动产的;

2　因铺设电线、电缆、水管、输油管线、暖气和燃气管线等利用他人不动产的;

3　因架设铁塔、基站、广告牌等利用他人不动产的;

4　因采光、通风、保持视野等限制他人不动产利用的;

5　其他为提高自己不动产效益,按照约定利用他人不动产的情形。

13.1.2　申请主体

地役权首次登记应当由地役权合同中载明的需役地权利人和供役地权利人共同申请。

13.1.3　申请材料

申请地役权首次登记,提交的材料包括:

1　不动产登记申请书;

2　申请人身份证明;

3　需役地和供役地的不动产权属证书;

4　地役权合同;

5　地役权设立后,办理首次登记前发生变更、转移的,还应提交相关材料;

6　法律、行政法规以及《实施细则》规定的其他材料。

13.1.4　审查要点

不动产登记机构在审核过程中应注意以下要点:

1　供役地、需役地是否已经登记;

2　不动产登记申请书、不动产权属证书、地役权合同等材料记载的主体是否一致;

3　是否为利用他人不动产而设定地役权;

4　当事人约定的利用方法是否属于其他物权的内容;

5　地役权内容是否违反法律、行政法规的强制性规定;

6　供役地被抵押的,是否已经抵押权人书面同意;

7　本规范第4章要求的其他审查事项。

不存在本规范第4.8.2条不予登记情形的,记载不动产登记簿后向权利人核发不动产登记证明。地役权首次登记,不动产登记机构应当将登记事项分别记载于需役地和供役地不动产登记簿。

13.2　变更登记

13.2.1　适用

已经登记的地役权,因下列变更情形之一的,当事人应当申请变更登记:

1　需役地或者供役地权利人姓名或者名称、身份证明类型或者身份证明号码发生变化的;

2　共有性质变更的;

3　需役地或者供役地自然状况发生变化;

4　地役权内容变更的;

5　法律、行政法规规定的其他情形。

13.2.2　申请主体

地役权变更登记的申请主体应当为需役地权利人和供役地权利人。因共有人的姓名、名称发生变化的,可以由姓名、名称发生变化的权利人申请;因不动产自然状况变化申请变更登记的,可以由共有人一人或多人申请。

13.2.3　申请材料

申请地役权变更登记,提交的材料包括:

1　不动产登记申请书;

2　申请人身份证明;

3　不动产登记证明;

4　地役权变更的材料,包括:

(1)权利人姓名或者名称、身份证明类型或者身份证明号码发生变化的,提交能够证实其身份变更的材料;

(2)需役地或者供役地的面积发生变化的,提交有批准权的人民政府或其主管部门的批准文件以及变更后的权籍调查表、宗地图和宗地界址坐标等不动产权籍调查成果;

(3)共有性质变更的,提交共有性质变更协议;

(4)地役权内容发生变化的,提交地役权内容变更的协议。

5　法律、行政法规以及《实施细则》规定的其他材料。

13.2.4　审查要点

不动产登记机构在审核过程中应注意以下要点:

1　申请变更登记的地役权是否已经登记;

2　地役权的变更材料是否齐全、有效;

3　申请变更事项与变更登记文件记载的变更事实是否一致;

4　本规范第4章要求的其他审查事项。

不存在本规范第4.8.2条不予登记情形的,将登记事项记载于不动产登记簿。地役权变更登记,不动产登记机构应当将登记事项分别记载于需役地和供役地的不动产登记簿。

13.3 转移登记

13.3.1 适用

已经登记的地役权不得单独转让、抵押。因土地承包经营权、建设用地使用权等转让发生转移的,当事人应当一并申请地役权转移登记。申请需役地转移登记,需役地权利人拒绝一并申请地役权转移登记的,还应当提供相关的书面材料。

13.3.2 申请主体

地役权转移登记应当由双方共同申请。

13.3.3 申请材料

地役权转移登记与不动产转移登记合并办理,提交的材料包括:

1 不动产登记申请书;

2 申请人身份证明;

3 不动产登记证明;

4 地役权转移合同;

5 法律、行政法规以及《实施细则》规定的其他材料。

13.3.4 审查要点

不动产登记机构在审核过程中应注意以下要点:

1 申请转移登记的地役权是否已经登记;

2 地役权转移的登记原因文件是否齐全、有效;

3 地役权是否为单独转让;

4 按本规范第4章的要求的其他审查事项。

不存在本规范第4.8.2条不予登记情形的,将登记事项记载于不动产登记簿,并向权利人核发不动产登记证明。单独申请地役权转移登记的,不予办理。地役权转移登记,不动产登记机构应当将登记事项分别记载于需役地和供役地不动产登记簿。

13.4 注销登记

13.4.1 适用

已经登记的地役权,有下列情形之一的,当事人可以申请地役权注销登记:

1 地役权期限届满的;

2 供役地、需役地归于同一人的;

3 供役地或者需役地灭失的;

4 人民法院、仲裁委员会的生效法律文书等导致地役权消灭的;

5 依法解除地役权合同的;

6 其他导致地役权消灭的事由。

13.4.2 申请主体

当事人依法解除地役权合同的,应当由供役地、需役地双方共同申请,其他情形可由当事人单方申请。

13.4.3 申请材料

申请地役权注销登记,提交的材料包括:

1 不动产登记申请书;

2 申请人身份证明;

3 不动产登记证明;

4 地役权消灭的材料,包括:

(1)地役权期限届满的,提交地役权期限届满的材料;

(2)供役地、需役地归于同一人的,提交供役地、需役地归于同一人的材料;

(3)供役地或者需役地灭失的,提交供役地或者需役地灭失的材料;

(4)人民法院、仲裁委员会效法律文书等导致地役权消灭的,提交人民法院、仲裁委员会的生效法律文书等材料;

(5)依法解除地役权合同的,提交当事人解除地役权合同的协议。

5 法律、行政法规以及《实施细则》规定的其他材料。

13.4.4 审查要点

不动产登记机构在审核过程中应注意以下要点:

1 注销的地役权是否已经登记;

2 地役权消灭的材料是否齐全、有效;

3 供役地或者需役地灭失的,是否已按规定进行实地查看;

4 本规范第4章要求的其他审查事项。

不存在本规范第4.8.2条不予登记情形的,将登记事项以及不动产登记证明收回、作废等内容记载于不动产登记簿。地役权注销登记,不动产登记机构应当将登记事项分别记载于需役地和供役地不动产登记簿。

14 抵押权登记

14.1 首次登记

14.1.1 适用

在借贷、买卖等民事活动中,自然人、法人或非法人组织为保障其债权实现,依法设立不动产抵押权的,可以由抵押人和抵押权人共同申请办理不动产抵押登记。以建设用地使用权、海域使用权抵押的,该土地、海域上的建筑物、构筑物一并抵押;以建筑物、构筑物抵押的,该建筑物、构筑物占用范围内的建设用地使用权、海域使用权一并抵押。

1 为担保债务的履行,债务人或者第三人不转移不动产的占有,将该不动产抵押给债权人的,当事人可以申请一般抵押权首次登记;

2 为担保债务的履行,债务人或者第三人对一定期间内将要连续发生的债权提供担保不动产的,当事人可以申请最高额抵押权首次登记;

3 以正在建造的建筑物设定抵押的,当事人可以申请建设用地使用权及在建建筑物抵押权首次登记。

14.1.2 抵押财产范围

以下列财产进行抵押的,可以申请办理不动产抵押登记:

1 建设用地使用权;

2 建筑物和其他土地附着物;

3 海域使用权;

4 土地经营权;

5 正在建造的建筑物;

6 法律、行政法规未禁止抵押的其他不动产。

14.1.3 不得办理抵押登记的财产范围

对于法律禁止抵押的下列财产,不动产登记机构不得办理不动产抵押登记:

1 土地所有权、海域所有权;

2 宅基地、自留地、自留山等集体所有的土地使用权,但是法律规定可以抵押的除外;

3 学校、幼儿园、医疗机构、养老机构等为公益目的成立的非营利法人的教育设施、医疗卫生设施、养老设施和其他社会公益设施;

4 所有权、使用权不明或者有争议的不动产;

5 依法被查封的不动产;

6 法律、行政法规规定不得抵押的其他不动产。

14.1.4 申请主体

抵押权首次登记应当由抵押人和抵押权人共同申请。

14.1.5 申请材料

申请抵押权首次登记,提交的材料包括:

1 不动产登记申请书;

2 申请人身份证明;

3 不动产权属证书。

4 主债权合同。最高额抵押的,应当提交一定期间内将要连续发生债权的合同或者其他登记原因文件等必要材料;

5 抵押合同。主债权合同中包含抵押条款的,可以不提交单独的抵押合同书。最高额抵押的,应当提交最高额抵押合同。

6 下列情形还应当提交以下材料:

(1)同意将最高额抵押权设立前已经存在的债权转入最高额抵押担保的债权范围的,应当提交已存在债权的合同以及当事人同意将该债权纳入最高额抵押权担保范围的书面材料;

(2)在建建筑物抵押的,应当提交建设工程规划许可证;

7 法律、行政法规以及《实施细则》规定的其他材料。

14.1.6 审查要点

不动产登记机构在审核过程中应注意以下要点:

1 抵押财产是否已经办理不动产登记;

2 抵押财产是否属于法律、行政法规禁止抵押的不动产;

3 抵押合同上记载的抵押人、抵押权人、被担保主债权的数额或种类、担保范围、债务履行期限、抵押不动产是否明确;最高额抵押权登记的,最高债权额限度、债权确定的期间是否明确;

4 申请人与不动产权证书或不动产登记证明、主债权合同、抵押合同、最高额抵押合同等记载的主体是否一致;

5 在建建筑物抵押的,抵押财产不包括已经办理预告登记的预购商品房和已办理预售合同登记备案的商品房;

6 在建建筑物抵押,应当实地查看的,是否已实地查看;

7 有查封登记的,不予办理抵押登记,但在商品房抵押预告登记后办理的预查封登记,不影响商品房抵押预告登记转抵押权首次登记;

8 办理抵押预告登记转抵押权首次登记,抵押权人与抵押预告登记权利人是否一致;

二、物权公示

9　同一不动产上设有多个抵押权的,应当按照受理时间的先后顺序依次办理登记;

10　登记申请是否违反法律、行政法规的规定;

11　本规范第4章要求的其他审查事项。

不存在本规范第4.8.2条不予登记情形的,记载不动产登记簿后向抵押权人核发不动产登记证明。

14.2　变更登记

14.2.1　适用

已经登记的抵押权,因下列情形发生变更的,当事人可以申请抵押权变更登记:

1　权利人姓名或者名称、身份证明类型或者身份证明号码发生变化的;

2　担保范围发生变化的;

3　抵押权顺位发生变更的;

4　被担保的主债权种类或者数额发生变化的;

5　债务履行期限发生变化的;

6　最高债权额发生变化的;

7　最高额抵押权债权确定的期间发生变化的;

8　法律、行政法规规定的其他情形。

14.2.2　申请主体

申请抵押权变更登记,应当由抵押人和抵押权人共同申请。因抵押人或抵押权人姓名、名称发生变化的,可由发生变化的当事人单方申请;不动产坐落、名称发生变化的,可由抵押人单方申请。

14.2.3　申请材料

申请抵押权变更登记,提交的材料包括:

1　不动产登记申请书;

2　申请人身份证明;

3　不动产权证书和不动产登记证明;

4　抵押权变更的材料,包括:

(1)抵押权人或者抵押人姓名、名称变更的,提交能够证实其身份变更的材料;

(2)担保范围、抵押权顺位、被担保债权种类或者数额、债务履行期限、最高债权额、债权确定期间等发生变更的,提交抵押人与抵押权人约定相关变更内容的协议;

5　因抵押权顺位、被担保债权数额、最高债权额、担保范围、债务履行期限发生变更等,对其

他抵押权人产生不利影响的,还应当提交其他抵押权人的书面同意文件和身份证明文件;

6　法律、行政法规以及《实施细则》规定的其他材料。

14.2.4　审查要点

不动产登记机构在审核过程中应注意以下要点:

1　申请变更登记的抵押权是否已经登记;

2　抵押权变更的材料是否齐全、有效;

3　申请变更的事项与变更登记文件记载的变更事实是否一致;

4　抵押权变更影响其他抵押权人利益的,是否已经其他抵押权人书面同意;

5　本规范第4章要求的其他审查事项。

不存在本规范第4.8.2条不予登记情形的,将登记事项记载于不动产登记簿。

14.3　转移登记

14.3.1　适用

因主债权转让导致抵押权转让的,当事人可以申请抵押权转移登记。

最高额抵押权担保的债权确定前,债权人转让部分债权的,除当事人另有约定外,不得办理最高额抵押权转移登记。债权人转让部分债权,当事人约定最高额抵押权随同部分债权的转让而转移的,应当分别申请下列登记:

1　当事人约定原抵押权人与受让人共同享有最高额抵押权的,应当申请最高额抵押权转移登记和最高额抵押权变更登记;

2　当事人约定受让人享有一般抵押权、原抵押权人就扣减已转移的债权数额后继续享有最高额抵押权的,应当一并申请一般抵押权转移登记和最高额抵押权变更登记;

3　当事人约定原抵押权人不再享有最高额抵押权的,应当一并申请最高额抵押权确定登记和一般抵押权转移登记。

14.3.2　申请主体

抵押权转移登记应当由不动产登记簿记载的抵押权人和债权受让人共同申请。

14.3.3　申请材料

申请抵押权转移登记,提交的材料包括:

1　不动产登记申请书;

2　申请人身份证明;

3　不动产权证书和不动产登记证明;

4 抵押权转移的材料,包括:

(1)申请一般抵押权转移登记的,还应当提交被担保主债权的转让协议;

(2)申请最高额抵押权转移登记的,还应当提交部分债权转移的材料、当事人约定最高额抵押权随同部分债权的转让而转移的材料;

(3)债权人已经通知债务人的材料。

5 法律、行政法规以及《实施细则》规定的其他材料。

14.3.4 审查要点

不动产登记机构在审核过程中应注意以下要点:

1 申请转移登记的抵押权是否已经登记;

2 申请转移登记的材料是否齐全、有效;

3 申请转移的抵押权与抵押权转移登记申请材料的记载是否一致;

4 本规范第4章要求的其他审查事项。

不存在本规范第4.8.2条不予登记情形的,将登记事项记载于不动产登记簿,并向权利人核发不动产登记证明。

14.4 注销登记

14.4.1 适用

已经登记的抵押权,发生下列情形之一的,当事人可以申请抵押权注销登记:

1 主债权消灭的;

2 抵押权已经实现的;

3 抵押权人放弃抵押权的;

4 因人民法院、仲裁委员会的生效法律文书致使抵押权消灭的;

5 法律、行政法规规定抵押权消灭的其他情形。

14.4.2 申请主体

不动产登记簿记载的抵押权人与抵押人可以共同申请抵押权的注销登记。

债权消灭或抵押权人放弃抵押权的,抵押权人可以单方申请抵押权的注销登记。

人民法院、仲裁委员会生效法律文书确认抵押权消灭的,抵押人等当事人可以单方申请抵押权的注销登记。

14.4.3 申请材料

申请抵押权注销登记,提交的材料包括:

1 不动产登记申请书;

2 申请人身份证明;

3 抵押权消灭的材料;

4 抵押权人与抵押人共同申请注销登记的,提交不动产权证书和不动产登记证明;抵押权人单方申请注销登记的,提交不动产登记证明;抵押人等当事人单方申请注销登记的,提交证实抵押权已消灭的人民法院、仲裁委员会作出的生效法律文书;

5 法律、行政法规以及《实施细则》规定的其他材料。

14.4.4 审查要点

不动产登记机构在审核过程中应注意以下要点:

1 申请注销的抵押权是否已经登记;

2 申请抵押权注销登记的材料是否齐全、有效;

3 申请注销的抵押权与抵押权注销登记申请材料的记载是否一致;

4 本规范第4章要求的其他审查事项。

不存在本规范第4.8.2条不予登记情形的,将登记事项以及不动产登记证明收回、作废等内容记载于不动产登记簿。

15 预告登记

15.1 预告登记的设立

15.1.1 适用

有下列情形之一的,当事人可以按照约定申请不动产预告登记:

1 商品房等不动产预售的;

2 不动产买卖、抵押的;

3 以预购商品房设定抵押权的;

4 法律、行政法规规定的其他情形。

15.1.2 申请主体

预告登记的申请主体应当为买卖房屋或者其他不动产物权的协议的双方当事人。预购商品房的预售人和预购人订立商品房买卖合同后,预售人未按照约定与预购人申请预告登记时,预购人可以单方申请预告登记。

15.1.3 申请材料

申请预告登记,申请人提交的材料包括:

1 不动产登记申请书;

2 申请人身份证明;

3 当事人关于预告登记的约定;

4 属于下列情形的,还应当提交下列材料:

(1)预购商品房的,提交已备案的商品房预售合同。依法应当备案的商品房预售合同,经县级以上人民政府房产管理部门或土地管理部门备案,作为登记的申请材料。

（2）以预购商品房等不动产设定抵押权的,提交不动产登记证明以及不动产抵押合同、主债权合同;

（3）不动产转移的,提交不动产权属证书、不动产转让合同;

（4）不动产抵押的,提交不动产权属证书、不动产抵押合同和主债权合同。

5　预售人与预购人在商品房预售合同中对预告登记附有条件和期限的,预购人应当提交相应材料。

6　法律、行政法规以及《实施细则》规定的其他材料。

买卖房屋或者其他不动产物权的协议中包括预告登记的约定或对预告登记附有条件和期限的约定,可以不单独提交相应材料。

15.1.4　审查要点

不动产登记机构在审核过程中应注意以下要点:

1　申请预购商品房预告登记的,其预售合同是否已经备案;申请预购商品房抵押预告登记的,是否已经办理预购商品房预告登记;申请其他预告登记的,不动产物权是否已经登记;

2　申请人与申请材料记载的主体是否一致;

3　申请登记的内容与登记原因文件或者权属来源材料是否一致;

4　不动产买卖、抵押的,预告登记内容是否与不动产登记簿记载的有关内容冲突;

5　不动产被查封的,不予办理;

6　本规范第4章要求的其他审查事项。

不存在本规范第4.8.2条不予登记情形的,记载不动产登记簿后向申请人核发不动产登记证明。

15.2　预告登记的变更

15.2.1　适用

因当事人的姓名、名称、身份证明类型或者身份证明号码等发生变更的,当事人可申请预告登记的变更。

15.2.2　申请主体

预告登记变更可以由不动产登记簿记载的当事人单方申请。

15.2.3　申请材料

申请预告登记的变更,申请人提交的材料包括:

1　不动产登记申请书;

2　申请人身份证明;

3　预告登记内容发生变更的材料;

4　法律、行政法规以及《实施细则》规定的其他材料。

15.2.4　审查要点

不动产登记机构在审核过程中应注意以下要点:

1　申请变更登记的材料是否齐全、有效;

2　申请人与申请材料记载的主体是否一致;

3　变更登记的事项与申请变更登记的材料记载的内容是否一致;

4　申请登记事项与不动产登记簿的记载是否冲突;

5　本规范第4章要求的其他审查事项。

不存在本规范第4.8.2条不予登记情形的,将登记事项记载于不动产登记簿。

15.3　预告登记的转移

15.3.1　适用

有下列情形之一的,当事人可申请预告登记的转移:

1　因继承、受遗赠导致不动产预告登记转移的;

2　因人民法院、仲裁委员会生效法律文书导致不动产预告登记转移的;

3　因主债权转移导致预购商品房抵押预告登记转移的;

4　因主债权转移导致不动产抵押预告登记转移的;

5　法律、行政法规规定的其他情形。

15.3.2　申请主体

预告登记转移的申请人由不动产登记簿记载的预告登记权利人和该预告登记转移的受让人共同申请。因继承、受遗赠、人民法院、仲裁委员会生效法律文书导致不动产预告登记转移的可以单方申请。

15.3.3　申请材料

申请预告登记的转移,申请人提交的材料包括:

1　不动产登记申请书;

2 申请人身份证明;

3 按照不同情形,提交下列材料:

(1)继承、受遗赠的,按照本规范 1.8.6 的规定提交材料;

(2)人民法院、仲裁委员会生效法律文书

(3)主债权转让的合同和已经通知债务人的材料;

4 法律、行政法规以及《实施细则》规定的其他材料。

15.3.4 审查要点

不动产登记机构在审核过程中应注意以下要点:

1 预告登记转移的登记原因文件是否齐全、有效;

2 申请转移的预告登记与登记申请材料的记载是否一致;

3 申请登记事项与不动产登记簿记载的事项是否冲突;

4 本规范第 4 章要求的其他审查事项。

不存在本规范第 4.8.2 条不予登记情形的,将登记事项记载于不动产登记簿,并向权利人核发不动产登记证明。

15.4 预告登记的注销

15.4.1 适用

有下列情形之一的,当事人可申请注销预告登记:

1 买卖不动产物权的协议被认定无效、被撤销、被解除等导致债权消灭的;

2 预告登记的权利人放弃预告登记的;

3 法律、行政法规规定的其他情形。

15.4.2 申请主体

申请人为不动产登记簿记载的预告登记权利人或生效法律文书记载的当事人。预告当事人协议注销预告登记的,申请人应当为买卖房屋或者其他不动产物权的协议的双方当事人。

15.4.3 申请材料

申请注销预告登记,申请人提交的材料包括:

1 不动产登记申请书;

2 申请人身份证明;

3 不动产登记证明;

4 债权消灭或者权利人放弃预告登记的材料;

5 法律、行政法规以及《实施细则》规定的其

他材料。

15.4.4 审查要点

不动产登记机构在审核过程中应注意以下要点:

1 预告登记的注销材料是否齐全、有效;

2 不动产作为预告登记权利人的财产被预查封的,不予办理;

3 本规范第 4 章要求的其他审查事项。

不存在本规范第 4.8.2 条不予登记情形的,将登记事项以及不动产登记证明收回、作废等内容记载于不动产登记簿。

16 更正登记

16.1 依申请更正登记

16.1.1 适用

权利人、利害关系人认为不动产登记簿记载的事项有错误,或者人民法院、仲裁委员会生效法律文书等确定的不动产权利归属、内容与不动产登记簿记载的权利状况不一致的,当事人可以申请更正登记。

16.1.2 申请主体

依申请更正登记的申请人应当是不动产的权利人或利害关系人。利害关系人应当与申请更正的不动产登记簿记载的事项存在利害关系。

16.1.3 申请材料

申请更正登记提交的材料包括:

1 不动产登记申请书;

2 申请人身份证明;

3 证实不动产登记簿记载事项错误的材料,但不动产登记机构书面通知相关权利人申请更正登记的除外;

4 申请人为不动产权利人的,提交不动产权属证书;申请人为利害关系人的,证实与不动产登记簿记载的不动产权利存在利害关系的材料;

5 法律、行政法规以及《实施细则》规定的其他材料。

16.1.4 审查要点

不动产登记机构在审核过程中应注意以下要点:

1 申请人是否是不动产的权利人或利害关系人;利害关系人申请更正的,利害关系材料是否

能够证实申请人与被更正的不动产有利害关系；

2 申请更正的登记事项是否已在不动产登记簿记载；错误登记之后是否已经办理了该不动产转移登记，或者办理了抵押权或地役权首次登记、预告登记和查封登记且未注销的；

3 权利人同意更正的，在权利人出具的书面材料中，是否已明确同意更正的意思表示，并且申请人是否提交了证明不动产登记簿确有错误的证明材料；更正事项由人民法院、仲裁委员会法律文书等确认的，法律文书等材料是否已明确不动产权利归属，是否已经发生法律效力；

4 本规范第 4 章要求的其他审查事项。

不存在本规范第 4.8.2 条不予登记情形的，将更正事项记载不动产登记簿，涉及不动产权证书或者不动产登记证明记载内容的，向权利人换发不动产权证书或者不动产登记证明。

16.2 依职权更正登记

16.2.1 适用

不动产登记机构发现不动产登记簿记载的事项有错误，不动产登记机构应书面通知当事人在 30 个工作日内申请办理更正登记，当事人逾期不办理的，不动产登记机构应当在公告 15 个工作日后，依法予以更正；但在错误登记之后已经办理了涉及不动产权利处分的登记、预告登记和查封登记的除外。

16.2.2 登记材料

不动产登记机构依职权更正登记应当具备下列材料：

1 证实不动产登记簿记载事项错误的材料；

2 通知权利人在规定期限内办理更正登记的材料和送达凭证；

3 法律、行政法规以及《实施细则》规定的其他材料。

16.2.3 审查要点

不动产登记机构启动更正登记程序后，还应该按照以下要点进行审核：

1 不动产登记机构是否已书面通知相关权利人在规定期限内申请办理更正登记，而当事人无正当理由逾期不申请办理；

2 查阅不动产登记资料，审查登记材料或者

有效的法律文件是否能证实不动产登记簿记载错误；

3 在错误登记之后是否已经办理了涉及不动产权利处分的登记、预告登记和查封登记；

4 书面通知的送达对象、期限及时间是否符合规定；

5 更正登记事项是否已按规定进行公告；

6 本规范第 4 章要求的其他审查事项。

17 异议登记

17.1 异议登记

17.1.1 适用

利害关系人认为不动产登记簿记载的事项有错误，权利人不同意更正的，利害关系人可以申请异议登记。

17.1.2 申请主体

异议登记申请人应当是利害关系人。

17.1.3 申请材料

申请异议登记需提交下列材料：

1 不动产登记申请书；

2 申请人身份证明；

3 证实对登记的不动产权利有利害关系的材料；

4 证实不动产登记簿记载的事项错误的材料；

5 法律、行政法规以及《实施细则》规定的其他材料。

17.1.4 审查要点

不动产登记机构在审核过程中应注意以下要点：

1 利害关系材料是否能够证实申请人与被异议的不动产权利有利害关系；

2 异议登记事项的内容是否已经记载于不动产登记簿；

3 同一申请人是否就同一异议事项提出过异议登记申请；

4 不动产被查封、抵押或设有地役权的，不影响该不动产的异议登记；

5 本规范第 4 章要求的其他审查事项。

不存在本规范第 4.8.2 条不予登记情形的，不动产登记机构应即时办理。在记载不动产登记簿

后,向申请人核发不动产登记证明。

17.2 注销异议登记

17.2.1 适用

1 异议登记期间,异议登记申请人可以申请注销异议登记;

2 异议登记申请人自异议登记之日起 15 日内,未提交人民法院受理通知书、仲裁委员会受理通知书等提起诉讼、申请仲裁的,异议登记失效。

17.2.2 申请主体

注销异议登记申请人是异议登记申请人。

17.2.3 申请材料

申请注销异议登记提交的材料包括:

1 不动产登记申请书;

2 申请人身份证明;

3 异议登记申请人申请注销登记的,提交不动产登记证明;或者异议登记申请人的起诉被人民法院裁定不予受理或者予以驳回诉讼请求的材料;

4 法律、行政法规以及《实施细则》规定的其他材料。

17.2.4 审查要点

不动产登记机构在审核过程中应注意以下要点:

1 申请注销异议登记的材料是否齐全、有效;

2 本规范第 4 章要求的其他审查事项。

不存在本规范第 4.8.2 条不予登记情形的,不动产登记机构应即时办理,将登记事项内容记载于不动产登记簿。

18 查封登记

18.1 查封登记

18.1.1 适用

不动产登记机构依据国家有权机关的嘱托文件依法办理查封登记的,适用查封登记。

18.2 嘱托查封主体

嘱托查封的主体应当为人民法院、人民检察院或公安机关等国家有权机关。

18.2.1 嘱托材料

办理查封登记需提交下列材料:

1 人民法院、人民检察院或公安机关等国家有权机关送达人的工作证和执行公务的证明文件。委托其他法院送达的,应当提交委托送达函;

2 人民法院查封的,应当提交查封或者预查封的协助执行通知书;人民检察院查封的,应提交查封函;公安等国家有权机关查封的,应提交协助查封的有关文件。

18.2.2 审查要点

不动产登记机构接收嘱托文件后,应当要求送达人签名,并审查以下内容:

1 查看嘱托机关送达人的工作证和执行公务的证明文件,并与嘱托查封单位进行核实。委托送达的,委托送达函是否已加盖委托机关公章,是否注明委托事项、受委托机关等;

2 嘱托文件是否齐全、是否符合规定;

3 嘱托文件所述查封事项是否清晰,是否已注明被查封的不动产的坐落名称、权利人及有效的不动产权属证书号。被查封不动产的内容与不动产登记簿的记载是否一致;

4 本规范第 4 章要求的其他审查事项。

不动产登记机构不对查封机关送达的嘱托文件进行实体审查。不动产登记机构认为登记事项存在异议的,不动产登记机构应当办理查封登记,并向嘱托机关提出审查建议。不动产登记机构审查后符合登记条件的,应即时将查封登记事项记载于不动产登记簿。

18.2.3 因两个或以上嘱托事项查封同一不动产的,不动产登记机构应当为先送达查封通知书的嘱托机关办理查封登记,对后送达的嘱托机关办理轮候查封登记。轮候查封登记的顺序按照嘱托机关嘱托文书依法送达不动产登记机构的时间先后进行排列。

不动产在预查封期间登记在被执行人名下的,预查封登记自动转为查封登记,预查封转为正式查封后,查封期限从预查封之日起计算。

18.3 注销查封登记

18.3.1 适用

1 查封期间,查封机关解除查封的,不动产登记机构应当根据其嘱托文件办理注销查封登记。

2 不动产查封、预查封期限届满,查封机关未嘱托解除查封、解除预查封或续封的,查封登记失效。

18.3.2 登记材料

办理注销查封登记需提交下列材料:

1 人民法院、人民检察院或公安机关等国家有权机关送达人的工作证和执行公务的证明文件。委托其他法院送达的,应提交委托送达函;

2 人民法院解除查封的,提交解除查封或解除预查封的协助执行通知书;公安机关等人民政府有权机关解除查封的,提交协助解除查封通知书;人民检察院解除查封的,提交解除查封函。

3 法律、行政法规以及《实施细则》规定的其他材料。

18.3.3 审查要点

不动产登记机构接收嘱托文件时,应当要求送达人签名,并审查以下内容:

1 查看嘱托机关送达人的工作证和执行公务的证明文件。委托其他法院送达的,委托送达函是否已加盖委托机关公章,是否注明委托事项、受委托机关等;

2 嘱托文件是否齐全、是否符合规定;

3 嘱托文件所述解除查封事项是否清晰,包括是否注明了解封不动产的名称、权利人及有效的不动产权属证书号。解除查封不动产的内容与不动产登记簿的记载是否一致;

4 本规范第4章要求的其他审查事项。

不动产登记机构审查后符合登记条件的,应将解除查封登记事项记载于不动产登记簿。

19 登记资料管理

19.1 一般规定

19.1.1 登记资料的范围

不动产登记资料包括:

1 不动产登记簿等不动产登记结果;

2 不动产登记原始资料,包括不动产登记申请书、申请人身份证明、不动产权属来源材料、登记原因文件、不动产权籍调查表等申请材料;不动产登记机构查验、询问、实地查看或调查、公告等形成的审核材料;其他有关机关出具的复函、意见以及不动产登记过程中产生的其他依法应当保存的材料等。

不动产登记资料应当由不动产登记机构管理。不动产登记资料中属于归档范围的,应当按照法律、行政法规的规定进行归档管理。

19.1.2 登记资料管理

不动产登记资料由不动产登记机构管理。不动产登记机构应按照以下要求确保不动产登记信息的绝对安全:

1 不动产登记簿等不动产登记结果及权籍图应当永久保存;不动产权籍图包括宗地图、宗海图(宗海位置图、界址图)和房屋平面图等;

2 不动产登记原始资料应当按照规定整理后归档保存和管理;

3 不动产登记资料应当逐步电子化,不动产登记电子登记资料应当通过统一的不动产登记信息管理基础平台进行管理、开发和利用;

4 任何单位和个人不得随意损毁登记资料、不得泄露登记信息;

5 不动产登记机构应当建立符合防火、防盗、防渍、防有害生物等安全保护要求的专门场所,存放不动产登记簿和权籍图等;

6 除法律、行政法规另有规定或者因紧急情况为避免不动产登记簿毁损、灭失外,任何单位或个人不得将不动产登记簿携出不动产登记机构。

19.2 纸质资料管理

19.2.1 保管

不动产登记机构应妥善保管登记资料,防止登记资料污损、遗失,确保登记资料齐全、完整。

19.2.2 移交

登记事项登簿后,不动产登记人员应整理登记资料,填写统一制式的移交清单,将不动产登记原始资料和具有保存价值的其他材料收集、整理,并及时、完整地移交至资料管理部门。

19.2.3 接收

资料管理部门应比对移交清单对移交材料进行检查验收,对符合要求的,资料管理部门应予接收。

19.2.4 立卷

资料立卷宜采用1件1卷的原则,即每办理1件登记所形成的材料立1个卷。资料的立卷应包括:卷内材料的排列与编号、卷内目录和备考表的

编制、卷皮和资料盒或资料袋的编写工作,并应符合下列规定:

1 卷内材料应按下列顺序排列:

(1)目录;

(2)结论性审核材料;

(3)过程性审核材料;

(4)当事人提供的登记申请材料;

(5)图纸;

(6)其他;

(7)备考表。

2 卷内材料应每1页材料编写1个页号。单面书写的材料应在右上角编写页号;双面书写的材料,应在正面右上角、背面左上角编写页号。图表、照片可编在与此相应位置的空白处或其背面;卷内目录、备考表可不编页号。编写页号应使用阿拉伯数字,起始号码从"1"开始。

3 卷内目录编制应符合下列规定:

(1)顺序号应按卷内材料的排列顺序,每份材料应编1个顺序号,不得重复、遗漏;

(2)材料题名应为材料自身的标题,不得随意更改和省略。如材料没有标题,应根据材料内容拟写一个标题;

(3)页次应填写该材料所在的起始页,最后页应填起止页号;

(4)备注应填写需注明的内容。

4 备考表的编制应符合下列规定:

(1)立卷人应为负责归档材料立卷装订的人员;

(2)检查人应为负责检查归档材料立卷装订质量的人员;

(3)日期应为归档材料立卷装订完毕的日期。

5 卷皮与资料盒或资料袋项目的填写可采用计算机打印或手工填写。手工填写时应使用黑色墨水或墨汁填写,字体工整,不得涂改。

19.2.5 编号

资料编号可采用归档流水号统一制定编号规则。

19.2.6 装订

资料装订应符合下列规定:

1 材料上的金属物应全部剔除干净,操作时不得损坏材料,不得对材料进行剪裁;

2 破损的或幅面过小的材料应采用 A4 白衬纸托裱,1 页白衬纸应托裱 1 张材料,不得托裱 2 张及以上材料;字迹扩散的应复制并与原件一起存档,原件在前,复制件在后;

3 幅面大于 A4 的材料,应按 A4 大小折叠整齐,并预留出装订边际;

4 卷内目录题名与卷内材料题名、卷皮姓名或名称与卷内材料姓名或名称应保持一致。姓名或名称不得用同音字或随意简化字代替;

5 卷内材料应向左下角对齐,装订孔中心线距材料左边际应为 12.5mm;

6 应在材料左侧采用线绳装订;

7 材料折叠后过厚的,应在装订线位置加入垫片保持其平整;

8 卷内材料与卷皮装订在一起的,应整齐美观,不得压字、掉页,不得妨碍翻阅。

19.2.7 入库

纸质资料整理装订完毕,宜消毒除尘后入库。

19.2.8 上架

纸质资料入库后,宜及时上架,以备查验和利用。

19.2.9 保管

不动产登记资料保管,应符合下列规定:

1 资料库房应安装温湿度记录仪、配备空调及去湿、增湿设备,并应定期进行检修、保养;库房的温度应控制在 14℃ ~ 24℃,相对湿度应控制在 45% ~ 60%;

2 资料库房应配备消防器材,并应按要求定期进行检查和更换;应安全使用电器设备,并应定期检查电器线路;库房内严禁明火装置和使用电炉及存放易燃易爆物品;库房内应安装防火及防盗自动报警装置,并应定期检查;

3 资料库房人工照明光源宜选用白炽灯,照度不宜超过 100Lx;当采用荧光灯时,应对紫外线进行过滤;不宜采用自然光源,当有外窗时应采取遮阳措施,资料在任何情况下均应避免阳光直射;

4 资料密集架应与地面保持 80mm 以上距离,其排列应便于通风降湿;

5 应检查虫霉、鼠害。当发现虫霉、鼠害时,

应及时投放药剂,灭菌杀虫;

6 应配备吸尘器,加装密封门。有条件的可设置空气过滤装置。

19.3 电子资料管理

19.3.1 一般规定

电子资料的范围应包括电子资料目录、电子登记簿和纸质资料的数字化加工处理成果。

1 电子资料应以1次登记为1件,按件建立电子资料目录;

2 电子登记簿应按宗地(宗海)为单位建立并应与电子资料目录形成关联;

3 不动产登记纸质资料宜进行数字化处理。

19.3.2 纸质资料数字化处理

数字化处理基本流程应包括案卷整理、资料扫描、图像处理、图像存储、数据挂接、数据关联、数据验收、数据备份与异地保存。

数字化扫描处理应符合下列规定:

1 扫描应根据资料幅面的大小选择相应规格的扫描设备,大幅面资料可采用大幅面扫描仪,也可采用小幅面扫描后的图像拼接方式处理;

2 对页面为黑白二色且字迹清晰、不带插图的资料,可采用黑白二值模式进行扫描;对页面为黑白二色,但字迹清晰度差或带有插图的资料,以及页面为多色文字的资料,可采用灰度模式扫描;对页面中有红头、印章或插有黑白照片、彩色照片、彩色插图的资料,可采用彩色模式进行扫描;

3 当采用黑白二值、灰度、彩色等模式对资料进行扫描时,其分辨率宜选择大于或等于100dpi;在文字偏小、密集、清晰度较差等特殊情况下,可适当提高分辨率;

4 对粘贴折页,可采用大幅面扫描仪扫描,或先分部扫描后拼接;对部分字体很小、字迹密集的情况,可适当提高扫描分辨率,选择灰度扫描或彩色扫描,采用局部深化技术解决;对字迹与表格颜色深度不同的,采用局部淡化技术解决;对页面中有黑白或彩色照片的材料,可采用 JPEG、TIF 等格式储存,应确保照片清晰度。

数字化图像处理应符合下列规定:

1 对出现偏斜的图像应进行纠偏处理;对方向不正确的图像应进行旋转还原;

2 对图像页面中出现的影响图像质量的杂质,应进行去污处理。处理过程中应遵循在不影响可懂度的前提下展现资料原貌的原则;

3 对大幅面资料进行分区扫描形成的多幅图像,应进行拼接处理,合并为一个完整的图像;

4 彩色模式扫描的图像应进行裁边处理,去除多余的白边。

数字化图像存储应符合下列规定:

1 采用黑白二值模式扫描的图像材料,宜采用 TIF 格式存储;采用灰度模式和彩色模式扫描的材料,宜采用 JPEG 格式存储。存储时的压缩率的选择,应以保证扫描的图像清晰可读为前提。提供网络查询的扫描图像,也可存储为 CEB、PDF 或其他格式;

2 图像材料的命名应确保其唯一性,并应与电子资料目录形成对应。

数字化成果汇总应当符合下列规定:

资料数字化转换过程中形成的电子资料目录与数字化图像,应通过网络及时加载到数据服务器端汇总、验收,并应实现目录数据对相关联的数字图像的自动搜索,数字图像的排列顺序与纸质资料相符。

19.3.3 电子资料数据验收

电子资料数据验收应符合下列规定:

1 对录入的目录数据和不动产登记簿数据应进行抽查,抽查率不得低于10%,错误率不得高于3%;

2 对纸质材料扫描后形成的图像材料应进行清晰度、污渍、黑边、偏斜等图像质量问题的控制;

3 对图像和目录数据挂接应进行抽查,抽查率不得低于10%,错误率不得高于3%。

19.3.4 电子资料备份和异地保存

电子资料备份和异地保存应符合下列规定:

1 电子资料目录、电子登记簿以及纸质资料的数字化加工处理成果均应进行备份;

2 可选择在线增量备份、定时完全备份以及异地容灾备份的备份方式;

3 应至少每天1次做好增量数据和材料备份;

4 应至少每周 1 次定时做好完全备份,并应根据自身条件,应至少每年 1 次离线存放。存放地点应符合防火、防盗、防高温、防尘、防光、防潮、防有害气体和防有害生物的要求,还应采用专用的防磁柜存放;

5 应建立异地容灾体系,应对可能的灾害事故。异地容灾的数据存放地点与源数据存放地点距离不得小于 20km,在地震灾害频发地区,间隔距离不宜小于 800km;

6 备份数据应定期进行检验。备份数据检验的主要内容宜包括备份数据正常打开、数据信息完整、材料数量准确等;

7 数据与灾备机房的设计应符合现行国家标准《电子信息系统机房设计规范》GB50174 的规定。

20 登记资料查询

20.1 查询主体

下列情形可以依法查询不动产登记资料:

1 权利人可以查询、复制其全部的不动产登记资料;

2 因不动产交易、继承、诉讼等涉及的利害关系人可以查询、复制不动产自然状况、权利人及其不动产查封、抵押、预告登记、异议登记等状况;

3 人民法院、人民检察院、国家安全机关、监察机关以及其他因执行公务需要的国家机关可以依法查询、复制与调查和处理事项有关的不动产登记资料;

4 法律、行政法规规定的其他情形。

查询不动产登记资料的单位和个人应当向不动产登记机构说明查询目的,不得将查询获得的不动产登记资料用于其他目的;未经权利人同意,不得泄露查询获得的不动产登记信息。

20.2 申请材料

申请人申请查询不动产登记资料,应当填写不动产登记机构制定的不动产登记资料查询申请书,并应当向不动产登记机构提出申请。查询不动产登记资料提交的材料包括:

1 查询申请书;

2 申请人身份证明材料。委托查询的,应当提交授权委托书和代理人的身份证明材料,境外委托人的授权委托书还需经公证或者认证;

3 利害关系人查询的,提交存在利害关系的材料;

4 人民法院、人民检察院、国家安全机关、监察机关以及其他因执行公务需要的国家机关查询的,应当提供本单位出具的协助查询材料和工作人员的工作证和执行公务的证明文件;

5 法律、行政法规规定的其他材料。

不动产登记簿上记载的权利人通过设置在具体办理不动产登记的不动产登记机构的终端自动系统查询登记结果的,可以不提交上述材料。

20.3 查询条件

符合下列条件的,不动产登记机构应当予以查询或复制不动产登记资料:

1 查询主体到不动产登记机构来查询的;

2 查询的不动产属于本不动产登记机构的管辖范围;

3 查询申请材料齐全,且符合形式要求;

4 查询主体及其内容符合本规范第 20.1 条的规定;

5 查询目的明确且不违反法律、行政法规规定;

6 法律、行政法规规定的其他条件。

20.4 出具查询结果

查询人要求出具查询结果证明的,不动产登记机构应当审查申请人的查询目的是否明确,审查是否符合本规范第 20.3 条规定的查询条件。经审查符合查询条件的,按下列程序办理:

1 申请人签字确认申请材料,并承诺查询结果的使用目的和使用范围;

2 向申请人出具查询结果,并在查询结果或者登记资料复印材料上加盖登记资料查询专用章。

20.5 办理时限

符合查询条件的,不动产登记机构应当当场向申请人提供查询结果。因情况特殊,不能当场提供的,应当在 5 个工作日内向申请人提供查询结果。

附 录 A

A.1 不动产登记申请书

不动产登记申请书

收件	编号		收件人		单位:□平方米 □公顷(□亩)、万元
	日期				

申请登记事由	□土地所有权　□国有建设用地使用权　□宅基地使用权　□集体建设用地使用权 □土地承包经营权　□林地使用权　□海域使用权　□无居民海岛使用权 □房屋所有权　□构筑物所有权　□森林、林木所有权　□森林、林木使用权 □抵押权　地役权　□其他_____ □首次登记　□转移登记　□变更登记　□注销登记　□更正登记　□异议登记 □预告登记　□查封登记　□其他_____			
申请人情况	**登记申请人**			
	权利人姓名(名称)			
	身份证件种类		证件号	
	通讯地址		邮　编	
	法定代表人或负责人		联系电话	
	代理人姓名		联系电话	
	代理机构名称			
	登记申请人			
	义务人姓名(名称)			
	身份证件种类		证件号	
	通讯地址		邮　编	
	法定代表人或负责人		联系电话	
	代理人姓名		联系电话	
	代理机构名称			
不动产情况	坐　落			
	不动产单元号		不动产类型	
	面　积		用　途	
	原不动产权属证书号		用海类型	
	构筑物类型		林　种	
抵押情况	被担保债权数额 (最高债权数额)		债务履行期限 (债权确定期间)	
	在建建筑物抵押范围			
地役权情况	需役地坐落			
	需役地不动产单元号			

续表

登记原因及证明	登记原因		
	登记原因证明文件	1.	
		2.	
		3.	
		4.	
		5.	
		6.	
申请证书版式	□单一版　□集成版	申请分别持证	□是　□否
备注			

本申请人对填写的上述内容及提交的申请材料的真实性负责。如有不实,申请人愿承担法律责任。

申请人(签章):　　　　　　　申请人(签章):
代理人(签章):　　　　　　　代理人(签章):
　　　年　　月　　日　　　　　　　年　　月　　日

二、物权公示

不动产登记申请书使用和填写说明

一、使用说明

不动产登记申请书主要内容包括登记收件情况、申请登记事由、申请人情况、不动产情况、抵押情况、地役权情况、登记原因及其证明情况、申请的证书版式及持证情况、不动产登记情况。

不动产登记申请书为示范表格,各地可参照使用,也可以根据实际情况,从便民利民和方便管理出发,进行适当调整。

二、填写说明

【收件编号、时间】填写登记收件的编号和时间。

【收件人】填写登记收件人的姓名。

【登记申请事由】用勾选的方式,选择申请登记的权利或事项及登记的类型。

【权利人、义务人姓名(名称)】填写权利人和义务人身份证件上的姓名或名称。

【身份证件种类、证件号】填写申请人身份证件的种类及编号。境内自然人一般为《居民身份证》,无《居民身份证》的,可以为《户口簿》《军官证》《士官证》;法人或非法人组织一般为《营业执照》《组织机构代码证》《事业单位法人证书》《社会团体法人登记证书》。港澳同胞的为《居民身份证》《港澳居民来往内地通行证》或《港澳同胞回乡证》;台湾同胞的为《台湾居民来往大陆通行证》或其他有效证件。外籍人的身份证件为《护照》和中国政府主管机关签发的居留证件。

【通讯地址、邮编】填写规范的通讯地址、邮政编码。

【法定代表人或负责人】申请人为法人单位的,填写法定代表人姓名;为非法人单位的,填写负责人姓名。

【代理人姓名】填写代权利人申请登记的代理人姓名。

【代理机构名称】代理人为专业登记代理机构的,填写其所属的代理机构名称,否则不填。

【联系电话】填写登记申请人或者登记代理人的联系电话。

【坐落】填写宗地、宗海所在地的地理位置名称。涉及地上房屋的,填写有关部门依法确定的房屋坐落,一般包括街道名称、门牌号、幢号、楼层号、房号等。

【不动产单元号】填写不动产单元的编号。

【不动产类型】填写土地、海域、无居民海岛、房屋、建筑物、构筑物或者森林、林木等。

【面积】填写不动产单元的面积。涉及宗地、宗海及房屋、构筑物的,分别填写宗地、宗海及房屋、构筑物的面积。

【用途】填写不动产单元的用途。涉及宗地、宗海及房屋、构筑物的,分别填写宗地、宗海及房屋、构筑物的用途。

【原不动产权属证书号】填写原来的不动产权证书或者登记证明的编号。

【用海类型】填写《海域使用分类体系》用海类型的二级分类。

【构筑物类型】填写构筑物的类型,包括隧道、桥梁、水塔等地上构筑物类型,透水构筑物、非透水构筑物、跨海桥梁、海底隧道等海上构筑物类型。

【林种】填写森林种类,包括防护林、用材林、经济林、薪炭林、特种用途林等。

【被担保债权数额(最高债权数额)】填写被担保的主债权金额。

【债务履行期限(债权确定期间)】填写主债权合同中约定的债务人履行债务的期限。

【在建建筑物抵押范围】填写抵押合同约定的在建建筑物抵押范围。

【需役地坐落、不动产单元号】填写需役地所在的坐落及其不动产单元号。

【登记原因】填写不动产权利首次登记、转移登记、变更登记、注销登记、更正登记等的具体原因。

【登记原因证明文件】填写申请登记提交的登记原因证明文件。

【申请证书版式】用勾选的方式选择单一版或者集成版。

【申请分别持证】用勾选的方式选择是或者否。

【备注】可以填写登记申请人在申请中认为需要说明的其他事项。

A.2 通知书、告知书

A.2.1 不动产登记受理凭证

不动产登记受理凭证

编号:

_____:

_____年____月____日,收到你(单位)__
_____(不动产坐落及登记类型)_____
__以下申请登记材料,经核查,现予受理。

本申请登记事项办理时限为:自受理之日起至_____年____月____日止。请凭本凭证、身份证明领取办理结果。

已提交的申请材料	份 数	材料形式
		□原件 □复印件
		□原件 □复印件
		□原件 □复印件
		□原件 □复印件
		□原件 □复印件
		□原件 □复印件
		□原件 □复印件

登记机构:(印 章)
年 月 日

以下内容在领取登记结果时填写
登记结果:_____
领 取 人:_____
领取日期:_____

A.2.2 不动产登记不予受理告知书

不动产登记不予受理告知书

编号:

_____:

_____年____月____日,你(单位)申请的_____(不动产坐落及登记类型)
____,提交材料清单如下:

1. _____
2. _____
3. _____
4. _____
5. _____
6. _____
7. _____
8. _____
9. _____

经核查,上述申请因□申请登记材料不齐全;□申请登记材料不符合法定形式;□申请登记的不动产不属于本机构登记管辖范围;□不符合法律法规规定的其他情形,按照《不动产登记暂行条例》第十七条的规定,决定不予受理。具体情况如下:_____

若对不予受理的决定不服,可自收到本告知书之日起60日内向行政复议机关申请行政复议,或者在收到本告知书之日起 6 个月内向人民法院提起行政诉讼。

登记机构:(印　章)
年　　月　　日

收件人签字:＿＿＿＿＿＿＿＿＿＿＿＿
申请人签字:＿＿＿＿＿＿＿＿＿＿＿＿

A.2.3　不动产登记补充材料通知书

不动产登记补充材料通知书

编号:

＿＿＿＿＿＿＿＿＿＿＿＿＿＿＿＿:
＿＿＿＿＿年＿＿＿月＿＿＿日,收到你(单位)＿＿
＿＿(不动产坐落及登记类型)＿＿＿＿申请,受理编号为＿＿＿＿＿＿＿＿＿。经审核,因所提交的申请材料尚不足以证明申请登记相关事项,按照《不动产登记暂行条例》第十七条的规定,请补充以下申请材料:

需补充的申请材料	份　数	材料形式
		□原件　□复印件
		□原件　□复印件
		□原件　□复印件
		□原件　□复印件
		□原件　□复印件
		□原件　□复印件
		□原件　□复印件

请按照上述要求补正材料并送达不动产登记机构,补正材料时间不计入登记办理时限。

登记机构:(印　章)
年　　月　　日

收件人签字:＿＿＿＿＿＿＿＿＿＿＿＿
申请人签字:＿＿＿＿＿＿＿＿＿＿＿＿

A.2.4　不动产登记补充材料接收凭证

不动产登记补充材料接收凭证

编号:

＿＿＿＿＿＿＿＿＿＿＿＿＿＿＿＿:
＿＿＿＿＿年＿＿＿月＿＿＿日,收到你(单位)受理编号为＿＿＿＿＿＿＿的补正材料,具体如下:

已补正的文件资料	份　数	材料形式
		□原件　□复印件
		□原件　□复印件
		□原件　□复印件
		□原件　□复印件
		□原件　□复印件
		□原件　□复印件
		□原件　□复印件
		□原件　□复印件

登记机构:(印　章)
年　　月　　日

收件人签字:＿＿＿＿＿＿＿＿＿＿＿＿
申请人签字:＿＿＿＿＿＿＿＿＿＿＿＿
注:登记办理时限自补充申请材料之日起重新计算。

A.2.5　不予登记告知书

不予登记告知书

编号:

＿＿＿＿＿＿＿＿＿＿＿＿＿＿＿＿:
＿＿＿＿＿年＿＿＿月＿＿＿日,收到你(单位)＿＿
＿＿＿＿(不动产坐落及登记类型)＿＿＿＿
__申请,受理编号为＿＿＿＿＿＿＿＿。经审查,因□违反法律、行政法规规定 □存在尚未解决的权属争议 □申请登记的不动产权利超过规定期限 □法律、行政法规规定不予登记的其他情形,根据《不动产登记暂行条例》第二十二条的规定,决定不予登记。具体情况如下:＿＿＿＿＿＿＿＿＿＿

＿＿＿＿＿＿＿＿＿＿＿＿＿＿＿＿＿＿＿＿。

若对本决定内容不服,可自收到本告知书之日起 60 日内向行政复议机关申请行政复议,或者在收到本告知书之日起 6 个月内向人民法院提起行政诉讼。

登记机构:(印　章)
年　　月　　日

申请人签字:＿＿＿＿＿＿＿＿＿＿＿＿
签收日期:＿＿＿＿＿年＿＿＿月＿＿＿日
注:申请材料已留复印件存档。

A.2.6 不动产登记申请材料退回通知书

不动产登记申请材料退回通知书

编号：

_____：

　　由于_____，根据《不动产登记暂行条例实施细则》第十三条的规定，本登记机构将你(单位)_____(不动产坐落及登记类型)的申请材料退回。

退回的申请材料	份　数	材料形式
		□原件　□复印件
		□原件　□复印件
		□原件　□复印件
		□原件　□复印件
		□原件　□复印件
		□原件　□复印件
		□原件　□复印件
		□原件　□复印件

　　登记人员签字：_____
　　申请人签字：_____
　　签收日期：_____
　　注：申请材料已留复印件存档。

A.2.7 不动产更正登记通知书

不动产更正登记通知书

编号：

_____：

　　因不动产登记簿记载事项错误，请你自接到本通知之日起的 30 个工作日内持本人身份证明材料和不动产权属证书等申请办理更正登记。逾期未申请办理的，我机构将根据《不动产登记暂行条例实施细则》第八十一条的规定，对不动产登记簿记载的错误事项进行更正登记。

　　更正内容如下：_____(应当说明原错误的具体内容和更正后的内容)

_____。

登记机构：(印　章)
年　　月　　日

A.3 公告文书

A.3.1 不动产首次登记公告

不动产首次登记公告

编号：_____

　　经初步审定，我机构拟对下列不动产权利予以首次登记，根据《不动产登记暂行条例实施细则》第十七条的规定，现予公告。如有异议，请自本公告之日起十五个工作日内(____年___月___日之前)将异议书面材料送达我机构。逾期无人提出异议或者异议不成立的，我机构将予以登记。

　　异议书面材料送达地址：_____
　　　　联系方式：_____

序号	权利人	不动产权利类型	不动产坐落	不动产单元号	不动产面积	用途	备注
1							
2							
3							

公告单位：
年　　月　　日

A.3.2 不动产更正登记公告

不动产更正登记公告

编号：_____

　　根据《不动产登记暂行条例实施细则》第八十一条的规定，拟对下列不动产登记簿的部分内容予以更正，现予公告。如有异议，请自本公告之日起十五个工作日内(_____年___月___日之前)将异议书面材料送达我机构。逾期无人提出异议或者异议不成立的，我机构将予以更正登记。

　　异议书面材料送达地址：_____
　　　　联系方式：_____

序号	不动产坐落	更正内容	备注
1			
2			
3			

公告单位：
年　　月　　日

A.3.3 不动产权证书/登记证明作废公告

不动产权证书/登记证明作废公告

编号:_____

因我机构无法收回下列不动产权证书或不动产登记证明,根据《不动产登记暂行条例实施细则》第二十三条的规定,现公告作废。

序号	不动产权证书或 不动产登记证明号	权利人	不动产权利类型	不动产单元号	不动产坐落	备注
1						
2						
3						

公告单位:

年　　月　　日

A.3.4 不动产权证书/登记证明遗失(灭失)声明

不动产权证书/登记证明遗失(灭失)声明

_____因保管不善,将_____号不动产权证书或不动产登记证明遗失(灭失),根据《不动产登记暂行条例实施细则》第二十二条的规定申请补发,现声明该不动产权证书或不动产登记证明作废。

特此声明。

声明人:

年　　月　　日

A.4 不动产实地查看记录表

不动产实地查看记录表

不动产权利 类型		申请人申请 登记事项		业务编号	
不动产坐落 (名称)					
查看内容	□ 查看拟登记的房屋等建筑物、构筑物坐落及其建造完成等情况 □ 查看拟抵押的在建建筑物坐落及其建造等情况 □ 查看不动产灭失等情况 □ 因_____, 　　查看_____。				
查看结果 及其说明					

续表

查看人员签字		年　　月　　日
备注	1. 现场照片应当能清晰显示被查看不动产的坐落(如永久性的标志物),应能体现查看结果; 2. 现场查看证据材料可粘贴附页; 3. 查看人员需两人,用黑色钢笔或签字笔签字。	

A.5　询问记录

询问记录

受理编号:＿＿＿＿＿＿＿＿＿＿＿＿＿

询问人:＿＿＿＿＿＿＿＿＿＿＿＿＿＿

1. 申请登记事项是否为申请人的真实意思表示?

回答:(请填写是或否)

2. 申请登记的不动产是共有,还是单独所有?

回答:(请填写共有或单独所有)

3. 申请登记的不动产是按份共有,还是共同共有?

回答:(共有情况下,请填写是按份共有或共同共有)

4. 申请登记的不动产共有份额情况?

回答:(按份共有情况下,请填写具体份额。共同共有人不填写本栏)

5. 申请异议登记时,权利人是否不同意办理更正登记?

回答:(申请异议登记时填写,申请其他登记不填写本栏)

6. 申请异议登记时,是否已知悉异议不当应承担的责任?

回答:(申请异议登记时填写,申请其他登记不填写本栏)

7. 申请本次转移登记时,其他按份共有人是否同意。

回答:(受让人为其他按份共有人以外的第三人时填写)

8. 其他需要询问的有关事项:

经被询问人确认,以上询问事项均回答真实、无误。

被询问人签名(签章):

年　　　月　　　日

A.6　不动产登记资料查询文书

A.6.1　不动产登记资料查询申请书

不动产登记资料查询申请书

编号:

			证件类型及号码	
查询申请人	姓名 (名称)		证件类型及号码	
			联系电话	
	代理人		证件类别及号码	
			联系电话	
	类别	□不动产权利人 □人民法院、人民检察院、国家安全机关、公安机关、监察机关等国家机关 □利害关系人		

续表

提交的 申请材料	□查询人身份证明　□工作证或执行公务的证明文件(仅适用国家机关) □授权委托书及代理人身份证明(委托查询的需提交) □存在利害关系的证明材料(查询人为利害关系人的需提交) □协助查询文件(仅适用国家机关) □其他＿＿＿＿＿＿＿＿＿＿＿＿＿＿＿＿＿＿＿＿＿＿
查询目的或用途	
需查询的 不动产及 查询内容	不动产坐落: 不动产权证书或不动产登记证明号: □不动产自然状况　□不动产权利人　□不动产权利内容 □不动产查封登记　□不动产抵押登记　□不动产预告登记　□不动产异议登记 □其他＿＿＿＿＿＿＿＿＿＿＿＿＿＿＿＿＿＿＿＿＿＿
查询结果要求	□查阅　□抄录　□复制　□出具查询结果证明

　　承诺:本表填写内容以及提交的申请材料真实、合法、有效,并严格按照有关要求查阅、利用不动产登记资料,严格按照查询目的使用查询结果。如有虚假或违反,由本人(单位)承担相关法律责任。

查询申请人:

＿＿＿＿＿年＿＿月＿＿日

二、物权公示

A.6.2　不动产登记资料查询受理凭证

不动产登记资料查询受理凭证

编号:＿＿＿＿＿＿＿

＿＿＿＿＿＿＿＿＿＿＿＿＿＿:

　　＿＿＿＿＿年＿＿月＿＿日,收到你(单位)提交的不动产登记查询申请材料。经核查,申请登记材料齐全且符合法定形式,现予以受理。

已提交的 文件资料	件　数	材料介质
		□原件　□复印件
		□原件　□复印件
		□原件　□复印件
		□原件　□复印件
		□原件　□复印件
		□原件　□复印件
		□原件　□复印件
		□原件　□复印件
		□原件　□复印件

　　办理时限为:自受理之日起5个工作日。请你(单位)凭本受理通知书、身份证明领取查询结果。

登记机构:(印 章)

年　　月　　日

收件人签字:＿＿＿＿＿＿＿＿＿＿＿＿＿

查询人签字:＿＿＿＿＿＿＿＿＿＿＿＿＿

A.6.3　不动产登记资料查询不予受理告知书

不动产登记资料查询不予受理告知书

编号:＿＿＿＿＿＿＿

＿＿＿＿＿＿＿＿＿＿＿＿＿＿:

　　＿＿＿＿＿年＿＿月＿＿日,收到你(单位)提交的不动产登记查询材料,申请查询＿＿＿＿＿＿,查询目的为＿＿＿＿＿＿＿＿＿＿。提交的清单如下:

1. ＿＿＿＿＿＿＿＿＿＿＿＿＿＿＿
2. ＿＿＿＿＿＿＿＿＿＿＿＿＿＿＿
3. ＿＿＿＿＿＿＿＿＿＿＿＿＿＿＿
4. ＿＿＿＿＿＿＿＿＿＿＿＿＿＿＿
5. ＿＿＿＿＿＿＿＿＿＿＿＿＿＿＿

　　经核查,上述□不动产不属于本机构管辖范围;□申请材料不符合规定;□申请查询的主体或查询事项不符合规定;□申请查询的目的不合法;□违反法律、行政法规有关规定,决定不予受理。具体情况如下:＿＿＿＿＿＿＿＿＿＿＿＿＿

＿＿＿＿＿＿＿＿＿＿＿＿＿＿＿＿＿＿＿

＿＿＿＿＿＿＿＿＿＿＿＿＿＿＿＿＿＿＿

　　若对本决定内容不服,可自接到本告知书之日起60日内向行政复议机关申请行政复议,或者在收到本告知书之日起6个月内向人民法院提起行政诉讼。

登记机构:(印　章)
年　　月　　日

收件人签字:＿＿＿＿＿＿＿＿＿＿＿
查询人签字:＿＿＿＿＿＿＿＿＿＿＿

A.6.4　不动产登记资料查询结果证明

不动产登记资料查询结果证明

编号:

＿＿＿＿＿＿＿＿＿＿＿＿＿:
＿＿＿＿＿年＿＿月＿＿日,你(单位)提出不动产登记资料查询申请,受理编号为＿＿＿＿＿＿＿
＿＿＿＿＿＿。

经查询,结果如下:＿＿＿＿＿＿＿＿＿＿＿。

登记机构:(印　章)
年　　月　　日

领取人:＿＿＿＿＿＿＿＿＿＿＿＿＿
领取日期:＿＿＿＿＿＿＿＿＿＿＿＿

A.7　授权委托书

授权委托书

委　托　人:＿＿＿＿＿＿＿＿＿＿＿＿
法定代表人:＿＿＿＿＿＿＿＿＿＿＿＿
身份证明类型:＿＿＿＿＿＿＿＿＿＿＿
证　件　号　码:＿＿＿＿＿＿＿＿＿＿
联　系　地　址:＿＿＿＿＿＿＿＿＿＿
邮　政　编　码:＿＿＿＿＿＿＿＿＿＿
电　　　话:＿＿＿＿＿＿＿＿＿＿＿＿

受　托　人:＿＿＿＿＿＿＿＿＿＿＿＿
法定代表人:＿＿＿＿＿＿＿＿＿＿＿＿
身份证明类型:＿＿＿＿＿＿＿＿＿＿＿
证　件　号　码:＿＿＿＿＿＿＿＿＿＿
联　系　地　址:＿＿＿＿＿＿＿＿＿＿
邮　政　编　码:＿＿＿＿＿＿＿＿＿＿
电　　　话:＿＿＿＿＿＿＿＿＿＿＿＿

委托期限:＿＿＿＿年＿＿月＿＿日至＿＿＿＿
年＿＿月＿＿日。

现委托人委托＿＿＿＿＿＿＿＿为合法代理人,代表委托人办理坐落于＿＿＿＿＿＿＿＿＿之不动产的以下事项:

1. ＿＿＿＿＿＿＿＿＿＿＿＿＿＿＿＿
2. ＿＿＿＿＿＿＿＿＿＿＿＿＿＿＿＿
3. ＿＿＿＿＿＿＿＿＿＿＿＿＿＿＿＿
4. ＿＿＿＿＿＿＿＿＿＿＿＿＿＿＿＿
5. ＿＿＿＿＿＿＿＿＿＿＿＿＿＿＿＿

受托人在其权限范围内依法所作的一切行为,接受问询的行为及签署的一切文件,委托人均予以承认。

委托人签名(或盖章):
年　　月　　日

受托人签名(或盖章):
年　　月　　日

A.8　承诺书

承诺书

监　护　人:＿＿＿＿＿＿＿＿＿＿＿＿
法定代表人:＿＿＿＿＿＿＿＿＿＿＿＿
身份证明类型:＿＿＿＿＿＿＿＿＿＿＿
证　件　号　码:＿＿＿＿＿＿＿＿＿＿
联　系　地　址:＿＿＿＿＿＿＿＿＿＿
邮　政　编　码:＿＿＿＿＿＿＿＿＿＿
电　　　话:＿＿＿＿＿＿＿＿＿＿＿＿

被监护人:＿＿＿＿＿＿＿＿＿＿＿＿＿
身份证明类型:＿＿＿＿＿＿＿＿＿＿＿
证　件　号　码:＿＿＿＿＿＿＿＿＿＿
联　系　地　址:＿＿＿＿＿＿＿＿＿＿
邮　政　编　码:＿＿＿＿＿＿＿＿＿＿
电　　　话:＿＿＿＿＿＿＿＿＿＿＿＿

监护人现承诺,对被监护人不动产权(不动产坐落:＿＿＿＿＿＿) 所进行的处分(处分的类型:＿＿＿＿＿＿＿＿)是为被监护人的利益且自愿承担由此产生的一切法律责任。

签名(盖章):
年　　月　　日

A.9 继承(受遗赠)不动产登记具结书

继承(受遗赠)不动产登记具结书

申请人:＿＿＿＿＿＿＿＿＿＿＿＿＿＿＿＿

身份证明号码＿＿＿＿＿＿＿＿＿＿＿＿＿＿

被继承人(遗赠人):＿＿＿＿＿＿＿＿＿＿

身份证明号码＿＿＿＿＿＿＿＿＿＿＿＿＿＿

　　申请人＿＿＿＿＿＿＿因继承(受遗赠)被继承人(遗赠人)的不动产权,于＿＿＿＿年＿＿月＿＿日向＿＿＿＿＿＿＿＿＿(不动产登记机构)＿＿＿＿＿＿申请办理不动产登记,并提供了＿＿＿＿＿＿＿＿＿＿＿＿＿＿＿＿＿等申请材料,并保证以下事项的真实性:

　　一、被继承人(遗赠人)＿＿＿＿＿＿＿于＿＿＿＿年＿＿月＿＿日＿＿＿＿＿＿死亡。

　　二、被继承人(遗赠人)的不动产坐落于＿＿＿＿＿＿＿＿。

　　三、被继承人(遗赠人)的不动产权由＿＿＿＿＿＿＿＿＿＿继承(受遗赠)。

　　四、除第三项列举的继承人(受遗赠人)外,其他继承人放弃继承权或者无其他继承人(受遗赠人)。

　　以上情况如有不实,本人愿承担一切法律责任,特此具结。

具结人签名(盖章):

年　　月　　日

不动产登记资料查询暂行办法

· 2018 年 3 月 2 日国土资源部令第 80 号公布
· 根据 2019 年 7 月 24 日《自然资源部关于第一批废止和修改的部门规章的决定》修正

第一章　总　则

　　第一条　为了规范不动产登记资料查询活动,加强不动产登记资料管理、保护和利用,维护不动产交易安全,保护不动产权利人的合法权益,根据《中华人民共和国物权法》《不动产登记暂行条例》等法律法规,制定本办法。

　　第二条　本办法所称不动产登记资料,包括:

　　(一)不动产登记簿等不动产登记结果;

　　(二)不动产登记原始资料,包括不动产登记申请书、申请人身份材料、不动产权属来源、登记原因、不动产权籍调查成果等材料以及不动产登记机构审核材料。

　　不动产登记资料由不动产登记机构负责保存和管理。

　　第三条　县级以上人民政府不动产登记机构负责不动产登记资料查询管理工作。

　　第四条　不动产权利人、利害关系人可以依照本办法的规定,查询、复制不动产登记资料。

　　不动产权利人、利害关系人可以委托律师或者其他代理人查询、复制不动产登记资料。

　　第五条　不动产登记资料查询,遵循依法、便民、高效的原则。

　　第六条　不动产登记机构应当加强不动产登记信息化建设,以不动产登记信息管理基础平台为基础,通过运用互联网技术、设置自助查询终端、在相关场所设置登记信息查询端口等方式,为查询人提供便利。

第二章　一般规定

　　第七条　查询不动产登记资料,应当在不动产所在地的市、县人民政府不动产登记机构进行,但法律法规另有规定的除外。

　　查询人到非不动产所在地的不动产登记机构申请查询的,该机构应当告知其到相应的机构查询。

　　不动产登记机构应当提供必要的查询场地,并安排专门人员负责不动产登记资料的查询、复制和出具查询结果证明等工作。

　　申请查询不动产登记原始资料,应当优先调取数字化成果,确有需求和必要,可以调取纸质不动产登记原始资料。

　　第八条　不动产权利人、利害关系人申请查询不动产登记资料,应当提交查询申请书以及不动产权利人、利害关系人的身份证明材料。

　　查询申请书应当包括下列内容:

　　(一)查询主体;

　　(二)查询目的;

　　(三)查询内容;

　　(四)查询结果要求;

　　(五)提交的申请材料清单。

第九条 不动产权利人、利害关系人委托代理人代为申请查询不动产登记资料的,被委托人应当提交双方身份证明原件和授权委托书。

授权委托书中应当注明双方姓名或者名称、公民身份号码或者统一社会信用代码、委托事项、委托时限、法律义务、委托日期等内容,双方签字或者盖章。

代理人受委托查询、复制不动产登记资料的,其查询、复制范围由授权委托书确定。

第十条 符合查询条件,查询人需要出具不动产登记资料查询结果证明或者复制不动产登记资料的,不动产登记机构应当当场提供。因特殊原因不能当场提供的,应当在5个工作日内向查询人提供。

查询结果证明应当注明出具的时间,并加盖不动产登记机构查询专用章。

第十一条 有下列情形之一的,不动产登记机构不予查询,并出具不予查询告知书:

(一)查询人提交的申请材料不符合本办法规定的;

(二)申请查询的主体或者查询事项不符合本办法规定的;

(三)申请查询的目的不符合法律法规规定的;

(四)法律、行政法规规定的其他情形。

查询人对不动产登记机构出具的不予查询告知书不服的,可以依法申请行政复议或者提起行政诉讼。

第十二条 申请查询的不动产登记资料涉及国家秘密的,不动产登记机构应当按照保守国家秘密法等有关规定执行。

第十三条 不动产登记机构应当建立查询记录簿,做好查询记录工作,记录查询人、查询目的或者用途、查询时间以及复制不动产登记资料的种类、出具的查询结果证明情况等。

第三章 权利人查询

第十四条 不动产登记簿上记载的权利人可以查询本不动产登记结果和本不动产登记原始资料。

第十五条 不动产权利人可以申请以下列索引信息查询不动产登记资料,但法律法规另有规定的除外:

(一)权利人的姓名或者名称、公民身份号码或者统一社会信用代码等特定主体身份信息;

(二)不动产具体坐落位置信息;

(三)不动产权属证书号;

(四)不动产单元号。

第十六条 不动产登记机构可以设置自助查询终端,为不动产权利人提供不动产登记结果查询服务。

自助查询终端应当具备验证相关身份证明以及出具查询结果证明的功能。

第十七条 继承人、受遗赠人因继承和受遗赠取得不动产权利的,适用本章关于不动产权利人查询的规定。

前款规定的继承人、受遗赠人查询不动产登记资料的,除提交本办法第八条规定的材料外,还应当提交被继承人或者遗赠人死亡证明、遗嘱或者遗赠抚养协议等可以证明继承或者遗赠行为发生的材料。

第十八条 清算组、破产管理人、财产代管人、监护人等依法有权管理和处分不动产权利的主体,参照本章规定查询相关不动产权利人的不动产登记资料。

依照本条规定查询不动产登记资料的,除提交本办法第八条规定的材料,还应当提交依法有权处分该不动产的材料。

第四章 利害关系人查询

第十九条 符合下列条件的利害关系人可以申请查询有利害关系的不动产登记结果:

(一)因买卖、互换、赠与、租赁、抵押不动产构成利害关系的;

(二)因不动产存在民事纠纷且已经提起诉讼、仲裁而构成利害关系的;

(三)法律法规规定的其他情形。

第二十条 不动产的利害关系人申请查询不动产登记结果的,除提交本办法第八条规定的材料外,还应当提交下列利害关系证明材料:

(一)因买卖、互换、赠与、租赁、抵押不动产构成利害关系的,提交买卖合同、互换合同、赠与合同、租赁合同、抵押合同;

(二)因不动产存在相关民事纠纷且已经提起诉讼或者仲裁而构成利害关系的,提交受理案件通知书、仲裁受理通知书。

第二十一条 有买卖、租赁、抵押不动产意

向,或者拟就不动产提起诉讼或者仲裁等,但不能提供本办法第二十条规定的利害关系证明材料的,可以提交本办法第八条规定材料,查询相关不动产登记簿记载的下列信息:

(一)不动产的自然状况;

(二)不动产是否存在共有情形;

(三)不动产是否存在抵押权登记、预告登记或者异议登记情形;

(四)不动产是否存在查封登记或者其他限制处分的情形。

第二十二条 受本办法第二十一条规定的当事人委托的律师,还可以申请查询相关不动产登记簿记载的下列信息:

(一)申请验证所提供的被查询不动产权利主体名称与登记簿的记载是否一致;

(二)不动产的共有形式;

(三)要求办理查封登记或者限制处分机关的名称。

第二十三条 律师受当事人委托申请查询不动产登记资料的,除提交本办法第八条、第九条规定的材料外,还应当提交律师证和律师事务所出具的证明材料。

律师持人民法院的调查令申请查询不动产登记资料的,除提交本办法第八条规定的材料外,还应当提交律师证、律师事务所出具的证明材料以及人民法院的调查令。

第二十四条 不动产的利害关系人可以申请以下列索引信息查询不动产登记资料:

(一)不动产具体坐落位置;

(二)不动产权属证书号;

(三)不动产单元号。

每份申请书只能申请查询一个不动产登记单元。

第二十五条 不动产利害关系人及其委托代理人,按照本办法申请查询的,应当承诺不将查询获得的不动产登记资料、登记信息用于其他目的,不泄露查询获得的不动产登记资料、登记信息,并承担由此产生的法律后果。

第五章 登记资料保护

第二十六条 查询人查询、复制不动产登记资料的,不得将不动产登记资料带离指定场所,不得拆散、调换、抽取、撕毁、污损不动产登记资料,也不得损坏查询设备。

查询人有前款行为的,不动产登记机构有权禁止该查询人继续查询不动产登记资料,并可以拒绝为其出具查询结果证明。

第二十七条 已有电子介质,且符合下列情形之一的纸质不动产登记原始资料可以销毁:

(一)抵押权登记、地役权登记已经注销且自注销之日起满五年的;

(二)查封登记、预告登记、异议登记已经注销且自注销之日起满五年的。

第二十八条 符合本办法第二十七条规定销毁条件的不动产登记资料应当在不动产登记机构指定的场所销毁。

不动产登记机构应当建立纸质不动产登记资料销毁清册,详细记录被销毁的纸质不动产登记资料的名称、数量、时间、地点,负责销毁以及监督销毁的人员应当在清册上签名。

第六章 罚 则

第二十九条 不动产登记机构及其工作人员违反本办法规定,有下列行为之一,对有关责任人员依法给予处分;涉嫌构成犯罪的,移送有关机关依法追究刑事责任:

(一)对符合查询、复制不动产登记资料条件的申请不予查询、复制,对不符合查询、复制不动产登记资料条件的申请予以查询、复制的;

(二)擅自查询、复制不动产登记资料或者出具查询结果证明的;

(三)泄露不动产登记资料、登记信息的;

(四)利用不动产登记资料进行不正当活动的;

(五)未履行对不动产登记资料的安全保护义务,导致不动产登记资料、登记信息毁损、灭失或者被他人篡改,造成严重后果的。

第三十条 查询人违反本办法规定,有下列行为之一,构成违反治安管理行为的,移送公安机关依法给予治安管理处罚;涉嫌构成犯罪的,移送有关机关依法追究刑事责任:

(一)采用提供虚假材料等欺骗手段申请查询、复制不动产登记资料的;

(二)泄露不动产登记资料、登记信息的;

(三)遗失、拆散、调换、抽取、污损、撕毁不动产登记资料的;

（四）擅自将不动产登记资料带离查询场所、损坏查询设备的；

（五）因扰乱查询、复制秩序导致不动产登记机构受损失的；

（六）滥用查询结果证明的。

第七章 附 则

第三十一条 有关国家机关查询复制不动产登记资料以及国家机关之间共享不动产登记信息的具体办法另行规定。

第三十二条 《不动产登记暂行条例》实施前已经形成的土地、房屋、森林、林木、海域等登记资料，属于不动产登记资料。不动产登记机构应当依照本办法的规定提供查询。

第三十三条 公民、法人或者其他组织依据《中华人民共和国政府信息公开条例》，以申请政府信息公开的方式申请查询不动产登记资料的，有关自然资源主管部门应当告知其按照本办法的规定申请不动产登记资料查询。

第三十四条 本办法自公布之日起施行。2002年12月4日国土资源部公布的《土地登记资料公开查询办法》（国土资源部令第14号）同时废止。

建设部关于房屋建筑面积计算与房屋权属登记有关问题的通知

· 2002 年 3 月 27 日

· 建住房〔2002〕74 号

各省、自治区建设厅，直辖市建委及有关部门：

为了切实做好房屋面积计算和房屋权属登记工作，保护当事人合法权益，现就有关问题通知如下：

一、在房屋权属证书附图中应注明施测的房产测绘单位名称、房屋套内建筑面积（在图上标注尺寸）和房屋分摊的共有建筑面积。

二、根据《房产测绘管理办法》的有关规定，由房产测绘单位对其完成的房产测绘成果的质量负责。

三、房屋权属登记涉及的有关房屋建筑面积计算问题，《房产测量规范》未作规定或规定不明确的，暂按下列规定执行：

（一）房屋层高

计算建筑面积的房屋，层高（高度）均应在2.20米以上（含2.20米，以下同）。

（二）外墙墙体

同一楼层外墙，既有主墙，又有玻璃幕墙的，以主墙为准计算建筑面积，墙厚按主墙体厚度计算。

各楼层墙体厚度不同时，分层分别计算。

金属幕墙及其他材料幕墙，参照玻璃幕墙的有关规定处理。

（三）斜面结构屋顶

房屋屋顶为斜面结构（坡屋顶）的，层高（高度）2.20米以上的部位计算建筑面积。

（四）不规则围护物

阳台、挑廊、架空通廊的外围水平投影超过其底板外沿的，以底板水平投影计算建筑面积。

（五）变形缝

与室内任意一边相通，具备房屋的一般条件，并能正常利用的伸缩缝、沉降缝应计算建筑面积。

（六）非垂直墙体

对倾斜、弧状等非垂直墙体的房屋，层高（高度）2.20米以上的部位计算建筑面积。

房屋墙体向外倾斜，超出底板外沿的，以底板投影计算建筑面积。

（七）楼梯下方空间

楼梯已计算建筑面积的，其下方空间不论是否利用均不再计算建筑面积。

（八）公共通道

临街楼房、挑廊下的底层作为公共道路街巷通行的，不论其是否有柱，是否有维护结构，均不计算建筑面积。

（九）二层及二层以上的房屋建筑面积均按《房产测量规范》中多层房屋建筑面积计算的有关规定执行。

（十）与室内不相通的类似于阳台、挑廊、檐廊的建筑，不计算建筑面积。

（十一）室外楼梯的建筑面积，按其在各楼层水平投影面积之和计算。

四、房屋套内具有使用功能但层高（高度）低于2.20米的部分，在房屋权属登记中应明确其相应权利的归属。

五、本通知自2002年5月1日起执行。

二、物权公示

国土资源部办公厅关于土地登记发证后提出的争议能否按权属争议处理问题的复函

· 2007 年 2 月 8 日
· 国土资厅函〔2007〕60 号

江苏省国土资源厅：

你厅《关于土地登记发证后提出的争议能否按权属争议处理的请示》（苏国土资发〔2007〕13 号）收悉。经研究，函复如下：

土地权属争议是指土地登记前，土地权利利害关系人因土地所有权和使用权的归属而发生的争议。土地登记发证后已经明确了土地的所有权和使用权，土地登记发证后提出的争议不属于土地权属争议。土地所有权、使用权依法登记后第三人对其结果提出异议的，利害关系人可根据《土地登记规则》的规定向原登记机关申请更正登记，也可向原登记机关的上级主管机关提出行政复议或直接向法院提起行政诉讼。《土地权属争议调查处理办法》（国土资源部令第 17 号）第二十条中的"人民政府颁发的确定土地权属的凭证"，是指初始土地登记完成前，争议土地原有的人民政府颁发的确定土地权属的凭证。

最高人民法院关于审理房屋登记案件若干问题的规定

· 2010 年 8 月 2 日最高人民法院审判委员会第 1491 次会议通过
· 2010 年 11 月 5 日最高人民法院公告公布
· 自 2010 年 11 月 18 日起施行
· 法释〔2010〕15 号

为正确审理房屋登记案件，根据《中华人民共和国物权法》、《中华人民共和国城市房地产管理法》、《中华人民共和国行政诉讼法》等有关法律规定，结合行政审判实际，制定本规定。

第一条　公民、法人或者其他组织对房屋登记机构的房屋登记行为以及与查询、复制登记资料等事项相关的行政行为或者相应的不作为不服，提起行政诉讼的，人民法院应当依法受理。

第二条　房屋登记机构根据人民法院、仲裁委员会的法律文书或者有权机关的协助执行通知书以及人民政府的征收决定办理的房屋登记行为，公民、法人或者其他组织不服提起行政诉讼的，人民法院不予受理，但公民、法人或者其他组织认为登记与有关文书内容不一致的除外。

房屋登记机构作出未改变登记内容的换发、补发权属证书、登记证明或者更新登记簿的行为，公民、法人或者其他组织不服提起行政诉讼的，人民法院不予受理。

房屋登记机构在行政诉讼法施行前作出的房屋登记行为，公民、法人或者其他组织不服提起行政诉讼的，人民法院不予受理。

第三条　公民、法人或者其他组织对房屋登记行为不服提起行政诉讼的，不受下列情形的影响：

（一）房屋灭失；

（二）房屋登记行为已被登记机构改变；

（三）生效法律文书将房屋权属证书、房屋登记簿或者房屋登记证明作为定案证据采用。

第四条　房屋登记机构为债务人办理房屋转移登记，债权人不服提起诉讼，符合下列情形之一的，人民法院应当依法受理：

（一）以房屋为标的物的债权已办理预告登记的；

（二）债权人为抵押权人且房屋转让未经其同意的；

（三）人民法院依债权人申请对房屋采取强制执行措施并已通知房屋登记机构的；

（四）房屋登记机构工作人员与债务人恶意串通的。

第五条　同一房屋多次转移登记，原房屋权利人、原利害关系人对首次转移登记行为提起行政诉讼的，人民法院应当依法受理。

原房屋权利人、原利害关系人对首次转移登记行为及后续转移登记行为一并提起行政诉讼的，人民法院应当依法受理；人民法院判决驳回原告就在先转移登记行为提出的诉讼请求，或者因保护善意第三人确认在先房屋登记行为违法的，应当裁定驳回原告对后续转移登记行为的起诉。

原房屋权利人、原利害关系人就首次转移登记行为提起行政诉讼，对后续转移登记行为提起行政诉讼的，人民法院不予受理。

第六条 人民法院受理房屋登记行政案件后，应当通知没有起诉的下列利害关系人作为第三人参加行政诉讼：

（一）房屋登记簿上载明的权利人；

（二）被诉异议登记、更正登记、预告登记的权利人；

（三）人民法院能够确认的其他利害关系人。

第七条 房屋登记行政案件由房屋所在地人民法院管辖，但有下列情形之一的也可由被告所在地人民法院管辖：

（一）请求房屋登记机构履行房屋转移登记、查询、复制登记资料等职责的；

（二）对房屋登记机构收缴房产证行为提起行政诉讼的；

（三）对行政复议改变房屋登记行为提起行政诉讼的。

第八条 当事人以作为房屋登记行为基础的买卖、共有、赠与、抵押、婚姻、继承等民事法律关系无效或者应当撤销为由，对房屋登记行为提起行政诉讼的，人民法院应当告知当事人先行解决民事争议，民事争议处理期间不计算在行政诉讼起诉期限内；已经受理的，裁定中止诉讼。

第九条 被告对被诉房屋登记行为的合法性负举证责任。被告保管证据原件的，应当在法庭上出示。被告不保管原件的，应当提交与原件核对一致的复印件、复制件并作出说明。当事人对被告提交的上述证据提出异议的，应当提供相应的证据。

第十条 被诉房屋登记行为合法的，人民法院应当判决驳回原告的诉讼请求。

第十一条 被诉房屋登记行为涉及多个权利主体或者房屋可分，其中部分主体或者房屋的登记违法应予撤销的，可以判决部分撤销。

被诉房屋登记行为违法，但该行为已被登记机构改变的，判决确认被诉行为违法。

被诉房屋登记行为违法，但判决撤销将给公共利益造成重大损失或者房屋已为第三人善意取得的，判决确认被诉行为违法，不撤销登记行为。

第十二条 申请人提供虚假材料办理房屋登记，给原告造成损害，房屋登记机构未尽合理审慎职责的，应当根据其过错程度及其在损害发生中所起作用承担相应的赔偿责任。

第十三条 房屋登记机构工作人员与第三人恶意串通违法登记，侵犯原告合法权益的，房屋登记机构与第三人承担连带赔偿责任。

第十四条 最高人民法院以前所作的相关的司法解释，凡与本规定不一致的，以本规定为准。

农村集体土地上的房屋登记行政案件参照本规定。

最高人民法院关于审理房屋登记行政案件中发现涉嫌刑事犯罪问题应如何处理的答复

· 2008 年 9 月 23 日
· 〔2008〕行他字第 15 号

天津市高级人民法院：

你院《关于李宵诉天津市国土资源和房屋管理局房屋登记一案如何适用法律问题的请示报告》收悉。经研究答复如下：

人民法院在审理有关房屋登记行政案件中，发现涉嫌刑事犯罪问题的，不应将该案全案移送公安机关处理，而应区别不同情况分别处理：

一、第三人购买的房屋不属于善意取得，参照民法通则第五十八条和合同法第五十二条、第五十九条的规定，房屋买卖行为属于无效的行为，人民法院应当依法判决撤销被诉核发房屋产权证行为。

二、第三人购买的房屋属于善意取得，房屋管理机关未尽审慎审查职责的，依据物权法第一百零六条等有关法律的规定，第三人的合法权益应当予以保护，人民法院可以判决确认被诉具体行政行为违法。

三、如果不能确定第三人购买的房屋是否属于善意取得，应当中止案件审理，待有权机关作出有效确认后，再恢复审理。

此复。

2. 动产交付

中华人民共和国民用航空法(节录)

- 1995 年 10 月 30 日第八届全国人民代表大会常务委员会第十六次会议通过
- 根据 2009 年 8 月 27 日第十一届全国人民代表大会常务委员会第十次会议《关于修改部分法律的决定》第一次修正
- 根据 2015 年 4 月 24 日第十二届全国人民代表大会常务委员会第十四次会议《关于修改〈中华人民共和国计量法〉等五部法律的决定》第二次修正
- 根据 2016 年 11 月 7 日第十二届全国人民代表大会常务委员会第二十四次会议《关于修改〈中华人民共和国对外贸易法〉等十二部法律的决定》第三次修正
- 根据 2017 年 11 月 4 日第十二届全国人民代表大会常务委员会第三十次会议《关于修改〈中华人民共和国会计法〉等十一部法律的决定》第四次修正
- 根据 2018 年 12 月 29 日第十三届全国人民代表大会常务委员会第七次会议《关于修改〈中华人民共和国劳动法〉等七部法律的决定》第五次修正
- 根据 2021 年 4 月 29 日第十三届全国人民代表大会常务委员会第二十八次会议《关于修改〈中华人民共和国道路交通安全法〉等八部法律的决定》第六次修正

......

第二章 民用航空器国籍

第五条 本法所称民用航空器,是指除用于执行军事、海关、警察飞行任务外的航空器。

第六条 经中华人民共和国国务院民用航空主管部门依法进行国籍登记的民用航空器,具有中华人民共和国国籍,由国务院民用航空主管部门发给国籍登记证书。

国务院民用航空主管部门设立中华人民共和国民用航空器国籍登记簿,统一记载民用航空器的国籍登记事项。

第七条 下列民用航空器应当进行中华人民共和国国籍登记:

(一)中华人民共和国国家机构的民用航空器;

(二)依照中华人民共和国法律设立的企业法人的民用航空器;企业法人的注册资本中有外商出资的,其机构设置、人员组成和中方投资人的出资比例,应当符合行政法规的规定;

(三)国务院民用航空主管部门准予登记的其他民用航空器。

自境外租赁的民用航空器,承租人符合前款规定,该民用航空器的机组人员由承租人配备的,可以申请登记中华人民共和国国籍,但是必须先予注销该民用航空器原国籍登记。

第八条 依法取得中华人民共和国国籍的民用航空器,应当标明规定的国籍标志和登记标志。

第九条 民用航空器不得具有双重国籍。未注销外国国籍的民用航空器不得在中华人民共和国申请国籍登记。

第三章 民用航空器权利

第一节 一般规定

第十条 本章规定的对民用航空器的权利,包括对民用航空器构架、发动机、螺旋桨、无线电设备和其他一切为了在民用航空器上使用的,无论安装其上或者暂时拆离的物品的权利。

第十一条 民用航空器权利人应当就下列权利分别向国务院民用航空主管部门办理权利登记:

(一)民用航空器所有权;

(二)通过购买行为取得并占有民用航空器的权利;

(三)根据租赁期限为六个月以上的租赁合同占有民用航空器的权利;

(四)民用航空器抵押权。

第十二条 国务院民用航空主管部门设立民用航空器权利登记簿。同一民用航空器的权利登记事项应当记载于同一权利登记簿中。

民用航空器权利登记事项,可以供公众查询、复制或者摘录。

第十三条 除民用航空器经依法强制拍卖

外,在已经登记的民用航空器权利得到补偿或者民用航空器权利人同意之前,民用航空器的国籍登记或者权利登记不得转移至国外。

第二节 民用航空器所有权和抵押权

第十四条 民用航空器所有权的取得、转让和消灭,应当向国务院民用航空主管部门登记;未经登记的,不得对抗第三人。

民用航空器所有权的转让,应当签订书面合同。

第十五条 国家所有的民用航空器,由国家授予法人经营管理或者使用的,本法有关民用航空器所有人的规定适用于该法人。

第十六条 设定民用航空器抵押权,由抵押权人和抵押人共同向国务院民用航空主管部门办理抵押权登记;未经登记的,不得对抗第三人。

第十七条 民用航空器抵押权设定后,未经抵押权人同意,抵押人不得将被抵押民用航空器转让他人。

第三节 民用航空器优先权

第十八条 民用航空器优先权,是指债权人依照本法第十九条规定,向民用航空器所有人、承租人提出赔偿请求,对产生该赔偿请求的民用航空器具有优先受偿的权利。

第十九条 下列各项债权具有民用航空器优先权:

(一)援救该民用航空器的报酬;

(二)保管维护该民用航空器的必需费用。

前款规定的各项债权,后发生的先受偿。

第二十条 本法第十九条规定的民用航空器优先权,其债权人应当自援救或者保管维护工作终了之日起三个月内,就其债权向国务院民用航空主管部门登记。

第二十一条 为了债权人的共同利益,在执行人民法院判决以及拍卖过程中产生的费用,应当从民用航空器拍卖所得价款中先行拨付。

第二十二条 民用航空器优先权先于民用航空器抵押权受偿。

第二十三条 本法第十九条规定的债权转移的,其民用航空器优先权随之转移。

第二十四条 民用航空器优先权应当通过人民法院扣押产生优先权的民用航空器行使。

第二十五条 民用航空器优先权自援救或者保管维护工作终了之日起满三个月时终止;但是,债权人就其债权已经依照本法第二十条规定登记,并具有下列情形之一的除外:

(一)债权人、债务人已经就此项债权的金额达成协议;

(二)有关此项债权的诉讼已经开始。

民用航空器优先权不因民用航空器所有权的转让而消灭;但是,民用航空器经依法强制拍卖的除外。

第四节 民用航空器租赁

第二十六条 民用航空器租赁合同,包括融资租赁合同和其他租赁合同,应当以书面形式订立。

第二十七条 民用航空器的融资租赁,是指出租人按照承租人对供货方和民用航空器的选择,购得民用航空器,出租给承租人使用,由承租人定期交纳租金。

第二十八条 融资租赁期间,出租人依法享有民用航空器所有权,承租人依法享有民用航空器的占有、使用、收益权。

第二十九条 融资租赁期间,出租人不得干扰承租人依法占有、使用民用航空器;承租人应当适当地保管民用航空器,使之处于原交付时的状态,但是合理损耗和经出租人同意的对民用航空器的改变除外。

第三十条 融资租赁期满,承租人应当将符合本法第二十九条规定状态的民用航空器退还出租人;但是,承租人依照合同行使购买民用航空器的权利或者为继续租赁而占有民用航空器的除外。

第三十一条 民用航空器融资租赁中的供货方,不就同一损害同时对出租人和承租人承担责任。

第三十二条 融资租赁期间,经出租人同意,在不损害第三人利益的情况下,承租人可以转让其对民用航空器的占有权或者租赁合同约定的其他权利。

第三十三条 民用航空器的融资租赁和租赁期限为六个月以上的其他租赁,承租人应当就其对民用航空器的占有权向国务院民用航空主管部门办理登记;未经登记的,不得对抗第三人。

……

中华人民共和国
民法典(节录动产交付)

- 2020 年 5 月 28 日第十三届全国人民代表大会第三次会议通过
- 2020 年 5 月 28 日中华人民共和国主席令第 45 号公布
- 自 2021 年 1 月 1 日起施行

......

第五百一十一条 【质量、价款、履行地点等内容的确定】当事人就有关合同内容约定不明确,依据前条规定仍不能确定的,适用下列规定:

(一)质量要求不明确的,按照强制性国家标准履行;没有强制性国家标准的,按照推荐性国家标准履行;没有推荐性国家标准的,按照行业标准履行;没有国家标准、行业标准的,按照通常标准或者符合合同目的的特定标准履行。

(二)价款或者报酬不明确的,按照订立合同时履行地的市场价格履行;依法应当执行政府定价或者政府指导价的,依照规定履行。

(三)履行地点不明确,给付货币的,在接受货币一方所在地履行;交付不动产的,在不动产所在地履行;其他标的,在履行义务一方所在地履行。

(四)履行期限不明确的,债务人可以随时履行,债权人也可以随时请求履行,但是应当给对方必要的准备时间。

(五)履行方式不明确的,按照有利于实现合同目的的方式履行。

(六)履行费用的负担不明确的,由履行义务一方负担;因债权人原因增加的履行费用,由债权人负担。

链接《标准化法》第 10-12 条

第五百一十二条 【电子合同交付时间的认定】通过互联网等信息网络订立的电子合同的标的为交付商品并采用快递物流方式交付的,收货人的签收时间为交付时间。电子合同的标的为提供服务的,生成的电子凭证或者实物凭证中载明的时间为提供服务时间;前述凭证没有载明时间或者载明时间与实际提供服务时间不一致的,以实际提供服务的时间为准。

电子合同的标的物为采用在线传输方式交付的,合同标的物进入对方当事人指定的特定系统且能够检索识别的时间为交付时间。

电子合同当事人对交付商品或者提供服务的方式、时间另有约定的,按照其约定。

注释 确定网络交易合同的交付时间,分为三种情形:

1. 网络买卖合同的商品交付,采用快递物流方式交付标的物的,应当以收货人的签收时间为交付时间。网络服务合同,由于没有明显的交付标志,因此以生成的电子凭证或者实物凭证中载明的时间为提供服务时间;如果前述凭证没有载明时间或者载明时间与实际提供服务时间不一致的,以实际提供服务的时间为准。

2. 电子合同的标的为采用在线传输方式交付的,例如网络咨询服务合同,合同标的物(如咨询报告)在进入对方当事人指定的且能够检索识别的时间为交付时间。

3. 电子合同当事人对交付商品或者提供服务的方式、时间另有约定的,按照其约定。例如,网络买卖合同的买受人主张自己选择快递物流取货的,将买卖标的物交付给买受人自己选择的快递物流单位的时间为交付时间。

链接《电子商务法》第 51-57 条

第五百一十三条 【执行政府定价或指导价的合同价格确定】执行政府定价或者政府指导价的,在合同约定的交付期限内政府价格调整时,按照交付时的价格计价。逾期交付标的物的,遇价格上涨时,按照原价格执行;价格下降时,按照新价格执行。逾期提取标的物或者逾期付款的,遇价格上涨时,按照新价格执行;价格下降时,按照原价格执行。

注释 合同的标的物属于政府定价或者政府指导价的,必须按照政府定价和政府指导价确定其价格,当事人不得另行约定价格。

政府定价是国家对少数关乎国计民生的产品由政府直接确定价格,企业不得违背的定价。政府指导价是政府对少数产品确定一个中准价,各地根据当地情况作出具体定价,按照当地政府确定的定价进行交易,当事人应当执行这种定价。

合同在履行过程中,如果遇到政府定价或者政府指导价调整时,确定产品价格的原则是保护按约履行合同的一方。具体办法是:1. 执行政府定价和政府指导价的,在履行中遇到政府定价或者政府指导价作调整时,应按交付时的政府定价或者政府指导价计价,即按新的价格执行;交付货物时,该货物提价的,按已提的价格执行;降价的,则按所降的价格计算。2. 当事人逾期交货的,该产品的政府定价或者政府指导价提高时,按原定的价格执行;该产品政府定价或者政府指导价降低时,按已降低的价格执行。3. 当事人超过合同规定时间提货或付款的,该产品的政府定价或者政府指导价提高时,按已提高的价格计价付款;该产品政府定价或者政府指导价降低时,则按原来合同所议定的价格执行。

......

中华人民共和国民用
航空器权利登记条例

· 1997 年 10 月 21 日国务院令第 233 号发布
· 自发布之日起施行

第一条 根据《中华人民共和国民用航空法》,制定本条例。

第二条 在中华人民共和国办理民用航空器权利登记,应当遵守本条例。

第三条 国务院民用航空主管部门主管民用航空器权利登记工作,设立民用航空器权利登记簿,统一记载民用航空器权利登记事项。

同一民用航空器的权利登记事项应当记载于同一权利登记簿中。

第四条 办理民用航空器所有权、占有权或者抵押权登记的,民用航空器权利人应当按照国务院民用航空主管部门的规定,分别填写民用航空器所有权、占有权或者抵押权登记申请书,并向国务院民用航空主管部门提交本条例第五条至第七条规定的相应文件。

办理民用航空器优先权登记的,民用航空器优先权的债权人应当自救援或者保管维护工作终了之日起 3 个月内,按照国务院民用航空主管部门的规定,填写民用航空器优先权登记申请书,并向国务院民用航空主管部门提交足以证明其合法身份的文件和有关债权证明。

第五条 办理民用航空器所有权登记的,民用航空器的所有人应当提交下列文件或者经核对无误的复印件:

(一)民用航空器国籍登记证书;

(二)民用航空器所有权取得的证明文件;

(三)国务院民用航空主管部门要求提交的其他必要的有关文件。

第六条 办理民用航空器占有权登记的,民用航空器的占有人应当提交下列文件或者经核对无误的复印件:

(一)民用航空器国籍登记证书;

(二)民用航空器所有权登记证书或者相应的所有权证明文件;民用航空器设定抵押的,还应当提供有关证明文件;

(三)符合《中华人民共和国民用航空法》第十一条第(二)项或者第(三)项规定的民用航空器买卖合同或者租赁合同;

(四)国务院民用航空主管部门要求提交的其他必要的有关文件。

第七条 办理民用航空器抵押权登记的,民用航空器的抵押权人和抵押人应当提交下列文件或者经核对无误的复印件:

(一)民用航空器国籍登记证书;

(二)民用航空器所有权登记证书或者相应的所有权证明文件;

(三)民用航空器抵押合同;

(四)国务院民用航空主管部门要求提交的其他必要的有关文件。

第八条 就两架以上民用航空器设定一项抵押权或者就同一民用航空器设定两项以上抵押权时,民用航空器的抵押权人和抵押人应当就每一架民用航空器或者每一项抵押权分别办理抵押权登记。

第九条 国务院民用航空主管部门应当自收到民用航空器权利登记申请之日起 7 个工作日内,对申请的权利登记事项进行审查。经审查符合本条例规定的,应当向民用航空器权利人颁发相应的民用航空器权利登记证书,并区别情况在民用航空器权利登记簿上载明本条例第十条至第十三条规定的相应事项;经审查不符合本条例规定的,应当书面通知民用航空器权利人。

第十条 国务院民用航空主管部门向民用航空器所有人颁发民用航空器所有权登记证书时,应当在民用航空器权利登记簿上载明下列事项:

（一）民用航空器国籍、国籍标志和登记标志；

（二）民用航空器所有人的姓名或者名称、地址及其法定代表人的姓名；

（三）民用航空器为数人共有的，载明民用航空器共有人的共有情况；

（四）民用航空器所有权的取得方式和取得日期；

（五）民用航空器制造人名称、制造日期和制造地点；

（六）民用航空器价值、机体材料和主要技术数据；

（七）民用航空器已设定抵押的，载明其抵押权的设定情况；

（八）民用航空器所有权登记日期；

（九）国务院民用航空主管部门规定的其他事项。

第十一条 国务院民用航空主管部门向民用航空器占有人颁发民用航空器占有权登记证书时，应当在民用航空器权利登记簿上载明下列事项：

（一）民用航空器的国籍、国籍标志和登记标志；

（二）民用航空器占有人、所有人或者出租人的姓名或者名称、地址及其法定代表人的姓名；

（三）民用航空器占有权的取得方式、取得日期和约定的占有条件；

（四）民用航空器占有权登记日期；

（五）国务院民用航空主管部门规定的其他事项。

第十二条 国务院民用航空主管部门向民用航空器抵押权人颁发民用航空器抵押权登记证书时，应当在民用航空器权利登记簿上载明下列事项：

（一）被抵押的民用航空器的国籍、国籍标志和登记标志；

（二）抵押权人和抵押人的姓名或者名称、地址及其法定代表人的姓名；

（三）民用航空器抵押所担保的债权数额、利息率、受偿期限；

（四）民用航空器抵押权登记日期；

（五）国务院民用航空主管部门规定的其他事项。

第十三条 国务院民用航空主管部门向民用航空器优先权的债权人颁发民用航空器优先权登记证书时，应当在民用航空器权利登记簿上载明下列事项：

（一）发生债权的民用航空器的国籍、国籍标志和登记标志；

（二）民用航空器优先权的债权人的姓名或者名称、地址及其法定代表人的姓名；

（三）发生债权的民用航空器的所有人、经营人或者承租人的姓名或者名称、地址及其法定代表人的姓名；

（四）民用航空器优先权的债权人主张的债权数额和债权发生的时间、原因；

（五）民用航空器优先权登记日期；

（六）国务院民用航空主管部门规定的其他事项。

第十四条 同一民用航空器设定两项以上抵押权的，国务院民用航空主管部门应当按照抵押权登记申请日期的先后顺序进行登记。

第十五条 民用航空器权利登记事项发生变更时，民用航空器权利人应当持有关的民用航空器权利登记证书和变更证明文件，向国务院民用航空主管部门办理变更登记。

民用航空器抵押合同变更时，由抵押权人和抵押人共同向国务院民用航空主管部门办理变更登记。

第十六条 国务院民用航空主管部门应当自收到民用航空器权利变更登记申请之日起 7 个工作日内，对申请的权利变更登记事项进行审查。经审查符合本条例规定的，在有关权利登记证书和民用航空器权利登记簿上注明变更事项；经审查不符合本条例规定的，应当书面通知民用航空器权利人。

第十七条 遇有下列情形之一时，民用航空器权利人应当持有关的民用航空器权利登记证书和证明文件，向国务院民用航空主管部门办理注销登记：

（一）民用航空器所有权转移；

（二）民用航空器灭失或者失踪；

（三）民用航空器租赁关系终止或者民用航空器占有人停止占有；

（四）民用航空器抵押权所担保的债权消灭；

（五）民用航空器优先权消灭；

（六）国务院民用航空主管部门规定的其他情形。

第十八条 国务院民用航空主管部门应当自收到民用航空器注销登记申请之日起 7 个工作日内，对申请的注销登记事项进行审查。经审查符合本条例规定的，收回有关的民用航空器权利登记证书，相应地注销民用航空器权利登记簿上的权利登记，并根据具体情况向民用航空器权利人出具民用航空器权利登记注销证明书；经审查不符合本条例规定的，应当书面通知民用航空器权利人。

第十九条 申请人办理民用航空器权利登记，应当缴纳登记费。登记费的收费标准由国务院民用航空主管部门会同国务院价格主管部门制定。

第二十条 本条例自发布之日起施行。

中华人民共和国船舶登记条例

· 1994 年 6 月 2 日中华人民共和国国务院令第 155 号发布
· 根据 2014 年 7 月 29 日《国务院关于修改部分行政法规的决定》修订

第一章 总 则

第一条 为了加强国家对船舶的监督管理，保障船舶登记有关各方的合法权益，制定本条例。

第二条 下列船舶应当依照本条例规定进行登记：

（一）在中华人民共和国境内有住所或者主要营业所的中国公民的船舶。

（二）依据中华人民共和国法律设立的主要营业所在中华人民共和国境内的企业法人的船舶。但是，在该法人的注册资本中有外商出资的，中方投资人的出资额不得低于 50%。

（三）中华人民共和国政府公务船舶和事业法人的船舶。

（四）中华人民共和国港务监督机构认为应当登记的其他船舶。

军事船舶、渔业船舶和体育运动船艇的登记依照有关法规的规定办理。

第三条 船舶经依法登记，取得中华人民共和国国籍，方可悬挂中华人民共和国国旗航行；未经登记的，不得悬挂中华人民共和国国旗航行。

第四条 船舶不得具有双重国籍。凡在外国登记的船舶，未中止或者注销原登记国国籍的，不得取得中华人民共和国国籍。

第五条 船舶所有权的取得、转让和消灭，应当向船舶登记机关登记；未经登记的，不得对抗第三人。

船舶由二个以上的法人或者个人共有的，应当向船舶登记机关登记；未经登记的，不得对抗第三人。

第六条 船舶抵押权、光船租赁权的设定、转移和消灭，应当向船舶登记机关登记；未经登记的，不得对抗第三人。

第七条 中国籍船舶上应持适任证书的船员，必须持有相应的中华人民共和国船员适任证书。

第八条 中华人民共和国港务监督机构是船舶登记主管机关。

各港的港务监督机构是具体实施船舶登记的机关（以下简称船舶登记机关），其管辖范围由中华人民共和国港务监督机构确定。

第九条 船舶登记港为船籍港。

船舶登记港由船舶所有人依据其住所或者主要营业所所在地就近选择，但是不得选择 2 个或者 2 个以上的船舶登记港。

第十条 一艘船舶只准使用一个名称。

船名由船籍港船舶登记机关核定。船名不得与登记在先的船舶重名或者同音。

第十一条 船舶登记机关应当建立船舶登记簿。

船舶登记机关应当允许利害关系人查阅船舶登记簿。

第十二条 国家所有的船舶由国家授予具有法人资格的全民所有制企业经营管理的，本条例有关船舶所有人的规定适用于该法人。

第二章 船舶所有权登记

第十三条 船舶所有人申请船舶所有权登记，应当向船籍港船舶登记机关交验足以证明其合法身份的文件，并提供有关船舶技术资料和船舶所有权取得的证明文件的正本、副本。

就购买取得的船舶申请船舶所有权登记的，应当提供下列文件：

（一）购船发票或者船舶的买卖合同和交接文件；

（二）原船籍港船舶登记机关出具的船舶所有权登记注销证明书；

（三）未进行抵押的证明文件或者抵押权人同意被抵押船舶转让他人的文件。

就新造船舶申请船舶所有权登记的，应当提供船舶建造合同和交接文件。但是，就建造中的船舶申请船舶所有权登记的，仅需提供船舶建造合同；就自造自用船舶申请船舶所有权登记的，应当提供足以证明其所有权取得的文件。

就因继承、赠与、依法拍卖以及法院判决取得的船舶申请船舶所有权登记的，应当提供具有相应法律效力的船舶所有权取得的证明文件。

第十四条　船籍港船舶登记机关应当对船舶所有权登记申请进行审查核实；对符合本条例规定的，应当自收到申请之日起 7 日内向船舶所有人颁发船舶所有权登记证书，授予船舶登记号码，并在船舶登记簿中载明下列事项：

（一）船舶名称、船舶呼号；

（二）船籍港和登记号码、登记标志；

（三）船舶所有人的名称、地址及其法定代表人的姓名；

（四）船舶所有权的取得方式和取得日期；

（五）船舶所有权登记日期；

（六）船舶建造商名称、建造日期和建造地点；

（七）船舶价值、船体材料和船舶主要技术数据；

（八）船舶的曾用名、原船籍港以及原船舶登记的注销或者中止的日期；

（九）船舶为数人共有的，还应当载明船舶共有人的共有情况；

（十）船舶所有人不实际使用和控制船舶的，还应当载明光船承租人或者船舶经营人的名称、地址及其法定代表人的姓名；

（十一）船舶已设定抵押权的，还应当载明船舶抵押权的设定情况。

船舶登记机关对不符合本条例规定的，应当自收到申请之日起 7 日内书面通知船舶所有人。

第三章　船舶国籍

第十五条　船舶所有人申请船舶国籍，除应当交验依照本条例取得的船舶所有权登记证书外，还应当按照船舶航区相应交验下列文件：

（一）航行国际航线的船舶，船舶所有人应当根据船舶的种类交验法定的船舶检验机构签发的下列有效船舶技术证书：

1. 国际吨位丈量证书；
2. 国际船舶载重线证书；
3. 货船构造安全证书；
4. 货船设备安全证书；
5. 乘客定额证书；
6. 客船安全证书；
7. 货船无线电报安全证书；
8. 国际防止油污证书；
9. 船舶航行安全证书；
10. 其他有关技术证书。

（二）国内航行的船舶，船舶所有人应当根据船舶的种类交验法定的船舶检验机构签发的船舶检验证书簿和其他有效船舶技术证书。

从境外购买具有外国国籍的船舶，船舶所有人在申请船舶国籍时，还应当提供原船籍港船舶登记机关出具的注销原国籍的证明书或者将于重新登记时立即注销原国籍的证明书。

对经审查符合本条例规定的船舶，船籍港船舶登记机关予以核准并发给船舶国籍证书。

第十六条　依照本条例第十三条规定申请登记的船舶，经核准后，船舶登记机关发给船舶国籍证书。船舶国籍证书的有效期为 5 年。

第十七条　向境外出售新造的船舶，船舶所有人应当持船舶所有权取得的证明文件和有效船舶技术证书，到建造地船舶登记机关申请办理临时船舶国籍证书。

从境外购买新造的船舶，船舶所有人应当持船舶所有权取得的证明文件和有效船舶技术证书，到中华人民共和国驻外大使馆、领事馆申请办理临时船舶国籍证书。

境内异地建造船舶，需要办理临时船舶国籍证书的，船舶所有人应当持船舶建造合同和交接文件以及有效船舶技术证书，到建造地船舶登记机关申请办理临时船舶国籍证书。

在境外建造船舶，船舶所有人应当持船舶建造合同和交接文件以及有效船舶技术证书，到中华人民共和国驻外大使馆、领事馆申请办理临时船舶国籍证书。

以光船条件从境外租进船舶，光船承租人应当持光船租赁合同和原船籍港船舶登记机关出具的中止或者注销原国籍的证明书，或者将于重新登记时立即中止或者注销原国籍的证明书到船舶登记机关申请办理临时船舶国籍证书。

对经审查符合本条例规定的船舶,船舶登记机关或者中华人民共和国驻外大使馆、领事馆予以核准并发给临时船舶国籍证书。

第十八条 临时船舶国籍证书的有效期一般不超过1年。

以光船租赁条件从境外租进的船舶,临时船舶国籍证书的期限可以根据租期确定,但是最长不得超过2年。光船租赁合同期限超过2年的,承租人应当在证书有效期内,到船籍港船舶登记机关申请换发临时船舶国籍证书。

第十九条 临时船舶国籍证书和船舶国籍证书具有同等法律效力。

第四章 船舶抵押权登记

第二十条 对20总吨以上的船舶设定抵押权时,抵押权人和抵押人应当持下列文件到船籍港船舶登记机关申请办理船舶抵押权登记:

(一)双方签字的书面申请书;

(二)船舶所有权登记证书或者船舶建造合同;

(三)船舶抵押合同。

该船舶设定有其他抵押权的,还应当提供有关证明文件。

船舶共有人就共有船舶设定抵押权时,还应当提供2/3以上份额或者约定份额的共有人的同意证明文件。

第二十一条 对经审查符合本条例规定的,船籍港船舶登记机关应当自收到申请之日起7日内将有关抵押人、抵押权人和船舶抵押情况以及抵押登记日期载入船舶登记簿和船舶所有权登记证书,并向抵押权人核发船舶抵押权登记证书。

第二十二条 船舶抵押权登记,包括下列主要事项:

(一)抵押权人和抵押人的姓名或者名称、地址;

(二)被抵押船舶的名称、国籍,船舶所有权登记证书的颁发机关和号码;

(三)所担保的债权数额、利息率、受偿期限。

船舶登记机关应当允许公众查询船舶抵押权的登记状况。

第二十三条 船舶抵押权转移时,抵押权人和承转人应当持船舶抵押权转移合同到船籍港船舶登记机关申请办理抵押权转移登记。

对经审查符合本条例规定的,船籍港船舶登记机关应当将承转人作为抵押权人载入船舶登记簿和船舶所有权登记证书,并向承转人核发船舶抵押权登记证书,封存原船舶抵押权登记证书。

办理船舶抵押权转移前,抵押权人应当通知抵押人。

第二十四条 同一船舶设定2个以上抵押权的,船舶登记机关应当按照抵押权登记申请日期的先后顺序进行登记,并在船舶登记簿上载明登记日期。

登记申请日期为登记日期;同日申请的,登记日期应当相同。

第五章 光船租赁登记

第二十五条 有下列情形之一的,出租人、承租人应当办理光船租赁登记:

(一)中国籍船舶以光船条件出租给本国企业的;

(二)中国企业以光船条件租进外国籍船舶的;

(三)中国籍船舶以光船条件出租境外的。

第二十六条 船舶在境内出租时,出租人和承租人应当在船舶起租前,持船舶所有权登记证书、船舶国籍证书和光船租赁合同正本、副本,到船籍港船舶登记机关申请办理光船租赁登记。

对经审查符合本条例规定的,船籍港船舶登记机关应当将船舶租赁情况分别载入船舶所有权登记证书和船舶登记簿,并向出租人、承租人核发光船租赁登记证明书各1份。

第二十七条 船舶以光船条件出租境外时,出租人应当持本条例第二十六条规定的文件到船籍港船舶登记机关申请办理光船租赁登记。

对经审查符合本条例规定的,船籍港船舶登记机关应当依照本条例第四十二条规定中止或者注销其船舶国籍,并发给光船租赁登记证明书一式2份。

第二十八条 以光船条件从境外租进船舶,承租人应当比照本条例第九条规定确定船籍港,并在船舶起租前持下列文件,到船舶登记机关申请办理光船租赁登记:

(一)光船租赁合同正本、副本;

(二)法定的船舶检验机构签发的有效船舶技术证书;

（三）原船籍港船舶登记机关出具的中止或者注销船舶国籍证明书，或者将于重新登记时立即中止或者注销船舶国籍的证明书。

对经审查符合本条例规定的，船舶登记机关应当发给光船租赁登记证明书，并应当依照本条例第十七条的规定发给临时船舶国籍证书，在船舶登记簿上载明原登记国。

第二十九条　需要延长光船租赁期限的，出租人、承租人应当在光船租赁合同期满前15日，持光船租赁登记证明书和续租合同正本、副本，到船舶登记机关申请办理续租登记。

第三十条　在光船租赁期间，未经出租人书面同意，承租人不得申请光船转租登记。

第六章　船舶标志和公司旗

第三十一条　船舶应当具有下列标志：

（一）船首两舷和船尾标明船名；

（二）船尾船名下方标明船籍港；

（三）船名、船籍港下方标明汉语拼音；

（四）船首和船尾两舷标明吃水标尺；

（五）船舶中部两舷标明载重线。

受船型或者尺寸限制不能在前款规定的位置标明标志的船舶，应当在船上显著位置标明船名和船籍港。

第三十二条　船舶所有人设置船舶烟囱标志、公司旗，可以向船籍港船舶登记机关申请登记，并按照规定提供标准设计图纸。

第三十三条　同一公司的船舶只准使用一个船舶烟囱标志、公司旗。

船舶烟囱标志、公司旗由船籍港船舶登记机关审核。

船舶烟囱标志、公司旗不得与登记在先的船舶烟囱标志、公司旗相同或者相似。

第三十四条　船籍港船舶登记机关对经核准予以登记的船舶烟囱标志、公司旗应当予以公告。

业经登记的船舶烟囱标志、公司旗属登记申请人专用，其他船舶或者公司不得使用。

第七章　变更登记和注销登记

第三十五条　船舶登记项目发生变更时，船舶所有人应当持船舶登记的有关证明文件和变更证明文件，到船籍港船舶登记机关办理变更登记。

第三十六条　船舶变更船籍港时，船舶所有人应当持船舶国籍证书和变更证明文件，到原船籍港船舶登记机关申请办理船籍港变更登记。对经审查符合本条例规定的，原船籍港船舶登记机关应当在船舶国籍证书签证栏内注明，并将船舶有关登记档案转交新船籍港船舶登记机关，船舶所有人再到新船籍港船舶登记机关办理登记。

第三十七条　船舶共有情况发生变更时，船舶所有人应当持船舶所有权登记证书和有关船舶共有情况变更的证明文件，到船籍港船舶登记机关办理有关变更登记。

第三十八条　船舶抵押合同变更时，抵押权人和抵押人应当持船舶所有权登记证书、船舶抵押权登记证书和船舶抵押合同变更的证明文件，到船籍港船舶登记机关办理变更登记。

对经审查符合本条例规定的，船籍港船舶登记机关应当在船舶所有权登记证书和船舶抵押权登记证书以及船舶登记簿上注明船舶抵押合同的变更事项。

第三十九条　船舶所有权发生转移时，原船舶所有人应当持船舶所有权登记证书、船舶国籍证书和其他有关证明文件到船籍港船舶登记机关办理注销登记。

对经审查符合本条例规定的，船籍港船舶登记机关应当注销该船舶在船舶登记簿上的所有权登记以及与之相关的登记，收回有关登记证书，并向船舶所有人出具相应的船舶登记注销证明书。向境外出售的船舶，船舶登记机关可以根据具体情况出具注销国籍的证明书或者将于重新登记时立即注销国籍的证明书。

第四十条　船舶灭失（含船舶拆解、船舶沉没）和船舶失踪，船舶所有人应当自船舶灭失（含船舶拆解、船舶沉没）或者船舶失踪之日起3个月内持船舶所有权登记证书、船舶国籍证书和有关船舶灭失（含船舶拆解、船舶沉没）、船舶失踪的证明文件，到船籍港船舶登记机关办理注销登记。经审查核实，船籍港船舶登记机关应当注销该船舶在船舶登记簿上的登记，收回有关登记证书，并向船舶所有人出具船舶登记注销证明书。

第四十一条　船舶抵押合同解除，抵押权人和抵押人应当持船舶所有权登记证书、船舶抵押权登记证书和经抵押权人签字的解除抵押合同的文件，到船籍港船舶登记机关办理注销登记。对经审查符合本条例规定的，船籍港船舶登记机关应当注销其在船舶所有权登记证书和船舶登记簿上的抵押登记的记录。

第四十二条 以光船条件出租到境外的船舶,出租人除依照本条例第二十七条规定办理光船租赁登记外,还应当办理船舶国籍的中止或者注销登记。船籍港船舶登记机关应当封存原船舶国籍证书,发给中止或者注销船舶国籍证明书。特殊情况下,船籍港船舶登记机关可以发给将于重新登记时立即中止或者注销船舶国籍的证明书。

第四十三条 光船租赁合同期满或者光船租赁关系终止,出租人应当自光船租赁合同期满或者光船租赁关系终止之日起 15 日内,持船舶所有权登记证书、光船租赁合同或者终止光船租赁关系的证明文件,到船籍港船舶登记机关办理光船租赁注销登记。

以光船条件出租到境外的船舶,出租人还应当提供承租人所在地船舶登记机关出具的注销船舶国籍证明书或者将于重新登记时立即注销船舶国籍的证明书。

经核准后,船籍港船舶登记机关应当注销其在船舶所有权登记证书和船舶登记簿上的光船租赁登记的记录,并发还原船舶国籍证书。

第四十四条 以光船条件租进的船舶,承租人应当自光船租赁合同期满或者光船租赁关系终止之日起 15 日内,持光船租赁合同、终止光船租赁关系的证明文件,到船籍港船舶登记机关办理注销登记。

以光船条件从境外租进的船舶,还应当提供临时船舶国籍证书。

经核准后,船籍港船舶登记机关应当注销其在船舶登记簿上的光船租赁登记,收回临时船舶国籍证书,并出具光船租赁登记注销证明书和临时船舶国籍注销证明书。

第八章 船舶所有权登记证书、船舶 国籍证书的换发和补发

第四十五条 船舶国籍证书有效期届满前 1 年内,船舶所有人应当持船舶国籍证书和有效船舶技术证书,到船籍港船舶登记机关办理证书换发手续。

第四十六条 船舶所有权登记证书、船舶国籍证书污损不能使用的,持证人应当向船籍港船舶登记机关申请换发。

第四十七条 船舶所有权登记证书、船舶国籍证书遗失的,持证人应当书面叙明理由,附具有关证明文件,向船籍港船舶登记机关申请补发。

船籍港船舶登记机关应当在当地报纸上公告声明原证书作废。

第四十八条 船舶所有人在境外发现船舶国籍证书遗失或者污损时,应当向中华人民共和国驻外大使馆、领事馆申请办理临时船舶国籍证书,但是必须在抵达本国第一个港口后及时向船籍港船舶登记机关申请换发船舶国籍证书。

第九章 法律责任

第四十九条 假冒中华人民共和国国籍,悬挂中华人民共和国国旗航行的,由船舶登记机关依法没收该船舶。

中国籍船舶假冒外国国籍,悬挂外国国旗航行的,适用前款规定。

第五十条 隐瞒在境内或者境外的登记事实,造成双重国籍的,由船籍港船舶登记机关吊销其船舶国籍证书,并视情节处以下列罚款:

(一)500 总吨以下的船舶,处 2000 元以上、1 万元以下的罚款;

(二)501 总吨以上、1 万总吨以下的船舶,处以 1 万元以上、5 万元以下的罚款;

(三)10001 总吨以上的船舶,处以 5 万元以上、20 万元以下的罚款。

第五十一条 违反本条例规定,有下列情形之一的,船籍港船舶登记机关可以视情节给予警告、根据船舶吨位处以本条例第五十条规定的罚款数额的 50% 直至没收船舶登记证书:

(一)在办理登记手续时隐瞒真实情况、弄虚作假的;

(二)隐瞒登记事实,造成重复登记的;

(三)伪造、涂改船舶登记证书的。

第五十二条 不按照规定办理变更或者注销登记的,或者使用过期的船舶国籍证书或者临时船舶国籍证书的,由船籍港船舶登记机关责令其补办有关登记手续;情节严重的,可以根据船舶吨位处以本条例第五十条规定的罚款数额的 10%。

第五十三条 违反本条例规定,使用他人业经登记的船舶烟囱标志、公司旗的,由船籍港船舶登记机关责令其改正;拒不改正的,可以根据船舶吨位处以本条例第五十条规定的罚款数额的

10%;情节严重的,并可以吊销其船舶国籍证书或者临时船舶国籍证书。

第五十四条 船舶登记机关的工作人员滥用职权、徇私舞弊、玩忽职守、严重失职的,由所在单位或者上级机关给予行政处分;构成犯罪的,依法追究刑事责任。

第五十五条 当事人对船舶登记机关的具体行政行为不服的,可以依照国家有关法律、行政法规的规定申请复议或者提起行政诉讼。

第十章 附 则

第五十六条 本条例下列用语的含义是:

(一)"船舶"系指各类机动、非机动船舶以及其他水上移动装置,但是船舶上装备的救生艇筏和长度小于5米的艇筏除外。

(二)"渔业船舶"系指从事渔业生产的船舶以及属于水产系统为渔业生产服务的船舶。

(三)"公务船舶"系指用于政府行政管理目的的船舶。

第五十七条 除公务船舶外,船舶登记机关按照规定收取船舶登记费。船舶登记费的收费标准和管理办法,由国务院财政部门、物价行政主管部门会同国务院交通行政主管部门制定。

第五十八条 船舶登记簿、船舶国籍证书、临时船舶国籍证书、船舶所有权登记证书、船舶抵押权登记证书、光船租赁登记证明书、申请书以及其他证明书的格式,由中华人民共和国港务监督机构统一制定。

第五十九条 本条例自1995年1月1日起施行。

中华人民共和国民用航空器权利登记条例实施办法

· 1999年8月27日中国民用航空总局局务会议通过
· 1999年9月1日中国民用航空总局令第87号公布
· 自1999年11月1日起施行

第一条 为便利民用航空器权利人办理民用航空器权利登记事项,根据《中华人民共和国民用航空器权利登记条例》(以下简称《条例》),制定本办法。

第二条 中国民用航空总局民用航空器权利登记职能部门(以下称登记部门),负责办理民用航空器权利登记的具体事宜。

第三条 登记部门设立和保管民用航空器权利登记簿,统一记载民用航空器权利登记事项。

第四条 民用航空器权利人认为需要进行权利登记的,可申请办理民用航空器权利登记。

第五条 在申请办理权利登记时,申请人应当向登记部门提交有关申请书的原件以及《条例》和本办法规定的相应文件的原件。提供相应文件原件确有困难的,可以提供经核对无误的复印件。相应文件原件和经核对无误的复印件均为有效文件。

不能及时提供有效文件的,可以先行提供复印件,但是,应当在登记部门收到有关权利登记申请书原件之日起10个工作日内向登记部门提交有效文件。在收齐全部有效文件之日起7个工作日内,登记部门依照《条例》规定对申请的权利登记事项完成审查,并颁发相应的民用航空器权利登记证书,对经审查不符合《条例》规定的,书面通知申请人。申请人未能在上述10个工作日内提交有效文件的,有关权利登记申请人应当重新提出申请。

本办法所称原件,是指文件原件的正本或者副本。

本办法所称经核对无误的复印件,是指符合下列条件之一的复印件:

(一)涉及有关机关出具的文件的,经该机关核对并签章;

(二)涉及交易文件的,经交易各方当事人签章;

(三)依法公证或者经中华人民共和国使领馆认证的文件复印件;

(四)经与原件核对无误并签注的复印件。

第六条 登记部门在接收申请人提供的有关文件时,应当向其出具收件清单,并注明文件接收日期和时间。

第七条 在申请办理权利登记时,申请人应当提供下列证明其合法身份的文件:

(一)申请人是个人的,其有效身份证明;

(二)申请人为企业法人的,工商登记机关颁发的企业法人营业执照；

（三）申请人为其他组织的，有关登记、注册机关颁发的登记、注册文件；

（四）与上述文件等效的身份证明文件。

第八条 委托他人办理权利登记或者签署有关文件的，应当向登记部门提交合法申请人的授权委托书或者其他授权证明文件以及代办人的符合前条规定的合法身份证明文件。

同一项交易或者事件产生共同权利的，应当由一个权利代表人向登记部门办理权利登记事项。

第九条 民用航空器权利登记申请人在办理民用航空器权利登记时，应当根据具体情况分别填写符合本办法附件规定格式的以下权利登记申请书：

（一）《民用航空器所有权登记申请书》；

（二）《民用航空器占有权登记申请书》；

（三）《民用航空器抵押权登记申请书》；

（四）《民用航空器优先权登记申请书》。

第十条 《条例》第五条第（一）项所称民用航空器国籍登记证书，是指中华人民共和国民用航空器国籍登记证书。

第十一条 《条例》第六条第（一）项所称民用航空器国籍登记证书，包括中华人民共和国民用航空器国籍登记证书和外国民用航空器国籍登记证书。

《条例》第六条第（三）项所称租赁合同，不包括出租人提供机组人员的租赁合同。

第十二条 《条例》第七条第（一）项所称民用航空器国籍登记证书，包括中华人民共和国民用航空器国籍登记证书和外国民用航空器国籍登记证书。

第十三条 对中华人民共和国国籍或者外国国籍民用航空器具有优先权的，均可以向登记部门申请办理优先权登记。

第十四条 登记部门对民用航空器权利人的权利登记申请审查合格后，应当根据申请向权利人分别颁发以下相应的权利登记证书：

（一）《民用航空器所有权登记证书》；

（二）《民用航空器占有权登记证书》；

（三）《民用航空器抵押权登记证书》；

（四）《民用航空器优先权登记证书》。

《民用航空器抵押权登记证书》只对民用航空器抵押权人颁发。

第十五条 《条例》第十条第（六）项所称民用航空器价值，是指设定权利时的民用航空器价值。主要技术数据是指民用航空器型号、出厂序号和设定权利时的技术状况。

第十六条 民用航空器权利登记事项发生变更时，民用航空器权利人应当持有关的民用航空器权利登记证书以及变更证明文件，向登记部门办理权利变更登记，并应当根据具体情况分别填写符合本办法附件规定格式的以下权利登记变更申请书：

（一）《民用航空器所有权登记变更申请书》；

（二）《民用航空器占有权登记变更申请书》；

（三）《民用航空器抵押权登记变更申请书》；

（四）《民用航空器优先权登记变更申请书》。

第十七条 民用航空器权利人的权利变更登记申请经登记部门依法审查合格后，由登记部门在有关权利登记证书上和民用航空器权利登记簿上注明变更事项，不颁发新的权利登记证书。

第十八条 民用航空器权利人依照《条例》规定办理注销登记时，应当持有关的民用航空器权利登记证书以及证明文件，向登记部门办理权利注销登记，并应当根据具体情况分别填写符合本办法附件规定格式的以下权利登记注销申请书：

（一）《民用航空器所有权登记注销申请书》；

（二）《民用航空器占有权登记注销申请书》；

（三）《民用航空器抵押权登记注销申请书》；

（四）《民用航空器优先权登记注销申请书》。

第十九条 民用航空器权利人的权利登记注销申请经登记部门依法审查合格后，由登记部门收回并注销其有关权利登记证书，并根据《条例》第十八条规定向民用航空器权利人分别颁发以下相应的权利登记注销证书：

（一）《民用航空器所有权登记注销证书》；

（二）《民用航空器占有权登记注销证书》；

（三）《民用航空器抵押权登记注销证书》；

（四）《民用航空器优先权登记注销证书》。

第二十条 有关权利登记的生效日期和时间为登记部门收到有关权利登记申请书原件的日期和时间。但是，收到有关权利登记申请书原件的日期和时间先于设定权利的日期和时间的，应当以设定权利的日期和时间为权利登记的生效日期和时间。变更或者注销权利登记时同样适用上述规定。

第二十一条　民用航空器权利的利害关系人对民用航空器权利登记持有异议，或者认为民用航空器权利人应当办理变更登记或者注销登记而未办理的，可以凭人民法院的生效判决、裁定或者仲裁机构的生效裁决，向登记部门办理有关权利登记、变更登记或者注销登记。该判决、裁定或者裁决是由外国法院或者仲裁机构作出的，应当依法先经中华人民共和国的人民法院确认。此种登记的其他有关事项，分别适用《条例》和本办法中的有关规定。

第二十二条　根据《条例》颁发的民用航空器权利登记证书，在被依法注销前或者权利期限届满前有效。

第二十三条　民用航空器权利登记簿内所记载的事项，可以供公众查询、复制或者摘录。

由申请人提供的申请书及各项文件，登记部门应当妥善保管。对于申请人声明涉及商业秘密的事项，登记部门不得向他人泄露。

第二十四条　申请人办理民用航空器权利登记，公众查询、复制或者摘录民用航空器权利登记事项，均应当缴纳费用，收费标准和管理办法另行制定。

第二十五条　本办法所附各申请表格复印有效，用纸规格为182毫米×257毫米。

第二十六条　本办法自1999年11月1日起施行。

本办法施行后，登记部门办理在《条例》施行之日起(含当日)设定的民用航空器权利；在《条例》施行之日前设定的民用航空器权利，可自2000年11月1日起补办登记手续。

中华人民共和国船舶登记办法

· 2016年12月13日交通运输部令2016年第85号公布
· 自2017年2月10日起施行

第一章　总　则

第一条　为保障船舶登记有关各方的合法权益，进一步规范船舶登记行为，根据《中华人民共和国海上交通安全法》《中华人民共和国物权法》《中华人民共和国海商法》《中华人民共和国船舶登记条例》等法律、行政法规，制定本办法。

第二条　本办法所称船舶登记，是指船舶登记机关按照《中华人民共和国船舶登记条例》的规定，对船舶所有权、船舶国籍、船舶抵押权、光船租赁、船舶烟囱标志和公司旗进行登记的行为。

第三条　下列船舶的登记适用本办法：

(一)在中华人民共和国境内有住所或者主要营业所的中国公民所有或者光船租赁的船舶；

(二)依据中华人民共和国法律设立的主要营业所在中华人民共和国境内的企业法人所有或者光船租赁的船舶。但是，在该法人的注册资本中有外商出资的，中方投资人的出资额不得低于百分之五十；

(三)外商出资额超过百分之五十的中国企业法人仅供本企业内部生产使用，不从事水路运输经营的趸船、浮船坞；

(四)中华人民共和国政府公务船舶和事业法人、社团法人和其他组织所有或者光船租赁的船舶；

(五)在自由贸易试验区注册的企业法人所有或者光船租赁的船舶。

军事船舶、渔业船舶和体育运动船艇的登记依照有关法规的规定办理。

第四条　交通运输部海事局负责全国船舶登记管理工作。

各级海事管理机构依据职责具体开展辖区内的船舶登记工作，以下简称船舶登记机关。

第五条　船舶登记港为船籍港。各船舶登记机关进行登记的船籍港范围由交通运输部海事局统一确定并对外公布。

船舶登记港由船舶所有人依据其住所或者主要营业所所在地就近选择，但是不得选择两个或者两个以上的船舶登记港。

由企业法人依法成立的开展经营活动的分支机构经营的船舶，可以依据分支机构营业场所所在地就近选择船舶登记港。融资租赁的船舶，可以由租赁双方依其约定，在出租人或者承租人住所地或者主要营业所所在地就近选择船舶登记港。

光租外国籍船舶的，由船舶承租人依据其住所地或者主要营业所所在地就近选择船舶登记港，但是不得选择两个或者两个以上的船舶登记港。

第六条　船舶登记机关办理船舶登记,应当遵循依法、公正、便民的原则。

第七条　船舶登记机关应当建立船舶登记簿。

船舶登记簿可以采用电子介质,也可以采用纸质介质。船舶登记簿采用电子介质的,应当定期进行异地备份,并具有唯一、确定的纸质转化形式。

船舶登记簿由船舶登记机关管理和永久保存。船舶登记簿损毁、灭失的,船舶登记机关应当依据原有登记资料予以重建。

第二章　登记一般规定

第八条　船舶登记应当按照下列程序办理:

(一)申请;

(二)受理;

(三)审查;

(四)记载于船舶登记簿;

(五)发证。

第九条　申请船舶登记,申请人应当填写登记申请书,并向船舶登记机关提交合法身份证明和其他有关申请材料。

第十条　登记申请材料应当为原件,不能提供原件的,可以提交复印件,并同时提交确认复印件与原件一致的证明文件。申请人提交的申请材料是外文的,应当同时提供中文译本。

第十一条　申请人对申请材料的真实性、合法性、有效性负责。

第十二条　船舶登记机关收到船舶登记申请材料后,应当审查申请材料是否齐全,申请材料是否符合法定形式,申请书内容与所附材料是否一致,并核实申请材料是否为原件或者与原件一致。

第十三条　船舶登记机关对登记申请材料审查后,应当按照下列情况出具受理意见:

(一)申请事项属于本登记机关管辖、申请材料齐全、申请书填写完整、复印件与原件一致的,应当受理并书面告知申请人;

(二)申请事项不属于本登记机关管辖的,应当场书面告知申请人向有管辖权的登记机关申请;

(三)申请材料存在可以当场更正的错误的,应当告知并允许申请人当场更正,申请人更正后,应当受理并书面告知申请人;

(四)申请材料不齐全或者不符合法定形式的,应当书面告知申请人不予受理并一次性告知需要补正的全部内容。

第十四条　在船舶登记证书签发之前,申请人以书面形式申请撤回登记申请的,船舶登记机关应当终止办理,并将申请材料退回申请人。

第十五条　经船舶登记机关审查,船舶登记申请符合规定要求的,船舶登记机关予以登记,将申请登记事项记载于船舶登记簿,制作并发放船舶登记证书。

第十六条　有下列情形之一的,船舶登记机关不予登记并书面告知理由:

(一)申请人不能提供权利取得证明文件或者申请登记事项与权利取得证明文件不一致的;

(二)第三人主张存在尚未解决的权属争议且能提供依据的;

(三)申请登记事项与已签发的登记证书内容相冲突的;

(四)违反法律、行政法规规定的。

第十七条　船舶登记机关应当建立船舶登记簿,载明下列事项:

(一)船舶名称、呼号、识别号和主要技术数据;

(二)船舶建造商名称、建造日期和建造地点;

(三)船籍港和船舶登记号码;

(四)船舶的曾用名、原船籍港以及原船舶登记的注销或者中止日期;

(五)船舶所有人的名称、地址及其法定代表人的姓名;

(六)船舶所有权的取得方式和取得日期;

(七)船舶所有权登记日期;

(八)船舶为数人共有的,应当载明船舶共有人的共有情况;

(九)船舶光船租赁的,应当载明光船承租人名称、地址及其法定代表人姓名;

(十)船舶已设定抵押的,应当载明船舶抵押权的设定情况;

(十一)船舶登记机关依法协助司法机关执行的事项。

第十八条　船舶登记证书污损不能使用需要换发的,持证人应当持原船舶登记证书向船籍港船舶登记机关申请换发。

第十九条　船舶所有权登记证书、船舶国籍

证书、船舶注销登记证明书遗失或者灭失的,持证人应当书面说明理由,附具有关证明文件,向船籍港船舶登记机关申请补发。船舶登记机关应当予以公告,声明原证书作废。

所有权登记证书补发公告之日起 90 日内无异议的,船舶国籍证书、船舶注销登记证明书补发公告之日起 3 日内无异议的,船舶登记机关予以补发新证书。

第二十条　船舶抵押权登记证书、光船租赁登记证书遗失或者灭失的,持证人应当向船籍港船舶登记机关报告。船舶登记机关应当予以公告,声明原证书作废。

第二十一条　船舶权利人、利害关系人、有关国家机关可以依法查阅、复制船舶登记簿或者船舶登记档案。

第二十二条　船舶登记机关协助法院执行的,应当收存法院送达的协助执行通知书和生效的裁判文书。

第二十三条　自船舶登记申请受理之日起,船舶登记机关应当于 7 个工作日内,将申请登记事项记载于船舶登记簿并核发相应证书,或者做出不予登记的决定。公告时间不计入前款规定的时限。

第二十四条　本办法中的公告,可以在交通运输部海事局的官方网站上发布。

第三章　船舶所有权登记

第一节　船舶名称

第二十五条　船舶申请登记前,应当按照下列规定申请核定船名:

(一)现有船舶,由船舶所有人或者光船租赁外国籍船舶的承租人向拟申请登记地船舶登记机关申请;

(二)新造船舶,由船舶建造人或者定造人向拟申请登记地船舶登记机关申请。未确定拟申请登记地或者为境外定造人建造的,由船舶建造人向建造地船舶登记机关申请。

第二十六条　一艘船舶只准使用一个名称,船名不得与登记在先的船舶重名或者同音。船名经核定后,24 个月内未办理船舶登记手续的,经核定的船名自动失效。

第二十七条　船名包括中文名称和英文名称。中文名称由两个及两个以上规范汉字或者两个及两个以上规范汉字加阿拉伯数字组成。英文名称为中文名称中规范汉字的汉语拼音或者中文名称中规范汉字的汉语拼音加阿拉伯数字组成。

第二十八条　船舶不得使用下列名称:

(一)与国家、政府间国际组织名称相同或者相似的,但经有关国家、政府间国际组织同意的除外;

(二)与国家机关、政党名称相同或者相似的,但经有关国家机关、政党同意的除外;

(三)与国家领导人姓名相同的;

(四)与政府公务船舶名称相同或者相似的;

(五)申请人户籍地以外的省、市简称加船种类组成的;

(六)带有民族歧视性或者殖民主义色彩的;

(七)有损社会主义道德风尚或者有不良文化倾向的;

(八)法律、行政法规明确禁止使用的。

第二十九条　船名经核定使用后,船舶所有人未发生变更而申请变更船舶名称的,应当重新申请核定船名,并将变更情形进行公告。

第三十条　船舶所有权注销或者船名变更后,原船名自动注销,其他船舶不得申请使用该名称。新的船舶所有人继续使用原船名的,应当重新向船舶登记机关申请核定原船名。

第二节　船舶所有权登记

第三十一条　船舶所有权登记由船舶所有人提出申请。共有船舶由全体共有人共同提出申请。

第三十二条　申请办理船舶所有权登记,应当提交下列材料:

(一)船舶所有权取得证明材料;

(二)船舶技术资料;

(三)船舶正横、侧舷、正艉、烟囱等照片;

(四)共有船舶的,还应当提交船舶共有情况证明材料;

(五)船舶所有人是合资企业的,还应当提交合资企业出资额的证明材料;

(六)已经登记的船舶,还应当提交原船舶登记机关出具的船舶所有权登记注销证明书。

前款所称的船舶技术资料是指新造船舶的建造检验证书,或者现有船舶的船舶检验证书,或者境外购买外国籍船舶的技术评定书。

第三十三条 本办法第三十二条规定提交的船舶所有权取得证明材料,应当满足下列情形之一:

(一)购买取得的船舶,提交购船发票或者船舶的买卖合同和交接文件;

(二)新造船舶,提交船舶建造合同和交接文件;

(三)因继承取得的船舶,提交具有法律效力的所有权取得证明文件;

(四)因赠与取得的船舶,提交船舶赠与合同和交接文件;

(五)依法拍卖取得的船舶,提交具有法律效力的拍卖成交确认书和船舶移交完毕确认书;

(六)因法院裁判或者仲裁机构仲裁取得的船舶,提交生效的裁判文书或者仲裁文书,交接文件或者协助执行通知书;

(七)因政府机关、企事业单位划拨、改制、资产重组发生所有权转移的船舶,提交有权单位出具的资产划拨文件或者资产重组船舶所有权归属证明和交接文件;

(八)因融资租赁取得船舶所有权的,提交船舶融资租赁合同和交接文件;

(九)自造自用船舶或者其他情况下,提交足以证明船舶所有权取得的证明文件。

第三十四条 申请办理建造中船舶所有权登记,应当提交下列材料:

(一)船舶建造合同,如建造合同对建造中船舶所有权约定不明确的,还应提交船舶建造各方共同签署的建造中船舶所有权归属证明;

(二)建造中船舶的基本技术参数;

(三)5张以上从不同角度拍摄且能反映船舶已建成部分整体状况的照片;

(四)船舶未在任何登记机关办理过所有权登记的声明;

(五)共有船舶的,还应当提交船舶共有情况证明材料;

(六)船舶所有人是合资企业的,还应当提交合资企业出资额的证明材料。

第三十五条 船舶所有权登记项目发生变更的,船舶所有人应当持变更项目证明文件和相关船舶登记证书,向船籍港船舶登记机关申请办理变更登记。船舶所有权登记项目变更涉及其他船舶登记证书内容的,应当对其他登记证书一并变更。

第三十六条 因船舶所有权发生转移、船舶灭失和失踪,注销船舶所有权登记的,按照《中华人民共和国船舶登记条例》第三十九条、第四十条的规定办理。

第三十七条 船舶依法拍卖后,新船舶所有人可以凭所有权转移的证明文件向原船舶登记机关申请办理所有权注销登记,并交回原船舶所有权登记证书。原船舶所有权登记证书无法交回的,应当提交书面说明,由船舶登记机关公告作废。

第四章 船舶国籍

第三十八条 船舶所有人申请船舶国籍,应当按照《中华人民共和国船舶登记条例》第十五条的规定提交有关材料。

第三十九条 船舶国籍证书有效期为5年,但下列情形除外:

(一)老旧运输船舶国籍证书的有效期不得超过船舶强制报废日期;

(二)光船租赁船舶国籍证书的有效期与光船租赁期限相同,但最长不超过5年。

第四十条 申请办理临时船舶国籍证书,应当按照《中华人民共和国船舶登记条例》第十七条的规定办理。

第四十一条 从境外购买二手船舶,申请办理临时船舶国籍证书的,船舶所有人应当向住所或者主要营业所所在地的船舶登记机关提交船舶所有权取得证明文件、有效船舶技术证书和原船舶登记机关同意注销的证明文件。

第四十二条 因船舶买卖发生船籍港变化,申请办理临时船舶国籍证书的,新船舶所有人应当向变化后的船舶登记机关提交船舶所有权取得证明文件、有效船舶技术证书。

第四十三条 因船舶所有人住所或者船舶航线变更导致变更船舶登记机关,需要申请办理临时船舶国籍证书的,船舶所有人应当向原船舶登记机关提交有关变更证明文件、有效船舶技术证书。

第四十四条 临时船舶国籍证书有效期一般不超过1年。

以光船条件从境外租进的船舶,临时船舶国籍证书的期限可以根据租期确定,但是最长不超过 2 年。

第四十五条 船舶国籍证书有效期届满前 1 年内，船舶所有人应当持船舶国籍证书和有效船舶技术证书，到船籍港船舶登记机关办理证书换发手续。

换发的船舶国籍证书有效期起始日期从原证书有效期届满之日的第 2 日开始计算，但不得早于签发日期。

第四十六条 船舶国籍登记项目发生变化的，船舶所有人或者光船承租人应当向船籍港船舶登记机关申请办理变更登记，并提交变更项目的证明文件及相关船舶登记证书。

第五章 船舶抵押权登记

第四十七条 20 总吨以上船舶的抵押权登记，由船舶抵押人和抵押权人共同向船籍港船舶登记机关申请。

第四十八条 申请办理船舶抵押权登记，应当提交以下材料：

（一）船舶抵押合同及其主合同；

（二）船舶所有权登记证书或者船舶建造合同；

（三）共有船舶的，全体共同共有人或者三分之二以上份额或约定份额的按份共有人同意船舶抵押的证明文件；

（四）已办理光船租赁登记的船舶，承租人同意船舶抵押的证明文件。

申请办理建造中船舶抵押权登记，除提交上述第一至三项材料外，还应当提交抵押人出具的船舶未在其他登记机关办理过抵押权登记并且不存在法律、法规禁止船舶设置抵押权的声明。

第四十九条 船舶抵押权登记，包括下列主要事项：

（一）抵押权人和抵押人的姓名或者名称、地址；

（二）被抵押船舶的名称、国籍，船舶所有权登记证书的颁发机关和登记号码；

（三）被担保的债权数额；

（四）抵押权登记日期。

第五十条 船舶抵押权登记项目发生变化的，抵押人和抵押权人应当共同向船籍港船舶登记机关申请办理变更登记，提交变更项目的证明文件及相关船舶登记证书。

船舶有多个抵押权登记且变更项目涉及被担保的债权数额等变化的，若对其他抵押权人产生不利影响，还应当提交其他抵押权人书面同意变更的证明文件。

第五十一条 船舶抵押权转移登记，按照《中华人民共和国船舶登记条例》第二十三条的规定办理。

第五十二条 因船舶抵押合同解除注销船舶抵押权登记的，按照《中华人民共和国船舶登记条例》第四十一条的规定办理。

第五十三条 20 总吨以下船舶申请办理抵押权登记的，可以参照本节有关规定办理。

第六章 光船租赁登记

第五十四条 申请办理光船租赁登记或者光船租赁注销登记，应当按照下列规定提出：

（一）中国籍船舶以光船条件出租给本国企业或者公民的，由船舶出租人和承租人共同向船籍港船舶登记机关申请；

（二）中国企业以光船条件租进外国籍船舶的，由承租人向住所或者主要营业所所在地船舶登记机关申请；

（三）中国籍船舶以光船条件出租境外的，由出租人向船籍港船舶登记机关申请。

第五十五条 船舶在境内出租的，按照《中华人民共和国船舶登记条例》第二十六条的规定办理。

船舶以光船条件出租境外的，按照《中华人民共和国船舶登记条例》第二十七条的规定办理。

以光船条件从境外租进船舶的，按照《中华人民共和国船舶登记条例》第二十八条的规定办理。

第五十六条 光船租赁同时融资租赁的，申请办理光船租赁登记应当提交融资租赁合同。

第五十七条 光船租赁注销登记按照《中华人民共和国船舶登记条例》第四十三条、第四十四条的规定办理。

第五十八条 光船租赁期间，承租人将船舶转租他人，并申请办理光船租赁转租登记的，应当提交出租人同意转租的证明文件。

第五十九条 光船租赁登记项目发生变化的，出租人、承租人应当向船籍港船舶登记机关申请办理变更登记，提交变更项目的证明文件及船舶所有权、光船租赁证书。

二、物权公示

第七章　船舶烟囱标志和公司旗登记

第六十条　中国籍船舶的所有人可以向船籍港船舶登记机关申请船舶烟囱标志、公司旗登记,并按照规定提供标准设计图纸。

第六十一条　船舶烟囱标志、公司旗登记可以单独申请,也可以一并申请。

第六十二条　船舶登记机关经初步审查后,应对其拟登记的船舶烟囱标志、公司旗予以公告。公告之日起 30 日内无异议的,方可予以登记。

船舶烟囱标志、公司旗变更设计图的,船舶登记机关予以公告。

第六十三条　船舶烟囱标志、公司旗不得与登记在先的船舶烟囱标志、公司旗相同或者相似。

第六十四条　同一公司的船舶只能使用一个船舶烟囱标志、公司旗。业经登记的船舶烟囱标志、公司旗属登记申请人专用,其他船舶或者公司不得使用。

第六十五条　申请注销船舶烟囱标志、公司旗的,船舶所有人应当向船籍港船舶登记机关提出申请,并交回原船舶烟囱标志、公司旗登记证书。

第六十六条　船舶登记机关应当对登记的船舶烟囱标志、公司旗及其变更或者注销登记情况予以公告。

第八章　自由贸易试验区国际船舶登记的特别规定

第六十七条　本章所称国际船舶登记是指船舶登记机关为在自由贸易试验区内注册的企业仅航行国际航线及港澳台航线的船舶进行的登记。

第六十八条　依据中华人民共和国法律在自由贸易试验区设立的中资企业、中外合资企业、中外合作企业,以及依据国务院自由贸易试验区相关方案设立的外商独资企业和港澳台独资企业的船舶,可以依照本章有关规定申请办理国际船舶登记。

第六十九条　申请国际船舶登记,申请人可以通过前往登记机关现场申请的方式,也可以通过船舶登记机关建立的信息系统网上申请的方式。

网上申请的,船舶登记机关可以根据电子材料先行办理船舶登记手续。申请人在领取登记证书时,应当提交符合第十条要求的申请材料。

第七十条　海事管理机构、船舶检验机构、无线电管理机构和地方交通运输管理部门应当简化各项业务办理条件、优化办理程序,缩短办结时间,并建立信息共享机制,对通过信息共享可以获得的材料,免予申请人提交。

第七十一条　国际登记船舶申请船舶国籍证书时,可以一并申请办理应当由海事管理机构签发的航运公司安全营运和防污染管理体系符合证书、船舶防污染证书、船舶最低安全配员证书、船舶文书等证书、文书。

海事管理机构对申请材料进行统一接收、统筹办理和统一发证。

第七十二条　国际船舶登记申请人提交申请材料时,免予提交海事管理机构或者船舶检验机构签发的可通过信息系统查询的证书。办理船舶登记时,同时办理其他海事业务的,已经提交过的材料免予重复提交。

第七十三条　对于新造船舶或者从其他登记转为国际登记船舶时,船舶检验机构签发船舶检验证书前,可以依申请出具船舶技术参数证明,作为船舶登记机关办理船舶登记的技术资料。

第九章　附　则

第七十四条　本办法所称建造中船舶是指船舶处于安放龙骨或者相似建造阶段,或者其后的建造阶段。

第七十五条　长度小于 5 米的艇筏的登记可以参照本办法执行。

游艇登记另有规定的,从其规定。

第七十六条　本办法自 2017 年 2 月 10 日起施行。

机动车登记规定

·2021 年 12 月 17 日公安部令第 164 号公布
·自 2022 年 5 月 1 日起施行

第一章　总　则

第一条　为了规范机动车登记,保障道路交通安全,保护公民、法人和其他组织的合法权益,根据《中华人民共和国道路交通安全法》及其实施条例,制定本规定。

第二条 本规定由公安机关交通管理部门负责实施。

省级公安机关交通管理部门负责本省(自治区、直辖市)机动车登记工作的指导、检查和监督。直辖市公安机关交通管理部门车辆管理所、设区的市或者相当于同级的公安机关交通管理部门车辆管理所负责办理本行政区域内机动车登记业务。

县级公安机关交通管理部门车辆管理所可以办理本行政区域内除危险货物运输车、校车、中型以上载客汽车登记以外的其他机动车登记业务。具体业务范围和办理条件由省级公安机关交通管理部门确定。

警用车辆登记业务按照有关规定办理。

第三条 车辆管理所办理机动车登记业务,应当遵循依法、公开、公正、便民的原则。

车辆管理所办理机动车登记业务,应当依法受理申请人的申请,审查申请人提交的材料,按规定查验机动车。对符合条件的,按照规定的标准、程序和期限办理机动车登记。对申请材料不齐全或者不符合法定形式的,应当一次书面或者电子告知申请人需要补正的全部内容。对不符合规定的,应当书面或者电子告知不予受理、登记的理由。

车辆管理所应当将法律、行政法规和本规定的有关办理机动车登记的事项、条件、依据、程序、期限以及收费标准、需要提交的全部材料的目录和申请表示范文本等在办公场所公示。

省级、设区的市或者相当于同级的公安机关交通管理部门应当在互联网上发布信息,便于群众查阅办理机动车登记的有关规定,查询机动车登记、检验等情况,下载、使用有关表格。

第四条 车辆管理所办理机动车登记业务时,应当按照减环节、减材料、减时限的要求,积极推行一次办结、限时办结等制度,为申请人提供规范、便利、高效的服务。

公安机关交通管理部门应当积极推进与有关部门信息互联互通,对实现信息共享、网上核查的,申请人免予提交相关证明凭证。

公安机关交通管理部门应当按照就近办理、便捷办理的原则,推进在机动车销售企业、二手车交易市场等地设置服务站点,方便申请人办理机动车登记业务,并在办公场所和互联网公示辖区内的业务办理网点、地址、联系电话、办公时间和业务范围。

第五条 车辆管理所应当使用全国统一的计算机管理系统办理机动车登记、核发机动车登记证书、号牌、行驶证和检验合格标志。

计算机管理系统的数据库标准和软件全国统一,能够完整、准确地记录和存储机动车登记业务全过程和经办人员信息,并能够实时将有关信息传送到全国公安交通管理信息系统。

第六条 车辆管理所应当使用互联网交通安全综合服务管理平台受理申请人网上提交的申请,验证申请人身份,按规定办理机动车登记业务。

互联网交通安全综合服务管理平台信息管理系统数据库标准和软件全国统一。

第七条 申请办理机动车登记业务的,应当如实向车辆管理所提交规定的材料、交验机动车,如实申告规定的事项,并对其申请材料实质内容的真实性以及机动车的合法性负责。

第八条 公安机关交通管理部门应当建立机动车登记业务监督制度,加强对机动车登记、牌证生产制作和发放等监督管理。

第九条 车辆管理所办理机动车登记业务时可以依据相关法律法规认可、使用电子签名、电子印章、电子证照。

第二章 机动车登记

第一节 注册登记

第十条 初次申领机动车号牌、行驶证的,机动车所有人应当向住所地的车辆管理所申请注册登记。

第十一条 机动车所有人应当到机动车安全技术检验机构对机动车进行安全技术检验,取得机动车安全技术检验合格证明后申请注册登记。但经海关进口的机动车和国务院机动车产品主管部门认定免予安全技术检验的机动车除外。

免予安全技术检验的机动车有下列情形之一的,应当进行安全技术检验:

(一)国产机动车出厂后两年内未申请注册登记的;

(二)经海关进口的机动车进口后两年内未申请注册登记的;

（三）申请注册登记前发生交通事故的。

专用校车办理注册登记前，应当按照专用校车国家安全技术标准进行安全技术检验。

第十二条 申请注册登记的，机动车所有人应当交验机动车，确认申请信息，并提交以下证明、凭证：

（一）机动车所有人的身份证明；

（二）购车发票等机动车来历证明；

（三）机动车整车出厂合格证明或者进口机动车进口凭证；

（四）机动车交通事故责任强制保险凭证；

（五）车辆购置税、车船税完税证明或者免税凭证，但法律规定不属于征收范围的除外；

（六）法律、行政法规规定应当在机动车注册登记时提交的其他证明、凭证。

不属于经海关进口的机动车和国务院机动车产品主管部门规定免予安全技术检验的机动车，还应当提交机动车安全技术检验合格证明。

车辆管理所应当自受理申请之日起二日内，查验机动车，采集、核对车辆识别代号拓印膜或者电子资料，审查提交的证明、凭证，核发机动车登记证书、号牌、行驶证和检验合格标志。

机动车安全技术检验、税务、保险等信息实现与有关部门或者机构联网核查的，申请人免予提交相关证明、凭证，车辆管理所核对相关电子信息。

第十三条 车辆管理所办理消防车、救护车、工程救险车注册登记时，应当对车辆的使用性质、标志图案、标志灯具和警报器进行审查。

机动车所有人申请机动车使用性质登记为危险货物运输、公路客运、旅游客运的，应当具备相关道路运输许可；实现与有关部门联网核查道路运输许可信息、车辆使用性质信息的，车辆管理所应当核对相关电子信息。

申请危险货物运输车登记的，机动车所有人应当为单位。

车辆管理所办理注册登记时，应当对牵引车和挂车分别核发机动车登记证书、号牌、行驶证和检验合格标志。

第十四条 车辆管理所实现与机动车制造厂新车出厂查验信息联网的，机动车所有人申请小型、微型非营运载客汽车注册登记时，免予交验机动车。

车辆管理所应当会同有关部门在具备条件的

摩托车销售企业推行摩托车带牌销售，方便机动车所有人购置车辆、投保保险、缴纳税款、注册登记一站式办理。

第十五条 有下列情形之一的，不予办理注册登记：

（一）机动车所有人提交的证明、凭证无效的；

（二）机动车来历证明被涂改或者机动车来历证明记载的机动车所有人与身份证明不符的；

（三）机动车所有人提交的证明、凭证与机动车不符的；

（四）机动车未经国务院机动车产品主管部门许可生产或者未经国家进口机动车主管部门许可进口的；

（五）机动车的型号或者有关技术参数与国务院机动车产品主管部门公告不符的；

（六）机动车的车辆识别代号或者有关技术参数不符合国家安全技术标准的；

（七）机动车达到国家规定的强制报废标准的；

（八）机动车被监察机关、人民法院、人民检察院、行政执法部门依法查封、扣押的；

（九）机动车属于被盗抢骗的；

（十）其他不符合法律、行政法规规定的情形。

第二节 变更登记

第十六条 已注册登记的机动车有下列情形之一的，机动车所有人应当向登记地车辆管理所申请变更登记：

（一）改变车身颜色的；

（二）更换发动机的；

（三）更换车身或者车架的；

（四）因质量问题更换整车的；

（五）机动车登记的使用性质改变的；

（六）机动车所有人的住所迁出、迁入车辆管理所管辖区域的。

属于第一款第一项至第三项规定的变更事项的，机动车所有人应当在变更后十日内向车辆管理所申请变更登记。

第十七条 申请变更登记的，机动车所有人应当交验机动车，确认申请信息，并提交以下证明、凭证：

（一）机动车所有人的身份证明；

（二）机动车登记证书；

（三）机动车行驶证；

（四）属于更换发动机、车身或者车架的，还应当提交机动车安全技术检验合格证明；

（五）属于因质量问题更换整车的，还应当按照第十二条的规定提交相关证明、凭证。

车辆管理所应当自受理之日起一日内，查验机动车，审查提交的证明、凭证，在机动车登记证书上签注变更事项，收回行驶证，重新核发行驶证。属于第十六条第一款第三项、第四项、第六项规定的变更登记事项的，还应当采集、核对车辆识别代号拓印膜或者电子资料。属于机动车使用性质变更为公路客运、旅游客运，实现与有关部门联网核查道路运输许可信息、车辆使用性质信息的，还应当核对相关电子信息。属于需要重新核发机动车号牌的，收回号牌、行驶证，核发号牌、行驶证和检验合格标志。

小型、微型载客汽车因改变车身颜色申请变更登记，车辆不在登记地的，可以向车辆所在地车辆管理所提出申请。车辆所在地车辆管理所应当按规定查验机动车，审查提交的证明、凭证，并将机动车查验电子资料转送至登记地车辆管理所，登记地车辆管理所按规定复核并核发行驶证。

第十八条 机动车所有人的住所迁出车辆管理所管辖区域的，转出地车辆管理所应当自受理之日起三日内，查验机动车，在机动车登记证书上签注变更事项，制作上传机动车电子档案资料。机动车所有人应当在三十日内到住所地车辆管理所申请机动车转入。属于小型、微型载客汽车或者摩托车机动车所有人的住所迁出车辆管理所管辖区域的，应当向转入地车辆管理所申请变更登记。

申请机动车转入的，机动车所有人应当确认申请信息，提交身份证明、机动车登记证书，并交验机动车。机动车在转入时已超过检验有效期的，应当按规定进行安全技术检验并提交机动车安全技术检验合格证明和交通事故责任强制保险凭证。车辆管理所应当自受理之日起三日内，查验机动车，采集、核对车辆识别代号拓印膜或者电子资料，审查相关证明、凭证和机动车电子档案资料，在机动车登记证书上签注转入信息，收回号牌、行驶证，确定新的机动车号牌号码，核发号牌、行驶证和检验合格标志。

机动车所有人申请转出、转入前，应当将涉及该车的道路交通安全违法行为和交通事故处理完毕。

第十九条 机动车所有人为两人以上，需要将登记的所有人姓名变更为其他共同所有人姓名的，可以向登记地车辆管理所申请变更登记。申请时，机动车所有人应当共同提出申请，确认申请信息，提交机动车登记证书、行驶证、变更前和变更后机动车所有人的身份证明和共同所有的公证证明，但属于夫妻双方共同所有的，可以提供结婚证或者证明夫妻关系的居民户口簿。

车辆管理所应当自受理之日起一日内，审查提交的证明、凭证，在机动车登记证书上签注变更事项，收回号牌、行驶证，确定新的机动车号牌号码，重新核发号牌、行驶证和检验合格标志。变更后机动车所有人的住所不在车辆管理所管辖区域内的，迁出地和迁入地车辆管理所应当按照第十八条的规定办理变更登记。

第二十条 同一机动车所有人名下机动车的号牌号码需要互换，符合以下情形的，可以向登记地车辆管理所申请变更登记：

（一）两辆机动车在同一辖区车辆管理所登记；

（二）两辆机动车属于同一号牌种类；

（三）两辆机动车使用性质为非营运。

机动车所有人应当确认申请信息，提交机动车所有人身份证明、两辆机动车的登记证书、行驶证、号牌。申请前，应当将两车的道路交通安全违法行为和交通事故处理完毕。

车辆管理所应当自受理之日起一日内，审查提交的证明、凭证，在机动车登记证书上签注变更事项，收回两车的号牌、行驶证，重新核发号牌、行驶证和检验合格标志。

同一机动车一年内可以互换变更一次机动车号牌号码。

第二十一条 有下列情形之一的，不予办理变更登记：

（一）改变机动车的品牌、型号和发动机型号的，但经国务院机动车产品主管部门许可选装的发动机除外；

（二）改变已登记的机动车外形和有关技术参数的，但法律、法规和国家强制性标准另有规定的除外；

（三）属于第十五条第一项、第七项、第八项、第九项规定情形的。

距机动车强制报废标准规定要求使用年限一年以内的机动车，不予办理第十六条第五项、第六项规定的变更事项。

第二十二条 有下列情形之一，在不影响安全和识别号牌的情况下，机动车所有人不需要办理变更登记：

（一）增加机动车车内装饰；

（二）小型、微型载客汽车加装出入口踏步件；

（三）货运机动车加装防风罩、水箱、工具箱、备胎架等。

属于第一款第二项、第三项规定变更事项的，加装的部件不得超出车辆宽度。

第二十三条 已注册登记的机动车有下列情形之一的，机动车所有人应当在信息或者事项变更后三十日内，向登记地车辆管理所申请变更备案：

（一）机动车所有人住所在车辆管理所管辖区域内迁移、机动车所有人姓名（单位名称）变更的；

（二）机动车所有人身份证明名称或者号码变更的；

（三）机动车所有人联系方式变更的；

（四）车辆识别代号因磨损、锈蚀、事故等原因辨认不清或者损坏的；

（五）小型、微型自动挡载客汽车加装、拆除、更换肢体残疾人操纵辅助装置的；

（六）载货汽车、挂车加装、拆除车用起重尾板的；

（七）小型、微型载客汽车在不改变车身主体结构且保证安全的情况下加装车顶行李架，换装不同式样散热器面罩、保险杠、轮毂的；属于换装轮毂的，不得改变轮胎规格。

第二十四条 申请变更备案的，机动车所有人应当确认申请信息，按照下列规定办理：

（一）属于第二十三条第一项规定情形的，机动车所有人应当提交身份证明、机动车登记证书、行驶证。车辆管理所应当自受理之日起一日内，在机动车登记证书上签注备案事项，收回并重新核发行驶证；

（二）属于第二十三条第二项规定情形的，机动车所有人应当提交身份证明、机动车登记证书；属于身份证明号码变更的，还应当提交相关变更证明。车辆管理所应当自受理之日起一日内，在

机动车登记证书上签注备案事项；

（三）属于第二十三条第三项规定情形的，机动车所有人应当提交身份证明。车辆管理所应当自受理之日起一日内办理备案；

（四）属于第二十三条第四项规定情形的，机动车所有人应当提交身份证明、机动车登记证书、行驶证，交验机动车。车辆管理所应当自受理之日起一日内，查验机动车，监督重新打刻原车辆识别代号，采集、核对车辆识别代号拓印膜或者电子资料，在机动车登记证书上签注备案事项；

（五）属于第二十三条第五项、第六项规定情形的，机动车所有人应当提交身份证明、行驶证、机动车安全技术检验合格证明、操纵辅助装置或者尾板加装合格证明，交验机动车。车辆管理所应当自受理之日起一日内，查验机动车，收回并重新核发行驶证；

（六）属于第二十三条第七项规定情形的，机动车所有人应当提交身份证明、行驶证，交验机动车。车辆管理所应当自受理之日起一日内，查验机动车，收回并重新核发行驶证。

因第二十三条第五项、第六项、第七项申请变更备案，车辆不在登记地的，可以向车辆所在地车辆管理所提出申请。车辆所在地车辆管理所应当按规定查验机动车，审查提交的证明、凭证，并将机动车查验电子资料转递至登记地车辆管理所，登记地车辆管理所按规定复核并核发行驶证。

第三节　转让登记

第二十五条 已注册登记的机动车所有权发生转让的，现机动车所有人应当自机动车交付之日起三十日内向登记地车辆管理所申请转让登记。

机动车所有人申请转让登记前，应当将涉及该车的道路交通安全违法行为和交通事故处理完毕。

第二十六条 申请转让登记的，现机动车所有人应当交验机动车，确认申请信息，并提交以下证明、凭证：

（一）现机动车所有人的身份证明；

（二）机动车所有权转让的证明、凭证；

（三）机动车登记证书；

（四）机动车行驶证；

（五）属于海关监管的机动车，还应当提交海

关监管车辆解除监管证明书或者海关批准的转让证明；

（六）属于超过检验有效期的机动车，还应当提交机动车安全技术检验合格证明和交通事故责任强制保险凭证。

车辆管理所应当自受理申请之日起一日内，查验机动车，核对车辆识别代号拓印膜或者电子资料，审查提交的证明、凭证，收回号牌、行驶证，确定新的机动车号牌号码，在机动车登记证书上签注转让事项，重新核发号牌、行驶证和检验合格标志。

在机动车抵押登记期间申请转让登记的，应当由原机动车所有人、现机动车所有人和抵押权人共同申请，车辆管理所一并办理新的抵押登记。

在机动车质押备案期间申请转让登记的，应当由原机动车所有人、现机动车所有人和质权人共同申请，车辆管理所一并办理新的质押备案。

第二十七条 车辆管理所办理转让登记时，现机动车所有人住所不在车辆管理所管辖区域内的，转出地车辆管理所应当自受理之日起三日内，查验机动车，核对车辆识别代号拓印膜或者电子资料，审查提交的证明、凭证，收回号牌、行驶证，在机动车登记证书上签注转让和变更事项，核发有效期为三十日的临时行驶车号牌，制作上传机动车电子档案资料。机动车所有人应当在临时行驶车号牌的有效期限内到转入地车辆管理所申请机动车转入。

申请机动车转入时，机动车所有人应当确认申请信息，提交身份证明、机动车登记证书，并交验机动车。机动车在转入时已超过检验有效期的，应当按规定进行安全技术检验并提交机动车安全技术检验合格证明和交通事故责任强制保险凭证。转入地车辆管理所应当自受理之日起三日内，查验机动车，采集、核对车辆识别代号拓印膜或者电子资料，审查相关证明、凭证和机动车电子档案资料，在机动车登记证书上签注转入信息，核发号牌、行驶证和检验合格标志。

小型、微型载客汽车或者摩托车在转入地交易的，现机动车所有人应当向转入地车辆管理所申请转让登记。

第二十八条 二手车出口企业收购机动车的，车辆管理所应当自受理之日起三日内，查验机动车，核对车辆识别代号拓印膜或者电子资料，审查提交的证明、凭证，在机动车登记证书上签注转让待出口事项，收回号牌、行驶证，核发有效期不超过六十日的临时行驶车号牌。

第二十九条 有下列情形之一的，不予办理转让登记：

（一）机动车与该车档案记载内容不一致的；

（二）属于海关监管的机动车，海关未解除监管或者批准转让的；

（三）距机动车强制报废标准规定要求使用年限一年以内的机动车；

（四）属于第十五条第一项、第二项、第七项、第八项、第九项规定情形的。

第三十条 被监察机关、人民法院、人民检察院、行政执法部门依法没收并拍卖，或者被仲裁机构依法仲裁裁决，或者被监察机关依法处理，或者被人民法院调解、裁定、判决机动车所有权转让时，原机动车所有人未向现机动车所有人提供机动车登记证书、号牌或者行驶证的，现机动车所有人在办理转让登记时，应当提交监察机关或者人民法院出具的未得到机动车登记证书、号牌或者行驶证的协助执行通知书，或者人民检察院、行政执法部门出具的未得到机动车登记证书、号牌或者行驶证的证明。车辆管理所应当公告原机动车登记证书、号牌或者行驶证作废，并在办理转让登记的同时，补发机动车登记证书。

第四节 抵押登记

第三十一条 机动车作为抵押物抵押的，机动车所有人和抵押权人应当向登记地车辆管理所申请抵押登记；抵押权消灭的，应当向登记地车辆管理所申请解除抵押登记。

第三十二条 申请抵押登记的，由机动车所有人和抵押权人共同申请，确认申请信息，并提交下列证明、凭证：

（一）机动车所有人和抵押权人的身份证明；

（二）机动车登记证书；

（三）机动车抵押合同。

车辆管理所应当自受理之日起一日内，审查提交的证明、凭证，在机动车登记证书上签注抵押登记的内容和日期。

在机动车抵押登记期间，申请因质量问题更换整车变更登记、机动车迁出迁入、共同所有人变更或者补领、换领机动车登记证书的，应当由机动

二、物权公示

车所有人和抵押权人共同申请。

第三十三条 申请解除抵押登记的，由机动车所有人和抵押权人共同申请，确认申请信息，并提交下列证明、凭证：

（一）机动车所有人和抵押权人的身份证明；

（二）机动车登记证书。

人民法院调解、裁定、判决解除抵押的，机动车所有人或者抵押权人应当确认申请信息，提交机动车登记证书、人民法院出具的已经生效的调解书、裁定书或者判决书，以及相应的协助执行通知书。

车辆管理所应当自受理之日起一日内，审查提交的证明、凭证，在机动车登记证书上签注解除抵押登记的内容和日期。

第三十四条 机动车作为质押物质押的，机动车所有人可以向登记地车辆管理所申请质押备案；质押权消灭的，应当向登记地车辆管理所申请解除质押备案。

申请办理机动车质押备案或者解除质押备案的，由机动车所有人和质权人共同申请，确认申请信息，并提交以下证明、凭证：

（一）机动车所有人和质权人的身份证明；

（二）机动车登记证书。

车辆管理所应当自受理之日起一日内，审查提交的证明、凭证，在机动车登记证书上签注质押备案或者解除质押备案的内容和日期。

第三十五条 机动车抵押、解除抵押信息实现与有关部门或者金融机构等联网核查的，申请人免予提交相关证明、凭证。

机动车抵押登记日期、解除抵押登记日期可以供公众查询。

第三十六条 属于第十五条第一项、第七项、第八项、第九项或者第二十九条第二项规定情形的，不予办理抵押登记、质押备案。对机动车所有人、抵押权人、质权人提交的证明、凭证无效，或者机动车被监察机关、人民法院、人民检察院、行政执法部门依法查封、扣押的，不予办理解除抵押登记、质押备案。

第五节 注销登记

第三十七条 机动车有下列情形之一的，机动车所有人应当向登记地车辆管理所申请注销登记：

（一）机动车已达到国家强制报废标准的；

（二）机动车未达到国家强制报废标准，机动车所有人自愿报废的；

（三）因自然灾害、失火、交通事故等造成机动车灭失的；

（四）机动车因故不在我国境内使用的；

（五）因质量问题退车的。

属于第一款第四项、第五项规定情形的，机动车所有人申请注销登记前，应当将涉及该车的道路交通安全违法行为和交通事故处理完毕。

属于二手车出口符合第一款第四项规定情形的，二手车出口企业应当在机动车办理海关出口通关手续后二个月内申请注销登记。

第三十八条 属于第三十七条第一款第一项、第二项规定情形，机动车所有人申请注销登记的，应当向报废机动车回收企业交售机动车，确认申请信息，提交机动车登记证书、号牌和行驶证。

报废机动车回收企业应当确认机动车，向机动车所有人出具报废机动车回收证明，七日内将申请表、机动车登记证书、号牌、行驶证和报废机动车回收证明副本提交车辆管理所。属于报废校车、大型客车、重型货车及其他营运车辆的，申请注销登记时，还应当提交车辆识别代号拓印膜、车辆解体的照片或者电子资料。

车辆管理所应当自受理之日起一日内，审查提交的证明、凭证，收回机动车登记证书、号牌、行驶证，出具注销证明。

对车辆不在登记地的，机动车所有人可以向车辆所在地机动车回收企业交售报废机动车。报废机动车回收企业应当确认机动车，向机动车所有人出具报废机动车回收证明，七日内将申请表、机动车登记证书、号牌、行驶证、报废机动车回收证明副本以及车辆识别代号拓印膜或者电子资料提交报废地车辆管理所。属于报废校车、大型客车、重型货车及其他营运车辆的，还应当提交车辆解体的照片或者电子资料。

报废地车辆管理所应当自受理之日起一日内，审查提交的证明、凭证，收回机动车登记证书、号牌、行驶证，并通过计算机登记管理系统将机动车报废信息传递给登记地车辆管理所。登记地车辆管理所应当自接到机动车报废信息之日起一日内办理注销登记，并出具注销证明。

机动车报废信息实现与有关部门联网核查的，报废机动车回收企业免予提交相关证明、凭证，车辆管理所应当核对相关电子信息。

第三十九条 属于第三十七条第一款第三项、第四项、第五项规定情形，机动车所有人申请注销登记的，应当确认申请信息，并提交以下证明、凭证：

（一）机动车所有人身份证明；

（二）机动车登记证书；

（三）机动车行驶证；

（四）属于海关监管的机动车，因故不在我国境内使用的，还应当提交海关出具的海关监管车辆进（出）境领（销）牌照通知书；

（五）属于因质量问题退车的，还应当提交机动车制造厂或者经销商出具的退车证明。

申请人因机动车灭失办理注销登记的，应当书面承诺因自然灾害、失火、交通事故等导致机动车灭失，并承担不实承诺的法律责任。

二手车出口企业因二手车出口办理注销登记的，应当提交机动车所有人身份证明、机动车登记证书和机动车出口证明。

车辆管理所应当自受理之日起一日内，审查提交的证明、凭证，属于机动车因故不在我国境内使用的还应当核查机动车出境记录，收回机动车登记证书、号牌、行驶证，出具注销证明。

第四十条 已注册登记的机动车有下列情形之一的，登记地车辆管理所应当办理机动车注销：

（一）机动车登记被依法撤销的；

（二）达到国家强制报废标准的机动车被依法收缴并强制报废的。

第四十一条 已注册登记的机动车有下列情形之一的，车辆管理所应当公告机动车登记证书、号牌、行驶证作废：

（一）达到国家强制报废标准，机动车所有人逾期不办理注销登记的；

（二）机动车登记被依法撤销后，未收缴机动车登记证书、号牌、行驶证的；

（三）达到国家强制报废标准的机动车被依法收缴并强制报废的；

（四）机动车所有人办理注销登记时未交回机动车登记证书、号牌、行驶证的。

第四十二条 属于第十五条第一项、第八项、第九项或者第二十九条第一项规定情形的，不予办理注销登记。机动车在抵押登记、质押备案期间的，不予办理注销登记。

第三章 机动车牌证

第一节 牌证发放

第四十三条 机动车所有人可以通过计算机随机选取或者按照选号规则自行编排的方式确定机动车号牌号码。

公安机关交通管理部门应当使用统一的机动车号牌选号系统发放号牌号码，号牌号码公开向社会发放。

第四十四条 办理机动车变更登记、转让登记或者注销登记后，原机动车所有人申请机动车登记时，可以向车辆管理所申请使用原机动车号牌号码。

申请使用原机动车号牌号码应当符合下列条件：

（一）在办理机动车迁出、共同所有人变更、转让登记或者注销登记后两年内提出申请；

（二）机动车所有人拥有原机动车且使用原号牌号码一年以上；

（三）涉及原机动车的道路交通安全违法行为和交通事故处理完毕。

第四十五条 夫妻双方共同所有的机动车将登记的机动车所有人姓名变更为另一方姓名，婚姻关系存续期满一年且经夫妻双方共同申请的，可以使用原机动车号牌号码。

第四十六条 机动车具有下列情形之一，需要临时上道路行驶的，机动车所有人应当向车辆管理所申领临时行驶车号牌：

（一）未销售的；

（二）购买、调拨、赠予等方式获得机动车后尚未注册登记的；

（三）新车出口销售的；

（四）进行科研、定型试验的；

（五）因轴荷、总质量、外廓尺寸超出国家标准不予办理注册登记的特型机动车。

第四十七条 机动车所有人申领临时行驶车号牌应当提交以下证明、凭证：

（一）机动车所有人的身份证明；

（二）机动车交通事故责任强制保险凭证；

（三）属于第四十六条第一项、第五项规定情形的，还应当提交机动车整车出厂合格证明或者进口机动车进口凭证；

（四）属于第四十六条第二项规定情形的，还应当提交机动车来历证明，以及机动车整车出厂合格证明或者进口机动车进口凭证；

（五）属于第四十六条第三项规定情形的，还应当提交机动车制造厂出具的安全技术检验证明以及机动车出口证明；

（六）属于第四十六条第四项规定情形的，还应当提交书面申请，以及机动车安全技术检验合格证明或者机动车制造厂出具的安全技术检验证明。

车辆管理所应当自受理之日起一日内，审查提交的证明、凭证，属于第四十六条第一项、第二项、第三项规定情形，需要临时上道路行驶的，核发有效期不超过三十日的临时行驶车号牌。属于第四十六条第四项规定情形的，核发有效期不超过六个月的临时行驶车号牌。属于第四十六条第五项规定情形的，核发有效期不超过九十日的临时行驶车号牌。

因号牌制作的原因，无法在规定时限内核发号牌的，车辆管理所应当核发有效期不超过十五日的临时行驶车号牌。

对属于第四十六条第一项、第二项规定情形，机动车所有人需要多次申领临时行驶车号牌的，车辆管理所核发临时行驶车号牌不得超过三次。属于第四十六条第三项规定情形的，车辆管理所核发一次临时行驶车号牌。

临时行驶车号牌有效期不得超过机动车交通事故责任强制保险有效期。

机动车办理登记后，机动车所有人收到机动车号牌之日起三日后，临时行驶车号牌作废，不得继续使用。

第四十八条 对智能网联机动车进行道路测试、示范应用需要上道路行驶的，道路测试、示范应用单位应当向车辆管理所申领临时行驶车号牌，提交以下证明、凭证：

（一）道路测试、示范应用单位的身份证明；

（二）机动车交通事故责任强制保险凭证；

（三）经主管部门确认的道路测试、示范应用凭证；

（四）机动车安全技术检验合格证明。

车辆管理所应当自受理之日起一日内，审查提交的证明、凭证，核发临时行驶车号牌。临时行驶车号牌有效期应当与准予道路测试、示范应用凭证上签注的期限保持一致，但最长不得超过六个月。

第四十九条 对临时入境的机动车需要上道路行驶的，机动车所有人应当按规定向入境地或者始发地车辆管理所申领临时入境机动车号牌和行驶证。

第五十条 公安机关交通管理部门应当使用统一的号牌管理信息系统制作、发放、收回、销毁机动车号牌和临时行驶车号牌。

第二节 牌证补换领

第五十一条 机动车号牌灭失、丢失或者损毁的，机动车所有人应当向登记地车辆管理所申请补领、换领。申请时，机动车所有人应当确认申请信息并提交身份证明。

车辆管理所应当审查提交的证明、凭证，收回未灭失、丢失或者损毁的号牌，自受理之日起十五日内补发、换发号牌，原机动车号牌号码不变。

补发、换发号牌期间，申请人可以申领有效期不超过十五日的临时行驶车号牌。

补领、换领机动车号牌的，原机动车号牌作废，不得继续使用。

第五十二条 机动车登记证书、行驶证灭失、丢失或者损毁的，机动车所有人应当向登记地车辆管理所申请补领、换领。申请时，机动车所有人应当确认申请信息并提交身份证明。

车辆管理所应当审查提交的证明、凭证，收回损毁的登记证书、行驶证，自受理之日起一日内补发、换发登记证书、行驶证。

补领、换领机动车登记证书、行驶证的，原机动车登记证书、行驶证作废，不得继续使用。

第五十三条 机动车所有人发现登记内容有错误的，应当及时要求车辆管理所更正。车辆管理所应当自受理之日起五日内予以确认。确属登记错误的，在机动车登记证书上更正相关内容，换发行驶证。需要改变机动车号牌号码的，应当收回号牌、行驶证，确定新的机动车号牌号码，重新核发号牌、行驶证和检验合格标志。

第三节 检验合格标志核发

第五十四条 机动车所有人可以在机动车检验有效期满前三个月内向车辆管理所申请检验合格标志。除大型载客汽车、校车以外的机动车因故不能在登记地检验的，机动车所有人可以向车辆所在地车辆管理所申请检验合格标志。

申请前,机动车所有人应当将涉及该车的道路交通安全违法行为和交通事故处理完毕。申请时,机动车所有人应当确认申请信息并提交行驶证、机动车交通事故责任强制保险凭证、车船税纳税或者免税证明、机动车安全技术检验合格证明。

车辆管理所应当自受理之日起一日内,审查提交的证明、凭证,核发检验合格标志。

第五十五条 对免予到机动车安全技术检验机构检验的机动车,机动车所有人申请检验合格标志时,应当提交机动车所有人身份证明或者行驶证、机动车交通事故责任强制保险凭证、车船税纳税或者免税证明。

车辆管理所应当自受理之日起一日内,审查提交的证明、凭证,核发检验合格标志。

第五十六条 公安机关交通管理部门应当实行机动车检验合格标志电子化,在核发检验合格标志的同时,发放检验合格标志电子凭证。

检验合格标志电子凭证与纸质检验合格标志具有同等效力。

第五十七条 机动车检验合格标志灭失、丢失或者损毁,机动车所有人需要补领、换领的,可以持机动车所有人身份证明或者行驶证向车辆管理所申请补领或者换领。对机动车交通事故责任强制保险在有效期内的,车辆管理所应当自受理之日起一日内补发或者换发。

第四章 校车标牌核发

第五十八条 学校或者校车服务提供者申请校车使用许可,应当按照《校车安全管理条例》向县级或者设区的市级人民政府教育行政部门提出申请。公安机关交通管理部门收到教育行政部门送来的征求意见材料后,应当在一日内通知申请人交验机动车。

第五十九条 县级或者设区的市级公安机关交通管理部门应当自申请人交验机动车之日起二日内确认机动车,查验校车标志灯、停车指示标志、卫星定位装置以及逃生锤、干粉灭火器、急救箱等安全设备,审核行驶线路、开行时间和停靠站点。属于专用校车的,还应当查验校车外观标识。审查以下证明、凭证:

(一)机动车所有人的身份证明;

(二)机动车行驶证;

(三)校车安全技术检验合格证明;

(四)包括行驶线路、开行时间和停靠站点的校车运行方案;

(五)校车驾驶人的机动车驾驶证。

公安机关交通管理部门应当自收到教育行政部门征求意见材料之日起三日内向教育行政部门回复意见,但申请人未按规定交验机动车的除外。

第六十条 学校或者校车服务提供者按照《校车安全管理条例》取得校车使用许可后,应当向县级或者设区的市级公安机关交通管理部门领取校车标牌。领取时应当确认表格信息,并提交以下证明、凭证:

(一)机动车所有人的身份证明;

(二)校车驾驶人的机动车驾驶证;

(三)机动车行驶证;

(四)县级或者设区的市级人民政府批准的校车使用许可;

(五)县级或者设区的市级人民政府批准的包括行驶线路、开行时间和停靠站点的校车运行方案。

公安机关交通管理部门应当在收到领取表之日起三日内核发校车标牌。对属于专用校车的,应当核对行驶证上记载的校车类型和核载人数;对不属于专用校车的,应当在行驶证副页上签注校车类型和核载人数。

第六十一条 校车标牌应当记载本车的号牌号码、机动车所有人、驾驶人、行驶线路、开行时间、停靠站点、发牌单位、有效期限等信息。校车标牌分前后两块,分别放置于前风窗玻璃右下角和后风窗玻璃适当位置。

校车标牌有效期的截止日期与校车安全技术检验有效期的截止日期一致,但不得超过校车使用许可有效期。

第六十二条 专用校车应当自注册登记之日起每半年进行一次安全技术检验,非专用校车应当自取得校车标牌后每半年进行一次安全技术检验。

学校或者校车服务提供者应当在校车检验有效期满前一个月内向公安机关交通管理部门申请检验合格标志。

公安机关交通管理部门应当自受理之日起一日内,审查提交的证明、凭证,核发检验合格标志,换发校车标牌。

第六十三条 已取得校车标牌的机动车达到

报废标准或者不再作为校车使用的,学校或者校车服务提供者应当拆除校车标志灯、停车指示标志,消除校车外观标识,并将校车标牌交回核发的公安机关交通管理部门。

专用校车不得改变使用性质。

校车使用许可被吊销、注销或者撤销的,学校或者校车服务提供者应当拆除校车标志灯、停车指示标志,消除校车外观标识,并将校车标牌交回核发的公安机关交通管理部门。

第六十四条 校车行驶线路、开行时间、停靠站点或者车辆、所有人、驾驶人发生变化的,经县级或者设区的市级人民政府批准后,应当按照本规定重新领取校车标牌。

第六十五条 公安机关交通管理部门应当每月将校车标牌的发放、变更、收回等信息报本级人民政府备案,并通报教育行政部门。

学校或者校车服务提供者应当自取得校车标牌之日起,每月查询校车道路交通安全违法行为记录,及时到公安机关交通管理部门接受处理。核发校车标牌的公安机关交通管理部门应当每月汇总辖区内校车道路交通安全违法和交通事故等情况,通知学校或者校车服务提供者,并通报教育行政部门。

第六十六条 校车标牌灭失、丢失或者损毁的,学校或者校车服务提供者应当向核发标牌的公安机关交通管理部门申请补领或者换领。申请时,应当提交机动车所有人的身份证明及机动车行驶证。公安机关交通管理部门应当自受理之日起三日内审核,补发或者换发校车标牌。

第五章　监督管理

第六十七条 公安机关交通管理部门应当建立业务监督管理中心,通过远程监控、数据分析、日常检查、档案抽查、业务回访等方式,对机动车登记及相关业务办理情况进行监督管理。

直辖市、设区的市或者相当于同级的公安机关交通管理部门应当通过监管系统每周对机动车登记及相关业务办理情况进行监控、分析,及时查处整改发现的问题。省级公安机关交通管理部门应当通过监管系统每月对机动车登记及相关业务办理情况进行监控、分析,及时查处、通报发现的问题。

车辆管理所存在严重违规办理机动车登记情形的,上级公安机关交通管理部门可以暂停该车辆管理所办理相关业务或者指派其他车辆管理所人员接管业务。

第六十八条 县级公安机关交通管理部门办理机动车登记及相关业务的,办公场所、设施设备、人员资质和信息系统等应当满足业务办理需求,并符合相关规定和标准要求。

直辖市、设区的市公安机关交通管理部门应当加强对县级公安机关交通管理部门办理机动车登记及相关业务的指导、培训和监督管理。

第六十九条 机动车销售企业、二手车交易市场、机动车安全技术检验机构、报废机动车回收企业和邮政、金融机构、保险机构等单位,经公安机关交通管理部门委托可以设立机动车登记服务站,在公安机关交通管理部门监督管理下协助办理机动车登记及相关业务。

机动车登记服务站应当规范设置名称和外观标识,公开业务范围、办理依据、办理程序、收费标准等事项。机动车登记服务站应当使用统一的计算机管理系统协助办理机动车登记及相关业务。

机动车登记服务站协助办理机动车登记的,可以提供办理保险和车辆购置税、机动车预查验、信息预录入等服务,便利机动车所有人一站式办理。

第七十条 公安机关交通管理部门应当建立机动车登记服务站监督管理制度,明确设立条件、业务范围、办理要求、信息系统安全等规定,签订协议及责任书,通过业务抽查、网上巡查、实地检查、业务回访等方式加强对机动车登记服务站协助办理业务情况的监督管理。

机动车登记服务站存在违反规定办理机动车登记及相关业务、违反信息安全管理规定等情形的,公安机关交通管理部门应当暂停委托其业务办理,限期整改;有严重违规情形的,终止委托其业务办理。机动车登记服务站违反规定办理业务给当事人造成经济损失的,应当依法承担赔偿责任;构成犯罪的,依法追究相关责任人员刑事责任。

第七十一条 公安机关交通管理部门应当建立号牌制作发放监管制度,加强对机动车号牌制作单位和号牌质量的监督管理。

机动车号牌制作单位存在违反规定制作和发放机动车号牌的,公安机关交通管理部门应当暂停其相关业务,限期整改;构成犯罪的,依法追究相关责任人员刑事责任。

第七十二条 机动车安全技术检验机构应当按照国家机动车安全技术检验标准对机动车进行检验,对检验结果承担法律责任。

公安机关交通管理部门在核发机动车检验合格标志时,发现机动车安全技术检验机构存在为未经检验的机动车出具检验合格证明、伪造或者篡改检验数据等出具虚假检验结果行为的,停止认可其出具的检验合格证明,依法进行处罚,并通报市场监督管理部门;构成犯罪的,依法追究相关责任人员刑事责任。

第七十三条 从事机动车查验工作的人员,应当持有公安机关交通管理部门颁发的资格证书。公安机关交通管理部门应当在公安民警、警务辅助人员中选拔足够数量的机动车查验员,从事查验工作。机动车登记服务站工作人员可以在车辆管理所监督下承担机动车查验工作。

机动车查验员应当严格遵守查验工作纪律,不得减少查验项目、降低查验标准,不得参与、协助、纵容为违规机动车办理登记。公安民警、警务辅助人员不得参与或者变相参与机动车安全技术检验机构经营活动,不得收取机动车安全技术检验机构、机动车销售企业、二手车交易市场、报废机动车回收企业等相关企业、申请人的财物。

车辆管理所应当对机动车查验过程进行全程录像,并实时监控查验过程,没有使用录像设备的,不得进行查验。机动车查验中,查验员应当使用执勤执法记录仪记录查验过程。车辆管理所应当建立机动车查验音视频档案,存储录像设备和执勤执法记录仪记录的音像资料。

第七十四条 车辆管理所在办理机动车登记及相关业务过程中发现存在以下情形的,应当及时开展调查:

(一)机动车涉嫌走私、被盗抢骗、非法生产销售、拼(组)装、非法改装的;

(二)涉嫌提交虚假申请材料的;

(三)涉嫌使用伪造、变造机动车牌证的;

(四)涉嫌以欺骗、贿赂等不正当手段取得机动车登记的;

(五)存在短期内频繁补换领牌证、转让登记、转出转入等异常情形的;

(六)存在其他违法违规情形的。

车辆管理所发现申请人通过互联网办理机动车登记及相关业务存在第一款规定嫌疑情形的,应当转为现场办理,当场审查申请材料,及时开展调查。

第七十五条 车辆管理所开展调查时,可以通知申请人协助调查,询问嫌疑情况,记录调查内容,并可以采取检验鉴定、实地检查等方式进行核查。

对经调查发现涉及行政案件或者刑事案件的,应当依法采取必要的强制措施或者其他处置措施,移交有管辖权的公安机关按照《公安机关办理行政案件程序规定》《公安机关办理刑事案件程序规定》等规定办理。

对办理机动车登记时发现机动车涉嫌走私的,公安机关交通管理部门应当将机动车及相关资料移交海关依法处理。

第七十六条 已注册登记的机动车被盗抢骗的,车辆管理所应当根据刑侦部门提供的情况,在计算机登记系统内记录,停止办理该车的各项登记和业务。被盗抢骗机动车发还后,车辆管理所应当恢复办理该车的各项登记和业务。

机动车在被盗抢骗期间,发动机号码、车辆识别代号或者车身颜色被改变的,车辆管理所应当凭有关技术鉴定证明办理变更备案。

第七十七条 公安机关交通管理部门及其交通警察、警务辅助人员办理机动车登记工作,应当接受监察机关、公安机关督察审计部门等依法实施的监督。

公安机关交通管理部门及其交通警察、警务辅助人员办理机动车登记工作,应当自觉接受社会和公民的监督。

第六章 法律责任

第七十八条 有下列情形之一的,由公安机关交通管理部门处警告或者二百元以下罚款:

(一)重型、中型载货汽车、专项作业车、挂车及大型客车的车身或者车厢后部未按照规定喷涂放大的牌号或者放大的牌号不清晰的;

(二)机动车喷涂、粘贴标识或者车身广告,影响安全驾驶的;

(三)载货汽车、专项作业车及挂车未按照规定安装侧面及后下部防护装置、粘贴车身反光标识的;

(四)机动车未按照规定期限进行安全技术检验的;

(五)改变车身颜色、更换发动机、车身或者车

二、物权公示

架，未按照第十六条规定的时限办理变更登记的；

（六）机动车所有权转让后，现机动车所有人未按照第二十五条规定的时限办理转让登记的；

（七）机动车所有人办理变更登记、转让登记，未按照第十八条、第二十七条规定的时限到住所地车辆管理所申请机动车转入的；

（八）机动车所有人未按照第二十三条规定申请变更备案的。

第七十九条 除第十六条、第二十二条、第二十三条规定的情形外，擅自改变机动车外形和已登记的有关技术参数的，由公安机关交通管理部门责令恢复原状，并处警告或者五百元以下罚款。

第八十条 隐瞒有关情况或者提供虚假材料申请机动车登记的，公安机关交通管理部门不予受理或者不予登记，处五百元以下罚款；申请人在一年内不得再次申请机动车登记。

对发现申请人通过机动车虚假交易、以合法形式掩盖非法目的等手段，在机动车登记业务中牟取不正当利益的，依照第一款的规定处理。

第八十一条 以欺骗、贿赂等不正当手段取得机动车登记的，由公安机关交通管理部门收缴机动车登记证书、号牌、行驶证，撤销机动车登记，处二千元以下罚款；申请人在三年内不得再次申请机动车登记。

以欺骗、贿赂等不正当手段办理补、换领机动车登记证书、号牌、行驶证和检验合格标志等业务的，由公安机关交通管理部门收缴机动车登记证书、号牌、行驶证和检验合格标志，未收缴的，公告作废，处二千元以下罚款。

组织、参与实施第八十条、本条前两款行为之一牟取经济利益的，由公安机关交通管理部门处违法所得三倍以上五倍以下罚款，但最高不超过十万元。

第八十二条 省、自治区、直辖市公安厅、局可以根据本地区的实际情况，在本规定的处罚幅度范围内，制定具体的执行标准。

对本规定的道路交通安全违法行为的处理程序按照《道路交通安全违法行为处理程序规定》执行。

第八十三条 交通警察有下列情形之一的，按照有关规定给予处分；对聘用人员予以解聘。构成犯罪的，依法追究刑事责任：

（一）违反规定为被盗抢骗、走私、非法拼

（组）装、达到国家强制报废标准的机动车办理登记的；

（二）不按照规定查验机动车和审查证明、凭证的；

（三）故意刁难，拖延或者拒绝办理机动车登记的；

（四）违反本规定增加机动车登记条件或者提交的证明、凭证的；

（五）违反第四十三条的规定，采用其他方式确定机动车号牌号码的；

（六）违反规定跨行政辖区办理机动车登记和业务的；

（七）与非法中介串通牟取经济利益的；

（八）超越职权进入计算机登记管理系统办理机动车登记和业务，或者不按规定使用计算机登记管理系统办理机动车登记和业务的；

（九）违反规定侵入计算机登记管理系统，泄漏、篡改、买卖系统数据，或者泄漏系统密码的；

（十）违反规定向他人出售或者提供机动车登记信息的；

（十一）参与或者变相参与机动车安全技术检验机构经营活动的；

（十二）利用职务上的便利索取、收受他人财物或者牟取其他利益的；

（十三）强令车辆管理所违反本规定办理机动车登记的。

交通警察未按照第七十三条第三款规定使用执法记录仪的，根据情节轻重，按照有关规定给予处分。

第八十四条 公安机关交通管理部门有第八十三条所列行为之一的，按照有关规定对直接负责的主管人员和其他直接责任人员给予相应的处分。

公安机关交通管理部门及其工作人员有第八十三条所列行为之一，给当事人造成损失的，应当依法承担赔偿责任。

第七章 附 则

第八十五条 机动车登记证书、号牌、行驶证、检验合格标志的式样由公安部统一制定并监制。

机动车登记证书、号牌、行驶证、检验合格标志的制作应当符合有关标准。

第八十六条 机动车所有人可以委托代理人代理申请各项机动车登记和业务，但共同所有人变更、申请补领机动车登记证书、机动车灭失注销的除外；对机动车所有人因死亡、出境、重病、伤残或者不可抗力等原因不能到场的，可以凭相关证明委托代理人代理申请，或者由继承人申请。

代理人申请机动车登记和业务时，应当提交代理人的身份证明和机动车所有人的委托书。

第八十七条 公安机关交通管理部门应当实行机动车登记档案电子化，机动车电子档案与纸质档案具有同等效力。车辆管理所对办理机动车登记时不需要留存原件的证明、凭证，应当以电子文件形式归档。

第八十八条 本规定所称进口机动车以及进口机动车的进口凭证是指：

（一）进口机动车：

1. 经国家限定口岸海关进口的汽车；

2. 经各口岸海关进口的其他机动车；

3. 海关监管的机动车；

4. 国家授权的执法部门没收的走私、无合法进口证明和利用进口关键件非法拼（组）装的机动车。

（二）进口机动车的进口凭证：

1. 进口汽车的进口凭证，是国家限定口岸海关签发的货物进口证明书；

2. 其他进口机动车的进口凭证，是各口岸海关签发的货物进口证明书；

3. 海关监管的机动车的进口凭证，是监管地海关出具的海关监管车辆进（出）境领（销）牌照通知书；

4. 国家授权的执法部门没收的走私、无进口证明和利用进口关键件非法拼（组）装的机动车的进口凭证，是该部门签发的没收走私汽车、摩托车证明书。

第八十九条 本规定所称机动车所有人、身份证明以及住所是指：

（一）机动车所有人包括拥有机动车的个人或者单位。

1. 个人是指我国内地的居民和军人（含武警）以及香港、澳门特别行政区、台湾地区居民、定居国外的中国公民和外国人；

2. 单位是指机关、企业、事业单位和社会团体以及外国驻华使馆、领馆和外国驻华办事机构、国际组织驻华代表机构。

（二）身份证明：

1. 机关、企业、事业单位、社会团体的身份证明，是该单位的统一社会信用代码证书、营业执照或者社会团体法人登记证书，以及加盖单位公章的委托书和被委托人的身份证明。机动车所有人为单位的内设机构，本身不具备领取统一社会信用代码证书条件的，可以使用上级单位的统一社会信用代码证书作为机动车所有人的身份证明。上述单位已注销、撤销或者破产，其机动车需要办理变更登记、转让登记、解除抵押登记、注销登记、解除质押备案和补、换领机动车登记证书、号牌、行驶证的，已注销的企业的身份证明，是市场监督管理部门出具的准予注销登记通知书；已撤销的机关、事业单位、社会团体的身份证明，是其上级主管机关出具的有关证明；已破产无有效营业执照的企业，其身份证明是依法成立的财产清算机构或者人民法院依法指定的破产管理人出具的有关证明。商业银行、汽车金融公司申请办理抵押登记业务的，其身份证明是营业执照或者加盖公章的营业执照复印件；

2. 外国驻华使馆、领馆和外国驻华办事机构、国际组织驻华代表机构的身份证明，是该使馆、领馆或者该办事机构、代表机构出具的证明；

3. 居民的身份证明，是居民身份证或者临时居民身份证。在户籍地以外居住的内地居民，其身份证明是居民身份证或者临时居民身份证，以及公安机关核发的居住证明或者居住登记证明；

4. 军人（含武警）的身份证明，是居民身份证或者临时居民身份证。在未办理居民身份证前，是军队有关部门核发的军官证、文职干部证、士兵证、离休证、退休证等有效军人身份证件，以及其所在的团级以上单位出具的本人住所证明；

5. 香港、澳门特别行政区居民的身份证明，是港澳居民居住证；或者是其所持有的港澳居民来往内地通行证或者外交部核发的中华人民共和国旅行证，以及公安机关出具的住宿登记证明；

6. 台湾地区居民的身份证明，是台湾居民居住证；或者是其所持有的公安机关核发的五年有效的台湾居民来往大陆通行证或者外交部核发的中华人民共和国旅行证，以及公安机关出具的住宿登记证明；

7. 定居国外的中国公民的身份证明，是中华

人民共和国护照和公安机关出具的住宿登记证明;

8.外国人的身份证明,是其所持有的有效护照或者其他国际旅行证件,停居留期三个月以上的有效签证或者停留、居留许可,以及公安机关出具的住宿登记证明;或者是外国人永久居留身份证;

9.外国驻华使馆、领馆人员、国际组织驻华代表机构人员的身份证明,是外交部核发的有效身份证件。

(三)住所:

1.单位的住所是其主要办事机构所在地;

2.个人的住所是户籍登记地或者其身份证明记载的住址。在户籍地以外居住的内地居民的住所是公安机关核发的居住证明或者居住登记证明记载的住址。

属于在户籍地以外办理除机动车注册登记、转让登记、住所迁入、共同所有人变更以外业务的,机动车所有人免予提交公安机关核发的居住证明或者居住登记证明。

属于在户籍地以外办理小型、微型非营运载客汽车注册登记的,机动车所有人免予提交公安机关核发的居住证明或者居住登记证明。

第九十条　本规定所称机动车来历证明以及机动车整车出厂合格证明是指:

(一)机动车来历证明:

1.在国内购买的机动车,其来历证明是机动车销售统一发票或者二手车交易发票。在国外购买的机动车,其来历证明是该车销售单位开具的销售发票及其翻译文本,但海关监管的机动车不需提供来历证明;

2.监察机关依法没收、追缴或者责令退赔的机动车,其来历证明是监察机关出具的法律文书,以及相应的协助执行通知书;

3.人民法院调解、裁定或者判决转让的机动车,其来历证明是人民法院出具的已经生效的调解书、裁定书或者判决书,以及相应的协助执行通知书;

4.仲裁机构仲裁裁决转让的机动车,其来历证明是仲裁裁决书和人民法院出具的协助执行通知书;

5.继承、赠予、中奖、协议离婚和协议抵偿债务的机动车,其来历证明是继承、赠予、中奖、协议离婚、协议抵偿债务的相关文书和公证机关出具的公证书;

6.资产重组或者资产整体买卖中包含的机动车,其来历证明是资产主管部门的批准文件;

7.机关、企业、事业单位和社会团体统一采购并调拨到下属单位未注册登记的机动车,其来历证明是机动车销售统一发票和该部门出具的调拨证明;

8.机关、企业、事业单位和社会团体已注册登记并调拨到下属单位的机动车,其来历证明是该单位出具的调拨证明。被上级单位调回或者调拨到其他下属单位的机动车,其来历证明是上级单位出具的调拨证明;

9.经公安机关破案发还的被盗抢骗且已向原机动车所有人理赔完毕的机动车,其来历证明是权益转让证明书。

(二)机动车整车出厂合格证明:

1.机动车整车厂生产的汽车、摩托车、挂车,其出厂合格证明是该厂出具的机动车整车出厂合格证;

2.使用国产或者进口底盘改装的机动车,其出厂合格证明是机动车底盘生产厂出具的机动车底盘出厂合格证或者进口机动车底盘的进口凭证和机动车改装厂出具的机动车整车出厂合格证;

3.使用国产或者进口整车改装的机动车,其出厂合格证明是机动车生产厂出具的机动车整车出厂合格证或者进口机动车的进口凭证和机动车改装厂出具的机动车整车出厂合格证;

4.监察机关、人民法院、人民检察院或者行政执法机关依法扣留、没收并拍卖的未注册登记的国产机动车,未能提供出厂合格证明的,可以凭监察机关、人民法院、人民检察院或者行政执法机关出具的证明替代。

第九十一条　本规定所称二手车出口企业是指经商务主管部门认定具备二手车出口资质的企业。

第九十二条　本规定所称"一日"、"二日"、"三日"、"五日"、"七日"、"十日"、"十五日",是指工作日,不包括节假日。

临时行驶车号牌的最长有效期"十五日"、"三十日"、"六十日"、"九十日"、"六个月",包括工作日和节假日。

本规定所称"以下"、"以上"、"以内",包括本数。

第九十三条 本规定自 2022 年 5 月 1 日起施行。2008 年 5 月 27 日发布的《机动车登记规定》（公安部令第 102 号）和 2012 年 9 月 12 日发布的《公安部关于修改〈机动车登记规定〉的决定》（公安部令第 124 号）同时废止。本规定生效后，公安部以前制定的规定与本规定不一致的，以本规定为准。

最高人民法院关于扣押与拍卖船舶适用法律若干问题的规定

- 2014 年 12 月 8 日最高人民法院审判委员会第 1631 次会议通过
- 2015 年 2 月 28 日最高人民法院公告公布
- 自 2015 年 3 月 1 日起施行
- 法释〔2015〕6 号

为规范海事诉讼中扣押与拍卖船舶，根据《中华人民共和国民事诉讼法》《中华人民共和国海事诉讼特别程序法》等法律，结合司法实践，制定本规定。

第一条 海事请求人申请对船舶采取限制处分或者抵押等保全措施的，海事法院可以依照民事诉讼法的有关规定，裁定准许并通知船舶登记机关协助执行。

前款规定的保全措施不影响其他海事请求人申请扣押船舶。

第二条 海事法院应不同海事请求人的申请，可以对本院或其他海事法院已经扣押的船舶采取扣押措施。

先申请扣押船舶的海事请求人未申请拍卖船舶的，后申请扣押船舶的海事请求人可以依据海事诉讼特别程序法第二十九条的规定，向准许其扣押申请的海事法院申请拍卖船舶。

第三条 船舶因光船承租人对海事请求负有责任而被扣押，海事请求人依据海事诉讼特别程序法第二十九条的规定，申请拍卖船舶用于清偿光船承租人经营该船舶产生的相关债务的，海事法院应予准许。

第四条 海事请求人申请扣押船舶的，海事法院应当责令其提供担保。但因船员劳务合同、海上及通海水域人身损害赔偿纠纷申请扣押船舶，且事实清楚、权利义务关系明确的，可以不要求提供担保。

第五条 海事诉讼特别程序法第七十六条第二款规定的海事请求人提供担保的具体数额，应当相当于船舶扣押期间可能产生的各项维持费用与支出、因扣押造成的船期损失和被请求人为使船舶解除扣押而提供担保所支出的费用。

船舶扣押后，海事请求人提供的担保不足以赔偿可能给被请求人造成损失的，海事法院应责令其追加担保。

第六条 案件终审后，海事请求人申请返还其所提供担保的，海事法院应将该申请告知被请求人，被请求人在三十日内未提起相关索赔诉讼的，海事法院可以准许海事请求人返还担保的申请。

被请求人同意返还，或生效法律文书认定被请求人负有责任，且赔偿或给付金额与海事请求人要求被请求人提供担保的数额基本相当的，海事法院可以直接准许海事请求人返还担保的申请。

第七条 船舶扣押期间由船舶所有人或光船承租人负责管理。

船舶所有人或光船承租人不履行船舶管理职责的，海事法院可委托第三人或者海事请求人代为管理，由此产生的费用由船舶所有人或光船承租人承担，或在拍卖船舶价款中优先拨付。

第八条 船舶扣押后，海事请求人依据海事诉讼特别程序法第十九条的规定，向其他有管辖权的海事法院提起诉讼的，可以由扣押船舶的海事法院继续实施保全措施。

第九条 扣押船舶裁定执行前，海事请求人撤回扣押船舶申请的，海事法院应当裁定予以准许，并终结扣押船舶裁定的执行。

扣押船舶裁定作出后因客观原因无法执行的，海事法院应当裁定终结执行。

第十条 船舶拍卖未能成交，需要再次拍卖的，适用拍卖法第四十五条关于拍卖日七日前发布拍卖公告的规定。

第十一条 拍卖船舶由拍卖船舶委员会实施，海事法院不另行委托拍卖机构进行拍卖。

第十二条 海事法院拍卖船舶应当依据评估价确定保留价。保留价不得公开。

第一次拍卖时，保留价不得低于评估价的百分之八十；因流拍需要再行拍卖的，可以酌情降低保留价,但降低的数额不得超过前次保留价的百分之二十。

第十三条 对经过两次拍卖仍然流拍的船舶,可以进行变卖。变卖价格不得低于评估价的百分之五十。

第十四条 依照本规定第十三条变卖仍未成交的,经已受理登记债权三分之二以上份额的债权人同意,可以低于评估价的百分之五十进行变卖处理。仍未成交的,海事法院可以解除船舶扣押。

第十五条 船舶经海事法院拍卖、变卖后,对该船舶已采取的其他保全措施效力消灭。

第十六条 海事诉讼特别程序法第一百一十一条规定的申请债权登记期间的届满之日,为拍卖船舶公告最后一次发布之日起第六十日。

前款所指公告为第一次拍卖时的拍卖船舶公告。

第十七条 海事法院受理债权登记申请后,应当在船舶被拍卖、变卖成交后,依照海事诉讼特别程序法第一百一十四条的规定作出是否准予的裁定。

第十八条 申请拍卖船舶的海事请求人未经债权登记,直接要求参与拍卖船舶价款分配的,海事法院应予准许。

第十九条 海事法院裁定终止拍卖船舶的,应当同时裁定终结债权登记受偿程序,当事人已经缴纳的债权登记申请费予以退还。

第二十条 当事人在债权登记前已经就有关债权提起诉讼的,不适用海事诉讼特别程序法第一百一十六条第二款的规定,当事人对海事法院作出的判决、裁定可以依法提起上诉。

第二十一条 债权人依照海事诉讼特别程序法第一百一十六条第一款的规定提起确权诉讼后,需要判定碰撞船舶过失程度比例的,当事人对海事法院作出的判决、裁定可以依法提起上诉。

第二十二条 海事法院拍卖、变卖船舶所得价款及其利息,先行拨付海事诉讼特别程序法第一百一十九条第二款规定的费用后,依法按照下列顺序进行分配:

(一)具有船舶优先权的海事请求;

(二)由船舶留置权担保的海事请求;

(三)由船舶抵押权担保的海事请求;

(四)与被拍卖、变卖船舶有关的其他海事请求。

依据海事诉讼特别程序法第二十三条第二款的规定申请扣押船舶的海事请求人申请拍卖船舶的,在前款规定海事请求清偿后,参与船舶价款的分配。

依照前款规定分配后的余款,按照民事诉讼法及相关司法解释的规定执行。

第二十三条 当事人依照民事诉讼法第十五章第七节的规定,申请拍卖船舶实现船舶担保物权的,由船舶所在地或船籍港所在地的海事法院管辖,按照海事诉讼特别程序法以及本规定关于船舶拍卖受偿程序的规定处理。

第二十四条 海事法院的上级人民法院扣押与拍卖船舶的,适用本规定。

执行程序中拍卖被扣押船舶清偿债务的,适用本规定。

第二十五条 本规定施行前已经实施的船舶扣押与拍卖,本规定施行后当事人申请复议的,不适用本规定。

本规定施行后,最高人民法院1994年7月6日制定的《关于海事法院拍卖被扣押船舶清偿债务的规定》(法发〔1994〕14号)同时废止。最高人民法院以前发布的司法解释和规范性文件与本规定不一致的,以本规定为准。

最高人民法院关于审理民间借贷案件适用法律若干问题的规定

· 2015年6月23日最高人民法院审判委员会第1655次会议通过

· 根据2020年8月18日最高人民法院审判委员会第1809次会议通过的《最高人民法院关于修改〈关于审理民间借贷案件适用法律若干问题的规定〉的决定》第一次修正

· 根据2020年12月23日最高人民法院审判委员会第1823次会议通过的《最高人民法院关于修改〈最高人民法院关于在民事审判工作中适用《中华人民共和国工会法》若干问题的解释〉等二十七件民事类司法解释的决定》第二次修正

为正确审理民间借贷纠纷案件,根据《中华人民共和国民法典》《中华人民共和国民事诉讼法》《中华人民共和国刑事诉讼法》等相关法律之规定,结合审判实践,制定本规定。

第一条 本规定所称的民间借贷,是指自然人、法人和非法人组织之间进行资金融通的行为。

经金融监管部门批准设立的从事贷款业务的金融机构及其分支机构,因发放贷款等相关金融业务引发的纠纷,不适用本规定。

第二条 出借人向人民法院提起民间借贷诉讼时,应当提供借据、收据、欠条等债权凭证以及其他能够证明借贷法律关系存在的证据。

当事人持有的借据、收据、欠条等债权凭证没有载明债权人,持有债权凭证的当事人提起民间借贷诉讼的,人民法院应予受理。被告对原告的债权人资格提出有事实依据的抗辩,人民法院经审查认为原告不具有债权人资格的,裁定驳回起诉。

第三条 借贷双方就合同履行地未约定或者约定不明确,事后未达成补充协议,按照合同相关条款或者交易习惯仍不能确定的,以接受货币一方所在地为合同履行地。

第四条 保证人为借款人提供连带责任保证,出借人仅起诉借款人的,人民法院可以不追加保证人为共同被告;出借人仅起诉保证人的,人民法院可以追加借款人为共同被告。

保证人为借款人提供一般保证,出借人仅起诉保证人的,人民法院应当追加借款人为共同被告;出借人仅起诉借款人的,人民法院可以不追加保证人为共同被告。

第五条 人民法院立案后,发现民间借贷行为本身涉嫌非法集资等犯罪的,应当裁定驳回起诉,并将涉嫌非法集资等犯罪的线索、材料移送公安或者检察机关。

公安或者检察机关不予立案,或者立案侦查后撤销案件,或者检察机关作出不起诉决定,或者经人民法院生效判决认定不构成非法集资等犯罪,当事人又以同一事实向人民法院提起诉讼的,人民法院应予受理。

第六条 人民法院立案后,发现与民间借贷纠纷案件虽有关联但不是同一事实的涉嫌非法集资等犯罪的线索、材料的,人民法院应当继续审理民间借贷纠纷案件,并将涉嫌非法集资等犯罪的线索、材料移送公安或者检察机关。

第七条 民间借贷纠纷的基本案件事实必须以刑事案件的审理结果为依据,而该刑事案件尚未审结的,人民法院应当裁定中止诉讼。

第八条 借款人涉嫌犯罪或者生效判决认定其有罪,出借人起诉请求担保人承担民事责任的,人民法院应予受理。

第九条 自然人之间的借款合同具有下列情形之一的,可以视为合同成立:

(一)以现金支付的,自借款人收到借款时;

(二)以银行转账、网上电子汇款等形式支付的,自资金到达借款人账户时;

(三)以票据交付的,自借款人依法取得票据权利时;

(四)出借人将特定资金账户支配权授权给借款人的,自借款人取得对该账户实际支配权时;

(五)出借人以与借款人约定的其他方式提供借款并实际履行完成时。

第十条 法人之间、非法人组织之间以及它们相互之间为生产、经营需要订立的民间借贷合同,除存在民法典第一百四十六条、第一百五十三条、第一百五十四条以及本规定第十三条规定的情形外,当事人主张民间借贷合同有效的,人民法院应予支持。

第十一条 法人或者非法人组织在本单位内部通过借款形式向职工筹集资金,用于本单位生产、经营,且不存在民法典第一百四十四条、第一百四十六条、第一百五十三条、第一百五十四条以及本规定第十三条规定的情形,当事人主张民间借贷合同有效的,人民法院应予支持。

第十二条 借款人或者出借人的借贷行为涉嫌犯罪,或者已经生效的裁判认定构成犯罪,当事人提起民事诉讼的,民间借贷合同并不当然无效。人民法院应当依据民法典第一百四十四条、第一百四十六条、第一百五十三条、第一百五十四条以及本规定第十三条之规定,认定民间借贷合同的效力。

担保人以借款人或者出借人的借贷行为涉嫌犯罪或者已经生效的裁判认定构成犯罪为由,主张不承担民事责任的,人民法院应当依据民间借贷合同与担保合同的效力、当事人的过错程度,依法确定担保人的民事责任。

第十三条 具有下列情形之一的,人民法院应当认定民间借贷合同无效:

(一)套取金融机构贷款转贷的;

(二)以向其他营利法人借贷、向本单位职工集资，或者以向公众非法吸收存款等方式取得的资金转贷的；

（三）未依法取得放贷资格的出借人，以营利为目的向社会不特定对象提供借款的；

（四）出借人事先知道或者应当知道借款人借款用于违法犯罪活动仍然提供借款的；

（五）违反法律、行政法规强制性规定的；

（六）违背公序良俗的。

第十四条 原告以借据、收据、欠条等债权凭证为依据提起民间借贷诉讼，被告依据基础法律关系提出抗辩或者反诉，并提供证据证明债权纠纷非民间借贷行为引起的，人民法院应当依据查明的案件事实，按照基础法律关系审理。

当事人通过调解、和解或者清算达成的债权债务协议，不适用前款规定。

第十五条 原告仅依据借据、收据、欠条等债权凭证提起民间借贷诉讼，被告抗辩已经偿还借款的，被告应当对其主张提供证据证明。被告提供相应证据证明其主张后，原告仍应就借贷关系的存续承担举证责任。

被告抗辩借贷行为尚未实际发生并能作出合理说明的，人民法院应当结合借贷金额、款项交付、当事人的经济能力、当地或者当事人之间的交易方式、交易习惯、当事人财产变动情况以及证人证言等事实和因素，综合判断查证借贷事实是否发生。

第十六条 原告仅依据金融机构的转账凭证提起民间借贷诉讼，被告抗辩转账系偿还双方之前借款或者其他债务的，被告应当对其主张提供证据证明。被告提供相应证据证明其主张后，原告仍应就借贷关系的成立承担举证责任。

第十七条 依据《最高人民法院关于适用〈中华人民共和国民事诉讼法〉的解释》第一百七十四条第二款之规定，负有举证责任的原告无正当理由拒不到庭，经审查现有证据无法确认借贷行为、借贷金额、支付方式等案件主要事实的，人民法院对原告主张的事实不予认定。

第十八条 人民法院审理民间借贷纠纷案件时发现有下列情形之一的，应当严格审查借贷发生的原因、时间、地点、款项来源、交付方式、款项流向以及借贷双方的关系、经济状况等事实，综合判断是否属于虚假民事诉讼：

（一）出借人明显不具备出借能力；

（二）出借人起诉所依据的事实和理由明显不符合常理；

（三）出借人不能提交债权凭证或者提交的债权凭证存在伪造的可能；

（四）当事人双方在一定期限内多次参加民间借贷诉讼；

（五）当事人无正当理由拒不到庭参加诉讼，委托代理人对借贷事实陈述不清或者陈述前后矛盾；

（六）当事人双方对借贷事实的发生没有任何争议或者诉辩明显不符合常理；

（七）借款人的配偶或者合伙人、案外人的其他债权人提出有事实依据的异议；

（八）当事人在其他纠纷中存在低价转让财产的情形；

（九）当事人不当地放弃权利；

（十）其他可能存在虚假民间借贷诉讼的情形。

第十九条 经查明属于虚假民间借贷诉讼，原告申请撤诉的，人民法院不予准许，并应当依据民事诉讼法第一百一十二条之规定，判决驳回其请求。

诉讼参与人或者其他人恶意制造、参与虚假诉讼，人民法院应当依据民事诉讼法第一百一十一条、第一百一十二条和第一百一十三条之规定，依法予以罚款、拘留；构成犯罪的，应当移送有管辖权的司法机关追究刑事责任。

单位恶意制造、参与虚假诉讼的，人民法院应当对该单位进行罚款，并可以对其主要负责人或者直接责任人员予以罚款、拘留；构成犯罪的，应当移送有管辖权的司法机关追究刑事责任。

第二十条 他人在借据、收据、欠条等债权凭证或者借款合同上签名或者盖章，但是未表明其保证人身份或者承担保证责任，或者通过其他事实不能推定其为保证人，出借人请求其承担保证责任的，人民法院不予支持。

第二十一条 借贷双方通过网络贷款平台形成借贷关系，网络贷款平台的提供者仅提供媒介服务，当事人请求其承担担保责任的，人民法院不予支持。

网络贷款平台的提供者通过网页、广告或者其他媒介明示或者有其他证据证明其为借贷提供担保，出借人请求网络贷款平台的提供者承担担保责任的，人民法院应予支持。

第二十二条 法人的法定代表人或者非法人组织的负责人以单位名义与出借人签订民间借贷合同，有证据证明所借款项系法定代表人或者负责人个人使用，出借人请求将法定代表人或者负责人列为共同被告或者第三人的，人民法院应予准许。

法人的法定代表人或者非法人组织的负责人以个人名义与出借人订立民间借贷合同，所借款项用于单位生产经营，出借人请求单位与个人共同承担责任的，人民法院应予支持。

第二十三条 当事人以订立买卖合同作为民间借贷合同的担保，借款到期后借款人不能还款，出借人请求履行买卖合同的，人民法院应当按照民间借贷法律关系审理。当事人根据法庭审理情况变更诉讼请求的，人民法院应当准许。

按照民间借贷法律关系审理作出的判决生效后，借款人不履行生效判决确定的金钱债务，出借人可以申请拍卖买卖合同标的物，以偿还债务。就拍卖所得的价款与应偿还借款本息之间的差额，借款人或者出借人有权主张返还或者补偿。

第二十四条 借贷双方没有约定利息，出借人主张支付利息的，人民法院不予支持。

自然人之间借贷对利息约定不明，出借人主张支付利息的，人民法院不予支持。除自然人之间借贷的外，借贷双方对借贷利息约定不明，出借人主张利息的，人民法院应当结合民间借贷合同的内容，并根据当地或者当事人的交易方式、交易习惯、市场报价利率等因素确定利息。

第二十五条 出借人请求借款人按照合同约定利率支付利息的，人民法院应予支持，但是双方约定的利率超过合同成立时一年期贷款市场报价利率四倍的除外。

前款所称"一年期贷款市场报价利率"，是指中国人民银行授权全国银行间同业拆借中心自2019年8月20日起每月发布的一年期贷款市场报价利率。

第二十六条 借据、收据、欠条等债权凭证载明的借款金额，一般认定为本金。预先在本金中扣除利息的，人民法院应当将实际出借的金额认定为本金。

第二十七条 借贷双方对前期借款本息结算后将利息计入后期借款本金并重新出具债权凭证，如果前期利率没有超过合同成立时一年期贷款市场报价利率四倍，重新出具的债权凭证载明的金额可认定为后期借款本金。超过部分的利息，不应认定为后期借款本金。

按前款计算，借款人在借款期间届满后应当支付的本息之和，超过以最初借款本金与以最初借款本金为基数、以合同成立时一年期贷款市场报价利率四倍计算的整个借款期间的利息之和的，人民法院不予支持。

第二十八条 借贷双方对逾期利率有约定的，从其约定，但是以不超过合同成立时一年期贷款市场报价利率四倍为限。

未约定逾期利率或者约定不明的，人民法院可以区分不同情况处理：

（一）既未约定借期内利率，也未约定逾期利率，出借人主张借款人自逾期还款之日起参照当时一年期贷款市场报价利率标准计算的利息承担逾期还款违约责任的，人民法院应予支持；

（二）约定了借期内利率但是未约定逾期利率，出借人主张借款人自逾期还款之日起按照借期内利率支付资金占用期间利息的，人民法院应予支持。

第二十九条 出借人与借款人既约定了逾期利率，又约定了违约金或者其他费用，出借人可以选择主张逾期利息、违约金或者其他费用，也可以一并主张，但是总计超过合同成立时一年期贷款市场报价利率四倍的部分，人民法院不予支持。

第三十条 借款人可以提前偿还借款，但是当事人另有约定的除外。

借款人提前偿还借款并主张按照实际借款期限计算利息的，人民法院应予支持。

第三十一条 本规定施行后，人民法院新受理的一审民间借贷纠纷案件，适用本规定。

2020年8月20日之后新受理的一审民间借贷案件，借贷合同成立于2020年8月20日之前，当事人请求适用当时的司法解释计算自合同成立到2020年8月19日的利息部分的，人民法院应予支持；对于自2020年8月20日到借款返还之日的利息部分，适用起诉时本规定的利率保护标准计算。

本规定施行后，最高人民法院以前作出的相关司法解释与本规定不一致的，以本规定为准。

二、物权公示

三、所有权

1. 土地所有权及保护

中华人民共和国土地管理法

· 1986 年 6 月 25 日第六届全国人民代表大会常务委员会第十六次会议通过
· 根据 1988 年 12 月 29 日第七届全国人民代表大会常务委员会第五次会议《关于修改〈中华人民共和国土地管理法〉的决定》第一次修正
· 1998 年 8 月 29 日第九届全国人民代表大会常务委员会第四次会议修订
· 根据 2004 年 8 月 28 日第十届全国人民代表大会常务委员会第十一次会议《关于修改〈中华人民共和国土地管理法〉的决定》第二次修正
· 根据 2019 年 8 月 26 日第十三届全国人民代表大会常务委员会第十二次会议《关于修改〈中华人民共和国土地管理法〉、〈中华人民共和国城市房地产管理法〉的决定》第三次修正

第一章 总 则

第一条 【立法目的】为了加强土地管理,维护土地的社会主义公有制,保护、开发土地资源,合理利用土地,切实保护耕地,促进社会经济的可持续发展,根据宪法,制定本法。

第二条 【基本土地制度】中华人民共和国实行土地的社会主义公有制,即全民所有制和劳动群众集体所有制。

全民所有,即国家所有土地的所有权由国务院代表国家行使。

任何单位和个人不得侵占、买卖或者以其他形式非法转让土地。土地使用权可以依法转让。

国家为了公共利益的需要,可以依法对土地实行征收或者征用并给予补偿。

国家依法实行国有土地有偿使用制度。但是,国家在法律规定的范围内划拨国有土地使用权的除外。

第三条 【土地基本国策】十分珍惜、合理利用土地和切实保护耕地是我国的基本国策。各级人民政府应当采取措施,全面规划,严格管理,保护、开发土地资源,制止非法占用土地的行为。

第四条 【土地用途管制制度】国家实行土地用途管制制度。

国家编制土地利用总体规划,规定土地用途,将土地分为农用地、建设用地和未利用地。严格限制农用地转为建设用地,控制建设用地总量,对耕地实行特殊保护。

前款所称农用地是指直接用于农业生产的土地,包括耕地、林地、草地、农田水利用地、养殖水面等;建设用地是指建造建筑物、构筑物的土地,包括城乡住宅和公共设施用地、工矿用地、交通水利设施用地、旅游用地、军事设施用地等;未利用地是指农用地和建设用地以外的土地。

使用土地的单位和个人必须严格按照土地利用总体规划确定的用途使用土地。

第五条 【土地管理体制】国务院自然资源主管部门统一负责全国土地的管理和监督工作。

县级以上地方人民政府自然资源主管部门的设置及其职责,由省、自治区、直辖市人民政府根据国务院有关规定确定。

第六条 【国家土地督察制度】国务院授权的机构对省、自治区、直辖市人民政府以及国务院确定的城市人民政府土地利用和土地管理情况进行督察。

第七条 【单位和个人的土地管理权利和义务】任何单位和个人都有遵守土地管理法律、法规的义务,并有权对违反土地管理法律、法规的行为提出检举和控告。

第八条 【奖励】在保护和开发土地资源、合理利用土地以及进行有关的科学研究等方面成绩显著的单位和个人,由人民政府给予奖励。

第二章 土地的所有权和使用权

第九条 【土地所有制】城市市区的土地属于国家所有。

农村和城市郊区的土地,除由法律规定属于

国家所有的以外,属于农民集体所有;宅基地和自留地、自留山,属于农民集体所有。

注释　我国土地的所有权主体只有两个,一个是国家,一个是农民集体。

宅基地,主要是指农民用于建造住房及其附属设施的一定范围内的土地;自留地是指我国农业合作化以后农民集体经济组织分配给本集体经济组织成员(村民)长期使用的土地;自留山是指农民集体经济组织分配给农民长期使用的少量的柴山和荒坡。

链接　《宪法》第9、10条;《民法典》第249、250条;《确定土地所有权和使用权的若干规定》第18条;《土地权属争议调查处理办法》

第十条　【土地使用权】国有土地和农民集体所有的土地,可以依法确定给单位或者个人使用。使用土地的单位和个人,有保护、管理和合理利用土地的义务。

注释　本条是关于土地使用权的规定,体现了土地的所有权和使用权相分离的基本原则。虽然国家和农民集体拥有土地,但是政府机构、企事业单位、社会团体、个人等都可以在符合法律规定的情况下,办理相关手续,取得合理利用土地的权利并获取收益,这并不意味着其对土地的使用可以不受任何限制,还是应当承担保护、管理和合理利用土地的义务,根据土地的自然属性和经济属性的不同,科学使用土地,防止水土流失和盐渍化。

国有土地依法确定给单位或个人使用的方式

(1)土地划拨。即土地使用者只需按照一定程序提出申请,经法定机关批准即可取得土地使用权,无须向土地所有者交付土地使用权出让费用。

(2)土地使用权出让。即国家以土地所有者的身份将土地使用权在一定年限内让与土地使用者,并由土地使用者向国家支付土地使用权出让金的行为。土地使用权出让应当签订出让合同。

国有土地依法确定给单位或个人使用后,其使用权可否进入市场流转

根据《城镇国有土地使用权出让和转让暂行条例》的相关规定,以出让方式有偿取得的土地使用权可以依法转让、出租、抵押或继承。而根据该条例第44条的规定,除法定的特殊情况外,以土地划拨方式无偿取得的土地使用权则不得进入市场交易或流转。但是,根据该条例第45条的规定,符合下列条件的,经市、县人民政府自然资源主管部门和房产管理部门批准,其划拨土地使用权和地上建筑物、其他附着物所有权可以转让、出租、抵押:(1)土地使用者为公司、企业、其他经济组织和个人;(2)领有国有土地使用证;(3)具有地上建筑物、其他附着物合法的产权证明;(4)依照该条例第二章的规定签订土地使用权出让合同,向当地市、县人民政府补交土地使用权出让金或者以转让、出租、抵押所获收益抵交土地使用权出让金。

通过土地划拨方式取得的国有土地使用权,必须依法转变为出让土地使用权之后,方可进入市场交易或流转。

案例　杨延虎等贪污案(最高人民法院指导案例11号)

裁判规则:土地使用权具有财产性利益,属于《刑法》第382条第1款规定中的"公共财物",可以成为贪污的对象。

链接　《民法典》第324条;《农村土地承包法》第2、21条;《城市房地产管理法》第2条;《城镇国有土地使用权出让和转让暂行条例》第13、44、45条

第十一条　【集体所有土地的经营和管理】农民集体所有的土地依法属于村农民集体所有的,由村集体经济组织或者村民委员会经营、管理;已经分别属于村内两个以上农村集体经济组织的农民集体所有的,由村内各该农村集体经济组织或者村民小组经营、管理;已经属于乡(镇)农民集体所有的,由乡(镇)农村集体经济组织经营、管理。

链接　《民法典》第262条;《农村土地承包法》第13条

第十二条　【土地所有权和使用权登记】土地的所有权和使用权的登记,依照有关不动产登记的法律、行政法规执行。

依法登记的土地的所有权和使用权受法律保护,任何单位和个人不得侵犯。

注释　本条所讲的土地所有权是指土地所有者在法律规定的范围内对其所有的土地享有占有、使用、收益和处分的权利。包括国有土地所有权和农民集体土地所有权。本条所讲的使用权是指土地使用权人对依法取得的土地享有占有、使用、收益和依法处分的权利。包括对国有土地和对农民集体土地的使用权。

三、所有权

《民法典》第 349 条规定,设立建设用地使用权的,应当向登记机构申请建设用地使用权登记。建设用地使用权自登记时设立。登记机构应当向建设用地使用权人发放权属证书。第 355 条规定,建设用地使用权转让、互换、出资或者赠与的,应当向登记机构申请变更登记。第 360 条规定,建设用地使用权消灭的,出让人应当及时办理注销登记。登记机构应当收回权属证书。同时,还对不动产登记应提供的必要资料、登记的效力、不动产登记簿效力及其管理机构、不动产登记簿与不动产权属证书的关系、不动产更正登记和异议登记等作出了规定。

《农村土地承包法》对土地承包经营权和土地经营权登记作出了规定,第 24 条规定,国家对耕地、林地和草地等实行统一登记,登记机构应当向承包方颁发土地承包经营权证或者林权证等证书,并登记造册,确认土地承包经营权。第 35 条规定,土地承包经营权互换、转让的,当事人可以向登记机构申请登记。未经登记,不得对抗善意第三人。第 41 条规定,土地经营权流转期限为 5 年以上的,当事人可以向登记机构申请土地经营权登记。未经登记,不得对抗善意第三人。

集体土地所有权登记

集体土地所有权登记,依照下列规定提出申请:(1)土地属于村农民集体所有的,由村集体经济组织代为申请,没有集体经济组织的,由村民委员会代为申请;(2)土地分别属于村内两个以上农民集体所有的,由村内各集体经济组织代为申请,没有集体经济组织的,由村民小组代为申请;(3)土地属于乡(镇)农民集体所有的,由乡(镇)集体经济组织代为申请。

国有建设用地使用权登记

依法取得国有建设用地使用权,可以单独申请国有建设用地使用权登记。依法利用国有建设用地建造房屋的,可以申请国有建设用地使用权及房屋所有权登记。

链接《民法典》第 349、355、360 条;《农村土地承包法》第 24、35、41 条;《不动产登记暂行条例》;《不动产登记暂行条例实施细则》

第十三条 【土地承包经营】

农民集体所有和国家所有依法由农民集体使用的耕地、林地、草地,以及其他依法用于农业的土地,采取农村集体经济组织内部的家庭承包方式承包,不宜采取家庭

承包方式的荒山、荒沟、荒丘、荒滩等,可以采取招标、拍卖、公开协商等方式承包,从事种植业、林业、畜牧业、渔业生产。家庭承包的耕地的承包期为三十年,草地的承包期为三十年至五十年,林地的承包期为三十年至七十年;耕地承包期届满后再延长三十年,草地、林地承包期届满后依法相应延长。

国家所有依法用于农业的土地可以由单位或者个人承包经营,从事种植业、林业、畜牧业、渔业生产。

发包方和承包方应当依法订立承包合同,约定双方的权利和义务。承包经营土地的单位和个人,有保护和按照承包合同约定的用途合理利用土地的义务。

链接《民法典》第 261 条;《农村土地承包法》第 14-18、21-23 条;《农村土地经营权流转管理办法》

第十四条 【土地所有权和使用权争议解决】

土地所有权和使用权争议,由当事人协商解决;协商不成的,由人民政府处理。

单位之间的争议,由县级以上人民政府处理;个人之间、个人与单位之间的争议,由乡级人民政府或者县级以上人民政府处理。

当事人对有关人民政府的处理决定不服的,可以自接到处理决定通知之日起三十日内,向人民法院起诉。

在土地所有权和使用权争议解决前,任何一方不得改变土地利用现状。

注释 土地权属的争议

土地权属的争议既有可能是关于土地的所有权,也有可能是关于土地的使用权而发生的争议。在发生权属争议时,争议双方应当先行协商,将纠纷尽快以最低成本解决;若协商不成,再交由人民政府处理。

不能作为土地权属争议案件受理的案件

土地侵权案件;行政区域边界争议案件;土地违法案件;农村土地承包经营权争议案件等。

当事人协商解决土地权属争议时应注意的问题

当事人采取协商方式解决土地权属争议时,必须把握以下几点:(1)协商必须是当事人自愿进行,而不得强迫进行;(2)不得损害第三方(包括国家)的合法利益,否则当事人之间达成的协议无效

或部分无效;(3)要避免久拖不决,协商不成的,应及时申请人民政府处理。

链接《农村土地承包法》第四章;《土地权属争议调查处理办法》第14条;《自然资源行政复议规定》;《行政复议法》第2、20条;《行政诉讼法》第2、45、46条

第三章 土地利用总体规划

第十五条 【土地利用总体规划的编制依据和规划期限】各级人民政府应当依据国民经济和社会发展规划、国土整治和资源环境保护的要求、土地供给能力以及各项建设对土地的需求,组织编制土地利用总体规划。

土地利用总体规划的规划期限由国务院规定。

第十六条 【土地利用总体规划的编制要求】下级土地利用总体规划应当依据上一级土地利用总体规划编制。

地方各级人民政府编制的土地利用总体规划中的建设用地总量不得超过上一级土地利用总体规划确定的控制指标,耕地保有量不得低于上一级土地利用总体规划确定的控制指标。

省、自治区、直辖市人民政府编制的土地利用总体规划,应当确保本行政区域内耕地总量不减少。

第十七条 【土地利用总体规划的编制原则】土地利用总体规划按照下列原则编制:

(一)落实国土空间开发保护要求,严格土地用途管制;

(二)严格保护永久基本农田,严格控制非农业建设占用农用地;

(三)提高土地节约集约利用水平;

(四)统筹安排城乡生产、生活、生态用地,满足乡村产业和基础设施用地合理需求,促进城乡融合发展;

(五)保护和改善生态环境,保障土地的可持续利用;

(六)占用耕地与开发复垦耕地数量平衡、质量相当。

第十八条 【国土空间规划】国家建立国土空间规划体系。编制国土空间规划应当坚持生态优先、绿色、可持续发展,科学有序统筹安排生态、农业、城镇等功能空间,优化国土空间结构和布局,提升国土空间开发、保护的质量和效率。

经依法批准的国土空间规划是各类开发、保护、建设活动的基本依据。已经编制国土空间规划的,不再编制土地利用总体规划和城乡规划。

第十九条 【县、乡级土地利用总体规划的编制要求】县级土地利用总体规划应当划分土地利用区,明确土地用途。

乡(镇)土地利用总体规划应当划分土地利用区,根据土地使用条件,确定每一块土地的用途,并予以公告。

第二十条 【土地利用总体规划的审批】土地利用总体规划实行分级审批。

省、自治区、直辖市的土地利用总体规划,报国务院批准。

省、自治区人民政府所在地的市、人口在一百万以上的城市以及国务院指定的城市的土地利用总体规划,经省、自治区人民政府审查同意后,报国务院批准。

本条第二款、第三款规定以外的土地利用总体规划,逐级上报省、自治区、直辖市人民政府批准;其中,乡(镇)土地利用总体规划可以由省级人民政府授权的设区的市、自治州人民政府批准。

土地利用总体规划一经批准,必须严格执行。

第二十一条 【建设用地的要求】城市建设用地规模应当符合国家规定的标准,充分利用现有建设用地,不占或者尽量少占农用地。

城市总体规划、村庄和集镇规划,应当与土地利用总体规划相衔接,城市总体规划、村庄和集镇规划中建设用地规模不得超过土地利用总体规划确定的城市和村庄、集镇建设用地规模。

在城市规划区内、村庄和集镇规划区内,城市和村庄、集镇建设用地应当符合城市规划、村庄和集镇规划。

第二十二条 【相关规划与土地利用总体规划的衔接】江河、湖泊综合治理和开发利用规划,应当与土地利用总体规划相衔接。在江河、湖泊、水库的管理和保护范围以及蓄洪滞洪区内,土地利用应当符合江河、湖泊综合治理和开发利用规划,符合河道、湖泊行洪、蓄洪和输水的要求。

第二十三条 【土地利用年度计划】各级人民政府应当加强土地利用计划管理,实行建设用地总量控制。

土地利用年度计划,根据国民经济和社会发

三、所有权

展计划、国家产业政策、土地利用总体规划以及建设用地和土地利用的实际状况编制。土地利用年度计划应当对本法第六十三条规定的集体经营性建设用地作出合理安排。土地利用年度计划的编制审批程序与土地利用总体规划的编制审批程序相同，一经审批下达，必须严格执行。

第二十四条 【**土地利用年度计划执行情况报告**】省、自治区、直辖市人民政府应当将土地利用年度计划的执行情况列为国民经济和社会发展计划执行情况的内容，向同级人民代表大会报告。

第二十五条 【**土地利用总体规划的修改**】经批准的土地利用总体规划的修改，须经原批准机关批准；未经批准，不得改变土地利用总体规划确定的土地用途。

经国务院批准的大型能源、交通、水利等基础设施建设用地，需要改变土地利用总体规划的，根据国务院的批准文件修改土地利用总体规划。

经省、自治区、直辖市人民政府批准的能源、交通、水利等基础设施建设用地，需要改变土地利用总体规划的，属于省级人民政府土地利用总体规划批准权限内的，根据省级人民政府的批准文件修改土地利用总体规划。

第二十六条 【**土地调查**】国家建立土地调查制度。

县级以上人民政府自然资源主管部门会同同级有关部门进行土地调查。土地所有者或者使用者应当配合调查，并提供有关资料。

第二十七条 【**土地分等定级**】县级以上人民政府自然资源主管部门会同同级有关部门根据土地调查成果、规划土地用途和国家制定的统一标准，评定土地等级。

第二十八条 【**土地统计**】国家建立土地统计制度。

县级以上人民政府统计机构和自然资源主管部门依法进行土地统计调查，定期发布土地统计资料。土地所有者或者使用者应当提供有关资料，不得拒报、迟报，不得提供不真实、不完整的资料。

统计机构和自然资源主管部门共同发布的土地面积统计资料是各级人民政府编制土地利用总体规划的依据。

第二十九条 【**土地利用动态监测**】国家建立全国土地管理信息系统，对土地利用状况进行动态监测。

第四章　耕地保护

第三十条 【**占用耕地补偿制度**】国家保护耕地，严格控制耕地转为非耕地。

国家实行占用耕地补偿制度。非农业建设经批准占用耕地的，按照"占多少，垦多少"的原则，由占用耕地的单位负责开垦与所占用耕地的数量和质量相当的耕地；没有条件开垦或者开垦的耕地不符合要求的，应当按照省、自治区、直辖市的规定缴纳耕地开垦费，专款用于开垦新的耕地。

省、自治区、直辖市人民政府应当制定开垦耕地计划，监督占用耕地的单位按照计划开垦耕地或者按照计划组织开垦耕地，并进行验收。

第三十一条 【**耕地耕作层土壤的保护**】县级以上地方人民政府可以要求占用耕地的单位将所占用耕地耕作层的土壤用于新开垦耕地、劣质地或者其他耕地的土壤改良。

第三十二条 【**省级政府耕地保护责任**】省、自治区、直辖市人民政府应当严格执行土地利用总体规划和土地利用年度计划，采取措施，确保本行政区域内耕地总量不减少、质量不降低。耕地总量减少的，由国务院责令在规定期限内组织开垦与所减少耕地的数量与质量相当的耕地；耕地质量降低的，由国务院责令在规定期限内组织整治。新开垦和整治的耕地由国务院自然资源主管部门会同农业农村主管部门验收。

个别省、直辖市确因土地后备资源匮乏，新增建设用地后，新开垦耕地的数量不足以补偿所占用耕地的数量的，必须报经国务院批准减免本行政区域内开垦耕地的数量，易地开垦数量和质量相当的耕地。

第三十三条 【**永久基本农田保护制度**】国家实行永久基本农田保护制度。下列耕地应当根据土地利用总体规划划为永久基本农田，实行严格保护：

（一）经国务院农业农村主管部门或者县级以上地方人民政府批准确定的粮、棉、油、糖等重要农产品生产基地内的耕地；

（二）有良好的水利与水土保持设施的耕地，正在实施改造计划以及可以改造的中、低产田和已建成的高标准农田；

（三）蔬菜生产基地；

（四）农业科研、教学试验田；

（五）国务院规定应当划为永久基本农田的其他耕地。

各省、自治区、直辖市划定的永久基本农田一般应当占本行政区域内耕地的百分之八十以上，具体比例由国务院根据各省、自治区、直辖市耕地实际情况规定。

第三十四条　【永久基本农田划定】永久基本农田划定以乡（镇）为单位进行，由县级人民政府自然资源主管部门会同同级农业农村主管部门组织实施。永久基本农田应当落实到地块，纳入国家永久基本农田数据库严格管理。

乡（镇）人民政府应当将永久基本农田的位置、范围向社会公告，并设立保护标志。

第三十五条　【永久基本农田的保护措施】永久基本农田经依法划定后，任何单位和个人不得擅自占用或者改变其用途。国家能源、交通、水利、军事设施等重点建设项目选址确实难以避让永久基本农田，涉及农用地转用或者土地征收的，必须经国务院批准。

禁止通过擅自调整县级土地利用总体规划、乡（镇）土地利用总体规划等方式规避永久基本农田农用地转用或者土地征收的审批。

第三十六条　【耕地质量保护】各级人民政府应当采取措施，引导因地制宜轮作休耕，改良土壤，提高地力，维护排灌工程设施，防止土地荒漠化、盐渍化、水土流失和土壤污染。

第三十七条　【非农业建设用地原则及禁止破坏耕地】非农业建设必须节约使用土地，可以利用荒地的，不得占用耕地；可以利用劣地的，不得占用好地。

禁止占用耕地建窑、建坟或者擅自在耕地上建房、挖砂、采石、采矿、取土等。

禁止占用永久基本农田发展林果业和挖塘养鱼。

第三十八条　【非农业建设闲置耕地的处理】禁止任何单位和个人闲置、荒芜耕地。已经办理审批手续的非农业建设占用耕地，一年内不用而又可以耕种并收获的，应当由原耕种该幅耕地的集体或者个人恢复耕种，也可以由用地单位组织耕种；一年以上未动工建设的，应当按照省、自治区、直辖市的规定缴纳闲置费；连续二年未使用的，经原批准机关批准，由县级以上人民政府无偿收回用地单位的土地使用权；该幅土地原为农民集体所有的，应当交由原农村集体经济组织恢复耕种。

在城市规划区范围内，以出让方式取得土地使用权进行房地产开发的闲置土地，依照《中华人民共和国城市房地产管理法》的有关规定办理。

第三十九条　【未利用地的开发】国家鼓励单位和个人按照土地利用总体规划，在保护和改善生态环境、防止水土流失和土地荒漠化的前提下，开发未利用的土地；适宜开发为农用地的，应当优先开发成农用地。

国家依法保护开发者的合法权益。

第四十条　【未利用地开垦的要求】开垦未利用的土地，必须经过科学论证和评估，在土地利用总体规划划定的可开垦的区域内，经依法批准后进行。禁止毁坏森林、草原开垦耕地，禁止围湖造田和侵占江河滩地。

根据土地利用总体规划，对破坏生态环境开垦、围垦的土地，有计划有步骤地退耕还林、还牧、还湖。

第四十一条　【国有荒山、荒地、荒滩的开发】开发未确定使用权的国有荒山、荒地、荒滩从事种植业、林业、畜牧业、渔业生产的，经县级以上人民政府依法批准，可以确定给开发单位或者个人长期使用。

第四十二条　【土地整理】国家鼓励土地整理。县、乡（镇）人民政府应当组织农村集体经济组织，按照土地利用总体规划，对田、水、路、林、村综合整治，提高耕地质量，增加有效耕地面积，改善农业生产条件和生态环境。

地方各级人民政府应当采取措施，改造中、低产田，整治闲散地和废弃地。

第四十三条　【土地复垦】因挖损、塌陷、压占等造成土地破坏，用地单位和个人应当按照国家有关规定负责复垦；没有条件复垦或者复垦不符合要求的，应当缴纳土地复垦费，专项用于土地复垦。复垦的土地应当优先用于农业。

第五章　建设用地

第四十四条　【农用地转用】建设占用土地，涉及农用地转为建设用地的，应当办理农用地转用审批手续。

三、所有权

永久基本农田转为建设用地的,由国务院批准。

在土地利用总体规划确定的城市和村庄、集镇建设用地规模范围内,为实施该规划而将永久基本农田以外的农用地转为建设用地的,按土地利用年度计划分批次按照国务院规定由原批准土地利用总体规划的机关或者其授权的机关批准。在已批准的农用地转用范围内,具体建设项目用地可以由市、县人民政府批准。

在土地利用总体规划确定的城市和村庄、集镇建设用地规模范围外,将永久基本农田以外的农用地转为建设用地的,由国务院或者国务院授权的省、自治区、直辖市人民政府批准。

第四十五条　【征地范围】为了公共利益的需要,有下列情形之一,确需征收农民集体所有的土地的,可以依法实施征收:

(一)军事和外交需要用地的;

(二)由政府组织实施的能源、交通、水利、通信、邮政等基础设施建设需要用地的;

(三)由政府组织实施的科技、教育、文化、卫生、体育、生态环境和资源保护、防灾减灾、文物保护、社区综合服务、社会福利、市政公用、优抚安置、英烈保护等公共事业需要用地的;

(四)由政府组织实施的扶贫搬迁、保障性安居工程建设需要用地的;

(五)在土地利用总体规划确定的城镇建设用地范围内,经省级以上人民政府批准由县级以上地方人民政府组织实施的成片开发建设需要用地的;

(六)法律规定为公共利益需要可以征收农民集体所有的土地的其他情形。

前款规定的建设活动,应当符合国民经济和社会发展规划、土地利用总体规划、城乡规划和专项规划;第(四)项、第(五)项规定的建设活动,还应当纳入国民经济和社会发展年度计划;第(五)项规定的成片开发并应当符合国务院自然资源主管部门规定的标准。

第四十六条　【征地审批权限】征收下列土地的,由国务院批准:

(一)永久基本农田;

(二)永久基本农田以外的耕地超过三十五公顷的;

(三)其他土地超过七十公顷的。

征收前款规定以外的土地的,由省、自治区、直辖市人民政府批准。

征收农用地的,应当依照本法第四十四条的规定先行办理农用地转用审批。其中,经国务院批准农用地转用的,同时办理征地审批手续,不再另行办理征地审批;经省、自治区、直辖市人民政府在征地批准权限内批准农用地转用的,同时办理征地审批手续,不再另行办理征地审批,超过征地批准权限的,应当依照本条第一款的规定另行办理征地审批。

第四十七条　【土地征收程序】国家征收土地的,依照法定程序批准后,由县级以上地方人民政府予以公告并组织实施。

县级以上地方人民政府拟申请征收土地的,应当开展拟征收土地现状调查和社会稳定风险评估,并将征收范围、土地现状、征收目的、补偿标准、安置方式和社会保障等在拟征收土地所在的乡(镇)和村、村民小组范围内公告至少三十日,听取被征地的农村集体经济组织及其成员、村民委员会和其他利害关系人的意见。

多数被征地的农村集体经济组织成员认为征地补偿安置方案不符合法律、法规规定的,县级以上地方人民政府应当组织召开听证会,并根据法律、法规的规定和听证会情况修改方案。

拟征收土地的所有权人、使用权人应当在公告规定期限内,持不动产权属证明材料办理补偿登记。县级以上地方人民政府应当组织有关部门测算并落实有关费用,保证足额到位,与拟征收土地的所有权人、使用权人就补偿、安置等签订协议;个别确实难以达成协议的,应当在申请征收土地时如实说明。

相关前期工作完成后,县级以上地方人民政府方可申请征收土地。

第四十八条　【土地征收补偿安置】征收土地应当给予公平、合理的补偿,保障被征地农民原有生活水平不降低、长远生计有保障。

征收土地应当依法及时足额支付土地补偿费、安置补助费以及农村村民住宅、其他地上附着物和青苗等的补偿费用,并安排被征地农民的社会保障费用。

征收农用地的土地补偿费、安置补助费标准由省、自治区、直辖市通过制定公布区片综合地价确定。制定区片综合地价应当综合考虑土地原用途、土地资源条件、土地产值、土地区位、土地供求关系、人口以及经济社会发展水平等因素，并至少每三年调整或者重新公布一次。

征收农用地以外的其他土地、地上附着物和青苗等的补偿标准，由省、自治区、直辖市制定。对其中的农村村民住宅，应当按照先补偿后搬迁、居住条件有改善的原则，尊重农村村民意愿，采取重新安排宅基地建房、提供安置房或者货币补偿等方式给予公平、合理的补偿，并对因征收造成的搬迁、临时安置等费用予以补偿，保障农村村民居住的权利和合法的住房财产权益。

县级以上地方人民政府应当将被征地农民纳入相应的养老等社会保障体系。被征地农民的社会保障费用主要用于符合条件的被征地农民的养老保险等社会保险缴费补贴。被征地农民社会保障费用的筹集、管理和使用办法，由省、自治区、直辖市制定。

第四十九条 【征地补偿费用的使用】被征地的农村集体经济组织应当将征收土地的补偿费用的收支状况向本集体经济组织的成员公布，接受监督。

禁止侵占、挪用被征收土地单位的征地补偿费用和其他有关费用。

第五十条 【支持被征地农民就业】地方各级人民政府应当支持被征地的农村集体经济组织和农民从事开发经营，兴办企业。

第五十一条 【大中型水利水电工程建设征地补偿和移民安置】大中型水利、水电工程建设征收土地的补偿费标准和移民安置办法，由国务院另行规定。

第五十二条 【建设项目用地审查】建设项目可行性研究论证时，自然资源主管部门可以根据土地利用总体规划、土地利用年度计划和建设用地标准，对建设用地有关事项进行审查，并提出意见。

第五十三条 【建设项目使用国有土地的审批】经批准的建设项目需要使用国有建设用地的，建设单位应当持法律、行政法规规定的有关文件，向有批准权的县级以上人民政府自然资源主管部门提出建设用地申请，经自然资源主管部门审查，报本级人民政府批准。

第五十四条 【国有土地的取得方式】建设单位使用国有土地，应当以出让等有偿使用方式取得；但是，下列建设用地，经县级以上人民政府依法批准，可以以划拨方式取得：

（一）国家机关用地和军事用地；

（二）城市基础设施用地和公益事业用地；

（三）国家重点扶持的能源、交通、水利等基础设施用地；

（四）法律、行政法规规定的其他用地。

第五十五条 【国有土地有偿使用费】以出让等有偿使用方式取得国有土地使用权的建设单位，按照国务院规定的标准和办法，缴纳土地使用权出让金等土地有偿使用费和其他费用后，方可使用土地。

自本法施行之日起，新增建设用地的土地有偿使用费，百分之三十上缴中央财政，百分之七十留给有关地方人民政府。具体使用管理办法由国务院财政部门会同有关部门制定，并报国务院批准。

第五十六条 【国有土地的使用要求】建设单位使用国有土地的，应当按照土地使用权出让等有偿使用合同的约定或者土地使用权划拨批准文件的规定使用土地；确需改变该幅土地建设用途的，应当经有关人民政府自然资源主管部门同意，报原批准用地的人民政府批准。其中，在城市规划区内改变土地用途的，在报批前，应当先经有关城市规划行政主管部门同意。

第五十七条 【建设项目临时用地】建设项目施工和地质勘查需要临时使用国有土地或者农民集体所有的土地的，由县级以上人民政府自然资源主管部门批准。其中，在城市规划区内的临时用地，在报批前，应当先经有关城市规划行政主管部门同意。土地使用者应当根据土地权属，与有关自然资源主管部门或者农民集体经济组织、村民委员会签订临时使用土地合同，并按照合同的约定支付临时使用土地补偿费。

临时使用土地的使用者应当按照临时使用土地合同约定的用途使用土地，并不得修建永久性建筑物。

临时使用土地期限一般不超过二年。

第五十八条 【收回国有土地使用权】有下列情形之一的，由有关人民政府自然资源主管部门报经原批准用地的人民政府或者有批准权的人民政府批准，可以收回国有土地使用权：

（一）为实施城市规划进行旧城区改建以及其他公共利益需要，确需使用土地的；

三、所有权

（二）土地出让等有偿使用合同约定的使用期限届满，土地使用者未申请续期或者申请续期未获批准的；

（三）因单位撤销、迁移等原因，停止使用原划拨的国有土地的；

（四）公路、铁路、机场、矿场等经核准报废的。

依照前款第（一）项的规定收回国有土地使用权的，对土地使用权人应当给予适当补偿。

第五十九条 【乡、村建设使用土地的要求】乡镇企业、乡（镇）村公共设施、公益事业、农村村民住宅等乡（镇）村建设，应当按照村庄和集镇规划，合理布局，综合开发，配套建设；建设用地，应当符合乡（镇）土地利用总体规划和土地利用年度计划，并依照本法第四十四条、第六十条、第六十一条、第六十二条的规定办理审批手续。

第六十条 【村集体兴办企业使用土地】农村集体经济组织使用乡（镇）土地利用总体规划确定的建设用地兴办企业或者与其他单位、个人以土地使用权入股、联营等形式共同举办企业的，应当持有关批准文件，向县级以上地方人民政府自然资源主管部门提出申请，按照省、自治区、直辖市规定的批准权限，由县级以上地方人民政府批准；其中，涉及占用农用地的，依照本法第四十四条的规定办理审批手续。

按照前款规定兴办企业的建设用地，必须严格控制。省、自治区、直辖市可以按照乡镇企业的不同行业和经营规模，分别规定用地标准。

第六十一条 【乡村公共设施、公益事业建设用地审批】乡（镇）村公共设施、公益事业建设，需要使用土地的，经乡（镇）人民政府审核，向县级以上地方人民政府自然资源主管部门提出申请，按照省、自治区、直辖市规定的批准权限，由县级以上地方人民政府批准；其中，涉及占用农用地的，依照本法第四十四条的规定办理审批手续。

第六十二条 【农村宅基地管理】农村村民一户只能拥有一处宅基地，其宅基地的面积不得超过省、自治区、直辖市规定的标准。

人均土地少、不能保障一户拥有一处宅基地的地区，县级人民政府在充分尊重农村村民意愿的基础上，可以采取措施，按照省、自治区、直辖市规定的标准保障农村村民实现户有所居。·

农村村民建住宅，应当符合乡（镇）土地利用总体规划、村庄规划，不得占用永久基本农田，并

尽量使用原有的宅基地和村内空闲地。编制乡（镇）土地利用总体规划、村庄规划应当统筹并合理安排宅基地用地，改善农村村民居住环境和条件。

农村村民住宅用地，由乡（镇）人民政府审核批准；其中，涉及占用农用地的，依照本法第四十四条的规定办理审批手续。

农村村民出卖、出租、赠与住宅后，再申请宅基地的，不予批准。

国家允许进城落户的农村村民依法自愿有偿退出宅基地，鼓励农村集体经济组织及其成员盘活利用闲置宅基地和闲置住宅。

国务院农业农村主管部门负责全国农村宅基地改革和管理有关工作。

第六十三条 【集体经营性建设用地入市】土地利用总体规划、城乡规划确定为工业、商业等经营性用途，并经依法登记的集体经营性建设用地，土地所有权人可以通过出让、出租等方式交由单位或者个人使用，并应当签订书面合同，载明土地界址、面积、动工期限、使用期限、土地用途、规划条件和双方其他权利义务。

前款规定的集体经营性建设用地出让、出租等，应当经本集体经济组织成员的村民会议三分之二以上成员或者三分之二以上村民代表的同意。

通过出让等方式取得的集体经营性建设用地使用权可以转让、互换、出资、赠与或者抵押，但法律、行政法规另有规定或者土地所有权人、土地使用权人签订的书面合同另有约定的除外。

集体经营性建设用地的出租，集体建设用地使用权的出让及其最高年限、转让、互换、出资、赠与、抵押等，参照同类用途的国有建设用地执行。具体办法由国务院制定。

第六十四条 【集体建设用地的使用要求】集体建设用地的使用者应当严格按照土地利用总体规划、城乡规划确定的用途使用土地。

第六十五条 【不符合土地利用总体规划的建筑物的处理】在土地利用总体规划制定前已建的不符合土地利用总体规划确定的用途的建筑物、构筑物，不得重建、扩建。

第六十六条 【集体建设用地使用权的收回】有下列情形之一的，农村集体经济组织报经原批准用地的人民政府批准，可以收回土地使用权：

（一）为乡（镇）村公共设施和公益事业建设，

需要使用土地的;

（二）不按照批准的用途使用土地的;

（三）因撤销、迁移等原因而停止使用土地的。

依照前款第（一）项规定收回农民集体所有的土地的,对土地使用权人应当给予适当补偿。

收回集体经营性建设用地使用权,依照双方签订的书面合同办理,法律、行政法规另有规定的除外。

第六章　监督检查

第六十七条　【监督检查职责】县级以上人民政府自然资源主管部门对违反土地管理法律、法规的行为进行监督检查。

县级以上人民政府农业农村主管部门对违反农村宅基地管理法律、法规的行为进行监督检查的,适用本法关于自然资源主管部门监督检查的规定。

土地管理监督检查人员应当熟悉土地管理法律、法规,忠于职守、秉公执法。

第六十八条　【监督检查措施】县级以上人民政府自然资源主管部门履行监督检查职责时,有权采取下列措施:

（一）要求被检查的单位或者个人提供有关土地权利的文件和资料,进行查阅或者予以复制;

（二）要求被检查的单位或者个人就有关土地权利的问题作出说明;

（三）进入被检查单位或者个人非法占用的土地现场进行勘测;

（四）责令非法占用土地的单位或者个人停止违反土地管理法律、法规的行为。

第六十九条　【出示监督检查证件】土地管理监督检查人员履行职责,需要进入现场进行勘测、要求有关单位或者个人提供文件、资料和作出说明的,应当出示土地管理监督检查证件。

第七十条　【有关单位和个人对土地监督检查的配合义务】有关单位和个人对县级以上人民政府自然资源主管部门就土地违法行为进行的监督检查应当支持与配合,并提供工作方便,不得拒绝与阻碍土地管理监督检查人员依法执行职务。

第七十一条　【国家工作人员违法行为的处理】县级以上人民政府自然资源主管部门在监督检查工作中发现国家工作人员的违法行为,依法应当给予处分的,应当依法予以处理;自己无权处理的,应当依法移送监察机关或者有关机关处理。

第七十二条　【土地违法行为责任追究】县级以上人民政府自然资源主管部门在监督检查工作中发现土地违法行为构成犯罪的,应当将案件移送有关机关,依法追究刑事责任;尚不构成犯罪的,应当依法给予行政处罚。

第七十三条　【不履行法定职责的处理】依照本法规定应当给予行政处罚,而有关自然资源主管部门不给予行政处罚的,上级人民政府自然资源主管部门有权责令有关自然资源主管部门作出行政处罚决定或者直接给予行政处罚,并给予有关自然资源主管部门的负责人处分。

第七章　法律责任

第七十四条　【非法转让土地的法律责任】买卖或者以其他形式非法转让土地的,由县级以上人民政府自然资源主管部门没收违法所得;对违反土地利用总体规划擅自将农用地改为建设用地的,限期拆除在非法转让的土地上新建的建筑物和其他设施,恢复土地原状,对符合土地利用总体规划的,没收在非法转让的土地上新建的建筑物和其他设施;可以并处罚款;对直接负责的主管人员和其他直接责任人员,依法给予处分;构成犯罪的,依法追究刑事责任。

第七十五条　【破坏耕地的法律责任】违反本法规定,占用耕地建窑、建坟或者擅自在耕地上建房、挖砂、采石、采矿、取土等,破坏种植条件的,或者因开发土地造成土地荒漠化、盐渍化的,由县级以上人民政府自然资源主管部门、农业农村主管部门等按照职责责令限期改正或者治理,可以并处罚款;构成犯罪的,依法追究刑事责任。

第七十六条　【不履行复垦义务的法律责任】违反本法规定,拒不履行土地复垦义务的,由县级以上人民政府自然资源主管部门责令限期改正;逾期不改正的,责令缴纳复垦费,专项用于土地复垦,可以处以罚款。

第七十七条　【非法占用土地的法律责任】未经批准或者采取欺骗手段骗取批准,非法占用土地的,由县级以上人民政府自然资源主管部门责令退还非法占用的土地,对违反土地利用总体规划擅自将农用地改为建设用地的,限期拆除在非法占用的土地上新建的建筑物和其他设施,恢复土地原状,对符合土地利用总体规划的,没收在非

三、所有权

法占用的土地上新建的建筑物和其他设施，可以并处罚款；对非法占用土地单位的直接负责的主管人员和其他直接责任人员，依法给予处分；构成犯罪的，依法追究刑事责任。

超过批准的数量占用土地，多占的土地以非法占用土地论处。

第七十八条 【非法占用土地建住宅的法律责任】农村村民未经批准或者采取欺骗手段骗取批准，非法占用土地建住宅的，由县级以上人民政府农业农村主管部门责令退还非法占用的土地，限期拆除在非法占用的土地上新建的房屋。

超过省、自治区、直辖市规定的标准，多占的土地以非法占用土地论处。

第七十九条 【非法批准征收、使用土地的法律责任】无权批准征收、使用土地的单位或者个人非法批准占用土地的，超越批准权限非法批准占用土地的，不按照土地利用总体规划确定的用途批准用地的，或者违反法律规定的程序批准占用、征收土地的，其批准文件无效，对非法批准征收、使用土地的直接负责的主管人员和其他直接责任人员，依法给予处分；构成犯罪的，依法追究刑事责任。非法批准、使用的土地应当收回，有关当事人拒不归还的，以非法占用土地论处。

非法批准征收、使用土地，对当事人造成损失的，依法应当承担赔偿责任。

第八十条 【非法侵占、挪用征地补偿费的法律责任】侵占、挪用被征收土地单位的征地补偿费用和其他有关费用，构成犯罪的，依法追究刑事责任；尚不构成犯罪的，依法给予处分。

第八十一条 【拒不交还土地、不按照批准用途使用土地的法律责任】依法收回国有土地使用权当事人拒不交出土地的，临时使用土地期满拒不归还的，或者不按照批准的用途使用国有土地的，由县级以上人民政府自然资源主管部门责令交还土地，处以罚款。

第八十二条 【擅自将集体土地用于非农业建设和集体经营性建设用地违法入市的法律责任】擅自将农民集体所有的土地通过出让、转让使用权或者出租等方式用于非农业建设，或者违反本法规定，将集体经营性建设用地通过出让、出租等方式交由单位或者个人使用的，由县级以上人民政府自然资源主管部门责令限期改正，没收违法所得，并处罚款。

第八十三条 【责令限期拆除的执行】依照本法规定，责令限期拆除在非法占用的土地上新建的建筑物和其他设施的，建设单位或者个人必须立即停止施工，自行拆除；对继续施工的，作出处罚决定的机关有权制止。建设单位或者个人对责令限期拆除的行政处罚决定不服的，可以在接到责令限期拆除决定之日起十五日内，向人民法院起诉；期满不起诉又不自行拆除的，由作出处罚决定的机关依法申请人民法院强制执行，费用由违法者承担。

第八十四条 【自然资源主管部门、农业农村主管部门工作人员违法的法律责任】自然资源主管部门、农业农村主管部门的工作人员玩忽职守、滥用职权、徇私舞弊，构成犯罪的，依法追究刑事责任；尚不构成犯罪的，依法给予处分。

第八章 附 则

第八十五条 【外商投资企业使用土地的法律适用】外商投资企业使用土地的，适用本法；法律另有规定的，从其规定。

第八十六条 【过渡期间有关规划的适用】在根据本法第十八条的规定编制国土空间规划前，经依法批准的土地利用总体规划和城乡规划继续执行。

第八十七条 【施行时间】本法自1999年1月1日起施行。

中华人民共和国
土地管理法实施条例

· 1998年12月27日中华人民共和国国务院令第256号发布

· 根据2011年1月8日《国务院关于废止和修改部分行政法规的决定》第一次修订

· 根据2014年7月29日《国务院关于修改部分行政法规的决定》第二次修订

· 2021年7月2日中华人民共和国国务院令第743号第三次修订

第一章 总 则

第一条 根据《中华人民共和国土地管理法》（以下简称《土地管理法》），制定本条例。

第二章 国土空间规划

第二条 国家建立国土空间规划体系。

土地开发、保护、建设活动应当坚持规划先行。经依法批准的国土空间规划是各类开发、保护、建设活动的基本依据。

已经编制国土空间规划的，不再编制土地利用总体规划和城乡规划。在编制国土空间规划前，经依法批准的土地利用总体规划和城乡规划继续执行。

第三条 国土空间规划应当细化落实国家发展规划提出的国土空间开发保护要求，统筹布局农业、生态、城镇等功能空间，划定落实永久基本农田、生态保护红线和城镇开发边界。

国土空间规划应当包括国土空间开发保护格局和规划用地布局、结构、用途管制要求等内容，明确耕地保有量、建设用地规模、禁止开垦的范围等要求，统筹基础设施和公共设施用地布局，综合利用地上地下空间，合理确定并严格控制新增建设用地规模，提高土地节约集约利用水平，保障土地的可持续利用。

第四条 土地调查应当包括下列内容：

（一）土地权属以及变化情况；

（二）土地利用现状以及变化情况；

（三）土地条件。

全国土地调查成果，报国务院批准后向社会公布。地方土地调查成果，经本级人民政府审核，报上一级人民政府批准后向社会公布。全国土地调查成果公布后，县级以上地方人民政府方可自上而下逐级依次公布本行政区域的土地调查成果。

土地调查成果是编制国土空间规划以及自然资源管理、保护和利用的重要依据。

土地调查技术规程由国务院自然资源主管部门会同有关部门制定。

第五条 国务院自然资源主管部门会同有关部门制定土地等级评定标准。

县级以上人民政府自然资源主管部门应当会同有关部门根据土地等级评定标准，对土地等级进行评定。地方土地等级评定结果经本级人民政府审核，报上一级人民政府自然资源主管部门批准后向社会公布。

根据国民经济和社会发展状况，土地等级每五年重新评定一次。

第六条 县级以上人民政府自然资源主管部门应当加强信息化建设，建立统一的国土空间基础信息平台，实行土地管理全流程信息化管理，对土地利用状况进行动态监测，与发展改革、住房和城乡建设等有关部门建立土地管理信息共享机制，依法公开土地管理信息。

第七条 县级以上人民政府自然资源主管部门应当加强地籍管理，建立健全地籍数据库。

第三章 耕地保护

第八条 国家实行占用耕地补偿制度。在国土空间规划确定的城市和村庄、集镇建设用地范围内经依法批准占用耕地，以及在国土空间规划确定的城市和村庄、集镇建设用地范围外的能源、交通、水利、矿山、军事设施等建设项目经依法批准占用耕地的，分别由县级人民政府、农村集体经济组织和建设单位负责开垦与所占用耕地的数量和质量相当的耕地；没有条件开垦或者开垦的耕地不符合要求的，应当按照省、自治区、直辖市的规定缴纳耕地开垦费，专款用于开垦新的耕地。

省、自治区、直辖市人民政府应当组织自然资源主管部门、农业农村主管部门对开垦的耕地进行验收，确保开垦的耕地落实到地块。划入永久基本农田的还应当纳入国家永久基本农田数据库严格管理。占用耕地补充情况应当按照国家有关规定向社会公布。

个别省、直辖市需要易地开垦耕地的，依照《土地管理法》第三十二条的规定执行。

第九条 禁止任何单位和个人在国土空间规划确定的禁止开垦的范围内从事土地开发活动。

按照国土空间规划，开发未确定土地使用权的国有荒山、荒地、荒滩从事种植业、林业、畜牧业、渔业生产的，应当向土地所在地的县级以上地方人民政府自然资源主管部门提出申请，按照省、自治区、直辖市规定的权限，由县级以上地方人民政府批准。

第十条 县级人民政府应当按照国土空间规划关于统筹布局农业、生态、城镇等功能空间的要求，制定土地整理方案，促进耕地保护和土地节约集约利用。

县、乡（镇）人民政府应当组织农村集体经济组织，实施土地整理方案，对闲散地和废弃地有计划地整治、改造。土地整理新增耕地，可以用作建

三、所有权

设所占用耕地的补充。

鼓励社会主体依法参与土地整理。

第十一条 县级以上地方人民政府应当采取措施，预防和治理耕地土壤流失、污染，有计划地改造中低产田，建设高标准农田，提高耕地质量，保护黑土地等优质耕地，并依法对建设所占用耕地耕作层的土壤利用作出合理安排。

非农业建设依法占用永久基本农田的，建设单位应当按照省、自治区、直辖市的规定，将所占用耕地耕作层的土壤用于新开垦耕地、劣质地或者其他耕地的土壤改良。

县级以上地方人民政府应当加强对农业结构调整的引导和管理，防止破坏耕地耕作层；设施农业用地不再使用的，应当及时组织恢复种植条件。

第十二条 国家对耕地实行特殊保护，严守耕地保护红线，严格控制耕地转为林地、草地、园地等其他农用地，并建立耕地保护补偿制度，具体办法和耕地保护补偿实施步骤由国务院自然资源主管部门会同有关部门规定。

非农业建设必须节约使用土地，可以利用荒地的，不得占用耕地；可以利用劣地的，不得占用好地。禁止占用耕地建窑、建坟或者擅自在耕地上建房、挖砂、采石、采矿、取土等。禁止占用永久基本农田发展林果业和挖塘养鱼。

耕地应当优先用于粮食和棉、油、糖、蔬菜等农产品生产。按照国家有关规定需要将耕地转为林地、草地、园地等其他农用地的，应当优先使用难以长期稳定利用的耕地。

第十三条 省、自治区、直辖市人民政府对本行政区域耕地保护负总责，其主要负责人是本行政区域耕地保护的第一责任人。

省、自治区、直辖市人民政府应当将国务院确定的耕地保有量和永久基本农田保护任务分解下达，落实到具体地块。

国务院对省、自治区、直辖市人民政府耕地保护责任目标落实情况进行考核。

第四章 建设用地

第一节 一般规定

第十四条 建设项目需要使用土地的，应当符合国土空间规划、土地利用年度计划和用途管制以及节约资源、保护生态环境的要求，并严格执行建设用地标准，优先使用存量建设用地，提高建设用地使用效率。

从事土地开发利用活动，应当采取有效措施，防止、减少土壤污染，并确保建设用地符合土壤环境质量要求。

第十五条 各级人民政府应当依据国民经济和社会发展规划及年度计划、国土空间规划、国家产业政策以及城乡建设、土地利用的实际状况等，加强土地利用计划管理，实行建设用地总量控制，推动城乡存量建设用地开发利用，引导城镇低效用地再开发，落实建设用地标准控制制度，开展节约集约用地评价，推广应用节地技术和节地模式。

第十六条 县级以上地方人民政府自然资源主管部门应当将本级人民政府确定的年度建设用地供应总量、结构、时序、地块、用途等在政府网站上向社会公布，供社会公众查阅。

第十七条 建设单位使用国有土地，应当以有偿使用方式取得；但是，法律、行政法规规定可以以划拨方式取得的除外。

国有土地有偿使用的方式包括：

（一）国有土地使用权出让；

（二）国有土地租赁；

（三）国有土地使用权作价出资或者入股。

第十八条 国有土地使用权出让、国有土地租赁等应当依照国家有关规定通过公开的交易平台进行交易，并纳入统一的公共资源交易平台体系。除依法可以采取协议方式外，应当采取招标、拍卖、挂牌等竞争性方式确定土地使用者。

第十九条 《土地管理法》第五十五条规定的新增建设用地的土地有偿使用费，是指国家在新增建设用地中应取得的平均土地纯收益。

第二十条 建设项目施工、地质勘查需要临时使用土地的，应当尽量不占或者少占耕地。

临时用地由县级以上人民政府自然资源主管部门批准，期限一般不超过二年；建设周期较长的能源、交通、水利等基础设施建设使用的临时用地，期限不超过四年；法律、行政法规另有规定的除外。

土地使用者应当自临时用地期满之日起一年内完成土地复垦，使其达到可供利用状态，其中占用耕地的应当恢复种植条件。

第二十一条 抢险救灾、疫情防控等急需使用土地的，可以先行使用土地。其中，属于临时用地的,用后应当恢复原状并交还原土地使用者使用,不再办理用地审批手续;属于永久性建设用地的,建设单位应当在不晚于应急处置工作结束六个月内申请补办建设用地审批手续。

第二十二条 具有重要生态功能的未利用地应当依法划入生态保护红线,实施严格保护。

建设项目占用国土空间规划确定的未利用地的,按照省、自治区、直辖市的规定办理。

第二节 农用地转用

第二十三条 在国土空间规划确定的城市和村庄、集镇建设用地范围内,为实施该规划而将农用地转为建设用地的,由市、县人民政府组织自然资源等部门拟订农用地转用方案,分批次报有批准权的人民政府批准。

农用地转用方案应当重点对建设项目安排、是否符合国土空间规划和土地利用年度计划以及补充耕地情况作出说明。

农用地转用方案经批准后,由市、县人民政府组织实施。

第二十四条 建设项目确需占用国土空间规划确定的城市和村庄、集镇建设用地范围外的农用地,涉及占用永久基本农田的,由国务院批准;不涉及占用永久基本农田的,由国务院或者国务院授权的省、自治区、直辖市人民政府批准。具体按照下列规定办理:

(一)建设项目批准、核准前或者备案前后,由自然资源主管部门对建设项目用地事项进行审查,提出建设项目用地预审意见。建设项目需要申请核发选址意见书的,应当合并办理建设项目用地预审与选址意见书,核发建设项目用地预审与选址意见书。

(二)建设单位持建设项目的批准、核准或者备案文件,向市、县人民政府提出建设用地申请。市、县人民政府组织自然资源等部门拟订农用地转用方案,报有批准权的人民政府批准;依法应当由国务院批准的,由省、自治区、直辖市人民政府审核后上报。农用地转用方案应当重点对是否符合国土空间规划和土地利用年度计划以及补充耕地情况作出说明,涉及占用永久基本农田的,还应当对占用永久基本农田的必要性、合理性和补划可行性作出说明。

(三)农用地转用方案经批准后,由市、县人民政府组织实施。

第二十五条 建设项目需要使用土地的,建设单位原则上应当一次申请,办理建设用地审批手续,确需分期建设的项目,可以根据可行性研究报告确定的方案,分期申请建设用地,分期办理建设用地审批手续。建设过程中用地范围确需调整的,应当依法办理建设用地审批手续。

农用地转用涉及征收土地的,还应当依法办理征收土地手续。

第三节 土地征收

第二十六条 需要征收土地,县级以上地方人民政府认为符合《土地管理法》第四十五条规定的,应当发布征收土地预公告,并开展拟征收土地现状调查和社会稳定风险评估。

征收土地预公告应当包括征收范围、征收目的、开展土地现状调查的安排等内容。征收土地预公告应当采用有利于社会公众知晓的方式,在拟征收土地所在的乡(镇)和村、村民小组范围内发布,预公告时间不少于十个工作日。自征收土地预公告发布之日起,任何单位和个人不得在拟征收范围内抢栽抢建;违反规定抢栽抢建的,对抢栽抢建部分不予补偿。

土地现状调查应当查明土地的位置、权属、地类、面积,以及农村村民住宅、其他地上附着物和青苗等的权属、种类、数量等情况。

社会稳定风险评估应当对征收土地的社会稳定风险状况进行综合研判,确定风险点,提出风险防范措施和处置预案。社会稳定风险评估应当有被征地的农村集体经济组织及其成员、村民委员会和其他利害关系人参加,评估结果是申请征收土地的重要依据。

第二十七条 县级以上地方人民政府应当依据社会稳定风险评估结果,结合土地现状调查情况,组织自然资源、财政、农业农村、人力资源和社会保障等有关部门拟定征地补偿安置方案。

征地补偿安置方案应当包括征收范围、土地现状、征收目的、补偿方式和标准、安置对象、安置方式、社会保障等内容。

第二十八条 征地补偿安置方案拟定后,县级以上地方人民政府应当在拟征收土地所在的乡(镇)和村、村民小组范围内公告,公告时间不少于三十日。

三、所有权

征地补偿安置公告应当同时载明办理补偿登记的方式和期限、异议反馈渠道等内容。

多数被征地的农村集体经济组织成员认为拟定的征地补偿安置方案不符合法律、法规规定的，县级以上地方人民政府应当组织听证。

第二十九条 县级以上地方人民政府根据法律、法规规定和听证会等情况确定征地补偿安置方案后，应当组织有关部门与拟征收土地的所有权人、使用权人签订征地补偿安置协议。征地补偿安置协议示范文本由省、自治区、直辖市人民政府制定。

对个别确实难以达成征地补偿安置协议的，县级以上地方人民政府应当在申请征收土地时如实说明。

第三十条 县级以上地方人民政府完成本条例规定的征地前期工作后，方可提出征收土地申请，依照《土地管理法》第四十六条的规定报有批准权的人民政府批准。

有批准权的人民政府应当对征收土地的必要性、合理性、是否符合《土地管理法》第四十五条规定的为了公共利益确需征收土地的情形以及是否符合法定程序进行审查。

第三十一条 征收土地申请经依法批准后，县级以上地方人民政府应当自收到批准文件之日起十五个工作日内在拟征收土地所在的乡（镇）和村、村民小组范围内发布征收土地公告，公布征收范围、征收时间等具体工作安排，对个别未达成征地补偿安置协议的应当作出征地补偿安置决定，并依法组织实施。

第三十二条 省、自治区、直辖市应当制定公布区片综合地价，确定征收农用地的土地补偿费、安置补助费标准，并制定土地补偿费、安置补助费分配办法。

地上附着物和青苗等的补偿费用，归其所有权人所有。

社会保障费用主要用于符合条件的被征地农民的养老保险等社会保险缴费补贴，按照省、自治区、直辖市的规定单独列支。

申请征收土地的县级以上地方人民政府应当及时落实土地补偿费、安置补助费、农村村民住宅以及其他地上附着物和青苗等的补偿费用、社会保障费用等，并保证足额到位，专款专用。有关费用未足额到位的，不得批准征收土地。

第四节　宅基地管理

第三十三条 农村居民点布局和建设用地规模应当遵循节约集约、因地制宜的原则合理规划。县级以上地方人民政府应当按照国家规定安排建设用地指标，合理保障本行政区域农村村民宅基地需求。

乡（镇）、县、市国土空间规划和村庄规划应当统筹考虑农村村民生产、生活需求，突出节约集约用地导向，科学划定宅基地范围。

第三十四条 农村村民申请宅基地的，应当以户为单位向农村集体经济组织提出申请；没有设立农村集体经济组织的，应当向所在的村民小组或者村民委员会提出申请。宅基地申请依法经农村村民集体讨论通过并在本集体范围内公示后，报乡（镇）人民政府审核批准。

涉及占用农用地的，应当依法办理农用地转用审批手续。

第三十五条 国家允许进城落户的农村村民依法自愿有偿退出宅基地。乡（镇）人民政府和农村集体经济组织、村民委员会等应当将退出的宅基地优先用于保障该农村集体经济组织成员的宅基地需求。

第三十六条 依法取得的宅基地和宅基地上的农村村民住宅及其附属设施受法律保护。

禁止违背农村村民意愿强制流转宅基地，禁止违法收回农村村民依法取得的宅基地，禁止以退出宅基地作为农村村民进城落户的条件，禁止强迫农村村民搬迁退出宅基地。

第五节　集体经营性建设用地管理

第三十七条 国土空间规划应当统筹并合理安排集体经营性建设用地布局和用途，依法控制集体经营性建设用地规模，促进集体经营性建设用地的节约集约利用。

鼓励乡村重点产业和项目使用集体经营性建设用地。

第三十八条 国土空间规划确定为工业、商业等经营性用途，且已依法办理土地所有权登记的集体经营性建设用地，土地所有权人可以通过出让、出租等方式交由单位或者个人在一定年限内有偿使用。

第三十九条 土地所有权人拟出让、出租集体经营性建设用地的,市、县人民政府自然资源主管部门应当依据国土空间规划提出拟出让、出租的集体经营性建设用地的规划条件,明确土地界址、面积、用途和开发建设强度等。

市、县人民政府自然资源主管部门应当会同有关部门提出产业准入和生态环境保护要求。

第四十条 土地所有权人应当依据规划条件、产业准入和生态环境保护要求等,编制集体经营性建设用地出让、出租等方案,并依照《土地管理法》第六十三条的规定,由本集体经济组织形成书面意见,在出让、出租前不少于十个工作日报市、县人民政府。市、县人民政府认为该方案不符合规划条件或者产业准入和生态环境保护要求等的,应当在收到方案后五个工作日内提出修改意见。土地所有权人应当按照市、县人民政府的意见进行修改。

集体经营性建设用地出让、出租等方案应当载明宗地的土地界址、面积、用途、规划条件、产业准入和生态环境保护要求、使用期限、交易方式、入市价格、集体收益分配安排等内容。

第四十一条 土地所有权人应当依据集体经营性建设用地出让、出租等方案,以招标、拍卖、挂牌或者协议等方式确定土地使用者,双方应当签订书面合同,载明土地界址、面积、用途、规划条件、使用期限、交易价款支付、交地时间和开工竣工期限、产业准入和生态环境保护要求,约定提前收回的条件、补偿方式、土地使用权届满续期和地上建筑物、构筑物等附着物处理方式,以及违约责任和解决争议的方法等,并报市、县人民政府自然资源主管部门备案。未依法将规划条件、产业准入和生态环境保护要求纳入合同的,合同无效;造成损失的,依法承担民事责任。合同示范文本由国务院自然资源主管部门制定。

第四十二条 集体经营性建设用地使用者应当按照约定及时支付集体经营性建设用地价款,并依法缴纳相关税费,对集体经营性建设用地使用权以及依法利用集体经营性建设用地建造的建筑物、构筑物及其附属设施的所有权,依法申请办理不动产登记。

第四十三条 通过出让等方式取得的集体经营性建设用地使用权依法转让、互换、出资、赠与或者抵押的,双方应当签订书面合同,并书面通知土地所有权人。

集体经营性建设用地的出租,集体建设用地使用权的出让及其最高年限、转让、互换、出资、赠与、抵押等,参照同类用途的国有建设用地执行,法律、行政法规另有规定的除外。

第五章 监督检查

第四十四条 国家自然资源督察机构根据授权对省、自治区、直辖市人民政府以及国务院确定的城市人民政府下列土地利用和土地管理情况进行督察:

(一)耕地保护情况;

(二)土地节约集约利用情况;

(三)国土空间规划编制和实施情况;

(四)国家有关土地管理重大决策落实情况;

(五)土地管理法律、行政法规执行情况;

(六)其他土地利用和土地管理情况。

第四十五条 国家自然资源督察机构进行督察时,有权向有关单位和个人了解督察事项有关情况,有关单位和个人应当支持、协助督察机构工作,如实反映情况,并提供有关材料。

第四十六条 被督察的地方人民政府违反土地管理法律、行政法规,或者落实国家有关土地管理重大决策不力的,国家自然资源督察机构可以向被督察的地方人民政府下达督察意见书,地方人民政府应当认真组织整改,并及时报告整改情况;国家自然资源督察机构可以约谈被督察的地方人民政府有关负责人,并可以依法向监察机关、任免机关等有关机关提出追究相关责任人责任的建议。

第四十七条 土地管理监督检查人员应当经过培训,经考核合格,取得行政执法证件后,方可从事土地管理监督检查工作。

第四十八条 自然资源主管部门、农业农村主管部门按照职责分工进行监督检查时,可以采取下列措施:

(一)询问违法案件涉及的单位或者个人;

(二)进入被检查单位或者个人涉嫌土地违法的现场进行拍照、摄像;

(三)责令当事人停止正在进行的土地违法行为;

(四)对涉嫌土地违法的单位或者个人,在调查期间暂停办理与该违法案件相关的土地审批、登记等手续;

三、所有权

（五）对可能被转移、销毁、隐匿或者篡改的文件、资料予以封存，责令涉嫌土地违法的单位或者个人在调查期间不得变卖、转移与案件有关的财物；

（六）《土地管理法》第六十八条规定的其他监督检查措施。

第四十九条　依照《土地管理法》第七十三条的规定给予处分的，应当按照管理权限由责令作出行政处罚决定或者直接给予行政处罚的上级人民政府自然资源主管部门或者其他任免机关、单位作出。

第五十条　县级以上人民政府自然资源主管部门应当会同有关部门建立信用监管、动态巡查等机制，加强对建设用地供应交易和供后开发利用的监管，对建设用地市场重大失信行为依法实施惩戒，并依法公开相关信息。

第六章　法律责任

第五十一条　违反《土地管理法》第三十七条的规定，非法占用永久基本农田发展林果业或者挖塘养鱼的，由县级以上人民政府自然资源主管部门责令限期改正；逾期不改正的，按占用面积处耕地开垦费2倍以上5倍以下的罚款；破坏种植条件的，依照《土地管理法》第七十五条的规定处罚。

第五十二条　违反《土地管理法》第五十七条的规定，在临时使用的土地上修建永久性建筑物的，由县级以上人民政府自然资源主管部门责令限期拆除，按占用面积处土地复垦费5倍以上10倍以下的罚款；逾期不拆除的，由作出行政决定的机关依法申请人民法院强制执行。

第五十三条　违反《土地管理法》第六十五条的规定，对建筑物、构筑物进行重建、扩建的，由县级以上人民政府自然资源主管部门责令限期拆除；逾期不拆除的，由作出行政决定的机关依法申请人民法院强制执行。

第五十四条　依照《土地管理法》第七十四条的规定处以罚款的，罚款额为违法所得的10%以上50%以下。

第五十五条　依照《土地管理法》第七十五条的规定处以罚款的，罚款额为耕地开垦费的5倍以上10倍以下；破坏黑土地等优质耕地的，从重处罚。

第五十六条　依照《土地管理法》第七十六条

的规定处以罚款的，罚款额为土地复垦费的2倍以上5倍以下。

违反本条例规定，临时用地期满之日起一年内未完成复垦或者未恢复种植条件的，由县级以上人民政府自然资源主管部门责令限期改正，依照《土地管理法》第七十六条的规定处罚，并由县级以上人民政府自然资源主管部门会同农业农村主管部门代为完成复垦或者恢复种植条件。

第五十七条　依照《土地管理法》第七十七条的规定处以罚款的，罚款额为非法占用土地每平方米100元以上1000元以下。

违反本条例规定，在国土空间规划确定的禁止开垦的范围内从事土地开发活动的，由县级以上人民政府自然资源主管部门责令限期改正，并依照《土地管理法》第七十七条的规定处罚。

第五十八条　依照《土地管理法》第七十四条、第七十七条的规定，县级以上人民政府自然资源主管部门没收在非法转让或者非法占用的土地上新建的建筑物和其他设施的，应当于九十日内交由本级人民政府或者其指定的部门依法管理和处置。

第五十九条　依照《土地管理法》第八十一条的规定处以罚款的，罚款额为非法占用土地每平方米100元以上500元以下。

第六十条　依照《土地管理法》第八十二条的规定处以罚款的，罚款额为违法所得的10%以上30%以下。

第六十一条　阻碍自然资源主管部门、农业农村主管部门的工作人员依法执行职务，构成违反治安管理行为的，依法给予治安管理处罚。

第六十二条　违反土地管理法律、法规规定，阻挠国家建设征收土地的，由县级以上地方人民政府责令交出土地；拒不交出土地的，依法申请人民法院强制执行。

第六十三条　违反本条例规定，侵犯农村村民依法取得的宅基地权益的，责令限期改正，对有关责任单位通报批评、给予警告；造成损失的，依法承担赔偿责任；对直接负责的主管人员和其他直接责任人员，依法给予处分。

第六十四条　贪污、侵占、挪用、私分、截留、拖欠征地补偿安置费用和其他有关费用的，责令改正，追回有关款项，限期退还违法所得，对有关责任单位通报批评、给予警告；造成损失的，依法承担赔偿责任;对直接负责的主管人员和其他直接责任人员,依法给予处分。

第六十五条　各级人民政府及自然资源主管部门、农业农村主管部门工作人员玩忽职守、滥用职权、徇私舞弊的,依法给予处分。

第六十六条　违反本条例规定,构成犯罪的,依法追究刑事责任。

第七章　附　则

第六十七条　本条例自 2021 年 9 月 1 日起施行。

林木林地权属争议处理办法

·1996 年 10 月 14 日林业部令第 10 号发布
·自发布之日起施行

第一章　总　则

第一条　为了公正、及时地处理林木、林地权属争议,维护当事人的合法权益,保障社会安定团结,促进林业发展,根据《中华人民共和国森林法》和国家有关规定,制定本办法。

第二条　本办法所称林木、林地权属争议,是指因森林、林木、林地所有权或者使用权的归属而产生的争议。

处理森林、林木、林地的所有权或者使用权争议(以下简称林权争议),必须遵守本办法。

第三条　处理林权争议,应当尊重历史和现实情况,遵循有利于安定团结,有利于保护、培育和合理利用森林资源,有利于群众的生产生活的原则。

第四条　林权争议由各级人民政府依法作出处理决定。

林业部、地方各级人民政府林业行政主管部门或者人民政府设立的林权争议处理机构(以下统称林权争议处理机构)按照管理权限分别负责办理林权争议处理的具体工作。

第五条　林权争议发生后,当事人所在林权争议处理机构应当及时向所在地人民政府报告,并采取有效措施防止事态扩大。

在林权争议解决之前,任何单位和个人不得采伐有争议的林木,不得在有争议的林地上从事基本建设或者其他生产活动。

第二章　处理依据

第六条　县级以上人民政府或者国务院授权林业部依法颁发的森林、林木、林地的所有权或者使用权证书(以下简称林权证),是处理林权争议的依据。

第七条　尚未取得林权证的,下列证据作为处理林权争议的依据:

(一)土地改革时期,人民政府依法颁发的土地证;

(二)土地改革时期,《中华人民共和国土地改革法》规定不发证的林木、林地的土地清册;

(三)当事人之间依法达成的林权争议处理协议、赠送凭证及附图;

(四)人民政府作出的林权争议处理决定;

(五)对同一起林权争议处理协议或者决定的,以上一级人民政府作出的最终决定或者所在地人民政府作出的最后一次决定为依据;

(六)人民法院作出的裁定、判决。

第八条　土地改革后至林权争议发生时,下列证据可以作为处理林权争议的参考依据:

(一)国有林业企业事业单位设立时,该单位的总体设计书所确定的经营管理范围及附图;

(二)土地改革、合作化时期有关林木、林地权属的其他凭证;

(三)能够准确反映林木、林地经营管理状况的有关凭证;

(四)依照法律、法规和有关政策规定,能够确定林木、林地权属的其他凭证。

第九条　土地改革前有关林木、林地权属的凭证,不得作为处理林权争议的依据或者参考凭证。

第十条　处理林权争议时,林木、林地权属凭证记载的四至清楚的,应当以四至为准;四至不清楚的,应当协商解决;经协商不能解决的,由当事人共同的人民政府确定其权属。

第十一条　当事人对同一起林权争议都能够出具合法凭证的,应当协商解决;经协商不能解决的,由当事人共同的人民政府按照双方各半的原则,并结合实际情况确定其权属。

第十二条　土地改革后营造的林木,按照"谁造林、谁管护、权属归谁所有"的原则确定其权属。但明知林地权属有争议而抢造的林木或者法律、法规另有规定的除外。

第三章 处理程序

第十三条 林权争议发生后,当事人应当主动、互谅、互让地协商解决,经协商依法达成协议的,当事人应当在协议书及附图上签字或者盖章,并报所在地林权争议处理机构备案;经协商不能达成协议的,按照本办法规定向林权争议处理机构申请处理。

第十四条 林权争议由当事人共同的林权争议处理机构负责办理具体处理工作。

第十五条 申请处理林权争议的,申请人应当向林权争议处理机构提交《林木林地权属争议处理申请书》。

《林木林地权属争议处理申请书》应当包括以下内容:

(一)当事人的姓名、地址及其法定代表人的姓名、职务;

(二)争议的现状,包括争议面积、林木蓄积,争议地所在的行政区域位置、四至和附图;

(三)争议的事由,包括发生争议的时间原因;

(四)当事人的协商意见。

《林木林地权属争议处理申请书》由省、市、区人民政府林权争议处理机构统一印制。

第十六条 林权争议处理机构在接到《林木林地权属争议处理申请书》后,应当及时组织办理。

第十七条 当事人对自己的主张应当出示证据。当事人不能出具证据的,不影响林权争议处理机构依据有关证据认定争议事实。

第十八条 林权争议经林权争议处理机构调解达成协议的,当事人应当在协议书上签名或者盖章,并由调解人员署名,加盖林权争议处理机构印章,报同级人民政府或者林业行政主管部门备案。

第十九条 林权争议经争议处理机构调解未达成协议的,林权争议处理机构应当制作处理意见书,报同级人民政府作出决定。

处理意见书应当写明下列内容:

(一)当事人的姓名、地址及其法定代表人的姓名、职务;

(二)争议的事由、各方的主张及出具的证据;

(三)林权争议处理机构认定的事实、理由和适用的法律、法规及政策规定;

(四)处理意见。

第二十条 当事人之间达成的林权争议处理协议或者人民政府作出的林权争议处理决定,凡涉及国有林业企业、事业单位经营范围变更的,应当事先征得原批准机关同意。

第二十一条 当事人之间达成的林权争议处理协议,自当事人签字之日起生效;人民政府作出的林权争议处理决定,自送达之日起生效。

第二十二条 当事人对人民政府作出的林权争议处理决定不服的,可以依法提出申诉或者向人民法院提起诉讼。

第四章 奖励和惩罚

第二十三条 在林权争议处理工作中作出突出贡献的单位和个人,由县级以上人民政府林业行政主管部门给予奖励。

第二十四条 伪造、变造、涂改本办法规定的林木、林地权属凭证的,由林权争议处理机构收缴其伪造、变造、涂改的林木。林地权属凭证,并可视情节轻重处以 1000 元以下的罚款。

第二十五条 违反本办法规定,在林权争议解决之前,擅自采伐有争议的林木或者在有争议的林木上从事基本建设及其他生产活动的,由县级以上人民政府林业行政主管部门依照森林法等法律法规给予行政处罚。

第二十六条 在处理林权争议过程中,林权争议处理机构工作人员玩忽职守,徇私舞弊的,由其所在单位或者有关机关依法给予行政处分。

第五章 附 则

第二十七条 本办法由林业部负责解释。

第二十八条 本办法自发布之日起施行。

违反土地管理规定行为处分办法

· 2008 年 5 月 9 日监察部、人力资源和社会保障部、国土资源部令第 15 号发布
· 自 2008 年 6 月 1 日起施行

第一条 为了加强土地管理,惩处违反土地管理规定的行为,根据《中华人民共和国土地管理法》、《中华人民共和国行政监察法》、《中华人民共和国公务员法》、《行政机关公务员处分条例》及其他有关法律、行政法规,制定本办法。

第二条　有违反土地管理规定行为的单位，其负有责任的领导人员和直接责任人员，以及有违反土地管理规定行为的个人，应当承担纪律责任，属于下列人员的(以下统称有关责任人员)，由任免机关或者监察机关按照管理权限依法给予处分：

(一)行政机关公务员；

(二)法律、法规授权的具有公共事务管理职能的事业单位中经批准参照《中华人民共和国公务员法》管理的工作人员；

(三)行政机关依法委托的组织中除工勤人员以外的工作人员；

(四)企业、事业单位中由行政机关任命的人员。

法律、行政法规、国务院决定和国务院监察机关、国务院人力资源和社会保障部门制定的处分规章对违反土地管理规定行为的处分另有规定的，从其规定。

第三条　有下列行为之一的，对县级以上地方人民政府主要领导人员和其他负有责任的领导人员，给予警告或者记过处分；情节较重的，给予记大过或者降级处分；情节严重的，给予撤职处分：

(一)土地管理秩序混乱，致使一年度内本行政区域违法占用耕地面积占新增建设用地占用耕地总面积的比例达到15%以上或者虽然未达到15%，但造成恶劣影响或者其他严重后果的；

(二)发生土地违法案件造成严重后果的；

(三)对违反土地管理规定行为不制止、不组织查处的；

(四)对违反土地管理规定行为隐瞒不报、压案不查的。

注释　根据《监察部、人力资源和社会保障部、国土资源部关于适用〈违反土地管理规定行为处分办法〉第三条有关问题的通知》，1.《违反土地管理规定行为处分办法》第3条关于追究地方人民政府领导人员责任，应当给予处分的规定适用于2008年6月1日以后发生的违反土地管理规定行为。但是，对发生在2008年6月1日以前的违反土地管理规定行为在15号令施行后仍不制止、不组织查处，隐瞒不报、压案不查的，应当依照15号令第3条规定给予处分。

2.《违反土地管理规定行为处分办法》第3条所称"一年度"是指一个自然年度。

3.《违反土地管理规定行为处分办法》第3条所称"占用耕地总面积"是指实际占用的耕地总面积，不包括已办理农用地转用审批但未实际占用的耕地面积。

4. 各级国土资源行政主管部门发现有《违反土地管理规定行为处分办法》第3条规定情形，应当追究地方人民政府领导人员责任，给予处分的，

必须按照《违反土地管理规定行为处分办法》第19条和第20条的规定，及时移送案件材料。任免机关或者监察机关应当依法及时查处，并将处理结果书面告知国土资源行政主管部门。

第四条　行政机关在土地审批和供应过程中不执行或者违反国家土地调控政策，有下列行为之一的，对有关责任人员，给予记大过处分；情节较重的，给予降级或者撤职处分；情节严重的，给予开除处分：

(一)对国务院明确要求暂停土地审批仍不停止审批的；

(二)对国务院明确禁止供地的项目提供建设用地的。

第五条　行政机关及其公务员违反土地管理规定，滥用职权，非法批准征收、占用土地的，对有关责任人员，给予记过或者记大过处分；情节较重的，给予降级或者撤职处分；情节严重的，给予开除处分。

有前款规定行为，且有徇私舞弊情节的，从重处分。

第六条　行政机关及其公务员有下列行为之一的，对有关责任人员，给予记过或者记大过处分；情节较重的，给予降级或者撤职处分；情节严重的，给予开除处分：

(一)不按照土地利用总体规划确定的用途批准用地的；

(二)通过调整土地利用总体规划，擅自改变基本农田位置，规避建设占用基本农田由国务院审批规定的；

(三)没有土地利用计划指标擅自批准用地的；

(四)没有新增建设占用农用地计划指标擅自批准农用地转用的；

(五)批准以"以租代征"等方式擅自占用农用地进行非农业建设。

三、所有权

第七条 行政机关及其公务员有下列行为之一的,对有关责任人员,给予警告或者记过处分;情节较重的,给予记大过或者降级处分;情节严重的,给予撤职处分:

(一)违反法定条件,进行土地登记、颁发或者更换土地证书的;

(二)明知建设项目用地涉嫌违反土地管理规定,尚未依法处理,仍为其办理用地审批、颁发土地证书的;

(三)在未按照国家规定的标准足额收缴新增建设用地土地有偿使用费前,下发用地批准文件的;

(四)对符合规定的建设用地申请或者土地登记申请,无正当理由不予受理或者超过规定期限未予办理的;

(五)违反法定程序批准征收、占用土地的。

第八条 行政机关及其公务员违反土地管理规定,滥用职权,非法低价或者无偿出让国有建设用地使用权的,对有关责任人员,给予记过或者记大过处分;情节较重的,给予降级或者撤职处分;情节严重的,给予开除处分。

有前款规定行为,且有徇私舞弊情节的,从重处分。

第九条 行政机关及其公务员在国有建设用地使用权出让中,有下列行为之一的,对有关责任人员,给予警告或者记过处分;情节较重的,给予记大过或者降级处分;情节严重的,给予撤职处分:

(一)应当采取出让方式而采用划拨方式或者应当招标拍卖挂牌出让而协议出让国有建设用地使用权的;

(二)在国有建设用地使用权招标拍卖挂牌出让中,采取与投标人、竞买人恶意串通,故意设置不合理的条件限制或者排斥潜在的投标人、竞买人等方式,操纵中标人、竞得人的确定或者出让结果的;

(三)违反规定减免或者变相减免国有建设用地使用权出让金的;

(四)国有建设用地使用权出让合同签订后,擅自批准调整土地用途、容积率等土地使用条件的;

(五)其他违反规定出让国有建设用地使用权的行为。

第十条 未经批准或者采取欺骗手段骗取批准,非法占用土地的,对有关责任人员,给予警告、记过或者记大过处分;情节较重的,给予降级或者撤职处分;情节严重的,给予开除处分。

第十一条 买卖或者以其他形式非法转让土地的,对有关责任人员,给予警告、记过或者记大过处分;情节较重的,给予降级或者撤职处分;情节严重的,给予开除处分。

第十二条 行政机关侵占、截留、挪用被征收土地单位的征地补偿费用和其他有关费用的,对有关责任人员,给予记大过处分;情节较重的,给予降级或者撤职处分;情节严重的,给予开除处分。

第十三条 行政机关在征收土地过程中,有下列行为之一的,对有关责任人员,给予警告或者记过处分;情节较重的,给予记大过或者降级处分;情节严重的,给予撤职处分:

(一)批准低于法定标准的征地补偿方案的;

(二)未按规定落实社会保障费用而批准征地的;

(三)未按期足额支付征地补偿费用的。

第十四条 县级以上地方人民政府未按期缴纳新增建设用地土地有偿使用费的,责令限期缴纳;逾期仍不缴纳的,对有关责任人员,给予记大过处分;情节较重的,给予降级或者撤职处分;情节严重的,给予开除处分。

第十五条 行政机关及其公务员在办理农用地转用或者土地征收申报、报批等过程中,有谎报、瞒报用地位置、地类、面积等弄虚作假行为,造成不良后果的,对有关责任人员,给予记过或者记大过处分;情节较重的,给予降级或者撤职处分;情节严重的,给予开除处分。

第十六条 国土资源行政主管部门及其工作人员有下列行为之一的,对有关责任人员,给予记过或者记大过处分;情节较重的,给予降级或者撤职处分;情节严重的,给予开除处分:

(一)对违反土地管理规定行为按规定应报告而不报告的;

(二)对违反土地管理规定行为不制止、不依法查处的;

(三)在土地供应过程中,因严重不负责任,致使国家利益遭受损失的。

第十七条 有下列情形之一的,应当从重处分:

（一）致使土地遭受严重破坏的；

（二）造成财产严重损失的；

（三）影响群众生产、生活，造成恶劣影响或者其他严重后果的。

第十八条 有下列情形之一的，应当从轻处分：

（一）主动交代违反土地管理规定行为的；

（二）保持或者恢复土地原貌的；

（三）主动纠正违反土地管理规定行为，积极落实有关部门整改意见的；

（四）主动退还违法违纪所得或者侵占、挪用的征地补偿安置费等有关费用的；

（五）检举他人重大违反土地管理规定行为，经查证属实的。

主动交代违反土地管理规定行为，并主动采取措施有效避免或者挽回损失的，应当减轻处分。

第十九条 任免机关、监察机关和国土资源行政主管部门建立案件移送制度。

任免机关、监察机关查处的土地违法违纪案件，依法应当由国土资源行政主管部门给予行政处罚的，应当将有关案件材料移送国土资源行政主管部门。国土资源行政主管部门应当依法及时查处，并将处理结果书面告知任免机关、监察机关。

国土资源行政主管部门查处的土地违法案件，依法应当给予处分，且本部门无权处理的，应当在作出行政处罚决定或者其他处理决定后 10 日内将有关案件材料移送任免机关或者监察机关。任免机关或者监察机关应当依法及时查处，并将处理结果书面告知国土资源行政主管部门。

第二十条 任免机关、监察机关和国土资源行政主管部门移送案件时要做到事实清楚、证据齐全、程序合法、手续完备。

移送的案件材料应当包括以下内容：

（一）本单位有关领导或者主管单位同意移送的意见；

（二）案件的来源及立案材料；

（三）案件调查报告；

（四）有关证据材料；

（五）其他需要移送的材料。

第二十一条 任免机关、监察机关或者国土资源行政主管部门应当移送而不移送案件的，由其上一级机关责令其移送。

第二十二条 有违反土地管理规定行为，应当给予党纪处分的，移送党的纪律检查机关处理；涉嫌犯罪的，移送司法机关依法追究刑事责任。

第二十三条 本办法由监察部、人力资源和社会保障部、国土资源部负责解释。

第二十四条 本办法自 2008 年 6 月 1 日起施行。

土地权属争议调查处理办法

·2003 年 1 月 3 日国土资源部令第 17 号公布
·2010 年 11 月 30 日国土资源部令第 49 号修正

第一条 为依法、公正、及时地做好土地权属争议的调查处理工作，保护当事人的合法权益，维护土地的社会主义公有制，根据《中华人民共和国土地管理法》，制定本办法。

第二条 本办法所称土地权属争议，是指土地所有权或者使用权归属争议。

第三条 调查处理土地权属争议，应当以法律、法规和土地管理规章为依据。从实际出发，尊重历史，面对现实。

第四条 县级以上国土资源行政主管部门负责土地权属争议案件（以下简称争议案件）的调查和调解工作；对需要依法作出处理决定的，拟定处理意见，报同级人民政府作出处理决定。

县级以上国土资源行政主管部门可以指定专门机构或者人员负责办理争议案件有关事宜。

第五条 个人之间、个人与单位之间、单位与单位之间发生的争议案件，由争议土地所在地的县级国土资源行政主管部门调查处理。

前款规定的个人之间、个人与单位之间发生的争议案件，可以根据当事人的申请，由乡级人民政府受理和处理。

第六条 设区的市、自治州国土资源行政主管部门调查处理下列争议案件：

（一）跨县级行政区域的；

（二）同级人民政府、上级国土资源行政主管部门交办或者有关部门转送的。

第七条 省、自治区、直辖市国土资源行政主管部门调查处理下列争议案件：

（一）跨设区的市、自治州行政区域的；

（二）争议一方为中央国家机关或者其直属单位，且涉及土地面积较大的；

（三）争议一方为军队，且涉及土地面积较大的；

（四）在本行政区域内有较大影响的；

（五）同级人民政府、国土资源部交办或者有关部门转送的。

第八条 国土资源部调查处理下列争议案件：

（一）国务院交办的；

（二）在全国范围内有重大影响的。

第九条 当事人发生土地权属争议，经协商不能解决的，可以依法向县级以上人民政府或者乡级人民政府提出处理申请，也可以依照本办法第五、六、七、八条的规定，向有关的国土资源行政主管部门提出调查处理申请。

第十条 申请调查处理土地权属争议的，应当符合下列条件：

（一）申请人与争议的土地有直接利害关系；

（二）有明确的请求处理对象、具体的处理请求和事实根据。

第十一条 当事人申请调查处理土地权属争议，应当提交书面申请书和有关证据材料，并按照被申请人数提交副本。

申请书应当载明以下事项：

（一）申请人和被申请人的姓名或者名称、地址、邮政编码、法定代表人姓名和职务；

（二）请求的事项、事实和理由；

（三）证人的姓名、工作单位、住址、邮政编码。

第十二条 当事人可以委托代理人代为申请土地权属争议的调查处理。委托代理人申请的，应当提交授权委托书。授权委托书应当写明委托事项和权限。

第十三条 对申请人提出的土地权属争议调查处理的申请，国土资源行政主管部门应当依照本办法第十条的规定进行审查，并在收到申请书之日起7个工作日内提出是否受理的意见。

认为应当受理的，在决定受理之日起5个工作日内将申请书副本发送被申请人。被申请人应当在接到申请书副本之日起30日内提交答辩书和有关证据材料。逾期不提交答辩书的，不影响案件的处理。

认为不应当受理的，应当及时拟定不予受理建议书，报同级人民政府作出不予受理决定。

当事人对不予受理决定不服的，可以依法申请行政复议或者提起行政诉讼。

同级人民政府、上级国土资源行政主管部门交办或者有关部门转办的争议案件，按照本条有关规定审查处理。

第十四条 下列案件不作为争议案件受理：

（一）土地侵权案件；

（二）行政区域边界争议案件；

（三）土地违法案件；

（四）农村土地承包经营权争议案件；

（五）其他不作为土地权属争议的案件。

第十五条 国土资源行政主管部门决定受理后，应当及时指定承办人，对当事人争议的事实情况进行调查。

第十六条 承办人与争议案件有利害关系的，应当申请回避；当事人认为承办人与争议案件有利害关系的，有权请求该承办人回避。承办人是否回避，由受理案件的国土资源行政主管部门决定。

第十七条 承办人在调查处理土地权属争议过程中，可以向有关单位或者个人调查取证。被调查的单位或者个人应当协助，并如实提供有关证明材料。

第十八条 在调查处理土地权属争议过程中，国土资源行政主管部门认为有必要对争议的土地进行实地调查的，应当通知当事人及有关人员到现场。必要时，可以邀请有关部门派人协助调查。

第十九条 土地权属争议双方当事人对各自提出的事实和理由负有举证责任，应当及时向负责调查处理的国土资源行政主管部门提供有关证据材料。

第二十条 国土资源行政主管部门在调查处理争议案件时，应当审查双方当事人提供的下列证据材料：

（一）人民政府颁发的确定土地权属的凭证；

（二）人民政府或者主管部门批准征收、划拨、出让土地或者以其他方式批准使用土地的文件；

（三）争议双方当事人依法达成的书面协议；

（四）人民政府或者司法机关处理争议的文件或者附图；

（五）其他有关证明文件。

第二十一条 对当事人提供的证据材料，国土资源行政主管部门应当查证属实，方可作为认定事实的根据。

第二十二条 在土地所有权和使用权争议解决之前,任何一方不得改变土地利用的现状。

第二十三条 国土资源行政主管部门对受理的争议案件,应当在查清事实、分清权属关系的基础上先行调解,促使当事人以协商方式达成协议。调解应当坚持自愿、合法的原则。

第二十四条 调解达成协议的,应当制作调解书。调解书应当载明以下内容:

(一)当事人的姓名或者名称、法定代表人姓名、职务;

(二)争议的主要事实;

(三)协议内容及其他有关事项。

第二十五条 调解书经双方当事人签名或者盖章,由承办人署名并加盖国土资源行政主管部门的印章后生效。

生效的调解书具有法律效力,是土地登记的依据。

第二十六条 国土资源行政主管部门应当在调解书生效之日起15日内,依照民事诉讼法的有关规定,将调解书送达当事人,并同时抄报上一级国土资源行政主管部门。

第二十七条 调解未达成协议的,国土资源行政主管部门应当及时提出调查处理意见,报同级人民政府作出处理决定。

第二十八条 国土资源行政主管部门应当自受理土地权属争议之日起6个月内提出调查处理意见。因情况复杂,在规定时间内不能提出调查处理意见的,经该国土资源行政主管部门的主要负责人批准,可以适当延长。

第二十九条 调查处理意见应当包括以下内容:

(一)当事人的姓名或者名称、地址、法定代表人的姓名、职务;

(二)争议的事实、理由和要求;

(三)认定的事实和适用的法律、法规等依据;

(四)拟定的处理结论。

第三十条 国土资源行政主管部门提出调查处理意见后,应当在5个工作日内报送同级人民政府,由人民政府下达处理决定。

国土资源行政主管部门的调查处理意见在报同级人民政府的同时,抄报上一级国土资源行政主管部门。

第三十一条 当事人对人民政府作出的处理决定不服的,可以依法申请行政复议或者提起行政诉讼。

在规定的时间内,当事人既不申请行政复议,也不提起行政诉讼,处理决定即发生法律效力。

生效的处理决定是土地登记的依据。

第三十二条 在土地权属争议调查处理过程中,国土资源行政主管部门的工作人员玩忽职守、滥用职权、徇私舞弊,构成犯罪的,依法追究刑事责任;不构成犯罪的,由其所在单位或者其上级机关依法给予行政处分。

第三十三条 乡级人民政府处理土地权属争议,参照本办法执行。

第三十四条 调查处理争议案件的文书格式,由国土资源部统一制定。

第三十五条 调查处理争议案件的费用,依照国家有关规定执行。

第三十六条 本办法自2003年3月1日起施行。1995年12月18日原国家土地管理局发布的《土地权属争议处理暂行办法》同时废止。

确定土地所有权和使用权的若干规定

· 根据2010年12月3日《国土资源部关于修改部分规范性文件的决定》修订

第一章 总 则

第一条 为了确定土地所有权和使用权,依法进行土地登记,根据有关的法律、法规和政策,制订本规定。

第二条 土地所有权和使用权由县级以上人民政府确定,土地管理部门具体承办。

土地权属争议,由土地管理部门提出处理意见,报人民政府下达处理决定或报人民政府批准后由土地管理部门下达处理决定。

第二章 国家土地所有权

第三条 城市市区范围内的土地属于国家所有。

第四条 依据1950年《中华人民共和国土地改革法》及有关规定,凡当时没有将土地所有权分配给农民的土地属于国家所有;实施1962年《农村人民公社工作条例修正草案》(以下简称《六十条》)未划入农民集体范围内的土地属于国家所有。

第五条 国家建设征收的土地,属于国家所有。

第六条 开发利用国有土地,开发利用者依法享有土地使用权,土地所有权仍属国家。

第七条 国有铁路线路、车站、货场用地以及依法留用的其他铁路用地属于国家所有。土改时已分配给农民所有的原铁路用地和新建铁路两侧未经征收的农民集体所有土地属于农民集体所有。

第八条 县级以上(含县级)公路线路用地属于国家所有。公路两侧保护用地和公路其他用地凡未经征收的农民集体所有的土地仍属于农民集体所有。

第九条 国有电力、通讯设施用地属于国家所有。但国有电力通讯杆塔占用农民集体所有的土地,未办理征收手续的,土地仍属于农民集体所有,对电力通讯经营单位可确定为他项权利。

第十条 军队接收的敌伪地产及解放后经人民政府批准征收、划拨的军事用地属于国家所有。

第十一条 河道堤防内的土地和堤防外的护堤地,无堤防河道历史最高洪水位或者设计洪水位以下的土地,除土改时已将所有权分配给农民,国家未征收,且迄今仍归农民集体使用的外,属于国家所有。

第十二条 县级以上(含县级)水利部门直接管理的水库、渠道等水利工程用地属于国家所有。水利工程管理和保护范围内未经征收的农民集体土地仍属于农民集体所有。

第十三条 国家建设对农民集体全部进行移民安置并调剂土地后,迁移农民集体原有土地转为国家所有。但移民后原集体仍继续使用的集体所有土地,国家未进行征收的,其所有权不变。

第十四条 因国家建设征收土地,农民集体建制被撤销或其人口全部转为非农业人口,其未经征收的土地,归国家所有。继续使用原有土地的原农民集体及其成员享有国有土地使用权。

第十五条 全民所有制单位和城镇集体所有制单位兼并农民集体企业的,办理有关手续后,被兼并的原农民集体企业使用的集体所有土地转为国家所有。乡(镇)企业依照国家建设征收土地的审批程序和补偿标准使用的非本乡(镇)村农民集体所有的土地,转为国家所有。

第十六条 1962年9月《六十条》公布以前,全民所有制单位,城市集体所有制单位和集体所有制的华侨农场使用的原农民集体所有的土地(含合作化之前的个人土地),迄今没有退给农民集体的,属于国家所有。

《六十条》公布时起至1982年5月《国家建设征用土地条例》公布时止,全民所有制单位、城市集体所有制单位使用的原农民集体所有的土地,有下列情形之一的,属于国家所有:

1. 签订过土地转移等有关协议的;

2. 经县级以上人民政府批准使用的;

3. 进行过一定补偿或安置劳动力的;

4. 接受农民集体馈赠的;

5. 已购买原集体所有的建筑物的;

6. 农民集体所有制企事业单位转为全民所有制或者城市集体所有制单位的。

1982年5月《国家建设征用土地条例》公布时起至1987年《土地管理法》开始施行时止,全民所有制单位、城市集体所有制单位违反规定使用的农民集体土地,依照有关规定进行了清查处理后仍由全民所有制单位、城市集体所有制单位使用的,确定为国家所有。

凡属上述情况以外未办理征地手续使用的农民集体土地,由县级以上地方人民政府根据具体情况,按当时规定补办征地手续,或退还农民集体。1987年《土地管理法》施行后违法占用的农民集体土地,必须依法处理后,再确定土地所有权。

第十七条 1986年3月中共中央、国务院《关于加强土地管理、制止乱占耕地的通知》发布之前,全民所有制单位、城市集体所有制单位租用农民集体所有的土地,按照有关规定处理后,能够恢复耕种的,退还农民集体耕种,所有权仍属于农民集体;已建成永久性建筑物的,由用地单位按租用时的规定,补办手续,土地归国家所有。凡已经按照有关规定处理了的,可按处理决定确定所有权和使用权。

第十八条 土地所有权有争议,不能依法证明争议土地属于农民集体所有的,属于国家所有。

第三章 集体土地所有权

第十九条 土地改革时分给农民并颁发了土地所有证的土地,属于农民集体所有;实施《六十条》时确定为集体所有的土地,属农民集体所有。

依照第二章规定属于国家所有的除外。

第二十条 村农民集体所有的土地，按目前该村农民集体实际使用的本集体土地所有权界线确定所有权。

根据《六十条》确定的农民集体土地所有权，由于下列原因发生变更的，按变更后的现状确定集体土地所有权。

（一）由于村、队、社、场合并或分割等管理体制的变化引起土地所有权变更的；

（二）由于土地开发、国家征地、集体兴办企事业或者自然灾害等原因进行过土地调整的；

（三）由于农田基本建设和行政区划变动等原因重新划定土地所有权界线的。行政区划变动未涉及土地权属变更的，原土地权属不变。

第二十一条 农民集体连续使用其他农民集体所有的土地已满 20 年的，应视为现使用者所有；连续使用不满 20 年，或者虽满 20 年但在 20 年期满之前所有者曾向现使用者或有关部门提出归还的，由县级以上人民政府根据具体情况确定土地所有权。

第二十二条 乡（镇）或村在集体所有的土地上修建并管理的道路、水利设施用地，分别属于乡（镇）或村农民集体所有。

第二十三条 乡（镇）或村办企事业单位使用的集体土地，《六十条》公布以前使用的，分别属于该乡（镇）或村农民集体所有；《六十条》公布时起至 1982 年国务院《村镇建房用地管理条例》发布时止使用的，有下列情况之一的，分别属于该乡（镇）或村农民集体所有：

1. 签订过用地协议的（不含租借）；

2. 经县、乡（公社）、村（大队）批准或同意，并进行了适当的土地调整或者经过一定补偿的；

3. 通过购买房屋取得的；

4. 原集体企事业单位体制经批准变更的。

1982 年国务院《村镇建房用地管理条例》发布时起至 1987 年《土地管理法》开始施行时止，乡（镇）、村办企事业单位违反规定使用的集体土地按有关规定清查处理后，乡（镇）、村集体单位继续使用的，可确定为该乡（镇）或村集体所有。

乡（镇）、村办企事业单位采用上述以外的方式占用的集体土地，或虽采用上述方式，但目前土地利用不合理的，如荒废、闲置等，应将其全部或部分土地退还原村或乡农民集体，或按有关规定进行处理。1987 年《土地管理法》施行后违法占用的土地，须依法处理后再确定所有权。

第二十四条 乡（镇）企业使用本乡（镇）、村集体所有的土地，依照有关规定进行补偿和安置的，土地所有权转为乡（镇）农民集体所有。经依法批准的乡（镇）、村公共设施、公益事业使用的农民集体土地，分别属于乡（镇）、村农民集体所有。

第二十五条 农民集体经依法批准以土地使用权作为联营条件与其他单位或个人举办联营企业的，或者农民集体经依法批准以集体所有的土地的使用权作价入股，举办外商投资企业和内联乡镇企业的，集体土地所有权不变。

第四章 国有土地使用权

第二十六条 土地使用权确定给直接使用土地的具有法人资格的单位或个人。但法律、法规、政策和本规定另有规定的除外。

第二十七条 土地使用者经国家依法划拨、出让或解放初期接收、沿用，或通过依法转让、继承、接受地上建筑物等方式使用国有土地的，可确定其国有土地使用权。

第二十八条 土地公有制之前，通过购买房屋或土地及租赁土地方式使用私有的土地，土地转为国有后迄今仍继续使用的，可确定现使用者国有土地使用权。

第二十九条 因原房屋拆除、改建或自然坍塌等原因，已经变更了实际土地使用者的，经依法审核批准，可将土地使用权确定给实际土地使用者；空地及房屋坍塌或拆除后两年以上仍未恢复使用的土地，由当地县级以上人民政府收回土地使用权。

第三十条 原宗教团体、寺观教堂宗教活动用地，被其他单位占用，原使用单位因恢复宗教活动需要退还使用的，应按有关规定予以退还。确属无法退还或土地使用权有争议的，经协商、处理后确定土地使用权。

第三十一条 军事设施用地（含靶场、试验场、训练场）依照解放初土地接收文件和人民政府批准征收或划拨土地的文件确定土地使用权。土地使用权有争议的，按照国务院、中央军委有关文件规定处理后，再确定土地使用权。

三、所有权

国家确定的保留或地方代管的军事设施用地的土地使用权确定给军队,现由其他单位使用的,可依照有关规定确定为他项权利。

经国家批准撤销的军事设施,其土地使用权依照有关规定由当地县级以上人民政府收回并重新确定使用权。

第三十二条 依法接收、征收、划拨的铁路线路用地及其他铁路设施用地,现仍由铁路单位使用的,其使用权确定给铁路单位。铁路线路路基两侧依法取得使用权的保护用地,使用权确定给铁路单位。

第三十三条 国家水利、公路设施用地依照征收、划拨文件和有关法律、法规划定用地界线。

第三十四条 驻机关、企事业单位内的行政管理和服务性单位,经政府批准使用的土地,可以由土地管理部门商被驻单位规定土地的用途和其他限制条件后分别确定实际土地使用者的土地使用权。但租用房屋的除外。

第三十五条 原由铁路、公路、水利、电力、军队及其他单位和个人使用的土地,1982 年 5 月《国家建设征用土地条例》公布之前,已经转由其他单位或个人使用的,除按照国家法律和政策应当退还的外,其国有土地使用权可确定给实际土地使用者,但严重影响上述部门的设施安全和正常使用的,暂不确定土地使用权,按照有关规定处理后,再确定土地使用权。1982 年 5 月以后非法转让的,经依法处理后再确定使用权。

第三十六条 农民集体使用的国有土地,其使用权按县级以上人民政府主管部门审批、划拨文件确定;没有审批、划拨文件的,依照当时规定补办手续后,按使用现状确定;过去未明确划定使用界线的,由县级以上人民政府参照土地实际使用情况确定。

第三十七条 未按规定用途使用的国有土地,由县级以上人民政府收回重新安排使用,或者按有关规定处理后确定使用权。

第三十八条 1987 年 1 月《土地管理法》施行之前重复划拨或重复征收的土地,可按目前实际使用情况或者根据最后一次划拨或征收文件确定使用权。

第三十九条 以土地使用权为条件与其他单位或个人合建房屋的,根据批准文件、合建协议或者投资数额确定土地使用权,但 1982 年《国家建设征用土地条例》公布后合建的,应依法办理土地转让手续后再确定土地使用权。

第四十条 以出让方式取得的土地使用权或以划拨方式取得的土地使用权补办出让手续后作为资产入股的,土地使用权确定给股份制企业。

国家以土地使用权作价入股的,土地使用权确定给股份制企业。

国家将土地使用权租赁给股份制企业的,土地使用权确定给股份制企业。企业以出让方式取得的土地使用权或以划拨方式取得的土地使用权补办出让手续后,出租给股份制企业的,土地使用权不变。

第四十一条 企业以出让方式取得的土地使用权,企业破产后,经依法处置,确定给新的受让人;企业通过划拨方式取得的土地使用权,企业破产时,其土地使用权由县级以上人民政府收回后,根据有关规定进行处置。

第四十二条 法人之间合并,依法属于应当以有偿方式取得土地使用权的,原土地使用权应当办理有关手续,有偿取得土地使用权;依法可以以划拨形式取得土地使用权的,可以办理划拨土地权属变更登记,取得土地使用权。

第五章 集体土地建设用地使用权

第四十三条 乡(镇)村办企业事业单位和个人依法使用农民集体土地进行非农业建设的,可依法确定使用者集体土地建设用地使用权。对多占少用、占而不用的,其闲置部分不予确定使用权,并退还农民集体,另行安排使用。

第四十四条 依照本规定第二十五条规定的农民集体土地,集体土地建设用地使用权确定给联营或股份企业。

第四十五条 1982 年 2 月国务院发布《村镇建房用地管理条例》之前农村居民建房占用的宅基地,超过当地政府规定的面积,在《村镇建房用地管理条例》施行后未经拆迁、改建、翻建的,可以暂按现有实际使用面积确定集体土地建设用地使用权。

第四十六条 1982 年 2 月《村镇建房用地管理条例》发布时起至 1987 年 1 月《土地管理法》开始施行时止,农村居民建房占用的宅基地,其面积超过当地政府规定标准的,超过部分按 1986 年 3 月中共中央、国务院《关于加强土地管理、制止乱占耕地的通知》及地方人民政府的有关规定处理后，按处理后实际使用面积确定集体土地建设用地使用权。

第四十七条 符合当地政府分户建房规定而尚未分户的农村居民，其现有的宅基地没有超过分户建房用地合计面积标准的，可按现有宅基地面积确定集体土地建设用地使用权。

第四十八条 非农业户口居民（含华侨）原在农村的宅基地，房屋产权没有变化的，可依法确定其集体土地建设用地使用权。房屋拆除后没有批准重建的，土地使用权由集体收回。

第四十九条 接受转让、购买房屋取得的宅基地，与原有宅基地合计面积超过当地政府规定标准，按照有关规定处理后允许继续使用的，可暂定其集体土地建设用地使用权。继承房屋取得的宅基地，可确定集体土地建设用地使用权。

第五十条 农村专业户宅基地以外的非农业建设用地与宅基地分别确定集体土地建设用地使用权。

第五十一条 按照本规定第四十五条至第四十九条的规定确定农村居民宅基地集体土地建设用地使用权时，其面积超过当地政府规定标准的，可在土地登记卡和土地证书内注明超过标准面积的数量。以后分户建房或现有房屋拆迁、改建、翻建或政府依法实施规划重新建设时，按当地政府规定的面积标准重新确定使用权，其超过部分退还集体。

第五十二条 空闲或房屋坍塌、拆除两年以上未恢复使用的宅基地，不确定土地使用权。已经确定使用权的，由集体报经县级人民政府批准，注销其土地登记，土地由集体收回。

第六章 附 则

第五十三条 一宗地由两个以上单位或个人共同使用的，可确定为共有土地使用权。共有土地使用权面积可以在共有使用人之间分摊。

第五十四条 地面与空中、地面与地下立体交叉使用土地的（楼房除外），土地使用权确定给地面使用者，空中和地下可确定为他项权利。

平面交叉使用土地的，可以确定为共有土地使用权；也可以将土地使用权确定给主要用途或优先使用单位，次要和服从使用单位可确定为他项权利。

上述两款中的交叉用地，如属合法批准征收、划拨的，可按批准文件确定使用权，其他用地单位确定为他项权利。

第五十五条 依法划定的铁路、公路、河道、水利工程、军事设施、危险品生产和储存地、风景区等区域的管理和保护范围内的土地，其土地的所有权和使用权依照土地管理有关法规确定。但对上述范围内的土地的用途，可以根据有关的规定增加适当的限制条件。

第五十六条 土地所有权或使用权证明文件上的四至界线与实地一致，但实地面积与批准面积不一致的，按实地四至界线计算土地面积，确定土地的所有权或使用权。

第五十七条 他项权利依照法律或当事人约定设定。他项权利可以与土地所有权或使用权同时确定，也可在土地所有权或使用权确定之后增设。

第五十八条 各级人民政府或人民法院已依法处理的土地权属争议，按处理决定确定土地所有权或使用权。

第五十九条 本规定由国家土地管理局负责解释。

第六十条 本规定自 1995 年 5 月 1 日起施行。1989 年 7 月 5 日国家土地管理局印发的《关于确定土地权属问题的若干意见》同时停止执行。

最高人民法院关于审理破坏土地资源刑事案件具体应用法律若干问题的解释

· 2000 年 6 月 16 日最高人民法院审判委员会第 1119 次会议通过
· 2000 年 6 月 19 日最高人民法院公告公布
· 自 2000 年 6 月 22 日起施行
· 法释〔2000〕14 号

为依法惩处破坏土地资源犯罪活动，根据刑法的有关规定，现就审理这类案件具体应用法律的若干问题解释如下：

第一条 以牟利为目的，违反土地管理法规，非法转让、倒卖土地使用权，具有下列情形之一

三、所有权

的,属于非法转让、倒卖土地使用权"情节严重",依照刑法第二百二十八条的规定,以非法转让、倒卖土地使用权罪定罪处罚:

(一)非法转让、倒卖基本农田5亩以上的;

(二)非法转让、倒卖基本农田以外的耕地10亩以上的;

(三)非法转让、倒卖其他土地20亩以上的;

(四)非法获利50万元以上的;

(五)非法转让、倒卖土地接近上述数量标准并具有其他恶劣情节的,如曾因非法转让、倒卖土地使用权受过行政处罚或者造成严重后果等。

第二条 实施第一条规定的行为,具有下列情形之一的,属于非法转让、倒卖土地使用权"情节特别严重":

(一)非法转让、倒卖基本农田10亩以上的;

(二)非法转让、倒卖基本农田以外的耕地20亩以上的;

(三)非法转让、倒卖其他土地40亩以上的;

(四)非法获利100万元以上的;

(五)非法转让、倒卖土地接近上述数量标准并具有其他恶劣情节的,如造成严重后果等。

第三条 违反土地管理法规,非法占用耕地改作他用,数量较大,造成耕地大量毁坏的,依照刑法第三百四十二条的规定,以非法占用耕地罪定罪处罚:

(一)非法占用耕地"数量较大",是指非法占用基本农田5亩以上或者非法占用基本农田以外的耕地10亩以上。

(二)非法占用耕地"造成耕地大量毁坏",是指行为人非法占用耕地建窑、建坟、建房、挖沙、采石、采矿、取土、堆放固体废弃物或者进行其他非农业建设,造成基本农田5亩以上或者基本农田以外的耕地10亩以上种植条件严重毁坏或者严重污染。

第四条 国家机关工作人员徇私舞弊,违反土地管理法规,滥用职权,非法批准征用、占用土地,具有下列情形之一的,属于非法批准征用、占用土地"情节严重",依照刑法第四百一十条的规定,以非法批准征用、占用土地罪定罪处罚:

(一)非法批准征用、占用基本农田10亩以上的;

(二)非法批准征用、占用基本农田以外的耕地30亩以上的;

(三)非法批准征用、占用其他土地50亩以上的;

(四)虽未达到上述数量标准,但非法批准征用、占用土地造成直接经济损失30万元以上;造成耕地大量毁坏等恶劣情节的。

第五条 实施第四条规定的行为,具有下列情形之一的,属于非法批准征用、占用土地"致使国家或者集体利益遭受特别重大损失":

(一)非法批准征用、占用基本农田20亩以上的;

(二)非法批准征用、占用基本农田以外的耕地60亩以上的;

(三)非法批准征用、占用其他土地100亩以上的;

(四)非法批准征用、占用土地,造成基本农田5亩以上,其他耕地10亩以上严重毁坏的;

(五)非法批准征用、占用土地造成直接经济损失50万元以上等恶劣情节的。

第六条 国家机关工作人员徇私舞弊,违反土地管理法规,非法低价出让国有土地使用权,具有下列情形之一的,属于"情节严重",依照刑法第四百一十条的规定,以非法低价出让国有土地使用权罪定罪处罚:

(一)出让国有土地使用权面积在30亩以上,并且出让价额低于国家规定的最低价额标准的60%的;

(二)造成国有土地资产流失价额在30万元以上的。

第七条 实施第六条规定的行为,具有下列情形之一的,属于非法低价出让国有土地使用权,"致使国家和集体利益遭受特别重大损失":

(一)非法低价出让国有土地使用权面积在60亩以上,并且出让价额低于国家规定的最低价额标准的40%的;

(二)造成国有土地资产流失价额在50万元以上的。

第八条 单位犯非法转让、倒卖土地使用权罪、非法占有耕地罪的定罪量刑标准,依照本解释第一条、第二条、第三条的规定执行。

第九条 多次实施本解释规定的行为依法应当追诉的,或者一年内多次实施本解释规定的行为未经处理的,按照累计的数量、数额处罚。

最高人民法院关于审理森林资源民事纠纷案件适用法律若干问题的解释

·2022 年 4 月 25 日最高人民法院审判委员会第 1869 次会议通过
·2022 年 6 月 13 日最高人民法院公告公布
·自 2022 年 6 月 15 日起施行
·法释〔2022〕16 号

为妥善审理森林资源民事纠纷案件,依法保护生态环境和当事人合法权益,根据《中华人民共和国民法典》《中华人民共和国环境保护法》《中华人民共和国森林法》《中华人民共和国农村土地承包法》《中华人民共和国民事诉讼法》等法律规定,结合审判实践,制定本解释。

第一条 人民法院审理涉及森林、林木、林地等森林资源的民事纠纷案件,应当贯彻民法典绿色原则,尊重自然、尊重历史、尊重习惯,依法推动森林资源保护和利用的生态效益、经济效益、社会效益相统一,促进人与自然和谐共生。

第二条 当事人因下列行为,对林地、林木的物权归属、内容产生争议,依据民法典第二百三十四条的规定提起民事诉讼,请求确认权利的,人民法院应当依法受理:

(一)林地承包;

(二)林地承包经营权互换、转让;

(三)林地经营权流转;

(四)林木流转;

(五)林地、林木担保;

(六)林地、林木继承;

(七)其他引起林地、林木物权变动的行为。

当事人因对行政机关作出的林地、林木确权、登记行为产生争议,提起民事诉讼的,人民法院告知其依法通过行政复议、行政诉讼程序解决。

第三条 当事人以未办理批准、登记、备案、审查、审核等手续为由,主张林地承包、林地承包经营权互换或者转让、林地经营权流转、林木流转、森林资源担保等合同无效的,人民法院不予支持。

因前款原因,不能取得相关权利的当事人请求解除合同、由违约方承担违约责任的,人民法院

依法予以支持。

第四条 当事人一方未依法经林权证等权利证书载明的共有人同意,擅自处分林地、林木,另一方主张取得相关权利的,人民法院不予支持。但符合民法典第三百一十一条关于善意取得规定的除外。

第五条 当事人以违反法律规定的民主议定程序为由,主张集体林地承包合同无效的,人民法院应予支持。但下列情形除外:

(一)合同订立时,法律、行政法规没有关于民主议定程序的强制性规定的;

(二)合同订立未经民主议定程序讨论决定,或者民主议定程序存在瑕疵,一审法庭辩论终结前已经依法补正的;

(三)承包方对村民会议或者村民代表会议决议进行了合理审查,不知道且不应当知道决议系伪造、变造,并已经对林地大量投入的。

第六条 家庭承包林地的承包方转让林地承包经营权未经发包方同意,或者受让方不是本集体经济组织成员,受让方主张取得林地承包经营权的,人民法院不予支持。但发包方无法定理由不同意或者拖延表态的除外。

第七条 当事人就同一集体林地订立多个经营权流转合同,在合同有效的情况下,受让方均主张取得林地经营权的,由具有下列情形的受让方取得:

(一)林地经营权已经依法登记的;

(二)林地经营权均未依法登记,争议发生前已经合法占有使用林地并大量投入的;

(三)无前两项规定情形,合同生效在先的。

未取得林地经营权的一方请求解除合同、由违约方承担违约责任的,人民法院依法予以支持。

第八条 家庭承包林地的承包方以林地经营权人擅自再流转林地经营权为由,请求解除林地经营权流转合同、收回林地的,人民法院应予支持。但林地经营权人能够证明林地经营权再流转已经承包方书面同意的除外。

第九条 本集体经济组织成员以其在同等条件下享有的优先权受到侵害为由,主张家庭承包林地经营权流转合同无效的,人民法院不予支持;其请求赔偿损失的,依法予以支持。

第十条 林地承包期内,因林地承包经营权互换、转让、继承等原因,承包方发生变动,林地经

营权人请求新的承包方继续履行原林地经营权流转合同的,人民法院应予支持。但当事人另有约定的除外。

第十一条 林地经营权流转合同约定的流转期限超过承包期的剩余期限,或者林地经营权再流转合同约定的流转期限超过原林地经营权流转合同的剩余期限,林地经营权流转、再流转合同当事人主张超过部分无效的,人民法院不予支持。

第十二条 林地经营权流转合同约定的流转期限超过承包期的剩余期限,发包方主张超过部分的约定对其不具有法律约束力的,人民法院应予支持。但发包方对此知道或者应当知道的除外。

林地经营权再流转合同约定的流转期限超过原林地经营权流转合同的剩余期限,承包方主张超过部分的约定对其不具有法律约束力的,人民法院应予支持。但承包方对此知道或者应当知道的除外。

因前两款原因,致使林地经营权流转合同、再流转合同不能履行,当事人请求解除合同、由违约方承担违约责任的,人民法院依法予以支持。

第十三条 林地经营权流转合同终止时,对于林地经营权人种植的地上林木,按照下列情形处理:

(一)合同有约定的,按照约定处理,但该约定依据民法典第一百五十三条的规定应当认定无效的除外;

(二)合同没有约定或者约定不明,当事人协商一致延长合同期限至轮伐期或者其他合理期限届满,承包方请求由林地经营权人承担林地使用费的,对其合理部分予以支持;

(三)合同没有约定或者约定不明,当事人未能就延长合同期限协商一致,林地经营权人请求对林木价值进行补偿的,对其合理部分予以支持。

林地承包合同终止时,承包方种植的地上林木的处理,参照适用前款规定。

第十四条 人民法院对于当事人为利用公益林地资源和森林景观资源开展林下经济、森林旅游、森林康养等经营活动订立的合同,应当综合考虑公益林生态区位保护要求、公益林生态功能及是否经科学论证的合理利用等因素,依法认定合同效力。

当事人仅以涉公益林为由主张经营合同无效的,人民法院不予支持。

第十五条 以林地经营权、林木所有权等法律、行政法规未禁止抵押的森林资源资产设定抵押,债务人不履行到期债务或者发生当事人约定的实现抵押权的情形,抵押权人与抵押人协议以抵押的森林资源资产折价,并据此请求接管经营抵押财产的,人民法院依法予以支持。

抵押权人与抵押人就森林资源资产抵押权的实现方式达成协议,抵押权人依据民事诉讼法第二百零三条、第二百零四条的规定申请实现抵押权的,人民法院依法裁定拍卖、变卖抵押财产。

第十六条 以森林生态效益补偿收益、林业碳汇等提供担保,债务人不履行到期债务或者发生当事人约定的实现担保物权的情形,担保物权人请求就担保财产优先受偿的,人民法院依法予以支持。

第十七条 违反国家规定造成森林生态环境损害,生态环境能够修复的,国家规定的机关或者法律规定的组织依据民法典第一千二百三十四条的规定,请求侵权人在合理期限内以补种树木、恢复植被、恢复林地土壤性状、投放相应生物种群等方式承担修复责任的,人民法院依法予以支持。

人民法院判决侵权人承担修复责任的,可以同时确定其在期限内不履行修复义务时应承担的森林生态环境修复费用。

第十八条 人民法院判决侵权人承担森林生态环境修复责任的,可以根据鉴定意见,或者参考林业主管部门、林业调查规划设计单位、相关科研机构和人员出具的专业意见,合理确定森林生态环境修复方案,明确侵权人履行修复义务的具体要求。

第十九条 人民法院依据民法典第一千二百三十五条的规定确定侵权人承担的森林生态环境损害赔偿金额,应当综合考虑受损森林资源在调节气候、固碳增汇、保护生物多样性、涵养水源、保持水土、防风固沙等方面的生态环境服务功能,予以合理认定。

第二十条 当事人请求以认购经核证的林业碳汇方式替代履行森林生态环境损害赔偿责任的,人民法院可以综合考虑各方当事人意见、不同责任方式的合理性等因素,依法予以准许。

第二十一条 当事人请求以森林管护、野生动植物保护、社区服务等劳务方式替代履行森林生态环境损害赔偿责任的,人民法院可以综合考虑侵权人的代偿意愿、经济能力、劳动能力、赔偿金额、当地相应工资标准等因素，决定是否予以准许，并合理确定劳务代偿方案。

第二十二条　侵权人自愿交纳保证金作为履行森林生态环境修复义务担保的，在其不履行修复义务时，人民法院可以将保证金用于支付森林生态环境修复费用。

第二十三条　本解释自 2022 年 6 月 15 日起施行。施行前本院公布的司法解释与本解释不一致的，以本解释为准。

2. 自然资源所有权及保护

中华人民共和国水法（节录）

· 1988 年 1 月 21 日第六届全国人民代表大会常务委员会第二十四次会议通过

· 2002 年 8 月 29 日第九届全国人民代表大会常务委员会第二十九次会议修订

· 根据 2009 年 8 月 27 日第十一届全国人民代表大会常务委员会第十次会议《关于修改部分法律的决定》第一次修正

· 根据 2016 年 7 月 2 日第十二届全国人民代表大会常务委员会第二十一次会议《关于修改〈中华人民共和国节约能源法〉等六部法律的决定》第二次修正

......

第三条　水资源属于国家所有。水资源的所有权由国务院代表国家行使。农村集体经济组织的水塘和由农村集体经济组织修建管理的水库中的水，归各该农村集体经济组织使用。

......

第七条　国家对水资源依法实行取水许可制度和有偿使用制度。但是，农村集体经济组织及其成员使用本集体经济组织的水塘、水库中的水的除外。国务院水行政主管部门负责全国取水许可制度和水资源有偿使用制度的组织实施。

......

第十九条　建设水工程，必须符合流域综合规划。在国家确定的重要江河、湖泊和跨省、自治区、直辖市的江河、湖泊上建设水工程，未取得有关流域管理机构签署的符合流域综合规划要求的规划同意书的，建设单位不得开工建设；在其他江河、湖泊上建设水工程，未取得县级以上地方人民政府水行政主管部门按照管理权限签署的符合流域综合规划要求的规划同意书的，建设单位不得开工建设。水工程建设涉及防洪的，依照防洪法的有关规定执行；涉及其他地区和行业的，建设单位应当事先征求有关地区和部门的意见。

......

第二十三条　地方各级人民政府应当结合本地区水资源的实际情况，按照地表水与地下水统一调度开发、开源与节流相结合、节流优先和污水处理再利用的原则，合理组织开发、综合利用水资源。

国民经济和社会发展规划以及城市总体规划的编制、重大建设项目的布局，应当与当地水资源条件和防洪要求相适应，并进行科学论证；在水资源不足的地区，应当对城市规模和建设耗水量大的工业、农业和服务业项目加以限制。

......

中华人民共和国煤炭法（节录）

· 1996 年 8 月 29 日第八届全国人民代表大会常务委员会第二十一次会议通过

· 根据 2009 年 8 月 27 日第十一届全国人民代表大会常务委员会第十次会议《关于修改部分法律的决定》第一次修正

· 根据 2011 年 4 月 22 日第十一届全国人民代表大会常务委员会第二十次会议《关于修改〈中华人民共和国煤炭法〉的决定》第二次修正

· 根据 2013 年 6 月 29 日第十二届全国人民代表大会常务委员会第三次会议《关于修改〈中华人民共和国文物保护法〉等十二部法律的决定》第三次修正

· 根据 2016 年 11 月 7 日第十二届全国人民代表大会常务委员会第二十四次会议《关于修改〈中华人民共和国对外贸易法〉等十二部法律的决定》第四次修正

......

第三条　煤炭资源属于国家所有。地表或者地下的煤炭资源的国家所有权，不因其依附的土

三、所有权

地的所有权或者使用权的不同而改变。

第四条 国家对煤炭开发实行统一规划、合理布局、综合利用的方针。

第五条 国家依法保护煤炭资源,禁止任何乱采、滥挖破坏煤炭资源的行为。

第六条 国家保护依法投资开发煤炭资源的投资者的合法权益。

国家保障国有煤矿的健康发展。

国家对乡镇煤矿采取扶持、改造、整顿、联合、提高的方针,实行正规合理开发和有序发展。

......

第十二条 国务院煤炭管理部门依法负责全国煤炭行业的监督管理。国务院有关部门在各自的职责范围内负责煤炭行业的监督管理。

县级以上地方人民政府煤炭管理部门和有关部门依法负责本行政区域内煤炭行业的监督管理。

第十三条 煤炭矿务局是国有煤矿企业,具有独立法人资格。

矿务局和其他具有独立法人资格的煤矿企业、煤炭经营企业依法实行自主经营、自负盈亏、自我约束、自我发展。

......

第十八条 煤矿建设使用土地,应当依照有关法律、行政法规的规定办理。征收土地的,应当依法支付土地补偿费和安置补偿费,做好迁移居民的安置工作。

煤矿建设应当贯彻保护耕地、合理利用土地的原则。

地方人民政府对煤矿建设依法使用土地和迁移居民,应当给予支持和协助。

......

中华人民共和国森林法(节录)

- 1984 年 9 月 20 日第六届全国人民代表大会常务委员会第七次会议通过
- 根据 1998 年 4 月 29 日第九届全国人民代表大会常务委员会第二次会议《关于修改〈中华人民共和国森林法〉的决定》第一次修正
- 根据 2009 年 8 月 27 日第十一届全国人民代表大会常务委员会第十次会议《关于修改部分法律的决定》第二次修正

- 2019 年 12 月 28 日第十三届全国人民代表大会常务委员会第十五次会议修订
- 2019 年 12 月 28 日中华人民共和国主席令第 39 号公布
- 自 2020 年 7 月 1 日起施行

......

第二章 森林权属

第十四条 森林资源属于国家所有,由法律规定属于集体所有的除外。

国家所有的森林资源的所有权由国务院代表国家行使。国务院可以授权国务院自然资源主管部门统一履行国有森林资源所有者职责。

第十五条 林地和林地上的森林、林木的所有权、使用权,由不动产登记机构统一登记造册,核发证书。国务院确定的国家重点林区(以下简称重点林区)的森林、林木和林地,由国务院自然资源主管部门负责登记。

森林、林木、林地的所有者和使用者的合法权益受法律保护,任何组织和个人不得侵犯。

森林、林木、林地的所有者和使用者应当依法保护和合理利用森林、林木、林地,不得非法改变林地用途和毁坏森林、林木、林地。

第十六条 国家所有的林地和林地上的森林、林木可以依法确定给林业经营者使用。林业经营者依法取得的国有林地和林地上的森林、林木的使用权,经批准可以转让、出租、作价出资等。具体办法由国务院制定。

林业经营者应当履行保护、培育森林资源的义务,保证国有森林资源稳定增长,提高森林生态功能。

第十七条 集体所有和国家所有依法由农民集体使用的林地(以下简称集体林地)实行承包经营的,承包方享有林地承包经营权和承包林地上的林木所有权,合同另有约定的从其约定。承包方可以依法采取出租(转包)、入股、转让等方式流转林地经营权、林木所有权和使用权。

第十八条 未实行承包经营的集体林地以及林地上的林木,由农村集体经济组织统一经营。经本集体经济组织成员的村民会议三分之二以上成员或者三分之二以上村民代表同意并公示,可以通过招标、拍卖、公开协商等方式依法流转林地经营权、林木所有权和使用权。

第十九条　集体林地经营权流转应当签订书面合同。林地经营权流转合同一般包括流转双方的权利义务、流转期限、流转价款及支付方式、流转期限届满林地上的林木和固定生产设施的处置、违约责任等内容。

受让方违反法律规定或者合同约定造成森林、林木、林地严重毁坏的，发包方或者承包方有权收回林地经营权。

第二十条　国有企业事业单位、机关、团体、部队营造的林木，由营造单位管护并按照国家规定支配林木收益。

农村居民在房前屋后、自留地、自留山种植的林木，归个人所有。城镇居民在自有房屋的庭院内种植的林木，归个人所有。

集体或者个人承包国家所有和集体所有的宜林荒山荒地荒滩营造的林木，归承包的集体或者个人所有；合同另有约定的从其约定。

其他组织或者个人营造的林木，依法由营造者所有并享有林木收益；合同另有约定的从其约定。

第二十一条　为了生态保护、基础设施建设等公共利益的需要，确需征收、征用林地、林木的，应当依照《中华人民共和国土地管理法》等法律、行政法规的规定办理审批手续，并给予公平、合理的补偿。

第二十二条　单位之间发生的林木、林地所有权和使用权争议，由县级以上人民政府依法处理。

个人之间、个人与单位之间发生的林木所有权和林地使用权争议，由乡镇人民政府或者县级以上人民政府依法处理。

当事人对有关人民政府的处理决定不服的，可以自接到处理决定通知之日起三十日内，向人民法院起诉。

在林木、林地权属争议解决前，除因森林防火、林业有害生物防治、国家重大基础设施建设等需要外，当事人任何一方不得砍伐有争议的林木或者改变林地现状。

……

第四章　森林保护

第二十八条　国家加强森林资源保护，发挥森林蓄水保土、调节气候、改善环境、维护生物多样性和提供林产品等多种功能。

第二十九条　中央和地方财政分别安排资金，用于公益林的营造、抚育、保护、管理和非国有公益林权利人的经济补偿等，实行专款专用。具体办法由国务院财政部门会同林业主管部门制定。

第三十条　国家支持重点林区的转型发展和森林资源保护修复，改善生产生活条件，促进所在地区经济社会发展。重点林区按照规定享受国家重点生态功能区转移支付等政策。

第三十一条　国家在不同自然地带的典型森林生态地区、珍贵动物和植物生长繁殖的林区、天然热带雨林区和具有特殊保护价值的其他天然林区，建立以国家公园为主体的自然保护地体系，加强保护管理。

国家支持生态脆弱地区森林资源的保护修复。

县级以上人民政府应当采取措施对具有特殊价值的野生植物资源予以保护。

第三十二条　国家实行天然林全面保护制度，严格限制天然林采伐，加强天然林管护能力建设，保护和修复天然林资源，逐步提高天然林生态功能。具体办法由国务院规定。

第三十三条　地方各级人民政府应当组织有关部门建立护林组织，负责护林工作；根据实际需要建设护林设施，加强森林资源保护；督促相关组织订立护林公约、组织群众护林、划定护林责任区、配备专职或者兼职护林员。

县级或者乡镇人民政府可以聘用护林员，其主要职责是巡护森林，发现火情、林业有害生物以及破坏森林资源的行为，应当及时处理并向当地林业等有关部门报告。

第三十四条　地方各级人民政府负责本行政区域的森林防火工作，发挥群防作用；县级以上人民政府组织领导应急管理、林业、公安等部门按照职责分工密切配合做好森林火灾的科学预防、扑救和处置工作：

（一）组织开展森林防火宣传活动，普及森林防火知识；

（二）划定森林防火区，规定森林防火期；

（三）设置防火设施，配备防灭火装备和物资；

（四）建立森林火灾监测预警体系，及时消除隐患；

（五）制定森林火灾应急预案，发生森林火灾，立即组织扑救；

（六）保障预防和扑救森林火灾所需费用。

国家综合性消防救援队伍承担国家规定的森林火灾扑救任务和预防相关工作。

第三十五条 县级以上人民政府林业主管部门负责本行政区域的林业有害生物的监测、检疫和防治。

省级以上人民政府林业主管部门负责确定林业植物及其产品的检疫性有害生物,划定疫区和保护区。

重大林业有害生物灾害防治实行地方人民政府负责制。发生暴发性、危险性等重大林业有害生物灾害时,当地人民政府应当及时组织除治。

林业经营者在政府支持引导下,对其经营管理范围内的林业有害生物进行防治。

第三十六条 国家保护林地,严格控制林地转为非林地,实行占用林地总量控制,确保林地保有量不减少。各类建设项目占用林地不得超过本行政区域的占用林地总量控制指标。

第三十七条 矿藏勘查、开采以及其他各类工程建设,应当不占或者少占林地;确需占用林地的,应当经县级以上人民政府林业主管部门审核同意,依法办理建设用地审批手续。

占用林地的单位应当缴纳森林植被恢复费。森林植被恢复费征收使用管理办法由国务院财政部门会同林业主管部门制定。

县级以上人民政府林业主管部门应当按照规定安排植树造林,恢复森林植被,植树造林面积不得少于因占用林地而减少的森林植被面积。上级林业主管部门应当定期督促下级林业主管部门组织植树造林、恢复森林植被,并进行检查。

第三十八条 需要临时使用林地的,应当经县级以上人民政府林业主管部门批准;临时使用林地的期限一般不超过二年,并不得在临时使用的林地上修建永久性建筑物。

临时使用林地期满后一年内,用地单位或者个人应当恢复植被和林业生产条件。

第三十九条 禁止毁林开垦、采石、采砂、采土以及其他毁坏林木和林地的行为。

禁止向林地排放重金属或者其他有毒有害物质含量超标的污水、污泥,以及可能造成林地污染的清淤底泥、尾矿、矿渣等。

禁止在幼林地砍柴、毁苗、放牧。

禁止擅自移动或者损坏森林保护标志。

第四十条 国家保护古树名木和珍贵树木。

禁止破坏古树名木和珍贵树木及其生存的自然环境。

第四十一条 各级人民政府应当加强林业基础设施建设,应用先进适用的科技手段,提高森林防火、林业有害生物防治等森林管护能力。

各有关单位应当加强森林管护。国有林业企业事业单位应当加大投入,加强森林防火、林业有害生物防治,预防和制止破坏森林资源的行为。

……

第六章 经营管理

第四十七条 国家根据生态保护的需要,将森林生态区位重要或者生态状况脆弱,以发挥生态效益为主要目的的林地和林地上的森林划定为公益林。未划定为公益林的林地和林地上的森林属于商品林。

第四十八条 公益林由国务院和省、自治区、直辖市人民政府划定并公布。

下列区域的林地和林地上的森林,应当划定为公益林:

(一)重要江河源头汇水区域;

(二)重要江河干流及支流两岸、饮用水水源地保护区;

(三)重要湿地和重要水库周围;

(四)森林和陆生野生动物类型的自然保护区;

(五)荒漠化和水土流失严重地区的防风固沙林基干林带;

(六)沿海防护林基干林带;

(七)未开发利用的原始林地区;

(八)需要划定的其他区域。

公益林划定涉及非国有林地的,应当与权利人签订书面协议,并给予合理补偿。

公益林进行调整的,应当经原划定机关同意,并予以公布。

国家级公益林划定和管理的办法由国务院制定;地方级公益林划定和管理的办法由省、自治区、直辖市人民政府制定。

第四十九条 国家对公益林实施严格保护。

县级以上人民政府林业主管部门应当有计划地组织公益林经营者对公益林中生态功能低下的疏林、残次林等低质低效林,采取林分改造、森林抚育等措施,提高公益林的质量和生态保护功能。

在符合公益林生态区位保护要求和不影响公

益林生态功能的前提下，经科学论证，可以合理利用公益林林地资源和森林景观资源，适度开展林下经济、森林旅游等。利用公益林开展上述活动应当严格遵守国家有关规定。

第五十条　国家鼓励发展下列商品林：

（一）以生产木材为主要目的的森林；

（二）以生产果品、油料、饮料、调料、工业原料和药材等林产品为主要目的的森林；

（三）以生产燃料和其他生物质能源为主要目的的森林；

（四）其他以发挥经济效益为主要目的的森林。

在保障生态安全的前提下，国家鼓励建设速生丰产、珍贵树种和大径级用材林，增加林木储备，保障木材供给安全。

第五十一条　商品林由林业经营者依法自主经营。在不破坏生态的前提下，可以采取集约化经营措施，合理利用森林、林木、林地，提高商品林经济效益。

第五十二条　在林地上修筑下列直接为林业生产经营服务的工程设施，符合国家有关部门规定的标准的，由县级以上人民政府林业主管部门批准，不需要办理建设用地审批手续；超出标准需要占用林地的，应当依法办理建设用地审批手续：

（一）培育、生产种子、苗木的设施；

（二）贮存种子、苗木、木材的设施；

（三）集材道、运材道、防火巡护道、森林步道；

（四）林业科研、科普教育设施；

（五）野生动植物保护、护林、林业有害生物防治、森林防火、木材检疫的设施；

（六）供水、供电、供热、供气、通讯基础设施；

（七）其他直接为林业生产服务的工程设施。

第五十三条　国有林业企业事业单位应当编制森林经营方案，明确森林培育和管护的经营措施，报县级以上人民政府林业主管部门批准后实施。重点林区的森林经营方案由国务院林业主管部门批准后实施。

国家支持、引导其他林业经营者编制森林经营方案。

编制森林经营方案的具体办法由国务院林业主管部门制定。

第五十四条　国家严格控制森林年采伐量。省、自治区、直辖市人民政府林业主管部门根据消耗量低于生长量和森林分类经营管理的原则，编制

本行政区域的年采伐限额，经征求国务院林业主管部门意见，报本级人民政府批准后公布实施，并报国务院备案。重点林区的年采伐限额，由国务院林业主管部门编制，报国务院批准后公布实施。

第五十五条　采伐森林、林木应当遵守下列规定：

（一）公益林只能进行抚育、更新和低质低效林改造性质的采伐。但是，因科研或者实验、防治林业有害生物、建设护林防火设施、营造生物防火隔离带、遭受自然灾害等需要采伐的除外。

（二）商品林应当根据不同情况，采取不同采伐方式，严格控制皆伐面积，伐育同步规划实施。

（三）自然保护区的林木，禁止采伐。但是，因防治林业有害生物、森林防火、维护主要保护对象生存环境、遭受自然灾害等特殊情况必须采伐的和实验区的竹林除外。

省级以上人民政府林业主管部门应当根据前款规定，按照森林分类经营管理、保护优先、注重效率和效益等原则，制定相应的林木采伐技术规程。

第五十六条　采伐林地上的林木应当申请采伐许可证，并按照采伐许可证的规定进行采伐；采伐自然保护区以外的竹林，不需要申请采伐许可证，但应当符合林木采伐技术规程。

农村居民采伐自留地和房前屋后个人所有的零星林木，不需要申请采伐许可证。

非林地上的农田防护林、防风固沙林、护路林、护岸护堤林和城镇林木等的更新采伐，由有关主管部门按照有关规定管理。

采挖移植林木按照采伐林木管理。具体办法由国务院林业主管部门制定。

禁止伪造、变造、买卖、租借采伐许可证。

第五十七条　采伐许可证由县级以上人民政府林业主管部门核发。

县级以上人民政府林业主管部门应当采取措施，方便申请人办理采伐许可证。

农村居民采伐自留山和个人承包集体林地上的林木，由县级人民政府林业主管部门或者其委托的乡镇人民政府核发采伐许可证。

第五十八条　申请采伐许可证，应当提交有关采伐的地点、林种、树种、面积、蓄积、方式、更新措施和林木权属等内容的材料。超过省级以上人民政府林业主管部门规定面积或者蓄积量的，还应当提交伐区调查设计材料。

第五十九条　符合林木采伐技术规程的,审核发放采伐许可证的部门应当及时核发采伐许可证。但是,审核发放采伐许可证的部门不得超过年采伐限额发放采伐许可证。

第六十条　有下列情形之一的,不得核发采伐许可证:

(一)采伐封山育林期、封山育林区内的林木;

(二)上年度采伐后未按照规定完成更新造林任务;

(三)上年度发生重大滥伐案件、森林火灾或者林业有害生物灾害,未采取预防和改进措施;

(四)法律法规和国务院林业主管部门规定的禁止采伐的其他情形。

第六十一条　采伐林木的组织和个人应当按照有关规定完成更新造林。更新造林的面积不得少于采伐的面积,更新造林应当达到相关技术规程规定的标准。

第六十二条　国家通过贴息、林权收储担保补助等措施,鼓励和引导金融机构开展涉林抵押贷款、林农信用贷款等符合林业特点的信贷业务,扶持林权收储机构进行市场化收储担保。

第六十三条　国家支持发展森林保险。县级以上人民政府依法对森林保险提供保险费补贴。

第六十四条　林业经营者可以自愿申请森林认证,促进森林经营水平提高和可持续经营。

第六十五条　木材经营加工企业应当建立原料和产品出入库台账。任何单位和个人不得收购、加工、运输明知是盗伐、滥伐等非法来源的林木。

……

中华人民共和国草原法(节录)

· 1985 年 6 月 18 日第六届全国人民代表大会常务委员会第十一次会议通过
· 2002 年 12 月 28 日第九届全国人民代表大会常务委员会第三十一次会议修订
· 根据 2009 年 8 月 27 日第十一届全国人民代表大会常务委员会第十次会议《关于修改部分法律的决定》第一次修正
· 根据 2013 年 6 月 29 日第十二届全国人民代表大会常务委员会第三次会议《关于修改〈中华人民共和国文物保护法〉等十二部法律的决定》第二次修正
· 根据 2021 年 4 月 29 日第十三届全国人民代表大会常务委员会第二十八次会议《关于修改〈中华人民共和国道路交通安全法〉等八部法律的决定》第三次修正

……

第二章　草原权属

第九条　草原属于国家所有,由法律规定属于集体所有的除外。国家所有的草原,由国务院代表国家行使所有权。

任何单位或者个人不得侵占、买卖或者以其他形式非法转让草原。

第十条　国家所有的草原,可以依法确定给全民所有制单位、集体经济组织等使用。

使用草原的单位,应当履行保护、建设和合理利用草原的义务。

第十一条　依法确定给全民所有制单位、集体经济组织等使用的国家所有的草原,由县级以上人民政府登记,核发使用权证,确认草原使用权。

未确定使用权的国家所有的草原,由县级以上人民政府登记造册,并负责保护管理。

集体所有的草原,由县级人民政府登记,核发所有权证,确认草原所有权。

依法改变草原权属的,应当办理草原权属变更登记手续。

第十二条　依法登记的草原所有权和使用权受法律保护,任何单位或者个人不得侵犯。

第十三条　集体所有的草原或者依法确定给集体经济组织使用的国家所有的草原,可以由本集体经济组织内的家庭或者联户承包经营。

在草原承包经营期内,不得对承包经营者使用的草原进行调整;个别确需适当调整的,必须经本集体经济组织成员的村(牧)民会议三分之二以上成员或者三分之二以上村(牧)民代表的同意,并报乡(镇)人民政府和县级人民政府草原行政主管部门批准。

集体所有的草原或者依法确定给集体经济组织使用的国家所有的草原由本集体经济组织以外的单位或者个人承包经营的,必须经本集体经济组织成员的村(牧)民会议三分之二以上成员或者三分之二以上村（牧）民代表的同意，并报乡（镇）人民政府批准。

第十四条 承包经营草原，发包方和承包方应当签订书面合同。草原承包合同的内容应当包括双方的权利和义务、承包草原四至界限、面积和等级、承包期和起止日期、承包草原用途和违约责任等。承包期届满，原承包经营者在同等条件下享有优先承包权。

承包经营草原的单位和个人，应当履行保护、建设和按照承包合同约定的用途合理利用草原的义务。

第十五条 草原承包经营权受法律保护，可以按照自愿、有偿的原则依法转让。

草原承包经营权转让的受让方必须具有从事畜牧业生产的能力，并应当履行保护、建设和按照承包合同约定的用途合理利用草原的义务。

草原承包经营权转让应当经发包方同意。承包方与受让方在转让合同中约定的转让期限，不得超过原承包合同剩余的期限。

第十六条 草原所有权、使用权的争议，由当事人协商解决；协商不成的，由有关人民政府处理。

单位之间的争议，由县级以上人民政府处理；个人之间、个人与单位之间的争议，由乡（镇）人民政府或者县级以上人民政府处理。

当事人对有关人民政府的处理决定不服的，可以依法向人民法院起诉。

在草原权属争议解决前，任何一方不得改变草原利用现状，不得破坏草原和草原上的设施。

······

第三十九条 因建设征收、征用集体所有的草原的，应当依照《中华人民共和国土地管理法》的规定给予补偿；因建设使用国家所有的草原的，应当依照国务院有关规定对草原承包经营者给予补偿。

因建设征收、征用或者使用草原的，应当交纳草原植被恢复费。草原植被恢复费专款专用，由草原行政主管部门按照规定用于恢复草原植被，任何单位和个人不得截留、挪用。草原植被恢复费的征收、使用和管理办法，由国务院价格主管部门和国务院财政部门会同国务院草原行政主管部门制定。

······

中华人民共和国
野生动物保护法（节录）

· 1988 年 11 月 8 日第七届全国人民代表大会常务委员会第四次会议通过
· 根据 2004 年 8 月 28 日第十届全国人民代表大会常务委员会第十一次会议《关于修改〈中华人民共和国野生动物保护法〉的决定》第一次修正
· 根据 2009 年 8 月 27 日第十一届全国人民代表大会常务委员会第十次会议《关于修改部分法律的决定》第二次修正
· 2016 年 7 月 2 日第十二届全国人民代表大会常务委员会第二十一次会议第一次修订
· 根据 2018 年 10 月 26 日第十三届全国人民代表大会常务委员会第六次会议《关于修改〈中华人民共和国野生动物保护法〉等十五部法律的决定》第三次修正
· 2022 年 12 月 30 日第十三届全国人民代表大会常务委员会第三十八次会议第二次修订
· 2022 年 12 月 30 日中华人民共和国主席令第126 号公布
· 自 2023 年 5 月 1 日起施行

······

第三条 野生动物资源属于国家所有。

国家保障依法从事野生动物科学研究、人工繁育等保护及相关活动的组织和个人的合法权益。

第四条 国家加强重要生态系统保护和修复，对野生动物实行保护优先、规范利用、严格监管的原则，鼓励和支持开展野生动物科学研究与应用，秉持生态文明理念，推动绿色发展。

第五条 国家保护野生动物及其栖息地。县级以上人民政府应当制定野生动物及其栖息地相关保护规划和措施，并将野生动物保护经费纳入预算。

国家鼓励公民、法人和其他组织依法通过捐赠、资助、志愿服务等方式参与野生动物保护活动，支持野生动物保护公益事业。

本法规定的野生动物栖息地，是指野生动物野外种群生息繁衍的重要区域。

第六条 任何组织和个人有保护野生动物及

三、所有权

其栖息地的义务。禁止违法猎捕、运输、交易野生动物,禁止破坏野生动物栖息地。

社会公众应当增强保护野生动物和维护公共卫生安全的意识,防止野生动物源性传染病传播,抵制违法食用野生动物,养成文明健康的生活方式。

任何组织和个人有权举报违反本法的行为,接到举报的县级以上人民政府野生动物保护主管部门和其他有关部门应当及时依法处理。

第七条 国务院林业草原、渔业主管部门分别主管全国陆生、水生野生动物保护工作。

县级以上地方人民政府对本行政区域内野生动物保护工作负责,其林业草原、渔业主管部门分别主管本行政区域内陆生、水生野生动物保护工作。

县级以上人民政府有关部门按照职责分工,负责野生动物保护相关工作。

……

中华人民共和国渔业法(节录)

· 1986 年 1 月 20 日第六届全国人民代表大会常务委员会第十四次会议通过
· 根据 2000 年 10 月 31 日第九届全国人民代表大会常务委员会第十八次会议《关于修改〈中华人民共和国渔业法〉的决定》第一次修正
· 根据 2004 年 8 月 28 日第十届全国人民代表大会常务委员会第十一次会议《关于修改〈中华人民共和国渔业法〉的决定》第二次修正
· 根据 2009 年 8 月 27 日第十一届全国人民代表大会常务委员会第十次会议《关于修改部分法律的决定》第三次修正
· 根据 2013 年 12 月 28 日第十二届全国人民代表大会常务委员会第六次会议《关于修改〈中华人民共和国海洋环境保护法〉等七部法律的决定》第四次修正

……

第十一条 国家对水域利用进行统一规划,确定可以用于养殖业的水域和滩涂。单位和个人使用国家规划确定用于养殖业的全民所有的水域、滩涂的,使用者应当向县级以上地方人民政府渔业行政主管部门提出申请,由本级人民政府核发养殖证,许可其使用该水域、滩涂从事养殖生产。核发养殖证的具体办法由国务院规定。

集体所有的或者全民所有由农业集体经济组织使用的水域、滩涂,可以由个人或者集体承包,从事养殖生产。

第十二条 县级以上地方人民政府在核发养殖证时,应当优先安排当地的渔业生产者。

第十三条 当事人因使用国家规划确定用于养殖业的水域、滩涂从事养殖生产发生争议的,按照有关法律规定的程序处理。在争议解决以前,任何一方不得破坏养殖生产。

第十四条 国家建设征收集体所有的水域、滩涂,按照《中华人民共和国土地管理法》有关征地的规定办理。

……

第二十三条 国家对捕捞业实行捕捞许可证制度。

到中华人民共和国与有关国家缔结的协定确定的共同管理的渔区或者公海从事捕捞作业的捕捞许可证,由国务院渔业行政主管部门批准发放。海洋大型拖网、围网作业的捕捞许可证,由省、自治区、直辖市人民政府渔业行政主管部门批准发放。其他作业的捕捞许可证,由县级以上地方人民政府渔业行政主管部门批准发放;但是,批准发放海洋作业的捕捞许可证不得超过国家下达的船网工具控制指标,具体办法由省、自治区、直辖市人民政府规定。

捕捞许可证不得买卖、出租和以其他形式转让,不得涂改、伪造、变造。

到他国管辖海域从事捕捞作业的,应当经国务院渔业行政主管部门批准,并遵守中华人民共和国缔结的或者参加的有关条约、协定和有关国家的法律。

第二十四条 具备下列条件的,方可发给捕捞许可证:

(一)有渔业船舶检验证书;

(二)有渔业船舶登记证书;

(三)符合国务院渔业行政主管部门规定的其他条件。

县级以上地方人民政府渔业行政主管部门批准发放的捕捞许可证,应当与上级人民政府渔业行政主管部门下达的捕捞限额指标相适应。

第二十五条 从事捕捞作业的单位和个人,

必须按照捕捞许可证关于作业类型、场所、时限、渔具数量和捕捞限额的规定进行作业,并遵守国家有关保护渔业资源的规定,大中型渔船应当填写渔捞日志。

……

乡镇煤矿管理条例(节录)

· 1994 年 12 月 20 日国务院令第 169 号发布
· 根据 2013 年 7 月 18 日《国务院关于废止和修改部分行政法规的决定》修订

……

第三条 煤炭资源属于国家所有。地表或者地下的煤炭资源的国家所有权,不因其所依附的土地的所有权或者使用权的不同而改变。

国家对煤炭资源的开发利用实行统一规划、合理布局的方针。

第十一条 国家重点建设工程需要占用乡镇煤矿的生产井田时,占用单位应当按照国家有关规定给予合理补偿;但是,对违法开办的乡镇煤矿,不予补偿。

……

食盐专营办法

· 1996 年 5 月 27 日中华人民共和国国务院令第 197 号发布
· 根据 2013 年 12 月 7 日《国务院关于修改部分行政法规的决定》修订
· 2017 年 12 月 26 日中华人民共和国国务院令第 696 号修订

第一章 总 则

第一条 为了加强对食盐的管理,保障食盐科学加碘工作的有效实施,确保食盐质量安全和供应安全,保护公民的身体健康,制定本办法。

第二条 国家实行食盐专营管理。

本办法所称食盐,是指直接食用和制作食品所用的盐。

第三条 本办法适用于中华人民共和国境内的食盐生产、销售和储备活动。

第四条 国务院盐业主管部门主管全国盐业工作,负责管理全国食盐专营工作。县级以上地方人民政府确定的盐业主管部门负责管理本行政区域的食盐专营工作。

国务院食品药品监督管理部门负责全国食盐质量安全监督管理。县级以上地方人民政府确定的食盐质量安全监督管理部门负责本行政区域的食盐质量安全监督管理。

第五条 盐业主管部门应当加强对工业用盐等非食用盐的管理,防止非食用盐流入食盐市场。

第六条 国务院盐业主管部门应当会同有关部门加强对食盐生产、批发企业及其董事、监事、高级管理人员的信用管理,建立健全信用信息记录、公示制度,提高食盐行业信用水平。

第七条 依法成立的盐业行业组织依照法律、行政法规和章程,保护企业合法权益,加强行业自律,促进企业守法、诚信经营,引导企业公平竞争。

第二章 食盐生产

第八条 国家实行食盐定点生产制度。非食盐定点生产企业不得生产食盐。

第九条 省、自治区、直辖市人民政府盐业主管部门按照统一规划、合理布局的要求审批确定食盐定点生产企业,颁发食盐定点生产企业证书,及时向社会公布食盐定点生产企业名单,并报国务院盐业主管部门备案。

第十条 食盐定点生产企业和非食用盐生产企业应当建立生产销售记录制度,如实记录并保存相关凭证。记录和凭证保存期限不得少于 2 年。

食盐应当按照规定在外包装上作出标识,非食用盐的包装、标识应当明显区别于食盐。

第十一条 禁止利用井矿盐卤水熬制食盐。

第三章 食盐销售

第十二条 国家实行食盐定点批发制度。非食盐定点批发企业不得经营食盐批发业务。

第十三条 省、自治区、直辖市人民政府盐业主管部门按照统一规划、合理布局的要求审批确定食盐定点批发企业,颁发食盐定点批发企业证书,及时向社会公布食盐定点批发企业名单,并报国务院盐业主管部门备案。

食盐定点生产企业申请经营食盐批发业务

的,省、自治区、直辖市人民政府盐业主管部门应当确定其为食盐定点批发企业并颁发食盐定点批发企业证书。

第十四条 食盐定点批发企业应当从食盐定点生产企业或者其他食盐定点批发企业购进食盐,在国家规定的范围内销售。

食盐定点批发企业在国家规定的范围内销售食盐,任何单位或者个人不得阻止或者限制。

第十五条 食盐定点批发企业应当建立采购销售记录制度,如实记录并保存相关凭证。记录和凭证保存期限不得少于2年。

第十六条 食盐零售单位应当从食盐定点批发企业购进食盐。

第十七条 食盐价格由经营者自主确定。

县级以上地方人民政府价格主管部门应当加强对食盐零售价格的市场日常监测。当食盐价格显著上涨或者有可能显著上涨时,省、自治区、直辖市人民政府可以依法采取价格干预或者其他应急措施。

第十八条 县级以上地方人民政府应当根据实际情况,采取必要措施,保障边远地区和民族地区的食盐供应。

第十九条 禁止销售不符合食品安全标准的食盐。

禁止将下列产品作为食盐销售:

(一)液体盐(含天然卤水);

(二)工业用盐和其他非食用盐;

(三)利用盐土、硝土或者工业废渣、废液制作的盐;

(四)利用井矿盐卤水熬制的盐;

(五)外包装上无标识或者标识不符合国家有关规定的盐。

第四章 食盐的储备和应急管理

第二十条 省、自治区、直辖市人民政府盐业主管部门应当根据本行政区域食盐供需情况,建立健全食盐储备制度,承担政府食盐储备责任。

第二十一条 食盐定点生产企业和食盐定点批发企业应当按照食盐储备制度要求,承担企业食盐储备责任,保持食盐的合理库存。

第二十二条 盐业主管部门应当会同有关部门制定食盐供应应急预案,在发生突发事件时协调、保障食盐供应。

第五章 监督管理

第二十三条 盐业主管部门依法履行监督检查职责,可以采取下列措施:

(一)向有关单位和个人了解情况;

(二)查阅或者复制有关合同、票据、账簿、购销记录及其他有关资料;

(三)查封、扣押与涉嫌盐业违法行为有关的食盐及原材料,以及用于违法生产或者销售食盐的工具、设备;

(四)查封涉嫌违法生产或者销售食盐的场所。

采取前款第三项、第四项规定的措施,应当向盐业主管部门主要负责人书面报告,并经批准。

盐业主管部门调查涉嫌盐业违法行为,应当遵守《中华人民共和国行政强制法》和其他有关法律、行政法规的规定。

第二十四条 盐业主管部门、食盐质量安全监督管理部门应当各司其职,加强协作,相互配合,通过政务信息系统等实现信息共享,建立健全行政执法协作制度。

盐业主管部门、食盐质量安全监督管理部门在监督管理工作中发现依法不属于本部门处理权限的涉嫌违法行为,应当及时移交有权处理的部门;有权处理的部门应当依法及时处理,并及时反馈处理结果。

第二十五条 盐业主管部门、食盐质量安全监督管理部门应当向社会公布本部门的联系方式,方便公众举报违法行为。

盐业主管部门、食盐质量安全监督管理部门接到举报,应当及时依法调查处理。对实名举报,盐业主管部门、食盐质量安全监督管理部门应当为举报人保密,并将处理结果告知举报人。

第六章 法律责任

第二十六条 有下列情形之一的,由县级以上地方人民政府盐业主管部门予以取缔,没收违法生产经营的食盐和违法所得。违法生产经营的食盐货值金额不足1万元的,可以处5万元以下的罚款;货值金额1万元以上的,并处货值金额5倍以上10倍以下的罚款:

(一)非食盐定点生产企业生产食盐;

(二)非食盐定点批发企业经营食盐批发业务。

第二十七条 有下列情形之一的，由县级以上地方人民政府盐业主管部门责令改正，处 5000 元以上 5 万元以下的罚款；情节严重的，责令停产停业整顿，直至吊销食盐定点生产、食盐定点批发企业证书：

（一）食盐定点生产企业、非食用盐生产企业未按照本办法规定保存生产销售记录；

（二）食盐定点批发企业未按照本办法规定保存采购销售记录；

（三）食盐定点批发企业超出国家规定的范围销售食盐；

（四）将非食用盐产品作为食盐销售。

第二十八条 有下列情形之一的，由县级以上地方人民政府盐业主管部门责令改正，没收违法购进的食盐，可以处违法购进的食盐货值金额 3 倍以下的罚款：

（一）食盐定点批发企业从除食盐定点生产企业、其他食盐定点批发企业以外的单位或者个人购进食盐；

（二）食盐零售单位从食盐定点批发企业以外的单位或者个人购进食盐。

第二十九条 未按照本办法第十条的规定作出标识的，由有关主管部门依据职责分工，责令改正，可以处 5 万元以下的罚款。

第三十条 经营者的行为违反本办法的规定同时违反《中华人民共和国食品安全法》的，由县级以上地方人民政府食盐质量安全监督管理部门依照《中华人民共和国食品安全法》进行处罚。

第三十一条 食盐定点生产企业、食盐定点批发企业违反本办法的规定，被处以吊销食盐定点生产、食盐定点批发企业证书行政处罚的，其法定代表人、直接负责的主管人员和其他直接责任人员自处罚决定作出之日起 5 年内不得从事食盐生产经营管理活动，不得担任食盐定点生产企业、食盐定点批发企业的董事、监事或者高级管理人员。

食盐定点生产企业、食盐定点批发企业违反前款规定聘用人员的，由盐业主管部门责令改正；拒不改正的，吊销其食盐定点生产、食盐定点批发企业证书。

第三十二条 违反本办法的规定，构成违反治安管理行为的，依法给予治安管理处罚；构成犯罪的，依法追究刑事责任。

第三十三条 盐业主管部门以及其他有关部门的工作人员滥用职权、玩忽职守、徇私舞弊，构成犯罪的，依法追究刑事责任；尚不构成犯罪的，依法给予处分。

第七章 附 则

第三十四条 除本办法的规定外，食盐质量安全监督管理、食盐加碘工作还应当依照有关法律、行政法规的规定执行。

第三十五条 渔业、畜牧用盐管理办法，由国务院盐业主管部门会同国务院农业行政主管部门另行制定。

第三十六条 本办法自公布之日起施行。1990 年 3 月 2 日国务院发布的《盐业管理条例》同时废止。

3. 国有资产及保护

中华人民共和国企业国有资产法

· 2008 年 10 月 28 日第十一届全国人民代表大会常务委员会第五次会议通过
· 2008 年 10 月 28 日中华人民共和国主席令第 5 号公布
· 自 2009 年 5 月 1 日起施行

第一章 总 则

第一条 为了维护国家基本经济制度，巩固和发展国有经济，加强对国有资产的保护，发挥国有经济在国民经济中的主导作用，促进社会主义市场经济发展，制定本法。

第二条 本法所称企业国有资产（以下称国有资产），是指国家对企业各种形式的出资所形成的权益。

第三条 国有资产属于国家所有即全民所有。国务院代表国家行使国有资产所有权。

第四条 国务院和地方人民政府依照法律、行政法规的规定，分别代表国家对国家出资企业履行出资人职责，享有出资人权益。

国务院确定的关系国民经济命脉和国家安全的大型国家出资企业，重要基础设施和重要自然资源等领域的国家出资企业,由国务院代表国家履行出资人职责。其他的国家出资企业,由地方人民政府代表国家履行出资人职责。

第五条 本法所称国家出资企业,是指国家出资的国有独资企业、国有独资公司,以及国有资本控股公司、国有资本参股公司。

第六条 国务院和地方人民政府应当按照政企分开、社会公共管理职能与国有资产出资人职能分开、不干预企业依法自主经营的原则,依法履行出资人职责。

第七条 国家采取措施,推动国有资本向关系国民经济命脉和国家安全的重要行业和关键领域集中,优化国有经济布局和结构,推进国有企业的改革和发展,提高国有经济的整体素质,增强国有经济的控制力、影响力。

第八条 国家建立健全与社会主义市场经济发展要求相适应的国有资产管理与监督体制,建立健全国有资产保值增值考核和责任追究制度,落实国有资产保值增值责任。

第九条 国家建立健全国有资产基础管理制度。具体办法按照国务院的规定制定。

第十条 国有资产受法律保护,任何单位和个人不得侵害。

第二章 履行出资人职责的机构

第十一条 国务院国有资产监督管理机构和地方人民政府按照国务院的规定设立的国有资产监督管理机构,根据本级人民政府的授权,代表本级人民政府对国家出资企业履行出资人职责。

国务院和地方人民政府根据需要,可以授权其他部门、机构代表本级人民政府对国家出资企业履行出资人职责。

代表本级人民政府履行出资人职责的机构、部门,以下统称履行出资人职责的机构。

第十二条 履行出资人职责的机构代表本级人民政府对国家出资企业依法享有资产收益、参与重大决策和选择管理者等出资人权利。

履行出资人职责的机构依照法律、行政法规的规定,制定或者参与制定国家出资企业的章程。

履行出资人职责的机构对法律、行政法规和本级人民政府规定须经本级人民政府批准的履行出资人职责的重大事项,应当报请本级人民政府批准。

第十三条 履行出资人职责的机构委派的股东代表参加国有资本控股公司、国有资本参股公司召开的股东会会议、股东大会会议,应当按照委派机构的指示提出提案、发表意见、行使表决权,并将其履行职责的情况和结果及时报告委派机构。

第十四条 履行出资人职责的机构应当依照法律、行政法规以及企业章程履行出资人职责,保障出资人权益,防止国有资产损失。

履行出资人职责的机构应当维护企业作为市场主体依法享有的权利,除依法履行出资人职责外,不得干预企业经营活动。

第十五条 履行出资人职责的机构对本级人民政府负责,向本级人民政府报告履行出资人职责的情况,接受本级人民政府的监督和考核,对国有资产的保值增值负责。

履行出资人职责的机构应当按照国家有关规定,定期向本级人民政府报告有关国有资产总量、结构、变动、收益等汇总分析的情况。

第三章 国家出资企业

第十六条 国家出资企业对其动产、不动产和其他财产依照法律、行政法规以及企业章程享有占有、使用、收益和处分的权利。

国家出资企业依法享有的经营自主权和其他合法权益受法律保护。

第十七条 国家出资企业从事经营活动,应当遵守法律、行政法规,加强经营管理,提高经济效益,接受人民政府及其有关部门、机构依法实施的管理和监督,接受社会公众的监督,承担社会责任,对出资人负责。

国家出资企业应当依法建立和完善法人治理结构,建立健全内部监督管理和风险控制制度。

第十八条 国家出资企业应当依照法律、行政法规和国务院财政部门的规定,建立健全财务、会计制度,设置会计账簿,进行会计核算,依照法律、行政法规以及企业章程的规定向出资人提供真实、完整的财务、会计信息。

国家出资企业应当依照法律、行政法规以及企业章程的规定,向出资人分配利润。

第十九条 国有独资公司、国有资本控股公司和国有资本参股公司依照《中华人民共和国公司法》的规定设立监事会。国有独资企业由履行出资人职责的机构按照国务院的规定委派监事组成监事会。

国家出资企业的监事会依照法律、行政法规以及企业章程的规定,对董事、高级管理人员执行职务的行为进行监督,对企业财务进行监督检查。

第二十条 国家出资企业依照法律规定,通过职工代表大会或者其他形式,实行民主管理。

第二十一条 国家出资企业对其所出资企业依法享有资产收益、参与重大决策和选择管理者等出资人权利。

国家出资企业对其所出资企业,应当依照法律、行政法规的规定,通过制定或者参与制定所出资企业的章程,建立权责明确、有效制衡的企业内部监督管理和风险控制制度,维护其出资人权益。

第四章 国家出资企业管理者的选择与考核

第二十二条 履行出资人职责的机构依照法律、行政法规以及企业章程的规定,任免或者建议任免国家出资企业的下列人员:

(一)任免国有独资企业的经理、副经理、财务负责人和其他高级管理人员;

(二)任免国有独资公司的董事长、副董事长、董事、监事会主席和监事;

(三)向国有资本控股公司、国有资本参股公司的股东会、股东大会提出董事、监事人选。

国家出资企业中应当由职工代表出任的董事、监事,依照有关法律、行政法规的规定由职工民主选举产生。

第二十三条 履行出资人职责的机构任命或者建议任命的董事、监事、高级管理人员,应当具备下列条件:

(一)有良好的品行;

(二)有符合职位要求的专业知识和工作能力;

(三)有能够正常履行职责的身体条件;

(四)法律、行政法规规定的其他条件。

董事、监事、高级管理人员在任职期间出现不符合前款规定情形或者出现《中华人民共和国公司法》规定的不得担任公司董事、监事、高级管理人员情形的,履行出资人职责的机构应当依法予以免职或者提出免职建议。

第二十四条 履行出资人职责的机构对拟任命或者建议任命的董事、监事、高级管理人员的人选,应当按照规定的条件和程序进行考察。考察

合格的,按照规定的权限和程序任命或者建议任命。

第二十五条 未经履行出资人职责的机构同意,国有独资企业、国有独资公司的董事、高级管理人员不得在其他企业兼职。未经股东会、股东大会同意,国有资本控股公司、国有资本参股公司的董事、高级管理人员不得在经营同类业务的其他企业兼职。

未经履行出资人职责的机构同意,国有独资公司的董事长不得兼任经理。未经股东会、股东大会同意,国有资本控股公司的董事长不得兼任经理。

董事、高级管理人员不得兼任监事。

第二十六条 国家出资企业的董事、监事、高级管理人员,应当遵守法律、行政法规以及企业章程,对企业负有忠实义务和勤勉义务,不得利用职权收受贿赂或者取得其他非法收入和不当利益,不得侵占、挪用企业资产,不得超越职权决定企业重大事项,不得有其他侵害国有资产出资人权益的行为。

第二十七条 国家建立国家出资企业管理者经营业绩考核制度。履行出资人职责的机构应当对其任命的企业管理者进行年度和任期考核,并依据考核结果决定对企业管理者的奖惩。

履行出资人职责的机构应当按照国家有关规定,确定其任命的国家出资企业管理者的薪酬标准。

第二十八条 国有独资企业、国有独资公司和国有资本控股公司的主要负责人,应当接受依法进行的任期经济责任审计。

第二十九条 本法第二十二条第一款第一项、第二项规定的企业管理者,国务院和地方人民政府规定由本级人民政府任免的,依照其规定。履行出资人职责的机构依照本章规定对上述企业管理者进行考核、奖惩并确定其薪酬标准。

第五章 关系国有资产出资人权益的重大事项

第一节 一般规定

第三十条 国家出资企业合并、分立、改制、上市,增加或者减少注册资本,发行债券,进行重大投资,为他人提供大额担保,转让重大财产,进

行大额捐赠,分配利润,以及解散、申请破产等重大事项,应当遵守法律、行政法规以及企业章程的规定,不得损害出资人和债权人的权益。

第三十一条 国有独资企业、国有独资公司合并、分立,增加或者减少注册资本,发行债券,分配利润,以及解散、申请破产,由履行出资人职责的机构决定。

第三十二条 国有独资企业、国有独资公司有本法第三十条所列事项的,除依照本法第三十一条和有关法律、行政法规以及企业章程的规定,由履行出资人职责的机构决定的以外,国有独资企业由企业负责人集体讨论决定,国有独资公司由董事会决定。

第三十三条 国有资本控股公司、国有资本参股公司有本法第三十条所列事项的,依照法律、行政法规以及公司章程的规定,由公司股东会、股东大会或者董事会决定。由股东会、股东大会决定的,履行出资人职责的机构委派的股东代表应当依照本法第十三条的规定行使权利。

第三十四条 重要的国有独资企业、国有独资公司、国有资本控股公司的合并、分立、解散、申请破产以及法律、行政法规和本级人民政府规定应当由履行出资人职责的机构报经本级人民政府批准的重大事项,履行出资人职责的机构在作出决定或者向其委派参加国有资本控股公司股东会会议、股东大会会议的股东代表作出指示前,应当报请本级人民政府批准。

本法所称的重要的国有独资企业、国有独资公司和国有资本控股公司,按照国务院的规定确定。

第三十五条 国家出资企业发行债券、投资等事项,有关法律、行政法规规定应当报经人民政府或者人民政府有关部门、机构批准、核准或者备案的,依照其规定。

第三十六条 国家出资企业投资应当符合国家产业政策,并按照国家规定进行可行性研究;与他人交易应当公平、有偿,取得合理对价。

第三十七条 国家出资企业的合并、分立、改制、解散、申请破产等重大事项,应当听取企业工会的意见,并通过职工代表大会或者其他形式听取职工的意见和建议。

第三十八条 国有独资企业、国有独资公司、国有资本控股公司对其所出资企业的重大事项参照本章规定履行出资人职责。具体办法由国务院规定。

第二节 企业改制

第三十九条 本法所称企业改制是指:

(一)国有独资企业改为国有独资公司;

(二)国有独资企业、国有独资公司改为国有资本控股公司或者非国有资本控股公司;

(三)国有资本控股公司改为非国有资本控股公司。

第四十条 企业改制应当依照法定程序,由履行出资人职责的机构决定或者由公司股东会、股东大会决定。

重要的国有独资企业、国有独资公司、国有资本控股公司的改制,履行出资人职责的机构在作出决定或者向其委派参加国有资本控股公司股东会会议、股东大会会议的股东代表作出指示前,应当将改制方案报请本级人民政府批准。

第四十一条 企业改制应当制定改制方案,载明改制后的企业组织形式、企业资产和债权债务处理方案、股权变动方案、改制的操作程序、资产评估和财务审计等中介机构的选聘等事项。

企业改制涉及重新安置企业职工的,还应当制定职工安置方案,并经职工代表大会或者职工大会审议通过。

第四十二条 企业改制应当按照规定进行清产核资、财务审计、资产评估,准确界定和核实资产,客观、公正地确定资产的价值。

企业改制涉及以企业的实物、知识产权、土地使用权等非货币财产折算为国有资本出资或者股份的,应当按照规定对折价财产进行评估,以评估确认价格作为确定国有资本出资额或者股份数额的依据。不得将财产低价折股或者有其他损害出资人权益的行为。

第三节 与关联方的交易

第四十三条 国家出资企业的关联方不得利用与国家出资企业之间的交易,谋取不当利益,损害国家出资企业利益。

本法所称关联方,是指本企业的董事、监事、高级管理人员及其近亲属,以及这些人员所有或者实际控制的企业。

第四十四条 国有独资企业、国有独资公司、国有资本控股公司不得无偿向关联方提供资金、商品、服务或者其他资产，不得以不公平的价格与关联方进行交易。

第四十五条 未经履行出资人职责的机构同意，国有独资企业、国有独资公司不得有下列行为：

（一）与关联方订立财产转让、借款的协议；

（二）为关联方提供担保；

（三）与关联方共同出资设立企业，或者向董事、监事、高级管理人员或者其近亲属所有或者实际控制的企业投资。

第四十六条 国有资本控股公司、国有资本参股公司与关联方的交易，依照《中华人民共和国公司法》和有关行政法规以及公司章程的规定，由公司股东会、股东大会或者董事会决定。由公司股东会、股东大会决定的，履行出资人职责的机构委派的股东代表，应当依照本法第十三条的规定行使权利。

公司董事会对公司与关联方的交易作出决议时，该交易涉及的董事不得行使表决权，也不得代理其他董事行使表决权。

第四节 资产评估

第四十七条 国有独资企业、国有独资公司和国有资本控股公司合并、分立、改制，转让重大财产，以非货币财产对外投资，清算或者有法律、行政法规以及企业章程规定应当进行资产评估的其他情形的，应当按照规定对有关资产进行评估。

第四十八条 国有独资企业、国有独资公司和国有资本控股公司应当委托依法设立的符合条件的资产评估机构进行资产评估；涉及应当报经履行出资人职责的机构决定的事项的，应当将委托资产评估机构的情况向履行出资人职责的机构报告。

第四十九条 国有独资企业、国有独资公司、国有资本控股公司及其董事、监事、高级管理人员应当向资产评估机构如实提供有关情况和资料，不得与资产评估机构串通评估作价。

第五十条 资产评估机构及其工作人员受托评估有关资产，应当遵守法律、行政法规以及评估执业准则，独立、客观、公正地对受托评估的资产进行评估。资产评估机构应当对其出具的评估报告负责。

第五节 国有资产转让

第五十一条 本法所称国有资产转让，是指依法将国家对企业的出资所形成的权益转移给其他单位或者个人的行为；按照国家规定无偿划转国有资产的除外。

第五十二条 国有资产转让应当有利于国有经济布局和结构的战略性调整，防止国有资产损失，不得损害交易各方的合法权益。

第五十三条 国有资产转让由履行出资人职责的机构决定。履行出资人职责的机构决定转让全部国有资产的，或者转让部分国有资产致使国家对该企业不再具有控股地位的，应当报请本级人民政府批准。

第五十四条 国有资产转让应当遵循等价有偿和公开、公平、公正的原则。

除按照国家规定可以直接协议转让的以外，国有资产转让应当在依法设立的产权交易场所公开进行。转让方应当如实披露有关信息，征集受让方；征集产生的受让方为两个以上的，转让应当采用公开竞价的交易方式。

转让上市交易的股份依照《中华人民共和国证券法》的规定进行。

第五十五条 国有资产转让应当以依法评估的、经履行出资人职责的机构认可或者由履行出资人职责的机构报经本级人民政府核准的价格为依据，合理确定最低转让价格。

第五十六条 法律、行政法规或者国务院国有资产监督管理机构规定可以向本企业的董事、监事、高级管理人员或者其近亲属，或者这些人员所有或者实际控制的企业转让的国有资产，在转让时，上述人员或者企业参与受让的，应当与其他受让参与者平等竞买；转让方应当按照国家有关规定，如实披露有关信息；相关的董事、监事和高级管理人员不得参与转让方案的制定和组织实施的各项工作。

第五十七条 国有资产向境外投资者转让的，应当遵守国家有关规定，不得危害国家安全和社会公共利益。

第六章 国有资本经营预算

第五十八条 国家建立健全国有资本经营预算制度，对取得的国有资本收入及其支出实行预算管理。

第五十九条 国家取得的下列国有资本收入,以及下列收入的支出,应当编制国有资本经营预算:

(一)从国家出资企业分得的利润;

(二)国有资产转让收入;

(三)从国家出资企业取得的清算收入;

(四)其他国有资本收入。

第六十条 国有资本经营预算按年度单独编制,纳入本级人民政府预算,报本级人民代表大会批准。

国有资本经营预算支出按照当年预算收入规模安排,不列赤字。

第六十一条 国务院和有关地方人民政府财政部门负责国有资本经营预算草案的编制工作,履行出资人职责的机构向财政部门提出由其履行出资人职责的国有资本经营预算建议草案。

第六十二条 国有资本经营预算管理的具体办法和实施步骤,由国务院规定,报全国人民代表大会常务委员会备案。

第七章 国有资产监督

第六十三条 各级人民代表大会常务委员会通过听取和审议本级人民政府履行出资人职责的情况和国有资产监督管理情况的专项工作报告,组织对本法实施情况的执法检查等,依法行使监督职权。

第六十四条 国务院和地方人民政府应当对其授权履行出资人职责的机构履行职责的情况进行监督。

第六十五条 国务院和地方人民政府审计机关依照《中华人民共和国审计法》的规定,对国有资本经营预算的执行情况和属于审计监督对象的国家出资企业进行审计监督。

第六十六条 国务院和地方人民政府应当依法向社会公布国有资产状况和国有资产监督管理工作情况,接受社会公众的监督。

任何单位和个人有权对造成国有资产损失的行为进行检举和控告。

第六十七条 履行出资人职责的机构根据需要,可以委托会计师事务所对国有独资企业、国有独资公司的年度财务会计报告进行审计,或者通过国有资本控股公司的股东会、股东大会决议,由国有资本控股公司聘请会计师事务所对公司的年度财务会计报告进行审计,维护出资人权益。

第八章 法律责任

第六十八条 履行出资人职责的机构有下列行为之一的,对其直接负责的主管人员和其他直接责任人员依法给予处分:

(一)不按照法定的任职条件,任命或者建议任命国家出资企业管理者的;

(二)侵占、截留、挪用国家出资企业的资金或者应当上缴的国有资本收入的;

(三)违反法定的权限、程序,决定国家出资企业重大事项,造成国有资产损失的;

(四)有其他不依法履行出资人职责的行为,造成国有资产损失的。

第六十九条 履行出资人职责的机构的工作人员玩忽职守、滥用职权、徇私舞弊,尚不构成犯罪的,依法给予处分。

第七十条 履行出资人职责的机构委派的股东代表未按照委派机构的指示履行职责,造成国有资产损失的,依法承担赔偿责任;属于国家工作人员的,并依法给予处分。

第七十一条 国家出资企业的董事、监事、高级管理人员有下列行为之一,造成国有资产损失的,依法承担赔偿责任;属于国家工作人员的,并依法给予处分:

(一)利用职权收受贿赂或者取得其他非法收入和不当利益的;

(二)侵占、挪用企业资产的;

(三)在企业改制、财产转让等过程中,违反法律、行政法规和公平交易规则,将企业财产低价转让、低价折股的;

(四)违反本法规定与本企业进行交易的;

(五)不如实向资产评估机构、会计师事务所提供有关情况和资料,或者与资产评估机构、会计师事务所串通出具虚假资产评估报告、审计报告的;

(六)违反法律、行政法规和企业章程规定的决策程序,决定企业重大事项的;

(七)有其他违反法律、行政法规和企业章程执行职务行为的。

国家出资企业的董事、监事、高级管理人员因前款所列行为取得的收入,依法予以追缴或者归国家出资企业所有。

履行出资人职责的机构任命或者建议任命的董事、监事、高级管理人员有本条第一款所列行为之一，造成国有资产重大损失的，由履行出资人职责的机构依法予以免职或者提出免职建议。

第七十二条 在涉及关联方交易、国有资产转让等交易活动中，当事人恶意串通，损害国有资产权益的，该交易行为无效。

第七十三条 国有独资企业、国有独资公司、国有资本控股公司的董事、监事、高级管理人员违反本法规定，造成国有资产重大损失，被免职的，自免职之日起五年内不得担任国有独资企业、国有独资公司、国有资本控股公司的董事、监事、高级管理人员；造成国有资产特别重大损失，或者因贪污、贿赂、侵占财产、挪用财产或者破坏社会主义市场经济秩序被判处刑罚的，终身不得担任国有独资企业、国有独资公司、国有资本控股公司的董事、监事、高级管理人员。

第七十四条 接受委托对国家出资企业进行资产评估、财务审计的资产评估机构、会计师事务所违反法律、行政法规的规定和执业准则，出具虚假的资产评估报告或者审计报告的，依照有关法律、行政法规的规定追究法律责任。

第七十五条 违反本法规定，构成犯罪的，依法追究刑事责任。

第九章 附 则

第七十六条 金融企业国有资产的管理与监督，法律、行政法规另有规定的，依照其规定。

第七十七条 本法自 2009 年 5 月 1 日起施行。

中华人民共和国
全民所有制工业企业法

· 1988 年 4 月 13 日第七届全国人民代表大会第一次会议通过
· 根据 2009 年 8 月 27 日第十一届全国人民代表大会常务委员会第十次会议《关于修改部分法律的决定》修正

第一章 总 则

第一条 为保障全民所有制经济的巩固和发展，明确全民所有制工业企业的权利和义务，保障其合法权益，增强其活力，促进社会主义现代化建设，根据《中华人民共和国宪法》，制定本法。

第二条 全民所有制工业企业（以下简称企业）是依法自主经营、自负盈亏、独立核算的社会主义商品生产和经营单位。

企业的财产属于全民所有，国家依照所有权和经营权分离的原则授予企业经营管理。企业对国家授予其经营管理的财产享有占有、使用和依法处分的权利。

企业依法取得法人资格，以国家授予其经营管理的财产承担民事责任。

企业根据政府主管部门的决定，可以采取承包、租赁等经营责任制形式。（2009 年 8 月 27 日删除）

第三条 企业的根本任务是：根据国家计划和市场需求，发展商品生产，创造财富，增加积累，满足社会日益增长的物质和文化生活需要。

第四条 企业必须坚持在建设社会主义物质文明的同时，建设社会主义精神文明，建设有理想、有道德、有文化、有纪律的职工队伍。

第五条 企业必须遵守法律、法规，坚持社会主义方向。

第六条 企业必须有效地利用国家授予其经营管理的财产，实现资产增殖；依法缴纳税金、费用、利润。

第七条 企业实行厂长（经理）负责制。

厂长依法行使职权，受法律保护。

第八条 中国共产党在企业中的基层组织，对党和国家的方针、政策在本企业的贯彻执行实行保证监督。

第九条 国家保障职工的主人翁地位，职工的合法权益受法律保护。

第十条 企业通过职工代表大会和其他形式，实行民主管理。

第十一条 企业工会代表和维护职工利益，依法独立自主地开展工作。企业工会组织职工参加民主管理和民主监督。

企业应当充分发挥青年职工、女职工和科学技术人员的作用。

第十二条 企业必须加强和改善经营管理，实行经济责任制，推进科学技术进步，厉行节约，反对

三、所有权

浪费,提高经济效益,促进企业的改造和发展。

第十三条 企业贯彻按劳分配原则。在法律规定的范围内,企业可以采取其他分配方式。

第十四条 国家授予企业经营管理的财产受法律保护,不受侵犯。

第十五条 企业的合法权益受法律保护,不受侵犯。

第二章 企业的设立、变更和终止

第十六条 设立企业,必须依照法律和国务院规定,报请政府或者政府主管部门审核批准。经工商行政管理部门核准登记、发给营业执照,企业取得法人资格。

企业应当在核准登记的经营范围内从事生产经营活动。

第十七条 设立企业必须具备以下条件:

(一)产品为社会所需要。

(二)有能源、原材料、交通运输的必要条件。

(三)有自己的名称和生产经营场所。

(四)有符合国家规定的资金。

(五)有自己的组织机构。

(六)有明确的经营范围。

(七)法律、法规规定的其他条件。

第十八条 企业合并或者分立,依照法律、行政法规的规定,由政府或者政府主管部门批准。

第十九条 企业由于下列原因之一终止:

(一)违反法律、法规被责令撤销。

(二)政府主管部门依照法律、法规的规定决定解散。

(三)依法被宣告破产。

(四)其他原因。

第二十条 企业合并、分立或者终止时,必须保护其财产,依法清理债权、债务。

第二十一条 企业的合并、分立、终止,以及经营范围等登记事项的变更,须经工商行政管理部门核准登记。

第三章 企业的权利和义务

第二十二条 在国家计划指导下,企业有权自行安排生产社会需要的产品或者为社会提供服务。

第二十三条 企业有权要求调整没有必需的计划供应物资或者产品销售安排的指令性计划。

企业有权接受或者拒绝任何部门和单位在指令性计划外安排的生产任务。(2009 年 8 月 27 日删除)

第二十四条 企业有权自行销售本企业的产品。国务院另有规定的除外。

承担指令性计划的企业,有权自行销售计划外超产的产品和计划内分成的产品。

第二十五条 企业有权自行选择供货单位,购进生产需要的物资。

第二十六条 除国务院规定由物价部门和有关主管部门控制价格的以外,企业有权自行确定产品价格、劳务价格。

第二十七条 企业有权依照国务院规定与外商谈判并签订合同。

企业有权依照国务院规定提取和使用分成的外汇收入。

第二十八条 企业有权依照国务院规定支配使用留用资金。

第二十九条 企业有权依照国务院规定出租或者有偿转让国家授予其经营管理的固定资产,所得的收益必须用于设备更新和技术改造。

第三十条 企业有权确定适合本企业情况的工资形式和奖金分配办法。

第三十一条 企业有权依照法律和国务院规定录用、辞退职工。

第三十二条 企业有权决定机构设置及其人员编制。

第三十三条 企业有权拒绝任何机关和单位向企业摊派人力、物力、财力。除法律、法规另有规定外,任何机关和单位以任何方式要求企业提供人力、物力、财力的,都属于摊派。

第三十四条 企业有权依照法律和国务院规定与其他企业、事业单位联营,向其他企业、事业单位投资,持有其他企业的股份。

企业有权依照国务院规定发行债券。

第三十五条 企业必须完成指令性计划。(2009 年 8 月 27 日删除)

企业必须履行依法订立的合同。

第三十六条 企业必须保障固定资产的正常维修,改进和更新设备。

第三十七条 企业必须遵守国家关于财务、劳动工资和物价管理等方面的规定,接受财政、审计、劳动工资和物价等机关的监督。

第三十八条　企业必须保证产品质量和服务质量,对用户和消费者负责。

第三十九条　企业必须提高劳动效率,节约能源和原材料,努力降低成本。

第四十条　企业必须加强保卫工作,维护生产秩序,保护国家财产。

第四十一条　企业必须贯彻安全生产制度,改善劳动条件,做好劳动保护和环境保护工作,做到安全生产和文明生产。

第四十二条　企业应当加强思想政治教育、法制教育、国防教育、科学文化教育和技术业务培训,提高职工队伍的素质。

第四十三条　企业应当支持和奖励职工进行科学研究、发明创造,开展技术革新、合理化建议和社会主义劳动竞赛活动。

第四章　厂　长

第四十四条　厂长的产生,除国务院另有规定外,由政府主管部门根据企业的情况决定采取下列一种方式:

(一)政府主管部门委任或者招聘。

(二)企业职工代表大会选举。

政府主管部门委任或者招聘的厂长人选,须征求职工代表的意见;企业职工代表大会选举的厂长,须报政府主管部门批准。

政府主管部门委任或者招聘的厂长,由政府主管部门免职或者解聘,并须征求职工代表的意见;企业职工代表大会选举的厂长,由职工代表大会罢免,并须报政府主管部门批准。

第四十五条　厂长是企业的法定代表人。

企业建立以厂长为首的生产经营管理系统。厂长在企业中处于中心地位,对企业的物质文明建设和精神文明建设负有全面责任。

厂长领导企业的生产经营管理工作,行使下列职权:

(一)依照法律和国务院规定,决定或者报请审查批准企业的各项计划。

(二)决定企业行政机构的设置。

(三)提请政府主管部门任免或者聘任、解聘副厂级行政领导干部。法律和国务院另有规定的除外。

(四)任免或者聘任、解聘企业中层行政领导

干部。法律另有规定的除外。

(五)提出工资调整方案、资金分配方案和重要的规章制度,提请职工代表大会审查同意。提出福利基金使用方案和其他有关职工生活福利的重大事项的建议,提请职工代表大会审议决定。

(六)依法奖惩职工;提请政府主管部门奖惩副厂级行政领导干部。

第四十六条　厂长必须依靠职工群众履行本法规定的企业的各项义务,支持职工代表大会、工会和其他群众组织的工作,执行职工代表大会依法作出的决定。

第四十七条　企业设立管理委员会或者通过其他形式,协助厂长决定企业的重大问题。管理委员会由企业各方面的负责人和职工代表组成。厂长任管理委员会主任。

前款所称重大问题:

(一)经营方针、长远规划和年度计划、基本建设方案和重大技术改造方案,职工培训计划,工资调整方案,留用资金分配和使用方案,承包和租赁经营责任制方案。

(二)工资列入企业成本开支的企业人员编制和行政机构的设置和调整。

(三)制订、修改和废除重要规章制度的方案。

上述重大问题的讨论方案,均由厂长提出。

第四十八条　厂长在领导企业完成计划、提高产品质量和服务质量、提高经济效益和加强精神文明建设等方面成绩显著的,由政府主管部门给予奖励。

第五章　职工和职工代表大会

第四十九条　职工有参加企业民主管理的权利,有对企业的生产和工作提出意见和建议的权利;有依法享受劳动保护、劳动保险、休息、休假的权利;有向国家机关反映真实情况,对企业领导干部提出批评和控告的权利。女职工有依照国家规定享受特殊劳动保护和劳动保险的权利。

第五十条　职工应当以国家主人翁的态度从事劳动,遵守劳动纪律和规章制度,完成生产和工作任务。

第五十一条　职工代表大会是企业实行民主管理的基本形式,是职工行使民主管理权力的机构。

职工代表大会的工作机构是企业的工会委员

会。企业工会委员会负责职工代表大会的日常工作。

第五十二条 职工代表大会行使下列职权：

（一）听取和审议厂长关于企业的经营方针、长远规划、年度计划、基本建设方案、重大技术改造方案、职工培训计划、留用资金分配和使用方案、承包和租赁经营责任制方案的报告，提出意见和建议。

（二）审查同意或者否决企业的工资调整方案、奖金分配方案、劳动保护措施、奖惩办法以及其他重要的规章制度。

（三）审议决定职工福利基金使用方案、职工住宅分配方案和其他有关职工生活福利的重大事项。

（四）评议、监督企业各级行政领导干部，提出奖惩和任免的建议。

（五）根据政府主管部门的决定选举厂长，报政府主管部门批准。

第五十三条 车间通过职工大会、职工代表组或者其他形式实行民主管理；工人直接参加班组的民主管理。

第五十四条 职工代表大会应当支持厂长依法行使职权，教育职工履行本法规定的义务。

第六章 企业和政府的关系

第五十五条 政府或者政府主管部门依照国务院规定统一对企业下达指令性计划，保证企业完成指令性计划所需的计划供应物资，审查批准企业提出的基本建设、重大技术改造等计划；任免、奖惩厂长，根据厂长的提议，任免、奖惩副厂级行政领导干部，考核、培训厂级行政领导干部。

（2009年8月27日删除）

第五十六条 政府有关部门按照国家调节市场、市场引导企业的目标，为企业提供服务，并根据各自的职责，依照法律、法规的规定，对企业实行管理和监督。

（一）制订、调整产业政策，指导企业制定发展规划。

（二）为企业的经营决策提供咨询、信息。

（三）协调企业与其他单位之间的关系。

（四）维护企业正常的生产秩序，保护企业经营管理的国家财产不受侵犯。

（五）逐步完善与企业有关的公共设施。

第五十七条 企业所在地的县级以上的地方政府应当提供企业所需的由地方计划管理的物资，协调企业与当地其他单位之间的关系，努力办好与企业有关的公共福利事业。

第五十八条 任何机关和单位不得侵犯企业依法享有的经营管理自主权；不得向企业摊派人力、物力、财力；不得要求企业设置机构或者规定机构的编制人数。

第七章 法律责任

第五十九条 违反第十六条规定，未经政府或者政府主管部门审核批准和工商行政管理部门核准登记，以企业名义进行生产经营活动的，责令停业，没收违法所得。

企业向登记机关弄虚作假、隐瞒真实情况的，给予警告或者处以罚款；情节严重的，吊销营业执照。

本条规定的行政处罚，由县级以上工商行政管理部门决定。当事人对罚款、责令停业、没收违法所得、吊销营业执照的处罚决定不服的，可以在接到处罚通知之日起十五日内向法院起诉；逾期不起诉又不履行的，由作出处罚决定的机关申请法院强制执行。

第六十条 企业因生产、销售质量不合格的产品，给用户和消费者造成财产、人身损害的，应当承担赔偿责任；构成犯罪的，对直接责任人员依法追究刑事责任。

产品质量不符合经济合同约定的条件的，应当承担违约责任。

第六十一条 政府和政府有关部门的决定违反本法第五十八条规定的，企业有权向作出决定的机关申请撤销；不予撤销的，企业有权向作出决定的机关的上一级机关或者政府监察部门申诉。接受申诉的机关应于接到申诉之日起三十日内作出裁决并通知企业。

第六十二条 企业领导干部滥用职权，侵犯职工合法权益，情节严重的，由政府主管部门给予行政处分；滥用职权、假公济私，对职工实行报复陷害的，依照刑法有关规定追究刑事责任。

第六十三条 企业和政府有关部门的领导干部，因工作过失给企业和国家造成较大损失的，由政府主管部门或者有关上级机关给予行政处分。

企业和政府有关部门的领导干部玩忽职守，

致使企业财产、国家和人民利益遭受重大损失的，依照刑法有关规定追究刑事责任。

第六十四条　阻碍企业领导干部依法执行职务，未使用暴力、威胁方法的，由企业所在地公安机关依照《中华人民共和国治安管理处罚条例》第十九条的规定处罚；以暴力、威胁方法阻碍企业领导干部依法执行职务的，依照《中华人民共和国刑法》第一百五十七条的规定追究刑事责任。

（2009 年 8 月 27 日删除）

扰乱企业的秩序，致使生产、营业、工作不能正常进行，尚未造成严重损失的，由企业所在地公安机关依照《中华人民共和国治安管理处罚法》的规定处罚。

第八章　附　则

第六十五条　本法的原则适用于全民所有制交通运输、邮电、地质勘探、建筑安装、商业、外贸、物资、农林、水利企业。

第六十六条　企业实行承包、租赁经营责任制的，除遵守本法规定外，发包方和承包方、出租方和承租方的权利、义务依照国务院有关规定执行。

联营企业、大型联合企业和股份企业，其领导体制依照国务院有关规定执行。

第六十七条　国务院根据本法制定实施条例。

第六十八条　自治区人民代表大会常务委员会可以根据本法和《中华人民共和国民族区域自治法》的原则，结合当地的特点，制定实施办法，报全国人民代表大会常务委员会备案。

第六十九条　本法自 1988 年 8 月 1 日起施行。

企业国有资产产权登记管理办法

· 1996 年 1 月 25 日中华人民共和国国务院令第 192 号发布
· 自发布之日起施行

第一条　为了加强企业国有资产产权登记管理，健全国有资产基础管理制度，防止国有资产流失，制定本办法。

第二条　本办法所称企业国有资产产权登记（以下简称产权登记），是指国有资产管理部门代表政府对占有国有资产的各类企业的资产、负债、所有者权益等产权状况进行登记，依法确认产权归属关系的行为。

第三条　国有企业、国有独资公司、持有国家股权的单位以及以其他形式占有国有资产的企业（以下统称企业），应当依照本办法的规定办理产权登记。

第四条　企业产权归属关系不清楚或者发生产权纠纷的，可以申请暂缓办理产权登记。

企业应当在经批准的暂缓办理产权登记期限内，将产权界定清楚、产权纠纷处理完毕，并及时办理产权登记。

第五条　县级以上各级人民政府国有资产管理部门，按照产权归属关系办理产权登记。

国有资产管理部门根据工作需要，可以按照产权归属关系委托政府有关部门或者机构办理产权登记。

第六条　产权登记分为占有产权登记、变动产权登记和注销产权登记。

第七条　企业应当依照本办法向国有资产管理部门办理占有产权登记。

占有产权登记的主要内容：

（一）出资人名称、住所、出资金额及法定代表人；

（二）企业名称、住所及法定代表人；

（三）企业的资产、负债及所有者权益；

（四）企业实收资本、国有资本；

（五）企业投资情况；

（六）国务院国有资产管理部门规定的其他事项。

国有资产管理部门向企业核发的国有资产产权登记表，是企业的资信证明文件。

第八条　企业发生下列变动情形之一的，应当自变动之日起 30 日内办理变动产权登记：

（一）企业名称、住所或者法定代表人改变的；

（二）国有资本占企业实收资本比例发生变化的；

（三）企业分立、合并或者改变经营形式的；

（四）有国务院国有资产管理部门规定的其他变动情形的。

第九条　企业发生下列情形之一的,应当自各该情形发生之日起 30 日内办理注销产权登记:

(一)企业解散、被依法撤销或者被依法宣告破产的;

(二)企业转让全部产权或者企业被划转的;

(三)有国务院国有资产管理部门规定的其他情形的。

第十条　企业办理产权登记,应当按照规定填报国有资产产权登记表并提交有关文件、凭证、报表等。填报的内容或者提交的文件、凭证、报表等不符合规定的,国有资产管理部门有权要求企业补正。

第十一条　产权登记实行年度检查制度。

企业应当于每一年度终了后 90 日内,办理产权年度检查登记,向国有资产管理部门提交财务报告和国有资产经营年度报告书,报告下列主要内容:

(一)出资人的资金实际到位情况;

(二)企业国有资产的结构变化,包括企业对外投资情况;

(三)国有资产增减、变动情况;

(四)国务院国有资产管理部门规定的其他事项。

第十二条　国有资产产权登记表由国务院国有资产管理部门统一制定。

任何单位和个人不得伪造、涂改、出卖或者出借国有资产产权登记表。

国有资产产权登记表遗失或者毁坏的,应当按照规定申请补领。

第十三条　国有资产管理部门应当建立健全产权登记档案制度,并定期分析和报告国有资产产权状况。

第十四条　企业违反本办法规定,有下列行为之一的,由国有资产管理部门责令改正、通报批评,可以处以 10 万元以下的罚款,并提请政府有关部门对企业领导人员和直接责任人员按照规定给予纪律处分:

(一)在规定期限内不办理产权登记的;

(二)隐瞒真实情况、未如实办理产权登记的;

(三)不按照规定办理产权年度检查登记的;

(四)伪造、涂改、出卖或者出借国有资产产权登记表的。

第十五条　国有资产管理部门工作人员在办理产权登记中玩忽职守、徇私舞弊、滥用职权、谋取私利,构成犯罪的,依法追究刑事责任;尚不构成犯罪的,依法给予行政处分。

第十六条　军队企业的国有资产产权登记管理办法,由中国人民解放军总后勤部会同国务院国有资产管理部门参照本办法制定。

第十七条　本办法自发布之日起施行。国家国有资产管理局、财政部、国家工商行政管理局 1992 年 5 月 11 日发布的《国有资产产权登记管理试行办法》同时废止。

企业国有资产监督管理暂行条例

· 2003 年 5 月 27 日中华人民共和国国务院令第 378 号公布

· 根据 2011 年 1 月 8 日《国务院关于废止和修改部分行政法规的决定》第一次修订

· 根据 2019 年 3 月 2 日《国务院关于修改部分行政法规的决定》第二次修订

第一章　总　则

第一条　为建立适应社会主义市场经济需要的国有资产监督管理体制,进一步搞好国有企业,推动国有经济布局和结构的战略性调整,发展和壮大国有经济,实现国有资产保值增值,制定本条例。

第二条　国有及国有控股企业、国有参股企业中的国有资产的监督管理,适用本条例。

金融机构中的国有资产的监督管理,不适用本条例。

第三条　本条例所称企业国有资产,是指国家对企业各种形式的投资和投资所形成的权益,以及依法认定为国家所有的其他权益。

第四条　企业国有资产属于国家所有。国家实行由国务院和地方人民政府分别代表国家履行出资人职责,享有所有者权益,权利、义务和责任相统一,管资产和管人、管事相结合的国有资产管理体制。

第五条　国务院代表国家对关系国民经济命脉和国家安全的大型国有及国有控股、国有参股企业,重要基础设施和重要自然资源等领域的国有及国有控股、国有参股企业,履行出资人职责。

国务院履行出资人职责的企业,由国务院确定、公布。

省、自治区、直辖市人民政府和设区的市、自治州级人民政府分别代表国家对由国务院履行出资人职责以外的国有及国有控股、国有参股企业,履行出资人职责。其中,省、自治区、直辖市人民政府履行出资人职责的国有及国有控股、国有参股企业,由省、自治区、直辖市人民政府确定、公布,并报国务院国有资产监督管理机构备案;其他由设区的市、自治州级人民政府履行出资人职责的国有及国有控股、国有参股企业,由设区的市、自治州级人民政府确定、公布,并报省、自治区、直辖市人民政府国有资产监督管理机构备案。

国务院,省、自治区、直辖市人民政府,设区的市、自治州级人民政府履行出资人职责的企业,以下统称所出资企业。

第六条 国务院,省、自治区、直辖市人民政府,设区的市、自治州级人民政府,分别设立国有资产监督管理机构。国有资产监督管理机构根据授权,依法履行出资人职责,依法对企业国有资产进行监督管理。

企业国有资产较少的设区的市、自治州,经省、自治区、直辖市人民政府批准,可以不单独设立国有资产监督管理机构。

第七条 各级人民政府应当严格执行国有资产管理法律、法规,坚持政府的社会公共管理职能与国有资产出资人职能分开,坚持政企分开,实行所有权与经营权分离。

国有资产监督管理机构不行使政府的社会公共管理职能,政府其他机构、部门不履行企业国有资产出资人职责。

第八条 国有资产监督管理机构应当依照本条例和其他有关法律、行政法规的规定,建立健全内部监督制度,严格执行法律、行政法规。

第九条 发生战争、严重自然灾害或者其他重大、紧急情况时,国家可以依法统一调用、处置企业国有资产。

第十条 所出资企业及其投资设立的企业,享有有关法律、行政法规规定的企业经营自主权。

国有资产监督管理机构应当支持企业依法自主经营,除履行出资人职责以外,不得干预企业的生产经营活动。

第十一条 所出资企业应当努力提高经济效益,对其经营管理的企业国有资产承担保值增值责任。

所出资企业应当接受国有资产监督管理机构依法实施的监督管理,不得损害企业国有资产所有者和其他出资人的合法权益。

第二章 国有资产监督管理机构

第十二条 国务院国有资产监督管理机构是代表国务院履行出资人职责、负责监督管理企业国有资产的直属特设机构。

省、自治区、直辖市人民政府国有资产监督管理机构,设区的市、自治州级人民政府国有资产监督管理机构是代表本级政府履行出资人职责、负责监督管理企业国有资产的直属特设机构。

上级政府国有资产监督管理机构依法对下级政府的国有资产监督管理工作进行指导和监督。

第十三条 国有资产监督管理机构的主要职责是:

(一)依照《中华人民共和国公司法》等法律、法规,对所出资企业履行出资人职责,维护所有者权益;

(二)指导推进国有及国有控股企业的改革和重组;

(三)依照规定向所出资企业委派监事;

(四)依照法定程序对所出资企业的企业负责人进行任免、考核,并根据考核结果对其进行奖惩;

(五)通过统计、稽核等方式对企业国有资产的保值增值情况进行监管;

(六)履行出资人的其他职责和承办本级政府交办的其他事项。

国务院国有资产监督管理机构除前款规定职责外,可以制定企业国有资产监督管理的规章、制度。

第十四条 国有资产监督管理机构的主要义务是:

(一)推进国有资产合理流动和优化配置,推动国有经济布局和结构的调整;

(二)保持和提高关系国民经济命脉和国家安全领域国有经济的控制力和竞争力,提高国有经济的整体素质;

(三)探索有效的企业国有资产经营体制和方式,加强企业国有资产监督管理工作,促进企业国

有资产保值增值,防止企业国有资产流失;

(四)指导和促进国有及国有控股企业建立现代企业制度,完善法人治理结构,推进管理现代化;

(五)尊重、维护国有及国有控股企业经营自主权,依法维护企业合法权益,促进企业依法经营管理,增强企业竞争力;

(六)指导和协调解决国有及国有控股企业改革与发展中的困难和问题。

第十五条 国有资产监督管理机构应当向本级政府报告企业国有资产监督管理工作、国有资产保值增值状况和其他重大事项。

第三章 企业负责人管理

第十六条 国有资产监督管理机构应当建立健全适应现代企业制度要求的企业负责人的选用机制和激励约束机制。

第十七条 国有资产监督管理机构依照有关规定,任免或者建议任免所出资企业的企业负责人:

(一)任免国有独资企业的总经理、副总经理、总会计师及其他企业负责人;

(二)任免国有独资公司的董事长、副董事长、董事,并向其提出总经理、副总经理、总会计师等的任免建议;

(三)依照公司章程,提出向国有控股的公司派出的董事、监事人选,推荐国有控股的公司的董事长、副董事长和监事会主席人选,并向其提出总经理、副总经理、总会计师人选的建议;

(四)依照公司章程,提出向国有参股的公司派出的董事、监事人选。

国务院,省、自治区、直辖市人民政府,设区的市、自治州级人民政府,对所出资企业的企业负责人的任免另有规定的,按照有关规定执行。

第十八条 国有资产监督管理机构应当建立企业负责人经营业绩考核制度,与其任命的企业负责人签订业绩合同,根据业绩合同对企业负责人进行年度考核和任期考核。

第十九条 国有资产监督管理机构应当依照有关规定,确定所出资企业中的国有独资企业、国有独资公司的企业负责人的薪酬;依据考核结果,决定其向所出资企业派出的企业负责人的奖惩。

第四章 企业重大事项管理

第二十条 国有资产监督管理机构负责指导国有及国有控股企业建立现代企业制度,审核批准其所出资企业中的国有独资企业、国有独资公司的重组、股份制改造方案和所出资企业中的国有独资公司的章程。

第二十一条 国有资产监督管理机构依照法定程序决定其所出资企业中的国有独资企业、国有独资公司的分立、合并、破产、解散、增减资本、发行公司债券等重大事项。其中,重要的国有独资企业、国有独资公司分立、合并、破产、解散的,应当由国有资产监督管理机构审核后,报本级人民政府批准。

国有资产监督管理机构依照法定程序审核、决定国防科技工业领域其所出资企业中的国有独资企业、国有独资公司的有关重大事项时,按照国家有关法律、规定执行。

第二十二条 国有资产监督管理机构依照公司法的规定,派出股东代表、董事,参加国有控股的公司、国有参股的公司的股东会、董事会。

国有控股的公司、国有参股的公司的股东会、董事会决定公司的分立、合并、破产、解散、增减资本、发行公司债券、任免企业负责人等重大事项时,国有资产监督管理机构派出的股东代表、董事,应当按照国有资产监督管理机构的指示发表意见、行使表决权。

国有资产监督管理机构派出的股东代表、董事,应当将其履行职责的有关情况及时向国有资产监督管理机构报告。

第二十三条 国有资产监督管理机构决定其所出资企业的国有股权转让。其中,转让全部国有股权或者转让部分国有股权致使国家不再拥有控股地位的,报本级人民政府批准。

第二十四条 所出资企业投资设立的重要子企业的重大事项,需由所出资企业报国有资产监督管理机构批准的,管理办法由国务院国有资产监督管理机构另行制定,报国务院批准。

第二十五条 国有资产监督管理机构依照国家有关规定组织协调所出资企业中的国有独资企业、国有独资公司的兼并破产工作,并配合有关部门做好企业下岗职工安置等工作。

第二十六条 国有资产监督管理机构依照国

家有关规定拟订所出资企业收入分配制度改革的指导意见，调控所出资企业工资分配的总体水平。

第二十七条　国有资产监督管理机构可以对所出资企业中具备条件的国有独资企业、国有独资公司进行国有资产授权经营。

被授权的国有独资企业、国有独资公司对其全资、控股、参股企业中国家投资形成的国有资产依法进行经营、管理和监督。

第二十八条　被授权的国有独资企业、国有独资公司应当建立和完善规范的现代企业制度，并承担企业国有资产的保值增值责任。

第五章　企业国有资产管理

第二十九条　国有资产监督管理机构依照国家有关规定，负责企业国有资产的产权界定、产权登记、资产评估监管、清产核资、资产统计、综合评价等基础管理工作。

国有资产监督管理机构协调其所出资企业之间的企业国有资产产权纠纷。

第三十条　国有资产监督管理机构应当建立企业国有资产产权交易监督管理制度，加强企业国有资产产权交易的监督管理，促进企业国有资产的合理流动，防止企业国有资产流失。

第三十一条　国有资产监督管理机构对其所出资企业的企业国有资产收益依法履行出资人职责；对其所出资企业的重大投融资规划、发展战略和规划，依照国家发展规划和产业政策履行出资人职责。

第三十二条　所出资企业中的国有独资企业、国有独资公司的重大资产处置，需由国有资产监督管理机构批准的，依照有关规定执行。

第六章　企业国有资产监督

第三十三条　国有资产监督管理机构依法对所出资企业财务进行监督，建立和完善国有资产保值增值指标体系，维护国有资产出资人的权益。

第三十四条　国有及国有控股企业应当加强内部监督和风险控制，依照国家有关规定建立健全财务、审计、企业法律顾问和职工民主监督等制度。

第三十五条　所出资企业中的国有独资企业、国有独资公司应当按照规定定期向国有资产监督管理机构报告财务状况、生产经营状况和国有资产保值增值状况。

第七章　法律责任

第三十六条　国有资产监督管理机构不按规定任免或者建议任免所出资企业的企业负责人，或者违法干预所出资企业的生产经营活动，侵犯其合法权益，造成企业国有资产损失或者其他严重后果的，对直接负责的主管人员和其他直接责任人员依法给予行政处分；构成犯罪的，依法追究刑事责任。

第三十七条　所出资企业中的国有独资企业、国有独资公司未按照规定向国有资产监督管理机构报告财务状况、生产经营状况和国有资产保值增值状况的，予以警告；情节严重的，对直接负责的主管人员和其他直接责任人员依法给予纪律处分。

第三十八条　国有及国有控股企业的企业负责人滥用职权、玩忽职守，造成企业国有资产损失的，应负赔偿责任，并对其依法给予纪律处分；构成犯罪的，依法追究刑事责任。

第三十九条　对企业国有资产损失负有责任受到撤职以上纪律处分的国有及国有控股企业的企业负责人，5年内不得担任任何国有及国有控股企业的企业负责人；造成企业国有资产重大损失或者被判处刑罚的，终身不得担任任何国有及国有控股企业的企业负责人。

第八章　附　则

第四十条　国有及国有控股企业、国有参股企业的组织形式、组织机构、权利和义务等，依照《中华人民共和国公司法》等法律、行政法规和本条例的规定执行。

第四十一条　国有及国有控股企业、国有参股企业中中国共产党基层组织建设、社会主义精神文明建设和党风廉政建设，依照《中国共产党章程》和有关规定执行。

国有及国有控股企业、国有参股企业中工会组织依照《中华人民共和国工会法》和《中国工会章程》的有关规定执行。

第四十二条　国务院国有资产监督管理机构，省、自治区、直辖市人民政府可以依据本条例制定实施办法。

第四十三条　本条例施行前制定的有关企业国有资产监督管理的行政法规与本条例不一致

三、所有权

的,依照本条例的规定执行。

第四十四条 政企尚未分开的单位,应当按照国务院的规定,加快改革,实现政企分开。政企分开后的企业,由国有资产监督管理机构依法履行出资人职责,依法对企业国有资产进行监督管理。

第四十五条 本条例自公布之日起施行。

国有资产评估管理办法

· 1991 年 11 月 16 日中华人民共和国国务院令第 91 号发布

· 根据 2020 年 11 月 29 日《国务院关于修改和废止部分行政法规的决定》修订

第一章 总 则

第一条 为了正确体现国有资产的价值量,保护国有资产所有者和经营者、使用者的合法权益,制定本办法。

第二条 国有资产评估,除法律、法规另有规定外,适用本办法。

第三条 国有资产占有单位(以下简称占有单位)有下列情形之一的,应当进行资产评估:

(一)资产拍卖、转让;

(二)企业兼并、出售、联营、股份经营;

(三)与外国公司、企业和其他经济组织或者个人开办外商投资企业;

(四)企业清算;

(五)依照国家有关规定需要进行资产评估的其他情形。

第四条 占有单位有下列情形之一,当事人认为需要的,可以进行资产评估:

(一)资产抵押及其他担保;

(二)企业租赁;

(三)需要进行资产评估的其他情形。

第五条 全国或者特定行业的国有资产评估,由国务院决定。

第六条 国有资产评估范围包括:固定资产、流动资产、无形资产和其他资产。

第七条 国有资产评估应当遵循真实性、科学性、可行性原则,依照国家规定的标准、程序和方法进行评定和估算。

第二章 组织管理

第八条 国有资产评估工作,按照国有资产管理权限,由国有资产管理行政主管部门负责管理和监督。

国有资产评估组织工作,按照占有单位的隶属关系,由行业主管部门负责。

国有资产管理行政主管部门和行业主管部门不直接从事国有资产评估业务。

第九条 持有国务院或者省、自治区、直辖市人民政府国有资产管理行政主管部门颁发的国有资产评估资格证书的资产评估公司、会计师事务所、审计事务所、财务咨询公司,经国务院或者省、自治区、直辖市人民政府国有资产管理行政主管部门认可的临时评估机构(以下统称资产评估机构),可以接受占有单位的委托,从事国有资产评估业务。

前款所列资产评估机构的管理办法,由国务院国有资产管理行政主管部门制定。

第十条 占有单位委托资产评估机构进行资产评估时,应当如实提供有关情况和资料。资产评估机构应当对占有单位提供的有关情况和资料保守秘密。

第十一条 资产评估机构进行资产评估,实行有偿服务。资产评估收费办法,由国务院国有资产管理行政主管部门会同财政部门、物价主管部门制定。

第三章 评估程序

第十二条 国有资产评估按照下列程序进行:

(一)申请立项;

(二)资产清查;

(三)评定估算;

(四)验证确认。

第十三条 依照本办法第三条、第四条规定进行资产评估的占有单位,经其主管部门审查同意后,应当向同级国有资产管理行政主管部门提交资产评估立项申请书,并附财产目录和有关会计报表等资料。

经国有资产管理行政主管部门授权或者委托,占有单位的主管部门可以审批资产评估立项申请。

第十四条 国有资产管理行政主管部门应当自收到资产评估立项申请书之日起 10 日内进行审核,并作出是否准予资产评估立项的决定,通知申请单位及其主管部门。

第十五条 国务院决定对全国或者特定行业进行国有资产评估的,视为已经准予资产评估立项。

第十六条 申请单位收到准予资产评估立项通知书后,可以委托资产评估机构评估资产。

第十七条 受占有单位委托的资产评估机构应当在对委托单位的资产、债权、债务进行全面清查的基础上,核实资产账面与实际是否相符,经营成果是否真实,据以作出鉴定。

第十八条 受占有单位委托的资产评估机构应当根据本办法的规定,对委托单位被评估资产的价值进行评定和估算,并向委托单位提出资产评估结果报告书。

委托单位收到资产评估机构的资产评估结果报告书后,应当报其主管部门审查;主管部门审查同意后,报同级国有资产管理行政主管部门确认资产评估结果。

经国有资产管理行政主管部门授权或者委托,占有单位的主管部门可以确认资产评估结果。

第十九条 国有资产管理行政主管部门应当自收到占有单位报送的资产评估结果报告书之日起 45 日内组织审核、验证、协商,确认资产评估结果,并下达确认通知书。

第二十条 占有单位对确认通知书有异议的,可以自收到通知书之日起 15 日内向上一级国有资产管理行政主管部门申请复核。上一级国有资产管理行政主管部门应当自收到复核申请之日起 30 日内作出裁定,并下达裁定通知书。

第二十一条 占有单位收到确认通知书或者裁定通知书后,应当根据国家有关财务、会计制度进行账务处理。

第四章 评估方法

第二十二条 国有资产重估价值,根据资产原值、净值、新旧程度、重置成本、获利能力等因素和本办法规定的资产评估方法评定。

第二十三条 国有资产评估方法包括:

(一)收益现值法;

(二)重置成本法;

(三)现行市价法;

(四)清算价格法;

(五)国务院国有资产管理行政主管部门规定的其他评估方法。

第二十四条 用收益现值法进行资产评估的,应当根据被评估资产合理的预期获利能力和适当的折现率,计算出资产的现值,并以此评定重估价值。

第二十五条 用重置成本法进行资产评估的,应当根据该项资产在全新情况下的重置成本,减去按重置成本计算的已使用年限的累积折旧额,考虑资产功能变化、成新率等因素,评定重估价值;或者根据资产的使用期限,考虑资产功能变化等因素重新确定成新率,评定重估价值。

第二十六条 用现行市价法进行资产评估的,应当参照相同或者类似资产的市场价格,评定重估价值。

第二十七条 用清算价格法进行资产评估的,应当根据企业清算时其资产可变现的价值,评定重估价值。

第二十八条 对流动资产中的原材料、在制品、协作件、库存商品、低值易耗品等进行评估时,应当根据该项资产的现行市场价格、计划价格,考虑购置费用、产品完工程度、损耗等因素,评定重估价值。

第二十九条 对有价证券的评估,参照市场价格评定重估价值;没有市场价格的,考虑票面价值、预期收益等因素,评定重估价值。

第三十条 对占有单位的无形资产,区别下列情况评定重估价值:

(一)外购的无形资产,根据购入成本及该项资产具有的获利能力;

(二)自创或者自身拥有的无形资产,根据其形成时所需实际成本及该项资产具有的获利能力;

(三)自创或者自身拥有的未单独计算成本的无形资产,根据该项资产具有的获利能力。

第五章 法律责任

第三十一条 占有单位违反本办法的规定,提供虚假情况和资料,或者与资产评估机构串通作弊,致使资产评估结果失实的,国有资产管理行政主管部门可以宣布资产评估结果无效,并可以

根据情节轻重,单处或者并处下列处罚:

（一）通报批评;

（二）限期改正,并可以处以相当于评估费用以下的罚款;

（三）提请有关部门对单位主管人员和直接责任人员给予行政处分,并可以处以相当于本人3个月基本工资以下的罚款。

第三十二条 资产评估机构作弊或者玩忽职守,致使资产评估结果失实的,国有资产管理行政主管部门可以宣布资产评估结果无效,并可以根据情节轻重,对该资产评估机构给予下列处罚:

（一）警告;

（二）停业整顿;

（三）吊销国有资产评估资格证书。

第三十三条 被处罚的单位和个人对依照本办法第三十一条、第三十二条规定作出的处罚决定不服的,可以在收到处罚通知之日起15日内,向上一级国有资产管理行政主管部门申请复议。上一级国有资产管理行政主管部门应当自收到复议申请之日起60日内作出复议决定。申请人对复议决定不服的,可以自收到复议通知之日起15日内,向人民法院提起诉讼。

第三十四条 国有资产管理行政主管部门或者行业主管部门工作人员违反本办法,利用职权谋取私利,或者玩忽职守,造成国有资产损失的,国有资产管理行政主管部门或者行业主管部门可以按照干部管理权限,给予行政处分,并可以处以相当于本人3个月基本工资以下的罚款。

违反本办法,利用职权谋取私利的,由有查处权的部门依法追缴其非法所得。

第三十五条 违反本办法,情节严重,构成犯罪的,由司法机关依法追究刑事责任。

第六章 附 则

第三十六条 境外国有资产的评估,不适用本办法。

第三十七条 有关国有自然资源有偿使用、开采的评估办法,由国务院另行规定。

第三十八条 本办法由国务院国有资产管理行政主管部门负责解释。本办法的施行细则由国务院国有资产管理行政主管部门制定。

第三十九条 本办法自发布之日起施行。

国有资产评估管理办法施行细则

·1992 年 7 月 18 日
·国资办发〔1992〕36 号

第一章 总 则

第一条 根据国务院发布的《国有资产评估管理办法》(以下简称《办法》)第三十八条的规定,制定本施行细则。

第二条 《办法》第二条所说的法律、法规另有规定,是指全国人民代表大会及其常务委员会发布的有关资产评估的法律和国务院发布的有关资产评估的行政法规。

第三条 《办法》所说的国有资产是指国家依据法律取得的,国家以各种形式的投资和投资收益形成的或接受捐赠而取得的固定资产、流动资产、无形资产和其它形态的资产。

第四条 《办法》第三条所说的国有资产占有单位包括:

（一）国家机关、军队、社会团体及其他占有国有资产的社会组织;

（二）国营企业、事业单位;

（三）各种形式的国内联营和股份经营单位;

（四）中外合资、合作经营企业;

（五）占有国有资产的集体所有制单位;

（六）其它占有国有资产的单位。

第五条 《办法》第三条规定的应当进行资产评估,是指发生该条款所说的经济情形时,除经国有资产管理行政主管部门批准可以不予评估外,都必须进行资产评估。

第六条 《办法》第三条所说的情形中:

（一）资产转让是指国有资产占有单位有偿转让超过百万元或占全部固定资产原值百分之二十以上的非整体性资产的经济行为。

（二）企业兼并是指一个企业以承担债务、购买、股份化和控股等形式有偿接收其他企业的产权,使被兼并方丧失法人资格或改变法人实体。

（三）企业出售是指独立核算的企业或企业内部的分厂、车间及其它整体性资产的出售。

（四）企业联营是指国内企业、单位之间以固定资产、流动资产、无形资产和其他资产投入组成的各种形式的联合经营。

（五）股份经营是指企业实行股份制，包括法人持股企业、内部职工持股企业，向社会公开发行股票（不上市）企业和股票上市交易的企业。

联营、股份经营的企业进行资产评估时，应对联营及合股各方投入的资产进行全面评估。

（六）企业清算是指依据中华人民共和国企业破产法的规定，宣告企业破产，并进行清算；或依照国家有关规定对改组、合并、撤销法人资格的企业资产进行的清算；或企业按照合同、契约、协议规定终止经济活动的结业清算。

第七条 《办法》第四条中所说的情形中：

（一）抵押是指国有资产占有单位以本单位的资产作为物质保证进行抵押而获得贷款的经济行为。

（二）担保是指国有资产占有单位以本单位的资产为其它单位的经济行为担保，并承担连带责任的行为。

（三）企业租赁是指资产占有单位或上级主管单位在一定期限内，以收取租金的形式，将企业全部或部分资产的经营使用权转让给其他经营使用者的行为。

第八条 《办法》第四条规定可以进行资产评估，是指发生该条款所说的情形时，根据实际情况可以对资产进行评估或者不评估。但属于以下行为必须进行资产评估：

（一）企业整体资产的租赁；

（二）国有资产租赁给外商或非国营单位；

（三）国家行政事业单位占有的非经营性资产转为经营性资产；

（四）国有资产管理行政主管部门认为应当评估的其他情形。

第九条 《办法》第四条所说的当事人是指与上述经济情形有关的国有资产占有单位、行业主管部门、国有资产管理行政主管部门以及其他单位。

第十条 对于应当进行资产评估的情形没有进行评估，或者没有按照《办法》及本细则的规定立项、确认，该经济行为无效。

第十一条 依照《办法》第五条规定对全国或者特定行业的国有资产进行评估，其评估办法由国务院另行规定。

第十二条 《办法》第七条所说的国家规定的

标准是指国家和地方人民政府以及中央各部门颁布的有关技术、经济标准。

第二章　组织管理

第十三条 《办法》第八条所说的国有资产管理行政主管部门是指各级政府专门负责国有资产管理的职能部门。中央是指国家国有资产管理局，地方是指各级国有资产管理局或国有资产管理专门机构。

第十四条 国家对资产评估工作实行统一领导、分级管理的原则。国家国有资产管理局负责组织、管理、指导和监督全国的资产评估工作。

地方各级国有资产管理行政主管部门按照国家政策法规和上级国有资产管理行政主管部门的规定，负责管理本级的资产评估工作。

上级国有资产管理行政主管部门对下级国有资产管理行政主管部门在资产评估管理工作中不符合《办法》和本细则规定的做法，有权进行纠正。

《办法》第八条第二款所说的国有资产评估组织工作由行业主管部门负责，是指各级政府的行业主管部门对所属单位的资产评估立项和评估结果进行初审、签署意见，并对本行业的资产评估工作负责督促和指导。

第十五条 《办法》第九条所说的资产评估公司、会计师事务所、审计事务所、财务咨询公司等资产评估机构，必须是经工商行政管理部门注册登记、具有法人资格、并持有国务院或省、自治区、直辖市（含计划单列市）国有资产管理行政主管部门颁发的资产评估资格证书的单位。只有同时具备上述条件的单位才能从事国有资产的评估业务。

在发生《办法》第三条、第四条和本细则规定的应进行资产评估情形时，必须委托上述具有资产评估资格的评估机构进行评估。当事人自行评估占有的国有资产或者评估对方占有资产的行为，不具有法律效力。

第十六条 凡需从事资产评估业务的单位，必须按隶属关系向国务院或省、自治区、直辖市国有资产管理行政主管部门申请资产评估资格，经审查批准，取得资产评估资格或临时评估资格后方能从事国有资产评估业务，也可以从事非国有资产的评估业务。

计划单列市从事资产评估业务的单位，由省

国有资产管理行政主管部门委托计划单列市国有资产管理行政主管部门审核其资产评估资格并颁发资格证书。

（一）资产评估资格证书由国家国有资产管理局统一印制、盖章、编号。

（二）中央管理的资产评估机构（包括在各地的资产评估机构）的评估资格证书由国家国有资产管理局审核颁发。

（三）地方管理的资产评估机构（包括驻外地的资产评估机构）的评估资格证书，由省、自治区、直辖市国有资产管理行政主管部门审核颁发，并报国家国有资产管理局备案。由计划单列市国有资产管理行政主管部门颁发的资产评估资格证书，除报国家国有资产管理局备案外，还要报省国有资产管理行政主管部门备案。

（四）国务院和省、自治区、直辖市以及计划单列市国有资产管理行政主管部门负责对已取得资产评估资格的评估机构每年进行一次年检（具体办法另定）。

第十七条　委托评估机构进行资产评估的委托方，一般是国有资产占有单位，也可以是经占有单位同意、与被评估资产有关的其它当事人，原则上由申请立项的一方委托。特殊情况由国有资产管理行政主管部门委托。

委托方被委托方应签订资产评估协议书，协议书的主要内容包括：被评估项目名称、评估内容、评估期限、收费办法和金额、违约责任等。

第十八条　经济行为有关各方对委托资产评估机构有争议时，由国有资产管理行政主管部门指定双方可以接受的资产评估机构进行评估。

凡属重大的亿元以上资产评估项目和经国家计委批准立项的中外合资、合作项目的资产评估（含地方），必要时，国家国有资产管理局可以直接组织资产评估机构进行评估。

第十九条　取得资产评估资格证书的资产评估机构，承担评估业务不受地区和行业限制，既可以承接本地和本行业的资产评估业务，也可以承接外地、境外和其它行业的资产评估业务。资产评估机构与被评估单位有直接经济利益关系的，不得委托该评估机构进行评估。

第二十条　凡经批准进行资产评估，资产占有单位必须如实提供评估所需的各种资料。资产评估机构应对所提供的资料保守秘密，不得向外泄露。

对资产评估中涉及的国家机密，有关各方均应严格按照国家保密法规的各项规定执行，必要时由国家国有资产管理局直接组织资产评估机构进行评估。

第二十一条　国有土地使用权价值的评估和国有房产价值的评估，都应纳入《国有资产评估管理办法》的管理范围。

从事国有土地使用权和国有房产价值评估的专业性资产评估机构，要依照《办法》和本细则的规定，向国家国有资产管理局或省、自治区、直辖市国有资产管理行政主管部门申请并取得资产评估资格证书后，才能从事资产评估业务。

第二十二条　按照《办法》第十一条规定，资产评估实行有偿服务。资产评估机构接受委托进行评估时，应依照国家规定的收费办法向委托单位收费，并与委托单位在评估合同中明确具体收费方法。

第二十三条　资产评估机构的评估收费办法，由国家国有资产管理局会同国家物价局另行制定。

第三章　评估程序

第二十四条　国有资产占有单位发生《办法》第三条、第四条所说的经济情形时，应于该经济行为发生之前，按隶属关系申请评估立项。按照统一领导、分级管理的原则，中央管辖的国有资产的评估立项审批，由国家国有资产管理局负责办理；地方各级管辖的国有资产的评估立项审批，原则上由同级国有资产管理行政主管部门负责办理；尚不具备立项审批条件的地、县，可由上级国有资产管理行政主管部门根据《办法》和本细则作出具体规定。

重大的亿元以上资产评估项目和经国家计委批准立项的中外合资、合作项目的评估（含中央、地方国营企业和集体企业占有的国有资产），除报同级国有资产管理行政主管部门立项审批外，还须报国家国有资产管理局备案，必要时由国家国有资产管理局直接审批。

第二十五条　资产评估立项原则上应由被评估国有资产占有单位申报。

第二十六条　国有资产占有单位资产评估立项申请书，应经其主管部门签署意见后，报国有资产管理行政主管部门。在国家和地方计划单列的单位以及没有上级主管部门的单位,资产评估立项申请书直接报同级国有资产管理行政主管部门。

评估立项申请书包括以下内容:

(一)资产占有单位名称、隶属关系、所在地址;

(二)评估目的;

(三)评估资产的范围;

(四)申报日期;

(五)其它内容。

资产评估立项申请书,应由申报单位和上级主管部门盖章,并附该项经济行为审批机关的批准文件和国有资产管理行政主管部门颁发的产权证明文件。

国有资产管理行政主管部门收到立项申请书后,应在十日内下达是否准予评估立项的通知书,超过十日不批复自动生效,并由国有资产管理行政主管部门补办批准手续。

第二十七条　资产评估机构依据批准的评估立项通知书,接受评估委托,按其规定的范围进行评估。对占有单位整体资产评估时,应在资产占有单位全面进行资产和债权、债务清查的基础上,对其资产、财务和经营状况进行核实。

第二十八条　资产评估机构对委托评估的资产,在核实的基础上,根据不同的评估目的和对象,依照国家的法律、法规和政策规定,考虑影响资产价值的各种因素,运用科学的评估方法,选择适当的评估参数,独立、公正、合理地评估出资产的价值。

第二十九条　资产评估机构在评估后应向委托单位提交资产评估结果报告书,其内容包括:正文和附件两部分。

正文的主要内容:

(一)评估机构名称;

(二)委托单位名称;

(三)评估资产的范围、名称和简单说明;

(四)评估基准日期;

(五)评估原则;

(六)评估所依据的法律、法规和政策;

(七)评估方法和计价标准;

(八)对具体资产评估的说明;

(九)评估结论:包括评估价值和有关文字说明;

(十)附件名称;

(十一)评估起止日期和评估报告提出日期;

(十二)评估机构负责人、评估项目负责人签名,并加盖评估机构公章;

(十三)其他。附件:

(一)资产评估汇总表、明细表;

(二)评估方法说明和计算过程;

(三)与评估基准日有关的会计报表;

(四)资产评估机构评估资格证明文件复印件;

(五)被评估单位占有资产的证明文件复印件;

(六)其它与评估有关的文件资料。

第三十条　国有资产占有单位收到资产评估报告书后提出资产评估结果确认申请报告,连同评估报告书及有关资料,经上级主管部门签署意见后,报批准立项的国有资产管理行政主管部门确认。

第三十一条　国有资产管理行政主管部门对评估结果的确认工作,分为审核验证和确认两个步骤,先对资产评估是否独立公正、科学合理进行审核验证,然后提出审核意见,并下达资产评估结果确认通知书。

第三十二条　国有资产管理行政主管部门从以下方面审核验证资产评估报告:

(一)资产评估工作过程是否符合政策规定;

(二)资产评估机构是否有评估资格;

(三)实际评估范围与规定评估范围是否一致;被评估资产有无漏评和重评;

(四)影响资产价值的因素是否考虑周全;

(五)引用的法律、法规和国家政策是否适当;

(六)引用的资料、数据是否真实、合理、可靠;

(七)运用的评估方法是否科学;

(八)评估价值是否合理;

(九)其它。

第三十三条　资产评估报告凡符合本细则第二十九、第三十和第三十二条要求的,应予以确认,由负责审批的国有资产管理行政主管部门下达确认通知书;不符合要求的,分别情况做出修改、重评或不予确认的决定。

经国有资产管理行政主管部门确认的资产评估价值,作为资产经营和产权变动的底价或作价的依据。

第三十四条　资产占有单位对确认通知书有异议,或与经济情形有关的当事人以及资产评估有关各方因评估问题发生纠纷,经同级国有资产管理行政主管部门协调无效,可以向上级国有资产管理行政主管部门申请复议或仲裁。

第三十五条　资产评估的立项审批和评估结果确认一般应按本细则第二十六条、第三十三条规定办理。国有资产管理行政主管部门认为有必要时,也可以委托国有资产占有单位的主管部门或下级国有资产管理行政主管部门进行。被委托的部门应依照《办法》和本细则的规定,办理资产评估的立项审批和结果确认工作,并将办理结果报委托的国有资产管理行政主管部门备案。

第三十六条　经国有资产管理行政主管部门确认的资产评估结果,除国家经济政策发生重大变动或经济行为当事人另有协议规定之外,自评估基准日起一年内有效。在有效期内,资产数量发生变化时,根据不同情况可由原评估机构或资产占有单位,按原评估方法做相应调整。

第四章　评估方法

第三十七条　资产评估机构进行资产评估时,应根据不同的评估目的和对象,选用《办法》第二十三条所规定的一种或几种方法进行评定估算。选用几种方法评估,应对各种方法评出的结果进行比较和调整,得出合理的资产重估价值。

第三十八条　收益现值法是将评估对象剩余寿命期间每年(或每月)的预期收益,用适当的折现率折现,累加得出评估基准日的现值,以此估算资产价值的方法。

第三十九条　重置成本法是现时条件下被评估资产全新状态的重置成本减去该项资产的实体性贬值、功能性贬值和经济性贬值,估算资产价值的方法。

实体性贬值是由于使用磨损和自然损耗造成的贬值。功能性贬值是由于技术相对落后造成的贬值。经济性贬值是由于外部经济环境变化引起的贬值。

第四十条　现行市价法是通过市场调查,选择一个或几个与评估对象相同或类似的资产作为比较对象,分析比较对象的成交价格和交易条件,进行对比调整,估算出资产价值的方法。

第四十一条　清算价格法适用于依照中华人民共和国企业破产法规定,经人民法院宣告破产的企业的资产评估。评估时应当根据企业清算时其资产可变现的价值,评定重估价值。

第四十二条　资产评估机构接受委托进行资产评估时,选用的价格标准应遵守国家法律法规,并维护经济行为各方的正当权益。

在资产评估时,应根据不同的评估目的、对象,选用不同的价格标准。可以采用国家计划价,也可以采用国家指导价、国内市场价和国际市场价。

汇率、利率应执行国家规定的牌价。自由外汇或以自由外汇购入的资产也可以用外汇调剂价格。

国内各种形式联营(包括集团公司)、股份经营的资产评估,对联营各方投入的同类资产应该采用同一价格标准评估。

第五章　中外合资、合作资产评估

第四十三条　凡在中华人民共和国境内与外国公司、企业和其他经济组织或个人,开办中外合资、合作经营的企业,对中方投入的资产必须按规定进行评估,以确认的评估价值作为投资作价的基础。对外方投入的资产,必要时经外方同意也可进行评估。

第四十四条　中外合资、合作的评估原则上应在项目建议书批准后可行性研究报告批准前进行,特殊情况下也可以在项目建议书审批以前或正式签订合同、协议前进行。

经国有资产管理行政主管部门确认的资产评估报告,作为计划部门批准可行性研究报告、经贸部门审批合同的必备文件;经国有资产管理行政主管部门确认的资产评估报告和出具的产权登记表(包括变更登记或开办登记)作为工商行政管理部门办理登记注册的必备文件。

第四十五条　已开办的中外合资、合作企业中方投资比例占50%以上(含50%),发生《办法》第三条、第四条和本细则第八条的情形时,必须按规定要求进行资产评估。

第四十六条　开办前的中外合资、合作项目,中方资产的评估,原则上应委托中国有评估资格的资产评估机构评估。特殊情况下,经国有资产管理行政主管部门同意,也可以委托国外评估机构评估或中国评估机构和国外评估机构联合评估,其评估报告,须报同级国有资产管理行政主管部门确认。

第四十七条　国有资产占有单位与香港、澳门、台湾地区进行合资、合作经营,其资产评估比照本细则本章有关规定办理。

第六章　股份制企业资产评估

第四十八条　国有资产占有单位改组为股份制企业(包括法人持股、内部职工持股、向社会发行股票不上市交易和向社会发行股票并上市交易)前,应按《办法》和本细则规定,委托具有资产评估资格的机构进行资产评估。

第四十九条　国有资产占有单位改组为股份制企业的资产评估结果,须按规定报国有资产管理行政主管部门审核确认。未经资产评估或资产评估结果未经确认的单位,政府授权部门不办理股份制企业设立审批手续。

第五十条　国有资产管理行政主管部门确认的净资产价值应作为国有资产折股和确定各方股权比例的依据。

注册会计师对准备实行股份制企业的财务和财产状况进行验证后,其验证结果与国有资产管理行政主管部门确认的资产评估结果不一致需要调整时,必须经原资产评估结果确认机关同意。

国有资产占有单位改组的股份公司发行 B 种股票,若由外方注册会计师查验账目,其查验结果与国有资产管理行政主管部门确认的资产评估结果不一致需要调整时,也要由原资产评估结果确认机关审核同意。

第五十一条　含有国家股权的股份制企业在经营过程中,发生《办法》第三条、第四条和本细则第八条的情形时,应按规定要求进行资产评估。

国家控制的股份制企业的资产评估,应按规定向国有资产管理行政主管部门办理资产评估立项和评估结果确认手续;非国家控股的股份制企业的资产评估,由董事会批准资产评估申报和对评估结果的确认。

第七章　法律责任

第五十二条　违反《办法》第三条和本细则的规定,对应当进行资产评估的情形而未进行评估的,应按《办法》三十一条规定对有关当事人给与处罚,造成国有资产重大损失的,应追究有关当事

人的法律责任。

第五十三条　国有资产占有单位、资产评估机构违反《办法》和本细则规定,弄虚作假,造成评估结果失实的,国有资产管理行政主管部门有权宣布资产评估结果无效,并根据失实的程度,责令限期改正或重新进行评估。重新评估的费用由违法单位支付。

第五十四条　资产评估机构应对其评估结果的客观、公正、真实性承担法律责任。

资产评估机构违反《办法》及本细则规定,除按《办法》三十二条规定处罚外,还应没收违法收入,并视违法行为的情节轻重,对单位处以评估费用两倍以内、对个人处以三个月基本工资以内的罚款。也可给予通报批评或建议有关单位给予相应的行政处分。以上处罚可以并处。

第五十五条　被处以停业整顿的资产评估机构,在停业整顿期间不得承接资产评估业务。停业整顿期限不得少于三个月。停业整顿的资产评估机构经原颁发资产评估资格证书的国有资产管理行政主管部门审查合格后方可重新开展资产评估业务。

被吊销资产评估资格证书的资产评估机构,两年内不得重新发给资产评估资格证书。两年期满后,需按审批程序重新申请。

第五十六条　对国有资产占有单位及其责任人的罚款,由同级国有资产管理行政主管部门执行。对责任人的行政处分由同级国有资产管理行政主管部门提出建议,提请有关单位或其上级主管部门处理。

对资产评估机构的警告、停业整顿、吊销资产评估资格证书以及罚款,由颁发资产评估资格证书的国有资产管理行政主管部门执行。对直接责任人的处分,由发证机关提出建议,提请有关部门处理。

第五十七条　国有资产管理行政主管部门及受委托的部门对所办理的资产评估立项审批和结果确认负有行政责任。对违反《办法》及本细则规定的工作人员,按《办法》第三十四条规定处理。

第五十八条　国有资产管理行政主管部门收缴的罚款收入按国家有关规定上交国库。单位支付的罚款在企业留利、预算包干结余和预算外资金中列支,个人支付的罚款由本人负担。

第八章　附　则

第五十九条　国有自然资源资产价值评估,

应在国有资产管理行政主管部门管理下进行。其评估办法及实施细则由国家国有资产管理局会同有关部门共同制定，报国务院批准执行。

第六十条 资产评估涉及到企业、单位资金增减变动帐务处理和评估费用的开支渠道，按财政部有关规定执行。

第六十一条 各地可根据《办法》和本细则制定具体实施办法，过去发布的有关资产评估的规定与《办法》和本细则相抵触的，均以《办法》和本细则的规定为准。

第六十二条 集体企业资产评估可参照《办法》和本细则规定办理。

第六十三条 本细则由国家国有资产管理局负责解释。

第六十四条 本细则自发布之日起执行。

国有资产产权界定
和产权纠纷处理暂行办法

· 1993 年 11 月 21 日
· 国资法规发〔1993〕68 号

第一章 总 则

第一条 为了维护国有资产所有者和其他产权主体的合法权益，明确产权归属，促进社会主义市场经济的发展，制定本办法。

第二条 本办法下列用语的含义：

国有资产。系指国家依法取得和认定的，或者国家以各种形式对企业投资和投资收益、国家向行政事业单位拨款等形成的资产。

产权。系指财产所有权以及与财产所有权有关的经营权、使用权等财权。不包括债权。

产权界定。系指国家依法划分财产所有权和经营权、使用权等产权归属，明确各类产权主体行使权利的财产范围及管理权限的一种法律行为。

产权纠纷。系指由于财产所有权及经营权、使用权等产权归属不清而发生的争议。

第三条 本办法适用于全部或部分占用国有资产单位的产权界定，全民所有制单位与其他所有制单位之间以及全民所有制单位之间的国有资产产权的界定及产权纠纷的处理。

第四条 产权界定应遵循"谁投资、谁拥有产权"的原则进行。在界定过程中，既要维护国有资产所有者及经营使用者的合法权益，又不得侵犯其他财产所有者的合法权益。

第五条 产权纠纷的处理应本着实事求是、公正、公平的原则依法进行。

第二章 国有资产所有权界定

第六条 中华人民共和国是国有资产所有权的唯一主体，国务院代表国家行使国有资产的所有权，国家对国有资产实行分级分工管理，国有资产分级分工管理主体的区分和变动不是国有资产所有权的分割和转移。

第七条 国有机关及其所属事业单位占有、使用的资产以及政党、人民团体中由国家拨款等形成的资产，界定为国有资产。

第八条 全民所有制企业中的产权界定依下列办法处理：

1. 有权代表国家投资的部门和机构以货币、实物和所有权属于国家的土地使用权、知识产权等向企业投资，形成的国家资本金，界定为国有资产；

2. 全民所有制企业运用国家资本金及在经营中借入的资金等所形成的税后利润经国家批准留给企业作为增加投资的部分以及从税后利润中提取的盈余公积金、公益金和未分配利润等，界定为国有资产；

3. 以全民所有制企业和行政事业单位（以下统称全民单位）担保，完全用国内外借入资金投资创办的或完全由其他单位借款创办的全民所有制企业，其收益积累的净资产，界定为国有资产；

4. 全民所有制企业接受馈赠形成的资产，界定为国有资产；

5. 在实行《企业财务通则》、《企业会计准则》以前，全民所有制企业从留利中提取的职工福利基金、职工奖励基金和"两则"实行后用公益金购建的集体福利设施而相应增加的所有者权益，界定为国有资产；

6. 全民所有制企业中党、团、工会组织等占用企业的财产，不包括以个人缴纳党费、团费、会费以及按国家规定由企业拨付的活动经费等结余购建的资产，界定为国有资产。

第九条 集体所有制企业中国有资产所有权界定依下列办法处理：

1. 全民单位以货币、实物和所有权属于国家的土地使用权、知识产权等独资(包括几个全民单位合资,下同)创办的以集体所有制名义注册登记的企业单位,其资产所有权界定按照本办法第八条的规定办理。但依国家法律、法规规定或协议约定并经国有资产管理部门认定的属于无偿资助的除外;

2. 全民单位用国有资产在非全民单位独资创办的集体企业(以下简称集体企业)中的投资以及按照投资份额应取得的资产收益留给集体企业发展生产的资本金及其权益,界定为国有资产;

3. 集体企业依据国家规定享受税前还贷形成的资产,其中属于国家税收应收未收的税款部分,界定为国有资产;集体企业依据国家规定享受减免税形成的资产,其中列为"国家扶持基金"等投资性的减免税部分界定为国有资产。经国有资产管理部门会同有关部门核定数额后,继续留给集体企业使用,由国家收取资产占用费。上述国有资产的增殖部分由于历史原因无法核定的,可以不再追溯产权。

集体企业改组为股份制企业时,改组前税前还贷形成的资产中国家税收应收未收的税款部分和各种减免税形成的资产中列为"国家扶持基金"等投资性的减免税部分界定为国家股,其他减免税部分界定为企业资本公积金;

4. 集体企业使用银行贷款、国家借款等借贷资金形成的资产,全民单位只提供担保的,不界定为国家资产;但履行了连带责任的,全民单位应予追索清偿或经协商转为投资。

第十条 供销、手工业、信用等合作社中由国家拨入的资本金(含资金或者实物)界定为国有资产,经国有资产管理部门会同有关部门核定数额后,继续留给合作社使用,由国家收取资产占用费。上述国有资产的增殖部分由于历史原因无法核定的,可以不再追溯产权。

第十一条 集体企业和合作社无偿占用国有土地的,应由国有资产管理部门会同土地管理部门核定其占用土地的面积和价值量,并依法收取土地占用费。

集体企业和合作社改组为股份制企业时,国有土地折价部分,形成的国家股份或其他所有者权益,界定为国家资产。

第十二条 中外合资经营企业中国有资产所有权界定依下列办法处理:

1. 中方以国有资产出资投入的资本总额,包括现金、厂房建筑物、机器设备、场地使用权、无形资产等形成的资产,界定为国有资产;

2. 企业注册资本增加,按双方协议,中方以分得利润向企业再投资或优先购买另一方股份的投资活动中所形成的资产,界定为国有资产;

3. 可分配利润及从税后利润中提取的各项基金中中方按投资比例所占的相应份额,不包括已提取用于职工奖励、福利等分配给个人消费的基金,界定为国有资产;

4. 中方职工的工资差额,界定为国有资产;

5. 企业根据中国法律和有关规定按中方工资总额一定比例提取的中方职工的住房补贴基金,界定为国有资产;

6. 企业清算或完全解散时,馈赠或无偿留给中方继续使用的各项资产,界定为国有资产。

第十三条 中外合作经营企业中国有资产所有权界定参照第十二条规定的原则办理。

第十四条 股份制企业中国有资产所有权界定依下列办法处理:

1. 国家机关或其授权单位向股份制企业投资形成的股份,包括现有已投入企业的国有资产折成的股份,构成股份制企业中的国家股,界定为国有资产;

2. 全民所有制企业向股份制企业投资形成的股份,构成国有法人股,界定为国有资产。

3. 股份制企业公积金、公益金中,全民单位按照投资应占有的份额,界定为国有资产;

4. 股份制企业未分配利润中,全民单位按照投资比例所占的相应份额,界定为国有资产。

第十五条 联营企业中国有资产所有权界定参照第十四条规定的原则办理。

第三章 全民单位之间产权界定

第十六条 各个单位占用的国有资产,应按分级分工管理的原则,分别明确其与中央、地方、部门之间的管理关系,非经有权管理其所有权的人民政府批准或双方约定,并办理产权划转手续,不得变更资产的管理关系。

第十七条 全民单位对国家授予其使用或经营的资产拥有使用权或经营权。除法律、法规另有规定者外,不得在全民单位之间无偿调拨其资产。

三、所有权

第十八条 全民所有制企业之间是平等竞争的法人实体,相互之间可以投资入股,按照"谁投资、谁拥有产权"的原则,企业法人的对外长期投资或入股,属于企业法人的权益,不受非法干预或侵占。

第十九条 依据国家有关规定,企业之间可以实行联营,并享有联营合同规定范围内的财产权利。

第二十条 国家机关投资创办的企业和其他经济实体,应与国家机关脱钩,其产权由国有资产管理部门会同有关部门委托有关机构管理。

第二十一条 国家机关所属事业单位经批准以其占用的国有资产出资创办的企业和其他经济实体,其产权归该单位拥有。

第二十二条 对全民单位由于历史原因或管理问题造成的有关房屋产权和土地使用权关系不清或有争议的,依下列办法处理:

1. 全民单位租用房产管理部门的房产,因各种历史原因全民单位实际上长期占用,并进行过多次投入、改造或翻新,房产结构和面积发生较大变化的,可由双方协商共同拥有产权;

2. 对数家全民单位共同出资或由上级主管部门集资修建的职工宿舍、办公楼等,应在核定各自出资份额的基础上,由出资单位按份共有或共同共有其产权;

3. 对有关全民单位已办理征用手续的土地,但被另一些单位或个人占用,应由原征用土地一方进行产权登记,办理相应法律手续。已被其他单位或个人占用的,按规定实行有偿使用;

4. 全民单位按国家规定以优惠价向职工个人出售住房,凡由于分期付款,或者在产权限制期内,或者由于保留溢值分配权等原因,产权没有完全让渡到个人之前,全民单位对这部分房产应视为共有财产。

第二十三条 对电力、邮电、铁路和城市市政公用事业等部门,按国家规定由行业统一经营管理,可由国有资产管理部门委托行业主管部门根据历史因素及其行业管理特点,对使用单位投入资金形成的资产,依下列办法处理:

1. 使用单位投入资金形成的资产交付这些行业进行统一管理,凡已办理资产划转手续的,均作为管理单位法人资产;凡没有办理资产划转手续的,可根据使用单位与管理单位双方自愿的原则,

协商办理资产划转手续或资产代管手续;

2. 对使用单位投入资金形成的资产,未交付这些行业统一管理而归使用单位自己管理的,产权由使用单位拥有;

3. 对由电力部门代管的农电资产,凡已按规定办理有关手续,并经过多次更新改造,技术等级已发生变化,均作为电力企业法人资产;

4. 凡属于上述部门的企业代管其他企业、单位的各项资产,在产权界定或清产核资过程中找不到有关单位协商或办理手续的,经通告在一定期限后,可以视同为无主资产,归国家所有,其产权归代管企业;

5. 对于地方政府以征收的电力建设资金或集资、筹资等用于电力建设形成的资产,凡属于直接投资实行按资分利的,在产权界定中均按投资比例划分投入资本份额;属于有偿使用已经或者将要还本付息的,其产权划归电力企业。

第四章 产权界定的组织实施

第二十四条 国有资产产权界定工作,按照资产的现行分级分工管理关系,由各级国有资产管理部门会同有关部门进行。

第二十五条 省级以上国有资产管理部门应当成立产权界定和产权纠纷调处委员会,具体负责产权界定及纠纷处理事宜。

第二十六条 全国性的产权界定工作,可结合清产核资,逐步进行。

第二十七条 占有、使用国有资产的单位,发生下列情形的,应当进行产权界定:

1. 与外方合资、合作的;

2. 实行股份制改造和与其他企业联营的;

3. 发生兼并、折卖等产权变动的;

4. 国家机关及其所属事业单位创办企业和其他经济实体的;

5. 国有资产管理部门认为需要界定的其他情形。

第二十八条 产权界定依下列程序进行:

1. 全民单位的各项资产及对外投资,由全民单位首先进行清理和界定,其上级主管部门负责督促和检查。必要时也可以由上级主管部门或国有资产管理部门直接进行清理和界定;

2. 全民单位经清理、界定已清楚属于国有资产的部分,按财务隶属关系报同级国有资产管理

部门认定；

3. 经认定的国有资产，须按规定办理产权登记等有关手续。

占用国有资产的其他单位的产权界定，可以参照上述程序办理。

第五章　产权纠纷处理程序

第二十九条　全民所有制单位之间因对国有资产的经营权、使用权等发生争议而产生的纠纷，应在维护国有资产权益的前提下，由当事人协商解决。协商不能解决的，应向同级或共同上一级国有资产管理部门申请调解和裁定，必要时报有权管辖的人民政府裁定，国务院拥有最终裁定权。

第三十条　上述全民单位对国有资产管理部门的裁定不服的，可以在收到裁定书之日起十五日内，向上一级国有资产管理部门申请复议，上一级国有资产管理部门应当自收到复议申请之日起六十日内作出复议决定。

第三十一条　全民所有制单位与其他经济成份之间发生的产权纠纷，由全民单位提出处理意见，经同级国有资产管理部门同意后，与对方当事人协商解决。协商不能解决的，依司法程序处理。

第六章　法律责任

第三十二条　对违反本办法规定，导致国有资产流失的，由国有资产管理部门会同有关部门（以下简称产权界定主管机关）根据情节轻重，分别给予直接责任人员行政经济的处罚，触犯刑律的，由司法部门予以惩处。

第三十三条　产权界定主管机关的工作人员违反本办法，利用职权谋取私利或者玩忽职守，造成国有资产损失的，国有资产管理部门和有关部门应按照干部管理权限，给予责任人员行政处分，触犯刑律的，提交司法机关处理。

第三十四条　发生属于产权界定范围的情形，国有资产占用单位隐瞒不报或串通作弊，导致国有资产权益受损的，产权界定主管机关可以根据情节轻重，对占用单位的主管人员和直接责任人员给予通报批评、罚款等处罚。

发生上款情形，还需补办产权界定手续。

第三十五条　对于违反产权界定及纠纷处理程序，国有资产管理部门可以单独或会同有关部门给予责任人员行政、经济的处罚。

第七章　附　则

第三十六条　本办法由国家国有资产管理局负责解释。

第三十七条　本办法自公布之日起施行。

集体企业国有资产产权界定暂行办法

· 1994 年 12 月 25 日国家国有资产管理局令第 2 号发布
· 自发布之日起施行

第一章　总　则

第一条　为了进一步明晰产权关系，建立与社会主义市场经济体制相适应的现代企业制度，促进公有制经济的巩固和发展，维护国有资产所有者和集体资产所有者的合法权益，根据国家有关规定，制定本办法。

第二条　本办法所称集体企业国有资产产权界定（以下简称产权界定），系指国家依法划分和认定存在于集体所有制企业中国有资产的所有权归属，并明确国家作为所有者对这部分国有资产行使权利的财产范围和管理权限的一种法律行为。

第三条　本办法适用于注册为集体所有制性质的各种城镇集体企业（含合作社）资产的产权界定。

第四条　产权界定应遵循"谁投资、谁拥有产权"的原则进行，即从资产的原始来源入手，界定产权。凡国家作为投资主体，在没有将资产所有权让渡之前，仍享有对集体企业中国有资产的所有权。

第五条　在产权界定过程中，应本着"立足今后加强管理，历史问题处理适度"的工作原则，实事求是，公平公正地进行界定。既要维护国有资产所有者正当权益，也不得损害集体企业所有者的合法利益。

第六条　进行产权界定，应保持国家对集体经济法律、法规、政策的连续性和协调性。

第七条　集体企业中的国有资产，须以价值形态进行界定和记帐反映。

第二章　集体企业国有资产的界定

第八条　全民所有制企业、事业单位、国家机

三、所有权

关等(以下简称全民单位)投资或创办的集体企业,以及虽不隶属于全民单位,但全民单位实际以货币、实物、无形资产等给予扶持和资助的集体企业国有资产所有权界定,依下列办法处理:

(一)全民单位以货币、实物和所有权属于国家的土地使用权、知识产权等独资创办的以集体所有制名义注册登记的企业单位,其资产所有权界定按对国有企业产权界定规定办理。但依国家有关国有资产管理法律、法规规定或协议约定并经国资产管理部门认定的属于无偿资助的除外。

(二)新建的企业,开办资金完全由全民单位以银行贷款及借款形式筹措,生产经营以集体性质注册的,其资产产权界定比照前款规定。

(三)全民单位用国有资产在集体企业中的投资及按照投资份额(或协议约定)应取得的资产收益界定为国有资产。

(四)全民单位以资助、扶持等多种形式向集体企业投入资金或设备,凡投入时没有约定是投资或债权关系的,一般应视同投资性质。如有争议,可由双方协商,重新确定法律关系并补办有关手续,协商不成的,由国有资产管理部门会同有关部门进行界定。但下列情况不作为投资关系:

1、凡属于1979年以前投入的,可视同垫支借用性质;

2、凡集体企业已按期支付折旧等费用,可视同租用关系处理;

第九条 集体企业在发展过程中,使用银行贷款、国家借款等借贷资金形成的资产,全民单位只提供担保的,不界定为国有资产。但履行了连带责任的,全民单位应予追索清偿。集体企业确实无力按期归还的,经双方协商可转为投资。转为投资的部分界定为国有资产。

第十条 集体企业依据国家统一的法律、法规和政策享受减免税优惠而形成的资产,不界定为国有资产。

第十一条 集体企业在开办初期或发展过程中,享受国家特殊减免税优惠政策,凡在执行政策时与国家约定其减免税部分为国家扶持基金并实行专项管理的,界定为扶持性国有资产,单独列帐反映。

第十二条 集体企业享受国家税前还贷和以税还贷等特殊优惠政策而形成的资产,其中国家

税收应收未收部分,界定为扶持性国有资产,单独列帐反映。

第十三条 集体企业无偿占用城镇土地的,其土地所有权属于国有,企业可以有偿使用,经界定后单列入帐。

第十四条 凡界定为国有资产的,均按其占企业总资产的份额,滚动计算。

第十五条 除上述条款外,集体企业中的下列资产,不界定为国有资产:

(一)国家以抚恤性质拨给残疾人福利企业的实物和资金等形成的资产;

(二)全民单位在劳动就业服务企业开办时拨给的闲置设备等实物资产;

(三)全民单位所属人员将属于自己所有的专利、发明等带给集体企业所形成的资产;

(四)明确约定为借款或租赁性质支持集体企业发展而形成的资产;

(五)其他经认定不属国有的资产。

第三章 集体企业国有资产的使用和管理

第十六条 集体企业中已界定的国有资产,其所有权属于国家,企业对其拥有法人财产权。除发生产权转让等法定情形外,集体企业可以继续使用,国家不得抽回国有资产。

第十七条 集体企业对占用的国有资产负有保值增值责任,不得以任何形式将国有资产量化到集体或个人。

第十八条 对界定后属于国有资产的,可依照下列办法处理:

(一)企业继续使用,按规定交付资产收益;

(二)按国家规定,缴纳不低于同期银行贷款利率的资产占用费;

(三)实行租赁经营,由投资单位收取租金;

(四)实行有偿转让,由双方签定合同,一次付清或分期付款;

(五)作为与全民单位联营,按国家有关联营的规定办理;

(六)作价入股,按股份制企业进行管理,并参与分红;也可作为优先股,只收取股息或红利,不参与管理;

(七)对本办法第十一条和第十二条所称扶持性国有资产,国家只保留特定条件下对这部分资产的最终处置权,不参与管理及收益,企业应将这

部分资产用于生产发展,不得挪作他用或私分。否则,可依规定收归国库;

(八)其他。

上述办法中除第(七)项外,可以由当事人根据实际情况选择适用。

第十九条 集体企业占用全民单位土地的,可实行租用制度,由集体企业向产权单位交纳租金。

第二十条 集体企业国有资产经清理界定后,凡界定为政策部门投资的应办理产权登记等法律手续,以明晰产权。今后凡完全国有资产投资创办的企业或经营单位,均不得注册为集体所有制性质。

第二十一条 全民单位在举办集体企业过程中,不得将本单位的重要生产车间、部门无偿划给集体经营;不得以各种形式将本应归属全民单位的收益转移给集体企业。

第四章 产权界定的组织实施

第二十二条 各级国有资产管理部门是产权界定的主管机关,国有资产管理部门应会同有关部门负责组织实施产权界定工作。

第二十三条 集体企业产权界定应分步实施,但发生下列情形,应当首先进行产权界定:

(一)与外方合资、合作的;

(二)实行公司制改组或股份合作制改造和与其他企业联营的;

(三)发生兼并、拍卖等产权变动的;

(四)由全民单位投资创办的集体企业,全民单位正进行清产核资的;

(五)其他情形。

第二十四条 产权界定应从查帐入手。查阅财政、银行和其他部门的拨款拨物帐单、投资单位拨入资金或实物的证明或收据、以及税务部门给予企业减免税等优惠的文件规定和减免数额;还可对照检查企业收款收物帐和享受减免税额,上下结合,以确定国家投资或拨入资产。

因为历史等原因,拨入资产手续不全、帐单不存的,可以事实为依据,确定拨入资产。

第二十五条 国有资产增值或减值的计算方法是:以国有资产投入企业时,投入资产占企业净资产总额中的比重,乘以产权界定时企业净资产总额(所有者权益),即为国有资产总额。具体计

算时,应分年分段计算,最后加总。

第二十六条 产权界定依下列程序进行:

(一)建立由国有资产管理部门、企业主管部门、财税部门、社会公正性中介机构和企业参加的产权界定小组,具体负责企业产权界定工作;

(二)查阅有关资料和原始凭证;

(三)进行清理和界定;

(四)经界定属于国有资产的,由企业填报"国有资产产权界定表",报同级国有资产管理部门认定;

(五)经认定的国有资产,要明确管理主体,办理有关法律手续。

(六)调整会计帐目,属于政府部门投资的办理产权登记手续。

第五章 法律责任

第二十七条 占用国有资产的集体企业,违反本办法规定,不接受产权界定或不如实反映和提供资料,使产权界定无法进行,损害国家利益的,产权界定主管机关可以根据情节轻重,对企业领导人和直接责任人员给予通报批评,提请有关部门给予行政处分。触犯刑律的,移交司法机关惩处。

第二十八条 发生属于应当进行产权界定的情形,集体企业隐瞒不报或串通作弊,导致国有资产权益受损的,应由产权界定主管机关会同有关部门,给予企业领导人及直接责任人员以经济的、行政的处罚。

第二十九条 企业主管部门和人员违反本办法规定,阻止和干扰产权界定工作,或与企业串通作弊,损害国有资产权益的,可根据情节轻重,由产权界定主管机关提请政府给予直接责任人员行政的、经济的处分。触犯刑律的,移交司法机关惩处。

发生上款情形,还需补办产权界定手续。

第三十条 产权界定主管机关的工作人员违反本办法规定,在产权界定中以权谋私、徇私舞弊,不如实进行产权界定,使国家和集体权益受损的,国有资产管理部门应给予直接责任者行政处分。触犯刑律的,提交司法机关处理。

第六章 附 则

第三十一条 国家国有资产管理局可会同有

三、所有权

关部门制定分行业实施办法。

第三十二条 各省、自治区、直辖市可根据本办法制定实施细则,报国家国有资产管理局备案。

第三十三条 军队、武警等特殊单位所举办的集体企业产权界定,可参照本办法规定,由其主管部门组织实施。

第三十四条 本办法发布前公布的产权界定政策,凡与本办法有抵触的,以本办法的规定为准。

第三十五条 本办法由国家国有资产管理局负责解释。

第三十六条 本办法自发布之日起施行。

企业国有资产评估管理暂行办法

· 2005 年 8 月 25 日国务院国有资产监督管理委员会令第 12 号公布
· 自 2005 年 9 月 1 日起施行

第一章 总 则

第一条 为规范企业国有资产评估行为,维护国有资产出资人合法权益,促进企业国有产权有序流转,防止国有资产流失,根据《中华人民共和国公司法》、《企业国有资产监督管理暂行条例》(国务院令第 378 号)和《国有资产评估管理办法》(国务院令第 91 号)等有关法律法规,制定本办法。

第二条 各级国有资产监督管理机构履行出资人职责的企业(以下统称所出资企业)及其各级子企业(以下统称企业)涉及的资产评估,适用本办法。

第三条 各级国有资产监督管理机构负责其所出资企业的国有资产评估监管工作。

国务院国有资产监督管理机构负责对全国企业国有资产评估监管工作进行指导和监督。

第四条 企业国有资产评估项目实行核准制和备案制。

经各级人民政府批准经济行为的事项涉及的资产评估项目,分别由其国有资产监督管理机构负责核准。

经国务院国有资产监督管理机构批准经济行为的事项涉及的资产评估项目,由国务院国有资产监督管理机构负责备案;经国务院国有资产监督管理机构所出资企业(以下简称中央企业)及其各级子企业批准经济行为的事项涉及的资产评估项目,由中央企业负责备案。

地方国有资产监督管理机构及其所出资企业的资产评估项目备案管理工作的职责分工,由地方国有资产监督管理机构根据各地实际情况自行规定。

第五条 各级国有资产监督管理机构及其所出资企业,应当建立企业国有资产评估管理工作制度,完善资产评估项目的档案管理,做好项目统计分析报告工作。

省级国有资产监督管理机构和中央企业应当于每年度终了 30 个工作日内将其资产评估项目情况的统计分析资料上报国务院国有资产监督管理机构。

第二章 资产评估

第六条 企业有下列行为之一的,应当对相关资产进行评估:

(一)整体或者部分改建为有限责任公司或者股份有限公司;

(二)以非货币资产对外投资;

(三)合并、分立、破产、解散;

(四)非上市公司国有股东股权比例变动;

(五)产权转让;

(六)资产转让、置换;

(七)整体资产或者部分资产租赁给非国有单位;

(八)以非货币资产偿还债务;

(九)资产涉讼;

(十)收购非国有单位的资产;

(十一)接受非国有单位以非货币资产出资;

(十二)接受非国有单位以非货币资产抵债;

(十三)法律、行政法规规定的其他需要进行资产评估的事项。

第七条 企业有下列行为之一的,可以不对相关国有资产进行评估:

(一)经各级人民政府或其国有资产监督管理机构批准,对企业整体或者部分资产实施无偿划转;

(二)国有独资企业与其下属独资企业(事业单位)之间或其下属独资企业(事业单位)之间的

合并、资产（产权）置换和无偿划转。

第八条 企业发生第六条所列行为的，应当由其产权持有单位委托具有相应资质的资产评估机构进行评估。

第九条 企业产权持有单位委托的资产评估机构应当具备下列基本条件：

（一）遵守国家有关法律、法规、规章以及企业国有资产评估的政策规定，严格履行法定职责，近3年内没有违法、违规记录；

（二）具有与评估对象相适应的资质条件；

（三）具有与评估对象相适应的专业人员和专业特长；

（四）与企业负责人无经济利益关系；

（五）未向同一经济行为提供审计业务服务。

第十条 企业应当向资产评估机构如实提供有关情况和资料，并对所提供情况和资料的真实性、合法性和完整性负责，不得隐匿或虚报资产。

第十一条 企业应当积极配合资产评估机构开展工作，不得以任何形式干预其正常执业行为。

第三章　核准与备案

第十二条 凡需经核准的资产评估项目，企业在资产评估前应当向国有资产监督管理机构报告下列有关事项：

（一）相关经济行为批准情况；

（二）评估基准日的选择情况；

（三）资产评估范围的确定情况；

（四）选择资产评估机构的条件、范围、程序及拟选定机构的资质、专业特长情况；

（五）资产评估的时间进度安排情况。

第十三条 企业应当及时向国有资产监督管理机构报告资产评估项目的工作进展情况。国有资产监督管理机构认为必要时，可以对该项目进行跟踪指导和现场检查。

第十四条 资产评估项目的核准按照下列程序进行：

（一）企业收到资产评估机构出具的评估报告后应当逐级上报初审，经初审同意后，自评估基准日起8个月内向国有资产监督管理机构提出核准申请；

（二）国有资产监督管理机构收到核准申请后，对符合核准要求的，及时组织有关专家审核，

在20个工作日内完成对评估报告的核准；对不符合核准要求的，予以退回。

第十五条 企业提出资产评估项目核准申请时，应当向国有资产监督管理机构报送下列文件材料：

（一）资产评估项目核准申请文件；

（二）资产评估项目核准申请表（附件1）；

（三）与评估目的相对应的经济行为批准文件或有效材料；

（四）所涉及的资产重组方案或者改制方案、发起人协议等材料；

（五）资产评估机构提交的资产评估报告（包括评估报告书、评估说明、评估明细表及其电子文档）；

（六）与经济行为相对应的审计报告；

（七）资产评估各当事方的相关承诺函；

（八）其他有关材料。

第十六条 国有资产监督管理机构应当对下列事项进行审核：

（一）资产评估项目所涉及的经济行为是否获得批准；

（二）资产评估机构是否具备相应评估资质；

（三）评估人员是否具备相应执业资格；

（四）评估基准日的选择是否适当，评估结果的使用有效期是否明示；

（五）资产评估范围与经济行为批准文件确定的资产范围是否一致；

（六）评估依据是否适当；

（七）企业是否就所提供的资产权属证明文件、财务会计资料及生产经营管理资料的真实性、合法性和完整性做出承诺；

（八）评估过程是否符合相关评估准则的规定；

（九）参与审核的专家是否达成一致意见。

第十七条 资产评估项目的备案按照下列程序进行：

（一）企业收到资产评估机构出具的评估报告后，将备案材料逐级报送给国有资产监督管理机构或其所出资企业，自评估基准日起9个月内提出备案申请；

（二）国有资产监督管理机构或者所出资企业收到备案材料后，对材料齐全的，在20个工作日内办理备案手续，必要时可组织有关专家参与备案评审。

第十八条 资产评估项目备案需报送下列文件材料：

（一）国有资产评估项目备案表一式三份（附件2）；

（二）资产评估报告（评估报告书、评估说明和评估明细表及其电子文档）；

（三）与资产评估项目相对应的经济行为批准文件；

（四）其他有关材料。

第十九条 国有资产监督管理机构及所出资企业根据下列情况确定是否对资产评估项目予以备案：

（一）资产评估所涉及的经济行为是否获得批准；

（二）资产评估机构是否具备相应评估资质，评估人员是否具备相应执业资格；

（三）评估基准日的选择是否适当，评估结果的使用有效期是否明示；

（四）资产评估范围与经济行为批准文件确定的资产范围是否一致；

（五）企业是否就所提供的资产权属证明文件、财务会计资料及生产经营管理资料的真实性、合法性和完整性作出承诺；

（六）评估程序是否符合相关评估准则的规定。

第二十条 国有资产监督管理机构下达的资产评估项目核准文件和经国有资产监督管理机构或所出资企业备案的资产评估项目备案表是企业办理产权登记、股权设置和产权转让等相关手续的必备文件。

第二十一条 经核准或备案的资产评估结果使用有效期为自评估基准日起1年。

第二十二条 企业进行与资产评估相应的经济行为时，应当以经核准或备案的资产评估结果为作价参考依据；当交易价格低于评估结果的90%时，应当暂停交易，在获得原经济行为批准机构同意后方可继续交易。

第四章 监督检查

第二十三条 各级国有资产监督管理机构应当加强对企业国有资产评估工作的监督检查，重点检查企业内部国有资产评估管理制度的建立、执行情况和评估管理人员配备情况，定期或者不定期地对资产评估项目进行抽查。

第二十四条 各级国有资产监督管理机构对企业资产评估项目进行抽查的内容包括：

（一）企业经济行为的合规性；

（二）评估的资产范围与有关经济行为所涉及的资产范围是否一致；

（三）企业提供的资产权属证明文件、财务会计资料及生产经营管理资料的真实性、合法性和完整性；

（四）资产评估机构的执业资质和评估人员的执业资格；

（五）资产账面价值与评估结果的差异；

（六）经济行为的实际成交价与评估结果的差异；

（七）评估工作底稿；

（八）评估依据的合理性；

（九）评估报告对重大事项及其对评估结果影响的披露程度，以及该披露与实际情况的差异；

（十）其他有关情况。

第二十五条 省级国有资产监督管理机构应当于每年度终了30个工作日内将检查、抽查及处理情况上报国务院国有资产监督管理机构。

第二十六条 国有资产监督管理机构应当将资产评估项目的抽查结果通报相关部门。

第五章 罚 则

第二十七条 企业违反本办法，有下列情形之一的，由国有资产监督管理机构通报批评并责令改正，必要时可依法向人民法院提起诉讼，确认其相应的经济行为无效：

（一）应当进行资产评估而未进行评估；

（二）聘请不符合相应资质条件的资产评估机构从事国有资产评估活动；

（三）向资产评估机构提供虚假情况和资料，或者与资产评估机构串通作弊导致评估结果失实的；

（四）应当办理核准、备案而未办理。

第二十八条 企业在国有资产评估中发生违法违规行为或者不正当使用评估报告的，对负有直接责任的主管人员和其他直接责任人员，依法给予处分；涉嫌犯罪的，依法移送司法机关处理。

第二十九条 受托资产评估机构在资产评估过程中违规执业的，由国有资产监督管理机构将有关情况通报其行业主管部门,建议给予相应处罚;情节严重的,可要求企业不得再委托该中介机构及其当事人进行国有资产评估业务;涉嫌犯罪的,依法移送司法机关处理。

第三十条 有关资产评估机构对资产评估项目抽查工作不予配合的,国有资产监督管理机构可以要求企业不得再委托该资产评估机构及其当事人进行国有资产评估业务。

第三十一条 各级国有资产监督管理机构工作人员违反本规定,造成国有资产流失的,依法给予处分;涉嫌犯罪的,依法移送司法机关处理。

第六章 附 则

第三十二条 境外国有资产评估,遵照相关法规执行。

第三十三条 政企尚未分开单位所属企事业单位的国有资产评估工作,参照本办法执行。

第三十四条 省级国有资产监督管理机构可以根据本办法,制定本地区相关工作规范,并报国务院国有资产监督管理机构备案。

第三十五条 本办法自 2005 年 9 月 1 日起施行。

附件1:资产评估项目核准申请表(略)
附件2:国有资产评估项目备案表(略)

中央级事业单位国有资产管理暂行办法

· 2008 年 3 月 15 日
· 财教〔2008〕13 号

第一章 总 则

第一条 为加强中央级事业单位国有资产管理,合理配置和有效利用国有资产,保障和促进各项事业发展,根据《事业单位国有资产管理暂行办法》(财政部令第 36 号),制定本办法。

第二条 本办法适用于执行事业单位财务和会计制度的中央级各类事业单位。

第三条 本办法所称的中央级事业单位国有资产,是指中央级事业单位占有、使用的,依法确认为国家所有,能以货币计量的各种经济资源的总称。

中央级事业单位国有资产包括:国家拨给中央级事业单位的资产,中央级事业单位按照国家政策规定运用国有资产组织收入形成的资产,以及接受捐赠和其他经法律确认为国家所有的资产,其表现形式为流动资产、固定资产、无形资产和对外投资等。

第四条 中央级事业单位国有资产管理活动,应当坚持资产管理与预算管理相结合的原则,推行实物费用定额制度,促进事业资产整合与共享共用,实现资产管理和预算管理的紧密统一;应当坚持所有权和使用权相分离的原则;应当坚持资产管理与财务管理、实物管理与价值管理相结合的原则。

第五条 中央级事业单位国有资产实行国家统一所有,财政部、中央级事业单位主管部门(以下简称主管部门)监管,单位占有、使用的管理体制。

第二章 管理机构及其职责

第六条 财政部是负责中央级事业单位国有资产管理的职能部门,对中央级事业单位国有资产实施综合管理。其主要职责是:

(一)贯彻执行国家有关国有资产管理的法律、行政法规和政策;

(二)根据国家有关国有资产管理的规定,制定中央级事业单位国有资产管理的规章制度,并组织实施和监督检查;

(三)研究制定中央级事业单位实物资产配置标准和相关的费用标准,负责中央级事业单位国有资产的产权登记、产权界定、产权纠纷调处、资产评估监管、资产清查、统计报告等基础管理工作;

(四)按照规定权限审批中央级事业单位有关资产购置、处置和利用国有资产对外投资、出租、出借等事项,组织中央级事业单位长期闲置、低效运转和超标准配置资产的跨部门调剂工作,建立中央级事业单位国有资产整合、共享和共用机制;

(五)结合事业单位分类改革,推进有条件的中央级事业单位实现国有资产管理的市场化、社会化,加强中央级事业单位转企改制工作中国有资产的监督管理;

(六)负责中央级事业单位国有资产收益的监督管理;财政部驻各地财政监察专员办事处(以下

简称专员办)负责当地中央级事业单位国有资产处置收入的监缴等工作;

(七)建立中央级事业单位国有资产管理信息系统,对中央级事业单位国有资产实行动态监管;

(八)研究建立中央级事业单位国有资产安全性、完整性和使用有效性的评价方法、评价标准和评价机制,对中央级事业单位国有资产的配置、使用和处置等实行绩效管理,盘活存量,调控增量,提高资产使用效益;

(九)监督、指导中央级事业单位及其主管部门的国有资产管理工作。

第七条 主管部门负责对本部门所属事业单位的国有资产实施监督管理。其主要职责是:

(一)贯彻执行国家有关国有资产管理的法律、行政法规和政策;

(二)根据财政部有关国有资产管理的规定,制定本部门所属事业单位国有资产管理的实施办法,并组织实施和监督检查;

(三)组织本部门所属事业单位国有资产的清查、登记、统计汇总及日常监督检查工作;

(四)按规定权限审核或者审批所属事业单位有关资产配置、处置事项以及利用国有资产对外投资、出租、出借等事项,负责本部门所属事业单位长期闲置、低效运转和超标准配置资产的调剂工作,优化事业单位国有资产配置,推动事业单位国有资产共享、共用;

(五)督促本部门所属事业单位按规定缴纳国有资产收益;

(六)按照财政部有关规定,组织实施本部门所属事业单位国有资产管理的绩效考评;

(七)接受财政部的监督、指导,并报告有关事业单位国有资产管理工作。

第八条 中央级事业单位负责对本单位占有、使用的国有资产实施具体管理。其主要职责是:

(一)贯彻执行国家有关国有资产管理的法律、行政法规和政策;

(二)根据财政部、主管部门有关国有资产管理的规定,制定本单位国有资产管理的具体办法并组织实施;

(三)负责本单位资产购置、验收入库、维护保管等日常管理,负责本单位资产的账卡管理、清查登记、统计报告及日常监督检查工作;

(四)办理本单位国有资产配置、处置和对外投资、出租、出借等事项的报批手续;根据主管部门授权,审批本单位有关国有资产配置、处置和对外投资、出租、出借等事项;

(五)负责本单位用于对外投资、出租、出借等资产的保值增值,按照规定及时、足额缴纳国有资产收益;

(六)负责本单位存量资产的有效利用,参与大型仪器、设备等资产的共享、共用和公共研究平台建设工作;

(七)接受主管部门和财政部的监督、指导,并报告有关国有资产管理工作。

第九条 财政部、主管部门和中央级事业单位应当按照本办法的规定,明确相关管理机构和工作人员,做好中央级事业单位国有资产管理工作。

第三章 资产配置及使用

第十条 中央级事业单位国有资产配置是指财政部、主管部门、中央级事业单位等根据中央级事业单位履行职能的需要,按照国家有关法律、行政法规和规章制度规定的程序,通过购置或者调剂等方式为中央级事业单位配备资产的行为。

第十一条 中央级事业单位国有资产配置应当符合以下条件:

(一)现有资产无法满足中央级事业单位履行职能的需要;

(二)难以与其他单位共享、共用相关资产;

(三)难以通过市场购买服务方式实现,或者采取市场购买方式成本过高。

第十二条 中央级事业单位国有资产配置应当符合规定的配置标准;没有规定配置标准的,应当从严控制,合理配置。

第十三条 对于中央级事业单位长期闲置、低效运转或者超标准配置的资产,原则上由主管部门进行调剂,并报财政部备案;跨部门的资产调剂须报财政部批准。法律、行政法规另有规定的,依照其规定。

第十四条 中央级事业单位向财政部申请用财政性资金购置规定限额以上资产的,除国家另有规定外,按照下列程序报批:

(一)中央级事业单位的资产管理部门应会同财务部门根据资产的存量情况、使用及其绩效情况，提出拟新购置资产的品目、数量和所需经费的资产购置计划，经单位领导批准后报主管部门审核；

（二）主管部门根据所属事业单位资产存量状况、人员编制和有关资产配置标准等，对其资产购置计划进行审核后，报财政部审批；

（三）经财政部批准的资产购置计划，按照部门预算管理的相关要求列入主管部门年度部门预算。

第十五条 中央级事业单位用非财政性资金购置规定限额以上资产的，报主管部门审批；主管部门应当于批复之日起 15 个工作日内将批复文件报财政部备案。

第十六条 中央级事业单位购置纳入政府采购范围的资产，应当按照政府采购管理的有关规定实施政府采购。

第十七条 中央级事业单位国有资产的使用包括单位自用和对外投资、出租、出借等方式。

第十八条 中央级事业单位应当建立健全资产购置、验收、保管、使用等内部管理制度。

中央级事业单位应当对实物资产进行定期清查，做到账账、账卡、账实相符，加强对本单位专利权、商标权、著作权、土地使用权、非专利技术等无形资产的管理，防止无形资产流失。

第十九条 中央级事业单位对外投资、出租、出借等，应当符合国家有关法律、行政法规的规定，遵循投资回报、风险控制和跟踪管理等原则，并进行可行性论证，实现国有资产的保值增值。

第二十条 中央级事业单位申报国有资产对外投资、出租、出借等事项，应当附可行性论证报告和拟签订的协议（合同）等相关材料，按以下方式履行审批手续：单项价值在 800 万元以下的，由财政部授权主管部门进行审批，主管部门应当于批复之日起 15 个工作日内将审批文件（一式三份）报财政部备案；800 万元以上（含 800 万元）的，经主管部门审核后报财政部审批。

第二十一条 中央级事业单位应当对本单位对外投资、出租、出借的资产实行专项管理，同时在单位财务会计报告中对相关信息进行披露。

第二十二条 中央级事业单位对外投资收益以及利用国有资产出租、出借等取得的收入应当纳入单位预算，统一核算，统一管理。

第四章 资产处置

第二十三条 中央级事业单位国有资产处置，是指中央级事业单位对其占有、使用的国有资产进行产权转让或者注销产权的行为。处置方式包括出售、出让、转让、对外捐赠、报废、报损以及货币性资产损失核销等。

第二十四条 中央级事业单位国有资产处置应遵循公开、公正、公平的原则，严格履行审批手续，未经批准不得擅自处置。

第二十五条 中央级事业单位处置国有资产时，应根据财政部规定附相关材料，按以下方式履行审批手续：单位价值或批量价值在 800 万元以下的，由财政部授权主管部门进行审批，主管部门应当于批复之日起 15 个工作日内将批复文件（三份）报财政部备案；800 万元以上（含）的，经主管部门审核后报财政部审批。

第二十六条 财政部、主管部门对中央级事业单位国有资产处置事项的批复，以及中央级事业单位按规定处置资产报主管部门备案的文件，是财政部安排中央级事业单位有关资产配置预算项目的参考依据，中央级事业单位应当依据其办理产权变动和进行账务处理。

第二十七条 中央级事业单位出售、出让、转让资产数量较多或者价值较高的，应当通过拍卖等市场竞价方式公开处置。

第二十八条 中央级事业单位国有资产处置收入属于国家所有，应当按照政府非税收入管理和财政国库收缴管理的规定上缴中央财政，实行"收支两条线"管理。

第二十九条 财政部批复资产处置的相关文件，应当抄送中央级事业单位所在地专员办。

第五章 产权登记与产权纠纷处理

第三十条 中央级事业单位国有资产产权登记是国家对中央级事业单位占有、使用的国有资产进行登记，依法确认国有资产所有权和中央级事业单位对国有资产占有、使用权的行为。

第三十一条 中央级事业单位国有资产产权登记主要包括：

（一）单位名称、住所、法定负责人及成立时间；

（二）单位性质、主管部门；

三、所有权

（三）单位资产总额、国有资产总额、主要实物资产金额及其使用状况、对外投资情况；

（四）其他需要登记的事项。

第三十二条　财政部根据国有资产管理工作的需要，开展中央级事业单位国有资产产权登记工作。

第三十三条　产权纠纷是指由于国有资产所有权、经营权、使用权等产权归属不清而发生的争议。

第三十四条　中央级事业单位与其他国有单位和国有企业之间发生国有资产产权纠纷的，由当事人双方协商解决，协商不能解决的，可以向主管部门申请调解；主管部门调解不成的，由主管部门报财政部调解或者依法裁定，必要时报国务院裁定。

第三十五条　中央级事业单位与非国有单位和非国有企业或者个人之间发生产权纠纷的，中央级事业单位应当提出拟处理意见，经主管部门审核并报财政部同意后，与对方当事人协商解决，协商不能解决的，依照司法程序处理。

第六章　资产评估与资产清查

第三十六条　中央级事业单位有下列情形之一的，应当对相关国有资产进行评估：

（一）整体或者部分改制为企业；

（二）以非货币性资产对外投资；

（三）合并、分立、清算；

（四）资产拍卖、转让、置换；

（五）整体或者部分资产租赁给非国有单位；

（六）确定涉讼资产价值；

（七）法律、行政法规规定的其他需要进行评估的事项。

第三十七条　中央级事业单位有下列情形之一的，可以不进行资产评估：

（一）中央级事业单位整体或者部分资产无偿划转；

（二）中央级行政、事业单位下属的事业单位之间的合并、资产划转、置换和转让；

（三）其他不影响国有资产权益的特殊产权变动行为，报经财政部确认可以不进行资产评估的。

第三十八条　中央级事业单位国有资产评估工作应当依据《国有资产评估管理办法》（国务院令第91号）委托具有资产评估资格证书的评估机构进行。中央级事业单位应当如实向资产评估机构提供有关情况和资料，并对所提供的情况和资料的客观性、真实性和合法性负责。

中央级事业单位不得以任何形式干预资产评估机构独立执业。

第三十九条　中央级事业单位国有资产评估项目实行核准制和备案制。核准和备案工作按照国家有关国有资产评估项目核准和备案管理的规定执行。

第四十条　中央级事业单位进行资产清查，应当提出申请，经主管部门审核同意后实施，主管部门应将相关材料报财政部备案。根据国家要求进行的资产清查除外。资产清查工作按照财政部《行政事业单位资产清查暂行办法》（财办〔2006〕52号）、《行政事业单位资产核实暂行办法》（财办〔2007〕19号）有关规定执行。

第七章　资产信息管理与报告

第四十一条　中央级事业单位应当按照国有资产管理信息化的要求，及时将资产变动信息录入管理信息系统，对本单位资产实行动态管理，并在此基础上做好国有资产统计和信息报告工作。

第四十二条　中央级事业单位国有资产信息报告是中央级事业单位财务会计报告的重要组成部分。中央级事业单位应当按照财政部规定的年度部门决算报表的格式、内容及要求，对其占有、使用的国有资产状况做出报告。

第四十三条　财政部、主管部门应当充分利用资产管理信息系统和资产信息报告，全面、动态地掌握中央级事业单位国有资产的占有、使用和处置状况，并作为编制和安排中央级事业单位预算的重要参考依据。

第八章　监督检查

第四十四条　财政部、主管部门、中央级事业单位应当各司其职，建立健全科学合理的中央级事业单位国有资产监督管理责任制，将资产监督、管理的责任落实到具体部门、单位和个人，依法维护中央级事业单位国有资产的安全完整，提高国有资产使用效益。

专员办就地对中央级事业单位资产管理情况进行监督检查。

第四十五条　中央级事业单位国有资产监督应当坚持单位内部监督与财政监督、审计监督、社会监督相结合，事前监督与事中监督、事后监督相结合，日常监督与专项检查相结合。

第四十六条　主管部门及其事业单位违反本办法规定的，财政部依据《财政违法行为处罚处分条例》的规定进行处罚、处分、处理，并视情节轻重暂停或取消其年度资产购置计划的申报资格。

第九章　附　则

第四十七条　参照《中华人民共和国公务员法》管理、执行事业单位财务和会计制度的中央级事业单位和社会团体的国有资产管理，依照本办法执行；执行《民间非营利组织会计制度》的中央级社会团体及民办非企业单位中占有、使用国有资产的，参照本办法执行。

第四十八条　实行企业化管理并执行企业财务和会计制度的中央级事业单位，以及中央级事业单位所办的全资企业和控股企业，按照企业财务及国有资产管理的有关规定实施监督管理。

第四十九条　经国家批准特定中央级事业单位的国有资产管理办法，由有关主管部门会同财政部另行制定。

第五十条　主管部门可以根据本办法和部门实际情况，制定本部门所属事业单位的国有资产管理实施办法，报财政部备案。

中央级事业单位应当根据本办法和主管部门的有关要求，制定本单位的（包括驻外机构）资产管理办法，报主管部门备案。

第五十一条　对涉及国家安全的中央级事业单位国有资产的配置、使用、处置等管理活动，要按照国家有关保密制度的规定，做好保密工作，防止失密和泄密。

第五十二条　中央级事业单位资产配置、资产使用、资产处置、产权登记、产权纠纷处理等具体管理办法，由财政部根据本办法制定。

第五十三条　本办法自2008年3月15日起施行。此前颁布的有关中央级事业单位国有资产管理的规定与本办法相抵触的，按照本办法执行。

中央行政事业单位国有资产管理暂行办法

· 2009年7月2日
· 国管资〔2009〕167号

第一章　总　则

第一条　为加强中央行政事业单位国有资产管理，保障机关运转，降低行政成本，建设节约型机关，根据有关法律、法规制定本办法。

第二条　中央行政事业单位（即国务院各部门、各直属事业单位，最高人民法院，最高人民检察院，行政经费在国务院系统的人民团体，以下简称各部门）的国有资产管理，适用本办法。

第三条　中央行政事业单位国有资产管理实行统一制度、分级管理。

国务院机关事务管理局（以下简称国管局）负责中央行政事业单位国有资产管理工作，制订具体制度和办法并组织实施，承担产权界定、清查登记、资产处置工作；管理中央行政事业单位机关和机关服务中心等的国有资产，接受财政部的指导和监督检查。

各部门按规定负责本部门国有资产管理工作，接受国管局的指导和监督检查。

第四条　国管局应当完善中央行政事业单位国有资产管理制度，健全监督机制，推进管理创新，提高国有资产管理水平。

各部门应当认真履行管理职责，建立健全本部门国有资产管理具体制度，明确资产占有、使用单位的管理责任，维护资产安全完整和保值增值。

第五条　中央行政事业单位国有资产管理应当坚持规范、节俭、效能的原则，逐步完善制度标准体系，加强资产配置、使用和处置全过程管理；创新服务方式，推进管理信息化建设，提高管理科学化、规范化、专业化水平，实现资产管理与预算管理、财务管理、政府采购相结合。

第二章　资产配置

第六条　资产配置应当坚持保障需要、节俭适用、节能环保、从严控制的原则。各部门有下列

三、所有权

情形之一的，可以申请配置资产：

（一）新增机构或人员编制的；

（二）增加工作职能和任务的；

（三）现有资产按规定处置后需要配置的；

（四）现有资产无法满足工作需要的其他情形。

第七条 国管局根据国家政策和中央行政事业单位实际，制定办公用房、公务用车、办公设备和办公家具等通用资产配置标准；各部门负责制定其他资产配置标准，报国管局备案。

第八条 资产配置标准应当明确资产的数量、价格、性能和最低使用年限等标准，符合履行职能基本需要，严禁铺张浪费，并根据国家政策、经济社会发展和技术进步等因素及时修订完善。

第九条 配置资产应当严格执行标准，无特殊工作需要，不得超标准配置资产。

第十条 资产配置方式主要包括购置、调剂、租赁、受赠等。凡能通过调剂方式解决的，原则上不得购置。

第十一条 通用资产配置实行年度计划管理。各部门根据履行职能和事业发展需要，依据资产配置标准和费用支出标准，综合考虑资产存量状况等因素，提出拟配置资产的品目、数量、用途、投入使用或开工时间，测算经费额度，明确资金来源，制定本部门年度资产配置计划。

第十二条 各部门纳入年度资产配置计划的资产，应当委托集中采购机构代理采购，不得以任何理由规避政府集中采购。

第十三条 其他资产配置事项由各部门依据有关规定和标准进行管理，并在国有资产年度决算报告中反映。

第三章 资产使用和日常管理

第十四条 各部门应当明确国有资产管理机构和人员，健全资产验收、入账、领用、保管、维护维修等内部管理制度，规范工作规程，加强资产日常管理。

第十五条 各部门应当建立健全资产账卡和档案管理制度，建立和完善资产管理信息系统；对新增资产应当及时验收、登记入账，并将资产变动情况录入资产管理信息系统。资产入账凭证是财务处理的依据。

第十六条 中央行政事业单位国有资产账包括固定资产账、无形资产账和对外投资资产账，相关信息应当按规定统一内容和格式，全面真实反映资产的使用管理情况。

第十七条 各部门应当建立资产领用交还制度。工作人员和机构配备资产，须办理领用手续；人员调离（退休）等，应当办理资产交还手续。

第十八条 各部门应当将资产管理责任落实到岗位和人员，防止资产非正常损失和浪费。造成资产非正常损失和浪费的，相关责任人应当承担相应责任。

第十九条 各部门应当加强资产的日常维护保养和维修，确保资产在规定使用期内性能良好。

第二十条 各部门应当每年进行资产全面清查盘点，并按规定调整相关账卡，做到账实、账卡、账账相符。对清查盘点中发现的问题，应当查明原因，说明情况，并在国有资产年度决算报告中反映。

第二十一条 未经批准，各部门不得出租、出借国有资产。出租、出借国有资产应当严格控制，从严审批。

第二十二条 各部门应当对用于对外投资、出租、出借的资产实行专项管理，加强风险控制和收益管理，并在国有资产年度决算报告中反映。

第二十三条 各部门应当加强对专利权、商标权、著作权、非专利技术、商誉等无形资产的管理，依法保护，合理运用。

第二十四条 各部门出现下列情形之一的，应当进行资产清查：

（一）根据国家专项工作要求或实际工作需要，纳入统一组织资产清查范围的；

（二）机构变动（分立、撤销、合并、改制及隶属关系改变）的；

（三）因重大自然灾害等不可抗力造成国有资产严重损失的；

（四）会计信息严重失真或国有资产重大流失的；

（五）按照国家有关规定应当进行资产清查的其他情形。

根据国家专项工作要求进行资产清查的，由国管局统一组织实施；其他资产清查由各部门组织实施，并将清查结果报国管局备案。

第四章　资产处置

第二十五条　符合下列情形之一的资产,应当按本办法规定进行处置:

（一）闲置或超标准配置的;

（二）罚没或按规定应当上缴的;

（三）因机构变动发生占有权、使用权变更的;

（四）达到报废期限或因技术原因不能安全有效使用的;

（五）不符合节能环保要求的;

（六）盘亏、呆账及非正常损失的;

（七）其他依照国家规定需要处置的。

第二十六条　资产处置应当与资产配置、使用和回收利用相结合,逐步建立资产共享、循环利用机制。

第二十七条　资产处置方式包括调剂、捐赠、转让、置换、报损、报废、对外投资等。

第二十八条　资产处置优先选择调剂方式进行;无法调剂的,可通过转让、置换、捐赠等方式处置。资产捐赠应当以支持公益事业或扶持贫困地区发展为目的。

第二十九条　各部门行政单位和参照公务员法管理的单位,不得将国有资产用于对外投资。其他事业单位应当严格控制对外投资,不得利用国家财政拨款、上级补助资金和维持事业正常发展的资产对外投资。

第三十条　国管局负责建立中央行政事业单位国有资产处置平台,各部门应当按规定通过国有资产处置平台处置资产。

第三十一条　资产处置应当严格履行申报审批手续,未经批准不得自行处置。

第三十二条　资产处置的批复是调整资产、财务账目的凭证。各部门应当根据资产处置批复,及时调整资产、财务账目,办理产权变动登记等相关手续。

第三十三条　资产处置收入按政府非税收入和国家有关规定管理。

第三十四条　中央行政事业单位发生机构变动,应当对占有、使用的国有资产进行清查登记,编制清册,提出处理意见,报国管局审核同意后办理处置手续。

第五章　报告制度

第三十五条　中央行政事业单位国有资产管理实行报告制度,包括年度决算报告、重大事项报告和专项工作报告等。

第三十六条　各部门应当按规定编制国有资产年度决算报告。国有资产年度决算报告应当内容完整、信息真实、数据准确,主要包括:

（一）单位机构人员等基本信息;

（二）流动资产、固定资产、无形资产、对外投资、在建工程资产情况;

（三）资产配置情况,包括资产配置标准、资产配置计划和政府集中采购执行等情况;

（四）对外投资、出租、出借资产专项管理情况;

（五）资产处置情况,包括处置方式、程序、结果等情况;

（六）房屋建筑物、车辆管理和使用情况;

（七）资产清查盘点情况;

（八）其他应当报告的事项。

国有资产年度决算报告经国管局批复后,作为调整资产账目和考核评价、监督检查的依据。

第三十七条　各部门发生下列国有资产管理重大事项,应当报国管局审批:

（一）办公用房等房屋资产的配置、处置,以及出租、出借;

（二）部级干部用车和机关公务用车配置、处置;

（三）机关和机关服务中心等的年度资产配置计划,资产出租、出借,对外投资及单价或批量价值200万元(含)以上的其他资产处置;

（四）重要会议、大型活动资产配置和处置;

（五）其他重大事项。

第三十八条　国管局根据国务院统一部署和国有资产管理工作需要,组织开展专项调查、统计等工作,各部门应当按要求编制专项工作报告。

第三十九条　国管局负责汇总、分析中央行政事业单位国有资产管理有关情况,开展资产管理考核评价工作,定期向财政部报告。

第六章　监督检查与法律责任

第四十条　国管局和各部门按照各自职责监督检查中央行政事业单位国有资产管理工作,并接受财政、审计部门和社会公众的监督。

第四十一条　国管局会同有关部门对资产配置、使用和处置等管理制度执行情况进行重点检查。检查内容主要包括：

（一）资产配置标准、资产配置计划和政府集中采购执行情况；

（二）资产处置方式、程序和收益管理情况；

（三）房屋建筑物、车辆管理和使用情况；

（四）对外投资、出租、出借资产专项管理情况；

（五）其他重大事项。

第四十二条 各部门应当对检查出的问题认真整改，并将整改情况报国管局。

第四十三条 各部门违反本办法规定，有下列情形之一的，由国管局和相关部门责令限期改正，逾期不改的予以通报批评，并按《财政违法行为处罚处分条例》和国家有关规定处理：

（一）超计划、超标准配置资产的；

（二）违反政府采购和招标投标规定配置资产的；

（三）拒绝对长期闲置、低效运转的资产进行调剂处置的；

（四）未履行相关程序擅自处置国有资产的；

（五）不按规定上缴资产处置收入的；

（六）不按规定报送资产报告或报送虚假资产信息的；

（七）为评估机构提供虚假资料、干预评估机构独立执业的；

（八）其他违反本办法的情形。

第四十四条 国管局和各部门国有资产管理机构及工作人员违反本办法规定的，按照《行政机关公务员处分条例》及国家有关规定处理；造成国有资产损失的，依法追究责任。

第七章 附 则

第四十五条 各部门根据本办法制定本部门国有资产管理实施办法，报国管局备案。

第四十六条 中央行政事业单位用地管理，按照《国务院办公厅转发国管局中直管理局关于进一步加强和改进中央单位用地管理工作意见的通知》（国办发〔2006〕84号）及国土资源部、国管局的有关规定执行。

第四十七条 实行企业化管理并执行企业财务会计制度的事业单位，由各部门按照企业国有资产监督管理有关规定进行管理。

第四十八条 本办法由国管局负责解释。

第四十九条 本办法自印发之日起施行。

1998年1月8日印发的《中央国家机关国有资产管理暂行办法》（国管财字〔1998〕第7号）、《中央国家机关国有资产基础管理工作制度》（国管财字〔1998〕第22号），2000年2月16日印发的《中央行政事业单位固定资产管理办法》（国管财字〔2000〕32号）同时废止。

最高人民法院关于国有资产产权管理行政案件管辖问题的解释

· 2001年1月10日最高人民法院审判委员会第1156次会议通过
· 2001年2月16日最高人民法院公告公布
· 自2001年2月21日起施行
· 法释〔2001〕6号

为了正确适用《中华人民共和国行政诉讼法》第十七条、第十九条的规定，现对国有资产产权管理行政案件的管辖问题作出如下解释：

当事人因国有资产产权界定行为提起行政诉讼的，应当根据不同情况确定管辖法院。产权界定行为直接针对不动产作出的，由不动产所在地人民法院管辖。产权界定行为针对包含不动产在内的整体产权作出的，由最初作出产权界定的行政机关所在地人民法院管辖；经过复议的案件，复议机关改变原产权界定行为的，也可以由复议机关所在地人民法院管辖。

4. 集体所有权、个人所有权及保护

中华人民共和国乡镇企业法

· 1996年10月29日第八届全国人民代表大会常务委员会第二十二次会议通过
· 1996年10月29日中华人民共和国主席令第76号公布
· 自1997年1月1日起施行

第一条 为了扶持和引导乡镇企业持续健康

发展,保护乡镇企业的合法权益,规范乡镇企业的行为,繁荣农村经济,促进社会主义现代化建设,制定本法。

第二条　本法所称乡镇企业,是指农村集体经济组织或者农民投资为主,在乡镇(包括所辖村)举办的承担支援农业义务的各类企业。

前款所称投资为主,是指农村集体经济组织或者农民投资超过50%,或者虽不足50%,但能起到控股或者实际支配作用。

乡镇企业符合企业法人条件的,依法取得企业法人资格。

第三条　乡镇企业是农村经济的重要支柱和国民经济的重要组成部分。

乡镇企业的主要任务是,根据市场需要发展商品生产,提供社会服务,增加社会有效供给,吸收农村剩余劳动力,提高农民收入,支援农业,推进农业和农村现代化,促进国民经济和社会事业发展。

第四条　发展乡镇企业,坚持以农村集体经济为主导,多种经济成分共同发展的原则。

第五条　国家对乡镇企业积极扶持、合理规划、分类指导、依法管理。

第六条　国家鼓励和重点扶持经济欠发达地区、少数民族地区发展乡镇企业,鼓励经济发达地区的乡镇企业或者其他经济组织采取多种形式支持经济欠发达地区和少数民族地区举办乡镇企业。

第七条　国务院乡镇企业行政管理部门和有关部门按照各自的职责对全国的乡镇企业进行规划、协调、监督、服务;县级以上地方各级人民政府乡镇企业行政管理部门和有关部门按照各自的职责对本行政区域内的乡镇企业进行规划、协调、监督、服务。

第八条　经依法登记设立的乡镇企业,应当向当地乡镇企业行政管理部门办理登记备案手续。

乡镇企业改变名称、住所或者分立、合并、停业、终止等,依法办理变更登记、设立登记或者注销登记后,应当报乡镇企业行政管理部门备案。

第九条　乡镇企业在城市设立的分支机构,或者农村集体经济组织在城市开办的并承担支援农业义务的企业,按照乡镇企业对待。

第十条　农村集体经济组织投资设立的乡镇企业,其企业财产权属于设立该企业的全体农民集体所有。

农村集体经济组织与其他企业、组织或者个人共同投资设立的乡镇企业,其企业财产权按照出资份额属于投资者所有。

农民合伙或者单独投资设立的乡镇企业,其企业财产权属于投资者所有。

第十一条　乡镇企业依法实行独立核算,自主经营,自负盈亏。

具有企业法人资格的乡镇企业,依法享有法人财产权。

第十二条　国家保护乡镇企业的合法权益;乡镇企业的合法财产不受侵犯。

任何组织或者个人不得违反法律、行政法规干预乡镇企业的生产经营,撤换企业负责人;不得非法占有或者无偿使用乡镇企业的财产。

第十三条　乡镇企业按照法律、行政法规规定的企业形式设立,投资者依照有关法律、行政法规决定企业的重大事项,建立经营管理制度,依法享有权利和承担义务。

第十四条　乡镇企业依法实行民主管理,投资者在确定企业经营管理制度和企业负责人,作出重大经营决策和决定职工工资、生活福利、劳动保护、劳动安全等重大问题时,应当听取本企业工会或者职工的意见,实施情况要定期向职工公布,接受职工监督。

第十五条　国家鼓励有条件的地区建立、健全乡镇企业职工社会保险制度。

第十六条　乡镇企业停业、终止,已经建立社会保险制度的,按照有关规定安排职工;依法订立劳动合同的,按照合同的约定办理。原属于农村集体经济组织的职工有权返回农村集体经济组织从事生产,或者由职工自谋职业。

第十七条　乡镇企业从税后利润中提取一定比例的资金用于支援农业和农村社会性支出,其比例和管理使用办法由省、自治区、直辖市人民政府规定。

除法律、行政法规另有规定外,任何机关、组织或者个人不得以任何方式向乡镇企业收取费用,进行摊派。

第十八条　国家根据乡镇企业发展的情况,在一定时期内对乡镇企业减征一定比例的税收。减征税收的税种、期限和比例由国务院规定。

三、所有权

第十九条 国家对符合下列条件之一的中小型乡镇企业,根据不同情况实行一定期限的税收优惠:

(一)集体所有制乡镇企业开办初期经营确有困难的;

(二)设立在少数民族地区、边远地区和贫困地区的;

(三)从事粮食、饲料、肉类的加工、贮存、运销经营的;

(四)国家产业政策规定需要特殊扶持的。

前款税收优惠的具体办法由国务院规定。

第二十条 国家运用信贷手段,鼓励和扶持乡镇企业发展。对于符合前条规定条件之一并且符合贷款条件的乡镇企业,国家有关金融机构可以给予优先贷款,对其中生产资金困难且有发展前途的可以给予优惠贷款。

前款优先贷款、优惠贷款的具体办法由国务院规定。

第二十一条 县级以上人民政府依照国家有关规定,可以设立乡镇企业发展基金。基金由下列资金组成:

(一)政府拨付的用于乡镇企业发展的周转金;

(二)乡镇企业每年上缴地方税金增长部分中一定比例的资金;

(三)基金运用产生的收益;

(四)农村集体经济组织、乡镇企业、农民等自愿提供的资金。

第二十二条 乡镇企业发展基金专门用于扶持乡镇企业发展,其使用范围如下:

(一)支持少数民族地区、边远地区和贫困地区发展乡镇企业;

(二)支持经济欠发达地区、少数民族地区与经济发达地区的乡镇企业之间进行经济技术合作和举办合资项目;

(三)支持乡镇企业按照国家产业政策调整产业结构和产品结构;

(四)支持乡镇企业进行技术改造,开发名特优新产品和生产传统手工艺产品;

(五)发展生产农用生产资料或者直接为农业生产服务的乡镇企业;

(六)发展从事粮食、饲料、肉类的加工、贮存、运销经营的乡镇企业;

(七)支持乡镇企业职工的职业教育和技术培训;

(八)其他需要扶持的项目。

乡镇企业发展基金的设立和使用管理办法由国务院规定。

第二十三条 国家积极培养乡镇企业人才,鼓励科技人员、经营管理人员及大中专毕业生到乡镇企业工作,通过多种方式为乡镇企业服务。

乡镇企业通过多渠道、多形式培训技术人员、经营管理人员和生产人员,并采取优惠措施吸引人才。

第二十四条 国家采取优惠措施,鼓励乡镇企业同科研机构、高等院校、国有企业及其他企业、组织之间开展各种形式的经济技术合作。

第二十五条 国家鼓励乡镇企业开展对外经济技术合作与交流,建设出口商品生产基地,增加出口创汇。

具备条件的乡镇企业依法经批准可以取得对外贸易经营权。

第二十六条 地方各级人民政府按照统一规划、合理布局的原则,将发展乡镇企业同小城镇建设相结合,引导和促进乡镇企业适当集中发展,逐步加强基础设施和服务设施建设,以加快小城镇建设。

第二十七条 乡镇企业应当按照市场需要和国家产业政策,合理调整产业结构和产品结构,加强技术改造,不断采用先进的技术、生产工艺和设备,提高企业经营管理水平。

第二十八条 举办乡镇企业,其建设用地应当符合土地利用总体规划,严格控制、合理利用和节约使用土地,凡有荒地、劣地可以利用的,不得占用耕地、好地。

举办乡镇企业使用农村集体所有的土地的,应当依照法律、法规的规定,办理有关用地批准手续和土地登记手续。

乡镇企业使用农村集体所有的土地,连续闲置两年以上或者因停办闲置 1 年以上的,应当由原土地所有者收回该土地使用权,重新安排使用。

第二十九条 乡镇企业应当依法合理开发和使用自然资源。

乡镇企业从事矿产资源开采,必须依照有关法律规定,经有关部门批准,取得采矿许可证、生产许可证,实行正规作业,防止资源浪费,严禁破坏资源。

第三十条　乡镇企业应当按照国家有关规定,建立财务会计制度,加强财务管理,依法设置会计账册,如实记录财务活动。

第三十一条　乡镇企业必须按照国家统计制度,如实报送统计资料。对于违反国家规定制发的统计调查报表,乡镇企业有权拒绝填报。

第三十二条　乡镇企业应当依法办理税务登记,按期进行纳税申报,足额缴纳税款。

各级人民政府应当依法加强乡镇企业的税收管理工作,有关管理部门不得超越管理权限对乡镇企业减免税。

第三十三条　乡镇企业应当加强产品质量管理,努力提高产品质量;生产和销售的产品必须符合保障人体健康,人身、财产安全的国家标准和行业标准;不得生产、销售失效、变质产品和国家明令淘汰的产品;不得在产品中掺杂、掺假,以假充真,以次充好。

第三十四条　乡镇企业应当依法使用商标,重视企业信誉;按照国家规定,制作所生产经营的商品标识,不得伪造产品的产地或者伪造、冒用他人厂名、厂址和认证标志、名优标志。

第三十五条　乡镇企业必须遵守有关环境保护的法律、法规,按照国家产业政策,在当地人民政府的统一指导下,采取措施,积极发展无污染、少污染和低资源消耗的企业,切实防治环境污染和生态破坏,保护和改善环境。

地方人民政府应当制定和实施乡镇企业环境保护规划,提高乡镇企业防治污染的能力。

第三十六条　乡镇企业建设对环境有影响的项目,必须严格执行环境影响评价制度。

乡镇企业建设项目中防治污染的设施,必须与主体工程同时设计、同时施工、同时投产使用。防治污染的设施必须经环境保护行政主管部门验收合格后,该建设项目方可投入生产或者使用。

乡镇企业不得采用或者使用国家明令禁止的严重污染环境的生产工艺和设备;不得生产和经营国家明令禁止的严重污染环境的产品。排放污染物超过国家或者地方规定标准,严重污染环境的,必须限期治理,逾期未完成治理任务的,依法关闭、停产或者转产。

第三十七条　乡镇企业必须遵守有关劳动保护、劳动安全的法律、法规,认真贯彻执行安全第一、预防为主的方针,采取有效的劳动卫生技术措施和管理措施,防止生产伤亡事故和职业病的发生;对危害职工安全的事故隐患,应当限期解决或者停产整顿。严禁管理者违章指挥,强令职工冒险作业。发生生产伤亡事故,应当采取积极抢救措施,依法妥善处理,并向有关部门报告。

第三十八条　违反本法规定,有下列行为之一的,由县级以上人民政府乡镇企业行政管理部门责令改正:

(一)非法改变乡镇企业所有权的;

(二)非法占有或者无偿使用乡镇企业财产的;

(三)非法撤换乡镇企业负责人的;

(四)侵犯乡镇企业自主经营权的。

前款行为给乡镇企业造成经济损失的,应当依法赔偿。

第三十九条　乡镇企业有权向审计、监察、财政、物价和乡镇企业行政管理部门控告、检举向企业非法收费、摊派或者罚款的单位和个人。有关部门和上级机关应当责令责任人停止其行为,并限期归还有关财物。对直接责任人员,有关部门可以根据情节轻重,给予相应的处罚。

第四十条　乡镇企业违反国家产品质量、环境保护、土地管理、自然资源开发、劳动安全、税收及其他有关法律、法规的,除依照有关法律、法规处理外,在其改正之前,应当根据情节轻重停止其享受本法规定的部分或者全部优惠。

第四十一条　乡镇企业违反本法规定,不承担支援农业义务的,由乡镇企业行政管理部门责令改正,在其改正之前,可以停止其享受本法规定的部分或者全部优惠。

第四十二条　对依照本法第三十八条至第四十一条规定所作处罚、处理决定不服的,当事人可以依法申请行政复议、提起诉讼。

第四十三条　本法自 1997 年 1 月 1 日起施行。

三、所有权

中华人民共和国城市房地产管理法

- 1994年7月5日第八届全国人民代表大会常务委员会第八次会议通过
- 根据2007年8月30日第十届全国人民代表大会常务委员会第二十九次会议《关于修改〈中华人民共和国城市房地产管理法〉的决定》第一次修正
- 根据2009年8月27日第十一届全国人民代表大会常务委员会第十次会议《关于修改部分法律的决定》第二次修正
- 根据2019年8月26日第十三届全国人民代表大会常务委员会第十二次会议《关于修改〈中华人民共和国土地管理法〉、〈中华人民共和国城市房地产管理法〉的决定》第三次修正

第一章　总　则

第一条　【立法宗旨】为了加强对城市房地产的管理,维护房地产市场秩序,保障房地产权利人的合法权益,促进房地产业的健康发展,制定本法。

第二条　【适用范围】在中华人民共和国城市规划区国有土地(以下简称国有土地)范围内取得房地产开发用地的土地使用权,从事房地产开发、房地产交易,实施房地产管理,应当遵守本法。

本法所称房屋,是指土地上的房屋等建筑物及构筑物。

本法所称房地产开发,是指在依据本法取得国有土地使用权的土地上进行基础设施、房屋建设的行为。

本法所称房地产交易,包括房地产转让、房地产抵押和房屋租赁。

第三条　【国有土地有偿、有限期使用制度】国家依法实行国有土地有偿、有限期使用制度。但是,国家在本法规定的范围内划拨国有土地使用权的除外。

第四条　【国家扶持居民住宅建设】国家根据社会、经济发展水平,扶持发展居民住宅建设,逐步改善居民的居住条件。

第五条　【房地产权利人的义务和权益】房地产权利人应当遵守法律和行政法规,依法纳税。房地产权利人的合法权益受法律保护,任何单位和个人不得侵犯。

第六条　【房屋征收】为了公共利益的需要,国家可以征收国有土地上单位和个人的房屋,并依法给予拆迁补偿,维护被征收人的合法权益;征收个人住宅的,还应当保障被征收人的居住条件。具体办法由国务院规定。

第七条　【房地产管理机构设置】国务院建设行政主管部门、土地管理部门依照国务院规定的职权划分,各司其职,密切配合,管理全国房地产工作。

县级以上地方人民政府房产管理、土地管理部门的机构设置及其职权由省、自治区、直辖市人民政府确定。

第二章　房地产开发用地

第一节　土地使用权出让

第八条　【土地使用权出让的定义】土地使用权出让,是指国家将国有土地使用权(以下简称土地使用权)在一定年限内出让给土地使用者,由土地使用者向国家支付土地使用权出让金的行为。

注释 土地使用权出让

土地使用权出让是指国家以土地所有者的身份将土地使用权在一定年限内让与土地使用者,并由土地使用者向国家支付土地使用权出让金的行为。

建设占用土地,涉及农用地转为建设用地的,应当办理农用地转用审批手续。永久基本农田转为建设用地的,由国务院批准。在土地利用总体规划确定的城市和村庄、集镇建设用地规模范围内,为实施该规划而将永久基本农田以外的农用地转为建设用地的,按土地利用年度计划分批次按照国务院规定由原批准土地利用总体规划的机关或者其授权的机关批准。在已批准的农用地转用范围内,具体建设项目用地可以由市、县人民政府批准。在土地利用总体规划确定的城市和村庄、集镇建设用地规模范围外,将永久基本农田以外的农用地转为建设用地的,由国务院或者国务院授权的省、自治区、直辖市人民政府批准。

土地使用权出让具有以下特征:(1)土地使用权的出让是以土地使用权和所有权的分离为基础,国家作为土地所有者的地位不变,而土地使用权受让人取得一种独立的财产权利,包括所有权

中占有、使用、收益和一定程度的处分权(如土地使用权转让、出租、抵押等)。出让的土地使用权是一种与土地所有权相分离的独立物权,不同于所有权中单纯的使用权能。

(2)土地使用权出让的出让方为政府。土地使用权出让只能是国有土地,土地使用权出让方只能是市、县人民政府的土地管理部门,其他任何部门、单位、个人不得实施土地出让行为。

(3)土地使用权的出让是有年限限制的,土地使用者享有土地使用权的期限以出让合同中的约定为限,但不得超过法律规定的最高出让年限。

(4)土地使用权出让是有偿的,受让方获得一定年限的土地使用权是以向出让人支付"出让金"为代价,一般在出让合同签订后的法定期限内,由受让方向出让方一次性支付或法定期限内分期支付。

(5)土地使用权的出让是土地使用权作为商品进入市场流通的第一步,反映了作为土地所有者的国家与土地使用者之间的商品经济关系。

链接《土地管理法》第44-49条

第九条 【集体所有土地征收与出让】城市规划区内的集体所有的土地,经依法征收转为国有土地后,该幅国有土地的使用权方可有偿出让,但法律另有规定的除外。

注释 我国土地所有权主体有国家和集体两大类。但在涉及城市房地产规划的时候,集体所有的土地并不能自由转让给开发商,而必须先通过征收,转为国家所有以后,才能有偿转让给开发商。征收是集体土地转为国家土地的一种主要方式。

链接《土地管理法》第45-50条;《土地管理法实施条例》第26-32条;《城镇国有土地使用权出让和转让暂行条例》第2条;《关于深化改革严格土地管理的决定》

第十条 【土地使用权出让宏观管理】土地使用权出让,必须符合土地利用总体规划、城市规划和年度建设用地计划。

注释 在城市、镇规划区内以出让方式提供国有土地使用权的,在国有土地使用权出让前,城市、县人民政府城乡规划主管部门应当依据控制性详细规划,提出出让地块的位置、使用性质、开发强度等规划条件,作为国有土地使用权出让合同的组成部分。未确定规划条件的地块,不得出让国有土地使用权。

以出让方式取得国有土地使用权的建设项目,建设单位在取得建设项目的批准、核准、备案文件和签订国有土地使用权出让合同后,向城市、县人民政府城乡规划主管部门领取建设用地规划许可证。

城市、县人民政府城乡规划主管部门不得在建设用地规划许可证中,擅自改变作为国有土地使用权出让合同组成部分的规划条件。

规划条件未纳入国有土地使用权出让合同的,该国有土地使用权出让合同无效;对未取得建设用地规划许可证的建设单位批准用地的,由县级以上人民政府撤销有关批准文件;占用土地的,应当及时退回;给当事人造成损失的,应当依法给予赔偿。

土地使用权出让的地块、用途、年限和其他条件,由市、县人民政府土地管理部门会同城市规划和建设管理部门、房产管理部门共同拟定方案,按照国务院规定的批准权限报经批准后,由土地管理部门实施。

链接《城乡规划法》第38、39条;《城镇国有土地使用权出让和转让暂行条例》第10条

第十一条 【年度出让土地使用权总量控制】县级以上地方人民政府出让土地使用权用于房地产开发的,须根据省级以上人民政府下达的控制指标拟订年度出让土地使用权总面积方案,按照国务院规定,报国务院或者省级人民政府批准。

链接《关于调整住房供应结构稳定住房价格的意见》二(六)

第十二条 【土地使用权出让主体】土地使用权出让,由市、县人民政府有计划、有步骤地进行。出让的每幅地块、用途、年限和其他条件,由市、县人民政府土地管理部门会同城市规划、建设、房产管理部门共同拟定方案,按照国务院规定,报经有批准权的人民政府批准后,由市、县人民政府土地管理部门实施。

直辖市的县人民政府及其有关部门行使前款规定的权限,由直辖市人民政府规定。

注释 土地使用权的出让必须由适当的主体按照正当的程序进行。本条规定了市、县人民政府在土地出让行为上的权限,《最高人民法院关于审理涉及国有土地使用权合同纠纷案件适用法律问题的解释》更明确地规定,土地使用权出让的主体只能是市、县人民政府,土地使用权出让合同的订立

与履行由市、县人民政府的自然资源主管部门具体负责。

土地使用权出让规划

在城市规划区内城市国有土地使用权出让、转让必须符合城市规划,有利于城市经济社会的发展。国务院城市规划行政主管部门负责全国城市国有土地使用权出让、转让规划管理的指导工作。省、自治区、直辖市人民政府城市规划行政主管部门负责本省、自治区、直辖市行政区域内城市国有土地使用权出让、转让规划管理的指导工作。直辖市、市和县人民政府城市规划行政主管部门负责城市规划区内城市国有土地使用权出让、转让的规划管理工作。

城市国有土地使用权出让的投放量应当与城市土地资源、经济社会发展和市场需求相适应。土地使用权出让、转让应当与建设项目相结合。城市规划行政主管部门和有关部门要根据城市规划实施的步骤和要求,编制城市国有土地使用权出让规划和计划,包括地块数量、用地面积、地块位置、出让步骤等,保证城市国有土地使用权的出让有规划、有步骤、有计划地进行。

链接《城镇国有土地使用权出让和转让暂行条例》第8条;《城市国有土地使用权出让转让规划管理办法》第2-4条;《土地管理法》第46条

第十三条　【土地使用权出让方式】土地使用权出让,可以采取拍卖、招标或者双方协议的方式。

商业、旅游、娱乐和豪华住宅用地,有条件的,必须采取拍卖、招标方式;没有条件,不能采取拍卖、招标方式的,可以采取双方协议的方式。

采取双方协议方式出让土地使用权的出让金不得低于按国家规定所确定的最低价。

注释 **拍卖出让国有建设用地使用权**

拍卖出让国有建设用地使用权,是指出让人发布拍卖公告,由竞买人在指定时间、地点进行公开竞价,根据出价结果确定国有建设用地使用权人的行为。

招标出让国有建设用地使用权

招标出让国有建设用地使用权,是指市、县人民政府自然资源主管部门发布招标公告,邀请特定或者不特定的自然人、法人和其他组织参加国有建设用地使用权投标,根据投标结果确定国有建设用地使用权人的行为。

挂牌出让国有建设用地使用权

挂牌出让国有建设用地使用权,是指出让人发布挂牌公告,按公告规定的期限将拟出让宗地的交易条件在指定的土地交易场所挂牌公布,接受竞买人的报价申请并更新挂牌价格,根据挂牌期限截止时的出价结果或者现场竞价结果确定国有建设用地使用权人的行为。

链接《招标拍卖挂牌出让国有建设用地使用权规定》第2条

第十四条　【土地使用权出让最高年限】土地使用权出让最高年限由国务院规定。

注释 土地使用权出让最高年限按下列用途确定:(1)居住用地70年;(2)工业用地50年;(3)教育、科技、文化、卫生、体育用地50年;(4)商业、旅游、娱乐用地40年;(5)综合或者其他用地50年。

链接《城镇国有土地使用权出让和转让暂行条例》第12条

第十五条　【土地使用权出让合同】土地使用权出让,应当签订书面出让合同。

土地使用权出让合同由市、县人民政府土地管理部门与土地使用者签订。

注释 通过招标、拍卖、协议等出让方式设立建设用地使用权的,当事人应当采用书面形式订立建设用地使用权出让合同。建设用地使用权出让合同一般包括下列条款:(1)当事人的名称和住所;(2)土地界址、面积等;(3)建筑物、构筑物及其附属设施占用的空间;(4)土地用途、规划条件;(5)建设用地使用权期限;(6)出让金等费用及其支付方式;(7)解决争议的方法。

链接《民法典》第348条

第十六条　【支付出让金】土地使用者必须按照出让合同约定,支付土地使用权出让金;未按照出让合同约定支付土地使用权出让金的,土地管理部门有权解除合同,并可以请求违约赔偿。

注释 土地使用者应当在签订土地使用权出让合同后60日内,支付全部土地使用权出让金。逾期未全部支付的,出让方有权解除合同,并可请求违约赔偿。经市、县人民政府批准同意以协议方式出让的土地使用权,土地使用权出让金低于订立合同时当地政府按照国家规定确定的最低价的,应当认定土地使用权出让合同约定的价格条款无效。当事人请求按照订立合同时的市场评估价格交纳土地使用权出让金的,应予支持;受让方不同意按照市场评估价格补足，请求解除合同的，应予支持。因此造成的损失，由当事人按照过错承担责任。

链接《城镇国有土地使用权出让和转让暂行条例》第14条；《最高人民法院关于审理涉及国有土地使用权合同纠纷案件适用法律问题的解释》第3条

第十七条 【提供出让土地】 土地使用者按照出让合同约定支付土地使用权出让金的，市、县人民政府土地管理部门必须按照出让合同约定，提供出让的土地；未按照出让合同约定提供出让的土地的，土地使用者有权解除合同，由土地管理部门返还土地使用权出让金，土地使用者并可以请求违约赔偿。

注释 出让方应当按照合同规定，提供出让的土地。未按合同规定提供出让的土地的，土地使用者有权解除合同，并可请求违约赔偿。土地使用权出让合同的出让方因未办理土地使用权出让批准手续而不能交付土地，受让方请求解除合同的，应予支持。

链接《城镇国有土地使用权出让和转让暂行条例》第15条；《最高人民法院关于审理涉及国有土地使用权合同纠纷案件适用法律问题的解释》第4条

第十八条 【土地用途的变更】 土地使用者需要改变土地使用权出让合同约定的土地用途的，必须取得出让方和市、县人民政府城市规划行政主管部门的同意，签订土地使用权出让合同变更协议或者重新签订土地使用权出让合同，相应调整土地使用权出让金。

链接《土地管理法》第56条；《最高人民法院关于审理涉及国有土地使用权合同纠纷案件适用法律问题的解释》第5、6条

第十九条 【土地使用权出让金的管理】 土地使用权出让金应当全部上缴财政，列入预算，用于城市基础设施建设和土地开发。土地使用权出让金上缴和使用的具体办法由国务院规定。

注释 以出让等有偿使用方式取得国有土地使用权的建设单位，按照国务院规定的标准和办法，缴纳土地使用权出让金等土地有偿使用费和其他费用后，方可使用土地。自《土地管理法》施行之日起，新增建设用地的土地有偿使用费，30%上缴中央财政，70%留给有关地方人民政府。具体使用管

理办法由国务院财政部门会同有关部门制定，并报国务院批准。

链接《土地管理法》第55条

第二十条 【出让土地使用权的提前收回】 国家对土地使用者依法取得的土地使用权，在出让合同约定的使用年限届满前不收回；在特殊情况下，根据社会公共利益的需要，可以依照法律程序提前收回，并根据土地使用者使用土地的实际年限和开发土地的实际情况给予相应的补偿。

注释 有下列情形之一的，由有关人民政府自然资源主管部门报经原批准用地的人民政府或者有批准权的人民政府批准，可以收回国有土地使用权：(1)为实施城市规划进行旧城区改建以及其他公共利益需要，确需使用土地的；(2)土地出让等有偿使用合同约定的使用期限届满，土地使用者未申请续期或者申请续期未获批准的；(3)因单位撤销、迁移等原因，停止使用原划拨的国有土地的；(4)公路、铁路、机场、矿场等经核准报废的。依照上述第1项的规定收回国有土地使用权的，对土地使用权人应当给予适当补偿。

案例 魏永高、陈守志诉来安县人民政府收回土地使用权批复案(2013年11月8日最高人民法院指导案例22号)

裁判规则：根据《土地储备管理办法》和《安徽省国有土地储备办法》以收回方式储备国有土地的程序规定，来安县国土资源行政主管部门在来安县人民政府做出批准收回国有土地使用权方案批复后，应当向原土地使用权人送达对外发生法律效力的收回国有土地使用权通知。

链接《土地管理法》第58条

第二十一条 【土地使用权终止】 土地使用权因土地灭失而终止。

注释 土地使用权因土地使用权出让合同规定的使用年限届满、提前收回及土地灭失等原因而终止。建设用地使用权消灭的，出让人应当及时办理注销登记。登记机构应当收回权属证书。

链接《民法典》第360条；《城镇国有土地使用权出让和转让暂行条例》第39-41条

第二十二条 【土地使用权出让年限届满】 土地使用权出让合同约定的使用年限届满，土地使用者需要继续使用土地的，应当至迟于届满前一年申请续期，除根据社会公共利益需要收回该幅土地的，应当予以批准。经批准准予续期的，应当

重新签订土地使用权出让合同,依照规定支付土地使用权出让金。

土地使用权出让合同约定的使用年限届满,土地使用者未申请续期或者虽申请续期但依照前款规定未获批准的,土地使用权由国家无偿收回。

注释 住宅建设用地使用权期限届满的,自动续期。续期费用的缴纳或者减免,依照法律、行政法规的规定办理。非住宅建设用地使用权期限届满后的续期,依照法律规定办理。该土地上的房屋以及其他不动产的归属,有约定的,按照约定;没有约定或者约定不明确的,依照法律、行政法规的规定办理。

链接《民法典》第 359 条

第二节 土地使用权划拨

第二十三条 【土地使用权划拨的定义】土地使用权划拨,是指县级以上人民政府依法批准,在土地使用者缴纳补偿、安置等费用后将该幅土地交付其使用,或者将土地使用权无偿交付给土地使用者使用的行为。

依照本法规定以划拨方式取得土地使用权的,除法律、行政法规另有规定外,没有使用期限的限制。

注释 设立建设用地使用权,可以采取出让或者划拨等方式。工业、商业、旅游、娱乐和商品住宅等经营性用地以及同一土地有两个以上意向用地者的,应当采取招标、拍卖等公开竞价的方式出让。严格限制以划拨方式设立建设用地使用权。

划拨土地使用权是指土地使用者通过各种方式依法无偿取得的土地使用权。划拨土地使用者应当依照《城镇土地使用税暂行条例》的规定缴纳土地使用税。

符合下列条件的,经市、县人民政府土地管理部门和房产管理部门批准,其划拨土地使用权和地上建筑物、其他附着物所有权可以转让、出租、抵押:(1)土地使用者为公司、企业、其他经济组织和个人;(2)领有国有土地使用证;(3)具有地上建筑物、其他附着物合法的产权证明;(4)依照规定签订土地使用权出让合同,向当地市、县人民政府补交土地使用权出让金或者以转让、出租、抵押所获收益抵交土地使用权出让金。转让、出租、抵押上述规定划拨土地使用权的,分别依照《城镇国有

土地使用权出让和转让暂行条例》第三章、第四章和第五章的规定办理。

链接《民法典》第 347 条;《城镇国有土地使用权出让和转让暂行条例》第 43-47 条

第二十四条 【土地使用权划拨范围】下列建设用地的土地使用权,确属必需的,可以由县级以上人民政府依法批准划拨:

(一)国家机关用地和军事用地;

(二)城市基础设施用地和公益事业用地;

(三)国家重点扶持的能源、交通、水利等项目用地;

(四)法律、行政法规规定的其他用地。

第三章 房地产开发

第二十五条 【房地产开发基本原则】房地产开发必须严格执行城市规划,按照经济效益、社会效益、环境效益相统一的原则,实行全面规划、合理布局、综合开发、配套建设。

第二十六条 【开发土地期限】以出让方式取得土地使用权进行房地产开发的,必须按照土地使用权出让合同约定的土地用途、动工开发期限开发土地。超过出让合同约定的动工开发日期满一年未动工开发的,可以征收相当于土地使用权出让金百分之二十以下的土地闲置费;满二年未动工开发的,可以无偿收回土地使用权;但是,因不可抗力或者政府、政府有关部门的行为或者动工开发必需的前期工作造成动工开发迟延的除外。

第二十七条 【房地产开发项目设计、施工和竣工】房地产开发项目的设计、施工,必须符合国家的有关标准和规范。

房地产开发项目竣工,经验收合格后,方可交付使用。

第二十八条 【土地使用权作价】依法取得的土地使用权,可以依照本法和有关法律、行政法规的规定,作价入股,合资、合作开发经营房地产。

第二十九条 【开发居民住宅的鼓励和扶持】国家采取税收等方面的优惠措施鼓励和扶持房地产开发企业开发建设居民住宅。

第三十条 【房地产开发企业的设立】房地产开发企业是以营利为目的,从事房地产开发和经营的企业。设立房地产开发企业,应当具备下列条件:

(一)有自己的名称和组织机构;

(二)有固定的经营场所;

（三）有符合国务院规定的注册资本；

（四）有足够的专业技术人员；

（五）法律、行政法规规定的其他条件。

设立房地产开发企业，应当向工商行政管理部门申请设立登记。工商行政管理部门对符合本法规定条件的，应当予以登记，发给营业执照；对不符合本法规定条件的，不予登记。

设立有限责任公司、股份有限公司，从事房地产开发经营的，还应当执行公司法的有关规定。

房地产开发企业在领取营业执照后的一个月内，应当到登记机关所在地的县级以上地方人民政府规定的部门备案。

第三十一条　【房地产开发企业注册资本与投资总额的比例】房地产开发企业的注册资本与投资总额的比例应当符合国家有关规定。

房地产开发企业分期开发房地产的，分期投资额应当与项目规模相适应，并按照土地使用权出让合同的约定，按期投入资金，用于项目建设。

第四章　房地产交易

第一节　一般规定

第三十二条　【房地产权利主体一致原则】房地产转让、抵押时，房屋的所有权和该房屋占用范围内的土地使用权同时转让、抵押。

注释　建筑物、构筑物及其附属设施转让、互换、出资或者赠与的，该建筑物、构筑物及其附属设施占用范围内的建设用地使用权一并处分。

链接《民法典》第357条

第三十三条　【房地产价格管理】基准地价、标定地价和各类房屋的重置价格应当定期确定并公布。具体办法由国务院规定。

第三十四条　【房地产价格评估】国家实行房地产价格评估制度。

房地产价格评估，应当遵循公正、公平、公开的原则，按照国家规定的技术标准和评估程序，以基准地价、标定地价和各类房屋的重置价格为基础，参照当地的市场价格进行评估。

第三十五条　【房地产成交价格申报】国家实行房地产成交价格申报制度。

房地产权利人转让房地产，应当向县级以上地方人民政府规定的部门如实申报成交价，不得瞒报或者作不实的申报。

第三十六条　【房地产权属登记】房地产转让、抵押，当事人应当依照本法第五章的规定办理权属登记。

第二节　房地产转让

第三十七条　【房地产转让的定义】房地产转让，是指房地产权利人通过买卖、赠与或者其他合法方式将其房地产转移给他人的行为。

注释　其他合法方式

其他合法方式，主要包括下列行为：（1）以房地产作价入股、与他人成立企业法人，房地产权属发生变更的；（2）一方提供土地使用权，另一方或者多方提供资金，合资、合作开发经营房地产，而使房地产权属发生变更的；（3）因企业被收购、兼并或合并，房地产权属随之转移的；（4）以房地产抵债的；（5）法律、法规规定的其他情形。

链接《城市房地产转让管理规定》第3条

第三十八条　【房地产不得转让的情形】下列房地产，不得转让：

（一）以出让方式取得土地使用权的，不符合本法第三十九条规定的条件的；

（二）司法机关和行政机关依法裁定、决定查封或者以其他形式限制房地产权利的；

（三）依法收回土地使用权的；

（四）共有房地产，未经其他共有人书面同意的；

（五）权属有争议的；

（六）未依法登记领取权属证书的；

（七）法律、行政法规规定禁止转让的其他情形。

第三十九条　【以出让方式取得土地使用权的房地产转让】以出让方式取得土地使用权的，转让房地产时，应当符合下列条件：

（一）按照出让合同约定已经支付全部土地使用权出让金，并取得土地使用权证书；

（二）按照出让合同约定进行投资开发，属于房屋建设工程的，完成开发投资总额的百分之二十五以上，属于成片开发土地的，形成工业用地或者其他建设用地条件。

转让房地产时房屋已经建成的，还应当持有房屋所有权证书。

注释　以出让方式取得土地使用权的，转让房地产时，属于成片开发土地的，应当依照规划对土地进

三、所有权

行开发建设,完成供排水、供电、供热、道路交通、通信等市政基础设施、公用设施的建设,达到场地平整,形成工业用地或者其他建设用地条件。

链接《城市房地产转让管理规定》第10条

第四十条 【以划拨方式取得土地使用权的房地产转让】以划拨方式取得土地使用权的,转让房地产时,应当按照国务院规定,报有批准权的人民政府审批。有批准权的人民政府准予转让的,应当由受让方办理土地使用权出让手续,并依照国家有关规定缴纳土地使用权出让金。

以划拨方式取得土地使用权的,转让房地产报批时,有批准权的人民政府按照国务院规定决定可以不办理土地使用权出让手续的,转让方应当按照国务院规定将转让房地产所获收益中的土地收益上缴国家或者作其他处理。

注释 根据本条第1款的规定,当事人应当向市、县人民政府土地管理部门提出申请,由该部门审查并报经有批准权的人民政府批准。这是因为,此类房地产转让审批,实质是划拨土地使用权转让审批,房屋能否转让取决于该房屋所占用的划拨土地使用权转让能否得到批准。只有划拨土地使用权转让先行获得批准后,权利人才能按照其他有关规定转让房地产。

以划拨方式取得土地使用权的,转让房地产时,属于下列情形之一的,经有批准权的人民政府批准,可以不办理土地使用权出让手续,但应当将转让房地产所获收益中的土地收益上缴国家或者做其他处理:(1)经城市规划行政主管部门批准,转让的土地用于建设《城市房地产管理法》第24条规定的项目的;(2)私有住宅转让后仍用于居住的;(3)按照国务院住房制度改革有关规定出售公有住宅的;(4)同一宗土地上部分房屋转让而土地使用权不可分割转让的;(5)转让的房地产暂时难以确定土地使用权出让用途、年限和其他条件的;(6)根据城市规划土地使用权不宜出让的;(7)县级以上人民政府规定暂时无法或不需要采取土地使用权出让方式的其他情形。依照前述规定缴纳土地收益或作其他处理的,应当在房地产转让合同中注明。依照前述规定转让的房地产再转让,需要办理出让手续、补交土地使用权出让金的,应当扣除已经缴纳的土地收益。

土地收益与出让金都是国有土地所有权的经济体现,属地租性质,应当按照出让金的管理办法

进行管理,其土地收益全部上缴财政,用于城市基础设施建设和土地开发。土地管理部门具体实施出让方案,负责代收出让金,同时负责划拨土地使用权转让的审查报批。因此,上述"土地收益"也应由土地管理部门负责征收管理。

链接《国家土地管理局关于贯彻〈城市房地产管理法〉若干问题的批复》六、七;《城市房地产转让管理规定》第12、13条

第四十一条 【房地产转让合同】房地产转让,应当签订书面转让合同,合同中应当载明土地使用权取得的方式。

注释 房地产转让合同应当载明下列主要内容:(1)双方当事人的姓名或者名称、住所;(2)房地产权属证书名称和编号;(3)房地产坐落位置、面积、四至界限;(4)土地宗地号、土地使用权取得的方式及年限;(5)房地产的用途或使用性质;(6)成交价格及支付方式;(7)房地产交付使用的时间;(8)违约责任;(9)双方约定的其他事项。

链接《城市房地产转让管理规定》第8条

第四十二条 【房地产转让合同与土地使用权出让合同的关系】房地产转让时,土地使用权出让合同载明的权利、义务随之转移。

注释 本条是关于房地产转让合同与土地使用权出让合同的关系的规定。具体表现为:①房地产转让合同以土地使用权出让合同为前提;②房地产转让合同约定的土地使用权的使用年限,通常要受到原土地使用权出让合同约定的制约;③房地产转让合同较土地使用权出让合同又有新的内容。

链接《城市房地产转让管理规定》第9条

第四十三条 【房地产转让后土地使用权的使用年限】以出让方式取得土地使用权的,转让房地产后,其土地使用权的使用年限为原土地使用权出让合同约定的使用年限减去原土地使用者已经使用年限后的剩余年限。

第四十四条 【房地产转让后土地使用权用途的变更】以出让方式取得土地使用权的,转让房地产后,受让人改变原土地使用权出让合同约定的土地用途的,必须取得原出让方和市、县人民政府城市规划行政主管部门的同意,签订土地使用权出让合同变更协议或者重新签订土地使用权出让合同,相应调整土地使用权出让金。

第四十五条 【商品房预售的条件】商品房预售,应当符合下列条件:

（一）已交付全部土地使用权出让金，取得土地使用权证书；

（二）持有建设工程规划许可证；

（三）按提供预售的商品房计算，投入开发建设的资金达到工程建设总投资的百分之二十五以上，并已经确定施工进度和竣工交付日期；

（四）向县级以上人民政府房产管理部门办理预售登记，取得商品房预售许可证明。

商品房预售人应当按照国家有关规定将预售合同报县级以上人民政府房产管理部门和土地管理部门登记备案。

商品房预售所得款项，必须用于有关的工程建设。

第四十六条　【商品房预售后的再行转让】商品房预售的，商品房预购人将购买的未竣工的预售商品房再行转让的问题，由国务院规定。

第三节　房地产抵押

第四十七条　【房地产抵押的定义】房地产抵押，是指抵押人以其合法的房地产以不转移占有的方式向抵押权人提供债务履行担保的行为。债务人不履行债务时，抵押权人有权依法以抵押的房地产拍卖所得的价款优先受偿。

第四十八条　【房地产抵押物的范围】依法取得的房屋所有权连同该房屋占用范围内的土地使用权，可以设定抵押权。

以出让方式取得的土地使用权，可以设定抵押权。

注释 土地使用权抵押时，其地上建筑物、其他附着物随之抵押。地上建筑物、其他附着物抵押时，其使用范围内的土地使用权随之抵押。下列房地产不得设定抵押：（1）权属有争议的房地产；（2）用于教育、医疗、市政等公共福利事业的房地产；（3）列入文物保护的建筑物和有重要纪念意义的其他建筑物；（4）已依法公告列入拆迁范围的房地产；（5）被依法查封、扣押、监管或者以其他形式限制的房地产；（6）依法不得抵押的其他房地产。

链接 《城市房地产抵押管理办法》第4、8条；《城镇国有土地使用权出让和转让暂行条例》第33条

第四十九条　【抵押办理凭证】房地产抵押，应当凭土地使用权证书、房屋所有权证书办理。

第五十条　【房地产抵押合同】房地产抵押，抵押人和抵押权人应当签订书面抵押合同。

注释 房地产抵押合同应当载明下列主要内容：（1）抵押人、抵押权人的名称或者个人姓名、住所；（2）主债权的种类、数额；（3）抵押房地产的处所、名称、状况、建筑面积、用地面积以及四至等；（4）抵押房地产的价值；（5）抵押房地产的占用管理人、占用管理方式、占用管理责任以及意外损毁、灭失的责任；（6）债务人履行债务的期限；（7）抵押权灭失的条件；（8）违约责任；（9）争议解决方式；（10）抵押合同订立的时间与地点；（11）双方约定的其他事项。抵押合同不得违背国家法律、法规和土地使用权出让合同的规定。

链接 《城市房地产抵押管理办法》第25、26条；《城镇国有土地使用权出让和转让暂行条例》第34条

第五十一条　【以划拨土地使用权设定的房地产抵押权的实现】设定房地产抵押权的土地使用权是以划拨方式取得的，依法拍卖该房地产后，应当从拍卖所得的价款中缴纳相当于应缴纳的土地使用权出让金的款额后，抵押权人方可优先受偿。

第五十二条　【房地产抵押后土地上的新增房屋问题】房地产抵押合同签订后，土地上新增的房屋不属于抵押财产。需要拍卖该抵押的房地产时，可以依法将土地上新增的房屋与抵押财产一同拍卖，但对拍卖新增房屋所得，抵押权人无权优先受偿。

第四节　房屋租赁

第五十三条　【房屋租赁的定义】房屋租赁，是指房屋所有权人作为出租人将其房屋出租给承租人使用，由承租人向出租人支付租金的行为。

第五十四条　【房屋租赁合同的签订与备案】房屋租赁，出租人和承租人应当签订书面租赁合同，约定租赁期限、租赁用途、租赁价格、修缮责任等条款，以及双方的其他权利和义务，并向房产管理部门登记备案。

第五十五条　【住宅用房和非住宅用房的租赁】住宅用房的租赁，应当执行国家和房屋所在城市人民政府规定的租赁政策。租用房屋从事生产、经营活动的，由租赁双方协商议定租金和其他租赁条款。

第五十六条　【以划拨方式取得的国有土地上的房屋出租的特别规定】以营利为目的，房屋所有权人将以划拨方式取得使用权的国有土地上建

三、所有权

成的房屋出租的,应当将租金中所含土地收益上缴国家。具体办法由国务院规定。

第五节 中介服务机构

第五十七条 【房地产中介服务机构】房地产中介服务机构包括房地产咨询机构、房地产价格评估机构、房地产经纪机构等。

第五十八条 【房地产中介服务机构的设立】房地产中介服务机构应当具备下列条件:

(一)有自己的名称和组织机构;

(二)有固定的服务场所;

(三)有必要的财产和经费;

(四)有足够数量的专业人员;

(五)法律、行政法规规定的其他条件。

设立房地产中介服务机构,应当向工商行政管理部门申请设立登记,领取营业执照后,方可开业。

第五十九条 【房地产估价人员资格认证】国家实行房地产价格评估人员资格认证制度。

第五章 房地产权属登记管理

第六十条 【房地产登记发证制度】国家实行土地使用权和房屋所有权登记发证制度。

第六十一条 【房地产权属登记】以出让或者划拨方式取得土地使用权,应当向县级以上地方人民政府土地管理部门申请登记,经县级以上地方人民政府土地管理部门核实,由同级人民政府颁发土地使用权证书。

在依法取得的房地产开发用地上建成房屋的,应当凭土地使用权证书向县级以上地方人民政府房产管理部门申请登记,由县级以上地方人民政府房产管理部门核实并颁发房屋所有权证书。

房地产转让或者变更时,应当向县级以上地方人民政府房产管理部门申请房产变更登记,并凭变更后的房屋所有权证书向同级人民政府土地管理部门申请土地使用权变更登记,经同级人民政府土地管理部门核实,由同级人民政府更换或者更改土地使用权证书。

法律另有规定的,依照有关法律的规定办理。

第六十二条 【房地产抵押登记】房地产抵押时,应当向县级以上地方人民政府规定的部门办理抵押登记。

因处分抵押房地产而取得土地使用权和房屋所有权的,应当依照本章规定办理过户登记。

第六十三条 【房地产权属证书】经省、自治区、直辖市人民政府确定,县级以上地方人民政府由一个部门统一负责房产管理和土地管理工作的,可以制作、颁发统一的房地产权证书,依照本法第六十一条的规定,将房屋的所有权和该房屋占用范围内的土地使用权的确认和变更,分别载入房地产权证书。

第六章 法律责任

第六十四条 【擅自出让或擅自批准出让土地使用权用于房地产开发的法律责任】违反本法第十一条、第十二条的规定,擅自批准出让或者擅自出让土地使用权用于房地产开发的,由上级机关或者所在单位给予有关责任人员行政处分。

第六十五条 【擅自从事房地产开发的法律责任】违反本法第三十条的规定,未取得营业执照擅自从事房地产开发业务的,由县级以上人民政府工商行政管理部门责令停止房地产开发业务活动,没收违法所得,可以并处罚款。

第六十六条 【非法转让土地使用权的法律责任】违反本法第三十九条第一款的规定转让土地使用权的,由县级以上人民政府土地管理部门没收违法所得,可以并处罚款。

第六十七条 【非法转让划拨土地使用权的房地产的法律责任】违反本法第四十条第一款的规定转让房地产的,由县级以上人民政府土地管理部门责令缴纳土地使用权出让金,没收违法所得,可以并处罚款。

第六十八条 【非法预售商品房的法律责任】违反本法第四十五条第一款的规定预售商品房的,由县级以上人民政府房产管理部门责令停止预售活动,没收违法所得,可以并处罚款。

第六十九条 【擅自从事房地产中介服务业务的法律责任】违反本法第五十八条的规定,未取得营业执照擅自从事房地产中介服务业务的,由县级以上人民政府工商行政管理部门责令停止房地产中介服务业务活动,没收违法所得,可以并处罚款。

第七十条 【向房地产开发企业非法收费的法律责任】没有法律、法规的依据,向房地产开发企业收费的,上级机关应当责令退回所收取的钱款;情节严重的,由上级机关或者所在单位给予直接责任人员行政处分。

第七十一条　【管理部门工作人员玩忽职守、滥用职权、索贿、受贿的法律责任】房产管理部门、土地管理部门工作人员玩忽职守、滥用职权,构成犯罪,依法追究刑事责任;不构成犯罪,给予行政处分。

房产管理部门、土地管理部门工作人员利用职务上的便利,索取他人财物,或者非法收受他人财物为他人谋取利益,构成犯罪,依法追究刑事责任;不构成犯罪,给予行政处分。

第七章　附　则

第七十二条　【参照本法适用的情形】在城市规划区外的国有土地范围内取得房地产开发用地的土地使用权,从事房地产开发、交易活动以及实施房地产管理,参照本法执行。

第七十三条　【施行时间】本法自 1995 年 1 月 1 日起施行。

中华人民共和国民法典（节录继承）

· 2020 年 5 月 28 日第十三届全国人民代表大会第三次会议通过
· 2020 年 5 月 28 日中华人民共和国主席令第 45 号公布
· 自 2021 年 1 月 1 日起施行

……

第六编　继　承

第一章　一般规定

第一千一百一十九条　【继承编的调整范围】本编调整因继承产生的民事关系。

注释　本条是关于继承编调整范围的规定。

《民法典》第 124 条规定,自然人依法享有继承权。自然人合法的私有财产,可以依法继承。

继承是指继承人对死者生前的财产权利和义务的承受,又称为财产继承,即自然人死亡时,其遗留的个人合法财产归死者生前在法定范围内指定的或者法定的亲属承受的民事法律关系。在继承法律关系中,生前享有的财产因其死亡而移转给他人的死者为被继承人,被继承人死亡时遗留的个人合法财产为遗产,依法承受被继承人遗产的法定范围内的人为继承人。以继承人继承遗产的方式为标准,可以将继承分为遗嘱继承和法定继承,这是对继承的基本分类。

继承的法律特征如下:(1)继承因作为被继承人的自然人死亡而发生;(2)继承中的继承人与被继承人存在特定亲属身份关系;(3)继承是处理死者遗产的法律关系;(4)继承是继承人概括承受被继承人遗产权利和义务的法律制度。

链接《宪法》第 13 条;《妇女权益保障法》第 34 条

第一千一百二十条　【继承权的保护】国家保护自然人的继承权。

第一千一百二十一条　【继承的开始时间和死亡时间的推定】继承从被继承人死亡时开始。

相互有继承关系的数人在同一事件中死亡,难以确定死亡时间的,推定没有其他继承人的人先死亡。都有其他继承人,辈份不同的,推定长辈先死亡;辈份相同的,推定同时死亡,相互不发生继承。

第一千一百二十二条　【遗产的范围】遗产是自然人死亡时遗留的个人合法财产。

依照法律规定或者根据其性质不得继承的遗产,不得继承。

注释　遗产是继承法律关系的客体,也是继承权的标的。遗产作为特殊的财产,与一般财产存在诸多不同:首先,遗产仅存在于特定时间段。遗产是自然人死亡后所遗留的财产。而遗产一旦分割,也就转移成为继承人个人所有的财产,此时也不再是遗产了。遗产是在自然人死亡之后到被分割之前特定时间阶段的财产状态。其次,遗产在性质上属于财产。被继承人的人身性权利不属于遗产的范围,如著作权中的署名权等人身性权利,不能成为遗产被继承。再次,遗产是自然人死亡时遗留的所有个人财产。被继承人死亡后的所有个人财产都成为遗产,不论财产的形态,只要属于其个人所有的财产都转为遗产。遗产仅限于被继承人死亡时遗留的个人所有的财产,他人所有的财产、家庭共有的财产都不属于遗产范围,需要先剥离出去。最后,遗产是自然人死亡时遗留的合法的财产。只有自然人生前合法取得的财产才能成为遗产。如犯罪分子非法获得的财产在其死后不能成为遗产。

遗产范围是指继承人在其死亡时遗留的可以作为遗产被继承人继承的财产范围。理解遗产的范围需要从三个方面把握:第一,遗产首先是财产或财产性权益,非财产性权利(人格权、人身权或相关权益)不得作为遗产继承;第二,遗产必须是合法的财产权,非法的财产权也不应算作遗产;第三,遗产必须是被继承人个人的财产,非个人财产不属于遗产的范围。我国有些财产性权益属于家庭共有,而非属于个人。比如土地承包经营权、宅基地使用权等,根据农村土地承包法、土地管理法的相关规定,获得土地承包经营权、宅基地使用权的主体是以户为单位,这些权利并不属于某个家庭成员。具体而言,遗产包括:自然人的收入;房屋、储蓄和生活用品;林木、牲畜和家禽;文物、图书资料;法律允许公民所有的生产资料;著作权、专利权中的财产权利等个人合法财产。

链接《农村土地承包法》第54条;《公司法》第75条;《保险法》第42条;《社会保险法》第14条;《海域使用管理法》第27条;《合伙企业法》第50条;《个人独资企业法》第17条;《最高人民法院关于空难死亡赔偿金能否作为遗产处理的复函》;《住房公积金管理条例》第24条第3款;《最高人民法院关于适用〈中华人民共和国民法典〉继承编的解释(一)》第2、39条

第一千一百二十三条 【法定继承、遗嘱继承、遗赠和遗赠扶养协议的效力】继承开始后,按照法定继承办理;有遗嘱的,按照遗嘱继承或者遗赠办理;有遗赠扶养协议的,按照协议办理。

注释 本条是关于法定继承、遗嘱继承、遗赠、遗赠扶养协议关系的规定。它们之间的继承顺序:遗赠扶养协议>遗嘱继承、遗赠>法定继承。

法定继承是指被继承人死亡时没有留下遗嘱,其个人合法遗产的继承由法律规定的继承人范围、顺序和分配原则进行遗产继承的一种继承方式。

遗嘱继承,是指遗嘱中所指定的继承人,根据遗嘱指定的其应当继承的遗产种类、数额等,继承被继承人遗产的一种继承方式。

遗赠是指公民以遗嘱方式将个人财产赠与国家、集体或法定继承人以外的人,于其死亡时发生法律效力的民事行为。

遗赠扶养协议是指遗赠人和扶养人为明确相互间遗赠和扶养的权利义务关系所订立的协议。

第一千一百二十四条 【继承和遗赠的接受和放弃】继承开始后,继承人放弃继承的,应当在遗产处理前,以书面形式作出放弃继承的表示;没有表示的,视为接受继承。

受遗赠人应当在知道受遗赠后六十日内,作出接受或者放弃受遗赠的表示;到期没有表示的,视为放弃受遗赠。

注释 放弃继承就是继承人作出不接受继承、不参与遗产分割的意思表示。放弃继承的效力,追溯到继承开始的时间。放弃继承的继承人既可以是遗嘱继承人,也可以是法定继承人。放弃继承的意思表示可以是继承人本人作出,也可以通过其代理人作出。任何人不得胁迫、欺诈他人放弃继承。继承人放弃继承应当以书面形式向遗产管理人或者其他继承人表示。在诉讼中,继承人向人民法院以口头方式表示放弃继承的,要制作笔录,由放弃继承的人签名。继承人放弃继承的意思表示,应当在继承开始后、遗产分割前作出。遗产分割后表示放弃的不再是继承权,而是所有权。

遗产处理前或者在诉讼进行中,继承人对放弃继承反悔的,由人民法院根据其提出的具体理由,决定是否承认。遗产处理后,继承人对放弃继承反悔的,不予承认。

链接《最高人民法院关于适用〈中华人民共和国民法典〉继承编的解释(一)》第32-37条

第一千一百二十五条 【继承权的丧失】继承人有下列行为之一的,丧失继承权:

(一)故意杀害被继承人;

(二)为争夺遗产而杀害其他继承人;

(三)遗弃被继承人,或者虐待被继承人情节严重;

(四)伪造、篡改、隐匿或者销毁遗嘱,情节严重;

(五)以欺诈、胁迫手段迫使或者妨碍被继承人设立、变更或者撤回遗嘱,情节严重。

继承人有前款第三项至第五项行为,确有悔改表现,被继承人表示宽恕或者事后在遗嘱中将其列为继承人的,该继承人不丧失继承权。

受遗赠人有本条第一款规定行为的,丧失受遗赠权。

注释 继承权丧失是指继承人因对被继承人或者其他继承人实施了法律所禁止的行为,而依法被

取消继承被继承人遗产的资格。继承权丧失是法律规定取消继承权的情形。丧失继承权的法定事由包括5种:

1. 故意杀害被继承人。在主观上,继承人存在杀人的故意,此处不包括过失犯罪,也不包括过失或者因正当防卫致被继承人死亡。在犯罪动机上,不论继承人是否为了取得被继承人的遗产。在客观上,继承人实施了杀害行为,而不论是否既遂。

2. 为争夺遗产而杀害其他继承人。主观上必须有杀害的故意,且动机为争夺遗产。客观上实施了杀害其他继承人的行为,而不论是否既遂。

3. 遗弃被继承人,或者虐待被继承人情节严重。需要注意的是,只要行为人实施了遗弃被继承人的行为,而不论这种行为是否严重,即失去继承权。而虐待被继承人需要达到情节严重。判断虐待被继承人情节是否严重,可以从实施虐待行为的时间、手段、后果和社会影响等方面认定。

4. 伪造、篡改、隐匿或者销毁遗嘱,情节严重。继承人伪造、篡改、隐匿或者销毁遗嘱,侵害了缺乏劳动能力又无生活来源的继承人的利益,并造成其生活困难的,应当认定为"情节严重"。

5. 以欺诈、胁迫手段迫使或者妨碍被继承人设立、变更或者撤回遗嘱,情节严重。不论继承人是采取欺诈手段还是胁迫手段,只要导致被继承人的真实意思歪曲,情节严重的,就构成丧失继承权的法定事由。

本条第2款是关于继承权恢复的规定,其前提条件是:1. 继承人丧失继承权是因为实施了本条第1款第3项至第5项行为。如果继承人因为故意杀害被继承人或者为争夺遗产杀害其他继承人而丧失继承权的,则不论如何是不能再恢复继承权的。2. 继承人确有悔改。认定继承人是否确有悔改,应该结合其行为及内心的主观认识来判断,不能仅仅从表面现象分析,既要有悔改的外在行为,还要有内在的主观态度改正。3. 被继承人作出了恢复继承权的意思表示。此制度设置主要是为了尊重被继承人的真实意思,如果继承人确有悔改,但是被继承人未作出恢复继承权的意思表示,继承权仍无法恢复。

本条第3款规定为绝对丧失继承权的规定,针对的是受遗赠人,即受遗赠人一旦实施了本条第1款规定的行为,即永久丧失受遗赠权,不得再恢复。

链接《最高人民法院关于适用〈中华人民共和国民法典〉继承编的解释(一)》第5-9条

第二章 法定继承

第一千一百二十六条 【继承权男女平等原则】继承权男女平等。

注释 在法定继承中,继承权男女平等,是继承权平等原则的核心和基本表现。继承权男女平等的含义是:(1)男女具有平等的继承权,不因性别差异而有所不同。(2)夫妻在继承上有平等的权利,有相互继承遗产的权利,如夫妻一方死亡后另一方再婚的,有权处分所继承的财产,任何人不得干涉。(3)在继承的范围和法定继承的顺序上,男女亲等相同,父系亲与母系亲平等。(4)在代位继承中,男女有平等的代位继承权,适用于父系的代位继承,同样适用于母系。

第一千一百二十七条 【继承人的范围及继承顺序】遗产按照下列顺序继承:

(一)第一顺序:配偶、子女、父母;

(二)第二顺序:兄弟姐妹、祖父母、外祖父母。

继承开始后,由第一顺序继承人继承,第二顺序继承人不继承;没有第一顺序继承人继承的,由第二顺序继承人继承。

本编所称子女,包括婚生子女、非婚生子女、养子女和有扶养关系的继子女。

本编所称父母,包括生父母、养父母和有扶养关系的继父母。

本编所称兄弟姐妹,包括同父母的兄弟姐妹、同父异母或者同母异父的兄弟姐妹、养兄弟姐妹、有扶养关系的继兄弟姐妹。

注释 本条规定了两个继承顺序:1. 配偶、子女、父母为第一顺序法定继承人。其中,配偶是指因合法的婚姻关系而确立夫妻身份的男女双方;子女包括婚生子女、非婚生子女、养子女、有扶养关系的继子女;父母,包括生父母、养父母和有扶养关系的继父母。丧偶儿媳对公婆,丧偶女婿对岳父母尽了主要赡养义务的,作为第一顺序继承人。2. 兄弟姐妹、祖父母、外祖父母为第二顺序法定继承人。其中,兄弟姐妹包括同父母的兄弟姐妹、同父异母或者同母异父的兄弟姐妹、养兄弟姐妹、有扶养关系的继兄弟姐妹。

链接《民法典》第1070、1071条;《老年人权益保障法》第22条;《最高人民法院关于适用〈中华人

民共和国民法典〉继承编的解释（一）》第 10—13 条

第一千一百二十八条　【代位继承】被继承人的子女先于被继承人死亡的，由被继承人的子女的直系晚辈血亲代位继承。

被继承人的兄弟姐妹先于被继承人死亡的，由被继承人的兄弟姐妹的子女代位继承。

代位继承人一般只能继承被代位继承人有权继承的遗产份额。

注释　代位继承也被称为"间接继承"，指具有法定继承权的人因主客观原因不能继承时，由其直系晚辈血亲按照该继承人的继承地位和顺序，继承被继承人遗产的制度。在代位继承中，具有法定继承权的人称为被代位继承人；按照被代位继承人的地位和顺序继承遗产的人称为代位继承人。本法在《继承法》第 11 条确立的代位继承制度基础上进一步扩大了被代位继承人的范围，即被继承人的兄弟姐妹也可作为被代位继承人，在其先于被继承人死亡时，其子女可以代位继承。

代位继承的份额是指代位继承人通过代位继承的方式能够取得的遗产份额。本法规定代位继承人一般只能继承被代位继承人有权继承的遗产份额，此为一般原则，在存在法律规定的多分、少分或者不分等情形时，其继承遗产的份额可能会有所变化。

链接　《最高人民法院关于适用〈中华人民共和国民法典〉继承编的解释（一）》第 14—17 条

第一千一百二十九条　【丧偶儿媳、女婿的继承权】丧偶儿媳对公婆，丧偶女婿对岳父母，尽了主要赡养义务的，作为第一顺序继承人。

链接　《最高人民法院关于适用〈中华人民共和国民法典〉继承编的解释（一）》第 18 条

第一千一百三十条　【遗产分配规则】同一顺序继承人继承遗产的份额，一般应当均等。

对生活有特殊困难又缺乏劳动能力的继承人，分配遗产时，应当予以照顾。

对被继承人尽了主要扶养义务或者与被继承人共同生活的继承人，分配遗产时，可以多分。

有扶养能力和有扶养条件的继承人，不尽扶养义务的，分配遗产时，应当不分或者少分。

继承人协商同意的，也可以不均等。

注释　法定继承人分割遗产的具体方法是：(1) 同一顺序继承人之间遗产应当均等分配。这是对同一顺序继承人的继承权的平等保护。同一顺序的法定继承人的法律地位是平等的，不分男女老幼，不论是有血缘关系还是拟制的血缘关系，都平等地享有继承被继承人遗产的权利，并应该均等地获得遗产。需注意的是，遗嘱继承人依遗嘱取得遗产后，仍有权依照本条的规定取得遗嘱未处分的遗产。(2) 对生活有特殊困难又缺乏劳动能力的继承人，应当予以适当照顾，适当多分。(3) 对被继承人尽了主要扶养义务或者与被继承人共同生活的继承人，可以多分财产。(4) 对于有扶养能力和扶养条件却不尽扶养义务的继承人，可以不分或者少分。(5) 各继承人协商同意不均等分割的，也可以不均等分割。

链接　《最高人民法院关于适用〈中华人民共和国民法典〉继承编的解释（一）》第 4、16、17、19、22、23、43 条

第一千一百三十一条　【酌情分得遗产权】对继承人以外的依靠被继承人扶养的人，或者继承人以外的对被继承人扶养较多的人，可以分给适当的遗产。

注释　对于本条，主要从以下几个方面进行理解：(1) 可以分给适当遗产的人为继承人以外的人。(2) 可以分给适当遗产的条件为继承人以外的人与被继承人之间具有扶养关系。与被继承人之间具有扶养关系，既包括依靠被继承人扶养的情形，也包括对被继承人扶养较多的情形。(3) 可以分给适当遗产的份额不具有确定性。依照本条规定可以分给适当遗产的人，分给他们遗产时，按具体情况可以多于或者少于继承人。本条没有对可以分得遗产份额的数额作明确规定，主要是考虑到实践中情况复杂，无法规定统一的标准，在分配遗产时，对于被继承人以外的人，可以综合考虑其与被继承人之间扶养关系的程度、遗产数额以及法定继承人的具体情况等因素，由当事人之间协商确定或者由法院确定适当的遗产份额。(4) 可以分给适当遗产的适用情形为遗产按照法定继承办理时。本条规定在法定继承这章，因此与被继承人有扶养关系的继承人以外的人仅在遗产按照法定继承办理时可以请求分给适当遗产。如果被继承人生前以有效的遗嘱或者遗赠扶养协议等处分了其全部遗产，而没有为与其有扶养关系的继承人以外的人保留遗产份额，则应尊重被继承人的意思表示，不能以本条取代被继承人已明示的有

效的意思表示。如果被继承人立了遗嘱或者遗赠扶养协议,但是因存在本法第1154条规定的情形导致遗产中的有关部分按照法定继承办理的,对于这部分遗产可以适用本条规定。

链接《最高人民法院关于适用〈中华人民共和国民法典〉继承编的解释(一)》第20、21、41条

第一千一百三十二条 【继承的处理方式】继承人应当本着互谅互让、和睦团结的精神,协商处理继承问题。遗产分割的时间、办法和份额,由继承人协商确定;协商不成的,可以由人民调解委员会调解或者向人民法院提起诉讼。

注释 人民调解委员会是在基层人民政府和基层人民法院指导下,调解民间纠纷的群众性组织,并依照法律规定,根据自愿原则进行调解。当事人对调解达成的协议应当履行;不愿调解、调解不成或者反悔的,可以向人民法院起诉。

链接《最高人民法院关于适用〈中华人民共和国民事诉讼法〉的解释》第70条;《人民调解法》

第三章 遗嘱继承和遗赠

第一千一百三十三条 【遗嘱处分个人财产】自然人可以依照本法规定立遗嘱处分个人财产,并可以指定遗嘱执行人。

自然人可以立遗嘱将个人财产指定由法定继承人中的一人或者数人继承。

自然人可以立遗嘱将个人财产赠与国家、集体或者法定继承人以外的组织、个人。

自然人可以依法设立遗嘱信托。

注释 遗嘱继承是指继承开始后,继承人按照被继承人合法有效的遗嘱,继承被继承人遗产的继承方式。遗嘱是遗嘱人生前按照自己的意思和想法处分自己财产的行为,体现的是遗嘱人的真实意志。生前立有遗嘱的被继承人称为遗嘱人或立遗嘱人,依照遗嘱的指定享有遗产继承权的人为遗嘱继承人。遗嘱继承所指向的客体为被继承人指定的遗产份额。

自然人可以依照《民法典》的规定,用立遗嘱的方法,处分个人在死后的遗产,并且可以指定遗嘱执行人,由遗嘱执行人执行自己的遗嘱。在遗嘱中,可以将个人死后的遗产指定由法定继承人中的一人或者数人继承。自然人也可以立遗嘱将个人财产赠给国家、集体或者法定继承人以外的人,即遗赠。设立遗嘱也使其他继承人丧失或者

部分丧失继承被继承人遗产的权利。

链接《信托法》第13条

第一千一百三十四条 【自书遗嘱】自书遗嘱由遗嘱人亲笔书写,签名,注明年、月、日。

注释 遗嘱人自己书写的遗嘱,称为自书遗嘱。自书遗嘱应当由遗嘱人亲笔书写,签名,注明年、月、日。需要注意的是,自然人在遗书中涉及死后个人财产处分的内容,确为死者的真实意思表示,有本人签名并注明了年、月、日,又无相反证据的,可以按自书遗嘱对待。自书遗嘱不需要证人就当然地具有遗嘱的效力,这一点不同于代书遗嘱需要证人来证明。

链接《最高人民法院关于适用〈中华人民共和国民法典〉继承编的解释(一)》第27条

第一千一百三十五条 【代书遗嘱】代书遗嘱应当有两个以上见证人在场见证,由其中一人代书,并由遗嘱人、代书人和其他见证人签名,注明年、月、日。

注释 代书遗嘱是由他人代笔书写的遗嘱。代书遗嘱通常是在遗嘱人不会写字或因病不能写字的情况下不得已而为之的。代书遗嘱须符合以下要求:(1)须由遗嘱人口授遗嘱内容,并由一个见证人代书。(2)须有两个以上见证人在场见证。(3)须代书人、其他见证人和遗嘱人在遗嘱上签名,并注明年、月、日。

第一千一百三十六条 【打印遗嘱】打印遗嘱应当有两个以上见证人在场见证。遗嘱人和见证人应当在遗嘱每一页签名,注明年、月、日。

注释 打印遗嘱是指遗嘱人通过电脑制作,用打印机打印出来的遗嘱。打印遗嘱有效的要件是:(1)遗嘱为电脑制作、打印机打印出来的文本形式。(2)打印遗嘱应当有两个以上见证人在场见证。(3)遗嘱人和见证人在遗嘱文本的每一页都签名。(4)注明年、月、日。

第一千一百三十七条 【录音录像遗嘱】以录音录像形式立的遗嘱,应当有两个以上见证人在场见证。遗嘱人和见证人应当在录音录像中记录其姓名或者肖像,以及年、月、日。

注释 录音录像遗嘱,是一种新型的遗嘱方式,是指以录音录像方式录制下来的遗嘱人的口述遗嘱,其实就是视听遗嘱。录音录像遗嘱应当符合下列要件:(1)有两个以上见证人在场见证,见证人应当在录音录像中记录其姓名或者肖像以及

三、所有权

年、月、日。(2)由遗嘱人亲自叙述遗嘱的内容,内容应当具体,对有关财产的处分,应当说明财产的基本情况,说明财产归什么人承受。遗嘱人应当在录音录像中记录其姓名或者肖像以及年、月、日。(3)遗嘱人、见证人将有关视听资料封存,并签名、注明日期,以确定遗嘱的订立时间。(4)当众开启录音录像遗嘱,在继承开始后,在参加制作遗嘱的见证人和全体继承人到场的情况下,当众启封,维护录音录像遗嘱的真实性。具备这些要件的录音录像遗嘱,发生法律效力。

第一千一百三十八条 【口头遗嘱】遗嘱人在危急情况下,可以立口头遗嘱。口头遗嘱应当有两个以上见证人在场见证。危急情况消除后,遗嘱人能够以书面或者录音录像形式立遗嘱的,所立的口头遗嘱无效。

注释 口头遗嘱是由遗嘱人口头表达并不以任何方式记载的遗嘱。口头遗嘱完全靠见证人表述证明,极其容易发生纠纷。因此,法律规定遗嘱人只能在危急的情况下才可以立口头遗嘱,并且必须有两个以上见证人在场见证。危急情况消除后,遗嘱人能够以书面或者录音录像形式立遗嘱的,所立的口头遗嘱无效。

第一千一百三十九条 【公证遗嘱】公证遗嘱由遗嘱人经公证机构办理。

注释 公证遗嘱是指通过法律规定的公证形式订立的,有关订立程序和形式都由法律规定的遗嘱。根据我国《公证法》第2条的规定,公证是公证机构根据自然人、法人或者其他组织的申请,依照法定程序对民事法律行为、有法律意义的事实和文书的真实性、合法性予以证明的活动。

公证人员在办理遗嘱公证时,要依法对遗嘱人立遗嘱行为的真实性、合法性予以审查,审查的内容包括:遗嘱人是否具有完全民事行为能力,遗嘱人的意思表示是否真实,遗嘱的内容是否完备、文字表述是否准确,遗嘱内容是否违反法律规定和社会公共利益,遗嘱的签名、制作日期是否齐全以及办理公证的程序是否符合规定等。经审查认为遗嘱人立遗嘱行为符合法律规定的条件的,公证处应当出具公证书。公证遗嘱采用打印形式。遗嘱人根据遗嘱原稿核对后,应当在打印的公证遗嘱上签名、盖章或者按手印。

第一千一百四十条 【作为遗嘱见证人的消极条件】下列人员不能作为遗嘱见证人:

(一)无民事行为能力人、限制民事行为能力人以及其他不具有见证能力的人;

(二)继承人、受遗赠人;

(三)与继承人、受遗赠人有利害关系的人。

注释 除自书遗嘱外,其他各种遗嘱皆须有见证人参与。由于见证人的证明直接影响遗嘱的效力,为保证这几种遗嘱真实地反映遗嘱人的意思和想法,本条对遗嘱见证人的资格作出了限制性规定。其中,见证人是否具有民事行为能力,应当以遗嘱见证时为准。如果其于遗嘱人立遗嘱时具有完全民事行为能力,而后丧失行为能力,则不影响遗嘱见证的效力。

第一千一百四十一条 【必留份】遗嘱应当为缺乏劳动能力又没有生活来源的继承人保留必要的遗产份额。

注释 必留份是指被继承人在立遗嘱处分自己的遗产时,必须依法留给特定继承人,不得自由处分的遗产份额。本条规定的遗嘱应当为缺乏劳动能力又没有生活来源的继承人保留必要的遗产份额,就是必留份。继承人是否缺乏劳动能力又没有生活来源,应当按遗嘱生效时该继承人的具体情况而定。遗嘱非法处分必留份的,该部分遗嘱内容无效。

链接《最高人民法院关于适用〈中华人民共和国民法典〉继承编的解释(一)》第31条

第一千一百四十二条 【遗嘱的撤回与变更】遗嘱人可以撤回、变更自己所立的遗嘱。

立遗嘱后,遗嘱人实施与遗嘱内容相反的民事法律行为的,视为对遗嘱相关内容的撤回。

立有数份遗嘱,内容相抵触的,以最后的遗嘱为准。

注释 遗嘱撤回是指遗嘱人在订立遗嘱后又通过一定的方式取消原来所立的遗嘱。遗嘱变更是指遗嘱人在遗嘱订立后对遗嘱内容的部分修改。

立有数份遗嘱,内容相抵触的,应当视为后设立的遗嘱取代或者变更了原设立的遗嘱。因此,遗嘱人设立数份遗嘱内容相抵触的,应当以最后设立的遗嘱为准,即"遗嘱设立在后效力优先"。本条规定删除了《继承法》第20条第3款关于"自书、代书、录音、口头遗嘱,不得撤销、变更公证遗嘱"的公证遗嘱优先原则。

第一千一百四十三条 【遗嘱无效的情形】无民事行为能力人或者限制民事行为能力人所立的

遗嘱无效。

遗嘱必须表示遗嘱人的真实意思,受欺诈、胁迫所立的遗嘱无效。

伪造的遗嘱无效。

遗嘱被篡改的,篡改的内容无效。

链接《民法典》第19-23、144条

第一千一百四十四条 【附义务的遗嘱继承或遗赠】遗嘱继承或者遗赠附有义务的,继承人或者受遗赠人应当履行义务。没有正当理由不履行义务的,经利害关系人或者有关组织请求,人民法院可以取消其接受附义务部分遗产的权利。

注释 这种附加义务的条件,应当符合以下要求:(1)附义务的遗嘱所设定的义务,只能由遗嘱继承人或者受遗赠人承担,不得对不取得遗产利益的人设定义务。(2)设定的义务不得违背法律和社会公共利益。(3)设定的义务必须是可能实现的。(4)附义务的遗嘱中所规定的继承人或受遗赠人应当履行的义务,不得超过继承人或受遗赠人所取得的利益。

第四章 遗产的处理

第一千一百四十五条 【遗产管理人的选任】继承开始后,遗嘱执行人为遗产管理人;没有遗嘱执行人的,继承人应当及时推选遗产管理人;继承人未推选的,由继承人共同担任遗产管理人;没有继承人或者继承人均放弃继承的,由被继承人生前住所地的民政部门或者村民委员会担任遗产管理人。

第一千一百四十六条 【法院指定遗产管理人】对遗产管理人的确定有争议的,利害关系人可以向人民法院申请指定遗产管理人。

第一千一百四十七条 【遗产管理人的职责】遗产管理人应当履行下列职责:

(一)清理遗产并制作遗产清单;

(二)向继承人报告遗产情况;

(三)采取必要措施防止遗产毁损、灭失;

(四)处理被继承人的债权债务;

(五)按照遗嘱或者依照法律规定分割遗产;

(六)实施与管理遗产有关的其他必要行为。

第一千一百四十八条 【遗产管理人的责任】遗产管理人应当依法履行职责,因故意或者重大过失造成继承人、受遗赠人、债权人损害的,应当承担民事责任。

第一千一百四十九条 【遗产管理人的报酬】遗产管理人可以依照法律规定或者按照约定获得报酬。

第一千一百五十条 【继承开始的通知】继承开始后,知道被继承人死亡的继承人应当及时通知其他继承人和遗嘱执行人。继承人中无人知道被继承人死亡或者知道被继承人死亡而不能通知的,由被继承人生前所在单位或者住所地的居民委员会、村民委员会负责通知。

注释 本条是关于继承开始后的通知的规定。继承开始时,有的继承人因各种原因可能不知道继承已经开始,因此本条规定相关人员将被继承人死亡的事实通知继承人或者遗嘱执行人,以便保护相关继承人的利益,从而保证继承的顺利进行。

在通知的时间和方式上,一般要求负有通知义务的继承人或相关单位应当及时向其他继承人发出通知;通知的方式以能将被继承人死亡、继承开始的事实传达到继承人为准,一般以口头通知为主,如通过电话通知,也可以采取书面方式如电报、传真、快递等,甚至还可以采取公告的方式。

链接《最高人民法院关于适用〈中华人民共和国民法典〉继承编的解释(一)》第30条

第一千一百五十一条 【遗产的保管】存有遗产的人,应当妥善保管遗产,任何组织或者个人不得侵吞或者争抢。

第一千一百五十二条 【转继承】继承开始后,继承人于遗产分割前死亡,并没有放弃继承的,该继承人应当继承的遗产转给其继承人,但是遗嘱另有安排的除外。

链接《最高人民法院关于适用〈中华人民共和国民法典〉继承编的解释(一)》第38条

第一千一百五十三条 【遗产的确定】夫妻共同所有的财产,除有约定的外,遗产分割时,应当先将共同所有的财产的一半分出为配偶所有,其余的为被继承人的遗产。

遗产在家庭共有财产之中的,遗产分割时,应当先分出他人的财产。

注释 析产主要有以下两种情形:(1)夫妻共同财产的析产。在分割遗产之前,应当先确定遗产的范围。具体方法是:先析出夫妻个人财产;确定夫妻共同财产的范围;将确定为夫妻共同财产的财产一分为二,一半作为生存一方当事人的个人财产,另一半确定为遗产范围。如果夫妻双方约定

三、所有权

为分别财产制的,则不存在这种析产问题。(2)家庭共同财产的析产。具体方法是,先析出家庭成员的个人财产,再析出家庭共同财产中属于其他成员的财产,然后析出被继承人个人的遗产债务,最终确定在家庭共同财产中的遗产。

第一千一百五十四条 【按法定继承办理】有下列情形之一的,遗产中的有关部分按照法定继承办理:

(一)遗嘱继承人放弃继承或者受遗赠人放弃受遗赠;

(二)遗嘱继承人丧失继承权或者受遗赠人丧失受遗赠权;

(三)遗嘱继承人、受遗赠人先于遗嘱人死亡或者终止;

(四)遗嘱无效部分所涉及的遗产;

(五)遗嘱未处分的遗产。

第一千一百五十五条 【胎儿预留份】遗产分割时,应当保留胎儿的继承份额。胎儿娩出时是死体的,保留的份额按照法定继承办理。

注释 保留胎儿的继承份额,就是在计算参与遗产分割的人数时,应该将胎儿列入计算范围。需要注意的是,这里的继承份额既包括法定继承的继承份额,也包括遗嘱继承时的份额。在法定继承时,如果胎儿在继承人范围和顺序之内,应当按照法定或者协商确定的分割原则、比例计算胎儿的应继遗产份额。在遗嘱继承时,如果遗嘱中明确哪些遗产属于受孕之胎儿的,那么在分割遗产时,就应将此部分遗产予以保留,而不得以胎儿尚未出生为由予以瓜分。

胎儿娩出时是死体的,其包括继承的权利能力在内的所有权利能力都溯及地消灭,则为其保留的份额按照法定继承办理,即由被继承人的法定继承人继承。

第一千一百五十六条 【遗产分割】遗产分割应当有利于生产和生活需要,不损害遗产的效用。

不宜分割的遗产,可以采取折价、适当补偿或者共有等方法处理。

链接《最高人民法院关于适用〈中华人民共和国民法典〉继承编的解释(一)》第42条

第一千一百五十七条 【再婚时对所继承遗产的处分】夫妻一方死亡后另一方再婚的,有权处分所继承的财产,任何组织或者个人不得干涉。

第一千一百五十八条 【遗赠扶养协议】自然人可以与继承人以外的组织或者个人签订遗赠扶养协议。按照协议,该组织或者个人承担该自然人生养死葬的义务,享有受遗赠的权利。

注释 遗赠扶养协议是指遗赠人和扶养人为明确相互间遗赠和扶养的权利义务关系所订立的协议。遗赠人必须是具有完全民事行为能力、有一定的可遗赠的财产并需要他人扶养的自然人。扶养人必须是遗赠人法定继承人以外的个人或组织,并具有完全民事行为能力、能履行扶养义务。

遗赠扶养协议的特征如下:(1)遗赠扶养协议为双方法律行为,须有双方的意思表示一致才能成立。(2)遗赠扶养协议为诺成法律行为,自双方意思表示达成一致时起即发生效力。(3)遗赠扶养协议为要式法律行为,应采用书面形式。(4)遗赠扶养协议为双务有偿法律行为,扶养人负有负责受扶养人的生养死葬的义务,受扶养人也有将自己的财产遗赠给扶养人的义务。(5)遗赠扶养协议具有效力优先性,遗赠扶养协议与遗赠、遗嘱继承并存,则应当优先执行遗赠扶养协议。

链接《最高人民法院关于适用〈中华人民共和国民法典〉继承编的解释(一)》第40条

第一千一百五十九条 【遗产分割时的义务】分割遗产,应当清偿被继承人依法应当缴纳的税款和债务;但是,应当为缺乏劳动能力又没有生活来源的继承人保留必要的遗产。

第一千一百六十条 【无人继承的遗产的处理】无人继承又无人受遗赠的遗产,归国家所有,用于公益事业;死者生前是集体所有制组织成员的,归所在集体所有制组织所有。

第一千一百六十一条 【限定继承】继承人以所得遗产实际价值为限清偿被继承人依法应当缴纳的税款和债务。超过遗产实际价值部分,继承人自愿偿还的不在此限。

继承人放弃继承的,对被继承人依法应当缴纳的税款和债务可以不负清偿责任。

注释 限定继承是指继承人附加限制条件地接受被继承人的全部遗产的意思表示。一般的限定条件是以因继承所得之遗产偿还被继承人债务。

第一千一百六十二条 【遗赠与遗产债务清偿】执行遗赠不得妨碍清偿遗赠人依法应当缴纳的税款和债务。

第一千一百六十三条 【既有法定继承又有遗嘱继承、遗赠时的债务清偿】既有法定继承又有遗嘱继承、遗赠的,由法定继承人清偿被继承人依法应当缴纳的税款和债务;超过法定继承遗产实际价值部分,由遗嘱继承人和受遗赠人按比例以所得遗产清偿。

……

中华人民共和国
乡村集体所有制企业条例

· 1990 年 6 月 3 日中华人民共和国国务院令第 59 号公布

· 根据 2011 年 1 月 8 日《国务院关于废止和修改部分行政法规的决定》修订

第一章 总 则

第一条 为了保障乡村集体所有制企业的合法权益,引导其健康发展,制定本条例。

第二条 本条例适用于由乡(含镇,下同)村(含村民小组,下同)农民集体举办的企业。

农业生产合作社、农村供销合作社、农村信用社不适用本条例。

第三条 乡村集体所有制企业是我国社会主义公有制经济的组成部分。

国家对乡村集体所有制企业实行积极扶持,合理规划,正确引导,加强管理的方针。

第四条 乡村集体所有制企业的主要任务是:发展商品生产和服务业,满足社会日益增长的物质和文化生活的需要;调整农村产业结构,合理利用农村劳动力;支援农业生产和农村建设,增加国家财政和农民的收入;积极发展出口创汇生产;为大工业配套和服务。

第五条 国家保护乡村集体所有制企业的合法权益,禁止任何组织和个人侵犯其财产。

第六条 乡村集体所有制企业实行自主经营,独立核算,自负盈亏。

乡村集体所有制企业实行多种形式的经营责任制。

乡村集体所有制企业可以在不改变集体所有制性质的前提下,吸收投资入股。

第七条 国家鼓励和扶持乡村集体所有制企业采用先进适用的科学技术和经营管理方法,加速企业现代化。

第八条 国家鼓励和保护乡村集体所有制企业依照平等互利、自愿协商、等价有偿的原则,进行多种形式的经济技术合作。

第九条 国家鼓励和支持乡村集体所有制企业依法利用自然资源,因地制宜发展符合国家产业政策和市场需要的产业和产品,增加社会有效供给。

第十条 乡村集体所有制企业经依法审查,具备法人条件的,登记后取得法人资格,厂长(经理)为企业的法定代表人。

第十一条 乡村集体所有制企业职工有返回其所属的农民集体经济组织从事农业生产的权利。

第十二条 国务院乡镇企业行政主管部门主管全国乡村集体所有制企业。地方人民政府乡镇企业行政主管部门主管本行政区域内的乡村集体所有制企业(以下简称企业)。

第二章 企业的设立、变更和终止

第十三条 设立企业应当具备下列条件:

(一)产品和提供的服务为社会所需要,并符合国家法律、法规和政策规定;

(二)有自己的名称、组织机构和生产经营场所;

(三)有确定的经营范围;

(四)有与生产经营和服务规模相适应的资金、设备、从业人员和必要的原材料条件;

(五)有必要的劳动卫生、安全生产条件和环境保护措施;

(六)符合当地乡村建设规划,合理利用土地。

第十四条 设立企业必须依照法律、法规,经乡级人民政府审核后,报请县级人民政府乡镇企业主管部门以及法律、法规规定的有关部门批准,持有关批准文件向企业所在地工商行政管理机关办理登记,经核准领取《企业法人营业执照》或者《营业执照》后始得营业,并向税务机关办理税务登记。

企业应当在核准登记的经营范围内从事生产经营活动。

第十五条 企业分立、合并、迁移、停业、终止以及改变名称、经营范围等,须经原批准企业设立的机关核准,向当地工商行政管理机关和税务机关办理变更或者注销登记,并通知开户银行。

三、所有权

第十六条 企业分立、合并、停业或者终止时,必须保护其财产,依法清理债权、债务。

第十七条 企业破产应当进行破产清算,法人以企业的财产对企业债权人清偿债务。

第三章 企业的所有者和经营者

第十八条 企业财产属于举办该企业的乡或者村范围内的全体农民集体所有,由乡或者村的农民大会(农民代表会议)或者代表全体农民的集体经济组织行使企业财产的所有权。

企业实行承包、租赁制或者与其他所有制企业联营的,企业财产的所有权不变。

第十九条 企业所有者依法决定企业的经营方向、经营形式、厂长(经理)人选或者选聘方式,依法决定企业税后利润在其与企业之间的具体分配比例,有权作出关于企业分立、合并、迁移、停业、终止、申请破产等决议。

企业所有者应当为企业的生产、供应、销售提供服务,并尊重企业的自主权。

第二十条 实行承包或者租赁制的企业,企业所有者应当采取公开招标方式确定经营者,不具备条件的,也可以采取招聘、推荐等方式选用经营者。

招标可以在企业内部或者企业外部进行。投标者可以是经营集团或者个人。经营集团中标后,必须确定企业经营者。

企业所有者应当对投标者全面评审,择优选定。

第二十一条 实行承包或者租赁制的企业,企业经营者应当具备下列条件:

(一)坚持四项基本原则和改革开放,遵纪守法;

(二)必要的文化知识和专业技术知识;

(三)必要的企业经营管理能力;

(四)提供必要的财产担保或者保证人;

(五)企业所有者提供的其他合法条件。

第二十二条 企业经营者是企业的厂长(经理)。企业实行厂长(经理)负责制。厂长(经理)对企业全面负责,代表企业行使职权。

第二十三条 实行承包或者租赁制的企业,订立承包或者租赁合同时,应当坚持平等、自愿、协商的原则,兼顾国家、集体和个人的利益。

第四章 企业的权利和义务

第二十四条 企业在生产经营活动中享有下列权利:

(一)占有和使用企业资产,依照国家规定筹集资金;

(二)在核准登记的范围内自主安排生产经营活动;

(三)确定企业内部机构设置和人员配备;依法招聘、辞退职工,并确定工资形式和奖惩办法;

(四)有权自行销售本企业的产品,但国务院另有规定的除外;

(五)有权自行确定本企业的产品价格、劳务价格,但国务院规定由物价部门和有关主管部门控制价格的除外;

(六)自愿参加行业协会和产品评比;

(七)依照国家规定自愿参加各种招标、投标活动,申请产品定点生产,取得生产许可证;

(八)自主订立经济合同,开展经济技术合作;

(九)依法开发和利用自然资源;

(十)依法利用外资、引进先进技术和设备,开展进出口贸易等涉外经济活动,并依照国家规定提留企业的外汇收入;

(十一)拒绝摊派和非法罚款,但法律、法规规定应当提供财力、物力、人力的除外。

第二十五条 企业在生产经营活动中应当履行下列义务:

(一)依法缴纳税金;

(二)依照国家以及省、自治区、直辖市人民政府的规定,上交支农资金和管理费;

(三)依法建立健全财务会计、审计、统计等制度,按期编报财务、统计报表;

(四)保护自然资源和环境,防止和治理污染;

(五)努力降低原材料和能源消耗,发展符合国家产业政策的产品;

(六)做好劳动保护工作,实行安全生产;

(七)保证产品质量和服务质量;

(八)依法履行合同;

(九)对职工进行政治思想、科学文化、技术业务和职业道德等方面的教育;

(十)遵守法律、法规和政策的其他规定。

第五章 企业的管理

第二十六条 企业职工有参加企业民主管

理,对厂长(经理)和其他管理人员提出批评和控告的权利。

企业职工大会或者职工代表大会有权对企业经营管理中的问题提出意见和建议,评议、监督厂长(经理)和其他管理人员,维护职工的合法权益。

第二十七条 企业应当兼顾国家、集体和个人的利益,合理安排积累与消费的比例,对职工实行各尽所能、按劳分配的原则。

男工与女工应当同工同酬。

第二十八条 企业招用职工应当依法签订劳动合同,实行灵活的用工形式和办法。

对技术要求高的企业,应当逐步形成专业化的技术职工队伍。

第二十九条 企业不得招用未满16周岁的童工。

第三十条 企业对从事高度危险作业的职工,必须依照国家规定向保险公司投保。

有条件的企业,应当参照国家有关规定实行职工社会保险。

第三十一条 企业发生劳动争议,可以依照《中华人民共和国劳动争议调解仲裁法》处理。

第三十二条 企业税后利润,留给企业的部分不应低于60%,由企业自主安排,主要用作增加生产发展基金,进行技术改造和扩大再生产,适当增加福利基金和奖励基金。

企业税后利润交给企业所有者的部分,主要用于扶持农业基本建设、农业技术服务、农村公益事业、企业更新改造或者发展新企业。

第三十三条 企业应当根据国家有关规定,加强本企业的各项基础管理和合同管理。

第六章 企业与政府有关部门的关系

第三十四条 各级人民政府乡镇企业行政主管部门根据国家的法律、法规和政策,加强对企业的指导、管理、监督、协调和服务:

(一)监督检查企业执行国家法律、法规和政策;

(二)制订企业发展规划,协同有关部门制定农村剩余劳动力就业规划;

(三)会同有关部门指导企业的计划、统计、财务、审计、价格、物资、质量、设备、技术、劳动、安全生产、环境保护等管理工作;

(四)组织和指导企业的技术进步、职工教育和培训;

(五)向企业提供经济、技术咨询和信息服务;

(六)协调企业与有关方面的关系,帮助企业开展经济技术合作;

(七)总结推广企业发展的经验;

(八)组织和指导企业的思想政治工作,促进企业的社会主义精神文明建设。

第三十五条 各级人民政府有关行业管理部门应当根据国家的产业政策和行业发展规划,对企业的发展方向进行指导和监督;对企业开展技术指导、人才培训和经济、技术信息服务;指导、帮助和监督企业开展劳动保护、环境保护等工作。

第三十六条 政府有关部门应当为符合国家产业政策,经济和社会效益好的企业创造发展条件:

(一)对企业所需的能源、原材料、资金等,计划、物资、金融等部门应当积极帮助解决;生产纳入国家指令性计划的产品所需的能源、原材料等,由安排生产任务的部门和单位组织供应;(2011年1月8日删除)

(二)根据国家有关规定,对生产名、优产品和出口创汇产品的企业,应当在信贷、能源、原材料和运输等方面给予扶持;

(三)为企业培训、招用专业技术人才和引进先进技术创造条件。

第七章 奖励与处罚

第三十七条 对在企业经营管理、科技进步、劳动保护、环境保护和思想政治工作等方面作出显著成绩的企业和个人,由人民政府给予奖励。

第三十八条 企业产品质量达不到国家规定标准的,企业所有者和企业主管部门应当责令其限期整顿,经整顿无效者,应当责令其停产或者转产,直至建议有关机关撤销生产许可证,吊销营业执照。

企业因生产、销售前款所指的产品,给用户和消费者造成财产损失、人身损害的,应当承担赔偿责任;构成犯罪的,依法追究刑事责任。

第三十九条 企业厂长(经理)侵犯职工合法权益,情节严重的,由企业所有者给予行政处分;构成犯罪的,依法追究刑事责任。

第四十条 对向企业摊派的单位和个人,企业可以向审计机关或者其他有关部门控告、检举。经审计机关确认是摊派行为的,由审计机关通知摊派单位停止摊派行为,限期退回摊派财物;对摊派单位的负责人和直接责任人员,监察机关或者有关主管部门可以根据情节轻重,给予行政处分。

第四十一条 政府部门的工作人员玩忽职守、滥用职权,使企业合法权益遭受损害的,由其所在单位或者上级主管机关给予行政处分;构成犯罪的,依法追究刑事责任。

第四十二条 企业违反财政、税收、劳动、工商行政、价格、资源、环境保护等法律、法规的,依照有关法律、法规处理。

第八章 附 则

第四十三条 本条例由国务院乡镇企业行政主管部门负责解释,并组织实施。

第四十四条 省、自治区、直辖市人民政府可以根据本条例制定实施办法。

第四十五条 本条例自 1990 年 7 月 1 日起施行。

中华人民共和国
城镇集体所有制企业条例

· 1991 年 9 月 9 日中华人民共和国国务院令第 88 号发布
· 根据 2011 年 1 月 8 日《国务院关于废止和修改部分行政法规的决定》第一次修订
· 根据 2016 年 2 月 6 日《国务院关于修改部分行政法规的决定》第二次修订

第一章 总 则

第一条 为了保障城镇集体所有制经济的巩固和发展,明确城镇集体所有制企业的权利和义务,维护其合法权益,制定本条例。

第二条 本条例适用于城镇的各种行业、各种组织形式的集体所有制企业,但乡村农民集体举办的企业除外。

第三条 城镇集体所有制经济是我国社会主义公有制经济的一个基本组成部分,国家鼓励和扶持城镇集体所有制经济的发展。

第四条 城镇集体所有制企业(以下简称集体企业)是财产属于劳动群众集体所有、实行共同劳动、在分配方式上以按劳分配为主体的社会主义经济组织。

前款所称劳动群众集体所有,应当符合下列中任一项的规定:

(一)本集体企业的劳动群众集体所有;

(二)集体企业的联合经济组织范围内的劳动群众集体所有;

(三)投资主体为两个或者两个以上的集体企业,其中前(一)、(二)项劳动群众集体所有的财产应当占主导地位。本项所称主导地位,是指劳动群众集体所有的财产占企业全部财产的比例,一般情况下应不低于 51%,特殊情况经过原审批部门批准,可以适当降低。

第五条 集体企业应当遵循的原则是:自愿组合、自筹资金,独立核算、自负盈亏,自主经营、民主管理,集体积累、自主支配,按劳分配、入股分红。

集体企业应当发扬艰苦奋斗、勤俭建国的精神,走互助合作、共同富裕的道路。

第六条 集体企业依法取得法人资格,以其全部财产独立承担民事责任。

集体企业的财产及其合法权益受国家法律保护,不受侵犯。

第七条 集体企业的任务是:根据市场和社会需求,在国家计划指导下,发展商品生产,扩大商品经营,开展社会服务,创造财富,增加积累,不断提高经济效益和社会效益,繁荣社会主义经济。

第八条 集体企业的职工是企业的主人,依照法律、法规和集体企业章程行使管理企业的权力。集体企业职工的合法权益受法律保护。

第九条 集体企业依照法律规定实行民主管理。职工(代表)大会是集体企业的权力机构,由其选举和罢免企业管理人员,决定经营管理的重大问题。

集体企业实行厂长(经理)负责制。

集体企业职工的民主管理权和厂长(经理)依法行使职权,均受法律保护。

第十条 中国共产党在集体企业的基层组织是集体企业的政治领导核心,领导企业的思想政治工作,保证监督党和国家的方针、政策在本企业的贯彻执行。

第十一条 集体企业的工会维护职工的合法权益,依法独立自主地开展工作,组织职工参加民主管理和民主监督。

第二章 集体企业的设立、变更和终止

第十二条 集体企业的设立必须具备下列条件:

(一)有企业名称、组织机构和企业章程;

(二)有固定的生产经营场所、必要的设施并符合规定的安全卫生条件;

(三)有符合国家规定并与其生产经营和服务规模相适应的资金数额和从业人员;

(四)有明确的经营范围;

(五)能够独立承担民事责任;

(六)法律、法规规定的其他条件。

第十三条 集体企业章程必须载明下列事项:

(一)企业名称和住所;

(二)经营范围和经营方式;

(三)注册资金;

(四)资金来源和投资方式;

(五)收入分配方式;

(六)组织机构及其职权和议事规则;

(七)职工加入和退出企业的条件和程序;

(八)职工的权利和义务;

(九)法定代表人的产生程序及其职权范围;

(十)企业终止的条件和程序;

(十一)章程的修订程序;

(十二)章程订立日期;

(十三)需要明确的其他事项。

第十四条 设立集体企业应当经省、自治区、直辖市人民政府规定的审批部门批准。

设立集体企业的审批部门,法律、法规有专门规定的,从其规定。

集体企业应当在核准登记的经营范围内从事生产经营活动。

第十五条 集体企业的合并、分立、停业、迁移或者主要登记事项的变更,必须符合国家的有关规定,由企业提出申请,报经原审批部门批准。

第十六条 集体企业的合并和分立,应当遵照自愿平等的原则,由有关各方依法签订协议,处理好债权债务、其他财产关系和遗留问题,妥善安置企业人员。

合并、分立前的集体企业的权利和义务,由合并、分立后的法人享有和承担。

第十七条 集体企业有下列原因之一的,应当予以终止:

(一)企业无法继续经营而申请解散,经原审批部门批准;

(二)依法被撤销;

(三)依法宣告破产;

(四)其他原因。

第十八条 集体企业终止,应当依照国家有关规定清算企业财产。企业财产按下列顺序清偿各种债务和费用:

(一)清算工作所需各项费用;

(二)所欠职工工资和劳动保险费用;

(三)所欠税款;

(四)所欠银行和信用合作社贷款以及其他债务。

不足清偿同一顺序的清偿要求的,按照比例分配。

第十九条 集体企业财产清算后的剩余财产,按照下列办法处理:

(一)有国家、本企业外的单位和个人以及本企业职工个人投资入股的,应当依照其投资入股金额占企业总资产的比例,从企业剩余财产中按相同的比例偿还;

(二)其余财产,由企业上级管理机构作为该企业职工待业和养老救济、就业安置和职业培训等费用,专款专用,不得挪作他用。

第二十条 集体企业终止,必须依照《中华人民共和国企业法人登记管理条例》的规定办理注销登记并公告。

第三章 集体企业的权利和义务

第二十一条 集体企业在国家法律、法规的规定范围内享有下列权利:

(一)对其全部财产享有占有、使用、收益和处分的权利,拒绝任何形式的平调;

(二)自主安排生产、经营、服务活动;

(三)除国家规定由物价部门和有关主管部门控制价格的以外,企业有权自行确定产品价格、劳务价格;

(四)企业有权依照国家规定与外商谈判并签订合同,提取和使用分成的外汇收入;

（五）依照国家信贷政策的规定向有关专业银行申请贷款；

（六）依照国家规定确定适合本企业情况的经济责任制形式、工资形式和奖金、分红办法；

（七）享受国家政策规定的各种优惠待遇；

（八）吸收职工和其他企业、事业单位、个人集资入股，与其他企业、事业单位联营，向其他企业、事业单位投资，持有其他企业的股份；

（九）按照国家规定决定本企业的机构设置、人员编制、劳动组织形式和用工办法，录用和辞退职工；

（十）奖惩职工。

第二十二条 集体企业应当承担下列义务：

（一）遵守国家法律、法规，接受国家计划指导；

（二）依法缴纳税金和交纳费用；

（三）依法履行合同；

（四）改善经营管理，推进技术进步，提高经济效益；

（五）保证产品质量和服务质量，对用户和消费者负责；

（六）贯彻安全生产制度，落实劳动保护和环境保护措施；

（七）做好企业内部的安全保卫工作；

（八）维护职工合法权益，尊重职工的民主管理权利，改善劳动条件，做好计划生育工作，提高职工物质文化生活水平；

（九）加强对职工的思想政治教育、法制教育、国防教育、科学文化教育和技术业务培训，提高职工队伍素质。

第二十三条 集体企业有权按照国家规定自愿组建、参加和退出集体企业的联合经济组织，并依照该联合经济组织的章程规定，享受权利，承担义务。

第四章　职工和职工（代表）大会

第二十四条 凡本人提出申请，承认并遵守集体企业章程，被企业招收，即可成为该集体企业的职工。

第二十五条 职工依照法律、法规的规定，在集体企业内享有下列权利：

（一）企业各级管理职务的选举权和被选举权；

（二）参加企业民主管理，监督企业各项活动和管理人员的工作；

（三）参加劳动并享受劳动报酬、劳动保护、劳动保险、医疗保健和休息、休假的权利；

（四）接受职业技术教育和培训，按照国家规定评定业务技术职称；

（五）辞职；

（六）享受退休养老待遇；

（七）其他权利。

第二十六条 职工应当履行下列义务：

（一）遵守国家的法律、法规和集体企业的规章制度、劳动纪律，以企业主人的态度从事劳动，做好本职工作；

（二）执行职工（代表）大会决议，完成任务；

（三）维护企业的集体利益；

（四）努力学习政治、文化和科技知识，不断提高自身素质；

（五）法律、法规和企业章程规定的其他义务。

第二十七条 集体企业必须建立、健全职工（代表）大会制度：

（一）100人以下的集体企业，建立职工大会制度；

（二）300人以上的集体企业建立职工代表大会制度；

（三）100人以上300人以下的集体企业，建立职工大会或者职工代表大会制度，由企业自定。

职工代表大会代表由职工选举产生。代表应当是思想进步、工作积极、联系群众、有参加民主管理能力的职工。

第二十八条 集体企业的职工（代表）大会在国家法律、法规的规定范围内行使下列职权：

（一）制定、修改集体企业章程；

（二）按照国家规定选举、罢免、聘用、解聘厂长（经理）、副厂长（副经理）；

（三）审议厂长（经理）提交的各项议案，决定企业经营管理的重大问题；

（四）审议并决定企业职工工资形式、工资调整方案、奖金和分红方案、职工住宅分配方案和其他有关职工生活福利的重大事项；

（五）审议并决定企业的职工奖惩办法和其他重要规章制度；

（六）法律、法规和企业章程规定的其他职权。

第二十九条 职工（代表）大会依照企业章程

规定定期召开,但每年不得少于两次。

第三十条　集体企业的职工代表大会,可以设立常设机构,负责职工代表大会闭会期间的工作。

常设机构的人员组成、产生方式、职权范围及名称,由集体企业职工代表大会规定,报上级管理机构备案。

第五章　厂长(经理)

第三十一条　集体企业实行厂长(经理)负责制。厂长(经理)对企业职工(代表)大会负责,是集体企业的法定代表人。

第三十二条　厂长(经理)由企业职工代表大会选举或者招聘产生。选举和招聘的具体办法,由省、自治区、直辖市人民政府规定。

由集体企业联合经济组织投资开办的集体企业,其厂长(经理)可以由该联合经济组织任免。

投资主体多元化的集体企业,其中国家投资达到一定比例的,其厂长(经理)可以由上级管理机构按照国家有关规定任免。

第三十三条　厂长(经理)应当具备下列条件:

(一)懂得有关法律、法规和方针、政策,坚持企业的社会主义经营方向;

(二)熟悉本行业业务,善于经营管理,有组织领导能力;

(三)热爱集体、廉洁奉公,联系群众,有民主作风;

(四)法律、法规规定的其他条件。

第三十四条　厂长(经理)在法律、法规的规定范围内行使下列职权:

(一)领导和组织企业日常生产经营和行政工作;

(二)主持编制并向职工(代表)大会提出企业的中长期发展规划、年度生产经营计划、固定资产投资方案;

(三)主持编制并向职工(代表)大会提出企业机构设置的方案,决定劳动组织的调整方案;

(四)按照国家规定任免或者聘任、解聘企业中层行政领导干部,但法律、法规另有规定的,从其规定;

(五)提出企业年度财务预算、决算方案和利润分配方案;

(六)提出企业的经济责任制方案、工资调整方案、劳动保护措施方案、奖惩办法和其他重要的规章制度;

(七)奖惩职工;

(八)遇到特殊情况时,提出召开职工(代表)大会的建议;

(九)企业章程规定的其他职权。

第三十五条　厂长(经理)有下列职责:

(一)贯彻执行党和国家的方针、政策,遵守国家的法律、法规,执行职工(代表)大会的决议;

(二)组织职工完成企业生产经营任务和各项经济技术指标,推进企业技术进步,提高经济效益,增强企业发展能力;

(三)严格遵守财经纪律,坚持民主理财,定期向职工公布财务账目;

(四)保护企业的合法权益和职工在企业内的正当权利;

(五)办好职工生活福利和逐步开展职工养老、待业等保险;

(六)组织落实安全卫生措施,实现安全文明生产;

(七)定期向本企业职工(代表)大会报告工作,听取意见,并接受监督;

(八)法律、法规和企业章程规定的其他职责。

第六章　财产管理和收益分配

第三十六条　集体企业应当按照本章规定进行清产核资,明确其财产所有权的归属。

第三十七条　集体企业的公共积累,归本企业劳动群众集体所有。

第三十八条　集体企业的联合经济组织的投资,归该联合经济组织范围内的劳动群众集体所有。

集体企业联合经济组织设立的互助合作基金,应当主要用于该组织范围内发展生产和推进共同富裕。

第三十九条　在企业、事业单位、社会团体等扶持下设立的集体企业,其扶持资金可按下列办法之一处理:

(一)作为企业向扶持单位的借用款,按双方约定的方法和期限由企业归还扶持单位;

(二)作为扶持单位对企业的投资,按其投资占企业总资产的比例,参与企业的利润分配。

企业、事业单位、社会团体等的扶持资金的来源,必须符合国家财政主管部门的有关规定。

企业、事业单位、社会团体等与其扶持设立的集体企业,应当明确划清产权和财务关系。扶持单位不得干预集体企业的经营管理活动,集体企业也不得依赖扶持单位。

第四十条 职工股金,归职工个人所有。

第四十一条 集体企业外的单位和个人的投资,归投资者所有。

第四十二条 职工股金和集体企业吸收的各种投资,投资者可以依法转让或者继承。

第四十三条 集体企业必须保证财产的完整性,合理使用、有效经营企业的财产。

第四十四条 集体企业的收益分配,必须遵循兼顾国家、集体和个人三者利益的原则。

第四十五条 集体企业必须执行国家有关财务、会计制度,接受审计监督,加强企业内部的财务管理。

第四十六条 集体企业的税后利润,由企业依法自主支配。企业应当按照国家规定确定公积金、公益金、劳动分红和股金分红的比例。

第四十七条 集体企业职工的劳动报酬必须坚持按劳分配的原则。具体分配形式和办法由企业自行确定。

第四十八条 集体企业的股金分红要同企业盈亏相结合。企业盈利,按股分红;企业亏损,在未弥补亏损之前,不得分红。

第四十九条 集体企业必须依照国家规定提取职工养老、待业等保险基金。职工养老、待业等保险基金按国家规定在征收所得税前提取,专项储存,专款专用。

第七章 集体企业和政府的关系

第五十条 各级人民政府应当把发展城镇集体经济纳入各级政府的国民经济和社会发展计划,从各方面给予扶持和指导,保障城镇集体经济的健康发展。

第五十一条 国务院城镇集体经济的主管机构,负责全国城镇集体经济的宏观指导和管理,其主要职责是:拟订城镇集体经济的发展政策和法律法规,协调全国城镇集体经济发展中的重大问题,组织有关方面监督、检查集体企业政策、法规的执行情况。

第五十二条 市(含县级市,下同)以上人民政府应当根据城镇集体经济发展的需要,确定城镇集体企业的指导部门,加强对集体企业的政策指导,协调当地城镇集体经济发展中的问题,组织有关方面监督、检查集体企业政策、法规的执行情况。

第五十三条 政府有关行业管理部门,应当依照法律、法规的规定,在各自的职责范围内,负责本行业集体企业的行业指导和管理工作。

第五十四条 各级人民政府的其他有关部门,依法对集体企业进行监督和提供服务。

第五十五条 国家保护集体企业的合法权益。

任何政府部门及其他单位和个人不得改变集体企业的集体所有制性质和损害集体企业的财产所有权,不得向集体企业摊派人力、物力、财力,不得干预集体企业的生产经营和民主管理。

第八章 法律责任

第五十六条 集体企业有下列行为之一的,由工商行政管理机关依照国家有关法律、法规的规定给予行政处罚:

(一)登记时弄虚作假或者不按规定申请变更登记的;

(二)违反核准登记事项或者超越核准登记的经营范围从事经营活动的;

(三)利用分立、合并、终止和清算等行为抽逃资金、隐匿和私分财产的;

(四)其他违法行为。

第五十七条 集体企业因生产、销售伪劣商品,给用户和消费者造成财产损失和人身伤害的,应当承担赔偿责任;构成犯罪的,对负有直接责任的集体企业领导人员和其他直接责任人员依法追究刑事责任。

第五十八条 任何单位或者个人违反本条例规定,向集体企业摊派或者侵吞、挪用集体企业财产的,必须赔偿。对负有直接责任的主管人员和其他直接责任人员,由有关主管机关根据情节轻重,给予行政处分;构成犯罪的,依法追究刑事责任。

第五十九条 集体企业领导人员滥用职权,侵犯职工合法权益,情节严重的,由上级管理机构按照干部管理权限给予行政处分;滥用职权,假公济私,对职工进行报复陷害的,依法追究刑事责任。

第六十条 集体企业的领导人员或者政府有关部门的工作人员,因工作过失给企业造成损失的,由企业的上级管理机构或者政府有关部门按照干部的管理权限给予行政处分。

集体企业的领导人员和政府有关部门的工作人员玩忽职守,致使集体企业财产、利益遭受重大损失,构成犯罪的,依法追究刑事责任。

第六十一条 集体企业违反本条例有关集体企业领导人员的产生、罢免条件和程序规定的,上级管理机构应当予以纠正,并追究直接责任人员的行政责任。

集体企业上级管理机构违反本条例有关集体企业领导人员产生、罢免条件和程序规定的,其上一级主管部门应当予以纠正;情节严重的,应当追究直接责任人员的行政责任。

第六十二条 扰乱集体企业的秩序,致使生产、营业、工作不能正常进行或者无法进行的,由公安机关依据《中华人民共和国治安管理处罚法》予以处罚;构成犯罪的,依法追究刑事责任。

第九章 附 则

第六十三条 集体企业联合经济组织的组建和管理办法,另行制定。

第六十四条 集体所有制的各类公司的管理,按照国家有关公司的法律、法规执行。

第六十五条 城镇中的文教、卫生、科研等集体所有制事业单位参照本条例执行。

供销合作社的管理办法,另行制定。

第六十六条 劳动就业服务性集体企业应当遵循本条例规定的原则,具体管理办法按国务院发布的《劳动就业服务企业管理规定》执行。

集中安置残疾人员的福利性集体企业的管理办法,根据本条例的原则另行制定。

第六十七条 军队扶持开办的集体企业的管理办法,由中国人民解放军总后勤部根据本条例规定的原则另行制定。

第六十八条 各省、自治区、直辖市人民政府和国务院各行业主管部门,可以根据本条例并结合本地区、本行业的具体情况,制定本条例的实施细则。

第六十九条 本条例自 1992 年 1 月 1 日起施行。

商品房销售管理办法

· 2001 年 4 月 4 日建设部令第 88 号公布
· 自 2001 年 6 月 1 日起施行

第一章 总 则

第一条 为了规范商品房销售行为,保障商品房交易双方当事人的合法权益,根据《中华人民共和国城市房地产管理法》、《城市房地产开发经营管理条例》,制定本办法。

第二条 商品房销售及商品房销售管理应当遵守本办法。

第三条 商品房销售包括商品房现售和商品房预售。

本办法所称商品房现售,是指房地产开发企业将竣工验收合格的商品房出售给买受人,并由买受人支付房价款的行为。

本办法所称商品房预售,是指房地产开发企业将正在建设中的商品房预先出售给买受人,并由买受人支付定金或者房价款的行为。

第四条 房地产开发企业可以自行销售商品房,也可以委托房地产中介服务机构销售商品房。

第五条 国务院建设行政主管部门负责全国商品房的销售管理工作。

省、自治区人民政府建设行政主管部门负责本行政区域内商品房的销售管理工作。

直辖市、市、县人民政府建设行政主管部门、房地产行政主管部门(以下统称房地产开发主管部门)按照职责分工,负责本行政区域内商品房的销售管理工作。

第二章 销售条件

第六条 商品房预售实行预售许可制度。

商品房预售条件及商品房预售许可证明的办理程序,按照《城市房地产开发经营管理条例》和《城市商品房预售管理办法》的有关规定执行。

第七条 商品房现售,应当符合以下条件:

(一)现售商品房的房地产开发企业应当具有企业法人营业执照和房地产开发企业资质证书;

(二)取得土地使用权证书或者使用土地的批准文件;

（三）持有建设工程规划许可证和施工许可证；

（四）已通过竣工验收；

（五）拆迁安置已经落实；

（六）供水、供电、供热、燃气、通讯等配套基础设施具备交付使用条件，其他配套基础设施和公共设施具备交付使用条件或者已确定施工进度和交付日期；

（七）物业管理方案已经落实。

第八条 房地产开发企业应当在商品房现售前将房地产开发项目手册及符合商品房现售条件的有关证明文件报送房地产开发主管部门备案。

第九条 房地产开发企业销售设有抵押权的商品房，其抵押权的处理按照《中华人民共和国担保法》、《城市房地产抵押管理办法》的有关规定执行。

第十条 房地产开发企业不得在未解除商品房买卖合同前，将作为合同标的物的商品房再行销售给他人。

第十一条 房地产开发企业不得采取返本销售或者变相返本销售的方式销售商品房。

房地产开发企业不得采取售后包租或者变相售后包租的方式销售未竣工商品房。

第十二条 商品住宅按套销售，不得分割拆零销售。

第十三条 商品房销售时，房地产开发企业选聘了物业管理企业的，买受人应当在订立商品房买卖合同时与房地产开发企业选聘的物业管理企业订立有关物业管理的协议。

第三章 广告与合同

第十四条 房地产开发企业、房地产中介服务机构发布商品房销售宣传广告，应当执行《中华人民共和国广告法》、《房地产广告发布暂行规定》等有关规定，广告内容必须真实、合法、科学、准确。

第十五条 房地产开发企业、房地产中介服务机构发布的商品房销售广告和宣传资料所明示的事项，当事人应当在商品房买卖合同中约定。

第十六条 商品房销售时，房地产开发企业和买受人应当订立书面商品房买卖合同。

商品房买卖合同应当明确以下主要内容：

（一）当事人名称或者姓名和住所；

（二）商品房基本状况；

（三）商品房的销售方式；

（四）商品房价款的确定方式及总价款、付款方式、付款时间；

（五）交付使用条件及日期；

（六）装饰、设备标准承诺；

（七）供水、供电、供热、燃气、通讯、道路、绿化等配套基础设施和公共设施的交付承诺和有关权益、责任；

（八）公共配套建筑的产权归属；

（九）面积差异的处理方式；

（十）办理产权登记有关事宜；

（十一）解决争议的方法；

（十二）违约责任；

（十三）双方约定的其他事项。

第十七条 商品房销售价格由当事人协商议定，国家另有规定的除外。

第十八条 商品房销售可以按套（单元）计价，也可以按套内建筑面积或者建筑面积计价。

商品房建筑面积由套内建筑面积和分摊的共有建筑面积组成，套内建筑面积部分为独立产权，分摊的共有建筑面积部分为共有产权，买受人按照法律、法规的规定对其享有权利，承担责任。

按套（单元）计价或者按套内建筑面积计价的，商品房买卖合同中应当注明建筑面积和分摊的共有建筑面积。

第十九条 按套（单元）计价的现售房屋，当事人对现售房屋实地勘察后可以在合同中直接约定总价款。

按套（单元）计价的预售房屋，房地产开发企业应当在合同中附所售房屋的平面图。平面图应当标明详细尺寸，并约定误差范围。房屋交付时，套型与设计图纸一致，相关尺寸也在约定的误差范围内，维持总价款不变；套型与设计图纸不一致或者相关尺寸超出约定的误差范围，合同中未约定处理方式的，买受人可以退房或者与房地产开发企业重新约定总价款。买受人退房的，由房地产开发企业承担违约责任。

第二十条 按套内建筑面积或者建筑面积计价的，当事人应当在合同中载明合同约定面积与产权登记面积发生误差的处理方式。

合同未作约定的，按以下原则处理：

（一）面积误差比绝对值在3%以内（含3%）的，据实结算房价款；

（二）面积误差比绝对值超出 3% 时，买受人有权退房。买受人退房的，房地产开发企业应当在买受人提出退房之日起 30 日内将买受人已付房价款退还给买受人，同时支付已付房价款利息。买受人不退房的，产权登记面积大于合同约定面积时，面积误差比在 3% 以内（含 3%）部分的房价款由买受人补足；超出 3% 部分的房价款由房地产开发企业承担，产权归买受人。产权登记面积小于合同约定面积时，面积误差比绝对值在 3% 以内（含 3%）部分的房价款由房地产开发企业返还买受人；绝对值超出 3% 部分的房价款由房地产开发企业双倍返还买受人。

$$面积误差比 = \frac{产权登记面积 - 合同约定面积}{合同约定面积} \times 100\%$$

因本办法第二十四条规定的规划设计变更造成面积差异，当事人不解除合同的，应当签署补充协议。

第二十一条 按建筑面积计价的，当事人应当在合同中约定套内建筑面积和分摊的共有建筑面积，并约定建筑面积不变而套内建筑面积发生误差以及建筑面积与套内建筑面积均发生误差时的处理方式。

第二十二条 不符合商品房销售条件的，房地产开发企业不得销售商品房，不得向买受人收取任何预订款性质费用。

符合商品房销售条件的，房地产开发企业在订立商品房买卖合同之前向买受人收取预订款性质费用的，订立商品房买卖合同时，所收费用应当抵作房价款；当事人未能订立商品房买卖合同的，房地产开发企业应当向买受人返还所收费用；当事人之间另有约定的，从其约定。

第二十三条 房地产开发企业应当在订立商品房买卖合同之前向买受人明示《商品房销售管理办法》和《商品房买卖合同示范文本》；预售商品房的，还必须明示《城市商品房预售管理办法》。

第二十四条 房地产开发企业应当按照批准的规划、设计建设商品房。商品房销售后，房地产开发企业不得擅自变更规划、设计。

经规划部门批准的规划变更、设计单位同意的设计变更导致商品房的结构型式、户型、空间尺寸、朝向变化，以及出现合同当事人约定的其他影响商品房质量或者使用功能情形的，房地产开发企业应当在变更确立之日起 10 日内，书面通知买受人。

买受人有权在通知到达之日起 15 日内做出是否退房的书面答复。买受人在通知到达之日起 15 日内未作书面答复的，视同接受规划、设计变更以及由此引起的房价款的变更。房地产开发企业未在规定时限内通知买受人的，买受人有权退房；买受人退房的，由房地产开发企业承担违约责任。

第四章 销售代理

第二十五条 房地产开发企业委托中介服务机构销售商品房的，受托机构应当是依法设立并取得工商营业执照的房地产中介服务机构。

房地产开发企业应当与受托房地产中介服务机构订立书面委托合同，委托合同应当载明委托期限、委托权限以及委托人和被委托人的权利、义务。

第二十六条 受托房地产中介服务机构销售商品房时，应当向买受人出示商品房的有关证明文件和商品房销售委托书。

第二十七条 受托房地产中介服务机构销售商品房时，应当如实向买受人介绍所代理销售商品房的有关情况。

受托房地产中介服务机构不得代理销售不符合销售条件的商品房。

第二十八条 受托房地产中介服务机构在代理销售商品房时不得收取佣金以外的其他费用。

第二十九条 商品房销售人员应当经过专业培训，方可从事商品房销售业务。

第五章 交 付

第三十条 房地产开发企业应当按照合同约定，将符合交付使用条件的商品房按期交付给买受人。未能按期交付的，房地产开发企业应当承担违约责任。

因不可抗力或者当事人在合同中约定的其他原因，需延期交付的，房地产开发企业应当及时告知买受人。

第三十一条 房地产开发企业销售商品房时设置样板房的，应当说明实际交付的商品房质量、设备及装修与样板房是否一致，未作说明的，实际交付的商品房应当与样板房一致。

第三十二条 销售商品住宅时，房地产开发企业应当根据《商品住宅实行质量保证书和住宅使用说明书制度的规定》（以下简称《规定》），向买受人提供《住宅质量保证书》、《住宅使用说明书》。

第三十三条 房地产开发企业应当对所售商品房承担质量保修责任。当事人应当在合同中就保修范围、保修期限、保修责任等内容做出约定。保修期从交付之日起计算。

商品住宅的保修期限不得低于建设工程承包单位向建设单位出具的质量保修书约定保修期的存续期；存续期少于《规定》中确定的最低保修期限的，保修期不得低于《规定》中确定的最低保修期限。

非住宅商品房的保修期限不得低于建设工程承包单位向建设单位出具的质量保修书约定保修期的存续期。

在保修期限内发生的属于保修范围的质量问题，房地产开发企业应当履行保修义务，并对造成的损失承担赔偿责任。因不可抗力或者使用不当造成的损坏，房地产开发企业不承担责任。

第三十四条 房地产开发企业应当在商品房交付使用前按项目委托具有房产测绘资格的单位实施测绘，测绘成果报房地产行政主管部门审核后用于房屋权属登记。

房地产开发企业应当在商品房交付使用之日起60日内，将需要由其提供的办理房屋权属登记的资料报送房屋所在地房地产行政主管部门。

房地产开发企业应当协助商品房买受人办理土地使用权变更和房屋所有权登记手续。

第三十五条 商品房交付使用后，买受人认为主体结构质量不合格的，可以依照有关规定委托工程质量检测机构重新核验。经核验，确属主体结构质量不合格的，买受人有权退房；给买受人造成损失的，房地产开发企业应当依法承担赔偿责任。

第六章 法律责任

第三十六条 未取得营业执照，擅自销售商品房的，由县级以上人民政府工商行政管理部门依照《城市房地产开发经营管理条例》的规定处罚。

第三十七条 未取得房地产开发企业资质证书，擅自销售商品房的，责令停止销售活动，处5万元以上10万元以下的罚款。

第三十八条 违反法律、法规规定，擅自预售商品房的，责令停止违法行为，没收违法所得；收取预付款的，可以并处已收取的预付款1%以下的罚款。

第三十九条 在未解除商品房买卖合同前，将作为合同标的物的商品房再行销售给他人的，处以警告，责令限期改正，并处2万元以上3万元以下罚款；构成犯罪的，依法追究刑事责任。

第四十条 房地产开发企业将未组织竣工验收、验收不合格或者对不合格按合格验收的商品房擅自交付使用的，按照《建设工程质量管理条例》的规定处罚。

第四十一条 房地产开发企业未按规定将测绘成果或者需要由其提供的办理房屋权属登记的资料报送房地产行政主管部门的，处以警告，责令限期改正，并可处以2万元以上3万元以下罚款。

第四十二条 房地产开发企业在销售商品房中有下列行为之一的，处以警告，责令限期改正，并可处以1万元以上3万元以下罚款。

（一）未按照规定的现售条件现售商品房的；

（二）未按照规定在商品房现售前将房地产开发项目手册及符合商品房现售条件的有关证明文件报送房地产开发主管部门备案的；

（三）返本销售或者变相返本销售商品房的；

（四）采取售后包租或者变相售后包租方式销售未竣工商品房的；

（五）分割拆零销售商品住宅的；

（六）不符合商品房销售条件，向买受人收取预订款性质费用的；

（七）未按照规定向买受人明示《商品房销售管理办法》、《商品房买卖合同示范文本》、《城市商品房预售管理办法》的；

（八）委托没有资格的机构代理销售商品房的。

第四十三条 房地产中介服务机构代理销售不符合销售条件的商品房的，处以警告，责令停止销售，并可处以2万元以上3万元以下罚款。

第四十四条 国家机关工作人员在商品房销售管理工作中玩忽职守、滥用职权、徇私舞弊，依法给予行政处分；构成犯罪的，依法追究刑事责任。

第七章 附 则

第四十五条 本办法所称返本销售,是指房地产开发企业以定期向买受人返还购房款的方式销售商品房的行为。

本办法所称售后包租,是指房地产开发企业以在一定期限内承租或者代为出租买受人所购该企业商品房的方式销售商品房的行为。

本办法所称分割拆零销售,是指房地产开发企业以将成套的商品住宅分割为数部分分别出售给买受人的方式销售商品住宅的行为。

本办法所称产权登记面积,是指房地产行政主管部门确认登记的房屋面积。

第四十六条 省、自治区、直辖市人民政府建设行政主管部门可以根据本办法制定实施细则。

第四十七条 本办法由国务院建设行政主管部门负责解释。

第四十八条 本办法自 2001 年 6 月 1 日起施行。

城市房地产转让管理规定

· 1995 年 8 月 7 日建设部令第 45 号发布
· 根据 2001 年 8 月 15 日《建设部关于修改〈城市房地产转让管理规定〉的决定》修订

第一条 为了加强对城市房地产转让的管理,维护房地产市场秩序,保障房地产转让当事人的合法权益,根据《中华人民共和国城市房地产管理法》,制定本规定。

第二条 凡在城市规划区国有土地范围内从事房地产转让,实施房地产转让管理,均应遵守本规定。

第三条 本规定所称房地产转让,是指房地产权利人通过买卖、赠与或者其他合法方式将其房地产转移给他人的行为。

前款所称其他合法方式,主要包括下列行为:

(一)以房地产作价入股、与他人成立企业法人,房地产权属发生变更的;

(二)一方提供土地使用权,另一方或者多方提供资金,合资、合作开发经营房地产,而使房地产权属发生变更的;

(三)因企业被收购、兼并或合并,房地产权属随之转移的;

(四)以房地产抵债的;

(五)法律、法规规定的其他情形。

第四条 国务院建设行政主管部门归口管理全国城市房地产转让工作。

省、自治区人民政府建设行政主管部门归口管理本行政区域内的城市房地产转让工作。

直辖市、市、县人民政府房地产行政主管部门(以下简称房地产管理部门)负责本行政区域内的城市房地产转让管理工作。

第五条 房地产转让时,房屋所有权和该房屋占用范围内的土地使用权同时转让。

第六条 下列房地产不得转让:

(一)以出让方式取得土地使用权但不符合本规定第十条规定的条件的;

(二)司法机关和行政机关依法裁定,决定查封或者以其他形式限制房地产权利的;

(三)依法收回土地使用权的;

(四)共有房地产,未经其他共有人书面同意的;

(五)权属有争议的;

(六)未依法登记领取权属证书的;

(七)法律、行政法规规定禁止转让的其他情形。

第七条 房地产转让,应当按照下列程序办理:

(一)房地产转让当事人签订书面转让合同;

(二)房地产转让当事人在房地产转让合同签订后 90 日内持房地产权属证书、当事人的合法证明、转让合同等有关文件向房地产所在地的房地产管理部门提出申请,并申报成交价格;

(三)房地产管理部门对提供的有关文件进行审查,并在 7 日内作出是否受理申请的书面答复,7 日内未作书面答复的,视为同意受理;

(四)房地产管理部门核实申报的成交价格,并根据需要对转让的房地产进行现场查勘和评估;

(五)房地产转让当事人按照规定缴纳有关税费;

(六)房地产管理部门办理房屋权属登记手续,核发房地产权属证书。

第八条 房地产转让合同应当载明下列主要

三、所有权

内容：

（一）双方当事人的姓名或者名称、住所；

（二）房地产权属证书名称和编号；

（三）房地产座落位置、面积、四至界限；

（四）土地宗地号、土地使用权取得的方式及年限；

（五）房地产的用途或使用性质；

（六）成交价格及支付方式；

（七）房地产交付使用的时间；

（八）违约责任；

（九）双方约定的其他事项。

第九条 以出让方式取得土地使用权的，房地产转让时，土地使用权出让合同载明的权利、义务随之转移。

第十条 以出让方式取得土地使用权的，转让房地产时，应当符合下列条件：

（一）按照出让合同约定已经支付全部土地使用权出让金，并取得土地使用权证书；

（二）按照出让合同约定进行投资开发，属于房屋建设工程的，应完成开发投资总额的 25% 以上；属于成片开发土地的，依照规划对土地进行开发建设，完成供排水、供电、供热、道路交通、通信等市政基础设施、公用设施的建设，达到场地平整，形成工业用地或者其他建设用地条件。

转让房地产时房屋已经建成的，还应当持有房屋所有权证书。

第十一条 以划拨方式取得土地使用权的，转让房地产时，按照国务院的规定，报有批准权的人民政府审批。有批准权的人民政府准予转让的，除符合本规定第十二条所列的可以不办理土地使用权出让手续的情形外，应当由受让方办理土地使用权出让手续，并依照国家有关规定缴纳土地使用权出让金。

第十二条 以划拨方式取得土地使用权的，转让房地产时，属于下列情形之一的，经有批准权的人民政府批准，可以不办理土地使用权出让手续，但应当将转让房地产所获收益中的土地收益上缴国家或者作其他处理。土地收益的缴纳和处理的办法按照国务院规定办理。

（一）经城市规划行政主管部门批准，转让的土地用于建设《中华人民共和国城市房地产管理法》第二十三条规定的项目的；

（二）私有住宅转让后仍用于居住的；

（三）按照国务院住房制度改革有关规定出售公有住宅的；

（四）同一宗土地上部分房屋转让而土地使用权不可分割转让的；

（五）转让的房地产暂时难以确定土地使用权出让用途、年限和其他条件的；

（六）根据城市规划土地使用权不宜出让的；

（七）县级以上人民政府规定暂时无法或不需要采取土地使用权出让方式的其他情形。依照前款规定缴纳土地收益或作其他处理的，应当在房地产转让合同中注明。

第十三条 依照本规定第十二条规定转让的房地产再转让，需要办理出让手续、补交土地使用权出让金的，应当扣除已经缴纳的土地收益。

第十四条 国家实行房地产成交价格申报制度。

房地产权利人转让房地产，应当如实申报成交价格，不得瞒报或者作不实的申报。

房地产转让应当以申报的房地产成交价格作为缴纳税费的依据。成交价格明显低于正常市场价格的，以评估价格作为缴纳税费的依据。

第十五条 商品房预售按照建设部《城市商品房预售管理办法》执行。

第十六条 房地产管理部门在办理房地产转让时，其收费的项目和标准，必须经有批准权的物价部门和建设行政主管部门批准，不得擅自增加收费项目和提高收费标准。

第十七条 违反本规定第十条第一款和第十一条，未办理土地使用权出让手续，交纳土地使用权出让金的，按照《中华人民共和国城市房地产管理法》的规定进行处罚。

第十八条 房地产管理部门工作人员玩忽职守、滥用职权、徇私舞弊、索贿受贿的，依法给予行政处分；构成犯罪的，依法追究刑事责任。

第十九条 在城市规划区外的国有土地范围内进行房地产转让的，参照本规定执行。

第二十条 省、自治区人民政府建设行政主管部门、直辖市房地产行政主管部门可以根据本规定制定实施细则。

第二十一条 本规定由国务院建设行政主管部门负责解释。

第二十二条 本规定自 1995 年 9 月 1 日起施行。

城市商品房预售管理办法

· 1994 年 11 月 15 日建设部令第 40 号发布
· 根据 2001 年 8 月 15 日《建设部关于修改〈城市商品房预售管理办法〉的决定》第一次修订
· 根据 2004 年 7 月 20 日《建设部关于修改〈城市商品房预售管理办法〉的决定》第二次修订

第一条 为加强商品房预售管理,维护商品房交易双方的合法权益,根据《中华人民共和国城市房地产管理法》、《城市房地产开发经营管理条例》,制定本办法。

第二条 本办法所称商品房预售是指房地产开发企业(以下简称开发企业)将正在建设中的房屋预先出售给承购人,由承购人支付定金或房价款的行为。

第三条 本办法适用于城市商品房预售的管理。

第四条 国务院建设行政主管部门归口管理全国城市商品房预售管理;

省、自治区建设行政主管部门归口管理本行政区域内城市商品房预售管理;

市、县人民政府建设行政主管部门或房地产行政主管部门(以下简称房地产管理部门)负责本行政区域内城市商品房预售管理。

第五条 商品房预售应当符合下列条件:

(一)已交付全部土地使用权出让金,取得土地使用权证书;

(二)持有建设工程规划许可证和施工许可证;

(三)按提供预售的商品房计算,投入开发建设的资金达到工程建设总投资的 25% 以上,并已经确定施工进度和竣工交付日期。

第六条 商品房预售实行许可制度。开发企业进行商品房预售,应当向房地产管理部门申请预售许可,取得《商品房预售许可证》。

未取得《商品房预售许可证》的,不得进行商品房预售。

第七条 开发企业申请预售许可,应当提交下列证件(复印件)及资料:

(一)商品房预售许可申请表;

(二)开发企业的《营业执照》和资质证书;

(三)土地使用权证、建设工程规划许可证、施工许可证;

(四)投入开发建设的资金占工程建设总投资的比例符合规定条件的证明;

(五)工程施工合同及关于施工进度的说明;

(六)商品房预售方案。预售方案应当说明预售商品房的位置、面积、竣工交付日期等内容,并应当附预售商品房分层平面图。

第八条 商品房预售许可依下列程序办理:

(一)受理。开发企业按本办法第七条的规定提交有关材料,材料齐全的,房地产管理部门应当当场出具受理通知书;材料不齐的,应当当场或者 5 日内一次性书面告知需要补充的材料。

(二)审核。房地产管理部门对开发企业提供的有关材料是否符合法定条件进行审核。

开发企业对所提交材料实质内容的真实性负责。

(三)许可。经审查,开发企业的申请符合法定条件的,房地产管理部门应当在受理之日起 10 日内,依法作出准予预售的行政许可书面决定,发送开发企业,并自作出决定之日起 10 日内向开发企业颁发、送达《商品房预售许可证》。

经审查,开发企业的申请不符合法定条件的,房地产管理部门应当在受理之日起 10 日内,依法作出不予许可的书面决定。书面决定应当说明理由,告知开发企业享有依法申请行政复议或者提起行政诉讼的权利,并送达开发企业。

商品房预售许可决定书、不予商品房预售许可决定书应当加盖房地产管理部门的行政许可专用印章,《商品房预售许可证》应当加盖房地产管理部门的印章。

(四)公示。房地产管理部门作出的准予商品房预售许可的决定,应当予以公开,公众有权查阅。

第九条 开发企业进行商品房预售,应当向承购人出示《商品房预售许可证》。售楼广告和说明书应当载明《商品房预售许可证》的批准文号。

第十条 商品房预售,开发企业应当与承购人签订商品房预售合同。开发企业应当自签约之日起 30 日内,向房地产管理部门和市、县人民政府土地管理部门办理商品房预售合同登记备

三、所有权

案手续。

房地产管理部门应当积极应用网络信息技术，逐步推行商品房预售合同网上登记备案。

商品房预售合同登记备案手续可以委托代理人办理。委托代理人办理的，应当有书面委托书。

第十一条 开发企业预售商品房所得款项应当用于有关的工程建设。

商品房预售款监管的具体办法，由房地产管理部门制定。

第十二条 预售的商品房交付使用之日起 90 日内，承购人应当依法到房地产管理部门和市、县人民政府土地管理部门办理权属登记手续。开发企业应当予以协助，并提供必要的证明文件。

由于开发企业的原因，承购人未能在房屋交付使用之日起 90 日内取得房屋权属证书的，除开发企业和承购人有特殊约定外，开发企业应当承担违约责任。

第十三条 开发企业未取得《商品房预售许可证》预售商品房的，依照《城市房地产开发经营管理条例》第三十九条的规定处罚。

第十四条 开发企业不按规定使用商品房预售款项的，由房地产管理部门责令限期纠正，并可处以违法所得 3 倍以下但不超过 3 万元的罚款。

第十五条 开发企业隐瞒有关情况、提供虚假材料，或者采用欺骗、贿赂等不正当手段取得商品房预售许可的，由房地产管理部门责令停止预售，撤销商品房预售许可，并处 3 万元罚款。

第十六条 省、自治区建设行政主管部门、直辖市建设行政主管部门或房地产行政管理部门可以根据本办法制定实施细则。

第十七条 本办法由国务院建设行政主管部门负责解释。

第十八条 本办法自 1995 年 1 月 1 日起施行。

商品房屋租赁管理办法

· 2010 年 12 月 1 日住房和城乡建设部令第 6 号公布

· 自 2011 年 2 月 1 日起施行

第一条 为加强商品房屋租赁管理，规范商品房屋租赁行为，维护商品房屋租赁双方当事人的合法权益，根据《中华人民共和国城市房地产管理法》等有关法律、法规，制定本办法。

第二条 城市规划区内国有土地上的商品房屋租赁（以下简称房屋租赁）及其监督管理，适用本办法。

第三条 房屋租赁应当遵循平等、自愿、合法和诚实信用原则。

第四条 国务院住房和城乡建设主管部门负责全国房屋租赁的指导和监督工作。

县级以上地方人民政府建设（房地产）主管部门负责本行政区域内房屋租赁的监督管理。

第五条 直辖市、市、县人民政府建设（房地产）主管部门应当加强房屋租赁管理规定和房屋使用安全知识的宣传，定期分区域公布不同类型房屋的市场租金水平等信息。

第六条 有下列情形之一的房屋不得出租：

（一）属于违法建筑的；

（二）不符合安全、防灾等工程建设强制性标准的；

（三）违反规定改变房屋使用性质的；

（四）法律、法规规定禁止出租的其他情形。

第七条 房屋租赁当事人应当依法订立租赁合同。房屋租赁合同的内容由当事人双方约定，一般应当包括以下内容：

（一）房屋租赁当事人的姓名（名称）和住所；

（二）房屋的坐落、面积、结构、附属设施，家具和家电等室内设施状况；

（三）租金和押金数额、支付方式；

（四）租赁用途和房屋使用要求；

（五）房屋和室内设施的安全性能；

（六）租赁期限；

（七）房屋维修责任；

（八）物业服务、水、电、燃气等相关费用的缴纳；

（九）争议解决办法和违约责任；

（十）其他约定。

房屋租赁当事人应当在房屋租赁合同中约定房屋被征收或者拆迁时的处理办法。

建设（房地产）管理部门可以会同工商行政管理部门制定房屋租赁合同示范文本，供当事人选用。

第八条 出租住房的，应当以原设计的房间

为最小出租单位,人均租住建筑面积不得低于当地人民政府规定的最低标准。

厨房、卫生间、阳台和地下储藏室不得出租供人员居住。

第九条 出租人应当按照合同约定履行房屋的维修义务并确保房屋和室内设施安全。未及时修复损坏的房屋,影响承租人正常使用的,应当按照约定承担赔偿责任或者减少租金。

房屋租赁合同期内,出租人不得单方面随意提高租金水平。

第十条 承租人应当按照合同约定的租赁用途和使用要求合理使用房屋,不得擅自改动房屋承重结构和拆改室内设施,不得损害其他业主和使用人的合法权益。

承租人因使用不当等原因造成承租房屋和设施损坏的,承租人应当负责修复或者承担赔偿责任。

第十一条 承租人转租房屋的,应当经出租人书面同意。

承租人未经出租人书面同意转租的,出租人可以解除租赁合同,收回房屋并要求承租人赔偿损失。

第十二条 房屋租赁期间内,因赠与、析产、继承或者买卖转让房屋的,原房屋租赁合同继续有效。

承租人在房屋租赁期间死亡的,与其生前共同居住的人可以按照原租赁合同租赁该房屋。

第十三条 房屋租赁期间出租人出售租赁房屋的,应当在出售前合理期限内通知承租人,承租人在同等条件下有优先购买权。

第十四条 房屋租赁合同订立后三十日内,房屋租赁当事人应当到租赁房屋所在地直辖市、市、县人民政府建设(房地产)主管部门办理房屋租赁登记备案。

房屋租赁当事人可以书面委托他人办理房屋租赁登记备案。

第十五条 办理房屋租赁登记备案,房屋租赁当事人应当提交下列材料:

(一)房屋租赁合同;

(二)房屋租赁当事人身份证明;

(三)房屋所有权证书或者其他合法权属证明;

(四)直辖市、市、县人民政府建设(房地产)主管部门规定的其他材料。

房屋租赁当事人提交的材料应当真实、合法、有效,不得隐瞒真实情况或者提供虚假材料。

第十六条 对符合下列要求的,直辖市、市、县人民政府建设(房地产)主管部门应当在三个工作日内办理房屋租赁登记备案,向租赁当事人开具房屋租赁登记备案证明:

(一)申请人提交的申请材料齐全并且符合法定形式;

(二)出租人与房屋所有权证书或者其他合法权属证明记载的主体一致;

(三)不属于本办法第六条规定不得出租的房屋。

申请人提交的申请材料不齐全或者不符合法定形式的,直辖市、市、县人民政府建设(房地产)主管部门应当告知房屋租赁当事人需要补正的内容。

第十七条 房屋租赁登记备案证明应当载明出租人的姓名或者名称,承租人的姓名或者名称、有效身份证件种类和号码,出租房屋的坐落、租赁用途、租金数额、租赁期限等。

第十八条 房屋租赁登记备案证明遗失的,应当向原登记备案的部门补领。

第十九条 房屋租赁登记备案内容发生变化、续租或者租赁终止的,当事人应当在三十日内,到原租赁登记备案的部门办理房屋租赁登记备案的变更、延续或者注销手续。

第二十条 直辖市、市、县建设(房地产)主管部门应当建立房屋租赁登记备案信息系统,逐步实行房屋租赁合同网上登记备案,并纳入房地产市场信息系统。

房屋租赁登记备案记载的信息应当包含以下内容:

(一)出租人的姓名(名称)、住所;

(二)承租人的姓名(名称)、身份证件种类和号码;

(三)出租房屋的坐落、租赁用途、租金数额、租赁期限;

(四)其他需要记载的内容。

第二十一条 违反本办法第六条规定的,由直辖市、市、县人民政府建设(房地产)主管部门责令限期改正,对没有违法所得的,可处以五千元以下罚款;对有违法所得的,可以处以违法所得一倍以上三倍以下,但不超过三万元的罚款。

三、所有权

第二十二条 违反本办法第八条规定的,由直辖市、市、县人民政府建设(房地产)主管部门责令限期改正,逾期不改正的,可处以五千元以上三万元以下罚款。

第二十三条 违反本办法第十四条第一款、第十九条规定的,由直辖市、市、县人民政府建设(房地产)主管部门责令限期改正;个人逾期不改正的,处以一千元以下罚款;单位逾期不改正的,处以一千元以上一万元以下罚款。

第二十四条 直辖市、市、县人民政府建设(房地产)主管部门对符合本办法规定的房屋租赁登记备案申请不予办理、对不符合本办法规定的房屋租赁登记备案申请予以办理,或者对房屋租赁登记备案信息管理不当,给租赁当事人造成损失的,对直接负责的主管人员和其他直接责任人员依法给予处分;构成犯罪的,依法追究刑事责任。

第二十五条 保障性住房租赁按照国家有关规定执行。

第二十六条 城市规划区外国有土地上的房屋租赁和监督管理,参照本办法执行。

第二十七条 省、自治区、直辖市人民政府住房和城乡建设主管部门可以依据本办法制定实施细则。

第二十八条 本办法自 2011 年 2 月 1 日起施行,建设部 1995 年 5 月 9 日发布的《城市房屋租赁管理办法》(建设部令第 42 号)同时废止。

最高人民法院关于审理涉及农村集体土地行政案件若干问题的规定

· 2011 年 5 月 9 日最高人民法院审判委员会第 1522 次会议通过
· 2011 年 8 月 7 日最高人民法院公告公布
· 自 2011 年 9 月 5 日起施行
· 法释〔2011〕20 号

为正确审理涉及农村集体土地的行政案件,根据《中华人民共和国物权法》、《中华人民共和国土地管理法》和《中华人民共和国行政诉讼法》等有关法律规定,结合行政审判实际,制定本规定。

第一条 农村集体土地的权利人或者利害关系人(以下简称土地权利人)认为行政机关作出的涉及农村集体土地的行政行为侵犯其合法权益,提起诉讼的,属于人民法院行政诉讼的受案范围。

第二条 土地登记机构根据人民法院生效裁判文书、协助执行通知书或者仲裁机构的法律文书办理的土地权属登记行为,土地权利人不服提起诉讼的,人民法院不予受理,但土地权利人认为登记内容与有关文书内容不一致的除外。

第三条 村民委员会或者农村集体经济组织对涉及农村集体土地的行政行为不起诉的,过半数的村民可以以集体经济组织名义提起诉讼。

农村集体经济组织成员全部转为城镇居民后,对涉及农村集体土地的行政行为不服的,过半数的原集体经济组织成员可以提起诉讼。

第四条 土地使用权人或者实际使用人对行政机关作出涉及其使用或实际使用的集体土地的行政行为不服的,可以以自己的名义提起诉讼。

第五条 土地权利人认为土地储备机构作出的行为侵犯其依法享有的农村集体土地所有权或使用权的,向人民法院提起诉讼的,应当以土地储备机构所隶属的土地管理部门为被告。

第六条 土地权利人认为乡级以上人民政府作出的土地确权决定侵犯其依法享有的农村集体土地所有权或者使用权,经复议后向人民法院提起诉讼的,人民法院应当依法受理。

法律、法规规定应当先申请行政复议的土地行政案件,复议机关作出不受理复议申请的决定或者以不符合受理条件为由驳回复议申请,复议申请人不服的,应当以复议机关为被告向人民法院提起诉讼。

第七条 土地权利人认为行政机关作出的行政处罚、行政强制措施等行政行为侵犯其依法享有的农村集体土地所有权或者使用权,直接向人民法院提起诉讼的,人民法院应当依法受理。

第八条 土地权属登记(包括土地权属证书)在生效裁判和仲裁裁决中作为定案证据,利害关系人对该登记行为提起诉讼的,人民法院应当依法受理。

第九条 涉及农村集体土地的行政决定以公告方式送达的,起诉期限自公告确定的期限届满之日起计算。

第十条　土地权利人对土地管理部门组织实施过程中确定的土地补偿有异议,直接向人民法院提起诉讼的,人民法院不予受理,但应当告知土地权利人先申请行政机关裁决。

第十一条　土地权利人以土地管理部门超过两年对非法占地行为进行处罚违法,向人民法院起诉的,人民法院应当按照行政处罚法第二十九条第二款的规定处理。

第十二条　征收农村集体土地时涉及被征收土地上的房屋及其他不动产,土地权利人可以请求依照物权法第四十二条第二款的规定给予补偿的。

征收农村集体土地时未就被征收土地上的房屋及其他不动产进行安置补偿,补偿安置时房屋所在地已纳入城市规划区,土地权利人请求参照执行国有土地上房屋征收补偿标准的,人民法院一般应予支持,但应当扣除已经取得的土地补偿费。

第十三条　在审理土地行政案件中,人民法院经当事人同意进行协调的期间,不计算在审理期限内。当事人不同意继续协商的,人民法院应当及时审理,并恢复计算审理期限。

第十四条　县级以上人民政府土地管理部门根据土地管理法实施条例第四十五条的规定,申请人民法院执行其作出的责令交出土地决定的,应当符合下列条件:

(一)征收土地方案已经有权机关依法批准;

(二)市、县人民政府和土地管理部门已经依照土地管理法和土地管理法实施条例规定的程序实施征地行为;

(三)被征收土地所有权人、使用人已经依法得到安置补偿或者无正当理由拒绝接受安置补偿,且拒不交出土地,已经影响到征收工作的正常进行;

(四)符合《最高人民法院关于执行〈中华人民共和国行政诉讼法〉若干问题的解释》第八十六条规定的条件。

人民法院对符合条件的申请,应当裁定予以受理,并通知申请人;对不符合条件的申请,应当裁定不予受理。

第十五条　最高人民法院以前所作的司法解释与本规定不一致的,以本规定为准。

最高人民法院关于审理商品房买卖合同纠纷案件适用法律若干问题的解释

· 2003 年 3 月 24 日最高人民法院审判委员会第1267 次会议通过

· 根据 2020 年 12 月 23 日最高人民法院审判委员会第 1823 次会议通过的《最高人民法院关于修改〈最高人民法院关于在民事审判工作中适用《中华人民共和国工会法》若干问题的解释〉等二十七件民事类司法解释的决定》修正

为正确、及时审理商品房买卖合同纠纷案件,根据《中华人民共和国民法典》《中华人民共和国城市房地产管理法》等相关法律,结合民事审判实践,制定本解释。

第一条　本解释所称的商品房买卖合同,是指房地产开发企业(以下统称为出卖人)将尚未建成或者已竣工的房屋向社会销售并转移房屋所有权于买受人,买受人支付价款的合同。

第二条　出卖人未取得商品房预售许可证明,与买受人订立的商品房预售合同,应当认定无效,但是在起诉前取得商品房预售许可证明的,可以认定有效。

第三条　商品房的销售广告和宣传资料为要约邀请,但是出卖人就商品房开发规划范围内的房屋及相关设施所作的说明和允诺具体确定,并对商品房买卖合同的订立以及房屋价格的确定有重大影响的,构成要约。该说明和允诺即使未载入商品房买卖合同,亦应当为合同内容,当事人违反的,应当承担违约责任。

第四条　出卖人通过认购、订购、预订等方式向买受人收受定金作为订立商品房买卖合同担保的,如果因当事人一方原因未能订立商品房买卖合同,应当按照法律关于定金的规定处理;因不可归责于当事人双方的事由,导致商品房买卖合同未能订立的,出卖人应当将定金返还买受人。

第五条　商品房的认购、订购、预订等协议具备《商品房销售管理办法》第十六条规定的商品房买卖合同的主要内容,并且出卖人已经按照约定收受购房款的,该协议应当认定为商品房买卖合同。

三、所有权

第六条 当事人以商品房预售合同未按照法律、行政法规规定办理登记备案手续为由，请求确认合同无效的，不予支持。

当事人约定以办理登记备案手续为商品房预售合同生效条件的，从其约定，但当事人一方已经履行主要义务，对方接受的除外。

第七条 买受人以出卖人与第三人恶意串通，另行订立商品房买卖合同并将房屋交付使用，导致其无法取得房屋为由，请求确认出卖人与第三人订立的商品房买卖合同无效的，应予支持。

第八条 对房屋的转移占有，视为房屋的交付使用，但当事人另有约定的除外。

房屋毁损、灭失的风险，在交付使用前由出卖人承担，交付使用后由买受人承担；买受人接到出卖人的书面交房通知，无正当理由拒绝接收的，房屋毁损、灭失的风险自书面交房通知确定的交付使用之日起由买受人承担，但法律另有规定或者当事人另有约定的除外。

第九条 因房屋主体结构质量不合格不能交付使用，或者房屋交付使用后，房屋主体结构质量经核验确属不合格，买受人请求解除合同和赔偿损失的，应予支持。

第十条 因房屋质量问题严重影响正常居住使用，买受人请求解除合同和赔偿损失的，应予支持。

交付使用的房屋存在质量问题，在保修期内，出卖人应当承担修复责任；出卖人拒绝修复或者在合理期限内拖延修复的，买受人可以自行或者委托他人修复。修复费用及修复期间造成的其他损失由出卖人承担。

第十一条 根据民法典第五百六十三条的规定，出卖人迟延交付房屋或者买受人迟延支付购房款，经催告后在三个月的合理期限内仍未履行，解除权人请求解除合同的，应予支持，但当事人另有约定的除外。

法律没有规定或者当事人没有约定，经对方当事人催告后，解除权行使的合理期限为三个月。对方当事人没有催告的，解除权人自知道或者应当知道解除事由之日起一年内行使。逾期不行使的，解除权消灭。

第十二条 当事人以约定的违约金过高为由请求减少的，应当以违约金超过造成的损失30%为标准适当减少；当事人以约定的违约金低于造成的损失为由请求增加的，应当以违约造成的损失确定违约金数额。

第十三条 商品房买卖合同没有约定违约金数额或者损失赔偿额计算方法，违约金数额或者损失赔偿额可以参照以下标准确定：

逾期付款的，按照未付购房款总额，参照中国人民银行规定的金融机构计收逾期贷款利息的标准计算。

逾期交付使用房屋的，按照逾期交付使用房屋期间有关主管部门公布或者有资格的房地产评估机构评定的同地段同类房屋租金标准确定。

第十四条 由于出卖人的原因，买受人在下列期限届满未能取得不动产权属证书的，除当事人有特殊约定外，出卖人应当承担违约责任：

（一）商品房买卖合同约定的办理不动产登记的期限；

（二）商品房买卖合同的标的物为尚未建成房屋的，自房屋交付使用之日起90日；

（三）商品房买卖合同的标的物为已竣工房屋的，自合同订立之日起90日。

合同没有约定违约金或者损失数额难以确定的，可以按照已付购房款总额，参照中国人民银行规定的金融机构计收逾期贷款利息的标准计算。

第十五条 商品房买卖合同约定或者城市房地产开发经营管理条例第三十二条规定的办理不动产登记的期限届满后超过一年，由于出卖人的原因，导致买受人无法办理不动产登记，买受人请求解除合同和赔偿损失的，应予支持。

第十六条 出卖人与包销人订立商品房包销合同，约定出卖人将其开发建设的房屋交由包销人以出卖人的名义销售的，包销期满未销售的房屋，由包销人按照合同约定的包销价格购买，但当事人另有约定的除外。

第十七条 出卖人自行销售已经约定由包销人包销的房屋，包销人请求出卖人赔偿损失的，应予支持，但当事人另有约定的除外。

第十八条 对于买受人因商品房买卖合同与出卖人发生的纠纷，人民法院应当通知包销人参加诉讼；出卖人、包销人和买受人对各自的权利义务有明确约定的，按照约定的内容确定各方的诉讼地位。

第十九条 商品房买卖合同约定，买受人以担保贷款方式付款、因当事人一方原因未能订立商品房担保贷款合同并导致商品房买卖合同不能继续履行的,对方当事人可以请求解除合同和赔偿损失。因不可归责于当事人双方的事由未能订立商品房担保贷款合同并导致商品房买卖合同不能继续履行的,当事人可以请求解除合同,出卖人应当将收受的购房款本金及其利息或者定金返还买受人。

第二十条 因商品房买卖合同被确认无效或者被撤销、解除,致使商品房担保贷款合同的目的无法实现,当事人请求解除商品房担保贷款合同的,应予支持。

第二十一条 以担保贷款为付款方式的商品房买卖合同的当事人一方请求确认商品房买卖合同无效或者撤销、解除合同的,如果担保权人作为有独立请求权第三人提出诉讼请求,应当与商品房担保贷款合同纠纷合并审理;未提出诉讼请求的,仅处理商品房买卖合同纠纷。担保权人就商品房担保贷款合同纠纷另行起诉的,可以与商品房买卖合同纠纷合并审理。

商品房买卖合同被确认无效或者被撤销、解除后,商品房担保贷款合同也被解除的,出卖人应当将收受的购房贷款和购房款的本金及利息分别返还担保权人和买受人。

第二十二条 买受人未按照商品房担保贷款合同的约定偿还贷款,亦未与担保权人办理不动产抵押登记手续,担保权人起诉买受人,请求处分商品房买卖合同项下买受人合同权利的,应当通知出卖人参加诉讼;担保权人同时起诉出卖人时,如果出卖人为商品房担保贷款合同提供保证的,应当列为共同被告。

第二十三条 买受人未按照商品房担保贷款合同的约定偿还贷款,但是已经取得不动产权属证书并与担保权人办理了不动产抵押登记手续,抵押权人请求买受人偿还贷款或者就抵押的房屋优先受偿的,不应当追加出卖人为当事人,但出卖人提供保证的除外。

第二十四条 本解释自2003年6月1日起施行。

城市房地产管理法施行后订立的商品房买卖合同发生的纠纷案件,本解释公布施行后尚在一审、二审阶段的,适用本解释。

城市房地产管理法施行后订立的商品房买卖合同发生的纠纷案件,在本解释公布施行前已经终审,当事人申请再审或者按照审判监督程序决定再审的,不适用本解释。

城市房地产管理法施行前发生的商品房买卖行为,适用当时的法律、法规和《最高人民法院〈关于审理房地产管理法施行前房地产开发经营案件若干问题的解答〉》。

最高人民法院关于适用《中华人民共和国民法典》继承编的解释(一)

- 2020年12月25日最高人民法院审判委员会第1825次会议通过
- 2020年12月29日最高人民法院公告公布
- 自2021年1月1日起施行
- 法释〔2020〕23号

为正确审理继承纠纷案件,根据《中华人民共和国民法典》等相关法律规定,结合审判实践,制定本解释。

一、一般规定

第一条 继承从被继承人生理死亡或者被宣告死亡时开始。

宣告死亡的,根据民法典第四十八条规定确定的死亡日期,为继承开始的时间。

第二条 承包人死亡时尚未取得承包收益的,可以将死者生前对承包所投入的资金和所付出的劳动及其增值和孳息,由发包单位或者接续承包合同的人合理折价、补偿。其价额作为遗产。

第三条 被继承人生前与他人订有遗赠扶养协议,同时又立有遗嘱的,继承开始后,如果遗赠扶养协议与遗嘱没有抵触,遗产分别按协议和遗嘱处理;如果有抵触,按协议处理,与协议抵触的遗嘱全部或者部分无效。

第四条 遗嘱继承人依遗嘱取得遗产后,仍有权依照民法典第一千一百三十条的规定取得遗嘱未处分的遗产。

第五条 在遗产继承中,继承人之间因是否丧失继承权发生纠纷,向人民法院提起诉讼的,由人民法院依据民法典第一千一百二十五条的规定,判决确认其是否丧失继承权。

第六条 继承人是否符合民法典第一千一百

二十五条第一款第三项规定的"虐待被继承人情节严重",可以从实施虐待行为的时间、手段、后果和社会影响等方面认定。

虐待被继承人情节严重的,不论是否追究刑事责任,均可确认其丧失继承权。

第七条 继承人故意杀害被继承人的,不论是既遂还是未遂,均应当确认其丧失继承权。

第八条 继承人有民法典第一千一百二十五条第一款第一项或者第二项所列之行为,而被继承人以遗嘱将遗产指定由该继承人继承的,可以确认遗嘱无效,并确认该继承人丧失继承权。

第九条 继承人伪造、篡改、隐匿或者销毁遗嘱,侵害了缺乏劳动能力又无生活来源的继承人的利益,并造成其生活困难的,应当认定为民法典第一千一百二十五条第一款第四项规定的"情节严重"。

二、法定继承

第十条 被收养人对养父母尽了赡养义务,同时又对生父母扶养较多的,除可以依照民法典第一千一百二十七条的规定继承养父母的遗产外,还可以依照民法典第一千一百三十一条的规定分得生父母适当的遗产。

第十一条 继子女继承了继父母遗产的,不影响其继承生父母的遗产。

继父母继承了继子女遗产的,不影响其继承生子女的遗产。

第十二条 养子女与生子女之间、养子女与养子女之间,系养兄弟姐妹,可以互为第二顺序继承人。

被收养人与其亲兄弟姐妹之间的权利义务关系,因收养关系的成立而消除,不能互为第二顺序继承人。

第十三条 继兄弟姐妹之间的继承权,因继兄弟姐妹之间的扶养关系而发生。没有扶养关系的,不能互为第二顺序继承人。

继兄弟姐妹之间相互继承了遗产的,不影响其继承亲兄弟姐妹的遗产。

第十四条 被继承人的孙子女、外孙子女、曾孙子女、外曾孙子女都可以代位继承,代位继承人不受辈数的限制。

第十五条 被继承人的养子女、已形成扶养关系的继子女的生子女可以代位继承;被继承人

亲生子女的养子女可以代位继承;被继承人养子女的养子女可以代位继承;与被继承人已形成扶养关系的继子女的养子女也可以代位继承。

第十六条 代位继承人缺乏劳动能力又没有生活来源,或者对被继承人尽过主要赡养义务的,分配遗产时,可以多分。

第十七条 继承人丧失继承权的,其晚辈直系血亲不得代位继承。如该代位继承人缺乏劳动能力又没有生活来源,或者对被继承人尽赡养义务较多的,可以适当分给遗产。

第十八条 丧偶儿媳对公婆、丧偶女婿对岳父母,无论其是否再婚,依照民法典第一千一百二十九条规定作为第一顺序继承人时,不影响其子女代位继承。

第十九条 对被继承人生活提供了主要经济来源,或者在劳务等方面给予了主要扶助的,应当认定其尽了主要赡养义务或主要扶养义务。

第二十条 依照民法典第一千一百三十一条规定可以分给适当遗产的人,分给他们遗产时,按具体情况可以多于或者少于继承人。

第二十一条 依照民法典第一千一百三十一条规定可以分给适当遗产的人,在其依法取得被继承人遗产的权利受到侵犯时,本人有权以独立的诉讼主体资格向人民法院提起诉讼。

第二十二条 继承人有扶养能力和扶养条件,愿意尽扶养义务,但被继承人因有固定收入和劳动能力,明确表示不要求其扶养的,分配遗产时,一般不应因此而影响其继承份额。

第二十三条 有扶养能力和扶养条件的继承人虽然与被继承人共同生活,但对需要扶养的被继承人不尽扶养义务,分配遗产时,可以少分或者不分。

三、遗嘱继承和遗赠

第二十四条 继承人、受遗赠人的债权人、债务人,共同经营的合伙人,也应当视为与继承人、受遗赠人有利害关系,不能作为遗嘱的见证人。

第二十五条 遗嘱人未保留缺乏劳动能力又没有生活来源的继承人的遗产份额,遗产处理时,应当为该继承人留下必要的遗产,所剩余的部分,才可参照遗嘱确定的分配原则处理。

继承人是否缺乏劳动能力又没有生活来源,应当按遗嘱生效时该继承人的具体情况确定。

第二十六条　遗嘱人以遗嘱处分了国家、集体或者他人财产的，应当认定该部分遗嘱无效。

第二十七条　自然人在遗书中涉及死后个人财产处分的内容，确为死者的真实意思表示，有本人签名并注明了年、月、日，又无相反证据的，可以按自书遗嘱对待。

第二十八条　遗嘱人立遗嘱时必须具有完全民事行为能力。无民事行为能力人或者限制民事行为能力人所立的遗嘱，即使其本人后来具有完全民事行为能力，仍属无效遗嘱。遗嘱人立遗嘱时具有完全民事行为能力，后来成为无民事行为能力人或者限制民事行为能力人的，不影响遗嘱的效力。

第二十九条　附义务的遗嘱继承或者遗赠，如义务能够履行，而继承人、受遗赠人无正当理由不履行，经受益人或者其他继承人请求，人民法院可以取消其接受附义务部分遗产的权利，由提出请求的继承人或者受益人负责按遗嘱人的意愿履行义务，接受遗产。

四、遗产的处理

第三十条　人民法院在审理继承案件时，如果知道有继承人而无法通知，分割遗产时，要保留其应继承的遗产，并确定该遗产的保管人或者保管单位。

第三十一条　应当为胎儿保留的遗产份额没有保留的，应从继承人所继承的遗产中扣回。

为胎儿保留的遗产份额，如胎儿出生后死亡的，由其继承人继承；如胎儿娩出时是死体的，由被继承人的继承人继承。

第三十二条　继承人因放弃继承权，致其不能履行法定义务的，放弃继承权的行为无效。

第三十三条　继承人放弃继承应当以书面形式向遗产管理人或者其他继承人表示。

第三十四条　在诉讼中，继承人向人民法院以口头方式表示放弃继承的，要制作笔录，由放弃继承的人签名。

第三十五条　继承人放弃继承的意思表示，应当在继承开始后、遗产分割前作出。遗产分割后表示放弃的不再是继承权，而是所有权。

第三十六条　遗产处理前或者在诉讼进行中，继承人对放弃继承反悔的，由人民法院根据其提出的具体理由，决定是否承认。遗产处理后，继承人对放弃继承反悔的，不予承认。

第三十七条　放弃继承的效力，追溯到继承开始的时间。

第三十八条　继承开始后，受遗赠人表示接受遗赠，并于遗产分割前死亡的，其接受遗赠的权利转移给他的继承人。

第三十九条　由国家或者集体组织供给生活费用的烈属和享受社会救济的自然人，其遗产仍应准许合法继承人继承。

第四十条　继承人以外的组织或者个人与自然人签订遗赠扶养协议后，无正当理由不履行，导致协议解除的，不能享有受遗赠的权利，其支付的供养费用一般不予补偿；遗赠人无正当理由不履行，导致协议解除的，则应当偿还继承人以外的组织或者个人已支付的供养费用。

第四十一条　遗产因无人继承又无人受遗赠归国家或者集体所有制组织所有时，按照民法典第一千一百三十一条规定可以分给适当遗产的人提出取得遗产的诉讼请求，人民法院应当视情况适当分给遗产。

第四十二条　人民法院在分割遗产中的房屋、生产资料和特定职业所需要的财产时，应当依据有利于发挥其使用效益和继承人的实际需要，兼顾各继承人的利益进行处理。

第四十三条　人民法院对故意隐匿、侵吞或者争抢遗产的继承人，可以酌情减少其应继承的遗产。

第四十四条　继承诉讼开始后，如继承人、受遗赠人中有既不愿参加诉讼，又不表示放弃实体权利的，应当追加为共同原告；继承人已书面表示放弃继承、受遗赠人在知道受遗赠后六十日内表示放弃受遗赠或者到期没有表示的，不再列为当事人。

五、附　　则

第四十五条　本解释自2021年1月1日起施行。

三、所有权

文书范本

1. 商品房买卖合同(预售)①

说　明

1. 本合同文本为示范文本,由中华人民共和国住房和城乡建设部、中华人民共和国国家工商行政管理总局②共同制定。各地可在有关法律法规、规定的范围内,结合实际情况调整合同相应内容。

2. 签订本合同前,出卖人应当向买受人出示《商品房预售许可证》及其他有关证书和证明文件。

3. 出卖人应当就合同重大事项对买受人尽到提示义务。买受人应当审慎签订合同,在签订本合同前,要仔细阅读合同条款,特别是审阅其中具有选择性、补充性、修改性的内容,注意防范潜在的市场风险和交易风险。

4. 本合同文本【 】中选择内容、空格部位填写内容及其他需要删除或添加的内容,双方当事人应当协商确定。【 】中选择内容,以划√方式选定;对于实际情况未发生或双方当事人不作约定时,应当在空格部位打×,以示删除。

5. 出卖人与买受人可以针对本合同文本中没有约定或者约定不明确的内容,根据所售项目的具体情况在相关条款后的空白行中进行补充约定,也可以另行签订补充协议。

6. 双方当事人可以根据实际情况决定本合同原件的份数,并在签订合同时认真核对,以确保各份合同内容一致;在任何情况下,出卖人和买受人都应当至少持有一份合同原件。

专业术语解释

1. 商品房预售:是指房地产开发企业将正在建设中的取得《商品房预售许可证》的商品房预先出售给买受人,并由买受人支付定金或房价款的行为。

2. 法定代理人:是指依照法律规定直接取得代理权的人。

3. 套内建筑面积:是指成套房屋的套内建筑面积,由套内使用面积、套内墙体面积、套内阳台建筑面积三部分组成。

4. 房屋的建筑面积:是指房屋外墙(柱)勒脚以上各层的外围水平投影面积,包括阳台、挑廊、地下室、室外楼梯等,且具备有上盖,结构牢固,层高2.20M以上(含2.20M)的永久性建筑。

5. 不可抗力:是指不能预见、不能避免并不能克服的客观情况。

6. 民用建筑节能:是指在保证民用建筑使用功能和室内热环境质量的前提下,降低其使用过程中能源消耗的活动。民用建筑是指居住建筑、国家机关办公建筑和商业、服务业、教育、卫生等其他公共建筑。

7. 房屋登记:是指房屋登记机构依法将房屋权利和其他应当记载的事项在房屋登记簿上予以记载的行为。

8. 所有权转移登记:是指商品房所有权从出卖人转移至买受人所办理的登记类型。

9. 房屋登记机构:是指直辖市、市、县人民政府建设(房地产)主管部门或者其设置的负责房屋登记工作的机构。

10. 分割拆零销售:是指房地产开发企业将成套的商品住宅分割为数部分分别出售给买受人的销售方式。

11. 返本销售:是指房地产开发企业以定期向买受人返还购房款的方式销售商品房的行为。

---

① 住房和城乡建设部、国家工商行政管理总局2014年4月9日以建房〔2014〕53号发布的示范文本(GF-2014-0172)。

② 2018年3月,根据第十三届全国人民代表大会第一次会议批准的国务院机构改革方案,将国家工商行政管理总局的职责整合,组建中华人民共和国国家市场监督管理总局;将国家工商行政管理总局的商标管理职责整合,重新组建中华人民共和国国家知识产权局;不再保留国家工商行政管理总局。

12. 售后包租:是指房地产开发企业以在一定期限内承租或者代为出租买受人所购该企业商品房的方式销售商品房的行为。

商品房买卖合同(预售)

出卖人向买受人出售其开发建设的房屋,双方当事人应当在自愿、平等、公平及诚实信用的基础上,根据《中华人民共和国合同法》、《中华人民共和国物权法》①、《中华人民共和国城市房地产管理法》等法律、法规的规定,就商品房买卖相关内容协商达成一致意见,签订本商品房买卖合同。

第一章 合同当事人

出卖人:＿＿＿＿＿＿＿＿＿＿＿＿＿

通讯地址:＿＿＿＿＿＿＿＿＿＿＿＿ 邮政编码:＿＿＿＿＿＿＿＿＿＿＿＿

营业执照注册号:＿＿＿＿＿＿＿＿ 企业资质证书号:＿＿＿＿＿＿＿＿

法定代表人:＿＿＿＿＿＿＿＿＿＿ 联系电话:＿＿＿＿＿＿＿＿＿＿＿

委托代理人:＿＿＿＿＿＿＿＿＿＿ 联系电话:＿＿＿＿＿＿＿＿＿＿＿

委托销售经纪机构:＿＿＿＿＿＿＿＿ 通讯地址:＿＿＿＿＿＿＿＿＿＿＿

邮政编码:＿＿＿＿＿＿＿＿＿＿＿＿ 营业执照注册号:＿＿＿＿＿＿＿＿

经纪机构备案证明号:＿＿＿＿＿＿＿

法定代表人:＿＿＿＿＿＿＿＿＿＿ 联系电话:＿＿＿＿＿＿＿＿＿＿＿

买受人:＿＿＿＿＿＿＿＿＿＿＿＿＿

【法定代表人】【负责人】:＿＿＿＿＿＿＿＿＿＿＿＿＿＿＿＿＿＿＿＿＿＿

【国籍】【户籍所在地】:＿＿＿＿＿＿＿＿＿＿＿＿＿＿＿＿＿＿＿＿＿＿＿＿

证件类型:【居民身份证】【护照】【营业执照】【＿＿＿＿】,证号:＿＿＿＿＿＿＿

出生日期:＿＿＿＿年＿＿月＿＿日,性别:＿＿＿＿＿＿

通讯地址:＿＿＿＿＿＿＿＿＿＿＿＿＿＿＿＿＿＿＿＿＿＿＿＿＿＿＿＿＿＿＿

邮政编码:＿＿＿＿＿＿＿＿＿＿＿ 联系电话:＿＿＿＿＿＿＿＿＿＿＿＿

【委托代理人】【法定代理人】:＿＿＿＿＿＿＿＿＿＿＿＿＿＿＿＿＿＿＿＿＿

【国籍】【户籍所在地】:＿＿＿＿＿＿＿＿＿＿＿＿＿＿＿＿＿＿＿＿＿＿＿＿

证件类型:【居民身份证】【护照】【营业执照】【＿＿＿＿】,证号:＿＿＿＿＿＿＿

出生日期:＿＿＿＿年＿＿月＿＿日,性别:＿＿＿＿＿＿

通讯地址:＿＿＿＿＿＿＿＿＿＿＿＿＿＿＿＿＿＿＿＿＿＿＿＿＿＿＿＿＿＿＿

邮政编码:＿＿＿＿＿＿＿＿＿＿＿ 联系电话:＿＿＿＿＿＿＿＿＿＿＿＿

(买受人为多人时,可相应增加)

第二章 商品房基本状况

第一条 项目建设依据

1. 出卖人以【出让】【划拨】【＿＿＿＿＿】方式取得坐落于＿＿＿＿＿＿地块的建设用地使用权。该地块【国有土地使用证号】【＿＿＿＿＿】为＿＿＿＿＿,土地使用权面积为＿＿＿＿平方米。买受人购买的商品房(以下简称该商品房)所占用的土地用途为＿＿＿＿＿,土地使用权终止日期为＿＿＿＿年

---

① 《中华人民共和国民法典》自 2021 年 1 月 1 日起施行。《中华人民共和国婚姻法》、《中华人民共和国继承法》、《中华人民共和国民法通则》、《中华人民共和国收养法》、《中华人民共和国担保法》、《中华人民共和国合同法》、《中华人民共和国物权法》、《中华人民共和国侵权责任法》、《中华人民共和国民法总则》同时废止。

____月____日。

2. 出卖人经批准,在上述地块上建设的商品房项目核准名称为_____,建设工程规划许可证号为_____,建筑工程施工许可证号为_____。

第二条 预售依据

该商品房已由_____批准预售,

预售许可证号为_____。

第三条 商品房基本情况

1. 该商品房的规划用途为【住宅】【办公】【商业】【_____】。

2. 该商品房所在建筑物的主体结构为_____,建筑总层数为_____层,其中地上_____层,地下_____层。

3. 该商品房为第一条规定项目中的_____【幢】【座】【_____】_____单元_____层_____号。房屋竣工后,如房号发生改变,不影响该商品房的特定位置。该商品房的平面图见附件一。

4. 该商品房的房产测绘机构为_____,其预测建筑面积共_____平方米,其中套内建筑面积_____平方米,分摊共有建筑面积_____平方米。该商品房共用部位见附件二。

该商品房层高为_____米,有_____个阳台,其中_____个阳台为封闭式,_____个阳台为非封闭式。阳台是否封闭以规划设计文件为准。

第四条 抵押情况

与该商品房有关的抵押情况为【抵押】【未抵押】。

抵押类型:_____,抵押人:_____,

抵押权人:_____,抵押登记机构:_____,

抵押登记日期:_____,债务履行期限:_____。

抵押类型:_____,抵押人:_____,

抵押权人:_____,抵押登记机构:_____,

抵押登记日期:_____,债务履行期限:_____。

抵押权人同意该商品房转让的证明及关于抵押的相关约定见附件三。

第五条 房屋权利状况承诺

1. 出卖人对该商品房享有合法权利;

2. 该商品房没有出售给除本合同买受人以外的其他人;

3. 该商品房没有司法查封或其他限制转让的情况;

4. _____;

5. _____。

如该商品房权利状况与上述情况不符,导致不能完成本合同登记备案或房屋所有权转移登记的,买受人有权解除合同。买受人解除合同的,应当书面通知出卖人。出卖人应当自解除合同通知送达之日起15日内退还买受人已付全部房款(含已付贷款部分),并自买受人付之日起,按照_____%(不低于中国人民银行公布的同期贷款基准利率)计算给付利息。给买受人造成损失的,由出卖人支付【已付房价款一倍】【买受人全部损失】的赔偿金。

第三章 商品房价款

第六条 计价方式与价款

出卖人与买受人按照下列第____种方式计算该商品房价款:

1. 按照套内建筑面积计算,该商品房单价为每平方米_____(币种)_____元,总价款为_____(币种)_____元(大写_____元整)。

2. 按照建筑面积计算,该商品房单价为每平方米_____(币种)_____元,总价款为_____(币种)

_____元(大写_____元整)。

　　3. 按照套计算,该商品房总价款为_____(币种)_____元(大写_____元整)。

　　4. 按照_____计算,该商品房总价款为_____(币种)_____元(大写_____元整)。

第七条　付款方式及期限

　　(一)签订本合同前,买受人已向出卖人支付定金_____(币种)_____元(大写),该定金于【本合同签订】【交付首付款】【_____】时【抵作】【_____】商品房价款。

　　(二)买受人采取下列第____种方式付款:

　　1. 一次性付款。买受人应当在_____年____月____日前支付该商品房全部价款。

　　2. 分期付款。买受人应当在_____年____月____日前分_____期支付该商品房全部价款,首期房价款_____(币种)_____元(大写:_____元整),应当于_____年____月____日前支付。_____。

　　3. 贷款方式付款:【公积金贷款】【商业贷款】【_____】。买受人应当于_____年____月____日前支付首期房价款_____(币种)_____元(大写_____元整),占全部房价款的____%。余款_____(币种)_____元(大写_____元整)向_____(贷款机构)申请贷款支付。

　　4. 其他方式:

　　_____

　　(三)出售该商品房的全部房价款应当存入预售资金监管账户,用于本工程建设。该商品房的预售资金监管机构为_____,预售资金监管账户名称为_____,账号为_____。该商品房价款的计价方式、总价款、付款方式及期限的具体约定见附件四。

第八条　逾期付款责任除不可抗力外,买受人未按照约定时间付款的,双方同意按照下列第____种方式处理:

　　1. 按照逾期时间,分别处理((1)和(2)不作累加)。

　　(1)逾期在____日之内,买受人按日计算向出卖人支付逾期应付款万分之____的违约金。

　　(2)逾期超过____日(该期限应当与本条第(1)项中的期限相同)后,出卖人有权解除合同。出卖人解除合同的,应当书面通知买受人。买受人应当自解除合同通知送达之日起____日内按照累计应付款的____%向出卖人支付违约金,同时,出卖人退还买受人已付全部房款(含已付贷款部分)。

　　出卖人不解除合同的,买受人按日计算向出卖人支付逾期应付款万分之_____(该比率不低于第(1)项中的比率)的违约金。

　　本条所称逾期应付款是指依照第七条及附件四约定的到期应付款与该期实际已付款的差额;采取分期付款的,按照相应的分期应付款与该期的实际已付款的差额确定。

　　2. _____。

第四章　商品房交付条件与交付手续

第九条　商品房交付条件

该商品房交付时应当符合下列第1、2、_____、_____项所列条件:

1. 该商品房已取得建设工程竣工验收备案证明文件;

2. 该商品房已取得房屋测绘报告;

3. _____;

4. _____。

该商品房为住宅的,出卖人还需提供《住宅使用说明书》和《住宅质量保证书》。

第十条　商品房相关设施设备交付条件

(一)基础设施设备

1. 供水、排水:交付时供水、排水配套设施齐全,并与城市公共供水、排水管网连接。使用自建设施

三、所有权

供水的,供水的水质符合国家规定的饮用水卫生标准,_____;

2. 供电:交付时纳入城市供电网络并正式供电,_____;

3. 供暖:交付时供热系统符合供热配建标准,使用城市集中供热的,纳入城市集中供热管网,___;

4. 燃气:交付时完成室内燃气管道的敷设,并与城市燃气管网连接,保证燃气供应,_____;

5. 电话通信:交付时线路敷设到户;

6. 有线电视:交付时线路敷设到户;

7. 宽带网络:交付时线路敷设到户。

以上第1、2、3项由出卖人负责办理开通手续并承担相关费用;第4、5、6、7项需要买受人自行办理开通手续。

如果在约定期限内基础设施设备未达到交付使用条件,双方同意按照下列第____种方式处理:

(1)以上设施中第1、2、3、4项在约定交付日未达到交付条件的,出卖人按照本合同第十二条的约定承担逾期交付责任。

第5项未按时达到交付使用条件的,出卖人按日向买受人支付_____元的违约金;第6项未按时达到交付使用条件的,出卖人按日向买受人支付_____元的违约金;第7项未按时达到交付使用条件的,出卖人按日向买受人支付_____元的违约金。出卖人采取措施保证相关设施于约定交付日后____日之内达到交付使用条件。

(2)_____。

(二)公共服务及其他配套设施(以建设工程规划许可为准)

1. 小区内绿地率:_____年____月____日达到_____;

2. 小区内非市政道路:_____年____月____日达到_____;

3. 规划的车位、车库:_____年____月____日达到_____;

4. 物业服务用房:_____年____月____日达到_____;

5. 医疗卫生机构:_____年____月____日达到_____;

6. 幼儿园:_____年____月____日达到_____;

7. 学校:_____年____月____日达到_____;

8. _____;

9. _____。

以上设施未达到上述条件的,双方同意按照以下方式处理:

1. 小区内绿地率未达到上述约定条件的,_____。

2. 小区内非市政道路未达到上述约定条件的,_____。

3. 规划的车位、车库未达到上述约定条件的,_____。

4. 物业服务用房未达到上述约定条件的,_____。

5. 其他设施未达到上述约定条件的,_____。关于本项目内相关设施设备的具体约定见附件五。

第十一条　交付时间和手续

(一)出卖人应当在_____年____月____日前向买受人交付该商品房。

(二)该商品房达到第九条、第十条约定的交付条件后,出卖人应当在交付日期届满前____日(不少于10日)将查验房屋的时间、办理交付手续的时间地点以及应当携带的证件材料的通知书面送达买受人。买受人未收到交付通知书的,以本合同约定的交付日期届满之日为办理交付手续的时间,以该商品房所在地为办理交付手续的地点。

_____。

交付该商品房时,出卖人应当出示满足第九条约定的证明文件。出卖人不出示证明文件或者出示的证明文件不齐全,不能满足第九条约定条件的,买受人有权拒绝接收,由此产生的逾期交付责任由出卖人承担,并按照第十二条处理。

(三)查验房屋

1. 办理交付手续前,买受人有权对该商品房进行查验,出卖人不得以缴纳相关税费或者签署物业管理文件作为买受人查验和办理交付手续的前提条件。

2. 买受人查验的该商品房存在下列除地基基础和主体结构外的其他质量问题的,由出卖人按照有关工程和产品质量规范、标准自查验次日起____日内负责修复,并承担修复费用,修复后再行交付。

(1)屋面、墙面、地面渗漏或开裂等;

(2)管道堵塞;

(3)门窗翘裂、五金件损坏;

(4)灯具、电器等电气设备不能正常使用;

(5)_____;

(6)_____。

3. 查验该商品房后,双方应当签署商品房交接单。由于买受人原因导致该商品房未能按期交付的,双方同意按照以下方式处理:

(1)_____;

(2)_____。

第十二条　逾期交付责任除不可抗力外,出卖人未按照第十一条约定的时间将该商品房交付买受人的,双方同意按照下列第____种方式处理:

1. 按照逾期时间,分别处理((1)和(2)不作累加)。

(1)逾期在____日之内(该期限应当不多于第八条第1(1)项中的期限),自第十一条约定的交付期限届满之次日起至实际交付之日止,出卖人按日计算向买受人支付全部房价款万分之_____的违约金(该违约金比率应当不低于第八条第1(1)项中的比率)。

(2)逾期超过____日(该期限应当与本条第(1)项中的期限相同)后,买受人有权解除合同。买受人解除合同的,应当书面通知出卖人。出卖人应当自解除合同通知送达之日起15日内退还买受人已付全部房款(含已付贷款部分),并自买受人付款之日起,按照_____%(不低于中国人民银行公布的同期贷款基准利率)计算给付利息;同时,出卖人按照全部房价款的_____%向买受人支付违约金。

买受人要求继续履行合同的,合同继续履行,出卖人按日计算向买受人支付全部房价款万分之_____(该比率应当不低于本条第1(1)项中的比率)的违约金。

2. _____。

第五章　面积差异处理方式

第十三条　面积差异处理该商品房交付时,出卖人应当向买受人出示房屋测绘报告,并向买受人提供该商品房的面积实测数据(以下简称实测面积)。实测面积与第三条载明的预测面积发生误差的,双方同意按照第____种方式处理。

1. 根据第六条按照套内建筑面积计价的约定,双方同意按照下列原则处理:

(1)套内建筑面积误差比绝对值在3%以内(含3%)的,据实结算房价款;

(2)套内建筑面积误差比绝对值超出3%时,买受人有权解除合同。买受人解除合同的,应当书面通知出卖人。出卖人应当自解除合同通知送达之日起15日内退还买受人已付全部房款(含已付贷款部分),并自买受人付款之日起,按照_____%(不低于中国人民银行公布的同期贷款基准利率)计算给付利息。

买受人选择不解除合同的,实测套内建筑面积大于预测套内建筑面积时,套内建筑面积误差比在3%以内(含3%)部分的房价款由买受人补足;超出3%部分的房价款由出卖人承担,产权归买受人所有。实测套内建筑面积小于预测套内建筑面积时,套内建筑面积误差比绝对值在3%以内(含3%)部分的房价款由出卖人返还买受人;绝对值超出 3% 部分的房价款由出卖人双倍返还买受人。

$$套内建筑面积误差比 = \frac{实测套内建筑面积 - 预测套内建筑面积}{预测套内建筑面积} \times 100\%$$

2. 根据第六条按照建筑面积计价的约定,双方同意按照下列原则处理:

(1)建筑面积、套内建筑面积误差比绝对值均在 3% 以内(含 3%)的,根据实测建筑面积结算房价款;

(2)建筑面积、套内建筑面积误差比绝对值其中有一项超出 3% 时,买受人有权解除合同。

买受人解除合同的,应当书面通知出卖人。出卖人应当自解除合同通知送达之日起 15 日内退还买受人已付全部房款(含已付贷款部分),并自买受人付款之日起,按照_____%(不低于中国人民银行公布的同期贷款基准利率)计算给付利息。

买受人选择不解除合同的,实测建筑面积大于预测建筑面积时,建筑面积误差比在 3% 以内(含 3%)部分的房价款由买受人补足,超出 3% 部分的房价款由出卖人承担,产权归买受人所有。实测建筑面积小于预测建筑面积时,建筑面积误差比绝对值在 3% 以内(含 3%)部分的房价款由出卖人返还买受人;绝对值超出 3% 部分的房价款由出卖人双倍返还买受人。

$$建筑面积误差比 = \frac{实测建筑面积 - 预测建筑面积}{预测建筑面积} \times 100\%$$

(3)因设计变更造成面积差异,双方不解除合同的,应当签署补充协议。

3. 根据第六条按照套计价的,出卖人承诺在房屋平面图中标明详细尺寸,并约定误差范围。该商品房交付时,套型与设计图纸不一致或者相关尺寸超出约定的误差范围,双方约定如下:

_____。

4. 双方自行约定:

_____。

第六章 规划设计变更

第十四条 规划变更

(一)出卖人应当按照城乡规划主管部门核发的建设工程规划许可证规定的条件建设商品房,不得擅自变更。

双方签订合同后,涉及该商品房规划用途、面积、容积率、绿地率、基础设施、公共服务及其他配套设施等规划许可内容经城乡规划主管部门批准变更的,出卖人应当在变更确立之日起 10 日内将书面通知送达买受人。出卖人未在规定期限内通知买受人的,买受人有权解除合同。

(二)买受人应当在通知送达之日起 15 日内做出是否解除合同的书面答复。买受人逾期未予以书面答复的,视同接受变更。

(三)买受人解除合同的,应当书面通知出卖人。出卖人应当自解除合同通知送达之日起 15 日内退还买受人已付全部房款(含已付贷款部分),并自买受人付款之日起,按照_____%(不低于中国人民银行公布的同期贷款基准利率)计算给付利息;同时,出卖人按照全部房价款的_____%向买受人支付违约金。

买受人不解除合同的,有权要求出卖人赔偿由此造成的损失,双方约定如下:

_____。

第十五条 设计变更

(一)双方签订合同后,出卖人按照法定程序变更建筑工程施工图设计文件,涉及下列可能影响买受人所购商品房质量或使用功能情形的,出卖人应当在变更确立之日起 10 日内将书面通知送达买受人。出卖人未在规定期限内通知买受人的,买受人有权解除合同。

1. 该商品房结构形式、户型、空间尺寸、朝向;

2. 供热、采暖方式;

3._____;
4._____;
5._____。

（二）买受人应当在通知送达之日起15日内做出是否解除合同的书面答复。买受人逾期未予以书面答复的，视同接受变更。

（三）买受人解除合同的，应当书面通知出卖人。出卖人应当自解除合同通知送达之日起15日内退还买受人已付全部房款（含已付贷款部分），并自买受人付款之日起，按照_____%（不低于中国人民银行公布的同期贷款基准利率）计算给付利息；同时，出卖人按照全部房价款的_____%向买受人支付违约金。

买受人不解除合同的，有权要求出卖人赔偿由此造成的损失，双方约定如下：
_____
_____。

第七章　商品房质量及保修责任

第十六条　商品房质量

（一）地基基础和主体结构出卖人承诺该商品房地基基础和主体结构合格，并符合国家及行业标准。经检测不合格的，买受人有权解除合同。买受人解除合同的，应当书面通知出卖人。出卖人应当自解除合同通知送达之日起15日内退还买受人已付全部房款（含已付贷款部分），并自买受人付款之日起，按照_____%（不低于中国人民银行公布的同期贷款基准利率）计算给付利息。给买受人造成损失的，由出卖人支付【已付房价款一倍】【买受人全部损失】的赔偿金。因此而发生的检测费用由出卖人承担。

买受人不解除合同的，_____。

（二）其他质量问题该商品房质量应当符合有关工程质量规范、标准和施工图设计文件的要求。发现除地基基础和主体结构外质量问题的，双方按照以下方式处理：

（1）及时更换、修理；如给买受人造成损失的，还应当承担相应赔偿责任。
_____

（2）经过更换、修理，仍然严重影响正常使用的，买受人有权解除合同。买受人解除合同的，应当书面通知出卖人。出卖人应当自解除合同通知送达之日起15日内退还买受人已付全部房款（含已付贷款部分），并自买受人付款之日起，按照_____%（不低于中国人民银行公布的同期贷款基准利率）计算给付利息。给买受人造成损失的，由出卖人承担相应赔偿责任。因此而发生的检测费用由出卖人承担。

买受人不解除合同的，_____。

（三）装饰装修及设备标准

该商品房应当使用合格的建筑材料、构配件和设备，装置、装修、装饰所用材料的产品质量必须符合国家的强制性标准及双方约定的标准。

不符合上述标准的，买受人有权要求出卖人按照下列第（1）、_____、_____方式处理（可多选）：

（1）及时更换、修理；

（2）出卖人赔偿双倍的装饰、设备差价；

（3）_____;

（4）_____。

具体装饰装修及相关设备标准的约定见附件六。

（四）室内空气质量、建筑隔声和民用建筑节能措施

1. 该商品房室内空气质量符合【国家】【地方】标准，标准名称：_____，标准文号：_____。

该商品房为住宅的，建筑隔声情况符合【国家】【地方】标准，标准名称：_____，标准文号：
_____。

该商品房室内空气质量或建筑隔声情况经检测不符合标准,由出卖人负责整改,整改后仍不符合标准的,买受人有权解除合同。买受人解除合同的,应当书面通知出卖人。出卖人应当自解除合同通知送达之日起 15 日内退还买受人已付全部房款(含已付贷款部分),并自买受人付款之日起,按照_____%(不低于中国人民银行公布的同期贷款基准利率)计算给付利息。给买受人造成损失的,由出卖人承担相应赔偿责任。经检测不符合标准的,检测费用由出卖人承担,整改后再次检测发生的费用仍由出卖人承担。因整改导致该商品房逾期交付的,出卖人应当承担逾期交付责任。

2. 该商品房应当符合国家有关民用建筑节能强制性标准的要求。未达到标准的,出卖人应当按照相应标准要求补做节能措施,并承担全部费用;给买受人造成损失的,出卖人应当承担相应赔偿责任。

_____。

第十七条 保修责任

(一)商品房实行保修制度。该商品房为住宅的,出卖人自该商品房交付之日起,按照《住宅质量保证书》承诺的内容承担相应的保修责任。该商品房为非住宅的,双方应当签订补充协议详细约定保修范围、保修期限和保修责任等内容。具体内容见附件七。

(二)下列情形,出卖人不承担保修责任:

1. 因不可抗力造成的房屋及其附属设施的损害;

2. 因买受人不当使用造成的房屋及其附属设施的损害;

3. _____。

(三)在保修期内,买受人要求维修的书面通知送达出卖人____日内,出卖人既不履行保修义务也不提出书面异议的,买受人可以自行或委托他人进行维修,维修费用及维修期间造成的其他损失由出卖人承担。

第十八条 质量担保

出卖人不按照第十六条、第十七条约定承担相关责任的,由_____承担连带责任。

关于质量担保的证明见附件八。

第八章 合同备案与房屋登记

第十九条 预售合同登记备案

(一)出卖人应当自本合同签订之日起【30 日内】【____日内】(不超过 30 日)办理商品房预售合同登记备案手续,并将本合同登记备案情况告知买受人。

(二)有关预售合同登记备案的其他约定如下:

_____;

_____。

第二十条 房屋登记

(一)双方同意共同向房屋登记机构申请办理该商品房的房屋所有权转移登记。

(二)因出卖人的原因,买受人未能在该商品房交付之日起____日内取得该商品房的房屋所有权证书的,双方同意按照下列第____种方式处理:

1. 买受人有权解除合同。买受人解除合同的,应当书面通知出卖人。出卖人应当自解除合同通知送达之日起 15 日内退还买受人已付全部房款(含已付贷款部分),并自买受人付款之日起,按照_____%(不低于中国人民银行公布的同期贷款基准利率)计算给付利息。买受人不解除合同的,自买受人应当完成房屋所有权登记的期限届满之次日起至实际完成房屋所有权登记之日止,出卖人按日计算向买受人支付全部房价款万分之_____的违约金。

2. _____。

(三)因买受人的原因未能在约定期限内完成该商品房的房屋所有权转移登记的,出卖人不承担责任。

第九章 前期物业管理

第二十一条 前期物业管理

(一)出卖人依法选聘的前期物业服务企业为＿＿＿＿＿＿＿＿。

(二)物业服务时间从＿＿＿＿＿年＿＿＿月＿＿＿日到＿＿＿＿＿年＿＿＿月＿＿＿日。

(三)物业服务期间,物业收费计费方式为【包干制】【酬金制】【＿＿＿＿＿＿】。物业服务费为＿＿＿＿＿＿元/月·平方米(建筑面积)。

(四)买受人同意由出卖人选聘的前期物业服务企业代为查验并承接物业共用部位、共用设施设备,出卖人应当将物业共用部位、共用设施设备承接查验的备案情况书面告知买受人。

(五)买受人已详细阅读前期物业服务合同和临时管理规约,同意由出卖人依法选聘的物业服务企业实施前期物业管理,遵守临时管理规约。业主委员会成立后,由业主大会决定选聘或续聘物业服务企业。

该商品房前期物业服务合同、临时管理规约见附件九。

第十章 其他事项

第二十二条 建筑物区分所有权

(一)买受人对其建筑物专有部分享有占有、使用、收益、处分的权利。

(二)以下部位归业主共有:

1. 建筑物的基础、承重结构、外墙、屋顶等基本结构部分,通道、楼梯、大堂等公共通行部分,消防、公共照明等附属设施、设备,避难层、设备层或者设备间等结构部分;

2. 该商品房所在建筑区划内的道路(属于城镇公共道路的除外)、绿地(属于城镇公共绿地或者明示属于个人的除外)、占用业主共有的道路或者其他场地用于停放汽车的车位、物业服务用房;

3. ＿＿＿＿＿＿＿＿＿＿＿＿＿＿＿＿＿＿＿＿＿＿＿＿＿＿＿＿。

(三)双方对其他配套设施约定如下:

1. 规划的车位、车库:＿＿＿＿＿＿＿＿＿＿＿＿＿＿＿＿＿＿＿＿＿;

2. 会所:＿＿＿＿＿＿＿＿＿＿＿＿＿＿＿＿＿＿＿＿＿＿＿＿＿＿＿;

3. ＿＿＿＿＿＿＿＿＿＿＿＿＿＿＿＿＿＿＿＿＿＿＿＿＿＿＿＿。

第二十三条 税费

双方应当按照国家的有关规定,向相应部门缴纳因该商品房买卖发生的税费。因预测面积与实测面积差异,导致买受人不能享受税收优惠政策而增加的税收负担,由＿＿＿＿＿＿＿＿＿＿承担。

第二十四条 销售和使用承诺

1. 出卖人承诺不采取分割拆零销售、返本销售或者变相返本销售的方式销售商品房;不采取售后包租或者变相售后包租的方式销售未竣工商品房。

2. 出卖人承诺按照规划用途进行建设和出售,不擅自改变该商品房使用性质,并按照规划用途办理房屋登记。出卖人不得擅自改变与该商品房有关的共用部位和设施的使用性质。

3. 出卖人承诺对商品房的销售,不涉及依法或者依规划属于买受人共有的共用部位和设施的处分。

4. 出卖人承诺已将遮挡或妨碍房屋正常使用的情况告知买受人。具体内容见附件十。

5. 买受人使用该商品房期间,不得擅自改变该商品房的用途、建筑主体结构和承重结构。

6. ＿＿＿＿＿＿＿＿＿＿＿＿＿＿＿＿＿＿＿＿＿＿＿＿＿＿＿＿。

7. ＿＿＿＿＿＿＿＿＿＿＿＿＿＿＿＿＿＿＿＿＿＿＿＿＿＿＿＿。

第二十五条 送达

出卖人和买受人保证在本合同中记载的通讯地址、联系电话均真实有效。任何根据本合同发出的文件,均应采用书面形式,以【邮政快递】【邮寄挂号信】【＿＿＿＿＿＿＿】方式送达对方。任何一方变更通讯地址、联系电话的,应在变更之日起＿＿＿＿日内书面通知对方。变更的一方未履行通知义务导致送达不能的,应承担相应的法律责任。

第二十六条 买受人信息保护

出卖人对买受人信息负有保密义务。非因法律、法规规定或国家安全机关、公安机关、检察机关、审判机关、纪检监察部门执行公务的需要,未经买受人书面同意,出卖人及其销售人员和相关工作人员不得对外披露买受人信息,或将买受人信息用于履行本合同之外的其他用途。

第二十七条 争议解决方式

本合同在履行过程中发生的争议,由双方当事人协商解决,也可通过消费者协会等相关机构调解;或按照下列第____种方式解决:

1. 依法向房屋所在地人民法院起诉。

2. 提交_____仲裁委员会仲裁。

第二十八条 补充协议

对本合同中未约定或约定不明的内容,双方可根据具体情况签订书面补充协议(补充协议见附件十一)。

补充协议中含有不合理的减轻或免除本合同中约定应当由出卖人承担的责任,或不合理的加重买受人责任、排除买受人主要权利内容的,仍以本合同为准。

第二十九条 合同生效

本合同自双方签字或盖章之日起生效。本合同的解除应当采用书面形式。

本合同及附件共____页,一式____份,其中出卖人____份,买受人____份,【_____】____份,【_____】____份。合同附件与本合同具有同等法律效力。

出卖人(签字或盖章): 　　　　买受人(签字或盖章):

【法定代表人】(签字或盖章): 　　　【法定代表人】(签字或盖章):

【委托代理人】(签字或盖章): 　　　【委托代理人】(签字或盖章):

　　　　　　　　　　　　　　　　【法定代理人】(签字或盖章):

签订时间:_____年____月____日 　签订时间:_____年____月____日

签订地点:_____ 　　　　　签订地点:_____

附件一 房屋平面图(应当标明方位)

1. 房屋分层分户图(应当标明详细尺寸,并约定误差范围)

2. 建设工程规划方案总平面图

附件二 关于该商品房共用部位的具体说明(可附图说明)

1. 纳入该商品房分摊的共用部位的名称、面积和所在位置

2. 未纳入该商品房分摊的共用部位的名称、所在位置

附件三 抵押权人同意该商品房转让的证明及关于抵押的相关约定

1. 抵押权人同意该商品房转让的证明

2. 解除抵押的条件和时间

3. 关于抵押的其他约定

附件四 关于该商品房价款的计价方式、总价款、付款方式及期限的具体约定

附件五 关于本项目内相关设施、设备的具体约定

1. 相关设施的位置及用途

2. 其他约定

附件六 关于装饰装修及相关设备标准的约定

交付的商品房达不到本附件约定装修标准的,按照本合同第十六条第(三)款约定处理。出卖人未经双方约定增加的装置、装修、装饰,视为无条件赠送给买受人。

双方就装饰装修主要材料和设备的品牌、产地、规格、数量等内容约定如下：

1. 外墙：【瓷砖】【涂料】【玻璃幕墙】【＿＿＿＿＿】；

_____。

2. 起居室：

(1) 内墙：【涂料】【壁纸】【＿＿＿＿＿】；

_____。

(2) 顶棚：【石膏板吊顶】【涂料】【＿＿＿＿＿】；

_____。

(3) 室内地面：【大理石】【花岗岩】【水泥抹面】【实木地板】【＿＿＿＿＿】；

_____。

3. 厨房：

(1) 地面：【水泥抹面】【瓷砖】【＿＿＿＿＿】；

_____。

(2) 墙面：【耐水腻子】【瓷砖】【＿＿＿＿＿】；

_____。

(3) 顶棚：【水泥抹面】【石膏吊顶】【＿＿＿＿＿】；

_____。

(4) 厨具：_____。

4. 卫生间：

(1) 地面：【水泥抹面】【瓷砖】【＿＿＿＿＿】；

_____。

(2) 墙面：【耐水腻子】【瓷砖】【＿＿＿＿＿】；

_____。

(3) 顶棚：【水泥抹面】【石膏吊顶】【＿＿＿＿＿】；

_____。

(4) 卫生器具_____。

5. 阳台：【塑钢封闭】【铝合金封闭】【断桥铝合金封闭】【不封闭】【＿＿＿＿＿】；

_____。

6. 电梯：

(1) 品牌：_____；

(2) 型号：_____。

7. 管道：

_____。

8. 窗户：

_____。

9. _____。

10. _____。

附件七 关于保修范围、保修期限和保修责任的约定

该商品房为住宅的，出卖人应当提供《住宅质量保证书》；该商品房为非住宅的，双方可参照《住宅质量保证书》中的内容对保修范围、保修期限和保修责任等进行约定。

该商品房的保修期自房屋交付之日起计算，关于保修期限的约定不应低于《建设工程质量管理条例》第四十条规定的最低保修期限。

(一)保修项目、期限及责任的约定

1. 地基基础和主体结构:

保修期限为:＿＿＿＿＿＿＿＿＿(不得低于设计文件规定的该工程的合理使用年限);

＿＿＿＿＿＿＿＿＿＿＿＿＿＿＿＿＿＿＿＿＿＿＿＿＿＿＿＿＿＿＿＿＿＿＿。

2. 屋面防水工程、有防水要求的卫生间、房间和外墙面的防渗漏:保修期限为:＿＿＿＿＿＿(不得低于 5 年);

＿＿＿＿＿＿＿＿＿＿＿＿＿＿＿＿＿＿＿＿＿＿＿＿＿＿＿＿＿＿＿＿＿＿＿。

3. 供热、供冷系统和设备:

保修期限为:＿＿＿＿＿＿＿＿＿(不得低于 2 个采暖期、供冷期);

＿＿＿＿＿＿＿＿＿＿＿＿＿＿＿＿＿＿＿＿＿＿＿＿＿＿＿＿＿＿＿＿＿＿＿。

4. 电气管线、给排水管道、设备安装:

保修期限为:＿＿＿＿＿＿＿＿＿(不得低于 2 年);

＿＿＿＿＿＿＿＿＿＿＿＿＿＿＿＿＿＿＿＿＿＿＿＿＿＿＿＿＿＿＿＿＿＿＿。

5. 装修工程:

保修期限为:＿＿＿＿＿＿＿＿＿(不得低于 2 年);

＿＿＿＿＿＿＿＿＿＿＿＿＿＿＿＿＿＿＿＿＿＿＿＿＿＿＿＿＿＿＿＿＿＿＿。

6. ＿＿＿＿＿＿＿＿＿＿＿＿＿＿＿＿＿＿＿＿＿＿＿＿＿＿＿＿＿＿＿＿＿；

7. ＿＿＿＿＿＿＿＿＿＿＿＿＿＿＿＿＿＿＿＿＿＿＿＿＿＿＿＿＿＿＿＿＿；

8. ＿＿＿＿＿＿＿＿＿＿＿＿＿＿＿＿＿＿＿＿＿＿＿＿＿＿＿＿＿＿＿＿＿。

(二)其他约定

＿＿＿＿＿＿＿＿＿＿＿＿＿＿＿＿＿＿＿＿＿＿＿＿＿＿＿＿＿＿＿＿＿＿＿。

附件八 关于质量担保的证明附件

附件九 关于前期物业管理的约定

1. 前期物业服务合同

2. 临时管理规约

附件十 出卖人关于遮挡或妨碍房屋正常使用情况的说明

(如:该商品房公共管道检修口、柱子、变电箱等有遮挡或妨碍房屋正常使用的情况)

附件十一 补充协议

2. 商品房买卖合同(现售)[①]

说 明

1. 本合同文本为示范文本,由中华人民共和国住房和城乡建设部、中华人民共和国国家工商行政管理总局共同制定。各地可在有关法律法规、规定的范围内,结合实际情况调整合同相应内容。

2. 签订本合同前,出卖人应当向买受人出示有关权属证书或证明文件。

3. 出卖人应当就合同重大事项对买受人尽到提示义务。买受人应当审慎签订合同,在签订本合同前,要仔细阅读合同条款,特别是审阅其中具有选择性、补充性、修改性的内容,注意防范潜在的市场风险和交易风险。

4. 本合同文本【】中选择内容、空格部位填写内容及其他需要删除或添加的内容,双方当事人应当协商确定。【】中选择内容,以划 √ 方式选定;对于实际情况未发生或双方当事人不作约定时,应当

---

① 住房和城乡建设部、国家工商行政管理总局 2014 年 4 月 9 日以建房〔2014〕53 号发布的示范文本(GF-2014-0172)。

在空格部位打 × ,以示删除。

5. 出卖人与买受人可以针对本合同文本中没有约定或者约定不明确的内容,根据所售项目的具体情况在相关条款后的空白行中进行补充约定,也可以另行签订补充协议。

6. 双方当事人可以根据实际情况决定本合同原件的份数,并在签订合同时认真核对,以确保各份合同内容一致;在任何情况下,出卖人和买受人都应当至少持有一份合同原件。

专业术语解释

1. 商品房现售:是指房地产开发企业将竣工验收合格的商品房出售给买受人,并由买受人支付房价款的行为。

2. 法定代理人:是指依照法律规定直接取得代理权的人。

3. 套内建筑面积:是指成套房屋的套内建筑面积,由套内使用面积、套内墙体面积、套内阳台建筑面积三部分组成。

4. 房屋的建筑面积:是指房屋外墙(柱)勒脚以上各层的外围水平投影面积,包括阳台、挑廊、地下室、室外楼梯等,且具备有上盖,结构牢固,层高 2.20M 以上(含 2.20M)的永久性建筑。

5. 不可抗力:是指不能预见、不能避免并不能克服的客观情况。

6. 民用建筑节能:是指在保证民用建筑使用功能和室内热环境质量的前提下,降低其使用过程中能源消耗的活动。民用建筑是指居住建筑、国家机关办公建筑和商业、服务业、教育、卫生等其他公共建筑。

7. 房屋登记:是指房屋登记机构依法将房屋权利和其他应当记载的事项在房屋登记簿上予以记载的行为。

8. 所有权转移登记:是指商品房所有权从出卖人转移至买受人所办理的登记类型。

9. 房屋登记机构:是指直辖市、市、县人民政府建设(房地产)主管部门或者其设置的负责房屋登记工作的机构。

10. 分割拆零销售:是指房地产开发企业将成套的商品住宅分割为数部分分别出售给买受人的销售方式。

11. 返本销售:是指房地产开发企业以定期向买受人返还购房款的方式销售商品房的行为。

商品房买卖合同(现售)

出卖人向买受人出售其开发建设的房屋,双方当事人应当在自愿、平等、公平及诚实信用的基础上,根据《中华人民共和国合同法》、《中华人民共和国物权法》、《中华人民共和国城市房地产管理法》等法律、法规的规定,就商品房买卖相关内容协商达成一致意见,签订本商品房买卖合同。

第一章　合同当事人

出卖人:＿＿＿＿＿＿＿＿＿＿＿＿

通讯地址:＿＿＿＿＿＿＿＿＿＿　　　　邮政编码:＿＿＿＿＿＿＿＿＿＿＿＿

营业执照注册号:＿＿＿＿＿＿＿＿　　　企业资质证书号:＿＿＿＿＿＿＿＿＿

法定代表人:＿＿＿＿＿＿＿＿＿＿　　　联系电话:＿＿＿＿＿＿＿＿＿＿＿

委托代理人:＿＿＿＿＿＿＿＿＿＿　　　联系电话:＿＿＿＿＿＿＿＿＿＿＿

委托销售经纪机构:＿＿＿＿＿＿＿　　　通讯地址:＿＿＿＿＿＿＿＿＿＿＿

邮政编码:＿＿＿＿＿＿＿＿＿＿＿　　　营业执照注册号:＿＿＿＿＿＿＿＿＿

经纪机构备案证明号:＿＿＿＿＿＿

法定代表人:＿＿＿＿＿＿＿＿＿＿　　　联系电话:＿＿＿＿＿＿＿＿＿＿＿

买受人:＿＿＿＿＿＿＿＿＿＿＿＿

【法定代表人】【负责人】：_____

【国籍】【户籍所在地】：_____

证件类型:【居民身份证】【护照】【营业执照】【_____】,证号：_____

出生日期：_____年____月____日,性别：_____

通讯地址：_____

邮政编码：_____

联系电话：_____

【委托代理人】【法定代理人】：_____

【国籍】【户籍所在地】：_____

证件类型:【居民身份证】【护照】【营业执照】【_____】,证号：_____

出生日期：_____年____月____日,性别：_____

通讯地址：_____

邮政编码：_____

联系电话：_____

(买受人为多人时,可相应增加)

第二章　商品房基本状况

第一条　项目建设依据

1. 出卖人以【出让】【划拨】【_____】方式取得坐落于_____地块的建设用地使用权。该地块【国有土地使用证号】【_____】为_____,土地使用权面积为_____平方米。买受人购买的商品房(以下简称该商品房)所占用的土地用途为,土地使用权终止日期为_____年____月____日。

2. 出卖人经批准,在上述地块上建设的商品房项目核准名称为_____,建设工程规划许可证号为_____,建筑工程施工许可证号为_____。

第二条　销售依据

该商品房已取得【建设工程竣工验收备案证明文件】《房屋所有权证》,【备案号】【《房屋所有权证》证号】为_____,【备案机构】【房屋登记机构】为_____。

第三条　商品房基本情况

1. 该商品房的规划用途为【住宅】【办公】【商业】【_____】。

2. 该商品房所在建筑物的主体结构为_____,建筑总层数为____层,其中地上____层,地下____层。

3. 该商品房为第一条规定项目中的_____【幢】【座】【_____】____单____元____层____号。该商品房的平面图见附件一。

4. 该商品房的房产测绘机构为_____,其实测建筑面积_____共平方米,其中套内建筑面积_____平方米,分摊共有建筑面积_____平方米。该商品房共用部位见附件二。

该商品房层高为____米,有____个阳台,其中____个阳台为封闭式,____个阳台为非封闭式。阳台是否封闭以规划设计文件为准。

第四条　抵押情况

与该商品房有关的抵押情况为【抵押】【未抵押】。

抵押人：_____,抵押权人：_____,

抵押登记机构：_____,抵押登记日期：_____,

债务履行期限：_____。

抵押权人同意该商品房转让的证明及关于抵押的相关约定见附件三。

第五条　租赁情况

该商品房的租赁情况为【出租】【未出租】。

出卖人已将该商品房出租,【买受人为该商品房承租人】【承租人放弃优先购买权】。

租赁期限:从_____年____月____日至_____年____月____日。出卖人与买受人经协商一致,自本合同约定的交付日至租赁期限届满期间的房屋收益归【出卖人】【买受人】所有。

_____。

出卖人提供的承租人放弃优先购买权的声明见附件四。

第六条　房屋权利状况承诺

1. 出卖人对该商品房享有合法权利;

2. 该商品房没有出售给除本合同买受人以外的其他人;

3. 该商品房没有司法查封或其他限制转让的情况;

4. _____;

5. _____。

如该商品房权利状况与上述情况不符,导致不能完成房屋所有权转移登记的,买受人有权解除合同。买受人解除合同的,应当书面通知出卖人。出卖人应当自解除合同通知送达之日起 15 日内退还买受人已付全部房款(含已付贷款部分),并自买受人付款之日起,按照____%(不低于中国人民银行公布的同期贷款基准利率)计算给付利息。给买受人造成损失的,由出卖人支付【已付房价款一倍】【买受人全部损失】的赔偿金。

第三章　商品房价款

第七条　计价方式与价款

出卖人与买受人按照下列第____种方式计算该商品房价款:

出卖人与买受人按照下列第____种方式计算该商品房价款:

1. 按照套内建筑面积计算,该商品房单价为每平方米_____(币种)_____元,总价款为_____(币种)_____元(大写_____元整)。

2. 按照建筑面积计算,该商品房单价为每平方米_____(币种)_____元,总价款为_____(币种)_____元(大写_____元整)。

3. 按照套计算,该商品房总价款为_____(币种)_____元(大写_____元整)。

4. 按照_____计算,该商品房总价款为_____(币种)_____元(大写_____元整)。

第八条　付款方式及期限

(一)签订本合同前,买受人已向出卖人支付定金_____(币种)_____元(大写),该定金于【本合同签订】【交付首付款】【_____】时【抵作】【_____】商品房价款。

(二)买受人采取下列第____种方式付款:

1. 一次性付款。买受人应当在_____年____月____日前支付该商品房全部价款。

2. 分期付款。买受人应当在_____年____月____日前分____期支付该商品房全部价款,首期房价款_____(币种)_____元(大写:_____元整),应当于_____年____月____日前支付。

_____。

3. 贷款方式付款:【公积金贷款】【商业贷款】【_____】。买受人应当于_____年____月____日前支付首期房价款(币种)元(大写_____元整),占全部房价款的____%。

余款_____(币种)_____元(大写_____元整)向_____(贷款机构)申请贷款支付。

4. 其他方式:

_____。

（三）双方约定全部房价款存入以下账户:账户名称为_____,开户银行为_____,账号为_____。

该商品房价款的计价方式、总价款、付款方式及期限的具体约定见附件五。

第九条　逾期付款责任

除不可抗力外,买受人未按照约定时间付款的,双方同意按照下列第____种方式处理:

1. 按照逾期时间,分别处理((1)和(2)不作累加)。

（1）逾期在____日之内,买受人按日计算向出卖人支付逾期应付款万分之____的违约金。

（2）逾期超过____日(该期限应当与本条第(1)项中的期限相同)后,出卖人有权解除合同。出卖人解除合同的,应当书面通知买受人。买受人应当自解除合同通知送达之日起____日内按照累计应付款的____%向出卖人支付违约金,同时,出卖人退还买受人已付全部房款(含已付贷款部分)。

出卖人不解除合同的,买受人按日计算向出卖人支付逾期应付款万分之____(该比率不低于第(1)项中的比率)的违约金。

本条所称逾期应付款是指依照第八条及附件五约定的到期应付款与该期实际已付款的差额;采取分期付款的,按照相应的分期应付款与该期的实际已付款的差额确定。

2. _____。

第四章　商品房交付条件与交付手续

第十条　商品房交付条件

该商品房交付时应当符合下列第1、2、____、____项所列条件:

1. 该商品房已取得建设工程竣工验收备案证明文件;

2. 该商品房已取得房屋测绘报告;

3. _____;

4. _____。

该商品房为住宅的,出卖人还需提供《住宅使用说明书》和《住宅质量保证书》。

第十一条　商品房相关设施设备交付条件

（一）基础设施设备

1. 供水、排水:交付时供水、排水配套设施齐全,并与城市公共供水、排水管网连接。使用自建设施供水的,供水的水质符合国家规定的饮用水卫生标准,

_____;

2. 供电:交付时纳入城市供电网络并正式供电,

_____;

3. 供暖:交付时供热系统符合供热配建标准,使用城市集中供热的,纳入城市集中供热管网,

_____;

4. 燃气:交付时完成室内燃气管道的敷设,并与城市燃气管网连接,保证燃气供应,

_____;

5. 电话通信:交付时线路敷设到户;

6. 有线电视:交付时线路敷设到户;

7. 宽带网络:交付时线路敷设到户。

以上第1、2、3项出卖人负责办理开通手续并承担相关费用;第4、5、6、7项需要买受人自行办理开通手续。

如果在约定期限内基础设施设备未达到交付使用条件,双方同意按照下列第____种方式处理:

（1）以上设施中第1、2、3、4项在约定交付日未达到交付条件的,出卖人按照本合同第十三条的约定承担逾期交付责任。

第5项未按时达到交付使用条件的,出卖人按日向买受人支付_____元的违约金;

第6项未按时达到交付使用条件的,出卖人按日向买受人支付_____元的违约金;

第7项未按时达到交付使用条件的,出卖人按日向买受人支付_____元的违约金。出卖人采取措施保证相关设施于约定交付日后日之内达到交付使用条件。

(2)_____。

(二)公共服务及其他配套设施(以建设工程规划许可为准)

1. 小区内绿地率:_____年____月____日达到_____;

2. 小区内非市政道路:_____年____月____日达到_____;

3. 规划的车位、车库:_____年____月____日达到_____;

4. 物业服务用房:_____年____月____日达到_____;

5. 医疗卫生机构:_____年____月____日达到_____;

6. 幼儿园:_____年____月____日达到_____;

7. 学校:_____年____月____日达到_____;

8. _____;

9. _____。

以上设施未达到上述条件的,双方同意按照以下方式处理:

1. 小区内绿地率未达到上述约定条件的,_____。

2. 小区内非市政道路未达到上述约定条件的,_____。

3. 规划的车位、车库未达到上述约定条件的,_____。

4. 物业服务用房未达到上述约定条件的,_____。

5. 其他设施未达到上述约定条件的,_____。

关于本项目内相关设施设备的具体约定见附件六。

第十二条 交付时间和手续

(一)出卖人应当在_____年____月____日前向买受人交付该商品房。

(二)该商品房达到第十条、第十一条约定的交付条件后,出卖人应当在交付日期届满日前(不少于10日)将查验房屋的时间、办理交付手续的时间地点以及应当携带的证件材料的通知书面送达买受人。买受人未收到交付通知书的,以本合同约定的交付日期届满之日为办理交付手续的时间,以该商品房所在地为办理交付手续的地点。

_____

交付该商品房时,出卖人应当出示满足第十条约定的证明文件。出卖人不出示证明文件或者出示的证明文件不齐全,不能满足第十条约定条件的,买受人有权拒绝接收,由此产生的逾期交付责任由出卖人承担,并按照第十三条处理。

(三)查验房屋

1. 办理交付手续前,买受人有权对该商品房进行查验,出卖人不得以缴纳相关税费或者签署物业管理文件作为买受人查验和办理交付手续的前提条件。

2. 买受人查验的该商品房存在下列除地基基础和主体结构外的其他质量问题的,由出卖人按照有关工程和产品质量规范、标准自查验次日起____日内负责修复,并承担修复费用,修复后再行交付。

(1)屋面、墙面、地面渗漏或开裂等;

(2)管道堵塞;

(3)门窗翘裂、五金件损坏;

(4)灯具、电器等电气设备不能正常使用;

(5)_____;

(6)_____。

3. 查验该商品房后,双方应当签署商品房交接单。由于买受人原因导致该商品房未能按期交付的,双方同意按照以下方式处理:

(1) _____;

(2) _____。

第十三条　逾期交付责任

除不可抗力外,出卖人未按照第十二条约定的时间将该商品房交付买受人的,双方同意按照下列第____种方式处理:

1. 按照逾期时间,分别处理((1)和(2)不作累加)。

(1)逾期在____日之内(该期限应当不多于第九条第1(1)项中的期限),自第十二条约定的交付期限届满之次日起至实际交付之日止,出卖人按日计算向买受人支付全部房价款万分之____的违约金(该违约金比率应当不低于第九条第1(1)项中的比率)。

(2)逾期超过____日(该期限应当与本条第(1)项中的期限相同)后,买受人有权解除合同。买受人解除合同的,应当书面通知出卖人。出卖人应当自解除合同通知送达之日起15日内退还买受人已付全部房款(含已付贷款部分),并自买受人付款之日起,按照____%(不低于中国人民银行公布的同期贷款基准利率)计算给付利息;同时,出卖人按照全部房价款的____%向买受人支付违约金。

买受人要求继续履行合同的,合同继续履行,出卖人按日计算向买受人支付全部房价款万分之____(该比率应当不低于本条第1(1)项中的比率)的违约金。

2. _____。

第五章　商品房质量及保修责任

第十四条　商品房质量

(一)地基基础和主体结构

出卖人承诺该商品房地基基础和主体结构合格,并符合国家及行业标准。

经检测不合格的,买受人有权解除合同。买受人解除合同的,应当书面通知出卖人。出卖人应当自解除合同通知送达之日起15日内退还买受人已付全部房款(含已付贷款部分),并自买受人付款之日起,按照____%(不低于中国人民银行公布的同期贷款基准利率)计算给付利息。给买受人造成损失的,由出卖人支付【已付房价款一倍】【买受人全部损失】的赔偿金。因此而发生的检测费用由出卖人承担。

买受人不解除合同的,_____。

(二)其他质量问题

该商品房质量应当符合有关工程质量规范、标准和施工图设计文件的要求。发现除地基基础和主体结构外质量问题的,双方按照以下方式处理:

(1)及时更换、修理;如给买受人造成损失的,还应当承担相应赔偿责任。

_____

(2)经过更换、修理,仍然严重影响正常使用的,买受人有权解除合同。买受人解除合同的,应当书面通知出卖人。出卖人应当自解除合同通知送达之日起15日内退还买受人已付全部房款(含已付贷款部分),并自买受人付款之日起,按照____%(不低于中国人民银行公布的同期贷款基准利率)计算给付利息。给买受人造成损失的,由出卖人承担相应赔偿责任。因此而发生的检测费用由出卖人承担。

买受人不解除合同的,_____。

(三)装饰装修及设备标准

该商品房应当使用合格的建筑材料、构配件和设备,装置、装修、装饰所用材料的产品质量必须符合国家的强制性标准及双方约定的标准。

不符合上述标准的,买受人有权要求出卖人按照下列第(1)、____、____方式处理(可多选):

(1)及时更换、修理;

（2）出卖人赔偿双倍的装饰、设备差价；

（3）_____；

（4）_____。

具体装饰装修及相关设备标准的约定见附件七。

（四）室内空气质量、建筑隔声和民用建筑节能措施

1. 该商品房室内空气质量符合【国家】【地方】标准，标准名称：_____，标准文号：_____。

该商品房为住宅的，建筑隔声情况符合【国家】【地方】标准，标准名称：_____，标准文号：_____。

该商品房室内空气质量或建筑隔声情况经检测不符合标准，由出卖人负责整改，整改后仍不符合标准的，买受人有权解除合同。买受人解除合同的，应当书面通知出卖人。出卖人应当自解除合同通知送达之日起15日内退还买受人已付全部房款（含已付贷款部分），并自买受人付之日起，按照____%（不低于中国人民银行公布的同期贷款基准利率）计算给付利息。给买受人造成损失的，由出卖人承担相应赔偿责任。经检测不符合标准的，检测费用由出卖人承担，整改后再次检测发生的费用仍由出卖人承担。因整改导致该商品房逾期交付的，出卖人应当承担逾期交付责任。

2. 该商品房应当符合国家有关民用建筑节能强制性标准的要求。

未达到标准的，出卖人应当按照相应标准要求补做节能措施，并承担全部费用；给买受人造成损失的，出卖人应当承担相应赔偿责任。

_____。

第十五条　保修责任

（一）商品房实行保修制度。该商品房为住宅的，出卖人自该商品房交付之日起，按照《住宅质量保证书》承诺的内容承担相应的保修责任。该商品房为非住宅的，双方应当签订补充协议详细约定保修范围、保修期限和保修责任等内容。具体内容见附件八。

（二）下列情形，出卖人不承担保修责任：

1. 因不可抗力造成的房屋及其附属设施的损害；

2. 因买受人不当使用造成的房屋及其附属设施的损害；

3. _____。

（三）在保修期内，买受人要求维修的书面通知送达出卖人____日内，出卖人既不履行保修义务也不提出书面异议的，买受人可以自行或委托他人进行维修，维修费用及维修期间造成的其他损失由出卖人承担。

第十六条　质量担保

出卖人不按照第十四条、第十五条约定承担相关责任的，由_____承担连带责任。

关于质量担保的证明见附件九。

第六章　房屋登记

第十七条　房屋登记

（一）双方同意共同向房屋登记机构申请办理该商品房的房屋所有权转移登记。

（二）因出卖人的原因，买受人未能在该商品房交付之日起____日内取得该商品房的房屋所有权证书的，双方同意按照下列第____种方式处理：

1. 买受人有权解除合同。买受人解除合同的，应当书面通知出卖人。出卖人应当自解除合同通知送达之日起15日内退还买受人已付全部房款（含已付贷款部分），并自买受人付款之日起，按照____%（不低于中国人民银行公布的同期贷款基准利率）计算给付利息。买受人不解除合同的，自买受人应当完成房屋所有权登记的期限届满之次日起至实际完成房屋所有权登记之日止，出卖人按日计算向买受人支付全部房价款万分之____的违约金。

2. _____。

(三)因买受人的原因未能在约定期限内完成该商品房的房屋所有权转移登记的,出卖人不承担责任。

第七章 物业管理

第十八条 物业管理

(一)出卖人依法选聘的前期物业服务企业为 _____

(二)物业服务时间从_____年___月___日到_____年___月___日。

(三)物业服务期间,物业收费计费方式为【包干制】【酬金制】【_____】。物业服务费为_____元/月·平方米(建筑面积)。

(四)买受人同意由出卖人选聘的前期物业服务企业代为查验并承接物业共用部位、共用设施设备,出卖人应当将物业共用部位、共用设施设备承接查验的备案情况书面告知买受人。

(五)买受人已详细阅读前期物业服务合同和临时管理规约,同意由出卖人依法选聘的物业服务企业实施前期物业管理,遵守临时管理规约。

(六)业主大会设立前适用该约定。业主委员会成立后,由业主大会决定选聘或续聘物业服务企业。该商品房前期物业服务合同、临时管理规约见附件十。

第八章 其他事项

第十九条 建筑物区分所有权

(一)买受人对其建筑物专有部分享有占有、使用、收益和处分的权利。

(二)以下部位归业主共有:

1. 建筑物的基础、承重结构、外墙、屋顶等基本结构部分,通道、楼梯、大堂等公共通行部分,消防、公共照明等附属设施、设备,避难层、设备层或者设备间等结构部分;

2. 该商品房所在建筑区划内的道路(属于城镇公共道路的除外)、绿地(属于城镇公共绿地或者明示属于个人的除外)、占用业主共有的道路或者其他场地用于停放汽车的车位、物业服务用房;

3. _____。

(三)双方对其他配套设施约定如下:

1. 规划的车位、车库:_____;

2. 会所:_____;

3. _____。

第二十条 税费

双方应当按照国家的有关规定,向相应部门缴纳因该商品房买卖发生的税费。

第二十一条 销售和使用承诺

1. 出卖人承诺不采取分割拆零销售、返本销售或者变相返本销售的方式销售商品房。

2. 出卖人承诺按照规划用途进行建设和出售,不擅自改变该商品房使用性质,并按照规划用途办理房屋登记。出卖人不得擅自改变与该商品房有关的共用部位和设施的使用性质。

3. 出卖人承诺对商品房的销售,不涉及依法或者依规划属于买受人共有的共用部位和设施的处分。

4. 出卖人承诺已将遮挡或妨碍房屋正常使用的情况告知买受人。具体内容见附件十一。

5. 买受人使用该商品房期间,不得擅自改变该商品房的用途、建筑主体结构和承重结构。

6. _____。

7. _____。

第二十二条 送达

出卖人和买受人保证在本合同中记载的通讯地址、联系电话均真实有效。任何根据本合同发出的文件,均应采用书面形式,以【邮政快递】【邮寄挂号信】【_____】方式送达对方。任何一方变更通讯地址、联系电话的,应在变更之日起____日内书面通知对方。变更的一方未履行通知义务导致送达不能的,应承担相应的法律责任。

第二十三条　买受人信息保护

出卖人对买受人信息负有保密义务。非因法律、法规规定或国家安全机关、公安机关、检察机关、审判机关、纪检监察部门执行公务的需要,未经买受人书面同意,出卖人及其销售人员和相关工作人员不得对外披露买受人信息,或将买受人信息用于履行本合同之外的其他用途。

第二十四条　争议解决方式

本合同在履行过程中发生的争议,由双方当事人协商解决,也可通过消费者协会等相关机构调解;或按照下列第＿＿＿种方式解决:

1. 依法向房屋所在地人民法院起诉。

2. 提交＿＿＿＿＿＿＿＿仲裁委员会仲裁。

第二十五条　补充协议

对本合同中未约定或约定不明的内容,双方可根据具体情况签订书面补充协议(补充协议见附件十二)。

补充协议中含有不合理的减轻或免除本合同中约定应当由出卖人承担的责任,或不合理的加重买受人责任、排除买受人主要权利内容的,仍以本合同为准。

第二十六条　合同生效

本合同自双方签字或盖章之日起生效。本合同的解除应当采用书面形式。

本合同及附件共＿＿＿＿＿＿页,一式＿＿＿＿＿＿份,其中出卖人＿＿＿＿＿＿份,买受人＿＿＿＿＿＿份,【＿＿＿＿＿＿＿】＿＿＿＿＿＿份,【＿＿＿＿＿＿＿】＿＿＿＿＿份。合同附件与本合同具有同等法律效力。

出卖人(签字或盖章):　　　　　　　　　买受人(签字或盖章):

【法定代表人】(签字或盖章):　　　　　【法定代表人】(签字或盖章):

【委托代理人】(签字或盖章):　　　　　【委托代理人】(签字或盖章):

　　　　　　　　　　　　　　　　　　　【法定代理人】(签字或盖章):

签订时间:＿＿＿＿年＿＿月＿＿日　　　签订地点:＿＿＿＿＿＿＿

签订时间:＿＿＿＿年＿＿月＿＿日　　　签订地点:＿＿＿＿＿＿＿

附件一　房屋平面图(应当标明方位)

　　1. 房屋分层分户图(应当标明详细尺寸,并约定误差范围)

　　2. 建设工程规划方案总平面图

附件二　关于该商品房共用部位的具体说明(可附图说明)

　　1. 纳入该商品房分摊的共用部位的名称、面积和所在位置

　　2. 未纳入该商品房分摊的共用部位的名称、所在位置

附件三　抵押权人同意该商品房转让的证明及关于抵押的相关约定

　　1. 抵押权人同意该商品房转让的证明

　　2. 解除抵押的条件和时间

　　3. 关于抵押的其他约定

附件四　出卖人提供的承租人放弃优先购买权的声明

附件五　关于该商品房价款的计价方式、总价款、付款方式及期限的具体约定

附件六　关于本项目内相关设施、设备的具体约定

　　1. 相关设施的位置及用途

　　2. 其他约定

附件七　关于装饰装修及相关设备标准的约定

交付的商品房达不到本附件约定装修标准的,按照本合同第十四条第(三)款约定处理。出卖人未

三、所有权

经双方约定增加的装置、装修、装饰,视为无条件赠送给买受人。

双方就装饰装修主要材料和设备的品牌、产地、规格、数量等内容约定如下:

1. 外墙:【瓷砖】【涂料】【玻璃幕墙】【_____】;

_____。

2. 起居室:

(1) 内墙:【涂料】【壁纸】【_____】;

_____。

(2) 顶棚:【石膏板吊顶】【涂料】【_____】;

_____。

(3) 室内地面:【大理石】【花岗岩】【水泥抹面】【实木地板】【_____】;

_____。

3. 厨房:

(1) 地面:【水泥抹面】【瓷砖】【_____】;

_____。

(2) 墙面:【耐水腻子】【瓷砖】【_____】;

_____。

(3) 顶棚:【水泥抹面】【石膏吊顶】【_____】;

_____。

(4) 厨具:_____。

4. 卫生间:

(1) 地面:【水泥抹面】【瓷砖】【_____】;

_____。

(2) 墙面:【耐水腻子】【瓷砖】【_____】;

_____。

(3) 顶棚:【水泥抹面】【石膏吊顶】【_____】;

_____。

(4) 卫生器具:_____。

5. 阳台:【塑钢封闭】【铝合金封闭】【断桥铝合金封闭】【不封闭】【_____】;

_____。

6. 电梯:

(1) 品牌:_____;

(2) 型号:_____。

7. 管道:

_____。

8. 窗户:

_____。

9. _____。

10. _____。

附件八　关于保修范围、保修期限和保修责任的约定

该商品房为住宅的,出卖人应当提供《住宅质量保证书》;该商品房为非住宅的,双方可参照《住宅质量保证书》中的内容对保修范围、保修期限和保修责任等进行约定。

该商品房的保修期自房屋交付之日起计算,关于保修期限的约定不应低于《建设工程质量管理条例》第四十条规定的最低保修期限。

（一）保修项目、期限及责任的约定

1. 地基基础和主体结构：

保修期限为：_____（不得低于设计文件规定的该工程的合理使用年限）；

_____。

2. 屋面防水工程、有防水要求的卫生间、房间和外墙面的防渗漏：

保修期限为：_____（不得低于 5 年）；

_____。

3. 供热、供冷系统和设备：

保修期限为：_____（不得低于 2 个采暖期、供冷期）；

_____。

4. 电气管线、给排水管道、设备安装：

保修期限为：_____（不得低于 2 年）；

_____。

5. 装修工程：

保修期限为：_____（不得低于 2 年）；

_____。

6. _____；

7. _____；

8. _____

（二）其他约定

_____。

附件九　关于质量担保的证明

附件十　关于物业管理的约定

　　　　1. 前期物业服务合同

　　　　2. 临时管理规约

附件十一　出卖人关于遮挡或妨碍房屋正常使用情况的说明

（如：该商品房公共管道检修口、柱子、变电箱等有遮挡或妨碍房屋正常使用的情况）

附件十二　补充协议

三、所有权

5. 其他所有权及保护

中华人民共和国文物保护法(节录)

· 1982 年 11 月 19 日第五届全国人民代表大会常务委员会第二十五次会议通过
· 根据 1991 年 6 月 29 日第七届全国人民代表大会常务委员会第二十次会议《关于修改〈中华人民共和国文物保护法〉第三十条、第三十一条的决定》第一次修正
· 2002 年 10 月 28 日第九届全国人民代表大会常务委员会第三十次会议修订
· 根据 2007 年 12 月 29 日第十届全国人民代表大会常务委员会第三十一次会议《关于修改〈中华人民共和国文物保护法〉的决定》第二次修正
· 根据 2013 年 6 月 29 日第十二届全国人民代表大会常务委员会第三次会议《关于修改〈中华人民共和国文物保护法〉等十二部法律的决定》第三次修正
· 根据 2015 年 4 月 24 日第十二届全国人民代表大会常务委员会第十四次会议《关于修改〈中华人民共和国文物保护法〉的决定》第四次修正
· 根据 2017 年 11 月 4 日第十二届全国人民代表大会常务委员会第三十次会议《关于修改〈中华人民共和国会计法〉等十一部法律的决定》第五次修正

......

第五条 中华人民共和国境内地下、内水和领海中遗存的一切文物,属于国家所有。

古文化遗址、古墓葬、石窟寺属于国家所有。国家指定保护的纪念建筑物、古建筑、石刻、壁画、近代现代代表性建筑等不可移动文物,除国家另有规定的以外,属于国家所有。

国有不可移动文物的所有权不因其所依附的土地所有权或者使用权的改变而改变。

下列可移动文物,属于国家所有:

(一)中国境内出土的文物,国家另有规定的除外;

(二)国有文物收藏单位以及其他国家机关、部队和国有企业、事业组织等收藏、保管的文物;

(三)国家征集、购买的文物;

(四)公民、法人和其他组织捐赠给国家的文物;

(五)法律规定属于国家所有的其他文物。

属于国家所有的可移动文物的所有权不因其保管、收藏单位的终止或者变更而改变。

国有文物所有权受法律保护,不容侵犯。

第六条 属于集体所有和私人所有的纪念建筑物、古建筑和祖传文物以及依法取得的其他文物,其所有权受法律保护。文物的所有者必须遵守国家有关文物保护的法律、法规的规定。

第七条 一切机关、组织和个人都有依法保护文物的义务。

第八条 国务院文物行政部门主管全国文物保护工作。

地方各级人民政府负责本行政区域内的文物保护工作。县级以上地方人民政府承担文物保护工作的部门对本行政区域内的文物保护实施监督管理。

县级以上人民政府有关行政部门在各自的职责范围内,负责有关的文物保护工作。

......

第十七条 文物保护单位的保护范围内不得进行其他建设工程或者爆破、钻探、挖掘等作业。但是,因特殊情况需要在文物保护单位的保护范围内进行其他建设工程或者爆破、钻探、挖掘等作业的,必须保证文物保护单位的安全,并经核定公布该文物保护单位的人民政府批准,在批准前应当征得上一级人民政府文物行政部门同意;在全国重点文物保护单位的保护范围内进行其他建设工程或者爆破、钻探、挖掘等作业的,必须经省、自治区、直辖市人民政府批准,在批准前应当征得国务院文物行政部门同意。

第十八条 根据保护文物的实际需要,经省、自治区、直辖市人民政府批准,可以在文物保护单位的周围划出一定的建设控制地带,并予以公布。

在文物保护单位的建设控制地带内进行建设工程,不得破坏文物保护单位的历史风貌;工程设计方案应当根据文物保护单位的级别,经相应的文物行政部门同意后,报城乡建设规划部门批准。

第十九条 在文物保护单位的保护范围和建

设控制地带内，不得建设污染文物保护单位及其环境的设施，不得进行可能影响文物保护单位安全及其环境的活动。对已有的污染文物保护单位及其环境的设施，应当限期治理。

第二十条　建设工程选址，应当尽可能避开不可移动文物；因特殊情况不能避开的，对文物保护单位应当尽可能实施原址保护。

实施原址保护的，建设单位应当事先确定保护措施，根据文物保护单位的级别报相应的文物行政部门批准；未经批准的，不得开工建设。

无法实施原址保护，必须迁移异地保护或者拆除的，应当报省、自治区、直辖市人民政府批准；迁移或者拆除省级文物保护单位的，批准前须征得国务院文物行政部门同意。全国重点文物保护单位不得拆除；需要迁移的，须由省、自治区、直辖市人民政府报国务院批准。

依照前款规定拆除的国有不可移动文物中具有收藏价值的壁画、雕塑、建筑构件等，由文物行政部门指定的文物收藏单位收藏。

本条规定的原址保护、迁移、拆除所需费用，由建设单位列入建设工程预算。

第二十一条　国有不可移动文物由使用人负责修缮、保养；非国有不可移动文物由所有人负责修缮、保养。非国有不可移动文物有损毁危险，所有人不具备修缮能力的，当地人民政府应当给予帮助；所有人具备修缮能力而拒不依法履行修缮义务的，县级以上人民政府可以给予抢救修缮，所需费用由所有人负担。

对文物保护单位进行修缮，应当根据文物保护单位的级别报相应的文物行政部门批准；对未核定为文物保护单位的不可移动文物进行修缮，应当报登记的县级人民政府文物行政部门批准。

文物保护单位的修缮、迁移、重建，由取得文物保护工程资质证书的单位承担。

对不可移动文物进行修缮、保养、迁移，必须遵守不改变文物原状的原则。

第二十二条　不可移动文物已经全部毁坏的，应当实施遗址保护，不得在原址重建。但是，因特殊情况需要在原址重建的，由省、自治区、直辖市人民政府文物行政部门报省、自治区、直辖市人民政府批准；全国重点文物保护单位需要在原址重建的，由省、自治区、直辖市人民政府报国务院批准。

第二十三条　核定为文物保护单位的属于国家所有的纪念建筑物或者古建筑，除可以建立博物馆、保管所或者辟为参观游览场所外，作其他用途的，市、县级文物保护单位应当经核定公布该文物保护单位的人民政府文物行政部门征得上一级文物行政部门同意后，报核定公布该文物保护单位的人民政府批准；省级文物保护单位应当经核定公布该文物保护单位的省级人民政府的文物行政部门审核同意后，报该省级人民政府批准；全国重点文物保护单位作其他用途的，应当由省、自治区、直辖市人民政府报国务院批准。国有未核定为文物保护单位的不可移动文物作其他用途的，应当报告县级人民政府文物行政部门。

第二十四条　国有不可移动文物不得转让、抵押。建立博物馆、保管所或者辟为参观游览场所的国有文物保护单位，不得作为企业资产经营。

第二十五条　非国有不可移动文物不得转让、抵押给外国人。

非国有不可移动文物转让、抵押或者改变用途的，应当根据其级别报相应的文物行政部门备案。

第二十六条　使用不可移动文物，必须遵守不改变文物原状的原则，负责保护建筑物及其附属文物的安全，不得损毁、改建、添建或者拆除不可移动文物。

对危害文物保护单位安全、破坏文物保护单位历史风貌的建筑物、构筑物，当地人民政府应当及时调查处理，必要时，对该建筑物、构筑物予以拆迁。

……

第三十二条　在进行建设工程或者在农业生产中，任何单位或者个人发现文物，应当保护现场，立即报告当地文物行政部门，文物行政部门接到报告后，如无特殊情况，应当在二十四小时内赶赴现场，并在七日内提出处理意见。文物行政部门可以报请当地人民政府通知公安机关协助保护现场；发现重要文物的，应当立即上报国务院文物行政部门，国务院文物行政部门应当在接到报告后十五日内提出处理意见。

依照前款规定发现的文物属于国家所有，任何单位或者个人不得哄抢、私分、藏匿。

第三十三条　非经国务院文物行政部门报国务院特别许可，任何外国人或者外国团体不得在中华人民共和国境内进行考古调查、勘探、发掘。

第三十四条 考古调查、勘探、发掘的结果，应当报告国务院文物行政部门和省、自治区、直辖市人民政府文物行政部门。

考古发掘的文物，应当登记造册，妥善保管，按照国家有关规定移交给由省、自治区、直辖市人民政府文物行政部门或者国务院文物行政部门指定的国有博物馆、图书馆或者其他国有收藏文物的单位收藏。经省、自治区、直辖市人民政府文物行政部门批准，从事考古发掘的单位可以保留少量出土文物作为科研标本。

考古发掘的文物，任何单位或者个人不得侵占。

……

第三十七条 文物收藏单位可以通过下列方式取得文物：

（一）购买；

（二）接受捐赠；

（三）依法交换；

（四）法律、行政法规规定的其他方式。

国有文物收藏单位还可以通过文物行政部门指定保管或者调拨方式取得文物。

第三十八条 文物收藏单位应当根据馆藏文物的保护需要，按照国家有关规定建立、健全管理制度，并报主管的文物行政部门备案。未经批准，任何单位或者个人不得调取馆藏文物。

文物收藏单位的法定代表人对馆藏文物的安全负责。国有文物收藏单位的法定代表人离任时，应当按照馆藏文物档案办理馆藏文物移交手续。

第三十九条 国务院文物行政部门可以调拨全国的国有馆藏文物。省、自治区、直辖市人民政府文物行政部门可以调拨本行政区域内其主管的国有文物收藏单位馆藏文物；调拨国有馆藏一级文物，应当报国务院文物行政部门备案。

国有文物收藏单位可以申请调拨国有馆藏文物。

……

第四十三条 依法调拨、交换、借用国有馆藏文物，取得文物的文物收藏单位可以对提供文物的文物收藏单位给予合理补偿，具体管理办法由国务院文物行政部门制定。

国有文物收藏单位调拨、交换、出借文物所得

的补偿费用，必须用于改善文物的收藏条件和收集新的文物，不得挪作他用；任何单位或者个人不得侵占。

调拨、交换、借用的文物必须严格保管，不得丢失、损毁。

第四十四条 禁止国有文物收藏单位将馆藏文物赠与、出租或者出售给其他单位、个人。

……

第四十六条 修复馆藏文物，不得改变馆藏文物的原状；复制、拍摄、拓印馆藏文物，不得对馆藏文物造成损害。具体管理办法由国务院制定。

不可移动文物的单体文物的修复、复制、拍摄、拓印，适用前款规定。

……

第五十条 文物收藏单位以外的公民、法人和其他组织可以收藏通过下列方式取得的文物：

（一）依法继承或者接受赠与；

（二）从文物商店购买；

（三）从经营文物拍卖的拍卖企业购买；

（四）公民个人合法所有的文物相互交换或者依法转让；

（五）国家规定的其他合法方式。

文物收藏单位以外的公民、法人和其他组织收藏的前款文物可以依法流通。

第五十一条 公民、法人和其他组织不得买卖下列文物：

（一）国有文物，但是国家允许的除外；

（二）非国有馆藏珍贵文物；

（三）国有不可移动文物中的壁画、雕塑、建筑构件等，但是依法拆除的国有不可移动文物中的壁画、雕塑、建筑构件等不属于本法第二十条第四款规定的应由文物收藏单位收藏的除外；

（四）来源不符合本法第五十条规定的文物。

第五十二条 国家鼓励文物收藏单位以外的公民、法人和其他组织将其收藏的文物捐赠给国有文物收藏单位或者出借给文物收藏单位展览和研究。

国有文物收藏单位应当尊重并按照捐赠人的意愿，对捐赠的文物妥善收藏、保管和展示。

国家禁止出境的文物，不得转让、出租、质押给外国人。

第五十三条 文物商店应当由省、自治区、直辖市人民政府文物行政部门批准设立，依法进行

管理。

文物商店不得从事文物拍卖经营活动，不得设立经营文物拍卖的拍卖企业。

第五十四条 依法设立的拍卖企业经营文物拍卖的，应当取得省、自治区、直辖市人民政府文物行政部门颁发的文物拍卖许可证。

经营文物拍卖的拍卖企业不得从事文物购销经营活动，不得设立文物商店。

第五十五条 文物行政部门的工作人员不得举办或者参与举办文物商店或者经营文物拍卖的拍卖企业。

文物收藏单位不得举办或者参与举办文物商店或者经营文物拍卖的拍卖企业。

禁止设立中外合资、中外合作和外商独资的文物商店或者经营文物拍卖的拍卖企业。

除经批准的文物商店、经营文物拍卖的拍卖企业外，其他单位或者个人不得从事文物的商业经营活动。

第五十六条 文物商店不得销售、拍卖企业不得拍卖本法第五十一条规定的文物。

拍卖企业拍卖的文物，在拍卖前应当经省、自治区、直辖市人民政府文物行政部门审核，并报国务院文物行政部门备案。

第五十七条 省、自治区、直辖市人民政府文物行政部门应当建立文物购销、拍卖信息与信用管理系统。文物商店购买、销售文物，拍卖企业拍卖文物，应当按照国家有关规定作出记录，并于销售、拍卖文物后三十日内报省、自治区、直辖市人民政府文物行政部门备案。

拍卖文物时，委托人、买受人要求对其身份保密的，文物行政部门应当为其保密；但是，法律、行政法规另有规定的除外。

第五十八条 文物行政部门在审核拟拍卖的文物时，可以指定国有文物收藏单位优先购买其中的珍贵文物。购买价格由文物收藏单位的代表与文物的委托人协商确定。

第五十九条 银行、冶炼厂、造纸厂以及废旧物资回收单位，应当与当地文物行政部门共同负责拣选掺杂在金银器和废旧物资中的文物。拣选文物除供银行研究所必需的历史货币可以由人民银行留用外，应当移交当地文物行政部门。移交拣选文物，应当给予合理补偿。

……

中华人民共和国国防法（节录）

· 1997 年 3 月 14 日第八届全国人民代表大会第五次会议通过
· 根据 2009 年 8 月 27 日第十一届全国人民代表大会常务委员会第十次会议《关于修改部分法律的决定》修正
· 2020 年 12 月 26 日第十三届全国人民代表大会常务委员会第二十四次会议修订

……

第六章 国防经费和国防资产

第三十九条 国家保障国防事业的必要经费。国防经费的增长应当与国防需求和国民经济发展水平相适应。

国防经费依法实行预算管理。

第四十条 国家为武装力量建设、国防科研生产和其他国防建设直接投入的资金、划拨使用的土地等资源，以及由此形成的用于国防目的的武器装备和设备设施、物资器材、技术成果等属于国防资产。

国防资产属于国家所有。

第四十一条 国家根据国防建设和经济建设的需要，确定国防资产的规模、结构和布局，调整和处分国防资产。

国防资产的管理机构和占有、使用单位，应当依法管理国防资产，充分发挥国防资产的效能。

第四十二条 国家保护国防资产不受侵害，保障国防资产的安全、完整和有效。

禁止任何组织或者个人破坏、损害和侵占国防资产。未经国务院、中央军事委员会或者国务院、中央军事委员会授权的机构批准，国防资产的占有、使用单位不得改变国防资产用于国防的目的。国防资产中的技术成果，在坚持国防优先、确保安全的前提下，可以根据国家有关规定用于其他用途。

国防资产的管理机构或者占有、使用单位对不再用于国防目的的国防资产，应当按照规定报批，依法改作其他用途或者进行处置。

……

三、所有权

中华人民共和国
水下文物保护管理条例

· 1989 年 10 月 20 日中华人民共和国国务院令第 42 号发布

· 根据 2011 年 1 月 8 日《国务院关于废止和修改部分行政法规的决定》第一次修订

· 2022 年 1 月 23 日中华人民共和国国务院令第 751 号第二次修订

第一条 为了加强水下文物保护工作的管理，根据《中华人民共和国文物保护法》的有关规定，制定本条例。

第二条 本条例所称水下文物，是指遗存于下列水域的具有历史、艺术和科学价值的人类文化遗产：

（一）遗存于中国内水、领海内的一切起源于中国的、起源国不明的和起源于外国的文物；

（二）遗存于中国领海以外依照中国法律由中国管辖的其他海域内的起源于中国的和起源国不明的文物；

（三）遗存于外国领海以外的其他管辖海域以及公海区域内的起源于中国的文物。

前款规定内容不包括 1911 年以后的与重大历史事件、革命运动以及著名人物无关的水下遗存。

第三条 本条例第二条第一款第一项、第二项所规定的水下文物属于国家所有，国家对其行使管辖权；本条例第二条第一款第三项所规定的水下文物，遗存于外国领海以外的其他管辖海域以及公海区域内的起源国不明的文物，国家享有辨认器物物主的权利。

第四条 国务院文物主管部门负责全国水下文物保护工作。县级以上地方人民政府文物主管部门负责本行政区域内的水下文物保护工作。

县级以上人民政府其他有关部门在各自职责范围内，负责有关水下文物保护工作。

中国领海以外依照中国法律由中国管辖的其他海域内的水下文物，由国务院文物主管部门负责保护工作。

第五条 任何单位和个人都有依法保护水下文物的义务。

各级人民政府应当重视水下文物保护，正确处理经济社会发展与水下文物保护的关系，确保水下文物安全。

第六条 根据水下文物的价值，县级以上人民政府依照《中华人民共和国文物保护法》有关规定，核定公布文物保护单位，对未核定为文物保护单位的不可移动文物予以登记公布。

县级以上地方人民政府文物主管部门应当根据不同文物的保护需要，制定文物保护单位和未核定为文物保护单位的不可移动文物的具体保护措施，并公告施行。

第七条 省、自治区、直辖市人民政府可以将水下文物分布较为集中、需要整体保护的水域划定公布为水下文物保护区，并根据实际情况进行调整。水下文物保护区涉及两个以上省、自治区、直辖市或者涉及中国领海以外依照中国法律由中国管辖的其他海域的，由国务院文物主管部门划定和调整，报国务院核定公布。

划定和调整水下文物保护区，应当征求有关部门和水域使用权人的意见，听取专家和公众的意见，涉及军事管理区和军事用海的还应当征求有关军事机关的意见。

划定和调整水下文物保护区的单位应当制定保护规划。国务院文物主管部门或者省、自治区、直辖市人民政府文物主管部门应当根据保护规划明确标示水下文物保护区的范围和界线，制定具体保护措施并公告施行。

在水下文物保护区内，禁止进行危及水下文物安全的捕捞、爆破等活动。

第八条 严禁破坏、盗捞、哄抢、私分、藏匿、倒卖、走私水下文物等行为。

在中国管辖水域内开展科学考察、资源勘探开发、旅游、潜水、捕捞、养殖、采砂、排污、倾废等活动的，应当遵守有关法律、法规的规定，并不得危及水下文物的安全。

第九条 任何单位或者个人以任何方式发现疑似本条例第二条第一款第一项、第二项所规定的水下文物的，应当及时报告所在地或者就近的地方人民政府文物主管部门，并上交已经打捞出水的文物。

文物主管部门接到报告后，如无特殊情况，应当在 24 小时内赶赴现场，立即采取措施予以保护，并在 7 日内提出处理意见；发现水下文物已经移动位置或者遭受实际破坏的，应当进行抢救性保护，并作详细记录；对已经打捞出水的文物，应当及时登记造册、妥善保管。

文物主管部门应当保护水下文物发现现场，必要时可以会同公安机关或者海上执法机关开展保护工作，并将保护工作情况报本级人民政府和上一级人民政府文物主管部门；发现重要文物的，应当逐级报至国务院文物主管部门，国务院文物主管部门应当在接到报告后 15 日内提出处理意见。

第十条　任何单位或者个人以任何方式发现疑似本条例第二条第一款第三项所规定的水下文物的，应当及时报告就近的地方人民政府文物主管部门或者直接报告国务院文物主管部门。接到报告的地方人民政府文物主管部门应当逐级报至国务院文物主管部门。国务院文物主管部门应当及时提出处理意见并报国务院。

第十一条　在中国管辖水域内进行水下文物的考古调查、勘探、发掘活动，应当由具有考古发掘资质的单位向国务院文物主管部门提出申请。申请材料包括工作计划书和考古发掘资质证书。拟开展的考古调查、勘探、发掘活动在中国内水、领海内的，还应当提供活动所在地省、自治区、直辖市人民政府文物主管部门出具的意见。

国务院文物主管部门应当自收到申请材料之日起 30 日内，作出准予许可或者不予许可的决定。准予许可的，发给批准文件；不予许可的，应当书面告知申请人并说明理由。

国务院文物主管部门在作出决定前，应当征求有关科研机构和专家的意见，涉及军事管理区和军事用海的还应当征求有关军事机关的意见；涉及在中国领海以外依照中国法律由中国管辖的其他海域内进行水下文物的考古调查、勘探、发掘活动的，还应当报国务院同意。

第十二条　任何外国组织、国际组织在中国管辖水域内进行水下文物考古调查、勘探、发掘活动，都应当采取与中方单位合作的方式进行，并取得许可。中方单位应当具有考古发掘资质；外方单位应当是专业考古研究机构，有从事该课题方向或者相近方向研究的专家和一定的实际考古工作经历。

中外合作进行水下文物考古调查、勘探、发掘活动的，由中方单位向国务院文物主管部门提出申请。申请材料应当包括中外合作单位合作意向

书、工作计划书，以及合作双方符合前款要求的有关材料。拟开展的考古调查、勘探、发掘活动在中国内水、领海内的，还应当提供活动所在地省、自治区、直辖市人民政府文物主管部门出具的意见。

国务院文物主管部门收到申请材料后，应当征求有关科研机构和专家的意见，涉及军事管理区和军事用海的还应当征求有关军事机关的意见，并按照国家有关规定送请有关部门审查。审查合格的，报请国务院特别许可；审查不合格的，应当书面告知申请人并说明理由。

中外合作考古调查、勘探、发掘活动所取得的水下文物、自然标本以及考古记录的原始资料，均归中国所有。

第十三条　在中国管辖水域内进行大型基本建设工程，建设单位应当事先报请国务院文物主管部门或者省、自治区、直辖市人民政府文物主管部门组织在工程范围内有可能埋藏文物的地方进行考古调查、勘探；需要进行考古发掘的，应当依照《中华人民共和国文物保护法》有关规定履行报批程序。

第十四条　在中国管辖水域内进行水下文物的考古调查、勘探、发掘活动，应当以文物保护和科学研究为目的，并遵守相关法律、法规，接受有关主管部门的管理。

考古调查、勘探、发掘活动结束后，从事考古调查、勘探、发掘活动的单位应当向国务院文物主管部门和省、自治区、直辖市人民政府文物主管部门提交结项报告、考古发掘报告和取得的实物图片、有关资料复制件等。

考古调查、勘探、发掘活动中取得的全部出水文物应当及时登记造册、妥善保管，按照国家有关规定移交给由国务院文物主管部门或者省、自治区、直辖市人民政府文物主管部门指定的国有博物馆、图书馆或者其他国有收藏文物的单位收藏。

中外合作进行考古调查、勘探、发掘活动的，由中方单位提交前两款规定的实物和资料。

第十五条　严禁未经批准进行水下文物考古调查、勘探、发掘等活动。

严禁任何个人以任何形式进行水下文物考古调查、勘探、发掘等活动。

第十六条　文物主管部门、文物收藏单位等应当通过举办展览、开放参观、科学研究等方式，充分发挥水下文物的作用，加强中华优秀传统文

三、所有权

化、水下文物保护法律制度等的宣传教育,提高全社会水下文物保护意识和参与水下文物保护的积极性。

第十七条 文物主管部门、公安机关、海上执法机关按照职责分工开展水下文物保护执法工作,加强执法协作。

县级以上人民政府文物主管部门应当在水下文物保护工作中加强与有关部门的沟通协调,共享水下文物执法信息。

第十八条 任何单位和个人有权向文物主管部门举报违反本条例规定、危及水下文物安全的行为。文物主管部门应当建立举报渠道并向社会公开,依法及时处理有关举报。

第十九条 保护水下文物有突出贡献的,按照国家有关规定给予精神鼓励或者物质奖励。

第二十条 文物主管部门和其他有关部门的工作人员,在水下文物保护工作中滥用职权、玩忽职守、徇私舞弊的,对直接负责的主管人员和其他直接责任人员依法给予处分;构成犯罪的,依法追究刑事责任。

第二十一条 擅自在文物保护单位的保护范围内进行建设工程或者爆破、钻探、挖掘等作业的,依照《中华人民共和国文物保护法》追究法律责任。

第二十二条 违反本条例规定,有下列行为之一的,由县级以上人民政府文物主管部门或者海上执法机关按照职责分工责令改正,追缴有关文物,并给予警告;有违法所得的,没收违法所得,违法经营额10万元以上的,并处违法经营额5倍以上15倍以下的罚款;违法经营额不足10万元的,并处10万元以上100万元以下的罚款;情节严重的,由原发证机关吊销资质证书,10年内不受理其相应申请:

(一)未经批准进行水下文物的考古调查、勘探、发掘活动;

(二)考古调查、勘探、发掘活动结束后,不按照规定移交有关实物或者提交有关资料;

(三)未事先报请有关主管部门组织进行考古调查、勘探,在中国管辖水域内进行大型基本建设工程;

(四)发现水下文物后未及时报告。

第二十三条 本条例自2022年4月1日起施行。

中华人民共和国电信条例(节录)

· 2000年9月25日中华人民共和国国务院令第291号公布
· 根据2014年7月29日《国务院关于修改部分行政法规的决定》第一次修订
· 根据2016年2月6日《国务院关于修改部分行政法规的决定》第二次修订

......

第二章 电信市场

......

第四节 电信资源

第二十六条 国家对电信资源统一规划、集中管理、合理分配,实行有偿使用制度。

前款所称电信资源,是指无线电频率、卫星轨道位置、电信网码号等用于实现电信功能且有限的资源。

第二十七条 电信业务经营者占有、使用电信资源,应当缴纳电信资源费。具体收费办法由国务院信息产业主管部门会同国务院财政部门、价格主管部门制定,报国务院批准后公布施行。

第二十八条 电信资源的分配,应当考虑电信资源规划、用途和预期服务能力。

分配电信资源,可以采取指配的方式,也可以采用拍卖的方式。

取得电信资源使用权的,应当在规定的时限内启用所分配的资源,并达到规定的最低使用规模。未经国务院信息产业主管部门或者省、自治区、直辖市电信管理机构批准,不得擅自使用、转让、出租电信资源或者改变电信资源的用途。

第二十九条 电信资源使用者依法取得电信网码号资源后,主导的电信业务经营者和其他有关单位有义务采取必要的技术措施,配合电信资源使用者实现其电信网码号资源的功能。

法律、行政法规对电信资源管理另有特别规定的,从其规定。

......

6. 征地、拆迁及补偿

中华人民共和国行政强制法

- 2011 年 6 月 30 日第十一届全国人民代表大会常务委员会第二十一次会议通过
- 2011 年 6 月 30 日中华人民共和国主席令第 49 号公布
- 自 2012 年 1 月 1 日起施行

第一章 总 则

第一条 【立法目的】为了规范行政强制的设定和实施,保障和监督行政机关依法履行职责,维护公共利益和社会秩序,保护公民、法人和其他组织的合法权益,根据宪法,制定本法。

第二条 【行政强制的定义】本法所称行政强制,包括行政强制措施和行政强制执行。

行政强制措施,是指行政机关在行政管理过程中,为制止违法行为、防止证据损毁、避免危害发生、控制危险扩大等情形,依法对公民的人身自由实施暂时性限制,或者对公民、法人或者其他组织的财物实施暂时性控制的行为。

行政强制执行,是指行政机关或者行政机关申请人民法院,对不履行行政决定的公民、法人或者其他组织,依法强制履行义务的行为。

第三条 【适用范围】行政强制的设定和实施,适用本法。

发生或者即将发生自然灾害、事故灾难、公共卫生事件或者社会安全事件等突发事件,行政机关采取应急措施或者临时措施,依照有关法律、行政法规的规定执行。

行政机关采取金融业审慎监管措施、进出境货物强制性技术监控措施,依照有关法律、行政法规的规定执行。

第四条 【合法性原则】行政强制的设定和实施,应当依照法定的权限、范围、条件和程序。

第五条 【适当原则】行政强制的设定和实施,应当适当。采用非强制手段可以达到行政管理目的的,不得设定和实施行政强制。

第六条 【教育与强制相结合原则】实施行政强制,应当坚持教育与强制相结合。

第七条 【不得利用行政强制谋利】行政机关及其工作人员不得利用行政强制权为单位或者个人谋取利益。

第八条 【相对人的权利与救济】公民、法人或者其他组织对行政机关实施行政强制,享有陈述权、申辩权;有权依法申请行政复议或者提起行政诉讼;因行政机关违法实施行政强制受到损害的,有权依法要求赔偿。

公民、法人或者其他组织因人民法院在强制执行中有违法行为或者扩大强制执行范围受到损害的,有权依法要求赔偿。

第二章 行政强制的种类和设定

第九条 【行政强制措施种类】行政强制措施的种类:

（一）限制公民人身自由;

（二）查封场所、设施或者财物;

（三）扣押财物;

（四）冻结存款、汇款;

（五）其他行政强制措施。

第十条 【行政强制措施设定权】行政强制措施由法律设定。

尚未制定法律,且属于国务院行政管理职权事项的,行政法规可以设定除本法第九条第一项、第四项和应当由法律规定的行政强制措施以外的其他行政强制措施。

尚未制定法律、行政法规,且属于地方性事务的,地方性法规可以设定本法第九条第二项、第三项的行政强制措施。

法律、法规以外的其他规范性文件不得设定行政强制措施。

第十一条 【行政强制措施设定的统一性】法律对行政强制措施的对象、条件、种类作了规定的,行政法规、地方性法规不得作出扩大规定。

法律中未设定行政强制措施的,行政法规、地方性法规不得设定行政强制措施。但是,法律规定特定事项由行政法规规定具体管理措施的,行政法规可以设定除本法第九条第一项、第四项和应当由法律规定的行政强制措施以外的其他行政强制措施。

第十二条 【行政强制执行方式】行政强制执行的方式:

三、所有权

（一）加处罚款或者滞纳金；

（二）划拨存款、汇款；

（三）拍卖或者依法处理查封、扣押的场所、设施或者财物；

（四）排除妨碍、恢复原状；

（五）代履行；

（六）其他强制执行方式。

第十三条　【行政强制执行设定权】行政强制执行由法律设定。

法律没有规定行政机关强制执行的，作出行政决定的行政机关应当申请人民法院强制执行。

第十四条　【听取社会意见、说明必要性及影响】起草法律草案、法规草案，拟设定行政强制的，起草单位应当采取听证会、论证会等形式听取意见，并向制定机关说明设定该行政强制的必要性、可能产生的影响以及听取和采纳意见的情况。

第十五条　【已设定的行政强制的评价制度】行政强制的设定机关应当定期对其设定的行政强制进行评价，并对不适当的行政强制及时予以修改或者废止。

行政强制的实施机关可以对已设定的行政强制的实施情况及存在的必要性适时进行评价，并将意见报告该行政强制的设定机关。

公民、法人或者其他组织可以向行政强制的设定机关和实施机关就行政强制的设定和实施提出意见和建议。有关机关应当认真研究论证，并以适当方式予以反馈。

第三章　行政强制措施实施程序

第一节　一般规定

第十六条　【实施行政强制措施的条件】行政机关履行行政管理职责，依照法律、法规的规定，实施行政强制措施。

违法行为情节显著轻微或者没有明显社会危害的，可以不采取行政强制措施。

第十七条　【行政强制措施的实施主体】行政强制措施由法律、法规规定的行政机关在法定职权范围内实施。行政强制措施权不得委托。

依据《中华人民共和国行政处罚法》的规定行使相对集中行政处罚权的行政机关，可以实施法律、法规规定的与行政处罚权有关的行政强制措施。

行政强制措施应当由行政机关具备资格的行政执法人员实施，其他人员不得实施。

第十八条　【一般程序】行政机关实施行政强制措施应当遵守下列规定：

（一）实施前须向行政机关负责人报告并经批准；

（二）由两名以上行政执法人员实施；

（三）出示执法身份证件；

（四）通知当事人到场；

（五）当场告知当事人采取行政强制措施的理由、依据以及当事人依法享有的权利、救济途径；

（六）听取当事人的陈述和申辩；

（七）制作现场笔录；

（八）现场笔录由当事人和行政执法人员签名或者盖章，当事人拒绝的，在笔录中予以注明；

（九）当事人不到场的，邀请见证人到场，由见证人和行政执法人员在现场笔录上签名或者盖章；

（十）法律、法规规定的其他程序。

第十九条　【情况紧急时的程序】情况紧急，需要当场实施行政强制措施的，行政执法人员应当在二十四小时内向行政机关负责人报告，并补办批准手续。行政机关负责人认为不应当采取行政强制措施的，应当立即解除。

第二十条　【限制人身自由行政强制措施的程序】依照法律规定实施限制公民人身自由的行政强制措施，除应当履行本法第十八条规定的程序外，还应当遵守下列规定：

（一）当场告知或者实施行政强制措施后立即通知当事人家属实施行政强制措施的行政机关、地点和期限；

（二）在紧急情况下当场实施行政强制措施的，在返回行政机关后，立即向行政机关负责人报告并补办批准手续；

（三）法律规定的其他程序。

实施限制人身自由的行政强制措施不得超过法定期限。实施行政强制措施的目的已经达到或者条件已经消失，应当立即解除。

第二十一条　【涉嫌犯罪案件的移送】违法行为涉嫌犯罪应当移送司法机关的，行政机关应当将查封、扣押、冻结的财物一并移送，并书面告知当事人。

第二节 查封、扣押

第二十二条 【查封、扣押实施主体】查封、扣押应当由法律、法规规定的行政机关实施,其他任何行政机关或者组织不得实施。

第二十三条 【查封、扣押对象】查封、扣押限于涉案的场所、设施或者财物,不得查封、扣押与违法行为无关的场所、设施或者财物;不得查封、扣押公民个人及其所扶养家属的生活必需品。

当事人的场所、设施或者财物已被其他国家机关依法查封的,不得重复查封。

第二十四条 【查封、扣押实施程序】行政机关决定实施查封、扣押的,应当履行本法第十八条规定的程序,制作并当场交付查封、扣押决定书和清单。

查封、扣押决定书应当载明下列事项:

(一)当事人的姓名或者名称、地址;

(二)查封、扣押的理由、依据和期限;

(三)查封、扣押场所、设施或者财物的名称、数量等;

(四)申请行政复议或者提起行政诉讼的途径和期限;

(五)行政机关的名称、印章和日期。

查封、扣押清单一式二份,由当事人和行政机关分别保存。

第二十五条 【查封、扣押期限】查封、扣押的期限不得超过三十日;情况复杂的,经行政机关负责人批准,可以延长,但是延长期限不得超过三十日。法律、行政法规另有规定的除外。

延长查封、扣押的决定应当及时书面告知当事人,并说明理由。

对物品需要进行检测、检验、检疫或者技术鉴定的,查封、扣押的期间不包括检测、检验、检疫或者技术鉴定的期间。检测、检验、检疫或者技术鉴定的期间应当明确,并书面告知当事人。检测、检验、检疫或者技术鉴定的费用由行政机关承担。

第二十六条 【对查封、扣押财产的保管】对查封、扣押的场所、设施或者财物,行政机关应当妥善保管,不得使用或者损毁;造成损失的,应当承担赔偿责任。

对查封、扣押的场所、设施或者财物,行政机关可以委托第三人保管,第三人不得损毁或者擅自转移、处置。因第三人的原因造成的损失,行政机关先行赔付后,有权向第三人追偿。

因查封、扣押发生的保管费用由行政机关承担。

第二十七条 【查封、扣押后的处理】行政机关采取查封、扣押措施后,应当及时查清事实,在本法第二十五条规定的期限内作出处理决定。对违法事实清楚,依法应当没收的非法财物予以没收;法律、行政法规规定应当销毁的,依法销毁;应当解除查封、扣押的,作出解除查封、扣押的决定。

第二十八条 【解除查封、扣押的情形】有下列情形之一的,行政机关应当及时作出解除查封、扣押决定:

(一)当事人没有违法行为;

(二)查封、扣押的场所、设施或者财物与违法行为无关;

(三)行政机关对违法行为已经作出处理决定,不再需要查封、扣押;

(四)查封、扣押期限已经届满;

(五)其他不再需要采取查封、扣押措施的情形。

解除查封、扣押应当立即退还财物;已将鲜活物品或者其他不易保管的财物拍卖或者变卖的,退还拍卖或者变卖所得款项。变卖价格明显低于市场价格,给当事人造成损失的,应当给予补偿。

第三节 冻 结

第二十九条 【冻结的实施主体、数额限制、不得重复冻结】冻结存款、汇款应当由法律规定的行政机关实施,不得委托给其他行政机关或者组织;其他任何行政机关或者组织不得冻结存款、汇款。

冻结存款、汇款的数额应当与违法行为涉及的金额相当;已被其他国家机关依法冻结的,不得重复冻结。

第三十条 【冻结的程序、金融机构的配合义务】行政机关依照法律规定决定实施冻结存款、汇款的,应当履行本法第十八条第一项、第二项、第三项、第七项规定的程序,并向金融机构交付冻结通知书。

金融机构接到行政机关依法作出的冻结通知书后,应当立即予以冻结,不得拖延,不得在冻结前向当事人泄露信息。

法律规定以外的行政机关或者组织要求冻结

当事人存款、汇款的,金融机构应当拒绝。

第三十一条 【冻结决定书交付期限及内容】依照法律规定冻结存款、汇款的,作出决定的行政机关应当在三日内向当事人交付冻结决定书。冻结决定书应当载明下列事项:

(一)当事人的姓名或者名称、地址;

(二)冻结的理由、依据和期限;

(三)冻结的账号和数额;

(四)申请行政复议或者提起行政诉讼的途径和期限;

(五)行政机关的名称、印章和日期。

第三十二条 【冻结期限及其延长】自冻结存款、汇款之日起三十日内,行政机关应当作出处理决定或者作出解除冻结决定;情况复杂的,经行政机关负责人批准,可以延长,但是延长期限不得超过三十日。法律另有规定的除外。

延长冻结的决定应当及时书面告知当事人,并说明理由。

第三十三条 【解除冻结的情形】有下列情形之一的,行政机关应当及时作出解除冻结决定:

(一)当事人没有违法行为;

(二)冻结的存款、汇款与违法行为无关;

(三)行政机关对违法行为已经作出处理决定,不再需要冻结;

(四)冻结期限已经届满;

(五)其他不再需要采取冻结措施的情形。

行政机关作出解除冻结决定的,应当及时通知金融机构和当事人。金融机构接到通知后,应当立即解除冻结。

行政机关逾期未作出处理决定或者解除冻结决定的,金融机构应当自冻结期满之日起解除冻结。

第四章　行政机关强制执行程序

第一节　一般规定

第三十四条 【行政机关强制执行】行政机关依法作出行政决定后,当事人在行政机关决定的期限内不履行义务的,具有行政强制执行权的行政机关依照本章规定强制执行。

第三十五条 【催告】行政机关作出强制执行决定前,应当事先催告当事人履行义务。催告应当以书面形式作出,并载明下列事项:

(一)履行义务的期限;

(二)履行义务的方式;

(三)涉及金钱给付的,应当有明确的金额和给付方式;

(四)当事人依法享有的陈述权和申辩权。

第三十六条 【陈述、申辩权】当事人收到催告书后有权进行陈述和申辩。行政机关应当充分听取当事人的意见,对当事人提出的事实、理由和证据,应当进行记录、复核。当事人提出的事实、理由或者证据成立的,行政机关应当采纳。

第三十七条 【强制执行决定】经催告,当事人逾期仍不履行行政决定,且无正当理由的,行政机关可以作出强制执行决定。

强制执行决定应当以书面形式作出,并载明下列事项:

(一)当事人的姓名或者名称、地址;

(二)强制执行的理由和依据;

(三)强制执行的方式和时间;

(四)申请行政复议或者提起行政诉讼的途径和期限;

(五)行政机关的名称、印章和日期。

在催告期间,对有证据证明有转移或者隐匿财物迹象的,行政机关可以作出立即强制执行决定。

第三十八条 【催告书、行政强制决定书送达】催告书、行政强制执行决定书应当直接送达当事人。当事人拒绝接收或者无法直接送达当事人的,应当依照《中华人民共和国民事诉讼法》的有关规定送达。

第三十九条 【中止执行】有下列情形之一的,中止执行:

(一)当事人履行行政决定确有困难或者暂无履行能力的;

(二)第三人对执行标的主张权利,确有理由的;

(三)执行可能造成难以弥补的损失,且中止执行不损害公共利益的;

(四)行政机关认为需要中止执行的其他情形。

中止执行的情形消失后,行政机关应当恢复执行。对没有明显社会危害,当事人确无能力履行,中止执行满三年未恢复执行的,行政机关不再执行。

第四十条　【终结执行】有下列情形之一的，终结执行：

（一）公民死亡，无遗产可供执行，又无义务承受人的；

（二）法人或者其他组织终止，无财产可供执行，又无义务承受人的；

（三）执行标的灭失的；

（四）据以执行的行政决定被撤销的；

（五）行政机关认为需要终结执行的其他情形。

第四十一条　【执行回转】在执行中或者执行完毕后，据以执行的行政决定被撤销、变更，或者执行错误的，应当恢复原状或者退还财物；不能恢复原状或者退还财物的，依法给予赔偿。

第四十二条　【执行和解】实施行政强制执行，行政机关可以在不损害公共利益和他人合法权益的情况下，与当事人达成执行协议。执行协议可以约定分阶段履行；当事人采取补救措施的，可以减免加处的罚款或者滞纳金。

执行协议应当履行。当事人不履行执行协议的，行政机关应当恢复强制执行。

第四十三条　【文明执法】行政机关不得在夜间或者法定节假日实施行政强制执行。但是，情况紧急的除外。

行政机关不得对居民生活采取停止供水、供电、供热、供燃气等方式迫使当事人履行相关行政决定。

第四十四条　【强制拆除】对违法的建筑物、构筑物、设施等需要强制拆除的，应当由行政机关予以公告，限期当事人自行拆除。当事人在法定期限内不申请行政复议或者提起行政诉讼，又不拆除的，行政机关可以依法强制拆除。

第二节　金钱给付义务的执行

第四十五条　【加处罚款或滞纳金】行政机关依法作出金钱给付义务的行政决定，当事人逾期不履行的，行政机关可以依法加处罚款或者滞纳金。加处罚款或者滞纳金的标准应当告知当事人。

加处罚款或者滞纳金的数额不得超出金钱给付义务的数额。

第四十六条　【金钱给付义务的直接强制执行】行政机关依照本法第四十五条规定实施加处罚款或者滞纳金超过三十日，经催告当事人仍不履行的，具有行政强制执行权的行政机关可以强制执行。

行政机关实施强制执行前，需要采取查封、扣押、冻结措施的，依照本法第三章规定办理。

没有行政强制执行权的行政机关应当申请人民法院强制执行。但是，当事人在法定期限内不申请行政复议或者提起行政诉讼，经催告仍不履行的，在实施行政管理过程中已经采取查封、扣押措施的行政机关，可以将查封、扣押的财物依法拍卖抵缴罚款。

第四十七条　【划拨存款、汇款】划拨存款、汇款应当由法律规定的行政机关决定，并书面通知金融机构。金融机构接到行政机关依法作出划拨存款、汇款的决定后，应当立即划拨。

法律规定以外的行政机关或者组织要求划拨当事人存款、汇款的，金融机构应当拒绝。

第四十八条　【委托拍卖】依法拍卖财物，由行政机关委托拍卖机构依照《中华人民共和国拍卖法》的规定办理。

第四十九条　【划拨的存款、汇款的管理】划拨的存款、汇款以及拍卖和依法处理所得的款项应当上缴国库或者划入财政专户。任何行政机关或者个人不得以任何形式截留、私分或者变相私分。

第三节　代履行

第五十条　【代履行】行政机关依法作出要求当事人履行排除妨碍、恢复原状等义务的行政决定，当事人逾期不履行，经催告仍不履行，其后果已经或者将危害交通安全、造成环境污染或者破坏自然资源的，行政机关可以代履行，或者委托没有利害关系的第三人代履行。

第五十一条　【实施程序、费用、手段】代履行应当遵守下列规定：

（一）代履行前送达决定书，代履行决定书应当载明当事人的姓名或者名称、地址，代履行的理由和依据、方式和时间、标的、费用预算以及代履行人；

（二）代履行三日前，催告当事人履行，当事人履行的，停止代履行；

（三）代履行时，作出决定的行政机关应当派员到场监督；

三、所有权

（四）代履行完毕,行政机关到场监督的工作人员、代履行人和当事人或者见证人应当在执行文书上签名或者盖章。

代履行的费用按照成本合理确定,由当事人承担。但是,法律另有规定的除外。

代履行不得采用暴力、胁迫以及其他非法方式。

第五十二条　【立即实施代履行】需要立即清除道路、河道、航道或者公共场所的遗洒物、障碍物或者污染物,当事人不能清除的,行政机关可以决定立即实施代履行;当事人不在场的,行政机关应当在事后立即通知当事人,并依法作出处理。

第五章　申请人民法院强制执行

第五十三条　【非诉行政执行】当事人在法定期限内不申请行政复议或者提起行政诉讼,又不履行行政决定的,没有行政强制执行权的行政机关可以自期限届满之日起三个月内,依照本章规定申请人民法院强制执行。

第五十四条　【催告与执行管辖】行政机关申请人民法院强制执行前,应当催告当事人履行义务。催告书送达十日后当事人仍未履行义务的,行政机关可以向所在地有管辖权的人民法院申请强制执行;执行对象是不动产的,向不动产所在地有管辖权的人民法院申请强制执行。

第五十五条　【申请执行的材料】行政机关向人民法院申请强制执行,应当提供下列材料:

（一）强制执行申请书;

（二）行政决定书及作出决定的事实、理由和依据;

（三）当事人的意见及行政机关催告情况;

（四）申请强制执行标的情况;

（五）法律、行政法规规定的其他材料。

强制执行申请书应当由行政机关负责人签名,加盖行政机关的印章,并注明日期。

第五十六条　【申请受理与救济】人民法院接到行政机关强制执行的申请,应当在五日内受理。

行政机关对人民法院不予受理的裁定有异议的,可以在十五日内向上一级人民法院申请复议,上一级人民法院应当自收到复议申请之日起十五日内作出是否受理的裁定。

第五十七条　【书面审查】人民法院对行政机关强制执行的申请进行书面审查,对符合本法第五十五条规定,且行政决定具备法定执行效力的,除本法第五十八条规定的情形外,人民法院应当自受理之日起七日内作出执行裁定。

第五十八条　【实质审查】人民法院发现有下列情形之一的,在作出裁定前可以听取被执行人和行政机关的意见:

（一）明显缺乏事实根据的;

（二）明显缺乏法律、法规依据的;

（三）其他明显违法并损害被执行人合法权益的。

人民法院应当自受理之日起三十日内作出是否执行的裁定。裁定不予执行的,应当说明理由,并在五日内将不予执行的裁定送行政机关。

行政机关对人民法院不予执行的裁定有异议的,可以自收到裁定之日起十五日内向上一级人民法院申请复议,上一级人民法院应当自收到复议申请之日起三十日内作出是否执行的裁定。

第五十九条　【申请立即执行】因情况紧急,为保障公共安全,行政机关可以申请人民法院立即执行。经人民法院院长批准,人民法院应当自作出执行裁定之日起五日内执行。

第六十条　【执行费用】行政机关申请人民法院强制执行,不缴纳申请费。强制执行的费用由被执行人承担。

人民法院以划拨、拍卖方式强制执行的,可以在划拨、拍卖后将强制执行的费用扣除。

依法拍卖财物,由人民法院委托拍卖机构依照《中华人民共和国拍卖法》的规定办理。

划拨的存款、汇款以及拍卖和依法处理所得的款项应当上缴国库或者划入财政专户,不得以任何形式截留、私分或者变相私分。

第六章　法律责任

第六十一条　【实施行政强制违法责任】行政机关实施行政强制,有下列情形之一的,由上级行政机关或者有关部门责令改正,对直接负责的主管人员和其他直接责任人员依法给予处分:

（一）没有法律、法规依据的;

（二）改变行政强制对象、条件、方式的;

（三）违反法定程序实施行政强制的;

（四）违反本法规定,在夜间或者法定节假日实施行政强制执行的;

（五）对居民生活采取停止供水、供电、供热、供燃气等方式迫使当事人履行相关行政决定的；

（六）有其他违法实施行政强制情形的。

第六十二条 【违法查封、扣押、冻结的责任】违反本法规定，行政机关有下列情形之一的，由上级行政机关或者有关部门责令改正，对直接负责的主管人员和其他直接责任人员依法给予处分：

（一）扩大查封、扣押、冻结范围的；

（二）使用或者损毁查封、扣押场所、设施或者财物的；

（三）在查封、扣押法定期间不作出处理决定或者未依法及时解除查封、扣押的；

（四）在冻结存款、汇款法定期间不作出处理决定或者未依法及时解除冻结的。

第六十三条 【截留、私分或变相私分查封、扣押的财物、划拨的存款、汇款和拍卖、依法处理所得款项的法律责任】行政机关将查封、扣押的财物或者划拨的存款、汇款以及拍卖和依法处理所得的款项，截留、私分或者变相私分的，由财政部门或者有关部门予以追缴；对直接负责的主管人员和其他直接责任人员依法给予记大过、降级、撤职或者开除的处分。

行政机关工作人员利用职务上的便利，将查封、扣押的场所、设施或者财物据为己有的，由上级行政机关或者有关部门责令改正，依法给予记大过、降级、撤职或者开除的处分。

第六十四条 【利用行政强制权谋利的法律责任】行政机关及其工作人员利用行政强制权为单位或者个人谋取利益的，由上级行政机关或者有关部门责令改正，对直接负责的主管人员和其他直接责任人员依法给予处分。

第六十五条 【金融机构违反冻结、划拨规定的法律责任】违反本法规定，金融机构有下列行为之一的，由金融业监督管理机构责令改正，对直接负责的主管人员和其他直接责任人员依法给予处分：

（一）在冻结前向当事人泄露信息的；

（二）对应当立即冻结、划拨的存款、汇款不冻结或者不划拨，致使存款、汇款转移的；

（三）将不应当冻结、划拨的存款、汇款予以冻结或者划拨的；

（四）未及时解除冻结存款、汇款的。

第六十六条 【执行款项未划入规定账户的法律责任】违反本法规定，金融机构将款项划入国库或者财政专户以外的其他账户的，由金融业监督管理机构责令改正，并处以违法划拨款项二倍的罚款；对直接负责的主管人员和其他直接责任人员依法给予处分。

违反本法规定，行政机关、人民法院指令金融机构将款项划入国库或者财政专户以外的其他账户的，对直接负责的主管人员和其他直接责任人员依法给予处分。

第六十七条 【人民法院及其工作人员强制执行违法的责任】人民法院及其工作人员在强制执行中有违法行为或者扩大强制执行范围的，对直接负责的主管人员和其他直接责任人员依法给予处分。

第六十八条 【赔偿和刑事责任】违反本法规定，给公民、法人或者其他组织造成损失的，依法给予赔偿。

违反本法规定，构成犯罪的，依法追究刑事责任。

第七章 附 则

第六十九条 【期限的界定】本法中十日以内期限的规定是指工作日，不含法定节假日。

第七十条 【法律、行政法规授权的组织实施行政强制受本法调整】法律、行政法规授权的具有管理公共事务职能的组织在法定授权范围内，以自己的名义实施行政强制，适用本法有关行政机关的规定。

第七十一条 【施行时间】本法自 2012 年 1 月 1 日起施行。

国有土地上房屋征收与补偿条例

· 2011 年 1 月 19 日国务院第 141 次常务会议通过
· 2011 年 1 月 21 日中华人民共和国国务院令第 590 号公布
· 自公布之日起施行

第一章 总 则

第一条 【立法目的】为了规范国有土地上房屋征收与补偿活动，维护公共利益，保障被征收房

三、所有权

屋所有权人的合法权益,制定本条例。

第二条 【适用范围】为了公共利益的需要,征收国有土地上单位、个人的房屋,应当对被征收房屋所有权人(以下称被征收人)给予公平补偿。

第三条 【基本原则】房屋征收与补偿应当遵循决策民主、程序正当、结果公开的原则。

第四条 【行政管辖】市、县级人民政府负责本行政区域的房屋征收与补偿工作。

市、县级人民政府确定的房屋征收部门(以下称房屋征收部门)组织实施本行政区域的房屋征收与补偿工作。

市、县级人民政府有关部门应当依照本条例的规定和本级人民政府规定的职责分工,互相配合,保障房屋征收与补偿工作的顺利进行。

第五条 【房屋征收实施单位】房屋征收部门可以委托房屋征收实施单位,承担房屋征收与补偿的具体工作。房屋征收实施单位不得以营利为目的。

房屋征收部门对房屋征收实施单位在委托范围内实施的房屋征收与补偿行为负责监督,并对其行为后果承担法律责任。

第六条 【主管部门】上级人民政府应当加强对下级人民政府房屋征收与补偿工作的监督。

国务院住房城乡建设主管部门和省、自治区、直辖市人民政府住房城乡建设主管部门应当会同级财政、国土资源、发展改革等有关部门,加强对房屋征收与补偿实施工作的指导。

第七条 【举报与监察】任何组织和个人对违反本条例规定的行为,都有权向有关人民政府、房屋征收部门和其他有关部门举报。接到举报的有关人民政府、房屋征收部门和其他有关部门对举报应当及时核实、处理。

监察机关应当加强对参与房屋征收与补偿工作的政府和有关部门或者单位及其工作人员的监察。

第二章 征收决定

第八条 【征收情形】为了保障国家安全、促进国民经济和社会发展等公共利益的需要,有下列情形之一,确需征收房屋的,由市、县级人民政府作出房屋征收决定:

(一)国防和外交的需要;

(二)由政府组织实施的能源、交通、水利等基础设施建设的需要;

(三)由政府组织实施的科技、教育、文化、卫生、体育、环境和资源保护、防灾减灾、文物保护、社会福利、市政公用等公共事业的需要;

(四)由政府组织实施的保障性安居工程建设的需要;

(五)由政府依照城乡规划法有关规定组织实施的对危房集中、基础设施落后等地段进行旧城区改建的需要;

(六)法律、行政法规规定的其他公共利益的需要。

第九条 【征收相关建设的要求】依照本条例第八条规定,确需征收房屋的各项建设活动,应当符合国民经济和社会发展规划、土地利用总体规划、城乡规划和专项规划。保障性安居工程建设、旧城区改建,应当纳入市、县级国民经济和社会发展年度计划。

制定国民经济和社会发展规划、土地利用总体规划、城乡规划和专项规划,应当广泛征求社会公众意见,经过科学论证。

第十条 【征收补偿方案】房屋征收部门拟定征收补偿方案,报市、县级人民政府。

市、县级人民政府应当组织有关部门对征收补偿方案进行论证并予以公布,征求公众意见。征求意见期限不得少于 30 日。

第十一条 【旧城区改建】市、县级人民政府应当将征求意见情况和根据公众意见修改的情况及时公布。

因旧城区改建需要征收房屋,多数被征收人认为征收补偿方案不符合本条例规定的,市、县级人民政府应当组织由被征收人和公众代表参加的听证会,并根据听证会情况修改方案。

第十二条 【社会稳定风险评估】市、县级人民政府作出房屋征收决定前,应当按照有关规定进行社会稳定风险评估;房屋征收决定涉及被征收人数量较多的,应当经政府常务会议讨论决定。

作出房屋征收决定前,征收补偿费用应当足额到位、专户存储、专款专用。

第十三条 【征收公告】市、县级人民政府作出房屋征收决定后应当及时公告。公告应当载明征收补偿方案和行政复议、行政诉讼权利等事项。

市、县级人民政府及房屋征收部门应当做好房屋征收与补偿的宣传、解释工作。

房屋被依法征收的，国有土地使用权同时收回。

第十四条 【征收复议与诉讼】被征收人对市、县级人民政府作出的房屋征收决定不服的，可以依法申请行政复议，也可以依法提起行政诉讼。

第十五条 【征收调查登记】房屋征收部门应当对房屋征收范围内房屋的权属、区位、用途、建筑面积等情况组织调查登记，被征收人应当予以配合。调查结果应当在房屋征收范围内向被征收人公布。

第十六条 【房屋征收范围确定】房屋征收范围确定后，不得在房屋征收范围内实施新建、扩建、改建房屋和改变房屋用途等不当增加补偿费用的行为；违反规定实施的，不予补偿。

房屋征收部门应当将前款所列事项书面通知有关部门暂停办理相关手续。暂停办理相关手续的书面通知应当载明暂停期限。暂停期限最长不得超过 1 年。

第三章 补 偿

第十七条 【征收补偿范围】作出房屋征收决定的市、县级人民政府对被征收人给予的补偿包括：

（一）被征收房屋价值的补偿；

（二）因征收房屋造成的搬迁、临时安置的补偿；

（三）因征收房屋造成的停产停业损失的补偿。

市、县级人民政府应当制定补助和奖励办法，对被征收人给予补助和奖励。

第十八条 【涉及住房保障情形的征收】征收个人住宅，被征收人符合住房保障条件的，作出房屋征收决定的市、县级人民政府应当优先给予住房保障。具体办法由省、自治区、直辖市制定。

第十九条 【被征收房屋价值的补偿】对被征收房屋价值的补偿，不得低于房屋征收决定公告之日被征收房屋类似房地产的市场价格。被征收房屋的价值，由具有相应资质的房地产价格评估机构按照房屋征收评估办法评估确定。

对评估确定的被征收房屋价值有异议的，可以向房地产价格评估机构申请复核评估。对复核

结果有异议的，可以向房地产价格评估专家委员会申请鉴定。

房屋征收评估办法由国务院住房城乡建设主管部门制定，制定过程中，应当向社会公开征求意见。

第二十条 【房地产价格评估机构】房地产价格评估机构由被征收人协商选定；协商不成的，通过多数决定、随机选定等方式确定。具体办法由省、自治区、直辖市制定。

房地产价格评估机构应当独立、客观、公正地开展房屋征收评估工作，任何单位和个人不得干预。

第二十一条 【产权调换】被征收人可以选择货币补偿，也可以选择房屋产权调换。

被征收人选择房屋产权调换的，市、县级人民政府应当提供用于产权调换的房屋，并与被征收人计算、结清被征收房屋价值与用于产权调换房屋价值的差价。

因旧城区改建征收个人住宅，被征收人选择在改建地段进行房屋产权调换的，作出房屋征收决定的市、县级人民政府应当提供改建地段或者就近地段的房屋。

第二十二条 【搬迁与临时安置】因征收房屋造成搬迁的，房屋征收部门应当向被征收人支付搬迁费；选择房屋产权调换的，产权调换房屋交付前，房屋征收部门应当向被征收人支付临时安置费或者提供周转用房。

第二十三条 【停产停业损失的补偿】对因征收房屋造成停产停业损失的补偿，根据房屋被征收前的效益、停产停业期限等因素确定。具体办法由省、自治区、直辖市制定。

第二十四条 【临时建筑】市、县级人民政府及其有关部门应当依法加强对建设活动的监督管理，对违反城乡规划进行建设的，依法予以处理。

市、县级人民政府作出房屋征收决定前，应当组织有关部门依法对征收范围内未经登记的建筑进行调查、认定和处理。对认定为合法建筑和未超过批准期限的临时建筑的，应当给予补偿；对认定为违法建筑和超过批准期限的临时建筑的，不予补偿。

第二十五条 【补偿协议】房屋征收部门与被征收人依照本条例的规定，就补偿方式、补偿金额和支付期限、用于产权调换房屋的地点和面积、搬

迁费、临时安置费或者周转用房、停产停业损失、搬迁期限、过渡方式和过渡期限等事项,订立补偿协议。

补偿协议订立后,一方当事人不履行补偿协议约定的义务的,另一方当事人可以依法提起诉讼。

第二十六条 【补偿决定】房屋征收部门与被征收人在征收补偿方案确定的签约期限内达不成补偿协议,或者被征收房屋所有权人不明确的,由房屋征收部门报请作出房屋征收决定的市、县级人民政府依照本条例的规定,按照征收补偿方案作出补偿决定,并在房屋征收范围内予以公告。

补偿决定应当公平,包括本条例第二十五条第一款规定的有关补偿协议的事项。

被征收人对补偿决定不服的,可以依法申请行政复议,也可以依法提起行政诉讼。

第二十七条 【先补偿后搬迁】实施房屋征收应当先补偿、后搬迁。

作出房屋征收决定的市、县级人民政府对被征收人给予补偿后,被征收人应当在补偿协议约定或者补偿决定确定的搬迁期限内完成搬迁。

任何单位和个人不得采取暴力、威胁或者违反规定中断供水、供热、供气、供电和道路通行等非法方式迫使被征收人搬迁。禁止建设单位参与搬迁活动。

第二十八条 【依法申请法院强制执行】被征收人在法定期限内不申请行政复议或者不提起行政诉讼,在补偿决定规定的期限内又不搬迁的,由作出房屋征收决定的市、县级人民政府依法申请人民法院强制执行。

强制执行申请书应当附具补偿金额和专户存储账号、产权调换房屋和周转用房的地点和面积等材料。

第二十九条 【征收补偿档案与审计监督】房屋征收部门应当依法建立房屋征收补偿档案,并将分户补偿情况在房屋征收范围内向被征收人公布。

审计机关应当加强对征收补偿费用管理和使用情况的监督,并公布审计结果。

第四章 法律责任

第三十条 【玩忽职守等法律责任】市、县级人民政府及房屋征收部门的工作人员在房屋征收与补偿工作中不履行本条例规定的职责,或者滥用职权、玩忽职守、徇私舞弊的,由上级人民政府或者本级人民政府责令改正,通报批评;造成损失的,依法承担赔偿责任;对直接负责的主管人员和其他直接责任人员,依法给予处分;构成犯罪的,依法追究刑事责任。

第三十一条 【暴力等非法搬迁法律责任】采取暴力、威胁或者违反规定中断供水、供热、供气、供电和道路通行等非法方式迫使被征收人搬迁,造成损失的,依法承担赔偿责任;对直接负责的主管人员和其他直接责任人员,构成犯罪的,依法追究刑事责任;尚不构成犯罪的,依法给予处分;构成违反治安管理行为的,依法给予治安管理处罚。

第三十二条 【非法阻碍征收与补偿工作法律责任】采取暴力、威胁等方法阻碍依法进行的房屋征收与补偿工作,构成犯罪的,依法追究刑事责任;构成违反治安管理行为的,依法给予治安管理处罚。

第三十三条 【贪污、挪用等法律责任】贪污、挪用、私分、截留、拖欠征收补偿费用的,责令改正,追回有关款项,限期退还违法所得,对有关责任单位通报批评、给予警告;造成损失的,依法承担赔偿责任;对直接负责的主管人员和其他直接责任人员,构成犯罪的,依法追究刑事责任;尚不构成犯罪的,依法给予处分。

第三十四条 【违法评估法律责任】房地产价格评估机构或者房地产估价师出具虚假或者有重大差错的评估报告的,由发证机关责令限期改正,给予警告,对房地产价格评估机构并处 5 万元以上 20 万元以下罚款,对房地产估价师并处 1 万元以上 3 万元以下罚款,并记入信用档案;情节严重的,吊销资质证书、注册证书;造成损失的,依法承担赔偿责任;构成犯罪的,依法追究刑事责任。

第五章 附 则

第三十五条 【施行日期】本条例自公布之日起施行。2001 年 6 月 13 日国务院公布的《城市房屋拆迁管理条例》同时废止。本条例施行前已依法取得房屋拆迁许可证的项目,继续沿用原有的规定办理,但政府不得责成有关部门强制拆迁。

大中型水利水电工程建设征地补偿和移民安置条例

· 2006 年 7 月 7 日中华人民共和国国务院令第 471 号公布
· 根据 2013 年 7 月 18 日《国务院关于废止和修改部分行政法规的决定》第一次修订
· 根据 2013 年 12 月 7 日《国务院关于修改部分行政法规的决定》第二次修订
· 根据 2017 年 4 月 14 日《国务院关于修改〈大中型水利水电工程建设征地补偿和移民安置条例〉的决定》第三次修订

第一章 总 则

第一条 为了做好大中型水利水电工程建设征地补偿和移民安置工作,维护移民合法权益,保障工程建设的顺利进行,根据《中华人民共和国土地管理法》和《中华人民共和国水法》,制定本条例。

第二条 大中型水利水电工程的征地补偿和移民安置,适用本条例。

第三条 国家实行开发性移民方针,采取前期补偿、补助与后期扶持相结合的办法,使移民生活达到或者超过原有水平。

第四条 大中型水利水电工程建设征地补偿和移民安置应当遵循下列原则:

(一)以人为本,保障移民的合法权益,满足移民生存与发展的需求;

(二)顾全大局,服从国家整体安排,兼顾国家、集体、个人利益;

(三)节约利用土地,合理规划工程占地,控制移民规模;

(四)可持续发展,与资源综合开发利用、生态环境保护相协调;

(五)因地制宜,统筹规划。

第五条 移民安置工作实行政府领导、分级负责、县为基础、项目法人参与的管理体制。

国务院水利水电工程移民行政管理机构(以下简称国务院移民管理机构)负责全国大中型水利水电工程移民安置工作的管理和监督。

县级以上地方人民政府负责本行政区域内大中型水利水电工程移民安置工作的组织和领导;省、自治区、直辖市人民政府规定的移民管理机构,负责本行政区域内大中型水利水电工程移民安置工作的管理和监督。

第二章 移民安置规划

第六条 已经成立项目法人的大中型水利水电工程,由项目法人编制移民安置规划大纲,按照审批权限报省、自治区、直辖市人民政府或者国务院移民管理机构审批;省、自治区、直辖市人民政府或者国务院移民管理机构在审批前应当征求移民区和移民安置区县级以上地方人民政府的意见。

没有成立项目法人的大中型水利水电工程,项目主管部门应当会同移民区和移民安置区县级以上地方人民政府编制移民安置规划大纲,按照审批权限报省、自治区、直辖市人民政府或者国务院移民管理机构审批。

第七条 移民安置规划大纲应当根据工程占地和淹没区实物调查结果以及移民区、移民安置区经济社会情况和资源环境承载能力编制。

工程占地和淹没区实物调查,由项目主管部门或者项目法人会同工程占地和淹没区所在地的地方人民政府实施;实物调查应当全面准确,调查结果经调查者和被调查者签字认可并公示后,由有关地方人民政府签署意见。实物调查工作开始前,工程占地和淹没区所在地的省级人民政府应当发布通告,禁止在工程占地和淹没区新增建设项目和迁入人口,并对实物调查工作作出安排。

第八条 移民安置规划大纲应当主要包括移民安置的任务、去向、标准和农村移民生产安置方式以及移民生活水平评价和搬迁后生活水平预测、水库移民后期扶持政策、淹没线以上受影响范围的划定原则、移民安置规划编制原则等内容。

第九条 编制移民安置规划大纲应当广泛听取移民和移民安置区居民的意见;必要时,应当采取听证的方式。

经批准的移民安置规划大纲是编制移民安置规划的基本依据,应当严格执行,不得随意调整或者修改;确需调整或者修改的,应当报原批准机关批准。

第十条 已经成立项目法人的,由项目法人根据经批准的移民安置规划大纲编制移民安置规

三、所有权

划;没有成立项目法人的,项目主管部门应当会同移民区和移民安置区县级以上地方人民政府,根据经批准的移民安置规划大纲编制移民安置规划。

大中型水利水电工程的移民安置规划,按照审批权限经省、自治区、直辖市人民政府移民管理机构或者国务院移民管理机构审核后,由项目法人或者项目主管部门报项目审批或者核准部门,与可行性研究报告或者项目申请报告一并审批或者核准。

省、自治区、直辖市人民政府移民管理机构或者国务院移民管理机构审核移民安置规划,应当征求本级人民政府有关部门以及移民区和移民安置区县级以上地方人民政府的意见。

第十一条　编制移民安置规划应当以资源环境承载能力为基础,遵循本地安置与异地安置、集中安置与分散安置、政府安置与移民自找门路安置相结合的原则。

编制移民安置规划应当尊重少数民族的生产、生活方式和风俗习惯。

移民安置规划应当与国民经济和社会发展规划以及土地利用总体规划、城市总体规划、村庄和集镇规划相衔接。

第十二条　移民安置规划应当对农村移民安置、城(集)镇迁建、工矿企业迁建、专项设施迁建或者复建、防护工程建设、水库水域开发利用、水库移民后期扶持措施、征地补偿和移民安置资金概(估)算等作出安排。

对淹没线以上受影响范围内因水库蓄水造成的居民生产、生活困难问题,应当纳入移民安置规划,按照经济合理的原则,妥善处理。

第十三条　对农村移民安置进行规划,应当坚持以农业生产安置为主,遵循因地制宜、有利生产、方便生活、保护生态的原则,合理规划农村移民安置点;有条件的地方,可以结合小城镇建设进行。

农村移民安置后,应当使移民拥有与移民安置区居民基本相当的土地等农业生产资料。

第十四条　对城(集)镇移民安置进行规划,应当以城(集)镇现状为基础,节约用地,合理布局。

工矿企业的迁建,应当符合国家的产业政策,结合技术改造和结构调整进行;对技术落后、浪费资源、产品质量低劣、污染严重、不具备安全生产条件的企业,应当依法关闭。

第十五条　编制移民安置规划应当广泛听取移民和移民安置区居民的意见;必要时,应当采取听证的方式。

经批准的移民安置规划是组织实施移民安置工作的基本依据,应当严格执行,不得随意调整或者修改;确需调整或者修改的,应当依照本条例第十条的规定重新报批。

未编制移民安置规划或者移民安置规划未经审核的大中型水利水电工程建设项目,有关部门不得批准或者核准其建设,不得为其办理用地等有关手续。

第十六条　征地补偿和移民安置资金、依法应当缴纳的耕地占用税和耕地开垦费以及依照国务院有关规定缴纳的森林植被恢复费等应当列入大中型水利水电工程概算。

征地补偿和移民安置资金包括土地补偿费、安置补助费,农村居民点迁建、城(集)镇迁建、工矿企业迁建以及专项设施迁建或者复建补偿费(含有关地上附着物补偿费)、移民个人财产补偿费(含地上附着物和青苗补偿费)和搬迁费,库底清理费,淹没区文物保护费和国家规定的其他费用。

第十七条　农村移民集中安置的农村居民点、城(集)镇、工矿企业以及专项设施等基础设施的迁建或者复建选址,应当依法做好环境影响评价、水文地质与工程地质勘察、地质灾害防治和地质灾害危险性评估。

第十八条　对淹没区内的居民点、耕地等,具备防护条件的,应当在经济合理的前提下,采取修建防护工程等防护措施,减少淹没损失。

防护工程的建设费用由项目法人承担,运行管理费用由大中型水利水电工程管理单位负责。

第十九条　对工程占地和淹没区内的文物,应当查清分布,确认保护价值,坚持保护为主、抢救第一的方针,实行重点保护、重点发掘。

第三章　征地补偿

第二十条　依法批准的流域规划中确定的大中型水利水电工程建设项目的用地,应当纳入项目所在地的土地利用总体规划。

大中型水利水电工程建设项目核准或者可行

性研究报告批准后,项目用地应当列入土地利用年度计划。

属于国家重点扶持的水利、能源基础设施的大中型水利水电工程建设项目,其用地可以以划拨方式取得。

第二十一条 大中型水利水电工程建设项目用地,应当依法申请并办理审批手续,实行一次报批、分期征收,按期支付征地补偿费。

对于应急的防洪、治涝等工程,经有批准权的人民政府决定,可以先行使用土地,事后补办用地手续。

第二十二条 大中型水利水电工程建设征收土地的土地补偿费和安置补助费,实行与铁路等基础设施项目用地同等补偿标准,按照被征收土地所在省、自治区、直辖市规定的标准执行。

被征收土地上的零星树木、青苗等补偿标准,按照被征收土地所在省、自治区、直辖市规定的标准执行。

被征收土地上的附着建筑物按照其原规模、原标准或者恢复原功能的原则补偿;对补偿费用不足以修建基本用房的贫困移民,应当给予适当补助。

使用其他单位或者个人依法使用的国有耕地,参照征收耕地的补偿标准给予补偿;使用未确定给单位或者个人使用的国有未利用地,不予补偿。

移民远迁后,在水库周边淹没线以上属于移民个人所有的零星树木、房屋等应当分别依照本条第二款、第三款规定的标准给予补偿。

第二十三条 大中型水利水电工程建设临时用地,由县级以上人民政府土地主管部门批准。

第二十四条 工矿企业和交通、电力、电信、广播电视等专项设施以及中小学的迁建或者复建,应当按照其原规模、原标准或者恢复原功能的原则补偿。

第二十五条 大中型水利水电工程建设占用耕地的,应当执行占补平衡的规定。为安置移民开垦的耕地,因大中型水利水电工程建设而进行土地整理新增的耕地、工程施工新造的耕地可以抵扣或者折抵建设占用耕地的数量。

大中型水利水电工程建设占用25度以上坡耕地的,不计入需要补充耕地的范围。

第四章 移民安置

第二十六条 移民区和移民安置区县级以上地方人民政府负责移民安置规划的组织实施。

第二十七条 大中型水利水电工程开工前,项目法人应当根据经批准的移民安置规划,与移民区和移民安置区所在的省、自治区、直辖市人民政府或者市、县人民政府签订移民安置协议;签订协议的省、自治区、直辖市人民政府或者市人民政府,可以与下一级有移民或者移民安置任务的人民政府签订移民安置协议。

第二十八条 项目法人应当根据大中型水利水电工程建设的要求和移民安置规划,在每年汛期结束后60日内,向与其签订移民安置协议的地方人民政府提出下年度移民安置计划建议;签订移民安置协议的地方人民政府,应当根据移民安置规划和项目法人的年度移民安置计划建议,在与项目法人充分协商的基础上,组织编制并下达本行政区域的下年度移民安置年度计划。

第二十九条 项目法人应当根据移民安置年度计划,按照移民安置实施进度将征地补偿和移民安置资金支付给与其签订移民安置协议的地方人民政府。

第三十条 农村移民在本县通过新开发土地或者调剂土地集中安置的,县级人民政府应当将土地补偿费、安置补助费和集体财产补偿费直接全额兑付给该村集体经济组织或者村民委员会。

农村移民分散安置到本县内其他村集体经济组织或者村民委员会的,应当由移民安置村集体经济组织或者村民委员会与县级人民政府签订协议,按照协议安排移民的生产和生活。

第三十一条 农村移民在本省行政区域内其他县安置的,与项目法人签订移民安置协议的地方人民政府,应当及时将相应的征地补偿和移民安置资金交给移民安置区县级人民政府,用于安排移民的生产和生活。

农村移民跨省安置的,项目法人应当及时将相应的征地补偿和移民安置资金交给移民安置区省、自治区、直辖市人民政府,用于安排移民的生产和生活。

第三十二条 搬迁费以及移民个人房屋和附属建筑物、个人所有的零星树木、青苗、农副业设施等个人财产补偿费,由移民区县级人民政府直接全额兑付给移民。

第三十三条 移民自愿投亲靠友的,应当由本人向移民区县级人民政府提出申请,并提交接收地县级人民政府出具的接收证明;移民区县级人民政府确认其具有土地等农业生产资料后,应当与接收地县级人民政府和移民共同签订协议,将土地补偿费、安置补助费交给接收地县级人民政府,统筹安排移民的生产和生活,将个人财产补偿费和搬迁费发给移民个人。

第三十四条 城(集)镇迁建、工矿企业迁建、专项设施迁建或者复建补偿费,由移民区县级以上地方人民政府交给当地人民政府或者有关单位。因扩大规模、提高标准增加的费用,由有关地方人民政府或者有关单位自行解决。

第三十五条 农村移民集中安置的农村居民点应当按照经批准的移民安置规划确定的规模和标准迁建。

农村移民集中安置的农村居民点的道路、供水、供电等基础设施,由乡(镇)、村统一组织建设。

农村移民住房,应当由移民自主建造。有关地方人民政府或者村民委员会应当统一规划宅基地,但不得强行规定建房标准。

第三十六条 农村移民安置用地应当依照《中华人民共和国土地管理法》和《中华人民共和国农村土地承包法》办理有关手续。

第三十七条 移民安置达到阶段性目标和移民安置工作完毕后,省、自治区、直辖市人民政府或者国务院移民管理机构应当组织有关单位进行验收;移民安置未经验收或者验收不合格的,不得对大中型水利水电工程进行阶段性验收和竣工验收。

第五章 后期扶持

第三十八条 移民安置区县级以上地方人民政府应当编制水库移民后期扶持规划,报上一级人民政府或者其移民管理机构批准后实施。

编制水库移民后期扶持规划应当广泛听取移民的意见;必要时,应当采取听证的方式。

经批准的水库移民后期扶持规划是水库移民后期扶持工作的基本依据,应当严格执行,不得随意调整或者修改;确需调整或者修改的,应当报原批准机关批准。

未编制水库移民后期扶持规划或者水库移民后期扶持规划未经批准,有关单位不得拨付水库移民后期扶持资金。

第三十九条 水库移民后期扶持规划应当包括后期扶持的范围、期限、具体措施和预期达到的目标等内容。水库移民安置区县级以上地方人民政府应当采取建立责任制等有效措施,做好后期扶持规划的落实工作。

第四十条 水库移民后期扶持资金应当按照水库移民后期扶持规划,主要作为生产生活补助发放给移民个人;必要时可以实行项目扶持,用于解决移民村生产生活中存在的突出问题,或者采取生产生活补助和项目扶持相结合的方式。具体扶持标准、期限和资金的筹集、使用管理依照国务院有关规定执行。

省、自治区、直辖市人民政府根据国家规定的原则,结合本行政区域实际情况,制定水库移民后期扶持具体实施办法,报国务院批准后执行。

第四十一条 各级人民政府应当加强移民安置区的交通、能源、水利、环保、通信、文化、教育、卫生、广播电视等基础设施建设,扶持移民安置区发展。

移民安置区地方人民政府应当将水库移民后期扶持纳入本级人民政府国民经济和社会发展规划。

第四十二条 国家在移民安置区和大中型水利水电工程受益地区兴办的生产建设项目,应当优先吸收符合条件的移民就业。

第四十三条 大中型水利水电工程建成后形成的水面和水库消落区土地属于国家所有,由该工程管理单位负责管理,并可以在服从水库统一调度和保证工程安全、符合水土保持和水质保护要求的前提下,通过当地县级人民政府优先安排给当地农村移民使用。

第四十四条 国家在安排基本农田和水利建设资金时,应当对移民安置区所在县优先予以扶持。

第四十五条 各级人民政府及其有关部门应当加强对移民的科学文化知识和实用技术的培训,加强法制宣传教育,提高移民素质,增强移民就业能力。

第四十六条 大中型水利水电工程受益地区的各级地方人民政府及其有关部门应当按照优势互补、互惠互利、长期合作、共同发展的原则,采取多种形式对移民安置区给予支持。

第六章　监督管理

第四十七条　国家对移民安置和水库移民后期扶持实行全过程监督。省、自治区、直辖市人民政府和国务院移民管理机构应当加强对移民安置和水库移民后期扶持的监督，发现问题应当及时采取措施。

第四十八条　国家对征地补偿和移民安置资金、水库移民后期扶持资金的拨付、使用和管理实行稽察制度，对拨付、使用和管理征地补偿和移民安置资金、水库移民后期扶持资金的有关地方人民政府及其有关部门的负责人依法实行任期经济责任审计。

第四十九条　县级以上人民政府应当加强对下级人民政府及其财政、发展改革、移民等有关部门或者机构拨付、使用和管理征地补偿和移民安置资金、水库移民后期扶持资金的监督。

县级以上地方人民政府或者其移民管理机构应当加强对征地补偿和移民安置资金、水库移民后期扶持资金的管理，定期向上一级人民政府或者其移民管理机构报告并向项目法人通报有关资金拨付、使用和管理情况。

第五十条　各级审计、监察机关应当依法加强对征地补偿和移民安置资金、水库移民后期扶持资金拨付、使用和管理情况的审计和监察。

县级以上人民政府财政部门应当加强对征地补偿和移民安置资金、水库移民后期扶持资金拨付、使用和管理情况的监督。

审计、监察机关和财政部门进行审计、监察和监督时，有关单位和个人应当予以配合，及时提供有关资料。

第五十一条　国家对移民安置实行全过程监督评估。签订移民安置协议的地方人民政府和项目法人应当采取招标的方式，共同委托移民安置监督评估单位对移民搬迁进度、移民安置质量、移民资金的拨付和使用情况以及移民生活水平的恢复情况进行监督评估；被委托方应当将监督评估的情况及时向委托方报告。

第五十二条　征地补偿和移民安置资金应当专户存储、专账核算，存储期间的孳息，应当纳入征地补偿和移民安置资金，不得挪作他用。

第五十三条　移民区和移民安置区县级人民政府，应当以村为单位将大中型水利水电工程征收的土地数量、土地种类和实物调查结果、补偿范围、补偿标准和金额以及安置方案等向群众公布。群众提出异议的，县级人民政府应当及时核查，并对统计调查结果不准确的事项进行改正；经核查无误的，应当及时向群众解释。

有移民安置任务的乡（镇）、村应当建立健全征地补偿和移民安置资金的财务管理制度，并将征地补偿和移民安置资金收支情况张榜公布，接受群众监督；土地补偿费和集体财产补偿费的使用方案应当经村民会议或者村民代表会议讨论通过。

移民安置区乡（镇）人民政府、村（居）民委员会应当采取有效措施帮助移民适应当地的生产、生活，及时调处矛盾纠纷。

第五十四条　县级以上地方人民政府或者其移民管理机构以及项目法人应当建立移民工作档案，并按照国家有关规定进行管理。

第五十五条　国家切实维护移民的合法权益。

在征地补偿和移民安置过程中，移民认为其合法权益受到侵害的，可以依法向县级以上人民政府或者其移民管理机构反映，县级以上人民政府或者其移民管理机构应当对移民反映的问题进行核实并妥善解决。移民也可以依法向人民法院提起诉讼。

移民安置后，移民与移民安置区当地居民享有同等的权利，承担同等的义务。

第五十六条　按照移民安置规划必须搬迁的移民，无正当理由不得拖延搬迁或者拒迁。已经安置的移民不得返迁。

第七章　法律责任

第五十七条　违反本条例规定，有关地方人民政府、移民管理机构、项目审批部门及其他有关部门有下列行为之一的，对直接负责的主管人员和其他直接责任人员依法给予行政处分；造成严重后果，有关责任人员构成犯罪的，依法追究刑事责任：

（一）违反规定批准移民安置规划大纲、移民安置规划或者水库移民后期扶持规划的；

（二）违反规定批准或者核准未编制移民安置规划或者移民安置规划未经审核的大中型水利水电工程建设项目的；

（三）移民安置未经验收或者验收不合格而对大中型水利水电工程进行阶段性验收或者竣工验

三、所有权

收的;

（四）未编制水库移民后期扶持规划，有关单位拨付水库移民后期扶持资金的;

（五）移民安置管理、监督和组织实施过程中发现违法行为不予查处的;

（六）在移民安置过程中发现问题不及时处理，造成严重后果以及有其他滥用职权、玩忽职守等违法行为的。

第五十八条 违反本条例规定，项目主管部门或者有关地方人民政府及其有关部门调整或者修改移民安置规划大纲、移民安置规划或者水库移民后期扶持规划的，由批准该规划大纲、规划的有关人民政府或者其有关部门、机构责令改正，对直接负责的主管人员和其他直接责任人员依法给予行政处分;造成重大损失，有关责任人员构成犯罪的，依法追究刑事责任。

违反本条例规定，项目法人调整或者修改移民安置规划大纲、移民安置规划的，由批准该规划大纲、规划的有关人民政府或者其有关部门、机构责令改正，处10万元以上50万元以下的罚款;对直接负责的主管人员和其他直接责任人员处1万元以上5万元以下的罚款;造成重大损失，有关责任人员构成犯罪的，依法追究刑事责任。

第五十九条 违反本条例规定，在编制移民安置规划大纲、移民安置规划、水库移民后期扶持规划，或者进行实物调查、移民安置监督评估中弄虚作假的，由批准该规划大纲、规划的有关人民政府或者其有关部门、机构责令改正，对有关单位处10万元以上50万元以下的罚款;对直接负责的主管人员和其他直接责任人员处1万元以上5万元以下的罚款;给他人造成损失的，依法承担赔偿责任。

第六十条 违反本条例规定，侵占、截留、挪用征地补偿和移民安置资金、水库移民后期扶持资金的，责令退赔，并处侵占、截留、挪用资金额3倍以下的罚款，对直接负责的主管人员和其他责任人员依法给予行政处分;构成犯罪的，依法追究有关责任人员的刑事责任。

第六十一条 违反本条例规定，拖延搬迁或者拒迁的，当地人民政府或者其移民管理机构可以申请人民法院强制执行;违反治安管理法律、法规的，依法给予治安管理处罚;构成犯罪的，依法追究有关责任人员的刑事责任。

第八章 附 则

第六十二条 长江三峡工程的移民工作，依照《长江三峡工程建设移民条例》执行。

南水北调工程的征地补偿和移民安置工作，依照本条例执行。但是，南水北调工程中线、东线一期工程的移民安置规划的编制审批，依照国务院的规定执行。

第六十三条 本条例自2006年9月1日起施行。1991年2月15日国务院发布的《大中型水利水电工程建设征地补偿和移民安置条例》同时废止。

国有土地上房屋征收评估办法

· 2011年6月3日
· 建房〔2011〕77号

第一条 为规范国有土地上房屋征收评估活动，保证房屋征收评估结果客观公平，根据《国有土地上房屋征收与补偿条例》，制定本办法。

第二条 评估国有土地上被征收房屋和用于产权调换房屋的价值，测算被征收房屋类似房地产的市场价格，以及对相关评估结果进行复核评估和鉴定，适用本办法。

第三条 房地产价格评估机构、房地产估价师、房地产价格评估专家委员会（以下称评估专家委员会）成员应当独立、客观、公正地开展房屋征收评估、鉴定工作，并对出具的评估、鉴定意见负责。

任何单位和个人不得干预房屋征收评估、鉴定活动。与房屋征收当事人有利害关系的，应当回避。

第四条 房地产价格评估机构由被征收人在规定时间内协商选定;在规定时间内协商不成的，由房屋征收部门通过组织被征收人按照少数服从多数的原则投票决定，或者采取摇号、抽签等随机方式确定。具体办法由省、自治区、直辖市制定。

房地产价格评估机构不得采取迎合征收当事人不当要求、虚假宣传、恶意低收费等不正当手段承揽房屋征收评估业务。

第五条 同一征收项目的房屋征收评估工作，原则上由一家房地产价格评估机构承担。房屋征收范围较大的，可以由两家以上房地产价格评估机构共同承担。

两家以上房地产价格评估机构承担的，应当共同协商确定一家房地产价格评估机构为牵头单位；牵头单位应当组织相关房地产价格评估机构就评估对象、评估时点、价值内涵、评估依据、评估假设、评估原则、评估技术路线、评估方法、重要参数选取、评估结果确定方式等进行沟通，统一标准。

第六条　房地产价格评估机构选定或者确定后，一般由房屋征收部门作为委托人，向房地产价格评估机构出具房屋征收评估委托书，并与其签订房屋征收评估委托合同。

房屋征收评估委托书应当载明委托人的名称、委托的房地产价格评估机构的名称、评估目的、评估对象范围、评估要求以及委托日期等内容。

房屋征收评估委托合同应当载明下列事项：

（一）委托人和房地产价格评估机构的基本情况；

（二）负责本评估项目的注册房地产估价师；

（三）评估目的、评估对象、评估时点等评估基本事项；

（四）委托人应提供的评估所需资料；

（五）评估过程中双方的权利和义务；

（六）评估费用及收取方式；

（七）评估报告交付时间、方式；

（八）违约责任；

（九）解决争议的方法；

（十）其他需要载明的事项。

第七条　房地产价格评估机构应当指派与房屋征收评估项目工作量相适应的足够数量的注册房地产估价师开展评估工作。

房地产价格评估机构不得转让或者变相转让受托的房屋征收评估业务。

第八条　被征收房屋价值评估目的应当表述为"为房屋征收部门与被征收人确定被征收房屋价值的补偿提供依据，评估被征收房屋的价值"。

用于产权调换房屋价值评估目的应当表述为"为房屋征收部门与被征收人计算被征收房屋价值与用于产权调换房屋价值的差价提供依据，评估用于产权调换房屋的价值"。

第九条　房屋征收评估前，房屋征收部门应当组织有关单位对被征收房屋情况进行调查，明确评估对象。评估对象应当全面、客观，不得遗漏、虚构。

房屋征收部门应当向受托的房地产价格评估机构提供征收范围内房屋情况，包括已经登记的房屋情况和未经登记建筑的认定、处理结果情况。调查结果应当在房屋征收范围内向被征收人公布。

对于已经登记的房屋，其性质、用途和建筑面积，一般以房屋权属证书和房屋登记簿的记载为准；房屋权属证书与房屋登记簿的记载不一致的，除有证据证明房屋登记簿确有错误外，以房屋登记簿为准。对于未经登记的建筑，应当按照市、县级人民政府的认定、处理结果进行评估。

第十条　被征收房屋价值评估时点为房屋征收决定公告之日。

用于产权调换房屋价值评估时点应当与被征收房屋价值评估时点一致。

第十一条　被征收房屋价值是指被征收房屋及其占用范围内的土地使用权在正常交易情况下，由熟悉情况的交易双方以公平交易方式在评估时点自愿进行交易的金额，但不考虑被征收房屋租赁、抵押、查封等因素的影响。

前款所述不考虑租赁因素的影响，是指评估被征收房屋无租约限制的价值；不考虑抵押、查封因素的影响，是指评估价值中不扣除被征收房屋已抵押担保的债权数额、拖欠的建设工程价款和其他法定优先受偿款。

第十二条　房地产价格评估机构应当安排注册房地产估价师对被征收房屋进行实地查勘，调查被征收房屋状况，拍摄反映被征收房屋内外部状况的照片等影像资料，做好实地查勘记录，并妥善保管。

被征收人应当协助注册房地产估价师对被征收房屋进行实地查勘，提供或者协助搜集被征收房屋价值评估所必需的情况和资料。

房屋征收部门、被征收人和注册房地产估价师应当在实地查勘记录上签字或者盖章确认。被征收人拒绝在实地查勘记录上签字或者盖章的，应当由房屋征收部门、注册房地产估价师和无利害关系的第三人见证，有关情况应当在评估报告中说明。

第十三条　注册房地产估价师应当根据评估对象和当地房地产市场状况，对市场法、收益法、成本法、假设开发法等评估方法进行适用性分析后，选用其中一种或者多种方法对被征收房屋价值进行评估。

被征收房屋的类似房地产有交易的,应当选用市场法评估;被征收房屋或者其类似房地产有经济收益的,应当选用收益法评估;被征收房屋是在建工程的,应当选用假设开发法评估。

可以同时选用两种以上评估方法评估的,应当选用两种以上评估方法评估,并对各种评估方法的测算结果进行校核和比较分析后,合理确定评估结果。

第十四条 被征收房屋价值评估应当考虑被征收房屋的区位、用途、建筑结构、新旧程度、建筑面积以及占地面积、土地使用权等影响被征收房屋价值的因素。

被征收房屋室内装饰装修价值,机器设备、物资等搬迁费用,以及停产停业损失等补偿,由征收当事人协商确定;协商不成的,可以委托房地产价格评估机构通过评估确定。

第十五条 房屋征收评估价值应当以人民币为计价的货币单位,精确到元。

第十六条 房地产价格评估机构应当按照房屋征收评估委托书或者委托合同的约定,向房屋征收部门提供分户的初步评估结果。分户的初步评估结果应当包括评估对象的构成及其基本情况和评估价值。房屋征收部门应当将分户的初步评估结果在征收范围内向被征收人公示。

公示期间,房地产价格评估机构应当安排注册房地产估价师对分户的初步评估结果进行现场说明解释。存在错误的,房地产价格评估机构应当修正。

第十七条 分户初步评估结果公示期满后,房地产价格评估机构应当向房屋征收部门提供委托评估范围内被征收房屋的整体评估报告和分户评估报告。房屋征收部门应当向被征收人转交分户评估报告。

整体评估报告和分户评估报告应当由负责房屋征收评估项目的两名以上注册房地产估价师签字,并加盖房地产价格评估机构公章。不得以印章代替签字。

第十八条 房屋征收评估业务完成后,房地产价格评估机构应当将评估报告及相关资料立卷、归档保管。

第十九条 被征收人或者房屋征收部门对评估报告有疑问的,出具评估报告的房地产价格评估机构应当向其作出解释和说明。

第二十条 被征收人或者房屋征收部门对评估结果有异议的,应当自收到评估报告之日起10日内,向房地产价格评估机构申请复核评估。

申请复核评估的,应当向原房地产价格评估机构提出书面复核评估申请,并指出评估报告存在的问题。

第二十一条 原房地产价格评估机构应当自收到书面复核评估申请之日起10日内对评估结果进行复核。复核后,改变原评估结果的,应当重新出具评估报告;评估结果没有改变的,应当书面告知复核评估申请人。

第二十二条 被征收人或者房屋征收部门对原房地产价格评估机构的复核结果有异议的,应当自收到复核结果之日起10日内,向被征收房屋所在地评估专家委员会申请鉴定。被征收人对补偿仍有异议的,按照《国有土地上房屋征收与补偿条例》第二十六条规定处理。

第二十三条 各省、自治区住房城乡建设主管部门和设区城市的房地产管理部门应当组织成立评估专家委员会,对房地产价格评估机构做出的复核结果进行鉴定。

评估专家委员会由房地产估价师以及价格、房地产、土地、城市规划、法律等方面的专家组成。

第二十四条 评估专家委员会应当选派成员组成专家组,对复核结果进行鉴定。专家组成员为3人以上单数,其中房地产估价师不得少于二分之一。

第二十五条 评估专家委员会应当自收到鉴定申请之日起10日内,对申请鉴定评估报告的评估程序、评估依据、评估假设、评估技术路线、评估方法选用、参数选取、评估结果确定方式等评估技术问题进行审核,出具书面鉴定意见。

经评估专家委员会鉴定,评估报告不存在技术问题的,应当维持评估报告;评估报告存在技术问题的,出具评估报告的房地产价格评估机构应当改正错误,重新出具评估报告。

第二十六条 房屋征收评估鉴定过程中,房地产价格评估机构应当按照评估专家委员会要求,就鉴定涉及的评估相关事宜进行说明。需要对被征收房屋进行实地查勘和调查的,有关单位和个人应当协助。

第二十七条 因房屋征收评估、复核评估、鉴定工作需要查询被征收房屋和用于产权调换房屋权属以及相关房地产交易信息的,房地产管理部门及其他相关部门应当提供便利。

第二十八条 在房屋征收评估过程中,房屋征收部门或者被征收人不配合、不提供相关资料的,房地产价格评估机构应当在评估报告中说明有关情况。

第二十九条 除政府对用于产权调换房屋价格有特别规定外,应当以评估方式确定用于产权调换房屋的市场价值。

第三十条 被征收房屋的类似房地产是指与被征收房屋的区位、用途、权利性质、档次、新旧程度、规模、建筑结构等相同或者相似的房地产。

被征收房屋类似房地产的市场价格是指被征收房屋的类似房地产在评估时点的平均交易价格。确定被征收房屋类似房地产的市场价格,应当剔除偶然的和不正常的因素。

第三十一条 房屋征收评估、鉴定费用由委托人承担。但鉴定改变原评估结果的,鉴定费用由原房地产价格评估机构承担。复核评估费用由原房地产价格评估机构承担。房屋征收评估、鉴定费用按照政府价格主管部门规定的收费标准执行。

第三十二条 在房屋征收评估活动中,房地产价格评估机构和房地产估价师的违法违规行为,按照《国有土地上房屋征收与补偿条例》、《房地产估价机构管理办法》、《注册房地产估价师管理办法》等规定处罚。违反规定收费的,由政府价格主管部门依照《中华人民共和国价格法》规定处罚。

第三十三条 本办法自公布之日起施行。2003年12月1日原建设部发布的《城市房屋拆迁估价指导意见》同时废止。但《国有土地上房屋征收与补偿条例》施行前已依法取得房屋拆迁许可证的项目,继续沿用原有规定。

国家税务总局关于个人取得被征用房屋补偿费收入免征个人所得税的批复

· 1998年7月15日
· 国税函〔1998〕428号

深圳市地方税务局:

你局《关于旧城改造征用居民房屋个人取得

的赔偿费征免个人所得税的请示》(深地税发〔1998〕274号)收悉,经研究,现批复如下:

按照城市发展规划,在旧城改造过程中,个人因住房被征用而取得赔偿费,属补偿性质的收入,无论是现金还是实物(房屋),均免予征收个人所得税。

最高人民法院研究室关于人民法院是否受理涉及军队房地产腾退、拆迁安置纠纷案件的答复

· 2003年8月8日
· 法研〔2003〕123号

辽宁省高级人民法院:

你院辽高法疑字〔2003〕5号"关于涉及军队房地产的腾退、拆迁安置纠纷案件人民法院应否受理的请示"收悉。经研究,答复如下:

根据最高人民法院1992年11月25日下发的《最高人民法院关于房地产案件受理问题的通知》的精神,因涉及军队房地产腾退、拆迁安置而引起的纠纷,不属于人民法院主管工作的范围,当事人为此而提起诉讼的,人民法院应当依法不予受理或驳回起诉,并可告知其向有关部门申请解决。

最高人民法院关于办理申请人民法院强制执行国有土地上房屋征收补偿决定案件若干问题的规定

· 2012年2月27日最高人民法院审判委员会第1543次会议通过
· 2012年3月26日最高人民法院公告公布
· 自2012年4月10日起施行
· 法释〔2012〕4号

为依法正确办理市、县级人民政府申请人民法院强制执行国有土地上房屋征收补偿决定(以下简称征收补偿决定)案件,维护公共利益,保障被征收房屋所有权人的合法权益,根据《中华人民共和国行政诉讼法》、《中华人民共和国行政强制法》、《国有土地上房屋征收与补偿条例》(以下简

称《条例》)等有关法律、行政法规规定,结合审判实际,制定本规定。

第一条 申请人民法院强制执行征收补偿决定案件,由房屋所在地基层人民法院管辖,高级人民法院可以根据本地实际情况决定管辖法院。

第二条 申请机关向人民法院申请强制执行,除提供《条例》第二十八条规定的强制执行申请书及附具材料外,还应当提供下列材料:

(一)征收补偿决定及相关证据和所依据的规范性文件;

(二)征收补偿决定送达凭证、催告情况及房屋被征收人、直接利害关系人的意见;

(三)社会稳定风险评估材料;

(四)申请强制执行的房屋状况;

(五)被执行人的姓名或者名称、住址及与强制执行相关的财产状况等具体情况;

(六)法律、行政法规规定应当提交的其他材料。

强制执行申请书应当由申请机关负责人签名,加盖申请机关印章,并注明日期。

强制执行的申请应当自被执行人的法定起诉期限届满之日起三个月内提出;逾期申请的,除有正当理由外,人民法院不予受理。

第三条 人民法院认为强制执行的申请符合形式要件且材料齐全的,应当在接到申请后五日内立案受理,并通知申请机关;不符合形式要件或者材料不全的应当限期补正,并在最终补正的材料提供后五日内立案受理;不符合形式要件或者逾期无正当理由不补正材料的,裁定不予受理。

申请机关对不予受理的裁定有异议的,可以自收到裁定之日起十五日内向上一级人民法院申请复议,上一级人民法院应当自收到复议申请之日起十五日内作出裁定。

第四条 人民法院应当自立案之日起三十日内作出是否准予执行的裁定;有特殊情况需要延长审查期限的,由高级人民法院批准。

第五条 人民法院在审查期间,可以根据需要调取相关证据、询问当事人、组织听证或者进行现场调查。

第六条 征收补偿决定存在下列情形之一的,人民法院应当裁定不准予执行:

(一)明显缺乏事实根据;

(二)明显缺乏法律、法规依据;

(三)明显不符合公平补偿原则,严重损害被执行人合法权益,或者使被执行人基本生活、生产经营条件没有保障;

(四)明显违反行政目的,严重损害公共利益;

(五)严重违反法定程序或者正当程序;

(六)超越职权;

(七)法律、法规、规章等规定的其他不宜强制执行的情形。

人民法院裁定不准予执行的,应当说明理由,并在五日内将裁定送达申请机关。

第七条 申请机关对不准予执行的裁定有异议的,可以自收到裁定之日起十五日内向上一级人民法院申请复议,上一级人民法院应当自收到复议申请之日起三十日内作出裁定。

第八条 人民法院裁定准予执行的,应当在五日内将裁定送达申请机关和被执行人,并可以根据实际情况建议申请机关依法采取必要措施,保障征收与补偿活动顺利实施。

第九条 人民法院裁定准予执行的,一般由作出征收补偿决定的市、县级人民政府组织实施,也可以由人民法院执行。

第十条 《条例》施行前已依法取得房屋拆迁许可证的项目,人民法院裁定准予执行房屋拆迁裁决的,参照本规定第九条精神办理。

第十一条 最高人民法院以前所作的司法解释与本规定不一致的,按本规定执行。

最高人民法院关于征收国有土地上房屋时是否应当对被征收人未经登记的空地和院落予以补偿的答复

·2013 年 5 月 15 日
·〔2012〕行他字第 16 号

山东省高级人民法院:

你院《关于征收国有土地上房屋时是否应当对被征收人未确权登记的空地和院落单独予以补偿的请示》收悉,经研究,答复如下:

对土地公有制之前,通过购买房屋方式使用私有的土地,土地转为国有后迄今仍继续使用的,未经确权登记,亦应确定现使用者的国有土地使用权。

国有土地上房屋征收补偿中，应将当事人合法享有国有土地使用权的院落、空地面积纳入评估范围，按照征收时的房地产市场价格，一并予以征收补偿。

此复。

7. 业主的建筑物区分所有权

中华人民共和国
民法典（节录物业服务合同）

· 2020 年 5 月 28 日第十三届全国人民代表大会第三次会议通过
· 2020 年 5 月 28 日中华人民共和国主席令第 45 号公布
· 自 2021 年 1 月 1 日起施行

……

第二十四章　物业服务合同

第九百三十七条　【物业服务合同的定义】物业服务合同是物业服务人在物业服务区域内，为业主提供建筑物及其附属设施的维修养护、环境卫生和相关秩序的管理维护等物业服务，业主支付物业费的合同。

物业服务人包括物业服务企业和其他管理人。

第九百三十八条　【物业服务合同的内容与形式】物业服务合同的内容一般包括服务事项、服务质量、服务费用的标准和收取办法、维修资金的使用、服务用房的管理和使用、服务期限、服务交接等条款。

物业服务人公开作出的有利于业主的服务承诺，为物业服务合同的组成部分。

物业服务合同应当采用书面形式。

第九百三十九条　【物业服务合同的约束力】建设单位依法与物业服务人订立的前期物业服务合同，以及业主委员会与业主大会依法选聘的物业服务人订立的物业服务合同，对业主具有法律约束力。

第九百四十条　【前期物业服务合同的终止情形】建设单位依法与物业服务人订立的前期物业服务合同约定的服务期限届满前，业主委员会或者业主与新物业服务人订立的物业服务合同生效的，前期物业服务合同终止。

第九百四十一条　【物业服务合同的转委托】物业服务人将物业服务区域内的部分专项服务事项委托给专业性服务组织或者其他第三人的，应当就该部分专项服务事项向业主负责。

物业服务人不得将其应当提供的全部物业服务转委托给第三人，或者将全部物业服务支解后分别转委托给第三人。

第九百四十二条　【物业服务人的义务】物业服务人应当按照约定和物业的使用性质，妥善维修、养护、清洁、绿化和经营管理物业服务区域内的业主共有部分，维护物业服务区域内的基本秩序，采取合理措施保护业主的人身、财产安全。

对物业服务区域内违反有关治安、环保、消防等法律法规的行为，物业服务人应当及时采取合理措施制止、向有关行政主管部门报告并协助处理。

链接 《消防法》第 18、46 条；《物业管理条例》第 35、46、47 条

第九百四十三条　【物业服务人的信息公开义务】物业服务人应当定期将服务的事项、负责人员、质量要求、收费项目、收费标准、履行情况，以及维修资金使用情况、业主共有部分的经营与收益情况等以合理方式向业主公开并向业主大会、业主委员会报告。

第九百四十四条　【业主支付物业费义务】业主应当按照约定向物业服务人支付物业费。物业服务人已经按照约定和有关规定提供服务的，业主不得以未接受或者无需接受相关物业服务为由拒绝支付物业费。

业主违反约定逾期不支付物业费的，物业服务人可以催告其在合理期限内支付；合理期限届满仍不支付的，物业服务人可以提起诉讼或者申请仲裁。

物业服务人不得采取停止供电、供水、供热、供燃气等方式催交物业费。

链接 《物业管理条例》第 7、40-44 条；《最高人民法院关于审理物业服务纠纷案件适用法律若干问题的解释》第 2、3 条

第九百四十五条 【业主的告知、协助义务】业主装饰装修房屋的,应当事先告知物业服务人,遵守物业服务人提示的合理注意事项,并配合其进行必要的现场检查。

业主转让、出租物业专有部分、设立居住权或者依法改变共有部分用途的,应当及时将相关情况告知物业服务人。

链接《物业管理条例》第49-55条

第九百四十六条 【业主解聘物业服务人】业主依照法定程序共同决定解聘物业服务人的,可以解除物业服务合同。决定解聘的,应当提前六十日书面通知物业服务人,但是合同对通知期限另有约定的除外。

依据前款规定解除合同造成物业服务人损失的,除不可归责于业主的事由外,业主应当赔偿损失。

第九百四十七条 【物业服务人的续聘】物业服务期限届满前,业主依法共同决定续聘的,应当与原物业服务人在合同期限届满前续订物业服务合同。

物业服务期限届满前,物业服务人不同意续聘的,应当在合同期限届满前九十日书面通知业主或者业委会,但是合同对通知期限另有约定的除外。

第九百四十八条 【不定期物业服务合同的成立与解除】物业服务期限届满后,业主没有依法作出续聘或者另聘物业服务人的决定,物业服务人继续提供物业服务的,原物业服务合同继续有效,但是服务期限为不定期。

当事人可以随时解除不定期物业服务合同,但是应当提前六十日书面通知对方。

第九百四十九条 【物业服务合同终止后原物业服务人的义务】物业服务合同终止的,原物业服务人应当在约定期限或者合理期限内退出物业服务区域,将物业服务用房、相关设施、物业服务所必需的相关资料等交还给业主委员会、决定自行管理的业主或者其指定的人,配合新物业服务人做好交接工作,并如实告知物业的使用和管理状况。

原物业服务人违反前款规定的,不得请求业主支付物业服务合同终止后的物业费;造成业主损失的,应当赔偿损失。

链接《最高人民法院关于审理物业服务纠纷案件适用法律若干问题的解释》第3条

第九百五十条 【物业服务合同终止后新合同成立前期间的相关事项】物业服务合同终止后,在业主或者业主大会选聘的新物业服务人或者决定自行管理的业主接管之前,原物业服务人应当继续处理物业服务事项,并可以请求业主支付该期间的物业费。

……

物业管理条例

· 2003 年 6 月 8 日中华人民共和国国务院令第379 号公布
· 根据 2007 年 8 月 26 日《国务院关于修改〈物业管理条例〉的决定》第一次修订
· 根据 2016 年 2 月 6 日《国务院关于修改部分行政法规的决定》第二次修订
· 根据 2018 年 3 月 19 日《国务院关于修改和废止部分行政法规的决定》第三次修订

第一章 总 则

第一条 【立法宗旨】为了规范物业管理活动,维护业主和物业服务企业的合法权益,改善人民群众的生活和工作环境,制定本条例。

第二条 【物业管理定义】本条例所称物业管理,是指业主通过选聘物业服务企业,由业主和物业服务企业按照物业服务合同约定,对房屋及配套的设施设备和相关场地进行维修、养护、管理,维护物业管理区域内的环境卫生和相关秩序的活动。

第三条 【选择物业服务企业的方式】国家提倡业主通过公开、公平、公正的市场竞争机制选择物业服务企业。

第四条 【物业管理发展的途径】国家鼓励采用新技术、新方法,依靠科技进步提高物业管理和服务水平。

第五条 【物业管理的监管机关】国务院建设行政主管部门负责全国物业管理活动的监督管理工作。

县级以上地方人民政府房地产行政主管部门负责本行政区域内物业管理活动的监督管理工作。

第二章 业主及业主大会

第六条 【业主定义及权利】房屋的所有权人

为业主。

业主在物业管理活动中,享有下列权利:

(一)按照物业服务合同的约定,接受物业服务企业提供的服务;

(二)提议召开业主大会会议,并就物业管理的有关事项提出建议;

(三)提出制定和修改管理规约、业主大会议事规则的建议;

(四)参加业主大会会议,行使投票权;

(五)选举业主委员会成员,并享有被选举权;

(六)监督业主委员会的工作;

(七)监督物业服务企业履行物业服务合同;

(八)对物业共用部位、共用设施设备和相关场地使用情况享有知情权和监督权;

(九)监督物业共用部位、共用设施设备专项维修资金(以下简称专项维修资金)的管理和使用;

(十)法律、法规规定的其他权利。

第七条 【业主的义务】业主在物业管理活动中,履行下列义务:

(一)遵守管理规约、业主大会议事规则;

(二)遵守物业管理区域内物业共用部位和共用设施设备的使用、公共秩序和环境卫生的维护等方面的规章制度;

(三)执行业主大会的决定和业主大会授权业主委员会作出的决定;

(四)按照国家有关规定交纳专项维修资金;

(五)按时交纳物业服务费用;

(六)法律、法规规定的其他义务。

第八条 【业主大会代表业主合法权益】物业管理区域内全体业主组成业主大会。

业主大会应当代表和维护物业管理区域内全体业主在物业管理活动中的合法权益。

第九条 【物业管理区域的划分】一个物业管理区域成立一个业主大会。

物业管理区域的划分应当考虑物业的共用设施设备、建筑物规模、社区建设等因素。具体办法由省、自治区、直辖市制定。

第十条 【业主大会成立方式】同一个物业管理区域内的业主,应当在物业所在地的区、县人民政府房地产行政主管部门或者街道办事处、乡镇人民政府的指导下成立业主大会,并选举产生业主委员会。但是,只有一个业主的,或者业主人数

较少且经全体业主一致同意,决定不成立业主大会的,由业主共同履行业主大会、业主委员会职责。

第十一条 【业主共同决定事项】下列事项由业主共同决定:

(一)制定和修改业主大会议事规则;

(二)制定和修改管理规约;

(三)选举业主委员会或者更换业主委员会成员;

(四)选聘和解聘物业服务企业;

(五)筹集和使用专项维修资金;

(六)改建、重建建筑物及其附属设施;

(七)有关共有和共同管理权利的其他重大事项。

第十二条 【业主大会会议的召开方式及决定】业主大会会议可以采用集体讨论的形式,也可以采用书面征求意见的形式;但是,应当有物业管理区域内专有部分占建筑物总面积过半数的业主且占总人数过半数的业主参加。

业主可以委托代理人参加业主大会会议。

业主大会决定本条例第十一条第(五)项和第(六)项规定的事项,应当经专有部分占建筑物总面积 2/3 以上的业主且占总人数 2/3 以上的业主同意;决定本条例第十一条规定的其他事项,应当经专有部分占建筑物总面积过半数的业主且占总人数过半数的业主同意。

业主大会或者业主委员会的决定,对业主具有约束力。

业主大会或者业主委员会作出的决定侵害业主合法权益的,受侵害的业主可以请求人民法院予以撤销。

第十三条 【业主大会的会议类型及其启动方式】业主大会会议分为定期会议和临时会议。

业主大会定期会议应当按照业主大会议事规则的规定召开。经 20% 以上的业主提议,业主委员会应当组织召开业主大会临时会议。

第十四条 【业主大会会议的通知及记录】召开业主大会会议,应当于会议召开 15 日以前通知全体业主。

住宅小区的业主大会会议,应当同时告知相关的居民委员会。

业主委员会应当做好业主大会会议记录。

第十五条 【业主委员会的性质和职责】业主

三、所有权

委员会执行业主大会的决定事项,履行下列职责:

(一)召集业主大会会议,报告物业管理的实施情况;

(二)代表业主与业主大会选聘的物业服务企业签订物业服务合同;

(三)及时了解业主、物业使用人的意见和建议,监督和协助物业服务企业履行物业服务合同;

(四)监督管理规约的实施;

(五)业主大会赋予的其他职责。

第十六条 【业主委员会的登记备案制度及其成员资格】业主委员会应当自选举产生之日起30日内,向物业所在地的区、县人民政府房地产行政主管部门和街道办事处、乡镇人民政府备案。

业主委员会委员应当由热心公益事业、责任心强、具有一定组织能力的业主担任。

业主委员会主任、副主任在业主委员会成员中推选产生。

第十七条 【管理规约】管理规约应当对有关物业的使用、维护、管理,业主的共同利益,业主应当履行的义务,违反管理规约应当承担的责任等事项依法作出约定。

管理规约应当尊重社会公德,不得违反法律、法规或者损害社会公共利益。

管理规约对全体业主具有约束力。

第十八条 【业主大会议事规则】业主大会议事规则应当就业主大会的议事方式、表决程序、业主委员会的组成和成员任期等事项作出约定。

第十九条 【业主大会、业主委员会的职责限制】业主大会、业主委员会应当依法履行职责,不得作出与物业管理无关的决定,不得从事与物业管理无关的活动。

业主大会、业主委员会作出的决定违反法律、法规的,物业所在地的区、县人民政府房地产行政主管部门或者街道办事处、乡镇人民政府,应当责令限期改正或者撤销其决定,并通告全体业主。

第二十条 【业主大会、业主委员会与相关单位的关系】业主大会、业主委员会应当配合公安机关,与居民委员会相互协作,共同做好维护物业管理区域内的社会治安等相关工作。

在物业管理区域内,业主大会、业主委员会应当积极配合相关居民委员会依法履行自治管理职责,支持居民委员会开展工作,并接受其指导和监督。

住宅小区的业主大会、业主委员会作出的决定,应当告知相关的居民委员会,并认真听取居民委员会的建议。

第三章 前期物业管理

第二十一条 【前期物业服务合同】在业主、业主大会选聘物业服务企业之前,建设单位选聘物业服务企业的,应当签订书面的前期物业服务合同。

第二十二条 【临时管理规约】建设单位应当在销售物业之前,制定临时管理规约,对有关物业的使用、维护、管理,业主的共同利益,业主应当履行的义务,违反临时管理规约应当承担的责任等事项依法作出约定。

建设单位制定的临时管理规约,不得侵害物业买受人的合法权益。

第二十三条 【关于对临时管理规约的说明义务以及承诺遵守的义务】建设单位应当在物业销售前将临时管理规约向物业买受人明示,并予以说明。

物业买受人在与建设单位签订物业买卖合同时,应当对遵守临时管理规约予以书面承诺。

第二十四条 【前期物业管理招投标】国家提倡建设单位按照房地产开发与物业管理相分离的原则,通过招投标的方式选聘物业服务企业。

住宅物业的建设单位,应当通过招投标的方式选聘物业服务企业;投标人少于3个或者住宅规模较小的,经物业所在地的区、县人民政府房地产行政主管部门批准,可以采用协议方式选聘物业服务企业。

第二十五条 【买卖合同内容包含前期物业服务合同内容】建设单位与物业买受人签订的买卖合同应当包含前期物业服务合同约定的内容。

第二十六条 【前期物业服务合同期限】前期物业服务合同可以约定期限;但是,期限未满、业主委员会与物业服务企业签订的物业服务合同生效的,前期物业服务合同终止。

第二十七条 【建设单位不得擅自处分业主共有或者共用的物业】业主依法享有的物业共用部位、共用设施设备的所有权或者使用权,建设单位不得擅自处分。

第二十八条 【共用物业的承接验收】物业服务企业承接物业时,应当对物业共用部位、共用设施设备进行查验。

第二十九条 【物业承接验收时应移交的资料】在办理物业承接验收手续时，建设单位应当向物业服务企业移交下列资料：

（一）竣工总平面图，单体建筑、结构、设备竣工图，配套设施、地下管网工程竣工图等竣工验收资料；

（二）设施设备的安装、使用和维护保养等技术资料；

（三）物业质量保修文件和物业使用说明文件；

（四）物业管理所必需的其他资料。

物业服务企业应当在前期物业服务合同终止时将上述资料移交给业主委员会。

第三十条 【物业管理用房】建设单位应当按照规定在物业管理区域内配置必要的物业管理用房。

第三十一条 【建设单位的物业保修责任】建设单位应当按照国家规定的保修期限和保修范围，承担物业的保修责任。

第四章 物业管理服务

第三十二条 【物业管理企业的性质、资质】从事物业管理活动的企业应当具有独立的法人资格。

国务院建设行政主管部门应当会同有关部门建立守信联合激励和失信联合惩戒机制，加强行业诚信管理。

第三十三条 【物业管理区域统一管理】一个物业管理区域由一个物业服务企业实施物业管理。

第三十四条 【物业服务合同】业主委员会应当与业主大会选聘的物业服务企业订立书面的物业服务合同。

物业服务合同应当对物业管理事项、服务质量、服务费用、双方的权利义务、专项维修资金的管理与使用、物业管理用房、合同期限、违约责任等内容进行约定。

第三十五条 【物业服务企业的义务和责任】物业服务企业应当按照物业服务合同的约定，提供相应的服务。

物业服务企业未能履行物业服务合同的约定，导致业主人身、财产安全受到损害的，应当依

法承担相应的法律责任。

第三十六条 【物业验收和资料移交】物业服务企业承接物业时，应当与业主委员会办理物业验收手续。

业主委员会应当向物业服务企业移交本条例第二十九条第一款规定的资料。

第三十七条 【物业管理用房所有权属和用途】物业管理用房的所有权依法属于业主。未经业主大会同意，物业服务企业不得改变物业管理用房的用途。

第三十八条 【合同终止时物业服务企业的义务】物业服务合同终止时，物业服务企业应当将物业管理用房和本条例第二十九条第一款规定的资料交还给业主委员会。

物业服务合同终止时，业主大会选聘了新的物业服务企业的，物业服务企业之间应当做好交接工作。

第三十九条 【专项服务业务的转委托】物业服务企业可以将物业管理区域内的专项服务业务委托给专业性服务企业，但不得将该区域内的全部物业管理一并委托给他人。

第四十条 【物业服务收费】物业服务收费应当遵循合理、公开以及费用与服务水平相适应的原则，区别不同物业的性质和特点，由业主和物业服务企业按照国务院价格主管部门会同国务院建设行政主管部门制定的物业服务收费办法，在物业服务合同中约定。

第四十一条 【物业服务费交纳】业主应当根据物业服务合同的约定交纳物业服务费用。业主与物业使用人约定由物业使用人交纳物业服务费用的，从其约定，业主负连带交纳责任。

已竣工但尚未出售或者尚未交给物业买受人的物业，物业服务费用由建设单位交纳。

第四十二条 【物业服务收费监督】县级以上人民政府价格主管部门会同同级房地产行政主管部门，应当加强对物业服务收费的监督。

第四十三条 【业主特约服务】物业服务企业可以根据业主的委托提供物业服务合同约定以外的服务项目，服务报酬由双方约定。

第四十四条 【公用事业单位收费】物业管理区域内，供水、供电、供气、供热、通信、有线电视等单位应当向最终用户收取有关费用。

物业服务企业接受委托代收前款费用的，不

得向业主收取手续费等额外费用。

第四十五条　【对违法行为的制止、报告】对物业管理区域内违反有关治安、环保、物业装饰装修和使用等方面法律、法规规定的行为，物业服务企业应当制止，并及时向有关行政管理部门报告。

有关行政管理部门在接到物业服务企业的报告后，应当依法对违法行为予以制止或者依法处理。

第四十六条　【物业服务企业的安全防范义务及保安人员的职责】物业服务企业应当协助做好物业管理区域内的安全防范工作。发生安全事故时，物业服务企业在采取应急措施的同时，应当及时向有关行政管理部门报告，协助做好救助工作。

物业服务企业雇请保安人员的，应当遵守国家有关规定。保安人员在维护物业管理区域内的公共秩序时，应当履行职责，不得侵害公民的合法权益。

第四十七条　【物业使用人的权利义务】物业使用人在物业管理活动中的权利义务由业主和物业使用人约定，但不得违反法律、法规和管理规约的有关规定。

物业使用人违反本条例和管理规约的规定，有关业主应当承担连带责任。

第四十八条　【关于物业管理的投诉】县级以上地方人民政府房地产行政主管部门应当及时处理业主、业主委员会、物业使用人和物业服务企业在物业管理活动中的投诉。

第五章　物业的使用与维护

第四十九条　【改变公共建筑及共用设施用途的程序】物业管理区域内按照规划建设的公共建筑和共用设施，不得改变用途。

业主依法确需改变公共建筑和共用设施用途的，应当在依法办理有关手续后告知物业服务企业；物业服务企业确需改变公共建筑和共用设施用途的，应当提请业主大会讨论决定同意后，由业主依法办理有关手续。

第五十条　【公共道路、场地的占用、挖掘】业主、物业服务企业不得擅自占用、挖掘物业管理区域内的道路、场地，损害业主的共同利益。

因维修物业或者公共利益，业主确需临时占用、挖掘道路、场地的，应当征得业主委员会和物业服务企业的同意；物业服务企业确需临时占用、挖掘道路、场地的，应当征得业主委员会的同意。

业主、物业服务企业应当将临时占用、挖掘的道路、场地，在约定期限内恢复原状。

第五十一条　【公用事业设施维护责任】供水、供电、供气、供热、通信、有线电视等单位，应当依法承担物业管理区域内相关管线和设施设备维修、养护的责任。

前款规定的单位因维修、养护等需要，临时占用、挖掘道路、场地的，应当及时恢复原状。

第五十二条　【关于房屋装饰、装修的告知义务】业主需要装饰装修房屋的，应当事先告知物业服务企业。

物业服务企业应当将房屋装饰装修中的禁止行为和注意事项告知业主。

第五十三条　【专项维修资金】住宅物业、住宅小区内的非住宅物业或者与单幢住宅楼结构相连的非住宅物业的业主，应当按照国家有关规定交纳专项维修资金。

专项维修资金属于业主所有，专项用于物业保修期满后物业共用部位、共用设施设备的维修和更新、改造，不得挪作他用。

专项维修资金收取、使用、管理的办法由国务院建设行政主管部门会同国务院财政部门制定。

第五十四条　【对共用部位、共用设备设施经营的收益】利用物业共用部位、共用设施设备进行经营的，应当在征得相关业主、业主大会、物业服务企业的同意后，按照规定办理有关手续。业主所得收益应当主要用于补充专项维修资金，也可以按照业主大会的决定使用。

第五十五条　【责任人的维修养护义务】物业存在安全隐患，危及公共利益及他人合法权益时，责任人应当及时维修养护，有关业主应当给予配合。

责任人不履行维修养护义务的，经业主大会同意，可以由物业服务企业维修养护，费用由责任人承担。

第六章　法律责任

第五十六条　【建设单位违法选聘物业服务企业的责任】违反本条例的规定，住宅物业的建设单位未通过招投标的方式选聘物业服务企业或者未经批准，擅自采用协议方式选聘物业服务企业的，由县级以上地方人民政府房地产行政主管部门责令限期改正，给予警告，可以并处 10 万元以下的罚款。

第五十七条　【建设单位擅自处分共用部位的责任】违反本条例的规定，建设单位擅自处分属于业主的物业共用部位、共用设施设备的所有权或者使用权的，由县级以上地方人民政府房地产行政主管部门处 5 万元以上 20 万元以下的罚款；给业主造成损失的，依法承担赔偿责任。

第五十八条　【拒不移交资料的行政责任】违反本条例的规定，不移交有关资料的，由县级以上地方人民政府房地产行政主管部门责令限期改正；逾期仍不移交有关资料的，对建设单位、物业服务企业予以通报，处 1 万元以上 10 万元以下的罚款。

第五十九条　【违反委托管理限制的责任】违反本条例的规定，物业服务企业将一个物业管理区域内的全部物业管理一并委托给他人的，由县级以上地方人民政府房地产行政主管部门责令限期改正，处委托合同价款 30% 以上 50% 以下的罚款。委托所得收益，用于物业管理区域内物业共用部位、共用设施设备的维修、养护，剩余部分按照业主大会的决定使用；给业主造成损失的，依法承担赔偿责任。

第六十条　【挪用专项维修资金的责任】违反本条例的规定，挪用专项维修资金的，由县级以上地方人民政府房地产行政主管部门追回挪用的专项维修资金，给予警告，没收违法所得，可以并处挪用数额 2 倍以下的罚款；构成犯罪的，依法追究直接负责的主管人员和其他直接责任人员的刑事责任。

第六十一条　【建设单位不配置物业管理用房的责任】违反本条例的规定，建设单位在物业管理区域内不按照规定配置必要的物业管理用房的，由县级以上地方人民政府房地产行政主管部门责令限期改正，给予警告，没收违法所得，并处 10 万元以上 50 万元以下的罚款。

第六十二条　【擅自改变物业管理用房的用途的责任】违反本条例的规定，未经业主大会同意，物业服务企业擅自改变物业管理用房的用途的，由县级以上地方人民政府房地产行政主管部门责令限期改正，给予警告，并处 1 万元以上 10 万

元以下的罚款；有收益的，所得收益用于物业管理区域内物业共用部位、共用设施设备的维修、养护，剩余部分按照业主大会的决定使用。

第六十三条　【擅自行为的责任】违反本条例的规定，有下列行为之一的，由县级以上地方人民政府房地产行政主管部门责令限期改正，给予警告，并按照本条第二款的规定处以罚款；所得收益，用于物业管理区域内物业共用部位、共用设施设备的维修、养护，剩余部分按照业主大会的决定使用：

（一）擅自改变物业管理区域内按照规划建设的公共建筑和共用设施用途的；

（二）擅自占用、挖掘物业管理区域内道路、场地，损害业主共同利益的；

（三）擅自利用物业共用部位、共用设施设备进行经营的。

个人有前款规定行为之一的，处 1000 元以上 1 万元以下的罚款；单位有前款规定行为之一的，处 5 万元以上 20 万元以下的罚款。

第六十四条　【逾期不交纳物业服务费的责任】违反物业服务合同约定，业主逾期不交纳物业服务费用的，业主委员会应当督促其限期交纳；逾期仍不交纳的，物业服务企业可以向人民法院起诉。

第六十五条　【业主以业主大会或者业主委员会的名义从事违法活动的责任】业主以业主大会或者业主委员会的名义，从事违反法律、法规的活动，构成犯罪的，依法追究刑事责任；尚不构成犯罪的，依法给予治安管理处罚。

第六十六条　【公务人员违法行为的责任】违反本条例的规定，国务院建设行政主管部门、县级以上地方人民政府房地产行政主管部门或者其他有关行政管理部门的工作人员利用职务上的便利，收受他人财物或者其他好处，不依法履行监督管理职责，或者发现违法行为不予查处，构成犯罪的，依法追究刑事责任；尚不构成犯罪的，依法给予行政处分。

第七章　附　则

第六十七条　【施行时间】本条例自 2003 年 9 月 1 日起施行。

物业服务收费管理办法

· 2003 年 11 月 13 日
· 发改价格〔2003〕1864 号

第一条 为规范物业服务收费行为,保障业主和物业管理企业的合法权益,根据《中华人民共和国价格法》和《物业管理条例》,制定本办法。

第二条 本办法所称物业服务收费,是指物业管理企业按照物业服务合同的约定,对房屋及配套的设施设备和相关场地进行维修、养护、管理,维护相关区域内的环境卫生和秩序,向业主所收取的费用。

第三条 国家提倡业主通过公开、公平、公正的市场竞争机制选择物业管理企业;鼓励物业管理企业开展正当的价格竞争,禁止价格欺诈,促进物业服务收费通过市场竞争形成。

第四条 国务院价格主管部门会同国务院建设行政主管部门负责全国物业服务收费的监督管理工作。

县级以上地方人民政府价格主管部门会同同级房地产行政主管部门负责本行政区域内物业服务收费的监督管理工作。

第五条 物业服务收费应当遵循合理、公开以及费用与服务水平相适应的原则。

第六条 物业服务收费应当区分不同物业的性质和特点分别实行政府指导价和市场调节价。具体定价形式由省、自治区、直辖市人民政府价格主管部门会同房地产行政主管部门确定。

第七条 物业服务收费实行政府指导价的,有定价权限的人民政府价格主管部门应当会同房地产行政主管部门根据物业管理服务等级标准等因素,制定相应的基准价及其浮动幅度,并定期公布。具体收费标准由业主与物业管理企业根据规定的基准价和浮动幅度在物业服务合同中约定。

实行市场调节价的物业服务收费,由业主与物业管理企业在物业服务合同中约定。

第八条 物业管理企业应当按照政府价格主管部门的规定实行明码标价,在物业管理区域内的显著位置,将服务内容、服务标准以及收费项目、收费标准等有关情况进行公示。

第九条 业主与物业管理企业可以采取包干制或者酬金制等形式约定物业服务费用。

包干制是指由业主向物业管理企业支付固定物业服务费用,盈余或者亏损均由物业管理企业享有或者承担的物业服务计费方式。

酬金制是指在预收的物业服务资金中按约定比例或者约定数额提取酬金支付给物业管理企业,其余全部用于物业服务合同约定的支出,结余或者不足均由业主享有或者承担的物业服务计费方式。

第十条 建设单位与物业买受人签订的买卖合同,应当约定物业管理服务内容、服务标准、收费标准、计费方式及计费起始时间等内容,涉及物业买受人共同利益的约定应当一致。

第十一条 实行物业服务费用包干制的,物业服务费用的构成包括物业服务成本、法定税费和物业管理企业的利润。

实行物业服务费用酬金制的,预收的物业服务资金包括物业服务支出和物业管理企业的酬金。

物业服务成本或者物业服务支出构成一般包括以下部分:

1. 管理服务人员的工资、社会保险和按规定提取的福利费等;

2. 物业共用部位、共用设施设备的日常运行、维护费用;

3. 物业管理区域清洁卫生费用;

4. 物业管理区域绿化养护费用;

5. 物业管理区域秩序维护费用;

6. 办公费用;

7. 物业管理企业固定资产折旧;

8. 物业共用部位、共用设施设备及公众责任保险费用;

9. 经业主同意的其他费用。

物业共用部位、共用设施设备的大修、中修和更新、改造费用,应当通过专项维修资金予以列支,不得计入物业服务支出或者物业服务成本。

第十二条 实行物业服务费用酬金制的,预收的物业服务支出属于代管性质,为所交纳的业主所有,物业管理企业不得将其用于物业服务合同约定以外的支出。

物业管理企业应当向业主大会或者全体业主公布物业服务资金年度预决算并每年不少于一次

公布物业服务资金的收支情况。

业主或者业主大会对公布的物业服务资金年度预决算和物业服务资金的收支情况提出质询时,物业管理企业应当及时答复。

第十三条 物业服务收费采取酬金制方式,物业管理企业或者业主大会可以按照物业服务合同约定聘请专业机构对物业服务资金年度预决算和物业服务资金的收支情况进行审计。

第十四条 物业管理企业在物业服务中应当遵守国家的价格法律法规,严格履行物业服务合同,为业主提供质价相符的服务。

第十五条 业主应当按照物业服务合同的约定按时足额交纳物业服务费用或者物业服务资金。业主违反物业服务合同约定逾期不交纳服务费用或者物业服务资金的,业主委员会应当督促其限期交纳;逾期仍不交纳的,物业管理企业可以依法追缴。

业主与物业使用人约定由物业使用人交纳物业服务费用或者物业服务资金的,从其约定,业主负连带交纳责任。

物业发生产权转移时,业主或者物业使用人应当结清物业服务费用或者物业服务资金。

第十六条 纳入物业管理范围的已竣工但尚未出售,或者因开发建设单位原因未按时交给物业买受人的物业,物业服务费用或者物业服务资金由开发建设单位全额交纳。

第十七条 物业管理区域内,供水、供电、供气、供热、通讯、有线电视等单位应当向最终用户收取有关费用。物业管理企业接受委托代收上述费用的,可向委托单位收取手续费,不得向业主收取手续费等额外费用。

第十八条 利用物业共用部位、共用设施设备进行经营的,应当在征得相关业主、业主大会、物业管理企业的同意后,按照规定办理有关手续。业主所得收益应当主要用于补充专项维修资金,也可以按照业主大会的决定使用。

第十九条 物业管理企业已接受委托实施物业服务并相应收取服务费用的,其他部门和单位不得重复收取性质和内容相同的费用。

第二十条 物业管理企业根据业主的委托提供物业服务合同约定以外的服务,服务收费由双方约定。

第二十一条 政府价格主管部门会同房地产行政主管部门,应当加强对物业管理企业的服务内容、标准和收费项目、标准的监督。物业管理企业违反价格法律、法规和规定,由政府价格主管部门依据《中华人民共和国价格法》和《价格违法行为行政处罚规定》予以处罚。

第二十二条 各省、自治区、直辖市人民政府价格主管部门、房地产行政主管部门可以依据本办法制定具体实施办法,并报国家发展和改革委员会、建设部备案。

第二十三条 本办法由国家发展和改革委员会会同建设部负责解释。

第二十四条 本办法自 2004 年 1 月 1 日起执行,原国家计委、建设部印发的《城市住宅小区物业管理服务收费暂行办法》(计价费〔1996〕266号)同时废止。

物业服务收费明码标价规定

· 2004 年 7 月 19 日
· 发改价检〔2004〕1428 号

第一条 为进一步规范物业服务收费行为,提高物业服务收费透明度,维护业主和物业管理企业的合法权益,促进物业管理行业的健康发展,根据《中华人民共和国价格法》、《物业管理条例》和《关于商品和服务实行明码标价的规定》,制定本规定。

第二条 物业管理企业向业主提供服务(包括按照物业服务合同约定提供物业服务以及根据业主委托提供物业服务合同约定以外的服务),应当按照本规定实行明码标价,标明服务项目、收费标准等有关情况。

第三条 物业管理企业实行明码标价,应当遵循公开、公平和诚实信用的原则,遵守国家价格法律、法规、规章和政策。

第四条 政府价格主管部门应当会同同级房地产主管部门对物业服务收费明码标价进行管理。政府价格主管部门对物业管理企业执行明码标价规定的情况实施监督检查。

第五条 物业管理企业实行明码标价应当做到价目齐全,内容真实,标示醒目,字迹清晰。

第六条 物业服务收费明码标价的内容包括:

物业管理企业名称、收费对象、服务内容、服务标准、计费方式、计费起始时间、收费项目、收费标准、价格管理形式、收费依据、价格举报电话12358等。

实行政府指导价的物业服务收费应当同时标明基准收费标准、浮动幅度，以及实际收费标准。

第七条 物业管理企业在其服务区域内的显著位置或收费地点，可采取公示栏、公示牌、收费表、收费清单、收费手册、多媒体终端查询等方式实行明码标价。

第八条 物业管理企业接受委托代收供水、供电、供气、供热、通讯、有线电视等有关费用的，也应当依照本规定第六条、第七条的有关内容和方式实行明码标价。

第九条 物业管理企业根据业主委托提供的物业服务合同约定以外的服务项目，其收费标准在双方约定后应当以适当的方式向业主进行明示。

第十条 实行明码标价的物业服务收费的标准等发生变化时，物业管理企业应当在执行新标准前一个月，将所标示的相关内容进行调整，并应标示新标准开始实行的日期。

第十一条 物业管理企业不得利用虚假的或者使人误解的标价内容、标价方式进行价格欺诈。不得在标价之外，收取任何未予标明的费用。

第十二条 对物业管理企业不按规定明码标价或者利用标价进行价格欺诈的行为，由政府价格主管部门依照《中华人民共和国价格法》、《价格违法行为行政处罚规定》、《关于商品和服务实行明码标价的规定》、《禁止价格欺诈行为的规定》进行处罚。

第十三条 本规定自2004年10月1日起施行。

住宅专项维修资金管理办法

· 2007年12月4日建设部、财政部令第165号发布
· 自2008年2月1日起施行

第一章 总 则

第一条 为了加强对住宅专项维修资金的管理，保障住宅共用部位、共用设施设备的维修和正常使用，维护住宅专项维修资金所有者的合法权益，根据《物权法》、《物业管理条例》等法律、行政法规，制定本办法。

第二条 商品住宅、售后公有住房住宅专项维修资金的交存、使用、管理和监督，适用本办法。

本办法所称住宅专项维修资金，是指专项用于住宅共用部位、共用设施设备保修期满后的维修和更新、改造的资金。

第三条 本办法所称住宅共用部位，是指根据法律、法规和房屋买卖合同，由单幢住宅内业主或者单幢住宅内业主及与之结构相连的非住宅业主共有的部位，一般包括：住宅的基础、承重墙体、柱、梁、楼板、屋顶以及户外的墙面、门厅、楼梯间、走廊通道等。

本办法所称共用设施设备，是指根据法律、法规和房屋买卖合同，由住宅业主或者住宅业主及有关非住宅业主共有的附属设施设备，一般包括电梯、天线、照明、消防设施、绿地、道路、路灯、沟渠、池、井、非经营性车场车库、公益性文体设施和共用设施设备使用的房屋等。

第四条 住宅专项维修资金管理实行专户存储、专款专用、所有权人决策、政府监督的原则。

第五条 国务院建设主管部门会同国务院财政部门负责全国住宅专项维修资金的指导和监督工作。

县级以上地方人民政府建设（房地产）主管部门会同同级财政部门负责本行政区域内住宅专项维修资金的指导和监督工作。

第二章 交 存

第六条 下列物业的业主应当按照本办法的规定交存住宅专项维修资金：

（一）住宅，但一个业主所有且与其他物业不具有共用部位、共用设施设备的除外；

（二）住宅小区内的非住宅或者住宅小区外与单幢住宅结构相连的非住宅。

前款所列物业属于出售公有住房的，售房单位应当按照本办法的规定交存住宅专项维修资金。

第七条 商品住宅的业主、非住宅的业主按照所拥有物业的建筑面积交存住宅专项维修资金，每平方米建筑面积交存首期住宅专项维修资金的数额为当地住宅建筑安装工程每平方米造价的5%至8%。

直辖市、市、县人民政府建设（房地产）主管部门应当根据本地区情况，合理确定、公布每平方米建筑面积交存首期住宅专项维修资金的数额，并适时调整。

第八条　出售公有住房的，按照下列规定交存住宅专项维修资金：

（一）业主按照所拥有物业的建筑面积交存住宅专项维修资金，每平方米建筑面积交存首期住宅专项维修资金的数额为当地房改成本价的2%。

（二）售房单位按照多层住宅不低于售房款的20%、高层住宅不低于售房款的30%，从售房款中一次性提取住宅专项维修资金。

第九条　业主交存的住宅专项维修资金属于业主所有。

从公有住房售房款中提取的住宅专项维修资金属于公有住房售房单位所有。

第十条　业主大会成立前，商品住宅业主、非住宅业主交存的住宅专项维修资金，由物业所在地直辖市、市、县人民政府建设（房地产）主管部门代管。

直辖市、市、县人民政府建设（房地产）主管部门应当委托所在地一家商业银行，作为本行政区域内住宅专项维修资金的专户管理银行，并在专户管理银行开立住宅专项维修资金专户。

开立住宅专项维修资金专户，应当以物业管理区域为单位设账，按房屋户门号设分户账；未划定物业管理区域的，以幢为单位设账，按房屋户门号设分户账。

第十一条　业主大会成立前，已售公有住房住宅专项维修资金，由物业所在地直辖市、市、县人民政府财政部门或者建设（房地产）主管部门负责管理。

负责管理公有住房住宅专项维修资金的部门应当委托所在地一家商业银行，作为本行政区域内公有住房住宅专项维修资金的专户管理银行，并在专户管理银行开立公有住房住宅专项维修资金专户。

开立公有住房住宅专项维修资金专户，应当按照售房单位设账，按幢设分账；其中，业主交存的住宅专项维修资金，按房屋户门号设分户帐。

第十二条　商品住宅的业主应当在办理房屋入住手续前，将首期住宅专项维修资金存入住宅专项维修资金专户。

已售公有住房的业主应当在办理房屋入住手续前，将首期住宅专项维修资金存入公有住房住宅专项维修资金专户或者交由售房单位存入公有住房住宅专项维修资金专户。

公有住房售房单位应当在收到售房款之日起30日内，将提取的住宅专项维修资金存入公有住房住宅专项维修资金专户。

第十三条　未按本办法规定交存首期住宅专项维修资金的，开发建设单位或者公有住房售房单位不得将房屋交付购买人。

第十四条　专户管理银行、代收住宅专项维修资金的售房单位应当出具由财政部或者省、自治区、直辖市人民政府财政部门统一监制的住宅专项维修资金专用票据。

第十五条　业主大会成立后，应当按照下列规定划转业主交存的住宅专项维修资金：

（一）业主大会应当委托所在地一家商业银行作为本物业管理区域内住宅专项维修资金的专户管理银行，并在专户管理银行开立住宅专项维修资金专户。

开立住宅专项维修资金专户，应当以物业管理区域为单位设账，按房屋户门号设分户账。

（二）业主委员会应当通知所在地直辖市、市、县人民政府建设（房地产）主管部门；涉及已售公有住房的，应当通知负责管理公有住房住宅专项维修资金的部门。

（三）直辖市、市、县人民政府建设（房地产）主管部门或者负责管理公有住房住宅专项维修资金的部门应当在收到通知之日起30日内，通知专户管理银行将该物业管理区域内业主交存的住宅专项维修资金账面余额划转至业主大会开立的住宅专项维修资金账户，并将有关账目等移交业主委员会。

第十六条　住宅专项维修资金划转后的账目管理单位，由业主大会决定。业主大会应当建立住宅专项维修资金管理制度。

业主大会开立的住宅专项维修资金账户，应当接受所在地直辖市、市、县人民政府建设（房地产）主管部门的监督。

第十七条　业主分户账面住宅专项维修资金余额不足首期交存额30%的，应当及时续交。

成立业主大会的，续交方案由业主大会决定。

未成立业主大会的，续交的具体管理办法由

三、所有权

直辖市、市、县人民政府建设(房地产)主管部门会同同级财政部门制定。

第三章 使 用

第十八条 住宅专项维修资金应当专项用于住宅共用部位、共用设施设备保修期满后的维修和更新、改造,不得挪作他用。

第十九条 住宅专项维修资金的使用,应当遵循方便快捷、公开透明、受益人和负担人相一致的原则。

第二十条 住宅共用部位、共用设施设备的维修和更新、改造费用,按照下列规定分摊:

(一)商品住宅之间或者商品住宅与非住宅之间共用部位、共用设施设备的维修和更新、改造费用,由相关业主按照各自拥有物业建筑面积的比例分摊。

(二)售后公有住房之间共用部位、共用设施设备的维修和更新、改造费用,由相关业主和公有住房售房单位按照所交存住宅专项维修资金的比例分摊;其中,应由业主承担的,再由相关业主按照各自拥有物业建筑面积的比例分摊。

(三)售后公有住房与商品住宅或者非住宅之间共用部位、共用设施设备的维修和更新、改造费用,先按照建筑面积比例分摊到各相关物业。其中,售后公有住房应分摊的费用,再由相关业主和公有住房售房单位按照所交存住宅专项维修资金的比例分摊。

第二十一条 住宅共用部位、共用设施设备维修和更新、改造,涉及尚未售出的商品住宅、非住宅或者公有住房的,开发建设单位或者公有住房单位应当按照尚未售出商品住宅或者公有住房的建筑面积,分摊维修和更新、改造费用。

第二十二条 住宅专项维修资金划转业主大会管理前,需要使用住宅专项维修资金的,按照以下程序办理:

(一)物业服务企业根据维修和更新、改造项目提出使用建议;没有物业服务企业的,由相关业主提出使用建议;

(二)住宅专项维修资金列支范围内专有部分占建筑物总面积三分之二以上的业主且占总人数三分之二以上的业主讨论通过使用建议;

(三)物业服务企业或者相关业主组织实施使用方案;

(四)物业服务企业或者相关业主持有关材料,向所在地直辖市、市、县人民政府建设(房地产)主管部门申请列支;其中,动用公有住房住宅专项维修资金的,向负责管理公有住房住宅专项维修资金的部门申请列支;

(五)直辖市、市、县人民政府建设(房地产)主管部门或者负责管理公有住房住宅专项维修资金的部门审核同意后,向专户管理银行发出划转住宅专项维修资金的通知;

(六)专户管理银行将所需住宅专项维修资金划转至维修单位。

第二十三条 住宅专项维修资金划转业主大会管理后,需要使用住宅专项维修资金的,按照以下程序办理:

(一)物业服务企业提出使用方案,使用方案应当包括拟维修和更新、改造的项目、费用预算、列支范围、发生危及房屋安全等紧急情况以及其他需临时使用住宅专项维修资金的情况的处置办法等;

(二)业主大会依法通过使用方案;

(三)物业服务企业组织实施使用方案;

(四)物业服务企业持有关材料向业主委员会提出列支住宅专项维修资金;其中,动用公有住房住宅专项维修资金的,向负责管理公有住房住宅专项维修资金的部门申请列支;

(五)业主委员会依据使用方案审核同意,并报直辖市、市、县人民政府建设(房地产)主管部门备案;动用公有住房住宅专项维修资金的,经负责管理公有住房住宅专项维修资金的部门审核同意;直辖市、市、县人民政府建设(房地产)主管部门或者负责管理公有住房住宅专项维修资金的部门发现不符合有关法律、法规、规章和使用方案的,应当责令改正;

(六)业主委员会、负责管理公有住房住宅专项维修资金的部门向专户管理银行发出划转住宅专项维修资金的通知;

(七)专户管理银行将所需住宅专项维修资金划转至维修单位。

第二十四条 发生危及房屋安全等紧急情况,需要立即对住宅共用部位、共用设施设备进行维修和更新、改造的,按照以下规定列支住宅专项维修资金:

(一)住宅专项维修资金划转业主大会管理

前,按照本办法第二十二条第四项、第五项、第六项的规定办理;

(二)住宅专项维修资金划转业主大会管理后,按照本办法第二十三条第四项、第五项、第六项和第七项的规定办理。

发生前款情况后,未按规定实施维修和更新、改造的,直辖市、市、县人民政府建设(房地产)主管部门可以组织代修,维修费用从相关业主住宅专项维修资金分户账中列支;其中,涉及已售公有住房的,还应当从公有住房住宅专项维修资金中列支。

第二十五条 下列费用不得从住宅专项维修资金中列支:

(一)依法应当由建设单位或者施工单位承担的住宅共用部位、共用设施设备维修、更新和改造费用;

(二)依法应当由相关单位承担的供水、供电、供气、供热、通讯、有线电视等管线和设施设备的维修、养护费用;

(三)应当由当事人承担的因人为损坏住宅共用部位、共用设施设备所需的修复费用;

(四)根据物业服务合同约定,应当由物业服务企业承担的住宅共用部位、共用设施设备的维修和养护费用。

第二十六条 在保证住宅专项维修资金正常使用的前提下,可以按照国家有关规定将住宅专项维修资金用于购买国债。

利用住宅专项维修资金购买国债,应当在银行间债券市场或者商业银行柜台市场购买一级市场新发行的国债,并持有到期。

利用业主交存的住宅专项维修资金购买国债的,应当经业主大会同意;未成立业主大会的,应当经专有部分占建筑物总面积三分之二以上的业主且占总人数三分之二以上业主同意。

利用从公有住房售房款中提取的住宅专项维修资金购买国债的,应当根据售房单位的财政隶属关系,报经同级财政部门同意。

禁止利用住宅专项维修资金从事国债回购、委托理财业务或者将购买的国债用于质押、抵押等担保行为。

第二十七条 下列资金应当转入住宅专项维修资金滚存使用:

(一)住宅专项维修资金的存储利息;

(二)利用住宅专项维修资金购买国债的增值收益;

(三)利用住宅共用部位、共用设施设备进行经营的,业主所得收益,但业主大会另有决定的除外;

(四)住宅共用设施设备报废后回收的残值。

第四章 监督管理

第二十八条 房屋所有权转让时,业主应当向受让人说明住宅专项维修资金交存和结余情况并出具有效证明,该房屋分户账中结余的住宅专项维修资金随房屋所有权同时过户。

受让人应当持住宅专项维修资金过户的协议、房屋权属证书、身份证等到专户管理银行办理分户账更名手续。

第二十九条 房屋灭失的,按照以下规定返还住宅专项维修资金:

(一)房屋分户账中结余的住宅专项维修资金返还业主;

(二)售房单位交存的住宅专项维修资金账面余额返还售房单位;售房单位不存在的,按照售房单位财务隶属关系,收缴同级国库。

第三十条 直辖市、市、县人民政府建设(房地产)主管部门,负责管理公有住房住宅专项维修资金的部门及业主委员会,应当每年至少一次与专户管理银行核对住宅专项维修资金账目,并向业主、公有住房售房单位公布下列情况:

(一)住宅专项维修资金交存、使用、增值收益和结存的总额;

(二)发生列支的项目、费用和分摊情况;

(三)业主、公有住房售房单位分户账中住宅专项维修资金交存、使用、增值收益和结存的金额;

(四)其他有关住宅专项维修资金使用和管理的情况。

业主、公有住房售房单位对公布的情况有异议的,可以要求复核。

第三十一条 专户管理银行应当每年至少一次向直辖市、市、县人民政府建设(房地产)主管部门,负责管理公有住房住宅专项维修资金的部门及业主委员会发送住宅专项维修资金对账单。

直辖市、市、县建设(房地产)主管部门,负责管理公有住房住宅专项维修资金的部门及业主委员会对资金账户变化情况有异议的,可以要求专户管理银行进行复核。

专户管理银行应当建立住宅专项维修资金查询制度，接受业主、公有住房售房单位对其分户账中住宅专项维修资金使用、增值收益和账面余额的查询。

第三十二条 住宅专项维修资金的管理和使用，应当依法接受审计部门的审计监督。

第三十三条 住宅专项维修资金的财务管理和会计核算应当执行财政部有关规定。

财政部门应当加强对住宅专项维修资金收支财务管理和会计核算制度执行情况的监督。

第三十四条 住宅专项维修资金专用票据的购领、使用、保存、核销管理，应当按照财政部以及省、自治区、直辖市人民政府财政部门的有关规定执行，并接受财政部门的监督检查。

第五章 法律责任

第三十五条 公有住房售房单位有下列行为之一的，由县级以上地方人民政府财政部门会同同级建设（房地产）主管部门责令限期改正：

（一）未按本办法第八条、第十二条第三款规定交存住宅专项维修资金的；

（二）违反本办法第十三条规定将房屋交付买受人的；

（三）未按本办法第二十一条规定分摊维修、更新和改造费用的。

第三十六条 开发建设单位违反本办法第十三条规定将房屋交付买受人的，由县级以上地方人民政府建设（房地产）主管部门责令限期改正；逾期不改正的，处以3万元以下的罚款。

开发建设单位未按本办法第二十一条规定分摊维修、更新和改造费用的，由县级以上地方人民政府建设（房地产）主管部门责令限期改正；逾期不改正的，处以1万元以下的罚款。

第三十七条 违反本办法规定，挪用住宅专项维修资金的，由县级以上地方人民政府建设（房地产）主管部门追回挪用的住宅专项维修资金，没收违法所得，可以并处挪用金额2倍以下的罚款；构成犯罪的，依法追究直接负责的主管人员和其他直接责任人员的刑事责任。

物业服务企业挪用住宅专项维修资金，情节严重的，除按前款规定予以处罚外，还应由颁发资质证书的部门吊销资质证书。

直辖市、市、县人民政府建设（房地产）主管部门挪用住宅专项维修资金的，由上一级人民政府建设（房地产）主管部门追回挪用的住宅专项维修资金，对直接负责的主管人员和其他直接责任人员依法给予处分；构成犯罪的，依法追究刑事责任。

直辖市、市、县人民政府财政部门挪用住宅专项维修资金的，由上一级人民政府财政部门追回挪用的住宅专项维修资金，对直接负责的主管人员和其他直接责任人员依法给予处分；构成犯罪的，依法追究刑事责任。

第三十八条 直辖市、市、县人民政府建设（房地产）主管部门违反本办法第二十六条规定的，由上一级人民政府建设（房地产）主管部门责令限期改正，对直接负责的主管人员和其他直接责任人员依法给予处分；造成损失的，依法赔偿；构成犯罪的，依法追究刑事责任。

直辖市、市、县人民政府财政部门违反本办法第二十六条规定的，由上一级人民政府财政部门责令限期改正，对直接负责的主管人员和其他直接责任人员依法给予处分；造成损失的，依法赔偿；构成犯罪的，依法追究刑事责任。

业主大会违反本办法第二十六条规定的，由直辖市、市、县人民政府建设（房地产）主管部门责令改正。

第三十九条 对违反住宅专项维修资金专用票据管理规定的行为，按照《财政违法行为处罚处分条例》的有关规定追究法律责任。

第四十条 县级以上人民政府建设（房地产）主管部门、财政部门及其工作人员利用职务上的便利，收受他人财物或者其他好处，不依法履行监督管理职责，或者发现违法行为不予查处的，依法给予处分；构成犯罪的，依法追究刑事责任。

第六章 附 则

第四十一条 省、自治区、直辖市人民政府建设（房地产）主管部门会同同级财政部门可以依据本办法，制定实施细则。

第四十二条 本办法实施前，商品住宅、公有住房已经出售但未建立住宅专项维修资金的，应当补建。具体办法由省、自治区、直辖市人民政府建设（房地产）主管部门会同同级财政部门依据本办法制定。

第四十三条 本办法由国务院建设主管部

门、财政部门共同解释。

第四十四条 本办法自 2008 年 2 月 1 日起施行,1998 年 12 月 16 日建设部、财政部发布的《住宅共用部位共用设施设备维修基金管理办法》(建住房〔1998〕213 号)同时废止。

业主大会和业主委员会指导规则

· 2009 年 12 月 1 日
· 建房〔2009〕274 号

第一章 总 则

第一条 为了规范业主大会和业主委员会的活动,维护业主的合法权益,根据《中华人民共和国物权法》、《物业管理条例》等法律法规的规定,制定本规则。

第二条 业主大会由物业管理区域内的全体业主组成,代表和维护物业管理区域内全体业主在物业管理活动中的合法权利,履行相应的义务。

第三条 业主委员会由业主大会依法选举产生,履行业主大会赋予的职责,执行业主大会决定的事项,接受业主的监督。

第四条 业主大会或者业主委员会的决定,对业主具有约束力。

业主大会和业主委员会应当依法履行职责,不得作出与物业管理无关的决定,不得从事与物业管理无关的活动。

第五条 业主大会和业主委员会,对业主损害他人合法权益和业主共同利益的行为,有权依照法律、法规以及管理规约,要求停止侵害、消除危险、排除妨害、赔偿损失。

第六条 物业所在地的区、县房地产行政主管部门和街道办事处、乡镇人民政府负责对设立业主大会和选举业主委员会给予指导和协助,负责对业主大会和业主委员会的日常活动进行指导和监督。

第二章 业主大会

第七条 业主大会根据物业管理区域的划分成立,一个物业管理区域成立一个业主大会。

只有一个业主的,或者业主人数较少且经全体业主同意,不成立业主大会的,由业主共同履行业主大会、业主委员会职责。

第八条 物业管理区域内,已交付的专有部分面积超过建筑物总面积 50%时,建设单位应当按照物业所在地的区、县房地产行政主管部门或者街道办事处、乡镇人民政府的要求,及时报送下列筹备首次业主大会会议所需的文件资料:

(一)物业管理区域证明;

(二)房屋及建筑物面积清册;

(三)业主名册;

(四)建筑规划总平面图;

(五)交付使用共用设施设备的证明;

(六)物业服务用房配置证明;

(七)其他有关的文件资料。

第九条 符合成立业主大会条件的,区、县房地产行政主管部门或者街道办事处、乡镇人民政府应当在收到业主提出筹备业主大会书面申请后 60 日内,负责组织、指导成立首次业主大会会议筹备组。

第十条 首次业主大会会议筹备组由业主代表、建设单位代表、街道办事处、乡镇人民政府代表和居民委员会代表组成。筹备组成员人数应为单数,其中业主代表人数不低于筹备组总人数的一半,筹备组组长由街道办事处、乡镇人民政府代表担任。

第十一条 筹备组中业主代表的产生,由街道办事处、乡镇人民政府或者居民委员会组织业主推荐。

筹备组应当将成员名单以书面形式在物业管理区域内公告。业主对筹备组成员有异议的,由街道办事处、乡镇人民政府协调解决。

建设单位和物业服务企业应当配合协助筹备组开展工作。

第十二条 筹备组应当做好以下筹备工作:

(一)确认并公示业主身份、业主人数以及所拥有的专有部分面积;

(二)确定首次业主大会会议召开的时间、地点、形式和内容;

(三)草拟管理规约、业主大会议事规则;

(四)依法确定首次业主大会会议表决规则;

(五)制定业主委员会委员候选人产生办法,确定业主委员会委员候选人名单;

(六)制定业主委员会选举办法;

(七)完成召开首次业主大会会议的其他准备

工作。

前款内容应当在首次业主大会会议召开15日前以书面形式在物业管理区域内公告。业主对公告内容有异议的，筹备组应当记录并作出答复。

第十三条 依法登记取得或者根据物权法第二章第三节规定取得建筑物专有部分所有权的人，应当认定为业主。

基于房屋买卖等民事法律行为，已经合法占有建筑物专有部分，但尚未依法办理所有权登记的人，可以认定为业主。

业主的投票权数由专有部分面积和业主人数确定。

第十四条 业主委员会委员候选人由业主推荐或者自荐。筹备组应当核查参选人的资格，根据物业规模、物权份额、委员的代表性和广泛性等因素，确定业主委员会委员候选人名单。

第十五条 筹备组应当自组成之日起90日内完成筹备工作，组织召开首次业主大会会议。

业主大会自首次业主大会会议表决通过管理规约、业主大会议事规则，并选举产生业主委员会之日起成立。

第十六条 划分为一个物业管理区域的分期开发的建设项目，先期开发部分符合条件的，可以成立业主大会，选举产生业主委员会。首次业主大会会议应当根据分期开发的物业面积和进度等因素，在业主大会议事规则中明确增补业主委员会委员的办法。

第十七条 业主大会决定以下事项：

（一）制定和修改业主大会议事规则；

（二）制定和修改管理规约；

（三）选举业主委员会或者更换业主委员会委员；

（四）制定物业服务内容、标准以及物业服务收费方案；

（五）选聘和解聘物业服务企业；

（六）筹集和使用专项维修资金；

（七）改建、重建建筑物及其附属设施；

（八）改变共有部分的用途；

（九）利用共有部分进行经营以及所得收益的分配与使用；

（十）法律法规或者管理规约确定应由业主共同决定的事项。

第十八条 管理规约应当对下列主要事项作出规定：

（一）物业的使用、维护、管理；

（二）专项维修资金的筹集、管理和使用；

（三）物业共用部分的经营与收益分配；

（四）业主共同利益的维护；

（五）业主共同管理权的行使；

（六）业主应尽的义务；

（七）违反管理规约应当承担的责任。

第十九条 业主大会议事规则应当对下列主要事项作出规定：

（一）业主大会名称及相应的物业管理区域；

（二）业主委员会的职责；

（三）业主委员会议事规则；

（四）业主大会会议召开的形式、时间和议事方式；

（五）业主投票权数的确定方法；

（六）业主代表的产生方式；

（七）业主大会会议的表决程序；

（八）业主委员会委员的资格、人数和任期等；

（九）业主委员会换届程序、补选办法等；

（十）业主大会、业主委员会工作经费的筹集、使用和管理；

（十一）业主大会、业主委员会印章的使用和管理。

第二十条 业主拒付物业服务费，不缴存专项维修资金以及实施其他损害业主共同权益行为的，业主大会可以在管理规约和业主大会议事规则中对其共同管理权的行使予以限制。

第二十一条 业主大会会议分为定期会议和临时会议。

业主大会定期会议应当按照业主大会议事规则的规定由业主委员会组织召开。

有下列情况之一的，业主委员会应当及时组织召开业主大会临时会议：

（一）经专有部分占建筑物总面积20%以上且占总人数20%以上业主提议的；

（二）发生重大事故或者紧急事件需要及时处理的；

（三）业主大会议事规则或者管理规约规定的其他情况。

第二十二条 业主大会会议可以采用集体讨论的形式，也可以采用书面征求意见的形式；但应当有物业管理区域内专有部分占建筑物总面积过半数的业主且占总人数过半数的业主参加。

采用书面征求意见形式的，应当将征求意见书送交每一位业主；无法送达的，应当在物业管理区域内公告。凡需投票表决的，表决意见应由业主本人签名。

第二十三条　业主大会确定业主投票权数，可以按照下列方法认定专有部分面积和建筑物总面积：

（一）专有部分面积按照不动产登记簿记载的面积计算；尚未进行登记的，暂按测绘机构的实测面积计算；尚未进行实测的，暂按房屋买卖合同记载的面积计算；

（二）建筑物总面积，按照前项的统计总和计算。

第二十四条　业主大会确定业主投票权数，可以按照下列方法认定业主人数和总人数：

（一）业主人数，按照专有部分的数量计算，一个专有部分按一人计算。但建设单位尚未出售和虽已出售但尚未交付的部分，以及同一买受人拥有一个以上专有部分的，按一人计算；

（二）总人数，按照前项的统计总和计算。

第二十五条　业主大会应当在业主大会议事规则中约定车位、摊位等特定空间是否计入用于确定业主投票权数的专有部分面积。

一个专有部分有两个以上所有权人的，应当推选一人行使表决权，但共有人所代表的业主人数为一人。

业主为无民事行为能力人或者限制民事行为能力人的，由其法定监护人行使投票权。

第二十六条　业主因故不能参加业主大会会议的，可以书面委托代理人参加业主大会会议。

未参与表决的业主，其投票权数是否可以计入已表决的多数票，由管理规约或者业主大会议事规则规定。

第二十七条　物业管理区域内业主人数较多的，可以幢、单元、楼层为单位，推选一名业主代表参加业主大会会议，推选及表决办法应当在业主大会议事规则中规定。

第二十八条　业主可以书面委托的形式，约定由其推选的业主代表在一定期限内代其行使共同管理权，具体委托内容、期限、权限和程序由业主大会议事规则规定。

第二十九条　业主大会会议决定筹集和使用专项维修资金以及改造、重建建筑物及其附属设施的，应当经专有部分占建筑物总面积三分之二以上的业主且占总人数三分之二以上的业主同意；决定本规则第十七条规定的其他共有和共同管理权利事项的，应当经专有部分占建筑物总面积过半数且占总人数过半数的业主同意。

第三十条　业主大会会议应当由业主委员会作出书面记录并存档。

业主大会的决定应当以书面形式在物业管理区域内及时公告。

第三章　业主委员会

第三十一条　业主委员会由业主大会会议选举产生，由 5 至 11 人单数组成。业主委员会委员应当是物业管理区域内的业主，并符合下列条件：

（一）具有完全民事行为能力；

（二）遵守国家有关法律、法规；

（三）遵守业主大会议事规则、管理规约，模范履行业主义务；

（四）热心公益事业，责任心强，公正廉洁；

（五）具有一定的组织能力；

（六）具备必要的工作时间。

第三十二条　业主委员会委员实行任期制，每届任期不超过 5 年，可连选连任，业主委员会委员具有同等表决权。

业主委员会应当自选举之日起 7 日内召开首次会议，推选业主委员会主任和副主任。

第三十三条　业主委员会应当自选举产生之日起 30 日内，持下列文件向物业所在地的区、县房地产行政主管部门和街道办事处、乡镇人民政府办理备案手续：

（一）业主大会成立和业主委员会选举的情况；

（二）管理规约；

（三）业主大会议事规则；

（四）业主大会决定的其他重大事项。

第三十四条　业主委员会办理备案手续后，可持备案证明向公安机关申请刻制业主大会印章和业主委员会印章。

业主委员会任期内，备案内容发生变更的，业主委员会应当自变更之日起 30 日内将变更内容书面报告备案部门。

第三十五条　业主委员会履行以下职责：

（一）执行业主大会的决定和决议；

（二）召集业主大会会议，报告物业管理实施情况；

（三）与业主大会选聘的物业服务企业签订物业服务合同；

（四）及时了解业主、物业使用人的意见和建议，监督和协助物业服务企业履行物业服务合同；

（五）监督管理规约的实施；

（六）督促业主交纳物业服务费及其他相关费用；

（七）组织和监督专项维修资金的筹集和使用；

（八）调解业主之间因物业使用、维护和管理产生的纠纷；

（九）业主大会赋予的其他职责。

第三十六条 业主委员会应当向业主公布下列情况和资料：

（一）管理规约、业主大会议事规则；

（二）业主大会和业主委员会的决定；

（三）物业服务合同；

（四）专项维修资金的筹集、使用情况；

（五）物业共有部分的使用和收益情况；

（六）占用业主共有的道路或者其他场地用于停放汽车车位的处分情况；

（七）业主大会和业主委员会工作经费的收支情况；

（八）其他应当向业主公开的情况和资料。

第三十七条 业主委员会应当按照业主大会议事规则的规定及业主大会的决定召开会议。经三分之一以上业主委员会委员的提议，应当在7日内召开业主委员会会议。

第三十八条 业主委员会会议由主任召集和主持，主任因故不能履行职责，可以委托副主任召集。

业主委员会会议应有过半数的委员出席，作出的决定必须经全体委员半数以上同意。

业主委员会委员不能委托代理人参加会议。

第三十九条 业主委员会应当于会议召开7日前，在物业管理区域内公告业主委员会会议的内容和议程，听取业主的意见和建议。

业主委员会会议应当制作书面记录并存档，业主委员会会议作出的决定，应当有参会委员的签字确认，并自作出决定之日起3日内在物业管理区域内公告。

第四十条 业主委员会应当建立工作档案，工作档案包括以下主要内容：

（一）业主大会、业主委员会的会议记录；

（二）业主大会、业主委员会的决定；

（三）业主大会议事规则、管理规约和物业服务合同；

（四）业主委员会选举及备案资料；

（五）专项维修资金筹集及使用账目；

（六）业主及业主代表的名册；

（七）业主的意见和建议。

第四十一条 业主委员会应当建立印章管理规定，并指定专人保管印章。

使用业主大会印章，应当根据业主大会议事规则的规定或者业主大会会议的决定；使用业主委员会印章，应当根据业主委员会会议的决定。

第四十二条 业主大会、业主委员会工作经费由全体业主承担。工作经费可以由业主分摊，也可以从物业共有部分经营所得收益中列支。工作经费的收支情况，应当定期在物业管理区域内公告，接受业主监督。

工作经费筹集、管理和使用的具体办法由业主大会决定。

第四十三条 有下列情况之一的，业主委员会委员资格自行终止：

（一）因物业转让、灭失等原因不再是业主的；

（二）丧失民事行为能力的；

（三）依法被限制人身自由的；

（四）法律、法规以及管理规约规定的其他情形。

第四十四条 业主委员会委员有下列情况之一的，由业主委员会三分之一以上委员或者持有20%以上投票权数的业主提议，业主大会或者业主委员会根据业主大会的授权，可以决定是否终止其委员资格：

（一）以书面方式提出辞职请求的；

（二）不履行委员职责的；

（三）利用委员资格谋取私利的；

（四）拒不履行业主义务的；

（五）侵害他人合法权益的；

（六）因其他原因不宜担任业主委员会委员的。

第四十五条 业主委员会委员资格终止的，应当自终止之日起3日内将其保管的档案资料、印章及其他属于全体业主所有的财物移交业主委员会。

第四十六条 业主委员会任期内，委员出现空缺时，应当及时补足。业主委员会委员候补办法由业主大会决定或者在业主大会议事规则中规定。业主委员会委员人数不足总数的二分之一时，应当召开业主大会临时会议，重新选举业主委员会。

第四十七条 业主委员会任期届满前3个月，应当组织召开业主大会会议，进行换届选举，并报告物业所在地的区、县房地产行政主管部门和街道办事处、乡镇人民政府。

第四十八条 业主委员会应当自任期届满之日起10日内，将其保管的档案资料、印章及其他属于业主大会所有的财物移交新一届业主委员会。

第四章 指导和监督

第四十九条 物业所在地的区、县房地产行政主管部门和街道办事处、乡镇人民政府应当积极开展物业管理政策法规的宣传和教育活动，及时处理业主、业主委员会在物业管理活动中的投诉。

第五十条 已交付使用的专有部分面积超过建筑物总面积50%，建设单位未按要求报送筹备首次业主大会会议相关文件资料的，物业所在地的区、县房地产行政主管部门或者街道办事处、乡镇人民政府有权责令建设单位限期改正。

第五十一条 业主委员会未按业主大会议事规则的规定组织召开业主大会定期会议，或者发生应当召开业主大会临时会议的情况，业主委员会不履行组织召开会议职责的，物业所在地的区、县房地产行政主管部门或者街道办事处、乡镇人民政府可以责令业主委员会限期召开；逾期仍不召开的，可以由物业所在地的居民委员会在街道办事处、乡镇人民政府的指导和监督下组织召开。

第五十二条 按照业主大会议事规则的规定或者三分之一以上委员提议，应当召开业主委员会会议的，业主委员会主任、副主任无正当理由不召集业主委员会会议的，物业所在地的区、县房地产行政主管部门或者街道办事处、乡镇人民政府可以指定业主委员会其他委员召集业主委员会会议。

第五十三条 召开业主大会会议，物业所在地的区、县房地产行政主管部门和街道办事处、乡镇人民政府应当给予指导和协助。

第五十四条 召开业主委员会会议，应当告知相关的居民委员会，并听取居民委员会的建议。

在物业管理区域内，业主大会、业主委员会应当积极配合相关居民委员会依法履行自治管理职责，支持居民委员会开展工作，并接受其指导和监督。

第五十五条 违反业主大会议事规则或者未经业主大会会议和业主委员会会议的决定，擅自使用业主大会印章、业主委员会印章的，物业所在地的街道办事处、乡镇人民政府应当责令限期改正，并通告全体业主；造成经济损失或者不良影响的，应当依法追究责任人的法律责任。

第五十六条 业主委员会委员资格终止，拒不移交所保管的档案资料、印章及其他属于全体业主所有的财物的，其他业主委员会委员可以请求物业所在地的公安机关协助移交。

业主委员会任期届满后，拒不移交所保管的档案资料、印章及其他属于全体业主所有的财物的，新一届业主委员会可以请求物业所在地的公安机关协助移交。

第五十七条 业主委员会在规定时间内不组织换届选举的，物业所在地的区、县房地产行政主管部门或者街道办事处、乡镇人民政府应当责令其限期组织换届选举；逾期仍不组织的，可以由物业所在地的居民委员会在街道办事处、乡镇人民政府的指导和监督下，组织换届选举工作。

第五十八条 因客观原因未能选举产生业主委员会或者业主委员会委员人数不足总数的二分之一的，新一届业主委员会产生之前，可以由物业所在地的居民委员会在街道办事处、乡镇人民政府的指导和监督下，代行业主委员会的职责。

第五十九条 业主大会、业主委员会作出的决定违反法律法规的，物业所在地的区、县房地产行政主管部门和街道办事处、乡镇人民政府应当责令限期改正或者撤销其决定，并通告全体业主。

第六十条 业主不得擅自以业主大会或者业主委员会的名义从事活动。业主以业主大会或者业主委员会的名义，从事违反法律、法规的活动，构成犯罪的，依法追究刑事责任；尚不构成犯罪的，依法给予治安管理处罚。

三、所有权

第六十一条 物业管理区域内,可以召开物业管理联席会议。物业管理联席会议由街道办事处、乡镇人民政府负责召集,由区、县房地产行政主管部门、公安派出所、居民委员会、业主委员会和物业服务企业等方面的代表参加,共同协调解决物业管理中遇到的问题。

第五章 附 则

第六十二条 业主自行管理或者委托其他管理人管理物业,成立业主大会,选举业主委员会的,可参照执行本规则。

第六十三条 物业所在地的区、县房地产行政主管部门与街道办事处、乡镇人民政府在指导、监督业主大会和业主委员会工作中的具体职责分工,按各省、自治区、直辖市人民政府有关规定执行。

第六十四条 本规则自2010年1月1日起施行。《业主大会规程》(建住房〔2003〕131号)同时废止。

物业承接查验办法

· 2010年10月14日
· 建房〔2010〕165号

第一条 为了规范物业承接查验行为,加强前期物业管理活动的指导和监督,维护业主的合法权益,根据《中华人民共和国物权法》、《中华人民共和国合同法》和《物业管理条例》等法律法规的规定,制定本办法。

第二条 本办法所称物业承接查验,是指承接新建物业前,物业服务企业和建设单位按照国家有关规定和前期物业服务合同的约定,共同对物业共用部位、共用设施设备进行检查和验收的活动。

第三条 物业承接查验应当遵循诚实信用、客观公正、权责分明以及保护业主共有财产的原则。

第四条 鼓励物业服务企业通过参与建设工程的设计、施工、分户验收和竣工验收等活动,向建设单位提供有关物业管理的建议,为实施物业承接查验创造有利条件。

第五条 国务院住房和城乡建设主管部门负责全国物业承接查验活动的指导和监督工作。

县级以上地方人民政府房地产行政主管部门负责本行政区域内物业承接查验活动的指导和监督工作。

第六条 建设单位与物业买受人签订的物业买卖合同,应当约定其所交付物业的共用部位、共用设施设备的配置和建设标准。

第七条 建设单位制定的临时管理规约,应当对全体业主同意授权物业服务企业代为查验物业共用部位、共用设施设备的事项作出约定。

第八条 建设单位与物业服务企业签订的前期物业服务合同,应当包含物业承接查验的内容。

前期物业服务合同就物业承接查验的内容没有约定或者约定不明确的,建设单位与物业服务企业可以协议补充。

不能达成补充协议的,按照国家标准、行业标准履行;没有国家标准、行业标准的,按照通常标准或者符合合同目的的特定标准履行。

第九条 建设单位应当按照国家有关规定和物业买卖合同的约定,移交权属明确、资料完整、质量合格、功能完备、配套齐全的物业。

第十条 建设单位应当在物业交付使用15日前,与选聘的物业服务企业完成物业共用部位、共用设施设备的承接查验工作。

第十一条 实施承接查验的物业,应当具备以下条件:

(一)建设工程竣工验收合格,取得规划、消防、环保等主管部门出具的认可或者准许使用文件,并经建设行政主管部门备案;

(二)供水、排水、供电、供气、供热、通信、公共照明、有线电视等市政公用设施设备按规划设计要求建成,供水、供电、供气、供热已安装独立计量表具;

(三)教育、邮政、医疗卫生、文化体育、环卫、社区服务等公共服务设施已按规划设计要求建成;

(四)道路、绿地和物业服务用房等公共配套设施按规划设计要求建成,并满足使用功能要求;

(五)电梯、二次供水、高压供电、消防设施、压力容器、电子监控系统等共用设施设备取得使用合格证书;

(六)物业使用、维护和管理的相关技术资料完整齐全；

（七）法律、法规规定的其他条件。

第十二条　实施物业承接查验，主要依据下列文件：

（一）物业买卖合同；

（二）临时管理规约；

（三）前期物业服务合同；

（四）物业规划设计方案；

（五）建设单位移交的图纸资料；

（六）建设工程质量法规、政策、标准和规范。

第十三条　物业承接查验按照下列程序进行：

（一）确定物业承接查验方案；

（二）移交有关图纸资料；

（三）查验共用部位、共用设施设备；

（四）解决查验发现的问题；

（五）确认现场查验结果；

（六）签订物业承接查验协议；

（七）办理物业交接手续。

第十四条　现场查验20日前，建设单位应当向物业服务企业移交下列资料：

（一）竣工总平面图，单体建筑、结构、设备竣工图，配套设施、地下管网工程竣工图等竣工验收资料；

（二）共用设施设备清单及其安装、使用和维护保养等技术资料；

（三）供水、供电、供气、供热、通信、有线电视等准许使用文件；

（四）物业质量保修文件和物业使用说明文件；

（五）承接查验所必需的其他资料。

未能全部移交前款所列资料的，建设单位应当列出未移交资料的详细清单并书面承诺补交的具体时限。

第十五条　物业服务企业应当对建设单位移交的资料进行清点和核查，重点核查共用设施设备出厂、安装、试验和运行的合格证明文件。

第十六条　物业服务企业应当对下列物业共用部位、共用设施设备进行现场检查和验收：

（一）共用部位：一般包括建筑物的基础、承重墙体、柱、梁、楼板、屋顶以及外墙、门厅、楼梯间、走廊、楼道、扶手、护栏、电梯井道、架空层及设备间等；

（二）共用设备：一般包括电梯、水泵、水箱、避雷设施、消防设备、楼道灯、电视天线、发电机、变配电设备、给排水管线、电线、供暖及空调设备等；

（三）共用设施：一般包括道路、绿地、人造景观、围墙、大门、信报箱、宣传栏、路灯、排水沟、渠、池、污水井、化粪池、垃圾容器、污水处理设施、机动车（非机动车）停车设施、休闲娱乐设施、消防设施、安防监控设施、人防设施、垃圾转运设施以及物业服务用房等。

第十七条　建设单位应当依法移交有关单位的供水、供电、供气、供热、通信和有线电视等共用设施设备，不作为物业服务企业现场检查和验收的内容。

第十八条　现场查验应当综合运用核对、观察、使用、检测和试验等方法，重点查验物业共用部位、共用设施设备的配置标准、外观质量和使用功能。

第十九条　现场查验应当形成书面记录。查验记录应当包括查验时间、项目名称、查验范围、查验方法、存在问题、修复情况以及查验结论等内容，查验记录应当由建设单位和物业服务企业参加查验的人员签字确认。

第二十条　现场查验中，物业服务企业应当将物业共用部位、共用设施设备的数量和质量不符合约定或者规定的情形，书面通知建设单位，建设单位应当及时解决并组织物业服务企业复验。

第二十一条　建设单位应当委派专业人员参与现场查验，与物业服务企业共同确认现场查验的结果，签订物业承接查验协议。

第二十二条　物业承接查验协议应当对物业承接查验基本情况、存在问题、解决方法及其时限、双方权利义务、违约责任等事项作出明确约定。

第二十三条　物业承接查验协议作为前期物业服务合同的补充协议，与前期物业服务合同具有同等法律效力。

第二十四条　建设单位应当在物业承接查验协议签订后10日内办理物业交接手续，向物业服务企业移交物业服务用房以及其他物业共用部位、共用设施设备。

第二十五条　物业承接查验协议生效后，当

三、所有权

事人一方不履行协议约定的交接义务,导致前期物业服务合同无法履行的,应当承担违约责任。

第二十六条 交接工作应当形成书面记录。交接记录应当包括移交资料明细、物业共用部位、共用设施设备明细、交接时间、交接方式等内容。交接记录应当由建设单位和物业服务企业共同签章确认。

第二十七条 分期开发建设的物业项目,可以根据开发进度,对符合交付使用条件的物业分期承接查验。建设单位与物业服务企业应当在承接最后一期物业时,办理物业项目整体交接手续。

第二十八条 物业承接查验费用的承担,由建设单位和物业服务企业在前期物业服务合同中约定。没有约定或者约定不明确的,由建设单位承担。

第二十九条 物业服务企业应当自物业交接后 30 日内,持下列文件向物业所在地的区、县(市)房地产行政主管部门办理备案手续:

(一)前期物业服务合同;

(二)临时管理规约;

(三)物业承接查验协议;

(四)建设单位移交资料清单;

(五)查验记录;

(六)交接记录;

(七)其它承接查验有关的文件。

第三十条 建设单位和物业服务企业应当将物业承接查验备案情况书面告知业主。

第三十一条 物业承接查验可以邀请业主代表以及物业所在地房地产行政主管部门参加,可以聘请相关专业机构协助进行,物业承接查验的过程和结果可以公证。

第三十二条 物业交接后,建设单位未能按照物业承接查验协议的约定,及时解决物业共用部位、共用设施设备存在的问题,导致业主人身、财产安全受到损害的,应当依法承担相应的法律责任。

第三十三条 物业交接后,发现隐蔽工程质量问题,影响房屋结构安全和正常使用的,建设单位应当负责修复;给业主造成经济损失的,建设单位应当依法承担赔偿责任。

第三十四条 自物业交接之日起,物业服务企业应当全面履行前期物业服务合同约定的、法律法规规定的以及行业规范确定的维修、养护和管理义务,承担因管理服务不当致使物业共用部位、共用设施设备毁损或者灭失的责任。

第三十五条 物业服务企业应当将承接查验有关的文件、资料和记录建立档案并妥善保管。

物业承接查验档案属于全体业主所有。前期物业服务合同终止,业主大会选聘新的物业服务企业的,原物业服务企业应当在前期物业服务合同终止之日起 10 日内,向业主委员会移交物业承接查验档案。

第三十六条 建设单位应当按照国家规定的保修期限和保修范围,承担物业共用部位、共用设施设备的保修责任。

建设单位可以委托物业服务企业提供物业共用部位、共用设施设备的保修服务,服务内容和费用由双方约定。

第三十七条 建设单位不得凭借关联关系滥用股东权利,在物业承接查验中免除自身责任,加重物业服务企业的责任,损害物业买受人的权益。

第三十八条 建设单位不得以物业交付期限届满为由,要求物业服务企业承接不符合交用条件或者未经查验的物业。

第三十九条 物业服务企业擅自承接未经查验的物业,因物业共用部位、共用设施设备缺陷给业主造成损害的,物业服务企业应当承担相应的赔偿责任。

第四十条 建设单位与物业服务企业恶意串通、弄虚作假,在物业承接查验活动中共同侵害业主利益的,双方应当共同承担赔偿责任。

第四十一条 物业承接查验活动,业主享有知情权和监督权。物业所在地房地产行政主管部门应当及时处理业主对建设单位和物业服务企业承接查验行为的投诉。

第四十二条 建设单位、物业服务企业未按本办法履行承接查验义务的,由物业所在地房地产行政主管部门责令限期改正;逾期仍不改正的,作为不良经营行为记入企业信用档案,并予以通报。

第四十三条 建设单位不移交有关承接查验资料的,由物业所在地房地产行政主管部门责令限期改正;逾期仍不移交的,对建设单位予以通报,并按照《物业管理条例》第五十九条的规定处罚。

第四十四条 物业承接查验中发生的争议,

可以申请物业所在地房地产行政主管部门调解，也可以委托有关行业协会调解。

第四十五条 前期物业服务合同终止后，业主委员会与业主大会选聘的物业服务企业之间的承接查验活动，可以参照执行本办法。

第四十六条 省、自治区、直辖市人民政府住房和城乡建设主管部门可以依据本办法，制定实施细则。

第四十七条 本办法由国务院住房和城乡建设主管部门负责解释。

第四十八条 本办法自2011年1月1日起施行。

住宅室内装饰装修管理办法

· 2002年3月5日建设部令第110号发布
· 根据2011年1月26日《住房和城乡建设部关于废止和修改部分规章的决定》修订

第一章 总 则

第一条 为加强住宅室内装饰装修管理，保证装饰装修工程质量和安全，维护公共安全和公众利益，根据有关法律、法规，制定本办法。

第二条 在城市从事住宅室内装饰装修活动，实施对住宅室内装饰装修活动的监督管理，应当遵守本办法。

本办法所称住宅室内装饰装修，是指住宅竣工验收合格后，业主或者住宅使用人（以下简称装修人）对住宅室内进行装饰装修的建筑活动。

第三条 住宅室内装饰装修应当保证工程质量和安全，符合工程建设强制性标准。

第四条 国务院建设行政主管部门负责全国住宅室内装饰装修活动的管理工作。

省、自治区人民政府建设行政主管部门负责本行政区域内的住宅室内装饰装修活动的管理工作。

直辖市、市、县人民政府房地产行政主管部门负责本行政区域内的住宅室内装饰装修活动的管理工作。

第二章 一般规定

第五条 住宅室内装饰装修活动，禁止下列行为：

（一）未经原设计单位或者具有相应资质等级的设计单位提出设计方案，变动建筑主体和承重结构；

（二）将没有防水要求的房间或者阳台改为卫生间、厨房间；

（三）扩大承重墙上原有的门窗尺寸，拆除连接阳台的砖、混凝土墙体；

（四）损坏房屋原有节能设施，降低节能效果；

（五）其他影响建筑结构和使用安全的行为。

本办法所称建筑主体，是指建筑实体的结构构造，包括屋盖、楼盖、梁、柱、支撑、墙体、连接接点和基础等。

本办法所称承重结构，是指直接将本身自重与各种外加作用力系统地传递给基础地基的主要结构构件和其连接接点，包括承重墙体、立杆、柱、框架柱、支墩、楼板、梁、屋架、悬索等。

第六条 装修人从事住宅室内装饰装修活动，未经批准，不得有下列行为：

（一）搭建建筑物、构筑物；

（二）改变住宅外立面，在非承重外墙上开门、窗；

（三）拆改供暖管道和设施；

（四）拆改燃气管道和设施。

本条所列第（一）项、第（二）项行为，应当经城市规划行政主管部门批准；第（三）项行为，应当经供暖管理单位批准；第（四）项行为应当经燃气管理单位批准。

第七条 住宅室内装饰装修超过设计标准或者规范增加楼面荷载的，应当经原设计单位或者具有相应资质等级的设计单位提出设计方案。

第八条 改动卫生间、厨房间防水层的，应当按照防水标准制订施工方案，并做闭水试验。

第九条 装修人经原设计单位或者具有相应资质等级的设计单位提出设计方案变动建筑主体和承重结构的，或者装修活动涉及本办法第六条、第七条、第八条内容的，必须委托具有相应资质的装饰装修企业承担。

第十条 装饰装修企业必须按照工程建设强制性标准和其他技术标准施工，不得偷工减料，确保装饰装修工程质量。

第十一条 装饰装修企业从事住宅室内装饰装修活动，应当遵守施工安全操作规程，按照规定采取必要的安全防护和消防措施,不得擅自动用明火和进行焊接作业,保证作业人员和周围住房及财产的安全。

第十二条 装修人和装饰装修企业从事住宅室内装饰装修活动,不得侵占公共空间,不得损害公共部位和设施。

第三章 开工申报与监督

第十三条 装修人在住宅室内装饰装修工程开工前,应当向物业管理企业或者房屋管理机构(以下简称物业管理单位)申报登记。

非业主的住宅使用人对住宅室内进行装饰装修,应当取得业主的书面同意。

第十四条 申报登记应当提交下列材料:

(一)房屋所有权证(或者证明其合法权益的有效凭证);

(二)申请人身份证件;

(三)装饰装修方案;

(四)变动建筑主体或者承重结构的,需提交原设计单位或者具有相应资质等级的设计单位提出的设计方案;

(五)涉及本办法第六条行为的,需提交有关部门的批准文件,涉及本办法第七条、第八条行为的,需提交设计方案或者施工方案;

(六)委托装饰装修企业施工的,需提供该企业相关资质证书的复印件。

非业主的住宅使用人,还需提供业主同意装饰装修的书面证明。

第十五条 物业管理单位应当将住宅室内装饰装修工程的禁止行为和注意事项告知装修人和装修人委托的装饰装修企业。

装修人对住宅进行装饰装修前,应当告知邻里。

第十六条 装修人,或者装修人和装饰装修企业,应当与物业管理单位签订住宅室内装饰装修管理服务协议。

住宅室内装饰装修管理服务协议应当包括下列内容:

(一)装饰装修工程的实施内容;

(二)装饰装修工程的实施期限;

(三)允许施工的时间;

(四)废弃物的清运与处置;

(五)住宅外立面设施及防盗窗的安装要求;

(六)禁止行为和注意事项;

(七)管理服务费用;

(八)违约责任;

(九)其他需要约定的事项。

第十七条 物业管理单位应当按照住宅室内装饰装修管理服务协议实施管理,发现装修人或者装饰装修企业有本办法第五条行为的,或者未经有关部门批准实施本办法第六条所列行为的,或者有违反本办法第七条、第八条、第九条规定行为的,应当立即制止;已造成事实后果或者拒不改正的,应当及时报告有关部门依法处理。对装修人或者装饰装修企业违反住宅室内装饰装修管理服务协议的,追究违约责任。

第十八条 有关部门接到物业管理单位关于装修人或者装饰装修企业有违反本办法行为的报告后,应当及时到现场检查核实,依法处理。

第十九条 禁止物业管理单位向装修人指派装饰装修企业或者强行推销装饰装修材料。

第二十条 装修人不得拒绝和阻碍物业管理单位依据住宅室内装饰装修管理服务协议的约定,对住宅室内装饰装修活动的监督检查。

第二十一条 任何单位和个人对住宅室内装饰装修中出现的影响公众利益的质量事故、质量缺陷以及其他影响周围住户正常生活的行为,都有权检举、控告、投诉。

第四章 委托与承接

第二十二条 承接住宅室内装饰装修工程的装饰装修企业,必须经建设行政主管部门资质审查,取得相应的建筑业企业资质证书,并在其资质等级许可的范围内承揽工程。

第二十三条 装修人委托企业承接其装饰装修工程的,应当选择具有相应资质等级的装饰装修企业。

第二十四条 装修人与装饰装修企业应当签订住宅室内装饰装修书面合同,明确双方的权利和义务。

住宅室内装饰装修合同应当包括下列主要内容:

(一)委托人和被委托人的姓名或者单位名称、住所地址、联系电话;

(二)住宅室内装饰装修的房屋间数、建筑面积,装饰装修的项目、方式、规格、质量要求以及质量验收方式；

（三）装饰装修工程的开工、竣工时间；

（四）装饰装修工程保修的内容、期限；

（五）装饰装修工程价格，计价和支付方式、时间；

（六）合同变更和解除的条件；

（七）违约责任及解决纠纷的途径；

（八）合同的生效时间；

（九）双方认为需要明确的其他条款。

第二十五条　住宅室内装饰装修工程发生纠纷的，可以协商或者调解解决。不愿协商、调解或者协商、调解不成的，可以依法申请仲裁或者向人民法院起诉。

第五章　室内环境质量

第二十六条　装饰装修企业从事住宅室内装饰装修活动，应当严格遵守规定的装饰装修施工时间，降低施工噪音，减少环境污染。

第二十七条　住宅室内装饰装修过程中所形成的各种固体、可燃液体等废物，应当按照规定的位置、方式和时间堆放和清运。严禁违反规定将各种固体、可燃液体等废物堆放于住宅垃圾道、楼道或者其他地方。

第二十八条　住宅室内装饰装修工程使用的材料和设备必须符合国家标准，有质量检验合格证明和有中文标识的产品名称、规格、型号、生产厂厂名、厂址等。禁止使用国家明令淘汰的建筑装饰装修材料和设备。

第二十九条　装修人委托企业对住宅室内进行装饰装修的，装饰装修工程竣工后，空气质量应当符合国家有关标准。装修人可以委托有资格的检测单位对空气质量进行检测。检测不合格的，装饰装修企业应当返工，并由责任人承担相应损失。

第六章　竣工验收与保修

第三十条　住宅室内装饰装修工程竣工后，装修人应当按照工程设计合同约定和相应的质量标准进行验收。验收合格后，装饰装修企业应当出具住宅室内装饰装修质量保修书。

物业管理单位应当按照装饰装修管理服务协议进行现场检查，对违反法律、法规和装饰装修管理服务协议的，应当要求装修人和装饰装修企业纠正，并将检查记录存档。

第三十一条　住宅室内装饰装修工程竣工后，装饰装修企业负责采购装饰装修材料及设备的，应当向业主提交说明书、保修单和环保说明书。

第三十二条　在正常使用条件下，住宅室内装饰装修工程的最低保修期限为二年，有防水要求的厨房、卫生间和外墙面的防渗漏为五年。保修期自住宅室内装饰装修工程竣工验收合格之日起计算。

第七章　法律责任

第三十三条　因住宅室内装饰装修活动造成相邻住宅的管道堵塞、渗漏水、停水停电、物品毁坏等，装修人应当负责修复和赔偿；属于装饰装修企业责任的，装修人可以向装饰装修企业追偿。

装修人擅自拆改供暖、燃气管道和设施造成损失的，由装修人负责赔偿。

第三十四条　装修人因住宅室内装饰装修活动侵占公共空间，对公共部位和设施造成损害的，由城市房地产行政主管部门责令改正，造成损失的，依法承担赔偿责任。

第三十五条　装修人未申报登记进行住宅室内装饰装修活动的，由城市房地产行政主管部门责令改正，处5百元以上1千元以下的罚款。

第三十六条　装修人违反本办法规定，将住宅室内装饰装修工程委托给不具有相应资质等级企业的，由城市房地产行政主管部门责令改正，处5百元以上1千元以下的罚款。

第三十七条　装饰装修企业自行采购或者向装修人推荐使用不符合国家标准的装饰装修材料，造成空气污染超标的，由城市房地产行政主管部门责令改正，造成损失的，依法承担赔偿责任。

第三十八条　住宅室内装饰装修活动有下列行为之一的，由城市房地产行政主管部门责令改正，并处罚款：

（一）将没有防水要求的房间或者阳台改为卫生间、厨房间的，或者拆除连接阳台的砖、混凝土墙体的，对装修人处5百元以上1千元以下的罚款，对装饰装修企业处1千元以上1万元以下的罚款；

（二）损坏房屋原有节能设施或者降低节能效

三、所有权

果的,对装饰装修企业处1千元以上5千元以下的罚款;

(三)擅自拆改供暖、燃气管道和设施的,对装修人处5百元以上1千元以下的罚款;

(四)未经原设计单位或者具有相应资质等级的设计单位提出设计方案,擅自超过设计标准或者规范增加楼面荷载的,对装修人处5百元以上1千元以下的罚款,对装饰装修企业处1千元以上1万元以下的罚款。

第三十九条 未经城市规划行政主管部门批准,在住宅室内装饰装修活动中搭建建筑物、构筑物的,或者擅自改变住宅外立面、在非承重外墙上开门、窗的,由城市规划行政主管部门按照《中华人民共和国城乡规划法》及相关法规的规定处罚。

第四十条 装修人或者装饰装修企业违反《建设工程质量管理条例》的,由建设行政主管部门按照有关规定处罚。

第四十一条 装饰装修企业违反国家有关安全生产规定和安全生产技术规程,不按照规定采取必要的安全防护和消防措施,擅自动用明火作业和进行焊接作业的,或者对建筑安全事故隐患不采取措施予以消除的,由建设行政主管部门责令改正,并处1千元以上1万元以下的罚款;情节严重的,责令停业整顿,并处1万元以上3万元以下的罚款;造成重大安全事故的,降低资质等级或者吊销资质证书。

第四十二条 物业管理单位发现装修人或者装饰装修企业有违反本办法规定的行为不及时向有关部门报告的,由房地产行政主管部门给予警告,可处装饰装修管理服务协议约定的装饰装修管理服务费2至3倍的罚款。

第四十三条 有关部门的工作人员接到物业管理单位对装修人或者装饰装修企业违法行为的报告后,未及时处理,玩忽职守的,依法给予行政处分。

第八章 附 则

第四十四条 工程投资额在30万元以下或者建筑面积在300平方米以下,可以不申请办理施工许可证的非住宅装饰装修活动参照本办法执行。

第四十五条 住宅竣工验收合格前的装饰装修工程管理,按照《建设工程质量管理条例》执行。

第四十六条 省、自治区、直辖市人民政府建设行政主管部门可以依据本办法,制定实施细则。

第四十七条 本办法由国务院建设行政主管部门负责解释。

第四十八条 本办法自2002年5月1日起施行。

最高人民法院关于审理建筑物区分所有权纠纷案件适用法律若干问题的解释

· 2009年3月23日最高人民法院审判委员会第1464次会议通过
· 根据2020年12月23日最高人民法院审判委员会第1823次会议通过的《最高人民法院关于修改〈最高人民法院关于在民事审判工作中适用《中华人民共和国工会法》若干问题的解释〉等二十七件民事类司法解释的决定》修正

为正确审理建筑物区分所有权纠纷案件,依法保护当事人的合法权益,根据《中华人民共和国民法典》等法律的规定,结合民事审判实践,制定本解释。

第一条 依法登记取得或者依据民法典第二百二十九条至第二百三十一条规定取得建筑物专有部分所有权的人,应当认定为民法典第二编第六章所称的业主。

基于与建设单位之间的商品房买卖民事法律行为,已经合法占有建筑物专有部分,但尚未依法办理所有权登记的人,可以认定为民法典第二编第六章所称的业主。

第二条 建筑区划内符合下列条件的房屋,以及车位、摊位等特定空间,应当认定为民法典第二编第六章所称的专有部分:

(一)具有构造上的独立性,能够明确区分;

(二)具有利用上的独立性,可以排他使用;

(三)能够登记成为特定业主所有权的客体。

规划上专属于特定房屋,且建设单位销售时已经根据规划列入该特定房屋买卖合同中的露台等,应当认定为前款所称的专有部分的组成部分。

本条第一款所称房屋，包括整栋建筑物。

第三条 除法律、行政法规规定的共有部分外，建筑区划内的以下部分，也应当认定为民法典第二编第六章所称的共有部分：

（一）建筑物的基础、承重结构、外墙、屋顶等基本结构部分，通道、楼梯、大堂等公共通行部分，消防、公共照明等附属设施、设备，避难层、设备层或者设备间等结构部分；

（二）其他不属于业主专有部分，也不属于市政公用部分或者其他权利人所有的场所及设施等。

建筑区划内的土地，依法由业主共同享有建设用地使用权，但属于业主专有的整栋建筑物的规划占地或者城镇公共道路、绿地占地除外。

第四条 业主基于对住宅、经营性用房等专有部分特定使用功能的合理需要，无偿利用屋顶以及与其专有部分相对应的外墙面等共有部分的，不应认定为侵权。但违反法律、法规、管理规约，损害他人合法权益的除外。

第五条 建设单位按照配置比例将车位、车库，以出售、附赠或者出租等方式处分给业主的，应当认定其行为符合民法典第二百七十六条有关"应当首先满足业主的需要"的规定。

前款所称配置比例是指规划确定的建筑区划内规划用于停放汽车的车位、车库与房屋套数的比例。

第六条 建筑区划内在规划用于停放汽车的车位之外，占用业主共有道路或者其他场地增设的车位，应当认定为民法典第二百七十五条第二款所称的车位。

第七条 处分共有部分，以及业主大会依法决定或者管理规约依法确定应由业主共同决定的事项，应当认定为民法典第二百七十八条第一款第（九）项规定的有关共有和共同管理权利的"其他重大事项"。

第八条 民法典第二百七十八条第二款和第二百八十三条规定的专有部分面积可以按照不动产登记簿记载的面积计算；尚未进行物权登记的，暂按测绘机构的实测面积计算；尚未进行实测的，暂按房屋买卖合同记载的面积计算。

第九条 民法典第二百七十八条第二款规定的业主人数可以按照专有部分的数量计算，一个专有部分按一人计算。但建设单位尚未出售和虽已出售但尚未交付的部分，以及同一买受人拥有一个以上专有部分的，按一人计算。

第十条 业主将住宅改变为经营性用房，未依据民法典第二百七十九条的规定经有利害关系的业主一致同意，有利害关系的业主请求排除妨害、消除危险、恢复原状或者赔偿损失的，人民法院应予支持。

将住宅改变为经营性用房的业主以多数有利害关系的业主同意其行为进行抗辩的，人民法院不予支持。

第十一条 业主将住宅改变为经营性用房，本栋建筑物内的其他业主，应当认定为民法典第二百七十九条所称"有利害关系的业主"。建筑区划内，本栋建筑物之外的业主，主张与自己有利害关系的，应证明其房屋价值、生活质量受到或者可能受到不利影响。

第十二条 业主以业主大会或者业主委员会作出的决定侵害其合法权益或者违反了法律规定的程序为由，依据民法典第二百八十条第二款的规定请求人民法院撤销该决定的，应当在知道或者应当知道业主大会或者业主委员会作出决定之日起一年内行使。

第十三条 业主请求公布、查阅下列应当向业主公开的情况和资料的，人民法院应予支持：

（一）建筑物及其附属设施的维修资金的筹集、使用情况；

（二）管理规约、业主大会议事规则，以及业主大会或者业主委员会的决定及会议记录；

（三）物业服务合同、共有部分的使用和收益情况；

（四）建筑区划内规划用于停放汽车的车位、车库的处分情况；

（五）其他应当向业主公开的情况和资料。

第十四条 建设单位、物业服务企业或者其他管理人等擅自占用、处分业主共有部分、改变其使用功能或者进行经营性活动，权利人请求排除妨害、恢复原状、确认处分行为无效或者赔偿损失的，人民法院应予支持。

属于前款所称擅自进行经营性活动的情形，权利人请求建设单位、物业服务企业或者其他管理人等将扣除合理成本之后的收益用于补充专项维修资金或者业主共同决定的其他用途的，人民法院应予支持。行为人对成本的支出及其合理性承担举证责任。

第十五条 业主或者其他行为人违反法律、法规、国家相关强制性标准、管理规约，或者违反业主大会、业主委员会依法作出的决定，实施下列行为的，可以认定为民法典第二百八十六条第二款所称的其他"损害他人合法权益的行为"：

（一）损害房屋承重结构，损害或者违章使用电力、燃气、消防设施，在建筑物内放置危险、放射性物品等危及建筑物安全或者妨碍建筑物正常使用；

（二）违反规定破坏、改变建筑物外墙面的形状、颜色等损害建筑物外观；

（三）违反规定进行房屋装饰装修；

（四）违章加建、改建，侵占、挖掘公共通道、道路、场地或者其他共有部分。

第十六条 建筑物区分所有权纠纷涉及专有部分的承租人、借用人等物业使用人的，参照本解释处理。

专有部分的承租人、借用人等物业使用人，根据法律、法规、管理规约、业主大会或者业主委员会依法作出的决定，以及其与业主的约定，享有相应权利，承担相应义务。

第十七条 本解释所称建设单位，包括包销期满，按照包销合同约定的包销价格购买尚未销售的物业后，以自己名义对外销售的包销人。

第十八条 人民法院审理建筑物区分所有权案件中，涉及有关物权归属争议的，应当以法律、行政法规为依据。

第十九条 本解释自 2009 年 10 月 1 日起施行。

因物权法施行后实施的行为引起的建筑物区分所有权纠纷案件，适用本解释。

本解释施行前已经终审，本解释施行后当事人申请再审或者按照审判监督程序决定再审的案件，不适用本解释。

最高人民法院关于审理物业服务纠纷案件适用法律若干问题的解释

· 2009 年 4 月 20 日最高人民法院审判委员会第 1466 次会议通过
· 根据 2020 年 12 月 23 日最高人民法院审判委员会第 1823 次会议通过的《最高人民法院关于修改〈最高人民法院关于在民事审判工作中适用《中华人民共和国工会法》若干问题的解释〉等二十七件民事类司法解释的决定》修正

为正确审理物业服务纠纷案件，依法保护当事人的合法权益，根据《中华人民共和国民法典》等法律规定，结合民事审判实践，制定本解释。

第一条 业主违反物业服务合同或者法律、法规、管理规约，实施妨碍物业服务与管理的行为，物业服务人请求业主承担停止侵害、排除妨碍、恢复原状等相应民事责任的，人民法院应予支持。

第二条 物业服务人违反物业服务合同约定或者法律、法规、部门规章规定，擅自扩大收费范围、提高收费标准或者重复收费，业主以违规收费为由提出抗辩的，人民法院应予支持。

业主请求物业服务人退还其已经收取的违规费用的，人民法院应予支持。

第三条 物业服务合同的权利义务终止后，业主请求物业服务人退还已经预收，但尚未提供物业服务期间的物业费的，人民法院应予支持。

第四条 因物业的承租人、借用人或者其他物业使用人实施违反物业服务合同，以及法律、法规或者管理规约的行为引起的物业服务纠纷，人民法院可以参照关于业主的规定处理。

第五条 本解释自 2009 年 10 月 1 日起施行。

本解释施行前已经终审，本解释施行后当事人申请再审或者按照审判监督程序决定再审的案件，不适用本解释。

文书范本

1. 前期物业服务合同①

（示范文本）

甲　　方：＿＿＿＿＿＿＿＿＿＿＿＿＿＿

法定代表人：＿＿＿＿＿＿＿＿＿＿＿＿＿

住所地：＿＿＿＿＿＿＿＿＿＿＿＿＿＿

邮　　编：＿＿＿＿＿＿＿＿＿＿＿＿＿＿

乙　　方：＿＿＿＿＿＿＿＿＿＿＿＿＿＿

法定代表人：＿＿＿＿＿＿＿＿＿＿＿＿＿

住所地：＿＿＿＿＿＿＿＿＿＿＿＿＿＿

邮　　编：＿＿＿＿＿＿＿＿＿＿＿＿＿＿

资质等级：＿＿＿＿＿＿＿＿＿＿＿＿＿

证书编号：＿＿＿＿＿＿＿＿＿＿＿＿＿

根据《物业管理条例》和相关法律、法规、政策，甲乙双方在自愿、平等、协商一致的基础上，就甲方选聘乙方对（物业名称）提供前期物业管理服务事宜，订立本合同。

第一章　物业基本情况

第一条　物业基本情况：

物业名称　＿＿＿＿＿＿＿＿＿＿＿＿＿

物业类型　＿＿＿＿＿＿＿＿＿＿＿＿＿

座落位置　＿＿＿＿＿＿＿＿＿＿＿＿＿

建筑面积　＿＿＿＿＿＿＿＿＿＿＿＿＿

物业管理区域四至：＿＿＿＿＿东至＿＿＿＿＿南至＿＿＿＿＿＿西至＿＿＿＿＿北至＿＿＿＿

第二章　服务内容与质量

第二条　在物业管理区域内，乙方提供的前期物业管理服务包括以下内容：

1. 物业共用部位的维修、养护和管理；

2. 物业共用设施设备的运行、维修、养护和管理；

3. 物业共用部位和相关场地的清洁卫生，垃圾的收集、清运及雨、污水管道的疏通；

4. 公共绿化的养护和管理；

5. 车辆停放管理；

6. 公共秩序维护、安全防范等事项的协助管理；

7. 装饰装修管理服务；

8. 物业档案资料管理。

第三条　在物业管理区域内，乙方提供的其他服务包括以下事项：

1. ＿＿＿＿＿＿＿＿＿＿＿＿＿＿

2. ＿＿＿＿＿＿＿＿＿＿＿＿＿＿

_____

① 原建设部 2004 年 9 月 6 日以建住房〔2004〕155 号文发布的示范文本。

3. ＿＿＿＿＿＿＿＿＿＿＿＿＿＿＿＿＿＿

第四条 乙方提供的前期物业管理服务应达到约定的质量标准。

第五条 单个业主可委托乙方对其物业的专有部分提供维修养护等服务,服务内容和费用由双方另行商定。

第三章　服　务　费　用

第六条 本物业管理区域物业服务收费选择以下第＿＿＿种方式:

1. 包干制

物业服务费用由业主按其拥有物业的建筑面积交纳,具体标准如下:

多层住宅:＿＿＿＿＿＿元/月．平方米;

高层住宅:＿＿＿＿＿＿元/月．平方米;

别墅:＿＿＿＿＿＿元/月．平方米;

办公楼:＿＿＿＿＿＿元/月．平方米;

商业物业:＿＿＿＿＿＿元/月．平方米;

物业:＿＿＿＿＿＿元/月．平方米。

物业服务费用主要用于以下开支:

(1)管理服务人员的工资、社会保险和按规定提取的福利费等;

(2)物业共用部位、共用设施设备的日常运行、维护费用;

(3)物业管理区域清洁卫生费用;

(4)物业管理区域绿化养护费用;

(5)物业管理区域秩序维护费用;

(6)办公费用;

(7)物业管理企业固定资产折旧;

(8)物业共用部位、共用设施设备及公众责任保险费用;

(9)法定税费;

(10)物业管理企业的利润;

(11)＿＿＿＿＿＿＿＿＿＿＿＿＿＿＿＿＿＿。

乙方按照上述标准收取物业服务费用,并按本合同约定的服务内容和质量标准提供服务,盈余或亏损由乙方享有或承担。

2. 酬金制

物业服务资金由业主按其拥有物业的建筑面积预先交纳,具体标准如下:

多层住宅:＿＿＿＿＿＿元/月．平方米;

高层住宅:＿＿＿＿＿＿元/月．平方米;

别墅:＿＿＿＿＿＿元/月．平方米;

办公楼:＿＿＿＿＿＿元/月．平方米;

商业物业:＿＿＿＿＿＿元/月．平方米;

物业:＿＿＿＿＿＿元/月．平方米。

预收的物业服务资金由物业服务支出和乙方的酬金构成。

物业服务支出为所交纳的业主所有,由乙方代管,主要用于以下开支:

(1)管理服务人员的工资、社会保险和按规定提取的福利费等;

(2)物业共用部位、共用设施设备的日常运行、维护费用;

(3)物业管理区域清洁卫生费用;

(4)物业管理区域绿化养护费用;

（5）物业管理区域秩序维护费用；

（6）办公费用；

（7）物业管理企业固定资产折旧；

（8）物业共用部位、共用设施设备及公众责任保险费用；

（9）_____。

乙方采取以下第____种方式提取酬金：

（1）乙方按_____（每月/每季/每年）元的标准从预收的物业服务资金中提取。

（2）乙方_____（每月/每季/每年）按应收的物业服务资金____%的比例提取。

物业服务支出应全部用于本合同约定的支出。物业服务支出年度结算后结余部分，转入下一年度继续使用；物业服务支出年度结算后不足部分，由全体业主承担。

第七条　业主应于之日起交纳物业服务费用（物业服务资金）。

纳入物业管理范围的已竣工但尚未出售，或者因甲方原因未能按时交给物业买受人的物业，其物业服务费用（物业服务资金）由甲方全额交纳。

业主与物业使用人约定由物业使用人交纳物业服务费用（物业服务资金）的，从其约定，业主负连带交纳责任。业主与物业使用人之间的交费约定，业主应及时书面告知乙方。

物业服务费用（物业服务资金）按（年/季/月）交纳，业主或物业使用人应在（每次缴费的具体时间）履行交纳义务。

第八条　物业服务费用实行酬金制方式计费的，乙方应向全体业主公布物业管理年度计划和物业服务资金年度预决算，并每年次向全体业主公布物业服务资金的收支情况。

对物业服务资金收支情况有争议的，甲乙双方同意采取以下方式解决：

1._____

2._____

第四章　物业的经营与管理

第九条　停车场收费分别采取以下方式：

1. 停车场属于全体业主共有的，车位使用人应按露天车位_____元/个·月、车库车位_____元/个·月的标准向乙方交纳停车费。

乙方从停车费中按露天车位_____元/个·月、车库车位_____元/个·月的标准提取停车管理服务费。

2. 停车场属于甲方所有、委托乙方管理的，业主和物业使用人有优先使用权，车位使用人应按露天车位_____元/个·月、车库车位_____元/个·月的标准向乙方交纳停车费。

乙方从停车费中按露天车位_____元/个·月、车库车位_____元/个·月的标准提取停车管理服务费。

3. 停车场车位所有权或使用权由业主购置的，车位使用人应按露天车位_____元/个·月、车库车位_____元/个·月的标准向乙方交纳停车管理服务费。

第十条　乙方应与停车场车位使用人签订书面的停车管理服务协议，明确双方在车位使用及停车管理服务等方面的权利义务。

第十一条　本物业管理区域内的会所属（全体业主/甲方）所有。

会所委托乙方经营管理的，乙方按下列标准向使用会所的业主或物业使用人收取费用：

1._____

2._____

第十二条　本物业管理区域内属于全体业主所有的停车场、会所及其他物业共用部位、公用设备设施统一委托乙方经营，经营收入按下列约定分配：

1. _____
2. _____

第五章　物业的承接验收

第十三条　乙方承接物业时,甲方应配合乙方对以下物业共用部位、共用设施设备进行查验:

1. _____
2. _____
3. _____

第十四条　甲乙双方确认查验过的物业共用部位、共用设施设备存在以下问题:

1. _____
2. _____
3. _____

甲方应承担解决以上问题的责任,解决办法如下:

1. _____
2. _____
3. _____

第十五条　对于本合同签订后承接的物业共用部位、共用设施设备,甲乙双方应按照前条规定进行查验并签订确认书,作为界定各自在开发建设和物业管理方面承担责任的依据。

第十六条　乙方承接物业时,甲方应向乙方移交下列资料:

1. 竣工总平面图,单体建筑、结构、设备竣工图,配套设施、地下管网工程竣工图等竣工验收资料;
2. 设施设备的安装、使用和维护保养等技术资料;
3. 物业质量保修文件和物业使用说明文件;
4. _____

第十七条　甲方保证交付使用的物业符合国家规定的验收标准,按照国家规定的保修期限和保修范围承担物业的保修责任。

第六章　物业的使用与维护

第十八条　业主大会成立前,乙方应配合甲方制定本物业管理区域内物业共用部位和共用设施设备的使用、公共秩序和环境卫生的维护等方面的规章制度。

乙方根据规章制度提供管理服务时,甲方、业主和物业使用人应给予必要配合。

第十九条　乙方可采取规劝_____、_____、_____等必要措施,制止业主、物业使用人违反本临时公约和物业管理区域内物业管理规章制度的行为。

第二十条　乙方应及时向全体业主通告本物业管理区域内有关物业管理的重大事项,及时处理业主和物业使用人的投诉,接受甲方、业主和物业使用人的监督。

第二十一条　因维修物业或者公共利益,甲方确需临时占用、挖掘本物业管理区域内道路、场地的,应征得相关业主和乙方的同意;乙方确需临时占用、挖掘本物业管理区域内道路、场地的,应征得相关业主和甲方的同意。

临时占用、挖掘本物业管理区域内道路、场地的,应在约定期限内恢复原状。

第二十二条　乙方与装饰装修房屋的业主或物业使用人应签订书面的装饰装修管理服务协议,就允许施工的时间、废弃物的清运与处置、装修管理服务费用等事项进行约定,并事先告知业主或物业使用人装饰装修中的禁止行为和注意事项。

第二十三条　甲方应于(具体时间)按有关规定向乙方提供能够直接投入使用的物业管理用房。

物业管理用房建筑面积_____平方米,其中:办公用房_____平方米,位于;住宿用_____

房平方米,位于;

用房_____平方米,位于。

第二十四条 物业管理用房属全体业主所有,乙方在本合同期限内无偿使用,但不得改变其用途。

第七章 专项维修资金

第二十五条 专项维修资金的缴存

第二十六条 专项维修资金的管理

第二十七条 专项维修资金的使用

第二十八条 专项维修资金的续筹

第八章 违约责任

第二十九条 甲方违反本合同第十三条、第十四条、第十五条的约定,致使乙方的管理服务无法达到本合同第二条、第三条、第四条约定的服务内容和质量标准的,由甲方赔偿由此给业主和物业使用人造成的损失。

第三十条 除前条规定情况外,乙方的管理服务达不到本合同第二条、第三条、第四条约定的服务内容和质量标准,应按的标准向甲方、业主支付违约金。

第三十一条 甲方、业主或物业使用人违反本合同第六条、第七条的约定,未能按时足额交纳物业服务费用(物业服务资金)的,应按的标准向乙方支付违约金。

第三十二条 乙方违反本合同第六条、第七条的约定,擅自提高物业服务费用标准的,业主和物业使用人就超额部分有权拒绝交纳;乙方已经收取的,业主和物业使用人有权要求乙方双倍返还。

第三十三条 甲方违反本合同第十七条的约定,拒绝或拖延履行保修义务的,业主、物业使用人可以自行或委托乙方修复,修复费用及造成的其他损失由甲方承担。

第三十四条 以下情况乙方不承担责任:

1. 因不可抗力导致物业管理服务中断的;

2. 乙方已履行本合同约定义务,但因物业本身固有瑕疵造成损失的;

3. 因维修养护物业共用部位、共用设施设备需要且事先已告知业主和物业使用人,暂时停水、停电、停止共用设施设备使用等造成损失的;

4. 因非乙方责任出现供水、供电、供气、供热、通讯、有线电视及其他共用设施设备运行障碍造成损失的;

5. _____。

第九章 其他事项

第三十五条 本合同期限自年月日起至年月日止;但在本合同期限内,业主委员会代表全体业主与物业管理企业签订的物业服务合同生效时,本合同自动终止。

第三十六条 本合同期满前月,业主大会尚未成立的,甲、乙双方应就延长本合同期限达成协议;双方未能达成协议的,甲方应在本合同期满前选聘新的物业管理企业。

第三十七条 本合同终止时,乙方应将物业管理用房、物业管理相关资料等属于全体业主所有的财物及时完整地移交给业主委员会;业主委员会尚未成立的,移交给甲方或代管。

第三十八条 甲方与物业买受人签订的物业买卖合同,应当包含本合同约定的内容;物业买受人签订物业买卖合同,即为对接受本合同内容的承诺。

第三十九条 业主可与物业使用人就本合同的权利义务进行约定,但物业使用人违反本合同约定的,业主应承担连带责任。

第四十条 本合同的附件为本合同不可分割的组成部分,与本合同具有同等法律效力。

第四十一条 本合同未尽事宜,双方可另行以书面形式签订补充协议,补充协议与本合同存在冲突的,以本合同为准。

第四十二条 本合同在履行中发生争议,由双方协商解决,协商不成,双方可选择以下第____种方式处理:

1. 向仲裁委员会申请仲裁;

2. 向人民法院提起诉讼。

第四十三条 本合同一式份,甲、乙双方各执份。

甲方(签章)　　　　　　　乙方(签章)

法定代表人　　　　　　　　法定代表人

年　　　月　　　日

2. 业主临时公约①

(示范文本)

第一章　总　　则

第一条 根据《物业管理条例》和相关法律、法规、政策,建设单位在销售物业之前,制定本临时公约,对有关物业的使用、维护、管理,业主的共同利益,业主应当履行的义务,违反公约应当承担的责任等事项依法作出约定。

第二条 建设单位应当在物业销售前将本临时公约向物业买受人明示,并予以说明。

物业买受人与建设单位签订物业买卖合同时对本临时公约予以的书面承诺,表示对本临时公约内容的认可。

第三条 本临时公约对建设单位、业主和物业使用人均有约束力。

第四条 建设单位与物业管理企业签订的前期物业服务合同中涉及业主共同利益的约定,应与本临时公约一致。

第二章　物业基本情况

第五条 本物业管理区域内物业的基本情况

物业名称_____;

座落位置_____;

物业类型_____;

建筑面积_____。

物业管理区域四至:

东至_____;

南至_____;

西至_____;

北至_____。

---

① 原建设部2004年9月6日以建住房〔2004〕156号文发布的示范文本。

第六条 根据有关法律法规和物业买卖合同,业主享有以下物业共用部位、共用设施设备的所有权:

1. 由单幢建筑物的全体业主共有的共用部位,包括该幢建筑物的承重结构、主体结构、公共门厅、公共走廊、公共楼梯间、户外墙面、屋面、_____、_____、_____等;

2. 由单幢建筑物的全体业主共有的共用设施设备,包括该幢建筑物内的给排水管道、落水管、水箱、水泵、电梯、冷暖设施、照明设施、消防设施、避雷设施、_____、_____、_____等;

3. 由物业管理区域内全体业主共有的共用部位和共用设施设备,包括围墙、池井、照明设施、共用设施设备使用的房屋、物业管理用房、_____、_____、_____等。

第七条 在本物业管理区域内,根据物业买卖合同,以下部位和设施设备为建设单位所有:

1. _____;

2. _____;

3. _____;

4. _____。

建设单位行使以上部位和设施设备的所有权,不得影响物业买受人正常使用物业。

第三章 物业的使用

第八条 业主对物业的专有部分享有占有、使用、收益和处分的权利,但不得妨碍其他业主正常使用物业。

第九条 业主应遵守法律、法规的规定,按照有利于物业使用、安全、整洁以及公平合理、不损害公共利益和他人利益的原则,在供电、供水、供热、供气、排水、通行、通风、采光、装饰装修、环境卫生、环境保护等方面妥善处理与相邻业主的关系。

第十条 业主应按设计用途使用物业。因特殊情况需要改变物业设计用途的,业主应在征得相邻业主书面同意后,报有关行政主管部门批准,并告知物业管理企业。

第十一条 业主需要装饰装修房屋的,应事先告知物业管理企业,并与其签订装饰装修管理服务协议。

业主应按装饰装修管理服务协议的约定从事装饰装修行为,遵守装饰装修的注意事项,不得从事装饰装修的禁止行为。

第十二条 业主应在指定地点放置装饰装修材料及装修垃圾,不得擅自占用物业共用部位和公共场所。

本物业管理区域的装饰装修施工时间为_____,其他时间不得施工。

第十三条 因装饰装修房屋影响物业共用部位、共用设施设备的正常使用以及侵害相邻业主合法权益的,业主应及时恢复原状并承担相应的赔偿责任。

第十四条 业主应按有关规定合理使用水、电、气、暖等共用设施设备,不得擅自拆改。

第十五条 业主应按设计预留的位置安装空调,未预留设计位置的,应按物业管理企业指定的位置安装,并按要求做好噪音及冷凝水的处理。

第十六条 业主及物业使用人使用电梯,应遵守本物业管理区域的电梯使用管理规定。

第十七条 在物业管理区域内行驶和停放车辆,应遵守本物业管理区域的车辆行驶和停车规则。

第十八条 本物业管理区域内禁止下列行为:

1. 损坏房屋承重结构、主体结构,破坏房屋外貌,擅自改变房屋设计用途;

2. 占用或损坏物业共用部位、共用设施设备及相关场地,擅自移动物业共用设施设备;

3. 违章搭建、私设摊点;

4. 在非指定位置倾倒或抛弃垃圾、杂物;

5. 违反有关规定堆放易燃、易爆、剧毒、放射性物品,排放有毒有害物质,发出超标噪声;

6. 擅自在物业共用部位和相关场所悬挂、张贴、涂改、刻画;

三、所有权

7. 利用物业从事危害公共利益和侵害他人合法权益的活动；

8. _____ ；

9. 法律、法规禁止的其他行为。

第十九条 业主和物业使用人在本物业管理区域内饲养动物不得违反有关规定,并应遵守以下约定：

1. _____ ；

2. _____ 。

第四章　物业的维修养护

第二十条 业主对物业专有部分的维修养护行为不得妨碍其他业主的合法权益。

第二十一条 因维修养护物业确需进入相关业主的物业专有部分时,业主或物业管理企业应事先告知相关业主,相关业主应给予必要的配合。

相关业主阻挠维修养护的进行造成物业损坏及其他损失的,应负责修复并承担赔偿责任。

第二十二条 发生危及公共利益或其他业主合法权益的紧急情况,必须及时进入物业专有部分进行维修养护但无法通知相关业主的,物业管理企业可向相邻业主说明情况,在第三方(如所在地居委会或派出所或_____)的监督下,进入相关业主的物业专有部分进行维修养护,事后应及时通知相关业主并做好善后工作。

第二十三条 因维修养护物业或者公共利益,业主确需临时占用、挖掘道路、场地的,应当征得建设单位和物业管理企业的同意,并在约定期限内恢复原状。

第二十四条 物业存在安全隐患,危及公共利益或其他业主合法权益时,责任人应当及时采取措施消除隐患。

第二十五条 建设单位应按国家规定的保修期限和保修范围承担物业的保修责任。

建设单位在保修期限和保修范围内拒绝修复或拖延修复的,业主可以自行或委托他人修复,修复费用及修复期间造成的其他损失由建设单位承担。

第二十六条 本物业管理区域内的全体业主按规定缴存、使用和管理物业专项维修资金。

第五章　业主的共同利益

第二十七条 为维护业主的共同利益,全体业主同意在物业管理活动中授予物业管理企业以下权利：

1. 根据本临时公约配合建设单位制定物业共用部位和共用设施设备的使用、公共秩序和环境卫生的维护等方面的规章制度；

2. 以批评、规劝、公示、_____等必要措施制止业主、物业使用人违反本临时公约和规章制度的行为；

3. _____ ；

4. _____ 。

第二十八条 建设单位应在物业管理区域内显著位置设置公告栏,用于张贴物业管理规章制度,以及应告知全体业主和物业使用人的通知、公告。

第二十九条 本物业管理区域内,物业服务收费采取包干制(酬金制)方式。业主应按照前期物业服务合同的约定按时足额交纳物业服务费用(物业服务资金)。

物业服务费用(物业服务资金)是物业服务活动正常开展的基础,涉及全体业主的共同利益,业主应积极倡导欠费业主履行交纳物业服务费用的义务。

第三十条 利用物业共用部位、共用设施设备进行经营的,应当在征得相关业主、物业管理企业的同意后,按规定办理有关手续,业主所得收益主要用于补充专项维修资金。

第六章　违约责任

第三十一条 业主违反本临时公约关于物业的使用、维护和管理的约定,妨碍物业正常使用或造成物业损害及其他损失的,其他业主和物业管理企业可依据本临时公约向人民法院提起诉讼。

第三十二条 业主违反本临时公约关于业主共同利益的约定,导致全体业主的共同利益受损的,其他业主和物业管理企业可依据本临时公约向人民法院提起诉讼。

第三十三条 建设单位未能履行本临时公约约定义务的,业主和物业管理企业可向有关行政主管部门投诉,也可根据本临时公约向人民法院提起诉讼。

第七章 附 则

第三十四条 本临时公约所称物业的专有部分,是指由单个业主独立使用并具有排他性的房屋、空间、场地及相关设施设备。

本临时公约所称物业的共用部位、共用设施设备,是指物业管理区域内单个业主专有部分以外的,属于多个或全体业主共同所有或使用的房屋、空间、场地及相关设施设备。

第三十五条 业主转让或出租物业时,应提前书面通知物业管理企业,并要求物业继受人签署本临时公约承诺书或承租人在租赁合同中承诺遵守本临时公约。

第三十六条 本临时公约由建设单位、物业管理企业和每位业主各执一份。

第三十七条 本临时公约自首位物业买受人承诺之日起生效,至业主大会制定的《业主公约》生效之日终止。

承 诺 书

本人为＿＿＿＿＿＿＿＿(物业名称及具体位置,以下称该物业)的买受人,为维护本物业管理区域内全体业主的共同利益,本人声明如下:

一、确认已详细阅读＿＿＿＿＿＿(建设单位)制定的"×××业主临时公约"(以下称"本临时公约");

二、同意遵守并倡导其他业主及物业使用人遵守本临时公约;

三、本人同意承担违反本临时公约的相应责任,并同意对该物业的使用人违反本临时公约的行为承担连带责任;

四、本人同意转让该物业时取得物业继受人签署的本临时公约承诺书并送交建设单位或物业管理企业,建设单位或物业管理企业收到物业继受人签署的承诺书前,本承诺继续有效。

承诺人(签章)

年　月　日

《业主临时公约(示范文本)》
使用说明

1. 本示范文本仅供建设单位制定《业主临时公约》参考使用。

2. 建设单位可对本示范文本的条款内容进行选择、修改、增补或删减。

3. 本示范文本第三条、第三十七条所称业主是指拥有房屋所有权的房屋买受人,其他条款所称业主是指拥有房屋所有权的建设单位和房屋买受人。

8. 共有和邻里关系

中华人民共和国民法典（节录共有）

- 2020 年 5 月 28 日第十三届全国人民代表大会第三次会议通过
- 2020 年 5 月 28 日中华人民共和国主席令第 45 号公布
- 自 2021 年 1 月 1 日起施行

......

第七百二十六条 【房屋承租人的优先购买权】出租人出卖租赁房屋的，应当在出卖之前的合理期限内通知承租人，承租人享有以同等条件优先购买的权利；但是，房屋按份共有人行使优先购买权或者出租人将房屋出卖给近亲属的除外。

出租人履行通知义务后，承租人在十五日内未明确表示购买的，视为承租人放弃优先购买权。

案例 杨巧丽诉中州泵业公司优先购买权侵权纠纷案（《最高人民法院公报》2004 年第 5 期）

裁判规则：法律规定的优先购买权，是指当出租人出卖租赁房屋时，承租人在同等条件下可以优先购买自己承租的房屋；对出租人出卖的其他房屋，承租人不享有优先购买权。

承租人提交的证据，只能证明出租人出卖过房屋并且收取过卖房款，不能证明其承租的房屋已被出租人出卖。而只要承租人不能证明其承租的房屋已被出租人出卖，就不能因出租人出卖其他房屋而主张享有优先购买权，出租人出卖其他房屋与承租人无关。

链接 《最高人民法院关于审理城镇房屋租赁合同纠纷案件具体应用法律若干问题的解释》第 15 条

......

第八百六十条 【合作开发发明创造专利申请权的归属和分享】合作开发完成的发明创造，申请专利的权利属于合作开发的当事人共有；当事人一方转让其共有的专利申请权的，其他各方享有以同等条件优先受让的权利。但是，当事人另有约定的除外。

合作开发的当事人一方声明放弃其共有的专利申请权的，除当事人另有约定外，可以由另一方单独申请或者由其他各方共同申请。申请人取得专利权的，放弃专利申请权的一方可以免费实施该专利。

合作开发的当事人一方不同意申请专利的，另一方或者其他各方不得申请专利。

......

第一千零六十二条 【夫妻共同财产】夫妻在婚姻关系存续期间所得的下列财产，为夫妻的共同财产，归夫妻共同所有：

（一）工资、奖金、劳务报酬；

（二）生产、经营、投资的收益；

（三）知识产权的收益；

（四）继承或者受赠的财产，但是本法第一千零六十三条第三项规定的除外；

（五）其他应当归共同所有的财产。

夫妻对共同财产，有平等的处理权。

注释 1. 工资、奖金、劳务报酬，均为劳动所得，是指夫或妻一方或者双方从事一切劳动包括脑力劳动、体力劳动所获的工资报酬和奖金报酬等。

2. 生产、经营、投资的收益，凡属于夫妻关系存续期间一方或双方从事生产、经营、投资等所获收益，均为夫妻共同财产。

3. 知识产权的收益，是指婚姻关系存续期间，实际取得或者已经明确可以取得的财产性收益。包括作品出版发行或允许他人使用而获得的报酬；专利权人许可他人使用其专利或者转让专利权所取得的收入；商标所有人许可他人使用其注册商标或转让商标权所取得的收入等。

4. 共同受赠、继承的财产，为夫妻共有财产。但是，按照《民法典》第 1063 条第 3 项规定，遗嘱或者赠与合同中确定只归夫或妻一方的财产除外。当事人结婚前，父母为双方购置房屋出资的，该出资应当认定为对自己子女个人的赠与，但父母明确表示赠与双方的除外。当事人结婚后，父母为双方购置房屋出资的，依照约定处理；没有约定或者约定不明确的，除遗嘱或者赠与合同中确定只归一方，则为夫妻共同财产。

5. 其他应当归共同所有的财产，包括：（1）一方以个人财产投资取得的收益；（2）男女双方实际取得或者应当取得的住房补贴、住房公积金；（3）男女双方实际取得或者应当取得的基本养老金、破产安置补偿费。

6. 夫妻一方个人财产在婚后产生的收益，除孳息和自然增值外,应认定为夫妻共同财产。

7. 由一方婚前承租、婚后用共同财产购买的房屋,登记在一方名下的,应当认定为夫妻共同财产。

关于"夫妻对共同所有的财产,有平等的处理权"的规定,应当理解为:(1)夫或妻在处理夫妻共同财产上的权利是平等的。因日常生活需要而处理夫妻共同财产的,任何一方均有权决定。(2)夫或妻非因日常生活需要对夫妻共同财产做重要处理决定,夫妻双方应当平等协商,取得一致意见。他人有理由相信其为夫妻双方共同意思表示的,另一方不得以不同意或不知道为由对抗善意第三人。

案例 彭丽静与梁喜平、王保山、河北金海岸房地产开发有限公司股权转让侵权纠纷案(《最高人民法院公报》2009年第5期)

裁判规则:夫妻双方共同出资设立公司的,应当以各自所有的财产作为注册资本,并各自承担相应的责任。因此,夫妻双方登记注册公司时应当提交财产分割证明。未进行财产分割的,应当认定为夫妻双方以共同共有财产出资设立公司,在夫妻关系存续期间,夫或妻名下的公司股份属于夫妻双方共同共有的财产,作为共同共有人,夫妻双方对该项财产享有平等的占有、使用、收益和处分的权利。

夫或妻非因日常生活需要对夫妻共同财产做重要处理决定,夫妻双方应当平等协商,取得一致意见。他人有理由相信其为夫妻双方共同意思表示的,另一方不得以不同意或不知道为由对抗善意第三人。因此,夫或妻一方转让共同共有的公司股权的行为,属于对夫妻共同财产做出重要处理,应当由夫妻双方协商一致并共同在股权转让协议、股东会决议和公司章程修正案上签名。

夫妻双方共同共有公司股权的,夫或妻一方与他人订立股权转让协议的效力问题,应当根据案件事实,结合另一方对股权转让是否明知、受让人是否为善意等因素进行综合分析。如果能够认定另一方明知股权转让且受让人是基于善意,则股权转让协议对于另一方具有约束力。

链接 《最高人民法院关于适用〈中华人民共和国民法典〉婚姻家庭编的解释(一)》第24—27条

第一千零六十三条 【夫妻个人财产】下列财产为夫妻一方的个人财产:

(一)一方的婚前财产;

(二)一方因受到人身损害获得的赔偿或者补偿;

(三)遗嘱或者赠与合同中确定只归一方的财产;

(四)一方专用的生活用品;

(五)其他应当归一方的财产。

注释 1. 婚前个人财产。婚前个人所有的货币及一般的生产资料、生活资料归个人所有,不属于夫妻共同财产。

2. 一方因受到人身损害获得的赔偿和补偿。一方因受人身伤害而获得的医疗费、残疾人生活补助费等赔偿和补偿,是因其受到人身损害而得到的赔偿金和补偿费。该种财产具有人身性质,是用于保障受害人生活的基本费用,须归个人所有,不能作为夫妻共同财产。

3. 赠与合同或遗嘱中确定只归夫或妻一方的财产。赠与人或被继承人明确以赠与、继承给个人为条件,所赠与或者所继承的物品具有鲜明的个人属性,也体现了财产所有人支配财产的真实意志,完全是所有权应有的内容。这些财产属于夫妻个人财产。

4. 一方专用的生活物品。个人衣物、书籍、资料等,都是极具个人属性的财产,为个人财产。在离婚纠纷中争夺这些财产的也不在少数。在生活物品中,应当注意贵重物品和其他奢侈品除外,因为这些物品中有些价值极大,完全归一方所有不公平。

5. 军人的伤亡保险金、伤残补助金、医药生活补助费属于个人财产。

本条规定为夫妻一方的个人财产,不因婚姻关系的延续而转化为夫妻共同财产。但当事人另有约定的除外。

链接 《民法典》第1062、1065条;《最高人民法院关于适用〈中华人民共和国民法典〉婚姻家庭编的解释(一)》第30、31条

第一千零六十四条 【夫妻共同债务】夫妻双方共同签名或者夫妻一方事后追认等共同意思表示所负的债务,以及夫妻一方在婚姻关系存续期间以个人名义为家庭日常生活需要所负的债务,属于夫妻共同债务。

夫妻一方在婚姻关系存续期间以个人名义超出家庭日常生活需要所负的债务,不属于夫妻共

同债务;但是,债权人能够证明该债务用于夫妻共同生活、共同生产经营或者基于夫妻双方共同意思表示的除外。

注释 本条规定的确定夫妻共同债务的规则是:夫妻双方共同签名或者夫妻一方事后追认等共同意思表示所负的债务,以及夫妻一方在婚姻关系存续期间以个人名义为家庭日常生活需要所负的债务,属于夫妻共同债务。具体标准是:

1. 夫妻双方共同签名或者夫妻一方事后追认等共同意思表示所负的债务。

法律准许夫妻双方对财产的所有关系进行约定,也包括对债务的负担进行约定,双方约定归个人负担的债务,为个人债务。约定个人债务,可以与财产所有的约定一并约定,也可以单独约定。举债时没有夫妻的共同约定,但是举债之后对方配偶追认是夫妻共同债务的,当然也是夫妻共同债务。

2. 夫妻一方在婚姻关系存续期间以个人名义为家庭日常生活需要所负的债务。

夫妻一方在婚姻关系存续期间以个人名义超出家庭日常生活需要所负的债务,不属于夫妻共同债务。例如,一方未经对方同意擅自资助与其没有扶养义务的亲朋所负的债务;一方未经对方同意独自筹资从事经营活动,其收入确未用于共同生活所负的债务;因个人实施违法行为所欠债务;婚前一方所欠债务;婚后一方为满足个人欲望确系与共同生活无关而负的债务等。为保护债权人的合法权益,本条特别规定,债权人能够证明该债务用于夫妻共同生活、共同生产经营或者基于夫妻双方共同意思表示的除外。

实践中对于夫妻共同债务的处理还需注意以下几个问题:

1. 债权人就一方婚前所负个人债务向债务人的配偶主张权利的,人民法院不予支持。但债权人能够证明所负债务用于婚后家庭共同生活的除外。

2. 夫妻一方与第三人串通,虚构债务,第三人主张该债务为夫妻共同债务的,人民法院不予支持。

3. 夫妻一方在从事赌博、吸毒等违法犯罪活动中所负债务,第三人主张该债务为夫妻共同债务的,人民法院不予支持。

4. 当事人的离婚协议或者人民法院生效判决、裁定、调解书已经对夫妻财产分割问题作出处理的,债权人仍有权就夫妻共同债务向男女双方主张权利。一方就夫妻共同债务承担清偿责任后,主张由另一方按照离婚协议或者人民法院的法律文书承担相应债务的,人民法院应予支持。

5. 夫或者妻一方死亡的,生存一方应当对婚姻关系存续期间的夫妻共同债务承担清偿责任。

案例 赵俊诉项会敏、何雪琴民间借贷纠纷案(《最高人民法院公报》2014 年第 12 期)

裁判规则: 夫妻一方具有和第三人恶意串通、通过虚假诉讼虚构婚内债务嫌疑的,该夫妻一方单方自认债务,并不必然免除"出借人"对借贷关系成立并生效的事实应承担的举证责任。

借款人配偶未参加诉讼且出借人及借款人均未明确表示放弃该配偶可能承担的债务份额的,为查明案件事实,应依法追加与案件审理结果具有利害关系的借款人配偶作为第三人参加诉讼,以形成实质性的对抗。

出借人仅提供借据佐证借贷关系的,应深入调查辅助性事实以判断借贷合意的真实性,如举债的必要性、款项用途的合理性等。出借人无法提供证据证明借款交付事实的,应综合考虑出借人的经济状况、资金来源、交付方式、在场见证人等因素判断当事人陈述的可信度。对于大额借款仅有借据而无任何交付凭证、当事人陈述有重大疑点或矛盾之处的,应依据证据规则认定"出借人"未完成举证义务,判决驳回其诉讼请求。

链接《最高人民法院关于适用〈中华人民共和国民法典〉婚姻家庭编的解释(一)》第 33-36 条

第一千零六十五条 【夫妻约定财产制】男女双方可以约定婚姻关系存续期间所得的财产以及婚前财产归各自所有、共同所有或者部分各自所有、部分共同所有。约定应当采用书面形式。没有约定或者约定不明确的,适用本法第一千零六十二条、第一千零六十三条的规定。

夫妻对婚姻关系存续期间所得的财产以及婚前财产的约定,对双方具有法律约束力。

夫妻对婚姻关系存续期间所得的财产约定归各自所有,夫或者妻一方对外所负的债务,相对人知道该约定的,以夫或者妻一方的个人财产清偿。

注释 夫妻财产约定的内容是,可以约定婚姻关系存续期间所得的财产以及婚前财产归各自所有、共同所有或者部分各自所有、部分共同所有。夫妻财产约定的形式是,应当采用书面形式,即书面协议。夫妻财产约定的范围是,夫妻对婚姻关系存续期间所得的财产以及婚前财产的约定,对双方具有约束力。

夫妻财产约定的效力是,对双方具有约束力,第三人知道该约定的,可以对抗该第三人。就"相对人知道该约定",夫妻一方对此负有举证责任。

案例 唐某诉李某某、唐某乙法定继承纠纷案(《最高人民法院公报》2014年第12期)

裁判规则:夫妻之间达成的婚内财产分割协议是双方通过订立契约对采取何种夫妻财产制所作的约定,是双方协商一致对家庭财产进行内部分配的结果,在不涉及婚姻家庭以外第三人利益的情况下,应当尊重夫妻之间的真实意思表示,按照双方达成的婚内财产分割协议履行,优先保护事实物权人,不宜以产权登记作为确认不动产权属的唯一依据。

链接《民法典》第135、143、1062、1063条;《最高人民法院关于适用〈中华人民共和国民法典〉婚姻家庭编的解释(一)》第37条

第一千零六十六条　【婚内分割夫妻共同财产】 婚姻关系存续期间,有下列情形之一的,夫妻一方可以向人民法院请求分割共同财产:

(一)一方有隐藏、转移、变卖、毁损、挥霍夫妻共同财产或者伪造夫妻共同债务等严重损害夫妻共同财产利益的行为;

(二)一方负有法定扶养义务的人患重大疾病需要医治,另一方不同意支付相关医疗费用。

注释 婚姻关系存续期间,除本条规定情形以外,夫妻一方请求分割共同财产的,人民法院不予支持。

链接《民法典》第303、1062、1063、1065条;《最高人民法院关于适用〈中华人民共和国民法典〉婚姻家庭编的解释(一)》第38条

......

第一千一百五十三条　【遗产的确定】 夫妻共同所有的财产,除有约定的外,遗产分割时,应当先将共同所有的财产的一半分出为配偶所有,其余的为被继承人的遗产。

遗产在家庭共有财产之中的,遗产分割时,应当先分出他人的财产。

......

中华人民共和国合伙企业法(节录)

- 1997年2月23日第八届全国人民代表大会常务委员会第二十四次会议通过
- 2006年8月27日第十届全国人民代表大会常务委员会第二十三次会议修订
- 2006年8月27日中华人民共和国主席令第55号公布
- 自2007年6月1日起施行

......

第二章　普通合伙企业

......

第二节　合伙企业财产

第二十条　【合伙企业财产构成】 合伙人的出资、以合伙企业名义取得的收益和依法取得的其他财产,均为合伙企业的财产。

注释 注意合伙企业的原始财产是全体合伙人"认缴"的财产,而非必须是各合伙人"实际缴纳"的财产。

合伙企业成立以后以合伙企业的名义依法取得的全部收益和其他财产是合伙企业在生产经营过程中所得到的新的价值。主要包括:(1)以合伙企业名义取得的收益,即营业性的收入,包括合伙企业的公共积累资金、未分配的盈余、合伙企业债权、合伙企业取得的工业产权和非专利技术以及合伙企业的名称(商号)、商誉等财产权利;(2)依法取得的其他财产,即根据法律、行政法规等的规定合法取得的其他财产,比如合法接受赠与的财产等。

第二十一条　【在合伙企业清算前不得请求分割合伙企业财产】 合伙人在合伙企业清算前,不得请求分割合伙企业的财产;但是,本法另有规定的除外。

合伙人在合伙企业清算前私自转移或者处分合伙企业财产的,合伙企业不得以此对抗善意第三人。

注释 善意第三人,是指第三人对合伙人私自转移或处分财产的行为事先不知道。否则,合伙企业

不仅可以以此与之相对抗,要求其返还财产或补足差价,而且有权依法追究该第三人的相关责任。

第二十二条 【转让合伙企业中的财产份额】 除合伙协议另有约定外,合伙人向合伙人以外的人转让其在合伙企业中的全部或者部分财产份额时,须经其他合伙人一致同意。

合伙人之间转让在合伙企业中的全部或者部分财产份额时,应当通知其他合伙人。

注释 合伙人财产份额的转让方式包括外部转让和内部转让,外部转让须经其他合伙人一致同意,内部转让只需要通知其他合伙人即可产生法律效力。

第二十三条 【优先购买权】 合伙人向合伙人以外的人转让其在合伙企业中的财产份额的,在同等条件下,其他合伙人有优先购买权;但是,合伙协议另有约定的除外。

注释 优先购买权,是指合伙人向合伙人以外的人出让自己在合伙企业的财产份额时,本企业的其他合伙人有先于他人受让该份额的权利。但合伙人行使优先购买权要受到一定限制:(1)"同等条件"下方可优先;(2)实践中应在其他人与出让合伙人成交前方可优先。

第二十四条 【受让人成为合伙人】 合伙人以外的人依法受让合伙人在合伙企业中的财产份额的,经修改合伙协议即成为合伙企业的合伙人,依照本法和修改后的合伙协议享有权利,履行义务。

注释 本条规定的新合伙人是指普通合伙人,其入伙后不仅要对自己入伙后企业发生的债务承担责任,还要对入伙前的企业债务承担无限连带责任,无论其事先对此有无了解。

第二十五条 【以合伙企业财产份额出质】 合伙人以其在合伙企业中的财产份额出质的,须经其他合伙人一致同意;未经其他合伙人一致同意,其行为无效,由此给善意第三人造成损失的,由行为人依法承担赔偿责任。

……

第五节　入伙、退伙

第四十三条 【入伙】 新合伙人入伙,除合伙协议另有约定外,应当经全体合伙人一致同意,并依法订立书面入伙协议。

订立入伙协议时,原合伙人应当向新合伙人如实告知原合伙企业的经营状况和财务状况。

注释 新合伙人可以系列两种方式入伙:(1)从原始合伙人手中取得部分或全部合伙权益,但需征得原始合伙人全体同意;(2)投入资本,取得新合伙企业的权益。

第四十四条 【新合伙人的权利、责任】 入伙的新合伙人与原合伙人享有同等权利,承担同等责任。入伙协议另有约定的,从其约定。

新合伙人对入伙前合伙企业的债务承担无限连带责任。

注释 本条第2款属于法律的强制性规定,即使入伙协议中约定新合伙人对入伙前合伙企业债务不承担责任,也不能对抗合伙企业的债权人。此种情况下,新合伙人应当向合伙企业的债权人清偿债权,清偿后有权依据入伙协议的约定向其他合伙人进行追偿。

第四十五条 【约定合伙期限的退伙】 合伙协议约定合伙期限的,在合伙企业存续期间,有下列情形之一的,合伙人可以退伙:

(一)合伙协议约定的退伙事由出现;

(二)经全体合伙人一致同意;

(三)发生合伙人难以继续参加合伙的事由;

(四)其他合伙人严重违反合伙协议约定的义务。

注释 退伙,是指在合伙企业存续期间,合伙人退出合伙企业,合伙人身份归于消灭的法律事实。退伙分为:协议退伙(第45、46条)、声明退伙(第45、46条)、法定退伙(第48条)、除名退伙(第49条)。退伙的效力:(1)对退伙者本人而言,退伙使其合伙人身份归于消失,失去共有人的资格。(2)对合伙企业财产而言,退伙将导致部分出资的返还、盈余部分的分配或亏损的负担。(3)对其他合伙人而言,退伙涉及到合伙企业是否继续存在及是否要求退伙人承担赔偿责任的问题。(4)对合伙企业的债权人而言,一人退伙即意味着减少了一个债务担保人和一份担保财产。

第四十六条 【未约定合伙期限的退伙】 合伙协议未约定合伙期限的,合伙人在不给合伙企业事务执行造成不利影响的情况下,可以退伙,但应当提前三十日通知其他合伙人。

第四十七条 【违规退伙的法律责任】 合伙人违反本法第四十五条、第四十六条的规定退伙的,应当赔偿由此给合伙企业造成的损失。

第四十八条 【当然退伙】 合伙人有下列情形

之一的,当然退伙:

（一）作为合伙人的自然人死亡或者被依法宣告死亡;

（二）个人丧失偿债能力;

（三）作为合伙人的法人或者其他组织依法被吊销营业执照、责令关闭、撤销,或者被宣告破产;

（四）法律规定或者合伙协议约定合伙人必须具有相关资格而丧失该资格;

（五）合伙人在合伙企业中的全部财产份额被人民法院强制执行。

合伙人被依法认定为无民事行为能力人或者限制民事行为能力人的,经其他合伙人一致同意,可以依法转为有限合伙人,普通合伙企业依法转为有限合伙企业。其他合伙人未能一致同意的,该无民事行为能力或者限制民事行为能力的合伙人退伙。

退伙事由实际发生之日为退伙生效日。

注释 法定退伙,又称当然退伙,是指当出现法律规定的原因或条件时,而导致的合伙人资格的消灭。法定退伙是一种当然退伙,合伙协议对此有相反约定的为无效约定。

第四十九条 【除名退伙】合伙人有下列情形之一的,经其他合伙人一致同意,可以决议将其除名:

（一）未履行出资义务;

（二）因故意或者重大过失给合伙企业造成损失;

（三）执行合伙事务时有不正当行为;

（四）发生合伙协议约定的事由。

对合伙人的除名决议应当书面通知被除名人。被除名人接到除名通知之日,除名生效,被除名人退伙。

被除名人对除名决议有异议的,可以自接到除名通知之日起三十日内,向人民法院起诉。

注释 除名退伙,是指在合伙企业存续期间,当某一合伙人违反有关法律法规或合伙协议的规定时,其他合伙人一致同意将该合伙人开除合伙企业,而使其丧失合伙人资格。注意除名退伙必须书面通知。

第五十条 【合伙人死亡时财产份额的继承】合伙人死亡或者被依法宣告死亡的,对该合伙人在合伙企业中的财产份额享有合法继承权的继承人,按照合伙协议的约定或者经全体合伙人一致

同意,从继承开始之日起,取得该合伙企业的合伙人资格。

有下列情形之一的,合伙企业应当向合伙人的继承人退还被继承合伙人的财产份额:

（一）继承人不愿意成为合伙人;

（二）法律规定或者合伙协议约定合伙人必须具有相关资格,而该继承人未取得该资格;

（三）合伙协议约定不能成为合伙人的其他情形。

合伙人的继承人为无民事行为能力人或者限制民事行为能力人的,经全体合伙人一致同意,可以依法成为有限合伙人,普通合伙企业依法转为有限合伙企业。全体合伙人未能一致同意的,合伙企业应当将被继承合伙人的财产份额退还该继承人。

注释 合伙人的继承人成为合伙人需要满足以下条件:（1）继承人必须对死亡的合伙人在合伙企业中的财产份额享有合法的继承权;（2）按照合伙协议的约定或者经过全体合伙人的同意;（3）死亡的合伙人的继承人取得该合伙企业的合伙人资格,从继承开始之日起获得。

第五十一条 【退伙结算】合伙人退伙,其他合伙人应当与该退伙人按照退伙时的合伙企业财产状况进行结算,退还退伙人的财产份额。退伙人对给合伙企业造成的损失负有赔偿责任的,相应扣减其应当赔偿的数额。

退伙时有未了结的合伙企业事务的,待该事务了结后进行结算。

第五十二条 【退伙人财产份额的退还办法】退伙人在合伙企业中财产份额的退还办法,由合伙协议约定或者由全体合伙人决定,可以退还货币,也可以退还实物。

第五十三条 【退伙人对退伙前企业债务的责任】退伙人对基于其退伙前的原因发生的合伙企业债务,承担无限连带责任。

注释 "基于其退伙前的原因发生的合伙企业债务",即产生该笔债务的原因应发生在其退伙生效日之前。同时注意本条属于法律的强制性规定,合伙人不能以协议约定或者以其他形式加以排除。

第五十四条 【退伙时分担亏损】合伙人退伙时,合伙企业财产少于合伙企业债务的,退伙人应当依照本法第三十三条第一款的规定分担亏损。

······

三、所有权

最高人民法院关于适用
《中华人民共和国民法典》
婚姻家庭编的解释（一）

· 2020 年 12 月 25 日最高人民法院审判委员会第
  1825 次会议通过
· 2020 年 12 月 29 日最高人民法院公告公布
· 自 2021 年 1 月 1 日起施行
· 法释〔2020〕22 号

为正确审理婚姻家庭纠纷案件，根据《中华人民共和国民法典》《中华人民共和国民事诉讼法》等相关法律规定，结合审判实践，制定本解释。

一、一般规定

第一条 持续性、经常性的家庭暴力，可以认定为民法典第一千零四十二条、第一千零七十九条、第一千零九十一条所称的"虐待"。

第二条 民法典第一千零四十二条、第一千零七十九条、第一千零九十一条规定的"与他人同居"的情形，是指有配偶者与婚外异性，不以夫妻名义，持续、稳定地共同居住。

第三条 当事人提起诉讼仅请求解除同居关系的，人民法院不予受理；已经受理的，裁定驳回起诉。

当事人因同居期间财产分割或者子女抚养纠纷提起诉讼的，人民法院应当受理。

第四条 当事人仅以民法典第一千零四十三条为依据提起诉讼的，人民法院不予受理；已经受理的，裁定驳回起诉。

第五条 当事人请求返还按照习俗给付的彩礼的，如果查明属于以下情形，人民法院应当予以支持：

（一）双方未办理结婚登记手续；

（二）双方办理结婚登记手续但确未共同生活；

（三）婚前给付并导致给付人生活困难。

适用前款第二项、第三项的规定，应当以双方离婚为条件。

二、结婚

第六条 男女双方依据民法典第一千零四十九条规定补办结婚登记的，婚姻关系的效力从双方均符合民法典所规定的结婚的实质要件时起算。

第七条 未依据民法典第一千零四十九条规定办理结婚登记而以夫妻名义共同生活的男女，提起诉讼要求离婚的，应当区别对待：

（一）1994 年 2 月 1 日民政部《婚姻登记管理条例》公布实施以前，男女双方已经符合结婚实质要件的，按事实婚姻处理。

（二）1994 年 2 月 1 日民政部《婚姻登记管理条例》公布实施以后，男女双方符合结婚实质要件的，人民法院应当告知其补办结婚登记。未补办结婚登记的，依据本解释第三条规定处理。

第八条 未依据民法典第一千零四十九条规定办理结婚登记而以夫妻名义共同生活的男女，一方死亡，另一方以配偶身份主张享有继承权的，依据本解释第七条的原则处理。

第九条 有权依据民法典第一千零五十一条规定向人民法院就已办理结婚登记的婚姻请求确认婚姻无效的主体，包括婚姻当事人及利害关系人。其中，利害关系人包括：

（一）以重婚为由的，为当事人的近亲属及基层组织；

（二）以未到法定婚龄为由的，为未到法定婚龄者的近亲属；

（三）以有禁止结婚的亲属关系为由的，为当事人的近亲属。

第十条 当事人依据民法典第一千零五十一条规定向人民法院请求确认婚姻无效，法定的无效婚姻情形在提起诉讼时已经消失的，人民法院不予支持。

第十一条 人民法院受理请求确认婚姻无效案件后，原告申请撤诉的，不予准许。

对婚姻效力的审理不适用调解，应当依法作出判决。

涉及财产分割和子女抚养的，可以调解。调解达成协议的，另行制作调解书；未达成调解协议的，应当一并作出判决。

第十二条 人民法院受理离婚案件后，经审理确属无效婚姻的，应当将婚姻无效的情形告知当事人,并依法作出确认婚姻无效的判决。

第十三条　人民法院就同一婚姻关系分别受理了离婚和请求确认婚姻无效案件的,对于离婚案件的审理,应当待请求确认婚姻无效案件作出判决后进行。

第十四条　夫妻一方或者双方死亡后,生存一方或者利害关系人依据民法典第一千零五十一条的规定请求确认婚姻无效的,人民法院应当受理。

第十五条　利害关系人依据民法典第一千零五十一条的规定,请求人民法院确认婚姻无效的,利害关系人为原告,婚姻关系当事人双方为被告。

夫妻一方死亡的,生存一方为被告。

第十六条　人民法院审理重婚导致的无效婚姻案件时,涉及财产处理的,应当准许合法婚姻当事人作为有独立请求权的第三人参加诉讼。

第十七条　当事人以民法典第一千零五十一条规定的三种无效婚姻以外的情形请求确认婚姻无效的,人民法院应当判决驳回当事人的诉讼请求。

当事人以结婚登记程序存在瑕疵为由提起民事诉讼,主张撤销结婚登记的,告知其可以依法申请行政复议或者提起行政诉讼。

第十八条　行为人以给另一方当事人或者其近亲属的生命、身体、健康、名誉、财产等方面造成损害为要挟,迫使另一方当事人违背真实意愿结婚的,可以认定为民法典第一千零五十二条所称的"胁迫"。

因受胁迫而请求撤销婚姻的,只能是受胁迫一方的婚姻关系当事人本人。

第十九条　民法典第一千零五十二条规定的"一年",不适用诉讼时效中止、中断或者延长的规定。

受胁迫或者被非法限制人身自由的当事人请求撤销婚姻的,不适用民法典第一百五十二条第二款的规定。

第二十条　民法典第一千零五十四条所规定的"自始没有法律约束力",是指无效婚姻或者可撤销婚姻在依法被确认无效或者被撤销时,才确定该婚姻自始不受法律保护。

第二十一条　人民法院根据当事人的请求,依法确认婚姻无效或者撤销婚姻的,应当收缴双方的结婚证书并将生效的判决书寄送当地婚姻登记管理机关。

第二十二条　被确认无效或者被撤销的婚姻,当事人同居期间所得的财产,除有证据证明为当事人一方所有的以外,按共同共有处理。

三、夫妻关系

第二十三条　夫以妻擅自中止妊娠侵犯其生育权为由请求损害赔偿的,人民法院不予支持;夫妻双方因是否生育发生纠纷,致使感情已破裂,一方请求离婚的,人民法院经调解无效,应依照民法典第一千零七十九条第三款第五项的规定处理。

第二十四条　民法典第一千零六十二条第一款第三项规定的"知识产权的收益",是指婚姻关系存续期间,实际取得或者已经明确可以取得的财产性收益。

第二十五条　婚姻关系存续期间,下列财产属于民法典第一千零六十二条规定的"其他应当归共同所有的财产":

(一)一方以个人财产投资取得的收益;

(二)男女双方实际取得或者应当取得的住房补贴、住房公积金;

(三)男女双方实际取得或者应当取得的基本养老金、破产安置补偿费。

第二十六条　夫妻一方个人财产在婚后产生的收益,除孳息和自然增值外,应认定为夫妻共同财产。

第二十七条　由一方婚前承租、婚后用共同财产购买的房屋,登记在一方名下的,应当认定为夫妻共同财产。

第二十八条　一方未经另一方同意出售夫妻共同所有的房屋,第三人善意购买、支付合理对价并已办理不动产登记,另一方主张追回该房屋的,人民法院不予支持。

夫妻一方擅自处分共同所有的房屋造成另一方损失,离婚时另一方请求赔偿损失的,人民法院应予支持。

第二十九条　当事人结婚前,父母为双方购置房屋出资的,该出资应当认定为对自己子女个人的赠与,但父母明确表示赠与双方的除外。

当事人结婚后,父母为双方购置房屋出资的,依照约定处理;没有约定或者约定不明确的,按照民法典第一千零六十二条第一款第四项规定的原则处理。

三、所有权

第三十条　军人的伤亡保险金、伤残补助金、医药生活补助费属于个人财产。

第三十一条　民法典第一千零六十三条规定为夫妻一方的个人财产，不因婚姻关系的延续而转化为夫妻共同财产。但当事人另有约定的除外。

第三十二条　婚前或者婚姻关系存续期间，当事人约定将一方所有的房产赠与另一方或者共有，赠与方在赠与房产变更登记之前撤销赠与，另一方请求判令继续履行的，人民法院可以按照民法典第六百五十八条的规定处理。

第三十三条　债权人就一方婚前所负个人债务向债务人的配偶主张权利的，人民法院不予支持。但债权人能够证明所负债务用于婚后家庭共同生活的除外。

第三十四条　夫妻一方与第三人串通，虚构债务，第三人主张该债务为夫妻共同债务的，人民法院不予支持。

夫妻一方在从事赌博、吸毒等违法犯罪活动中所负债务，第三人主张该债务为夫妻共同债务的，人民法院不予支持。

第三十五条　当事人的离婚协议或者人民法院生效判决、裁定、调解书已经对夫妻财产分割问题作出处理的，债权人仍有权就夫妻共同债务向男女双方主张权利。

一方就夫妻共同债务承担清偿责任后，主张由另一方按照离婚协议或者人民法院的法律文书承担相应债务的，人民法院应予支持。

第三十六条　夫或者妻一方死亡的，生存一方应当对婚姻关系存续期间的夫妻共同债务承担清偿责任。

第三十七条　民法典第一千零六十五条第三款所称"相对人知道该约定的"，夫妻一方对此负有举证责任。

第三十八条　婚姻关系存续期间，除民法典第一千零六十六条规定情形以外，夫妻一方请求分割共同财产的，人民法院不予支持。

四、父母子女关系

第三十九条　父或者母向人民法院起诉请求否认亲子关系，并已提供必要证据予以证明，另一方没有相反证据又拒绝做亲子鉴定的，人民法院可以认定否认亲子关系一方的主张成立。

父或者母以及成年子女起诉请求确认亲子关系，并提供必要证据予以证明，另一方没有相反证据又拒绝做亲子鉴定的，人民法院可以认定确认亲子关系一方的主张成立。

第四十条　婚姻关系存续期间，夫妻双方一致同意进行人工授精，所生子女应视为婚生子女，父母子女间的权利义务关系适用民法典的有关规定。

第四十一条　尚在校接受高中及其以下学历教育，或者丧失、部分丧失劳动能力等非因主观原因而无法维持正常生活的成年子女，可以认定为民法典第一千零六十七条规定的"不能独立生活的成年子女"。

第四十二条　民法典第一千零六十七条所称"抚养费"，包括子女生活费、教育费、医疗费等费用。

第四十三条　婚姻关系存续期间，父母双方或者一方拒不履行抚养子女义务，未成年子女或者不能独立生活的成年子女请求支付抚养费的，人民法院应予支持。

第四十四条　离婚案件涉及未成年子女抚养的，对不满两周岁的子女，按照民法典第一千零八十四条第三款规定的原则处理。母亲有下列情形之一，父亲请求直接抚养的，人民法院应予支持：

（一）患有久治不愈的传染性疾病或者其他严重疾病，子女不宜与其共同生活；

（二）有抚养条件不尽抚养义务，而父亲要求子女随其生活；

（三）因其他原因，子女确不宜随母亲生活。

第四十五条　父母双方协议不满两周岁子女由父亲直接抚养，并对子女健康成长无不利影响的，人民法院应予支持。

第四十六条　对已满两周岁的未成年子女，父母均要求直接抚养，一方有下列情形之一的，可予优先考虑：

（一）已做绝育手术或者因其他原因丧失生育能力；

（二）子女随其生活时间较长，改变生活环境对子女健康成长明显不利；

（三）无其他子女，而另一方有其他子女；

（四）子女随其生活，对子女成长有利，而另一方患有久治不愈的传染性疾病或者其他严重疾病，或者有其他不利于子女身心健康的情形，不宜与子女共同生活。

第四十七条 父母抚养子女的条件基本相同,双方均要求直接抚养子女,但子女单独随祖父母或者外祖父母共同生活多年,且祖父母或者外祖父母要求并且有能力帮助子女照顾孙子女或者外孙子女的,可以作为父或者母直接抚养子女的优先条件予以考虑。

第四十八条 在有利于保护子女利益的前提下,父母双方协议轮流直接抚养子女的,人民法院应当支持。

第四十九条 抚养费的数额,可以根据子女的实际需要、父母双方的负担能力和当地的实际生活水平确定。

有固定收入的,抚养费一般可以按其月总收入的百分之二十至三十的比例给付。负担两个以上子女抚养费的,比例可以适当提高,但一般不得超过月总收入的百分之五十。

无固定收入的,抚养费的数额可以依据当年总收入或者同行业平均收入,参照上述比例确定。

有特殊情况的,可以适当提高或者降低上述比例。

第五十条 抚养费应当定期给付,有条件的可以一次性给付。

第五十一条 父母一方无经济收入或者下落不明的,可以用其财物折抵抚养费。

第五十二条 父母双方可以协议由一方直接抚养子女并由直接抚养方负担子女全部抚养费。但是,直接抚养方的抚养能力明显不能保障子女所需费用,影响子女健康成长的,人民法院不予支持。

第五十三条 抚养费的给付期限,一般至子女十八周岁为止。

十六周岁以上不满十八周岁,以其劳动收入为主要生活来源,并能维持当地一般生活水平的,父母可以停止给付抚养费。

第五十四条 生父与继母离婚或者生母与继父离婚时,对曾受其抚养教育的继子女,继父或者继母不同意继续抚养的,仍应由生父或者生母抚养。

第五十五条 离婚后,父母一方要求变更子女抚养关系的,或者子女要求增加抚养费的,应当另行提起诉讼。

第五十六条 具有下列情形之一,父母一方要求变更子女抚养关系的,人民法院应予支持:

(一)与子女共同生活的一方因患严重疾病或者因伤残无力继续抚养子女;

(二)与子女共同生活的一方不尽抚养义务或有虐待子女行为,或者其与子女共同生活对子女身心健康确有不利影响;

(三)已满八周岁的子女,愿随另一方生活,该方又有抚养能力;

(四)有其他正当理由需要变更。

第五十七条 父母双方协议变更子女抚养关系的,人民法院应予支持。

第五十八条 具有下列情形之一,子女要求有负担能力的父或者母增加抚养费的,人民法院应予支持:

(一)原定抚养费数额不足以维持当地实际生活水平;

(二)因子女患病、上学,实际需要已超过原定数额;

(三)有其他正当理由应当增加。

第五十九条 父母不得因子女变更姓氏而拒付子女抚养费。父或者母擅自将子女姓氏改为继母或继父姓氏而引起纠纷的,应当责令恢复原姓氏。

第六十条 在离婚诉讼期间,双方均拒绝抚养子女的,可以先行裁定暂由一方抚养。

第六十一条 对拒不履行或者妨害他人履行生效判决、裁定、调解书中有关子女抚养义务的当事人或者其他人,人民法院可依照民事诉讼法第一百一十一条的规定采取强制措施。

五、离 婚

第六十二条 无民事行为能力人的配偶有民法典第三十六条第一款规定行为,其他有监护资格的人可以要求撤销其监护资格,并依法指定新的监护人;变更后的监护人代理无民事行为能力一方提起离婚诉讼的,人民法院应当受理。

第六十三条 人民法院审理离婚案件,符合民法典第一千零七十九条第三款规定"应当准予离婚"情形的,不应当因当事人有过错而判决不准离婚。

第六十四条 民法典第一千零八十一条所称的"军人一方有重大过错",可以依据民法典第一千零七十九条第三款前三项规定及军人有其他重大过错导致夫妻感情破裂的情形予以判断。

三、所有权

第六十五条 人民法院作出的生效的离婚判决中未涉及探望权,当事人就探望权问题单独提起诉讼的,人民法院应予受理。

第六十六条 当事人在履行生效判决、裁定或者调解书的过程中,一方请求中止探望的,人民法院在征询双方当事人意见后,认为需要中止探望的,依法作出裁定;中止探望的情形消失后,人民法院应当根据当事人的请求书面通知其恢复探望。

第六十七条 未成年子女、直接抚养子女的父或者母以及其他对未成年子女负担抚养、教育、保护义务的法定监护人,有权向人民法院提出中止探望的请求。

第六十八条 对于拒不协助另一方行使探望权的有关个人或者组织,可以由人民法院依法采取拘留、罚款等强制措施,但是不能对子女的人身、探望行为进行强制执行。

第六十九条 当事人达成的以协议离婚或者到人民法院调解离婚为条件的财产以及债务处理协议,如果双方离婚未成,一方在离婚诉讼中反悔的,人民法院应当认定该财产以及债务处理协议没有生效,并根据实际情况依照民法典第一千零八十七条和第一千零八十九条的规定判决。

当事人依照民法典第一千零七十六条签订的离婚协议中关于财产以及债务处理的条款,对男女双方具有法律约束力。登记离婚后当事人因履行上述协议发生纠纷提起诉讼的,人民法院应当受理。

第七十条 夫妻双方协议离婚后就财产分割问题反悔,请求撤销财产分割协议的,人民法院应当受理。

人民法院审理后,未发现订立财产分割协议时存在欺诈、胁迫等情形的,应当依法驳回当事人的诉讼请求。

第七十一条 人民法院审理离婚案件,涉及分割发放到军人名下的复员费、自主择业费等一次性费用的,以夫妻婚姻关系存续年限乘以年平均值,所得数额为夫妻共同财产。

前款所称年平均值,是指将发放到军人名下的上述费用总额按具体年限均分得出的数额。其具体年限为人均寿命七十岁与军人入伍时实际年龄的差值。

第七十二条 夫妻双方分割共同财产中的股票、债券、投资基金份额等有价证券以及未上市股份有限公司股份时,协商不成或者按市价分配有困难的,人民法院可以根据数量按比例分配。

第七十三条 人民法院审理离婚案件,涉及分割夫妻共同财产中以一方名义在有限责任公司的出资额,另一方不是该公司股东的,按以下情形分别处理:

(一)夫妻双方协商一致将出资额部分或者全部转让给该股东的配偶,其他股东过半数同意,并且其他股东均明确表示放弃优先购买权的,该股东的配偶可以成为该公司股东;

(二)夫妻双方就出资额转让份额和转让价格等事项协商一致后,其他股东半数以上不同意转让,但愿意以同等条件购买该出资额的,人民法院可以对转让出资所得财产进行分割。其他股东半数以上不同意转让,也不愿意以同等条件购买该出资额的,视为其同意转让,该股东的配偶可以成为该公司股东。

用于证明前款规定的股东同意的证据,可以是股东会议材料,也可以是当事人通过其他合法途径取得的股东的书面声明材料。

第七十四条 人民法院审理离婚案件,涉及分割夫妻共同财产中以一方名义在合伙企业中的出资,另一方不是该企业合伙人的,当夫妻双方协商一致,将其合伙企业中的财产份额全部或者部分转让给对方时,按以下情形分别处理:

(一)其他合伙人一致同意的,该配偶依法取得合伙人地位;

(二)其他合伙人不同意转让,在同等条件下行使优先购买权的,可以对转让所得的财产进行分割;

(三)其他合伙人不同意转让,也不行使优先购买权,但同意该合伙人退伙或者削减部分财产份额的,可以对结算后的财产进行分割;

(四)其他合伙人既不同意转让,也不行使优先购买权,又不同意该合伙人退伙或者削减部分财产份额的,视为全体合伙人同意转让,该配偶依法取得合伙人地位。

第七十五条 夫妻以一方名义投资设立个人独资企业的,人民法院分割夫妻在该个人独资企业中的共同财产时,应当按照以下情形分别处理:

(一)一方主张经营该企业的,对企业资产进行评估后,由取得企业资产所有权一方给予另一方相应的补偿;

（二）双方均主张经营该企业的，在双方竞价基础上，由取得企业资产所有权的一方给予另一方相应的补偿；

（三）双方均不愿意经营该企业的，按照《中华人民共和国个人独资企业法》等有关规定办理。

第七十六条　双方对夫妻共同财产中的房屋价值及归属无法达成协议时，人民法院按以下情形分别处理：

（一）双方均主张房屋所有权并且同意竞价取得的，应当准许；

（二）一方主张房屋所有权的，由评估机构按市场价格对房屋作出评估，取得房屋所有权的一方应当给予另一方相应的补偿；

（三）双方均不主张房屋所有权的，根据当事人的申请拍卖、变卖房屋，就所得价款进行分割。

第七十七条　离婚时双方对尚未取得所有权或者尚未取得完全所有权的房屋有争议且协商不成的，人民法院不宜判决房屋所有权的归属，应当根据实际情况判决由当事人使用。

当事人就前款规定的房屋取得完全所有权后，有争议的，可以另行向人民法院提起诉讼。

第七十八条　夫妻一方婚前签订不动产买卖合同，以个人财产支付首付款并在银行贷款，婚后用夫妻共同财产还贷，不动产登记于首付款支付方名下的，离婚时该不动产由双方协议处理。

依前款规定不能达成协议的，人民法院可以判决该不动产归登记一方，尚未归还的贷款为不动产登记一方的个人债务。双方婚后共同还贷支付的款项及其相对应财产增值部分，离婚时应根据民法典第一千零八十七条第一款规定的原则，由不动产登记一方对另一方进行补偿。

第七十九条　婚姻关系存续期间，双方用夫妻共同财产出资购买以一方父母名义参加房改的房屋，登记在一方父母名下，离婚时另一方主张按照夫妻共同财产对该房屋进行分割的，人民法院不予支持。购买该房屋时的出资，可以作为债权处理。

第八十条　离婚时夫妻一方尚未退休、不符合领取基本养老金条件，另一方请求按照夫妻共同财产分割基本养老金的，人民法院不予支持；婚后以夫妻共同财产缴纳基本养老保险费，离婚时一方主张将养老金账户中婚姻关系存续期间个人实际缴纳部分及利息作为夫妻共同财产分割的，人民法院应予支持。

第八十一条　婚姻关系存续期间，夫妻一方作为继承人依法可以继承的遗产，在继承人之间尚未实际分割，起诉离婚时另一方请求分割的，人民法院应当告知当事人在继承人之间实际分割遗产后另行起诉。

第八十二条　夫妻之间订立借款协议，以夫妻共同财产出借给一方从事个人经营活动或者用于其他个人事务的，应视为双方约定处分夫妻共同财产的行为，离婚时可以按照借款协议的约定处理。

第八十三条　离婚后，一方以尚有夫妻共同财产未处理为由向人民法院起诉请求分割的，经审查该财产确属离婚时未涉及的夫妻共同财产，人民法院应当依法予以分割。

第八十四条　当事人依据民法典第一千零九十二条的规定向人民法院提起诉讼，请求再次分割夫妻共同财产的诉讼时效期间为三年，从当事人发现之日起计算。

第八十五条　夫妻一方申请对配偶的个人财产或者夫妻共同财产采取保全措施的，人民法院可以在采取保全措施可能造成损失的范围内，根据实际情况，确定合理的财产担保数额。

第八十六条　民法典第一千零九十一条规定的"损害赔偿"，包括物质损害赔偿和精神损害赔偿。涉及精神损害赔偿的，适用《最高人民法院关于确定民事侵权精神损害赔偿责任若干问题的解释》的有关规定。

第八十七条　承担民法典第一千零九十一条规定的损害赔偿责任的主体，为离婚诉讼当事人中无过错方的配偶。

人民法院判决不准离婚的案件，对于当事人基于民法典第一千零九十一条提出的损害赔偿请求，不予支持。

在婚姻关系存续期间，当事人不起诉离婚而单独依据民法典第一千零九十一条提起损害赔偿请求的，人民法院不予受理。

第八十八条　人民法院受理离婚案件时，应当将民法典第一千零九十一条等规定中当事人的有关权利义务，书面告知当事人。在适用民法典第一千零九十一条时，应当区分以下不同情况：

（一）符合民法典第一千零九十一条规定的无

三、所有权

过错方作为原告基于该条规定向人民法院提起损害赔偿请求的,必须在离婚诉讼的同时提出。

(二)符合民法典第一千零九十一条规定的无过错方作为被告的离婚诉讼案件,如果被告不同意离婚也不基于该条规定提起损害赔偿请求的,可以就此单独提起诉讼。

(三)无过错方作为被告的离婚诉讼案件,一审时被告未基于民法典第一千零九十一条规定提出损害赔偿请求,二审期间提出的,人民法院应当进行调解;调解不成的,告知当事人另行起诉。双方当事人同意由第二审人民法院一并审理的,第二审人民法院可以一并裁判。

第八十九条 当事人在婚姻登记机关办理离婚登记手续后,以民法典第一千零九十一条规定为由向人民法院提出损害赔偿请求的,人民法院应当受理。但当事人在协议离婚时已经明确表示放弃该项请求的,人民法院不予支持。

第九十条 夫妻双方均有民法典第一千零九十一条规定的过错情形,一方或者双方向对方提出离婚损害赔偿请求的,人民法院不予支持。

六、附 则

第九十一条 本解释自 2021 年 1 月 1 日起施行。

最高人民法院关于夫妻一方未经对方同意将共有房屋赠与他人属于夫妻另一方的部分应属无效的批复

· 1987 年 8 月 5 日
· 〔1987〕民他字第 14 号

浙江省高级人民法院:

你院 1987 年 3 月 7 日关于王棣华等人与王庆贞、朱亚英房屋继承一案的请示报告已悉。

据你院调查,王棣华等人与王庆贞、朱亚英诉争的房屋,原系王镛、王庆贞、王守瑜母亲的套产,后被王镛舅母出典,1937 年由王镛出资回赎,1947 年办理了过户手续。1950 年 8 月,杭州市人民政府给王镛颁发了房产证,但该房一直由王镛之妹王守瑜使用、管理。1956 年 3 月,王镛在其妻孙跃文未表示同意的情况下,个人书写"赠与书"和"房地产让渡证明书",连同房契和个人印章一并交给王守瑜(未办理过户手续)。1960 年、1963 年,王镛夫妇相续去世。1981 年 11 月,王守瑜在联系出售该房时病故。当月,王庆贞之女朱亚英以 1250 元价款将房屋出售。王镛之子女王棣华等人得知,诉至法院,要求将该房确认为其父的遗产,予以继承。

经研究,我们认为,该案争执之房屋原系王镛、王守瑜、王庆贞之母的财产。出典后,由王镛于 1937 年出资赎回,解放后,该房屋确权为王镛所有。在王镛与孙跃文婚姻关系存续期间,夫妻任何一方所得之财产,包括上述房屋,应属夫妻共同财产,夫妻一方在处理共同财产时,应取得另一方的同意。王镛在征求孙跃文意见时,孙明确表示不同意将房屋赠与王守瑜以后在赠与书上又未签字,因此赠与应属无效。但鉴于王守瑜已长期掌管使用,王镛生前曾有过赠与的明确表示,其子女当时也表示同意的历史状况,从实际情况出发,以认定一部分为王镛和孙跃文的遗产,一部分属于王守瑜的遗产为宜。按照继承法的规定,双方的遗产分别由他们各自的法定继承人继承。

最高人民法院关于共有人之一擅自出卖共有房屋无效的批复

· 1988 年 10 月 24 日
· 〔1988〕民他字第 56 号

河南省高级人民法院:

你院 1988 年 9 月 15 日《关于于金明和赵文运等 5 人房屋纠纷一案的请示报告》收悉。经研究认为,崔希舜未经赵文运等房屋共有人同意,于 1972 年 11 月 4 日擅自将郑州市南学街 67 号院内东屋北头 2 间出卖给于金明是不合法的。

1984 年 11 月,该房屋共有人赵文运等诉至郑州市管城回族区人民法院,要求废除房屋买卖关系。一、二审法院判决买卖关系无效并无不当。故同意你院审判委员会的意见,可维持一、二审判决、驳回于金明的申诉。

此复。

最高人民法院《关于共同经商、共同生活期间购置的房产应认定为共有的复函》

· 1989 年 6 月 9 日
· 〔1989〕民他字第 10 号

江西省高级人民法院：

你院关于高三妹等人诉陈德晶房屋确权一案的请示报告和案卷，均已收悉。

从你院报来的案卷材料看：讼争的两栋房屋，是解放前高三妹夫家兄弟 4 人共同经商、共同生活期间购置的，一、二审判决认定为共有是正确的，故同意不再变更。但应继续做好高三妹等人思想工作，劝导他们珍惜兄弟情谊，以团结为重，服判息诉。

此复

四、用益物权

1. 土地承包经营权

中华人民共和国农村土地承包经营纠纷调解仲裁法

· 2009 年 6 月 27 日第十一届全国人民代表大会常务委员会第九次会议通过
· 2009 年 6 月 27 日中华人民共和国主席令第 14 号公布
· 自 2010 年 1 月 1 日起施行

第一章 总 则

第一条 为了公正、及时解决农村土地承包经营纠纷，维护当事人的合法权益，促进农村经济发展和社会稳定，制定本法。

第二条 农村土地承包经营纠纷调解和仲裁，适用本法。

农村土地承包经营纠纷包括：

（一）因订立、履行、变更、解除和终止农村土地承包合同发生的纠纷；

（二）因农村土地承包经营权转包、出租、互换、转让、入股等流转发生的纠纷；

（三）因收回、调整承包地发生的纠纷；

（四）因确认农村土地承包经营权发生的纠纷；

（五）因侵害农村土地承包经营权发生的纠纷；

（六）法律、法规规定的其他农村土地承包经营纠纷。

因征收集体所有的土地及其补偿发生的纠纷，不属于农村土地承包仲裁委员会的受理范围，可以通过行政复议或者诉讼等方式解决。

第三条 发生农村土地承包经营纠纷的，当事人可以自行和解，也可以请求村民委员会、乡（镇）人民政府等调解。

第四条 当事人和解、调解不成或者不愿和解、调解的，可以向农村土地承包仲裁委员会申请仲裁，也可以直接向人民法院起诉。

第五条 农村土地承包经营纠纷调解和仲裁，应当公开、公平、公正，便民高效，根据事实，符合法律，尊重社会公德。

第六条 县级以上人民政府应当加强对农村土地承包经营纠纷调解和仲裁工作的指导。

县级以上人民政府农村土地承包管理部门及其他有关部门应当依照职责分工，支持有关调解组织和农村土地承包仲裁委员会依法开展工作。

第二章 调 解

第七条 村民委员会、乡（镇）人民政府应当加强农村土地承包经营纠纷的调解工作，帮助当事人达成协议解决纠纷。

第八条 当事人申请农村土地承包经营纠纷调解可以书面申请，也可以口头申请。口头申请的，由村民委员会或者乡（镇）人民政府当场记录申请人的基本情况、申请调解的纠纷事项、理由和时间。

第九条 调解农村土地承包经营纠纷，村民委员会或者乡（镇）人民政府应当充分听取当事人对事实和理由的陈述，讲解有关法律以及国家政策，耐心疏导，帮助当事人达成协议。

第十条 经调解达成协议的，村民委员会或者乡（镇）人民政府应当制作调解协议书。

调解协议书由双方当事人签名、盖章或者按指印，经调解人员签名并加盖调解组织印章后生效。

第十一条 仲裁庭对农村土地承包经营纠纷应当进行调解。调解达成协议的，仲裁庭应当制作调解书；调解不成的，应当及时作出裁决。

调解书应当写明仲裁请求和当事人协议的结果。调解书由仲裁员签名，加盖农村土地承包仲裁委员会印章，送达双方当事人。

调解书经双方当事人签收后，即发生法律效力。在调解书签收前当事人反悔的，仲裁庭应当及时作出裁决。

第三章 仲 裁

第一节 仲裁委员会和仲裁员

第十二条 农村土地承包仲裁委员会,根据解决农村土地承包经营纠纷的实际需要设立。农村土地承包仲裁委员会可以在县和不设区的市设立,也可以在设区的市或者其市辖区设立。

农村土地承包仲裁委员会在当地人民政府指导下设立。设立农村土地承包仲裁委员会的,其日常工作由当地农村土地承包管理部门承担。

第十三条 农村土地承包仲裁委员会由当地人民政府及其有关部门代表、有关人民团体代表、农村集体经济组织代表、农民代表和法律、经济等相关专业人员兼任组成,其中农民代表和法律、经济等相关专业人员不得少于组成人员的二分之一。

农村土地承包仲裁委员会设主任一人、副主任一至二人和委员若干人。主任、副主任由全体组成人员选举产生。

第十四条 农村土地承包仲裁委员会依法履行下列职责:

(一)聘任、解聘仲裁员;

(二)受理仲裁申请;

(三)监督仲裁活动。

农村土地承包仲裁委员会应当依照本法制定章程,对其组成人员的产生方式及任期、议事规则等作出规定。

第十五条 农村土地承包仲裁委员会应当从公道正派的人员中聘任仲裁员。

仲裁员应当符合下列条件之一:

(一)从事农村土地承包管理工作满五年;

(二)从事法律工作或者人民调解工作满五年;

(三)在当地威信较高,并熟悉农村土地承包法律以及国家政策的居民。

第十六条 农村土地承包仲裁委员会应当对仲裁员进行农村土地承包法律以及国家政策的培训。

省、自治区、直辖市人民政府农村土地承包管理部门应当制定仲裁员培训计划,加强对仲裁员培训工作的组织和指导。

第十七条 农村土地承包仲裁委员会组成人员、仲裁员应当依法履行职责,遵守农村土地承包仲裁委员会章程和仲裁规则,不得索贿受贿、徇私舞弊,不得侵害当事人的合法权益。

仲裁员有索贿受贿、徇私舞弊、枉法裁决以及接受当事人请客送礼等违法违纪行为的,农村土地承包仲裁委员会应当将其除名;构成犯罪的,依法追究刑事责任。

县级以上地方人民政府及有关部门应当受理对农村土地承包仲裁委员会组成人员、仲裁员违法违纪行为的投诉和举报,并依法组织查处。

第二节 申请和受理

第十八条 农村土地承包经营纠纷申请仲裁的时效期间为二年,自当事人知道或者应当知道其权利被侵害之日起计算。

第十九条 农村土地承包经营纠纷仲裁的申请人、被申请人为当事人。家庭承包的,可以由农户代表人参加仲裁。当事人一方人数众多的,可以推选代表人参加仲裁。

与案件处理结果有利害关系的,可以申请作为第三人参加仲裁,或者由农村土地承包仲裁委员会通知其参加仲裁。

当事人、第三人可以委托代理人参加仲裁。

第二十条 申请农村土地承包经营纠纷仲裁应当符合下列条件:

(一)申请人与纠纷有直接的利害关系;

(二)有明确的被申请人;

(三)有具体的仲裁请求和事实、理由;

(四)属于农村土地承包仲裁委员会的受理范围。

第二十一条 当事人申请仲裁,应当向纠纷涉及的土地所在地的农村土地承包仲裁委员会递交仲裁申请书。仲裁申请书可以邮寄或者委托他人代交。仲裁申请书应当载明申请人和被申请人的基本情况,仲裁请求和所根据的事实、理由,并提供相应的证据和证据来源。

书面申请确有困难的,可以口头申请,由农村土地承包仲裁委员会记入笔录,经申请人核实后由其签名、盖章或者按指印。

第二十二条 农村土地承包仲裁委员会应当对仲裁申请予以审查,认为符合本法第二十条规定的,应当受理。有下列情形之一的,不予受理;已受理的,终止仲裁程序:

(一)不符合申请条件;

四、用益物权

（二）人民法院已受理该纠纷；

（三）法律规定该纠纷应当由其他机构处理；

（四）对该纠纷已有生效的判决、裁定、仲裁裁决、行政处理决定等。

第二十三条　农村土地承包仲裁委员会决定受理的，应当自收到仲裁申请之日起五个工作日内，将受理通知书、仲裁规则和仲裁员名册送达申请人；决定不予受理或者终止仲裁程序的，应当自收到仲裁申请或者发现终止仲裁程序情形之日起五个工作日内书面通知申请人，并说明理由。

第二十四条　农村土地承包仲裁委员会应当自受理仲裁申请之日起五个工作日内，将受理通知书、仲裁申请书副本、仲裁规则和仲裁员名册送达被申请人。

第二十五条　被申请人应当自收到仲裁申请书副本之日起十日内向农村土地承包仲裁委员会提交答辩书；书面答辩确有困难的，可以口头答辩，由农村土地承包仲裁委员会记入笔录，经被申请人核实后由其签名、盖章或者按指印。农村土地承包仲裁委员会应当自收到答辩书之日起五个工作日内将答辩书副本送达申请人。被申请人未答辩的，不影响仲裁程序的进行。

第二十六条　一方当事人因另一方当事人的行为或者其他原因，可能使裁决不能执行或者难以执行的，可以申请财产保全。

当事人申请财产保全的，农村土地承包仲裁委员会应当将当事人的申请提交被申请人住所地或者财产所在地的基层人民法院。

申请有错误的，申请人应当赔偿被申请人因财产保全所遭受的损失。

第三节　仲裁庭的组成

第二十七条　仲裁庭由三名仲裁员组成，首席仲裁员由当事人共同选定，其他二名仲裁员由当事人各自选定；当事人不能选定的，由农村土地承包仲裁委员会主任指定。

事实清楚、权利义务关系明确、争议不大的农村土地承包经营纠纷，经双方当事人同意，可以由一名仲裁员仲裁。仲裁员由当事人共同选定或者由农村土地承包仲裁委员会主任指定。

农村土地承包仲裁委员会应当自仲裁庭组成之日起二个工作日内将仲裁庭组成情况通知当事人。

第二十八条　仲裁员有下列情形之一的，必须回避，当事人也有权以口头或者书面方式申请其回避：

（一）是本案当事人或者当事人、代理人的近亲属；

（二）与本案有利害关系；

（三）与本案当事人、代理人有其他关系，可能影响公正仲裁；

（四）私自会见当事人、代理人，或者接受当事人、代理人的请客送礼。

当事人提出回避申请，应当说明理由，在首次开庭前提出。回避事由在首次开庭后知道的，可以在最后一次开庭终结前提出。

第二十九条　农村土地承包仲裁委员会对回避申请应当及时作出决定，以口头或者书面方式通知当事人，并说明理由。

仲裁员是否回避，由农村土地承包仲裁委员会主任决定；农村土地承包仲裁委员会主任担任仲裁员时，由农村土地承包仲裁委员会集体决定。

仲裁员因回避或者其他原因不能履行职责的，应当依照本法规定重新选定或者指定仲裁员。

第四节　开庭和裁决

第三十条　农村土地承包经营纠纷仲裁应当开庭进行。

开庭可以在纠纷涉及的土地所在地的乡（镇）或者村进行，也可以在农村土地承包仲裁委员会所在地进行。当事人双方要求在乡（镇）或者村开庭的，应当在该乡（镇）或者村开庭。

开庭应当公开，但涉及国家秘密、商业秘密和个人隐私以及当事人约定不公开的除外。

第三十一条　仲裁庭应当在开庭五个工作日前将开庭的时间、地点通知当事人和其他仲裁参与人。

当事人有正当理由的，可以向仲裁庭请求变更开庭的时间、地点。是否变更，由仲裁庭决定。

第三十二条　当事人申请仲裁后，可以自行和解。达成和解协议的，可以请求仲裁庭根据和解协议作出裁决书，也可以撤回仲裁申请。

第三十三条　申请人可以放弃或者变更仲裁请求。被申请人可以承认或者反驳仲裁请求，有权提出反请求。

第三十四条　仲裁庭作出裁决前，申请人撤回仲裁申请的,除被申请人提出反请求外,仲裁庭应当终止仲裁。

第三十五条　申请人经书面通知,无正当理由不到庭或者未经仲裁庭许可中途退庭的,可以视为撤回仲裁申请。

被申请人经书面通知,无正当理由不到庭或者未经仲裁庭许可中途退庭的,可以缺席裁决。

第三十六条　当事人在开庭过程中有权发表意见、陈述事实和理由、提供证据、进行质证和辩论。对不通晓当地通用语言文字的当事人,农村土地承包仲裁委员会应当为其提供翻译。

第三十七条　当事人应当对自己的主张提供证据。与纠纷有关的证据由作为当事人一方的发包方等掌握管理的,该当事人应当在仲裁庭指定的期限内提供,逾期不提供的,应当承担不利后果。

第三十八条　仲裁庭认为有必要收集的证据,可以自行收集。

第三十九条　仲裁庭对专门性问题认为需要鉴定的,可以交由当事人约定的鉴定机构鉴定;当事人没有约定的,由仲裁庭指定的鉴定机构鉴定。

根据当事人的请求或者仲裁庭的要求,鉴定机构应当派鉴定人参加开庭。当事人经仲裁庭许可,可以向鉴定人提问。

第四十条　证据应当在开庭时出示,但涉及国家秘密、商业秘密和个人隐私的证据不得在公开开庭时出示。

仲裁庭应当依照仲裁规则的规定开庭,给予双方当事人平等陈述、辩论的机会,并组织当事人进行质证。

经仲裁庭查证属实的证据,应当作为认定事实的根据。

第四十一条　在证据可能灭失或者以后难以取得的情况下,当事人可以申请证据保全。当事人申请证据保全的,农村土地承包仲裁委员会应当将当事人的申请提交证据所在地的基层人民法院。

第四十二条　对权利义务关系明确的纠纷,经当事人申请,仲裁庭可以先行裁定维持现状、恢复农业生产以及停止取土、占地等行为。

一方当事人不履行先行裁定的,另一方当事人可以向人民法院申请执行,但应当提供相应的担保。

第四十三条　仲裁庭应当将开庭情况记入笔录,由仲裁员、记录人员、当事人和其他仲裁参与人签名、盖章或者按指印。

当事人和其他仲裁参与人认为对自己陈述的记录有遗漏或者差错的,有权申请补正。如果不予补正,应当记录该申请。

第四十四条　仲裁庭应当根据认定的事实和法律以及国家政策作出裁决并制作裁决书。

裁决应当按照多数仲裁员的意见作出,少数仲裁员的不同意见可以记入笔录。仲裁庭不能形成多数意见时,裁决应当按照首席仲裁员的意见作出。

第四十五条　裁决书应当写明仲裁请求、争议事实、裁决理由、裁决结果、裁决日期以及当事人不服仲裁裁决的起诉权利、期限,由仲裁员签名,加盖农村土地承包仲裁委员会印章。

农村土地承包仲裁委员会应当在裁决作出之日起三个工作日内将裁决书送达当事人,并告知当事人不服仲裁裁决的起诉权利、期限。

第四十六条　仲裁庭依法独立履行职责,不受行政机关、社会团体和个人的干涉。

第四十七条　仲裁农村土地承包经营纠纷,应当自受理仲裁申请之日起六十日内结束;案情复杂需要延长的,经农村土地承包仲裁委员会主任批准可以延长,并书面通知当事人,但延长期限不得超过三十日。

第四十八条　当事人不服仲裁裁决的,可以自收到裁决书之日起三十日内向人民法院起诉。逾期不起诉的,裁决书即发生法律效力。

第四十九条　当事人对发生法律效力的调解书、裁决书,应当依照规定的期限履行。一方当事人逾期不履行的,另一方当事人可以向被申请人住所地或者财产所在地的基层人民法院申请执行。受理申请的人民法院应当依法执行。

第四章　附　则

第五十条　本法所称农村土地,是指农民集体所有和国家所有依法由农民集体使用的耕地、林地、草地,以及其他依法用于农业的土地。

第五十一条　农村土地承包经营纠纷仲裁规则和农村土地承包仲裁委员会示范章程,由国务院农业、林业行政主管部门依照本法规定共同制定。

第五十二条　农村土地承包经营纠纷仲裁不

四、用益物权

得向当事人收取费用,仲裁工作经费纳入财政预算予以保障。

第五十三条 本法自 2010 年 1 月 1 日起施行。

中华人民共和国农村土地承包法

· 2002 年 8 月 29 日第九届全国人民代表大会常务委员会第二十九次会议通过

· 根据 2009 年 8 月 27 日第十一届全国人民代表大会常务委员会第十次会议《关于修改部分法律的决定》第一次修正

· 根据 2018 年 12 月 29 日第十三届全国人民代表大会常务委员会第七次会议《关于修改〈中华人民共和国农村土地承包法〉的决定》第二次修正

第一章 总 则

第一条 【立法目的】为了巩固和完善以家庭承包经营为基础、统分结合的双层经营体制,保持农村土地承包关系稳定并长久不变,维护农村土地承包经营当事人的合法权益,促进农业、农村经济发展和农村社会和谐稳定,根据宪法,制定本法。

第二条 【农村土地范围】本法所称农村土地,是指农民集体所有和国家所有依法由农民集体使用的耕地、林地、草地,以及其他依法用于农业的土地。

第三条 【农村土地承包经营制度】国家实行农村土地承包经营制度。

农村土地承包采取农村集体经济组织内部的家庭承包方式,不宜采取家庭承包方式的荒山、荒沟、荒丘、荒滩等农村土地,可以采取招标、拍卖、公开协商等方式承包。

第四条 【农村土地承包后土地所有权性质不变】农村土地承包后,土地的所有权性质不变。承包地不得买卖。

第五条 【承包权的主体及对承包权的保护】农村集体经济组织成员有权依法承包由本集体经济组织发包的农村土地。

任何组织和个人不得剥夺和非法限制农村集体经济组织成员承包土地的权利。

第六条 【土地承包经营权男女平等】农村土地承包,妇女与男子享有平等的权利。承包中应当保护妇女的合法权益,任何组织和个人不得剥夺、侵害妇女应当享有的土地承包经营权。

第七条 【公开、公平、公正原则】农村土地承包应当坚持公开、公平、公正的原则,正确处理国家、集体、个人三者的利益关系。

第八条 【集体土地所有者和承包方合法权益的保护】国家保护集体土地所有者的合法权益,保护承包方的土地承包经营权,任何组织和个人不得侵犯。

第九条 【"三权"分置】承包方承包土地后,享有土地承包经营权,可以自己经营,也可以保留土地承包权,流转其承包地的土地经营权,由他人经营。

第十条 【土地经营权流转的保护】国家保护承包方依法、自愿、有偿流转土地经营权,保护土地经营权人的合法权益,任何组织和个人不得侵犯。

第十一条 【土地资源的保护】农村土地承包经营应当遵守法律、法规,保护土地资源的合理开发和可持续利用。未经依法批准不得将承包地用于非农建设。

国家鼓励增加对土地的投入,培肥地力,提高农业生产能力。

第十二条 【土地承包管理部门】国务院农业农村、林业和草原主管部门分别依照国务院规定的职责负责全国农村土地承包经营及承包经营合同管理的指导。

县级以上地方人民政府农业农村、林业和草原等主管部门分别依照各自职责,负责本行政区域内农村土地承包经营及承包经营合同管理。

乡(镇)人民政府负责本行政区域内农村土地承包经营及承包经营合同管理。

第二章 家庭承包

第一节 发包方和承包方的权利和义务

第十三条 【发包主体】农民集体所有的土地依法属于村农民集体所有的,由村集体经济组织或者村民委员会发包;已经分别属于村内两个以上农村集体经济组织的农民集体所有的,由村内各该农村集体经济组织或者村民小组发包。村集体经济组织或者村民委员会发包的,不得改变村内各集体经济组织农民集体所有的土地的所有权。

国家所有依法由农民集体使用的农村土地，由使用该土地的农村集体经济组织、村民委员会或者村民小组发包。

注释 农民集体所有的土地发包方的确定有两种情况：

（1）农民集体所有的土地，依法属于村农民集体所有的，由村集体经济组织或者村民委员会发包。这里的"村"指行政村，即设立村民委员会的村，而不是指自然村。农民集体所有的土地，依法属于村农民集体所有，是指属于行政村农民集体所有。农民集体所有的土地，由村集体经济组织或者村民委员会发包。

（2）已经分别属于村内两个以上农村集体经济组织的农民集体所有的，由村内各该农村集体经济组织或者村民小组发包。这里的村民小组是指行政村内由村民组成的组织，它是村民自治共同体内部的一种组织形式，相当于原生产队的层次。本条规定"已经分别属于村内两个以上农村集体经济组织的农民集体所有的"土地是指该土地原先分别属于两个以上的生产队，现在其土地仍然分别属于相当于原生产队的各该农村集体经济组织或者村民小组的农民集体所有。已经分别属于村内两个以上农村集体经济组织的农民集体所有的，由村内各该农村集体经济组织或者村民小组发包。

村集体经济组织或者村民委员会发包的，不得改变村内各集体经济组织农民集体所有的土地的所有权。这里的"村内各集体经济组织农民集体所有的土地"是指前面提到的"已经分别属于村内两个以上农村集体经济组织的农民集体所有的"土地。按照"谁所有，谁发包"的原则，应当由村内各该农村集体经济组织或者村民小组发包。但是，许多村民小组也不具备发包的条件，或者由其发包不方便，实践中由村集体经济组织或者村民委员会代为发包。虽然由村集体经济组织或者村民委员会代为发包，但并不能因此改变所有权关系。

第十四条 【发包方的权利】发包方享有下列权利：

（一）发包本集体所有的或者国家所有依法由本集体使用的农村土地；

（二）监督承包方依照承包合同约定的用途合理利用和保护土地；

（三）制止承包方损害承包地和农业资源的行为；

（四）法律、行政法规规定的其他权利。

注释 本条规定的这几项权利分别说明如下：（1）发包本集体所有的或者国家所有依法由本集体使用的农村土地的权利。这是发包方的发包权，是享有其他权利的前提。发包方可以发包的土地有两类：一类是本集体所有的农村土地，另一类是国家所有依法由本集体使用的农村土地。第二类土地发包人虽然不是所有人，也享有法律赋予的发包权。（2）监督承包方依照承包合同约定的用途合理利用和保护土地的权利。（3）制止承包方损害承包地和农业资源的行为的权利。（4）法律、行政法规规定的其他权利。这是一项兜底的规定。例如，本法第45条第2款规定："工商企业等社会资本通过流转取得土地经营权的，本集体经济组织可以收取适量管理费用。"

第十五条 【发包方的义务】发包方承担下列义务：

（一）维护承包方的土地承包经营权，不得非法变更、解除承包合同；

（二）尊重承包方的生产经营自主权，不得干涉承包方依法进行正常的生产经营活动；

（三）依照承包合同约定为承包方提供生产、技术、信息等服务；

（四）执行县、乡（镇）土地利用总体规划，组织本集体经济组织内的农业基础设施建设；

（五）法律、行政法规规定的其他义务。

链接《民法典》第336、337条

第十六条 【承包主体和家庭成员平等享有权益】家庭承包的承包方是本集体经济组织的农户。

农户内家庭成员依法平等享有承包土地的各项权益。

注释 农村土地家庭承包的承包方是本集体经济组织的农户。需要说明的是：第一，农村集体经济组织的每一个成员都有承包土地的权利，家庭承包中，是按人人有份分配承包地，按户组成一个生产经营单位作为承包方。第二，强调承包方是本集体经济组织的农户主要是针对农村集体的耕地、草地和林地等适宜家庭承包的土地的承包。根据本法第三章规定，不宜采取家庭承包方式的荒山、荒沟、荒滩等农村土地可以通过招标、拍卖、

四、用益物权

公开协商等方式承包给农户,也可承包给单位或个人,这里的单位或个人可以来自本集体经济组织外。

案例 李某祥诉李某梅继承权纠纷案(《最高人民法院公报》2009年第12期)

裁判规则:根据《农村土地承包法》第15条(对应2018年修改的《农村土地承包法》第16条)的规定,农村土地家庭承包的,承包方是本集体经济组织的农户,其本质特征是以本集体经济组织内部的农户家庭为单位实行农村土地承包经营。家庭承包方式的农村土地承包经营权属于农户家庭,而不属于某一个家庭成员。根据《继承法》第3条(对应《民法典》第1122条)的规定,遗产是公民死亡时遗留的个人合法财产。农村土地承包经营权不属于个人财产,故不发生继承问题。除林地外的家庭承包,当承包农地的农户家庭中的一人或几人死亡,承包经营仍然是以户为单位,承包地仍由该农户的其他家庭成员继续承包经营;当承包经营农户家庭的成员全部死亡,由于承包经营权的取得是以集体成员权为基础,该土地承包经营权归于消灭,不能由该农户家庭成员的继承人继续承包经营,更不能作为该农户家庭成员的遗产处理。

第十七条 【承包方的权利】承包方享有下列权利:

(一)依法享有承包地使用、收益的权利,有权自主组织生产经营和处置产品;

(二)依法互换、转让土地承包经营权;

(三)依法流转土地经营权;

(四)承包地被依法征收、征用、占用的,有权依法获得相应的补偿;

(五)法律、行政法规规定的其他权利。

注释 根据本条的规定,承包方享有以下权利:

1. 依法享有承包地使用、收益的权利,有权自主组织生产经营和处置产品。

这项权利主要包括以下三个方面的内容:(1)依法对承包地享有使用的权利。对承包土地的使用不仅表现为进行传统意义上的耕作、种植等,因进行农业生产而修建的必要的附属设施,如建造沟渠、修建水井等构筑物,也应是对承包地的一种使用。所修建的附属设施的所有权应当归承包人享有。(2)依法获取承包地收益的权利。收益权就是承包方有获取承包地上产生的收益的

权利,这种收益主要是从承包地上种植的农作物以及养殖畜牧中所获得的利益,例如果树产生的果实,粮田里产出的粮食。(3)自主组织生产经营和处置产品的权利。自主组织生产经营是指农户可以在法律规定的范围内决定如何在土地上进行生产经营,如选择种植的时间、品种等;产品处置权是指农户可以自由决定农产品是否卖,如何卖,卖给谁等。

2. 依法互换、转让土地承包经营权。

承包方承包土地后,可以行使承包经营权,自己经营;也可以将承包地依法互换、转让。

3. 依法流转土地经营权。

4. 承包地被依法征收、征用、占用的,有权依法获得相应的补偿。

征收土地是国家为了社会公共利益的需要,将集体所有的土地转变为国有土地的一项制度。根据《民法典》第243条第2款的规定,征收集体所有的土地,应当依法及时足额支付土地补偿费、安置补助费以及农村村民住宅、其他地上附着物和青苗等的补偿费用,并安排被征地农民的社会保障费用,保障被征地农民的生活,维护被征地农民的合法权益。征用是国家强制使用单位、个人的财产。对于征用,根据《民法典》第245条的规定,因抢险救灾、疫情防控等紧急需要,依照法律规定的权限和程序可以征用组织、个人的不动产或者动产。被征用的不动产或者动产使用后,应当返还被征用人。组织、个人的不动产或者动产被征用或者征用后毁损、灭失的,应当给予补偿。占用是指兴办乡镇企业和村民建设住宅经依法批准使用本集体经济组织农民集体所有的土地或者乡(镇)村公共设施和公益事业建设经依法批准使用农民集体所有土地的行为。

链接《民法典》第243、245条;《土地管理法》第30-43条

第十八条 【承包方的义务】承包方承担下列义务:

(一)维持土地的农业用途,未经依法批准不得用于非农建设;

(二)依法保护和合理利用土地,不得给土地造成永久性损害;

(三)法律、行政法规规定的其他义务。

注释 本条规定承包方应当承担以下义务:

(1)维持土地的农业用途,未经批准不得用于

非农建设。这里的"农业用途"是指将土地直接用于农业生产，从事种植业、林业、畜牧业、渔业生产。"非农建设"是指将土地用于农业生产目的以外的建设活动，例如在土地上建造房屋、建造工厂等。需要强调的是，要求承包方维护土地的农业用途，不得用于非农建设，并不是对承包方土地承包经营权的不合理限制。承包方在农业用途的范围内可以自由决定种什么，怎么种，如承包方可以在承包土地上种蔬菜，种粮食，还可以种其他经济作物。

（2）依法保护和合理利用土地，不得给土地造成永久性损害。这里所讲的依法保护土地是指作为土地使用人的承包方对土地生产能力进行保护，保证土地生态环境的良好性能和质量。合理利用土地是指承包方在使用土地的过程中，通过科学使用土地，使土地的利用与其自然的、社会的特性相适应，充分发挥土地要素在生产活动中的作用，以获得最佳的经济、生产、生态的综合效益。具体来说，要做到保护耕地、保护土地生态环境、提高土地利用率、防止水土流失和盐碱化。"永久性损害"是指使土地不再具有生产能力、不能再被利用的损害，例如在土地上过度使用化肥或向土地长期排污，使土地不能被利用。

链接 《民法典》第 334 条；《土地管理法》第 38 条

第二节　承包的原则和程序

第十九条　【土地承包的原则】土地承包应当遵循以下原则：

（一）按照规定统一组织承包时，本集体经济组织成员依法平等地行使承包土地的权利，也可以自愿放弃承包土地的权利；

（二）民主协商，公平合理；

（三）承包方案应当按照本法第十三条的规定，依法经本集体经济组织成员的村民会议三分之二以上成员或者三分之二以上村民代表的同意；

（四）承包程序合法。

注释 根据本条的规定，土地承包应当遵循以下四个原则：

（1）按照规定统一组织承包时，本集体经济组织成员依法平等地行使承包土地的权利，也可以自愿放弃承包土地的权利。这里的"平等"主要体现在两个方面：一是本集体经济组织的成员平等

地享有承包本集体经济组织土地的权利，无论男女老少、体弱病残。二是本集体经济组织成员在承包过程中平等地行使承包本集体经济组织土地的权利，发包方应当平等地对待每一个本集体经济组织成员承包土地的权利。这主要体现在承包过程中，发包方不能厚此薄彼、亲亲疏疏，不能对本集体经济组织成员实行差别对待。

本集体经济组织成员对土地承包的权利一方面体现在依法平等地享有和行使承包土地的权利，另一方面体现在自愿放弃承包土地的权利。

（2）民主协商，公平合理。这里的"公平合理"要求本集体经济组织成员之间所承包的土地在土质的好坏、离居住地距离的远近、离水源的远近等方面不能有太大的差别。

（3）承包方案应当按照本法第 13 条的规定，依法经本集体经济组织成员的村民会议三分之二以上成员或者三分之二以上村民代表的同意。本集体经济组织成员的村民会议依法选举产生的承包工作小组，应当依照法律、法规的规定拟订承包方案，并在本集体经济组织范围内公示不少于十五日。承包方案由承包工作小组公开组织实施。承包方案应当符合下列要求：①内容合法；②程序规范；③保障农村集体经济组织成员合法权益；④不得违法收回、调整承包地；⑤法律、法规和规章规定的其他要求。

（4）承包程序合法。承包中，承包程序应当符合法律的规定，违反法律规定的承包程序进行的承包是无效的。

第二十条　【土地承包的程序】土地承包应当按照以下程序进行：

（一）本集体经济组织成员的村民会议选举产生承包工作小组；

（二）承包工作小组依照法律、法规的规定拟订并公布承包方案；

（三）依法召开本集体经济组织成员的村民会议，讨论通过承包方案；

（四）公开组织实施承包方案；

（五）签订承包合同。

注释 根据本条的规定，土地承包应当依照以下程序进行：

（1）本集体经济组织成员的村民会议选举产生承包工作小组。（2）承包工作小组依照法律、法规的规定拟订并公布承包方案。（3）依法召开本

集体经济组织成员的村民会议,讨论通过承包方案。根据本法第19条第3项的规定,承包方案应当按照本法第13条的规定,依法经本集体经济组织的村民会议三分之二以上成员或者三分之二以上村民代表同意。(4)公开组织实施承包方案。(5)签订承包合同。

根据本法第22条的规定,承包合同一般包括以下条款:(1)发包方、承包方的名称,发包方负责人和承包方代表的姓名、住所;(2)承包土地的名称、坐落、面积、质量等级;(3)承包期限和起止日期;(4)承包土地的用途;(5)发包方和承包方的权利义务;(6)违约责任。承包合同自双方当事人签名、盖章或者按指印时成立,承包合同自成立之日起生效,承包方自承包合同生效时取得土地承包经营权。

第三节 承包期限和承包合同

第二十一条 【承包期限】耕地的承包期为三十年。草地的承包期为三十年至五十年。林地的承包期为三十年至七十年。

前款规定的耕地承包期届满后再延长三十年,草地、林地承包期届满后依照前款规定相应延长。

注释 承包期限是指农村土地承包经营权存续的期间,在此期间内,承包方享有土地承包经营权,依照法律的规定和合同的约定,行使权利,承担义务。

我国对土地实行用途管理制度。土地管理法按照土地的用途,将土地划分为农用地、建设用地和未利用地,其中,农用地又包括耕地、林地、草地、农田水利用地和养殖水面等。本条第1款根据我国农村土地家庭承包的实际情况,对不同用途的土地的承包期作出规定。(1)耕地。耕地是指种植农作物的土地,包括灌溉水田、望天田(又称天水田)、水浇地、旱地和菜地。我国农村实行土地承包经营制度的土地主要是耕地。(2)草地、林地。草地是指以生长草本植物为主,用于畜牧业的土地,包括天然草地、改良草地和人工草地。草原是草地的主体。林地是指生长乔木、竹类、灌木、沿海红树林的土地,包括有林地、灌木林地、疏林地、未成林造林地以及迹地和苗圃等。

根据本条第2款的规定,草地、林地的承包期届满后,比照耕地承包期届满后再延长三十年的

规定,作相应延长。例如,如果草地、林地的现承包期为四十年,该承包期届满后再延长四十年;如果草地、林地的现承包期为五十年,该承包期届满后再延长五十年。

第二十二条 【承包合同】发包方应当与承包方签订书面承包合同。

承包合同一般包括以下条款:

(一)发包方、承包方的名称,发包方负责人和承包方代表的姓名、住所;

(二)承包土地的名称、坐落、面积、质量等级;

(三)承包期限和起止日期;

(四)承包土地的用途;

(五)发包方和承包方的权利和义务;

(六)违约责任。

注释 土地承包合同是发包方与承包方之间达成的,关于农村土地承包权利义务关系的协议。根据本法的规定,土地承包合同具有以下特征:

(1)合同的主体是法定的。发包方是与农民集体所有土地范围一致的农村集体经济组织、村委会或者村民小组。即土地依法属于村农民集体所有的,由村集体经济组织或者村民委员会发包;已经分别属于村内两个以上农村集体经济组织的农民集体所有的,由村内各该农村集体经济组织或者村民小组发包。国家所有依法由农民集体使用的农村土地,由使用该土地的农村集体经济组织、村民委员会或者村民小组发包。承包方是本集体经济组织的农户。

(2)合同内容受到法律规定的约束,有些内容不允许当事人自由约定。例如,对于耕地的承包期,本法明确规定为三十年,并且耕地承包期届满后再延长三十年。再如,对于承包地的收回等,法律都有明确规定。这些内容都不允许当事人自由约定。

(3)土地承包合同是双务合同。发包方应当尊重承包方的生产经营自主权,为承包方提供生产、技术、信息等服务,有权对承包方进行监督等;承包方对承包地享有占有、使用、收益和流转的权利,其应维持土地的农业用途,保护和合理利用土地等。

(4)合同属于要式合同。双方当事人签订承包合同应当采用书面形式。

承包合同应当符合下列要求:(1)文本规范;(2)内容合法;(3)双方当事人签名、盖章或者按指

印;(4)法律、法规和规章规定的其他要求。

《民法典》第 333 条第 1 款;《农村土地承包合同管理办法》第 10 条第 1 款

第二十三条 【承包合同的生效】承包合同自成立之日起生效。承包方自承包合同生效时取得土地承包经营权。

注释 合同的成立是指订约当事人就合同的主要内容形成合意。合同的生效是指合同产生法律约束力。本条主要明确了承包合同的生效时间。同时,考虑到我国农村土地承包的实际情况,明确了承包经营权的取得以合同生效为前提,不以登记为生效的要件。

此外,本条主要是从承包合同生效时间的角度予以规定,但承包合同要实际产生法律约束力,还不能有法律规定的合同无效等事由。对此,民法典作出了明确规定。《民法典》第 155 条规定,无效的或者被撤销的民事法律行为自始没有法律约束力。对合同在哪些情形下可以认定无效或者可以被撤销,民法典作出了详细规定,这些规定也适用于土地承包合同。《民法典》第 143 条规定,具备下列条件的民事法律行为有效:(1)行为人具有相应的民事行为能力;(2)意思表示真实;(3)不违反法律、行政法规的强制性规定,不违背公序良俗。

第二十四条 【土地承包经营权登记】国家对耕地、林地和草地等实行统一登记,登记机构应当向承包方颁发土地承包经营权证或者林权证等证书,并登记造册,确认土地承包经营权。

土地承包经营权证或者林权证等证书应当将具有土地承包经营权的全部家庭成员列入。

登记机构除按规定收取证书工本费外,不得收取其他费用。

注释 对于本条第 1 款需要从以下三个方面予以把握:一是关于土地承包经营权登记制度与土地承包经营权设立的关系。土地承包经营权的设立,没有采用登记生效主义,即不以登记为生效的要件。二是国家实行土地承包经营权统一登记制度,由统一的登记机构对耕地、林地、草地等进行登记。三是关于发放证书、登记造册。土地承包经营权证书、林权证等证书,是承包方享有土地承包经营权的法律凭证。承包方签订承包合同,取得土地承包经营权后,登记机构应当向土地承包经营权人发放土地承包经营权证、林权证等证书,

并登记造册,将土地的使用权属、用途、面积等情况登记在专门的簿册上,以确认土地承包经营权。

链接 《民法典》第 333 条第 2 款

第二十五条 【承包合同的稳定性】承包合同生效后,发包方不得因承办人或者负责人的变动而变更或者解除,也不得因集体经济组织的分立或者合并而变更或者解除。

注释 根据本法的规定,发包方是集体经济组织、村委会或者村民小组。承包合同是发包方与承包方签订的。承办人或者负责人只是发包方的法定代表人或者代理人,并不等同于发包方。承办人或者负责人的变动并不构成对合同的实质性变更。

发包方不得因集体经济组织的分立或者合并而变更或者解除承包合同。分立是指一个集体经济组织被分为两个以上新的组织,原组织的权利义务由新的集体经济组织承担。合并一般是指两种情况:一种情况是指两个以上组织合并成为一个新的组织,由新的组织承担被合并的组织的权利义务。另一种情况是指一个组织被撤销后,将其权利义务一并转让给另一个组织。

承包期内,出现下列情形之一的,承包合同变更:(1)承包方依法分立或者合并的;(2)发包方依法调整承包地的;(3)承包方自愿交回部分承包地的;(4)土地承包经营权互换的;(5)土地承包经营权部分转让的;(6)承包地被部分征收的;(7)法律、法规和规章规定的其他情形。承包合同变更的,变更后承包期限不得超过承包期的剩余期限。

承包期内,出现下列情形之一的,承包合同终止:(1)承包方消亡的;(2)承包方自愿交回全部承包地的;(3)土地承包经营权全部转让的;(4)承包地被全部征收的;(5)法律、法规和规章规定的其他情形。

链接 《农村土地承包合同管理办法》第 13、14 条

第二十六条 【严禁国家机关及其工作人员利用职权干涉农村土地承包或者变更、解除承包合同】国家机关及其工作人员不得利用职权干涉农村土地承包或者变更、解除承包合同。

注释 本条规定的违法行为的主体是国家机关及其工作人员。国家机关是指国家的权力机关、监察机关、行政机关、司法机关以及军事机关,包括各级人大及其常委会,各级监察委员会,各级人民

政府,各级法院、检察院等。国家机关工作人员是指在国家机关中从事公务的人员,即在国家机关中行使一定职权、履行一定职务的人员。

对于国家机关及其工作人员干涉土地承包,变更、解除承包合同应当承担的法律责任,依照本法"争议的解决和法律责任"一章第65条的规定,国家机关及其工作人员有利用职权干涉农村土地承包,变更、解除承包合同,给承包方造成损失的,应当承担损害赔偿等责任;情节严重的,由上级机关或者所在单位给予直接责任人员处分;构成犯罪的,依法追究刑事责任。

第四节　土地承包经营权的保护和互换、转让

第二十七条　【承包期内承包地的交回和收回】承包期内,发包方不得收回承包地。

国家保护进城农户的土地承包经营权。不得以退出土地承包经营权作为农户进城落户的条件。

承包期内,承包农户进城落户的,引导支持其按照自愿有偿原则依法在本集体经济组织内转让土地承包经营权或者将承包地交回发包方,也可以鼓励其流转土地经营权。

承包期内,承包方交回承包地或者发包方依法收回承包地时,承包方对其在承包地上投入而提高土地生产能力的,有权获得相应的补偿。

注释　根据本条第1款的规定,除法律对承包地的收回有特别规定外,在承包期内,无论承包方发生什么样的变化,只要作为承包方的家庭还存在,发包方都不得收回承包地。例如,承包方家庭中的一人或者数人死亡的;子女升学、参军或者在城市就业的;妇女结婚,在新居住地未取得承包地的;承包方在农村从事各种非农产业的等,只要作为承包方的农户家庭没有消亡,发包方都不得收回其承包地。

根据本条第2款、第3款的规定,承包农户即使全家都进城落户,不管是否纳入城镇住房和社会保障体系,也不管是否丧失农村集体经济组织成员身份,其进城落户前所取得的农村土地承包经营权仍然受国家保护。农户进城落户后,其所取得的土地承包经营权不受任何影响。农户既可以根据自己的意愿,并按照农业生产季节回来耕作;也可以根据本法第34条的规定按照自愿有偿原则依法在本集体经济组织内转让土地承包经营

权;还可以根据本法第二章第五节的规定向他人流转土地经营权;当然,如果农户自愿将承包地交回发包方,也是允许的。

本条第4款规定,承包期内,承包方交回承包地或者发包方依法收回承包地时,承包方对其在承包地上投入而提高土地生产能力的,有权获得相应的补偿。例如,承包方对盐碱度较高的土地或者荒漠化的土地进行治理,使其成为较为肥沃的土地,在交回承包地时,发包方应当对承包方因治理土地而付出的投入给予相应的经济补偿。

案例　陈某棕诉某村一组、某村村委会征地补偿款分配纠纷案(《最高人民法院公报》2005年第10期)

裁判规则:依照《土地管理法》第14条(对应2019年修改的《土地管理法》第13条)和《农村土地承包法》第26条(对应2018年修改的《农村土地承包法》第27条)的规定,承包土地的农民到小城镇落户后,其土地承包经营权可以保留或者依法流转;该土地如果被征用,承包土地的农民有权获得征地补偿款。

链接　《土地管理法》第37条

第二十八条　【承包期内承包地的调整】承包期内,发包方不得调整承包地。

承包期内,因自然灾害严重毁损承包地等特殊情形对个别农户之间承包的耕地和草地需要适当调整的,必须经本集体经济组织成员的村民会议三分之二以上成员或者三分之二以上村民代表的同意,并报乡(镇)人民政府和县级人民政府农业农村、林业和草原等主管部门批准。承包合同中约定不得调整的,按照其约定。

注释　关于本条第2款规定的"本集体经济组织成员的村民会议",考虑到土地所有者和发包主体的不同,并根据本法第13条的规定,如果土地是由村集体经济组织或者村民委员会发包的,这里的"村民会议"应当指村集体范围内的村民会议,即由村集体经济组织成员组成的村民会议;如果土地是由村内各集体经济组织或者村民小组发包的,这里的"村民会议"应当指村民小组范围内的村民会议,即由村民小组成员组成的村民会议。"村民会议三分之二以上成员"应当指组成村民会议的全体成员的三分之二以上成员;"三分之二以上村民代表"应当指由村民代表组成的村民会议的全体代表的三分之二以上代表。

第二十九条　【用于调整承包土地或者承包给新增人口的土地】下列土地应当用于调整承包土地或者承包给新增人口：

（一）集体经济组织依法预留的机动地；

（二）通过依法开垦等方式增加的；

（三）发包方依法收回和承包方依法、自愿交回的。

注释　本条规定的应当用于调整承包土地或者承包给新增人口的土地包括：(1)集体经济组织依法预留的机动地。机动地是发包方在发包土地时，预先留出的不作为承包地的少量土地，用于解决承包期内的人地矛盾问题。(2)通过依法开垦等方式增加的土地。主要是指通过开垦未利用地，如开垦荒地而增加的土地。(3)发包方依法收回和承包方依法、自愿交回的土地。本法第27条、第30条、第31条等条文对发包方依法收回承包地和承包方依法、自愿交回承包地等作了明确规定。

第三十条　【承包期内承包方自愿将承包地交回发包方的处理】承包期内，承包方可以自愿将承包地交回发包方。承包方自愿交回承包地的，可以获得合理补偿，但是应当提前半年以书面形式通知发包方。承包方在承包期内交回承包地的，在承包期内不得再要求承包土地。

注释　根据《农村土地承包合同管理办法》第18条的规定，承包方自愿将部分或者全部承包地交回发包方的，承包方与发包方在该土地上的承包关系终止，承包期内其土地承包经营权部分或者全部消灭，并不得再要求承包土地。承包方自愿交回承包地的，应当提前半年以书面形式通知发包方。承包方对其在承包地上投入而提高土地生产能力的，有权获得相应的补偿。交回承包地的其他补偿，由发包方和承包方协商确定。

第三十一条　【妇女婚姻关系变动对土地承包的影响】承包期内，妇女结婚，在新居住地未取得承包地的，发包方不得收回其原承包地；妇女离婚或者丧偶，仍在原居住地生活或者不在原居住地生活但在新居住地未取得承包地的，发包方不得收回其原承包地。

注释　本条规定主要包括以下内容：(1)承包期内，妇女结婚的，妇女嫁入方所在村应当尽量解决其土地承包问题。如果当地既没有富余的土地，也不进行小调整，而是实行"增人不增地，减人不减地"的办法，则出嫁妇女原籍所在地的发包方不得收回其原承包地。(2)妇女离婚或者丧偶，仍在原居住地生活的，其已取得的承包地应当由离婚或者丧偶妇女继续承包，发包方不得收回；不在原居住地生活的，新居住地的集体经济组织应当尽量为其解决承包土地问题，如可以在依法进行小调整时分给离婚或者丧偶妇女一份承包地，离婚或者丧偶妇女在新居住地未取得承包地的，原居住地的发包方不得收回其原承包地。

第三十二条　【承包收益和林地承包权的继承】承包人应得的承包收益，依照继承法的规定继承。

林地承包的承包人死亡，其继承人可以在承包期内继续承包。

注释　关于土地承包经营权能否继承的问题，首先应当明确的是，家庭承包的承包方是本集体经济组织的农户。家庭中部分成员死亡的，由于作为承包方的户还存在，因此不发生继承的问题，由家庭中的其他成员继续承包。只有在因家庭成员全部死亡而导致承包方消亡的情况下，才存在是否允许继承的问题。对家庭成员全部死亡而导致承包方消亡的，其承包地不允许继承，应当由集体经济组织收回，并严格用于解决人地矛盾。

承包地虽然不允许继承，但承包人应得的承包收益，如已收获的粮食、未收割的农作物等，作为承包人的个人财产，则应当依照民法典继承编的规定继承。继承人可以是本集体经济组织的成员，也可以不是本集体经济组织的成员。承包人应得的承包收益，自承包人死亡时开始继承，而不必等到承包经营的家庭消亡时才开始继承。

上述继承的问题，主要是指耕地和草地，关于林地能否继承的问题，本条第2款规定："林地承包的承包人死亡，其继承人可以在承包期内继续承包"。

根据《农村土地承包合同管理办法》第19条第2款、第3款、第4款的规定，土地承包经营权互换的，应当签订书面合同，并向发包方备案。承包方提交备案的互换合同，应当符合下列要求：(1)互换双方是属于同一集体经济组织的农户；(2)互换后的承包期限不超过承包期的剩余期限；(3)法律、法规和规章规定的其他事项。互换合同备案后，互换双方应当与发包方变更承包合同。

第三十三条　【土地承包经营权的互换】承包

四、用益物权

方之间为方便耕种或者各自需要,可以对属于同一集体经济组织的土地的土地承包经营权进行互换,并向发包方备案。

注释 土地承包经营权互换是指土地承包经营权人将自己的土地承包经营权交换给他人行使,自己行使从他人处换来的土地承包经营权。权利交换后,原有的发包方与承包方的关系,变为发包方与互换后的承包方的关系,双方的权利义务同时作出相应的调整。

需要注意的是:第一,土地承包经营权互换只是土地承包经营权人改变,不是土地用途及承包义务的改变,互换后的土地承包经营权人仍然要按照发包时确定的该土地的用途使用土地,履行该地块原来负担的义务。例如,发包时确定某地块用于种植粮食作物,承包经营权互换后不能用于开挖鱼塘。第二,家庭承包的土地,不仅涉及不同集体经济组织的土地权属,也关系农户的生存保障。因此,承包方只能与属于同一集体经济组织的农户互换土地承包经营权,不能与其他集体经济组织的农户互换土地承包经营权。

根据《农村土地承包合同管理办法》第19条第2款、第3款、第4款的规定,土地承包经营权互换的,应当签订书面合同,并向发包方备案。承包方提交备案的互换合同,应当符合下列要求:(1)互换双方是属于同一集体经济组织的农户;(2)互换后的承包期限不超过承包期的剩余期限;(3)法律、法规和规章规定的其他事项。互换合同备案后,互换双方应当与发包方变更承包合同。

第三十四条 【土地承包经营权的转让】经发包方同意,承包方可以将全部或者部分的土地承包经营权转让给本集体经济组织的其他农户,由该农户同发包方确立新的承包关系,原承包方与发包方在该土地上的承包关系即行终止。

注释 土地承包经营权转让是指土地承包经营权人将其拥有的未到期的土地承包经营权以一定的方式和条件移转给他人的行为。土地承包经营权的受让对象只能是本集体经济组织的成员。

承包方转让土地承包经营权的,应当以书面形式向发包方提交申请。发包方同意转让的,承包方与受让方应当签订书面合同;发包方不同意转让的,应当于七日内向承包方书面说明理由。发包方无正当理由的,不得拒绝同意承包方的转

让申请。未经发包方同意的,土地承包经营权转让合同无效。土地承包经营权转让合同,应当符合下列要求:(1)受让方是本集体经济组织的农户;(2)转让后的承包期限不超过承包期的剩余期限;(3)法律、法规和规章规定的其他事项。土地承包经营权转让后,受让方应当与发包方签订承包合同。原承包方与发包方在该土地上的承包关系终止,承包期内其土地承包经营权部分或者全部消灭,并不得再要求承包土地。

承包合同订立、变更和终止的,应当开展土地承包经营权调查。土地承包经营权调查,应当查清发包方、承包方的名称,发包方负责人和承包方代表的姓名、身份证号码、住所,承包方家庭成员,承包地块的名称、坐落、面积、质量等级、土地用途等信息。

链接《民法典》第334条;《农村土地承包合同管理办法》第20、26-31条

第三十五条 【土地承包经营权互换、转让的登记】土地承包经营权互换、转让的,当事人可以向登记机构申请登记。未经登记,不得对抗善意第三人。

注释 本条对于土地承包经营权的互换、转让采用登记对抗主义。也就是说,当事人签订土地承包经营权的互换、转让合同,并经发包方备案或者同意后,该合同即发生法律效力,不强制当事人登记。

未经登记,不能对抗善意第三人。也就是说,不登记将产生不利于土地承包经营权受让人的法律后果。例如,承包户A将某块土地的承包经营权转让给B,但没有办理变更登记。之后,A又将同一块地的承包经营权转让给C,同时办理了变更登记。如果B与C就该块土地的承包经营权发生纠纷,由于C取得土地承包经营权并进行了登记,他的权利将受到保护。B将不能取得该地块的土地承包经营权。

第五节 土地经营权

第三十六条 【土地经营权设立】承包方可以自主决定依法采取出租(转包)、入股或者其他方式向他人流转土地经营权,并向发包方备案。

注释 **土地经营权设立的主体**

设立土地经营权的主体就是承包方和受让方,双方经过协商一致以合同方式设立土地经营权。农村土地经营权流转是在承包方与发包方承

包关系保持不变的前提下,承包方依法在一定期限内将土地经营权部分或者全部交由他人自主开展农业生产经营的行为。

土地经营权流转的受让方应当为具有农业经营能力或者资质的组织和个人。在同等条件下,本集体经济组织成员享有优先权。

土地经营权设立的客体

《农村土地经营权流转管理办法》第34条第1款规定,本办法所称农村土地,是指除林地、草地以外的,农民集体所有和国家所有依法由农民集体使用的耕地和其他用于农业的土地。

土地经营权设立的原则

土地经营权流转应当坚持农村土地农民集体所有、农户家庭承包经营的基本制度,保持农村土地承包关系稳定并长久不变,遵循依法、自愿、有偿原则,任何组织和个人不得强迫或者阻碍承包方流转土地经营权。

土地经营权流转不得损害农村集体经济组织和利害关系人的合法权益,不得破坏农业综合生产能力和农业生态环境,不得改变承包土地的所有权性质及其农业用途,确保农地农用,优先用于粮食生产,制止耕地"非农化"、防止耕地"非粮化"。

土地经营权设立的方式

根据本条的规定,承包方可以采取出租(转包)、入股或者其他方式向他人流转土地经营权。具体而言,土地经营权设立的方式可以分为三类:

(1)出租(转包)。是指承包方将部分或者全部土地经营权,租赁给他人从事农业生产经营。

(2)入股。是指承包方将部分或者全部土地经营权作价出资,成为公司、合作经济组织等股东或者成员,并用于农业生产经营。

(3)其他方式。其他方式就是出租、入股之外的方式,如根据本法第47条的规定,承包方可以用承包地的土地经营权向金融机构融资担保。这也是一种设立土地经营权的方式。在当事人以土地经营权设定担保物权时,一旦债务人未能偿还到期债务,担保物权人有权就土地经营权优先受偿。

土地经营权设立的程序要求

根据本条的规定,土地经营权的设立应当向发包方备案。所谓备案就是以书面形式告知集体经济组织土地经营权设立的事实。备案的义务主体是承包方,即设立土地经营权的农户,而不是受让方。接受备案的一方是发包方。根据本法第13条的规定,农民集体所有的土地依法属于村农民集体所有的,由村集体经济组织或者村民委员会发包;已经分别属于村内两个以上农村集体经济组织的农民集体所有的,由村内各该农村集体经济组织或者村民小组发包。因此,承包方应当根据承包时的实际情况,依法向相应的发包方备案:由本村集体经济组织发包的,就应当向本村集体经济组织备案;由本小组集体经济组织发包的,则应当向本小组集体经济组织备案;由村民委员会代为发包的,就应当报村民委员会备案。

链接《民法典》第339条;《农村土地经营权流转管理办法》第1-16条

第三十七条　【土地经营权人的基本权利】土地经营权人有权在合同约定的期限内占有农村土地,自主开展农业生产经营并取得收益。

注释 土地经营权是受让方根据流转合同的约定对承包方承包的农村土地依法占有,并利用其开展农业生产经营并取得收益的权利。

(1)权利的主体。土地经营权的权利主体就是根据土地经营权流转合同取得土地经营权的自然人或者组织。(2)权利的客体。土地经营权的客体就是农村土地。(3)权利的取得。土地经营权是由承包方通过一定的民事法律行为设立的,这种民事法律行为就是与受让方签订土地经营权流转合同。(4)权利的期限。土地承包经营权是一种用益物权,而且是有期限物权。根据本法的规定,土地经营权流转的期限不得超过承包期的剩余期限。这里的不得超过就是当事人可以根据合同约定土地经营权的最长期限,可以是一年、二年、三年、五年或者十年等,只要不超过承包期的剩余期限即可。(5)权利的消灭。土地经营权是有期限的权利,因此一旦双方约定的流转期限届满,土地经营权人的权利自然因到期而消灭。土地经营权也可能因为土地经营权流转合同的解除、被撤销或者宣告无效等事由而解除。

链接《民法典》第340条

第三十八条　【土地经营权流转的原则】土地经营权流转应当遵循以下原则:

(一)依法、自愿、有偿,任何组织和个人不得强迫或者阻碍土地经营权流转;

(二)不得改变土地所有权的性质和土地的农

业用途,不得破坏农业综合生产能力和农业生态环境;

（三）流转期限不得超过承包期的剩余期限;

（四）受让方须有农业经营能力或者资质;

（五）在同等条件下,本集体经济组织成员享有优先权。

注释 土地经营权流转"不得改变土地所有权的性质"进一步明确了土地经营权流转的性质不是买卖土地,土地经营权人获得的仅仅是经营土地的权利,而非土地所有权。土地经营权人只能依法占有、使用承包地并获取收益,不得擅自处分承包地。

农业综合生产能力是指一定地区、一定时期和一定社会经济技术条件下,通过具体生产过程的组织和土地、劳力、资金、科技、管理等农业生产诸要素综合投入所形成的,并可以相对稳定地实现的农业综合产出水平,包括农业生产要素投入能力、农业生产产出能力、农田设施保障和抗御自然灾害能力等。不得破坏农业综合生产能力,就是在利用承包地开展农业生产经营获取收益时,必须确保土地、水等自然资源的可持续利用,确保农产品的实际产量不降低,确保农业设施能够抵抗自然灾害等。

第三十九条 【土地经营权流转价款】土地经营权流转的价款,应当由当事人双方协商确定。流转的收益归承包方所有,任何组织和个人不得擅自截留、扣缴。

第四十条 【土地经营权流转合同】土地经营权流转,当事人双方应当签订书面流转合同。

土地经营权流转合同一般包括以下条款:

（一）双方当事人的姓名、住所;

（二）流转土地的名称、坐落、面积、质量等级;

（三）流转期限和起止日期;

（四）流转土地的用途;

（五）双方当事人的权利和义务;

（六）流转价款及支付方式;

（七）土地被依法征收、征用、占用时有关补偿费的归属;

（八）违约责任。

承包方将土地交由他人代耕不超过一年的,可以不签订书面合同。

注释 需要注意的是,本条第3款规定,承包方将土地交由他人代耕不超过一年的,可以不签订书

面合同。代耕就是将承包方承包地交由自己的亲朋好友代为耕种。承包方这样做一般是为避免土地撂荒,而且不少是无偿的。但是,考虑到有的代耕期限较长,为了避免纠纷,明确双方的权利义务关系,代耕超过一年的,还是应当签订书面合同。

链接 《农村土地经营权流转管理办法》第17-19条

第四十一条 【土地经营权流转的登记】土地经营权流转期限为五年以上的,当事人可以向登记机构申请土地经营权登记。未经登记,不得对抗善意第三人。

注释 根据《民法典》第341条的规定,流转期限为五年以上的土地经营权,自流转合同生效时设立。

根据《民法典》第341条及本条的规定,土地经营权未经登记不得对抗善意第三人。所谓善意第三人就是不知道也不应当知道承包地上设有土地经营权的人。登记后的土地经营权相对于债权而言同样具有优先效力。例如,甲将自己的承包地流转给乙后,乙未申请土地经营权登记。事后,甲又与丙签订土地经营权流转合同,并对于甲已经与乙签订流转合同并不知情,并申请土地经营权登记。之后,当事人之间因为土地使用发生纠纷。此时,丙的土地经营权因申请登记具有对抗效力,因此可以对抗乙的债权。从权利保护的角度而言,申请土地经营权登记对于土地经营权人具有更强的保护力。

第四十二条 【土地经营权流转合同单方解除权】承包方不得单方解除土地经营权流转合同,但受让方有下列情形之一的除外:

（一）擅自改变土地的农业用途;

（二）弃耕抛荒连续两年以上;

（三）给土地造成严重损害或者严重破坏土地生态环境;

（四）其他严重违约行为。

注释 本条没有规定承包方行使单方解除权的具体方式和程序要求。因此,承包方要解除土地经营权流转合同,还应当遵守民法典合同编有关解除权的规定。一方面,解除权应当在法定或者约定的期限内行使。另一方面,行使解除权还应按照一定的方式。本条规定,当事人根据约定解除权和法定解除权主张解除合同的,应当通知对方。合同自通知到达对方时解除。

有以上规定的情形,承包方在合理期限内不

解除土地经营权流转合同的,发包方有权要求终止土地经营权流转合同。受让方对土地和土地生态环境造成的损害应当依法予以赔偿。

链接《农村土地经营权流转管理办法》第20条

第四十三条 【土地经营权受让方依法投资并获得补偿】 经承包方同意,受让方可以依法投资改良土壤,建设农业生产附属、配套设施,并按照合同约定对其投资部分获得合理补偿。

注释 经承包方同意,受让方依法投资改良土壤,建设农业生产附属、配套设施,及农业生产中直接用于作物种植和畜禽水产养殖设施的,土地经营权流转合同到期或者未到期由承包方依法提前收回承包土地时,受让方有权获得合理补偿。具体补偿办法可在土地经营权流转合同中约定或者由双方协商确定。

第四十四条 【承包方流转土地经营权后与发包方承包关系不变】 承包方流转土地经营权的,其与发包方的承包关系不变。

注释 根据本条的规定,承包方流转土地经营权的,其与发包方的承包关系不变。理解这一规定,可以从以下三个方面予以把握:

(1)承包方流转土地经营权可以采取出租、入股或者其他方式,但无论采取何种方式,其与受让方形成何种性质的法律关系,均不影响其与发包方之前形成的承包关系。承包方依然属于承包合同关系的一方当事人。

(2)承包方与受让土地经营权的受让方形成的是土地经营权流转合同,承包方与发包方形成的是承包合同,两个合同关系虽然相互独立,但也有一定的联系,主要体现在,流转合同的期限不得超过承包合同的剩余期限、受让方从事经营同样应当遵循农地利用规划及保护生态等要求。

(3)发包方尽管不是流转合同的当事人,但其作为土地发包的主体,在特定情形下,依然享有终止流转合同并要求受让方赔偿损害的权利。根据本法第64条的规定,土地经营权人擅自改变土地的农业用途、弃耕抛荒连续两年以上、给土地造成严重损害或者严重破坏土地生态环境,承包方在合理期限内不解除土地经营权流转合同的,发包方有权要求终止土地经营权流转合同。

链接《农村土地经营权流转管理办法》第15条

第四十五条 【建立社会资本取得土地经营权的资格审查等制度】 县级以上地方人民政府应当建立工商企业等社会资本通过流转取得土地经营权的资格审查、项目审核和风险防范制度。

工商企业等社会资本通过流转取得土地经营权的,本集体经济组织可以收取适量管理费用。

具体办法由国务院农业农村、林业和草原主管部门规定。

注释 根据本条第1款的规定,县级以上地方人民政府应当建立工商企业等社会资本通过流转取得土地经营权的资格审查、项目审核和风险防范制度。

审查审核的一般程序如下:

(1)受让主体与承包方就流转面积、期限、价款等进行协商并签订流转意向协议书。涉及未承包到户集体土地等集体资源的,应当按照法定程序经本集体经济组织成员的村民会议三分之二以上成员或者三分之二以上村民代表的同意,并与集体经济组织签订流转意向协议书。

(2)受让主体按照分级审查审核规定,分别向乡(镇)人民政府农村土地承包管理部门或者县级以上地方人民政府农业农村主管(农村经营管理)部门提出申请,并提交流转意向协议书、农业经营能力或者资质证明、流转项目规划等相关材料。

(3)县级以上地方人民政府或者乡(镇)人民政府应当依法组织相关职能部门、农村集体经济组织代表、农民代表、专家等就土地用途、受让主体农业经营能力,以及经营项目是否符合粮食生产等产业规划等进行审查审核,并于受理之日起20个工作日内作出审查审核意见。

(4)审查审核通过的,受让主体与承包方签订土地经营权流转合同。未按规定提交审查审核申请或者审查审核未通过的,不得开展土地经营权流转活动。

链接《农村土地经营权流转管理办法》第29—32条;《最高人民法院关于审理涉及农村土地承包纠纷案件适用法律问题的解释》

第四十六条 【土地经营权的再流转】 经承包方书面同意,并向本集体经济组织备案,受让方可以再流转土地经营权。

注释 根据本条的规定,通过流转取得土地经营权的受让方,如果再次流转土地经营权,需要注意把握:第一,土地经营权的再次流转需要经过"同意加备案"的程序。即受让方再次流转土地经营权,需要征得承包方的书面同意,同时还应向作为发

四、用益物权

包方的集体经济组织履行备案手续。第二,受让方再次流转土地经营权的方式,根据本法第36条的规定为出租(转包)、入股或者其他方式。

链接《农村土地经营权流转管理办法》第12条

第四十七条 【土地经营权融资担保】承包方可以用承包地的土地经营权向金融机构融资担保,并向发包方备案。受让方通过流转取得的土地经营权,经承包方书面同意并向发包方备案,可以向金融机构融资担保。

担保物权自融资担保合同生效时设立。当事人可以向登记机构申请登记;未经登记,不得对抗善意第三人。

实现担保物权时,担保物权人有权就土地经营权优先受偿。

土地经营权融资担保办法由国务院有关部门规定。

注释 本条第1款规定,承包方可以用承包地的土地经营权向金融机构融资担保,并向发包方备案。本款包含两种情况:(1)承包方利用其所承包的承包地的土地经营权向金融机构融资担保。此种情况下,由于承包方并未将承包地的土地经营权向外流转,承包方的土地承包权与土地经营权没有分离,因此作为担保物的土地经营权实际上未现实存在,承包是用将来的土地经营权融资担保,到需要实现担保物权时,土地经营权才从土地承包经营权中分离出来,作为优先受偿的财产出现。(2)承包方将承包地的土地经营权流转后,受让土地经营权的受让方利用土地经营权向金融机构融资担保。在这种情况下,承包方自己不实际经营土地,而是流转给受让方,受让方将流转取得的承包地的土地经营权向金融机构融资担保。

根据本条第2款的规定,担保物权自融资担保合同生效时设立。当事人可以向登记机构申请登记;未经登记,不得对抗善意第三人。

第三章 其他方式的承包

第四十八条 【其他承包方式】不宜采取家庭承包方式的荒山、荒沟、荒丘、荒滩等农村土地,通过招标、拍卖、公开协商等方式承包的,适用本章规定。

注释 招标投标多为大宗货物的买卖、工程建设项目的发包与承包、服务项目的采购与提供等所采用,但不局限于此,农村荒山、荒沟、荒丘、荒滩等土地资源的承包也可以采取招标投标的方式。拍卖是指以公开竞价的形式,将特定物的财产权利转让给最高应价的买卖方式。

第四十九条 【以其他方式承包农村土地时承包合同的签订】以其他方式承包农村土地的,应当签订承包合同,承包方取得土地经营权。当事人的权利和义务、承包期限等,由双方协商确定。以招标、拍卖方式承包的,承包费通过公开竞标、竞价确定;以公开协商等方式承包的,承包费由双方议定。

第五十条 【荒山、荒沟、荒丘、荒滩等的承包经营方式】荒山、荒沟、荒丘、荒滩等可以直接通过招标、拍卖、公开协商等方式实行承包经营,也可以将土地经营权折股分给本集体经济组织成员后,再实行承包经营或者股份合作经营。

承包荒山、荒沟、荒丘、荒滩的,应当遵守有关法律、行政法规的规定,防止水土流失,保护生态环境。

注释 根据本条的规定,对荒山、荒沟、荒丘、荒滩等土地的承包经营方式灵活多样,既可以直接通过向社会公开招标、拍卖、公开协商等方式进行,也可以在本集体经济组织内部,将土地经营权折股分给本集体经济组织成员后,再实行承包经营或者股份合作经营。

第五十一条 【本集体经济组织成员有权优先承包】以其他方式承包农村土地,在同等条件下,本集体经济组织成员有权优先承包。

注释 不能简单地认为在以其他方式承包土地的情况下,本集体经济组织内部成员一定有权优先承包,这里的优先是以"同等条件"为前提的。在与本集体经济组织外的单位或个人竞争土地承包时,本集体经济组织内部成员与外部竞争者具有同等的竞争条件的,发包方才可将土地优先承包给本集体经济组织内部成员。

第五十二条 【将农村土地发包给本集体经济组织以外的单位或者个人承包的程序】发包方将农村土地发包给本集体经济组织以外的单位或者个人承包,应当事先经本集体经济组织成员的村民会议三分之二以上成员或者三分之二以上村民代表的同意,并报乡(镇)人民政府批准。

由本集体经济组织以外的单位或者个人承包的,应当对承包方的资信情况和经营能力进行审查后,再签订承包合同。

注释 根据本条的规定,本集体经济组织以外的单位和个人以其他方式承包农村土地的,应当事先经本集体经济组织成员的村民会议三分之二以上成员或者三分之二以上村民代表的同意。并且,由本集体经济组织以外的单位和个人承包经营的,发包方应当对承包方的资信情况和经营能力进行审查后,再签订承包合同。

第五十三条 【以其他方式承包农村土地后,土地经营权的流转】通过招标、拍卖、公开协商等方式承包农村土地,经依法登记取得权属证书的,可以依法采取出租、入股、抵押或者其他方式流转土地经营权。

注释 依据本法第3条的规定,我国的农村土地承包制度包括农村集体经济组织内部的家庭承包方式和其他方式的承包。通过家庭方式的承包取得土地承包经营权后,登记机构应当向承包方颁发土地承包经营权证或者林权证等证书,并登记造册,确认土地承包经营权。承包方在此基础上,可以直接向他人流转土地经营权。

但是,以招标、拍卖、公开协商等方式取得的土地承包经营权,承包方有的与发包人是债权关系。要注意的是,通过其他方式的承包所取得的土地经营权是通过市场化的行为并支付一定的对价获得的,其流转无需向发包人备案或经发包人同意。流转对受让方也没有特别限制,接受流转的一方可以是本集体经济组织以外的个人、农业公司等。

链接 《民法典》第342条

第五十四条 【以其他方式取得的土地承包经营权的继承】依照本章规定通过招标、拍卖、公开协商等方式取得土地经营权的,该承包人死亡,其应得的承包收益,依照继承法的规定继承;在承包期内,其继承人可以继续承包。

注释 关于家庭承包中的继承问题已在本法第32条作了规定,本条对以其他方式的承包的继承问题作出规定。家庭承包和其他方式的承包引发的继承问题共同之处在于,两种方式的承包中承包人死亡后其应得的承包收益,都可以依照民法典继承编的规定继承。差别主要体现在:

(1)在家庭承包的方式中,土地承包经营权是农村集体经济组织内部人人有份的,是农村集体经济组织成员的一项权利。而成为非农业人口的继承人能否继承土地承包经营权?应当说成为非农业人口的继承人已经不是农村集体经济组织的成员了,也不享有对土地承包经营权的继承权。而在其他方式的承包中,则不存在这个问题。例如,一个农户对本村荒山的承包,这个承包并不是在本村内人人有份,而是通过招标、拍卖或者公开协商等方式进行承包取得的土地经营权。这种承包是有偿取得的,期限较长,投入很大,应当允许继承,而且允许成为非农业人口的继承人继承。

(2)在家庭承包的方式中,由于是以户为生产经营单位,因此部分家庭成员死亡的,不发生土地承包经营权本身的继承问题,而是由该承包户内的其他成员继续承包。如果全部承包人死亡,承包方的家庭消亡后,土地承包经营权由发包方收回,其他继承人只能继承土地承包的收益,并要求发包方对被继承人在土地上的投入做一定的补偿。而在其他方式的承包中,则有所不同。例如,承包本村荒山的承包人,在其死后,荒山可以由其继承人继续承包。如果所有的继承人都不愿意承包经营,还可以通过出租、入股、抵押或者其他方式流转土地经营权,将流转获得的收益作为遗产处理。

(3)在家庭承包方式中,林地承包的承包人死亡,其继承人可以在承包期内继续承包。本条规定的其他方式的承包的继承与林地承包是相似的,即以其他方式的承包的承包人死亡后,其所承包的"四荒地"在承包期内由继承人继续承包。

第四章 争议的解决和法律责任

第五十五条 【土地承包经营纠纷的解决方式】因土地承包经营发生纠纷的,双方当事人可以通过协商解决,也可以请求村民委员会、乡(镇)人民政府等调解解决。

当事人不愿协商、调解或者协商、调解不成的,可以向农村土地承包仲裁机构申请仲裁,也可以直接向人民法院起诉。

第五十六条 【侵害土地承包经营权、土地经营权应当承担民事责任】任何组织和个人侵害土地承包经营权、土地经营权的,应当承担民事责任。

第五十七条 【发包方的民事责任】发包方有下列行为之一的,应当承担停止侵害、排除妨碍、消除危险、返还财产、恢复原状、赔偿损失等民事责任:

四、用益物权

（一）干涉承包方依法享有的生产经营自主权；

（二）违反本法规定收回、调整承包地；

（三）强迫或者阻碍承包方进行土地承包经营权的互换、转让或者土地经营权流转；

（四）假借少数服从多数强迫承包方放弃或者变更土地承包经营权；

（五）以划分"口粮田"和"责任田"等为由收回承包地搞招标承包；

（六）将承包地收回抵顶欠款；

（七）剥夺、侵害妇女依法享有的土地承包经营权；

（八）其他侵害土地承包经营权的行为。

第五十八条　【承包合同中无效的约定】承包合同中违背承包方意愿或者违反法律、行政法规有关不得收回、调整承包地等强制性规定的约定无效。

第五十九条　【违约责任】当事人一方不履行合同义务或者履行义务不符合约定的，应当依法承担违约责任。

第六十条　【无效的土地承包经营权互换、转让或土地经营权流转】任何组织和个人强迫进行土地承包经营权互换、转让或者土地经营权流转的，该互换、转让或者流转无效。

第六十一条　【擅自截留、扣缴土地承包经营权互换、转让或土地经营权流转收益的处理】任何组织和个人擅自截留、扣缴土地承包经营权互换、转让或者土地经营权流转收益的，应当退还。

第六十二条　【非法征收、征用、占用土地或者贪污、挪用土地征收、征用补偿费用的法律责任】违反土地管理法规，非法征收、征用、占用土地或者贪污、挪用土地征收、征用补偿费用，构成犯罪的，依法追究刑事责任；造成他人损害的，应当承担损害赔偿等责任。

第六十三条　【违法将承包地用于非农建设或者给承包地造成永久性损害的法律责任】承包方、土地经营权人违法将承包地用于非农建设的，由县级以上地方人民政府有关主管部门依法予以处罚。

承包方给承包地造成永久性损害的，发包方有权制止，并有权要求赔偿由此造成的损失。

第六十四条　【土地经营权人的民事责任】土地经营权人擅自改变土地的农业用途、弃耕抛荒连续两年以上、给土地造成严重损害或者严重破坏土地生态环境，承包方在合理期限内不解除土地经营权流转合同的，发包方有权要求终止土地经营权流转合同。土地经营权人对土地和土地生态环境造成的损害应当予以赔偿。

第六十五条　【国家机关及其工作人员利用职权侵害土地承包经营权、土地经营权行为的法律责任】国家机关及其工作人员有利用职权干涉农村土地承包经营，变更、解除承包经营合同，干涉承包经营当事人依法享有的生产经营自主权，强迫、阻碍承包经营当事人进行土地承包经营权互换、转让或者土地经营权流转等侵害土地承包经营权、土地经营权的行为，给承包经营当事人造成损失的，应当承担损害赔偿等责任；情节严重的，由上级机关或者所在单位给予直接责任人员处分；构成犯罪的，依法追究刑事责任。

第五章　附　则

第六十六条　【本法实施前的农村土地承包继续有效】本法实施前已经按照国家有关农村土地承包的规定承包，包括承包期限长于本法规定的，本法实施后继续有效，不得重新承包土地。未向承包方颁发土地承包经营权证或者林权证等证书的，应当补发证书。

第六十七条　【机动地的预留】本法实施前已经预留机动地的，机动地面积不得超过本集体经济组织耕地总面积的百分之五。不足百分之五的，不得再增加机动地。

本法实施前未留机动地的，本法实施后不得再留机动地。

第六十八条　【实施办法的制定】各省、自治区、直辖市人民代表大会常务委员会可以根据本法，结合本行政区域的实际情况，制定实施办法。

第六十九条　【农村集体经济组织成员身份的确认】确认农村集体经济组织成员身份的原则、程序等，由法律、法规规定。

第七十条　【施行时间】本法自 2003 年 3 月 1 日起施行。

中华人民共和国刑法(节录)

- 1979 年 7 月 1 日第五届全国人民代表大会第二次会议通过
- 1997 年 3 月 14 日第八届全国人民代表大会第五次会议修订
- 根据 1998 年 12 月 29 日第九届全国人民代表大会常务委员会第六次会议通过的《全国人民代表大会常务委员会关于惩治骗购外汇、逃汇和非法买卖外汇犯罪的决定》、1999 年 12 月 25 日第九届全国人民代表大会常务委员会第十三次会议通过的《中华人民共和国刑法修正案》、2001 年 8 月 31 日第九届全国人民代表大会常务委员会第二十三次会议通过的《中华人民共和国刑法修正案(二)》、2001 年 12 月 29 日第九届全国人民代表大会常务委员会第二十五次会议通过的《中华人民共和国刑法修正案(三)》、2002 年 12 月 28 日第九届全国人民代表大会常务委员会第三十一次会议通过的《中华人民共和国刑法修正案(四)》、2005 年 2 月 28 日第十届全国人民代表大会常务委员会第十四次会议通过的《中华人民共和国刑法修正案(五)》、2006 年 6 月 29 日第十届全国人民代表大会常务委员会第二十二次会议通过的《中华人民共和国刑法修正案(六)》、2009 年 2 月 28 日第十一届全国人民代表大会常务委员会第七次会议通过的《中华人民共和国刑法修正案(七)》、2009 年 8 月 27 日第十一届全国人民代表大会常务委员会第十次会议通过的《全国人民代表大会常务委员会关于修改部分法律的决定》、2011 年 2 月 25 日第十一届全国人民代表大会常务委员会第十九次会议通过的《中华人民共和国刑法修正案(八)》、2015 年 8 月 29 日第十二届全国人民代表大会常务委员会第十六次会议通过的《中华人民共和国刑法修正案(九)》、2017 年 11 月 4 日第十二届全国人民代表大会常务委员会第三十次会议通过的《中华人民共和国刑法修正案(十)》和 2020 年 12 月 26 日第十三届全国人民代表大会常务委员会第二十四次会议通过的《中华人民共和国刑法修正案(十一)》修正)①

......

第二百二十八条 **【非法转让、倒卖土地使用权罪】**以牟利为目的,违反土地管理法规,非法转让、倒卖土地使用权,情节严重的,处三年以下有期徒刑或者拘役,并处或者单处非法转让、倒卖土地使用权价额百分之五以上百分之二十以下罚金;情节特别严重的,处三年以上七年以下有期徒刑,并处非法转让、倒卖土地使用权价额百分之五以上百分之二十以下罚金。

......

第三百四十二条 **【非法占用农用地罪】**违反土地管理法规,非法占用耕地、林地等农用地,改变被占用土地用途,数量较大,造成耕地、林地等农用地大量毁坏的,处五年以下有期徒刑或者拘役,并处或者单处罚金。②

......

第四百一十条 **【非法批准征收、征用、占用土地罪】【非法低价出让国有土地使用权罪】**国家机关工作人员徇私舞弊,违反土地管理法规,滥用职权,非法批准征收、征用、占用土地,或者非法低价出让国有土地使用权,情节严重的,处三年以下有期徒刑或者拘役;致使国家或者集体利益遭受特别重大损失的,处三年以上七年以下有期徒刑。

......

四、用益物权

---

① 刑法、历次刑法修正案、涉及修改刑法的决定的施行日期,分别依据各法律所规定的施行日期确定。

另,总则部分条文主旨为编者所加,分则部分条文主旨是根据司法解释确定罪名所加。

② 根据 2001 年 8 月 31 日《中华人民共和国刑法修正案(二)》修改。原条文为:"违反土地管理法规,非法占用耕地改作他用,数量较大,造成耕地大量毁坏的,处五年以下有期徒刑或者拘役,并处或者单处罚金。"

全国人民代表大会常务委员会关于《中华人民共和国刑法》第二百二十八条、第三百四十二条、第四百一十条的解释

· 2001 年 8 月 31 日第九届全国人民代表大会常务委员会第二十三次会议通过

· 根据 2009 年 8 月 27 日第十一届全国人民代表大会常务委员会第十次会议《关于修改部分法律的决定》修正

全国人民代表大会常务委员会讨论了刑法第二百二十八条、第三百四十二条、第四百一十条规定的"违反土地管理法规"和第四百一十条规定的"非法批准征收、征用、占用土地"的含义问题,解释如下:

刑法第二百二十八条、第三百四十二条、第四百一十条规定的"违反土地管理法规",是指违反土地管理法、森林法、草原法等法律以及有关行政法规中关于土地管理的规定。

刑法第四百一十条规定的"非法批准征收、征用、占用土地",是指非法批准征收、征用、占用耕地、林地等农用地以及其他土地。

现予公告。

农村土地承包经营纠纷仲裁规则

· 2009 年 12 月 29 日农业部、国家林业局令 2010 年第 1 号公布

· 自 2010 年 1 月 1 日起施行

第一章 总 则

第一条 为规范农村土地承包经营纠纷仲裁活动,根据《中华人民共和国农村土地承包经营纠纷调解仲裁法》,制定本规则。

第二条 农村土地承包经营纠纷仲裁适用本规则。

第三条 下列农村土地承包经营纠纷,当事人可以向农村土地承包仲裁委员会(以下简称仲裁委员会)申请仲裁:

(一)因订立、履行、变更、解除和终止农村土地承包合同发生的纠纷;

(二)因农村土地承包经营权转包、出租、互换、转让、入股等流转发生的纠纷;

(三)因收回、调整承包地发生的纠纷;

(四)因确认农村土地承包经营权发生的纠纷;

(五)因侵害农村土地承包经营权发生的纠纷;

(六)法律、法规规定的其他农村土地承包经营纠纷。

因征收集体所有的土地及其补偿发生的纠纷,不属于仲裁委员会的受理范围,可以通过行政复议或者诉讼等方式解决。

第四条 仲裁委员会依法设立,其日常工作由当地农村土地承包管理部门承担。

第五条 农村土地承包经营纠纷仲裁,应当公开、公平、公正,便民高效,注重调解,尊重事实,符合法律,遵守社会公德。

第二章 申请和受理

第六条 农村土地承包经营纠纷仲裁的申请人、被申请人为仲裁当事人。

第七条 家庭承包的,可以由农户代表人参加仲裁。农户代表人由农户成员共同推选;不能共同推选的,按下列方式确定:

(一)土地承包经营权证或者林权证等证书上记载的人;

(二)未取得土地承包经营权证或者林权证等证书的,为在承包合同上签字的人。

第八条 当事人一方为五户(人)以上的,可以推选三至五名代表人参加仲裁。

第九条 与案件处理结果有利害关系的,可以申请作为第三人参加仲裁,或者由仲裁委员会通知其参加仲裁。

第十条 当事人、第三人可以委托代理人参加仲裁。

当事人或者第三人为无民事行为能力人或者限制民事行为能力人的,由其法定代理人参加仲裁。

第十一条 当事人申请农村土地承包经营纠纷仲裁的时效期间为二年,自当事人知道或者应当知道其权利被侵害之日起计算。

仲裁时效因申请调解、申请仲裁、当事人一方提出要求或者同意履行义务而中断。从中断时

起,仲裁时效重新计算。

在仲裁时效期间的最后六个月内,因不可抗力或者其他事由,当事人不能申请仲裁的,仲裁时效中止。从中止时效的原因消除之日起,仲裁时效期间继续计算。

侵害农村土地承包经营权行为持续发生的,仲裁时效从侵权行为终了时计算。

第十二条　申请农村土地承包经营纠纷仲裁,应当符合下列条件:

(一)申请人与纠纷有直接的利害关系;

(二)有明确的被申请人;

(三)有具体的仲裁请求和事实、理由;

(四)属于仲裁委员会的受理范围。

第十三条　当事人申请仲裁,应当向纠纷涉及土地所在地的仲裁委员会递交仲裁申请书。申请书可以邮寄或者委托他人代交。

书面申请有困难的,可以口头申请,由仲裁委员会记入笔录,经申请人核实后由其签名、盖章或者按指印。

仲裁委员会收到仲裁申请材料,应当出具回执。回执应当载明接收材料的名称和份数、接收日期等,并加盖仲裁委员会印章。

第十四条　仲裁申请书应当载明下列内容:

(一)申请人和被申请人的姓名、年龄、住所、邮政编码、电话或者其他通讯方式;法人或者其他组织应当写明名称、地址和法定代表人或者主要负责人的姓名、职务、通讯方式;

(二)申请人的仲裁请求;

(三)仲裁请求所依据的事实和理由;

(四)证据和证据来源、证人姓名和联系方式。

第十五条　仲裁委员会应当对仲裁申请进行审查,符合申请条件的,应当受理。

有下列情形之一的,不予受理;已受理的,终止仲裁程序:

(一)不符合申请条件;

(二)人民法院已受理该纠纷;

(三)法律规定该纠纷应当由其他机构受理;

(四)对该纠纷已有生效的判决、裁定、仲裁裁决、行政处理决定等。

第十六条　仲裁委员会决定受理仲裁申请的,应当自收到仲裁申请之日起五个工作日内,将受理通知书、仲裁规则、仲裁员名册送达申请人,将受理通知书、仲裁申请书副本、仲裁规则、仲裁员名册送达被申请人。

决定不予受理或者终止仲裁程序的,应当自收到仲裁申请或者发现终止仲裁程序情形之日起五个工作日内书面通知申请人,并说明理由。

需要通知第三人参加仲裁的,仲裁委员会应当通知第三人,并告知其权利义务。

第十七条　被申请人应当自收到仲裁申请书副本之日起十日内向仲裁委员会提交答辩书。

仲裁委员会应当自收到答辩书之日起五个工作日内将答辩书副本送达申请人。

被申请人未答辩的,不影响仲裁程序的进行。

第十八条　答辩书应当载明下列内容:

(一)答辩人姓名、年龄、住所、邮政编码、电话或者其他通讯方式;法人或者其他组织应当写明名称、地址和法定代表人或者主要负责人的姓名、职务、通讯方式;

(二)对申请人仲裁申请的答辩及所依据的事实和理由;

(三)证据和证据来源,证人姓名和联系方式。

书面答辩确有困难的,可以口头答辩,由仲裁委员会记入笔录,经被申请人核实后由其签名、盖章或者按指印。

第十九条　当事人提交仲裁申请书、答辩书、有关证据材料及其他书面文件,应当一式三份。

第二十条　因一方当事人的行为或者其他原因可能使裁决不能执行或者难以执行,另一方当事人申请财产保全的,仲裁委员会应当将当事人的申请提交被申请人住所地或者财产所在地的基层人民法院,并告知申请人因申请错误造成被申请人财产损失的,应当承担相应的赔偿责任。

第三章　仲裁庭

第二十一条　仲裁庭由三名仲裁员组成。

事实清楚、权利义务关系明确、争议不大的农村土地承包经营纠纷,经双方当事人同意,可以由一名仲裁员仲裁。

第二十二条　双方当事人自收到受理通知书之日起五个工作日内,从仲裁员名册中选定仲裁员。首席仲裁员由双方当事人共同选定,其他二名仲裁员由双方当事人各自选定;当事人不能选定的,由仲裁委员会主任指定。

独任仲裁员由双方当事人共同选定;当事人不能选定的,由仲裁委员会主任指定。

四、用益物权

仲裁委员会应当自仲裁庭组成之日起二个工作日内将仲裁庭组成情况通知当事人。

第二十三条 仲裁庭组成后,首席仲裁员应当召集其他仲裁员审阅案件材料,了解纠纷的事实和情节,研究双方当事人的请求和理由,查核证据,整理争议焦点。

仲裁庭认为确有必要的,可以要求当事人在一定期限内补充证据,也可以自行调查取证。自行调查取证的,调查人员不得少于二人。

第二十四条 仲裁员有下列情形之一的,应当回避:

(一)是本案当事人或者当事人、代理人的近亲属;

(二)与本案有利害关系;

(三)与本案当事人、代理人有其他关系,可能影响公正仲裁;

(四)私自会见当事人、代理人,或者接受当事人、代理人请客送礼。

第二十五条 仲裁员有回避情形的,应当以口头或者书面方式及时向仲裁委员会提出。

当事人认为仲裁员有回避情形的,有权以口头或者书面方式向仲裁委员会申请其回避。

当事人提出回避申请,应当在首次开庭前提出,并说明理由;在首次开庭后知道回避事由的,可以在最后一次开庭终结前提出。

第二十六条 仲裁委员会应当自收到回避申请或者发现仲裁员有回避情形之日起二个工作日内作出决定,以口头或者书面方式通知当事人,并说明理由。

仲裁员是否回避,由仲裁委员会主任决定;仲裁委员会主任担任仲裁员时,由仲裁委员会集体决定主任的回避。

第二十七条 仲裁员有下列情形之一的,应当按照本规则第二十二条规定重新选定或者指定仲裁员:

(一)被决定回避的;

(二)在法律上或者事实上不能履行职责的;

(三)因被除名或者解聘丧失仲裁员资格的;

(四)因个人原因退出或者不能从事仲裁工作的;

(五)因徇私舞弊、失职渎职被仲裁委员会决定更换的。

重新选定或者指定仲裁员后,仲裁程序继续进行。当事人请求仲裁程序重新进行的,由仲裁庭决定。

第二十八条 仲裁庭应当向当事人提供必要的法律政策解释,帮助当事人自行和解。

达成和解协议的,当事人可以请求仲裁庭根据和解协议制作裁决书;当事人要求撤回仲裁申请的,仲裁庭应当终止仲裁程序。

第二十九条 仲裁庭应当在双方当事人自愿的基础上进行调解。调解达成协议的,仲裁庭应当制作调解书。

调解书应当载明双方当事人基本情况、纠纷事由、仲裁请求和协议结果,由仲裁员签名,并加盖仲裁委员会印章,送达双方当事人。

调解书经双方当事人签收即发生法律效力。

第三十条 调解不成或者当事人在调解书签收前反悔的,仲裁庭应当及时作出裁决。

当事人在调解过程中的陈述、意见、观点或者建议,仲裁庭不得作为裁决的证据或依据。

第三十一条 仲裁庭作出裁决前,申请人放弃仲裁请求并撤回仲裁申请,且被申请人没有就申请人的仲裁请求提出反请求的,仲裁庭应当终止仲裁程序。

申请人经书面通知,无正当理由不到庭或者未经仲裁庭许可中途退庭的,可以视为撤回仲裁申请。

第三十二条 被申请人就申请人的仲裁请求提出反请求的,应当说明反请求事项及其所依据的事实和理由,并附具有关证明材料。

被申请人在仲裁庭组成前提出反请求的,由仲裁委员会决定是否受理;在仲裁庭组成后提出反请求的,由仲裁庭决定是否受理。

仲裁委员会或者仲裁庭决定受理反请求的,应当自收到反请求之日起五个工作日内将反请求申请书副本送达申请人。申请人应当在收到反请求申请书副本后十个工作日内提交反请求答辩书,不答辩的不影响仲裁程序的进行。仲裁庭应当将被申请人的反请求与申请人的请求合并审理。

仲裁委员会或者仲裁庭决定不予受理反请求的,应当书面通知被申请人,并说明理由。

第三十三条 仲裁庭组成前申请人变更仲裁请求或者被申请人变更反请求的,由仲裁委员会作出是否准许的决定;仲裁庭组成后变更请求或者反请求的,由仲裁庭作出是否准许的决定。

第四章 开 庭

第三十四条 农村土地承包经营纠纷仲裁应当开庭进行。开庭应当公开,但涉及国家秘密、商业秘密和个人隐私以及当事人约定不公开的除外。

开庭可以在纠纷涉及的土地所在地的乡(镇)或者村进行,也可以在仲裁委员会所在地进行。当事人双方要求在乡(镇)或者村开庭的,应当在该乡(镇)或者村开庭。

第三十五条 仲裁庭应当在开庭五个工作日前将开庭时间、地点通知当事人、第三人和其他仲裁参与人。

当事人请求变更开庭时间和地点的,应当在开庭三个工作日前向仲裁庭提出,并说明理由。仲裁庭决定变更的,通知双方当事人、第三人和其他仲裁参与人;决定不变更的,通知提出变更请求的当事人。

第三十六条 公开开庭的,应当将开庭时间、地点等信息予以公告。

申请旁听的公民,经仲裁庭审查后可以旁听。

第三十七条 被申请人经书面通知,无正当理由不到庭或者未经仲裁庭许可中途退庭的,仲裁庭可以缺席裁决。

被申请人提出反请求,申请人经书面通知,无正当理由不到庭或者未经仲裁庭许可中途退庭的,仲裁庭可以就反请求缺席裁决。

第三十八条 开庭前,仲裁庭应当查明当事人、第三人、代理人和其他仲裁参与人是否到庭,并逐一核对身份。

开庭由首席仲裁员或者独任仲裁员宣布。首席仲裁员或者独任仲裁员应当宣布案由,宣读仲裁庭组成人员名单、仲裁纪律、当事人权利和义务,询问当事人是否申请仲裁员回避。

第三十九条 仲裁庭应当保障双方当事人平等陈述的机会,组织当事人、第三人、代理人陈述事实、意见、理由。

第四十条 当事人、第三人应当提供证据,对其主张加以证明。

与纠纷有关的证据由作为当事人一方的发包方等掌握管理的,该当事人应当在仲裁庭指定的期限内提供,逾期不提供的,应当承担不利后果。

第四十一条 仲裁庭自行调查收集的证据,应当在开庭时向双方当事人出示。

第四十二条 仲裁庭对专门性问题认为需要鉴定的,可以交由当事人约定的鉴定机构鉴定;当事人没有约定的,由仲裁庭指定的鉴定机构鉴定。

第四十三条 当事人申请证据保全,应当向仲裁委员会书面提出。仲裁委员会应当自收到申请之日起二个工作日内,将申请提交证据所在地的基层人民法院。

第四十四条 当事人、第三人申请证人出庭作证的,仲裁庭应当准许,并告知证人的权利义务。

证人不得旁听案件审理。

第四十五条 证据应当在开庭时出示,但涉及国家秘密、商业秘密和个人隐私的证据不得在公开开庭时出示。

仲裁庭应当组织当事人、第三人交换证据,相互质证。

经仲裁庭许可,当事人、第三人可以向证人询问,证人应当据实回答。

根据当事人的请求或者仲裁庭的要求,鉴定机构应当派鉴定人参加开庭。经仲裁庭许可,当事人可以向鉴定人提问。

第四十六条 仲裁庭应当保障双方当事人平等行使辩论权,并对争议焦点组织辩论。

辩论终结时,首席仲裁员或者独任仲裁员应当征询双方当事人、第三人的最后意见。

第四十七条 对权利义务关系明确的纠纷,当事人可以向仲裁庭书面提出先行裁定申请,请求维持现状、恢复农业生产以及停止取土、占地等破坏性行为。仲裁庭应当自收到先行裁定申请之日起二个工作日内作出决定。

仲裁庭作出先行裁定的,应当制作先行裁定书,并告知先行裁定申请人可以向人民法院申请执行,但应当提供相应的担保。

先行裁定书应当载明先行裁定申请的内容、依据事实和理由、裁定结果和日期,由仲裁员签名,加盖仲裁委员会印章。

第四十八条 仲裁庭应当将开庭情况记入笔录。笔录由仲裁员、记录人员、当事人、第三人和其他仲裁参与人签名、盖章或者按指印。

当事人、第三人和其他仲裁参与人认为对自己的陈述记录有遗漏或者差错的,有权申请补正。仲裁庭不予补正的,应当向申请人说明情况,并记录该申请。

四、用益物权

第四十九条 发生下列情形之一的,仲裁程序中止:

(一)一方当事人死亡,需要等待继承人表明是否参加仲裁的;

(二)一方当事人丧失行为能力,尚未确定法定代理人的;

(三)作为一方当事人的法人或者其他组织终止,尚未确定权利义务承受人的;

(四)一方当事人因不可抗拒的事由,不能参加仲裁的;

(五)本案必须以另一案的审理结果为依据,而另一案尚未审结的;

(六)其他应当中止仲裁程序的情形。

在仲裁庭组成前发生仲裁中止事由的,由仲裁委员会决定是否中止仲裁;仲裁庭组成后发生仲裁中止事由的,由仲裁庭决定是否中止仲裁。决定仲裁程序中止的,应当书面通知当事人。

仲裁程序中止的原因消除后,仲裁委员会或者仲裁庭应当在三个工作日内作出恢复仲裁程序的决定,并通知当事人和第三人。

第五十条 发生下列情形之一的,仲裁程序终结:

(一)申请人死亡或者终止,没有继承人及权利义务承受人,或者继承人、权利义务承受人放弃权利的;

(二)被申请人死亡或者终止,没有可供执行的财产,也没有应当承担义务的人的;

(三)其他应当终结仲裁程序的。

终结仲裁程序的,仲裁委员会应当自发现终结仲裁程序情形之日起五个工作日内书面通知当事人、第三人,并说明理由。

第五章 裁决和送达

第五十一条 仲裁庭应当根据认定的事实和法律以及国家政策作出裁决,并制作裁决书。

首席仲裁员组织仲裁庭对案件进行评议,裁决依多数仲裁员意见作出。少数仲裁员的不同意见可以记入笔录。

仲裁庭不能形成多数意见时,应当按照首席仲裁员的意见作出裁决。

第五十二条 裁决书应当写明仲裁请求、争议事实、裁决理由和依据、裁决结果、裁决日期,以及当事人不服仲裁裁决的起诉权利和期限。

裁决书由仲裁员签名,加盖仲裁委员会印章。

第五十三条 对裁决书中的文字、计算错误,或者裁决书中有遗漏的事项,仲裁庭应当及时补正。补正构成裁决书的一部分。

第五十四条 仲裁庭应当自受理仲裁申请之日起六十日内作出仲裁裁决。受理日期以受理通知书上记载的日期为准。

案情复杂需要延长的,经仲裁委员会主任批准可以延长,但延长期限不得超过三十日。

延长期限的,应当自作出延期决定之日起三个工作日内书面通知当事人、第三人。

期限不包括仲裁程序中止、鉴定、当事人在庭外自行和解、补充申请材料和补正裁决的时间。

第五十五条 仲裁委员会应当在裁决作出之日起三个工作日内将裁决书送达当事人、第三人。

直接送达的,应当告知当事人、第三人下列事项:

(一)不服仲裁裁决的,可以在收到裁决书之日起三十日内向人民法院起诉,逾期不起诉的,裁决书即发生法律效力;

(二)一方当事人不履行生效的裁决书所确定义务的,另一方当事人可以向被申请人住所地或者财产所在地的基层人民法院申请执行。

第五十六条 仲裁文书应当直接送达当事人或者其代理人。受送达人是自然人,但本人不在场的,由其同住成年家属签收;受送达人是法人或者其他组织的,应当由法人的法定代表人、其他组织的主要负责人或者该法人、组织负责收件的人签收。

仲裁文书送达后,由受送达人在送达回证上签名、盖章或者按指印,受送达人在送达回证上的签收日期为送达日期。

受送达人或者其同住成年家属拒绝接收仲裁文书的,可以留置送达。送达人应当邀请有关基层组织或者受送达人所在单位的代表到场,说明情况,在送达回证上记明拒收理由和日期,由送达人、见证人签名、盖章或者按指印,将仲裁文书留在受送达人的住所,即视为已经送达。

直接送达有困难的,可以邮寄送达。邮寄送达的,以当事人签收日期为送达日期。

当事人下落不明,或者以前款规定的送达方式无法送达的,可以公告送达,自发出公告之日起,经过六十日,即视为已经送达。

第六章 附 则

第五十七条 独任仲裁可以适用简易程序。简易程序的仲裁规则由仲裁委员会依照本规则制定。

第五十八条 期间包括法定期间和仲裁庭指定的期间。

期间以日、月、年计算，期间开始日不计算在期间内。

期间最后一日是法定节假日的，以法定节假日后的第一个工作日为期间的最后一日。

第五十九条 对不通晓当地通用语言文字的当事人、第三人，仲裁委员会应当为其提供翻译。

第六十条 仲裁文书格式由农业部、国家林业局共同制定。

第六十一条 农村土地承包经营纠纷仲裁不得向当事人收取费用，仲裁工作经费依法纳入财政预算予以保障。

当事人委托代理人、申请鉴定等发生的费用由当事人负担。

第六十二条 本规则自 2010 年 1 月 1 日起施行。

农村土地经营权流转管理办法

- 2021 年 1 月 26 日农业农村部令 2021 年第 1 号公布
- 自 2021 年 3 月 1 日起施行

第一章 总 则

第一条 为了规范农村土地经营权（以下简称土地经营权）流转行为，保障流转当事人合法权益，加快农业农村现代化，维护农村社会和谐稳定，根据《中华人民共和国农村土地承包法》等法律及有关规定，制定本办法。

第二条 土地经营权流转应当坚持农村土地农民集体所有、农户家庭承包经营的基本制度，保持农村土地承包关系稳定并长久不变，遵循依法、自愿、有偿原则，任何组织和个人不得强迫或者阻碍承包方流转土地经营权。

第三条 土地经营权流转不得损害农村集体经济组织和利害关系人的合法权益，不得破坏农业综合生产能力和农业生态环境，不得改变承包土地的所有权性质及其农业用途，确保农地农用，优先用于粮食生产，制止耕地"非农化"、防止耕地"非粮化"。

第四条 土地经营权流转应当因地制宜、循序渐进，把握好流转、集中、规模经营的度，流转规模应当与城镇化进程和农村劳动力转移规模相适应，与农业科技进步和生产手段改进程度相适应，与农业社会化服务水平提高相适应，鼓励各地建立多种形式的土地经营权流转风险防范和保障机制。

第五条 农业农村部负责全国土地经营权流转及流转合同管理的指导。

县级以上地方人民政府农业农村主管（农村经营管理）部门依照职责，负责本行政区域内土地经营权流转及流转合同管理。

乡（镇）人民政府负责本行政区域内土地经营权流转及流转合同管理。

第二章 流转当事人

第六条 承包方在承包期限内有权依法自主决定土地经营权是否流转，以及流转对象、方式、期限等。

第七条 土地经营权流转收益归承包方所有，任何组织和个人不得擅自截留、扣缴。

第八条 承包方自愿委托发包方、中介组织或者他人流转其土地经营权的，应当由承包方出具流转委托书。委托书应当载明委托的事项、权限和期限等，并由委托人和受托人签字或者盖章。

没有承包方的书面委托，任何组织和个人无权以任何方式决定流转承包方的土地经营权。

第九条 土地经营权流转的受让方应当为具有农业经营能力或者资质的组织和个人。在同等条件下，本集体经济组织成员享有优先权。

第十条 土地经营权流转的方式、期限、价款和具体条件，由流转双方平等协商确定。流转期限届满后，受让方享有以同等条件优先续约的权利。

第十一条 受让方应当依照有关法律法规保护土地，禁止改变土地的农业用途。禁止闲置、荒芜耕地，禁止占用耕地建窑、建坟或者擅自在耕地上建房、挖砂、采石、采矿、取土等。禁止占用永久基本农田发展林果业和挖塘养鱼。

第十二条 受让方将流转取得的土地经营权再流转以及向金融机构融资担保的，应当事先取得承包方书面同意，并向发包方备案。

第十三条 经承包方同意，受让方依法投资改良土壤，建设农业生产附属、配套设施，及农业生产中直接用于作物种植和畜禽水产养殖设施的，土地经营权流转合同到期或者未到期由承包方依法提前收回承包土地时，受让方有权获得合理补偿。具体补偿办法可在土地经营权流转合同中约定或者由双方协商确定。

第三章 流转方式

第十四条 承包方可以采取出租（转包）、入股或者其他符合有关法律和国家政策规定的方式流转土地经营权。

出租（转包），是指承包方将部分或者全部土地经营权，租赁给他人从事农业生产经营。

入股，是指承包方将部分或者全部土地经营权作价出资，成为公司、合作经济组织等股东或者成员，并用于农业生产经营。

第十五条 承包方依法采取出租（转包）、入股或者其他方式将土地经营权部分或者全部流转的，承包方与发包方的承包关系不变，双方享有的权利和承担的义务不变。

第十六条 承包方自愿将土地经营权入股公司发展农业产业化经营的，可以采取优先股等方式降低承包方风险。公司解散时入股土地应当退回原承包方。

第四章 流转合同

第十七条 承包方流转土地经营权，应当与受让方在协商一致的基础上签订书面流转合同，并向发包方备案。

承包方将土地交由他人代耕不超过一年的，可以不签订书面合同。

第十八条 承包方委托发包方、中介组织或者他人流转土地经营权的，流转合同应当由承包方或者其书面委托的受托人签订。

第十九条 土地经营权流转合同一般包括以下内容：

（一）双方当事人的姓名或者名称、住所、联系方式等；

（二）流转土地的名称、四至、面积、质量等级、土地类型、地块代码等；

（三）流转的期限和起止日期；

（四）流转方式；

（五）流转土地的用途；

（六）双方当事人的权利和义务；

（七）流转价款或者股份分红，以及支付方式和支付时间；

（八）合同到期后地上附着物及相关设施的处理；

（九）土地被依法征收、征用、占用时有关补偿费的归属；

（十）违约责任。

土地经营权流转合同示范文本由农业农村部制定。

第二十条 承包方不得单方解除土地经营权流转合同，但受让方有下列情形之一的除外：

（一）擅自改变土地的农业用途；

（二）弃耕抛荒连续两年以上；

（三）给土地造成严重损害或者严重破坏土地生态环境；

（四）其他严重违约行为。

有以上情形，承包方在合理期限内不解除土地经营权流转合同的，发包方有权要求终止土地经营权流转合同。

受让方对土地和土地生态环境造成的损害应当依法予以赔偿。

第五章 流转管理

第二十一条 发包方对承包方流转土地经营权、受让方再流转土地经营权以及承包方、受让方利用土地经营权融资担保的，应当办理备案，并报告乡（镇）人民政府农村土地承包管理部门。

第二十二条 乡（镇）人民政府农村土地承包管理部门应当向达成流转意向的双方提供统一文本格式的流转合同，并指导签订。流转合同中有违反法律法规的，应当及时予以纠正。

第二十三条 乡（镇）人民政府农村土地承包管理部门应当建立土地经营权流转台账，及时准确记载流转情况。

第二十四条 乡（镇）人民政府农村土地承包管理部门应当对土地经营权流转有关文件、资料及流转合同等进行归档并妥善保管。

第二十五条 鼓励各地建立土地经营权流转

市场或者农村产权交易市场。县级以上地方人民政府农业农村主管（农村经营管理）部门应当加强业务指导，督促其建立健全运行规则，规范开展土地经营权流转政策咨询、信息发布、合同签订、交易鉴证、权益评估、融资担保、档案管理等服务。

第二十六条 县级以上地方人民政府农业农村主管（农村经营管理）部门应当按照统一标准和技术规范建立国家、省、市、县等互联互通的农村土地承包信息应用平台，健全土地经营权流转合同网签制度，提升土地经营权流转规范化、信息化管理水平。

第二十七条 县级以上地方人民政府农业农村主管（农村经营管理）部门应当加强对乡（镇）人民政府农村土地承包管理部门工作的指导。乡（镇）人民政府农村土地承包管理部门应当依法开展土地经营权流转的指导和管理工作。

第二十八条 县级以上地方人民政府农业农村主管（农村经营管理）部门应当加强服务，鼓励受让方发展粮食生产；鼓励和引导工商企业等社会资本（包括法人、非法人组织或者自然人等）发展适合企业化经营的现代种养业。

县级以上地方人民政府农业农村主管（农村经营管理）部门应当根据自然经济条件、农村劳动力转移情况、农业机械化水平等因素，引导受让方发展适度规模经营，防止垒大户。

第二十九条 县级以上地方人民政府对工商企业等社会资本流转土地经营权，依法建立分级资格审查和项目审核制度。审查审核的一般程序如下：

（一）受让主体与承包方就流转面积、期限、价款等进行协商并签订流转意向协议书。涉及未承包到户集体土地等集体资源的，应当按照法定程序经本集体经济组织成员的村民会议三分之二以上成员或者三分之二以上村民代表的同意，并与集体经济组织签订流转意向协议书。

（二）受让主体按照分级审查审核规定，分别向乡（镇）人民政府农村土地承包管理部门或者县级以上地方人民政府农业农村主管（农村经营管理）部门提出申请，并提交流转意向协议书、农业经营能力或者资质证明、流转项目规划等相关材料。

（三）县级以上地方人民政府或者乡（镇）人民政府应当依法组织相关职能部门、农村集体经济组织代表、农民代表、专家等就土地用途、受让主体农业经营能力，以及经营项目是否符合粮食生产等产业规划等进行审查审核，并于受理之日起20个工作日内作出审查审核意见。

（四）审查审核通过的，受让主体与承包方签订土地经营权流转合同。未按规定提交审查审核申请或者审查审核未通过的，不得开展土地经营权流转活动。

第三十条 县级以上地方人民政府依法建立工商企业等社会资本通过流转取得土地经营权的风险防范制度，加强事中事后监管，及时查处纠正违法违规行为。

鼓励承包方和受让方在土地经营权流转市场或者农村产权交易市场公开交易。

对整村（组）土地经营权流转面积较大、涉及农户较多、经营风险较高的项目，流转双方可以协商设立风险保障金。

鼓励保险机构为土地经营权流转提供流转履约保证保险等多种形式保险服务。

第三十一条 农村集体经济组织为工商企业等社会资本流转土地经营权提供服务的，可以收取适量管理费用。收取管理费用的金额和方式应当由农村集体经济组织、承包方和工商企业等社会资本三方协商确定。管理费用应当纳入农村集体经济组织会计核算和财务管理，主要用于农田基本建设或者其他公益性支出。

第三十二条 县级以上地方人民政府可以根据本办法，结合本行政区域实际，制定工商企业等社会资本通过流转取得土地经营权的资格审查、项目审核和风险防范实施细则。

第三十三条 土地经营权流转发生争议或者纠纷的，当事人可以协商解决，也可以请求村民委员会、乡（镇）人民政府等进行调解。

当事人不愿意协商、调解或者协商、调解不成的，可以向农村土地承包仲裁机构申请仲裁，也可以直接向人民法院提起诉讼。

第六章 附 则

第三十四条 本办法所称农村土地，是指除林地、草地以外的，农民集体所有和国家所有依法由农民集体使用的耕地和其他用于农业的土地。

本办法所称农村土地经营权流转，是指在承

四、用益物权

包方与发包方承包关系保持不变的前提下,承包方依法在一定期限内将土地经营权部分或者全部交由他人自主开展农业生产经营的行为。

第三十五条 通过招标、拍卖和公开协商等方式承包荒山、荒沟、荒丘、荒滩等农村土地,经依法登记取得权属证书的,可以流转土地经营权,其流转管理参照本办法执行。

第三十六条 本办法自 2021 年 3 月 1 日起施行。农业部 2005 年 1 月 19 日发布的《农村土地承包经营权流转管理办法》(农业部令第 47 号)同时废止。

农村土地承包合同管理办法

· 2023 年 2 月 17 日农业农村部令 2023 年第 1 号公布
· 自 2023 年 5 月 1 日起施行

第一章 总 则

第一条 为了规范农村土地承包合同的管理,维护承包合同当事人的合法权益,维护农村社会和谐稳定,根据《中华人民共和国农村土地承包法》等法律及有关规定,制定本办法。

第二条 农村土地承包经营应当巩固和完善以家庭承包经营为基础、统分结合的双层经营体制,保持农村土地承包关系稳定并长久不变。农村土地承包经营,不得改变土地的所有权性质。

第三条 农村土地承包经营应当依法签订承包合同。土地承包经营权自承包合同生效时设立。

承包合同订立、变更和终止的,应当开展土地承包经营权调查。

第四条 农村土地承包合同管理应当遵守法律、法规,保护土地资源的合理开发和可持续利用,依法落实耕地利用优先序。发包方和承包方应当依法履行保护农村土地的义务。

第五条 农村土地承包合同管理应当充分维护农民的财产权益,任何组织和个人不得剥夺和非法限制农村集体经济组织成员承包土地的权利。妇女与男子享有平等的承包农村土地的权利。

承包方承包土地后,享有土地承包经营权,可以自己经营,也可以保留土地承包权,流转其承包地的土地经营权,由他人经营。

第六条 农业农村部负责全国农村土地承包合同管理的指导。

县级以上地方人民政府农业农村主管(农村经营管理)部门负责本行政区域内农村土地承包合同管理。

乡(镇)人民政府负责本行政区域内农村土地承包合同管理。

第二章 承包方案

第七条 本集体经济组织成员的村民会议依法选举产生的承包工作小组,应当依照法律、法规的规定拟订承包方案,并在本集体经济组织范围内公示不少于十五日。

承包方案应当依法经本集体经济组织成员的村民会议三分之二以上成员或者三分之二以上村民代表的同意。

承包方案由承包工作小组公开组织实施。

第八条 承包方案应当符合下列要求:

(一)内容合法;

(二)程序规范;

(三)保障农村集体经济组织成员合法权益;

(四)不得违法收回、调整承包地;

(五)法律、法规和规章规定的其他要求。

第九条 县级以上地方人民政府农业农村主管(农村经营管理)部门、乡(镇)人民政府农村土地承包管理部门应当指导制定承包方案,并对承包方案的实施进行监督,发现问题的,应当及时予以纠正。

第三章 承包合同的订立、变更和终止

第十条 承包合同应当符合下列要求:

(一)文本规范;

(二)内容合法;

(三)双方当事人签名、盖章或者按指印;

(四)法律、法规和规章规定的其他要求。

县级以上地方人民政府农业农村主管(农村经营管理)部门、乡(镇)人民政府农村土地承包管理部门应当依法指导发包方和承包方订立、变更或者终止承包合同,并对承包合同实施监督,发现不符合前款要求的,应当及时通知发包方更正。

第十一条 发包方和承包方应当采取书面形

式签订承包合同。

承包合同一般包括以下条款：

（一）发包方、承包方的名称，发包方负责人和承包方代表的姓名、住所；

（二）承包土地的名称、坐落、面积、质量等级；

（三）承包方家庭成员信息；

（四）承包期限和起止日期；

（五）承包土地的用途；

（六）发包方和承包方的权利和义务；

（七）违约责任。

承包合同示范文本由农业农村部制定。

第十二条 承包合同自双方当事人签名、盖章或者按指印时成立。

第十三条 承包期内，出现下列情形之一的，承包合同变更：

（一）承包方依法分立或者合并的；

（二）发包方依法调整承包地的；

（三）承包方自愿交回部分承包地的；

（四）土地承包经营权互换的；

（五）土地承包经营权部分转让的；

（六）承包地被部分征收的；

（七）法律、法规和规章规定的其他情形。

承包合同变更的，变更后的承包期限不得超过承包期的剩余期限。

第十四条 承包期内，出现下列情形之一的，承包合同终止：

（一）承包方消亡的；

（二）承包方自愿交回全部承包地的；

（三）土地承包经营权全部转让的；

（四）承包地被全部征收的；

（五）法律、法规和规章规定的其他情形。

第十五条 承包地被征收、发包方依法调整承包地或者承包方消亡的，发包方应当变更或者终止承包合同。

除前款规定的情形外，承包合同变更、终止的，承包方向发包方提出申请，并提交以下材料：

（一）变更、终止承包合同的书面申请；

（二）原承包合同；

（三）承包方分立或者合并的协议，交回承包地的书面通知或者协议，土地承包经营权互换合同、转让合同等其他相关证明材料；

（四）具有土地承包经营权的全部家庭成员同意变更、终止承包合同的书面材料；

（五）法律、法规和规章规定的其他材料。

第十六条 省级人民政府农业农村主管部门可以根据本行政区域实际依法制定承包方分立、合并、消亡而导致承包合同变更、终止的具体规定。

第十七条 承包期内，因自然灾害严重毁损承包地等特殊情形对个别农户之间承包地需要适当调整的，发包方应当制定承包地调整方案，并应当经本集体经济组织成员的村民会议三分之二以上成员或者三分之二以上村民代表的同意。承包合同中约定不得调整的，按照其约定。

调整方案通过之日起二十个工作日内，发包方应当将调整方案报乡（镇）人民政府和县级人民政府农业农村主管（农村经营管理）部门批准。

乡（镇）人民政府应当于二十个工作日内完成调整方案的审批，并报县级人民政府农业农村主管（农村经营管理）部门；县级人民政府农业农村主管（农村经营管理）部门应当于二十个工作日内完成调整方案的审批。乡（镇）人民政府、县级人民政府农业农村主管（农村经营管理）部门对违反法律、法规和规章规定的调整方案，应当及时通知发包方予以更正，并重新申请批准。

调整方案未经乡（镇）人民政府和县级人民政府农业农村主管（农村经营管理）部门批准的，发包方不得调整承包地。

第十八条 承包方自愿将部分或者全部承包地交回发包方的，承包方与发包方在该土地上的承包关系终止，承包期内其土地承包经营权部分或者全部消灭，并不得再要求承包土地。

承包方自愿交回承包地的，应当提前半年以书面形式通知发包方。承包方对其在承包地上投入而提高土地生产能力的，有权获得相应的补偿。交回承包地的其他补偿，由发包方和承包方协商确定。

第十九条 为了方便耕种或者各自需要，承包方之间可以互换属于同一集体经济组织的不同承包地块的土地承包经营权。

土地承包经营权互换的，应当签订书面合同，并向发包方备案。

承包方提交备案的互换合同，应当符合下列要求：

（一）互换双方是属于同一集体经济组织的农户；

四、用益物权

（二）互换后的承包期限不超过承包期的剩余期限；

（三）法律、法规和规章规定的其他事项。

互换合同备案后，互换双方应当与发包方变更承包合同。

第二十条 经承包方申请和发包方同意，承包方可以将部分或者全部土地承包经营权转让给本集体经济组织的其他农户。

承包方转让土地承包经营权的，应当以书面形式向发包方提交申请。发包方同意转让的，承包方与受让方应当签订书面合同；发包方不同意转让的，应当于七日内向承包方书面说明理由。发包方无法定理由的，不得拒绝同意承包方的转让申请。未经发包方同意的，土地承包经营权转让合同无效。

土地承包经营权转让合同，应当符合下列要求：

（一）受让方是本集体经济组织的农户；

（二）转让后的承包期限不超过承包期的剩余期限；

（三）法律、法规和规章规定的其他事项。

土地承包经营权转让后，受让方应当与发包方签订承包合同。原承包方与发包方在该土地上的承包关系终止，承包期内其土地承包经营权部分或者全部消灭，并不得再要求承包土地。

第四章 承包档案和信息管理

第二十一条 承包合同管理工作中形成的，对国家、社会和个人有保存价值的文字、图表、声像、数据等各种形式和载体的材料，应当纳入农村土地承包档案管理。

县级以上地方人民政府农业农村主管（农村经营管理）部门、乡（镇）人民政府农村土地承包管理部门应当制定工作方案、健全档案工作管理制度、落实专项经费、指定工作人员、配备必要设施设备，确保农村土地承包档案完整与安全。

发包方应当将农村土地承包档案纳入村级档案管理。

第二十二条 承包合同管理工作中产生、使用和保管的数据，包括承包地权属数据、地理信息数据和其他相关数据等，应当纳入农村土地承包数据管理。

县级以上地方人民政府农业农村主管（农村经营管理）部门负责本行政区域内农村土地承包数据的管理，组织开展数据采集、使用、更新、保管和保密等工作，并向上级业务主管部门提交数据。

鼓励县级以上地方人民政府农业农村主管（农村经营管理）部门通过数据交换接口、数据抄送等方式与相关部门和机构实现承包合同数据互通共享，并明确使用、保管和保密责任。

第二十三条 县级以上地方人民政府农业农村主管（农村经营管理）部门应当加强农村土地承包合同管理信息化建设，按照统一标准和技术规范建立国家、省、市、县等互联互通的农村土地承包信息应用平台。

第二十四条 县级以上地方人民政府农业农村主管（农村经营管理）部门、乡（镇）人民政府农村土地承包管理部门应当利用农村土地承包信息应用平台，组织开展承包合同网签。

第二十五条 承包方、利害关系人有权依法查询、复制农村土地承包档案和农村土地承包数据的相关资料，发包方、乡（镇）人民政府农村土地承包管理部门、县级以上地方人民政府农业农村主管（农村经营管理）部门应当依法提供。

第五章 土地承包经营权调查

第二十六条 土地承包经营权调查，应当查清发包方、承包方的名称，发包方负责人和承包方代表的姓名、身份证号码、住所，承包方家庭成员，承包地块的名称、坐落、面积、质量等级、土地用途等信息。

第二十七条 土地承包经营权调查应当按照农村土地承包经营权调查规程实施，一般包括准备工作、权属调查、地块测量、审核公示、勘误修正、结果确认、信息入库、成果归档等。

农村土地承包经营权调查规程由农业农村部制定。

第二十八条 土地承包经营权调查的成果，应当符合农村土地承包经营权调查规程的质量要求，并纳入农村土地承包信息应用平台统一管理。

第二十九条 县级以上地方人民政府农业农村主管（农村经营管理）部门、乡（镇）人民政府农村土地承包管理部门依法组织开展本行政区域内的土地承包经营权调查。

土地承包经营权调查可以依法聘请具有相应资质的单位开展。

第六章 法律责任

第三十条 国家机关及其工作人员利用职权干涉承包合同的订立、变更、终止，给承包方造成损失的，应当依法承担损害赔偿等责任；情节严重的，由上级机关或者所在单位给予直接责任人员处分；构成犯罪的，依法追究刑事责任。

第三十一条 土地承包经营权调查、农村土地承包档案管理、农村土地承包数据管理和使用过程中发生的违法行为，根据相关法律法规的规定予以处罚；构成犯罪的，依法追究刑事责任。

第七章 附 则

第三十二条 本办法所称农村土地，是指除林地、草地以外的，农民集体所有和国家所有依法由农民集体使用的耕地和其他依法用于农业的土地。

本办法所称承包合同，是指在家庭承包方式中，发包方和承包方依法签订的土地承包经营权合同。

第三十三条 本办法施行以前依法签订的承包合同继续有效。

第三十四条 本办法自2023年5月1日起施行。农业部2003年11月14日发布的《中华人民共和国农村土地承包经营权证管理办法》（农业部令第33号）同时废止。

最高人民法院关于审理涉及农村土地承包经营纠纷调解仲裁案件适用法律若干问题的解释

· 2013年12月27日最高人民法院审判委员会第1601次会议通过
· 根据2020年12月23日最高人民法院审判委员会第1823次会议通过的《最高人民法院关于修改〈最高人民法院关于在民事审判工作中适用《中华人民共和国工会法》若干问题的解释〉等二十七件民事类司法解释的决定》修正

为正确审理涉及农村土地承包经营纠纷调解仲裁案件，根据《中华人民共和国农村土地承包法》《中华人民共和国农村土地承包经营纠纷调解仲裁法》《中华人民共和国民事诉讼法》等法律的规定，结合民事审判实践，就审理涉及农村土地承包经营纠纷调解仲裁案件适用法律的若干问题，制定本解释。

第一条 农村土地承包仲裁委员会根据农村土地承包经营纠纷调解仲裁法第十八条规定，以超过申请仲裁的时效期间为由驳回申请后，当事人就同一纠纷提起诉讼的，人民法院应予受理。

第二条 当事人在收到农村土地承包仲裁委员会作出的裁决书之日起三十日后或者签收农村土地承包仲裁委员会作出的调解书后，就同一纠纷向人民法院提起诉讼的，裁定不予受理；已经受理的，裁定驳回起诉。

第三条 当事人在收到农村土地承包仲裁委员会作出的裁决书之日起三十日内，向人民法院提起诉讼，请求撤销仲裁裁决的，人民法院应当告知当事人就原纠纷提起诉讼。

第四条 农村土地承包仲裁委员会依法向人民法院提交当事人财产保全申请的，申请财产保全的当事人为申请人。

农村土地承包仲裁委员会应当提交下列材料：

（一）财产保全申请书；

（二）农村土地承包仲裁委员会发出的受理案件通知书；

（三）申请人的身份证明；

（四）申请保全财产的具体情况。

人民法院采取保全措施，可以责令申请人提供担保，申请人不提供担保的，裁定驳回申请。

第五条 人民法院对农村土地承包仲裁委员会提交的财产保全申请材料，应当进行审查。符合前条规定的，应予受理；申请材料不齐全或不符合规定的，人民法院应当告知农村土地承包仲裁委员会需要补齐的内容。

人民法院决定受理的，应当于三日内向当事人送达受理通知书并告知农村土地承包仲裁委员会。

第六条 人民法院受理财产保全申请后，应当在十日内作出裁定。因特殊情况需要延长的，经本院院长批准，可以延长五日。

人民法院接受申请后，对情况紧急的，必须在四十八小时内作出裁定;裁定采取保全措施的,应当立即开始执行。

第七条 农村土地承包经营纠纷仲裁中采取的财产保全措施,在申请保全的当事人依法提起诉讼后,自动转为诉讼中的财产保全措施,并适用《最高人民法院关于适用〈中华人民共和国民事诉讼法〉的解释》第四百八十七条关于查封、扣押、冻结期限的规定。

第八条 农村土地承包仲裁委员会依法向人民法院提交当事人证据保全申请的,应当提供下列材料:

(一)证据保全申请书;

(二)农村土地承包仲裁委员会发出的受理案件通知书;

(三)申请人的身份证明;

(四)申请保全证据的具体情况。

对证据保全的具体程序事项,适用本解释第五、六、七条关于财产保全的规定。

第九条 农村土地承包仲裁委员会作出先行裁定后,一方当事人依法向被执行人住所地或者被执行的财产所在地基层人民法院申请执行的,人民法院应予受理和执行。

申请执行先行裁定的,应当提供以下材料:

(一)申请执行书;

(二)农村土地承包仲裁委员会作出的先行裁定书;

(三)申请执行人的身份证明;

(四)申请执行人提供的担保情况;

(五)其他应当提交的文件或证件。

第十条 当事人根据农村土地承包经营纠纷调解仲裁法第四十九条规定,向人民法院申请执行调解书、裁决书,符合《最高人民法院关于人民法院执行工作若干问题的规定(试行)》第十六条规定条件的,人民法院应予受理和执行。

第十一条 当事人因不服农村土地承包仲裁委员会作出的仲裁裁决向人民法院提起诉讼的,起诉期从其收到裁决书的次日起计算。

第十二条 本解释施行后,人民法院尚未审结的一审、二审案件适用本解释规定。本解释施行前已经作出生效裁判的案件,本解释施行后依法再审的,不适用本解释规定。

文书范本

农村土地(耕地)承包合同(家庭承包方式)①

发包方:_____县(市、区)_____乡(镇)_____村_____

社会信用代码:_____

发包方负责人:_____身份证号:_____

联系电话:_____

承包方代表:_____身份证号:_____

联系电话:_____

承包方地址:_____县(市、区)_____乡(镇)_____村_____组

为巩固和完善以家庭承包经营为基础、统分结合的双层经营体制,保持农村土地承包关系稳定并长久不变,维护承包双方当事人的合法权益,根据《中华人民共和国民法典》《中华人民共和国农村土地承包法》等法律法规和本集体依法通过的承包方案,订立本合同。

---

① 农业农村部办公厅于2022年2月10日公布的《农村土地(耕地)承包合同(家庭承包方式)》示范文本。

一、承包土地情况

地块名称	地块代码	坐落				面积(亩)	质量等级	备注
		东至	西至	南至	北至			
总计	—	—	—	—	—		—	

备注:承包地地块示意图见附件

二、承包方家庭成员信息

姓名	与承包方代表	关系	身份证号	备注

三、承包期限:_____年,自_____年___月___日至_____年___月___日。

四、承包土地的用途:农业生产

五、发包方的权利与义务

(一)发包方享有下列权利

1. 发包本集体所有的或者国家所有依法由本集体使用的农村土地;

2. 监督承包方依照承包合同约定的用途合理利用和保护土地;

3. 制止承包方损害承包地和农业资源的行为;

4. 法律、行政法规规定的其他权利。

(二)发包方承担下列义务

1. 维护承包方的土地承包经营权,不得非法变更、解除承包合同;

2. 尊重承包方的生产经营自主权,不得干涉承包方依法进行正常的生产经营活动;

3. 依照承包合同约定为承包方提供生产、技术、信息等服务;

4. 执行县、乡(镇)土地利用总体规划,组织本集体经济组织内的农业基础设施建设;

5. 法律、行政法规规定的其他义务。

六、承包方的权利与义务

(一)承包方享有下列权利

1. 依法享有承包地使用、收益的权利,有权自主组织生产经营和处置产品;

2. 依法互换、转让土地承包经营权;

3. 依法流转土地经营权;

4. 承包地被依法征收、征用、占用的,有权依法获得相应的补偿;

5. 法律、行政法规规定的其他权利。

四、用益物权

(二)承包方承担下列义务

1. 维持土地的农业用途,未经依法批准不得用于非农建设;

2. 依法保护和合理利用土地,不得给土地造成永久性损害;

3. 执行国家有关粮食和重要农产品种植的规定;

4. 法律、行政法规规定的其他义务。

七、违约责任

1. 当事人一方不履行合同义务或者履行义务不符合约定的,依照《中华人民共和国民法典》《中华人民共和国农村土地承包法》的规定承担违约责任。

2. 承包方给承包地造成永久性损害的,发包方有权制止,并有权要求承包方赔偿由此造成的损失。

3. 如遇自然灾害等不可抗力因素,使本合同无法履行或者不能完全履行时,不构成违约。

4. 法律、行政法规规定的其他违约责任。

八、其他事项

1. 承包合同生效后,发包方不得因承办人或者负责人的变动而变更或者解除,也不得因农村集体经济组织的分立或者合并而变更或者解除。

2. 承包期内,承包方交回承包地或者发包方依法收回时,承包方有权获得为提高土地生产能力而在承包地上投入的补偿。

3. 承包期内,承包方或承包地发生变化的,发包方应当与承包方重新订立、变更或者终止承包合同。

4. 因土地承包经营发生纠纷的,双方当事人可以依法通过协商、调解、仲裁、诉讼等途径解决。

5. 其他:＿＿＿＿＿＿＿＿＿＿＿＿＿＿＿＿＿＿＿＿＿＿＿＿＿＿＿＿＿＿＿

＿＿＿＿＿＿＿＿＿＿＿＿＿＿＿＿＿＿＿＿＿＿＿＿＿＿＿＿＿＿＿＿＿＿。

九、本合同自双方当事人均签名、盖章或者按指印时成立。本合同自成立之日起生效。承包方自本合同生效时取得土地承包经营权。

十、本合同一式＿＿＿＿份,发包方、承包方各执一份,乡镇人民政府、县级人民政府农业农村主管(或者农村经营管理)部门、＿＿＿＿＿＿,各备案一份。

发包方(章):＿＿＿＿＿＿＿＿＿

负责人(签章):＿＿＿＿＿＿＿　　承包方代表(签章):＿＿＿＿＿＿＿

签订日期:＿＿＿＿＿年＿＿＿＿＿月＿＿＿＿＿日

签订地点:＿＿＿＿＿＿＿＿＿＿＿＿＿＿＿

附件:承包地地块示意图(略)

2. 宅基地使用权

中华人民共和国村民委员会组织法

· 1998 年 11 月 4 日第九届全国人民代表大会常务委员会第五次会议通过
· 2010 年 10 月 28 日第十一届全国人民代表大会常务委员会第十七次会议修订
· 根据 2018 年 12 月 29 日第十三届全国人民代表大会常务委员会第七次会议《关于修改〈中华人民共和国村民委员会组织法〉〈中华人民共和国城市居民委员会组织法〉的决定》修正

第一章　总　则

第一条　为了保障农村村民实行自治，由村民依法办理自己的事情，发展农村基层民主，维护村民的合法权益，促进社会主义新农村建设，根据宪法，制定本法。

第二条　村民委员会是村民自我管理、自我教育、自我服务的基层群众性自治组织，实行民主选举、民主决策、民主管理、民主监督。

村民委员会办理本村的公共事务和公益事业，调解民间纠纷，协助维护社会治安，向人民政府反映村民的意见、要求和提出建议。

村民委员会向村民会议、村民代表会议负责并报告工作。

第三条　村民委员会根据村民居住状况、人口多少，按照便于群众自治，有利于经济发展和社会管理的原则设立。

村民委员会的设立、撤销、范围调整，由乡、民族乡、镇的人民政府提出，经村民会议讨论同意，报县级人民政府批准。

村民委员会可以根据村民居住状况、集体土地所有权关系等分设若干村民小组。

第四条　中国共产党在农村的基层组织，按照中国共产党章程进行工作，发挥领导核心作用，领导和支持村民委员会行使职权；依照宪法和法律，支持和保障村民开展自治活动、直接行使民主权利。

第五条　乡、民族乡、镇的人民政府对村民委员会的工作给予指导、支持和帮助，但是不得干预依法属于村民自治范围内的事项。

村民委员会协助乡、民族乡、镇的人民政府开展工作。

第二章　村民委员会的组成和职责

第六条　村民委员会由主任、副主任和委员共三至七人组成。

村民委员会成员中，应当有妇女成员，多民族村民居住的村应当有人数较少的民族的成员。

对村民委员会成员，根据工作情况，给予适当补贴。

第七条　村民委员会根据需要设人民调解、治安保卫、公共卫生与计划生育等委员会。村民委员会成员可以兼任下属委员会的成员。人口少的村的村民委员会可以不设下属委员会，由村民委员会成员分工负责人民调解、治安保卫、公共卫生与计划生育等工作。

第八条　村民委员会应当支持和组织村民依法发展各种形式的合作经济和其他经济，承担本村生产的服务和协调工作，促进农村生产建设和经济发展。

村民委员会依照法律规定，管理本村属于村农民集体所有的土地和其他财产，引导村民合理利用自然资源，保护和改善生态环境。

村民委员会应当尊重并支持集体经济组织依法独立进行经济活动的自主权，维护以家庭承包经营为基础、统分结合的双层经营体制，保障集体经济组织和村民、承包经营户、联户或者合伙的合法财产权和其他合法权益。

第九条　村民委员会应当宣传宪法、法律、法规和国家的政策，教育和推动村民履行法律规定的义务、爱护公共财产，维护村民的合法权益，发展文化教育，普及科技知识，促进男女平等，做好计划生育工作，促进村与村之间的团结、互助，开展多种形式的社会主义精神文明建设活动。

村民委员会应当支持服务性、公益性、互助性社会组织依法开展活动，推动农村社区建设。

多民族村民居住的村，村民委员会应当教育和引导各民族村民增进团结、互相尊重、互相帮助。

第十条　村民委员会及其成员应当遵守宪法、法律、法规和国家的政策，遵守并组织实施村

四、用益物权

民自治章程、村规民约,执行村民会议、村民代表会议的决定、决议,办事公道,廉洁奉公,热心为村民服务,接受村民监督。

第三章 村民委员会的选举

第十一条 村民委员会主任、副主任和委员,由村民直接选举产生。任何组织或者个人不得指定、委派或者撤换村民委员会成员。

村民委员会每届任期五年,届满应当及时举行换届选举。村民委员会成员可以连选连任。

第十二条 村民委员会的选举,由村民选举委员会主持。

村民选举委员会由主任和委员组成,由村民会议、村民代表会议或者各村民小组会议推选产生。

村民选举委员会成员被提名为村民委员会成员候选人,应当退出村民选举委员会。

村民选举委员会成员退出村民选举委员会或者因其他原因出缺的,按照原推选结果依次递补,也可以另行推选。

第十三条 年满十八周岁的村民,不分民族、种族、性别、职业、家庭出身、宗教信仰、教育程度、财产状况、居住期限,都有选举权和被选举权;但是,依照法律被剥夺政治权利的人除外。

村民委员会选举前,应当对下列人员进行登记,列入参加选举的村民名单:

(一)户籍在本村并且在本村居住的村民;

(二)户籍在本村,不在本村居住,本人表示参加选举的村民;

(三)户籍不在本村,在本村居住一年以上,本人申请参加选举,并且经村民会议或者村民代表会议同意参加选举的公民。

已在户籍所在村或者居住村登记参加选举的村民,不得再参加其他地方村民委员会的选举。

第十四条 登记参加选举的村民名单应当在选举日的二十日前由村民选举委员会公布。

对登记参加选举的村民名单有异议的,应当自名单公布之日起五日内向村民选举委员会申诉,村民选举委员会应当自收到申诉之日起三日内作出处理决定,并公布处理结果。

第十五条 选举村民委员会,由登记参加选举的村民直接提名候选人。村民提名候选人,应当从全体村民利益出发,推荐奉公守法、品行良好、公道正派、热心公益、具有一定文化水平和工作能力的村民为候选人。候选人的名额应当多于应选名额。村民选举委员会应当组织候选人与村民见面,由候选人介绍履行职责的设想,回答村民提出的问题。

选举村民委员会,有登记参加选举的村民过半数投票,选举有效;候选人获得参加投票的村民过半数的选票,始得当选。当选人数不足应选名额的,不足的名额另行选举。另行选举的,第一次投票未当选的人员得票多的为候选人,候选人以得票多的当选,但是所得票数不得少于已投选票总数的三分之一。

选举实行无记名投票、公开计票的方法,选举结果应当当场公布。选举时,应当设立秘密写票处。

登记参加选举的村民,选举期间外出不能参加投票的,可以书面委托本村有选举权的近亲属代为投票。村民选举委员会应当公布委托人和受委托人的名单。

具体选举办法由省、自治区、直辖市的人民代表大会常务委员会规定。

第十六条 本村五分之一以上有选举权的村民或者三分之一以上的村民代表联名,可以提出罢免村民委员会成员的要求,并说明要求罢免的理由。被提出罢免的村民委员会成员有权提出申辩意见。

罢免村民委员会成员,须有登记参加选举的村民过半数投票,并须经投票的村民过半数通过。

第十七条 以暴力、威胁、欺骗、贿赂、伪造选票、虚报选举票数等不正当手段当选村民委员会成员的,当选无效。

对以暴力、威胁、欺骗、贿赂、伪造选票、虚报选举票数等不正当手段,妨害村民行使选举权、被选举权,破坏村民委员会选举的行为,村民有权向乡、民族乡、镇的人民代表大会和人民政府或者县级人民代表大会常务委员会和人民政府及其有关主管部门举报,由乡级或者县级人民政府负责调查并依法处理。

第十八条 村民委员会成员丧失行为能力或者被判处刑罚的,其职务自行终止。

第十九条 村民委员会成员出缺,可以由村民会议或者村民代表会议进行补选。补选程序参照本法第十五条的规定办理。补选的村民委员会成员的任期到本届村民委员会任期届满时止。

第二十条 村民委员会应当自新一届村民委员会产生之日起十日内完成工作移交。工作移交由村民选举委员会主持，由乡、民族乡、镇的人民政府监督。

第四章 村民会议和村民代表会议

第二十一条 村民会议由本村十八周岁以上的村民组成。

村民会议由村民委员会召集。有十分之一以上的村民或者三分之一以上的村民代表提议，应当召集村民会议。召集村民会议，应当提前十天通知村民。

第二十二条 召开村民会议，应当有本村十八周岁以上村民的过半数，或者本村三分之二以上的户的代表参加，村民会议所作决定应当经到会人员的过半数通过。法律对召开村民会议及作出决定另有规定的，依照其规定。

召开村民会议，根据需要可以邀请驻本村的企业、事业单位和群众组织派代表列席。

第二十三条 村民会议审议村民委员会的年度工作报告，评议村民委员会成员的工作；有权撤销或者变更村民委员会不适当的决定；有权撤销或者变更村民代表会议不适当的决定。

村民会议可以授权村民代表会议审议村民委员会的年度工作报告，评议村民委员会成员的工作，撤销或者变更村民委员会不适当的决定。

第二十四条 涉及村民利益的下列事项，经村民会议讨论决定方可办理：

（一）本村享受误工补贴的人员及补贴标准；

（二）从村集体经济所得收益的使用；

（三）本村公益事业的兴办和筹资筹劳方案及建设承包方案；

（四）土地承包经营方案；

（五）村集体经济项目的立项、承包方案；

（六）宅基地的使用方案；

（七）征地补偿费的使用、分配方案；

（八）以借贷、租赁或者其他方式处分村集体财产；

（九）村民会议认为应当由村民会议讨论决定的涉及村民利益的其他事项。

村民会议可以授权村民代表会议讨论决定前款规定的事项。

法律对讨论决定村集体经济组织财产和成员权益的事项另有规定的，依照其规定。

第二十五条 人数较多或者居住分散的村，可以设立村民代表会议，讨论决定村民会议授权的事项。村民代表会议由村民委员会成员和村民代表组成，村民代表应当占村民代表会议组成人员的五分之四以上，妇女村民代表应当占村民代表会议组成人员的三分之一以上。

村民代表由村民按每五户至十五户推选一人，或者由各村民小组推选若干人。村民代表的任期与村民委员会的任期相同。村民代表可以连选连任。

村民代表应当向其推选户或者村民小组负责，接受村民监督。

第二十六条 村民代表会议由村民委员会召集。村民代表会议每季度召开一次。有五分之一以上的村民代表提议，应当召集村民代表会议。

村民代表会议有三分之二以上的组成人员参加方可召开，所作决定应当经到会人员的过半数同意。

第二十七条 村民会议可以制定和修改村民自治章程、村规民约，并报乡、民族乡、镇的人民政府备案。

村民自治章程、村规民约以及村民会议或者村民代表会议的决定不得与宪法、法律、法规和国家的政策相抵触，不得有侵犯村民的人身权利、民主权利和合法财产权利的内容。

村民自治章程、村规民约以及村民会议或者村民代表会议的决定违反前款规定的，由乡、民族乡、镇的人民政府责令改正。

第二十八条 召开村民小组会议，应当有本村民小组十八周岁以上的村民三分之二以上，或者本村民小组三分之二以上的户的代表参加，所作决定应当经到会人员的过半数同意。

村民小组组长由村民小组会议推选。村民小组组长任期与村民委员会的任期相同，可以连选连任。

属于村民小组的集体所有的土地、企业和其他财产的经营管理以及公益事项的办理，由村民小组会议依照有关法律的规定讨论决定，所作决定及实施情况应当及时向本村民小组的村民公布。

四、用益物权

第五章　民主管理和民主监督

第二十九条　村民委员会应当实行少数服从多数的民主决策机制和公开透明的工作原则，建立健全各种工作制度。

第三十条　村民委员会实行村务公开制度。

村民委员会应当及时公布下列事项，接受村民的监督：

（一）本法第二十三条、第二十四条规定的由村民会议、村民代表会议讨论决定的事项及其实施情况；

（二）国家计划生育政策的落实方案；

（三）政府拨付和接受社会捐赠的救灾救助、补贴补助等资金、物资的管理使用情况；

（四）村民委员会协助人民政府开展工作的情况；

（五）涉及本村村民利益，村民普遍关心的其他事项。

前款规定事项中，一般事项至少每季度公布一次；集体财务往来较多的，财务收支情况应当每月公布一次；涉及村民利益的重大事项应当随时公布。

村民委员会应当保证所公布事项的真实性，并接受村民的查询。

第三十一条　村民委员会不及时公布应当公布的事项或者公布的事项不真实的，村民有权向乡、民族乡、镇的人民政府或者县级人民政府及其有关主管部门反映，有关人民政府或者主管部门应当负责调查核实，责令依法公布；经查证确有违法行为的，有关人员应当依法承担责任。

第三十二条　村应当建立村务监督委员会或者其他形式的村务监督机构，负责村民民主理财，监督村务公开等制度的落实，其成员由村民会议或者村民代表会议在村民中推选产生，其中应有具备财会、管理知识的人员。村民委员会成员及其近亲属不得担任村务监督机构成员。村务监督机构成员向村民会议和村民代表会议负责，可以列席村民委员会会议。

第三十三条　村民委员会成员以及由村民或者村集体承担误工补贴的聘用人员，应当接受村民会议或者村民代表会议对其履行职责情况的民主评议。民主评议每年至少进行一次，由村务监督机构主持。

村民委员会成员连续两次被评议不称职的，其职务终止。

第三十四条　村民委员会和村务监督机构应当建立村务档案。村务档案包括：选举文件和选票，会议记录，土地发包方案和承包合同，经济合同，集体财务账目，集体资产登记文件，公益设施基本资料，基本建设资料，宅基地使用方案，征地补偿费使用及分配方案等。村务档案应当真实、准确、完整、规范。

第三十五条　村民委员会成员实行任期和离任经济责任审计，审计包括下列事项：

（一）本村财务收支情况；

（二）本村债权债务情况；

（三）政府拨付和接受社会捐赠的资金、物资管理使用情况；

（四）本村生产经营和建设项目的发包管理以及公益事业建设项目招标投标情况；

（五）本村资金管理使用以及本村集体资产、资源的承包、租赁、担保、出让情况，征地补偿费的使用、分配情况；

（六）本村五分之一以上的村民要求审计的其他事项。

村民委员会成员的任期和离任经济责任审计，由县级人民政府农业部门、财政部门或者乡、民族乡、镇的人民政府负责组织，审计结果应当公布，其中离任经济责任审计结果应当在下一届村民委员会选举之前公布。

第三十六条　村民委员会或者村民委员会成员作出的决定侵害村民合法权益的，受侵害的村民可以申请人民法院予以撤销，责任人依法承担法律责任。

村民委员会不依照法律、法规的规定履行法定义务的，由乡、民族乡、镇的人民政府责令改正。

乡、民族乡、镇的人民政府干预依法属于村民自治范围事项的，由上一级人民政府责令改正。

第六章　附　则

第三十七条　人民政府对村民委员会协助政府开展工作应当提供必要的条件；人民政府有关部门委托村民委员会开展工作需要经费的，由委托部门承担。

村民委员会办理本村公益事业所需的经费，

由村民会议通过筹资筹劳解决；经费确有困难的，由地方人民政府给予适当支持。

第三十八条 驻在农村的机关、团体、部队、国有及国有控股企业、事业单位及其人员不参加村民委员会组织，但应当通过多种形式参与农村社区建设，并遵守有关村规民约。

村民委员会、村民会议或者村民代表会议讨论决定与前款规定的单位有关的事项，应当与其协商。

第三十九条 地方各级人民代表大会和县级以上地方各级人民代表大会常务委员会在本行政区域内保证本法的实施，保障村民依法行使自治权利。

第四十条 省、自治区、直辖市的人民代表大会常务委员会根据本法，结合本行政区域的实际情况，制定实施办法。

第四十一条 本法自公布之日起施行。

国土资源部、财政部、住房和城乡建设部、农业部、国家林业局关于进一步加快推进宅基地和集体建设用地使用权确权登记发证工作的通知

· 2014 年 8 月 1 日
· 国土资发〔2014〕101 号

各省、自治区、直辖市及副省级城市国土资源主管部门、财政厅（局）、住房城乡建设厅（建委、建交委）、农业（农牧、农村经济）厅（局、委、办）、林业厅（局）、新疆生产建设兵团国土资源局、财务局、建设局、农业局、林业局，解放军土地管理局：

为落实十八届三中全会关于"赋予农民更多财产权利，保障农户宅基地用益物权，改革完善农村宅基地制度；建立城乡统一的建设用地市场，在符合规划和用途管制前提下，允许集体经营性建设用地实行与国有土地同等入市、同权同价"改革精神，认真贯彻《关于全面深化农村改革 加快推进农业现代化的若干意见》（中发〔2014〕1 号）和《2014 年政府工作报告》，结合国家建立和实施不动产统一登记制度的有关要求，进一步加快推进宅基地和集体建设用地使用权确权登记发证工作，现将有关事项通知如下：

一、结合新形势，充分认识宅基地和集体建设用地使用权确权登记发证工作的重要意义

（一）加快推进宅基地和集体建设用地使用权确权登记发证是维护农民合法权益，促进农村社会秩序和谐稳定的重要措施。宅基地和集体建设用地使用权是农民及农民集体重要的财产权利，直接关系到每个农户的切身利益，通过宅基地和集体建设用地确权登记发证，依法确认农民的宅基地和集体建设用地使用权，可以有效解决土地权属纠纷，化解农村社会矛盾，为农民维护土地权益提供有效保障，从而进一步夯实农业农村发展基础，促进农村社会秩序的稳定与和谐。

（二）宅基地和集体建设用地使用权确权登记发证是深化农村改革，促进城乡统筹发展的产权基础。通过加快推进宅基地和集体建设用地确权登记发证，使农民享有的宅基地和集体建设用地使用权依法得到法律的确认和保护，是改革完善宅基地制度，实行集体经营性建设用地与国有土地同等入市、同权同价，建立城乡统一的建设用地市场等农村改革的基础和前提，也为下一步赋予农民更多财产权利，促进城乡统筹发展提供了产权基础和法律依据。

（三）宅基地和集体建设用地使用权登记发证是建立实施不动产统一登记制度的基本内容。党的十八届二中全会和十二届全国人大一次会议审议通过的《国务院机构改革和职能转变方案》明确建立不动产统一登记制度，为避免增加群众负担，减少重复建设和资金浪费，在宅基地和集体建设用地使用权登记发证工作中将农房等集体建设用地上建筑物、构筑物一并纳入，有助于建立健全不动产登记制度，形成覆盖城乡房地一体的不动产登记体系，进一步提高政府行政效能和监管水平。

二、因地制宜，全面加快推进宅基地和集体建设用地使用权确权登记发证工作

各地要以登记发证为主线，因地制宜，采用符合实际的调查方法，将农房等集体建设用地上的建筑物、构筑物纳入工作范围，建立健全不动产统一登记制度，实现统一调查、统一确权登记、统一发证，力争尽快完成房地一体的全国农村宅基地和集体建设用地使用权确权登记发证工作。

（一）全面加快农村地籍调查，统筹推进农房

等集体建设用地上的建筑物、构筑物补充调查工作。各地要以服务和支撑登记发证工作为切入点，兼顾集体建设用地流转、改革完善宅基地制度等土地制度改革、不动产统一登记建设的实际需要，按照《农村地籍和房屋调查技术方案（试行）》（见附件）的要求，积极稳妥推进本地区的农村地籍调查工作，并将农房等集体建设用地上的建筑物、构筑物纳入工作范围。

各地要统筹考虑基础条件、工作需求和经济技术可行性，避免重复投入，因事、因地、因物，审慎科学地选择符合本地区实际的调查方法。可按照"百衲衣"的方式，同一地区内采用多种不同调查方法开展工作，以满足登记发证工作的基本需要。

（二）制定和完善宅基地和集体建设用地使用权确权登记发证相关政策。各地要认真研究分析当前工作存在的问题，全面总结行之有效的经验和做法，在国土资发〔2011〕60号、国土资发〔2011〕178号及国家有关要求的基础上，根据本地实际，进一步细化农村宅基地和集体建设用地使用权确权登记发证的政策，积极探索，勇于突破，尽快出台或完善有关政策或指导意见，为推进工作提供政策支撑。

各地在制定政策或指导意见时，应以化解矛盾、应发尽发为原则，要坚持农村违法宅基地和集体建设用地必须依法补办用地批准手续后，方可进行登记发证。在权属调查和纠纷处理工作中，要充分发挥基层群众自治组织和农村集体经济组织的作用，建立健全农村土地权属纠纷调处工作机制，在登记发证工作中注重保护农村妇女土地权益，切实保护群众合法利益。

（三）进一步加快推进宅基地和集体建设用地使用权确权登记发证工作。各地要按照不动产统一登记制度建设和宅基地制度改革的要求，全面落实宅基地、集体建设用地使用权以及农房等集体建设用地上的建筑物、构筑物确权登记发证工作，做到应发尽发。要从工作现状出发，尽快制定或调整工作计划，将农房等集体建设用地上的建筑物、构筑物纳入工作范围，按年度细化工作目标、任务和措施，明确完成时限。在完成农村地籍调查和农房调查的基础上，省级国土资源主管部门要尽量选择房地合一的地区开展房地一体的登记发证试点，为全面铺开工作积累经验。

计划在2014年底完成宅基地和集体建设用地使用权确权登记发证的省（区、市），应根据实际情况尽快调整工作计划，增加农房调查等工作任务，并制定补充调查方案；做出新的调整，增加农房等集体建设用地上的建筑物、构筑物可能造成不利影响的，今年可以先按原计划继续推进，今后再逐步开展补充调查，或结合日常变更登记逐步补充完善房屋及附属设施信息。各省（区、市）应按照工作计划，积极推进确权登记发证工作，本级财政给予必要的支持。

（四）进一步加强登记规范化和信息化建设。已完成宅基地和集体建设用地使用权确权登记发证工作的省份，要进一步规范已有登记成果，提高成果质量。各地要继续推进农村集体土地登记信息化数据库建设，逐步建立数据库共享机制，实现数据实时更新，在满足现有工作需求基础上，统筹考虑与不动产统一登记制度信息化建设的衔接，实现登记发证成果的数字化管理和信息化应用。

三、采取有效措施，切实保障宅基地和集体建设用地使用权确权登记发证顺利进行

（一）加强组织领导。地方各级集体土地确权登记发证领导小组办公室继续负责本地区确权登记发证工作的组织和实施。根据《国务院办公厅关于落实中共中央国务院关于全面深化农村改革加快推进农业现代化的若干意见有关政策措施分工的通知》（国办函〔2014〕31号）要求，相应增加或调整领导小组成员单位。依靠各级党委、政府，特别是市（县）党委、政府强有力的组织、协调和保障，各级国土资源部门要牵头负责，与同级财政、住建、农业、林业部门密切合作，确保宅基地和集体建设用地使用权确权登记发证工作积极稳妥、规范有序推进。严格执行已有工作机制和制度，认真落实月报季报等有关制度。省级国土资源主管部门要在2014年8月31日前将相关工作计划报国土资源部备案。

（二）切实保障经费落实。相关地方政府要按照2013年、2014年中发1号文件要求将确权登记颁证工作经费纳入财政预算，切实保障工作开展。

（三）加强正面宣传引导。各地应结合建立和实施不动产统一登记制度建设的要求，通过报纸、电视、广播、网络等媒体，加强宣传宅基地和集体建设用地使用权及农房等集体建设用地上的建筑物、构筑物确权登记发证工作的重要意义、工作目标和法律政策，争取广大农民群众和社会各界的理解支持,创造良好的舆论环境和工作氛围。

(四)加强督促指导及验收。全国加快推进农村集体土地确权登记发证工作领导小组办公室将继续实行"一省一策"、"分片包干"、"定期上报"等工作制度,加强督促检查,对工作进度缓慢、工作质量不高的地区,进行重点督导。省级国土资源主管部门应在本省(区、市)基本完成宅基地和集体建设用地使用权确权登记发证工作的基础上,对尚未完成工作任务的地区,进一步加强督促和指导,集中研究解决难题,限时完成工作目标,同时组织好验收总结,切实保证工作成果质量。

附件:

农村地籍和房屋调查技术方案(试行)

为深入贯彻《中共中央国务院关于加快发展现代农业 进一步增强农村发展活力的若干意见》(中发〔2013〕1号),切实落实《国土资源部关于进一步加快农村地籍调查推进集体土地确权登记发证工作的通知》(国土资发〔2013〕97号)要求,进一步积极稳妥、规范、有序地推进农村地籍调查工作,全力保障农村宅基地和集体建设用地确权登记发证工作顺利进行,制定本技术方案。

一、工作目标

全面查清农村范围内包括宅基地、集体建设用地等每一宗土地的权属、位置、界址、面积、用途、地上房屋等建筑物、构筑物的基本情况,为农村集体土地确权登记发证工作提供基础资料,为实施不动产统一登记奠定基础。

二、工作任务

紧密围绕农村集体土地确权登记发证,依据《地籍调查规程》等要求,以"权属合法、界址清楚、面积准确"为原则,重点完成农村范围内宅基地、集体建设用地的权属调查和地籍测量,同步开展地上房屋及其附属设施的调查工作,建立农村地籍调查数据库,并通过农村日常地籍调查、土地登记等工作,保持调查成果的现势性,满足国土资源管理及经济社会发展的需要。农村范围内国有土地、地上房屋及附属设施可参照本技术方案执行。

(一)宅基地和集体建设用地调查。以集体土地所有权成果为基础,调查农村范围内的宅基地、集体建设用地的权属状况,获取每宗宅基地和集体建设用地权属、位置、用途等信息,测量宅基地和集体建设用地的地籍要素,填写地籍调查表,测绘地籍图,制作宗地图。

(二)农村房屋调查。在开展宅基地和集体建设用地调查的同时,调查地上房屋产权状况,测量房屋的房角点和房屋边长,量算房屋面积,并将房屋调查成果记载在地籍调查表等地籍资料中,实现农村房、地调查的同步开展和调查成果的统一管理。

(三)农村地籍调查数据库建设。充分利用已有的软、硬件平台,参照城镇地籍数据库建设的相关技术规范,建设农村地籍调查数据库,实现对农村地籍调查成果的图形、属性、档案等信息的一体化存储、管理与应用。

三、技术路线与方法

(一)主要技术依据。

《土地利用现状分类》(GB/T 21010-2007)

《地籍调查规程》(TD/T 1001-2012)

《房产测量规范》(GB/T 17986.1-2000)

《城镇地籍数据库标准》(TD/T 1015-2007)

(二)技术路线。

以满足农村集体土地确权登记发证工作为出发点,立足于已有的工作基础,严格依据国家有关调查规程和标准,借助航天航空遥感、地理信息系统、卫星定位和数据库等技术手段,充分利用已有土地调查成果和登记成果,通过外业调查、复核审查、内业建库,完成宅基地和集体建设用地及房屋等地上建筑物和构筑物的权属调查和地籍测量等工作,为农村集体土地确权登记发证提供依据。

(三)调查方法。

农村地籍调查方法的选择要充分兼顾宅基地管理制度改革、集体建设用地入市等农村土地制度改革的迫切需要,以充分保护土地权益、维护交易安全为基础,统筹考虑基础条件、工作需求和经济技术可行性,避免重复投入,因事、因地、因物,审慎科学地选择符合本地区实际的调查方法。原则上,同一地区内可以采用多种调查方法共同开展调查工作。对于调查精度影响土地产权人切身利益的,可采用解析法或部分解析法,确保权属清晰,面积准确,以保障土地权益,维护交易安全,如集体建设用地流转试点、征地拆迁地区等;对于偏远地区或分散、独立的宅基地和集体建设用地,或不动产生命周期较短,建筑物、构筑物更新速度较

四、用益物权

快,且调查精度不影响权利人切身利益的,可采用更为简便易行的调查方法,在做好指界工作基础上,在确保宗地界址清楚、空间相对位置关系明确的前提下,实地丈量界址边长,计算宗地面积,以尽快完成调查工作,避免不必要的浪费,如按户补偿的增减挂钩拆旧地区等。

四、工作程序和内容

农村地籍调查工作主要包括:准备工作、权属调查、地籍测量、房屋调查和成果归档与建库等内容。

(一)准备工作。

准备工作主要包括组织准备、宣传发动、资料收集、技术设计、表册与工具器材准备、队伍落实和人员培训等。各地应围绕集体土地使用权确权登记发证工作目标,统一部署,同步开展。调查前,应系统收集整理土地及房屋权属来源资料,开展实地踏勘、资料分析等,并结合地方工作基础,做好技术设计,准备调查所需的表册与工具器材,落实调查人员和队伍。权属调查应由县(市、区)国土部门组织,发挥乡镇政府、国土所和农村集体经济组织、村民自治组织等基层力量,共同配合完成,也可选择专业队伍、聘任农村集体经济组织负责人、村民委员会成员或村民代表参与权属调查。地籍测量可根据需要由专业作业单位协助完成。

(二)权属调查。

权属调查是地籍调查的核心,是保障土地确权登记发证的关键。权属调查主要包括:核实宗地的权属情况,实地指界,丈量界址边长及相关距离,绘制宗地草图,填写地籍调查表。

1. 制作工作底图。选用大比例尺(1:500～1:2000)的地形图、正射影像图或已有地籍图作为基础图件,充分采用集体土地所有权登记发证已形成的地籍区、地籍子区界线和集体土地所有权界线,并标注乡镇、村、村民小组及重要地物的名称。参考已有的地籍调查、土地登记等资料,会同农村集体经济组织负责人、村民委员会成员或村民代表,在工作底图上划分宗地,并预编宗地号。对新型农村社区或搬迁上楼等无法确定独立使用面积的,可定为共用宗。

2. 权属状况调查。借助工作底图,结合现场核实,调查每宗地的土地坐落与四至;调查核实权利人的姓名或者名称、单位性质、行业代码、组织机构代码、法定代表人(或负责人)姓名及其身份

证明、代理人姓名及其身份证明等,对于宅基地调查,除了调查记录土地权利人的情况外,还应调查权利人家庭成员情况,复印权利人家庭户口簿等资料,对无权属来源的集体建设用地,根据实际情况调查记录实际使用人;调查核实宗地的土地权属来源资料,确定土地权属性质、土地使用权类型、使用期限等,以及宗地是否有抵押权、地役权等他项权利和共有情况;调查核实宗地批准用途和实际用途。

3. 界址调查。对土地权属来源资料齐全,界址明确,经实地核实界址无变化的宗地,无需重新开展界址调查;对土地权属来源资料中的界址不明确的宗地,以及界址与实地不一致的宗地,需要现场指界;对于无土地权属资料的,根据法律法规及有关政策规定,经核实为合法拥有或使用的土地,可根据双方协商、实际利用状况及地方习惯,经农村集体经济组织认可并公示无异议后,进行现场指界。实地指界前,通过送达指界通知书、公告、广播、电话等方式提前通知,确保土地权利人及相邻宗地权利人按时到现场指界。指界时,调查员、本宗地指界人及相邻宗地指界人同时到场,根据指界人指定的界址点,现场设置界标,确认界址线类型、位置;指界后,将实际用地界线和批准用地界线标绘到工作底图上,并在地籍调查表的权属调查记事栏中予以说明;实地丈量宗地的界址边长。同时,应丈量界址点与邻近地物的相关距离或条件距离。

4. 宗地草图绘制。根据权属状况调查信息、指界与界址点设置情况、界址边长及相关距离丈量结果、房屋调查情况,按概略比例尺绘制宗地草图。宗地草图必须现场绘制(可直接在地籍调查表上绘制,也可另附纸绘制),有基础图件资料的地区,可持打印的相关图件到现场,根据指界和丈量情况做好现场记录,形成宗地草图。

(三)地籍测量。

在权属调查结果的基础上,通过地籍测量准确获取界址点位置,并计算宗地面积。地籍测量包括控制测量、界址点测量、地籍图测绘和面积量算等。控制测量可根据需要确定是否开展,对于仅丈量界址边长不测量界址点坐标的地区,无需开展地籍控制测量。

界址点测量完成后,按照要求,测绘地籍图,编制宗地图。其中,对于不测量界址点坐标的地

区,应依据权属调查结果,绘制宗地相对位置关系图,以满足登记发证的急需。由图解法测量获取的界址点坐标,不得用于放样确定实地界址点的精确位置,可利用宗地草图上实际丈量的界址边长,采用几何要素法计算宗地面积。

(四)房屋调查。

在农村地籍调查中,针对农村房屋实际情况,实地调查农村宅基地和农村集体建设用地地上建筑物和构筑物的产权状况,结合地籍测量一并开展房屋测量。房屋调查要重点调查房屋的权利人、权属来源情况、建筑结构、建成年份、批准用途与实际用途、批准面积与实际面积等要素,形成房地一体的农村地籍调查成果。

对尚未开展农村地籍调查或有房地一体化调查需求的地区,可将农村房屋及附属设施的调查工作统一纳入农村地籍调查工作中。已经完成农村地籍调查或工作尚未完成但已全面部署推进的地区,可结合本地实际,或统一开展农村房屋及附属设施的补充调查,或待日后通过日常变更调查的方式逐步补充完善房屋及附属设施信息,逐步实现房、地调查成果的统一管理。其中,对已登记的房屋,只需要记录房屋登记的相关信息,无需重新开展调查。

1. 房屋产权状况调查。依据房屋产权人提供的准建证、村镇规划选址意见书、乡村建设规划许可证,或房屋买卖、互换、赠与、受遗赠、继承、查封、抵押等其他房屋产权证明,记录产权人,并将产权证明留复印件或拍照留存。产权共有或有争议的,记录共有或争议情况。其中,对于在现行规划建设管理制度实施前建设的房屋,应提供村镇规划选址意见书等资料,对于实施之后建设的,应提供乡村建设规划许可证等资料。

依据《房产测量规范》的有关规定和要求,调查房产建筑结构、层数、建成年份、批准用途与实际用途,核对房产面积是否批建一致等;对村民整体搬迁上楼的,还应该调查记录房屋所在自然层次和房屋编号。对于农房中的一房多户,应现场确定房屋分户界址和权属情况,需要现场指界的,应经房屋产权人现场指界,明确界址并现场确认签字。房屋产权状况调查形成的结果可记录在地籍调查表的"权属调查记事"栏内。

2. 房屋测量。房脚点测量宜采取与宗地界址点测量同样的技术方法,一并开展。房屋边长丈量在宗地的界址边长丈量时一并开展,对确实无法丈量房屋边长时,应丈量至少两条房脚点与界址点或房脚点与邻近地物的相关距离,便于间接解算房屋边长和求解房屋面积。对于新型农村社区或搬迁上楼等高层多户的,可参照《房产测量规范》开展房屋测量。对于已有户型图的,可通过核实户型图获取房屋内部边长,对于没有户型图的,需实地测量房屋内部边长。

3. 面积量算。依据实地丈量的房屋边长计算房屋占地面积,结合房屋层数计算房屋建筑面积。对于高层多户,有户型图的,可通过实地丈量的房屋边长和核实户型图获取的房屋内部边长计算房屋建筑面积和套内面积,无户型图的,需要实地丈量的房屋边长和实地测量房屋内部边长计算房屋建筑面积和套内面积。

4. 调查结果记录。一是要将房屋权属状况信息和房屋测量结果记载在地籍调查表中;二是要在宗地草图中标识房屋,并标注房屋边长,房屋的楼层、结构以及争议情况等信息;三是要在地籍图的测绘中将房屋要素纳入;四是成果资料的整理归档以及数据库的建设都要将房屋调查的信息包含在内。

(五)资料整理归档与数据库建设。

调查工作完成后,应按照数据库标准,建立地籍数据库,并由县级国土资源主管部门及时组织对地籍调查成果进行验收。调查成果主要包括地籍调查表、宗地图、地籍图、农村地调查总结报告以及地籍数据库等。验收通过后,要及时将调查成果和资料整理归档,并结合土地登记等日常业务做好更新维护。

四、用益物权

土地承包经营权和土地经营权登记操作规范(试行)

· 2022 年 11 月 8 日
· 自然资发〔2022〕198 号

一、土地承包经营权登记

(一)首次登记

1. 适用

依法以家庭承包方式承包农民集体所有或者国家所有依法由农民集体使用的耕地、水域、滩涂等农村土地从事种植业、畜牧业、渔业等农业生产的,可申请土地承包经营权首次登记。

2. 申请主体

以家庭承包方式取得的土地承包经营权首次登记,应由发包方申请。

3. 申请材料

申请土地承包经营权首次登记的材料包括:

(1)不动产登记申请书;

(2)申请人身份证明;

(3)土地承包经营权合同(土地承包合同);

(4)地籍调查表、宗地图、宗地界址点坐标等地籍调查成果。

4. 审查要点

不动产登记机构在审核过程中应注意以下要点:

(1)土地承包经营权合同(土地承包合同)等土地权属来源材料是否齐全、有效;

(2)申请人、承包方与土地权属来源材料记载的主体是否一致;

(3)地籍调查成果资料是否齐全、规范,地籍调查表记载的权利人、权利类型及其性质等是否准确,宗地图、界址坐标、面积是否符合要求;

(4)《不动产登记操作规范(试行)》等要求的其他审查事项。

不存在《不动产登记操作规范(试行)》等规定不予登记情形的,将登记事项记载于不动产登记簿后,向承包方核发封皮标注"土地承包经营权"字样的不动产权证书。

(二)变更登记

1. 适用

已经登记的土地承包经营权,因下列情形之一发生变更的,当事人可申请土地承包经营权变更登记:

(1)承包方代表姓名或者身份证号码、家庭成员情况发生变化的;

(2)承包土地的地块名称、坐落、界址、面积等发生变化的;

(3)承包期限届满,承包方按照国家有关规定继续承包的;

(4)同一权利人分割或者合并承包土地的;

(5)法律、行政法规规定的其他情形。

2. 申请主体

土地承包经营权变更登记应由不动产登记簿上记载的权利人申请。

3. 申请材料

申请土地承包经营权变更登记的材料包括:

(1)不动产登记申请书,申请人身份证明,不动产权属证书;

(2)承包方代表姓名或者身份证号码、家庭成员情况发生变化的,提交能够证实发生变化的材料;承包方代表姓名或者身份证号码发生变化的,还应当提交变更后的土地承包经营权合同(土地承包合同);

(3)承包土地的地块名称、坐落、界址、面积等发生变化的,提交变更后的土地承包经营权合同(土地承包合同);涉及界址范围、面积变化的,还应当提交变更后的地籍调查表、宗地图、宗地界址点坐标等地籍调查成果;

(4)承包期限届满后延包的,提交延包后的土地承包经营权合同(土地承包合同);

(5)同一权利人分割或者合并承包土地的,提交变更后的土地承包经营权合同(土地承包合同),以及变更后的地籍调查表、宗地图、宗地界址点坐标等地籍调查成果。

4. 审查要点

不动产登记机构在审核过程中应注意以下要点:

(1)申请变更登记的土地承包经营权是否已经登记;

(2)申请土地承包经营权的变更材料是否齐全、有效;

(3)申请变更事项是否与变更材料记载的变更事实一致;

(4)申请登记事项与不动产登记簿的记载是否冲突;

(5)《不动产登记操作规范(试行)》等要求的其他审查事项。

不存在《不动产登记操作规范(试行)》等规定不予登记情形的,将登记事项记载于不动产登记簿后,向承包方核发封皮标注"土地承包经营权"字样的不动产权证书。对于延包中因土地承包合同期限变化直接顺延的,由发包方统一组织承包方申请变更登记,登记机构依据延包合同在登记簿上做相应变更,在原农村土地承包经营权证书上标注记载,加盖不动产登记专用章。家庭成员情况发生变化的,登记机构在不动产登记簿和不动产权属证书"承包方家庭成员情况"的"备注"栏中说明。

(三)转移登记

1. 适用

已经登记的土地承包经营权,因下列情形之一导致权利发生转移的,当事人可申请土地承包经营权转移登记:

(1)集体经济组织内部互换、转让;

(2)因人民法院、仲裁机构的生效法律文书导致权利发生转移的;

(3)因家庭关系、婚姻关系等变化导致土地承包经营权发生转移的;

(4)法律、行政法规规定的其他情形。

2. 申请主体

土地承包经营权转移登记应由双方当事人共同申请。符合《不动产登记暂行条例》《不动产登记操作规范(试行)》等规定情形的,可单方申请。

3. 申请材料

土地承包经营权转移登记的材料包括:

(1)不动产登记申请书,申请人身份证明,不动产权属证书;

(2)互换的,提交互换协议,以及变更后的土地承包经营权合同(土地承包合同);

(3)转让的,提交转让协议,以及受让方同发包方新签订的土地承包经营权合同(土地承包合同);

(4)因人民法院、仲裁机构的生效法律文书导致权利发生转移的,提交人民法院、仲裁机构的生效法律文书;

(5)因家庭关系、婚姻关系等变化导致土地承包经营权发生转移的,提交能够证实家庭关系、婚姻关系等发生变化的材料以及变更后的土地承包经营权合同(土地承包合同);涉及分割或者合并的,还应当提交变更后的地籍调查表、宗地图、宗地界址点坐标等地籍调查成果。

4. 审查要点

不动产登记机构在审核过程中应注意以下要点:

(1)申请转移登记的土地承包经营权是否已经登记;

(2)申请转移登记的材料是否齐全、有效;

(3)申请转移的土地承包经营权与登记原因文件的记载是否一致;

(4)申请登记事项与登记簿的记载是否冲突;

(5)《不动产登记操作规范(试行)》等要求的其他审查事项。

不存在《不动产登记操作规范(试行)》等规定不予登记情形的,将登记事项记载于不动产登记簿后,向承包方核发封皮标注"土地承包经营权"字样的不动产权证书。

(四)注销登记

1. 适用

已经登记的土地承包经营权,有下列情形之一的,当事人可申请土地承包经营权注销登记:

(1)承包经营的土地灭失的;

(2)承包经营的土地被依法征收或者转为建设用地的;

(3)发包方依法收回或者承包方依法、自愿交回的;

(4)承包方放弃土地承包经营权的;

(5)农村承包经营户(承包方)消亡的;

(6)因人民法院、仲裁机构的生效法律文书导致权利消灭的;

(7)法律、行政法规规定的其他情形。

2. 申请主体

土地承包经营权注销登记应由不动产登记簿记载的权利人申请。承包经营的土地灭失、农村承包经营户(承包方)消亡的,可由发包方申请。承包经营的土地被依法征收、人民法院或者仲裁机构的生效法律文书导致权利消灭的,可依嘱托或由发包方申请。

3. 申请材料

申请土地承包经营权注销登记的材料包括:

(1)不动产登记申请书,申请人身份证明,不动产权属证书;

(2)承包经营的土地灭失的,提交证实灭失的材料;

(3)承包经营的土地被依法征收的,提交有批准权的人民政府征收决定书;承包经营的土地被依法转为建设用地的,提交证实土地被依法转为建设用地的材料;

(4)发包方依法收回或者承包方依法、自愿交回的,提交相关材料;

(5)承包方放弃土地承包经营权的,提交承包方放弃土地承包经营权的书面材料。设有地役权、土地经营权、土地经营权上设有抵押权或者已

经办理查封登记的,需提交地役权人、土地经营权人、抵押权人或者查封机关同意注销的书面材料;

(6)农村承包经营户(承包方)消亡的,提交农村承包经营户(承包方)消亡的材料;

(7)因人民法院或者仲裁机构生效法律文书等导致土地承包经营权消灭的,提交人民法院或者仲裁机构生效法律文书。

4. 审查要点

不动产登记机构在审核过程中应注意以下要点:

(1)申请注销登记的土地承包经营权是否已经登记;

(2)申请土地承包经营权的注销材料是否齐全、有效;

(3)承包方放弃土地承包经营权申请注销登记的,该土地是否存在查封或者设有地役权、土地经营权等权利,存在土地经营权的是否设有抵押权;存在查封或者设有地役权、土地经营权、抵押权等权利的,应经查封机关、地役权人、土地经营权人、抵押权人同意;

(4)申请登记事项与登记簿的记载是否冲突;

(5)《不动产登记操作规范(试行)》等要求的其他审查事项。

不存在《不动产登记操作规范(试行)》等规定不予登记情形的,将登记事项以及不动产权属证书收回、作废等内容记载于不动产登记簿。

二、土地经营权登记

(一)首次登记

1. 适用

有下列情形之一的,可申请土地经营权首次登记:

(1)已经办理土地承包经营权首次登记,承包方依法采取出租(转包)、入股或者其他方式向他人流转土地经营权且土地经营权流转期限为五年以上的;

(2)不宜采取家庭承包方式的荒山、荒沟、荒丘、荒滩等农村土地,通过招标、拍卖、公开协商等方式承包的。

2. 申请主体

土地经营权首次登记,依照下列规定提出申请:

(1)已经办理土地承包经营权首次登记的,承包方依法采取出租(转包)、入股或者其他方式向他人流转土地经营权且土地经营权流转期限为五年以上的,应由土地经营权流转双方共同申请;

(2)不宜采取家庭承包方式的荒山、荒沟、荒丘、荒滩等农村土地,通过招标、拍卖、公开协商等方式承包的,应由承包方申请。

3. 申请材料

申请土地经营权首次登记的材料包括:

(1)不动产登记申请书,申请人身份证明;

(2)权属来源材料,包括:①采取出租(转包)、入股或者其他方式向他人流转土地经营权,提交不动产权属证书和土地经营权流转合同;②不宜采取家庭承包方式的荒山、荒沟、荒丘、荒滩等农村土地,通过招标、拍卖、公开协商等方式承包的,提交土地承包合同;

(3)地籍调查表、宗地图、宗地界址点坐标等地籍调查成果。

4. 审查要点

不动产登记机构在审核过程中应注意以下要点:

(1)流转的土地经营权期限是否未超过土地承包经营权的剩余期限,流转期限是否在五年以上;

(2)流转取得土地经营权的,是否已依法取得土地承包经营权并办理登记;

(3)申请土地权属来源材料是否齐全、有效;

(4)申请人与土地承包合同或者土地经营权流转合同等权属来源材料记载的主体是否一致;

(5)地籍调查成果资料是否齐全、规范,地籍调查表记载的权利人、权利类型及其性质等是否准确;

(6)《不动产登记操作规范(试行)》等要求的其他审查事项。

不存在《不动产登记操作规范(试行)》等规定不予登记情形的,将登记事项记载于不动产登记簿后,向权利人核发不动产权证书。

(二)变更登记

1. 适用

已经登记的土地经营权有下列情形之一的,可申请土地经营权变更登记:

(1)权利人姓名或者名称、身份证明类型或者身份证明号码等事项发生变化的;

(2)土地坐落、界址、用途、面积等发生变化的;

(3)同一权利人分割或者合并土地的;

(4)土地经营权期限变更的;

(5)法律、行政法规规定的其他情形。

2. 申请主体

土地经营权变更登记应由不动产登记簿记载的权利人申请。

3. 申请材料

申请土地经营权变更登记的材料包括:

(1)不动产登记申请书,申请人身份证明,不动产权属证书;

(2)权利人姓名或者名称、身份证明类型或者身份证明号码发生变化的,提交能够证实其身份变更的材料以及变更后的土地经营权合同;

(3)土地坐落、面积、界址范围发生变化的,或者同一权利人分割或者合并土地的,提交变更后的土地经营权合同以及变更后的地籍调查表、宗地图、宗地界址点坐标等地籍调查成果;

(4)土地用途发生变化的,提交能够证实用途发生变化的材料以及变更后的土地经营权合同;

(5)土地经营权期限发生变化的,提交能够证实流转期限发生变化的协议以及变更后的土地经营权合同。

4. 审查要点

不动产登记机构在审核过程中应注意以下要点:

(1)申请变更登记的土地经营权是否已经登记;

(2)申请土地经营权的变更材料是否齐全、有效;

(3)申请变更事项是否与变更材料记载的变更事实一致;

(4)申请登记事项与不动产登记簿的记载是否冲突;

(5)《不动产登记操作规范(试行)》等要求的其他审查事项。

不存在《不动产登记操作规范(试行)》等规定不予登记情形的,将登记事项记载于不动产登记簿后,向权利人核发不动产权证书。

(三)转移登记

1. 适用

已经登记的土地经营权,因下列情形之一导致权利发生转移的,可申请土地经营权转移登记:

(1)依法采取出租(转包)、入股或者其他方式向他人流转土地经营权后,受让方再流转土地经营权的;

(2)不宜采取家庭承包方式的荒山、荒沟、荒丘、荒滩等农村土地,通过招标、拍卖、公开协商等方式承包农村土地取得土地经营权后,依法采取出租、入股或者其他方式流转土地经营权的;

(3)不宜采取家庭承包方式的荒山、荒沟、荒丘、荒滩等农村土地,通过招标、拍卖、公开协商等方式承包农村土地取得土地经营权,承包期内承包人死亡,其继承人继续承包的;

(4)因人民法院、仲裁机构的生效法律文书导致权利发生转移的;

(5)法律、行政法规规定的其他情形。

2. 申请主体

土地经营权转移登记应由双方当事人共同申请。符合《不动产登记暂行条例》《不动产登记操作规范(试行)》等规定情形的,可单方申请。

3. 申请材料

土地经营权转移登记的材料包括:

(1)不动产登记申请书,申请人身份证明,不动产权属证书;

(2)依法采取出租(转包)、入股或者其他方式向他人流转土地经营权后,受让方再流转土地经营权的,提交经承包方书面同意的材料、本集体经济组织备案的材料以及流转协议;

(3)不宜采取家庭承包方式的荒山、荒沟、荒丘、荒滩等农村土地,通过招标、拍卖、公开协商等方式承包农村土地取得土地经营权后,依法采取出租、入股或者其他方式流转土地经营权的,提交相关流转协议;

(4)因人民法院、仲裁机构的生效法律文书导致权利发生转移的,提交人民法院、仲裁机构的生效法律文书;

(5)因继承取得的,提交能够证实继承人继续依法承包的材料。

4. 审查要点

不动产登记机构在审核过程中应注意以下要点:

(1)申请转移登记的土地经营权是否已经登记;

(2)申请转移登记的材料是否齐全、有效;

(3)申请转移的土地经营权与登记原因文件

的记载是否一致；

（4）申请登记事项与登记簿的记载是否冲突；

（5）流转的土地经营权期限是否超过原土地经营权的剩余期限；

（6）设有抵押权的，是否记载存在禁止或者限制抵押不动产转让的约定；

（7）通过招标、拍卖、公开协商等方式承包农村土地取得土地经营权，承包期内承包人死亡，其继承人继续承包的，审查是否在承包期内以及依法取得土地经营权；

（8）《不动产登记操作规范（试行）》等要求的其他审查事项。

不存在《不动产登记操作规范（试行）》等规定不予登记情形的，将登记事项记载于不动产登记簿后，向权利人核发不动产权证书。

（四）注销登记

1. 适用

已经登记的土地经营权，有下列情形之一的，可申请土地经营权注销登记：

（1）土地经营权期限届满的；

（2）土地被依法征收或者转为建设用地的；

（3）土地灭失的；

（4）依法解除土地经营权流转合同或者发包方依法终止土地经营权流转合同的；

（5）土地经营权人放弃土地经营权的；

（6）因人民法院、仲裁机构的生效法律文书导致权利消灭的；

（7）法律、行政法规规定的其他情形。

因流转取得的土地经营权，土地被依法征收或者转为建设用地、土地灭失、土地承包经营权消灭的，当事人应当一并申请土地承包经营权注销登记和土地经营权注销登记。

2. 申请主体

土地经营权注销登记应由不动产登记簿记载的权利人申请。土地经营权期限届满、土地灭失的，可由发包方或者土地承包经营权人申请注销。土地被依法征收、人民法院或者仲裁机构的生效法律文书导致权利消灭的，可依嘱托或由承包方申请。

3. 申请材料

申请土地经营权注销登记的材料包括：

（1）不动产登记申请书，申请人身份证明，不动产权属证书；

（2）土地被依法征收的，提交有批准权的人民政府征收决定书；土地被依法转为建设用地的，提交土地被依法转为建设用地的材料；

（3）土地灭失的，提交能够证实灭失的材料；

（4）依法解除土地经营权流转合同或者发包方依法终止土地经营权流转合同的，提交能够证实合同依法解除或者依法终止的材料；

（5）土地经营权人放弃土地经营权的，提交土地经营权人放弃土地经营权的书面材料。土地经营权上设有抵押权、地役权或者已经办理查封登记的，还需提供抵押权人、地役权人或者查封机关同意放弃的书面材料；

（6）因人民法院或者仲裁机构生效法律文书等导致土地承包经营权消灭的，提交人民法院或者仲裁机构生效法律文书。

4. 审查要点

不动产登记机构在审核过程中应注意以下要点：

（1）申请注销登记的土地经营权是否已经登记；

（2）申请土地经营权的注销材料是否齐全、有效；

（3）放弃土地经营权申请注销登记的，该土地是否存在查封或者设有地役权、抵押权等权利；存在查封或者设有地役权、抵押权等权利的，应经查封机关、地役权人、抵押权人同意；

（4）申请登记事项与登记簿的记载是否冲突；

（5）《不动产登记操作规范（试行）》等要求的其他审查事项。

不存在《不动产登记操作规范（试行）》等规定不予登记情形的，将登记事项以及不动产权属证书收回、作废等内容记载于不动产登记簿。

三、抵押权登记（土地经营权）

（一）首次登记

1. 适用

在借贷、买卖等民事活动中，自然人（含农村承包经营户）、法人或非法人组织在土地经营权上依法设立抵押权的，可以由抵押人和抵押权人共同申请办理不动产抵押权首次登记。

（1）为担保债务的履行，债务人或者第三人不转移不动产的占有，将该土地经营权抵押给债权人的，当事人可以申请一般抵押权首次登记；

（2）为担保债务的履行，债务人或者第三人对一定期间内将要连续发生的债权提供担保不动产的,当事人可以申请最高额抵押权首次登记。

2. 申请主体

抵押权首次登记应当由抵押人和抵押权人共同申请。

3. 申请材料

申请抵押权首次登记,提交的材料包括:

(1)不动产登记申请书;

(2)申请人身份证明;

(3)不动产权属证书;

(4)主债权合同。最高额抵押的,应当提交一定期间内将要连续发生债权的合同或者其他登记原因文件等必要材料;

(5)抵押合同。主债权合同中包含抵押条款的,可以不提交单独的抵押合同书。最高额抵押的,应当提交最高额抵押合同;

(6)同意将最高额抵押权设立前已经存在的债权转入最高额抵押担保的债权范围的,应当提交已存在债权的合同以及当事人同意将该债权纳入最高额抵押权担保范围的书面材料;

(7)通过流转取得的土地经营权办理抵押登记的,还需提供承包方同意的书面材料和发包方备案材料;

(8)法律、行政法规规定的其他情形。

4. 审查要点

不动产登记机构在审核过程中应注意以下要点:

(1)抵押财产是否已经办理不动产登记;

(2)抵押财产是否属于法律、行政法规禁止抵押的不动产;

(3)抵押合同上记载的抵押人、抵押权人、被担保主债权的数额或种类、担保范围、债务履行期限、抵押不动产是否明确;最高额抵押权登记的,最高债权额、债权确定的期间是否明确;

(4)申请人与不动产权属证书、主债权合同、抵押合同、最高额抵押合同等记载的主体是否一致;

(5)有查封登记的,不予办理抵押登记;

(6)同一不动产上设有多个抵押权的,应当按照受理时间的先后顺序依次办理登记,当事人另有约定的除外;

(7)通过流转取得的土地经营权办理抵押登记的,是否经承包方书面同意并向发包方备案;

(8)登记申请是否违反法律、行政法规的规定;

(9)《不动产登记操作规范(试行)》等要求的其他审查事项。

不存在《不动产登记操作规范(试行)》等规定不予登记情形的,记载不动产登记簿后向抵押权人核发不动产登记证明。

(二)变更、转移、注销登记

按照《不动产登记操作规范(试行)》《自然资源部关于做好不动产抵押权登记工作的通知》(自然资发〔2021〕54号)等规定办理。

承包方用承包地的土地经营权进行抵押的,将土地经营权登记和抵押权登记一并办理。

原有相关土地承包经营权和土地经营权登记政策规定与本规范不一致的,以本规范为准。

3. 建设用地使用权

中华人民共和国城镇国有土地使用权出让和转让暂行条例

· 1990 年 5 月 19 日国务院令第 55 号发布

· 根据 2020 年 11 月 29 日《国务院关于修改和废止部分行政法规的决定》修订

第一章 总 则

第一条 为了改革城镇国有土地使用制度,合理开发、利用、经营土地,加强土地管理,促进城市建设和经济发展,制定本条例。

第二条 国家按照所有权与使用权分离的原则,实行城镇国有土地使用权出让、转让制度,但地下资源、埋藏物和市政公用设施除外。

前款所称城镇国有土地是指市、县城、建制镇、工矿区范围内属于全民所有的土地(以下简称土地)。

第三条 中华人民共和国境内外的公司、企业、其他组织和个人,除法律另有规定者外,均可依照本条例的规定取得土地使用权,进行土地开发、利用、经营。

第四条 依照本条例的规定取得土地使用权的土地使用者,其使用权在使用年限内可以转让、

四、用益物权

出租、抵押或者用于其他经济活动。合法权益受国家法律保护。

第五条 土地使用者开发、利用、经营土地的活动,应当遵守国家法律、法规的规定,并不得损害社会公共利益。

第六条 县级以上人民政府土地管理部门依法对土地使用权的出让、转让、出租、抵押、终止进行监督检查。

第七条 土地使用权出让、转让、出租、抵押、终止及有关的地上建筑物、其他附着物的登记,由政府土地管理部门、房产管理部门依照法律和国务院的有关规定办理。

登记文件可以公开查阅。

第二章 土地使用权出让

第八条 土地使用权出让是指国家以土地所有者的身份将土地使用权在一定年限内让与土地使用者,并由土地使用者向国家支付土地使用权出让金的行为。

土地使用权出让应当签订出让合同。

第九条 土地使用权的出让,由市、县人民政府负责,有计划、有步骤地进行。

第十条 土地使用权出让的地块、用途、年限和其他条件,由市、县人民政府土地管理部门会同城市规划和建设管理部门、房产管理部门共同拟定方案,按照国务院规定的批准权限报经批准后,由土地管理部门实施。

第十一条 土地使用权出让合同应当按照平等、自愿、有偿的原则,由市、县人民政府土地管理部门(以下简称出让方)与土地使用者签订。

第十二条 土地使用权出让最高年限按下列用途确定:

(一)居住用地70年;

(二)工业用地50年;

(三)教育、科技、文化、卫生、体育用地50年;

(四)商业、旅游、娱乐用地40年;

(五)综合或者其他用地50年。

第十三条 土地使用权出让可以采取下列方式:

(一)协议;

(二)招标;

(三)拍卖。

依照前款规定方式出让土地使用权的具体程序和步骤,由省、自治区、直辖市人民政府规定。

第十四条 土地使用者应当在签订土地使用权出让合同后60日内,支付全部土地使用权出让金。逾期未全部支付的,出让方有权解除合同,并可请求违约赔偿。

第十五条 出让方应当按照合同规定,提供出让的土地使用权。未按合同规定提供土地使用权的,土地使用者有权解除合同,并可请求违约赔偿。

第十六条 土地使用者在支付全部土地使用权出让金后,应当依照规定办理登记,领取土地使用证,取得土地使用权。

第十七条 土地使用者应当按照土地使用权出让合同的规定和城市规划的要求,开发、利用、经营土地。

未按合同规定的期限和条件开发、利用土地的,市、县人民政府土地管理部门应当予以纠正,并根据情节可以给予警告、罚款直至无偿收回土地使用权的处罚。

第十八条 土地使用者需要改变土地使用权出让合同规定的土地用途的,应当征得出让方同意并经土地管理部门和城市规划部门批准,依照本章的有关规定重新签订土地使用权出让合同,调整土地使用权出让金,并办理登记。

第三章 土地使用权转让

第十九条 土地使用权转让是指土地使用者将土地使用权再转移的行为,包括出售、交换和赠与。

未按土地使用权出让合同规定的期限和条件投资开发、利用土地的,土地使用权不得转让。

第二十条 土地使用权转让应当签订转让合同。

第二十一条 土地使用权转让时,土地使用权出让合同和登记文件中所载明的权利、义务随之转移。

第二十二条 土地使用者通过转让方式取得的土地使用权,其使用年限为土地使用权出让合同规定的使用年限减去原土地使用者已使用年限后的剩余年限。

第二十三条 土地使用权转让时,其地上建筑物、其他附着物所有权随之转让。

第二十四条 地上建筑物、其他附着物的所

有人或者共有人,享有该建筑物、附着物使用范围内的土地使用权。

土地使用者转让地上建筑物、其他附着物所有权时,其使用范围内的土地使用权随之转让,但地上建筑物、其他附着物作为动产转让的除外。

第二十五条 土地使用权和地上建筑物、其他附着物所有权转让,应当依照规定办理过户登记。

土地使用权和地上建筑物、其他附着物所有权分割转让的,应当经市、县人民政府土地管理部门和房产管理部门批准,并依照规定办理过户登记。

第二十六条 土地使用权转让价格明显低于市场价格的,市、县人民政府有优先购买权。

土地使用权转让的市场价格不合理上涨时,市、县人民政府可以采取必要的措施。

第二十七条 土地使用权转让后,需要改变土地使用权出让合同规定的土地用途的,依照本条例第十八条的规定办理。

第四章 土地使用权出租

第二十八条 土地使用权出租是指土地使用者作为出租人将土地使用权随同地上建筑物、其他附着物租赁给承租人使用,由承租人向出租人支付租金的行为。

未按土地使用权出让合同规定的期限和条件投资开发、利用土地的,土地使用权不得出租。

第二十九条 土地使用权出租,出租人与承租人应当签订租赁合同。

租赁合同不得违背国家法律、法规和土地使用权出让合同的规定。

第三十条 土地使用权出租后,出租人必须继续履行土地使用权出让合同。

第三十一条 土地使用权和地上建筑物、其他附着物出租,出租人应当依照规定办理登记。

第五章 土地使用权抵押

第三十二条 土地使用权可以抵押。

第三十三条 土地使用权抵押时,其地上建筑物、其他附着物随之抵押。

地上建筑物、其他附着物抵押时,其使用范围内的土地使用权随之抵押。

第三十四条 土地使用权抵押,抵押人与抵押权人应当签订抵押合同。

抵押合同不得违背国家法律、法规和土地使用权出让合同的规定。

第三十五条 土地使用权和地上建筑物、其他附着物抵押,应当依照规定办理抵押登记。

第三十六条 抵押人到期未能履行债务或者在抵押合同期间宣告解散、破产的,抵押权人有权依照国家法律、法规和抵押合同的规定处分抵押财产。

因处分抵押财产而取得土地使用权和地上建筑物、其他附着物所有权的,应当依照规定办理过户登记。

第三十七条 处分抵押财产所得,抵押权人有优先受偿权。

第三十八条 抵押权因债务清偿或者其他原因而消灭的,应当依照规定办理注销抵押登记。

第六章 土地使用权终止

第三十九条 土地使用权因土地使用权出让合同规定的使用年限届满、提前收回及土地灭失等原因而终止。

第四十条 土地使用权期满,土地使用权及其地上建筑物、其他附着物所有权由国家无偿取得。土地使用者应当交还土地使用证,并依照规定办理注销登记。

第四十一条 土地使用权期满,土地使用者可以申请续期。需要续期的,应当依照本条例第二章的规定重新签订合同,支付土地使用权出让金,并办理登记。

第四十二条 国家对土地使用者依法取得的土地使用权不提前收回。在特殊情况下,根据社会公共利益的需要,国家可以依照法律程序提前收回,并根据土地使用者已使用的年限和开发、利用土地的实际情况给予相应的补偿。

第七章 划拨土地使用权

第四十三条 划拨土地使用权是指土地使用者通过各种方式依法无偿取得的土地使用权。

前款土地使用者应当依照《中华人民共和国城镇土地使用税暂行条例》的规定缴纳土地使用税。

第四十四条 划拨土地使用权,除本条例第四十五条规定的情况外,不得转让、出租、抵押。

四、用益物权

第四十五条 符合下列条件的,经市、县人民政府土地管理部门和房产管理部门批准,其划拨土地使用权和地上建筑物、其他附着物所有权可以转让、出租、抵押:

(一)土地使用者为公司、企业、其他经济组织和个人;

(二)领有国有土地使用证;

(三)具有地上建筑物、其他附着物合法的产权证明;

(四)依照本条例第二章的规定签订土地使用权出让合同,向当地市、县人民政府补交土地使用权出让金或者以转让、出租、抵押所获收益抵交土地使用权出让金。

转让、出租、抵押前款划拨土地使用权的,分别依照本条例第三章、第四章和第五章的规定办理。

第四十六条 对未经批准擅自转让、出租、抵押划拨土地使用权的单位和个人,市、县人民政府土地管理部门应当没收其非法收入,并根据情节处以罚款。

第四十七条 无偿取得划拨土地使用权的土地使用者,因迁移、解散、撤销、破产或者其他原因而停止使用土地的,市、县人民政府应当无偿收回其划拨土地使用权,并可依照本条例的规定予以出让。

对划拨土地使用权,市、县人民政府根据城市建设发展需要和城市规划的要求,可以无偿收回,并可依照本条例的规定予以出让。

无偿收回划拨土地使用权时,对其地上建筑物、其他附着物,市、县人民政府应当根据实际情况给予适当补偿。

第八章 附 则

第四十八条 依照本条例的规定取得土地使用权的个人,其土地使用权可以继承。

第四十九条 土地使用者应当依照国家税收法规的规定纳税。

第五十条 依照本条例收取的土地使用权出让金列入财政预算,作为专项基金管理,主要用于城市建设和土地开发。具体使用管理办法,由财政部另行制定。

第五十一条 各省、自治区、直辖市人民政府应当根据本条例的规定和当地的实际情况选择部分条件比较成熟的城镇先行试点。

第五十二条 本条例由国家土地管理局负责解释;实施办法由省、自治区、直辖市人民政府制定。

第五十三条 本条例自发布之日起施行。

国务院办公厅关于严格执行有关农村集体建设用地法律和政策的通知

· 2007 年 12 月 30 日
· 国办发〔2007〕71 号

近年来,党中央、国务院连续下发严格土地管理、加强土地调控的政策文件,有力地促进了各地区、各部门贯彻落实科学发展观,坚决执行宏观调控政策。但是,一些地方仍存在违反农村集体建设用地管理的法律和政策规定,将农用地转为建设用地,非法批准建设用地等问题,并且有蔓延上升之势。为严格执行有关农村集体建设用地法律和政策,坚决遏制并依法纠正乱占农用地进行非农业建设,经国务院同意,现就有关问题通知如下:

一、严格执行土地用途管制制度

土地利用涉及全民族的根本利益,必须服从国家的统一管理。我国人多地少,为保证经济社会可持续发展,必须实行最严格的土地管理制度。土地用途管制制度是土地管理制度的核心。但是,一些地方在土地利用中没有严格执行土地用途管制制度,未经依法批准,擅自将农用地转为建设用地。《中华人民共和国土地管理法》规定:"国家实行土地用途管制制度","使用土地的单位和个人必须严格按照土地利用总体规划确定的用途使用土地"。违反土地利用总体规划和不依法经过批准改变土地用途都是违法行为。任何涉及土地管理制度的试验和探索,都不能违反国家的土地用途管制制度。地方各级人民政府既要加强土地征收或征用管理,更要重点加强土地用途管制。

二、严格规范使用农民集体所有土地进行建设

当前一些地方在使用农民集体所有土地进行建设的过程中,擅自扩大农民集体所有土地的使用范围,违法提供建设用地的问题比较严重。《中华人民共和国土地管理法》规定,乡镇企业、乡(镇)村公共设施和公益事业建设、农村村民住宅等三类乡(镇)村建设可以使用农民集体所有土地。对这三类用地的范围,法律和政策都有准确界定,必须严格执行。按照《中华人民共和国乡镇企业法》规定,乡镇企业必须是农村集体经济组织或者农民投资为主,在乡镇(包括所辖村)举办的承担支援农业义务的企业。要严禁以兴办"乡镇企业"、"乡(镇)村公共设施和公益事业建设"为名,非法占用(租用)农民集体所有土地进行非农业建设。

按照《中华人民共和国土地管理法》等法律法规的规定,任何建设需要将农用地和未利用地转为建设用地的,都必须依法经过批准。兴办乡镇企业、乡(镇)村公共设施和公益事业建设、村民建住宅需要使用本集体经济组织农民集体所有土地的,必须符合乡(镇)土地利用总体规划和镇规划、乡规划、村庄规划(以下简称乡(镇)、村规划),纳入土地利用年度计划,并依法办理规划建设许可及农用地转用和建设项目用地审批手续。农村集体经济组织使用乡(镇)土地利用总体规划确定的建设用地,兴办企业或与其他单位、个人以土地使用权入股、联营等形式共同兴办企业的,必须符合土地利用总体规划和乡(镇)、村规划,并纳入建设用地年度计划管理;涉及占用农用地的,必须先依法办理农用地转用审批手续,用地规模必须符合有关企业用地标准。

农村住宅用地只能分配给本村村民,城镇居民不得到农村购买宅基地,农民住宅或"小产权房"。单位和个人不得非法租用、占用农民集体所有土地搞房地产开发。农村村民一户只能拥有一处宅基地,其面积不得超过省、自治区、直辖市规定的标准。农村村民出卖、出租住房后,再申请宅基地的,不予批准。

其他任何单位和个人进行非农业建设,需要使用土地的,必须依法申请使用国有土地。不符合土地利用总体规划和乡(镇)、村规划,没有土地利用年度计划指标的,不得批准用地。任何单位和个人不得自行与农村集体经济组织或个人签订协议将农用地和未利用地转为建设用地。非法占用耕地改作他用,数量较大,造成耕地大量毁坏的,要依法追究刑事责任。

三、严格控制农村集体建设用地规模

一些地方借农民集体所有建设用地使用权流转、土地整理折抵和城乡建设用地增减挂钩等名义,擅自扩大建设用地的规模。地方各级人民政府要依据土地利用总体规划和乡(镇)、村规划,对农村集体建设用地实行总量控制。严禁以各种名义,擅自扩大农村集体建设用地规模,以及通过"村改居"等方式,非法将农民集体所有土地转为国有土地。

严格控制农民集体所有建设用地使用权流转范围。农民集体所有的土地使用权不得出让、转让或者出租用于非农业建设。符合土地利用总体规划并依法取得建设用地的企业发生破产、兼并等情形时,所涉及的农民集体所有建设用地使用权方可依法转移。其他农民集体所有建设用地使用权流转,必须是符合规划、依法取得的建设用地,并不得用于商品住宅开发。

依照《中华人民共和国土地管理法实施条例》,土地整理新增耕地面积只能折抵用于建设占用耕地的补偿,不得折抵为建设用地指标,扩大建设用地规模。城乡建设用地增减挂钩试点,必须严格控制在国家已经批准的试点范围内。试点必须符合土地利用总体规划、城市规划和乡(镇)、村规划,必须确保城乡建设用地总量不增加,农用地和耕地面积不减少。不得以试点为名违背农民意愿大拆大建、强制搬迁,侵害农民权益。

四、严格禁止和严肃查处"以租代征"转用农用地的违法违规行为

近年来,一些地方出现了违反土地利用总体规划和土地利用年度计划,规避农用地转用和土地征收审批,通过出租(承租)、承包等"以租代征"方式非法使用农民集体所有土地进行非农业项目建设的行为。对此,必须严格禁止,并予以严肃查处。国土资源管理部门要对"以租代征"的违法违规问题进行全面清查,并严格依法依纪处理。严肃追究瞒案不报、压案不查的责任。严肃处理以罚代法、处罚不到位的行为。国家机关工作人员批准"以租代征"占地建设的,要追究其非法批地的法律责任,涉嫌犯罪的要及时移送司法机关依法处理;应当予以政纪处分的,依据《行政机关公务员处分条例》等规定办理。单位和个人擅自通过"以租代征"占地建设的,要追究其非法占地的法律责任,涉嫌犯罪的要及时移送司法机关依法处

四、用益物权

理。对纠正、整改土地违法违规行为不力的地区和土地违法违规行为大量发生、造成严重后果的地区，实行问责制，由国家土地总督察责令限期整改，限期整改期间暂停该地区农用地转用和土地征收审批。

五、严格土地执法监管

国土资源部要会同发展改革、监察、农业、建设等部门，依据土地管理的法律法规和有关规定，严格土地执法监管，坚决制止乱占农用地进行非农业建设的违法违规行为。各有关部门要依据本部门职责，切实加强监管，形成执法合力。对未取得合法用地手续的建设项目，发展改革部门不得办理项目审批、核准手续，规划部门不得办理建设规划许可，建设部门不得发放施工许可证，电力和市政公用企业不得通电、通水、通气，国土资源管理部门不得受理土地登记申请，房产部门不得办理房屋所有权登记手续，金融机构不得发放贷款。未依法办理农用地转用审批手续占用农用地设立企业的，工商部门不得登记。同时，国土资源部要会同有关部门，根据农村经济社会发展变化的新情况，深入研究在依据土地利用总体规划、加强用途管制的前提下，完善对乡镇企业、农民住宅等农村集体建设用地管理和流转的政策措施。

地方各级人民政府及其国土资源管理部门要采用通俗易懂的方式，广泛深入地开展土地管理法律法规特别是农村集体建设用地管理法律法规的宣传教育和培训，使乡(镇)村干部、农民和城镇居民、企业法人真正知晓并且自觉遵守土地管理法律法规的规定。

各地区、各部门特别是主要领导干部，要充分认识制止乱占农用地进行非农业建设的重要性和紧迫性，增强责任感和紧迫感，把思想统一到贯彻落实科学发展观和中央宏观调控政策的要求上来，从实际出发，加强领导，制订有力措施，认真清理查处农民集体所有土地使用中的违法违规问题，严格控制建设用地供应总量，建立严格的管理制度和长效机制，坚决刹住乱占滥用农用地之风。

各省、自治区、直辖市人民政府和国务院各有关部门要于2008年3月底前，将贯彻执行本通知的情况，向国务院专题报告。

国务院关于严格规范城乡建设用地增减挂钩试点切实做好农村土地整治工作的通知

· 2010 年 12 月 27 日
· 国发〔2010〕47 号

近年来，各地开展农村土地整治，有效促进了耕地保护；同时，一些地方在农村土地整治过程中，进行了将通过整治节约的少部分农村建设用地以指标调剂的方式按规划调整到城镇使用的政策探索，开展城乡建设用地增减挂钩试点(以下简称增减挂钩试点)，对统筹城乡发展发挥了积极作用，但也出现了少数地方片面追求增加城镇建设用地指标、擅自开展增减挂钩试点和扩大试点范围、突破周转指标、违背农民意愿强拆强建等一些亟需规范的问题，侵害了农民权益，影响了土地管理秩序，必须采取有力措施，坚决予以纠正。为严格规范增减挂钩试点，切实做好农村土地整治工作，现就有关问题通知如下：

一、总体要求

(一)以促进农业现代化和城乡统筹发展为导向。要坚持最严格的耕地保护制度和最严格的节约用地制度，促进农业农村发展和农业现代化，促进新农村建设和城镇化发展；要增加耕地数量、提高耕地质量，促进农业产业结构调整，提高农业集约化水平；要优化城乡用地结构，加强农村基础设施和公共服务设施建设，提高节约集约用地水平，促进城乡统筹发展。

(二)以增加高产稳产基本农田和改善农村生产生活条件为目标。要按照有利生产、方便生活、改善环境的原则，以农田整治为重点，立足提高高产稳产基本农田比重，加快改善农村生产生活条件，促进农民增收、农业增效、农村发展。有条件的地区，通过农村土地整治示范建设，与散乱、废弃、闲置、低效利用的农村建设用地整治相结合，实施田水路林村综合整治，充分发挥其经济、社会、生态综合效益。

(三)以切实维护农民权益为出发点和落脚点。要始终把维护农民权益放在首位，充分尊重农民意愿，坚持群众自愿、因地制宜、量力而行、依法推动。要依法维护农民和农村集体经济组织的主体地位，依法保障农民的知情权、参与权和受益权。整治腾出的农村建设用地，首先要复垦为耕地，在优先满足农村各种发展建设用地后，经批准将节约的指标少量调剂给城镇使用的，其土地增值收益必须及时全部返还农村，切实做到农民自愿、农民参与、农民满意。

二、严格规范增减挂钩试点

（四）坚决扭转片面追求增加城镇建设用地指标的倾向。要依据土地利用总体规划，统筹安排农民新居、城镇发展等土地整治活动，合理设置建新、拆旧项目区，确保项目区内建设用地总量有减少、布局更合理、耕地面积有增加、质量有提高，实现以城带乡、以工补农，城乡统筹发展的目标。要坚决扭转在增减挂钩试点中重建新、轻拆旧、重城镇、轻农村单一解决城镇建设用地供需矛盾的倾向，坚决纠正少数地方突破土地利用年度计划控制、片面追求增加城镇建设用地指标等偏差，坚决制止实施过程中脱离发展实际、侵害群众利益等各类违法违规行为。

（五）坚决制止以各种名义擅自开展土地置换等行为。在推进农村新居建设和危房改造及小康示范村建设等工作中，凡涉及城乡建设用地调整使用的，必须纳入增减挂钩试点。必须坚持局部试点、封闭运行、规范管理、结果可控，未经批准不得擅自开展试点或扩大试点范围。严禁在试点之外，以各种名义开展城乡建设用地调整使用。严禁擅自开展建设用地置换、复垦土地周转等"搭车"行为，防止违规扩大城镇建设用地规模。

（六）严禁突破挂钩周转指标。各地要依据土地利用总体规划和农业生产、城乡建设、农田水利建设、林业保护利用和生态建设等有关要求，科学编制农村土地整治规划，合理安排增减挂钩试点的规模、布局和时序。试点必须符合土地利用总体规划和土地整治规划，纳入土地利用年度计划。所在省（区、市）要严格按照国家下达的挂钩周转指标，组织审批和实施试点项目，严禁突破挂钩周转指标设立挂钩项目区，严禁项目区跨县级行政区域设置，严禁循环使用周转指标。各试点地区要对挂钩周转指标的下达、使用和归还实行全程监管，严格考核，确保增减挂钩试点严格控制在周转指标内。

（七）严禁盲目大拆大建和强迫农民住高楼。要与地方经济社会发展水平和农业产业发展相适应，与城镇化进程和农村人口转移相协调，遵循城镇发展规律，区分城镇规划区内、城乡结合部、空心村和闲置宅基地等不同情况，因地制宜，量力而行，循序渐进。涉及农村拆迁安置的新居建设，要为农民提供多种建房选择，保持农村特色和风貌，保护具有历史文化和景观价值的传统建筑。要尊重农民意愿并考虑农民实际承受能力，防止不顾条件盲目推进、大拆大建。严禁在农村地区盲目建高楼、强迫农民住高楼。

（八）严禁侵害农民权益。开展增减挂钩试点，必须举行听证、论证，充分听取当地农村基层组织和农民的意见。涉及土地调整互换使用的，未征得农村集体组织和农民同意，不得强行开展增减挂钩试点。必须按照明晰产权、维护权益的原则，合理分配土地调整使用中的增值收益。要明确受益主体，规范收益用途，确保所获土地增值收益及时全部返还农村，用于支持农业农村发展和改善农民生产生活条件，防止农村和农民利益受到侵害。

三、切实做好农村土地整治工作

（九）大力推进以高产稳产基本农田建设为重点的农田整治。要按照因地制宜、改善条件、提高质量的要求，以提高高产稳产基本农田比重为目标，大力开展土地平整、田间道路建设、农田防护建设和农田水利建设。要依照耕地分等定级技术规范和标准，严格土地整治新增耕地质量评定和验收，有针对性地采取培肥地力等措施，稳步提升新增耕地产能，经整治的耕地要划定为基本农田，实行永久保护。要切实防止投入散、项目小、新增耕地质量偏低，以及重建设轻管护等问题。

（十）规范推进农村土地整治示范建设。要按照统筹规划、整合资源、整体推进的原则，以耕地面积增加、建设用地总量减少、农村生产生活条件和生态环境明显改善为目标，规范推进以田水路林村综合整治为内容的农村土地整治示范建设。未批准开展增减挂钩试点的地区，不得将农村土地整治节约的建设用地指标调剂给城镇使用。整治腾出的农村建设用地，首先要复垦为耕地，规划继续作为建设用地的可作为农民旧房改造、新居建设、农村基础设施和公共服务配套设施建设以及农村非农产业发展用地。严禁以整治为名，擅自突破土地利用总体规划和年度计划，扩大城镇建设用地规模。严禁在农村土地整治中，违法调

四、用益物权

整、收回和强迫流转农民承包地。

（十一）积极组织实施农村土地整治重大工程。要按照科学论证、集中投入、分步实施的要求，以提高粮食综合生产能力为目标，在保护生态环境的前提下，积极组织实施《全国土地利用总体规划纲要（2006-2020年）》、《全国新增1000亿斤粮食生产能力规划（2009-2020年）》确定的农村土地整治重大工程，促进国家粮食核心产区和战略后备产区建设，为确保国家粮食安全提供基础性保障。要切实加强配套工程建设，落实配套资金，强化工程监管，防止和纠正配套工程不到位、配套资金不落实等问题。

四、保障措施

（十二）加强组织领导。地方各级人民政府要高度重视，以统筹城乡发展、全面建设小康社会为目标，切实加强组织领导，形成地方政府主导、国土资源部门搭建平台、相关部门各司其职协调联动的工作机制。国土资源部要会同相关部门根据职能分工，落实责任，通力合作，准确把握工作要求，加强全程指导和有效监管，严格规范增减挂钩试点并切实做好农村土地整治工作。

（十三）强化资金整合和使用管理。各地要以新增建设用地土地有偿使用费、用于农业土地开发的土地出让收入、耕地开垦费和土地复垦费等资金为主体，引导和聚合相关涉农资金，保持渠道和用途不变，实行专账管理，统筹集中使用，切实提高各项资金综合使用效益。严格执行土地出让收益要优先用于农业土地开发和农村基础设施建设的规定，严格执行新增建设用地土地有偿使用费主要用于基本农田建设和保护、耕地开发和土地整理的规定，中央分成部分要重点支持农村土地整治重大工程和示范工程建设。要引导和规范民间资本参与增减挂钩试点和农村土地整治行为。

（十四）做好农村集体土地权属管理。各地区开展增减挂钩试点和农村土地整治，要按照确权在先的要求，对土地利用现状和权属状况进行调查、核实，做到地类和面积准确，界址和权属清楚。增减挂钩试点和农村土地整治涉及的土地，原则上应维持原有土地权属不变；对土地互换的，要引导相关权利人本着互利互惠的原则，平等协商解决，有争议的要依法做好调处工作。对权属有争议又调处不成的，不得开展增减挂钩试点和农村土地整治。增减挂钩试点和农村土地整治实施

后，要依法及时办理土地确权、变更登记手续，发放土地权利证书及农村土地承包经营权证等，依法保障农民的土地权益。

（十五）严格监督管理。各级国土资源主管部门要结合国土资源综合监管平台建设，加强增减挂钩试点和农村土地整治项目管理信息化建设，实行全程监管；要完善增减挂钩试点和农村土地整治项目在线备案制度，对项目的批准和实施情况，实行网络直报备案，及时向社会公示，自觉接受社会公众监督；要做好增减挂钩试点和农村土地整治项目的可行性论证和立项工作，加强对项目实施的检查指导、评估考核以及项目实施后的验收等工作；要充分发挥国家土地督察和土地执法监察的作用，完善问题发现和查处机制，强化监督检查，及时纠正发现的问题。

（十六）严肃查处违法违规行为。地方各级人民政府近期要对增减挂钩试点和农村土地整治开展情况进行全面自查、清理。国土资源部要会同有关部门组织全面检查，对不符合政策规定的一律叫停，进行整顿、规范和限期整改，对违法违规行为要坚决查处。对未经批准擅自开展增减挂钩试点、超出试点范围开展增减挂钩和建设用地置换或擅自扩大挂钩周转指标规模的，要严肃追究有关地方人民政府负责人及相关人员的责任，并相应扣减土地利用年度计划指标。

各地区、各有关部门要牢固树立科学发展观和正确的政绩观，立足于维护好广大人民群众的根本利益，认真总结经验，及时研究解决工作中出现的新情况、新问题，确保增减挂钩试点和农村土地整治工作规范、健康、有序开展。

协议出让国有土地使用权规定

· 2003年6月11日国土资源部令第21号公布
· 自2003年8月1日起施行

第一条 为加强国有土地资产管理，优化土地资源配置，规范协议出让国有土地使用权行为，根据《中华人民共和国城市房地产管理法》、《中华人民共和国土地管理法》和《中华人民共和国土地管理法实施条例》，制定本规定。

第二条 在中华人民共和国境内以协议方式

出让国有土地使用权的,适用本规定。

本规定所称协议出让国有土地使用权,是指国家以协议方式将国有土地使用权在一定年限内出让给土地使用者,由土地使用者向国家支付土地使用权出让金的行为。

第三条 出让国有土地使用权,除依照法律、法规和规章的规定应当采用招标、拍卖或者挂牌方式外,方可采取协议方式。

第四条 协议出让国有土地使用权,应当遵循公开、公平、公正和诚实信用的原则。

以协议方式出让国有土地使用权的出让金不得低于按国家规定所确定的最低价。

第五条 协议出让最低价不得低于新增建设用地的土地有偿使用费、征地(拆迁)补偿费用以及按照国家规定应当缴纳的有关税费之和;有基准地价的地区,协议出让最低价不得低于出让地块所在级别基准地价的70%。

低于最低价时国有土地使用权不得出让。

第六条 省、自治区、直辖市人民政府国土资源行政主管部门应当依据本规定第五条的规定拟定协议出让最低价,报同级人民政府批准后公布,由市、县人民政府国土资源行政主管部门实施。

第七条 市、县人民政府国土资源行政主管部门应当根据经济社会发展计划、国家产业政策、土地利用总体规划、土地利用年度计划、城市规划和土地市场状况,编制国有土地使用权出让计划,报同级人民政府批准后组织实施。

国有土地使用权出让计划经批准后,市、县人民政府国土资源行政主管部门应当在土地有形市场等指定场所,或者通过报纸、互联网等媒介向社会公布。

因特殊原因,需要对国有土地使用权出让计划进行调整的,应当报原批准机关批准,并按照前款规定及时向社会公布。

国有土地使用权出让计划应当包括年度土地供应总量、不同用途土地供应面积、地段以及供地时间等内容。

第八条 国有土地使用权出让计划公布后,需要使用土地的单位和个人可以根据国有土地使用权出让计划,在市、县人民政府国土资源行政主管部门公布的时限内,向市、县人民政府国土资源行政主管部门提出意向用地申请。

市、县人民政府国土资源行政主管部门公布计划接受申请的时间不得少于30日。

第九条 在公布的地段上,同一地块只有一个意向用地者的,市、县人民政府国土资源行政主管部门方可按照本规定采取协议方式出让;但商业、旅游、娱乐和商品住宅等经营性用地除外。

同一地块有两个或者两个以上意向用地者的,市、县人民政府国土资源行政主管部门应当按照《招标拍卖挂牌出让国有土地使用权规定》,采取招标、拍卖或者挂牌方式出让。

第十条 对符合协议出让条件的,市、县人民政府国土资源行政主管部门会同城市规划等有关部门,依据国有土地使用权出让计划、城市规划和意向用地者申请的用地项目类型、规模等,制订协议出让土地方案。

协议出让土地方案应当包括拟出让地块的具体位置、界址、用途、面积、年限、土地使用条件、规划设计条件、供地时间等。

第十一条 市、县人民政府国土资源行政主管部门应当根据国家产业政策和拟出让地块的情况,按照《城镇土地估价规程》的规定,对拟出让地块的土地价格进行评估,经市、县人民政府国土资源行政主管部门集体决策,合理确定协议出让底价。

协议出让底价不得低于协议出让最低价。

协议出让底价确定后应当保密,任何单位和个人不得泄露。

第十二条 协议出让土地方案和底价经有批准权的人民政府批准后,市、县人民政府国土资源行政主管部门应当与意向用地者就土地出让价格等进行充分协商,协商一致且议定的出让价格不低于出让底价的,方可达成协议。

第十三条 市、县人民政府国土资源行政主管部门应当根据协议结果,与意向用地者签订《国有土地使用权出让合同》。

第十四条 《国有土地使用权出让合同》签订后7日内,市、县人民政府国土资源行政主管部门应当将协议出让结果在土地有形市场等指定场所,或者通过报纸、互联网等媒介向社会公布,接受社会监督。

公布协议出让结果的时间不得少于15日。

第十五条 土地使用者按照《国有土地使用权出让合同》的约定,付清土地使用权出让金、依法办理土地登记手续后,取得国有土地使用权。

第十六条 以协议出让方式取得国有土地使

四、用益物权

用权的土地使用者,需要将土地使用权出让合同约定的土地用途改变为商业、旅游、娱乐和商品住宅等经营性用途的,应当取得出让方和市、县人民政府城市规划部门的同意,签订土地使用权出让合同变更协议或者重新签订土地使用权出让合同,按变更后的土地用途,以变更时的土地市场价格补交相应的土地使用权出让金,并依法办理土地使用权变更登记手续。

第十七条 违反本规定,有下列行为之一的,对直接负责的主管人员和其他直接责任人员依法给予行政处分:

(一)不按照规定公布国有土地使用权出让计划或者协议出让结果的;

(二)确定出让底价时未经集体决策的;

(三)泄露出让底价的;

(四)低于协议出让最低价出让国有土地使用权的;

(五)减免国有土地使用权出让金的。

违反前款有关规定,情节严重构成犯罪的,依法追究刑事责任。

第十八条 国土资源行政主管部门工作人员在协议出让国有土地使用权活动中玩忽职守、滥用职权、徇私舞弊的,依法给予行政处分;构成犯罪的,依法追究刑事责任。

第十九条 采用协议方式租赁国有土地使用权的,参照本规定执行。

第二十条 本规定自 2003 年 8 月 1 日起施行。原国家土地管理局 1995 年 6 月 28 日发布的《协议出让国有土地使用权最低价确定办法》同时废止。

招标拍卖挂牌出让国有土地使用权规范(试行)(节录)

· 2006 年 5 月 31 日
· 国土资发〔2006〕114 号

前　言

为完善国有土地使用权出让制度,规范国有土地使用权招标拍卖挂牌出让行为,统一程序和标准,优化土地资源配置,推进土地市场建设,根据《中华人民共和国土地管理法》、《中华人民共和国城市房地产管理法》、《中华人民共和国城镇国有土地使用权出让和转让暂行条例》、《招标拍卖挂牌出让国有土地使用权规定》等规定,制定本规范。

本规范的附录 B 为招标拍卖挂牌出让公告应当使用的文本格式,附录 A、附录 C、附录 D、附录 E、附录 F、附录 G、附录 H、附录 I、附录 J 为招标拍卖挂牌出让活动中所需其他文本的示范格式。

本规范由国土资源部提出并归口。

本规范起草单位:国土资源部土地利用管理司,国土资源部土地整理中心,辽宁省国土资源厅,江苏省国土资源厅,福建省国土资源厅,山东省国土资源厅,广东省国土资源厅,深圳市国土资源和房产管理局。

……

本规范由国土资源部负责解释。

1　适用范围

在中华人民共和国境内以招标、拍卖或者挂牌方式出让国有土地使用权,适用本规范;以招标、拍卖或者挂牌方式租赁国有土地使用权、出让国有土地他项权利,参照本规范执行。

以招标、拍卖或者挂牌方式转让国有土地使用权,以及依法以招标、拍卖或者挂牌方式流转农民集体建设用地使用权,可参照本规范执行。

2　引用的标准和文件

下列标准和文件所包含的条文,通过在本规范中引用而构成本规范的条文。本规范颁布时,所示版本均为有效。使用本规范的各方应使用下列各标准和文件的最新版本。

GB/T 18508-2001 《城镇土地估价规程》

国土资发〔2000〕303 号 《国有土地使用权出让合同示范文本》

国土资发〔2001〕255 号 《全国土地分类》

国土资发〔2004〕232 号 《工业建设项目用地控制指标》

3　依　据

(1)《中华人民共和国土地管理法》

(2)《中华人民共和国城市房地产管理法》

(3)《中华人民共和国城市规划法》

(4)《中华人民共和国行政许可法》

(5)《中华人民共和国合同法》

(6)《中华人民共和国城镇国有土地使用权出让和转让暂行条例》

(7)《建立健全教育、制度、监督并重的惩治和预防腐败体系实施纲要》(中发〔2005〕3号)

(8)《国务院关于加强国有土地资产管理的通知》(国发〔2001〕15号)

(9)《国务院关于深化改革严格土地管理的决定》(国发〔2004〕28号)

(10)《中共中央纪委监察部关于领导干部利用职权违反规定干预和插手建设工程招投标、经营性土地使用权出让、房地产开发与经营等市场经济活动,为个人和亲友谋取私利的处理规定》(中纪发〔2004〕3号)

(11)《招标拍卖挂牌出让国有土地使用权规定》(国土资源部令第11号)

4 总 则

4.1 招标拍卖挂牌出让国有土地使用权内涵

本规范所称招标出让国有土地使用权,是指市、县国土资源管理部门发布招标公告或者发出投标邀请书,邀请特定或者不特定的法人、自然人和其他组织参加国有土地使用权投标,根据投标结果确定土地使用者的行为。

本规范所称拍卖出让国有土地使用权,是指市、县国土资源管理部门发布拍卖公告,由竞买人在指定时间、地点进行公开竞价,根据出价结果确定土地使用者的行为。

本规范所称挂牌出让国有土地使用权,是指市、县国土资源管理部门发布挂牌公告,按公告规定的期限将拟出让宗地的交易条件在指定的土地交易场所挂牌公布,接受竞买人的报价申请并更新挂牌价格,根据挂牌期限截止时的出价结果或现场竞价结果确定土地使用者的行为。

4.2 招标拍卖挂牌出让国有土地使用权原则

(1)公开、公平、公正;

(2)诚实信用。

4.3 招标拍卖挂牌出让国有土地使用权范围

(1)供应商业、旅游、娱乐和商品住宅等各类经营性用地以及有竞争要求的工业用地;

(2)其他土地供地计划公布后同一宗地有两个或者两个以上意向用地者的;

(3)划拨土地使用权改变用途,《国有土地划拨决定书》或法律、法规、行政规定等明确应当收回土地使用权,实行招标拍卖挂牌出让的;

(4)划拨土地使用权转让,《国有土地划拨决定书》或法律、法规、行政规定等明确应当收回土地使用权,实行招标拍卖挂牌出让的;

(5)出让土地使用权改变用途,《国有土地使用权出让合同》约定或法律、法规、行政规定等明确应当收回土地使用权,实行招标拍卖挂牌出让的;

(6)法律、法规、行政规定明确应当招标拍卖挂牌出让的其他情形。

4.4 招标拍卖挂牌出让国有土地使用权组织实施

4.4.1 实施主体

国有土地使用权招标拍卖挂牌出让由市、县国土资源管理部门组织实施。

4.4.2 组织方式

市、县国土资源管理部门实施招标拍卖挂牌出让国有土地使用权活动,可以根据实际情况选择以下方式:

(1)市、县国土资源管理部门自行办理;

(2)市、县国土资源管理部门指定或授权下属事业单位具体承办;

(3)市、县国土资源管理部门委托具有相应资质的交易代理中介机构承办。

4.4.3 协调决策机构

国有土地使用权出让实行集体决策。市、县国土资源管理部门根据实际情况,可以成立国有土地使用权出让协调决策机构,负责协调解决出让中的相关问题,集体确定有关事项。

4.4.4 土地招标拍卖挂牌主持人

国有土地使用权招标拍卖挂牌出让活动,应当由符合国土资源部确定的土地招标拍卖挂牌主持人条件并取得资格的人员主持进行。

4.4.5 招标拍卖挂牌出让程序

(1)公布出让计划,确定供地方式;

(2)编制、确定出让方案;

(3)地价评估,确定出让底价;

(4)编制出让文件;

(5)发布出让公告;

(6)申请和资格审查;

四、用益物权

（7）招标拍卖挂牌活动实施；

（8）签订出让合同，公布出让结果；

（9）核发《建设用地批准书》，交付土地；

（10）办理土地登记；

（11）资料归档。

4.5 地方补充规定

地方可对本规范做出补充规定或实施细则，并报上一级国土资源管理部门备案。

5 公布出让计划，确定供地方式

5.1 市、县国土资源管理部门应当将经批准的国有土地使用权出让计划向社会公布。有条件的地方可以根据供地进度安排，分阶段将国有土地使用权出让计划细化落实到地段、地块，并将相关信息及时向社会公布。国有土地使用权出让计划以及细化的地段、地块信息应当同时在中国土地市场网（www.landchina.com）上公布。

5.2 市、县国土资源管理部门公布国有土地使用权出让计划、细化的地段、地块信息，应当同时明确用地者申请用地的途径和方式，公开接受用地申请。

5.3 需要使用土地的单位和个人（以下简称意向用地者）应当根据公布的国有土地使用权出让计划、细化的地段、地块信息以及自身用地需求，向市、县国土资源管理部门提出用地申请。

5.4 用地预申请

为充分了解市场需求情况，科学合理安排供地规模和进度，有条件的地方，可以建立用地预申请制度。单位和个人对列入招标拍卖挂牌出让计划内的具体地块有使用意向的，可以提出用地预申请，并承诺愿意支付的土地价格。市、县国土资源管理部门认为其承诺的土地价格和条件可以接受的，应当根据土地出让计划和土地市场情况，适时组织实施招标拍卖挂牌出让活动，并通知提出该宗地用地预申请的单位或个人参加。提出用地预申请的单位、个人，应当参加该宗地竞投或竞买，且报价不得低于其承诺的土地价格。

5.5 根据意向用地者申请情况，符合4.3规定条件的土地使用权出让，应当采取招标拍卖挂牌方式。对不能确定是否符合4.3规定条件的具体宗地，可由国有土地使用权出让协调决策机构集体认定。

对具有综合目标或特定社会、公益建设条件、开发建设要求较高、仅有少数单位和个人可能有受让意向的土地使用权出让，可以采取招标方式，按照综合条件最佳者得的原则确定受让人；其他的土地使用权出让，应当采取招标、拍卖或挂牌方式，按照价高者得的原则确定受让人。

采用招标方式出让国有土地使用权的，应当采取公开招标方式。对土地使用者有严格的限制和特别要求的，可以采用邀请招标方式。

6 编制、确定出让方案

6.1 编制招标拍卖挂牌出让方案

市、县国土资源管理部门应当会同城市规划管理等有关部门，依据国有土地使用权出让计划、城市规划等，编制国有土地使用权招标拍卖挂牌出让方案。

国有土地使用权招标拍卖挂牌出让方案应当包括：拟出让地块的具体位置、四至、用途、面积、年限、土地使用条件、供地时间、供地方式、建设时间等。属于综合用地的，应明确各类具体用途、所占面积及其各自的出让年期。对于各用途不动产之间可以分割，最终使用者为不同单位、个人的，应当按照综合用地所包含的具体土地用途分别确定出让年期；对于多种用途很难分割，最终使用者唯一的，也可以统一按照综合用地最高出让年限50年确定出让年期。

6.2 招标拍卖挂牌出让方案报批

国有土地使用权招标拍卖挂牌出让方案应按规定报市、县人民政府批准。

7 地价评估，确定出让底价

7.1 地价评估

市、县国土资源管理部门应当根据拟出让地块的条件和土地市场情况，依据《城镇土地估价规程》，组织对拟出让地块的正常土地市场价格进行评估。

地价评估由市、县国土资源管理部门或其所属事业单位组织进行，根据需要也可以委托具有土地估价资质的土地或不动产评估机构进行。

7.2 确定底价

有底价出让的，市、县国土资源管理部门或国有土地使用权出让协调决策机构应当根据土地估价结果、产业政策和土地市场情况等，集体决策，综合确定出让底价和投标、竞买保证金。招标出让的,应当同时确定标底;拍卖和挂牌出让的,应当同时确定起叫价、起始价等。

标底、底价确定后,在出让活动结束之前应当保密,任何单位和个人不得泄露。

8 编制出让文件

市、县国土资源管理部门应当根据经批准的招标拍卖挂牌出让方案,组织编制国有土地使用权招标拍卖挂牌出让文件。

8.1 招标出让文件应当包括:

(1)招标出让公告或投标邀请书

(2)招标出让须知

(3)标书

(4)投标申请书

(5)宗地界址图

(6)宗地规划指标要求

(7)中标通知书

(8)国有土地使用权出让合同

(9)其他相关文件

8.2 拍卖出让文件应当包括:

(1)拍卖出让公告

(2)拍卖出让须知

(3)竞买申请书

(4)宗地界址图

(5)宗地规划指标要求

(6)成交确认书

(7)国有土地使用权出让合同

(8)其他相关文件

8.3 挂牌出让文件应当包括:

(1)挂牌出让公告

(2)挂牌出让须知

(3)竞买申请书

(4)挂牌竞买报价单

(5)宗地界址图

(6)宗地规划指标要求

(7)成交确认书

(8)国有土地使用权出让合同

(9)其他相关文件

9 发布出让公告

9.1 发布公告

国有土地使用权招标拍卖挂牌出让公告应当由市、县国土资源管理部门发布。出让公告应当

通过中国土地市场网和当地土地有形市场发布,也可同时通过报刊、电视台等媒体公开发布。

出让公告应当至少在招标拍卖挂牌活动开始前20日发布,以首次发布的时间为起始日。

经批准的出让方案已明确招标、拍卖、挂牌具体方式的,应当发布具体的"国有土地使用权招标出让公告"、"国有土地使用权拍卖出让公告"或"国有土地使用权挂牌出让公告";经批准的出让方案未明确招标、拍卖、挂牌具体方式的,可以发布"国有土地使用权公开出让公告",发布公开出让公告的,应当明确根据申请截止时的申请情况确定具体的招标、拍卖或挂牌方式。

出让公告可以是单宗地的公告,也可以是多宗地的联合公告。

9.2 公告内容

9.2.1 招标出让公告应当包括以下内容:

(1)出让人的名称、地址、联系电话等,授权或指定下属事业单位以及委托代理机构进行招标的,还应注明其机构的名称、地址和联系电话等;

(2)招标地块的位置、面积、用途、开发程度、规划指标要求、土地使用年限和建设时间等;

(3)投标人的资格要求及申请取得投标资格的办法;

(4)获取招标文件的时间、地点及方式;

(5)招标活动实施时间、地点,投标期限、地点和方式等;

(6)确定中标人的标准和方法;

(7)支付投标保证金的数额、方式和期限;

(8)其他需要公告的事项。

9.2.2 拍卖出让公告应当包括以下内容:

(1)出让人的名称、地址、联系电话等,授权或指定下属事业单位以及委托代理机构进行拍卖的,还应注明其名称、地址和联系电话等;

(2)拍卖地块的位置、面积、用途、开发程度、规划指标要求、土地使用年限和建设时间等;

(3)竞买人的资格要求及申请取得竞买资格的办法;

(4)获取拍卖文件的时间、地点及方式;

(5)拍卖会的地点、时间和竞价方式;

(6)支付竞买保证金的数额、方式和期限;

(7)其他需要公告的事项。

9.2.3 挂牌出让公告应当包括以下内容:

(1)出让人的名称、地址、联系电话等,授权或

指定下属事业单位以及委托代理机构进行挂牌的,还应注明其机构名称、地址和联系电话等;

(2)挂牌地块的位置、面积、用途、开发程度、规划指标要求、土地使用年限和建设时间等;

(3)竞买人的资格要求及申请取得竞买资格的办法;

(4)获取挂牌文件的时间、地点及方式;

(5)挂牌地点和起止时间;

(6)支付竞买保证金的数额、方式和期限;

(7)其他需要公告的事项。

9.3 公告调整

公告期间,出让公告内容发生变化的,市、县国土资源管理部门应当按原公告发布渠道及时发布补充公告。涉及土地使用条件变更等影响土地价格的重大变动,补充公告发布时间距招标拍卖挂牌活动开始时间少于 20 日的,招标拍卖挂牌活动相应顺延。

发布补充公告的,市、县国土资源管理部门应当书面通知已报名的申请人。

10 申请和资格审查

10.1 申请人

国有土地使用权招标拍卖挂牌出让的申请人,可以是中华人民共和国境内外的法人、自然人和其他组织,但法律法规对申请人另有限制的除外。

申请人可以单独申请,也可以联合申请。

10.2 申请

申请人应在公告规定期限内交纳出让公告规定的投标、竞买保证金,并根据申请人类型,持相应文件向出让人提出竞买、竞投申请:

(1)法人申请的,应提交下列文件:

①申请书;

②法人单位有效证明文件;

③法定代表人的有效身份证明文件;

④申请人委托他人办理的,应提交授权委托书及委托代理人的有效身份证明文件;

⑤保证金交纳凭证;

⑥招标拍卖挂牌文件规定需要提交的其他文件。

(2)自然人申请的,应提交下列文件:

①申请书;

②申请人有效身份证明文件;

③申请人委托他人办理的,应提交授权委托书及委托代理人的身份证明文件;

④保证金交纳凭证;

⑤招标拍卖挂牌文件规定需要提交的其他文件。

(3)其他组织申请的,应提交下列文件:

①申请书;

②表明该组织合法存在的文件或有效证明;

③表明该组织负责人身份的有效证明文件;

④申请人委托他人办理的,应提交授权委托书及委托代理人的身份证明文件;

⑤保证金交纳凭证;

⑥招标拍卖挂牌文件规定需要提交的其他文件。

(4)境外申请人申请的,应提交下列文件:

①申请书;

②境外法人、自然人、其他组织的有效身份证明文件;

③申请人委托他人办理的,应提交授权委托书及委托代理人的有效身份证明文件;

④保证金交纳凭证;

⑤招标拍卖挂牌文件规定需要提交的其他文件。

上述文件中,申请书必须用中文书写,其他文件可以使用其他语言,但必须附中文译本,所有文件的解释以中文译本为准。

(5)联合申请的,应提交下列文件:

①联合申请各方共同签署的申请书;

②联合申请各方的有效身份证明文件;

③联合竞买、竞投协议,协议要规定联合各方的权利、义务,包括联合各方的出资比例,并明确签订《国有土地使用权出让合同》时的受让人;

④申请人委托他人办理的,应提交授权委托书及委托代理人的有效身份证明文件;

⑤保证金交纳凭证;

⑥招标拍卖挂牌文件规定需要提交的其他文件。

(6)申请人竞得土地后,拟成立新公司进行开发建设的,应在申请书中明确新公司的出资构成、成立时间等内容。出让人可以根据招标拍卖挂牌出让结果,先与竞得人签订《国有土地使用权出让合同》,在竞得人按约定办理完新公司注册登记手续后,再与新公司签订《国有土地使用权出让合同变更协议》;也可按约定直接与新公司签订《国有土地使用权出让合同》。

10.3 受理申请及资格审查

出让人应当对出让公告规定的时间内收到的申请进行审查。

经审查,有下列情形之一的,为无效申请:

(1)申请人不具备竞买资格的;

(2)未按规定交纳保证金的;

(3)申请文件不齐全或不符合规定的;

(4)委托他人代理但委托文件不齐全或不符合规定的;

(5)法律法规规定的其他情形。

经审查,符合规定条件的,应当确认申请人的投标或竞买资格,并通知其参加招标拍卖挂牌活动。采用招标或拍卖方式的,取得投标或竞买资格者不得少于 3 个。

10.4 出让人应当对申请人的情况进行保密。

10.5 申请人对招标拍卖挂牌文件有疑问的,可以书面或者口头方式向出让人咨询,出让人应当为申请人咨询以及查询出让地块有关情况提供便利。根据需要,出让人可以组织申请人对拟出让地块进行现场踏勘。

11 招标拍卖挂牌活动实施——招标

11.1 投标

市、县国土资源管理部门应当按照出让公告规定的时间、地点组织招标投标活动。投标活动应当由土地招标拍卖挂牌主持人主持进行。

投标开始前,招标主持人应当现场组织开启标箱,检查标箱情况后加封。

投标人应当在规定的时间将标书及其他文件送达指定的投标地点,经招标人登记后,将标书投入标箱。

招标公告允许邮寄投标文件的,投标人可以邮寄,但以招标人在投标截止时间前收到的方为有效。招标人登记后,负责在投标截止时间前将标书投入标箱。

投标人投标后,不可撤回投标文件,并对投标文件和有关书面承诺承担责任。投标人可以对已提交的投标文件进行补充说明,但应在招标文件要求提交投标文件的截止时间前书面通知招标人并将补充文件送达至投标地点。

11.2 开标

招标人按照招标出让公告规定的时间、地点开标,邀请所有投标人参加。开标应当由土地招标拍卖挂牌主持人主持进行。招标主持人邀请投标人或其推选的代表检查标箱的密封情况,当众开启标箱。

标箱开启后,招标主持人应当组织逐一检查标箱内的投标文件,经确认无误后,由工作人员当众拆封,宣读投标人名称、投标价格和投标文件的其他主要内容。

开标过程应当记录。

11.3 评标

按照价高者得的原则确定中标人的,可以不成立评标小组。按照综合条件最佳者得的原则确定中标人的,招标人应当成立评标小组进行评标。

11.3.1 评标小组由出让人、有关专家组成,成员人数为 5 人以上的单数。有条件的地方,可建立土地评标专家库,每次评标前随机从专家库中抽取评标小组专家成员。

11.3.2 招标人应当采取必要的措施,保证评标在严格保密的情况下进行。

11.3.3 评标小组可以要求投标人对投标文件中含义不明确的内容做出必要的澄清或者说明,但澄清或者说明不得超出投标文件的范围或者改变投标文件的实质性内容。

11.3.4 评标小组对投标文件进行有效性审查。有下列情形之一的,为无效投标文件:

(1)投标文件未密封的;

(2)投标文件未加盖投标人印鉴,也未经法定代表人签署的;

(3)投标文件不齐备、内容不全或不符合规定的;

(4)投标人对同一个标的有两个或两个以上报价的;

(5)委托投标但委托文件不齐全或不符合规定的;

(6)评标小组认为投标文件无效的其他情形。

11.3.5 评标要求

评标小组应当按照招标文件确定的评标标准和方法,对投标文件进行综合评分,根据综合评分结果确定中标候选人。

评标小组应当根据评标结果,按照综合评分高低确定中标候选人排序,但低于底价或标底者除外。同时有两个或两个以上申请人的综合评分相同的,按报价高低排名,报价也相同的,可以由综合评分相同的申请人通过现场竞价确定排名顺序。投标人的投标价低于底价或投标条件均不能够满足标底要求的,投标活动终止。

11.4 定标

招标人应当根据评标小组推荐的中标候选人确定中标人。招标人也可以授权评标小组直接确定中标人。

按照价高者得的原则确定中标人的,由招标主持人根据开标结果,直接宣布报价最高且不低于底价者为中标人。有两个或两个以上申请人的报价相同且同为最高报价的,可以由相同报价的申请人在限定时间内再行报价,或者采取现场竞价方式确定中标人。

11.5 发出《中标通知书》

确定中标人后,招标人应当向中标人发出《中标通知书》,并同时将中标结果通知其他投标人。

《中标通知书》应包括招标人与中标人的名称、出让标的、成交时间、地点、价款,以及双方签订《国有土地使用权出让合同》的时间、地点等内容。

《中标通知书》对招标人和中标人具有法律效力,招标人改变中标结果,或者中标人不按约定签订《国有土地使用权出让合同》、放弃中标宗地的,应当承担法律责任。

12 招标拍卖挂牌活动实施——拍卖

12.1 市、县国土资源管理部门应当按照出让公告规定的时间、地点组织拍卖活动。拍卖活动应当由土地招标拍卖挂牌主持人主持进行。

12.2 拍卖会按下列程序进行:

(1)拍卖主持人宣布拍卖会开始;

(2)拍卖主持人宣布竞买人到场情况;

设有底价的,出让人应当现场将密封的拍卖底价交给拍卖主持人,拍卖主持人现场开启密封件。

(3)拍卖主持人介绍拍卖地块的位置、面积、用途、使用年限、规划指标要求、建设时间等;

(4)拍卖主持人宣布竞价规则

拍卖主持人宣布拍卖宗地的起叫价、增价规则和增价幅度,并明确提示是否设有底价。在拍卖过程中,拍卖主持人可根据现场情况调整增价幅度。

(5)拍卖主持人报出起叫价,宣布竞价开始;

(6)竞买人举牌应价或者报价;

(7)拍卖主持人确认该竞买人应价或者报价后继续竞价;

(8)拍卖主持人连续三次宣布同一应价或报价而没有人再应价或出价,且该价格不低于底价的,拍卖主持人落槌表示拍卖成交,拍卖主持人宣布最高应价者为竞得人。成交结果对拍卖人、竞得人和出让人均具有法律效力。最高应价或报价低于底价的,拍卖主持人宣布拍卖终止。

12.3 签订《成交确认书》

确定竞得人后,拍卖人与竞得人当场签订《成交确认书》。拍卖人或竞得人不按规定签订《成交确认书》的,应当承担法律责任。竞得人拒绝签订《成交确认书》也不能对抗拍卖成交结果的法律效力。

《成交确认书》应包括拍卖人与竞得人的名称,出让标的,成交时间、地点、价款,以及双方签订《国有土地使用权出让合同》的时间、地点等内容。

《成交确认书》对拍卖人和竞得人具有法律效力,拍卖人改变拍卖结果的,或者竞得人不按约定签订《国有土地使用权出让合同》、放弃竞得宗地的,应当承担法律责任。

拍卖过程应当制作拍卖笔录。

13 招标拍卖挂牌活动实施——挂牌

市、县国土资源管理部门应当按照出让公告规定的时间、地点组织挂牌活动。挂牌活动应当由土地招标拍卖挂牌主持人主持进行。

13.1 公布挂牌信息

在挂牌公告规定的挂牌起始日,挂牌人将挂牌宗地的位置、面积、用途、使用年期、规划指标要求、起始价、增价规则及增价幅度等,在挂牌公告规定的土地交易地点挂牌公布。挂牌时间不得少于10个工作日。

13.2 竞买人报价

符合条件的竞买人应当填写报价单报价。有条件的地方,可以采用计算机系统报价。

竞买人报价有下列情形之一的,为无效报价:

(1)报价单未在挂牌期限内收到的;

(2)不按规定填写报价单的;

(3)报价单填写人与竞买申请文件不符的;

(4)报价不符合报价规则的;

(5)报价不符合挂牌文件规定的其他情形。

13.3　确认报价

挂牌主持人确认该报价后,更新显示挂牌价格,继续接受新的报价。有两个或两个以上竞买人报价相同的,先提交报价单者为该挂牌价格的出价人。

13.4　挂牌截止

挂牌截止应当由挂牌主持人主持确定。设有底价的,出价人应当在挂牌截止前将密封的挂牌底价交给挂牌主持人,挂牌主持人现场打开密封件。在公告规定的挂牌截止时间,竞买人应当出席挂牌现场,挂牌主持人宣布最高报价及其报价者,并询问竞买人是否愿意继续竞价。

13.4.1　挂牌主持人连续三次报出最高挂牌价格,没有竞买人表示愿意继续竞价的,挂牌主持人宣布挂牌活动结束,并按下列规定确定挂牌结果:

(1)最高挂牌价格不低于底价的,挂牌主持人宣布挂牌出让成交,最高挂牌价格的出价人为竞得人;

(2)最高挂牌价格低于底价的,挂牌主持人宣布挂牌出让不成交。

13.4.2　有竞买人表示愿意继续竞价的,即属于挂牌截止时有两个或两个以上竞买人要求报价的情形,挂牌主持人应当宣布挂牌出让转入现场竞价,并宣布现场竞价的时间和地点,通过现场竞价确定竞得人。

13.5　现场竞价

现场竞价应当由土地招标拍卖挂牌主持人主持进行,取得该宗地挂牌竞买资格的竞买人均可参加现场竞价。现场竞价按下列程序举行:

(1)挂牌主持人应当宣布现场竞价的起始价、竞价规则和增价幅度,并宣布现场竞价开始。现场竞价的起始价为挂牌活动截止时的最高报价增加一个加价幅度后的价格。

(2)参加现场竞价的竞买人按照竞价规则应价或报价。

(3)挂牌主持人确认该竞买人应价或者报价后继续竞价。

(4)挂牌主持人连续三次宣布同一应价或报价而没有人再应价或出价,且该价格不低于底价的,挂牌主持人落槌表示现场竞成交,宣布最高应价或报价者为竞得人。成交结果对竞得人和出

让人均具有法律效力。最高应价或报价低于底价的,挂牌主持人宣布现场竞价终止。

在现场竞价中无人参加竞买或无人应价或出价的,以挂牌截止时出价最高者为竞得人,但低于挂牌出让底价者除外。

13.6　签订《成交确认书》

确定竞得人后,挂牌人与竞得人当场签订《成交确认书》。挂牌人或竞得人不按规定签订《成交确认书》的,应当承担法律责任。竞得人拒绝签订《成交确认书》也不能对抗挂牌成交结果的法律效力。

《成交确认书》应包括挂牌人与竞得人的名称、出让标的、成交时间、地点、价款,以及双方签订《国有土地使用权出让合同》的时间、地点等内容。

《成交确认书》对挂牌人和竞得人具有法律效力,挂牌人改变挂牌结果的,或者竞得人不按规定签订《国有土地使用权出让合同》、放弃竞得宗地的,应当承担法律责任。

挂牌过程应当制作挂牌笔录。

14　签订出让合同,公布出让结果

14.1　签订《国有土地使用权出让合同》

招标拍卖挂牌出让活动结束后,中标人、竞得人应按照《中标通知书》或《成交确认书》的约定,与出让人签订《国有土地使用权出让合同》。

14.2　中标人、竞得人支付的投标、竞买保证金,在中标或竞得后转作受让地块的定金。其他投标人、竞买人交纳的投标、竞买保证金,出让人应在招标拍卖挂牌活动结束后5个工作日内予以退还,不计利息。

14.3　公布出让结果

招标拍卖挂牌活动结束后10个工作日内,出让人应当将招标拍卖挂牌出让结果通过中国土地市场网以及土地有形市场等指定场所向社会公布。

公布出让结果应当包括土地位置、面积、用途、开发程度、土地级别、容积率、出让年限、供地方式、受让人、成交价格和成交时间等内容。

出让人公布出让结果,不得向受让人收取费用。

15　核发《建设用地批准书》,交付土地

市、县国土资源管理部门向受让人核发《建设

用地批准书》,并按照《国有土地使用权出让合同》、《建设用地批准书》确定的时间和条件将出让土地交付给受让人。

16 办理土地登记

受让人按照《国有土地使用权出让合同》约定付清全部国有土地使用权出让金,依法申请办理土地登记,领取《国有土地使用证》,取得国有土地使用权。

17 资料归档

出让手续全部办结后,市、县国土资源管理部门应当对宗地出让过程中的用地申请、审批、招标拍卖挂牌活动、签订合同等各环节相关资料、文件进行整理,并按规定归档。应归档的宗地出让资料包括:

(1)申请人的申请材料;

(2)宗地条件及相关资料;

(3)宗地评估资料;

(4)宗地出让底价及集体决策记录;

(5)宗地招标拍卖挂牌出让方案;

(6)宗地出让方案批复文件;

(7)招标拍卖挂牌出让文件;

(8)招标拍卖挂牌活动实施过程的记录资料

(9)《中标通知书》或《成交确认书》

(10)《国有土地使用权出让合同》及出让结果公布资料

(11)其他应归档的材料。

附录(略)

协议出让国有土地使用权规范(试行)(节录)

·2006 年 5 月 31 日
·国土资发〔2006〕114 号

前 言

为完善国有土地使用权出让制度,规范国有土地使用权协议出让行为,统一程序和标准,加强国有土地资产管理,推进土地市场建设,根据《中华人民共和国土地管理法》、《中华人民共和国城市房地产管理法》、《中华人民共和国城镇国有土地使用权出让和转让暂行条例》、《协议出让国有土地使用权规定》等规定,制定本规范。

本规范的附录 A、附录 B 为协议出让活动中所需文本示范格式。

本规范由国土资源部提出并归口。

本规范起草单位:国土资源部土地利用管理司,国土资源部土地整理中心,辽宁省国土资源厅,黑龙江省国土资源厅,江苏省国土资源厅。

……

本规范由国土资源部负责解释。

1 适用范围

在中华人民共和国境内以协议方式出让国有土地使用权,适用本规范;以协议方式租赁国有土地使用权、出让国有土地他项权利,参照本规范执行。

2 引用的标准和文件

下列标准和文件所包含的条文,通过在本规范中引用而构成本规范的条文。本规范颁布时,所示版本均为有效。使用本规范的各方应使用下列各标准和文件的最新版本。

GB/T 18508-2001 《城镇土地估价规程》

国土资发〔2000〕303 号 《国有土地使用权出让合同示范文本》

国土资发〔2001〕255 号 《全国土地分类》

国土资发〔2004〕232 号 《工业建设项目用地控制指标》

3 依 据

(1)《中华人民共和国土地管理法》

(2)《中华人民共和国城市房地产管理法》

(3)《中华人民共和国城市规划法》

(4)《中华人民共和国行政许可法》

(5)《中华人民共和国合同法》

(6)《中华人民共和国城镇国有土地使用权出让和转让暂行条例》

(7)《建立健全教育、制度、监督并重的惩治和预防腐败体系实施纲要》(中发〔2005〕3 号)

(8)《国务院关于加强国有土地资产管理的通知》(国发〔2001〕15 号)

(9)《国务院关于深化改革严格土地管理的决

定》(国发〔2004〕28 号)

(10)《协议出让国有土地使用权规定》(国土资源部令第 21 号)

4　总　则

4.1　协议出让国有土地使用权内涵

本规范所称协议出让国有土地使用权,是指市、县国土资源管理部门以协议方式将国有土地使用权在一定年限内出让给土地使用者,由土地使用者支付土地使用权出让金的行为。

4.2　协议出让国有土地使用权原则

(1)公开、公平、公正;

(2)诚实信用。

4.3　协议出让国有土地使用权范围

出让国有土地使用权,除依照法律、法规和规章的规定应当采用招标、拍卖或者挂牌方式外,方可采取协议方式,主要包括以下情况:

(1)供应商业、旅游、娱乐和商品住宅等各类经营性用地以外用途的土地,其供地计划公布后同一宗地只有一个意向用地者的;

(2)原划拨、承租土地使用权人申请办理协议出让,经依法批准,可以采取协议方式,但《国有土地划拨决定书》、《国有土地租赁合同》、法律、法规、行政规定等明确应当收回土地使用权重新公开出让的除外;

(3)划拨土地使用权转让申请办理协议出让,经依法批准,可以采取协议方式,但《国有土地划拨决定书》、法律、法规、行政规定等明确应当收回土地使用权重新公开出让的除外;

(4)出让土地使用权人申请续期,经审查准予续期的,可以采用协议方式;

(5)法律、法规、行政规定明确可以协议出让的其他情形。

4.4　协议出让国有土地使用权组织管理

国有土地使用权协议出让由市、县国土资源管理部门组织实施。

国有土地使用权出让实行集体决策。市、县国土资源管理部门可根据实际情况成立国有土地使用权出让协调决策机构,负责协调解决出让中的相关问题,集体确定有关事项。

4.5　协议出让价格争议裁决

对于经营性基础设施、矿业开采等具有独占性和排他性的用地,应当建立协议出让价格争议裁决机制。此类用地协议出让过程中,意向用地者与出让方在出让价格方面有争议难以达成一致,意向用地者认为出让方提出的出让价格明显高于土地市场价格的,可提请出让方的上一级国土资源管理部门进行出让价格争议裁决。

4.6　地方补充规定

地方可对本规范做出补充规定或实施细则,并报上一级国土资源管理部门备案。

5　供地环节的协议出让

5.1　供地环节协议出让国有土地使用权的一般程序

(1)公开出让信息,接受用地申请,确定供地方式;

(2)编制协议出让方案;

(3)地价评估,确定底价;

(4)协议出让方案、底价报批;

(5)协商,签订意向书;

(6)公示;

(7)签订出让合同,公布出让结果;

(8)核发《建设用地批准书》,交付土地;

(9)办理土地登记;

(10)资料归档。

5.2　公开出让信息,接受用地申请,确定供地方式

5.2.1　市、县国土资源管理部门应当将经批准的国有土地使用权出让计划向社会公布。有条件的地方可以根据供地进度安排,分阶段将国有土地使用权出让计划细化落实到地段、地块,并将相关信息及时向社会公布。国有土地使用权出让计划以及细化的地段、地块信息应当同时通过中国土地市场网(www.landchina.com)公布。

5.2.2　市、县国土资源管理部门公布国有土地使用权出让计划、细化的地段、地块信息,应当同时明确用地者申请用地的途径和方式,公开接受用地申请。

5.2.3　需要使用土地的单位和个人(以下简称意向用地者)应当根据公布的国有土地使用权出让计划,细化的地段、地块信息以及自身用地需求,向市、县国土资源管理部门提出用地申请。

5.2.4　在规定时间内,同一地块只有一个意向用地者的,市、县国土资源管理部门方可采取协议方式出让,但属于商业、旅游、娱乐和商品住宅

四、用益物权

等经营性用地除外。对不能确定是否符合协议出让范围的具体宗地,可由国有土地使用权出让协调决策机构集体认定。

5.3 编制协议出让方案

市、县国土资源管理部门应当会同规划等部门,依据国有土地使用权出让计划、城市规划和意向用地者申请的用地类型、规模等,编制国有土地使用权协议出让方案。

协议出让方案应当包括:拟出让地块的位置、四至、用途、面积、年限、土地使用条件、供地时间、供地方式等。

5.4 地价评估,确定底价

5.4.1 地价评估

市、县国土资源管理部门应当根据拟出让地块的条件和土地市场情况,按照《城镇土地估价规程》,组织对拟出让地块的正常土地市场价格进行评估。

地价评估由市、县国土资源管理部门或其所属事业单位组织进行,根据需要也可以委托具有土地估价资质的土地或不动产评估机构进行评估。

5.4.2 确定底价

市、县国土资源管理部门或国有土地使用权出让协调决策机构应当根据土地估价结果、产业政策和土地市场情况等,集体决策,综合确定协议出让底价。

协议出让底价不得低于拟出让地块所在区域的协议出让最低价。

出让底价确定后,在出让活动结束之前应当保密,任何单位和个人不得泄露。

5.5 协议出让方案、底价报批

市、县国土资源管理部门应当按规定将协议出让方案、底价报有批准权的人民政府批准。

5.6 协商,签订意向书

市、县国土资源管理部门依据经批准的协议出让方案和底价,与意向用地者就土地出让价格等进行充分协商、谈判。协商谈判时,国土资源管理部门参加谈判的代表应当不少于2人。

双方协商、谈判达成一致,并且议定的出让价格不低于底价的,市、县国土资源管理部门应当与意向用地者签订《国有土地使用权出让意向书》。

5.7 公示

5.7.1 《国有土地使用权出让意向书》签订后,市、县国土资源管理部门将意向出让地块的位置、用途、面积、出让年限、土地使用条件、意向用地者、拟出让价格等内容在当地土地有形市场等指定场所以及中国土地市场网进行公示,并注明意见反馈途径和方式。公示时间不得少于5日。

5.7.2 公示期间,有异议且经市、县国土资源管理部门审查发现确实存在违反法律法规行为的,协议出让程序终止。

5.8 签订出让合同,公布出让结果

公示期满,无异议或虽有异议但经市、县国土资源管理部门审查没有发现存在违反法律法规行为的,市、县国土资源管理部门应当按照《国有土地使用权出让意向书》约定,与意向用地者签订《国有土地使用权出让合同》。

《国有土地使用权出让合同》签订后7日内,市、县国土资源管理部门将协议出让结果通过中国土地市场网以及土地有形市场等指定场所向社会公布,接受社会监督。

公布出让结果应当包括土地位置、面积、用途、开发程度、土地级别、容积率、出让年限、供地方式、受让人、成交价格和成交时间等内容。

5.9 核发《建设用地批准书》,交付土地

市、县国土资源管理部门向受让人核发《建设用地批准书》,并按照《国有土地使用权出让合同》《建设用地批准书》约定的时间和条件将出让土地交付给受让人。

5.10 办理土地登记

受让人按照《国有土地使用权出让合同》约定付清全部国有土地使用权出让金,依法申请办理土地登记手续,领取《国有土地使用证》,取得土地使用权。

5.11 资料归档

协议出让手续全部办结后,市、县国土资源管理部门应当对宗地出让过程中的出让信息公布、用地申请、审批、谈判、公示、签订合同等各环节相关资料、文件进行整理,并按规定归档。应归档的宗地出让资料包括:

(1)用地申请材料;

(2)宗地条件、宗地规划指标要求;

(3)宗地评估报告;

(4)宗地出让底价及集体决策记录;

(5)协议出让方案;

(6)出让方案批复文件;

(7)谈判记录;

(8)《协议出让意向书》;

(9)协议出让公示资料;

(10)《国有土地使用权出让合同》;

(11)协议出让结果公告资料;

(12)核发建设用地批准书与交付土地的相关资料;

(13)其他应归档的材料。

6 原划拨、承租土地使用权人 申请办理协议出让

6.1 原划拨、承租土地使用权人申请办理协议出让的,分别按下列情形处理:

(1)不需要改变原土地用途等土地使用条件,且符合规划的,报经市、县人民政府批准后,可以采取协议出让手续;

(2)经规划管理部门同意可以改变土地用途等土地使用条件的,报经市、县人民政府批准,可以办理协议出让手续,但《国有土地划拨决定书》、《国有土地租赁合同》、法律、法规、行政规定等明确应当收回划拨土地使用权公开出让的除外。

6.2 申请与受理

6.2.1 原划拨、承租土地使用权拟申请办理出让手续的,应由原土地使用权人持下列有关材料,向市、县国土资源管理部门提出申请:

(1)申请书;

(2)《国有土地使用证》、《国有土地划拨决定书》或《国有土地租赁合同》;

(3)地上建筑物、构筑物及其他附着物的产权证明;

(4)原土地使用权人有效身份证明文件;

(5)改变用途的应当提交规划管理部门的批准文件;

(6)法律、法规、行政规定明确应提交的其他相关材料。

6.2.2 市、县国土资源管理部门接到申请后,应当对申请人提交的申请材料进行初审,决定是否受理。

6.3 审查,确定协议出让方案

6.3.1 审查

市、县国土资源管理部门受理申请后,应当依据相关规定对申请人提交的申请材料进行审查,并就申请地块的土地用途等征询规划管理部门意见。经审查,申请地块用途符合规划,并且符合办理协议出让手续条件的,市、县土资源管理部门应当组织地价评估,确定应缴纳的土地出让金额,拟订协议出让方案。

6.3.2 地价评估

市、县国土资源管理部门应当组织对申请地块的出让土地使用权市场价格和划拨土地使用权权益价格或承租土地使用权市场价格进行评估,估价基准期日为拟出让时点。改变土地用途等土地使用条件的,出让土地使用权价格应当按照新的土地使用条件评估。

6.3.3 核定出让金额,拟订出让方案

市、县国土资源管理部门或国有土地使用权出让协调决策机构应当根据土地估价结果、产业政策和土地市场情况等,集体决策、综合确定协议出让金额,并拟订出让方案。

6.3.3.1 申请人应缴纳土地使用权出让金额分别按下列公式核定:

(1)不改变用途等土地使用条件的

应缴纳的土地使用权出让金额 = 拟出让时的出让土地使用权市场价格 − 拟出让时的划拨土地使用权权益价格或承租土地使用权市场价格

(2)改变用途等土地使用条件的

应缴纳的土地使用权出让金额 = 拟出让时的新土地使用条件下出让土地使用权市场价格 − 拟出让时的原土地使用条件下划拨土地使用权权益价格或承租土地使用权市场价格

6.3.3.2 协议出让方案应当包括:拟办理出让手续的地块位置、四至、用途、面积、年限、拟出让时间和应缴纳的出让金额等。

6.4 出让方案报批

市、县国土资源管理部门应当按照规定,将协议出让方案报市、县人民政府审批。

6.5 签订出让合同,公布出让结果

市、县人民政府批准后,国土资源管理部门应当按照批准的协议出让方案,依法收回原土地使用权人的《国有土地划拨决定书》或解除《国有土地租赁合同》,注销土地登记,收回原土地证书,并与申请人签订《国有土地使用权出让合同》。

《国有土地使用权出让合同》签订后,市、县土资源管理部门应当按照5.8的规定公布协议出让结果。

四、用益物权

6.6 办理土地登记

按 5.10 规定办理。

6.7 资料归档

协议出让手续全部办结后,市、县国土资源管理部门应当对宗地出让过程中的用地申请、审批、签订合同等各环节相关资料、文件进行整理,并按规定归档。应归档的宗地出让资料包括:

(1)申请人的申请材料;

(2)宗地条件及相关资料;

(3)土地评估资料;

(4)出让金额确定资料;

(5)协议出让方案;

(6)出让方案批复文件;

(7)《国有土地使用权出让合同》;

(8)协议出让公告资料;

(9)其他应归档的材料。

7 划拨土地使用权转让中的协议出让

7.1 划拨土地使用权申请转让,经市、县人民政府批准,可以由受让人办理协议出让,但《国有土地划拨决定书》、法律、法规、行政规定等明确应当收回划拨土地使用权重新公开出让的除外。

7.2 申请与受理

7.2.1 原土地使用权人应当持有下列有关材料,向市、县国土资源管理部门提出划拨土地使用权转让申请:

(1)申请书;

(2)《国有土地使用证》、《国有土地划拨决定书》;

(3)地上建筑物、构筑物及其他附着物的产权证明;

(4)原土地使用权人有效身份证明文件;

(5)共有房地产,应提供共有人书面同意的意见;

(6)法律、法规、行政规定明确应提交的其他相关材料。

7.2.2 市、县国土资源管理部门接到申请后,应当对申请人提交的申请材料进行初审,决定是否受理。

7.3 审查,确定协议出让方案

7.3.1 审查

市、县国土资源管理部门受理申请后,应当依据相关规定对申请人提交的申请材料进行审查,并就申请地块的土地用途等征询规划管理部门意见。经审查,申请地块用途符合规划,并且符合办理协议出让手续条件的,市、县国土资源管理部门应当组织地价评估,确定应缴纳的土地出让金额,拟订协议出让方案。

7.3.2 地价评估

市、县国土资源管理部门应当组织对申请转让地块的出让土地使用权市场价格和划拨土地使用权权益价格进行评估,估价基准期日为拟出让时点。

7.3.3 核定出让金额,拟订出让方案

市、县国土资源管理部门或国有土地使用权出让协调决策机构应当根据土地估价结果、产业政策和土地市场情况等,集体决策、综合确定办理出让手续时应缴纳土地使用权出让金额,并拟订协议出让方案。

7.3.3.1 应缴纳土地使用权出让金额应当按下式核定:

(1)转让后不改变用途等土地使用条件的

应缴纳的土地使用权出让金额＝拟出让时的出让土地使用权市场价格－拟出让时的划拨土地使用权权益价格

(2)转让后改变用途等土地使用条件的

应缴纳的土地使用权出让金额＝拟出让时的新土地使用条件下出让土地使用权市场价格－拟出让时的原土地使用条件下划拨土地使用权权益价格

7.3.3.2 协议出让方案应当包括:拟办理出让手续的地块位置、四至、用途、面积、年限、土地使用条件、拟出让时间和出让时应缴纳的出让金额等。

7.4 出让方案报批

市、县国土资源管理部门应当按照规定,将协议出让方案报市、县人民政府审批。

7.5 公开交易

协议出让方案批准后,市、县国土资源管理部门应向申请人发出《划拨土地使用权准予转让通知书》。

《划拨土地使用权准予转让通知书》应当包括准予转让的标的、原土地使用权人、转让确定受让人的要求、受让人的权利、义务、应缴纳的土地出让金等。

取得《划拨土地使用权准予转让通知书》的申

请人,应当将拟转让的土地使用权在土地有形市场等场所公开交易,确定受让人和成交价款。

7.6 签订出让合同,公布出让结果

通过公开交易确定受让方和成交价款后,转让人应当与受让人签订转让合同,约定双方的权利和义务,明确划拨土地使用权转让价款。

受让人应在达成交易后 10 日内,持转让合同、原《国有土地使用证》、《划拨土地使用权准予转让通知书》、转让方和受让方的身份证明材料等,向市、县国土资源管理部门申请办理土地出让手续。

市、县国土资源管理部门应当按照批准的协议出让方案、公开交易情况等,依法收回原土地使用权人的《国有土地划拨决定书》,注销土地登记,收回原土地证书,与受让方签订《国有土地使用权出让合同》。

市、县国土资源管理部门应当按照 5.8 有关规定公布协议出让结果。

7.7 办理土地登记

按 5.10 规定办理。

7.8 资料归档

出让手续办结后,市、县国土资源管理部门应当对宗地出让过程中的用地申请、审批、交易、签订合同等各环节相关资料、文件进行整理,并按规定归档。应归档的宗地出让资料包括:

(1)申请人的申请材料;

(2)宗地条件及相关资料;

(3)土地评估资料;

(4)出让金额确定资料;

(5)协议出让方案;

(6)出让方案批复文件;

(7)《划拨土地使用权准予转让通知书》等相关资料;

(8)公开交易资料及转让合同等资料;

(9)《国有土地使用权出让合同》;

(10)协议出让公告资料;

(11)其他应归档的材料。

8 出让土地改变用途等土地使用条件的处理

出让土地申请改变用途等土地使用条件,经出让方和规划管理部门同意,原土地使用权人可以与市、县国土资源管理部门签订《国有土地使用权出让合同变更协议》或重新签订《国有土地使用权出让合同》,调整国有土地使用权出让金,但《国有土地使用权出让合同》、法律、法规、行政规定等明确应当收回土地使用权重新公开出让的除外。原土地使用权人应当按照国有土地使用权出让合同变更协议或重新签订的国有土地使用权出让合同约定,及时补缴土地使用权出让金额,并按规定办理土地登记。

调整国有土地使用权出让金额应当根据批准改变用途等土地使用条件时的土地市场价格水平,按下式确定:

应当补缴的土地出让金额=批准改变时的新土地使用条件下土地使用权市场价格-批准改变时原土地使用条件下剩余年期土地使用权市场价格

附录 A(略)

附录 B(略)

招标拍卖挂牌出让国有建设用地使用权规定

·2007 年 9 月 28 日国土资源部令第 39 号公布
·自 2007 年 11 月 1 日起施行

第一条 为规范国有建设用地使用权出让行为,优化土地资源配置,建立公开、公平、公正的土地使用制度,根据《中华人民共和国物权法》、《中华人民共和国土地管理法》、《中华人民共和国城市房地产管理法》和《中华人民共和国土地管理法实施条例》,制定本规定。

第二条 在中华人民共和国境内以招标、拍卖或者挂牌出让方式在土地的地表、地上或者地下设立国有建设用地使用权的,适用本规定。

本规定所称招标出让国有建设用地使用权,是指市、县人民政府国土资源行政主管部门(以下简称出让人)发布招标公告,邀请特定或者不特定的自然人、法人和其他组织参加国有建设用地使用权投标,根据投标结果确定国有建设用地使用权人的行为。

本规定所称拍卖出让国有建设用地使用权,是指出让人发布拍卖公告,由竞买人在指定时间、地点进行公开竞价,根据出价结果确定国有建设用地使用权人的行为。

四、用益物权

本规定所称挂牌出让国有建设用地使用权，是指出让人发布挂牌公告，按公告规定的期限将拟出让宗地的交易条件在指定的土地交易场所挂牌公布，接受竞买人的报价申请并更新挂牌价格，根据挂牌期限截止时的出价结果或者现场竞价结果确定国有建设用地使用权人的行为。

第三条 招标、拍卖或者挂牌出让国有建设用地使用权，应当遵循公开、公平、公正和诚信的原则。

第四条 工业、商业、旅游、娱乐和商品住宅等经营性用地以及同一宗地有两个以上意向用地者的，应当以招标、拍卖或者挂牌方式出让。

前款规定的工业用地包括仓储用地，但不包括采矿用地。

第五条 国有建设用地使用权招标、拍卖或者挂牌出让活动，应当有计划地进行。

市、县人民政府国土资源行政主管部门根据经济社会发展计划、产业政策、土地利用总体规划、土地利用年度计划、城市规划和土地市场状况，编制国有建设用地使用权出让年度计划，报经同级人民政府批准后，及时向社会公开发布。

第六条 市、县人民政府国土资源行政主管部门应当按照出让年度计划，会同城市规划等有关部门共同拟订拟招标拍卖挂牌出让地块的出让方案，报经市、县人民政府批准后，由市、县人民政府国土资源行政主管部门组织实施。

前款规定的出让方案应当包括出让地块的空间范围、用途、年限、出让方式、时间和其他条件等。

第七条 出让人应当根据招标拍卖挂牌出让地块的情况，编制招标拍卖挂牌出让文件。

招标拍卖挂牌出让文件应当包括出让公告、投标或者竞买须知、土地使用条件、标书或者竞买申请书、报价单、中标通知书或者成交确认书、国有建设用地使用权出让合同文本。

第八条 出让人应当至少在投标、拍卖或者挂牌开始日前20日，在土地有形市场或者指定的场所、媒介发布招标、拍卖或者挂牌公告，公布招标拍卖挂牌出让宗地的基本情况和招标拍卖挂牌的时间、地点。

第九条 招标拍卖挂牌公告应当包括下列内容：

（一）出让人的名称和地址；

（二）出让宗地的面积、界址、空间范围、现状、使用年期、用途、规划指标要求；

（三）投标人、竞买人的资格要求以及申请取得投标、竞买资格的办法；

（四）索取招标拍卖挂牌出让文件的时间、地点和方式；

（五）招标拍卖挂牌时间、地点、投标挂牌期限、投标和竞价方式等；

（六）确定中标人、竞得人的标准和方法；

（七）投标、竞买保证金；

（八）其他需要公告的事项。

第十条 市、县人民政府国土资源行政主管部门应当根据土地估价结果和政府产业政策综合确定标底或者底价。标底或者底价不得低于国家规定的最低价标准。

确定招标标底，拍卖和挂牌的起叫价、起始价、底价，投标、竞买保证金，应当实行集体决策。

招标标底和拍卖挂牌的底价，在招标开标前和拍卖挂牌出让活动结束之前应当保密。

第十一条 中华人民共和国境内外的自然人、法人和其他组织，除法律、法规另有规定外，均可申请参加国有建设用地使用权招标拍卖挂牌出让活动。

出让人在招标拍卖挂牌出让公告中不得设定影响公平、公正竞争的限制条件。挂牌出让的，出让公告中规定的申请截止时间，应当为挂牌出让结束日前2天。对符合招标拍卖挂牌公告规定条件的申请人，出让人应当通知其参加招标拍卖挂牌活动。

第十二条 市、县人民政府国土资源行政主管部门应当为投标人、竞买人查询拟出让土地的有关情况提供便利。

第十三条 投标、开标依照下列程序进行：

（一）投标人在投标截止时间前将标书投入标箱。招标公告允许邮寄标书的，投标人可以邮寄，但出让人在投标截止时间前收到的方为有效。

标书投入标箱后，不可撤回。投标人应当对标书和有关书面承诺承担责任。

（二）出让人按照招标公告规定的时间、地点开标，邀请所有投标人参加。由投标人或者其推选的代表检查标箱的密封情况，当众开启标箱，点算标书。投标人少于三人的，出让人应当终止招标活动。投标人不少于三人的，应当逐一宣布投标人名称、投标价格和投标文件的主要内容。

（三）评标小组进行评标。评标小组由出让人代表、有关专家组成，成员人数为五人以上的单数。

评标小组可以要求投标人对投标文件作出必要的澄清或者说明，但是澄清或者说明不得超出投标文件的范围或者改变投标文件的实质性内容。

评标小组应当按照招标文件确定的评标标准和方法，对投标文件进行评审。

（四）招标人根据评标结果，确定中标人。

按照价高者得的原则确定中标人的，可以不成立评标小组，由招标主持人根据开标结果，确定中标人。

第十四条 对能够最大限度地满足招标文件中规定的各项综合评价标准，或者能够满足招标文件的实质性要求且价格最高的投标人，应当确定为中标人。

第十五条 拍卖会依照下列程序进行：

（一）主持人点算竞买人；

（二）主持人介绍拍卖宗地的面积、界址、空间范围、现状、用途、使用年期、规划指标要求、开工和竣工时间以及其他有关事项；

（三）主持人宣布起叫价和增价规则及增价幅度。没有底价的，应当明确提示；

（四）主持人报出起叫价；

（五）竞买人举牌应价或者报价；

（六）主持人确认该应价或者报价后继续竞价；

（七）主持人连续三次宣布同一应价或者报价而没有再应价或者报价的，主持人落槌表示拍卖成交；

（八）主持人宣布最高应价或者报价者为竞得人。

第十六条 竞买人的最高应价或者报价未达到底价时，主持人应当终止拍卖。

拍卖主持人在拍卖中可以根据竞买人竞价情况调整拍卖增价幅度。

第十七条 挂牌依照以下程序进行：

（一）在挂牌公告规定的挂牌起始日，出让人将挂牌宗地的面积、界址、空间范围、现状、用途、使用年期、规划指标要求、开工时间和竣工时间、起始价、增价规则及增价幅度等，在挂牌公告规定的土地交易场所挂牌公布；

（二）符合条件的竞买人填写报价单报价；

（三）挂牌主持人确认该报价后，更新显示挂牌价格；

（四）挂牌主持人在挂牌公告规定的挂牌截止时间确定竞得人。

第十八条 挂牌时间不得少于10日。挂牌期间可根据竞买人竞价情况调整增价幅度。

第十九条 挂牌截止应当由挂牌主持人主持确定。挂牌期限届满，挂牌主持人现场宣布最高报价及其报价者，并询问竞买人是否愿意继续竞价。有竞买人表示愿意继续竞价的，挂牌出让转入现场竞价，通过现场竞价确定竞得人。挂牌主持人连续三次报出最高挂牌价格，没有竞买人表示愿意继续竞价的，按照下列规定确定是否成交：

（一）在挂牌期限内只有一个竞买人报价，且报价不低于底价，并符合其他条件的，挂牌成交；

（二）在挂牌期限内有两个或者两个以上的竞买人报价的，出价最高者为竞得人；报价相同的，先提交报价单者为竞得人，但报价低于底价者除外；

（三）在挂牌期限内无应价者或者竞买人的报价均低于底价或者均不符合其他条件的，挂牌不成交。

第二十条 以招标、拍卖或者挂牌方式确定中标人、竞得人后，中标人、竞得人支付的投标、竞买保证金，转作受让地块的定金。出让人应当向中标人发出中标通知书或者与竞得人签订成交确认书。

中标通知书或者成交确认书应当包括出让人和中标人或者竞得人的名称，出让标的，成交时间、地点、价款以及签订国有建设用地使用权出让合同的时间、地点等内容。

中标通知书或者成交确认书对出让人和中标人或者竞得人具有法律效力。出让人改变竞得结果，或者中标人、竞得人放弃中标宗地、竞得宗地的，应当依法承担责任。

第二十一条 中标人、竞得人应当按照中标通知书或者成交确认书约定的时间，与出让人签订国有建设用地使用权出让合同。中标人、竞得人支付的投标、竞买保证金抵作土地出让价款；其他投标人、竞买人支付的投标、竞买保证金，出让人必须在招标拍卖挂牌活动结束后5个工作日内予以退还，不计利息。

四、用益物权

第二十二条 招标拍卖挂牌活动结束后,出让人应在 10 个工作日内将招标拍卖挂牌出让结果在土地有形市场或者指定的场所、媒介公布。

出让人公布出让结果,不得向受让人收取费用。

第二十三条 受让人依照国有建设用地使用权出让合同的约定付清全部土地出让价款后,方可申请办理土地登记,领取国有建设用地使用权证书。

未按出让合同约定缴清全部土地出让价款的,不得发放国有建设用地使用权证书,也不得按出让价款缴纳比例分割发放国有建设用地使用权证书。

第二十四条 应当以招标拍卖挂牌方式出让国有建设用地使用权而擅自采用协议方式出让的,对直接负责的主管人员和其他直接责任人员依法给予处分;构成犯罪的,依法追究刑事责任。

第二十五条 中标人、竞得人有下列行为之一的,中标、竞得结果无效;造成损失的,应当依法承担赔偿责任:

(一)提供虚假文件隐瞒事实的;

(二)采取行贿、恶意串通等非法手段中标或者竞得的。

第二十六条 国土资源行政主管部门的工作人员在招标拍卖挂牌出让活动中玩忽职守、滥用职权、徇私舞弊的,依法给予处分;构成犯罪的,依法追究刑事责任。

第二十七条 以招标拍卖挂牌方式租赁国有建设用地使用权的,参照本规定执行。

第二十八条 本规定自 2007 年 11 月 1 日起施行。

城市国有土地使用权出让转让规划管理办法

· 1992 年 12 月 4 日建设部令第 22 号发布
· 根据 2011 年 1 月 26 日《住房和城乡建设部关于废止和修改规章的决定》修订

第一条 为了加强城市国有土地使用权出让、转让的规划管理,保证城市规划实施,科学、合理利用城市土地,根据《中华人民共和国城乡规划法》、《中华人民共和国土地管理法》、《中华人民共和国城镇国有土地使用权出让和转让暂行条例》和《外商投资开发经营成片土地暂行管理办法》等制定本办法。

第二条 在城市规划区内城市国有土地使用权出让、转让必须符合城市规划,有利于城市经济社会的发展,并遵守本办法。

第三条 国务院城市规划行政主管部门负责全国城市国有土地使用权出让、转让规划管理的指导工作。

省、自治区、直辖市人民政府城市规划行政主管部门负责本省、自治区、直辖市行政区域内城市国有土地使用权出让、转让规划管理的指导工作。

直辖市、市和县人民政府城市规划行政主管部门负责城市规划区内城市国有土地使用权出让、转让的规划管理工作。

第四条 城市国有土地使用权出让的投放量应当与城市土地资源、经济社会发展和市场需求相适应。土地使用权出让、转让应当与建设项目相结合。城市规划行政主管部门和有关部门要根据城市规划实施的步骤和要求,编制城市国有土地使用权出让规划和计划,包括地块数量、用地面积、地块位置、出让步骤等,保证城市国有土地使用权的出让有规划、有步骤、有计划地进行。

第五条 出让城市国有土地使用权,出让前应当制定控制性详细规划。

出让的地块,必须具有城市规划行政主管部门提出的规划设计条件及附图。

第六条 规划设计条件应当包括:地块面积,土地使用性质,容积率,建筑密度,建筑高度,停车泊位,主要出入口,绿地比例,须配置的公共设施、工程设施,建筑界线,开发期限以及其他要求。

附图应当包括:地块区位和现状,地块坐标、标高,道路红线坐标、标高,出入口位置,建筑界线以及地块周围地区环境与基础设施条件。

第七条 城市国有土地使用权出让、转让合同必须附具规划设计条件及附图。

规划设计条件及附图,出让方和受让方不得擅自变更。在出让转让过程中确需变更的,必须经城市规划行政主管部门批准。

第八条 城市用地分等定级应当根据城市各地段的现状和规划要求等因素确定。土地出让金的测算应当把出让地块的规划设计条件作为重要依据之一。在城市政府的统一组织下,城市规划行政主管部门应当和有关部门进行城市用地分等定级和土地出让金的测算。

第九条 已取得土地出让合同的,受让方应当持出让合同依法向城市规划行政主管部门申请建设用地规划许可证。在取得建设用地规划许可证后,方可办理土地使用权属证明。

第十条 通过出让获得的土地使用权再转让时,受让方应当遵守原出让合同附具的规划设计条件,并由受让方向城市规划行政主管部门办理登记手续。

受让方如需改变原规划设计条件,应当先经城市规划行政主管部门批准。

第十一条 受让方在符合规划设计条件外为公众提供公共使用空间或设施的,经城市规划行政主管部门批准后,可给予适当提高容积率的补偿。

受让方经城市规划行政主管部门批准变更规划设计条件而获得的收益,应当按规定比例上交城市政府。

第十二条 城市规划行政主管部门有权对城市国有土地使用权出让、转让过程是否符合城市规划进行监督检查。

第十三条 凡持未附具城市规划行政主管部门提供的规划设计条件及附图的出让、转让合同,或擅自变更的,城市规划行政主管部门不予办理建设用地规划许可证。

凡未取得或擅自变更建设用地规划许可证而办理土地使用权属证明的,土地权属证明无效。

第十四条 各级人民政府城市规划行政主管部门,应当对本行政区域内的城市国有土地使用权出让、转让规划管理情况逐项登记,定期汇总。

第十五条 城市规划行政主管部门应当深化城市土地利用规划,加强规划管理工作。城市规划行政主管部门必须提高办事效率,对申领规划设计条件及附图、建设用地规划许可证的应当在规定的期限内完成。

第十六条 各省、自治区、直辖市城市规划行政主管部门可以根据本办法制定实施细则,报当地人民政府批准后执行。

第十七条 本办法由建设部负责解释。

第十八条 本办法自 1993 年 1 月 1 日起施行。

城乡建设用地增减挂钩试点和农村土地整治有关问题的处理意见

· 2011 年 6 月 19 日
· 国土资发〔2011〕80 号

为了贯彻落实《国务院关于严格规范城乡建设用地增减挂钩试点切实做好农村土地整治工作的通知》(国发〔2010〕47 号)精神,各地按照统一部署,开展了城乡建设用地增减挂钩试点和农村土地整治清理检查(以下简称清理检查)工作,针对存在的问题进行了纠正整改。为了保证整改措施落实到位,确保清理检查工作不走过场、取得实效,提出如下处理意见:

一、总体要求

认真按照国发〔2010〕47 号文件规定,严格规范增减挂钩试点,要坚决扭转片面追求增加城镇建设用地指标的倾向、坚决制止以各种名义擅自开展土地置换等行为、严禁突破挂钩周转指标、严禁盲目大拆大建和强迫农民住高楼、严禁侵害农民权益,切实做好农村土地整治工作,规范推进农村土地整治示范建设。严格依据《国土资源部关于印发〈城乡建设用地增减挂钩试点和农村土地整治清理检查工作方案〉的通知》(国土资发〔2011〕22 号),按照严格清理检查、严肃处理纠正、完善规章制度、加强监督管理的总体要求,在对增减挂钩试点、建设用地置换和农村土地整治等进行全面清查的基础上,针对存在的问题,依法依规严肃处理,区别情况认真整改,保障增减挂钩试点和农村土地整治工作规范、健康、有序开展。

二、对相关政策文件的处理

对地方各级党委政府及有关部门下发的与增减挂钩、建设用地置换和土地整治等有关的政策文件和地方性规章,进行全面清理和审核,凡不符合国发〔2010〕47 号文件精神的,政策文件一律停止执行,地方性规章依法按程序废止;凡部分条款规定不符合要求的,须按照国发〔2010〕47 号文件和国家有关政策规定修改完善。

三、对擅自扩大增减挂钩规模和试点问题的处理

(一)对突破挂钩周转指标规模的。凡经国土

四、用益物权

资源部批准的增减挂钩试点,实施中突破了下达的周转指标或循环使用周转指标,应按照国发[2010]47号文件进行整改规范,并将清查规范情况报国土资源部审定合格后,正式纳入增减挂钩试点管理,相应抵扣年度增减挂钩周转指标;尚未实施的,暂停实施,按照国发[2010]47号文件规定进行整改并规范项目规划或方案,经部验收合格的可批准实施,整改验收不合格的取消试点项目。国发[2010]47号文件下发后,仍存在擅自扩大挂钩周转指标规模,又未在自查自纠中进行纠正的,要严肃追究有关负责人及相关人员的责任。

(二)对管理不规范的。开展增减挂钩试点,未按规定编制建新拆旧项目区实施规划,或不严格按照规划实施的,须按规定进行整改,经省级国土资源主管部门批准后继续实施,并报部备案。不整改或整改不到位的,停止实施,追究责任人责任,不再安排该县(市、区)新的增减挂钩试点和下达周转指标,原实施单位做好善后工作。项目区跨县级行政区域设置,已经实施的要进行规范、整改,省级国土资源主管部门要制定新的管理办法和措施,确保今后不再出现类似问题;尚未实施的一律停止实施,对项目规划重新作出安排,确保不再跨县级行政区域设置项目区。对建新拆旧项目区未纳入统一监管平台的,要抓紧为增减挂钩项目区管理信息系统建设规范上图入库,纳入统一监管平台,未完成上图入库的,不再批准开展新的增减挂钩试点,也不得再安排增减挂钩周转指标。

(三)对拆旧复垦还耕不及时的。已开展增减挂钩试点并进行农民搬迁安置的项目区,未在规定期限内完成拆旧复耕归还周转指标,或复垦耕地质量不达标的,要制定保障措施在复垦计划基础上半年内完成复耕并确保复垦耕地的质量,限期内未按要求复耕到位的,不再安排新的增减挂钩试点和下达周转指标,并按已用地量相应扣减年度新增建设用地计划指标。

四、对涉及建设用地置换等行为的处理

(一)国发[2010]47号文件下发前已经批准尚未实施的建设用地置换项目,一律停止实施。对符合增减挂钩试点条件的,可按照增减挂钩的规定和程序重新报批。

(二)国发[2010]47号文件下发前已经实施的建设用地置换,按建新拆旧项目区进行规范管理的,报国土资源部审定并上图入库后,按照突破周转指标规模的挂钩试点项目的办法处理,相应抵扣年度增减挂钩周转指标;不按建新拆旧项目区进行规范管理的,要在2011年8月底前整改到位。不整改或整改不到位的,涉及批准用地的置换审批文件一律作废,按用地量相应扣减年度新增建设用地计划指标,并追究有关负责人及相关人员的责任。

(三)国发[2010]47号文件下发后地方批准的建设用地置换项目,未实施的,一律停止实施,相关批复文件一律废止。擅自决定实施的,追究有关负责人及相关人员的责任,还须按用地量相应扣减当地新增建设用地指标。

五、对农村土地整治存在问题的处理

对在农村土地整治中涉及农村建设用地整治、置换,并将节约的建设用地指标调剂到城镇使用的,要在2011年8月底前整改到位,整改后按建新拆旧项目区进行规范管理的,报国土资源部审定并上图入库后,按照突破周转指标规模的挂钩试点项目的办法处理,相应抵扣年度增减挂钩周转指标;不按建新拆旧项目区进行规范管理的,涉及用地的置换批准文件一律停止执行,节约的建设用地指标不得继续使用,并按用地量相应扣减年度新增建设用地计划指标。

六、对侵害农民权益问题的处理

增减挂钩试点和农村土地整治工作中,凡存在违背农民意愿、侵害农民权益、非法改变土地用途的,都必须严肃整改,依法依规进行查处。

(一)没有妥善做好搬迁农民安置工作,特别是违背农民意愿大拆大建、逼农上楼,引发群体或恶性事件的,要认真稳妥依法依规解决后续问题,并严肃追究相关人员责任。

(二)不顾当地经济发展条件和农民承受能力,在土地利用总体规划确定的城镇建设用地范围外的农村地区盲目建高楼,对搬迁农民生产生活造成严重影响的,或破坏历史文化名镇名村和生态环境的,当地政府要研究提出补救措施,做好善后工作,并追究相关人员责任。

(三)各地要对正在实施和今后开展的建设用地调整使用中涉及到的土地指标收益做出明确具体的支出规定,按规定将土地指标收益及时全部返还农村,由县(市、区)按照农村集体资产规定提出解决方案,征得当地集体经济组织和农民同意后管理使用。

（四）将搬迁农民安置用地用于商品房开发，谋取不正当利益的，要严肃追究相关人员责任。

七、整改自纠工作要求

（一）公示要求。各地要在全面清查、纠正整改的基础上，将增减挂钩试点和农村土地整治涉及的建设用地调整等工作基本情况，主要包括项目区名称位置、规模范围、农民安置、收益分配等，在当地媒体上予以公示，接受社会监督。

（二）时限要求。各地要按照《城乡建设用地增减挂钩试点和农村土地整治清理检查工作方案》的部署安排，抓紧推进清理检查各项工作。相关工作情况公示应于本意见下发后20天内完成，各项整改工作应在2011年8月底前完成并报国土资源部。

（三）工作要求。省级国土资源主管部门要高度重视，在当地人民政府统一领导下，会同有关部门，做好国发〔2010〕47号文件的贯彻落实。要从实际出发组织指导市、县做好清理检查各项工作，采取有力措施，严肃整改自纠，对整改中发现的重大问题，及时研究解决。

国土资源部将会同国务院有关部门，对各地清理检查工作进行联合抽查，凡发现有意瞒报、虚报等行为的，认定为自查清理工作不合格，要公开通报并追究责任。

闲置土地处置办法

· 2012年6月1日国土资源部部令第53号公布
· 自2012年7月1日起施行

第一章　总　则

第一条　为有效处置和充分利用闲置土地，规范土地市场行为，促进节约集约用地，根据《中华人民共和国土地管理法》、《中华人民共和国城市房地产管理法》及有关法律、行政法规，制定本办法。

第二条　本办法所称闲置土地，是指国有建设用地使用权人超过国有建设用地使用权有偿使用合同或者划拨决定书约定、规定的动工开发日期满一年未动工开发的国有建设用地。

已动工开发但开发建设用地面积占应动工开发建设用地总面积不足三分之一或者已投资额占总投资额不足百分之二十五，中止开发建设满一年的国有建设用地，也可以认定为闲置土地。

注释　根据《最高人民法院关于对山东省高级人民法院就国土资源部〈闲置土地处置办法〉第二条第二款第（二）项关于闲置土地认定的规定是否违反上位法规定等问题的请示的答复》的规定，国土资源部1999年发布的《闲置土地处置办法》第2条第2款第（2）项（对应现第2条第2款）规定的闲置土地，应依据该办法第3条（对应现第12条）的规定，采取延长开发建设时间、安排临时使用、置换等价土地等方式处置；对于城市规划区内，出让等有偿使用方式取得土地使用权进行房地产开发，超过规定期限未动工的闲置土地，则适用该办法第4条第2款（对应现第14条）的规定处置。该规定没有违反土地管理法和城市房地产管理法的有关规定。

第三条　闲置土地处置应当符合土地利用总体规划和城乡规划，遵循依法依规、促进利用、保障权益、信息公开的原则。

第四条　市、县国土资源主管部门负责本行政区域内闲置土地的调查认定和处置工作的组织实施。

上级国土资源主管部门对下级国土资源主管部门调查认定和处置闲置土地工作进行监督管理。

第二章　调查和认定

第五条　市、县国土资源主管部门发现有涉嫌构成本办法第二条规定的闲置土地的，应当在三十日内开展调查核实，向国有建设用地使用权人发出《闲置土地调查通知书》。

国有建设用地使用权人应当在接到《闲置土地调查通知书》之日起三十日内，按照要求提供土地开发利用情况、闲置原因以及相关说明等材料。

第六条　《闲置土地调查通知书》应当包括下列内容：

（一）国有建设用地使用权人的姓名或者名称、地址；

（二）涉嫌闲置土地的基本情况；

（三）涉嫌闲置土地的事实和依据；

（四）调查的主要内容及提交材料的期限；

（五）国有建设用地使用权人的权利和义务；

（六）其他需要调查的事项。

四、用益物权

第七条 市、县国土资源主管部门履行闲置土地调查职责,可以采取下列措施:

(一)询问当事人及其他证人;

(二)现场勘测、拍照、摄像;

(三)查阅、复制与被调查人有关的土地资料;

(四)要求被调查人就有关土地权利及使用问题作出说明。

第八条 有下列情形之一,属于政府、政府有关部门的行为造成动工开发迟延的,国有建设用地使用权人应当向市、县国土资源主管部门提供土地闲置原因说明材料,经审核属实的,依照本办法第十二条和第十三条规定处置:

(一)因未按照国有建设用地使用权有偿使用合同或者划拨决定书约定、规定的期限、条件将土地交付给国有建设用地使用权人,致使项目不具备动工开发条件的;

(二)因土地利用总体规划、城乡规划依法修改,造成国有建设用地使用权人不能按照国有建设用地使用权有偿使用合同或者划拨决定书约定、规定的用途、规划和建设条件开发的;

(三)因国家出台相关政策,需要对约定、规定的规划和建设条件进行修改的;

(四)因处置土地上相关群众信访事项等无法动工开发的;

(五)因军事管制、文物保护等无法动工开发的;

(六)政府、政府有关部门的其他行为。

因自然灾害等不可抗力导致土地闲置的,依照前款规定办理。

第九条 经调查核实,符合本办法第二条规定条件,构成闲置土地的,市、县国土资源主管部门应当向国有建设用地使用权人下达《闲置土地认定书》。

第十条 《闲置土地认定书》应当载明下列事项:

(一)国有建设用地使用权人的姓名或者名称、地址;

(二)闲置土地的基本情况;

(三)认定土地闲置的事实、依据;

(四)闲置原因及认定结论;

(五)其他需要说明的事项。

第十一条 《闲置土地认定书》下达后,市、县国土资源主管部门应当通过门户网站等形式向社会公开闲置土地的位置、国有建设用地使用权人名称、闲置时间等信息;属于政府或者政府有关部门的行为导致土地闲置的,应当同时公开闲置原因,并书面告知有关政府或者政府部门。

上级国土资源主管部门应当及时汇总下级国土资源主管部门上报的闲置土地信息,并在门户网站上公开。

闲置土地在没有处置完毕前,相关信息应当长期公开。闲置土地处置完毕后,应当及时撤销相关信息。

第三章 处置和利用

第十二条 因本办法第八条规定情形造成土地闲置的,市、县国土资源主管部门应当与国有建设用地使用权人协商,选择下列方式处置:

(一)延长动工开发期限。签订补充协议,重新约定动工开发、竣工期限和违约责任。从补充协议约定的动工开发日期起,延长动工开发期限最长不得超过一年;

(二)调整土地用途、规划条件。按照新用途或者新规划条件重新办理相关用地手续,并按照新用途或者新规划条件核算、收缴或者退还土地价款。改变用途后的土地利用必须符合土地利用总体规划和城乡规划;

(三)由政府安排临时使用。待原项目具备开发建设条件,国有建设用地使用权人重新开发建设。从安排临时使用之日起,临时使用期限最长不得超过两年;

(四)协议有偿收回国有建设用地使用权;

(五)置换土地。对已缴清土地价款、落实项目资金,且因规划依法修改造成闲置的,可以为国有建设用地使用权人置换其他价值相当、用途相同的国有建设用地进行开发建设。涉及出让土地的,应当重新签订土地出让合同,并在合同中注明为置换土地;

(六)市、县国土资源主管部门还可以根据实际情况规定其他处置方式。

除前款第四项规定外,动工开发时间按照新约定、规定的时间重新起算。

符合本办法第二条第二款规定情形的闲置土地,依照本条规定的方式处置。

第十三条 市、县国土资源主管部门与国有建设用地使用权人协商一致后,应当拟订闲置土地处置方案,报本级人民政府批准后实施。

闲置土地设有抵押权的,市、县国土资源主管部门在拟订闲置土地处置方案时,应当书面通知相关抵押权人。

第十四条　除本办法第八条规定情形外,闲置土地按照下列方式处理:

(一)未动工开发满一年的,由市、县国土资源主管部门报经本级人民政府批准后,向国有建设用地使用权人下达《征缴土地闲置费决定书》,按照土地出让或者划拨价款的百分之二十征缴土地闲置费。土地闲置费不得列入生产成本;

(二)未动工开发满两年的,由市、县国土资源主管部门按照《中华人民共和国土地管理法》第三十七条和《中华人民共和国城市房地产管理法》第二十六条的规定,报经有批准权的人民政府批准后,向国有建设用地使用权人下达《收回国有建设用地使用权决定书》,无偿收回国有建设用地使用权。闲置土地设有抵押权的,同时抄送相关土地抵押权人。

第十五条　市、县国土资源主管部门在依照本办法第十四条规定作出征缴土地闲置费、收回国有建设用地使用权决定前,应当书面告知国有建设用地使用权人有申请听证的权利。国有建设用地使用权人要求举行听证的,市、县国土资源主管部门应当依照《国土资源听证规定》依法组织听证。

第十六条　《征缴土地闲置费决定书》和《收回国有建设用地使用权决定书》应当包括下列内容:

(一)国有建设用地使用权人的姓名或者名称、地址;

(二)违反法律、法规或者规章的事实和证据;

(三)决定的种类和依据;

(四)决定的履行方式和期限;

(五)申请行政复议或者提起行政诉讼的途径和期限;

(六)作出决定的行政机关名称和作出决定的日期;

(七)其他需要说明的事项。

第十七条　国有建设用地使用权人应当自《征缴土地闲置费决定书》送达之日起三十日内,按照规定缴纳土地闲置费;自《收回国有建设用地使用权决定书》送达之日起三十日内,到市、县国土资源主管部门办理国有建设用地使用权注销登记,交回土地权利证书。

国有建设用地使用权人对《征缴土地闲置费决定书》和《收回国有建设用地使用权决定书》不服的,可以依法申请行政复议或者提起行政诉讼。

第十八条　国有建设用地使用权人逾期不申请行政复议、不提起行政诉讼,也不履行相关义务的,市、县国土资源主管部门可以采取下列措施:

(一)逾期不办理国有建设用地使用权注销登记,不交回土地权利证书的,直接公告注销国有建设用地使用权登记和土地权利证书;

(二)申请人民法院强制执行。

第十九条　对依法收回的闲置土地,市、县国土资源主管部门可以采取下列方式利用:

(一)依据国家土地供应政策,确定新的国有建设用地使用权人开发利用;

(二)纳入政府土地储备;

(三)对耕作条件未被破坏且近期无法安排建设项目的,由市、县国土资源主管部门委托有关农村集体经济组织、单位或者个人组织恢复耕种。

第二十条　闲置土地依法处置后土地权属和土地用途发生变化的,应当依据实地现状在当年土地变更调查中进行变更,并依照有关规定办理土地变更登记。

第四章　预防和监管

第二十一条　市、县国土资源主管部门供应土地应当符合下列要求,防止因政府、政府有关部门的行为造成土地闲置:

(一)土地权利清晰;

(二)安置补偿落实到位;

(三)没有法律经济纠纷;

(四)地块位置、使用性质、容积率等规划条件明确;

(五)具备动工开发所必需的其他基本条件。

第二十二条　国有建设用地使用权有偿使用合同或者划拨决定书应当就项目动工开发、竣工时间和违约责任等作出明确约定、规定。约定、规定动工开发时间应当综合考虑办理动工开发所需相关手续的时限规定和实际情况,为动工开发预留合理时间。

因特殊情况,未约定、规定动工开发日期,或者约定、规定不明确的,以实际交付土地之日起一年为动工开发日期。实际交付土地日期以交地确

四、用益物权

认书确定的时间为准。

第二十三条 国有建设用地使用权人应当在项目开发建设期间，及时向市、县国土资源主管部门报告项目动工开发、开发进度、竣工等情况。

国有建设用地使用权人应当在施工现场设立建设项目公示牌，公布建设用地使用权人、建设单位、项目动工开发、竣工时间和土地开发利用标准等。

第二十四条 国有建设用地使用权人违反法律法规规定和合同约定、划拨决定书规定恶意囤地、炒地的，依照本办法规定处理完毕前，市、县国土资源主管部门不得受理该国有建设用地使用权人新的用地申请，不得办理被认定为闲置土地的转让、出租、抵押和变更登记。

第二十五条 市、县国土资源主管部门应当将本行政区域内的闲置土地信息按宗录入土地市场动态监测与监管系统备案。闲置土地按照规定处置完毕后，市、县国土资源主管部门应当及时更新该宗土地相关信息。

闲置土地未按照规定备案的，不得采取本办法第十二条规定的方式处置。

第二十六条 市、县国土资源主管部门应当将国有建设用地使用权人闲置土地的信息抄送金融监管等部门。

第二十七条 省级以上国土资源主管部门可以根据情况，对闲置土地情况严重的地区，在土地利用总体规划、土地利用年度计划、建设用地审批、土地供应等方面采取限制新增加建设用地、促进闲置土地开发利用的措施。

第五章 法律责任

第二十八条 市、县国土资源主管部门未按照国有建设用地使用权有偿使用合同或者划拨决定书约定、规定的期限、条件将土地交付给国有建设用地使用权人，致使项目不具备动工开发条件的，应当依法承担违约责任。

第二十九条 县级以上国土资源主管部门及其工作人员违反本办法规定，有下列情形之一的，依法给予处分；构成犯罪的，依法追究刑事责任：

（一）违反本办法第二十一条的规定供应土地的；

（二）违反本办法第二十四条的规定受理用地申请和办理土地登记的；

（三）违反本办法第二十五条的规定处置闲置土地的；

（四）不依法履行闲置土地监督检查职责，在闲置土地调查、认定和处置工作中徇私舞弊、滥用职权、玩忽职守的。

第六章 附 则

第三十条 本办法中下列用语的含义：

动工开发：依法取得施工许可证后，需挖深基坑的项目，基坑开挖完毕；使用桩基的项目，打入所有基础桩；其他项目，地基施工完成三分之一。

已投资额、总投资额：均不含国有建设用地使用权出让价款、划拨价款和向国家缴纳的相关税费。

第三十一条 集体所有建设用地闲置的调查、认定和处置，参照本办法有关规定执行。

第三十二条 本办法自 2012 年 7 月 1 日起施行。

划拨用地目录

· 2001 年 10 月 22 日国土资源部令第 9 号发布
· 自发布之日起施行

一、根据《中华人民共和国土地管理法》和《中华人民共和国城市房地产管理法》的规定，制定本目录。

二、符合本目录的建设用地项目，由建设单位提出申请，经有批准权的人民政府批准，可以划拨方式提供土地使用权。

三、对国家重点扶持的能源、交通、水利等基础设施用地项目，可以以划拨方式提供土地使用权。对以营利为目的，非国家重点扶持的能源、交通、水利等基础设施用地项目，应当以有偿方式提供土地使用权。

四、以划拨方式取得的土地使用权，因企业改制、土地使用权转让或者改变土地用途等不再符合本目录的，应当实行有偿使用。

五、本目录施行后，法律、行政法规和国务院的有关政策另有规定的，按有关规定执行。

六、本目录自发布之日起施行。原国家土地管理局颁布的《划拨用地项目目录》同时废止。

国家机关用地和军事用地

（一）党政机关和人民团体用地

1. 办公用地

2. 安全、保密、通讯等特殊专用设施。

（二）军事用地

1. 指挥机关、地面和地下的指挥工程、作战工程。

2. 营区、训练场、试验场。

3. 军用公路、铁路专用线、机场、港口、码头。

4. 军用洞库、仓库、输电、输油、输气管线。

5. 军用通信、通讯线路、侦察、观测台站和测量、导航标志。

6. 国防军品科研、试验设施。

7. 其他军事设施。

城市基础设施用地和公益事业用地

（三）城市基础设施用地

1. 供水设施：包括水源地、取水工程、净水厂、输配水工程、水质检测中心、调度中心、控制中心。

2. 燃气供应设施：包括人工煤气生产设施、液化石油气气化站、液化石油气储配站、天然气输配气设施。

3. 供热设施：包括热电厂、热力网设施。

4. 公共交通设施：包括城市轻轨、地下铁路线路、公共交通车辆停车场、首末站（总站）、调度中心、整流站、车辆保养场。

5. 环境卫生设施：包括雨水处理设施、污水处理厂、垃圾（粪便）处理设施、其他环卫设施。

6. 道路广场：包括市政道路、市政广场。

7. 绿地：包括公共绿地（住宅小区、工程建设项目的配套绿地除外）、防护绿地。

（四）非营利性邮政设施用地

1. 邮件处理中心、邮政支局（所）。

2. 邮政运输、物流配送中心。

3. 邮件转运站。

4. 国际邮件互换局、交换站。

5. 集装容器（邮袋、报皮）维护调配处理场。

（五）非营利性教育设施用地

1. 学校教学、办公、实验、科研及校内文化体育设施。

2. 高等、中等、职业学校的学生宿舍、食堂、教学实习及训练基地。

3. 托儿所、幼儿园的教学、办公、园内活动场地。

4. 特殊教育学校（盲校、聋哑学校、弱智学校）康复、技能训练设施。

（六）公益性科研机构用地

1. 科学研究、调查、观测、实验、试验（站、场、基地）设施。

2. 科研机构办公设施。

（七）非营利性体育设施用地

1. 各类体育运动项目专业比赛和专业训练场（馆）、配套设施（高尔夫球场除外）。

2. 体育信息、科研、兴奋剂检测设施。

3. 全民健身运动设施（住宅小区、企业单位内配套的除外）。

（八）非营利性公共文化设施用地

1. 图书馆。

2. 博物馆。

3. 文化馆。

4. 青少年宫、青少年科技馆、青少年（儿童）活动中心。

（九）非营利性医疗卫生设施用地

1. 医院、门诊部（所）、急救中心（站）、城乡卫生院。

2. 各级政府所属的卫生防疫站（疾病控制中心）、健康教育所、专科疾病防治所（站）。

3. 各级政府所属的妇幼保健所（院、站）、母婴保健机构、儿童保健机构、血站（血液中心、中心血站）。

（十）非营利性社会福利设施用地

1. 福利性住宅。

2. 综合性社会福利设施。

3. 老年人社会福利设施。

4. 儿童社会福利设施。

5. 残疾人社会福利设施。

6. 收容遣送设施。

7. 殡葬设施。

国家重点扶持的能源、交通、水利等基础设施用地

（十一）石油天然气设施用地

1. 油（气、水）井场及作业配套设施。

2. 油（气、汽、水）计量站、转接站、增压站、热采站、处理厂（站）、联合站、注水（气、汽、化学助剂）站、配气（水）站、原油（气）库、海上油气陆上终端。

3. 防腐、防砂、钻井泥浆、三次采油制剂厂

(站)材料配制站(厂、车间)、预制厂(车间)。

4. 油(气)田机械、设备、仪器、管材加工和维修设施。

5. 油、气(汽)、水集输和长输管道、专用交通运输设施。

6. 油(气)田物资仓库(站)、露天货场、废旧料场、成品油(气)库(站)、液化气站。

7. 供排水设施、供配电设施、通讯设施。

8. 环境保护检测、污染治理、废旧料(物)综合处理设施。

9. 消防、安全、保卫设施。

(十二)煤炭设施用地

1. 矿井、露天矿、煤炭加工设施,共伴生矿物开采与加工场地。

2. 矿井通风、抽放瓦斯、煤层气开采、防火灌浆、井下热害防治设施。

3. 采掘场与疏干设施(含控制站)。

4. 自备发电厂、热电站、输变电设施。

5. 矿区内煤炭机电设备、仪器仪表、配件、器材供应与维修设施。

6. 矿区生产供水、供电、燃气、供气、通讯设施。

7. 矿山救护、消防防护设施。

8. 中心试验站。

9. 专用交通、运输设施。

(十三)电力设施用地

1. 发(变)电主厂房设施及配套库房设施。

2. 发(变)电厂(站)的专用交通设施。

3. 配套环保、安全防护设施。

4. 火力发电工程配电装置、网控楼、通信楼、微波塔。

5. 火力发电工程循环水管(沟)、冷却塔(池)、阀门井水工设施。

6. 火力发电工程燃料供应、供热设施,化学楼、输煤综合楼,启动锅炉房、空压机房。

7. 火力发电工程乙炔站、制氢(氧)站、化学水处理设施。

8. 核能发电工程应急给水储存室、循环水泵房、安全用水泵房、循环水进排水口及管沟、加氯间、配电装置。

9. 核能发电工程燃油储运及油处理设施。

10. 核能发电工程制氢站及相应设施。

11. 核能发电工程淡水水源设施,净水设施、污水、废水处理装置。

12. 新能源发电工程电机,厢变、输电(含专用送出工程)、变电站设施,资源观测设施。

13. 输配电线路塔(杆)、巡线站、线路工区,线路维护、检修道路。

14. 变(配)电装置,直流输电换流站及接地极。

15. 输变电、配电工程给排水、水处理等水工设施。

16. 输变电工区、高压工区。

(十四)水利设施用地

1. 水利工程用地:包括挡水、泄水建筑物、引水系统、尾水系统、分洪道及其附属建筑物,附属道路、交通设施,供电、供水、供风、供热及制冷设施。

2. 水库淹没区。

3. 堤防工程。

4. 河道治理工程。

5. 水闸、泵站、涵洞、桥梁、道路工程及其管护设施。

6. 蓄滞洪区、防护林带、滩区安全建设工程。

7. 取水系统:包括水闸、堰、进水口、泵站、机电井及其管护设施。

8. 输(排)水设施(含明渠、暗渠、隧道、管道、桥、渡槽、倒虹、调蓄水库、水池等)、压(抽、排)泵站、水厂。

9. 防汛抗旱通信设施,水文、气象测报设施。

10. 水土保持管理站、科研技术推广所(站)、试验地设施。

(十五)铁路交通设施用地

1. 铁路线路、车站及站场设施。

2. 铁路运输生产及维修、养护设施。

3. 铁路防洪、防冻、防雪、防风沙设施(含苗圃及植被保护带)、生产防疫、环保、水保设施。

4. 铁路给排水、供电、供暖、制冷、节能、专用通信、信号、信息系统设施。

5. 铁路轮渡、码头及相应的防风、防浪堤、护岸、栈桥、渡船整备设施。

6. 铁路专用物资仓储库(场)。

7. 铁路安全守备、消防、战备设施。

(十六)公路交通设施用地

1. 公路线路、桥梁、交叉工程、隧道和渡口。

2. 公路通信、监控、安全设施。

3. 高速公路服务区(区内经营性用地除外)。

4. 公路养护道班(工区)。

5. 公路线路用地界外设置的公路防护、排水、防洪、防雪、防波、防风沙设施及公路环境保护、监测设施。

(十七)水路交通设施用地

1. 码头、栈桥、防波堤、防沙导流堤、引堤、护岸、围堰水工工程。

2. 人工开挖的航道、港池、锚地及停泊区工程。

3. 港口生产作业区。

4. 港口机械设备停放场地及维修设施。

5. 港口专用铁路、公路、管道设施。

6. 港口给排水、供电、供暖、节能、防洪设施。

7. 水上安全监督(包括沿海和内河)、救助打捞、港航消防设施。

8. 通讯导航设施、环境保护设施。

9. 内河航运管理设施、内河航运枢纽工程、通航建筑物及管理维修区。

(十八)民用机场设施用地

1. 机场飞行区。

2. 公共航空运输客、货业务设施:包括航站楼、机场场区内的货运库(站)、特殊货物(危险品)业务仓库。

3. 空中交通管理系统。

4. 航材供应、航空器维修、适航检查及校验设施。

5. 机场地面专用设备、特种车辆保障设施。

6. 油料运输、中转、储油及加油设施。

7. 消防、应急救援、安全检查、机场公用设施。

8. 环境保护设施:包括污水处理、航空垃圾处理、环保监测、防噪声设施。

9. 训练机场、通用航空机场、公共航运机场中的通用航空业务配套设施。

法律、行政法规规定的其他用地

(十九)特殊用地

1. 监狱。

2. 劳教所。

3. 戒毒所、看守所、治安拘留所、收容教育所。

最高人民法院关于审理涉及国有土地使用权合同纠纷案件适用法律问题的解释

· 2004 年 11 月 23 日最高人民法院审判委员会第 1334 次会议通过

· 根据 2020 年 12 月 23 日最高人民法院审判委员会第 1823 次会议通过的《最高人民法院关于修改〈最高人民法院关于在民事审判工作中适用《中华人民共和国工会法》若干问题的解释〉等二十七件民事类司法解释的决定》修正

为正确审理国有土地使用权合同纠纷案件,依法保护当事人的合法权益,根据《中华人民共和国民法典》《中华人民共和国土地管理法》《中华人民共和国城市房地产管理法》等法律规定,结合民事审判实践,制定本解释。

一、土地使用权出让合同纠纷

第一条 本解释所称的土地使用权出让合同,是指市、县人民政府自然资源主管部门作为出让方将国有土地使用权在一定年限内让与受让方,受让方支付土地使用权出让金的合同。

第二条 开发区管理委员会作为出让方与受让方订立的土地使用权出让合同,应当认定无效。

本解释实施前,开发区管理委员会作为出让方与受让方订立的土地使用权出让合同,起诉前经市、县人民政府自然资源主管部门追认的,可以认定合同有效。

第三条 经市、县人民政府批准同意以协议方式出让的土地使用权,土地使用权出让金低于订立合同时当地政府按照国家规定确定的最低价的,应当认定土地使用权出让合同约定的价格条款无效。

当事人请求按照订立合同时的市场评估价格交纳土地使用权出让金的,应予支持;受让方不同意按照市场评估价格补足,请求解除合同的,应予支持。因此造成的损失,由当事人按照过错承担责任。

第四条 土地使用权出让合同的出让方因未

四、用益物权

办理土地使用权出让批准手续而不能交付土地，受让方请求解除合同的，应予支持。

第五条 受让方经出让方和市、县人民政府城市规划行政主管部门同意，改变土地使用权出让合同约定的土地用途，当事人请求按照起诉时同种用途的土地出让金标准调整土地出让金的，应予支持。

第六条 受让方擅自改变土地使用权出让合同约定的土地用途，出让方请求解除合同的，应予支持。

二、土地使用权转让合同纠纷

第七条 本解释所称的土地使用权转让合同，是指土地使用权人作为转让方将出让土地使用权转让于受让方，受让方支付价款的合同。

第八条 土地使用权人作为转让方与受让方订立土地使用权转让合同后，当事人一方以双方之间未办理土地使用权变更登记手续为由，请求确认合同无效的，不予支持。

第九条 土地使用权人作为转让方就同一出让土地使用权订立数个转让合同，在转让合同有效的情况下，受让方均要求履行合同的，按照以下情形分别处理：

（一）已经办理土地使用权变更登记手续的受让方，请求转让方履行交付土地等合同义务的，应予支持；

（二）均未办理土地使用权变更登记手续，已先行合法占有投资开发土地的受让方请求转让方履行土地使用权变更登记等合同义务的，应予支持；

（三）均未办理土地使用权变更登记手续，又未合法占有投资开发土地，先行支付土地转让款的受让方请求转让方履行交付土地和办理土地使用权变更登记等合同义务的，应予支持；

（四）合同均未履行，依法成立在先的合同受让方请求履行合同的，应予支持。

未能取得土地使用权的受让方请求解除合同、赔偿损失的，依照民法典的有关规定处理。

第十条 土地使用权人与受让方订立合同转让划拨土地使用权，起诉前经有批准权的人民政府同意转让，并由受让方办理土地使用权出让手续的，土地使用权人与受让方订立的合同可以按照补偿性质的合同处理。

第十一条 土地使用权人与受让方订立合同转让划拨土地使用权，起诉前经有批准权的人民政府决定不办理土地使用权出让手续，并将该划拨土地使用权直接划拨给受让方使用的，土地使用权人与受让方订立的合同可以按照补偿性质的合同处理。

三、合作开发房地产合同纠纷

第十二条 本解释所称的合作开发房地产合同，是指当事人订立的以提供出让土地使用权、资金等作为共同投资，共享利润、共担风险合作开发房地产为基本内容的合同。

第十三条 合作开发房地产合同的当事人一方具备房地产开发经营资质的，应当认定合同有效。

当事人双方均不具备房地产开发经营资质的，应当认定合同无效。但起诉前当事人一方已经取得房地产开发经营资质或者已依法合作成立具有房地产开发经营资质的房地产开发企业的，应当认定合同有效。

第十四条 投资数额超出合作开发房地产合同的约定，对增加的投资数额的承担比例，当事人协商不成的，按照当事人的违约情况确定；因不可归责于当事人的事由或者当事人的违约情况无法确定的，按照约定的投资比例确定；没有约定投资比例的，按照约定的利润分配比例确定。

第十五条 房屋实际建筑面积少于合作开发房地产合同的约定，对房屋实际建筑面积的分配比例，当事人协商不成的，按照当事人的违约情况确定；因不可归责于当事人的事由或者当事人违约情况无法确定的，按照约定的利润分配比例确定。

第十六条 在下列情形下，合作开发房地产合同的当事人请求分配房地产项目利益的，不予受理；已经受理的，驳回起诉：

（一）依法需经批准的房地产建设项目未经有批准权的人民政府主管部门批准；

（二）房地产建设项目未取得建设工程规划许可证；

（三）擅自变更建设工程规划。

因当事人隐瞒建设工程规划变更的事实所造成的损失，由当事人按照过错承担。

第十七条　房屋实际建筑面积超出规划建筑面积,经有批准权的人民政府主管部门批准后,当事人对超出部分的房屋分配比例协商不成的,按照约定的利润分配比例确定。对增加的投资数额的承担比例,当事人协商不成的,按照约定的投资比例确定;没有约定投资比例的,按照约定的利润分配比例确定。

第十八条　当事人违反规划开发建设的房屋,被有批准权的人民政府主管部门认定为违法建筑责令拆除,当事人对损失承担协商不成的,按照当事人过错确定责任;过错无法确定的,按照约定的投资比例确定责任;没有约定投资比例的,按照约定的利润分配比例确定责任。

第十九条　合作开发房地产合同约定仅以投资数额确定利润分配比例,当事人未足额交纳出资的,按照当事人的实际投资比例分配利润。

第二十条　合作开发房地产合同的当事人要求将房屋预售款充抵投资参与利润分配的,不予支持。

第二十一条　合作开发房地产合同约定提供土地使用权的当事人不承担经营风险,只收取固定利益的,应当认定为土地使用权转让合同。

第二十二条　合作开发房地产合同约定提供资金的当事人不承担经营风险,只分配固定数量房屋的,应当认定为房屋买卖合同。

第二十三条　合作开发房地产合同约定提供资金的当事人不承担经营风险,只收取固定数额货币的,应当认定为借款合同。

第二十四条　合作开发房地产合同约定提供资金的当事人不承担经营风险,只以租赁或者其他形式使用房屋的,应当认定为房屋租赁合同。

四、其　它

第二十五条　本解释自 2005 年 8 月 1 日起施行;施行后受理的第一审案件适用本解释。

本解释施行前最高人民法院发布的司法解释与本解释不一致的,以本解释为准。

最高人民法院关于破产企业国有划拨土地使用权应否列入破产财产等问题的批复

· 2002 年 10 月 11 日最高人民法院审判委员会第 1245 次会议通过
· 根据 2020 年 12 月 23 日最高人民法院审判委员会第 1823 次会议通过的《最高人民法院关于修改〈最高人民法院关于破产企业国有划拨土地使用权应否列入破产财产等问题的批复〉等二十九件商事类司法解释的决定》修正

湖北省高级人民法院:

你院鄂高法〔2002〕158 号《关于破产企业国有划拨土地使用权应否列入破产财产以及有关抵押效力认定等问题的请示》收悉。经研究,答复如下:

一、根据《中华人民共和国土地管理法》第五十八条第一款第(三)项及《城镇国有土地使用权出让和转让暂行条例》第四十七条的规定,破产企业以划拨方式取得的国有土地使用权不属于破产财产,在企业破产时,有关人民政府可以予以收回,并依法处置。纳入国家兼并破产计划的国有企业,其依法取得的国有土地使用权,应依据国务院有关文件规定办理。

二、企业对其以划拨方式取得的国有土地使用权无处分权,以该土地使用权设定抵押,未经有审批权限的人民政府或土地行政管理部门批准的,不影响抵押合同效力;履行了法定的审批手续,并依法办理抵押登记的,抵押权自登记时设立。根据《中华人民共和国城市房地产管理法》第五十一条的规定,抵押权人只有在以抵押标的物折价或拍卖、变卖所得价款缴纳相当于土地使用权出让金的款项后,对剩余部分方可享有优先受偿权。但纳入国家兼并破产计划的国有企业,其用以划拨方式取得的国有土地使用权设定抵押的,应依据国务院有关文件规定办理。

三、国有企业以关键设备、成套设备、建筑物设定抵押的,如无其他法定的无效情形,不应当仅以未经政府主管部门批准为由认定抵押合同无效。

四、用益物权

本批复自公布之日起施行,正在审理或者尚未审理的案件,适用本批复,但对提起再审的判决、裁定已经发生法律效力的案件除外。

此复。

最高人民法院关于国有土地开荒后用于农耕的土地使用权转让合同纠纷案件如何适用法律问题的批复

· 2011 年 11 月 21 日最高人民法院审判委员会第 1532 次会议通过
· 根据 2020 年 12 月 23 日最高人民法院审判委员会第 1823 次会议通过的《最高人民法院关于修改〈最高人民法院关于在民事审判工作中适用《中华人民共和国工会法》若干问题的解释〉等二十七件民事类司法解释的决定》修正

甘肃省高级人民法院:

你院《关于对国有土地经营权转让如何适用法律的请示》(甘高法〔2010〕84 号)收悉。经研究,答复如下:

开荒后用于农耕而未交由农民集体使用的国有土地,不属于《中华人民共和国农村土地承包法》第二条规定的农村土地。此类土地使用权的转让,不适用《中华人民共和国农村土地承包法》的规定,应适用《中华人民共和国民法典》和《中华人民共和国土地管理法》等相关法律规定加以规范。

对于国有土地开荒后用于农耕的土地使用权转让合同,不违反法律、行政法规的强制性规定的,当事人仅以转让方未取得土地使用权证书为由请求确认合同无效的,人民法院依法不予支持;当事人根据合同约定主张对方当事人履行办理土地使用权证书义务的,人民法院依法应予支持。

4. 探矿权、采矿权

中华人民共和国矿产资源法(节录)

· 1986 年 3 月 19 日第六届全国人民代表大会常务委员会第十五次会议通过
· 根据 1996 年 8 月 29 日第八届全国人民代表大会常务委员会第二十一次会议《关于修改〈中华人民共和国矿产资源法〉的决定》第一次修正
· 根据 2009 年 8 月 27 日第十一届全国人民代表大会常务委员会第十次会议《关于修改部分法律的决定》第二次修正

......

第三条 矿产资源属于国家所有,由国务院行使国家对矿产资源的所有权。地表或者地下的矿产资源的国家所有权,不因其所依附的土地的所有权或者使用权的不同而改变。

国家保障矿产资源的合理开发利用。禁止任何组织或者个人用任何手段侵占或者破坏矿产资源。各级人民政府必须加强矿产资源的保护工作。

勘查、开采矿产资源,必须依法分别申请、经批准取得探矿权、采矿权,并办理登记;但是,已经依法申请取得采矿权的矿山企业在划定的矿区范围内为本企业的生产而进行的勘查除外。国家保护探矿权和采矿权不受侵犯,保障矿区和勘查作业区的生产秩序、工作秩序不受影响和破坏。

从事矿产资源勘查和开采的,必须符合规定的资质条件。

第四条 国家保障依法设立的矿山企业开采矿产资源的合法权益。

国有矿山企业是开采矿产资源的主体。国家保障国有矿业经济的巩固和发展。

......

第三十九条 违反本法规定,未取得采矿许可证擅自采矿的,擅自进入国家规划矿区、对国民经济具有重要价值的矿区范围采矿的,擅自开采国家规定实行保护性开采的特定矿种的,责令停止开采、赔偿损失,没收采出的矿产品和违法所得,可以并处罚款;拒不停止开采,造成矿产资源破坏的,依照刑法有关规定对直接责任人员追究刑事责任。

单位和个人进入他人依法设立的国有矿山企业和其他矿山企业矿区范围内采矿的,依照前款规定处罚。

第四十条 超越批准的矿区范围采矿的,责令退回本矿区范围内开采、赔偿损失,没收越界开采的矿产品和违法所得,可以并处罚款;拒不退回本矿区范围内开采,造成矿产资源破坏的,吊销采矿许可证,依照刑法有关规定对直接责任人员追究刑事责任。

第四十一条 盗窃、抢夺矿山企业和勘查单位的矿产品和其他财物,破坏采矿、勘查设施的,扰乱矿区和勘查作业区的生产秩序、工作秩序的,分别依照刑法有关规定追究刑事责任;情节显著轻微的,依照治安管理处罚法有关规定予以处罚。

第四十二条 买卖、出租或者以其他形式转让矿产资源的,没收违法所得,处以罚款。

违反本法第六条的规定将探矿权、采矿权倒卖牟利的,吊销勘查许可证、采矿许可证,没收违法所得,处以罚款。

第四十三条 违反本法规定收购和销售国家统一收购的矿产品的,没收矿产品和违法所得,可以并处罚款;情节严重的,依照刑法有关规定,追究刑事责任。

第四十四条 违反本法规定,采取破坏性的开采方法开采矿产资源的,处以罚款,可以吊销采矿许可证;造成矿产资源严重破坏的,依照刑法有关规定对直接责任人员追究刑事责任。

……

矿产资源开采登记管理办法

· 1998 年 2 月 12 日中华人民共和国国务院令第 241 号发布
· 根据 2014 年 7 月 29 日《国务院关于修改部分行政法规的决定》修订

第一条 为了加强对矿产资源开采的管理,保护采矿权人的合法权益,维护矿产资源开采秩序,促进矿业发展,根据《中华人民共和国矿产资源法》,制定本办法。

第二条 在中华人民共和国领域及管辖的其他海域开采矿产资源,必须遵守本办法。

第三条 开采下列矿产资源,由国务院地质矿产主管部门审批登记,颁发采矿许可证:

(一)国家规划矿区和对国民经济具有重要价值的矿区内的矿产资源;

(二)领海及中国管辖的其他海域的矿产资源;

(三)外商投资开采的矿产资源;

(四)本办法附录所列的矿产资源。

开采石油、天然气矿产的,经国务院指定的机关审查同意后,由国务院地质矿产主管部门登记,颁发采矿许可证。

开采下列矿产资源,由省、自治区、直辖市人民政府地质矿产主管部门审批登记,颁发采矿许可证:

(一)本条第一款、第二款规定以外的矿产储量规模中型以上的矿产资源;

(二)国务院地质矿产主管部门授权省、自治区、直辖市人民政府地质矿产主管部门审批登记的矿产资源。

开采本条第一款、第二款、第三款规定以外的矿产资源,由县级以上地方人民政府负责地质矿产管理工作的部门,按照省、自治区、直辖市人民代表大会常务委员会制定的管理办法审批登记,颁发采矿许可证。

矿区范围跨县级以上行政区域的,由所涉及行政区域的共同上一级登记管理机关审批登记,颁发采矿许可证。

县级以上地方人民政府负责地质矿产管理工作的部门在审批发证后,应当逐级向上一级人民政府负责地质矿产管理工作的部门备案。

第四条 采矿权申请人在提出采矿权申请前,应当根据经批准的地质勘查储量报告,向登记管理机关申请划定矿区范围。

需要申请立项,设立矿山企业的,应当根据划定的矿区范围,按照国家规定办理有关手续。

第五条 采矿权申请人申请办理采矿许可证时,应当向登记管理机关提交下列资料:

(一)申请登记书和矿区范围图;

(二)采矿权申请人资质条件的证明;

（三）矿产资源开发利用方案；

（四）依法设立矿山企业的批准文件；

（五）开采矿产资源的环境影响评价报告；

（六）国务院地质矿产主管部门规定提交的其他资料。

申请开采国家规划矿区或者对国民经济具有重要价值的矿区内的矿产资源和国家实行保护性开采的特定矿种的，还应当提交国务院有关主管部门的批准文件。

申请开采石油、天然气的，还应当提交国务院批准设立石油公司或者同意进行石油、天然气开采的批准文件以及采矿企业法人资格证明。

第六条 登记管理机关应当自收到申请之日起 40 日内，作出准予登记或者不予登记的决定，并通知采矿权申请人。

需要采矿权申请人修改或者补充本办法第五条规定的资料的，登记管理机关应当通知采矿权申请人限期修改或者补充。

准予登记的，采矿权申请人应当自收到通知之日起 30 日内，依照本办法第九条的规定缴纳采矿权使用费，并依照本办法第十条的规定缴纳国家出资勘查形成的采矿权价款，办理登记手续，领取采矿许可证，成为采矿权人。

不予登记的，登记管理机关应当向采矿权申请人说明理由。

第七条 采矿许可证有效期，按照矿山建设规模确定：大型以上的，采矿许可证有效期最长为 30 年；中型的，采矿许可证有效期最长为 20 年；小型的，采矿许可证有效期最长为 10 年。采矿许可证有效期满，需要继续采矿的，采矿权人应当在采矿许可证有效期届满的 30 日前，到登记管理机关办理延续登记手续。

采矿权人逾期不办理延续登记手续的，采矿许可证自行废止。

第八条 登记管理机关在颁发采矿许可证后，应当通知矿区范围所在地的有关县级人民政府。有关县级人民政府应当自收到通知之日起 90 日内，对矿区范围予以公告，并可以根据采矿权人的申请，组织埋设界桩或者设置地面标志。

第九条 国家实行采矿权有偿取得的制度。采矿权使用费，按照矿区范围的面积逐年缴纳，标准为每平方公里每年 1000 元。

第十条 申请国家出资勘查并已经探明矿产地的采矿权的，采矿权申请人除依照本办法第九条的规定缴纳采矿权使用费外，还应当缴纳国家出资勘查形成的采矿权价款；采矿权价款按照国家有关规定，可以一次缴纳，也可以分期缴纳。

国家出资勘查形成的采矿权价款，由具有矿业权评估资质的评估机构进行评估；评估报告报登记管理机关备案。

第十一条 采矿权使用费和国家出资勘查形成的采矿权价款由登记管理机关收取，全部纳入国家预算管理。具体管理、使用办法，由国务院地质矿产主管部门会同国务院财政部门、计划主管部门制定。

第十二条 有下列情形之一的，由采矿权人提出申请，经省级以上人民政府登记管理机关按照国务院地质矿产主管部门会同国务院财政部门制定的采矿权使用费和采矿权价款的减免办法审查批准，可以减缴、免缴采矿权使用费和采矿权价款：

（一）开采边远贫困地区的矿产资源的；

（二）开采国家紧缺的矿种的；

（三）因自然灾害等不可抗力的原因，造成矿山企业严重亏损或者停产的；

（四）国务院地质矿产主管部门和国务院财政部门规定的其他情形。

第十三条 采矿权可以通过招标投标的方式有偿取得。

登记管理机关依照本办法第三条规定的权限确定招标的矿区范围，发布招标公告，提出投标要求和截止日期；但是，对境外招标的矿区范围由国务院地质矿产主管部门确定。登记管理机关组织评标，采取择优原则确定中标人。中标人缴纳本办法第九条、第十条规定的费用后，办理登记手续，领取采矿许可证，成为采矿权人，并履行标书中承诺的义务。

第十四条 登记管理机关应当对本行政区域内的采矿权人合理开发利用矿产资源、保护环境及其他应当履行的法定义务等情况依法进行监督检查。采矿权人应当如实报告有关情况，并提交年度报告。

第十五条 有下列情形之一的，采矿权人应当在采矿许可证有效期内，向登记管理机关申请变更登记：

（一）变更矿区范围的；

（二）变更主要开采矿种的；

（三）变更开采方式的；

（四）变更矿山企业名称的；

（五）经依法批准转让采矿权的。

第十六条 采矿权人在采矿许可证有效期内或者有效期届满，停办、关闭矿山的，应当自决定停办或者关闭矿山之日起 30 日内，向原发证机关申请办理采矿许可证注销登记手续。

第十七条 任何单位和个人未领取采矿许可证擅自采矿的，擅自进入国家规划矿区和对国民经济具有重要价值的矿区范围采矿的，擅自开采国家规定实行保护性开采的特定矿种的，超越批准的矿区范围采矿的，由登记管理机关依照有关法律、行政法规的规定予以处罚。

第十八条 不依本办法规定提交年度报告、拒绝接受监督检查或者弄虚作假的，由县级以上人民政府负责地质矿产管理工作的部门按照国务院地质矿产主管部门规定的权限，责令停止违法行为，予以警告，可以并处 5 万元以下的罚款；情节严重的，由原发证机关吊销采矿许可证。

第十九条 破坏或者擅自移动矿区范围界桩或者地面标志的，由县级以上人民政府负责地质矿产管理工作的部门按照国务院地质矿产主管部门规定的权限，责令限期恢复；情节严重的，处 3 万元以下的罚款。

第二十条 擅自印制或者伪造、冒用采矿许可证的，由县级以上人民政府负责地质矿产管理工作的部门按照国务院地质矿产主管部门规定的权限，没收违法所得，可以并处 10 万元以下的罚款；构成犯罪的，依法追究刑事责任。

第二十一条 违反本办法规定，不按期缴纳本办法规定应当缴纳的费用的，由登记管理机关责令限期缴纳，并从滞纳之日起每日加收2‰的滞纳金；逾期仍不缴纳的，由原发证机关吊销采矿许可证。

第二十二条 违反本办法规定，不办理采矿许可证变更登记或者注销登记手续的，由登记管理机关责令限期改正；逾期不改正的，由原发证机关吊销采矿许可证。

第二十三条 违反本办法规定开采石油、天然气矿产的，由国务院地质矿产主管部门按照本办法的有关规定给予行政处罚。

第二十四条 采矿权人被吊销采矿许可证的，自采矿许可证被吊销之日起 2 年内不得再申请采矿权。

第二十五条 登记管理机关工作人员徇私舞弊、滥用职权、玩忽职守，构成犯罪的，依法追究刑事责任；尚不构成犯罪的，依法给予行政处分。

第二十六条 采矿许可证由国务院地质矿产主管部门统一印制。申请登记书、变更申请登记书和注销申请登记书的格式，由国务院地质矿产主管部门统一制定。

第二十七条 办理采矿登记手续，应当按照规定缴纳登记费。收费标准和管理、使用办法，由国务院物价主管部门会同国务院地质矿产主管部门、财政部门规定。

第二十八条 外商投资开采矿产资源，依照本办法的规定办理；法律、行政法规另有特别规定的，从其规定。

第二十九条 中外合作开采矿产资源的，中方合作者应当在签订合同后，将合同向原发证机关备案。

第三十条 本办法施行前已经取得采矿许可证的，由国务院地质矿产主管部门统一组织换领新采矿许可证。

本办法施行前已经开办的矿山企业，应当自本办法施行之日起开始缴纳采矿权使用费，并可以依照本办法的规定申请减缴、免缴。

第三十一条 登记管理机关应当对颁发的采矿许可证和吊销的采矿许可证予以公告。

第三十二条 本办法所称矿区范围，是指经登记管理机关依法划定的可供开采矿产资源的范围、井巷工程设施分布范围或者露天剥离范围的立体空间区域。

本办法所称开采方式，是指地下开采或者露天开采。

第三十三条 本办法附录的修改，由国务院地质矿产主管部门报国务院批准后公布。

第三十四条 本办法自发布之日起施行。1987 年 4 月 29 日国务院发布的《全民所有制矿山企业采矿登记管理暂行办法》和 1990 年 11 月 22 日《国务院关于修改〈全民所有制矿山企业采矿登记管理暂行办法〉的决定》同时废止。

四、用益物权

矿产资源勘查区块登记管理办法

- 1998 年 2 月 12 日中华人民共和国国务院令第 240 号发布
- 根据 2014 年 7 月 29 日《国务院关于修改部分行政法规的决定》修订

第一条 为了加强对矿产资源勘查的管理，保护探矿权人的合法权益，维护矿产资源勘查秩序，促进矿业发展，根据《中华人民共和国矿产资源法》，制定本办法。

第二条 在中华人民共和国领域及管辖的其他海域勘查矿产资源，必须遵守本办法。

第三条 国家对矿产资源勘查实行统一的区块登记管理制度。矿产资源勘查工作区范围以经纬度 1′×1′划分的区块为基本单位区块。每个勘查项目允许登记的最大范围：

（一）矿泉水为 10 个基本单位区块；

（二）金属矿产、非金属矿产、放射性矿产为 40 个基本单位区块；

（三）地热、煤、水气矿产为 200 个基本单位区块；

（四）石油、天然气矿产为 2500 个基本单位区块。

第四条 勘查下列矿产资源，由国务院地质矿产主管部门审批登记，颁发勘查许可证：

（一）跨省、自治区、直辖市的矿产资源；

（二）领海及中国管辖的其他海域的矿产资源；

（三）外商投资勘查的矿产资源；

（四）本办法附录所列的矿产资源。

勘查石油、天然气矿产的，经国务院指定的机关审查同意后，由国务院地质矿产主管部门登记，颁发勘查许可证。

勘查下列矿产资源，由省、自治区、直辖市人民政府地质矿产主管部门审批登记，颁发勘查许可证，并应当自发证之日起 10 日内，向国务院地质矿产主管部门备案：

（一）本条第一款、第二款规定以外的矿产资源；

（二）国务院地质矿产主管部门授权省、自治区、直辖市人民政府地质矿产主管部门审批登记

的矿产资源。

第五条 勘查出资人为探矿权申请人；但是，国家出资勘查的，国家委托勘查的单位为探矿权申请人。

第六条 探矿权申请人申请探矿权时，应当向登记管理机关提交下列资料：

（一）申请登记书和申请的区块范围图；

（二）勘查单位的资格证书复印件；

（三）勘查工作计划、勘查合同或者委托勘查的证明文件；

（四）勘查实施方案及附件；

（五）勘查项目资金来源证明；

（六）国务院地质矿产主管部门规定提交的其他资料。

申请勘查石油、天然气的，还应当提交国务院批准设立石油公司或者同意进行石油、天然气勘查的批准文件以及勘查单位法人资格证明。

第七条 申请石油、天然气滚动勘探开发的，应当向登记管理机关提交下列资料，经批准，办理登记手续，领取滚动勘探开发的采矿许可证：

（一）申请登记书和滚动勘探开发矿区范围图；

（二）国务院计划主管部门批准的项目建议书；

（三）需要进行滚动勘探开发的论证材料；

（四）经国务院矿产储量审批机构批准进行石油、天然气滚动勘探开发的储量报告；

（五）滚动勘探开发利用方案。

第八条 登记管理机关应当自收到申请之日起 40 日内，按照申请在先的原则作出准予登记或者不予登记的决定，并通知探矿权申请人。对申请勘查石油、天然气的，登记管理机关还应当在收到申请后及时予以公告或者提供查询。

登记管理机关应当保证国家地质勘查计划一类项目的登记，具体办法由国务院地质矿产主管部门会同国务院计划主管部门制定。

需要探矿权申请人修改或者补充本办法第六条规定的资料的，登记管理机关应当通知探矿权申请人限期修改或者补充。

准予登记时，探矿权申请人应当自收到通知之日起 30 日内，依照本办法第十二条的规定缴纳探矿权使用费，并依照本办法第十三条的规定缴纳国家出资勘查形成的探矿权价款，办理登记手续，领取勘查许可证，成为探矿权人。

不予登记的，登记管理机关应当向探矿权申

请人说明理由。

第九条　禁止任何单位和个人进入他人依法取得探矿权的勘查作业区内进行勘查或者采矿活动。

探矿权人与采矿权人对勘查作业区范围和矿区范围发生争议的，由当事人协商解决；协商不成的，由发证的登记管理机关中级别高的登记管理机关裁决。

第十条　勘查许可证有效期最长为3年；但是，石油、天然气勘查许可证有效期最长为7年。需要延长勘查工作时间的，探矿权人应当在勘查许可证有效期届满的30日前，到登记管理机关办理延续登记手续，每次延续时间不得超过2年。

探矿权人逾期不办理延续登记手续的，勘查许可证自行废止。

石油、天然气滚动勘探开发的采矿许可证有效期最长为15年；但是，探明储量的区块，应当申请办理采矿许可证。

第十一条　登记管理机关应当自颁发勘查许可证之日起10日内，将登记发证项目的名称、探矿权人、区块范围和勘查许可证期限等事项，通知勘查项目所在地的县级人民政府负责地质矿产管理工作的部门。

登记管理机关对勘查区块登记发证情况，应当定期予以公告。

第十二条　国家实行探矿权有偿取得的制度。探矿权使用费以勘查年度计算，逐年缴纳。

探矿权使用费标准：第一个勘查年度至第三个勘查年度，每平方公里每年缴纳100元；从第四个勘查年度起，每平方公里每年增加100元，但是最高不得超过每平方公里每年500元。

第十三条　申请国家出资勘查并已经探明矿产地的区块的探矿权的，探矿权申请人除依照本办法第十二条的规定缴纳探矿权使用费外，还应当缴纳国家出资勘查形成的探矿权价款；探矿权价款按照国家有关规定，可以一次缴纳，也可以分期缴纳。

国家出资勘查形成的探矿权价款，由具有矿业权评估资质的评估机构进行评估；评估报告报登记管理机关备案。

第十四条　探矿权使用费和国家出资勘查形成的探矿权价款，由登记管理机关收取，全部纳入国家预算管理。具体管理、使用办法，由国务院地质矿产主管部门会同国务院财政部门、计划主管部门制定。

第十五条　有下列情形之一的，由探矿权人提出申请，经登记管理机关按照国务院地质矿产主管部门会同国务院财政部门制定的探矿权使用费和探矿权价款的减免办法审查批准，可以减缴、免缴探矿权使用费和探矿权价款：

（一）国家鼓励勘查的矿种；

（二）国家鼓励勘查的区域；

（三）国务院地质矿产主管部门会同国务院财政部门规定的其他情形。

第十六条　探矿权可以通过招标投标的方式有偿取得。

登记管理机关依照本办法第四条规定的权限确定招标区块，发布招标公告，提出投标要求和截止日期；但是，对境外招标的区块由国务院地质矿产主管部门确定。

登记管理机关组织评标，采取择优原则确定中标人。中标人缴纳本办法第十二条、第十三条规定的费用后，办理登记手续，领取勘查许可证，成为探矿权人，并履行标书中承诺的义务。

第十七条　探矿权人应当自领取勘查许可证之日起，按照下列规定完成最低勘查投入：

（一）第一个勘查年度，每平方公里2000元；

（二）第二个勘查年度，每平方公里5000元；

（三）从第三个勘查年度起，每个勘查年度每平方公里1万元。

探矿权人当年度的勘查投入高于最低勘查投入标准的，高于的部分可以计入下一个勘查年度的勘查投入。

因自然灾害等不可抗力的原因，致使勘查工作不能正常进行的，探矿权人应当自恢复正常勘查工作之日起30日内，向登记管理机关提交申请核减相应的最低勘查投入的报告；登记管理机关应当自收到报告之日起30日内予以批复。

第十八条　探矿权人应当自领取勘查许可证之日起6个月内开始施工；在开始勘查工作时，应当向勘查项目所在地的县级人民政府负责地质矿产管理工作的部门报告，并向登记管理机关报告开工情况。

第十九条　探矿权人在勘查许可证有效期内进行勘查时，发现符合国家边探边采规定要求的复杂类型矿床的，可以申请开采，经登记管理机关批准,办理采矿登记手续。

第二十条 探矿权人在勘查石油、天然气等流体矿产期间,需要试采的,应当向登记管理机关提交试采申请,经批准后可以试采 1 年;需要延长试采时间的,必须办理登记手续。

第二十一条 探矿权人在勘查许可证有效期内探明可供开采的矿体后,经登记管理机关批准,可以停止相应区块的最低勘查投入,并可以在勘查许可证有效期届满的 30 日前,申请保留探矿权。但是,国家为了公共利益或者因技术条件暂时难以利用等情况,需要延期开采的除外。

保留探矿权的期限,最长不得超过 2 年,需要延长保留期的,可以申请延长 2 次,每次不得超过 2 年;保留探矿权的范围为可供开采的矿体范围。

在停止最低勘查投入期间或者探矿权保留期间,探矿权人应当依照本办法的规定,缴纳探矿权使用费。

探矿权保留期届满,勘查许可证应当予以注销。

第二十二条 有下列情形之一的,探矿权人应当在勘查许可证有效期内,向登记管理机关申请变更登记:

(一)扩大或者缩小勘查区块范围的;

(二)改变勘查工作对象的;

(三)经依法批准转让探矿权的;

(四)探矿权人改变名称或者地址的。

第二十三条 探矿权延续登记和变更登记,其勘查年度、探矿权使用费和最低勘查投入连续计算。

第二十四条 有下列情形之一的,探矿权人应当在勘查许可证有效期内,向登记管理机关递交勘查项目完成报告或者勘查项目终止报告,报送资金投入情况报表和有关证明文件,由登记管理机关核定其实际勘查投入后,办理勘查许可证注销登记手续:

(一)勘查许可证有效期届满,不办理延续登记或者不申请保留探矿权的;

(二)申请采矿权的;

(三)因故需要撤销勘查项目的。

自勘查许可证注销之日起 90 日内,原探矿权人不得申请已经注销的区块范围内的探矿权。

第二十五条 登记管理机关需要调查勘查投入、勘查工作进展情况,探矿权人应当如实报告并提供有关资料,不得虚报、瞒报,不得拒绝检查。

对探矿权人要求保密的申请登记资料、勘查工作成果资料和财务报表,登记管理机关应当予以保密。

第二十六条 违反本办法规定,未取得勘查许可证擅自进行勘查工作的,超越批准的勘查区块范围进行勘查工作的,由县级以上人民政府负责地质矿产管理工作的部门按照国务院地质矿产主管部门规定的权限,责令停止违法行为,予以警告,可以并处 10 万元以下的罚款。

第二十七条 违反本办法规定,未经批准,擅自进行滚动勘探开发、边探边采或者试采的,由县级以上人民政府负责地质矿产管理工作的部门按照国务院地质矿产主管部门规定的权限,责令停止违法行为,予以警告,没收违法所得,可以并处 10 万元以下的罚款。

第二十八条 违反本办法规定,擅自印制或者伪造、冒用勘查许可证的,由县级以上人民政府负责地质矿产管理工作的部门按照国务院地质矿产主管部门规定的权限,没收违法所得,可以并处 10 万元以下的罚款;构成犯罪的,依法追究刑事责任。

第二十九条 违反本办法规定,有下列行为之一的,由县级以上人民政府负责地质矿产管理工作的部门按照国务院地质矿产主管部门规定的权限,责令限期改正;逾期不改正的,处 5 万元以下的罚款;情节严重的,原发证机关可以吊销勘查许可证:

(一)不按照本办法的规定备案、报告有关情况、拒绝接受监督检查或者弄虚作假的;

(二)未完成最低勘查投入的;

(三)已经领取勘查许可证的勘查项目,满 6 个月未开始施工,或者施工后无故停止勘查工作满 6 个月的。

第三十条 违反本办法规定,不办理勘查许可证变更登记或者注销登记手续的,由登记管理机关责令限期改正;逾期不改正的,由原发证机关吊销勘查许可证。

第三十一条 违反本办法规定,不按期缴纳本办法规定应当缴纳的费用的,由登记管理机关责令限期缴纳,并从滞纳之日起每日加收 2‰的滞纳金;逾期仍不缴纳的,由原发证机关吊销勘查许可证。

第三十二条　违反本办法规定勘查石油、天然气矿产的，由国务院地质矿产主管部门按照本办法的有关规定给予行政处罚。

第三十三条　探矿权人被吊销勘查许可证的，自勘查许可证被吊销之日起6个月内，不得再申请探矿权。

第三十四条　登记管理机关工作人员徇私舞弊、滥用职权、玩忽职守，构成犯罪的，依法追究刑事责任；尚不构成犯罪的，依法给予行政处分。

第三十五条　勘查许可证由国务院地质矿产主管部门统一印制。申请登记书、变更申请登记书、探矿权保留申请登记书和注销申请登记书的格式，由国务院地质矿产主管部门统一制定。

第三十六条　办理勘查登记手续，应当按照规定缴纳登记费。收费标准和管理、使用办法，由国务院物价主管部门会同国务院地质矿产主管部门、财政部门规定。

第三十七条　外商投资勘查矿产资源的，依照本办法的规定办理；法律、行政法规另有特别规定的，从其规定。

第三十八条　中外合作勘查矿产资源的，中方合作者应当在签订合同后，将合同向原发证机关备案。

第三十九条　本办法施行前已经取得勘查许可证的，由国务院地质矿产主管部门统一组织换领新的勘查许可证。探矿权使用费、最低勘查投入按照重新登记后的第一个勘查年度计算，并可以依照本办法的规定申请减缴、免缴。

第四十条　本办法附录的修改，由国务院地质矿产主管部门报国务院批准后公布。

第四十一条　本办法自发布之日起施行。1987年4月29日国务院发布的《矿产资源勘查登记管理暂行办法》和1987年12月16日国务院批准、石油工业部发布的《石油及天然气勘查、开采登记管理暂行办法》同时废止。

附录：

国务院地质矿产主管部门审批发证矿种目录

1	煤	18	锌
2	石油	19	铝
3	油页岩	20	镍
4	烃类天然气	21	钨
5	二氧化碳气	22	锡
6	煤成(层)气	23	锑
7	地热	24	钼
8	放射性矿产	25	稀土
9	金	26	磷
10	银	27	钾
11	铂	28	硫
12	锰	29	锶
13	铬	30	金刚石
14	钴	31	铌
15	铁	32	钽
16	铜	33	石棉
17	铅	34	矿泉水

探矿权采矿权转让管理办法

·1998年2月12日中华人民共和国国务院令第242号发布
·根据2014年7月29日《国务院关于修改部分行政法规的决定》修订

第一条　为了加强对探矿权、采矿权转让的管理，保护探矿权人、采矿权人的合法权益，促进矿业发展，根据《中华人民共和国矿产资源法》，制定本办法。

第二条　在中华人民共和国领域及管辖的其他海域转让依法取得的探矿权、采矿权的，必须遵守本办法。

第三条　除按照下列规定可以转让外，探矿权、采矿权不得转让：

（一）探矿权人有权在划定的勘查作业区内进行规定的勘查作业，有权优先取得勘查作业区内矿产资源的采矿权。探矿权人在完成规定的最低勘查投入后，经依法批准，可以将探矿权转让他人。

（二）已经取得采矿权的矿山企业，因企业合并、分立，与他人合资、合作经营，或者因企业资产出售以及有其他变更企业资产产权的情形，需要变更采矿权主体的，经依法批准，可以将采矿权转让他人采矿。

第四条 国务院地质矿产主管部门和省、自治区、直辖市人民政府地质矿产主管部门是探矿权、采矿权转让的审批管理机关。

国务院地质矿产主管部门负责由其审批发证的探矿权、采矿权转让的审批。

省、自治区、直辖市人民政府地质矿产主管部门负责本条第二款规定以外的探矿权、采矿权转让的审批。

第五条 转让探矿权,应当具备下列条件:

(一)自颁发勘查许可证之日起满2年,或者在勘查作业区内发现可供进一步勘查或者开采的矿产资源;

(二)完成规定的最低勘查投入;

(三)探矿权属无争议;

(四)按照国家有关规定已经缴纳探矿权使用费、探矿权价款;

(五)国务院地质矿产主管部门规定的其他条件。

第六条 转让采矿权,应当具备下列条件:

(一)矿山企业投入采矿生产满1年;

(二)采矿权属无争议;

(三)按照国家有关规定已经缴纳采矿权使用费、采矿权价款、矿产资源补偿费和资源税;

(四)国务院地质矿产主管部门规定的其他条件。

国有矿山企业在申请转让采矿权前,应当征得矿山企业主管部门的同意。

第七条 探矿权或者采矿权转让的受让人,应当符合《矿产资源勘查区块登记管理办法》或者《矿产资源开采登记管理办法》规定的有关探矿权申请人或者采矿权申请人的条件。

第八条 探矿权人或者采矿权人在申请转让探矿权或者采矿权时,应当向审批管理机关提交下列资料:

(一)转让申请书;

(二)转让人与受让人签订的转让合同;

(三)受让人资质条件的证明文件;

(四)转让人具备本办法第五条或者第六条规定的转让条件的证明;

(五)矿产资源勘查或者开采情况的报告;

(六)审批管理机关要求提交的其他有关资料。

国有矿山企业转让采矿权时,还应当提交有关主管部门同意转让采矿权的批准文件。

第九条 转让国家出资勘查所形成的探矿权、采矿权的,必须进行评估。

国家出资勘查形成的探矿权、采矿权价款,由具有矿业权评估资质的评估机构进行评估;评估报告报探矿权、采矿权登记管理机关备案。

第十条 申请转让探矿权、采矿权的,审批管理机关应当自收到转让申请之日起40日内,作出准予转让或者不准转让的决定,并通知转让人和受让人。

准予转让的,转让人和受让人应当自收到批准转让通知之日起60日内,到原发证机关办理变更登记手续;受让人按照国家规定缴纳有关费用后,领取勘查许可证或者采矿许可证,成为探矿权人或者采矿权人。

批准转让的,转让合同自批准之日起生效。

不准转让的,审批管理机关应当说明理由。

第十一条 审批管理机关批准转让探矿权、采矿权后,应当及时通知原发证机关。

第十二条 探矿权、采矿权转让后,探矿权人、采矿权人的权利、义务随之转移。

第十三条 探矿权、采矿权转让后,勘查许可证、采矿许可证的有效期限,为原勘查许可证、采矿许可证的有效期减去已经进行勘查、采矿的年限的剩余期限。

第十四条 未经审批管理机关批准,擅自转让探矿权、采矿权的,由登记管理机关责令改正,没收违法所得,处10万元以下的罚款;情节严重的,由原发证机关吊销勘查许可证、采矿许可证。

第十五条 违反本办法第三条第(二)项的规定,以承包等方式擅自将采矿权转给他人进行采矿的,由县级以上人民政府负责地质矿产管理工作的部门按照国务院地质矿产主管部门规定的权限,责令改正,没收违法所得,处10万元以下的罚款;情节严重的,由原发证机关吊销采矿许可证。

第十六条 审批管理机关工作人员徇私舞弊、滥用职权、玩忽职守,构成犯罪的,依法追究刑事责任;尚不构成犯罪的,依法给予行政处分。

第十七条 探矿权转让申请书、采矿权转让申请书的格式,由国务院地质矿产主管部门统一制定。

第十八条 本办法自发布之日起施行。

探矿权采矿权使用费和价款管理办法

· 1999 年 6 月 7 日
· 财综字〔1999〕74 号

第一条 为维护矿产资源的国家所有权,加强探矿权采矿权使用费和价款管理,依据《中华人民共和国矿产资源法》和《矿产资源勘查区块登记管理办法》《矿产资源开采登记管理办法》《探矿权采矿权转让管理办法》的有关规定,制定本办法。

第二条 在中华人民共和国领域及管辖海域勘查、开采矿产资源,均须按规定交纳探矿权采矿权使用费、价款。

第三条 探矿权采矿权使用费包括

(一)探矿权使用费。国家将矿产资源探矿权出让给探矿权人,按规定向探矿权人收取的使用费。

(二)采矿权使用费。国家将矿产资源采矿权出让给采矿权人,按规定向采矿权人收取的使用费。

第四条 探矿权采矿权价款包括

(一)探矿权价款。国家将其出资勘查形成的探矿权出让给探矿权人,按规定向探矿权人收取的价款。

(二)采矿权价款。国家将其出资勘查形成的采矿权出让给采矿权人,按规定向采矿权人收取的价款。

第五条 探矿权采矿权使用费收取标准

(一)探矿权使用费以勘查年度计算,按区块面积逐年缴纳,第一个勘查年度至第三个勘查年度,每平方公里每年缴纳 100 元,从第四个勘查年度起每平方公里每年增加 100 元,最高不超过每平方公里每年 500 元。

(二)采矿权使用费按矿区范围面积逐年缴纳,每平方公里每年 1000 元。

第六条 探矿权采矿权价款收取标准

探矿权采矿权价款以国务院地质矿产主管部门确认的评估价格为依据,一次或分期缴纳;但探矿权价款缴纳期限最长不得超过 2 年,采矿权价款缴纳期限最长不得超过 6 年。

第七条 探矿权采矿权使用费和价款由探矿权采矿权登记管理机关负责收取。探矿权采矿权使用费和价款由探矿权采矿权人在办理勘查、采矿登记或年检时缴纳。

探矿权人采矿权人在办理勘查、采矿登记或年检时,按照登记管理机关确定的标准,将探矿权采矿权使用费和价款直接缴入同级财政部门开设的"探矿权采矿权使用费和价款财政专户"。探矿权采矿权人凭银行的收款凭证到登记管理机关办理登记手续,领取"探矿权采矿权使用费和价款专用收据"和勘查、开采许可证。

"探矿权采矿权使用费和价款专用收据"由财政部门统一印制。

第八条 属于国务院地质矿产主管部门登记管理范围的探矿权采矿权,其使用费和价款,由国务院地质矿产主管部门登记机关收取,缴入财政部开设的"探矿权采矿权使用费和价款财政专户";属于省级地质矿产主管部门登记管理范围的探矿权采矿权,其使用费和价款,由省级地质矿产主管部门登记机关收取,缴入省级财政部门开设的"探矿权采矿权使用费和价款财政专户"。

第九条 探矿权采矿权使用费和价款收入应专项用于矿产资源勘查、保护和管理支出,由国务院地质矿产主管部门和省级地质矿产主管部门提出使用计划,报同级财政部门审批后,拨付使用。

第十条 探矿权、采矿权使用费中可以开支对探矿权、采矿权使用进行审批、登记的管理和业务费用。

探矿权、采矿权价款中可以开支以下成本费用:出让探矿权、采矿权的评估、确认费用,公告费、咨询费、中介机构佣金、场地租金以及其他必需的成本、费用等。

第十一条 国有企业实际占有的由国家出资勘查形成的探矿权、采矿权在转让时,其探矿权、采矿权价款经国务院地质矿产主管部门会同财政部批准,可全部或部分转增企业的国家资本金。

国有地勘单位实际占有的由国家出资勘查形成的探矿权、采矿权在转让时,其探矿权、采矿权价款按照有关规定处理。

第十二条 未按规定及时缴纳探矿权采矿权使用费和价款的,由探矿权采矿权登记管理机关责令其在 30 日内缴纳,并从滞纳之日起,每日增收

2‰滞纳金;逾期仍不缴纳的,由探矿权、采矿权登记管理机关吊销其勘查许可证或采矿许可证。

第十三条 财政部门和地质矿产主管部门要切实加强探矿权采矿权使用费和价款收入的财务管理与监督,定期检查探矿权采矿权使用费和价款收入的情况。

第十四条 本办法由财政部、国土资源部解释。

第十五条 本办法自发布之日起实施。本办法发布之前已经收取的探矿权、采矿权使用费和价款按本办法的规定处理。

附件:探矿权采矿权使用费和价款专用收据(略)

国土资源部办公厅关于国家紧缺矿产资源探矿权采矿权使用费减免办法的通知

· 2000 年 9 月 21 日
· 国土资厅发〔2000〕76 号

各省、自治区、直辖市国土资源厅(国土环境资源厅、国土资源和房屋管理局、房屋土地资源管理局、规划和国土资源局):

根据国土资源部、财政部联合印发的《关于印发〈探矿权采矿权使用费减免办法〉的通知》(国土资发〔2000〕174 号)精神,现将国家紧缺矿产资源及其他可减免的适用范围通知如下:

一、勘查富铁矿 TFe>50%、铜矿、优质锰矿、铬铁矿、钾盐、铂族金属六个矿种(类),以及石油、天然气、煤层气共九种(类)矿产资源,可申请探矿权使用费的减免;

二、开采菱镁矿、钾盐、铜矿的,可申请减免采矿权使用费;

三、在我国西部严重缺水地区为解决人畜饮用水而进行的地下水源地的勘查工作,可申请减免探矿权使用费;

四、凡开采低渗透、稠油和进行三次采油的,以及从事煤层气勘查、开采的,可参照《探矿权采矿权使用费减免办法》申请减免;

五、矿区范围大于 100 平方公里的煤矿企业和矿区范围大于 30 平方公里的金属矿山企业,确有困难的可申请减免采矿权使用费。

探矿权、采矿权使用费减免申请书由国土资源部统一制定。

附件:探矿权、采矿权使用费减免申请书(略)

中央所得探矿权采矿权使用费和价款使用管理暂行办法

· 2002 年 12 月 30 日
· 国土资发〔2002〕433 号

第一章 总 则

第一条 为规范和加强探矿权采矿权使用费和价款(以下简称:两权使用费和价款)的预算管理,根据《探矿权采矿权使用费和价款管理办法》(财综字〔1999〕74 号)及预算管理的有关规定制定本办法。

第二条 由国土资源部负责收取中央所得的两权使用费和价款的使用管理,应当遵守本办法。

第三条 两权使用费和价款实行"收支两条线"管理,坚持"以收定支、专款专用、预算控制、超支不补"的原则。

第四条 两权使用费和价款实行预、决算管理。

第二章 支出范围

第五条 两权使用费和价款收入专项用于矿产资源勘查、保护和管理性支出。

第六条 矿产资源勘查支出:指为满足国家对战略性、紧缺性矿产资源的要求,以及国家在出让探矿权采矿权前必须进行的矿产资源勘查所发生的支出。

第七条 矿产资源保护支出:指用于维护矿产资源的勘查、开采正常工作秩序,合理开发、利用矿产资源发生的各项支出。具体包括:矿产资源规划、矿区规划工作费,矿产资源利用方案的编制、审查费,探矿权采矿权纠纷调处费,矿山尾矿治理与开发利用及因采矿活动引起的次生地质灾害的勘查与防治费,矿山地质环境保护治理和地质遗迹保护等项目经费。

第八条 管理性支出:指用于探矿权采矿权审批、登记、出让、转让监督管理过程中发生的各种管理性支出和业务支出。具体包括：勘查区块的审批、登记业务费，专用文书、票据、报表的购置或印刷费，勘查、开采矿产资源的监督管理费、矿产资源管理的政策调查研究费、宣传和业务培训费，资源储量核查费，勘查、开发和资源信息系统管理费，以及采用挂牌、招标、拍卖形式出让探矿权采矿权的评估、公告费、咨询费、中介机构佣金、场地租金以及其他必需的成本费用等支出。

第九条 矿产资源勘查和保护项目经费的具体支出范围是从事项目所发生的全部成本、费用支出。

第三章 预算管理

第十条 两权使用费和价款的年度收入预算，由部探矿权采矿权登记职能部门于每年8月31日前，按附件一（略）规定的表式向部财务主管部门编报下一年度两权使用费和价款收入预算建议。

第十一条 两权使用费和价款用于矿产资源勘查、保护项目的支出预算，实行"项目管理、专款专用、专项核算"的预算管理办法。项目承担单位要严格按批准的项目预算，规定的开支范围，专款专用。项目完成后，应及时办理项目验收和结算。

第十二条 两权使用费和价款用于管理性支出预算，实行"预算控制，超支不补"的预算管理办法。在经费使用上，严格按批准的预算数和开支范围支出，不得超范围、超标准开支，更不得用于各种捐赠和福利性支出。

第十三条 矿产资源勘查、保护项目的年度支出预算建议由部有关职能部门和部直属事业单位依据财政部关于年度预算编制的有关要求及项目重要性的排序进行编报。项目预算编制办法及表式另行制定。管理性支出预算建议由部有关职能部门按《国土资源部专项经费管理暂行办法》（国土资发〔2001〕67号）和财政部关于年度预算编制要求编报。

第十四条 项目承担单位应根据工作的实际需要，在充分调查研究和论证的基础上，编制项目支出预算建议。报送项目支出预算建议时应提交项目建议书及经批准的工作设计，同时附送项目可行性研究报告和项目施工方案。项目建议书应包括以下内容：

1. 立项背景依据、工作任务和目标；

2. 经济和社会效益分析；

3. 项目预算及预算支出明细；

4. 工作进度安排计划；

5. 项目执行单位和协作单位。

第十五条 部负责组织专家对项目支出预算建议以评审或评议的方式进行审查，综合优选矿产资源勘查、保护项目。部有关职能部门负责项目立项及技术论证等审查；部财务主管部门负责项目经费预算的审查。审查合格的项目进入项目库，进行分类排序，滚动安排。

第十六条 部财务主管部门根据两权使用费和价款收缴情况、结合项目申报和下一年度管理工作的实际需要及项目的排序，审核、汇总和编制两权使用费和价款年度收支预算草案，报部领导批准，纳入部门预算，并按规定的时间报财政部审核、批准。

第十七条 部依据财政部审核和批准的部门预算，在规定的期限内下达两权使用费和价款支出预算。

第十八条 项目支出预算按财政主管部门关于项目预算管理的有关规定批复下达到项目承担单位，并由部有关职能部门与项目承担单位签订项目任务委托书，项目任务委托书的格式见附件二（略）。

第十九条 支出预算一经批准，任何单位和个人不得随意调整；确需调整的，应按照预算管理程序报批。

第四章 财务管理

第二十条 部有关职能部门负责项目的组织实施，部财务主管部门按财政部关于资金拨付的有关规定办理资金拨付，并监督资金的使用。

第二十一条 项目承担单位要严格按批准下达的项目支出预算合理安排项目经费的使用。项目完成后，应及时办理项目竣工验收和结算。有协作单位的项目，应在项目设计书中明确协作单位、工作任务、经费额度和账户，并据此向协作单位转拨经费。若协作单位为部门系统以外的单位，原则上应采用任务招标方式确定外协单位，签订任务合同书。

第二十二条 年度未完项目的经费结余，可转下年度继续使用。已完项目的经费结余，应严格按照有关财务制度的规定进行分配。但因调整

四、用益物权

项目设计或未按项目设计开展工作形成的经费结余按原渠道返回;因特殊情况,不能按设计进度完成的项目,最多可延期一年完成。对超过一年仍不能完成的,部将终止该项目,并按项目任务委托书中的有关条款追究违约责任。

第二十三条 项目承担单位应按照事前审核、事中监控、事后检查的要求,建立健全两权使用费和价款经费使用的监督检查制度,定期或不定期地开展两权使用费和价款经费使用的检查。

部负责组织对两权使用费和价款经费使用的重点检查。对截留、挪用和坐支两权使用费和价款经费等行为,按有关法律、法规的规定处理。

第五章 附 则

第二十四条 本办法由国土资源部财务主管部门负责解释。

第二十五条 本办法自发布之日起执行。

探矿权采矿权招标拍卖挂牌管理办法(试行)

· 2003 年 6 月 11 日
· 国土资发〔2003〕197 号

第一章 总 则

第一条 为完善探矿权采矿权有偿取得制度,规范探矿权采矿权招标拍卖挂牌活动,维护国家对矿产资源的所有权,保护探矿权人、采矿权人合法权益,根据《中华人民共和国矿产资源法》、《矿产资源勘查区块登记管理办法》和《矿产资源开采登记管理办法》,制定本办法。

第二条 探矿权采矿权招标拍卖挂牌活动,按照颁发勘查许可证、采矿许可证的法定权限,由县级以上人民政府国土资源行政主管部门(以下简称主管部门)负责组织实施。

第三条 本办法所称探矿权采矿权招标,是指主管部门发布招标公告,邀请特定或者不特定的投标人参加投标,根据投标结果确定探矿权采矿权中标人的活动。

本办法所称探矿权采矿权拍卖,是指主管部门发布拍卖公告,由竞买人在指定的时间、地点进行公开竞价,根据出价结果确定探矿权采矿权竞

得人的活动。

本办法所称探矿权采矿权挂牌,是指主管部门发布挂牌公告,在挂牌公告规定的期限和场所接受竞买人的报价申请并更新挂牌价格,根据挂牌期限截止时的出价结果确定探矿权采矿权竞得人的活动。

第四条 探矿权采矿权招标拍卖挂牌活动,应当遵循公开、公平、公正和诚实信用的原则。

第五条 国土资源部负责全国探矿权采矿权招标拍卖挂牌活动的监督管理。

上级主管部门负责监督下级主管部门的探矿权采矿权招标拍卖挂牌活动。

第六条 主管部门工作人员在探矿权采矿权招标拍卖挂牌活动中玩忽职守、滥用职权、徇私舞弊的,依法给予行政处分。

第二章 范 围

第七条 新设探矿权有下列情形之一的,主管部门应当以招标拍卖挂牌的方式授予:

(一)国家出资勘查并已探明可供进一步勘查的矿产地;

(二)探矿权灭失的矿产地;

(三)国家和省两级矿产资源勘查专项规划划定的勘查区块;

(四)主管部门规定的其他情形。

第八条 新设采矿权有下列情形之一的,主管部门应当以招标拍卖挂牌的方式授予:

(一)国家出资勘查并已探明可供开采的矿产地;

(二)采矿权灭失的矿产地;

(三)探矿权灭失的可供开采的矿产地;

(四)主管部门规定无需勘查即可直接开采的矿产;

(五)国土资源部、省级主管部门规定的其他情形。

第九条 符合本办法第七条、第八条规定的范围,有下列情形之一的,主管部门应当以招标的方式授予探矿权采矿权:

(一)国家出资的勘查项目;

(二)矿产资源储量规模为大型的能源、金属矿产地;

(三)共伴生组分多、综合利用技术水平要求高的矿产地;

（四）对国民经济具有重要价值的矿区；

（五）根据法律法规、国家政策规定可以新设探矿权采矿权的环境敏感地区和未达到国家规定的环境质量标准的地区。

第十条 有下列情形之一的，主管部门不得以招标拍卖挂牌的方式授予：

（一）探矿权人依法申请其勘查区块范围内的采矿权；

（二）符合矿产资源规划或者矿区总体规划的矿山企业的接续矿区、已设采矿权的矿区范围上下部需要统一开采的区域；

（三）为国家重点基础设施建设项目提供建筑用矿产；

（四）探矿权采矿权权属有争议；

（五）法律法规另有规定以及主管部门规定因特殊情形不适于以招标拍卖挂牌方式授予的。

第十一条 违反本办法第七条、第八条、第九条和第十条的规定授予探矿权采矿权的，由上级主管部门责令限期改正；逾期不改正的，对直接负责的主管人员和其他直接责任人员依法给予行政处分。

第三章 实　施

第一节 一般规定

第十二条 探矿权采矿权招标拍卖挂牌活动，应当有计划地进行。

主管部门应当根据矿产资源规划、矿产资源勘查专项规划、矿区总体规划、国家产业政策以及市场供需情况，按照颁发勘查许可证、采矿许可证的法定权限，编制探矿权采矿权招标拍卖挂牌年度计划，报上级主管部门备案。

第十三条 上级主管部门可以委托下级主管部门组织探矿权采矿权招标拍卖挂牌的具体工作，勘查许可证、采矿许可证由委托机关审核颁发。

受委托的主管部门不得再委托下级主管部门组织探矿权采矿权招标拍卖挂牌的具体工作。

第十四条 主管部门应当根据探矿权采矿权招标拍卖挂牌年度计划和《外商投资产业指导目录》，编制招标拍卖挂牌方案；招标拍卖挂牌方案，县级以上地方主管部门可以根据实际情况报同级人民政府组织审定。

第十五条 主管部门应当根据招标拍卖挂牌方案，编制招标拍卖挂牌文件。

招标拍卖挂牌文件，应当包括招标拍卖挂牌公告、标书、竞买申请书、报价单、矿产地的地质报告、矿产资源开发利用和矿山环境保护要求、成交确认书等。

第十六条 招标标底、拍卖挂牌底价，由主管部门依规定委托有探矿权采矿权评估资质的评估机构或者采取询价、类比等方式进行评估，并根据评估结果和国家产业政策等综合因素集体决定。

在招标拍卖挂牌活动结束之前，招标标底、拍卖挂牌底价须保密，且不得变更。

第十七条 招标拍卖挂牌公告应当包括下列内容：

（一）主管部门的名称和地址；

（二）拟招标拍卖挂牌的勘查区块、开采矿区的简要情况；

（三）申请探矿权采矿权的资质条件以及取得投标人、竞买人资格的要求；

（四）获取招标拍卖挂牌文件的办法；

（五）招标拍卖挂牌的时间、地点；

（六）投标或者竞价方式；

（七）确定中标人或者竞得人的标准和方法；

（八）投标、竞买保证金及其缴纳方式和处置方式；

（九）其他需要公告的事项。

第十八条 主管部门应当依规定对投标人、竞买人进行资格审查。对符合资质条件和资格要求的，应当通知投标人、竞买人参加招标拍卖挂牌活动以及缴纳投标、竞买保证金的时间和地点。

第十九条 投标人、竞买人按照通知要求的时间和地点缴纳投标、竞买保证金后，方可参加探矿权采矿权招标拍卖挂牌活动；逾期未缴纳的，视为放弃。

第二十条 以招标拍卖挂牌方式确定中标人、竞得人后，主管部门应当与中标人、竞得人签订成交确认书。中标人、竞得人逾期不签订的，中标、竞得结果无效，所缴纳的投标、竞买保证金不予退还。

成交确认书应当包括下列内容：

（一）主管部门和中标人、竞得人的名称、地址；

（二）成交时间、地点；

四、用益物权

（三）中标、竞得的勘查区块、开采矿区的简要情况；

（四）探矿权采矿权价款；

（五）探矿权采矿权价款的缴纳时间、方式；

（六）矿产资源开发利用和矿山环境保护要求；

（七）办理登记时间；

（八）主管部门和中标人、竞得人约定的其他事项。

成交确认书具有合同效力。

第二十一条 主管部门应当在颁发勘查许可证、采矿许可证前一次性收取探矿权采矿权价款。探矿权采矿权价款数额较大的，经上级主管部门同意可以分期收取。

探矿权采矿权价款的使用和管理按照有关规定执行。

第二十二条 中标人、竞得人缴纳的投标、竞买保证金，可以抵作价款。其他投标人、竞买人缴纳的投标、竞买保证金，主管部门须在招标拍卖挂牌活动结束后5个工作日内予以退还，不计利息。

第二十三条 招标拍卖挂牌活动结束后，主管部门应当在10个工作日内将中标、竞得结果在指定的场所、媒介公布。

第二十四条 中标人、竞得人提供虚假文件隐瞒事实、恶意串通、向主管部门或者评标委员会及其成员行贿或者采取其他非法手段中标或者竞得的，中标、竞得结果无效，所缴纳的投标、竞买保证金不予退还。

第二十五条 主管部门应当按照成交确认书所约定的时间为中标人、竞得人办理登记，颁发勘查许可证、采矿许可证，并依法保护中标人、竞得人的合法权益。

第二十六条 主管部门在签订成交确认书后，改变中标、竞得结果或者未依法办理勘查许可证、采矿许可证的，由上级主管部门责令限期改正，对直接负责的主管人员和其他直接责任人员依法给予行政处分；给中标人、竞得人造成损失的，中标人、竞得人可以依法申请行政赔偿。

第二十七条 主管部门负责建立招标拍卖挂牌的档案，档案包括投标人、评标委员会、中标人、竞买人和竞得人的基本情况、招标拍卖挂牌过程、中标、竞得结果等。

第二节 招 标

第二十八条 探矿权采矿权招标的，投标人不得少于三人。投标人少于三人，属采矿权招标的，主管部门应当依照本办法重新组织招标；属探矿权招标的，主管部门可以以挂牌方式授予探矿权。

第二十九条 主管部门应当确定投标人编制投标文件所需的合理时间；但是自招标文件发出之日起至投标人提交投标文件截止之日，最短不得少于30日。

第三十条 投标、开标依照下列程序进行：

（一）投标人按照招标文件的要求编制投标文件，在提交投标文件截止之日前，将投标文件密封后送达指定地点，并附具对投标文件承担责任的书面承诺。

在提交投标文件截止之日前，投标人可以补充、修改但不得撤回投标文件。补充、修改的内容作为投标文件的组成部分。

（二）主管部门签收投标文件后，在开标之前不得开启；对在提交投标文件的截止之日后送达的，不予受理。

（三）开标应当在招标文件确定的时间、地点公开进行。开标由主管部门主持，邀请全部投标人参加。

开标时，由投标人或者其推选的代表检查投标文件的密封情况，当众拆封，宣读投标人名称、投标价格和投标文件的主要内容。

（四）评标由主管部门组建的评标委员会负责。评标委员会应当按照招标文件确定的评标标准和方法，对投标文件进行评审。评审时，可以要求投标人对投标文件作出必要的澄清或者说明，但该澄清或者说明不得超出投标文件的范围或者改变投标文件的实质内容。评标委员会完成评标后，应当提出书面评标报告和中标候选人，报主管部门确定中标人；主管部门也可委托评标委员会直接确定中标人。

评标委员会经评审，认为所有的投标文件都不符合招标文件要求的，可以否决所有的投标。

第三十一条 评标委员会成员人数为五人以上单数，由主管部门根据拟招标的探矿权采矿权确定，有关技术、经济方面的专家不得少于成员总数的三分之二。

在中标结果公布前，评标委员会成员名单须保密。

第三十二条 评标委员会成员收受投标人的

财物或其他好处的,或者向他人透露标底或有关其他情况的,主管部门应当取消其担任评标委员会成员的资格。

第三十三条 确定的中标人应当符合下列条件之一:

(一)能够最大限度地满足招标文件中规定的各项综合评价标准;

(二)能够满足招标文件的实质性要求,并且经评审的投标价格最高,但投标价格低于标底的除外。

第三十四条 中标人确定后,主管部门应当通知中标人在接到通知之日起 5 日内签订成交确认书,并同时将中标结果通知所有投标人。

第三节 拍 卖

第三十五条 探矿权采矿权拍卖的,竞买人不得少于三人。少于三人的,主管部门应当停止拍卖。

第三十六条 探矿权采矿权拍卖的,主管部门应当于拍卖日 20 日前发布拍卖公告。

第三十七条 拍卖会依照下列程序进行:

(一)拍卖主持人点算竞买人;

(二)拍卖主持人介绍探矿权采矿权的简要情况;

(三)宣布拍卖规则和注意事项;

(四)主持人报出起叫价;

(五)竞买人应价。

第三十八条 无底价的,拍卖主持人应当在拍卖前予以说明;有底价的,竞买人的最高应价未达到底价的,该应价不发生效力,拍卖主持人应当停止拍卖。

第三十九条 竞买人的最高应价经拍卖主持人落槌表示拍卖成交,拍卖主持人宣布该最高应价的竞买人为竞得人。

主管部门和竞得人应当当场签订成交确认书。

第四节 挂 牌

第四十条 探矿权采矿权挂牌的,主管部门应当于挂牌起始日 20 日前发布挂牌公告。

第四十一条 探矿权采矿权挂牌的,主管部门应当在挂牌起始日,将起始价、增价规则、增价幅度、挂牌时间等,在挂牌公告指定的场所挂牌公布;

挂牌时间不得少于 10 个工作日。

第四十二条 竞买人的竞买保证金在挂牌期限截止前缴纳的,方可填写报价单报价。主管部门受理其报价并确认后,更新挂牌价格。

第四十三条 挂牌期间,主管部门可以根据竞买人的竞价情况调整增价幅度。

第四十四条 挂牌期限届满,主管部门按照下列规定确定是否成交:

(一)在挂牌期限内只有一个竞买人报价,且报价高于底价的,挂牌成交;

(二)在挂牌期限内有两个或者两个以上的竞买人报价的,出价最高者为竞买人;报价相同的,先提交报价单者为竞得人,但报价低于底价者除外;

(三)在挂牌期限内无人竞买或者竞买人的报价低于底价的,挂牌不成交。

在挂牌期限截止前 30 分钟仍有竞买人要求报价的,主管部门应当以当时挂牌价为起始价进行现场竞价,出价最高且高于底价的竞买人为竞得人。

第四十五条 挂牌成交的,主管部门和竞得人应当当场签订成交确认书。

第四章 附 则

第四十六条 本办法自 2003 年 8 月 1 日施行。

本办法发布前制定的有关文件的内容与本办法的规定不一致的,按照本办法规定执行。

探矿权采矿权使用费减免办法

· 2010 年 12 月 3 日
· 国土资发〔2010〕190 号

第一条 为鼓励矿产资源勘查开采,根据《矿产资源勘查区块登记管理办法》和《矿产资源开采登记管理办法》的有关规定制定本办法。

第二条 依照《中华人民共和国矿产资源法》及其配套法规取得探矿权、采矿权的矿业权人或探矿权、采矿权申请人,可以依照本办法的规定向探矿权、采矿权登记管理机关(以下简称登记机关)申请探矿权、采矿权使用费的减缴或免缴。

第三条 在我国西部地区、国务院确定的边远贫困地区和海域从事符合下列条件的矿产资源

勘查开采活动,可以依照本规定申请探矿权、采矿权使用费的减免:

(一)国家紧缺矿产资源的勘查、开发;

(二)大中型矿山企业为寻找接替资源申请的勘查、开发;

(三)运用新技术、新方法提高综合利用水平的(包括低品位、难选冶的矿产资源开发及老矿区尾矿利用)矿产资源开发;

(四)国务院地质矿产主管部门和财政部门认定的其他情况。

国家紧缺矿产资源由国土资源部确定并发布。

第四条 探矿权、采矿权使用费的减免按以下幅度核准。

(一)探矿权使用费:第一个勘查年度可以免缴,第二至第三个勘查年度可以减缴50%;第四至第七个勘查年度可以减缴25%。

(二)采矿权使用费:矿山基建期和矿山投产第一年可以免缴,矿山投产第二至第三年可以减缴50%;第四至第七年可以减缴25%;矿山闭坑当年可以免缴。

第五条 探矿权、采矿权使用费的减免,实行两级核准制。

国务院地质矿产主管部门核准登记、颁发勘查许可证、采矿许可证的探矿权采矿权使用费的减免,由国务院地质矿产主管部门负责核准,并报国务院财政部门备案。

省级地质矿产主管部门核准登记、颁发勘查许可证、采矿许可证和省级以下地质矿产主管部门核准登记颁发采矿许可证的探矿权采矿权使用费的减免,由省级地质矿产主管部门负责核准。

省级地质矿产主管部门应将探矿权采矿权使用费的核准文件报送上级登记管理机关和财政部门备案。

第六条 申请减免探矿权、采矿权使用费的矿业投资人,应在收到矿业权领证通知后的10日内填写探矿权、采矿权使用费减免申请书,按照本法第五条的管辖规定,报送矿业权登记管理机关核准,同时抄送同级财政部门。矿业权登记管理机关应在收到申请后的10日内作出是否减免的决定,并通知申请人。申请人凭批准减免文件办理缴费、登记和领取勘查、采矿许可证手续。

第七条 本办法颁布以前已收缴的探矿权、采矿权使用费不办理减免返还。

第八条 本办法原则适用于外商投资勘查、开采矿产资源。但是,国家另有规定的,从其规定。

第九条 在中华人民共和国领域及管辖的其他海域勘查开采矿产资源遇有自然灾害等不可抗力因素的,在不可抗力期间可以申请探矿权、采矿权使用费减免。

第十条 本办法自发布之日起实施。

最高人民法院、最高人民检察院关于办理非法采矿、破坏性采矿刑事案件适用法律若干问题的解释

· 2016年9月26日最高人民法院审判委员会第1694次会议、2016年11月4日最高人民检察院第十二届检察委员会第57次会议通过
· 2016年11月28日最高人民法院、最高人民检察院公告公布
· 自2016年12月1日起施行
· 法释〔2016〕25号

为依法惩处非法采矿、破坏性采矿犯罪活动,根据《中华人民共和国刑法》《中华人民共和国刑事诉讼法》的有关规定,现就办理此类刑事案件适用法律的若干问题解释如下:

第一条 违反《中华人民共和国矿产资源法》《中华人民共和国水法》等法律、行政法规有关矿产资源开发、利用、保护和管理的规定的,应当认定为刑法第三百四十三条规定的"违反矿产资源法的规定"。

第二条 具有下列情形之一的,应当认定为刑法第三百四十三条第一款规定的"未取得采矿许可证":

(一)无许可证的;

(二)许可证被注销、吊销、撤销的;

(三)超越许可证规定的矿区范围或者开采范围的;

(四)超出许可证规定的矿种的(共生、伴生矿种除外);

(五)其他未取得许可证的情形。

第三条 实施非法采矿行为,具有下列情形之一的,应当认定为刑法第三百四十三条第一款规定的"情节严重":

（一）开采的矿产品价值或者造成矿产资源破坏的价值在十万元至三十万元以上的；

（二）在国家规划矿区、对国民经济具有重要价值的矿区采矿，开采国家规定实行保护性开采的特定矿种，或者在禁采区、禁采期内采矿，开采的矿产品价值或者造成矿产资源破坏的价值在五万元至十五万元以上的；

（三）二年内曾因非法采矿受过两次以上行政处罚，又实施非法采矿行为的；

（四）造成生态环境严重损害的；

（五）其他情节严重的情形。

实施非法采矿行为，具有下列情形之一的，应当认定为刑法第三百四十三条第一款规定的"情节特别严重"：

（一）数额达到前款第一项、第二项规定标准五倍以上的；

（二）造成生态环境特别严重损害的；

（三）其他情节特别严重的情形。

第四条 在河道管理范围内采砂，具有下列情形之一，符合刑法第三百四十三条第一款和本解释第二条、第三条规定的，以非法采矿罪定罪处罚：

（一）依据相关规定应当办理河道采砂许可证，未取得河道采砂许可证的；

（二）依据相关规定应当办理河道采砂许可证和采矿许可证，既未取得河道采砂许可证，又未取得采矿许可证的。

实施前款规定行为，虽不具有本解释第三条第一款规定的情形，但严重影响河势稳定，危害防洪安全的，应当认定为刑法第三百四十三条第一款规定的"情节严重"。

第五条 未取得海砂开采海域使用权证，且未取得采矿许可证，采挖海砂，符合刑法第三百四十三条第一款和本解释第二条、第三条规定的，以非法采矿罪定罪处罚。

实施前款规定行为，虽不具有本解释第三条第一款规定的情形，但造成海岸线严重破坏的，应当认定为刑法第三百四十三条第一款规定的"情节严重"。

第六条 造成矿产资源破坏的价值在五十万元至一百万元以上，或者造成国家规划矿区、对国民经济具有重要价值的矿区和国家规定实行保护性开采的特定矿种资源破坏的价值在二十五万元

至五十万元以上的，应当认定为刑法第三百四十三条第二款规定的"造成矿产资源严重破坏"。

第七条 明知是犯罪所得的矿产品及其产生的收益，而予以窝藏、转移、收购、代为销售或者以其他方法掩饰、隐瞒的，依照刑法第三百一十二条的规定，以掩饰、隐瞒犯罪所得、犯罪所得收益罪定罪处罚。

实施前款规定的犯罪行为，事前通谋的，以共同犯罪论处。

第八条 多次非法采矿、破坏性采矿构成犯罪，依法应当追诉的，或者二年内多次非法采矿、破坏性采矿未经处理的，价值数额累计计算。

第九条 单位犯刑法第三百四十三条规定之罪的，依照本解释规定的相应自然人犯罪的定罪量刑标准，对直接负责的主管人员和其他直接责任人员定罪处罚，并对单位判处罚金。

第十条 实施非法采矿犯罪，不属于"情节特别严重"，或者实施破坏性采矿犯罪，行为人系初犯，全部退赃退赔，积极修复环境，并确有悔改表现的，可以认定为犯罪情节轻微，不起诉或者免予刑事处罚。

第十一条 对受雇佣为非法采矿、破坏性采矿犯罪提供劳务的人员，除参与利润分成或者领取高额固定工资的以外，一般不以犯罪论处，但曾因非法采矿、破坏性采矿受过处罚的除外。

第十二条 对非法采矿、破坏性采矿犯罪的违法所得及其收益，应当依法追缴或者责令退赔。

对用于非法采矿、破坏性采矿犯罪的专门工具和供犯罪所用的本人财物，应当依法没收。

第十三条 非法开采的矿产品价值，根据销赃数额认定；无销赃数额，销赃数额难以查证，或者根据销赃数额认定明显不合理的，根据矿产品价格和数量认定。

矿产品价值难以确定的，依据下列机构出具的报告，结合其他证据作出认定：

（一）价格认证机构出具的报告；

（二）省级以上人民政府国土资源、水行政、海洋等主管部门出具的报告；

（三）国务院水行政主管部门在国家确定的重要江河、湖泊设立的流域管理机构出具的报告。

第十四条 对案件所涉的有关专门性问题难以确定的，依据下列机构出具的鉴定意见或者报告，结合其他证据作出认定：

四、用益物权

（一）司法鉴定机构就生态环境损害出具的鉴定意见；

（二）省级以上人民政府国土资源主管部门就造成矿产资源破坏的价值、是否属于破坏性开采方法出具的报告；

（三）省级以上人民政府水行政主管部门或者国务院水行政主管部门在国家确定的重要江河、湖泊设立的流域管理机构就是否危害防洪安全出具的报告；

（四）省级以上人民政府海洋主管部门就是否造成海岸线严重破坏出具的报告。

第十五条 各省、自治区、直辖市高级人民法院、人民检察院，可以根据本地区实际情况，在本解释第三条、第六条规定的数额幅度内，确定本地区执行的具体数额标准，报最高人民法院、最高人民检察院备案。

第十六条 本解释自 2016 年 12 月 1 日起施行。本解释施行后，《最高人民法院关于审理非法采矿、破坏性采矿刑事案件具体应用法律若干问题的解释》（法释〔2003〕9 号）同时废止。

最高人民法院关于审理矿业权纠纷案件适用法律若干问题的解释

- 2017 年 2 月 20 日最高人民法院审判委员会第 1710 次会议通过
- 根据 2020 年 12 月 23 日最高人民法院审判委员会第 1823 次会议通过的《最高人民法院关于修改〈最高人民法院关于在民事审判工作中适用《中华人民共和国工会法》若干问题的解释〉等二十七件民事类司法解释的决定》修正

为正确审理矿业权纠纷案件，依法保护当事人的合法权益，根据《中华人民共和国民法典》《中华人民共和国矿产资源法》《中华人民共和国环境保护法》等法律法规的规定，结合审判实践，制定本解释。

第一条 人民法院审理探矿权、采矿权等矿业权纠纷案件，应当依法保护矿业权流转，维护市场秩序和交易安全，保障矿产资源合理开发利用，促进资源节约与环境保护。

第二条 县级以上人民政府自然资源主管部门作为出让人与受让人签订的矿业权出让合同，除法律、行政法规另有规定的情形外，当事人请求确认自依法成立之日起生效的，人民法院应予支持。

第三条 受让人请求自矿产资源勘查许可证、采矿许可证载明的有效期起始日确认其探矿权、采矿权的，人民法院应予支持。

矿业权出让合同生效后，矿产资源勘查许可证或者采矿许可证颁发前，第三人越界或者以其他方式非法勘查开采，经出让人同意已实际占有勘查作业区或者矿区的受让人，请求第三人承担停止侵害、排除妨碍、赔偿损失等侵权责任的，人民法院应予支持。

第四条 出让人未按照出让合同的约定移交勘查作业区或者矿区、颁发矿产资源勘查许可证或者采矿许可证，受让人请求解除出让合同的，人民法院应予支持。

受让人勘查开采矿产资源未达到自然资源主管部门批准的矿山地质环境保护与土地复垦方案要求，在自然资源主管部门规定的期限内拒不改正，或者因违反法律法规被吊销矿产资源勘查许可证、采矿许可证，或者未按照出让合同的约定支付矿业权出让价款，出让人解除出让合同的，人民法院应予支持。

第五条 未取得矿产资源勘查许可证、采矿许可证，签订合同将矿产资源交由他人勘查开采的，人民法院应依法认定合同无效。

第六条 矿业权转让合同自依法成立之日起具有法律约束力。矿业权转让申请未经自然资源主管部门批准，受让人请求转让人办理矿业权变更登记手续的，人民法院不予支持。

当事人仅以矿业权转让申请未经自然资源主管部门批准为由请求确认转让合同无效的，人民法院不予支持。

第七条 矿业权转让合同依法成立后，在不具有法定无效情形下，受让人请求转让人履行报批义务或者转让人请求受让人履行协助报批义务的，人民法院应予支持，但法律上或者事实上不具备履行条件的除外。

人民法院可以依据案件事实和受让人的请求，判决受让人代为办理报批手续，转让人应当履行协助义务，并承担此产生的费用。

第八条 矿业权转让合同依法成立后，转让人无正当理由拒不履行报批义务，受让人请求解除合同、返还已付转让款及利息，并由转让人承担违约责任的，人民法院应予支持。

第九条 矿业权转让合同约定受让人支付全部或者部分转让款后办理报批手续，转让人在办理报批手续前请求受让人先履行付款义务的，人民法院应予支持，但受让人有确切证据证明存在转让人将同一矿业权转让给第三人、矿业权人将被兼并重组等符合民法典第五百二十七条规定情形的除外。

第十条 自然资源主管部门不予批准矿业权转让申请致使矿业权转让合同被解除，受让人请求返还已付转让款及利息，采矿权人请求受让人返还获得的矿产品及收益，或者探矿权人请求受让人返还勘查资料和勘查中回收的矿产品及收益的，人民法院应予支持，但受让人可请求扣除相关的成本费用。

当事人一方对矿业权转让申请未获批准有过错的，应赔偿对方因此受到的损失；双方均有过错的，应当各自承担相应的责任。

第十一条 矿业权转让合同依法成立后、自然资源主管部门批准前，矿业权人又将矿业权转让给第三人并经自然资源主管部门批准、登记，受让人请求解除转让合同、返还已付转让款及利息，并由矿业权人承担违约责任的，人民法院应予支持。

第十二条 当事人请求确认矿业权租赁、承包合同自依法成立之日起生效的，人民法院应予支持。

矿业权租赁、承包合同约定矿业权人仅收取租金、承包费，放弃矿山管理，不履行安全生产、生态环境修复等法定义务，不承担相应法律责任的，人民法院应依法认定合同无效。

第十三条 矿业权人与他人合作进行矿产资源勘查开采所签订的合同，当事人请求确认自依法成立之日起生效的，人民法院应予支持。

合同中有关矿业权转让的条款适用本解释关于矿业权转让合同的规定。

第十四条 矿业权人为担保自己或者他人债务的履行，将矿业权抵押给债权人的，抵押合同自依法成立之日起生效，但法律、行政法规规定不得抵押的除外。

当事人仅以未经主管部门批准或者登记、备案为由请求确认抵押合同无效的，人民法院不予支持。

第十五条 当事人请求确认矿业权之抵押权自依法登记时设立的，人民法院应予支持。

颁发矿产资源勘查许可证或者采矿许可证的自然资源主管部门根据相关规定办理的矿业权抵押备案手续，视为前款规定的登记。

第十六条 债务人不履行到期债务或者发生当事人约定的实现抵押权的情形，抵押权人依据民事诉讼法第一百九十六条、第一百九十七条规定申请实现抵押权的，人民法院可以拍卖、变卖矿业权或者裁定以矿业权抵债，但矿业权竞买人、受让人应具备相应的资质条件。

第十七条 矿业权抵押期间因抵押人被兼并重组或者矿床被压覆等原因导致矿业权全部或者部分灭失，抵押权人请求就抵押因此获得的保险金、赔偿金或者补偿金等款项优先受偿或者将该款项予以提存的，人民法院应予支持。

第十八条 当事人约定在自然保护区、风景名胜区、重点生态功能区、生态环境敏感区和脆弱区等区域内勘查开采矿产资源，违反法律、行政法规的强制性规定或者损害环境公共利益的，人民法院应依法认定合同无效。

第十九条 因越界勘查开采矿产资源引发的侵权责任纠纷，涉及自然资源主管部门批准的勘查开采范围重复或者界限不清的，人民法院应告知当事人先向自然资源主管部门申请解决。

第二十条 因他人越界勘查开采矿产资源，矿业权人请求侵权人承担停止侵害、排除妨碍、返还财产、赔偿损失等侵权责任的，人民法院应予支持，但探矿权人请求侵权人返还越界开采的矿产品及收益的除外。

第二十一条 勘查开采矿产资源造成环境污染，或者导致地质灾害、植被毁损等生态破坏，国家规定的机关或者法律规定的组织提起环境公益诉讼的，人民法院应依法予以受理。

国家规定的机关或者法律规定的组织为保护国家利益、环境公共利益提起诉讼的，不影响因同一勘查开采行为受到人身、财产损害的自然人、法人和非法人组织依据民事诉讼法第一百一十九条的规定提起诉讼。

第二十二条 人民法院在审理案件中，发现无证勘查开采，勘查资质、地质资料造假，或者

四、用益物权

勘查开采未履行生态环境修复义务等违法情形的,可以向有关行政主管部门提出司法建议,由其依法处理;涉嫌犯罪的,依法移送侦查机关处理。

第二十三条 本解释施行后,人民法院尚未审结的一审、二审案件适用本解释规定。本解释施行前已经作出生效裁判的案件,本解释施行后依法再审的,不适用本解释。

五、担保物权

1. 一般规定

中华人民共和国票据法(节录)

· 1995 年 5 月 10 日第八届全国人民代表大会常务委员会第十三次会议通过
· 根据 2004 年 8 月 28 日第十届全国人民代表大会常务委员会第十一次会议《关于修改〈中华人民共和国票据法〉的决定》修正

......

第三十五条 【委托收款背书和质押背书及其效力】背书记载"委托收款"字样的,被背书人有权代背书人行使被委托的汇票权利。但是,被背书人不得再以背书转让汇票权利。

汇票可以设定质押;质押时应当以背书记载"质押"字样。被背书人依法实现其质权时,可以行使汇票权利。

注释 **委托收款背书**

委托收款背书,是指持票人以委托收款为目的所作的一种背书。委托背书时一定要在汇票中记载相应的"委托收款"的字样。在记载了"委托收款"字样后,被背书人就无法转让此票据权利,而只能够根据背书人的委托和授权,代替背书人行使被委托的票据权利。

设质背书

设质背书是指背书人以票据权利设定质权为目的所作的背书。在进行设质背书时,应该在票据上记载"质押"的字样。一旦在票据上设定质权,则被背书人因为设质背书而取得了质权,作为债权的担保。此时担保的效力和《民法典》中质权的效力是一致的。

转让背书和非转让背书

背书可以分为转让背书和非转让背书。前者是以转让票据权利为目的;后者不以转让票据权利为目的,而以将票据权利授予他人行使为目的。通常的背书为转让背书,比如为买卖、赠与、还债、贴现等目的将票据背书转让他人。由于票据行为具有无因性,转让背书的目的通常在票据上无需记载。根据本条的规定,非转让背书是指"委托收款背书"和"质押背书"。

链接 《最高人民法院关于审理票据纠纷案件若干问题的规定》第 54 条

......

第四十五条 【汇票保证】汇票的债务可以由保证人承担保证责任。

保证人由汇票债务人以外的他人担当。

注释 所谓票据保证,就是票据债务人以外的人,为担保票据债务的履行,以负担同一内容的票据债务为目的,在票据上记载有关事项并且签章,然后将票据交给请求保证之人的一种附属票据行为。在本法中规定了汇票和本票的保证制度,对于支票,由于其是以银行或者其他金融机构为付款人的票据,而且在我国,银行和金融机构的信用是足够的,所以一般不使用保证制度。对于保证人的担任,本条明确规定是由汇票债务人以外的第三人担当,所以在票据上签章的背书人和出票人等票据债务人是不能够进行保证的。除此以外,保证还有以下特点:保证是一种附属票据行为;保证是以担保票据债务履行为目的的票据行为;保证必须在票据上记载,如果在汇票以外进行记载,则不发生票据法上保证的效力,而仅仅发生民法上保证的效力。

链接 《最高人民法院关于审理票据纠纷案件若干问题的规定》第 60-62 条

第四十六条 【汇票保证的记载事项】保证人必须在汇票或者粘单上记载下列事项:

(一)表明"保证"的字样;
(二)保证人名称和住所;
(三)被保证人的名称;
(四)保证日期;
(五)保证人签章。

注释 根据本条的规定,汇票的保证应该记载在汇票或者粘单上面,一般来讲,如果是对于出票人、承兑人的保证,则应该记载在汇票的正面;如果是对于背书人的保证,则应该记载在汇票的背面。

第四十七条 【未记载事项的处理】保证人在汇票或者粘单上未记载前条第(三)项的,已承兑的汇票,承兑人为被保证人;未承兑的汇票,出票人为被保证人。

保证人在汇票或者粘单上未记载前条第(四)项的,出票日期为保证日期。

第四十八条 【票据保证不得附有条件】保证不得附有条件;附有条件的,不影响对汇票的保证责任。

第四十九条 【票据保证人的责任】保证人对合法取得汇票的持票人所享有的汇票权利,承担保证责任。但是,被保证人的债务因汇票记载事项欠缺而无效的除外。

注释 票据保证责任具有从属性和独立性。票据保证的从属性表现在:保证人的保证责任从属于或者决定于被保证人的责任。如果被保证人是承兑人,则保证人同样承担承兑的责任;如果被保证人是出票人或者背书人,则保证人就应该承担票据担保承兑和付款的责任。票据保证人的独立性表现在:如果票据债务人的债务在实质上由于种种的原因导致无效,但保证人在票据上进行了相关的票据保证的记载,即使在民事上的基础的关系无效,票据保证人仍然应该承担保证责任。

根据本条的规定,被保证人如果在票据应当记载的事项没有记载完毕时,所持有的票据是无效的票据,因此被保证人的保证责任也就不再具体地承担。

第五十条 【保证人和被保证人的连带责任】被保证的汇票,保证人应当与被保证人对持票人承担连带责任。汇票到期后得不到付款的,持票人有权向保证人请求付款,保证人应当足额付款。

注释 根据本条的规定,保证人承担的是和被保证人一样的责任,而且保证人和被保证人承担的是连带责任。具体讲就是:(1)保证人和被保证人承担的责任,在债务的种类、数量、性质上是一致的,没有什么具体的区别。(2)保证人不享有先诉抗辩权。如果票据债务人不能够及时地履行自己的债务,票据债权人可以向票据债务人直接请求票据权利,或者是直接向票据保证人要求其承担票据保证的责任,而不必要求票据权利人必须首先向票据债务人请求以后才能够向票据保证人请求承担保证责任。票据保证人承担保证责任的具体方式是根据票据上的记载,对票据债权人进行足额的付款。

链接《支付结算办法》第 212 条

第五十一条 【共同保证人的连带责任】保证人为二人以上的,保证人之间承担连带责任。

第五十二条 【保证人的追索权】保证人清偿汇票债务后,可以行使持票人对被保证人及其前手的追索权。

注释 票据保证人的追索权和民法上保证人的请求权是一致的,虽然两者之间还是有区别的,不过仍然可以借助民法上的概念来理解票据法上的保证人的追索权。在票据法上,如果持票人向保证人要求承担保证责任,保证人支付了所有的票据金额,取得了汇票以后,保证人就是当时的票据的持有者。在此情况下,保证的债务已经消灭,但是保证人为消灭票据债务而支付了相当于票据金额的资金,应该向被保证人要求偿还。同时,由于票据行为的原因,在保证人所保证的被保证人之前签章的背书人、出票人、保证人等都应当对其后手承担票据被付款或者承兑的责任,所以此时保证人可以向被保证人前手行使追索权。

······

中华人民共和国商业银行法(节录)

· 1995 年 5 月 10 日第八届全国人民代表大会常务委员会第十三次会议通过
· 根据 2003 年 12 月 27 日第十届全国人民代表大会常务委员会第六次会议《关于修改〈中华人民共和国商业银行法〉的决定》第一次修正
· 根据 2015 年 8 月 29 日第十二届全国人民代表大会常务委员会第十六次会议《关于修改〈中华人民共和国商业银行法〉的决定》第二次修正

······

第三十六条 【担保贷款与信用贷款】商业银行贷款,借款人应当提供担保。商业银行应当对保证人的偿还能力,抵押物、质物的权属和价值以及实现抵押权、质权的可行性进行严格审查。

经商业银行审查、评估,确认借款人资信良好,确能偿还贷款的,可以不提供担保。

······

第四十条 【向关系人发放信用贷款的禁止】商业银行不得向关系人发放信用贷款;向关系人发放担保贷款的条件不得优于其他借款人同类贷

款的条件。

前款所称关系人是指:

(一)商业银行的董事、监事、管理人员、信贷业务人员及其近亲属;

(二)前项所列人员投资或者担任高级管理职务的公司、企业和其他经济组织。

第四十一条 【强令商业银行发放贷款或提供担保行为的禁止】任何单位和个人不得强令商业银行发放贷款或者提供担保。商业银行有权拒绝任何单位和个人强令要求其发放贷款或者提供担保。

第四十二条 【借款人的还本付息义务】借款人应当按期归还贷款的本金和利息。

借款人到期不归还担保贷款的,商业银行依法享有要求保证人归还贷款本金和利息或者就该担保物优先受偿的权利。商业银行因行使抵押权、质权而取得的不动产或者股权,应当自取得之日起二年内予以处分。

借款人到期不归还信用贷款的,应当按照合同约定承担责任。

……

中华人民共和国公司法(节录)

· 1993 年 12 月 29 日第八届全国人民代表大会常务委员会第五次会议通过

· 根据 1999 年 12 月 25 日第九届全国人民代表大会常务委员会第十三次会议《关于修改〈中华人民共和国公司法〉的决定》第一次修正

· 根据 2004 年 8 月 28 日第十届全国人民代表大会常务委员会第十一次会议《关于修改〈中华人民共和国公司法〉的决定》第二次修正

· 2005 年 10 月 27 日第十届全国人民代表大会常务委员会第十八次会议修订

· 根据 2013 年 12 月 28 日第十二届全国人民代表大会常务委员会第六次会议《关于修改〈中华人民共和国海洋环境保护法〉等七部法律的决定》第三次修正

· 根据 2018 年 10 月 26 日第十三届全国人民代表大会常务委员会第六次会议《关于修改〈中华人民共和国公司法〉的决定》第四次修正

……

第十六条 【公司担保】公司向其他企业投资或者为他人提供担保,依照公司章程的规定,由董事会或者股东会、股东大会决议;公司章程对投资或者担保的总额及单项投资或者担保的数额有限额规定的,不得超过规定的限额。

公司为公司股东或者实际控制人提供担保的,必须经股东会或者股东大会决议。

前款规定的股东或者受前款规定的实际控制人支配的股东,不得参加前款规定事项的表决。该项表决由出席会议的其他股东所持表决权的过半数通过。

注释 **实际控制人**

实际控制人,是指虽不是公司的股东,但通过投资关系、协议或者其他安排,能够实际支配公司行为的人。

法律没有禁止公司为本公司股东或者实际控制人提供担保,但是公司为本公司股东或者实际控制人提供担保的,必须由股东会或者股东大会作出决议。没有股东会或者股东大会作出的关于为股东或实际控制人提供担保的决议,以公司资产为本公司股东或者实际控制人提供的担保无效。需要注意的是,公司为他人提供担保是依照公司章程的规定,由董事会或者股东会、股东大会决议;而公司为股东或实际控制人提供担保,是法律特别规定必须经股东会或者股东大会决议,公司章程不得对此作出相反的规定。

……

第一百零四条 【重要事项的股东大会决议权】本法和公司章程规定公司转让、受让重大资产或者对外提供担保等事项必须经股东大会作出决议的,董事会应当及时召集股东大会会议,由股东大会就上述事项进行表决。

……

第一百二十一条 【特别事项的通过】上市公司在一年内购买、出售重大资产或者担保金额超过公司资产总额百分之三十的,应当由股东大会作出决议,并经出席会议的股东所持表决权的三分之二以上通过。

……

第一百四十八条 【董事、高管人员的禁止行为】董事、高级管理人员不得有下列行为:

(一)挪用公司资金;

(二)将公司资金以其个人名义或者以其他个

五、担保物权

人名义开立账户存储；

（三）违反公司章程的规定，未经股东会、股东大会或者董事会同意，将公司资金借贷给他人或者以公司财产为他人提供担保；

（四）违反公司章程的规定或者未经股东会、股东大会同意，与本公司订立合同或者进行交易；

（五）未经股东会或者股东大会同意，利用职务便利为自己或者他人谋取属于公司的商业机会，自营或者为他人经营与所任职公司同类的业务；

（六）接受他人与公司交易的佣金归为己有；

（七）擅自披露公司秘密；

（八）违反对公司忠实义务的其他行为。

董事、高级管理人员违反前款规定所得的收入应当归公司所有。

……

第一百五十四条 【公司债券募集办法】发行公司债券的申请经国务院授权的部门核准后，应当公告公司债券募集办法。

公司债券募集办法中应当载明下列主要事项：

（一）公司名称；

（二）债券募集资金的用途；

（三）债券总额和债券的票面金额；

（四）债券利率的确定方式；

（五）还本付息的期限和方式；

（六）债券担保情况；

（七）债券的发行价格、发行的起止日期；

（八）公司净资产额；

（九）已发行的尚未到期的公司债券总额；

（十）公司债券的承销机构。

……

第一百七十三条 【公司合并的程序】公司合并，应当由合并各方签订合并协议，并编制资产负债表及财产清单。公司应当自作出合并决议之日起十日内通知债权人，并于三十日内在报纸上公告。债权人自接到通知书之日起三十日内，未接到通知书的自公告之日起四十五日内，可以要求公司清偿债务或者提供相应的担保。

……

第一百七十七条 【公司减资】公司需要减少注册资本时，必须编制资产负债表及财产清单。

公司应当自作出减少注册资本决议之日起十日内通知债权人，并于三十日内在报纸上公告。债权人自接到通知书之日起三十日内，未接到通知书的自公告之日起四十五日内，有权要求公司清偿债务或者提供相应的担保。

注释 公司减少注册资本，应当符合《公司法》规定的程序，减少后的注册资本及实收资本数额应当达到法律、行政法规规定的公司注册资本的最低限额并经验资机构验资。

公司全体股东或者发起人足额缴纳出资和缴纳股款后，公司申请减少注册资本，应当同时办理减少实收资本变更登记。

……

中华人民共和国海关事务担保条例

· 2010 年 9 月 14 日中华人民共和国国务院令第 581 号公布

· 根据 2018 年 3 月 19 日《国务院关于修改和废止部分行政法规的决定》修订

第一条 为了规范海关事务担保，提高通关效率，保障海关监督管理，根据《中华人民共和国海关法》及其他有关法律的规定，制定本条例。

第二条 当事人向海关申请提供担保，承诺履行法律义务，海关为当事人办理海关事务担保，适用本条例。

第三条 海关事务担保应当遵循合法、诚实信用、权责统一的原则。

第四条 有下列情形之一的，当事人可以在办结海关手续前向海关申请提供担保，要求提前放行货物：

（一）进出口货物的商品归类、完税价格、原产地尚未确定的；

（二）有效报关单证尚未提供的；

（三）在纳税期限内税款尚未缴纳的；

（四）滞报金尚未缴纳的；

（五）其他海关手续尚未办结的。

国家对进出境货物、物品有限制性规定，应当提供许可证件而不能提供的，以及法律、行政法规定不得担保的其他情形，海关不予办理担保放行。

第五条 当事人申请办理下列特定海关业务的，按照海关规定提供担保：

（一）运输企业承担来往内地与港澳公路货物运输、承担海关监管货物境内公路运输的；

（二）货物、物品暂时进出境的；

（三）货物进境修理和出境加工的；

（四）租赁货物进口的；

（五）货物和运输工具过境的；

（六）将海关监管货物暂时存放在海关监管区外的；

（七）将海关监管货物向金融机构抵押的；

（八）为保税货物办理有关海关业务的。

当事人不提供或者提供的担保不符合规定的，海关不予办理前款所列特定海关业务。

第六条 进出口货物的纳税义务人在规定的纳税期限内有明显的转移、藏匿其应税货物以及其他财产迹象的，海关可以责令纳税义务人提供担保；纳税义务人不能提供担保的，海关依法采取税收保全措施。

第七条 有违法嫌疑的货物、物品、运输工具应当或者已经被海关依法扣留、封存的，当事人可以向海关提供担保，申请免予或者解除扣留、封存。

有违法嫌疑的货物、物品、运输工具无法或者不便扣留的，当事人或者运输工具负责人应当向海关提供等值的担保；未提供等值担保的，海关可以扣留当事人等值的其他财产。

有违法嫌疑的货物、物品、运输工具属于禁止进出境，或者必须以原物作为证据，或者依法应当予以没收的，海关不予办理担保。

第八条 法人、其他组织受到海关处罚，在罚款、违法所得或者依法应当追缴的货物、物品、走私运输工具的等值价款未缴清前，其法定代表人、主要负责人出境的，应当向海关提供担保；未提供担保的，海关可以通知出境管理机关阻止其法定代表人、主要负责人出境。

受海关处罚的自然人出境的，适用前款规定。

第九条 进口已采取临时反倾销措施、临时反补贴措施的货物应当提供担保的，或者进出口货物收发人、知识产权权利人申请办理知识产权海关保护相关事务等，依照本条例的规定办理海关事务担保。法律、行政法规有特别规定的，从其规定。

第十条 按照海关总署的规定经海关认定的高级认证企业可以申请免除担保，并按照海关规定办理有关手续。

第十一条 当事人在一定期限内多次办理同一类海关事务的，可以向海关申请提供总担保。

海关接受总担保的，当事人办理该类海关事务，不再单独提供担保。

总担保的适用范围、担保金额、担保期限、终止情形等由海关总署规定。

第十二条 当事人可以以海关依法认可的财产、权利提供担保，担保财产、权利的具体范围由海关总署规定。

第十三条 当事人以保函向海关提供担保的，保函应当以海关为受益人，并且载明下列事项：

（一）担保人、被担保人的基本情况；

（二）被担保的法律义务；

（三）担保金额；

（四）担保期限；

（五）担保责任；

（六）需要说明的其他事项。

担保人应当在保函上加盖印章，并注明日期。

第十四条 当事人提供的担保应当与其需要履行的法律义务相当，除本条例第七条第二款规定的情形外，担保金额按照下列标准确定：

（一）为提前放行货物提供的担保，担保金额不得超过可能承担的最高税款总额；

（二）为办理特定海关业务提供的担保，担保金额不得超过可能承担的最高税款总额或者海关总署规定的金额；

（三）因有明显的转移、藏匿应税货物以及其他财产迹象被责令提供的担保，担保金额不得超过可能承担的最高税款总额；

（四）为有关货物、物品、运输工具免予或者解除扣留、封存提供的担保，担保金额不得超过该货物、物品、运输工具的等值价款；

（五）为罚款、违法所得或者依法应当追缴的货物、物品、走私运输工具的等值价款未缴清前出境提供的担保，担保金额应当相当于罚款、违法所得数额或者依法应当追缴的货物、物品、走私运输工具的等值价款。

第十五条 办理担保，当事人应当提交书面申请以及真实、合法、有效的财产、权利凭证和身份或者资格证明等材料。

第十六条 海关应当自收到当事人提交的材料之日起5个工作日内对相关财产、权利等进行审核，并决定是否接受担保。当事人申请办理总担保的，海关应当在10个工作日内审核并决定是否接受担保。

符合规定的担保,自海关决定接受之日起生效。对不符合规定的担保,海关应当书面通知当事人不予接受,并说明理由。

第十七条 被担保人履行法律义务期限届满前,担保人和被担保人因特殊原因要求变更担保内容的,应当向接受担保的海关提交书面申请以及有关证明材料。海关应当自收到当事人提交的材料之日起5个工作日内作出是否同意变更的决定,并书面通知当事人,不同意变更的,应当说明理由。

第十八条 被担保人在规定的期限内未履行有关法律义务的,海关可以依法从担保财产、权利中抵缴。当事人以保函提供担保的,海关可以直接要求承担连带责任的担保人履行担保责任。

担保人履行担保责任的,不免除被担保人办理有关海关手续的义务。海关应当及时为被担保人办理有关海关手续。

第十九条 担保财产、权利不足以抵偿被担保人有关法律义务的,海关应当书面通知被担保人另行提供担保或者履行法律义务。

第二十条 有下列情形之一的,海关应当书面通知当事人办理担保财产、权利退还手续:

(一)当事人已经履行有关法律义务的;

(二)当事人不再从事特定海关业务的;

(三)担保财产、权利被海关采取抵缴措施后仍有剩余的;

(四)其他需要退还的情形。

第二十一条 自海关要求办理担保财产、权利退还手续的书面通知送达之日起3个月内,当事人无正当理由未办理退还手续的,海关应当发布公告。

自海关公告发布之日起1年内,当事人仍未办理退还手续的,海关应当将担保财产、权利依法变卖或者兑付后,上缴国库。

第二十二条 海关履行职责,金融机构等有关单位应当依法予以协助。

第二十三条 担保人、被担保人违反本条例,使用欺骗、隐瞒等手段提供担保的,由海关责令其继续履行法律义务,处5000元以上50000元以下的罚款;情节严重的,可以暂停被担保人从事有关海关业务或者撤销其从事有关海关业务的注册登记。

第二十四条 海关工作人员有下列行为之一的,给予处分;构成犯罪的,依法追究刑事责任:

(一)违法处分担保财产、权利;

(二)对不符合担保规定的,违法办理有关手续致使国家利益遭受损失;

(三)对符合担保规定的,不予办理有关手续;

(四)与海关事务担保有关的其他违法行为。

第二十五条 担保人、被担保人对海关有关海关事务担保的具体行政行为不服的,可以依法向上一级海关申请行政复议或者向人民法院提起行政诉讼。

第二十六条 本条例自2011年1月1日起施行。

融资性担保公司管理暂行办法

· 2010年3月8日中国银行业监督管理委员会、国家发展和改革委员会、工业和信息化部、财政部、商务部、中国人民银行、国家工商行政管理总局令2010年第3号公布

· 自公布之日起施行

第一章 总 则

第一条 为加强对融资性担保公司的监督管理,规范融资性担保行为,促进融资性担保行业健康发展,根据《中华人民共和国公司法》、《中华人民共和国担保法》、《中华人民共和国合同法》等法律规定,制定本办法。

第二条 本办法所称融资性担保是指担保人与银行业金融机构等债权人约定,当被担保人不履行对债权人负有的融资性债务时,由担保人依法承担合同约定的担保责任的行为。

本办法所称融资性担保公司是指依法设立,经营融资性担保业务的有限责任公司和股份有限公司。

本办法所称监管部门是指省、自治区、直辖市人民政府确定的负责监督管理本辖区融资性担保公司的部门。

第三条 融资性担保公司应当以安全性、流动性、收益性为经营原则,建立市场化运作的可持续审慎经营模式。

融资性担保公司与企业、银行业金融机构等客户的业务往来,应当遵循诚实守信的原则,并遵守合同的约定。

第四条 融资性担保公司依法开展业务,不

受任何机关、单位和个人的干涉。

第五条　融资性担保公司开展业务,应当遵守法律、法规和本办法的规定,不得损害国家利益和社会公共利益。

融资性担保公司应当为客户保密,不得利用客户提供的信息从事任何与担保业务无关或有损客户利益的活动。

第六条　融资性担保公司开展业务应当遵守公平竞争的原则,不得从事不正当竞争。

第七条　融资性担保公司由省、自治区、直辖市人民政府实施属地管理。省、自治区、直辖市人民政府确定的监管部门具体负责本辖区融资性担保公司的准入、退出、日常监管和风险处置,并向国务院建立的融资性担保业务监管部际联席会议报告工作。

第二章　设立、变更和终止

第八条　设立融资性担保公司及其分支机构,应当经监管部门审查批准。

经批准设立的融资性担保公司及其分支机构,由监管部门颁发经营许可证,并凭该许可证向工商行政管理部门申请注册登记。

任何单位和个人未经监管部门批准不得经营融资性担保业务,不得在名称中使用融资性担保字样,法律、行政法规另有规定的除外。

第九条　设立融资性担保公司,应当具备下列条件:

(一)有符合《中华人民共和国公司法》规定的章程。

(二)有具备持续出资能力的股东。

(三)有符合本办法规定的注册资本。

(四)有符合任职资格的董事、监事、高级管理人员和合格的从业人员。

(五)有健全的组织机构、内部控制和风险管理制度。

(六)有符合要求的营业场所。

(七)监管部门规定的其他审慎性条件。

董事、监事、高级管理人员和从业人员的资格管理办法由融资性担保业务监管部际联席会议另行制定。

第十条　监管部门根据当地实际情况规定融资性担保公司注册资本的最低限额,但不得低于人民币 500 万元。

注册资本为实缴货币资本。

第十一条　设立融资性担保公司,应向监管部门提交下列文件、资料:

(一)申请书。应当载明拟设立的融资性担保公司的名称、住所、注册资本和业务范围等事项。

(二)可行性研究报告。

(三)章程草案。

(四)股东名册及其出资额、股权结构。

(五)股东出资的验资证明以及持有注册资本5%以上股东的资信证明和有关资料。

(六)拟任董事、监事、高级管理人员的资格证明。

(七)经营发展战略和规划。

(八)营业场所证明材料。

(九)监管部门要求提交的其他文件、资料。

第十二条　融资性担保公司有下列变更事项之一的,应当经监管部门审查批准:

(一)变更名称。

(二)变更组织形式。

(三)变更注册资本。

(四)变更公司住所。

(五)调整业务范围。

(六)变更董事、监事和高级管理人员。

(七)变更持有 5%以上股权的股东。

(八)分立或者合并。

(九)修改章程。

(十)监管部门规定的其他变更事项。

融资性担保公司变更事项涉及公司登记事项的,经监管部门审查批准后,按规定向工商行政管理部门申请变更登记。

第十三条　融资性担保公司跨省、自治区、直辖市设立分支机构的,应当征得该融资性担保公司所在地监管部门同意,并经拟设立分支机构所在地监管部门审查批准。

第十四条　融资性担保公司因分立、合并或出现公司章程规定的解散事由需要解散的,应当经监管部门审查批准,并凭批准文件及时向工商行政管理部门申请注销登记。

第十五条　融资性担保公司有重大违法经营行为,不予撤销将严重危害市场秩序、损害公众利益的,由监管部门予以撤销。法律、行政法规另有规定的除外。

第十六条　融资性担保公司解散或被撤销的,

五、担保物权

应当依法成立清算组进行清算,按照债务清偿计划及时偿还有关债务。监管部门监督其清算过程。

担保责任解除前,公司股东不得分配公司财产或从公司取得任何利益。

第十七条 融资性担保公司不能清偿到期债务,并且资产不足以清偿全部债务或者明显缺乏清偿能力的,应当依法实施破产。

第三章 业务范围

第十八条 融资性担保公司经监管部门批准,可以经营下列部分或全部融资性担保业务:

(一)贷款担保。

(二)票据承兑担保。

(三)贸易融资担保。

(四)项目融资担保。

(五)信用证担保。

(六)其他融资性担保业务。

第十九条 融资性担保公司经监管部门批准,可以兼营下列部分或全部业务:

(一)诉讼保全担保。

(二)投标担保、预付款担保、工程履约担保、尾付款如约偿付担保等履约担保业务。

(三)与担保业务有关的融资咨询、财务顾问等中介服务。

(四)以自有资金进行投资。

(五)监管部门规定的其他业务。

第二十条 融资性担保公司可以为其他融资性担保公司的担保责任提供再担保和办理债券发行担保业务,但应当同时符合以下条件:

(一)近两年无违法、违规不良记录。

(二)监管部门规定的其他审慎性条件。

从事再担保业务的融资性担保公司除需满足前款规定的条件外,注册资本应当不低于人民币1亿元,并连续营业两年以上。

第二十一条 融资性担保公司不得从事下列活动:

(一)吸收存款。

(二)发放贷款。

(三)受托发放贷款。

(四)受托投资。

(五)监管部门规定不得从事的其他活动。

融资性担保公司从事非法集资活动的,由有关部门依法予以查处。

第四章 经营规则和风险控制

第二十二条 融资性担保公司应当依法建立健全公司治理结构,完善议事规则、决策程序和内审制度,保持公司治理的有效性。

跨省、自治区、直辖市设立分支机构的融资性担保公司,应当设两名以上的独立董事。

第二十三条 融资性担保公司应当建立符合审慎经营原则的担保评估制度、决策程序、事后追偿和处置制度、风险预警机制和突发事件应急机制,并制定严格规范的业务操作规程,加强对担保项目的风险评估和管理。

第二十四条 融资性担保公司应当配备或聘请经济、金融、法律、技术等方面具有相关资格的专业人才。

跨省、自治区、直辖市设立分支机构的融资性担保公司应当设立首席合规官和首席风险官。首席合规官、首席风险官应当由取得律师或注册会计师等相关资格,并具有融资性担保或金融从业经验的人员担任。

第二十五条 融资性担保公司应当按照金融企业财务规则和企业会计准则等要求,建立健全财务会计制度,真实地记录和反映企业的财务状况、经营成果和现金流量。

第二十六条 融资性担保公司收取的担保费,可根据担保项目的风险程度,由融资性担保公司与被担保人自主协商确定,但不得违反国家有关规定。

第二十七条 融资性担保公司对单个被担保人提供的融资性担保责任余额不得超过净资产的10%,对单个被担保人及其关联方提供的融资性担保责任余额不得超过净资产的15%,对单个被担保人债券发行提供的担保责任余额不得超过净资产的30%。

第二十八条 融资性担保公司的融资性担保责任余额不得超过其净资产的10倍。

第二十九条 融资性担保公司以自有资金进行投资,限于国债、金融债券及大型企业债务融资工具等信用等级较高的固定收益类金融产品,以及不存在利益冲突且总额不高于净资产20%的其他投资。

第三十条 融资性担保公司不得为其母公司或子公司提供融资性担保。

第三十一条　融资性担保公司应当按照当年担保费收入的 50% 提取未到期责任准备金，并按不低于当年年末担保责任余额 1% 的比例提取担保赔偿准备金。担保赔偿准备金累计达到当年担保责任余额 10% 的，实行差额提取。差额提取办法和担保赔偿准备金的使用管理办法由监管部门另行制定。

监管部门可以根据融资性担保公司责任风险状况和审慎监管的需要，提出调高担保赔偿准备金比例的要求。

融资性担保公司应当对担保责任实行风险分类管理，准确计量担保责任风险。

第三十二条　融资性担保公司与债权人应当按照协商一致的原则建立业务关系，并在合同中明确约定承担担保责任的方式。

第三十三条　融资性担保公司办理融资性担保业务，应当与被担保人约定在担保期间可持续获得相关信息并有权对相关情况进行核实。

第三十四条　融资性担保公司与债权人应当建立担保期间被担保人相关信息的交换机制，加强对被担保人的信用辅导和监督，共同维护双方的合法权益。

第三十五条　融资性担保公司应当按照监管部门的规定，将公司治理情况、财务会计报告、风险管理状况、资本金构成及运用情况、担保业务总体情况等信息告知相关债权人。

第五章　监督管理

第三十六条　监管部门应当建立健全融资性担保公司信息资料收集、整理、统计分析制度和监管记分制度，对经营及风险状况进行持续监测，并于每年 6 月底前完成所监管融资性担保公司上一年度机构概览报告。

第三十七条　融资性担保公司应当按照规定及时向监管部门报送经营报告、财务会计报告、合法合规报告等文件和资料。

融资性担保公司向监管机构提交的各类文件和资料，应当真实、准确、完整。

第三十八条　融资性担保公司应当按季度向监管部门报告资本金的运用情况。

监管部门应当根据审慎监管的需要，适时提出融资性担保公司的资本质量和资本充足率要求。

第三十九条　监管部门根据监管需要，有权要求融资性担保公司提供专项资料，或约见其董事、监事、高级管理人员进行监管谈话，要求就有关情况进行说明或进行必要的整改。

监管部门认为必要时，可以向债权人通报所监管有关融资性担保公司的违规或风险情况。

第四十条　监管部门根据监管需要，可以对融资性担保公司进行现场检查，融资性担保公司应当予以配合，并按照监管部门的要求提供有关文件、资料。

现场检查时，检查人员不得少于 2 人，并向融资性担保公司出示检查通知书和相关证件。

第四十一条　融资性担保公司发生担保诈骗、金额可能达到其净资产 5% 以上的担保代偿或投资损失，以及董事、监事、高级管理人员涉及严重违法、违规等重大事件时，应当立即采取应急措施并向监管部门报告。

第四十二条　融资性担保公司应当及时向监管部门报告股东大会或股东会、董事会等会议的重要决议。

第四十三条　融资性担保公司应当聘请社会中介机构进行年度审计，并将审计报告及时报送监管部门。

第四十四条　监管部门应当会同有关部门建立融资性担保行业突发事件的发现、报告和处置制度，制定融资性担保行业突发事件处置预案，明确处置机构及其职责、处置措施和处置程序，及时、有效地处置融资性担保行业突发事件。

第四十五条　监管部门应当于每年年末全面分析评估本辖区融资性担保行业年度发展和监管情况，并于每年 2 月底前向融资性担保业务监管部际联席会议和省、自治区、直辖市人民政府报告本辖区上一年度融资性担保行业发展情况和监管情况。

监管部门应当及时向融资性担保业务监管部际联席会议和省、自治区、直辖市人民政府报告本辖区融资性担保行业的重大风险事件和处置情况。

第四十六条　融资性担保行业建立行业自律组织，履行自律、维权、服务等职责。

全国性的融资性担保行业自律组织接受融资性担保业务监管部际联席会议的指导。

第四十七条　征信管理部门应当将融资性担保公司的有关信息纳入征信管理体系，并为融资性担保公司查询相关信息提供服务。

五、担保物权

第六章 法律责任

第四十八条 监管部门从事监督管理工作的人员有下列情形之一的,依法给予行政处分;构成犯罪的,依法追究刑事责任:

(一)违反规定审批融资性担保公司的设立、变更、终止以及业务范围的。

(二)违反规定对融资性担保公司进行现场检查的。

(三)未依照本办法第四十五条规定报告重大风险事件和处置情况的。

(四)其他违反法律法规及本办法规定的行为。

第四十九条 融资性担保公司违反法律、法规及本办法规定,有关法律、法规有处罚规定的,依照其规定给予处罚;有关法律、法规未作处罚规定的,由监管部门责令改正,可以给予警告、罚款;构成犯罪的,依法追究刑事责任。

第五十条 违反本办法第八条第三款规定,擅自经营融资性担保业务的,由有关部门依法予以取缔并处罚;擅自在名称中使用融资性担保字样的,由监管部门责令改正,依法予以处罚。

第七章 附 则

第五十一条 公司制以外的融资性担保机构从事融资性担保业务参照本办法的有关规定执行,具体实施办法由省、自治区、直辖市人民政府另行制定,并报融资性担保业务监管部际联席会议备案。

外商投资的融资性担保公司适用本办法,法律、行政法规另有规定的,依照其规定。

融资性再担保机构管理办法由省、自治区、直辖市人民政府另行制定,并报融资性担保业务监管部际联席会议备案。

第五十二条 省、自治区、直辖市人民政府可以根据本办法的规定,制定实施细则并报融资性担保业务监管部际联席会议备案。

第五十三条 本办法施行前已经设立的融资性担保公司不符合本办法规定的,应当在 2011 年 3 月 31 日前达到本办法规定的要求。具体规范整顿方案,由省、自治区、直辖市人民政府制定。

第五十四条 本办法自公布之日起施行。

最高人民法院关于审理独立保函纠纷案件若干问题的规定

· 2016 年 7 月 11 日最高人民法院审判委员会第 1688 次会议通过
· 根据 2020 年 12 月 23 日最高人民法院审判委员会第 1823 次会议通过的《最高人民法院关于修改〈最高人民法院关于破产企业国有划拨土地使用权应否列入破产财产等问题的批复〉等二十九件商事类司法解释的决定》修正

为正确审理独立保函纠纷案件,切实维护当事人的合法权益,服务和保障"一带一路"建设,促进对外开放,根据《中华人民共和国民法典》《中华人民共和国涉外民事关系法律适用法》《中华人民共和国民事诉讼法》等法律,结合审判实际,制定本规定。

第一条 本规定所称的独立保函,是指银行或非银行金融机构作为开立人,以书面形式向受益人出具的,同意在受益人请求付款并提交符合保函要求的单据时,向其支付特定款项或在保函最高金额内付款的承诺。

前款所称的单据,是指独立保函载明的受益人应提交的付款请求书、违约声明、第三方签发的文件、法院判决、仲裁裁决、汇票、发票等表明发生付款到期事件的书面文件。

独立保函可以依保函申请人的申请而开立,也可以依另一金融机构的指示而开立。开立人依指示开立独立保函的,可以要求指示人向其开立用以保障追偿权的独立保函。

第二条 本规定所称的独立保函纠纷,是指在独立保函的开立、撤销、修改、转让、付款、追偿等环节产生的纠纷。

第三条 保函具有下列情形之一,当事人主张保函性质为独立保函的,人民法院应予支持,但保函未载明据以付款的单据和最高金额的除外:

(一)保函载明见索即付;

(二)保函载明适用国际商会《见索即付保函统一规则》等独立保函交易示范规则;

(三)根据保函文本内容,开立人的付款义务独立于基础交易关系及保函申请法律关系,其仅承担相符交单的付款责任。

当事人以独立保函记载了对应的基础交易为由，主张该保函性质为一般保证或连带保证的，人民法院不予支持。

当事人主张独立保函适用民法典关于一般保证或连带保证规定的，人民法院不予支持。

第四条　独立保函的开立时间为开立人发出独立保函的时间。

独立保函一经开立即生效，但独立保函载明生效日期或事件的除外。

独立保函未载明可撤销，当事人主张独立保函开立后不可撤销的，人民法院应予支持。

第五条　独立保函载明适用《见索即付保函统一规则》等独立保函交易示范规则，或开立人和受益人在一审法庭辩论终结前一致援引的，人民法院应当认定交易示范规则的内容构成独立保函条款的组成部分。

不具有前款情形，当事人主张独立保函适用相关交易示范规则的，人民法院不予支持。

第六条　受益人提交的单据与独立保函条款之间、单据与单据之间表面相符，受益人请求开立人依据独立保函承担付款责任的，人民法院应予支持。

开立人以基础交易关系或独立保函申请关系对付款义务提出抗辩的，人民法院不予支持，但有本规定第十二条情形的除外。

第七条　人民法院在认定是否构成表面相符时，应当根据独立保函载明的审单标准进行审查；独立保函未载明的，可以参照适用国际商会确定的相关审单标准。

单据与独立保函条款之间、单据与单据之间表面上不完全一致，但并不导致相互之间产生歧义的，人民法院应当认定构成表面相符。

第八条　开立人有独立审查单据的权利与义务，有权自行决定单据与独立保函条款之间、单据与单据之间是否表面相符，并自行决定接受或拒绝接受不符点。

开立人已向受益人明确表示接受不符点，受益人请求开立人承担付款责任的，人民法院应予支持。

开立人拒绝接受不符点，受益人以保函申请人已接受不符点为由请求开立人承担付款责任的，人民法院不予支持。

第九条　开立人依据独立保函付款后向保函申请人追偿的，人民法院应予支持，但受益人提交的单据存在不符点的除外。

第十条　独立保函未同时载明可转让和据以确定新受益人的单据，开立人主张受益人付款请求权的转让对其不发生效力的，人民法院应予支持。独立保函对受益人付款请求权的转让有特别约定的，从其约定。

第十一条　独立保函具有下列情形之一，当事人主张独立保函权利义务终止的，人民法院应予支持：

（一）独立保函载明的到期日或到期事件届至，受益人未提交符合独立保函要求的单据；

（二）独立保函项下的应付款项已经全部支付；

（三）独立保函的金额已减额至零；

（四）开立人收到受益人出具的免除独立保函项下付款义务的文件；

（五）法律规定或者当事人约定终止的其他情形。

独立保函具有前款权利义务终止的情形，受益人以其持有独立保函文本为由主张享有付款请求权的，人民法院不予支持。

第十二条　具有下列情形之一的，人民法院应当认定构成独立保函欺诈：

（一）受益人与保函申请人或其他人串通，虚构基础交易的；

（二）受益人提交的第三方单据系伪造或内容虚假的；

（三）法院判决或仲裁裁决认定基础交易债务人没有付款或赔偿责任的；

（四）受益人确认基础交易债务已得到完全履行或者确认独立保函载明的付款到期事件并未发生的；

（五）受益人明知其没有付款请求权仍滥用该权利的其他情形。

第十三条　独立保函的申请人、开立人或指示人发现有本规定第十二条情形的，可以在提起诉讼或申请仲裁前，向开立人住所地或其他对独立保函欺诈纠纷案件具有管辖权的人民法院申请中止支付独立保函项下的款项，也可以在诉讼或仲裁过程中提出申请。

第十四条　人民法院裁定中止支付独立保函项下的款项，必须同时具备下列条件：

五、担保物权

（一）止付申请人提交的证据材料证明本规定第十二条情形的存在具有高度可能性；

（二）情况紧急，不立即采取止付措施，将给止付申请人的合法权益造成难以弥补的损害；

（三）止付申请人提供了足以弥补被申请人因止付可能遭受损失的担保。

止付申请人以受益人在基础交易中违约为由请求止付的，人民法院不予支持。

开立人在依指示开立的独立保函项下已经善意付款的，对保障该开立人追偿权的独立保函，人民法院不得裁定止付。

第十五条 因止付申请错误造成损失，当事人请求止付申请人赔偿的，人民法院应予支持。

第十六条 人民法院受理止付申请后，应当在四十八小时内作出书面裁定。裁定应当列明申请人、被申请人和第三人，并包括初步查明的事实和是否准许止付申请的理由。

裁定中止支付的，应当立即执行。

止付申请人在止付裁定作出后三十日内未依法提起独立保函欺诈纠纷诉讼或申请仲裁的，人民法院应当解除止付裁定。

第十七条 当事人对人民法院就止付申请作出的裁定有异议的，可以在裁定书送达之日起十日内向作出裁定的人民法院申请复议。复议期间不停止裁定的执行。

人民法院应当在收到复议申请后十日内审查，并询问当事人。

第十八条 人民法院审理独立保函欺诈纠纷案件或处理止付申请，可以就当事人主张的本规定第十二条的具体情形，审查认定基础交易的相关事实。

第十九条 保函申请人在独立保函欺诈诉讼中仅起诉受益人的，独立保函的开立人、指示人可以作为第三人申请参加，或由人民法院通知其参加。

第二十条 人民法院经审理独立保函欺诈纠纷案件，能够排除合理怀疑地认定构成独立保函欺诈，并且不存在本规定第十四条第三款情形的，应当判决开立人终止支付独立保函项下被请求的款项。

第二十一条 受益人和开立人之间因独立保函而产生的纠纷案件，由开立人住所地或被告住所地人民法院管辖，独立保函载明由其他法院管辖或提交仲裁的除外。当事人主张根据基础交易合同争议解决条款确定管辖法院或提交仲裁的，人民法院不予支持。

独立保函欺诈纠纷案件由被请求止付的独立保函的开立人住所地或被告住所地人民法院管辖，当事人书面协议由其他法院管辖或提交仲裁的除外。当事人主张根据基础交易合同或独立保函的争议解决条款确定管辖法院或提交仲裁的，人民法院不予支持。

第二十二条 涉外独立保函未载明适用法律，开立人和受益人在一审法庭辩论终结前亦未就适用法律达成一致的，开立人和受益人之间因涉外独立保函而产生的纠纷适用开立人经常居所地法律；独立保函由金融机构依法登记设立的分支机构开立的，适用分支机构登记地法律。

涉外独立保函欺诈纠纷，当事人就适用法律不能达成一致的，适用被请求止付的独立保函的开立人经常居所地法律；独立保函由金融机构依法登记设立的分支机构开立的，适用分支机构登记地法律；当事人有共同经常居所地的，适用共同经常居所地法律。

涉外独立保函止付保全程序，适用中华人民共和国法律。

第二十三条 当事人约定在国内交易中适用独立保函，一方当事人以独立保函不具有涉外因素为由，主张保函独立性的约定无效的，人民法院不予支持。

第二十四条 对于按照特户管理并移交开立人占有的独立保函开立保证金，人民法院可以采取冻结措施，但不得扣划。保证金账户内的款项丧失开立保证金的功能时，人民法院可以依法采取扣划措施。

开立人已履行对外支付义务的，根据该开立人的申请，人民法院应当解除对开立保证金相应部分的冻结措施。

第二十五条 本规定施行后尚未终审的案件，适用本规定；本规定施行前已经终审的案件，当事人申请再审或者人民法院按照审判监督程序再审的，不适用本规定。

第二十六条 本规定自 2016 年 12 月 1 日起施行。

文书范本

工程担保合同示范文本(试行)①

投标委托保证合同(试行)

编号:(工 字)第 号

委托保证人(以下称甲方):＿＿＿＿＿＿

住 所:＿＿＿＿＿＿＿＿＿＿＿＿

法定代表人:＿＿＿＿＿＿＿＿＿＿＿

电 话:＿＿＿＿＿＿＿＿＿＿＿

保证人(以下称乙方):＿＿＿＿＿＿

住 所:＿＿＿＿＿＿＿＿＿＿＿＿

法定代表人:＿＿＿＿＿＿＿＿＿＿＿

电 话:＿＿＿＿＿＿＿＿＿＿＿

鉴于甲方参加＿＿＿＿＿＿项目的投标,乙方接受甲方的委托,同意为甲方以保证方式向＿＿＿＿＿＿(以下简称"招标人")提供投标担保。甲乙双方经协商一致,订立本合同。

第一条 定义

本合同所称投标担保是指乙方向招标人保证,当甲方未按照招标文件的规定履行投标人义务时,由乙方代为承担保证责任的行为。

第二条 保证的范围及保证金额

2.1 乙方保证的范围是甲方未按照招标文件的规定履行投标人义务,给招标人造成的实际损失。

乙方在甲方发生以下情形时承担保证责任:

(1)在招标文件规定的投标有效期内即＿＿＿＿＿年＿＿＿＿＿月＿＿＿＿＿日后至＿＿＿＿＿年＿＿＿＿＿月＿＿＿＿＿日内未经招标人许可撤回投标文件。

(2)中标后因中标人原因未在招标文件规定的时间内与招标人签订《建设工程施工合同》。

(3)中标后不能按照招标文件的规定提供履约保证。

(4)招标文件规定的投标人应支付投标保证金的其他情形。

2.2 乙方保证的金额为人民币＿＿＿＿＿元(大写:＿＿＿＿＿)。

第三条 保证的方式及保证期间

3.1 乙方保证的方式为:连带责任保证。

3.2 乙方保证的期间为:自保函生效之日起至招标文件规定的投标有效期届满后＿＿＿＿＿日,即至＿＿＿＿＿年＿＿＿＿＿月＿＿＿＿＿日止。

3.3 投标有效期延长的,经乙方书面同意后,保函的保证期间做相应调整。

――――――――――――――――

① 原建设部 2005 年 5 月 1 日以建市〔2005〕74 号文发布的示范文本。该示范文本由投标委托保证合同、投标保函;业主支付委托保证合同、业主支付保函;承包商履约委托保证合同、承包商履约保函;总承包商付款(分包)委托保证合同、总承包商付款(分包)保函;总承包商付款(供货)委托保证合同、总承包商付款(供货)保函组成。

第四条 承担保证责任的形式

4.1 乙方根据招标人要求以下列方式之一承担保证责任:

(1)代甲方支付投标保证金为人民币_____元。

(2)如果招标人选择重新招标,乙方支付重新招标的费用,但支付金额不超过本合同第二条约定的保证金额。

第五条 担保费及支付方式

5.1 担保费率根据担保额、担保期限、风险等因素确定。

5.2 双方确定的担保费率为:

5.3 本合同生效后_____日内,甲方一次性支付乙方担保费共计人民币_____元(大写:_____)。

第六条 反担保

甲方必须按照乙方的要求向乙方提供反担保,由双方另行签订反担保合同。

第七条 乙方的追偿权

乙方按照本合同的约定承担保证责任后,即有权要求甲方立即归还乙方代偿的全部款项及乙方实现债权的费用,甲方另外应支付乙方代偿之日起企业银行同期贷款利息、罚息,并按上述代偿款项的_____%一次性支付违约金。

第八条 双方的其他权利义务

8.1 乙方在甲乙双方签订本合同,并收到甲方支付的担保费之日起_____日内,向招标人出具《投标保函》。

8.2 甲方如需变更名称、经营范围、注册资金、注册地、主要营业机构所在地、法定代表人或发生合并、分立、重组等重大经营举措应提前三十日通知乙方;发生亏损、诉讼等事项应立即通知乙方。

第九条 争议的解决

本合同发生争议或纠纷时,甲乙双方当事人可以通过协商解决,协商不成的,通过第_____款约定的方式解决:

9.1 向_____法院起诉;

9.2 向_____提起仲裁。(写明仲裁机构名称)

第十条 甲乙双方约定的其它事项

第十一条 合同的生效、变更和解除

11.1 本合同由甲乙双方法定代表人(或其授权代理人)签字或加盖公章后生效。

11.2 本合同生效后,任何有关本合同的补充、修改、变更、解除等均需由甲乙双方协商一致并订立书面协议。

第十二条 附则

本合同一式_____份,甲乙双方各执_____份。

甲方: 乙方:

法定代表人: 法定代表人

(或授权代理人) (或授权代理人)

年　月　日 年　月　日

投标保函(试行)

编号:(工　　字)第　　号

(招标人):_____

鉴于_____(以下简称投标人)参加_____项目投标,应投标人申请,根据招标文件,我方愿就投标人履行招标文件约定的义务以保证的方式向贵方提供如下担保:

一、保证的范围及保证金额

我方在投标人发生以下情形时承担保证责任:

1. 投标人在招标文件规定的投标有效期内即_____年_____月_____日后至_____年_____月_____日内未经贵方许可撤回投标文件;

2. 投标人中标后因自身原因未在招标文件规定的时间内与贵方签订《建设工程施工合同》;

3. 投标人中标后不能按照招标文件的规定提供履约保证;

4. 招标文件规定的投标人应支付投标保证金的其他情形。

我方保证的金额为人民币_____元(大写:_____)。

二、保证的方式及保证期间

我方保证的方式为:连带责任保证。

我方的保证期间为:自本保函生效之日起至招标文件规定的投标有效期届满后_____日,即至_____年_____月_____日止。

投标有效期延长的,经我方书面同意后,本保函的保证期间做相应调整。

三、承担保证责任的形式

我方按照贵方的要求以下列方式之一承担保证责任:

(1)代投标人向贵方支付投标保证金为人民币_____元。

(2)如果贵方选择重新招标,我方向贵方支付重新招标的费用,但支付金额不超过本保证函第一条约定的保证金额,即不超过人民币_____元。

四、代偿的安排

贵方要求我方承担保证责任的,应向我方发出书面索赔通知。索赔通知应写明要求索赔的金额,支付款项应到达的帐号,并附有说明投标人违约造成贵方损失情况的证明材料。

我方收到贵方的书面索赔通知及相应证明材料后,在_____工作日内进行核定后按照本保函的承诺承担保证责任。

五、保证责任的解除

1. 保证期间届满贵方未向我方书面主张保证责任的,自保证期间届满次日起,我方解除保证责任。

2. 我方按照本保函向贵方履行了保证责任后,自我方向贵方支付(支付款项从我方帐户划出)之日起,保证责任即解除。

3. 按照法律法规的规定或出现应解除我方保证责任的其他情形的,我方在本保函项下的保证责任亦解除。

我方解除保证责任后,贵方应按上述约定,自我方保证责任解除之日起____个工作日内,将本保函原件返还我方。

六、免责条款

1. 因贵方违约致使投标人不能履行义务的,我方不承担保证责任。

2. 依照法律规定或贵方与投标人的另行约定,免除投标人部分或全部义务的,我方亦免除其相应的保证责任。

3. 因不可抗力造成投标人不能履行义务的,我方不承担保证责任。

七、争议的解决

因本保函发生的纠纷,由贵我双方协商解决,协商不成的,通过诉讼程序解决,诉讼管辖地法院为_____法院。

八、保函的生效

本保函自我方法定代表人(或其授权代理人)签字或加盖公章并交付贵方之日起生效。

本条所称交付是指:

保证人:

法定代表人(或授权代理人):

年　　月　　日

<h3 style="text-align:center">业主支付委托保证合同(试行)</h3>

编号:(工　　字)第　　号

委托保证人(以下称甲方):_____

住　　所:_____

法定代表人:_____

电　　话:_____

传　　真:_____

保证人(以下称乙方):_____

住　　所:_____

法定代表人:_____

电　　话:_____

传　　真:_____

鉴于甲方与_____(以下简称承包商)就_____项目于_____年_____月_____日签订编号为_____的《建设工程施工合同》(以下简称主合同),乙方接受甲方的委托,同意为甲方以保证方式向承包商提供工程款支付担保。双方经协商一致,订立本合同。

第一条　定义

1.1 本合同所称业主支付担保是指,乙方向承包商保证,当甲方未按照主合同的约定支付工程款时,由乙方代为支付的行为。

1.2 本合同所称主合同约定的工程款是指主合同约定的除工程质量保修金以外的合同价款。

第二条　保证的范围及保证金额

2.1 乙方保证的范围是主合同约定的工程款。

2.2 乙方保证的金额是主合同约定的工程款的_____%,金额最高不超过_____人民币_____元(大写:_____)。

第三条　保证的方式及保证期间

3.1 乙方保证的方式为:连带责任保证。

3.2 乙方保证的期间为:自本合同生效之日起至主合同约定的工程款支付之日后_____日内。

3.3 甲方与承包商协议变更工程款支付日期的,经乙方书面同意后,保证期间按照变更后的支付日期做相应调整。

第四条 承担保证责任的形式

4.1 乙方承担保证责任的形式是代为支付。

4.2 甲方未按主合同约定向承包商支付工程款的,由乙方在保证金额内代为支付。

第五条 担保费及支付方式

5.1 担保费率根据担保额、担保期限、风险等因素确定。

5.2 双方确定的担保费率为:＿＿＿＿＿＿。

5.3 本合同生效后＿＿＿＿＿＿日内,甲方一次性支付乙方担保费共计人民币＿＿＿＿＿＿元(大写:＿＿＿＿＿＿)。

第六条 反担保

甲方应按照乙方的要求向乙方提供反担保,由双方另行签订反担保合同。

第七条 乙方的追偿权

乙方按照本合同的约定承担了保证责任后,即有权要求甲方立即归还乙方代偿的全部款项及乙方实现债权的费用,甲方另外应支付乙方代偿之日起企业银行同期贷款利息、罚息,并按上述代偿款项的＿＿＿＿＿＿%一次性支付违约金。

第八条 双方的其他权利义务

8.1 乙方在甲乙双方签订本合同,并收到甲方支付的担保费之日起 日内,向承包商出具《业主支付保函》。

8.2 甲方如需变更名称、经营范围、注册资金、注册地、主要营业机构所在地、法定代表人或发生合并、分立、重组等重大经营举措应提前三十日通知乙方;发生亏损、诉讼等事项应立即通知乙方。

8.3 甲方不得擅自将工程转让给第三人。甲方与承包商有关主合同的修改、变更,应告知乙方;如发生结构、规模、标准等重大设计变更,应经乙方书面同意。

8.4 甲方保证对已经落实的工程款项实行专款专用,及时向乙方通报工程款项的支付和合同履行情况,积极配合乙方进行定期或随时检查和监督。必要时乙方可要求甲方将已落实的工程款项打入乙方指定的账户,实行专款专用监督。

第九条 争议的解决

本合同发生争议或纠纷时,甲乙双方当事人可以通过协商解决,协商不成的,通过第＿＿＿＿＿＿款约定的方式解决:

9.1 向＿＿＿＿＿＿法院起诉;

9.2 向＿＿＿＿＿＿提起仲裁。(写明仲裁机构名称)

第十条 甲乙双方约定的其它事项

第十一条 合同的生效、变更和解除

11.1 本合同由甲乙双方法定代表人(或其授权代理人)签字或加盖公章生效。

11.2 本合同生效后,任何有关本合同的补充、修改、变更、解除等均需由甲乙双方协商一致并订立书面协议。

第十二条 附则

本合同一式＿＿＿＿＿＿份,甲乙双方各执＿＿＿＿＿＿份。

五、担保物权

甲方:

法定代表人:

(或授权代理人)

年　　月　　日

乙方:

法定代表人

(或授权代理人)

年　　月　　日

业主支付保函(试行)

编号:(工　　字)第　　号

(承包商):

鉴于贵方与_____(以下简称"业主")就_____项目于_____年_____月_____日签订编号为_____的《建设工程施工合同》(以下简称主合同),应业主的申请,我方愿就业主履行主合同约定的工程款支付义务以保证的方式向贵方提供如下担保:

一、保证的范围及保证金额

我方的保证范围是主合同约定的工程款。

本保函所称主合同约定的工程款是指主合同约定的除工程质量保修金以外的合同价款。

我方保证的金额是主合同约定的工程款的_____%,数额最高不超过人民币_____元(大写:_____)。

二、保证的方式及保证期间

我方保证的方式为:连带责任保证。

我方保证的期间为:自本合同生效之日起至主合同约定的工程款支付之日后_____日内。

贵方与业主协议变更工程款支付日期的,经我方书面同意后,保证期间按照变更后的支付日做相应调整。

三、承担保证责任的形式

我方承担保证责任的形式是代为支付。业主未按主合同约定向贵方支付工程款的,由我方在保证金额内代为支付。

四、代偿的安排

贵方要求我方承担保证责任的,应向我方发出书面索赔通知及业主未支付主合同约定工程款的证明材料。索赔通知应写明要求索赔的金额,支付款项应到达的帐号。

在出现贵方与业主因工程质量发生争议,业主拒绝向贵方支付工程款的情形时,贵方要求我方履行保证责任代为支付的,还需提供项目总监理工程师、监理单位或符合相应条件要求的工程质量检测机构出具的质量说明材料。

我方收到贵方的书面索赔通知及相应证明材料后,在_____工作日内进行核定后按照本保函的承诺承担保证责任。

五、保证责任的解除

1. 在本保函承诺的保证期间内,贵方未书面向我方主张保证责任的,自保证期间届满次日起,我方保证责任解除。

2. 业主按主合同约定履行了工程款的全部支付义务的,自本保函承诺的保证期间届满次日起,我方保证责任解除。

3. 我方按照本保函向贵方履行保证责任所支付金额达到本保函金额时,自我方向贵方支付(支付款项从我方帐户划出)之日起,保证责任即解除。

4. 按照法律法规的规定或出现应解除我方保证责任的其它情形的,我方在本保函项下的保证责任亦解除。

我方解除保证责任后,贵方应自我方保证责任解除之日起　个工作日内,将本保函原件返还我方。

六、免责条款

1. 因贵方违约致使业主不能履行义务的,我方不承担保证责任。

2. 依照法律法规的规定或贵方与业主的另行约定,免除业主部分或全部义务的,我方亦免除其相应的保证责任。

3. 贵方与业主协议变更主合同的,如加重业主责任致使我方保证责任加重的,需征得我方书面同意,否则我方不再承担因此而加重部分的保证责任。

4. 因不可抗力造成业主不能履行义务的,我方不承担保证责任。

七、争议的解决

因本保函发生的纠纷,由贵我双方协商解决,协商不成的,通过诉讼程序解决,诉讼管辖地法院为_____法院。

八、保函的生效

本保函自我方法定代表人(或其授权代理人)签字或加盖公章并交付贵方之日起生效。

本条所称交付是指:

保证人:

法定代表人(或授权代理人):

年 月 日

承包商履约委托保证合同(试行)

编号:(工 字)第 号

委托保证人(承包商,以下称甲方):_____

住　　　所:_____

法定代表人:_____

电　　　话:_____

传　　　真:_____

保证人(以下称乙方):_____

住　　　所:_____

法定代表人:_____

电　　　话:_____

传　　　真:_____

鉴于甲方与_____(以下简称业主)就_____项目于_____年_____月_____日签订编号为_____的《建设工程施工合同》(以下简称主合同),乙方接受甲方的委托,同意为甲方以保证方式向业主提供工程履约担保。甲乙双方经协商一致,订立本合同。

第一条　定义

本合同所称工程履约担保是指,乙方向业主保证,当甲方未按照主合同的约定履行主合同义务给业主造成损失时,由乙方按照本合同约定承担保证责任的行为。

第二条　保证的范围及保证金额

2.1 乙方保证的范围是甲方未履行主合同约定的义务,给业主造成的实际损失。

2.2 乙方保证的金额是主合同约定的合同总价款的_____%,数额最高不超过人民币_____元(大写:_____)。

第三条 保证的方式及保证期间

3.1 乙方保证的方式为:连带责任保证。

3.2 乙方保证的期间为:自本合同生效之日起至主合同约定的工程竣工日期后_____日内。

3.3 甲方与业主变更工程竣工日期的,经乙方书面同意后,保证期间按照变更后的竣工日期做相应调整。

第四条 承担保证责任的形式

4.1 乙方根据业主要求以下列方式之一承担保证责任:

(1)由乙方提供资金及技术援助,甲方继续履行工程交付义务,但乙方支付金额不超过本合同第二条规定的保证金额。

(2)由乙方在本合同第二条规定的保证金额内赔偿业主的损失。

第五条 担保费及支付方式

5.1 担保费率根据担保额、担保期限、风险等因素确定。

5.2 双方确定的担保费率为:_____。

5.3 本合同生效后_____日内,甲方一次性支付乙方担保费共计人民币_____元(大写:_____)。

第六条 反担保

甲方应按照乙方的要求向乙方提供反担保,由双方另行签订反担保合同。

第七条 乙方的追偿权

乙方按照本合同的约定承担了保证责任后,即有权要求甲方立即归还乙方代偿的全部款项及乙方实现债权的费用,甲方另外应支付乙方代偿之日起企业银行同期贷款利息、罚息,并按上述代偿款项的_____%一次性支付违约金。

第八条 双方的其他权利义务

8.1 乙方在甲乙双方签订本合同,并收到甲方支付的担保费之日起 日内,向业主出具《承包商履约保函》。

8.2 甲方如需变更名称、经营范围、注册资金、注册地、主要营业机构所在地、法定代表人或发生合并、分立、重组等重大经营举措应提前三十日通知乙方;发生亏损、诉讼等事项应立即通知乙方。

8.3 甲方与业主有关主合同的修改、变更,应告知乙方;如发生结构、规模、标准等重大设计变更,应经乙方书面同意。

8.4 甲方应全面履行主合同,及时向乙方通报主合同的履行情况,乙方在进行定期或随时检查和监督时甲方应积极配合。

第九条 争议的解决

本合同发生争议或纠纷时,甲乙双方当事人可以通过协商解决,协商不成的,通过第_____款约定的方式解决:

9.1 向_____法院起诉;

9.2 向_____提起仲裁。(写明仲裁机构名称)

第十条 甲乙双方约定的其它事项

第十一条 合同的生效、变更和解除

11.1 本合同由甲乙双方法定代表人(或其授权代理人)签字或加盖公章后生效。

11.2 本合同生效后,任何有关本合同的补充、修改、变更、解除等均需由甲乙双方协商一致并订立书面协议。

第十二条 附则

本合同一式_____份,甲乙双方各执_____份。

甲方:	乙方:
法定代表人:	法定代表人
(或授权代理人)	(或授权代理人)
年　月　日	年　月　日

承包商履约保函(试行)

编号:(工　　字)第　　号

(业主):

鉴于贵方与_____(以下简称"承包商")就_____项目于_____年_____月_____日签订编号为_____的《建设工程施工合同》(以下简称主合同),应承包商申请,我方愿就承包商履行主合同约定的义务以保证的方式向贵方提供如下担保:

一、保证的范围及保证金额

我方的保证范围是承包商未按照主合同的约定履行义务,给贵方造成的实际损失。

我方保证的金额是主合同约定的合同总价款_____%,数额最高不超过人民币_____元(大写:_____)。

二、保证的方式及保证期间

我方保证的方式为:连带责任保证。

我方保证的期间为:自本合同生效之日起至主合同约定的工程竣工日期后_____日内。

贵方与承包商协议变更工程竣工日期的,经我方书面同意后,保证期间按照变更后的竣工日期做相应调整。

三、承担保证责任的形式

我方按照贵方的要求以下列方式之一承担保证责任:

(1)由我方提供资金及技术援助,使承包商继续履行主合同义务,支付金额不超过本保函第一条规定的保证金额。

(2)由我方在本保函第一条规定的保证金额内赔偿贵方的损失。

四、代偿的安排

贵方要求我方承担保证责任的,应向我方发出书面索赔通知及承包商未履行主合同约定义务的证明材料。索赔通知应写明要求索赔的金额,支付款项应到达的帐号,并附有说明承包商违反主合同造成贵方损失情况的证明材料。

贵方以工程质量不符合主合同约定标准为由,向我方提出违约索赔的,还需同时提供符合相应条件要求的工程质量检测部门出具的质量说明材料。

我方收到贵方的书面索赔通知及相应证明材料后,在_____工作日内进行核定后按照本保函的承诺承担保证责任。

五、保证责任的解除

1. 在本保函承诺的保证期间内,贵方未书面向我方主张保证责任的,自保证期间届满次日起,我方保证责任解除。

2. 承包商按主合同约定履行了义务的,自本保函承诺的保证期间届满次日起,我方保证责任解除。

3. 我方按照本保函向贵方履行保证责任所支付的金额达到本保函金额时,自我方向贵方支付(支付款项从我方帐户划出)之日起,保证责任即解除。

4. 按照法律法规的规定或出现应解除我方保证责任的其它情形的,我方在本保函项下的保证责任亦解除。

我方解除保证责任后,贵方应自我方保证责任解除之日起_____个工作日内,将本保函原件返还我方。

六、免责条款

1. 因贵方违约致使承包商不能履行义务的,我方不承担保证责任。

2. 依照法律法规的规定或贵方与承包商的另行约定,免除承包商部分或全部义务的,我方亦免除其相应的保证责任。

3. 贵方与承包商协议变更主合同的,如加重承包商责任致使我方保证责任加重的,需征得我方书面同意,否则我方不再承担因此而加重部分的保证责任。

4. 因不可抗力造成承包商不能履行义务的,我方不承担保证责任。

七、争议的解决

因本保函发生的纠纷,由贵我双方协商解决,协商不成的,通过诉讼程序解决,诉讼管辖地法院为_____法院。

八、保函的生效

本保函自我方法定代表人(或其授权代理人)签字或加盖公章并交付贵方之日起生效。

本条所称交付是指:

保证人:

法定代表人(或授权代理人):

　　年　　月　　日

总承包商付款(分包)
委托保证合同(试行)

编号:(工　　字)第　　号

委托保证人(总承包商,以下称甲方):_____

住　　　　所:_____

法定代表人:_____

电　　　　话:_____

传　　　　真:_____

保证人(以下称乙方):_____

住　　　　所:_____

法定代表人:_____

电　　　　话:_____

传　　　　真:_____

鉴于甲方与_____(以下简称分包商)就_____项目于_____年_____月_____日签订编号为_____号《分包合同》(以下简称主合同),乙方接受甲方的委托,同意以保证方式为甲方向分包商提供付款保证。甲乙双方经协商一致,订立本合同。

第一条　定义

1.1 本合同所称总承包商付款保证是指,乙方向分包商保证,当甲方未按照主合同的约定支付工程款时,由乙方按照本合同的约定代为支付的行为。

1.2 本合同所称工程款是指,_____。

第二条 保证的范围及保证金额

2.1 乙方提供保证的范围是主合同约定的甲方应向分包商支付的工程款。

2.2 甲方在上述保证范围内所承担的保证金额最高不超过人民币_____元(大写:_____)。

第三条 保证的方式及保证期间

3.1 乙方保证的方式为:连带责任保证。

3.2 乙方保证的期间为:自本合同生效之日起至主合同约定的工程款支付之日后_____日。

3.3 甲方与分包商协议变更主合同付款日期的,经乙方书面同意后,保证期间按照变更后的日期做相应调整。

第四条 承担保证责任的形式

乙方承担保证责任的形式为代为支付。当甲方未按照主合同的约定向分包商支付工程款时,由乙方代为履行支付义务,但乙方付款总额不超过本合同第二条约定的保证金额。

第五条 担保费及支付方式

5.1 担保费率根据担保额、担保期限、风险等因素确定,收取担保费。

5.2 双方确定的担保费率为:_____。

5.3 本合同生效后_____日内,甲方一次性支付乙方担保费共计人民币_____元(大写:_____)。

第六条 反担保

甲方应按照乙方的要求向乙方提供反担保,由双方另行签订反担保合同。

第七条 乙方的追偿权

乙方按照合同的约定承担保证责任后,即有权要求甲方立即归还乙方代偿的全部款项及乙方实现债权的费用,甲方另外应支付乙方代偿之日起企业银行同期贷款利息、罚息,并按上述代偿款项的_____%一次性支付违约金。

第八条 双方的其他权利义务

8.1 乙方在甲乙双方签订本合同,并收到甲方支付的担保费之日起 日内,向分包商出具《总承包商付款(分包)保函》。

8.2 甲方如需变更名称、经营范围、注册资金、注册地、主要营业机构所在地、法定代表人或发生合并、分立、重组等重大经营举措应提前三十日通知乙方;发生亏损、诉讼等事项应立即通知乙方。

8.3 甲方不得擅自将工程转让给第三人。甲方与分包商有关主合同的修改、变更,应告知乙方;如发生重大变更,应经乙方书面同意。

8.4 甲方应全面履行主合同,及时向乙方通报主合同的履行情况,乙方在进行定期或随时检查和监督时甲方应积极配合。

第九条 争议的解决

本合同发生争议或纠纷时,甲乙双方当事人可以通过协商解决,协商不成的,通过第_____款约定的方式解决:

9.1 向_____法院起诉;

9.2 向_____提起仲裁。(写明仲裁机构名称)

第十条 甲乙双方约定的其它事项

第十一条 合同的生效、变更和解除

11.1 本合同由甲乙双方法定代表人(或其授权代理人)签字或加盖公章后生效。

11.2 本合同生效后,任何有关本合同的补充、修改、变更、解除等均需由甲乙双方协商一致并订立书面协议。

五、担保物权

第十二条 附则

本合同一式_____份,甲乙方各执_____份。

甲方:	乙方:
法定代表人:	法定代表人
(或授权代理人)	(或授权代理人)
年 月 日	年 月 日

总承包商付款(分包)
保函(试行)

编号:(工 字)第 号

(分包商):

鉴于贵方与_____(以下简称"总承包商")就_____项目于_____年_____月_____日签订编号为_____的《分包合同》(以下简称主合同),应总承包商的申请,我方愿就总承包商履行主合同约定的工程款支付义务以保证的方式向贵方提供如下担保:

一、保证的范围及保证金额

我方的保证范围是主合同约定的总承包商应向贵方支付的工程款。

我方保证的金额是主合同约定工程款的___%,数额最高不超过人民币_____元(大写:_____)。

本保函所称工程款是指_____。

二、保证的方式及保证期间

我方保证的方式为:连带责任保证。

我方保证的期间为:自本合同生效之日起至主合同约定的工程款支付之日后_____日内。

贵方与总承包商协议变更工程款支付日期的,经我方书面同意后,保证期间按照变更后的支付日期做相应调整。

三、承担保证责任的形式

我方承担保证责任的形式是代为支付。总承包商未按主合同约定向贵方支付工程款的,由我方在保证金额内代为支付。

四、代偿的安排

贵方要求我方承担保证责任的,应向我方发出书面索赔通知及总承包商未支付主合同约定的工程款的证明材料。索赔通知应写明要求索赔的金额,支付款项应到达的帐号。

在出现贵方与总承包商因工程质量发生争议,总承包商拒绝向贵方支付工程款的情形时,贵方要求我方履行保证责任代为支付的,还需提供项目总监理工程师、监理单位或符合相应条件要求的工程质量检测机构出具的质量说明材料。

我方收到贵方的书面索赔通知及相应证明材料后,在_____工作日内进行核定后按照本保函的承诺承担保证责任。

五、保证责任的解除

1. 在本保函承诺的保证期间内,贵方未书面向我方主张保证责任的,自保证期间届满次日起,我方保证责任解除。

2. 总承包商按主合同约定履行了工程款支付义务的,自本保函承诺的保证期间届满次日起,我方保证责任解除。

3. 我方按照本保函向贵方履行保证责任所支付金额达到本保函金额时,自我方向贵方支付(支付款项从我方帐户划出)之日起,保证责任即解除。

4. 按照法律法规的规定或出现应解除我方保证责任的其它情形的,我方在本保函项下的保证责任亦解除。

我方解除保证责任后,贵方应自我方保证责任解除之日起_____个工作日内,将本保函原件返还我方。

六、免责条款

1. 因贵方违约致使总承包商不能履行义务的,我方不承担保证责任。

2. 依照法律法规的规定或贵方与总承包商的另行约定,免除总承包商部分或全部义务的,我方亦免除其相应的保证责任。

3. 贵方与总承包商协议变更主合同的,如加重总承包商债务致使我方保证责任增加的,需征得我方书面同意,否则我方不再承担因此而加重部分的保证责任。

4. 因不可抗力造成总承包商不能履行义务的,我方不承担保证责任。

七、争议的解决

因本保函发生的纠纷,由贵我双方协商解决,协商不成的,通过诉讼程序解决,诉讼管辖地法院为_____法院。

八、保函的生效

本保函自我方法定代表人(或其授权代理人)签字或加盖公章并交付贵方之日起生效。

本条所称交付是指:

保证人:

法定代表人(或授权代理人):

　　年　　　月　　　日

总承包商付款(供货)

委托保证合同(试行)

编号:(工　　字)第　　号

委托保证人(总承包商,以下称甲方):_____

住　　　所:_____

法定代表人:_____

电　　　话:_____

传　　　真:_____

保证人(以下称乙方):_____

住　　　所:_____

法定代表人:_____

电　　　话:_____

传　　　真:_____

鉴于甲方与_____(以下简称供货商)于_____年_____月_____日签订编号为_____《买卖合同》(以下简称主合同),乙方接受甲方的委托,同意为甲方向供货商提供付款保证,甲乙双方经协商一致订立本合同。

第一条　定义

1.1 本合同所称总承包商付款保证是指,乙方向供货商保证,当甲方未按照主合同的约定支付货款时,由乙方按照本合同的约定代为支付的行为。

1.2 本合同所称货款是指_____。

第二条　保证的范围及保证金额

2.1 乙方保证的范围是主合同约定的甲方应向供货商支付的货款。

2.2 乙方保证的金额是甲方应支付货款的____%,数额最高不超过人民币____元(大写:_____)。

第三条　保证的方式及保证期间

3.1 乙方保证的方式为:连带责任保证。

3.2 乙方保证的期间为:自本合同生效之日起至主合同约定的甲方应履行付款义务期限届满之日后_____日。

3.3 如甲方与供货商协议变更主合同的付款时间,经乙方书面同意后,保证期间按变更后的时间做相应调整。

第四条　承担保证责任的形式

乙方承担保证责任的形式是代为支付。当甲方未按照主合同的约定向供货商支付货款时,由乙方向供货商支付。

第五条　担保费及支付方式

5.1 担保费率根据担保额、担保期限、风险等因素确定。

5.2 双方确定的担保费率为:_____。

5.3 本合同生效后____日内,甲方一次性支付乙方担保费共计人民币_____元(大写:_____)。

第六条　反担保

甲方应按照乙方的要求向乙方提供反担保,由双方另行签订反担保合同。

第七条　乙方的追偿权

乙方按照合同的约定承担了保证责任后,即有权要求甲方立即归还乙方代偿的全部款项及乙方实现债权的费用,甲方另外应支付乙方代偿之日起企业银行同期贷款利息、罚息,并按上述代偿款项的_____%一次性支付违约金。

第八条　双方的其他权利义务

8.1 乙方在甲乙双方签订本合同,并收到甲方支付的担保费之日起 日内,向供货商出具《总承包商付款(供货)保函》。

8.2 甲方如需变更名称、经营范围、注册资金、注册地、主要营业机构所在地、法定代表人或发生合并、分立、重组等重大经营举措应提前三十日通知乙方;发生亏损、诉讼等事项应立即通知乙方。

8.3 未经乙方同意,甲方不得擅自与供货商修改、变更主合同;未经乙方书面同意,甲方不得将其主合同的权利、义务转让给第三人。

8.4 甲方应全面履行主合同,及时向乙方通报主合同的履行情况,并积极配合乙方进行定期或随时检查和监督。

第九条　争议的解决

本合同发生争议或纠纷时,甲乙双方当事人可以通过协商解决,协商不成的,通过第_____款约定的方式解决:

9.1 向_____法院起诉;

9.2 向_____提起仲裁。(写明仲裁机构名称)

第十条　甲乙双方约定的其它事项

第十一条　合同的生效、变更和解除

11.1 本合同由甲乙双方法定代表人(或其授权代理人)签字或加盖公章后生效。

11.2 本合同生效后,任何有关本合同的补充、修改、变更、解除等均需由甲乙双方协商一致并订立书面协议。

第十二条　附则

本合同一式_____份,甲乙双方各执_____份。

甲方：　　　　　　　　　　　　　　　乙方：

法定代表人：　　　　　　　　　　　　法定代表人

（或授权代理人）　　　　　　　　　　（或授权代理人）

年　　月　　日　　　　　　　　　　　年　　月　　日

总承包商付款（供货）

保函（试行）

编号：（工　　字）第　　号

（供货商）：

鉴于贵方与_____（以下简称"总承包商"）就_____项目于_____年_____月_____日签订编号为_____的《买卖合同》（以下简称主合同）,应总承包商的申请,我方愿就总承包商履行主合同约定的货款支付义务以保证的方式向贵方提供如下担保：

一、保证的范围及保证金额

我方的保证范围是主合同约定的货款。

本保函所称货款指_____。

我方保证的金额是主合同约定的货款的____%,数额最高不超过人民币_____元（大写：_____）。

二、保证的方式及保证期间

我方保证的方式为：连带责任保证。

我方保证的期间为：自本合同生效之日起主合同约定的总承包商应履行支付货款义务期限届满之日后_____日。

贵方与总承包商协议变更货款支付日期的,经我方书面同意后,保证期间按照变更后的支付日期做相应调整。

三、承担保证责任的形式

我方承担保证责任的形式是代为支付。总承包商未按主合同约定向贵方支付货款的,由我方在保证金额内代为支付。

四、代偿的安排

贵方要求我方承担保证责任的,应向我方发出书面索赔通知及总承包商未支付货款的证明材料。索赔通知应写明要求索赔的金额,支付款项应到达的帐号。

在出现贵方与总承包商因货物质量发生争议,总承包商拒绝向贵方支付货款的情形时,贵方要求我方履行保证责任代为支付的,还需提供_____部门出具的质量合格的说明。

我方收到贵方的书面索赔通知及相应证明材料后,在_____工作日内进行核定后按照本保函的承诺承担保证责任。

五、保证责任的解除

1. 在本保函承诺的保证期间内,贵方未书面向我方主张保证责任的,自保证期间届满次日起,我方保证责任解除。

2. 总承包商按主合同约定履行了货款支付义务的,自本保函承诺的保证期间届满次日起,我方保证责任解除。

3. 我方按照本保函向贵方履行保证责任所支付的金额达到本保函金额时,自我方向贵方支付(支付款项从我方帐户划出)之日起,保证责任即解除。

4. 按照法律法规的规定或出现应解除我方保证责任的其它情形的,我方在本保函项下的保证责任亦解除。

我方解除保证责任后,贵方应自我方保证责任解除之日起____个工作日内,将本保函原件返还我方。

六、免责条款

1. 因贵方违约致使总承包商不能履行义务的,我方不承担保证责任。

2. 依照法律法规的规定或贵方与总承包商的另行约定,免除总承包商部分或全部义务的,我方亦免除其相应的保证责任。

3. 贵方与总承包商协议变更主合同的,需征得我方书面同意,否则我方不再承担保证责任。

4. 因不可抗力造成总承包商不能履行义务的,我方不承担保证责任。

七、争议的解决

因本保函发生的纠纷,由贵我双方协商解决,协商不成的,通过诉讼程序解决,诉讼管辖地法院为_____法院。

八、保函的生效

本保函自我方法定代表人(或其授权代理人)签字或加盖公章并交付贵方之日起生效。

本条所称交付是指:

保证人:

法定代表人(或授权代理人):

年　　月　　日

2. 抵押权

城市房地产抵押管理办法

· 1997 年 5 月 9 日建设部令第 56 号发布

· 根据 2001 年 8 月 15 日《建设部关于修改〈城市房地产抵押管理办法〉的决定》第一次修订

· 据 2021 年 3 月 30 日《住房和城乡建设部关于修改〈建筑工程施工许可管理办法〉等三部规章的决定》第二次修订

第一章　总　则

第一条　为了加强房地产抵押管理,维护房地产市场秩序,保障房地产抵押当事人的合法权益,根据《中华人民共和国城市房地产管理法》、《中华人民共和国担保法》,制定本办法。

第二条　凡在城市规划区国有土地范围内从事房地产抵押活动的,应当遵守本办法。

地上无房屋(包括建筑物、构筑物及在建工程)的国有土地使用权设定抵押的,不适用本办法。

第三条　本办法所称房地产抵押,是指抵押人以其合法的房地产以不转移占有的方式向抵押权人提供债务履行担保的行为。债务人不履行债务时,债权人有权依法以抵押的房地产拍卖所得的价款优先受偿。

本办法所称抵押人,是指将依法取得的房地产提供给抵押权人,作为本人或者第三人履行债务担保的公民、法人或者其他组织。

本办法所称抵押权人,是指接受房地产抵押作为债务人履行债务担保的公民、法人或者其他组织。

本办法所称预购商品房贷款抵押,是指购房人在支付首期规定的房价款后,由贷款银行代其支付其余的购房款,将所购商品房抵押给贷款银行作为偿还贷款履行担保的行为。

本办法所称在建工程抵押,是指抵押人为取得在建工程继续建造资金的贷款,以其合法方式取得的土地使用权连同在建工程的投入资产,以不转移占有的方式抵押给贷款银行作为偿还贷款履行担保的行为。

第四条 以依法取得的房屋所有权抵押的,该房屋占用范围内的土地使用权必须同时抵押。

第五条 房地产抵押,应当遵循自愿、互利、公平和诚实信用的原则。

依法设定的房地产抵押,受国家法律保护。

第六条 国家实行房地产抵押登记制度。

第七条 国务院建设行政主管部门归口管理全国城市房地产抵押管理工作。

省、自治区建设行政主管部门归口管理本行政区域内的城市房地产抵押管理工作。

直辖市、市、县人民政府房地产行政主管部门(以下简称房地产管理部门)负责管理本行政区域内的房地产抵押管理工作。

第二章 房地产抵押权的设定

第八条 下列房地产不得设定抵押:

(一)权属有争议的房地产;

(二)用于教育、医疗、市政等公共福利事业的房地产;

(三)列入文物保护的建筑物和有重要纪念意义的其他建筑物;

(四)已依法公告列入拆迁范围的房地产;

(五)被依法查封、扣押、监管或者以其他形式限制的房地产;

(六)依法不得抵押的其他房地产。

第九条 同一房地产设定两个以上抵押权的,抵押人应当将已经设定过的抵押情况告知抵押权人。

抵押人所担保的债权不得超出其抵押物的价值。

房地产抵押后,该抵押房地产的价值大于所担保债权的余额部分,可以再次抵押,但不得超出余额部分。

第十条 以两宗以上房地产设定同一抵押权的,视为同一抵押房地产。但抵押当事人另有约定的除外。

第十一条 以在建工程已完工部分抵押的,其土地使用权随之抵押。

第十二条 以享受国家优惠政策购买的房地产抵押的,其抵押额以房地产权利人可以处分和收益的份额比例为限。

第十三条 国有企业、事业单位法人以国家授予其经营管理的房地产抵押的,应当符合国有资产管理的有关规定。

第十四条 以集体所有制企业的房地产抵押的,必须经集体所有制企业职工(代表)大会通过,并报其上级主管机关备案。

第十五条 以外商投资企业的房地产抵押的,必须经董事会通过,但企业章程另有规定的除外。

第十六条 以有限责任公司、股份有限公司的房地产抵押的,必须经董事会或者股东大会通过,但企业章程另有规定的除外。

第十七条 有经营期限的企业以其所有的房地产设定抵押的,所担保债务的履行期限不应当超过该企业的经营期限。

第十八条 以具有土地使用年限的房地产设定抵押的,所担保债务的履行期限不得超过土地使用权出让合同规定的使用年限减去已经使用年限后的剩余年限。

第十九条 以共有的房地产抵押的,抵押人应当事先征得其他共有人的书面同意。

第二十条 预购商品房贷款抵押的,商品房开发项目必须符合房地产转让条件并取得商品房预售许可证。

第二十一条 以已出租的房地产抵押的,抵押人应当将租赁情况告知抵押权人,并将抵押情况告知承租人。原租赁合同继续有效。

第二十二条 设定房地产抵押时,抵押房地产的价值可以由抵押当事人协商议定,也可以由房地产价格评估机构评估确定。

法律、法规另有规定的除外。

第二十三条 抵押当事人约定对抵押房地产保险的,由抵押人为抵押的房地产投保,保险费由抵押人负担。抵押房地产投保的,抵押人应当将保险单移送抵押权人保管。在抵押期间,抵押权人为保险赔偿的第一受益人。

第二十四条 企业、事业单位法人分立或者合并后，原抵押合同继续有效，其权利和义务由变更后的法人享有和承担。

抵押人死亡、依法被宣告死亡或者被宣告失踪时，其房地产合法继承人或者代管人应当继续履行原抵押合同。

第三章 房地产抵押合同的订立

第二十五条 房地产抵押，抵押当事人应当签订书面抵押合同。

第二十六条 房地产抵押合同应当载明下列主要内容：

（一）抵押人、抵押权人的名称或者个人姓名、住所；

（二）主债权的种类、数额；

（三）抵押房地产的处所、名称、状况、建筑面积、用地面积以及四至等；

（四）抵押房地产的价值；

（五）抵押房地产的占用管理人、占用管理方式、占用管理责任以及意外损毁、灭失的责任；

（六）债务人履行债务的期限；

（七）抵押权灭失的条件；

（八）违约责任；

（九）争议解决方式；

（十）抵押合同订立的时间与地点；

（十一）双方约定的其他事项。

第二十七条 以预购商品房贷款抵押的，须提交生效的预购房屋合同。

第二十八条 以在建工程抵押的，抵押合同还应当载明以下内容：

（一）《国有土地使用权证》、《建设用地规划许可证》和《建设工程规划许可证》编号；

（二）已交纳的土地使用权出让金或需交纳的相当于土地使用权出让金的款额；

（三）已投入在建工程的工程款；

（四）施工进度及工程竣工日期；

（五）已完成的工作量和工程量。

第二十九条 抵押权人要求抵押房地产保险的，以及要求在房地产抵押后限制抵押人出租、转让抵押房地产或者改变抵押房地产用途的，抵押当事人应当在抵押合同中载明。

第四章 房地产抵押登记

第三十条 房地产抵押合同自签订之日起30日内，抵押当事人应当到房地产所在地的房地产管理部门办理房地产抵押登记。

第三十一条 房地产抵押合同自抵押登记之日起生效。

第三十二条 办理房地产抵押登记，应当向登记机关交验下列文件：

（一）抵押当事人的身份证明或法人资格证明；

（二）抵押登记申请书；

（三）抵押合同；

（四）《国有土地使用权证》、《房屋所有权证》或《房地产权证》，共有的房屋还必须提交《房屋共有权证》和其他共有人同意抵押的证明；

（五）可以证明抵押人有权设定抵押权的文件与证明材料；

（六）可以证明抵押房地产价值的资料；

（七）登记机关认为必要的其他文件。

第三十三条 登记机关应当对申请人的申请进行审核。凡权属清楚、证明材料齐全的，应当在受理登记之日起7日内决定是否予以登记，对不予登记的，应当书面通知申请人。

第三十四条 以依法取得的房屋所有权证书的房地产抵押的，登记机关应当在原《房屋所有权证》上作他项权利记载后，由抵押人收执。并向抵押权人颁发《房屋他项权证》。

以预售商品房或者在建工程抵押的，登记机关应当在抵押合同上作记载。抵押的房地产在抵押期间竣工的，当事人应当在抵押人领取房地产权属证书后，重新办理房地产抵押登记。

第三十五条 抵押合同发生变更或者抵押关系终止时，抵押当事人应当在变更或者终止之日起15日内，到原登记机关办理变更或者注销抵押登记。

因依法处分抵押房地产而取得土地使用权和土地建筑物、其他附着物所有权的，抵押当事人应当自处分行为生效之日起30日内，到县级以上地方人民政府房地产管理部门申请房屋所有权转移登记，并凭变更后的房屋所有权证书向同级人民政府土地管理部门申请土地使用权变更登记。

第五章 抵押房地产的占用与管理

第三十六条 已作抵押的房地产，由抵押人占用与管理。

抵押人在抵押房地产占用与管理期间应当维护抵押房地产的安全与完好。抵押权人有权按照抵押合同的规定监督、检查抵押房地产的管理情况。

第三十七条 抵押权可以随债权转让。抵押权转让时,应当签订抵押权转让合同,并办理抵押权变更登记。抵押权转让后,原抵押权人应当告知抵押人。

经抵押权人同意,抵押房地产可以转让或者出租。

抵押房地产转让或者出租所得价款,应当向抵押权人提前清偿所担保的债权。超过债权数额的部分,归抵押人所有,不足部分由债务人清偿。

第三十八条 因国家建设需要,将已设定抵押权的房地产列入拆迁范围的,抵押人应当及时书面通知抵押权人;抵押双方可以重新设定抵押房地产,也可以依法清理债权债务,解除抵押合同。

第三十九条 抵押人占用与管理的房地产发生损毁、灭失的,抵押人应当及时将情况告知抵押权人,并应当采取措施防止损失的扩大。抵押的房地产因抵押人的行为造成损失使抵押房地产价值不足以作为履行债务的担保时,抵押权人有权要求抵押人重新提供或者增加担保以弥补不足。

抵押人对抵押房地产价值减少无过错的,抵押权人只能在抵押人因损害而得到的赔偿的范围内要求提供担保。抵押房地产价值未减少的部分,仍作为债务的担保。

第六章 抵押房地产的处分

第四十条 有下列情况之一的,抵押权人有权要求处分抵押的房地产:

(一)债务履行期满,抵押权人未受清偿的,债务人又未能与抵押权人达成延期履行协议的;

(二)抵押人死亡,或者被宣告死亡而无人代为履行到期债务的;或者抵押人的合法继承人、受遗赠人拒绝履行到期债务的;

(三)抵押人被依法宣告解散或者破产的;

(四)抵押人违反本办法的有关规定,擅自处分抵押房地产的;

(五)抵押合同约定的其他情况。

第四十一条 有本办法第四十条规定情况之一的,经抵押当事人协商可以通过拍卖等合法方式处分抵押房地产。协议不成的,抵押权人可以向人民法院提起诉讼。

第四十二条 抵押权人处分抵押房地产时,应当事先书面通知抵押人;抵押房地产为共有或者出租的,还应当同时书面通知共有人或承租人;在同等条件下,共有人或承租人依法享有优先购买权。

第四十三条 同一房地产设定两个以上抵押权时,以抵押登记的先后顺序受偿。

第四十四条 处分抵押房地产时,可以依法将土地上新增的房屋与抵押财产一同处分,但对处分新增房屋所得,抵押权人无权优先受偿。

第四十五条 以划拨方式取得的土地使用权连同地上建筑物设定的房地产抵押进行处分时,应当从处分所得的价款中缴纳相当于应当缴纳的土地使用权出让金的款额后,抵押权人方可优先受偿。

法律、法规另有规定的依照其规定。

第四十六条 抵押权人对抵押房地产的处分,因下列情况而中止:

(一)抵押权人请求中止的;

(二)抵押人申请愿意并证明能够及时履行债务,并经抵押权人同意的;

(三)发现被拍卖抵押物有权属争议的;

(四)诉讼或仲裁中的抵押房地产;

(五)其他应当中止的情况。

第四十七条 处分抵押房地产所得金额,依下列顺序分配:

(一)支付处分抵押房地产的费用;

(二)扣除抵押房地产应缴纳的税款;

(三)偿还抵押权人债权本息及支付违约金;

(四)赔偿由债务人违反合同而对抵押权人造成的损害;

(五)剩余金额交还抵押人。

处分抵押房地产所得金额不足以支付债务和违约金、赔偿金时,抵押权人有权向债务人追索不足部分。

第七章 法律责任

第四十八条 抵押人隐瞒抵押的房地产存在共有、权属争议或者被查封、扣押等情况的,抵押人应当承担由此产生的法律责任。

第四十九条 抵押人擅自以出售、出租、交

五、担保物权

换、赠与或者以其他方式处分抵押房地产的，其行为无效；造成第三人损失的，由抵押人予以赔偿。

第五十条 抵押当事人因履行抵押合同或者处分抵押房地产发生争议的，可以协商解决；协商不成，抵押当事人可以根据双方达成的仲裁协议向仲裁机构申请仲裁；没有仲裁协议的，也可以直接向人民法院提起诉讼。

第五十一条 因国家建设需要，将已设定抵押权的房地产列入拆迁范围时，抵押人违反前述第三十八条的规定，不依法清理债务，也不重新设定抵押房地产的，抵押权人可以向人民法院提起诉讼。

第五十二条 登记机关工作人员玩忽职守、滥用职权，或者利用职务上的便利，索取他人财物，或者非法收受他人财物为他人谋取利益的，依法给予行政处分；构成犯罪的，依法追究刑事责任。

第八章 附 则

第五十三条 在城市规划区外国有土地上进行房地产抵押活动的，参照本办法执行。

第五十四条 本办法由国务院建设行政主管部门负责解释。

第五十五条 本办法自 1997 年 6 月 1 日起施行。

自然资源部关于做好
不动产抵押权登记工作的通知

· 2021 年 4 月 6 日
· 自然资发〔2021〕54 号

各省、自治区、直辖市自然资源主管部门，新疆生产建设兵团自然资源局：

为落实《民法典》对不动产抵押权的规定，现就有关事项通知如下：

一、依法确定不动产抵押范围。学校、幼儿园、医疗机构、养老机构等为公益目的成立的非营利法人的教育设施、医疗卫生设施、养老设施和其他公益设施，以及法律、行政法规规定不得抵押的其他不动产，不得办理不动产抵押登记。

二、明确记载抵押担保范围。当事人对一般抵押或者最高额抵押的主债权及其利息、违约金、损害赔偿金和实现抵押权费用等抵押担保范围有明确约定的，不动产登记机构应当根据申请在不动产登记簿"担保范围"栏记载；没有提出申请的，填写"/"。

三、保障抵押不动产依法转让。当事人申请办理不动产抵押权首次登记或抵押预告登记的，不动产登记机构应当根据申请在不动产登记簿"是否存在禁止或限制转让抵押不动产的约定"栏记载转让抵押不动产的约定情况。有约定的填写"是"，抵押期间依法转让的，应当由受让人、抵押人（转让人）和抵押权人共同申请转移登记；没有约定的填写"否"，抵押期间依法转让的，应当由受让人、抵押人（转让人）共同申请转移登记。约定情况发生变化的，不动产登记机构应当根据申请办理变更登记。

《民法典》施行前已经办理抵押登记的不动产，抵押期间转让的，未经抵押权人同意，不予办理转移登记。

四、完善不动产登记簿。对《国土资源部关于启用不动产登记簿证样式（试行）的通知》（国土资发〔2015〕25 号）规定的不动产登记簿样式进行修改：

1. 在"抵押权登记信息"页、"预告登记信息"页均增加"担保范围"、"是否存在禁止或限制转让抵押不动产的约定"栏目。

2. 将"抵押权登记信息"页的"最高债权数额"修改为"最高债权额"并独立为一个栏目，填写最高额抵押担保范围所对应的最高债权数额。

五、更新不动产权证书和不动产登记证明。更改法律依据，将电子和纸质不动产权证书、不动产登记证明中的《中华人民共和国物权法》修改为《中华人民共和国民法典》。

六、调整不动产登记系统、数据库以及申请书。各地要根据新的不动产登记簿，抓紧升级改造各级不动产登记系统，扩展完善数据库结构和内容，将新增和修改的栏目纳入登记系统和数据库，并实时完整上传汇交登记信息。要在不动产登记申请书中增加"担保范围"等栏目，完善申请书示范文本等，保障登记工作顺畅开展。

为厉行节约、避免浪费，原已印制的存量证书证明可以继续使用完为止。

最高人民法院关于能否将国有土地使用权折价抵偿给抵押权人问题的批复

- 1998 年 9 月 1 日最高人民法院审判委员会第 1019 次会议通过
- 1998 年 9 月 3 日最高人民法院公告公布
- 自 1998 年 9 月 9 日起施行
- 法释〔1998〕25 号

四川省高级人民法院：

你院川高法〔1998〕19 号《关于能否将国有土地使用权以国土部门认定的价格抵偿给抵押权人的请示》收悉。经研究，答复如下：

在依法以国有土地使用权作抵押的担保纠纷案件中，债务履行期届满抵押权人未受清偿的，可以通过拍卖的方式将土地使用权变现。如果无法变现，债务人又没有其他可供清偿的财产时，应当对国有土地使用权依法评估。人民法院可以参考政府土地管理部门确认的地价评估结果将土地使用权折价，经抵押权人同意，将折价后的土地使用权抵偿给抵押权人，土地使用权由抵押权人享有。

此复

最高人民法院关于房地产管理机关能否撤销错误的注销抵押登记行为问题的批复

- 2003 年 10 月 14 日最高人民法院审判委员会第 1293 次会议通过
- 2003 年 11 月 17 日最高人民法院公告公布
- 自 2003 年 11 月 20 日起施行
- 法释〔2003〕17 号

广西壮族自治区高级人民法院：

你院《关于首长机电设备贸易(香港)有限公司不服柳州市房产局注销抵押登记、吊销(1997)柳房他证字第 0410 号房屋他项权证并要求发还0410 号房屋他项权证上诉一案的请示》收悉。经

研究答复如下：

房地产管理机关可以撤销错误的注销抵押登记行为。

此复

最高人民法院关于审理建设工程施工合同纠纷案件适用法律问题的解释(一)

- 2020 年 12 月 25 日最高人民法院审判委员会第 1825 次会议通过
- 2020 年 12 月 29 日最高人民法院公告公布
- 自 2021 年 1 月 1 日起施行
- 法释〔2020〕25 号

为正确审理建设工程施工合同纠纷案件，依法保护当事人合法权益，维护建筑市场秩序，促进建筑市场健康发展，根据《中华人民共和国民法典》《中华人民共和国建筑法》《中华人民共和国招标投标法》《中华人民共和国民事诉讼法》等相关法律规定，结合审判实践，制定本解释。

第一条 建设工程施工合同具有下列情形之一的，应当依据民法典第一百五十三条第一款的规定，认定无效：

(一)承包人未取得建筑业企业资质或者超越资质等级的；

(二)没有资质的实际施工人借用有资质的建筑施工企业名义的；

(三)建设工程必须进行招标而未招标或者中标无效的。

承包人因转包、违法分包建设工程与他人签订的建设工程施工合同，应当依据民法典第一百五十三条第一款及第七百九十一条第二款、第三款的规定，认定无效。

第二条 招标人和中标人另行签订的建设工程施工合同约定的工程范围、建设工期、工程质量、工程价款等实质性内容，与中标合同不一致，一方当事人请求按照中标合同确定权利义务的，人民法院应予支持。

招标人和中标人在中标合同之外就明显高于市场价格购买承建房产、无偿建设住房配套设施、让利、向建设单位捐赠财物等另行签订合同，变相

五、担保物权

降低工程价款,一方当事人以该合同背离中标合同实质性内容为由请求确认无效的,人民法院应予支持。

第三条 当事人以发包人未取得建设工程规划许可证等规划审批手续为由,请求确认建设工程施工合同无效的,人民法院应予支持,但发包人在起诉前取得建设工程规划许可证等规划审批手续的除外。

发包人能够办理审批手续而未办理,并以未办理审批手续为由请求确认建设工程施工合同无效的,人民法院不予支持。

第四条 承包人超越资质等级许可的业务范围签订建设工程施工合同,在建设工程竣工前取得相应资质等级,当事人请求按照无效合同处理的,人民法院不予支持。

第五条 具有劳务作业法定资质的承包人与总承包人、分包人签订的劳务分包合同,当事人请求确认无效的,人民法院依法不予支持。

第六条 建设工程施工合同无效,一方当事人请求对方赔偿损失的,应当就对方过错、损失大小、过错与损失之间的因果关系承担举证责任。

损失大小无法确定,一方当事人请求参照合同约定的质量标准、建设工期、工程价款支付时间等内容确定损失大小的,人民法院可以结合双方过错程度、过错与损失之间的因果关系等因素作出裁判。

第七条 缺乏资质的单位或者个人借用有资质的建筑施工企业名义签订建设工程施工合同,发包人请求出借方与借用方对建设工程质量不合格等因出借资质造成的损失承担连带赔偿责任的,人民法院应予支持。

第八条 当事人对建设工程开工日期有争议的,人民法院应当分别按照以下情形予以认定:

(一)开工日期为发包人或者监理人发出的开工通知载明的开工日期;开工通知发出后,尚不具备开工条件的,以开工条件具备的时间为开工日期;因承包人原因导致开工时间推迟的,以开工通知载明的时间为开工日期。

(二)承包人经发包人同意已经实际进场施工的,以实际进场施工时间为开工日期。

(三)发包人或者监理人未发出开工通知,亦无相关证据证明实际开工日期的,应当综合考虑开工报告、合同、施工许可证、竣工验收报告或者

竣工验收备案表等载明的时间,并结合是否具备开工条件的事实,认定开工日期。

第九条 当事人对建设工程实际竣工日期有争议的,人民法院应当分别按照以下情形予以认定:

(一)建设工程经竣工验收合格的,以竣工验收合格之日为竣工日期;

(二)承包人已经提交竣工验收报告,发包人拖延验收的,以承包人提交验收报告之日为竣工日期;

(三)建设工程未经竣工验收,发包人擅自使用的,以转移占有建设工程之日为竣工日期。

第十条 当事人约定顺延工期应当经发包人或者监理人签证等方式确认,承包人虽未取得工期顺延的确认,但能够证明在合同约定的期限内向发包人或者监理人申请过工期顺延且顺延事由符合合同约定,承包人以此为由主张工期顺延的,人民法院应予支持。

当事人约定承包人未在约定期限内提出工期顺延申请视为工期不顺延的,按照约定处理,但发包人在约定期限后同意工期顺延或者承包人提出合理抗辩的除外。

第十一条 建设工程竣工前,当事人对工程质量发生争议,工程质量经鉴定合格的,鉴定期间为顺延工期期间。

第十二条 因承包人的原因造成建设工程质量不符合约定,承包人拒绝修理、返工或者改建,发包人请求减少支付工程价款的,人民法院应予支持。

第十三条 发包人具有下列情形之一,造成建设工程质量缺陷,应当承担过错责任:

(一)提供的设计有缺陷;

(二)提供或者指定购买的建筑材料、建筑构配件、设备不符合强制性标准;

(三)直接指定分包人分包专业工程。

承包人有过错的,也应当承担相应的过错责任。

第十四条 建设工程未经竣工验收,发包人擅自使用后,又以使用部分质量不符合约定为由主张权利的,人民法院不予支持;但是承包人应当在建设工程的合理使用寿命内对地基基础工程和主体结构质量承担民事责任。

第十五条 因建设工程质量发生争议的,发

包人可以以总承包人、分包人和实际施工人为共同被告提起诉讼。

第十六条　发包人在承包人提起的建设工程施工合同纠纷案件中，以建设工程质量不符合合同约定或者法律规定为由，就承包人支付违约金或者赔偿修理、返工、改建的合理费用等损失提出反诉的，人民法院可以合并审理。

第十七条　有下列情形之一，承包人请求发包人返还工程质量保证金的，人民法院应予支持：

（一）当事人约定的工程质量保证金返还期限届满；

（二）当事人未约定工程质量保证金返还期限的，自建设工程通过竣工验收之日起满二年；

（三）因发包人原因建设工程未按约定期限进行竣工验收的，自承包人提交工程竣工验收报告九十日后当事人约定的工程质量保证金返还期限届满；当事人未约定工程质量保证金返还期限的，自承包人提交工程竣工验收报告九十日后起满二年。

发包人返还工程质量保证金后，不影响承包人根据合同约定或者法律规定履行工程保修义务。

第十八条　因保修人未及时履行保修义务，导致建筑物毁损或者造成人身损害、财产损失的，保修人应当承担赔偿责任。

保修人与建筑物所有人或者发包人对建筑物毁损均有过错的，各自承担相应的责任。

第十九条　当事人对建设工程的计价标准或者计价方法有约定的，按照约定结算工程价款。

因设计变更导致建设工程的工程量或者质量标准发生变化，当事人对该部分工程价款不能协商一致的，可以参照签订建设工程施工合同时当地建设行政主管部门发布的计价方法或者计价标准结算工程价款。

建设工程施工合同有效，但建设工程经竣工验收不合格的，依照民法典第五百七十七条规定处理。

第二十条　当事人对工程量有争议的，按照施工过程中形成的签证等书面文件确认。承包人能够证明发包人同意其施工，但未能提供签证文件证明工程量发生的，可以按照当事人提供的其他证据确认实际发生的工程量。

第二十一条　当事人约定，发包人收到竣工结算文件后，在约定期限内不予答复，视为认可竣工结算文件的，按照约定处理。承包人请求按照竣工结算文件结算工程价款的，人民法院应予支持。

第二十二条　当事人签订的建设工程施工合同与招标文件、投标文件、中标通知书载明的工程范围、建设工期、工程质量、工程价款不一致，一方当事人请求将招标文件、投标文件、中标通知书作为结算工程价款的依据的，人民法院应予支持。

第二十三条　发包人将依法不属于必须招标的建设工程进行招标后，与承包人另行订立的建设工程施工合同背离中标合同的实质性内容，当事人请求以中标合同作为结算建设工程价款依据的，人民法院应予支持，但发包人与承包人因客观情况发生了在招标投标时难以预见的变化而另行订立建设工程施工合同的除外。

第二十四条　当事人就同一建设工程订立的数份建设工程施工合同均无效，但建设工程质量合格，一方当事人请求参照实际履行的合同关于工程价款的约定折价补偿承包人的，人民法院应予支持。

实际履行的合同难以确定，当事人请求参照最后签订的合同关于工程价款的约定折价补偿承包人的，人民法院应予支持。

第二十五条　当事人对垫资和垫资利息有约定，承包人请求按照约定返还垫资及其利息的，人民法院应予支持，但是约定的利息计算标准高于垫资时的同类贷款利率或者同期贷款市场报价利率的部分除外。

当事人对垫资没有约定的，按照工程欠款处理。

当事人对垫资利息没有约定，承包人请求支付利息的，人民法院不予支持。

第二十六条　当事人对欠付工程价款利息计付标准有约定的，按照约定处理。没有约定的，按照同期同类贷款利率或者同期贷款市场报价利率计息。

第二十七条　利息从应付工程价款之日开始计付。当事人对付款时间没有约定或者约定不明的，下列时间视为应付款时间：

（一）建设工程已实际交付的，为交付之日；

（二）建设工程没有交付的，为提交竣工结算文件之日；

五、担保物权

（三）建设工程未交付，工程价款也未结算的，为当事人起诉之日。

第二十八条 当事人约定按照固定价结算工程价款，一方当事人请求对建设工程造价进行鉴定的，人民法院不予支持。

第二十九条 当事人在诉讼前已经对建设工程价款结算达成协议，诉讼中一方当事人申请对工程造价进行鉴定的，人民法院不予准许。

第三十条 当事人在诉讼前共同委托有关机构、人员对建设工程造价出具咨询意见，诉讼中一方当事人不认可该咨询意见申请鉴定的，人民法院应予准许，但双方当事人明确表示受该咨询意见约束的除外。

第三十一条 当事人对部分案件事实有争议的，仅对有争议的事实进行鉴定，但争议事实范围不能确定，或者双方当事人请求对全部事实鉴定的除外。

第三十二条 当事人对工程造价、质量、修复费用等专门性问题有争议，人民法院认为需要鉴定的，应当向负有举证责任的当事人释明。当事人经释明未申请鉴定，虽申请鉴定但未支付鉴定费用或者拒不提供相关材料的，应当承担举证不能的法律后果。

一审诉讼中负有举证责任的当事人未申请鉴定，虽申请鉴定但未支付鉴定费用或者拒不提供相关材料，二审诉讼中申请鉴定，人民法院认为确有必要的，应当依照民事诉讼法第一百七十条第一款第三项的规定处理。

第三十三条 人民法院准许当事人的鉴定申请后，应当根据当事人申请及查明案件事实的需要，确定委托鉴定的事项、范围、鉴定期限等，并组织当事人对争议的鉴定材料进行质证。

第三十四条 人民法院应当组织当事人对鉴定意见进行质证。鉴定人将当事人有争议且未经质证的材料作为鉴定依据的，人民法院应当组织当事人就该部分材料进行质证。经质证认为不能作为鉴定依据的，根据该材料作出的鉴定意见不得作为认定案件事实的依据。

第三十五条 与发包人订立建设工程施工合同的承包人，依据民法典第八百零七条的规定请求其承建工程的价款就工程折价或者拍卖的价款优先受偿的，人民法院应予支持。

第三十六条 承包人根据民法典第八百零七条规定享有的建设工程价款优先受偿权优于抵押权和其他债权。

第三十七条 装饰装修工程具备折价或者拍卖条件，装饰装修工程的承包人请求工程价款就该装饰装修工程折价或者拍卖的价款优先受偿的，人民法院应予支持。

第三十八条 建设工程质量合格，承包人请求其承建工程的价款就工程折价或者拍卖的价款优先受偿的，人民法院应予支持。

第三十九条 未竣工的建设工程质量合格，承包人请求其承建工程的价款就其承建工程部分折价或者拍卖的价款优先受偿的，人民法院应予支持。

第四十条 承包人建设工程价款优先受偿的范围依照国务院有关行政主管部门关于建设工程价款范围的规定确定。

承包人就逾期支付建设工程价款的利息、违约金、损害赔偿金等主张优先受偿的，人民法院不予支持。

第四十一条 承包人应当在合理期限内行使建设工程价款优先受偿权，但最长不得超过十八个月，自发包人应当给付建设工程价款之日起算。

第四十二条 发包人与承包人约定放弃或者限制建设工程价款优先受偿权，损害建筑工人利益，发包人根据该约定主张承包人不享有建设工程价款优先受偿权的，人民法院不予支持。

第四十三条 实际施工人以转包人、违法分包人为被告起诉的，人民法院应当依法受理。

实际施工人以发包人为被告主张权利的，人民法院应当追加转包人或者违法分包人为本案第三人，在查明发包人欠付转包人或者违法分包人建设工程价款的数额后，判决发包人在欠付建设工程价款范围内对实际施工人承担责任。

第四十四条 实际施工人依据民法典第五百三十五条规定，以转包人或者违法分包人怠于向发包人行使到期债权或者与该债权有关的从权利，影响其到期债权实现，提起代位权诉讼的，人民法院应予支持。

第四十五条 本解释自 2021 年 1 月 1 日起施行。

最高人民法院关于商品房消费者权利保护问题的批复

· 2023 年 2 月 14 日最高人民法院审判委员会第 1879 次会议通过
· 2023 年 4 月 20 日最高人民法院公告公布
· 自 2023 年 4 月 20 日起施行
· 法释〔2023〕1 号

河南省高级人民法院：

你院《关于明确房企风险化解中权利顺位问题的请示》（豫高法〔2023〕36 号）收悉。就人民法院在审理房地产开发企业因商品房已售逾期难交付引发的相关纠纷案件中涉及的商品房消费者权利保护问题，经研究，批复如下：

一、建设工程价款优先受偿权、抵押权以及其他债权之间的权利顺位关系，按照《最高人民法院关于审理建设工程施工合同纠纷案件适用法律问题的解释（一）》第三十六条的规定处理。

二、商品房消费者以居住为目的购买房屋并已支付全部价款，主张其房屋交付请求权优先于建设工程价款优先受偿权、抵押权以及其他债权的，人民法院应当予以支持。

只支付了部分价款的商品房消费者，在一审法庭辩论终结前已实际支付剩余价款的，可以适用前款规定。

三、在房屋不能交付且无实际交付可能的情况下，商品房消费者主张价款返还请求权优先于建设工程价款优先受偿权、抵押权以及其他债权的，人民法院应当予以支持。

3. 质 权

证券公司股票质押贷款管理办法

· 2004 年 11 月 2 日
· 银发〔2004〕256 号

第一章 总 则

第一条 为规范股票质押贷款业务，维护借贷双方的合法权益，防范金融风险，促进我国资本市场的稳健发展，根据《中华人民共和国中国人民银行法》、《中华人民共和国银行业监督管理法》、《中华人民共和国商业银行法》、《中华人民共和国证券法》、《中华人民共和国担保法》的有关规定，特制定本办法。

第二条 本办法所称股票质押贷款，是指证券公司以自营的股票、证券投资基金券和上市公司可转换债券作质押，从商业银行获得资金的一种贷款方式。

第三条 本办法所称质物，是指在证券交易所上市流通的、证券公司自营的人民币普通股票（A 股）、证券投资基金券和上市公司可转换债券（以下统称股票）。

第四条 本办法所称借款人为依法设立并经中国证券监督管理委员会批准可经营证券自营业务的证券公司（指法人总部，下同），贷款人为依法设立并经中国银行业监督管理委员会批准可经营股票质押贷款业务的商业银行（以下统称商业银行）。证券登记结算机构为本办法所指质物的法定登记结算机构。

第五条 商业银行授权其分支机构办理股票质押贷款业务须报中国银行业监督管理委员会备案。

第六条 借款人通过股票质押贷款所得资金的用途，必须符合《中华人民共和国证券法》的有关规定，用于弥补流动资金的不足。

第七条 中国人民银行、中国银行业监督管理委员会依法对股票质押贷款业务实施监督管理。

第二章 贷款人、借款人

第八条 申请开办股票质押贷款业务的贷款人，应具备以下条件：

（一）资本充足率等监管指标符合中国银行业监督管理委员会的有关规定；

（二）内控机制健全，制定和实施了统一授信制度；

（三）制定了与办理股票质押贷款业务相关的风险控制措施和业务操作流程；

（四）有专职部门和人员负责经营和管理股票质押贷款业务；

（五）有专门的业务管理信息系统，能同步了

解股票市场行情以及上市公司有关重要信息,具备对分类股票分析、研究和确定质押率的能力;

(六)中国银行业监督管理委员会认为应具备的其他条件。

第九条 借款人应具备以下条件:

(一)资产具有充足的流动性,且具备还本付息能力;

(二)其自营业务符合中国证券监督管理委员会规定的有关风险控制比率;

(三)已按中国证券监督管理委员会规定提取足额的交易风险准备金;

(四)已按中国证券监督管理委员会规定定期披露资产负债表、净资本计算表、利润表及利润分配表等信息;

(五)最近一年经营中未出现中国证券监督管理委员会认定的重大违法违纪行为或特别风险事项,现任高级管理人员和主要业务人员无中国证券监督管理委员会认定的重大不良记录;

(六)客户交易结算资金经中国证券监督管理委员会认定已实现有效独立存管,未挪用客户交易结算资金;

(七)贷款人要求的其他条件。

第三章 贷款的期限、利率、质押率

第十条 股票质押贷款期限由借贷双方协商确定,但最长为一年。借款合同到期后,不得展期,新发生的质押贷款按本办法规定重新审查办理。借款人提前还款,须经贷款人同意。

第十一条 股票质押贷款利率水平及计结息方式按照中国人民银行利率管理规定执行。

第十二条 用于质押贷款的股票应业绩优良、流通股本规模适度、流动性较好。贷款人不得接受以下几种股票作为质物:

(一)上一年度亏损的上市公司股票;

(二)前六个月内股票价格的波动幅度(最高价/最低价)超过200%的股票;

(三)可流通股股份过度集中的股票;

(四)证券交易所停牌或除牌的股票;

(五)证券交易所特别处理的股票;

(六)证券公司持有一家上市公司已发行股份的5%以上的,该证券公司不得以该种股票质押;但是,证券公司因包销购入售后剩余股票而持有5%以上股份的,不受此限。

第十三条 股票质押率由贷款人依据被质押的股票质量及借款人的财务和资信状况与借款人商定,但股票质押率最高不能超过60%。质押率上限的调整由中国人民银行和中国银行业监督管理委员会决定。

质押率的计算公式:

质押率=(贷款本金/质押股票市值)×100%

质押股票市值=质押股票数量×前七个交易日股票平均收盘价

第四章 贷款程序

第十四条 借款人申请质押贷款时,必须向贷款人提供以下材料:

(一)企业法人营业执照、法人代码证、法定代表人证明文件;

(二)中国人民银行颁发的贷款卡(证);

(三)上月的资产负债表、损益表和净资本计算表及经会计(审计)师事务所审计的上一年度的财务报表(含附注);

(四)由证券登记结算机构出具的质物的权利证明文件;

(五)用作质物的股票上市公司的基本情况;

(六)贷款人要求的其它材料。

第十五条 贷款人收到借款人的借款申请后,对借款人的借款用途、资信状况、偿还能力、资料的真实性,以及用作质物的股票的基本情况进行调查核实,并及时对借款人给予答复。

第十六条 贷款人在贷款前,应审慎分析借款人信贷风险和财务承担能力,根据统一授信管理办法,核定借款人的贷款限额。

第十七条 贷款人对借款人的借款申请审查同意后,根据有关法律、法规与借款人签订借款合同。

第十八条 借款人和贷款人签订借款合同后,双方应共同在证券登记结算机构办理出质登记。证券登记结算机构应向贷款人出具股票质押登记的证明文件。

第十九条 贷款人在发放股票质押贷款前,应在证券交易所开设股票质押贷款业务特别席位,专门保管和处分作为质物的股票。贷款人应在贷款发放后,将股票质押贷款的有关信息及时录入信贷登记咨询系统。

第二十条 借款人应按借款合同的约定偿还

贷款本息。在借款人清偿贷款后，借款合同自行终止。贷款人应在借款合同终止的同时办理质押登记注销手续，并将股票质押登记的证明文件退还给借款人。

第五章　贷款风险控制

第二十一条　贷款人发放的股票质押贷款余额，不得超过其资本净额的15%；贷款人对一家证券公司发放的股票质押贷款余额，不得超过贷款人资本净额的5%。

第二十二条　借款人出现下列情形之一时，应当及时通知贷款人：

（一）预计到期难以偿付贷款利息或本金；

（二）减资、合并、分立、解散及申请破产；

（三）股权变更；

（四）借款合同中约定的其他情形。

第二十三条　一家商业银行及其分支机构接受的用于质押的一家上市公司股票，不得高于该上市公司全部流通股票的10%。一家证券公司用于质押的一家上市公司股票，不得高于该上市公司全部流通股票的10%，并且不得高于该上市公司已发行股份的5%。被质押的一家上市公司股票不得高于该上市公司全部流通股票的20%。上述比率由证券登记结算机构负责监控，对超过规定比率的股票，证券登记结算机构不得进行出质登记。中国人民银行和中国银行业监督管理委员会可根据需要适时调整上述比率。

第二十四条　贷款人有权向证券登记结算机构核实质物的真实性、合法性，证券登记结算机构应根据贷款人的要求，及时真实地提供有关情况。

第二十五条　贷款人应随时分析每只股票的风险和价值，选择适合本行质押贷款的股票，并根据其价格、盈利性、流动性和上市公司的经营情况、财务指标以及股票市场的总体情况等，制定本行可接受质押的股票及其质押率的清单。

第二十六条　贷款人应随时对持有的质押股票市值进行跟踪，并在每个交易日至少评估一次每个借款人出质股票的总市值。

第二十七条　为控制因股票价格波动带来的风险，特设立警戒线和平仓线。警戒线比例（质押股票市值／贷款本金×100%）最低为135%，平仓线比例（质押股票市值／贷款本金×100%）最低为120%。在质押股票市值与贷款本金之比降至警戒线时，贷款人应要求借款人即时补足因证券价格下跌造成的质押价值缺口。在质押股票市值与贷款本金之比降至平仓线时，贷款人应及时出售质押股票，所得款项用于还本付息，余款清退给借款人，不足部分由借款人清偿。

第六章　质物的保管和处分

第二十八条　贷款人应在证券交易所开设股票质押特别席位（以下简称特别席位），用于质物的存放和处分；在证券登记结算机构开设特别资金结算账户（以下简称资金账户），用于相关的资金结算。借款合同存续期间，存放在特别席位下的股票，借款人不得转让，但本办法第三十三条规定以及借款人和贷款人协商同意的情形除外。

第二十九条　证券登记结算机构应根据出质人及贷款人的申请将出质股票足额、及时转移至贷款人特别席位下存放。

第三十条　借款人可向贷款人提出申请，经贷款人同意后，双方重新签订合同，进行部分（或全部）质物的置换，经贷款人同意后，由双方共同向证券登记结算机构办理质押变更登记。质押变更后，证券登记结算机构应向贷款人重新出具股票质物登记证明。

第三十一条　在质押合同期内，借款人可向贷款人申请，贷款人同意后，按借款人的指令，由贷款人进行部分（或全部）质物的卖出，卖出资金必须进入贷款人资金账户存放，该资金用于全部（或部分）提前归还贷款，多余款项退借款人。

第三十二条　出现以下情况之一，贷款人应通知借款人，并要求借款人立即追加质物、置换质物或增加在贷款人资金账户存放资金：

（一）质物的市值处于本办法第二十七条规定的警戒线以下；

（二）质物出现本办法第十二条中的情形之一。

第三十三条　用于质押股票的市值处于本办法第二十七条规定的平仓线以下（含平仓线）的，贷款人有权无条件处分该质押股票，所得的价款直接用于清偿所担保的贷款人债权。

第三十四条　借款合同期满，借款人履行还款义务的，贷款人应将质物归还借款人；借款合同期满，借款人没有履行还款义务的，贷款人有权依

五、担保物权

照合同约定通过特别席位卖出质押股票,所得的价款直接用于清偿所担保的贷款人债权。

第三十五条 质物在质押期间所产生的孳息(包括送股、分红、派息等)随质物一起质押。

质物在质押期间发生配股时,出质人应当购买并随质物一起质押。出质人不购买而出现质物价值缺口的,出质人应当及时补足。

第七章 罚 则

第三十六条 贷款人有下列行为之一的,由中国银行业监督管理委员会依法给予警告。情节严重的,暂停或取消其办理股票质押贷款业务资格,并追究有关人员的责任:

(一)未经中国银行业监督管理委员会批准从事股票质押贷款业务;

(二)对不具备本办法规定资格的证券公司发放股票质押贷款;

(三)发放股票质押贷款的期限超过一年;

(四)接受本办法禁止质押的股票为质物;

(五)质押率和其它贷款额度控制比率超过本办法规定的比率;

(六)未按统一授信制度和审慎原则等规定发放股票质押贷款;

(七)泄露与股票质押贷款相关的重要信息和借款人商业秘密。

第三十七条 借款人有下列行为之一的,由中国证券监督管理委员会视情节轻重,给予警告、通报,并追究有关人员的责任:

(一)用非自营股票办理股票质押贷款;

(二)未按合同约定的用途使用贷款;

(三)拒绝或阻挠贷款人监督检查贷款使用情况;

(四)未按本办法第九条第(四)项之规定履行信息披露义务。

第三十八条 证券登记结算机构有下列行为之一的,由其主管机关视情节轻重,给予警告、通报,并追究有关人员的责任:

(一)未按贷款人要求核实股票的真实性与合法性;

(二)未按贷款人要求及时办理质押股票的冻结和解冻;

(三)为超过本办法第二十三条规定比率的股票办理质押登记;

(四)为借款人虚增质物数量或出具虚假质押证明。

第三十九条 中国人民银行及其分支机构可以建议中国银行业监督管理委员会、中国证券监督管理委员会及上述两个机构的派出机构对违反本办法规定的行为进行监督检查。监管机关对上述行为的查处结果应及时抄送中国人民银行或其分支机构。

第八章 附 则

第四十条 证券登记结算机构应按照本办法制定有关实施细则。

第四十一条 商业银行从事股票质押贷款业务,应根据本办法制定实施细则,以及相应的业务操作流程和管理制度,并报中国人民银行和中国银行业监督管理委员会备案。

第四十二条 贷款人办理股票质押业务中所发生的相关费用由借贷双方协商解决。

第四十三条 本办法由中国人民银行会同中国银行业监督管理委员会和中国证券监督管理委员会解释。

第四十四条 本办法自发布之日起执行,2000 年 2 月 2 日由中国人民银行和中国证券监督管理委员会颁布的《证券公司股票质押贷款管理办法》同时废止。

著作权质权登记办法

· 2010 年 11 月 25 日国家版权局令第 8 号公布
· 自 2011 年 1 月 1 日起施行

第一条 为规范著作权出质行为,保护债权人合法权益,维护著作权交易秩序,根据《中华人民共和国物权法》、《中华人民共和国担保法》和《中华人民共和国著作权法》的有关规定,制定本办法。

第二条 国家版权局负责著作权质权登记工作。

第三条 《中华人民共和国著作权法》规定的著作权以及与著作权有关的权利(以下统称"著作权")中的财产权可以出质。

以共有的著作权出质的,除另有约定外,应当取得全体共有人的同意。

第四条 以著作权出质的,出质人和质权人应当订立书面质权合同,并由双方共同向登记机构办理著作权质权登记。

出质人和质权人可以自行办理,也可以委托代理人办理。

第五条 著作权质权的设立、变更、转让和消灭,自记载于《著作权质权登记簿》时发生效力。

第六条 申请著作权质权登记的,应提交下列文件:

(一)著作权质权登记申请表;

(二)出质人和质权人的身份证明;

(三)主合同和著作权质权合同;

(四)委托代理人办理的,提交委托书和受托人的身份证明;

(五)以共有的著作权出质的,提交共有人同意出质的书面文件;

(六)出质前授权他人使用的,提交授权合同;

(七)出质的著作权经过价值评估的、质权人要求价值评估的或相关法律法规要求价值评估的,提交有效的价值评估报告;

(八)其他需要提供的材料。

提交的文件是外文的,需同时附送中文译本。

第七条 著作权质权合同一般包括以下内容:

(一)出质人和质权人的基本信息;

(二)被担保债权的种类和数额;

(三)债务人履行债务的期限;

(四)出质著作权的内容和保护期;

(五)质权担保的范围和期限;

(六)当事人约定的其他事项。

第八条 申请人提交材料齐全的,登记机构应当予以受理。提交的材料不齐全的,登记机构不予受理。

第九条 经审查符合要求的,登记机构应当自受理之日起 10 日内予以登记,并向出质人和质权人发放《著作权质权登记证书》。

第十条 经审查不符合要求的,登记机构应当自受理之日起 10 日内通知申请人补正。补正通知书应载明补正事项和合理的补正期限。无正当理由逾期不补正的,视为撤回申请。

第十一条 《著作权质权登记证书》的内容包括:

(一)出质人和质权人的基本信息;

(二)出质著作权的基本信息;

(三)著作权质权登记号;

(四)登记日期。

《著作权质权登记证书》应当标明:著作权质权自登记之日起设立。

第十二条 有下列情形之一的,登记机构不予登记:

(一)出质人不是著作权人的;

(二)合同违反法律法规强制性规定的;

(三)出质著作权的保护期届满的;

(四)债务人履行债务的期限超过著作权保护期的;

(五)出质著作权存在权属争议的;

(六)其他不符合出质条件的。

第十三条 登记机构办理著作权质权登记前,申请人可以撤回登记申请。

第十四条 著作权出质期间,未经质权人同意,出质人不得转让或者许可他人使用已经出质的权利。

出质人转让或者许可他人使用出质的权利所得的价款,应当向质权人提前清偿债务或者提存。

第十五条 有下列情形之一的,登记机构应当撤销质权登记:

(一)登记后发现有第十二条所列情形的;

(二)根据司法机关、仲裁机关或行政管理机关作出的影响质权效力的生效裁决或行政处罚决定书应当撤销的;

(三)著作权质权合同无效或者被撤销的;

(四)申请人提供虚假文件或者以其他手段骗取著作权质权登记的;

(五)其他应当撤销的。

第十六条 著作权出质期间,申请人的基本信息、著作权的基本信息、担保的债权种类及数额、或者担保的范围等事项发生变更的,申请人持变更协议、原《著作权质权登记证书》和其他相关材料向登记机构申请变更登记。

第十七条 申请变更登记的,登记机构自受理之日起 10 日内完成审查。经审查符合要求的,对变更事项予以登记。

变更事项涉及证书内容变更的,应交回原登记证书,由登记机构发放新的证书。

第十八条 有下列情形之一的,申请人应当

五、担保物权

申请注销质权登记：

（一）出质人和质权人协商一致同意注销的；

（二）主合同履行完毕的；

（三）质权实现的；

（四）质权人放弃质权的；

（五）其他导致质权消灭的。

第十九条 申请注销质权登记的，应当提交注销登记申请书、注销登记证明、申请人身份证明等材料，并交回原《著作权质权登记证书》。

登记机构应当自受理之日起 10 日内办理完毕，并发放注销登记通知书。

第二十条 登记机构应当设立《著作权质权登记簿》，记载著作权质权登记的相关信息，供社会公众查询。

《著作权质权登记证书》的内容应当与《著作权质权登记簿》的内容一致。记载不一致的，除有证据证明《著作权质权登记簿》确有错误外，以《著作权质权登记簿》为准。

第二十一条 《著作权质权登记簿》应当包括以下内容：

（一）出质人和质权人的基本信息；

（二）著作权质权合同的主要内容；

（三）著作权质权登记号；

（四）登记日期；

（五）登记撤销情况；

（六）登记变更情况；

（七）登记注销情况；

（八）其他需要记载的内容。

第二十二条 《著作权质权登记证书》灭失或者毁损的，可以向登记机构申请补发或换发。登记机构应自收到申请之日起 5 日内予以补发或换发。

第二十三条 登记机构应当通过国家版权局网站公布著作权质权登记的基本信息。

第二十四条 本办法由国家版权局负责解释。

第二十五条 本办法自 2011 年 1 月 1 日起施行。1996 年 9 月 23 日国家版权局发布的《著作权质押合同登记办法》同时废止。

股权出质登记办法

· 2008 年 9 月 1 日国家工商行政管理总局令第 32 号公布

· 根据 2016 年 4 月 29 日国家工商行政管理总局令第 86 号第一次修订

· 根据 2020 年 12 月 31 日《国家市场监督管理总局关于修改和废止部分规章的决定》第二次修订

第一条 为规范股权出质登记行为，根据《中华人民共和国民法典》等法律的规定，制定本办法。

第二条 以持有的有限责任公司和股份有限公司股权出质，办理出质登记的，适用本办法。已在证券登记结算机构登记的股份有限公司的股权除外。

第三条 负责出质股权所在公司登记的市场监督管理部门是股权出质登记机关（以下简称登记机关）。

各级市场监督管理部门的企业登记机构是股权出质登记机构。

第四条 股权出质登记事项包括：

（一）出质人和质权人的姓名或名称；

（二）出质股权所在公司的名称；

（三）出质股权的数额。

第五条 申请出质登记的股权应当是依法可以转让和出质的股权。对于已经被依法冻结的股权，在解除冻结之前，不得申请办理股权出质登记。

第六条 申请股权出质设立登记、变更登记和注销登记，应当由出质人和质权人共同提出。申请股权出质撤销登记，可以由出质人或者质权人单方提出。

申请人应当对申请材料的真实性、质押合同的合法性有效性、出质股权权能的完整性承担法律责任。

第七条 申请股权出质设立登记，应当提交下列材料：

（一）申请人签字或者盖章的《股权出质设立登记申请书》；

（二）记载有出质人姓名（名称）及其出资额的有限责任公司股东名册复印件或者出质人持有的股份公司股票复印件（均需加盖公司印章）；

（三）质押合同；

（四）出质人、质权人的主体资格证明或者自然人身份证明复印件（出质人、质权人属于自然人的由本人签名，属于法人的加盖法人印章，下同）；

（五）国家市场监督管理总局要求提交的其他材料。

指定代表或者共同委托代理人办理的，还应当提交申请人指定代表或者共同委托代理人的证明。

第八条　出质股权数额变更，以及出质人、质权人姓名（名称）或者出质股权所在公司名称更改的，应当申请办理变更登记。

第九条　申请股权出质变更登记，应当提交下列材料：

（一）申请人签字或者盖章的《股权出质变更登记申请书》；

（二）有关登记事项变更的证明文件。属于出质股权数额变更的，提交质押合同修正案或者补充合同；属于出质人、质权人姓名（名称）或者出质股权所在公司名称更改的，提交姓名或者名称更改的证明文件和更改后的主体资格证明或者自然人身份证明复印件；

（三）国家市场监督管理总局要求提交的其他材料。

指定代表或者共同委托代理人办理的，还应当提交申请人指定代表或者共同委托代理人的证明。

第十条　出现主债权消灭、质权实现、质权人放弃质权或法律规定的其他情形导致质权消灭的，应当申请办理注销登记。

第十一条　申请股权出质注销登记，应当提交申请人签字或者盖章的《股权出质注销登记申请书》。

指定代表或者共同委托代理人办理的，还应当提交申请人指定代表或者共同委托代理人的证明。

第十二条　质押合同被依法确认无效或者被撤销的，应当申请办理撤销登记。

第十三条　申请股权出质撤销登记，应当提交下列材料：

（一）申请人签字或者盖章的《股权出质撤销登记申请书》；

（二）质押合同被依法确认无效或者被撤销的法律文件；

指定代表或者委托代理人办理的，还应当提交申请人指定代表或者委托代理人的证明。

第十四条　登记机关对登记申请应当当场办理登记手续并发给登记通知书。通知书加盖登记机关的股权出质登记专用章。

对于不属于股权出质登记范围或者不属于本机关登记管辖范围以及不符合本办法规定的，登记机关应当当场告知申请人，并退回申请材料。

第十五条　登记机关应当将股权出质登记事项在企业信用信息公示系统公示，供社会公众查询。

因自身原因导致股权出质登记事项记载错误的，登记机关应当及时予以更正。

第十六条　股权出质登记的有关文书格式文本，由国家市场监督管理总局统一制定。

第十七条　本办法自 2008 年 10 月 1 日起施行。

个人定期存单质押贷款办法

· 2007 年 7 月 3 日中国银行业监督管理委员会令 2007 年第 4 号公布

· 根据 2021 年 6 月 21 日《中国银保监会关于清理规章规范性文件的决定》修订

第一条　为加强个人定期存单质押贷款管理，根据《中华人民共和国商业银行法》、《中华人民共和国民法典》及其他有关法律、行政法规，制定本办法。

第二条　个人定期存单质押贷款（以下统称存单质押贷款）是指借款人以未到期的个人定期存单作质押，从商业银行（以下简称贷款人）取得一定金额的人民币贷款，到期由借款人偿还本息的贷款业务。

第三条　本办法所称借款人，是指中华人民共和国境内具有相应民事行为能力的自然人、法人和其他组织。

外国人、无国籍人以及港、澳、台居民为借款人的，应在中华人民共和国境内居住满一年并有固定居所和职业。

第四条　作为质押品的定期存单包括未到期的整存整取、存本取息和外币定期储蓄存款存单等具有定期存款性质的权利凭证。

五、担保物权

所有权有争议、已作担保、挂失、失效或被依法止付的存单不得作为质押品。

第五条 借款人以本人名下定期存单作质押的小额贷款(以下统称小额存单质押贷款),存单开户银行可授权办理储蓄业务的营业网点直接受理并发放。

各商业银行总行可根据本行实际,确定前款小额存单质押贷款额度。

第六条 以第三人存单作质押的,贷款人应制定严格的内部程序,认真审查存单的真实性、合法性和有效性,防止发生权利瑕疵的情形。对于借款人以公开向不特定的自然人、法人及其他组织募集的存单申请质押贷款的,贷款人不得向其发放贷款。

第七条 存单质押担保的范围包括贷款本金和利息、罚息、损害赔偿金、违约金和实现质权的费用。

存单质押贷款金额原则上不超过存单本金的90%(外币存款按当日公布的外汇(钞)买入价折成人民币计算)。各行也可以根据存单质押担保的范围合理确定贷款金额,但存单金额应能覆盖贷款本息。

第八条 存单质押贷款期限不得超过质押存单的到期日。若为多张存单质押,以距离到期日时间最近者确定贷款期限,分笔发放的贷款除外。

第九条 存单质押贷款利率按国家利率管理规定执行,计、结息方式由借贷双方协商确定。

第十条 在贷款到期日前,借款人可申请展期。贷款人办理展期应当根据借款人资信状况和生产经营实际需要,按审慎管理原则,合理确定贷款展期期限,但累计贷款期限不得超过质押存单的到期日。

第十一条 质押存单存期内按正常存款利率计息。存本取息定期存款存单用于质押时,停止取息。

第十二条 凭预留印鉴或密码支取的存单作为质押时,出质人须向发放贷款的银行提供印鉴或密码;以凭有效身份证明支取的存单作为质押时,出质人应转为凭印鉴或密码支取,否则银行有权拒绝发放贷款。

以存单作质押申请贷款时,出质人应委托贷款行申请办理存单确认和登记止付手续。

第十三条 办理存单质押贷款,贷款人和出质人应当订立书面质押合同,或者贷款人、借款人和出质人在借款合同中订立符合本办法规定的质押条款。

第十四条 质押合同应当载明下列内容:

(一)出质人、借款人和质权人姓名(名称)、住址或营业场所;

(二)被担保的贷款的种类、数额、期限、利率、贷款用途以及贷款合同号;

(三)定期存单号码及所载存款的种类、户名、开立机构、数额、期限、利率;

(四)质押担保的范围;

(五)定期存单确认情况;

(六)定期存单的保管责任;

(七)质权的实现方式;

(八)违约责任;

(九)争议的解决方式;

(十)当事人认为需要约定的其他事项。

第十五条 质押存续期间,除法律另有规定外,任何人不得擅自动用质押存单。

第十六条 出质人和贷款人可以在质押合同中约定,当借款人没有依法履行合同的,贷款人可直接将存单兑现以实现质权。存单到期日后于借款到期日的,贷款人可继续保管质押存单,在存单到期日兑现以实现质权。

第十七条 存单开户行(以下简称存款行)应根据出质人的申请及质押合同办理存单确认和登记止付手续,并妥善保管有关文件和资料。

第十八条 贷款人应妥善管理质押存单及出质人提供的预留印鉴或密码。因保管不善造成丢失、损坏,由贷款人承担责任。

用于质押的定期存单在质押期间丢失、毁损的,贷款人应立即通知借款人和出质人,并与出质人共同向存款开户行申请挂失、补办。补办的存单仍应继续作为质物。

质押存单的挂失申请应采用书面形式。在特殊情况下,可以用口头或函电形式,但必须在五个工作日内补办书面挂失手续。

申请挂失时,除出质人应按规定提交的申请资料外,贷款人应提交营业执照复印件、质押合同副本。

挂失生效,原定期存单所载的金额及利息应继续作为出质资产。

质押期间,未经贷款人同意,存款行不得受理存款人提出的挂失申请。

第十九条 质押存续期间如出质人死亡，其合法继承人依法办理存款过户和继承手续，并继续履行原出质人签订的质押合同。

第二十条 贷款期满借款人履行债务的，或者借款人提前偿还质押贷款的，贷款人应当及时将质押的定期存单退还出质人，并及时到存单开户行办理登记注销手续。

第二十一条 借款人按贷款合同约定还清贷款本息后，出质人凭存单保管收据取回质押存单。若出质人将存单保管收据丢失，由出质人、借款人共同出具书面证明，并凭合法身份证明到贷款行取回质押存单。

第二十二条 有下列情形之一的，贷款人可依第十六条的约定方式或其他法定方式处分质押的定期存单：

（一）质押贷款合同期满，借款人未按期归还贷款本金和利息的；

（二）借款人或出质人违约，贷款人需依法提前收回贷款的；

（三）借款人或出质人被宣告破产的；

（四）借款人或出质人死亡而无继承人履行合同的。

第二十三条 质押合同、贷款合同发生纠纷时，各方当事人均可按协议向仲裁机构申请调解或仲裁，或者向人民法院起诉。

第二十四条 存款行出具虚假的个人定期储蓄存单或个人定期储蓄存单确认书的，依照《金融违法行为处罚办法》第十三条的规定予以处罚。

第二十五条 存款行不按本办法规定对质物进行确认，或者贷款行接受未经确认的个人定期储蓄存单质押的，由中国银行业监督管理委员会给予警告，并处三万元以下的罚款，并责令对其主要负责人和直接责任人员依法给予行政处分。

第二十六条 借款人已履行合同，贷款人不按规定及时向出质人退回个人定期储蓄存单或在质押存续期间，未经贷款人同意，存款行受理存款人提出的挂失申请并挂失的，由中国银行业监督管理委员会给予警告，并处三万元以下罚款。构成犯罪的，由司法机关依法追究刑事责任。

第二十七条 各商业银行总行可根据本办法制定实施细则，并报中国银业监督管理委员会或其派出机构备案。

第二十八条 城市信用社、农村信用社、村镇银行、贷款公司、农村资金互助社办理个人存单质押贷款业务适用本办法。

第二十九条 本办法由中国银行业监督管理委员会负责解释和修改。

第三十条 本办法自公布之日起施行，本办法施行之前有关规定与本办法相抵触的，以本办法为准。

单位定期存单质押贷款管理规定

· 2007 年 7 月 3 日中国银行业监督管理委员会令 2007 年第 9 号公布

· 根据 2021 年 6 月 21 日《中国银保监会关于清理规章规范性文件的决定》修订

第一章 总 则

第一条 为加强单位定期存单质押贷款管理，根据《中华人民共和国银行业监督管理法理》、《中华人民共和国商业银行法》、《中华人民共和国民法典》及其他有关法律、行政法规，制定本规定。

第二条 在中华人民共和国境内从事单位定期存单质押贷款活动适用本规定。

本规定所称单位包括企业、事业单位、社会团体以及其他组织。

第三条 本规定所称单位定期存单是指借款人为办理质押贷款而委托贷款人依据开户证实书向接受存款的金融机构（以下简称存款行）申请开具的人民币定期存款权利凭证。

单位定期存单只能以质押贷款为目的开立和使用。

单位在金融机构办理定期存款时，金融机构为其开具的《单位定期存款开户证实书》不得作为质押的权利凭证。

金融机构应制定相应的管理制度，加强对开具《单位定期存款开户证实书》和开立、使用单位定期存单的管理。

第四条 单位定期存单质押贷款活动应当遵守国家法律、行政法规，遵循平等、自愿、诚实信用的原则。

第二章 单位定期存单的开立与确认

第五条 借款人办理单位定期存单质押贷

五、担保物权

款,除按其他有关规定提交文件、资料外,还应向贷款人提交下列文件、资料:

(一)开户证实书,包括借款人所有的或第三人所有而向借款人提供的开户证实书;

(二)存款人委托贷款人向存款行申请开具单位定期存单的委托书;

(三)存款人在存款行的预留印鉴或密码。

开户证实书为第三人向借款人提供的,应同时提交第三人同意由借款人为质押贷款目的而使用其开户证实书的协议书。

第六条 贷款人经审查同意借款人的贷款申请的,应将开户证实书和开具单位定期存单的委托书一并提交给存款行,向存款行申请开具单位定期存单和确认书。

贷款人经审查不同意借款人的贷款申请的,应将开户证实书和委托书及时退还给借款人。

第七条 存款行收到贷款人提交的有关材料后,应认真审查开户证实书是否真实,存款人与本行是否存在真实的存款关系,以及开具单位定期存单的申请书上的预留印鉴或提供的密码是否和存款人在存款时预留的印鉴或密码一致。必要时,存款行可以向存款人核实有关情况。

第八条 存款行经过审查认为开户证实书证明的存款属实的,应保留开户证实书及第三人同意由借款人使用其开户证实书的协议书,并在收到贷款人的有关材料后3个工作日内开具单位定期存单。

存款行不得开具没有存款关系的虚假单位定期存单或与真实存款情况不一致的单位定期存单。

第九条 存款行在开具单位定期存单的同时,应对单位定期存单进行确认,确认后认为存单内容真实的,应出具单位定期存单确认书。确认书应由存款行的负责人签字并加盖单位公章,与单位定期存单一并递交给贷款人。

第十条 存款行对单位定期存单进行确认的内容包括:

(一)单位定期存单所载开立机构、户名、账号、存款数额、存单号码、期限、利率等是否真实准确;

(二)借款人提供的预留印鉴或密码是否一致;

(三)需要确认的其他事项。

第十一条 存款行经过审查,发现开户证实书所载事项与账户记载不符的,不得开具单位定期存单,并及时告知贷款人,认为有犯罪嫌疑的,应及时向司法机关报案。

第十二条 经确认后的单位定期存单用于贷款质押时,其质押的贷款数额一般不超过确认数额的90%。各行也可以根据存单质押担保的范围合理确定贷款金额,但存单金额应能覆盖贷款本息。

第十三条 贷款人不得接受未经确认的单位定期存单作为贷款的担保。

第十四条 贷款人对质押的单位定期存单及借款人或第三人提供的预留印鉴和密码等应妥善保管,因保管不善造成其丢失、毁损或泄密的,由贷款人承担责任。

第三章 质押合同

第十五条 办理单位定期存单质押贷款,贷款人和出质人应当订立书面质押合同。在借款合同中订立质押条款的,质押条款应符合本章的规定。

第十六条 质押合同应当载明下列内容:

(一)出质人、借款人和质权人名称、住址或营业场所;

(二)被担保的贷款的种类、数额、期限、利率、贷款用途以及贷款合同号;

(三)单位定期存单号码及所载存款的种类、户名、账户、开立机构、数额、期限、利率;

(四)质押担保的范围;

(五)存款行是否对单位定期存单进行了确认;

(六)单位定期存单的保管责任;

(七)质权的实现方式;

(八)违约责任;

(九)争议的解决方式;

(十)当事人认为需要约定的其他事项。

第十七条 质押合同应当由出质人和贷款人签章。签章为其法定代表人、经法定代表人授权的代理人或主要负责人的签字并加盖单位公章。

第十八条 质押期间,除法律另有规定外,任何人不得擅自动用质押款项。

第十九条 出质人和贷款人可以在质押合同中约定,当借款人没有依约履行合同的,贷款人可直接将存单兑现以实现质权。

第二十条 存款行应对其开具并经过确认的

单位定期存单进行登记备查,并妥善保管有关文件和材料。质押的单位定期存单被退回时,也应及时登记注销。

第四章 质权的实现

第二十一条 单位定期存单质押担保的范围包括贷款本金和利息、罚息、损害赔偿金、违约金和实现质权的费用。质押合同另有约定的,按照约定执行。

第二十二条 贷款期满借款人履行债务的,或者借款人提前偿还所担保的贷款的,贷款人应当及时将质押的单位定期存单退还存款人。存款行收到退回的单位定期存单后,应将开户证实书退还贷款人并由贷款人退还借款人。

第二十三条 有下列情形之一的,贷款人可依法定方式处分单位定期存单:

(一)质押贷款合同期满,借款人未按期归还贷款本金和利息的;

(二)借款人或出质人违约,贷款人需依法提前收回贷款的;

(三)借款人或出质人被宣告破产或解散的。

第二十四条 有第二十三条所列情形之一的,贷款人和出质人可以协议以单位定期存单兑现或以法律规定的其他方式处分单位定期存单。以单位定期存单兑现时,贷款人应向存款行提交单位定期存单和其与出质人的协议。

单位定期存单处分所得不足偿付第二十一条规定的款项的,贷款人应当向借款人另行追偿;偿还第二十一条规定的款项后有剩余的,其超出部分应当退还出质人。

第二十五条 质押存单期限先于贷款期限届满的,贷款人可以提前兑现存单,并与出质人协议将兑现的款项提前清偿借款或向与出质人约定的第三人提存,质押合同另有约定的,从其约定。提存的具体办法由各当事人自行协商确定。

贷款期限先于质押的单位定期存单期限届满,借款人未履行其债务的,贷款人可以继续保管定期存单,在存单期限届满时兑现用于抵偿贷款本息。

第二十六条 经与出质人协商一致,贷款人提前兑现或提前支取的,应向存款行提供单位定期存单、质押合同、需要提前兑现或提前支取的有关协议。

第二十七条 用于质押的单位定期存单项下的款项在质押期间被司法机关或法律规定的其他机关采取冻结、扣划等强制措施的,贷款人应当在处分此定期存款时优先受偿。

第二十八条 用于质押的单位定期存单在质押期间丢失,贷款人应立即通知借款人和出质人,并申请挂失;单位定期存单毁损的,贷款人应持有关证明申请补办。

质押期间,存款行不得受理存款人提出的挂失申请。

第二十九条 贷款人申请挂失时,应向存款行提交挂失申请书,并提供贷款人的营业执照复印件、质押合同副本。

挂失申请应采用书面形式。在特殊情况下,可以用口头或函电形式,但必须在五个工作日内补办书面挂失手续。

挂失生效,原单位定期存单所载的金额及利息应继续作为出质资产。

第三十条 出质人合并、分立或债权债务发生变更时,贷款人仍然拥有单位定期存单所代表的质权。

第五章 罚 则

第三十一条 存款行出具虚假的单位定期存单或单位定期存单确认书的,依照《金融违法行为处罚办法》第十三条的规定对存款行及相关责任人予以处罚。

第三十二条 存款行不按本规定对质物进行确认或贷款行接受未经确认的单位定期存单质押的,由中国银行业监督管理委员会给予警告,并处以三万元以下的罚款,并责令对其主要负责人和直接责任人员依法给予行政处分。

第三十三条 贷款人不按规定及时向存款行退回单位定期存单的,由中国银行业监督管理委员会给予警告,并处以三万元以下罚款。给存款人造成损失的,依法承担相应的民事责任。构成犯罪的,由司法机关依法追究刑事责任。

第六章 附 则

第三十四条 个人定期储蓄存款存单质押贷款不适用本规定。

第三十五条 中华人民共和国境内的国际结算和融资活动中需用单位定期存单作质押担保

五、担保物权

的,参照本规定执行。

第三十六条 本规定由中国银行业监督管理委员会负责解释和修改。

第三十七条 本规定自公布之日起施行。本规定公布施行前的有关规定与本规定有抵触的,以本规定为准。

4. 留置权

最高人民法院关于能否对连带责任保证人所有的船舶行使留置权的请示的复函

· 2001 年 8 月 17 日
· 〔2001〕民四他字第 5 号

天津市高级人民法院:

你院津高法〔2001〕13 号《关于能否对连带责任保证人所有的船舶行使留置权的请示》收悉。本院经研究认为:

船舶留置权是设定于船舶之上的法定担保物权。根据《中华人民共和国海商法》第二十五条第二款的规定,当修船合同的委托方未履行合同时,修船人基于修船合同为保证修船费用得以实现,可以留置所占有的船舶,而不论该船舶是否为修船合同的委托方所有。但修船人不得基于连带责任保证对连带责任保证人所有的船舶行使留置权。

天津新港船厂修船分厂作为修船人,依据其与英国伦敦尤恩开尔公司订立的修船合同,对俄罗斯籍"东方之岸"轮进行修理后未取得合同约定的修船费用,有权留置该轮。"东方之岸"轮的所有人东方航运公司虽不是本案修船合同的当事人,但不影响该留置权的成立。

据此,同意你院关于天津新港船厂修船分厂对"东方之岸"轮的留置行为合法有效,并可以基于留置权先于抵押权人受偿的处理意见。

附　录

1. 民法典物权编新旧与关联对照表

（左栏删除线部分为删除的内容，右栏黑体部分为增加的内容，两栏下划线部分为修改的内容）

物权法	民法典物权编
	第二编　物　　权
	第一分编　通　　则
	第一章　一　般　规　定
《物权法》① **第二条**　因物的归属和利用而产生的民事关系，适用本法。 ~~本法所称物，包括不动产和动产。法律规定权利作为物权客体的，依照其规定。~~ ~~本法所称物权，是指权利人依法对特定的物享有直接支配和排他的权利，包括所有权、用益物权和担保物权。~~	**第二百零五条**　本编调整因物的归属和利用产生的民事关系。
第三条　国家~~在社会主义初级阶段~~，坚持公有制为主体、多种所有制经济共同发展~~的~~基本经济制度。 国家巩固和发展公有制经济，鼓励、支持和引导非公有制经济的发展。 国家实行社会主义市场经济，保障一切市场主体的平等法律地位和发展权利。	**第二百零六条**　国家坚持**和完善**公有制为主体、多种所有制经济共同发展，**按劳分配为主体、多种分配方式并存，社会主义市场经济体制等社会主义**基本经济制度。 国家巩固和发展公有制经济，鼓励、支持和引导非公有制经济的发展。 国家实行社会主义市场经济，保障一切市场主体的平等法律地位和发展权利。
第四条　国家、集体、私人的物权和其他权利人的物权受法律保护，任何<u>单位</u>和个人不得侵犯。	**第二百零七条**　国家、集体、私人的物权和其他权利人的物权受法律**平等**保护，任何<u>组织或者</u>个人不得侵犯。
第六条　不动产物权的设立、变更、转让和消灭，应当依照法律规定登记。动产物权的设立和转让，应当依照法律规定交付。	**第二百零八条**　不动产物权的设立、变更、转让和消灭，<u>应当依照法律规定登记。动产物权的设立和转让，应当依照法律规定交付。</u>

---

① 对照表左侧列中，没有特别标注法名的，内容为《物权法》条文。

物权法	民法典物权编
	第二章　物权的设立、变更、转让和消灭
	第一节　不动产登记
第九条　不动产物权的设立、变更、转让和消灭，经依法登记，发生效力；未经登记，不发生效力，但法律另有规定的除外。 　　依法属于国家所有的自然资源，所有权可以不登记。	**第二百零九条**　不动产物权的设立、变更、转让和消灭，经依法登记，发生效力；未经登记，不发生效力，但是法律另有规定的除外。 　　依法属于国家所有的自然资源，所有权可以不登记。
第十条　不动产登记，由不动产所在地的登记机构办理。 　　国家对不动产实行统一登记制度。统一登记的范围、登记机构和登记办法，由法律、行政法规规定。	**第二百一十条**　不动产登记，由不动产所在地的登记机构办理。 　　国家对不动产实行统一登记制度。统一登记的范围、登记机构和登记办法，由法律、行政法规规定。
第十一条　当事人申请登记，应当根据不同登记事项提供权属证明和不动产界址、面积等必要材料。	**第二百一十一条**　当事人申请登记，应当根据不同登记事项提供权属证明和不动产界址、面积等必要材料。
第十二条　登记机构应当履行下列职责： 　　(一)查验申请人提供的权属证明和其他必要材料； 　　(二)就有关登记事项询问申请人； 　　(三)如实、及时登记有关事项； 　　(四)法律、行政法规规定的其他职责。 　　申请登记的不动产的有关情况需要进一步证明的，登记机构可以要求申请人补充材料，必要时可以实地查看。	**第二百一十二条**　登记机构应当履行下列职责： 　　(一)查验申请人提供的权属证明和其他必要材料； 　　(二)就有关登记事项询问申请人； 　　(三)如实、及时登记有关事项； 　　(四)法律、行政法规规定的其他职责。 　　申请登记的不动产的有关情况需要进一步证明的，登记机构可以要求申请人补充材料，必要时可以实地查看。
第十三条　登记机构不得有下列行为： 　　(一)要求对不动产进行评估； 　　(二)以年检等名义进行重复登记； 　　(三)超出登记职责范围的其他行为。	**第二百一十三条**　登记机构不得有下列行为： 　　(一)要求对不动产进行评估； 　　(二)以年检等名义进行重复登记； 　　(三)超出登记职责范围的其他行为。
第十四条　不动产物权的设立、变更、转让和消灭，依照法律规定应当登记的，自记载于不动产登记簿时发生效力。	**第二百一十四条**　不动产物权的设立、变更、转让和消灭，依照法律规定应当登记的，自记载于不动产登记簿时发生效力。
第十五条　当事人之间订立有关设立、变更、转让和消灭不动产物权的合同，除法律另有规定或者合同另有约定外，自合同成立时生效；未办理物权登记的，不影响合同效力。	**第二百一十五条**　当事人之间订立有关设立、变更、转让和消灭不动产物权的合同，除法律另有规定或者当事人另有约定外，自合同成立时生效；未办理物权登记的，不影响合同效力。

物权法	民法典物权编
第十六条　不动产登记簿是物权归属和内容的根据。 　　不动产登记簿由登记机构管理。	**第二百一十六条**　不动产登记簿是物权归属和内容的根据。 　　不动产登记簿由登记机构管理。
第十七条　不动产权属证书是权利人享有该不动产物权的证明。不动产权属证书记载的事项,应当与不动产登记簿一致;记载不一致的,除有证据证明不动产登记簿确有错误外,以不动产登记簿为准。	**第二百一十七条**　不动产权属证书是权利人享有该不动产物权的证明。不动产权属证书记载的事项,应当与不动产登记簿一致;记载不一致的,除有证据证明不动产登记簿确有错误外,以不动产登记簿为准。
第十八条　权利人、利害关系人可以申请查询、复制登记资料,登记机构应当提供。	**第二百一十八条**　权利人、利害关系人可以申请查询、复制**不动产**登记资料,登记机构应当提供。
	第二百一十九条　利害关系人不得公开、非法使用权利人的不动产登记资料。
第十九条　权利人、利害关系人认为不动产登记簿记载的事项错误的,可以申请更正登记。不动产登记簿记载的权利人书面同意更正或者有证据证明登记确有错误的,登记机构应当予以更正。 　　不动产登记簿记载的权利人不同意更正的,利害关系人可以申请异议登记。登记机构予以异议登记<u>的</u>,申请人<u>在</u>异议登记之日起十五日内<u>不起诉</u>,异议登记失效。异议登记不当,造成权利人损害的,权利人可以向申请人请求损害赔偿。	**第二百二十条**　权利人、利害关系人认为不动产登记簿记载的事项错误的,可以申请更正登记。不动产登记簿记载的权利人书面同意更正或者有证据证明登记确有错误的,登记机构应当予以更正。 　　不动产登记簿记载的权利人不同意更正的,利害关系人可以申请异议登记。登记机构予以异议登记,申请人<u>自</u>异议登记之日起十五日内不<u>提起诉讼的</u>,异议登记失效。异议登记不当,造成权利人损害的,权利人可以向申请人请求损害赔偿。
第二十条　当事人签订买卖房屋**或者其他**不动产物权的协议,为保障将来实现物权,按照约定可以向登记机构申请预告登记。预告登记后,未经预告登记的权利人同意,处分该不动产的,不发生物权效力。 　　预告登记后,债权消灭或者自能够进行不动产登记之日起<u>三个月</u>内未申请登记的,预告登记失效。	**第二百二十一条**　当事人签订买卖房屋**的****协议或者签订**其他不动产物权的协议,为保障将来实现物权,按照约定可以向登记机构申请预告登记。预告登记后,未经预告登记的权利人同意,处分该不动产的,不发生物权效力。 　　预告登记后,债权消灭或者自能够进行不动产登记之日起<u>九十日</u>内未申请登记的,预告登记失效。
第二十一条　当事人提供虚假材料申请登记,<u>给他人造成损害的</u>,应当承担赔偿责任。 　　因登记错误,<u>给他人造成损害的</u>,登记机构应当承担赔偿责任。登记机构赔偿后,可以向造成登记错误的人追偿。	**第二百二十二条**　当事人提供虚假材料申请登记,<u>造成他人损害的</u>,应当承担赔偿责任。 　　因登记错误,<u>造成他人损害的</u>,登记机构应当承担赔偿责任。登记机构赔偿后,可以向造成登记错误的人追偿。

附

录

物权法	民法典物权编
第二十二条　不动产登记费按件收取,不得按照不动产的面积、体积或者价款的比例收取。~~具体收费标准由国务院有关部门会同价格主管部门规定。~~	第二百二十三条　不动产登记费按件收取,不得按照不动产的面积、体积或者价款的比例收取。
	第二节　动 产 交 付
第二十三条　动产物权的设立和转让,自交付时发生效力,但法律另有规定的除外。	第二百二十四条　动产物权的设立和转让,自交付时发生效力,但是法律另有规定的除外。
第二十四条　船舶、航空器和机动车等物权的设立、变更、转让和消灭,未经登记,不得对抗善意第三人。	第二百二十五条　船舶、航空器和机动车等**的**物权的设立、变更、转让和消灭,未经登记,不得对抗善意第三人。
第二十五条　动产物权设立和转让前,权利人已经~~依法~~占有该动产的,物权自法律行为生效时发生效力。	第二百二十六条　动产物权设立和转让前,权利人已经占有该动产的,物权自**民事**法律行为生效时发生效力。
第二十六条　动产物权设立和转让前,第三人~~依法~~占有该动产的,负有交付义务的人可以通过转让请求第三人返还原物的权利代替交付。	第二百二十七条　动产物权设立和转让前,第三人占有该动产的,负有交付义务的人可以通过转让请求第三人返还原物的权利代替交付。
第二十七条　动产物权转让时,双方又约定由出让人继续占有该动产的,物权自该约定生效时发生效力。	第二百二十八条　动产物权转让时,**当事人**又约定由出让人继续占有该动产的,物权自该约定生效时发生效力。
	第三节　其 他 规 定
第二十八条　因人民法院、仲裁委员会的法律文书或者人民政府的征收决定等,导致物权设立、变更、转让或者消灭的,自法律文书或者~~人民政府的~~征收决定等生效时发生效力。	第二百二十九条　因人民法院、仲裁机构的法律文书或者人民政府的征收决定等,导致物权设立、变更、转让或者消灭的,自法律文书或者征收决定等生效时发生效力。
第二十九条　因继承~~或者受遗赠~~取得物权的,自继承~~或者受遗赠~~开始时发生效力。	第二百三十条　因继承取得物权的,自继承开始时发生效力。
第三十条　因合法建造、拆除房屋等事实行为设立或者消灭物权的,自事实行为成就时发生效力。	第二百三十一条　因合法建造、拆除房屋等事实行为设立或者消灭物权的,自事实行为成就时发生效力。
第三十一条　依照本法第二十八条至第三十条规定享有不动产物权的,处分该物权时,依照法律规定需要办理登记的,未经登记,不发生物权效力。	第二百三十二条　处分依照本节规定享有的不动产物权,依照法律规定需要办理登记的,未经登记,不发生物权效力。
	第三章　物权的保护
第三十二条　物权受到侵害的,权利人可以通过和解、调解、仲裁、诉讼等途径解决。	第二百三十三条　物权受到侵害的,权利人可以通过和解、调解、仲裁、诉讼等途径解决。

物权法	民法典物权编
第三十三条　因物权的归属、内容发生争议的,利害关系人可以请求确认权利。	第二百三十四条　因物权的归属、内容发生争议的,利害关系人可以请求确认权利。
第三十四条　无权占有不动产或者动产的,权利人可以请求返还原物。	第二百三十五条　无权占有不动产或者动产的,权利人可以请求返还原物。
第三十五条　妨害物权或者可能妨害物权的,权利人可以请求排除妨害或者消除危险。	第二百三十六条　妨害物权或者可能妨害物权的,权利人可以请求排除妨害或者消除危险。
第三十六条　造成不动产或者动产毁损的,权利人可以请求修理、重作、更换或者恢复原状。	第二百三十七条　造成不动产或者动产毁损的,权利人可以**依法**请求修理、重作、更换或者恢复原状。
第三十七条　侵害物权,造成权利人损害的,权利人可以请求损害赔偿,也可以请求承担其他民事责任。	第二百三十八条　侵害物权,造成权利人损害的,权利人可以**依法**请求损害赔偿,也可以**依法**请求承担其他民事责任。
第三十八条　本章规定的物权保护方式,可以单独适用,也可以根据权利被侵害的情形合并适用。 ~~侵害物权,除承担民事责任外,违反行政管理规定的,依法承担行政责任;构成犯罪的,依法追究刑事责任。~~	第二百三十九条　本章规定的物权保护方式,可以单独适用,也可以根据权利被侵害的情形合并适用。
	第二分编　所　有　权
	第四章　一　般　规　定
第三十九条　所有权人对自己的不动产或者动产,依法享有占有、使用、收益和处分的权利。	第二百四十条　所有权人对自己的不动产或者动产,依法享有占有、使用、收益和处分的权利。
第四十条　所有权人有权在自己的不动产或者动产上设立用益物权和担保物权。用益物权人、担保物权人行使权利,不得损害所有权人的权益。	第二百四十一条　所有权人有权在自己的不动产或者动产上设立用益物权和担保物权。用益物权人、担保物权人行使权利,不得损害所有权人的权益。
第四十一条　法律规定专属于国家所有的不动产和动产,任何<u>单位</u>和个人不能取得所有权。	第二百四十二条　法律规定专属于国家所有的不动产和动产,任何<u>组织</u>或者个人不能取得所有权。

物权法	民法典物权编
第四十二条 为了公共利益的需要,依照法律规定的权限和程序可以征收集体所有的土地和<u>单位</u>、个人的房屋<u>及</u>其他不动产。 征收集体所有的土地,应当依法足额支付土地补偿费、安置补助费、地上附着物和青苗的<u>补偿费等费用</u>,安排被征地农民的社会保障费用,保障被征地农民的生活,维护被征地农民的合法权益。 征收<u>单位</u>、个人的房屋<u>及</u>其他不动产,应当依法给予<u>拆迁补偿</u>,维护被征收人的合法权益;征收个人住宅的,还应当保障被征收人的居住条件。 任何<u>单位</u>和个人不得贪污、挪用、私分、截留、拖欠征收补偿费等费用。	**第二百四十三条** 为了公共利益的需要,依照法律规定的权限和程序可以征收集体所有的土地和**组织**、个人的房屋**以及**其他不动产。 征收集体所有的土地,应当依法**及时**足额支付土地补偿费、安置补助费**以及农村村民住宅、其他**地上附着物和青苗**等**<u>补偿费用</u>,**并**安排被征地农民的社会保障费用,保障被征地农民的生活,维护被征地农民的合法权益。 征收**组织**、个人的房屋**以及**其他不动产,应当依法给予**征收补偿**,维护被征收人的合法权益;征收个人住宅的,还应当保障被征收人的居住条件。 任何**组织或者**个人不得贪污、挪用、私分、截留、拖欠征收补偿费等费用。
第四十三条 国家对耕地实行特殊保护,严格限制农用地转为建设用地,控制建设用地总量。不得违反法律规定的权限和程序征收集体所有的土地。	**第二百四十四条** 国家对耕地实行特殊保护,严格限制农用地转为建设用地,控制建设用地总量。不得违反法律规定的权限和程序征收集体所有的土地。
第四十四条 因抢险、救灾等紧急需要,依照法律规定的权限和程序可以征用<u>单位</u>、个人的不动产或者动产。被征用的不动产或者动产使用后,应当返还被征用人。<u>单位</u>、个人的不动产或者动产被征用或者征用后毁损、灭失的,应当给予补偿。	**第二百四十五条** 因抢险救灾、**疫情防控**等紧急需要,依照法律规定的权限和程序可以征用<u>组织</u>、个人的不动产或者动产。被征用的不动产或者动产使用后,应当返还被征用人。**组织**、个人的不动产或者动产被征用或者征用后毁损、灭失的,应当给予补偿。
	第五章　国家所有权和集体所有权、私人所有权
第四十五条 法律规定属于国家所有的财产,属于国家所有即全民所有。 国有财产由国务院代表国家行使所有权<u>;</u>法律另有规定的,依照其规定。	**第二百四十六条** 法律规定属于国家所有的财产,属于国家所有即全民所有。 国有财产由国务院代表国家行使所有权<u>。</u>法律另有规定的,依照其规定。
第四十六条 矿藏、水流、海域属于国家所有。	**第二百四十七条** 矿藏、水流、海域属于国家所有。
《海岛保护法》 **第四条** 无居民海岛属于国家所有,国务院代表国家行使无居民海岛所有权。	**第二百四十八条** 无居民海岛属于国家所有,国务院代表国家行使无居民海岛所有权。
第四十七条 城市的土地,属于国家所有。法律规定属于国家所有的农村和城市郊区的土地,属于国家所有。	**第二百四十九条** 城市的土地,属于国家所有。法律规定属于国家所有的农村和城市郊区的土地,属于国家所有。

续表

物权法	民法典物权编
第四十八条　森林、山岭、草原、荒地、滩涂等自然资源，属于国家所有，<u>但</u>法律规定属于集体所有的除外。	第二百五十条　森林、山岭、草原、荒地、滩涂等自然资源，属于国家所有，<u>但是</u>法律规定属于集体所有的除外。
第四十九条　法律规定属于国家所有的野生动植物资源，属于国家所有。	第二百五十一条　法律规定属于国家所有的野生动植物资源，属于国家所有。
第五十条　无线电频谱资源属于国家所有。	第二百五十二条　无线电频谱资源属于国家所有。
第五十一条　法律规定属于国家所有的文物，属于国家所有。	第二百五十三条　法律规定属于国家所有的文物，属于国家所有。
第五十二条　国防资产属于国家所有。 　　铁路、公路、电力设施、电信设施和油气管道等基础设施，依照法律规定为国家所有的，属于国家所有。	第二百五十四条　国防资产属于国家所有。 　　铁路、公路、电力设施、电信设施和油气管道等基础设施，依照法律规定为国家所有的，属于国家所有。
第五十三条　国家机关对其直接支配的不动产和动产，享有占有、使用以及依照法律和国务院的有关规定处分的权利。	第二百五十五条　国家机关对其直接支配的不动产和动产，享有占有、使用以及依照法律和国务院的有关规定处分的权利。
第五十四条　国家举办的事业单位对其直接支配的不动产和动产，享有占有、使用以及依照法律和国务院的有关规定收益、处分的权利。	第二百五十六条　国家举办的事业单位对其直接支配的不动产和动产，享有占有、使用以及依照法律和国务院的有关规定收益、处分的权利。
第五十五条　国家出资的企业，由国务院、地方人民政府依照法律、行政法规规定分别代表国家履行出资人职责，享有出资人权益。	第二百五十七条　国家出资的企业，由国务院、地方人民政府依照法律、行政法规规定分别代表国家履行出资人职责，享有出资人权益。
第五十六条　国家所有的财产受法律保护，禁止任何<u>单位</u>和个人侵占、哄抢、私分、截留、破坏。	第二百五十八条　国家所有的财产受法律保护，禁止任何<u>组织或者</u>个人侵占、哄抢、私分、截留、破坏。
第五十七条　履行国有财产管理、监督职责的机构及其工作人员，应当依法加强对国有财产的管理、监督，促进国有财产保值增值，防止国有财产损失；滥用职权，玩忽职守，造成国有财产损失的，应当依法承担法律责任。 　　违反国有财产管理规定，在企业改制、合并分立、关联交易等过程中，低价转让、合谋私分、擅自担保或者以其他方式造成国有财产损失的，应当依法承担法律责任。	第二百五十九条　履行国有财产管理、监督职责的机构及其工作人员，应当依法加强对国有财产的管理、监督，促进国有财产保值增值，防止国有财产损失；滥用职权，玩忽职守，造成国有财产损失的，应当依法承担法律责任。 　　违反国有财产管理规定，在企业改制、合并分立、关联交易等过程中，低价转让、合谋私分、擅自担保或者以其他方式造成国有财产损失的，应当依法承担法律责任。

物权法	民法典物权编
第五十八条 集体所有的不动产和动产包括： （一）法律规定属于集体所有的土地和森林、山岭、草原、荒地、滩涂； （二）集体所有的建筑物、生产设施、农田水利设施； （三）集体所有的教育、科学、文化、卫生、体育等设施； （四）集体所有的其他不动产和动产。	**第二百六十条** 集体所有的不动产和动产包括： （一）法律规定属于集体所有的土地和森林、山岭、草原、荒地、滩涂； （二）集体所有的建筑物、生产设施、农田水利设施； （三）集体所有的教育、科学、文化、卫生、体育等设施； （四）集体所有的其他不动产和动产。
第五十九条 农民集体所有的不动产和动产，属于本集体成员集体所有。 下列事项应当依照法定程序经本集体成员决定： （一）土地承包方案以及将土地发包给本集体以外的<u>单位</u>或者个人承包； （二）个别土地承包经营权人之间承包地的调整； （三）土地补偿费等费用的使用、分配办法； （四）集体出资的企业的所有权变动等事项； （五）法律规定的其他事项。	**第二百六十一条** 农民集体所有的不动产和动产，属于本集体成员集体所有。 下列事项应当依照法定程序经本集体成员决定： （一）土地承包方案以及将土地发包给本集体以外的<u>组织</u>或者个人承包； （二）个别土地承包经营权人之间承包地的调整； （三）土地补偿费等费用的使用、分配办法； （四）集体出资的企业的所有权变动等事项； （五）法律规定的其他事项。
第六十条 对于集体所有的土地和森林、山岭、草原、荒地、滩涂等，依照下列规定行使所有权： （一）属于村农民集体所有的，由村集体经济组织或者村民委员会代表集体行使所有权； （二）分别属于村内两个以上农民集体所有的，由村内各该集体经济组织或者村民小组代表集体行使所有权； （三）属于乡镇农民集体所有的，由乡镇集体经济组织代表集体行使所有权。	**第二百六十二条** 对于集体所有的土地和森林、山岭、草原、荒地、滩涂等，依照下列规定行使所有权： （一）属于村农民集体所有的，由村集体经济组织或者村民委员会**依法**代表集体行使所有权； （二）分别属于村内两个以上农民集体所有的，由村内各该集体经济组织或者村民小组**依法**代表集体行使所有权； （三）属于乡镇农民集体所有的，由乡镇集体经济组织代表集体行使所有权。
第六十一条 城镇集体所有的不动产和动产，依照法律、行政法规的规定由本集体享有占有、使用、收益和处分的权利。	**第二百六十三条** 城镇集体所有的不动产和动产，依照法律、行政法规的规定由本集体享有占有、使用、收益和处分的权利。
第六十二条 集体经济组织或者村民委员会、村民小组应当依照法律、行政法规以及章程、村规民约向本集体成员公布集体财产的状况。	**第二百六十四条** **农村**集体经济组织或者村民委员会、村民小组应当依照法律、行政法规以及章程、村规民约向本集体成员公布集体财产的状况。**集体成员有权查阅、复制相关资料。**

续表

物权法	民法典物权编
第六十三条　集体所有的财产受法律保护，禁止任何<u>单位</u>和个人侵占、哄抢、私分、破坏。 　　集体经济组织、村民委员会或者其负责人作出的决定侵害集体成员合法权益的，受侵害的集体成员可以请求人民法院予以撤销。	**第二百六十五条**　集体所有的财产受法律保护，禁止任何<u>组织</u>或者个人侵占、哄抢、私分、破坏。 　　**农村**集体经济组织、村民委员会或者其负责人作出的决定侵害集体成员合法权益的，受侵害的集体成员可以请求人民法院予以撤销。
第六十四条　私人对其合法的收入、房屋、生活用品、生产工具、原材料等不动产和动产享有所有权。	**第二百六十六条**　私人对其合法的收入、房屋、生活用品、生产工具、原材料等不动产和动产享有所有权。
第六十六条　私人的合法财产受法律保护，禁止任何<u>单位</u>和个人侵占、哄抢、破坏。	**第二百六十七条**　私人的合法财产受法律保护，禁止任何<u>组织</u>或者个人侵占、哄抢、破坏。
第六十七条　国家、集体和私人依法可以出资设立有限责任公司、股份有限公司或者其他企业。国家、集体和私人所有的不动产或者动产<u>投</u>到企业的，由出资人按照约定或者出资比例享有资产收益、重大决策以及选择经营管理者等权利并履行义务。	**第二百六十八条**　国家、集体和私人依法可以出资设立有限责任公司、股份有限公司或者其他企业。国家、集体和私人所有的不动产或者动<u>产投到</u>企业的，由出资人按照约定或者出资比例享有资产收益、重大决策以及选择经营管理者等权利并履行义务。
第六十八条　<u>企业法人</u>对其不动产和动产依照法律、行政法规以及章程享有占有、使用、收益和处分的权利。 　　<u>企业法人</u>以外的法人，对其不动产和动产的权利，适用有关法律、行政法规以及章程的规定。	**第二百六十九条**　<u>营利法人</u>对其不动产和动产依照法律、行政法规以及章程享有占有、使用、收益和处分的权利。 　　<u>营利法人</u>以外的法人，对其不动产和动产的权利，适用有关法律、行政法规以及章程的规定。
第六十九条　社会团体依法所有的不动产和动产，受法律保护。	**第二百七十条**　社会团体法人、**捐助法人**依法所有的不动产和动产，受法律保护。
	第六章　业主的建筑物区分所有权
第七十条　业主对建筑物内的住宅、经营性用房等专有部分享有所有权，对专有部分以外的共有部分享有共有和共同管理的权利。	**第二百七十一条**　业主对建筑物内的住宅、经营性用房等专有部分享有所有权，对专有部分以外的共有部分享有共有和共同管理的权利。
第七十一条　业主对其建筑物专有部分享有占有、使用、收益和处分的权利。业主行使权利不得危及建筑物的安全，不得损害其他业主的合法权益。	**第二百七十二条**　业主对其建筑物专有部分享有占有、使用、收益和处分的权利。业主行使权利不得危及建筑物的安全，不得损害其他业主的合法权益。
第七十二条　业主对建筑物专有部分以外的共有部分，享有权利，承担义务；不得以放弃权利不履行义务。 　　业主转让建筑物内的住宅、经营性用房，其对共有部分享有的共有和共同管理的权利一并转让。	**第二百七十三条**　业主对建筑物专有部分以外的共有部分，享有权利，承担义务；不得以放弃权利**为由**不履行义务。 　　业主转让建筑物内的住宅、经营性用房，其对共有部分享有的共有和共同管理的权利一并转让。

物权法	民法典物权编
第七十三条 建筑区划内的道路,属于业主共有,<u>但</u>属于城镇公共道路的除外。建筑区划内的绿地,属于业主共有,<u>但</u>属于城镇公共绿地或者明示属于个人的除外。建筑区划内的其他公共场所、公用设施和物业服务用房,属于业主共有。	**第二百七十四条** 建筑区划内的道路,属于业主共有,<u>但是</u>属于城镇公共道路的除外。建筑区划内的绿地,属于业主共有,<u>但是</u>属于城镇公共绿地或者明示属于个人的除外。建筑区划内的其他公共场所、公用设施和物业服务用房,属于业主共有。
第七十四条第二款、第三款 建筑区划内,规划用于停放汽车的车位、车库的归属,由当事人通过出售、附赠或者出租等方式约定。 占用业主共有的道路或者其他场地用于停放汽车的车位,属于业主共有。	**第二百七十五条** 建筑区划内,规划用于停放汽车的车位、车库的归属,由当事人通过出售、附赠或者出租等方式约定。 占用业主共有的道路或者其他场地用于停放汽车的车位,属于业主共有。
第七十四条第一款 建筑区划内,规划用于停放汽车的车位、车库应当首先满足业主的需要。	**第二百七十六条** 建筑区划内,规划用于停放汽车的车位、车库应当首先满足业主的需要。
第七十五条 业主可以设立业主大会,选举业主委员会。 地方人民政府有关部门应当对设立业主大会和选举业主委员会给予指导和协助。	**第二百七十七条** 业主可以设立业主大会,选举业主委员会。**业主大会、业主委员会成立的具体条件和程序,依照法律、法规的规定。** 地方人民政府有关部门、**居民委员会**应当对设立业主大会和选举业主委员会给予指导和协助。
第七十六条 下列事项由业主共同决定: (一)制定和修改业主大会议事规则; (二)制定和修改~~建筑物及其附属设施的~~管理规约; (三)选举业主委员会或者更换业主委员会成员; (四)选聘和解聘物业服务企业或者其他管理人; (五)筹集和使用建筑物及其附属设施的维修资金; (六)改建、重建建筑物及其附属设施; (七)有关共有和共同管理权利的其他重大事项。 ~~决定前款第五项和第六项规定的事项,应当经专有部分占建筑物总面积三分之二以上的业主且占总人数三分之二以上的业主同意。~~决定前款其他事项,应当经专有部分~~占建筑物总面积~~过半数的业主且~~占总人数~~过半数的业主同意。	**第二百七十八条** 下列事项由业主共同决定: (一)制定和修改业主大会议事规则; (二)制定和修改管理规约; (三)选举业主委员会或者更换业主委员会成员; (四)选聘和解聘物业服务企业或者其他管理人; (五)<u>使用</u>建筑物及其附属设施的维修资金; (六)<u>筹集</u>建筑物及其附属设施的维修资金; (七)改建、重建建筑物及其附属设施; **(八)改变共有部分的用途或者利用共有部分从事经营活动;** (九)有关共有和共同管理权利的其他重大事项。 **业主共同决定事项,应当由专有部分面积占比三分之二以上的业主且人数占比三分之二以上的业主参与表决。决定前款第六项至第八项规定的事项,应当经参与表决专有部分面积四分之三以上的业主且参与表决人数四分之三以上的**

续表

物权法	民法典物权编
	业主同意。决定前款其他事项,应当经**参与表决**专有部分面积过半数的业主且**参与表决人数**过半数的业主同意。
第七十七条　业主不得违反法律、法规以及管理规约,将住宅改变为经营性用房。业主将住宅改变为经营性用房的,除遵守法律、法规以及管理规约外,应当经有利害关系的业主同意。	**第二百七十九条**　业主不得违反法律、法规以及管理规约,将住宅改变为经营性用房。业主将住宅改变为经营性用房的,除遵守法律、法规以及管理规约外,应当经有利害关系的业主**一致**同意。
第七十八条　业主大会或者业主委员会的决定,对业主具有约束力。 　　业主大会或者业主委员会作出的决定侵害业主合法权益的,受侵害的业主可以请求人民法院予以撤销。	**第二百八十条**　业主大会或者业主委员会的决定,对业主具有**法律**约束力。 　　业主大会或者业主委员会作出的决定侵害业主合法权益的,受侵害的业主可以请求人民法院予以撤销。
第七十九条　建筑物及其附属设施的维修资金,属于业主共有。经业主共同决定,可以用于电梯、**水箱**等共有部分的维修。维修资金的筹集、使用情况应当公布。	**第二百八十一条**　建筑物及其附属设施的维修资金,属于业主共有。经业主共同决定,可以用于电梯、**屋顶、外墙、无障碍设施**等共有部分的维修、**更新和改造**。建筑物及其附属设施的维修资金的筹集、使用情况应当**定**期公布。 　　**紧急情况下需要维修建筑物及其附属设施的,业主大会或者业主委员会可以依法申请使用建筑物及其附属设施的维修资金。**
	第二百八十二条　建设单位、物业服务企业或者其他管理人等利用业主的共有部分产生的收入,在扣除合理成本之后,属于业主共有。
第八十条　建筑物及其附属设施的费用分摊、收益分配等事项,有约定的,按照约定;没有约定或者约定不明确的,按照业主专有部分占建筑物总面积的比例确定。	**第二百八十三条**　建筑物及其附属设施的费用分摊、收益分配等事项,有约定的,按照约定;没有约定或者约定不明确的,按照业主专有部分面积所占比例确定。
第八十一条　业主可以自行管理建筑物及其附属设施,也可以委托物业服务企业或者其他管理人管理。 　　对建设单位聘请的物业服务企业或者其他管理人,业主有权依法更换。	**第二百八十四条**　业主可以自行管理建筑物及其附属设施,也可以委托物业服务企业或者其他管理人管理。 　　对建设单位聘请的物业服务企业或者其他管理人,业主有权依法更换。

物权法	民法典物权编
第八十二条　物业服务企业或者其他管理人根据业主的委托管理建筑区划内的建筑物及其附属设施,并接受业主的监督。	第二百八十五条　物业服务企业或者其他管理人根据业主的委托,**依照本法第三编有关物业服务合同的规定**管理建筑区划内的建筑物及其附属设施,接受业主的监督,**并及时答复业主对物业服务情况提出的询问。** **物业服务企业或者其他管理人应当执行政府依法实施的应急处置措施和其他管理措施,积极配合开展相关工作。**
第八十三条第一款、第二款第一句　业主应当遵守法律、法规以及管理规约。 　业主大会和业主委员会,对任意弃置垃圾、排放污染物或者噪声、违反规定饲养动物、违章搭建、侵占通道、拒付物业费等损害他人合法权益的行为,有权依照法律、法规以及管理规约,要求行为人停止侵害、~~消除危险~~、~~排除妨害~~、赔偿损失。	第二百八十六条　业主应当遵守法律、法规以及管理规约,**相关行为应当符合节约资源、保护生态环境的要求。对于物业服务企业或者其他管理人执行政府依法实施的应急处置措施和其他管理措施,业主应当依法予以配合。** 　业主大会**或者**业主委员会,对任意弃置垃圾、排放污染物或者噪声、违反规定饲养动物、违章搭建、侵占通道、拒付物业费等损害他人合法权益的行为,有权依照法律、法规以及管理规约,**请求**行为人停止侵害、**排除妨害、消除危险、恢复原状**、赔偿损失。 　**业主或者其他行为人拒不履行相关义务的,有关当事人可以向有关行政主管部门报告或者投诉,有关行政主管部门应当依法处理。**
第八十三条第二款第二句　业主对侵害自己合法权益的行为,~~可以依法向人民法院提起诉讼~~。	第二百八十七条　业主对**建设单位、物业服务企业或者其他管理人以及其他业主**侵害自己合法权益的行为,**有权请求其承担民事责任。**
	第七章　相　邻　关　系
第八十四条　不动产的相邻权利人应当按照有利生产、方便生活、团结互助、公平合理的原则,正确处理相邻关系。	第二百八十八条　不动产的相邻权利人应当按照有利生产、方便生活、团结互助、公平合理的原则,正确处理相邻关系。
第八十五条　法律、法规对处理相邻关系有规定的,依照其规定;法律、法规没有规定的,可以按照当地习惯。	第二百八十九条　法律、法规对处理相邻关系有规定的,依照其规定;法律、法规没有规定的,可以按照当地习惯。
第八十六条　不动产权利人应当为相邻权利人用水、排水提供必要的便利。 　对自然流水的利用,应当在不动产的相邻权利人之间合理分配。对自然流水的排放,应当尊重自然流向。	第二百九十条　不动产权利人应当为相邻权利人用水、排水提供必要的便利。 　对自然流水的利用,应当在不动产的相邻权利人之间合理分配。对自然流水的排放,应当尊重自然流向。

物权法	民法典物权编
第八十七条　不动产权利人对相邻权利人因通行等必须利用其土地的,应当提供必要的便利。	第二百九十一条　不动产权利人对相邻权利人因通行等必须利用其土地的,应当提供必要的便利。
第八十八条　不动产权利人因建造、修缮建筑物以及铺设电线、电缆、水管、暖气和燃气管线等必须利用相邻土地、建筑物的,该土地、建筑物的权利人应当提供必要的便利。	第二百九十二条　不动产权利人因建造、修缮建筑物以及铺设电线、电缆、水管、暖气和燃气管线等必须利用相邻土地、建筑物的,该土地、建筑物的权利人应当提供必要的便利。
第八十九条　建造建筑物,不得违反国家有关工程建设标准,妨碍相邻建筑物的通风、采光和日照。	第二百九十三条　建造建筑物,不得违反国家有关工程建设标准,**不得**妨碍相邻建筑物的通风、采光和日照。
第九十条　不动产权利人不得违反国家规定弃置固体废物,排放大气污染物、水污染物、噪声、光、电磁波辐射等有害物质。	第二百九十四条　不动产权利人不得违反国家规定弃置固体废物,排放大气污染物、水污染物、**土壤污染物**、噪声、光**辐射**、电磁辐射等有害物质。
第九十一条　不动产权利人挖掘土地、建造建筑物、铺设管线以及安装设备等,不得危及相邻不动产的安全。	第二百九十五条　不动产权利人挖掘土地、建造建筑物、铺设管线以及安装设备等,不得危及相邻不动产的安全。
第九十二条　不动产权利人因用水、排水、通行、铺设管线等利用相邻不动产的,应当尽量避免对相邻的不动产权利人造成损害;~~造成损害的,应当给予赔偿~~。	第二百九十六条　不动产权利人因用水、排水、通行、铺设管线等利用相邻不动产的,应当尽量避免对相邻的不动产权利人造成损害。
	第八章　共　　有
第九十三条　不动产或者动产可以由两个以上<u>单位</u>、个人共有。共有包括按份共有和共同共有。	第二百九十七条　不动产或者动产可以由两个以上<u>组织</u>、个人共有。共有包括按份共有和共同共有。
第九十四条　按份共有人对共有的不动产或者动产按照其份额享有所有权。	第二百九十八条　按份共有人对共有的不动产或者动产按照其份额享有所有权。
第九十五条　共同共有人对共有的不动产或者动产共同享有所有权。	第二百九十九条　共同共有人对共有的不动产或者动产共同享有所有权。
第九十六条　共有人按照约定管理共有的不动产或者动产;没有约定或者约定不明确的,各共有人都有管理的权利和义务。	第三百条　共有人按照约定管理共有的不动产或者动产;没有约定或者约定不明确的,各共有人都有管理的权利和义务。
第九十七条　处分共有的不动产或者动产以及对共有的不动产或者动产作重大修缮的,应当经占份额三分之二以上的按份共有人或者全体共同共有人同意,<u>但</u>共有人之间另有约定的除外。	第三百零一条　处分共有的不动产或者动产以及对共有的不动产或者动产作重大修缮、**变更性质或者用途**的,应当经占份额三分之二以上的按份共有人或者全体共同共有人同意,<u>但是</u>共有人之间另有约定的除外。

附录

物权法	民法典物权编
第九十八条 对共有物的管理费用以及其他负担,有约定的,按照约定;没有约定或者约定不明确的,按份共有人按照其份额负担,共同共有人共同负担。	**第三百零二条** 共有人对共有物的管理费用以及其他负担,有约定的,按照其约定;没有约定或者约定不明确的,按份共有人按照其份额负担,共同共有人共同负担。
第九十九条 共有人约定不得分割共有的不动产或者动产,以维持共有关系的,应当按照约定,但共有人有重大理由需要分割的,可以请求分割;没有约定或者约定不明确的,按份共有人可以随时请求分割,共同共有人在共有的基础丧失或者有重大理由需要分割时可以请求分割。因分割对其他共有人造成损害的,应当给予赔偿。	**第三百零三条** 共有人约定不得分割共有的不动产或者动产,以维持共有关系的,应当按照约定,但是共有人有重大理由需要分割的,可以请求分割;没有约定或者约定不明确的,按份共有人可以随时请求分割,共同共有人在共有的基础丧失或者有重大理由需要分割时可以请求分割。因分割造成其他共有人损害的,应当给予赔偿。
第一百条 共有人可以协商确定分割方式。达不成协议,共有的不动产或者动产可以分割并且不会因分割减损价值的,应当对实物予以分割;难以分割或者因分割会减损价值的,应当对折价或者拍卖、变卖取得的价款予以分割。 共有人分割所得的不动产或者动产有瑕疵的,其他共有人应当分担损失。	**第三百零四条** 共有人可以协商确定分割方式。达不成协议,共有的不动产或者动产可以分割且不会因分割减损价值的,应当对实物予以分割;难以分割或者因分割会减损价值的,应当对折价或者拍卖、变卖取得的价款予以分割。 共有人分割所得的不动产或者动产有瑕疵的,其他共有人应当分担损失。
第一百零一条 按份共有人可以转让其享有的共有的不动产或者动产份额。其他共有人在同等条件下享有优先购买的权利。	**第三百零五条** 按份共有人可以转让其享有的共有的不动产或者动产份额。其他共有人在同等条件下享有优先购买的权利。
	第三百零六条 按份共有人转让其享有的共有的不动产或者动产份额的,应当将转让条件及时通知其他共有人。其他共有人应当在合理期限内行使优先购买权。 两个以上其他共有人主张行使优先购买权的,协商确定各自的购买比例;协商不成的,按照转让时各自的共有份额比例行使优先购买权。
第一百零二条 因共有的不动产或者动产产生的债权债务,在对外关系上,共有人享有连带债权、承担连带债务,但法律另有规定或者第三人知道共有人不具有连带债权债务关系的除外;在共有人内部关系上,除共有人另有约定外,按份共有人按照份额享有债权、承担债务,共同共有人共同享有债权、承担债务。偿还债务超过自己应当承担份额的按份共有人,有权向其他共有人追偿。	**第三百零七条** 因共有的不动产或者动产产生的债权债务,在对外关系上,共有人享有连带债权、承担连带债务,但是法律另有规定或者第三人知道共有人不具有连带债权债务关系的除外;在共有人内部关系上,除共有人另有约定外,按份共有人按照份额享有债权、承担债务,共同共有人共同享有债权、承担债务。偿还债务超过自己应当承担份额的按份共有人,有权向其他共有人追偿。

物权法	民法典物权编
第一百零三条　共有人对共有的不动产或者动产没有约定为按份共有或者共同共有，或者约定不明确的，除共有人具有家庭关系等外，视为按份共有。	**第三百零八条**　共有人对共有的不动产或者动产没有约定为按份共有或者共同共有，或者约定不明确的，除共有人具有家庭关系等外，视为按份共有。
第一百零四条　按份共有人对共有的不动产或者动产享有的份额，没有约定或者约定不明确的，按照出资额确定；不能确定出资额的，视为等额享有。	**第三百零九条**　按份共有人对共有的不动产或者动产享有的份额，没有约定或者约定不明确的，按照出资额确定；不能确定出资额的，视为等额享有。
第一百零五条　两个以上<u>单位</u>、个人共同享有用益物权、担保物权的，参照本章规定。	**第三百一十条**　两个以上<u>组织</u>、个人共同享有用益物权、担保物权的，参照<u>适用</u>本章<u>的有关</u>规定。
	第九章　　所有权取得的特别规定
第一百零六条　无处分权人将不动产或者动产转让给受让人的，所有权人有权追回；除法律另有规定外，符合下列情形的，受让人取得该不动产或者动产的所有权： 　（一）受让人受让该不动产或者动产时是善意<u>的</u>； 　（二）以合理的价格转让； 　（三）转让的不动产或者动产依照法律规定应当登记的已经登记，不需要登记的已经交付给受让人。 　受让人<u>依照</u>前款规定取得不动产或者动产的所有权，原所有权人有权向无处分权人请求<u>赔偿损失</u>。 　当事人善意取得其他物权的，参照前两款规定。	**第三百一十一条**　无处分权人将不动产或者动产转让给受让人的，所有权人有权追回；除法律另有规定外，符合下列情形的，受让人取得该不动产或者动产的所有权： 　（一）受让人受让该不动产或者动产时是善意； 　（二）以合理的价格转让； 　（三）转让的不动产或者动产依照法律规定应当登记的已经登记，不需要登记的已经交付给受让人。 　受让人<u>依据</u>前款规定取得不动产或者动产的所有权的，原所有权人有权向无处分权人请求<u>损害赔偿</u>。 　当事人善意取得其他物权的，参照<u>适用</u>前两款规定。
第一百零七条　所有权人或者其他权利人有权追回遗失物。该遗失物通过转让被他人占有的，权利人有权向无处分权人请求损害赔偿，或者自知道或者应当知道受让人之日起二年内向受让人请求返还原物，<u>但</u>受让人通过拍卖或者向具有经营资格的经营者购得该遗失物的，权利人请求返还原物时应当支付受让人所付的费用。权利人向受让人支付所付费用后，有权向无处分权人追偿。	**第三百一十二条**　所有权人或者其他权利人有权追回遗失物。该遗失物通过转让被他人占有的，权利人有权向无处分权人请求损害赔偿，或者自知道或者<u>应当</u>知道受让人之日起二年内向受让人请求返还原物<u>；但是，</u>受让人通过拍卖或者向具有经营资格的经营者购得该遗失物的，权利人请求返还原物时应当支付受让人所付的费用。权利人向受让人支付所付费用后，有权向无处分权人追偿。

附

录

物权法	民法典物权编
第一百零八条 善意受让人取得动产后,该动产上的原有权利消灭,但善意受让人在受让时知道或者应当知道该权利的除外。	**第三百一十三条** 善意受让人取得动产后,该动产上的原有权利消灭。但是,善意受让人在受让时知道或者应当知道该权利的除外。
第一百零九条 拾得遗失物,应当返还权利人。拾得人应当及时通知权利人领取,或者送交公安等有关部门。	**第三百一十四条** 拾得遗失物,应当返还权利人。拾得人应当及时通知权利人领取,或者送交公安等有关部门。
第一百一十条 有关部门收到遗失物,知道权利人的,应当及时通知其领取;不知道的,应当及时发布招领公告。	**第三百一十五条** 有关部门收到遗失物,知道权利人的,应当及时通知其领取;不知道的,应当及时发布招领公告。
第一百一十一条 拾得人在遗失物送交有关部门前,有关部门在遗失物被领取前,应当妥善保管遗失物。因故意或者重大过失致使遗失物毁损、灭失的,应当承担民事责任。	**第三百一十六条** 拾得人在遗失物送交有关部门前,有关部门在遗失物被领取前,应当妥善保管遗失物。因故意或者重大过失致使遗失物毁损、灭失的,应当承担民事责任。
第一百一十二条 权利人领取遗失物时,应当向拾得人或者有关部门支付保管遗失物等支出的必要费用。 权利人悬赏寻找遗失物的,领取遗失物时应当按照承诺履行义务。 拾得人侵占遗失物的,无权请求保管遗失物等支出的费用,也无权请求权利人按照承诺履行义务。	**第三百一十七条** 权利人领取遗失物时,应当向拾得人或者有关部门支付保管遗失物等支出的必要费用。 权利人悬赏寻找遗失物的,领取遗失物时应当按照承诺履行义务。 拾得人侵占遗失物的,无权请求保管遗失物等支出的费用,也无权请求权利人按照承诺履行义务。
第一百一十三条 遗失物自发布招领公告之日起六个月内无人认领的,归国家所有。	**第三百一十八条** 遗失物自发布招领公告之日起一年内无人认领的,归国家所有。
第一百一十四条 拾得漂流物、发现埋藏物或者隐藏物的,参照拾得遗失物的有关规定。文物保护法等法律另有规定的,依照其规定。	**第三百一十九条** 拾得漂流物、发现埋藏物或者隐藏物的,参照适用拾得遗失物的有关规定。法律另有规定的,依照其规定。
第一百一十五条 主物转让的,从物随主物转让,但当事人另有约定的除外。	**第三百二十条** 主物转让的,从物随主物转让,但是当事人另有约定的除外。
第一百一十六条 天然孳息,由所有权人取得;既有所有权人又有用益物权人的,由用益物权人取得。当事人另有约定的,按照约定。 法定孳息,当事人有约定的,按照约定取得;没有约定或者约定不明确的,按照交易习惯取得。	**第三百二十一条** 天然孳息,由所有权人取得;既有所有权人又有用益物权人的,由用益物权人取得。当事人另有约定的,按照其约定。 法定孳息,当事人有约定的,按照约定取得;没有约定或者约定不明确的,按照交易习惯取得。

物权法	民法典物权编
	第三百二十二条　因加工、附合、混合而产生的物的归属,有约定的,按照约定;没有约定或者约定不明确的,依照法律规定;法律没有规定的,按照充分发挥物的效用以及保护无过错当事人的原则确定。因一方当事人的过错或者确定物的归属造成另一方当事人损害的,应当给予赔偿或者补偿。
	第三分编　用 益 物 权
	第十章　一 般 规 定
第一百一十七条　用益物权人对他人所有的不动产或者动产,依法享有占有、使用和收益的权利。	**第三百二十三条**　用益物权人对他人所有的不动产或者动产,依法享有占有、使用和收益的权利。
第一百一十八条　国家所有或者国家所有由集体使用以及法律规定属于集体所有的自然资源,<u>单位</u>、个人依法可以占有、使用和收益。	**第三百二十四条**　国家所有或者国家所有由集体使用以及法律规定属于集体所有的自然资源,<u>组织</u>、个人依法可以占有、使用和收益。
第一百一十九条　国家实行自然资源有偿使用制度,但法律另有规定的除外。	**第三百二十五条**　国家实行自然资源有偿使用制度,<u>但是</u>法律另有规定的除外。
第一百二十条　用益物权人行使权利,应当遵守法律有关保护和合理开发利用资源的规定。所有权人不得干涉用益物权人行使权利。	**第三百二十六条**　用益物权人行使权利,**应当遵守法律有关保护和合理开发利用资源、保护生态环境**的规定。所有权人不得干涉用益物权人行使权利。
第一百二十一条　因不动产或者动产被征收、征用致使用益物权消灭或者影响用益物权行使的,用益物权人有权依照本法<u>第四十二条、第四十四条</u>的规定获得相应补偿。	**第三百二十七条**　因不动产或者动产被征收、征用致使用益物权消灭或者影响用益物权行使的,用益物权人有权依据本法<u>第二百四十三条、第二百四十五条</u>的规定获得相应补偿。
第一百二十二条　依法取得的海域使用权受法律保护。	**第三百二十八条**　依法取得的海域使用权受法律保护。
第一百二十三条　依法取得的探矿权、采矿权、取水权和使用水域、滩涂从事养殖、捕捞的权利受法律保护。	**第三百二十九条**　依法取得的探矿权、采矿权、取水权和使用水域、滩涂从事养殖、捕捞的权利受法律保护。
	第十一章　土地承包经营权
第一百二十四条　农村集体经济组织实行家庭承包经营为基础、统分结合的双层经营体制。　农民集体所有和国家所有由农民集体使用的耕地、林地、草地以及其他用于农业的土地,依法实行土地承包经营制度。	**第三百三十条**　农村集体经济组织实行家庭承包经营为基础、统分结合的双层经营体制。　农民集体所有和国家所有由农民集体使用的耕地、林地、草地以及其他用于农业的土地,依法实行土地承包经营制度。

物权法	民法典物权编
第一百二十五条 土地承包经营权人依法对其承包经营的耕地、林地、草地等享有占有、使用和收益的权利，有权从事种植业、林业、畜牧业等农业生产。	第三百三十一条 土地承包经营权人依法对其承包经营的耕地、林地、草地等享有占有、使用和收益的权利，有权从事种植业、林业、畜牧业等农业生产。
第一百二十六条 耕地的承包期为三十年。草地的承包期为三十年至五十年。林地的承包期为三十年至七十年，~~特殊林木的林地承包期，经国务院林业行政主管部门批准可以延长~~。 前款规定的承包期届满，由土地承包经营权人按照国家有关规定继续承包。	第三百三十二条 耕地的承包期为三十年。草地的承包期为三十年至五十年。林地的承包期为三十年至七十年。 前款规定的承包期限届满，由土地承包经营权人依照农村土地承包的法律规定继续承包。
第一百二十七条 土地承包经营权自土地承包经营权合同生效时设立。 县级以上地方人民政府应当向土地承包经营权人发放土地承包经营权证、林权证~~、草原使用权证~~，并登记造册，确认土地承包经营权。	第三百三十三条 土地承包经营权自土地承包经营权合同生效时设立。 登记机构应当向土地承包经营权人发放土地承包经营权证、林权证等证书，并登记造册，确认土地承包经营权。
第一百二十八条 土地承包经营权人依照农村土地承包法的规定，有权将土地承包经营权~~采取转包、~~互换、转让等方式流转。~~流转的期限不得超过承包期的剩余期限。~~未经依法批准，不得将承包地用于非农建设。	第三百三十四条 土地承包经营权人依照法律规定，有权将土地承包经营权互换、转让。未经依法批准，不得将承包地用于非农建设。
第一百二十九条 ~~土地承包经营权人将~~土地承包经营权互换、转让，当事人要求登记的，应当向县级以上地方人民政府申请土地承包经营权变更登记；未经登记，不得对抗善意第三人。	第三百三十五条 土地承包经营权互换、转让的，当事人可以向登记机构申请登记；未经登记，不得对抗善意第三人。
第一百三十条 承包期内发包人不得调整承包地。 因自然灾害严重毁损承包地等特殊情形，需要适当调整承包的耕地和草地的，应当依照农村土地承包法等法律规定办理。	第三百三十六条 承包期内发包人不得调整承包地。 因自然灾害严重毁损承包地等特殊情形，需要适当调整承包的耕地和草地的，应当依照农村土地承包的法律规定办理。
第一百三十一条 承包期内发包人不得收回承包地。~~农村土地承包法等~~法律另有规定的，依照其规定。	第三百三十七条 承包期内发包人不得收回承包地。法律另有规定的，依照其规定。
第一百三十二条 承包地被征收的，土地承包经营权人有权依照本法第四十二条第二款的规定获得相应补偿。	第三百三十八条 承包地被征收的，土地承包经营权人有权依据本法第二百四十三条的规定获得相应补偿。

续表

物权法	民法典物权编
《农村土地承包法》 　第三十六条　承包方可以自主决定依法采取出租(~~转包~~)、入股或者其他方式向他人流转土地经营权~~,并向发包方备案~~。	第三百三十九条　土地承包经营权人可以自主决定依法采取出租、入股或者其他方式向他人流转土地经营权。
《农村土地承包法》 　第三十七条　土地经营权人有权在合同约定的期限内占有农村土地,自主开展农业生产经营并取得收益。	第三百四十条　土地经营权人有权在合同约定的期限内占有农村土地,自主开展农业生产经营并取得收益。
	第三百四十一条　流转期限为五年以上的土地经营权,自流转合同生效时设立。当事人可以向登记机构申请土地经营权登记;未经登记,不得对抗善意第三人。
第一百三十三条　通过招标、拍卖、公开协商等方式承包~~荒地等~~农村土地,依照农村土地承包法等法律和国务院的有关规定,其土地承包经营权可以~~转让~~、入股、抵押或者以其他方式流转。	第三百四十二条　通过招标、拍卖、公开协商等方式承包农村土地,经依法登记取得权属证书的,可以依法采取出租、入股、抵押或者其他方式流转土地经营权。
第一百三十四条　国家所有的农用地实行承包经营的,参照本法的有关规定。	第三百四十三条　国家所有的农用地实行承包经营的,参照适用本编的有关规定。
	第十二章　建设用地使用权
第一百三十五条　建设用地使用权人依法对国家所有的土地享有占有、使用和收益的权利,有权利用该土地建造建筑物、构筑物及其附属设施。	第三百四十四条　建设用地使用权人依法对国家所有的土地享有占有、使用和收益的权利,有权利用该土地建造建筑物、构筑物及其附属设施。
第一百三十六条　建设用地使用权可以在土地的地表、地上或者地下分别设立。~~新设立的建设用地使用权,不得损害已设立的用益物权。~~	第三百四十五条　建设用地使用权可以在土地的地表、地上或者地下分别设立。
	第三百四十六条　设立建设用地使用权,应当符合节约资源、保护生态环境的要求,遵守法律、行政法规关于土地用途的规定,不得损害已经设立的用益物权。
第一百三十七条　设立建设用地使用权,可以采取出让或者划拨等方式。 　工业、商业、旅游、娱乐和商品住宅等经营性用地以及同一土地有两个以上意向用地者的,应当采取招标、拍卖等公开竞价的方式出让。 　严格限制以划拨方式设立建设用地使用权。~~采取划拨方式的,应当遵守法律、行政法规关于土地用途的规定。~~	第三百四十七条　设立建设用地使用权,可以采取出让或者划拨等方式。 　工业、商业、旅游、娱乐和商品住宅等经营性用地以及同一土地有两个以上意向用地者的,应当采取招标、拍卖等公开竞价的方式出让。 　严格限制以划拨方式设立建设用地使用权。

物权法	民法典物权编
第一百三十八条 采取招标、拍卖、协议等出让方式设立建设用地使用权的,当事人应当采取书面形式订立建设用地使用权出让合同。 建设用地使用权出让合同一般包括下列条款: (一)当事人的名称和住所; (二)土地界址、面积等; (三)建筑物、构筑物及其附属设施占用的空间; (四)土地用途; (五)使用期限; (六)出让金等费用及其支付方式; (七)解决争议的方法。	**第三百四十八条** 通过招标、拍卖、协议等出让方式设立建设用地使用权的,当事人应当采用书面形式订立建设用地使用权出让合同。 建设用地使用权出让合同一般包括下列条款: (一)当事人的名称和住所; (二)土地界址、面积等; (三)建筑物、构筑物及其附属设施占用的空间; (四)土地用途、**规划条件**; (五)**建设用地使用权**期限; (六)出让金等费用及其支付方式; (七)解决争议的方法。
第一百三十九条 设立建设用地使用权的,应当向登记机构申请建设用地使用权登记。建设用地使用权自登记时设立。登记机构应当向建设用地使用权人发放建设用地使用权证书。	**第三百四十九条** 设立建设用地使用权的,应当向登记机构申请建设用地使用权登记。建设用地使用权自登记时设立。登记机构应当向建设用地使用权人发放权属证书。
第一百四十条 建设用地使用权人应当合理利用土地,不得改变土地用途;需要改变土地用途的,应当依法经有关行政主管部门批准。	**第三百五十条** 建设用地使用权人应当合理利用土地,不得改变土地用途;需要改变土地用途的,应当依法经有关行政主管部门批准。
第一百四十一条 建设用地使用权人应当依照法律规定以及合同约定支付出让金等费用。	**第三百五十一条** 建设用地使用权人应当依照法律规定以及合同约定支付出让金等费用。
第一百四十二条 建设用地使用权人建造的建筑物、构筑物及其附属设施的所有权属于建设用地使用权人,但有相反证据证明的除外。	**第三百五十二条** 建设用地使用权人建造的建筑物、构筑物及其附属设施的所有权属于建设用地使用权人,但是有相反证据证明的除外。
第一百四十三条 建设用地使用权人有权将建设用地使用权转让、互换、出资、赠与或者抵押,但法律另有规定的除外。	**第三百五十三条** 建设用地使用权人有权将建设用地使用权转让、互换、出资、赠与或者抵押,但是法律另有规定的除外。
第一百四十四条 建设用地使用权转让、互换、出资、赠与或者抵押的,当事人应当采取书面形式订立相应的合同。使用期限由当事人约定,但不得超过建设用地使用权的剩余期限。	**第三百五十四条** 建设用地使用权转让、互换、出资、赠与或者抵押的,当事人应当采用书面形式订立相应的合同。使用期限由当事人约定,但是不得超过建设用地使用权的剩余期限。
第一百四十五条 建设用地使用权转让、互换、出资或者赠与的,应当向登记机构申请变更登记。	**第三百五十五条** 建设用地使用权转让、互换、出资或者赠与的,应当向登记机构申请变更登记。
第一百四十六条 建设用地使用权转让、互换、出资或者赠与的,附着于该土地上的建筑物、构筑物及其附属设施一并处分。	**第三百五十六条** 建设用地使用权转让、互换、出资或者赠与的,附着于该土地上的建筑物、构筑物及其附属设施一并处分。

物权法	民法典物权编
第一百四十七条　建筑物、构筑物及其附属设施转让、互换、出资或者赠与的,该建筑物、构筑物及其附属设施占用范围内的建设用地使用权一并处分。	**第三百五十七条**　建筑物、构筑物及其附属设施转让、互换、出资或者赠与的,该建筑物、构筑物及其附属设施占用范围内的建设用地使用权一并处分。
第一百四十八条　建设用地使用权期间届满前,因公共利益需要提前收回该土地的,应当依照本法第四十二条的规定对该土地上的房屋及其他不动产给予补偿,并退还相应的出让金。	**第三百五十八条**　建设用地使用权期限届满前,因公共利益需要提前收回该土地的,应当依据本法第二百四十三条的规定对该土地上的房屋以及其他不动产给予补偿,并退还相应的出让金。
第一百四十九条　住宅建设用地使用权期间届满的,自动续期。 非住宅建设用地使用权期间届满后的续期,依照法律规定办理。该土地上的房屋及其他不动产的归属,有约定的,按照约定;没有约定或者约定不明确的,依照法律、行政法规的规定办理。	**第三百五十九条**　住宅建设用地使用权期限届满的,自动续期。**续期费用的缴纳或者减免,依照法律、行政法规的规定办理。** 非住宅建设用地使用权期限届满后的续期,依照法律规定办理。该土地上的房屋以及其他不动产的归属,有约定的,按照约定;没有约定或者约定不明确的,依照法律、行政法规的规定办理。
第一百五十条　建设用地使用权消灭的,出让人应当及时办理注销登记。登记机构应当收回建设用地使用权证书。	**第三百六十条**　建设用地使用权消灭的,出让人应当及时办理注销登记。登记机构应当收回权属证书。
第一百五十一条　集体所有的土地作为建设用地的,应当依照土地管理法等法律规定办理。	**第三百六十一条**　集体所有的土地作为建设用地的,应当依照土地管理的法律规定办理。
	第十三章　宅基地使用权
第一百五十二条　宅基地使用权人依法对集体所有的土地享有占有和使用的权利,有权依法利用该土地建造住宅及其附属设施。	**第三百六十二条**　宅基地使用权人依法对集体所有的土地享有占有和使用的权利,有权依法利用该土地建造住宅及其附属设施。
第一百五十三条　宅基地使用权的取得、行使和转让,适用土地管理法等法律和国家有关规定。	**第三百六十三条**　宅基地使用权的取得、行使和转让,适用土地管理的法律和国家有关规定。
第一百五十四条　宅基地因自然灾害等原因灭失的,宅基地使用权消灭。对失去宅基地的村民,应当重新分配宅基地。	**第三百六十四条**　宅基地因自然灾害等原因灭失的,宅基地使用权消灭。对失去宅基地的村民,应当依法重新分配宅基地。
第一百五十五条　已经登记的宅基地使用权转让或者消灭的,应当及时办理变更登记或者注销登记。	**第三百六十五条**　已经登记的宅基地使用权转让或者消灭的,应当及时办理变更登记或者注销登记。
	第十四章　居　住　权
	第三百六十六条　居住权人有权按照合同约定,对他人的住宅享有占有、使用的用益物权,以满足生活居住的需要。

物权法	民法典物权编
	第三百六十七条　设立居住权,当事人应当采用书面形式订立居住权合同。 　　居住权合同一般包括下列条款: 　　(一)当事人的姓名或者名称和住所; 　　(二)住宅的位置; 　　(三)居住的条件和要求; 　　(四)居住权期限; 　　(五)解决争议的方法。
	第三百六十八条　居住权无偿设立,但是当事人另有约定的除外。设立居住权的,应当向登记机构申请居住权登记。居住权自登记时设立。
	第三百六十九条　居住权不得转让、继承。设立居住权的住宅不得出租,但是当事人另有约定的除外。
	第三百七十条　居住权期限届满或者居住权人死亡的,居住权消灭。居住权消灭的,应当及时办理注销登记。
	第三百七十一条　以遗嘱方式设立居住权的,参照适用本章的有关规定。
	第十五章　地　役　权
第一百五十六条　地役权人有权按照合同约定,利用他人的不动产,以提高自己的不动产的效益。 　　前款所称他人的不动产为供役地,自己的不动产为需役地。	**第三百七十二条**　地役权人有权按照合同约定,利用他人的不动产,以提高自己的不动产的效益。 　　前款所称他人的不动产为供役地,自己的不动产为需役地。
第一百五十七条　设立地役权,当事人应当采取书面形式订立地役权合同。 　　地役权合同一般包括下列条款: 　　(一)当事人的姓名或者名称和住所; 　　(二)供役地和需役地的位置; 　　(三)利用目的和方法; 　　(四)利用期限; 　　(五)费用及其支付方式; 　　(六)解决争议的方法。	**第三百七十三条**　设立地役权,当事人应当采用书面形式订立地役权合同。 　　地役权合同一般包括下列条款: 　　(一)当事人的姓名或者名称和住所; 　　(二)供役地和需役地的位置; 　　(三)利用目的和方法; 　　(四)**地役权**期限; 　　(五)费用及其支付方式; 　　(六)解决争议的方法。
第一百五十八条　地役权自地役权合同生效时设立。当事人要求登记的,可以向登记机构申请地役权登记;未经登记,不得对抗善意第三人。	**第三百七十四条**　地役权自地役权合同生效时设立。当事人要求登记的,可以向登记机构申请地役权登记;未经登记,不得对抗善意第三人。

续表

物权法	民法典物权编
第一百五十九条　供役地权利人应当按照合同约定,允许地役权人利用其<u>土地</u>,不得妨害地役权人行使权利。	**第三百七十五条**　供役地权利人应当按照合同约定,允许地役权人利用其<u>不动产</u>,不得妨害地役权人行使权利。
第一百六十条　地役权人应当按照合同约定的利用目的和方法利用供役地,尽量减少对供役地权利人物权的限制。	**第三百七十六条**　地役权人应当按照合同约定的利用目的和方法利用供役地,尽量减少对供役地权利人物权的限制。
第一百六十一条　地役权~~的~~期限由当事人约定<u>,但</u>不得超过土地承包经营权、建设用地使用权等用益物权的剩余期限。	**第三百七十七条**　地役权期限由当事人约定<u>;但是,</u>不得超过土地承包经营权、建设用地使用权等用益物权的剩余期限。
第一百六十二条　土地所有权人享有地役权或者负担地役权的,设立土地承包经营权、宅基地使用权时,该<u>土地承包经营权人、宅基地使用权人</u>继续享有或者负担<u>已</u>设立的地役权。	**第三百七十八条**　土地所有权人享有地役权或者负担地役权的,设立土地承包经营权、宅基地使用权<u>等用益物权</u>时,该<u>用益物权人</u>继续享有或者负担<u>已经</u>设立的地役权。
第一百六十三条　土地上已设立土地承包经营权、建设用地使用权、宅基地使用权等<u>权利</u>的,未经用益物权人同意,土地所有权人不得设立地役权。	**第三百七十九条**　土地上<u>已经</u>设立土地承包经营权、建设用地使用权、宅基地使用权等<u>用益物权</u>的,未经用益物权人同意,土地所有权人不得设立地役权。
第一百六十四条　地役权不得单独转让。土地承包经营权、建设用地使用权等转让的,地役权一并转让,但合同另有约定的除外。	**第三百八十条**　地役权不得单独转让。土地承包经营权、建设用地使用权等转让的,地役权一并转让,<u>但是</u>合同另有约定的除外。
第一百六十五条　地役权不得单独抵押。土地~~承包~~经营权、建设用地使用权等抵押的,在实现抵押权时,地役权一并转让。	**第三百八十一条**　地役权不得单独抵押。土地经营权、建设用地使用权等抵押的,在实现抵押权时,地役权一并转让。
第一百六十六条　需役地以及需役地上的土地承包经营权、建设用地使用权部分转让时,转让部分涉及地役权的,受让人同时享有地役权。	**第三百八十二条**　需役地以及需役地上的土地承包经营权、建设用地使用权<u>等</u>部分转让时,转让部分涉及地役权的,受让人同时享有地役权。
第一百六十七条　供役地以及供役地上的土地承包经营权、建设用地使用权部分转让时,转让部分涉及地役权的,地役权对受让人具有约束力。	**第三百八十三条**　供役地以及供役地上的土地承包经营权、建设用地使用权<u>等</u>部分转让时,转让部分涉及地役权的,地役权对受让人具有**法律**约束力。
第一百六十八条　地役权人有下列情形之一的,供役地权利人有权解除地役权合同,地役权消灭: 　　(一)违反法律规定或者合同约定,滥用地役权; 　　(二)有偿利用供役地,约定的付款期<u>间</u>届满后在合理期限内经两次催告未支付费用。	**第三百八十四条**　地役权人有下列情形之一的,供役地权利人有权解除地役权合同,地役权消灭: 　　(一)违反法律规定或者合同约定,滥用地役权; 　　(二)有偿利用供役地,约定的付款<u>期限</u>届满后在合理期限内经两次催告未支付费用。

附录

物权法	民法典物权编
第一百六十九条 已经登记的地役权变更、转让或者消灭的,应当及时办理变更登记或者注销登记。	**第三百八十五条** 已经登记的地役权变更、转让或者消灭的,应当及时办理变更登记或者注销登记。
	第四分编 担 保 物 权
	第十六章 一 般 规 定
第一百七十条 担保物权人在债务人不履行到期债务或者发生当事人约定的实现担保物权的情形,依法享有就担保财产优先受偿的权利,<u>但法律另有规定的除外。</u>	**第三百八十六条** 担保物权人在债务人不履行到期债务或者发生当事人约定的实现担保物权的情形,依法享有就担保财产优先受偿的权利,<u>但是法律另有规定的除外。</u>
第一百七十一条 债权人在借贷、买卖等民事活动中,为保障实现其债权,需要担保的,可以依照本法和其他法律的规定设立担保物权。 　　第三人为债务人向债权人提供担保的,可以要求债务人提供反担保。反担保适用本法和其他法律的规定。	**第三百八十七条** 债权人在借贷、买卖等民事活动中,为保障实现其债权,需要担保的,可以依照本法和其他法律的规定设立担保物权。 　　第三人为债务人向债权人提供担保的,可以要求债务人提供反担保。反担保适用本法和其他法律的规定。
第一百七十二条 设立担保物权,应当依照本法和其他法律的规定订立担保合同。担保合同是主债权债务合同的从合同。主债权债务合同无效,担保合同无效,<u>但法律另有规定的除外。</u> 　　担保合同被确认无效后,债务人、担保人、债权人有过错的,应当根据其过错各自承担相应的民事责任。	**第三百八十八条** 设立担保物权,应当依照本法和其他法律的规定订立担保合同。**担保合同包括抵押合同、质押合同和其他具有担保功能的合同。**担保合同是主债权债务合同的从合同。主债权债务合同无效**的**,担保合同无效,<u>但是法律另有规定的除外。</u> 　　担保合同被确认无效后,债务人、担保人、债权人有过错的,应当根据其过错各自承担相应的民事责任。
第一百七十三条 担保物权的担保范围包括主债权及其利息、违约金、损害赔偿金、保管担保财产和实现担保物权的费用。当事人另有约定的,按照约定。	**第三百八十九条** 担保物权的担保范围包括主债权及其利息、违约金、损害赔偿金、保管担保财产和实现担保物权的费用。当事人另有约定的,按照<u>其</u>约定。
第一百七十四条 担保期间,担保财产毁损、灭失或者被征收等,担保物权人可以就获得的保险金、赔偿金或者补偿金等优先受偿。被担保债权的履行<u>期</u>未届满的,也可以提存该保险金、赔偿金或者补偿金等。	**第三百九十条** 担保期间,担保财产毁损、灭失或者被征收等,担保物权人可以就获得的保险金、赔偿金或者补偿金等优先受偿。被担保债权的履行<u>期限</u>未届满的,也可以提存该保险金、赔偿金或者补偿金等。
第一百七十五条 第三人提供担保,未经其书面同意,债权人允许债务人转移全部或者部分债务的,担保人不再承担相应的担保责任。	**第三百九十一条** 第三人提供担保,未经其书面同意,债权人允许债务人转移全部或者部分债务的,担保人不再承担相应的担保责任。

物权法	民法典物权编
第一百七十六条 被担保的债权既有物的担保又有人的担保的，债务人不履行到期债务或者发生当事人约定的实现担保物权的情形，债权人应当按照约定实现债权；没有约定或者约定不明确，债务人自己提供物的担保的，债权人应当先就该物的担保实现债权；第三人提供物的担保的，债权人可以就物的担保实现债权，也可以要求保证人承担保证责任。提供担保的第三人承担担保责任后，有权向债务人追偿。	**第三百九十二条** 被担保的债权既有物的担保又有人的担保的，债务人不履行到期债务或者发生当事人约定的实现担保物权的情形，债权人应当按照约定实现债权；没有约定或者约定不明确，债务人自己提供物的担保的，债权人应当先就该物的担保实现债权；第三人提供物的担保的，债权人可以就物的担保实现债权，也可以**请**求保证人承担保证责任。提供担保的第三人承担担保责任后，有权向债务人追偿。
第一百七十七条 有下列情形之一的，担保物权消灭： （一）主债权消灭； （二）担保物权实现； （三）债权人放弃担保物权； （四）法律规定担保物权消灭的其他情形。	**第三百九十三条** 有下列情形之一的，担保物权消灭： （一）主债权消灭； （二）担保物权实现； （三）债权人放弃担保物权； （四）法律规定担保物权消灭的其他情形。
	第十七章 抵 押 权
	第一节 一般抵押权
第一百七十九条 为担保债务的履行，债务人或者第三人不转移财产的占有，将该财产抵押给债权人的，债务人不履行到期债务或者发生当事人约定的实现抵押权的情形，债权人有权就该财产优先受偿。 前款规定的债务人或者第三人为抵押人，债权人为抵押权人，提供担保的财产为抵押财产。	**第三百九十四条** 为担保债务的履行，债务人或者第三人不转移财产的占有，将该财产抵押给债权人的，债务人不履行到期债务或者发生当事人约定的实现抵押权的情形，债权人有权就该财产优先受偿。 前款规定的债务人或者第三人为抵押人，债权人为抵押权人，提供担保的财产为抵押财产。
第一百八十条 债务人或者第三人有权处分的下列财产可以抵押： （一）建筑物和其他土地附着物； （二）建设用地使用权； （三）~~以招标、拍卖、公开协商等方式取得的荒地等土地承包经营权~~； （四）生产设备、原材料、半成品、产品； （五）正在建造的建筑物、船舶、航空器； （六）交通运输工具； （七）法律、行政法规未禁止抵押的其他财产。 抵押人可以将前款所列财产一并抵押。	**第三百九十五条** 债务人或者第三人有权处分的下列财产可以抵押： （一）建筑物和其他土地附着物； （二）建设用地使用权； （**三）海域使用权；** （四）生产设备、原材料、半成品、产品； （五）正在建造的建筑物、船舶、航空器； （六）交通运输工具； （七）法律、行政法规未禁止抵押的其他财产。 抵押人可以将前款所列财产一并抵押。
第一百八十一条 ~~经当事人书面协议~~，企业、个体工商户、农业生产经营者可以将现有的以及将有的生产设备、原材料、半成品、产品抵押，	**第三百九十六条** 企业、个体工商户、农业生产经营者可以将现有的以及将有的生产设备、原材料、半成品、产品抵押，债务人不履行到期债

物权法	民法典物权编
债务人不履行到期债务或者发生当事人约定的实现抵押权的情形,债权人有权就<u>实现抵押权</u>时的动产优先受偿。	务或者发生当事人约定的实现抵押权的情形,债权人有权就<u>抵押财产</u>确定时的动产优先受偿。
第一百八十二条 以建筑物抵押的,该建筑物占用范围内的建设用地使用权一并抵押。以建设用地使用权抵押的,该土地上的建筑物一并抵押。 抵押人未<u>依照</u>前款规定一并抵押的,未抵押的财产视为一并抵押。	**第三百九十七条** 以建筑物抵押的,该建筑物占用范围内的建设用地使用权一并抵押。以建设用地使用权抵押的,该土地上的建筑物一并抵押。 抵押人未<u>依据</u>前款规定一并抵押的,未抵押的财产视为一并抵押。
第一百八十三条 乡镇、村企业的建设用地使用权不得单独抵押。以乡镇、村企业的厂房等建筑物抵押的,其占用范围内的建设用地使用权一并抵押。	**第三百九十八条** 乡镇、村企业的建设用地使用权不得单独抵押。以乡镇、村企业的厂房等建筑物抵押的,其占用范围内的建设用地使用权一并抵押。
第一百八十四条 下列财产不得抵押: (一)土地所有权; (二)~~耕地、~~宅基地、自留地、自留山等集体所有~~的~~土地使用权,<u>但</u>法律规定可以抵押的除外; (三)学校、幼儿园、<u>医院</u>等<u>以公益</u>为目的的<u>事业单位</u>、社会团体的教育设施、医疗卫生设施和其他~~社会~~公益设施; (四)所有权、使用权不明或者有争议的财产; (五)依法被查封、扣押、监管的财产; (六)法律、行政法规规定不得抵押的其他财产。	**第三百九十九条** 下列财产不得抵押: (一)土地所有权; (二)宅基地、自留地、自留山等集体所有土<u>地的</u>使用权,<u>但是</u>法律规定可以抵押的除外; (三)学校、幼儿园、<u>医疗机构</u>等<u>为公益</u>目的<u>成立</u>的非营利法人的教育设施、医疗卫生设施和其他公益设施; (四)所有权、使用权不明或者有争议的财产; (五)依法被查封、扣押、监管的财产; (六)法律、行政法规规定不得抵押的其他财产。
第一百八十五条 设立抵押权,当事人应当<u>采取</u>书面形式订立抵押合同。 抵押合同一般包括下列条款: (一)被担保债权的种类和数额; (二)债务人履行债务的期限; (三)抵押财产的名称、数量~~、质量、状况、所在地、所有权归属或者使用权归属~~; (四)担保的范围。	**第四百条** 设立抵押权,当事人应当<u>采用</u>书面形式订立抵押合同。 抵押合同一般包括下列条款: (一)被担保债权的种类和数额; (二)债务人履行债务的期限; (三)抵押财产的名称、数量**等情况**; (四)担保的范围。
第一百八十六条 抵押权人在债务履行期届满前,~~不得~~与抵押人约定债务人不履行到期债务时抵押财产归债权人所有。	**第四百零一条** 抵押权人在债务履行期限届满前,与抵押人约定债务人不履行到期债务时抵押财产归债权人所有**的,只能依法就抵押财产优先受偿**。

续表

物权法	民法典物权编
第一百八十七条　以本法第一百八十条第一款第一项至第三项规定的财产或者第五项规定的正在建造的建筑物抵押的，应当办理抵押登记。抵押权自登记时设立。	**第四百零二条**　以本法第三百九十五条第一款第一项至第三项规定的财产或者第五项规定的正在建造的建筑物抵押的，应当办理抵押登记。抵押权自登记时设立。
第一百八十八条　以本法第一百八十条第一款第四项、第六项规定的财产或者第五项规定的正在建造的船舶、航空器抵押的，抵押权自抵押合同生效时设立；未经登记，不得对抗善意第三人。	**第四百零三条**　以动产抵押的，抵押权自抵押合同生效时设立；未经登记，不得对抗善意第三人。
第一百八十九条　企业、个体工商户、农业生产经营者以本法第一百八十一条规定的动产抵押的，应当向抵押人住所地的工商行政管理部门办理登记。抵押权自抵押合同生效时设立；未经登记，不得对抗善意第三人。 依照本法第一百八十一条规定抵押的，不得对抗正常经营活动中已支付合理价款并取得抵押财产的买受人。	**第四百零四条**　以动产抵押的，不得对抗正常经营活动中已经支付合理价款并取得抵押财产的买受人。
第一百九十条　订立抵押合同前抵押财产已出租的，原租赁关系不受该抵押权的影响。抵押权设立后抵押财产出租的，该租赁关系不得对抗已登记的抵押权。	**第四百零五条**　抵押权设立前，抵押财产已经出租并转移占有的，原租赁关系不受该抵押权的影响。
第一百九十一条　抵押期间，抵押人经抵押权人同意转让抵押财产的，应当将转让所得的价款向抵押权人提前清偿债务或者提存。转让的价款超过债权数额的部分归抵押人所有，不足部分由债务人清偿。 抵押期间，抵押人未经抵押权人同意，不得转让抵押财产，但受让人代为清偿债务消灭抵押权的除外。	**第四百零六条**　抵押期间，抵押人可以转让抵押财产。当事人另有约定的，按照其约定。抵押财产转让的，抵押权不受影响。 抵押人转让抵押财产的，应当及时通知抵押权人。抵押权人能够证明抵押财产转让可能损害抵押权的，可以请求抵押人将转让所得的价款向抵押权人提前清偿债务或者提存。转让的价款超过债权数额的部分归抵押人所有，不足部分由债务人清偿。
第一百九十二条　抵押权不得与债权分离而单独转让或者作为其他债权的担保。债权转让的，担保该债权的抵押权一并转让，但法律另有规定或者当事人另有约定的除外。	**第四百零七条**　抵押权不得与债权分离而单独转让或者作为其他债权的担保。债权转让的，担保该债权的抵押权一并转让，但是法律另有规定或者当事人另有约定的除外。
第一百九十三条　抵押人的行为足以使抵押财产价值减少的，抵押权人有权要求抵押人停止其行为。抵押财产价值减少的，抵押权人有权要求恢复抵押财产的价值，或者提供与减少的价值相应的担保。抵押人不恢复抵押财产的价值也不提供担保的，抵押权人有权要求债务人提前清偿债务。	**第四百零八条**　抵押人的行为足以使抵押财产价值减少的，抵押权人有权请求抵押人停止其行为；抵押财产价值减少的，抵押权人有权请求恢复抵押财产的价值，或者提供与减少的价值相应的担保。抵押人不恢复抵押财产的价值，也不提供担保的，抵押权人有权请求债务人提前清偿债务。

物权法	民法典物权编
第一百九十四条 抵押权人可以放弃抵押权或者抵押权的顺位。抵押权人与抵押人可以协议变更抵押权顺位以及被担保的债权数额等内容,但抵押权的变更~~,~~未经其他抵押权人书面同意,不得对其他抵押权人产生不利影响。 　债务人以自己的财产设定抵押,抵押权人放弃该抵押权、抵押权顺位或者变更抵押权的,其他担保人在抵押权人丧失优先受偿权益的范围内免除担保责任,但其他担保人承诺仍然提供担保的除外。	**第四百零九条** 抵押权人可以放弃抵押权或者抵押权的顺位。抵押权人与抵押人可以协议变更抵押权顺位以及被担保的债权数额等内容。<u>但是,</u>抵押权的变更未经其他抵押权人书面同意<u>的,</u>不得对其他抵押权人产生不利影响。 　债务人以自己的财产设定抵押,抵押权人放弃该抵押权、抵押权顺位或者变更抵押权的,其他担保人在抵押权人丧失优先受偿权益的范围内免除担保责任,<u>但是</u>其他担保人承诺仍然提供担保的除外。
第一百九十五条 债务人不履行到期债务或者发生当事人约定的实现抵押权的情形,抵押权人可以与抵押人协议以抵押财产折价或者以拍卖、变卖该抵押财产所得的价款优先受偿。协议损害其他债权人利益的,其他债权人可以~~在知道或者应当知道撤销事由之日起一年内~~请求人民法院撤销该协议。 　抵押权人与抵押人未就抵押权实现方式达成协议的,抵押权人可以请求人民法院拍卖、变卖抵押财产。 　抵押财产折价或者变卖的,应当参照市场价格。	**第四百一十条** 债务人不履行到期债务或者发生当事人约定的实现抵押权的情形,抵押权人可以与抵押人协议以抵押财产折价或者以拍卖、变卖该抵押财产所得的价款优先受偿。协议损害其他债权人利益的,其他债权人可以请求人民法院撤销该协议。 　抵押权人与抵押人未就抵押权实现方式达成协议的,抵押权人可以请求人民法院拍卖、变卖抵押财产。 　抵押财产折价或者变卖的,应当参照市场价格。
第一百九十六条 <u>依照</u>本法第一百八十一条规定设定抵押的,抵押财产自下列情形之一发生时确定: 　(一)债务履行<u>期</u>届满,债权未实现; 　(二)抵押人被宣告破产或者<u>被撤销</u>; 　(三)当事人约定的实现抵押权的情形; 　(四)严重影响债权实现的其他情形。	**第四百一十一条** <u>依据</u>本法第三百九十六条规定设定抵押的,抵押财产自下列情形之一发生时确定: 　(一)债务履行<u>期限</u>届满,债权未实现; 　(二)抵押人被宣告破产或者<u>解散</u>; 　(三)当事人约定的实现抵押权的情形; 　(四)严重影响债权实现的其他情形。
第一百九十七条 债务人不履行到期债务或者发生当事人约定的实现抵押权的情形,致使抵押财产被人民法院依法扣押的,自扣押之日起抵押权人有权收取该抵押财产的天然孳息或者法定孳息,<u>但抵押权人未通知应当清偿法定孳息的义务人的除外。</u> 　前款规定的孳息应当先充抵收取孳息的费用。	**第四百一十二条** 债务人不履行到期债务或者发生当事人约定的实现抵押权的情形,致使抵押财产被人民法院依法扣押的,自扣押之日起,抵押权人有权收取该抵押财产的天然孳息或者法定孳息,<u>但是</u>抵押权人未通知应当清偿法定孳息义务人的除外。 　前款规定的孳息应当先充抵收取孳息的费用。
第一百九十八条 抵押财产折价或者拍卖、变卖后,其价款超过债权数额的部分归抵押人所有,不足部分由债务人清偿。	**第四百一十三条** 抵押财产折价或者拍卖、变卖后,其价款超过债权数额的部分归抵押人所有,不足部分由债务人清偿。

物权法	民法典物权编
第一百九十九条　同一财产向两个以上债权人抵押的,拍卖、变卖抵押财产所得的价款依照下列规定清偿: (一)抵押权已登记的,按照登记的先后顺序清偿,顺序相同的,按照债权比例清偿; (二)抵押权已登记的先于未登记的受偿; (三)抵押权未登记的,按照债权比例清偿。	第四百一十四条　同一财产向两个以上债权人抵押的,拍卖、变卖抵押财产所得的价款依照下列规定清偿: (一)抵押权**已经**登记的,按照登记的**时间**先后**确定清偿顺序**; (二)抵押权**已经**登记的先于未登记的受偿; (三)抵押权未登记的,按照债权比例清偿。 **其他可以登记的担保物权,清偿顺序参照适用前款规定。**
	第四百一十五条　同一财产既设立抵押权又设立质权的,拍卖、变卖该财产所得的价款按照登记、交付的时间先后确定清偿顺序。
	第四百一十六条　动产抵押担保的主债权是抵押物的价款,标的物交付后十日内办理抵押登记的,该抵押权人优先于抵押物买受人的其他担保物权人受偿,但是留置权人除外。
第二百条　建设用地使用权抵押后,该土地上新增的建筑物不属于抵押财产。该建设用地使用权实现抵押权时,应当将该土地上新增的建筑物与建设用地使用权一并处分,但新增建筑物所得的价款,抵押权人无权优先受偿。	第四百一十七条　建设用地使用权抵押后,该土地上新增的建筑物不属于抵押财产。该建设用地使用权实现抵押权时,应当将该土地上新增的建筑物与建设用地使用权一并处分。但是,新增建筑物所得的价款,抵押权人无权优先受偿。
第二百零一条　~~依照本法第一百八十条第一款第三项规定的土地承包经营权抵押的,或者依照本法第一百八十三条规定以乡镇、村企业的厂房等建筑物占用范围内的建设用地使用权一并抵押的,实现抵押权后,未经法定程序,不得改变土地所有权的性质和土地用途。~~	第四百一十八条　以集体所有土地的使用权依法抵押的,实现抵押权后,未经法定程序,不得改变土地所有权的性质和土地用途。
第二百零二条　抵押权人应当在主债权诉讼时效期间行使抵押权;未行使的,人民法院不予保护。	第四百一十九条　抵押权人应当在主债权诉讼时效期间行使抵押权;未行使的,人民法院不予保护。
	第二节　最高额抵押权
第二百零三条　为担保债务的履行,债务人或者第三人对一定期间内将要连续发生的债权提供担保财产的,债务人不履行到期债务或者发生当事人约定的实现抵押权的情形,抵押权人有权在最高债权额限度内就该担保财产优先受偿。 最高额抵押权设立前已经存在的债权,经当事人同意,可以转入最高额抵押担保的债权范围。	第四百二十条　为担保债务的履行,债务人或者第三人对一定期间内将要连续发生的债权提供担保财产的,债务人不履行到期债务或者发生当事人约定的实现抵押权的情形,抵押权人有权在最高债权额限度内就该担保财产优先受偿。 最高额抵押权设立前已经存在的债权,经当事人同意,可以转入最高额抵押担保的债权范围。

附录

物权法	民法典物权编
第二百零四条 最高额抵押担保的债权确定前,部分债权转让的,最高额抵押权不得转让,<u>但</u>当事人另有约定的除外。	**第四百二十一条** 最高额抵押担保的债权确定前,部分债权转让的,最高额抵押权不得转让,<u>但是</u>当事人另有约定的除外。
第二百零五条 最高额抵押担保的债权确定前,抵押权人与抵押人可以通过协议变更债权确定的期间、债权范围以及最高债权额,<u>但</u>变更的内容不得对其他抵押权人产生不利影响。	**第四百二十二条** 最高额抵押担保的债权确定前,抵押权人与抵押人可以通过协议变更债权确定的期间、债权范围以及最高债权额。<u>但是,</u>变更的内容不得对其他抵押权人产生不利影响。
第二百零六条 有下列情形之一的,抵押权人的债权确定: (一)约定的债权确定期间届满; (二)没有约定债权确定期间或者约定不明确,抵押权人或者抵押人自最高额抵押权设立之日起满二年后请求确定债权; (三)新的债权不可能发生; (四)抵押财产被查封、扣押; (五)债务人、抵押人被宣告破产或者<u>被撤销</u>; (六)法律规定债权确定的其他情形。	**第四百二十三条** 有下列情形之一的,抵押权人的债权确定: (一)约定的债权确定期间届满; (二)没有约定债权确定期间或者约定不明确,抵押权人或者抵押人自最高额抵押权设立之日起满二年后请求确定债权; (三)新的债权不可能发生; (四)**抵押权人知道或者应当知道抵押财产**被查封、扣押; (五)债务人、抵押人被宣告破产或者<u>解散</u>; (六)法律规定债权确定的其他情形。
第二百零七条 最高额抵押权除适用本节规定外,适用本章第一节~~一般抵押权~~的规定。	**第四百二十四条** 最高额抵押权除适用本节规定外,适用本章第一节的**有关**规定。
	第十八章 质 权
	第一节 动 产 质 权
第二百零八条 为担保债务的履行,债务人或者第三人将其动产出质给债权人占有的,债务人不履行到期债务或者发生当事人约定的实现质权的情形,债权人有权就该动产优先受偿。 前款规定的债务人或者第三人为出质人,债权人为质权人,交付的动产为质押财产。	**第四百二十五条** 为担保债务的履行,债务人或者第三人将其动产出质给债权人占有的,债务人不履行到期债务或者发生当事人约定的实现质权的情形,债权人有权就该动产优先受偿。 前款规定的债务人或者第三人为出质人,债权人为质权人,交付的动产为质押财产。
第二百零九条 法律、行政法规禁止转让的动产不得出质。	**第四百二十六条** 法律、行政法规禁止转让的动产不得出质。
第二百一十条 设立质权,当事人应当采取书面形式订立质权合同。 质权合同一般包括下列条款: (一)被担保债权的种类和数额; (二)债务人履行债务的期限; (三)质押财产的名称、数量~~、质量、状况~~; (四)担保的范围; (五)质押财产交付的时间。	**第四百二十七条** 设立质权,当事人应当<u>采用</u>书面形式订立<u>质押</u>合同。 <u>质押</u>合同一般包括下列条款: (一)被担保债权的种类和数额; (二)债务人履行债务的期限; (三)质押财产的名称、数量**等情况**; (四)担保的范围; (五)质押财产交付的时间、**方式**。

续表

物权法	民法典物权编
第二百一十一条　质权人在债务履行期届满前，~~不得~~与出质人约定债务人不履行到期债务时质押财产归债权人所有。	**第四百二十八条**　质权人在债务履行期限届满前，与出质人约定债务人不履行到期债务时质押财产归债权人所有的，只能依法就质押财产优先受偿。
第二百一十二条　质权自出质人交付质押财产时设立。	**第四百二十九条**　质权自出质人交付质押财产时设立。
第二百一十三条　质权人有权收取质押财产的孳息，但合同另有约定的除外。 　　前款规定的孳息应当先充抵收取孳息的费用。	**第四百三十条**　质权人有权收取质押财产的孳息，但是合同另有约定的除外。 　　前款规定的孳息应当先充抵收取孳息的费用。
第二百一十四条　质权人在质权存续期间，未经出质人同意，擅自使用、处分质押财产，给出质人造成损害的，应当承担赔偿责任。	**第四百三十一条**　质权人在质权存续期间，未经出质人同意，擅自使用、处分质押财产，造成出质人损害的，应当承担赔偿责任。
第二百一十五条　质权人负有妥善保管质押财产的义务；因保管不善致使质押财产毁损、灭失的，应当承担赔偿责任。 　　质权人的行为可能使质押财产毁损、灭失的，出质人可以要求质权人将质押财产提存，或者要求提前清偿债务并返还质押财产。	**第四百三十二条**　质权人负有妥善保管质押财产的义务；因保管不善致使质押财产毁损、灭失的，应当承担赔偿责任。 　　质权人的行为可能使质押财产毁损、灭失的，出质人可以请求质权人将质押财产提存，或者请求提前清偿债务并返还质押财产。
第二百一十六条　因不能归责于质权人的事由可能使质押财产毁损或者价值明显减少，足以危害质权人权利的，质权人有权要求出质人提供相应的担保；出质人不提供的，质权人可以拍卖、变卖质押财产，并与出质人通过协议将拍卖、变卖所得的价款提前清偿债务或者提存。	**第四百三十三条**　因不可归责于质权人的事由可能使质押财产毁损或者价值明显减少，足以危害质权人权利的，质权人有权请求出质人提供相应的担保；出质人不提供的，质权人可以拍卖、变卖质押财产，并与出质人协议将拍卖、变卖所得的价款提前清偿债务或者提存。
第二百一十七条　质权人在质权存续期间，未经出质人同意转质，造成质押财产毁损、灭失的，应当~~向出质人~~承担赔偿责任。	**第四百三十四条**　质权人在质权存续期间，未经出质人同意转质，造成质押财产毁损、灭失的，应当承担赔偿责任。
第二百一十八条　质权人可以放弃质权。债务人以自己的财产出质，质权人放弃该质权的，其他担保人在质权人丧失优先受偿权益的范围内免除担保责任，但其他担保人承诺仍然提供担保的除外。	**第四百三十五条**　质权人可以放弃质权。债务人以自己的财产出质，质权人放弃该质权的，其他担保人在质权人丧失优先受偿权益的范围内免除担保责任，但是其他担保人承诺仍然提供担保的除外。

续表

物权法	民法典物权编
第二百一十九条 债务人履行债务或者出质人提前清偿所担保的债权的,质权人应当返还质押财产。 债务人不履行到期债务或者发生当事人约定的实现质权的情形,质权人可以与出质人协议以质押财产折价,也可以就拍卖、变卖质押财产所得的价款优先受偿。 质押财产折价或者变卖的,应当参照市场价格。	**第四百三十六条** 债务人履行债务或者出质人提前清偿所担保的债权的,质权人应当返还质押财产。 债务人不履行到期债务或者发生当事人约定的实现质权的情形,质权人可以与出质人协议以质押财产折价,也可以就拍卖、变卖质押财产所得的价款优先受偿。 质押财产折价或者变卖的,应当参照市场价格。
第二百二十条 出质人可以请求质权人在债务履行期届满后及时行使质权;质权人不行使的,出质人可以请求人民法院拍卖、变卖质押财产。 出质人请求质权人及时行使质权,因质权人怠于行使权利造成损害的,由质权人承担赔偿责任。	**第四百三十七条** 出质人可以请求质权人在债务履行期限届满后及时行使质权;质权人不行使的,出质人可以请求人民法院拍卖、变卖质押财产。 出质人请求质权人及时行使质权,因质权人怠于行使权利造成**出质人**损害的,由质权人承担赔偿责任。
第二百二十一条 质押财产折价或者拍卖、变卖后,其价款超过债权数额的部分归出质人所有,不足部分由债务人清偿。	**第四百三十八条** 质押财产折价或者拍卖、变卖后,其价款超过债权数额的部分归出质人所有,不足部分由债务人清偿。
第二百二十二条 出质人与质权人可以协议设立最高额质权。 最高额质权除适用本节有关规定外,参照本法第十六章第二节最高额抵押权的规定。	**第四百三十九条** 出质人与质权人可以协议设立最高额质权。 最高额质权除适用本节有关规定外,参照适用本编第十七章第二节的有关规定。
	第二节 权利质权
第二百二十三条 债务人或者第三人有权处分的下列权利可以出质: (一)汇票、支票、本票; (二)债券、存款单; (三)仓单、提单; (四)可以转让的基金份额、股权; (五)可以转让的注册商标专用权、专利权、著作权等知识产权中的财产权; (六)应收账款; (七)法律、行政法规规定可以出质的其他财产权利。	**第四百四十条** 债务人或者第三人有权处分的下列权利可以出质: (一)汇票、本票、支票; (二)债券、存款单; (三)仓单、提单; (四)可以转让的基金份额、股权; (五)可以转让的注册商标专用权、专利权、著作权等知识产权中的财产权; (六)**现有的以及将有的**应收账款; (七)法律、行政法规规定可以出质的其他财产权利。

物权法	民法典物权编
第二百二十四条　以汇票、支票、本票、债券、存款单、仓单、提单出质的，~~当事人应当订立书面合同~~。质权自权利凭证交付质权人时设立；没有权利凭证的，质权自~~有关部门~~办理出质登记时设立。	**第四百四十一条**　以汇票、本票、支票、债券、存款单、仓单、提单出质的，质权自权利凭证交付质权人时设立；没有权利凭证的，质权自办理出质登记时设立。**法律另有规定的，依照其规定。**
第二百二十五条　汇票、支票、本票、债券、存款单、仓单、提单的兑现日期或者提货日期先于主债权到期的，质权人可以兑现或者提货，并与出质人协议将兑现的价款或者提取的货物提前清偿债务或者提存。	**第四百四十二条**　汇票、本票、支票、债券、存款单、仓单、提单的兑现日期或者提货日期先于主债权到期的，质权人可以兑现或者提货，并与出质人协议将兑现的价款或者提取的货物提前清偿债务或者提存。
第二百二十六条　以基金份额、股权出质的，~~当事人应当订立书面合同。以基金份额、证券登记结算机构登记的股权出质的，质权自证券登记结算机构办理出质登记时设立；以其他股权出质的，~~质权自~~工商行政管理部门~~办理出质登记时设立。 　基金份额、股权出质后，不得转让，~~但经~~出质人与质权人协商同意的除外。出质人转让基金份额、股权所得的价款，应当向质权人提前清偿债务或者提存。	**第四百四十三条**　以基金份额、股权出质的，质权自办理出质登记时设立。 　基金份额、股权出质后，不得转让，**但是**出质人与质权人协商同意的除外。出质人转让基金份额、股权所得的价款，应当向质权人提前清偿债务或者提存。
第二百二十七条　以注册商标专用权、专利权、著作权等知识产权中的财产权出质的，~~当事人应当订立书面合同~~。质权自~~有关主管部门~~办理出质登记时设立。 　知识产权中的财产权出质后，出质人不得转让或者许可他人使用，~~但经~~出质人与质权人协商同意的除外。出质人转让或者许可他人使用出质的知识产权中的财产权所得的价款，应当向质权人提前清偿债务或者提存。	**第四百四十四条**　以注册商标专用权、专利权、著作权等知识产权中的财产权出质的，质权自办理出质登记时设立。 　知识产权中的财产权出质后，出质人不得转让或者许可他人使用，**但是**出质人与质权人协商同意的除外。出质人转让或者许可他人使用出质的知识产权中的财产权所得的价款，应当向质权人提前清偿债务或者提存。
第二百二十八条　以应收账款出质的，~~当事人应当订立书面合同~~。质权自~~信贷征信机构~~办理出质登记时设立。 　应收账款出质后，不得转让，**但经**出质人与质权人协商同意的除外。出质人转让应收账款所得的价款，应当向质权人提前清偿债务或者提存。	**第四百四十五条**　以应收账款出质的，质权自办理出质登记时设立。 　应收账款出质后，不得转让，**但是**出质人与质权人协商同意的除外。出质人转让应收账款所得的价款，应当向质权人提前清偿债务或者提存。
第二百二十九条　权利质权除适用本节规定外，适用本章第一节~~动产质权~~的规定。	**第四百四十六条**　权利质权除适用本节规定外，适用本章第一节的**有关**规定。

附

录

物权法	民法典物权编
	第十九章　留　置　权
第二百三十条　债务人不履行到期债务,债权人可以留置已经合法占有的债务人的动产,并有权就该动产优先受偿。 　　前款规定的债权人为留置权人,占有的动产为留置财产。	**第四百四十七条**　债务人不履行到期债务,债权人可以留置已经合法占有的债务人的动产,并有权就该动产优先受偿。 　　前款规定的债权人为留置权人,占有的动产为留置财产。
第二百三十一条　债权人留置的动产,<u>应当</u>与债权属于同一法律关系,<u>但</u>企业之间留置的除外。	**第四百四十八条**　债权人留置的动产,应当与债权属于同一法律关系,<u>但是</u>企业之间留置的除外。
第二百三十二条　法律规定或者当事人约定不得留置的动产,不得留置。	**第四百四十九条**　法律规定或者当事人约定不得留置的动产,不得留置。
第二百三十三条　留置财产为可分物的,留置财产的价值应当相当于债务的金额。	**第四百五十条**　留置财产为可分物的,留置财产的价值应当相当于债务的金额。
第二百三十四条　留置权人负有妥善保管留置财产的义务;因保管不善致使留置财产毁损、灭失的,应当承担赔偿责任。	**第四百五十一条**　留置权人负有妥善保管留置财产的义务;因保管不善致使留置财产毁损、灭失的,应当承担赔偿责任。
第二百三十五条　留置权人有权收取留置财产的孳息。 　　前款规定的孳息应当先充抵收取孳息的费用。	**第四百五十二条**　留置权人有权收取留置财产的孳息。 　　前款规定的孳息应当先充抵收取孳息的费用。
第二百三十六条　留置权人与债务人应当约定留置财产后的债务履行<u>期间</u>;没有约定或者约定不明确的,留置权人应当给债务人<u>两个月以上</u>履行债务的<u>期间</u>,<u>但</u>鲜活易腐等不易保管的动产除外。债务人逾期未履行的,留置权人可以与债务人协议以留置财产折价,也可以就拍卖、变卖留置财产所得的价款优先受偿。 　　留置财产折价或者变卖的,应当参照市场价格。	**第四百五十三条**　留置权人与债务人应当约定留置财产后的债务履行<u>期限</u>;没有约定或者约定不明确的,留置权人应当给债务人<u>六十日以上</u>履行债务的<u>期限</u>,<u>但是</u>鲜活易腐等不易保管的动产除外。债务人逾期未履行的,留置权人可以与债务人协议以留置财产折价,也可以就拍卖、变卖留置财产所得的价款优先受偿。 　　留置财产折价或者变卖的,应当参照市场价格。
第二百三十七条　债务人可以请求留置权人在债务履行期<u>届满</u>后行使留置权;留置权人不行使的,债务人可以请求人民法院拍卖、变卖留置财产。	**第四百五十四条**　债务人可以请求留置权人在债务履行<u>期限</u>届满后行使留置权;留置权人不行使的,债务人可以请求人民法院拍卖、变卖留置财产。
第二百三十八条　留置财产折价或者拍卖、变卖后,其价款超过债权数额的部分归债务人所有,不足部分由债务人清偿。	**第四百五十五条**　留置财产折价或者拍卖、变卖后,其价款超过债权数额的部分归债务人所有,不足部分由债务人清偿。
第二百三十九条　同一动产上已设立抵押权或者质权,该动产又被留置的,留置权人优先受偿。	**第四百五十六条**　同一动产上已<u>经</u>设立抵押权或者质权,该动产又被留置的,留置权人优先受偿。

物权法	民法典物权编
第二百四十条　留置权人对留置财产丧失占有或者留置权人接受债务人另行提供担保的,留置权消灭。	第四百五十七条　留置权人对留置财产丧失占有或者留置权人接受债务人另行提供担保的,留置权消灭。
	第五分编　占　有
	第二十章　占　有
第二百四十一条　基于合同关系等产生的占有,有关不动产或者动产的使用、收益、违约责任等,按照合同约定;合同没有约定或者约定不明确的,依照有关法律规定。	第四百五十八条　基于合同关系等产生的占有,有关不动产或者动产的使用、收益、违约责任等,按照合同约定;合同没有约定或者约定不明确的,依照有关法律规定。
第二百四十二条　占有人因使用占有的不动产或者动产,致使该不动产或者动产受到损害的,恶意占有人应当承担赔偿责任。	第四百五十九条　占有人因使用占有的不动产或者动产,致使该不动产或者动产受到损害的,恶意占有人应当承担赔偿责任。
第二百四十三条　不动产或者动产被占有人占有的,权利人可以请求返还原物及其孳息,但应当支付善意占有人因维护该不动产或者动产支出的必要费用。	第四百六十条　不动产或者动产被占有人占有的,权利人可以请求返还原物及其孳息;**但是**,应当支付善意占有人因维护该不动产或者动产支出的必要费用。
第二百四十四条　占有的不动产或者动产毁损、灭失,该不动产或者动产的权利人请求赔偿的,占有人应当将因毁损、灭失取得的保险金、赔偿金或者补偿金等返还给权利人;权利人的损害未得到足够弥补的,恶意占有人还应当赔偿损失。	第四百六十一条　占有的不动产或者动产毁损、灭失,该不动产或者动产的权利人请求赔偿的,占有人应当将因毁损、灭失取得的保险金、赔偿金或者补偿金等返还给权利人;权利人的损害未得到足够弥补的,恶意占有人还应当赔偿损失。
第二百四十五条　占有的不动产或者动产被侵占的,占有人有权请求返还原物;对妨害占有的行为,占有人有权请求排除妨害或者消除危险;因侵占或者妨害造成损害的,占有人有权请求损害赔偿。 占有人返还原物的请求权,自侵占发生之日起一年内未行使的,该请求权消灭。	第四百六十二条　占有的不动产或者动产被侵占的,占有人有权请求返还原物;对妨害占有的行为,占有人有权请求排除妨害或者消除危险;因侵占或者妨害造成损害的,占有人有权**依法**请求损害赔偿。 占有人返还原物的请求权,自侵占发生之日起一年内未行使的,该请求权消灭。

2. 物权法司法解释与民法典物权编解释对照表

（黑体部分为二者内容不同部分）

《物权法司法解释（一）》①	《物权编司法解释（一）》②
为正确审理物权纠纷案件，根据《中华人民共和国物权法》的相关规定，结合民事审判实践，制定本解释。	为正确审理物权纠纷案件，根据《中华人民共和国民法典》等相关法律规定，结合审判实践，制定本解释。
第一条　因不动产物权的归属，以及作为不动产物权登记基础的买卖、赠与、抵押等产生争议，当事人提起民事诉讼的，应当依法受理。当事人已经在行政诉讼中申请一并解决上述民事争议，且人民法院一并审理的除外。	**第一条**　因不动产物权的归属，以及作为不动产物权登记基础的买卖、赠与、抵押等产生争议，当事人提起民事诉讼的，应当依法受理。当事人已经在行政诉讼中申请一并解决上述民事争议，且人民法院一并审理的除外。
第二条　当事人有证据证明不动产登记簿的记载与真实权利状态不符，其为该不动产物权的真实权利人，请求确认其享有物权的，应予支持。	**第二条**　当事人有证据证明不动产登记簿的记载与真实权利状态不符，其为该不动产物权的真实权利人，请求确认其享有物权的，应予支持。
第三条　异议登记因**物权法第十九条第二款**规定的事由失效后，当事人提起民事诉讼，请求确认物权归属的，应当依法受理。异议登记失效不影响人民法院对案件的实体审理。	**第三条**　异议登记因**民法典第二百二十条第二款**规定的事由失效后，当事人提起民事诉讼，请求确认物权归属的，应当依法受理。异议登记失效不影响人民法院对案件的实体审理。
第四条　未经预告登记的权利人同意，**转移**不动产所有权，或者**设定**建设用地使用权、地役权、抵押权等其他物权的，应当依照**物权法第二十条第一款**的规定，认定其不发生物权效力。	**第四条**　未经预告登记的权利人同意，**转让**不动产所有权**等物权**，或者**设立**建设用地使用权、**居住权**、地役权、抵押权等其他物权的，应当**依照民法典第二百二十一条第一款**的规定，认定其不发生物权效力。
第五条　买卖不动产物权的协议被认定无效、被撤销、**被解除**，或者预告登记的权利人放弃债权的，应当认定为**物权法第二十条第二款**所称的"债权消灭"。	**第五条**　**预告登记的**买卖不动产物权的协议被认定无效、被撤销，或者预告登记的权利人放弃债权的，应当认定为**民法典第二百二十一条第二款**所称的"债权消灭"。
第六条　转让人转移船舶、航空器和机动车等所有权，受让人已经支付**对价**并取得占有，虽未经登记，但转让人的债权人主张其为**物权法第二十四条**所称的"善意第三人"的，不予支持，法律另有规定的除外。	**第六条**　转让人转让船舶、航空器和机动车等所有权，受让人已经支付**合理价款**并取得占有，虽未经登记，但转让人的债权人主张其为**民法典第二百二十五条**所称的"善意第三人"的，不予支持，法律另有规定的除外。

---

　①　《最高人民法院关于适用〈中华人民共和国物权法〉若干问题的解释（一）》以下简称《物权法司法解释（一）》。

　②　《最高人民法院关于适用〈中华人民共和国民法典〉物权编的解释（一）》以下简称《物权编司法解释（一）》。

《物权法司法解释（一）》	《物权编司法解释（一）》
第七条　人民法院、仲裁委员会在分割共有不动产或者动产等案件中作出并依法生效的改变原有物权关系的判决书、裁决书、调解书，以及人民法院在执行程序中作出的拍卖成交裁定书、以物抵债裁定书，应当认定为物权法第二十八条所称导致物权设立、变更、转让或者消灭的人民法院、仲裁委员会的法律文书。	第七条　人民法院、仲裁机构在分割共有不动产或者动产等案件中作出并依法生效的改变原有物权关系的判决书、裁决书、调解书，以及人民法院在执行程序中作出的拍卖成交裁定书、变卖成交裁定书、以物抵债裁定书，应当认定为民法典第二百二十九条所称导致物权设立、变更、转让或者消灭的人民法院、仲裁机构的法律文书。
第八条　依照物权法第二十八条至第三十条规定享有物权，但尚未完成动产交付或者不动产登记的物权人，根据物权法第三十四条至第三十七条的规定，请求保护其物权的，应予支持。	第八条　依据民法典第二百二十九条至第二百三十一条规定享有物权，但尚未完成动产交付或者不动产登记的权利人，依据民法典第二百三十五条至第二百三十八条的规定，请求保护其物权的，应予支持。
第九条　共有份额的权利主体因继承、遗赠等原因发生变化时，其他按份共有人主张优先购买的，不予支持，但按份共有人之间另有约定的除外。	第九条　共有份额的权利主体因继承、遗赠等原因发生变化时，其他按份共有人主张优先购买的，不予支持，但按份共有人之间另有约定的除外。
第十条　物权法第一百零一条所称的"同等条件"，应当综合共有份额的转让价格、价款履行方式及期限等因素确定。	第十条　民法典第三百零五条所称的"同等条件"，应当综合共有份额的转让价格、价款履行方式及期限等因素确定。
第十一条　优先购买权的行使期间，按份共有人之间有约定的，按照约定处理；没有约定或者约定不明的，按照下列情形确定： 　　（一）转让人向其他按份共有人发出的包含同等条件内容的通知中载明行使期间的，以该期间为准； 　　（二）通知中未载明行使期间，或者载明的期间短于通知送达之日起十五日的，为十五日； 　　（三）转让人未通知的，为其他按份共有人知道或者应当知道最终确定的同等条件之日起十五日； 　　（四）转让人未通知，且无法确定其他按份共有人知道或者应当知道最终确定的同等条件的，为共有份额权属转移之日起六个月。	第十一条　优先购买权的行使期间，按份共有人之间有约定的，按照约定处理；没有约定或者约定不明的，按照下列情形确定： 　　（一）转让人向其他按份共有人发出的包含同等条件内容的通知中载明行使期间的，以该期间为准； 　　（二）通知中未载明行使期间，或者载明的期间短于通知送达之日起十五日的，为十五日； 　　（三）转让人未通知的，为其他按份共有人知道或者应当知道最终确定的同等条件之日起十五日； 　　（四）转让人未通知，且无法确定其他按份共有人知道或者应当知道最终确定的同等条件的，为共有份额权属转移之日起六个月。
第十二条　按份共有人向共有人之外的人转让其份额，其他按份共有人根据法律、司法解释规定，请求按照同等条件购买该共有份额的，应予支持。 　　其他按份共有人的请求具有下列情形之一的，	第十二条　按份共有人向共有人之外的人转让其份额，其他按份共有人根据法律、司法解释规定，请求按照同等条件优先购买该共有份额的，应予支持。其他按份共有人的请求具有下列情形之一的，不予支持：

《物权法司法解释（一）》	《物权编司法解释（一）》
不予支持： （一）未在本解释第十一条规定的期间内主张优先购买，或者虽主张优先购买，但提出减少转让价款、增加转让人负担等实质性变更要求； （二）以其优先购买权受到侵害为由，仅请求撤销共有份额转让合同或者认定该合同无效。	（一）未在本解释第十一条规定的期间内主张优先购买，或者虽主张优先购买，但提出减少转让价款、增加转让人负担等实质性变更要求； （二）以其优先购买权受到侵害为由，仅请求撤销共有份额转让合同或者认定该合同无效。
第十三条 按份共有人之间转让共有份额，其他按份共有人主张**根据物权法第一百零一条**规定优先购买的，不予支持，但按份共有人之间另有约定的除外。	**第十三条** 按份共有人之间转让共有份额，其他按份共有人主张**依据民法典第三百零五条**规定优先购买的，不予支持，但按份共有人之间另有约定的除外。
第十四条 两个以上按份共有人主张优先购买且协商不成时，请求按照转让时各自份额比例行使优先购买权的，应予支持。	
第十五条 受让人受让不动产或者动产时，不知道转让人无处分权，且无重大过失的，应当认定受让人为善意。 　　真实权利人主张受让人不构成善意的，应当承担举证证明责任。	**第十四条** 受让人受让不动产或者动产时，不知道转让人无处分权，且无重大过失的，应当认定受让人为善意。 　　真实权利人主张受让人不构成善意的，应当承担举证证明责任。
第十六条 具有下列情形之一的，应当认定不动产受让人知道转让人无处分权： （一）登记簿上存在有效的异议登记； （二）预告登记有效期内，未经预告登记的权利人同意； （三）登记簿上已经记载司法机关或者行政机关依法裁定、决定查封或者以其他形式限制不动产权利的有关事项； （四）受让人知道登记簿上记载的权利主体错误； （五）受让人知道他人已经依法享有不动产物权。 　　真实权利人有证据证明不动产受让人应当知道转让人无处分权的，应当认定受让人具有重大过失。	**第十五条** 具有下列情形之一的，应当认定不动产受让人知道转让人无处分权： （一）登记簿上存在有效的异议登记； （二）预告登记有效期内，未经预告登记的权利人同意； （三）登记簿上已经记载司法机关或者行政机关依法裁定、决定查封或者以其他形式限制不动产权利的有关事项； （四）受让人知道登记簿上记载的权利主体错误； （五）受让人知道他人已经依法享有不动产物权。 　　真实权利人有证据证明不动产受让人应当知道转让人无处分权的，应当认定受让人具有重大过失。
第十七条 受让人受让动产时，交易的对象、场所或者时机等不符合交易习惯的，应当认定受让人具有重大过失。	**第十六条** 受让人受让动产时，交易的对象、场所或者时机等不符合交易习惯的，应当认定受让人具有重大过失。

《物权法司法解释（一）》	《物权编司法解释（一）》
第十八条 物权法第一百零六条第一款第一项所称的"受让人受让该不动产或者动产时"，是指依法完成不动产物权转移登记或者动产交付之时。 当事人以**物权法第二十五条**规定的方式交付动产的，转让动产法律行为生效时为动产交付之时；当事人以**物权法第二十六条**规定的方式交付动产的，转让人与受让人之间有关转让返还原物请求权的协议生效时为动产交付之时。 法律对不动产、动产物权的设立另有规定的，应当按照法律规定的时间认定权利人是否为善意。	第十七条 民法典第三百一十一条第一款第一项所称的"受让人受让该不动产或者动产时"，是指依法完成不动产物权转移登记或者动产交付之时。 当事人以**民法典第二百二十六条**规定的方式交付动产的，转让动产民事法律行为生效时为动产交付之时；当事人以**民法典第二百二十七条**规定的方式交付动产的，转让人与受让人之间有关转让返还原物请求权的协议生效时为动产交付之时。 法律对不动产、动产物权的设立另有规定的，应当按照法律规定的时间认定权利人是否为善意。
第十九条 物权法第一百零六条第一款第二项所称"合理的价格"，应当根据转让标的物的性质、数量以及付款方式等具体情况，参考转让时交易地市场价格以及交易习惯等因素综合认定。	第十八条 民法典第三百一十一条第一款第二项所称"合理的价格"，应当根据转让标的物的性质、数量以及付款方式等具体情况，参考转让时交易地市场价格以及交易习惯等因素综合认定。
第二十条 转让人将**物权法第二十四条**规定的船舶、航空器和机动车等交付给受让人的，应当认定符合**物权法第一百零六条第一款第三项**规定的善意取得的条件。	第十九条 转让人将**民法典第二百二十五条**规定的船舶、航空器和机动车等交付给受让人的，应当认定符合**民法典第三百一十一条第一款第三项**规定的善意取得的条件。
第二十一条 具有下列情形之一，受让人主张根据**物权法第一百零六条**规定取得所有权的，不予支持： （一）转让合同**因违反合同法第五十二条**规定被认定无效； （二）转让合同因受让人存在欺诈、胁迫或者乘人之危等法定事由被撤销。	第二十条 具有下列情形之一，受让人主张**依据民法典第三百一十一条**规定取得所有权的，不予支持： （一）转让合同被认定无效； （二）转让合同被撤销。
第二十二条 本解释自2016年3月1日起施行。 本解释施行后人民法院新受理的一审案件，适用本解释。 本解释施行前人民法院已经受理、施行后尚未审结的一审、二审案件，以及本解释施行前已经终审、施行后当事人申请再审或者按照审判监督程序决定再审的案件，不适用本解释。	第二十一条 本解释自2021年1月1日起施行。

图书在版编目（CIP）数据

中华人民共和国物权注释法典／中国法制出版社编
. —北京：中国法制出版社，2023.10
　（注释法典）
　ISBN 978-7-5216-3432-7

　Ⅰ. ①中… Ⅱ. ①中… Ⅲ. ①物权法-法律解释-中
国 Ⅳ. ①D923.205

中国国家版本馆 CIP 数据核字（2023）第 065822 号

责任编辑：王林林　　　　　　　　　　　　　　　封面设计：周黎明

中华人民共和国物权注释法典
ZHONGHUA RENMIN GONGHEGUO WUQUAN ZHUSHI FADIAN

编者/中国法制出版社
经销/新华书店
印刷/三河市国英印务有限公司
开本/710 毫米×1000 毫米　16 开　　　　　　印张/ 39　字数/ 972 千
版次/2023 年 10 月第 1 版　　　　　　　　　　2023 年 10 月第 1 次印刷

中国法制出版社出版
书号 ISBN 978-7-5216-3432-7　　　　　　　　　定价：90.00 元

北京市西城区西便门西里甲 16 号西便门办公区
邮政编码：100053　　　　　　　　　　　　　　传真：010-63141600
网址：http://www.zgfzs.com　　　　　　　　　编辑部电话：010-63141672
市场营销部电话：010-63141612　　　　　　　印务部电话：010-63141606

（如有印装质量问题，请与本社印务部联系。）